聖教

日教

法華経を我が得しことは薪こり
菜つみ水くみつかへてぞ得し

沙門日進謹写

出山の釈迦＝村上華岳

※裏面に解説。

出山の釈迦図

雪山（ヒマラヤ）における六年間の苦行を試みるも、これだけでは成道できないと下山（出山）し、尼連禅河にて沐浴し、身を浄められた後、近くの菩提樹の下で村娘・スジャータから受けた乳粥を食し金剛定に入られた。七日目の十二月八日、暁の明星が輝いたとき、真の覚りを開かれたと伝えられる。（大乗山法音寺蔵）。

関連稿・本書　二〇頁

高祖　日蓮大菩薩

我日本の柱とならむ
我日本の眼目とならむ
我日本の大船とならむ

沙門日進謹写

※波木井の御影・裏面に解説。

波木井の御影

日蓮聖人のお姿を映された画像は、説法・教化のお姿が多いが、この画像は聖人のご尊顔をまのあたりに描かれたものとして、そのご聖貌に直に接することのできる尊い画と、広く日蓮宗徒に慕われている。弘安四年、身延・波木井実長邸で京都の画人、藤原親安が、水面にうつる聖人のお顔を拝写されたものである。（身延山久遠寺蔵）。

関連稿・本書　二〇四頁

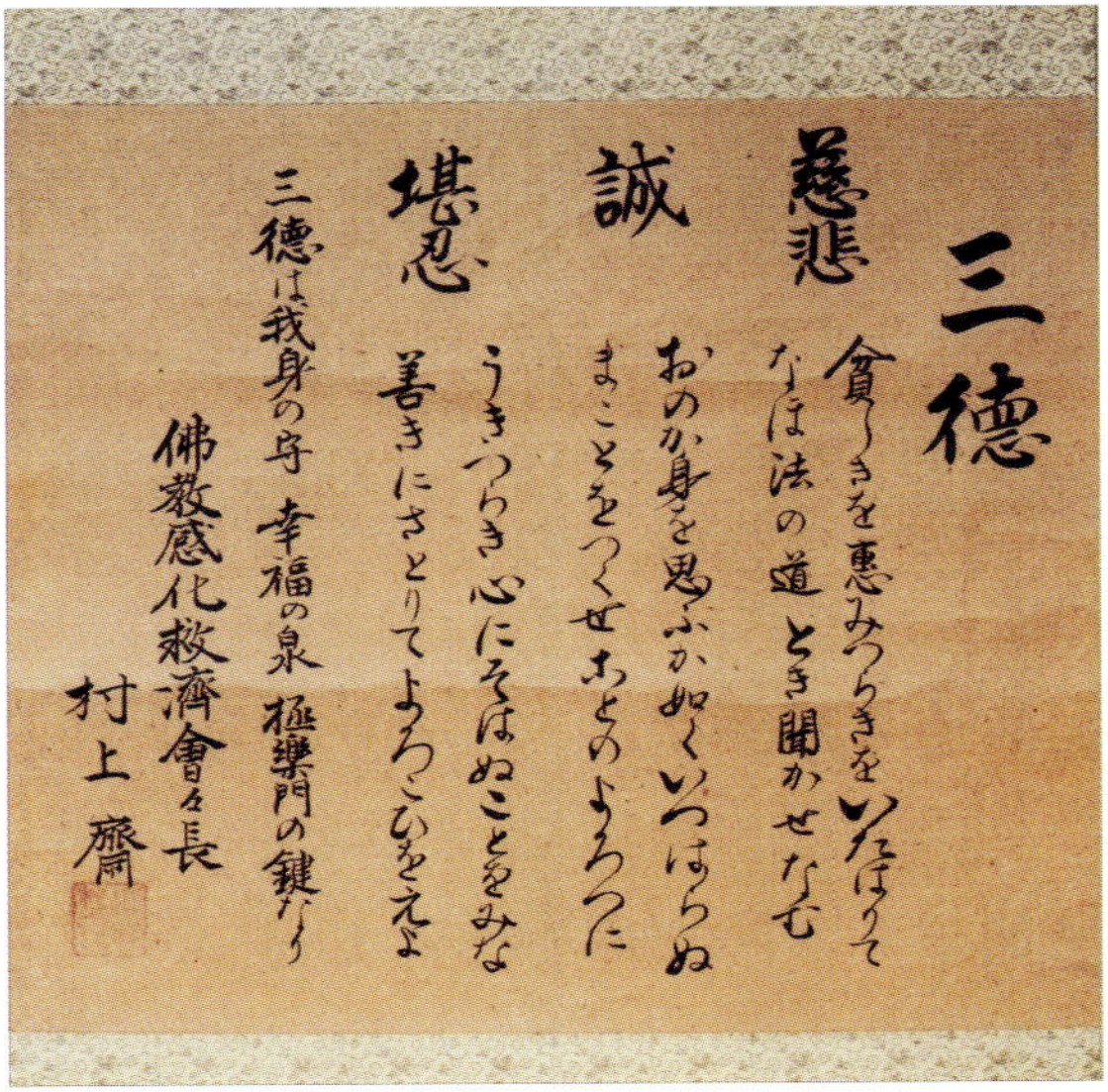
三徳
慈悲
貪しきを恵みつらきをいたはりて
なほ法の道とき聞かせなむ
誠
おのが身を思ふが如くいつはらぬ
まことをつくせひとのよろつに
堪忍
うきつらき心にそはぬことをみな
善きにさとりてよろこびをえよ
三徳は我身の守　幸福の泉　極楽門の鍵なり
佛教感化救濟會々長
村上齋

〈法音寺三徳＝御教化抄〉

慈悲
思いやる心がありますか？

至誠
持ち続けることができますか？

堪忍
堪えることができますか？
流すことができますか？

日達

始祖　廣宣院殿安立大法尼

我閻浮提の太陽とならん
我煩悩を能く断ず
我妙法を以って仏を成ぜん

関連稿・本書　二〇七頁

※裏面に略歴。

杉山辰子先生

慶応4年7月28日、岐阜県羽島郡笠松町八幡町に名主・杉山定七家の次女として出生。

幼少より仏に仕うる志篤く、19歳にして天眼通を得。後、深山に入り断食・水行等数十回、遂に仏道の奥義を極めらる。明治42年1月、二祖・弘教院殿宗玄大徳の協力を得、名古屋市東区清水町に『仏教感化救済会』を設立。妙法蓮華経の宣布、感化救済（社会福祉）事業に東奔西走活躍せられ、昭和7年6月28日遷化。世寿65歳。

二祖　弘教院殿宗玄大徳

うきつらき心にそわぬことをみな
善きにさとりてよろこびをえよ

関連稿・本書　三四五頁

※裏面に略歴。

村上斎先生

安政3年3月3日、愛知県中島郡明治村横野に村上宗伯医師の三男として出生。

明治15年、医術開業免状取得。漢方医学、西洋医学に通じ医療に献身。明治38年、愛知県立医学専門学校に奉職。この頃、全財産を失い、安立大法尼に邂逅、師事。宗教と医療による人々の救済に尽瘁。昭和7年、第二代会長に就任。昭和9年、財団法人大乗報恩会設立。昭和12年、財団法人大乗修養団設立。昭和22年2月3日遷化。世寿92歳。

御開山　拳山院日進上人

みほとけよわがたましいをとこしえに
みのりのためにつかいまさなむ

関連稿・本書　六九七頁

※裏面に略歴。

鈴木修学上人

明治35年1月5日、愛知県丹羽郡布袋町寄木に農業と菓子卸商を営む鈴木徳太郎家の長男として出生。大正13年、安立大法尼の許に入信。昭和21年、日蓮宗にて得度。昭和22年、第三代会長に就任。同年4月、日蓮宗昭徳教会開堂（昭和25年7月、大乗山法音寺と寺号公称）。社会福祉法人昭徳会理事長として社会福祉事業を推進し、昭和28年、学校法人法音寺学園（日本福祉大学）を設立。昭和37年6月7日遷化。世寿61歳。

発刊の辞

法華経は「悉皆成仏」を説く教えでありますが、法華経の成仏は〝死んでから仏に成る〟というのではありません。「人格の完成」と申しましょうか、生きている今、仏さまと同じ安穏な世界に生きること、つまり、日々、決して変わることのない本当の幸せな生活を送ることであります。

その為にはやはり、法華経の随所で「如説修行」と示されますように、説かれてあることを固く信じ、受持・読・誦・解説・書写し、日常生活の中に実践の功徳を積み重ねていかなければなりません。そうして初めて「悉皆成仏」をわがものとすることができるのであります。

先師・日達上人が常々「法音寺は正統な仏教教団である」とお話しになっておられました。そのお言葉の真意は、正しく私達法音寺教団が法華経を「如説修行」し、縁有るすべての人々を本当の幸せな境界に導き入れているという自負心の発露と申せましょう。

平成三十年、法音寺教団は開創百十年を迎えました。周りを見渡してみますと、決して安穏な世界とは申せません。内外共に混迷する世の中にあって、正統な仏教を正統に信仰し、人々を本当の幸せに導く責任が、私達法音寺に縁を結ぶ者にはあります。その為にはどうしても、教主釈尊の、そして宗祖日蓮聖人の、さらに当山歴代先師の指南を仰ぐ必要があると考え、この度、本書『聖の教え』を上梓致しました。

安立大法尼は申されました。

「皆さま方の如く、どうか善い事が実行したい。出世がしたい。人より尊敬せらるる人となりたいと思わるる方々は、釈尊が本化菩薩と仰せられた、高徳

の方々の化身であるのであります」と。そして、
「本化の菩薩はこの世に菩薩行を実行するために
生まれて来た」と。

法音寺がいつの世までも「正統な仏教教団」で
あり続ける為に、僧・俗一体となって菩薩行・三
徳を実行し、功徳を積み重ねてまいりましょう。

終わりに、法音寺に縁を結ばれるすべての方の、
本当の幸せを心から御祈念申し上げます。

平成三十年戊戌　三徳開教百十年の初夏

大乗山法音寺山首　鈴木正修

聖教《ひじりのおしえ》

監修 鈴木正修

凡例 ―〔聖（ひじり）の教え〕について

一　『聖の教え』は、御開山上人が昭和三十三年八月に同名の著書（現・仏教聖語の解説）を発行されていますが、同題を使用させて頂きました。

二　経典〔『訓譯妙法蓮華經并開結』＝平樂寺書店版収録の法華三部經〕及び遺文〔『昭和新修日蓮聖人遺文全集』＝平樂寺書店版収録の遺文〕と、当山先師の指南書〔当山発行の書籍〕を典拠とし、現代人の信仰の培養に資する妙文を選出して並記・編集したものです。それぞれに文字の書体を変え判別し易いよう試みましたが、経典・偈文について、読み易さを考慮し、句読点等を適宜補いました。また、遺文・本文について、仮名遣い・送り仮名に関し『訓譯妙法蓮華經并開結・平成二十一年七月・第五十四刷』に倣い、現代の慣用に従って補修しました。例「たまふ」→「たまう」「おしへ」→「おしえ」「ならひ」→「ならい」等。いずれも読み易さを旨としたもので、他意はございません。尚、慣例に従い原則として、漢数字にふりがなはつけませんでした。

　経典・遺文共、日々拝読する経本・御妙判等と読み方の異なる箇所もありますが、いずれも出典書を基としています。

三　先師の指南は当山発行の書籍に拠り、原則として原文の尊重を大前提としましたが、それぞれの章分け、見出しは編者において整理し、かつ便宜上、言葉遣い、句読点等改めたところはあります。又、所々「中略」もしましたが、繁雑さを避け、その部分は記してありません。送り仮名及び、明白な誤字・脱字・当て字等は正し、当該書発行後、新たな史実の判明した部分、更に経典・遺文共に新たに判明した部位については、編者において修正しました。難解な専門用語には△を付して巻末付録にまとめ、簡潔に解釈しました。

四　本稿中、内容・文言にその時代及び、教学上特有の記述、さらに、現代に於ては不適切と思われる文言も散見されますが、時代背景を鑑みいずれも原文のまま転載しました。

五　経典・遺文・先師の指南共、極力重複を避けるべく選出しましたが、内容により重複した部位もあることをお断りしておきます。尚、全体を便宜上五章に分け、それぞれを妙・法・蓮・華・経の巻としましたが、教学上の妙法蓮華経との直接の関りはありません。

六『遺文』につきましては、平樂寺書店版遺文全集編著者・浅井要麟師がその『別巻』に於て「この書の成立については更に考究すべきものがある」というように随所に記されていますが、今尚、専門研究者の間でも様々に考究されていて、全容解明には暫し時を要するのではないかと言われています。他方、それは今となっては不可能ではないか、という専門家もいますが、当山に於ては始祖・安立大法尼以来、その折々の『遺文集収録遺文』を基に指南されてまいりましたので、その時々に示された御教化を尊重し、引用いたしました。読者諸賢のご賢察を願うものであります。

七　当山先師の現役・布教時期は次の通りです。

◦安立大法尼＝明治四十二年一月～昭和七年六月。
◦宗 玄 大 徳＝昭和七年七月～昭和二十二年二月。
◦御開山上人＝昭和二十二年三月～昭和三十七年六月。
◦日 達 上 人＝昭和三十七年七月～平成二十四年十二月。

以上　編者

聖の教え・目次

知恩報恩の事

経の巻 695

妙の巻

◇「南無仏・南無法・南無僧」三宝帰依の事＝仏教徒の基本精神／お釈迦さまの初期の説法／久遠実成の本師釈迦牟尼世尊・如来の三身〔法・報・応〕・如来の三徳〔主・師・親〕／大慈悲の事／宗教　法華経とその信仰

「南無仏・南無法・南無僧」三宝帰依の事＝仏教徒の基本精神

〝照《て》らしみる仏《ほとけ》いますと知《し》るからは
朝《あさ》な夕《ゆう》なにうれし楽《たの》しき〟

御開山上人御詠

◆経典

◇諸佛世尊《しょぶつせそん》は常《つね》に世《よ》に住在《じゅうざい》したもう。我業障《われごうしょう》の故《ゆえ》に方等《ほうどう》を信《しん》ぜずと雖《いえど》も佛《ほとけ》を見《み》たてまつること了《あきら》かならず。今佛《いまほとけ》に歸依《きえ》したてまつる。唯願《ただねが》わくは釋迦牟尼佛正遍知世尊《しゃかむにぶつしょうへんちせそん》、我《わ》が和《わ》上《じょう》と爲《な》りたまえ。文殊師利具大悲者《もんじゅしりぐだいひしゃ》、願《ねが》わくは智慧《ちえ》を以《もっ》て我《われ》に清淨《しょうじょう》の諸《もろもろ》の菩薩《ぼさつ》の法《ほう》を授《さず》けたまえ。彌勒菩薩勝大慈日《みろくぼさつしょうだいじにち》、我《われ》を憐愍《れんみん》するが故《ゆえ》に亦我《またわ》が菩薩《ぼさつ》の法《ほう》を受《う》くることを聽《ゆる》したもうべし。十方《ぽう》の諸佛《しょぶつ》、現《げん》じて我《わ》が證《しょう》と爲《な》りたまえ。諸大菩薩《しょだいぼさつ》各《おのおの》其《そ》の名《な》を稱《しょう》して、是《こ》の勝大士《しょうだいじ》、衆生《しゅじょう》を覆護《ふご》し我等《われら》を助護《じょご》したまえ。今日方等經典《こんにちほうどうきょうでん》を受持《じゅじ》したてまつる、乃《ない》至失命《ししつみょう》し設《たと》い地獄《ぢごく》に墮《お》ちて無量《むりょう》の苦《く》を受《う》くとも、終《つい》に諸佛《しょぶつ》の正法《しょうぼう》を毀謗《きほう》せじ。是《こ》の因縁《いんねん》・功徳力《くどくりき》を以《もっ》ての故《ゆえ》に、今釋迦牟尼佛《いましゃかむにぶつ》、我《わ》が和《わ》上《じょう》と爲《な》りたまえ。文殊師利《もんじゅしり》、我《わ》が阿闍梨《あじゃり》と爲《な》りたまえ。當來《とうらい》の彌勒《みろく》、願《ねが》わくは我《われ》に法《ほう》を授《さず》けたまえ。十方《ぼう》の諸佛《しょぶつ》、願《ねが》わくは我《われ》を證知《しょうち》したまえ。大徳《だいとく》の諸《もろもろ》の菩薩《ぼさつ》、願《ねが》わくは我《わ》が伴《ばん》と爲《な》りたまえ。我今大乘經典甚深《われいまだいじょうきょうでんじんじん》の妙義《みょうぎ》に依《よ》って佛《ほとけ》に歸依《きえ》し、法《ほう》に歸依《きえ》し、僧《そう》に歸依《きえ》すと、是《かく》の如《ごと》く三たび説《と》け。三寶《ぼう》に歸《き》依《え》したてまつること已《おわ》って、次《つぎ》に當《まさ》に自《みずか》ら誓《ちか》って六重《じゅう》の法《ほう》を受《う》くべし。六重《じゅう》の法《ほう》を受《う》け已《おわ》って次《つぎ》に當《まさ》に勤《つと》めて無礙《むげ》の梵行《ぼんぎょう》を修《しゅ》し、曠濟《こうさい》の心《こころ》を發《おこ》し八重《じゅう》の法《ほう》を受《う》くべし。此《こ》の誓《ちかい》を立《た》て已《おわ》って、空閑《くうげん》の處《ところ》に於《おい》て衆《もろもろ》の名香《みょうこう》を焼《た》き、華《はな》を散《さん》じ、一切《さい》の諸佛及《しょぶつおよ》び諸《もろもろ》の菩《ぼ》薩《さつ》・大乘方等《だいじょうほうどう》に供養《くよう》したてまつりて、是《こ》の言《ことば》を作《な》せ、我今日《われこんにち》に於《おい》て菩提心《ぼだいしん》を發《おこ》しつ。此《こ》の功徳《くどく》を以《もっ》て普《あまね》く一切《さい》を度《ど》せん。

佛説觀普賢菩薩行法經　四二〇～四二二頁

◆遺　文

◇佛《ほとけ》の壽命《じゅみょう》百二十まで世《よ》にましますべかりしが八十にして入滅《にゅうめつ》し、殘《のこ》る所《ところ》の四十年《ねん》の壽《じゅ》命《みょう》を留《とど》め置《お》きて、我等《われら》に與《あた》え給《たま》う恩《おん》をば、四大海《だいかい》の水《みず》を硯《すずり》の水《みず》とし、一切《さい》の草木《そうもく》を焼《や》いて墨《すみ》となして、一切《さい》のけだものの毛《け》を筆《ふで》とし、十方世界《ぼうせかい》の大地《だいち》を紙《かみ》と定《さだ》めて注《しる》し置《お》くとも、爭《いかで》か佛《ほとけ》の恩《おん》を報《ほう》じ奉《たてまつ》るべき。法《ほう》の恩《おん》を申《もう》さば、法《ほう》は諸佛《しょぶつ》の師《し》なり、諸佛《しょぶつ》の貴《とうと》き事《こと》は法《ほう》に依《よ》る。されば佛恩《ぶつおん》を報《ほう》ぜんと思《おも》わん人《ひと》は、法《ほう》の恩《おん》を報《ほう》ずべし。次《つぎ》に僧《そう》の恩《おん》をいわば、佛寶法寶《ぶっぽうほうぼう》は必《かなら》ず僧《そう》によって住《じゅう》す。譬《たと》えば薪《たきぎ》無《な》ければ火《ひ》無《な》く、大地《だいぢ》無《な》ければ草木《そうもく》生《しょう》ずべからず。佛法《ぶっぽう》ありといえども僧《そう》ありて習《なら》い傳《つた》えずんば、正法像法《しょうぼうぞうぼう》二千年《ねん》過《す》ぎて末法《まっぽう》へも傳《つた》わるべからず。

四恩鈔　四四五頁

◆宗玄大徳

「南無仏《なむぶつ》・南無法《なむほう》・南無僧《なむそう》」＝珠数《じゅず》のお話《はなし》

今《いま》から約《やく》三千年昔《ねんむかし》、釈迦牟尼世尊《しゃかむにせそん》が摩伽陀《まかだ》国《こく》へお出掛《でか》けになりまして説教《せっきょう》をなさいました。多《おお》くのお弟子《でし》や信者《しんじゃ》の善男《ぜんなん》・善女《ぜんにょ》は数《かぞ》えきれない程《ほど》たくさん集《あつ》まりました。この日舎衛城《ひしゃえいじょう》の波瑠璃王《はるりおう》は、手放《てばな》し難《がた》い用《よう》があってどうしても釈尊《しゃくそん》ご説法《せっぽう》の座《ざ》に列席《れっせき》することができませんので、残念《ざんねん》に思《おも》い代理《だいり》に家来《けらい》をお遣《つか》わしになりました。遣《つか》わされた家来《けらい》は、釈尊《しゃくそん》に次《つぎ》のようにお話《はな》しになりました。

「わが国《くに》は田舎《いなか》の小《ちい》さな国《くに》でありますが、年中戦争《ねんじゅうせんそう》ばかりしておりますので、お米《こめ》をはじめ、いろいろ物価《ぶっか》が高《たか》くなり、そのうえ近来非常《きんらいひじょう》に不作続《ふさくつづ》きで、また一方《ぽう》には悪疫《あくえき》が流行《りゅうこう》して人民《じんみん》は大層困難致《たいそうこんなんいた》しております。それ故《ゆえ》、王《おう》をはじめ我々《われわれ》は日夜苦心《にちやくしん》しておりますが、別《べつ》によい手段《しゅだん》も浮《う》かんでまいりません。この上《うえ》は世尊《せそん》の尊《とうと》いみ教《おし》えを拝聴致《はいちょういた》し、み仏《ほとけ》の慈悲《じひ》にすがって人民《じんみん》の苦《くる》しみを救《すく》いたいと存《ぞん》じますが、前《まえ》に申《もう》し上《あ》げましたような次第《しだい》で、自身《じしん》にご説法《せっぽう》を拝聴《はいちょう》することができません。世尊《せそん》どうか大慈悲《だいじひ》をもって、この忙《いそが》しい中《なか》でも修行《しゅぎょう》することができる方法《ほうほう》がありましたらお教《おし》えを願《ねが》います」

その時釈尊《ときしゃくそん》は、

「もし国家《こっか》を安穏泰平《あんのんたいへい》にしたいならば、まず第《だい》一に王自《おうみずか》ら仏《ぶつ》・法《ぼう》・僧《そう》の三宝《ぼう》に帰依《きえ》して、専心仏道《せんしんぶつどう》を修行《しゅぎょう》し、煩悩《ぼんのう》の業苦《ごうく》を滅《めっ》せねばならぬ。それには、木槵子《もくげんじ》の実《み》を取《と》って百八個《こ》を貫《つらぬ》き、それに糸《いと》を通《とお》して、行住坐臥《ぎょうじゅうざが》身《み》から離《はな》さず、常《つね》に散乱《さんらん》の心《こころ》を修《おさ》めて至心《ししん》に、『南無仏《なむぶつ》・南無法《なむほう》・南無僧《なむそう》』と唱《とな》え、その一粒《つぶ》を送《おく》り、かくの如《ごと》くして百八を送《おく》り、かく送《おく》ること十遍《ぺん》から百遍《ぺん》、千遍《べん》ないし百千万《まん》を繰《く》ること二十万遍《まんべん》に満《み》ちたならば、夜摩《やま》天《てん》に生《う》まれ、衣食自然《えじきじねん》に足《た》りて常《つね》に安楽《あんらく》の境界《きょうがい》を送《おく》ることができる。なお修行《しゅぎょう》を続《つづ》けてその数《かず》、億万遍《おくまんべん》とならば、煩悩《ぼんのう》を滅尽《めつじん》して最上《さいじょう》の果報《かほう》を得《え》る。王《おう》もしこの修行《しゅぎょう》をするならば、ついにその功徳《くどく》に因《よ》って国土《こくど》も泰平《たいへい》となり、五穀《こく》よく実《みの》ること疑《うたが》いない。このことを帰《かえ》ってよく王《おう》に告《つ》げよ」と申《もう》されました。

使《つか》いの者《もの》は大層喜《たいそうよろこ》んで礼拝《らいはい》して帰《かえ》り、王《おう》さまにその通《とお》り申《もう》し上《あ》げますと、王《おう》さまはまた格別《かくべつ》の喜《よろこ》びで、はるかに霊鷲山《りょうじゅせん》の方《ほう》へ向《む》かって礼拝《らいはい》され、み教《おし》えの如《ごと》く木槵子《もくげんじ》の珠数《じゅず》を一千連作《れんつく》って親類《しんるい》・縁者《えんじゃ》にお頒《わ》けになり、王自《おうみずか》ら常《つね》に身《み》を離《はな》さず珠数《じゅず》を持《も》ち、その教《おし》えの如《ごと》く「南無仏《なむぶつ》・南無法《なむほう》・南無僧《なむそう》」と念誦《ねんじゅ》し、常《つね》に釈尊《しゃくそん》のみ教《おし》えを守《まも》って珠数《じゅず》を繰《く》ることを怠《おこた》らずご修行遊《しゅぎょうあそ》ばされたので、ついに国内《こくない》も泰平《たいへい》となり、悪《わる》い病《やまい》も絶《た》え、五穀《こく》もよく実《みの》りました。国民《こくみん》は非常《ひじょう》に喜《よろこ》び、王《おう》のご威徳《いとく》を讃歎致《さんたんいた》しました。

村上先生御法話集（一）九五～九七頁

◆御開山上人　仏説観普賢菩薩行法経の事

今仏《いまほとけ》に帰依《きえ》したてまつる　〝諸佛世尊《しょぶつせそん》は常《つね》に世間《せけん》に住《じゅう》していらっしゃるのでありますが、自分《じぶん》は業障《ごうしょう》がありますので、方等経《ほうどうきょう》を信《しん》じていましても、未《いま》だ仏《ほとけ》を見《み》ることが了《あきら》かでありません。お願《ねが》いであります、釈迦牟尼仏《しゃかむにぶつ》、正遍知世尊《しょうへんちせそん》（これは仏《ほとけ》を繰《く》り返《かえ》してお讃《ほ》めした言葉《ことば》です）、自分《じぶん》はこれから大乗《だいじょう》の教《おし》えをキット実行《じっこう》します。どうぞ自分《じぶん》の誓《ちか》いを聴《き》いて下《くだ》さい〟。このようにいうのです。

仏説観普賢菩薩行法経略義　一七二頁

我今大乗経典甚深《われいまだいじょうきょうてんじんじん》の妙義《みょうぎ》に依《よ》って仏《ほとけ》に帰依《きえ》し、法《ほう》に帰依《きえ》し、僧《そう》に帰依《きえ》す（三帰依文《きえもん》）

〝自分《じぶん》は今大乗《いまだいじょう》の経典《きょうてん》の非常《ひじょう》に深《ふか》い意味《いみ》がよく解《わか》って、仏《ほとけ》さまに帰依《きえ》し、法《ほう》に帰依《きえ》し、僧《そう》に帰依《きえ》しております〟。まず仏《ほとけ》に帰依《きえ》し、それから仏《ほとけ》のご精神《せいしん》は法《ほう》に宿《やど》っておりますから、その法《ほう》（教《おし》え）に帰依《きえ》します。またその法《ほう》を弘《ひろ》める人《ひと》が僧《そう》でありますから、その僧《そう》の努力《どりょく》にも帰依《きえ》します。そしてどうぞこれを認《みと》めて戴《いただ》きたいというのであります。

懺悔《ざんげ》の結局《けっきょく》は、この三宝《ぼう》に帰依《きえ》することであります。三宝《ぼう》に帰依《きえ》して、また**「六重《じゅう》の法《ほう》」**について反省《はんせい》し、更《さら》に自分《じぶん》の間違《まちが》ったことを考《かんが》えるのです。**「無礙《むげ》の梵行《ぼんぎょう》」**は非常《ひじょう》に浄《きよ》らかな生活《せいかつ》です。そして**「曠済《こうさい》の心《こころ》を發《おこ》し」**これはあまねく一切《さい》の人々《ひとびと》を救護《くご》しようという慈悲《じひ》の心《こころ》です。ここまで進《すす》んでまた考《かんが》えて**「八重《じゅう》の法《ほう》」**を受《う》けるのです。八重《じゅう》の法《ほう》、即《すなわ》ち八つの点《てん》について自《みずか》ら反省《はんせい》するとよいというのであります。

六重《じゅう》の法《ほう》というのは、一、不殺生《ふせっしょう》。二、不偸盗《ふちゅうとう》。三、不邪淫《ふじゃいん》。四、不妄語《ふもうご》。五、不飲酒《ふおんじゅ》。六、不説四衆過《ふせつしゅか》であります。六の不説四衆過《ふせつしゅか》（四衆《しゅ》の過《あやま》ちを説《と》かず）とは、比丘《びく》・比丘尼《びくに》・優婆塞《うばそく》・優婆夷《うばい》の四衆《しゅ》を指《さ》すのですが、ここでは〝すべての人《ひと》の過《あやま》ちをいわない〟ということです。

八重《じゅう》の法《ほう》とは、前《まえ》の六つに更《さら》に慎《つつ》しむことを二つ加《くわ》えてあるものです。それは、七、覆蔵《ふくぞう》。八、挙悪《きょあく》の二つです。

「覆蔵《ふくぞう》」とは、自分《じぶん》の間違《まちが》いを隠《かく》して置《お》いて、間違《まちが》いがないという風《ふう》によそおっていることで、これは善《よ》くないことです。「挙悪《きょあく》」とは、人《ひと》の善《よ》いことを隠《かく》して悪《わる》い方《ほう》だけを挙《あ》げてこれを責《せ》めることで、よいことを賞《ほ》めて勧《すす》めるべき者《もの》が、人《ひと》の欠点《けってん》を挙《あ》げてこれをけなすのは、非常《ひじょう》に悪《わる》いことで慎《つつし》まなければなりません。

仏説観普賢菩薩行法経略義　一七五～一七六頁

「南無」の意義

◇勧請文《かんじょうもん》＝謹《つつし》んで勧請《かんじょう》し奉《たてまつ》る南無輪圓具足未曾有大曼荼羅御本尊《なむりんねんぐそくみぞううだいまんだらごほんぞん》　別《べっ》しては南無久遠實成大恩教主本師釋迦牟尼佛《なむくおんじつじょうだいおんきょうしゅほんししゃかむにぶつ》　南無證明涌現の多寶大善逝《なむしょうみょうゆげんのたほうだいぜんぜい》　南無十方分身三世の諸佛《なむじっぽうふんじんさんぜのしょぶつ》　南無上行無邊行淨行安立行等本化地涌の諸大菩薩《なむじょうぎょうむへんぎょうじょうぎょうあんりゅうぎょうとうほんげぢゆのしょだいぼさつ》　南無文殊普賢彌勒藥王藥上勇施妙音觀音等迹化他方來の大權の薩埵《なむもんじゅふげんみろくやくおうやくじょうゆうぜみょうおんかんのんとうしゃっけたほうらいのだいごんのさった》　南無《なむ》△身子目連迦葉阿難等新得記の諸大聲聞《しんじもくれんかしょうあなんとうしんとっきのしょだいしょうもん》　南無鬼子母大善神大黑福聚尊天等一乘擁護の諸天善神《なむきしもだいぜんじんだいこくふくじゅそんてんとういちじょうおうごのしょてんぜんじん》　殊《こと》には末法有縁《まっぽううえん》の大導師高祖《だいどうしこうそ》南無日蓮《なむにちれん》

大菩薩《だいぼさつ》　宗門歴代如法勲功《しゅうもんれきだいにょほうくんこう》の先師先哲《せんしせんてつ》　始祖廣宣院殿安立大法尼《しそこうせんいんでんあんりゅうだいほうに》　弘教院殿宗玄大德《ぐきょういんでんそうげんだいとく》
御開山泰山院日進上人《ごかいさんたいざんいんにっしんしょうにん》　第《だい》二世《せ》顯修院日達上人等《けんしゅういんにったつしょうにんとう》　來到道場知見照覽御法味納受《らいとうどうじょうちけんしょうらんごほうみのうじゅ》

法音寺朝夕勤行要集　二～四頁

◆遺　文

◇南無《なむ》と申《もう》す字《じ》は敬《うやま》う心《こころ》なり隨《したが》う心《こころ》なり。

内房女房御返事　一八八三頁

◇南無《なむ》と申《もう》すは△天竺《てんぢく》のことばにて候《そうろう》。△漢土日本《かんどにほん》には歸命《きみょう》と申《もう》す。歸命《きみょう》と申《もう》すは我《わ》が命《いのち》を佛《ほとけ》に奉《たてまつ》ると申《もう》す事《こと》なり。我《わ》が身《み》には分《ぶん》に隨《したが》いて、妻子《さいし》・眷屬《けんぞく》・所領《しょりょう》・金銀等《きんぎんとう》をもてる人人《ひとびと》もあり。又財《またたから》なき人人《ひとびと》もあり。財《たから》あるも財《たから》なきも命《いのち》と申《もう》す財《たから》に過《す》ぎ候《そうろう》財《たから》は候《そうら》わず。されば古《いにしえ》の聖人賢人《せいじんけんじん》と申《もう》すは、命《いのち》を佛《ほとけ》にまいらせて佛《ほとけ》にはなり候《そうろう》なり。

事理供養御書　一二三三頁

◇堂塔《どうとう》つくらず布施《ふせ》まいらせずらん。惜《おし》き物《もの》は命《いのち》ばかりなり。これを法華經《ほけきょう》にまいらせんとおもし、三世《ぜ》の佛《ほとけ》は皆凡夫《みなぼんぷ》にておわせし時《とき》、命《いのち》を法華經《ほけきょう》にまいらせて佛《ほとけ》になり給《たま》う。此《こ》の故《ゆえ》に一切《さい》の佛《ほとけ》の始《はじ》めには南無《なむ》と申《もう》す。南無《なむ》と申《もう》すは月氏《がっし》の語《ことば》、此《こ》の土《ど》にては歸命《きみょう》と申《もう》すなり。歸命《きみょう》と申《もう》すは天台《てんだい》の釋《しゃく》に云《いわ》く、『命《いのち》を以《もっ》て自《みずか》ら歸《き》す』等云云《とううんぬん》。命《いのち》を法華經《ほけきょう》にまいらせて佛《ほとけ》にはならせ給《たま》う。日蓮今度《にちれんこんど》命《いのち》を法華經《ほけきょう》にまいらせて。

南無御書　一二五九頁

◆安立大法尼

南無《なむ》の実践《じっせん》　南無《なむ》とは「妙《みょう》に帰《き》する」と訳《やく》し、六度具足《どぐそく》、則《すなわ》ち、妙法蓮華経《みょうほうれんげきょう》の実行《じっこう》であります。事務《じむ》を執《と》る時《とき》も、道《みち》を歩《あゆ》む時《とき》も、乗物《のりもの》の中《なか》でも、野良《のら》に出《い》でたる時《とき》も、常《つね》に南《な》無妙法蓮華経《むみょうほうれんげきょう》、南無妙法蓮華経《なむみょうほうれんげきょう》と、一日《にち》に万遍以上《まんべんいじょう》お唱《とな》えください。

六波羅蜜《はらみつ》の行《おこ》ないをして、妙法蓮華経《みょうほうれんげきょう》を唱《とな》えたなれば、必《かなら》ず大難《だいなん》は小難《しょうなん》となり、小難《しょうなん》は無難《ぶなん》となり、ついに等正覚《とうしょうがく》を得《え》て、極楽《ごくらく》の彼《か》の岸《きし》に到《いた》ることができるということは、正《まさ》しく仏《ほとけ》の金言《きんげん》であります。

始祖・御法話集　一八六頁

◆御開山上人

南無《なむ》とは〝帰依《きえ》し奉《たてまつ》る〟

「南無《なむ》」というのは、仏《ぶつ》・菩薩《ぼさつ》の名《みな》のうえに冠《かむ》するものです。この訳《やく》は「帰命《きみょう》」すなわち〝帰依《きえ》し奉《たてまつ》る〟という字義《じぎ》でありますが、実《じつ》は南無《なむ》の二字《じ》は妙法蓮華経《みょうほうれんげきょう》の上《うえ》に冠《かん》する時《とき》は、やや、意味《いみ》がかわってきます。少《すこ》しこまかく説明《せつめい》しますれば、「自己本来《じこほんらい》の使命《しめい》にかえる」といった方《ほう》が適当《てきとう》であります。自己本来《じこほんらい》の使《し》命《めい》というのは、〝人《ひと》と生《う》まれてなにをなすべきか〟ということを意味《いみ》しています。その使命《しめい》とは法華経法師品《ほけきょうほっしほん》に、

「是《こ》の諸人等《しょにんら》は已《すで》に曽《かつ》て十万億《まんのく》の仏《ほとけ》を供養《くよう》し、諸仏《しょぶつ》の所《みもと》に於《おい》て大願《だいがん》を成就《じょうじゅ》して、衆生《しゅじょう》を愍《あわれ》むが故《ゆえ》に此《こ》の人間《にんげん》に生《しょう》ずるなり」とあります。

諸人等《しょにんら》というのは、仏《ほとけ》の教《おし》えを聞《き》く人達《ひとたち》のことです。

〝仏《ほとけ》さまのお心《こころ》の中《なか》を打《う》ち明《あ》けて説《と》かれた法華経《ほけきょう》を聞《き》く因縁《いんねん》のある者《もの》は、過去世《かこせ》において、仏《ほとけ》さまとご一緒《しょ》に、世《よ》の中《なか》の人々《ひとびと》を救《すく》い助《たす》けるという仏《ほとけ》とおなじ働《はたら》きをした人《ひと》のことで、仏《ほとけ》としての大《おお》きな願《ねが》いを完成《かんせい》した尊《とうと》い人《ひと》である（大願《だいがん》を成就《じょうじゅ》して）。しかしながら現今《げんこん》の世《よ》の中《なか》をみるに思想《しそう》は悪化《あっか》して、世《よ》の中《なか》の人々《ひとびと》は苦《くる》しみと悩《なや》みをつづけさせら

れている。そういう人達《ひとたち》に本当《ほんとう》の喜《よろこ》びの日《ひ》を送《おく》らせて、世《よ》の中《なか》の人《ひと》のためによく働《はたら》けるように、自分《じぶん》とおなじように喜《よろこ》びの生活《せいかつ》をさせたいと思《おも》って、ふたたび人間《にんげん》に生《う》まれてきたのである。それは丁度《ちょうど》仏《ほとけ》さまが、わざわざ人間釈迦《にんげんしゃか》としてこの世《よ》の人《ひと》としてお生《う》まれになり、人間《にんげん》とおなじ暮《く》らしをされ、人間《にんげん》とおなじ苦《くる》しみを味《あじ》わって、正《ただ》しい道《みち》に進《すす》めない人《ひと》をお導《みちび》きになった、それと同《おな》じ考《かんが》えをもって世《よ》の中《なか》へふたたび生《う》まれた人《ひと》である〟というのです。そして、〝法華経《ほけきょう》を読《よ》み誦《そら》んずるような人《ひと》は、みなこのような使命《しめい》をおびた深《ふか》い因縁《いんねん》の人《ひと》であるから、まずもって親子《おやこ》・兄弟《きょうだい》・家族《かぞく》の者《もの》を労《いた》わり慰《なぐさ》め、救《きゅう》済《さい》せねばならぬ使命《しめい》があるのだということを、法華経《ほけきょう》を読《よ》んでよく理解《りかい》し、その使命《しめい》をはたす心持《こころも》ちにかえらねばならぬのだ〟ということです。いいかえれば、〝人間《にんげん》としての本来《ほんらい》の使命《しめい》にかえり、生《い》き甲斐《がい》のある生活《せいかつ》ができるようにすべきである〟というふうに解釈《かいしゃく》できるのであります。

続・現代生活の指針　五～七頁

◆日達上人

人《ひと》として生《う》まれた使命《しめい》に帰《き》する

南無妙法蓮華経《なむみょうほうれんげきょう》の「南無《なむ》」は「帰命《きみょう》」ということです。

帰命《きみょう》とは「使命《しめい》に帰《き》する」ということです。使命《しめい》は、自分《じぶん》がこの世界《せかい》に生《い》きる使命《しめい》のことです。

人間《にんげん》は皆《みな》それぞれに大切《たいせつ》な役割《やくわり》を持《も》って生《う》まれ、今《いま》という時《とき》を「生《い》かされている」のです。「使命《しめい》」とは受動的《じゅどうてき》な意味合《いみあ》いの言葉《ことば》ですが、能動的《のうどうてき》に言《い》い換《か》えると「目的《もくてき》」となります。人間《にんげん》は皆《みな》、自分《じぶん》だけの目的《もくてき》を持《も》って生《う》まれてきたのではなく、一人《ひとり》ひとりそれぞれに則《そく》した役割《やくわり》を担《にな》って「生《う》まれさせて頂《いただ》いた」と法華経《ほけきょう》は考《かんが》えるのです。

法華経《ほけきょう》の譬喩品《ひゆほん》で仏《ほとけ》さまは、「この三界《がい》は皆《みな》私《わたくし》のものであり、そこに住《す》む人々《ひとびと》は皆《みな》、私《わたくし》の子《こ》どもである」とおっしゃっています。人間《にんげん》は皆《みな》、仏《ほとけ》さまの世界《せかい》に生《う》まれ、仏《ほとけ》さまの世界《せかい》に生《い》かされているというのが、本当《ほんとう》の姿《すがた》であります。

すると「私《わたくし》はお父《とう》さん、お母《かあ》さんから生《う》まれたのだ。仏《ほとけ》さまとは関係《かんけい》ない」と言《い》われるかも知《し》れません。それも確《たし》かに一理《り》ありますが、お父《とう》さん、お母《かあ》さんの間《あいだ》に生《う》まれたという因縁《いんねん》の、その先《さき》を考《かんが》えてみると、不思議《ふしぎ》さに気付《きづ》くと思《おも》います。

「親《おや》」をさかのぼってみましょう。まず、お父《とう》さん、お母《かあ》さんと二人《ふたり》います。さらにその先《さき》、四人《にん》、八人《にん》、十六人《にん》、三十二人《にん》、六十四人《にん》と増《ふ》えてゆきます。そして自分《じぶん》から二十代前《だいまえ》、一体何人《たいなんにん》いたことになるでしょう。優《ゆう》に百万人《にん》を越《こ》す先祖《せんぞ》が、一人《ひとり》の人間《にんげん》の誕《たん》生《じょう》の因縁《いんねん》として連《つら》なるのです。そこまでゆくと顔《かお》・形《かたち》どころか名前《なまえ》も何《なに》もわかりません。二十代前《だいまえ》といってもそんなに遠《とお》い昔《むかし》ではありません。一代《だい》四十年《ねん》としてわずか八百年《ねん》。さかのぼると、源平時代《げんぺいじだい》に当《あ》たります。以後《いご》、一人《ひとり》も欠《か》けることなく先祖《せんぞ》の皆《みな》さんが存《そん》在《ざい》してくださったから、現在《げんざい》の自分《じぶん》があるのです。

生命《せいめい》の誕生《たんじょう》は受胎《じゅたい》に始《はじ》まります。何億《なんおく》とある中《なか》からたった一つ選《えら》ばれた精子《せいし》と卵子《らんし》が合体《がったい》して初《はじ》めて生命《せいめい》の誕生《たんじょう》となります。その確率《かくりつ》を計算《けいさん》すると、二百兆分《ちょうぶん》の一になるということです。このような難関《なんかん》を通《とお》って受胎《じゅたい》しても、それだけで必《かなら》ずこの世《よ》に生《う》まれてくる保証《ほしょう》はありません。

仏教《ぶっきょう》では、十二因縁《いんねん》「無明《むみょう》・行《ぎょう》・識《しき》・名色《みょうしき》・六入《にゅう》・触《そく》・受《じゅ》・愛《あい》・取《しゅ》・有《う》・生《しょう》・老死《ろうし》」が説《と》かれます。人間《にんげん》は無限《むげん》の過去世《かこせ》から現在《げんざい》に至《いた》る迄《まで》、毎回毎回《まいかいまいかい》、生《う》まれ変《か》わり死《し》に変《か》わりする度《たび》に、この十二因縁《いんねん》を繰《く》り返《かえ》して来《き》ましたし、これから先《さき》も繰《く》り返《かえ》してゆく、というのです。人間《にんげん》の誕生《たんじょう》と生命《せいめい》には、誠《まこと》に壮大《そうだい》で不思議《ふしぎ》な因縁《いんねん》を感《かん》じざるを得《え》ません。

大白牛車（四）一二〜一四頁

お釈迦さまの初期の説法

〝み仏《ほとけ》の法《のり》の教《おしえ》は世《よ》の鏡《かがみ》
よろづの影《かげ》はみなうつるなり〟

宗玄大徳御詠

◆経典

◇我先《われさき》に道場《どうじょう》菩提樹下《△ぼだいじゅげ》に端坐《たんざ》すること六年《ねん》にして、阿耨多羅《△あのくたら》三藐《みゃく》三菩提《ぼだい》を成《じょう》ずることを得《え》たり。佛眼《ぶつげん》を以《もっ》て一切《さい》の諸法《しょほう》を観《かん》ずるに、宣説《せんぜつ》すべからず。所以《ゆえ》は云何《いかん》、諸《もろもろ》の衆生《しゅじょう》の性欲不同《△しょうよくふどう》なることを知《し》れり。性欲不同《しょうよくふどう》なれば種種《しゅじゅ》に法《ほう》を説《と》きき。種種《しゅじゅ》に法《ほう》を説《と》くこと方便力《△ほうべんりき》を以《もっ》てす。四十餘年《△よねん》には未《いま》だ眞實《しんじつ》を顯《あらわ》さず。是《こ》の故《ゆえ》に衆生《しゅじょう》の得道差別《△とくどうしゃべつ》して、疾《と》く無上菩提《むじょうぼだい》を成《じょう》ずることを得《え》ず。

無量義經・説法品　一三～一四頁

◇善男子《ぜんなんし》、我《われ》樹王《△じゅおう》を起《た》って波羅奈《△はらない》・鹿野園《ろくやおん》の中《なか》に詣《いた》って、阿若拘隣等《△あにゃくりんとう》の五人《にん》の爲《ため》に四諦《たい》の法輪《△ほうりん》を轉《てん》ぜし時《とき》も、亦諸法《またしょほう》は本《もと》より來《このかた》空寂《くうじゃく》なり、代謝《だいしゃ》して住《じゅう》せず念念《ねんねん》に生滅《しょうめつ》すと説《と》き、中間《なかごろ》此《ここ》及《およ》び處處《しょしょ》に於《おい》て、諸《もろもろ》の比丘《びく》並《ならび》に衆《もろもろ》の菩薩《ぼさつ》の爲《ため》に、十二因縁《いんねん》六波羅蜜《はらみつ》を辨演《べんねん》し宣説《せんぜつ》し、亦諸法《またしょほう》は本《もと》より來《このかた》空寂《くうじゃく》なり、代謝《だいしゃ》して住《じゅう》せず念念《ねんねん》に生滅《しょうめつ》すと説《と》き、今《いま》復此《またここ》に於《おい》て、大乘無量義經《だいじょうむりょうぎきょう》を演説《えんぜつ》するに、亦諸法《またしょほう》は本《もと》より來《このかた》空寂《くうじゃく》なり、代謝《だいしゃ》して住《じゅう》せず念念《ねんねん》に生滅《しょうめつ》すと説《と》く。善男子《ぜんなんし》、是《こ》の故《ゆえ》に初説《△しょせつ》・中説《ちゅうせつ》、後説《ごせつ》、文辭《もんじ》是《こ》れ一なれども而《しか》も義別異《ぎべつい》なり。義異《ぎい》なるが故《ゆえ》に衆生《しゅじょう》の解異《げい》なり。解異《げい》なるが故《ゆえ》に得法《とくほう》・得果《とっか》・得道亦異《とくどうまたい》なり。善男子《ぜんなんし》、初《はじ》め四諦《たい》を説《と》いて聲聞《しょうもん》を求《もと》むる人《ひと》の爲《ため》にせしかども、而《しか》も八億《おく》の諸天來下《しょてんらいげ》して法《ほう》を聽《き》いて菩提心《ぼだいしん》を發《おこ》し、中《なかご》ろ處處《しょしょ》に於《おい》て、甚深《じんじん》の十二因縁《いんねん》を演説《えんぜつ》して辟支佛《びゃくしぶつ》を求《もと》むる人《ひと》の爲《ため》にせしかども、而《しか》も無量《むりょう》の衆生《しゅじょう》、菩提心《ぼだいしん》を發《おこ》し、或《あるい》は聲聞《しょうもん》に住《じゅう》しき。次《つぎ》に方《ほう》等《どう△》十二部經《ぶきょう》・摩訶般若《△まかはんにゃ》・華嚴海空《△けごんかいくう》を説《と》いて、菩薩《ぼさつ》の歴劫修行《△りゃっこうしゅぎょう》を宣説《せんぜつ》せしかども、而《しか》も百千の比丘《びく》・萬億《まんのく》の人《にん》・天《でん》・無量《むりょう》の衆生《しゅじょう》、須陀洹《△しゅだおん》・斯陀含《しだごん》・阿那含《あなごん》・阿羅漢果《あらかんが》・辟支佛《びゃくしぶつ》、因縁《いんねん》の法《ほう》の中《うち》に住《じゅう》することを得《う》。

無量義經・説法品　一五～一六頁

◇諸《もろもろ》の善男子《ぜんなんし》、過去無量無邊不可思議阿僧祇劫《かこむりょうむへんふかしぎ△あそうぎこう》の如《ごと》き、爾《そ》の時《とき》に佛《ほとけ》います、日月燈明《にちがつとうみょう》如來《にょらい》・應供《おうぐ》・正徧知《しょうへんち》・明行足《みょうぎょうそく》・善逝《ぜんぜい》・世間解《せけんげ》・無上士《むじょうじ》・調御丈夫《じょうごじょうぶ》・天人師《てんにんし》・佛《ぶつ》・世尊《せそん》と號《なづ》く。正法《しょうぼう》を演説《えんぜつ》したもう、△初善《しょぜん》・中善《ちゅうぜん》・後善《ごぜん》なり。其《そ》の義《ぎ》深遠《じんのん》に、其《そ》の語《ご》巧妙《ぎょうみょう》に、純《じゅん》一無雑《むぞう》にして、具足《ぐそく》△清白梵行《しょうびゃくぼんぎょう》の相《そう》なり。聲聞《しょうもん》を求《もと》むる者《もの》の爲《ため》には應《おう》ぜる四諦《たい》の法《ほう》を説《と》いて、生老病死《しょうろうびょうし》を度《ど》し涅槃《ねはん》を究竟《くきょう》せしめ、辟支佛《びゃくしぶつ》を求《もと》むる者《もの》の爲《ため》には應《おう》ぜる十二因縁《いんねん》の法《ほう》を説《と》き、諸《もろもろ》の菩薩《ぼさつ》の爲《ため》には應《おう》ぜる六波羅蜜《はらみつ》を説《と》いて、阿耨多羅《あのくたら》三藐《みゃく》三菩提《ぼだい》を得《え》、一△切《さい》種智《しゅち》を成《じょう》ぜしめたもう。

妙法蓮華經・序品　四七～四八頁

◆遺文

◇我《わ》が師《し》釋迦如來《しゃかにょらい》は△一代聖教乃至《だいしょうぎょうないし》△八萬法藏《まんほうぞう》の説者《せっしゃ》なり。此《こ》の娑婆無佛《しゃばむぶつ》の世《よ》に最先《まっさき》に出《い》でさせ給《たま》いて、一切衆生《さいしゅじょう》の眼目《がんもく》を開《ひら》き給《たま》う御佛《おんほとけ》なり。東西《とうざい》十方《ぽう》の諸佛《しょぶつ》・菩薩《ぼさつ》も、皆《みな》此《こ》の佛《ほとけ》の教《おし》えなるべし。

善無畏三藏鈔　六五五頁

◇十二因縁《いんねん》と申《もう》す法門《ほうもん》あり。意《こころ》は我等《われら》が身《み》は諸苦《しょく》を以《もっ》て體《たい》と爲《な》す。されば先世《せんぜ》に業《ごう》を造《つく》る故《ゆえ》に諸苦《しょく》を受《う》け、先世《せんぜ》の集煩惱《しゅうぼんのう》が諸苦《しょく》を招《まね》き集《あつ》め候《そうろう》。過去《かこ》の二因《いん》、現在《げんざい》の五果《か》、現在《げんざい》の三因《いん》、未來《みらい》の兩果《りょうか》とて、三世次第《ぜしだい》して一切《さい》の苦果《くか》を感《かん》ずるなり。在世《ざいせ》の二△乘《じょう》が此等《これら》の諸苦《しょく》を失《うしな》わんとて空理《くうり》に沈《しず》み、灰身滅智《けしんめっち》して菩薩《ぼさつ》の勤行精進《ごんぎょうしょうじん》の志《こころざし》を忘《わす》れ、空理《くうり》を證《しょう》得《とく》せん事《こと》を眞極《しんごく》と思《おも》うなり。佛方等《ほとけほうどう》の時《とき》此等《これら》の心地《しんぢ》を彈呵《たんが》し給《たま》いしなり。然《しか》るに生《しょう》を此《こ》の三界《がい》に受《う》けたる者苦《ものく》を離《はな》るる者《もの》あらんや。羅漢《らかん》の應供《おうぐ》すら猶此《なおかく》の如《ごと》し、況《いわん》や底下《ていげ》の凡《ぼん》夫《ぶ》をや。さてこそ急《いそ》ぎ生死《しょうじ》を離《はな》るべしと勸《すす》め申《もう》し候《そうら》え。

太田左衞門尉御返事　一六五六～一六五七頁

◇問《と》う、十二因縁流轉《いんねんるてん》の次第如何《しだいいかん》。答《こた》う、無明《むみょう》は行《ぎょう》に縁《えん》たり。行《ぎょう》は識《しき》に縁《えん》たり。識《しき》は名《みょう》色《しき》に縁《えん》たり。名色《みょうしき》は六入《にゅう》に縁《えん》たり。六入《にゅう》は觸《そく》に縁《えん》たり。觸《そく》は受《じゅ》に縁《えん》たり。受《じゅ》は愛《あい》に縁《えん》たり。愛《あい》は取《しゅ》に縁《えん》たり。取《しゅ》は有《う》に縁《えん》たり。有《う》は生《しょう》に縁《えん》たり。生《しょう》は老死《ろうし》・憂悲《うひ》・苦惱《くのう》に縁《えん》たり。是《こ》れ其《そ》の生死海《しょうじかい》に流轉《るてん》する方《ほう》なり。此《かく》の如《ごと》くして凡夫《ぼんぶ》とは成《な》るなり。

問《と》う、還滅《げんめつ》の十二因縁《いんねん》の樣如何《さまいかん》。答《こた》う、無明滅《むみょうめつ》すれば則《すなわ》ち行滅《ぎょうめつ》す。行滅《ぎょうめつ》すれば則《すなわ》ち識滅《しきめつ》す。識滅《しきめつ》すれば則《すなわ》ち名色滅《みょうしきめつ》す。名色滅《みょうしきめつ》すれば則《すなわ》ち六入滅《にゅうめつ》す。六入滅《にゅうめつ》すれば則《すなわ》ち觸滅《そくめつ》す。觸滅《そくめつ》すれば則《すなわ》ち受滅《じゅめつ》す。受滅《じゅめつ》すれば則《すなわ》ち愛滅《あいめつ》す。愛滅《あいめつ》すれば則《すなわ》ち取滅《しゅめつ》す。取滅《しゅめつ》すれば則《すなわ》ち有滅《うめつ》す。有滅《うめつ》すれば則《すなわ》ち生滅《しょうめつ》す。生滅《しょうめつ》すれば則《すなわ》ち老死憂悲苦惱滅《ろうしうひくのうめつ》す。是《こ》れ其《そ》の還滅《げんめつ》の様《さま》なり。

一念三千理事　二〇一頁

◆宗玄大徳

お釈迦《しゃか》さまの「出世《しゅっせ》の本懐《ほんかい》」　思《おも》い起《お》こせば今《いま》より三千年《ねん》のその昔《むかし》、釈尊《しゃくそん》はインドの伽《か》毘羅国《びらこく》、浄飯大王《じょうぼんだいおう》の王子《おうじ》と生《う》まれ給《たま》い、年紀《ねんき》十七の頃《ころ》、深《ふか》く人生《じんせい》に疑問《ぎもん》を懐《いだ》きつつ日夜《にちや》我等《われら》衆生《しゅじょう》が諸々《もろもろ》の苦悩《くのう》を受《う》けるを憐《あわれ》み給《たま》い、この煩悩《ぼんのう》を救《すく》わんとの大願《だいがん》を発《ほっ》し給《たま》いて、御年《おんとし》十九、潜《ひそ》かに王宮《おうきゅう》を脱《だっ》して雪山《せっせん》に分《わ》け入《い》らせられ、御身《おんみ》に着《つ》けられたりし七寶《ぽう》の剣《つるぎ》を解《と》き去《さ》り、頭《こうべ》に頂《いただ》き給《たま》いし宝冠《ほうかん》を脱《ぬ》ぎ捨《す》て、髻《もとどり》の名珠《めいじゅ》も把《と》りて父王《ちちおう》に献《けん》じ、身《み》に纏《まと》われし瓔珞《ようらく》を解《と》いて母公《ははぎみ》に献《けん》じ給《たま》い、御衣《おんころも》、玉帯《ぎょくたい》すら解《と》かせられて木《こ》の葉《は》の衣《ころも》を身《み》に纏《まと》い給《たま》い、山海《さんかい》の珍味《ちんみ》に代《か》えるに木《き》の実《み》を食《しょく》とし給《たま》い、大法《だいほう》を得《え》んがためにこそ樹根《じゅこん》、岩《がん》頭《とう》を伝《つた》って水《みず》を汲《く》み、薪《たきぎ》を拾《ひろ》い、菜《な》をも摘《つ》まれて、お肌《はだ》も鹿子《かのこ》まだらに血《ち》に染《そ》み給《たま》いしことども、その難行《なんぎょう》・苦行《くぎょう》の有様《ありさま》は到底《とうてい》我々《われわれ》の想像《そうぞう》の限《かぎ》りではありません。この難行《なんぎょう》もひとえに末法《まっぽう》の我等《われら》のためでありました。

かくして修行《しゅぎょう》し給《たも》うこと十二年《ねん》にして、雪山《せっせん》を出《い》でさせられたのでありました。その時《とき》のお姿《すがた》を画《え》に書《か》き、「出山《しゅっさん》の釈迦《しゃか》」として世《よ》に伝《つた》えております。

まず波羅那国《はらなこく》（波羅柰《はらない》・鹿野園《ろくやおん》）に至《いた》られて初《はじ》めて教化《きょうけ》をせられました。これが釈尊《しゃくそん》説法《せっぽう》の始《はじ》めであったのであります。

村上先生御法話集（一）一二九～一三〇頁

お釈迦《しゃか》さまのご説法《せっぽう》　ご説法《せっぽう》をせらるるようになってよりは、衆生《しゅじょう》の機根《きこん》に従《したが》ってあるいは方便《ほうべん》をもって教《おし》え、あるいは譬喩《ひゆ》をもって、浅識《せんしき》の者《もの》のためには解《げ》し易《やす》く浅《あさ》く説《と》き、深智《じんち》の者《もの》には深《ふか》くお説《と》きくださったのであります。その最初《さいしょ》は権大乗《ごんだいじょう》の華厳経《けごんきょう》であって三七日《にち》の間《あいだ》、次《つぎ》に小乗《しょうじょう》の阿含経《あごんきょう》を十二年《ねん》、権大乗《ごんだいじょう》の方等経《ほうどうきょう》を十六年《ねん》、同《おな》じく権大乗《ごんだいじょう》の般《はん》若経《にゃきょう》を十四年《ねん》、合《あ》わせて四十余年《よねん》。これを過《す》ぎて初《はじ》めて機根《きこん》の熟《じゅく》したことを知《し》られ、無《む》量義経《りょうぎきょう》にて「四十余年《よねん》には未《いま》だ真実《しんじつ》を顕《あらわ》さず」と権門《ごんもん》を打《う》ち破《やぶ》られて、釈尊出世《しゃくそんしゅっせ》の本懐《ほんかい》、一切衆生《さいしゅじょう》の必《かなら》ず成仏《じょうぶつ》すべき真実経《しんじつきょう》たる法華経《ほけきょう》を八か年《ねん》にわたりてお説《と》きくださったのであります。

村上先生御法話集（一）一三六～一三七頁

※お釈迦さまの出家・修行・成道等の年次については各説ありますが、宗玄大徳のご遺稿を尊重しました。

◆御開山上人　仏の十号

一、如来《にょらい》＝いつでも来《き》ているということで、われわれの心《こころ》に仏《ほとけ》の力《ちから》が通《かよ》っている。世《よ》に正《ただ》しい道《みち》が行《おこ》なわれるように、仏《ほとけ》の力《ちから》が通《かよ》っているのである。これは千万年《まんねん》通《つう》じても変《か》わらない。いつの日《ひ》、いつの時《とき》でも、仏《ほとけ》を念《ねん》ずる時《とき》、そこに仏《ほとけ》は現《あら》われる。これを如《にょ》来《らい》という。

二、応供《おうぐ》＝供養《くよう》を受《う》くべき者《もの》ということである。仏《ほとけ》は大勢《おおぜい》の人々《ひとびと》より感謝《かんしゃ》される者《もの》、大勢《おおぜい》の者《もの》の供養《くよう》を受《う》けて、また大勢《おおぜい》を利益《りやく》する資格《しかく》の者《もの》である。相互《そうご》に感謝《かんしゃ》をしあう中《なか》に住《じゅう》するものである。

三、正偏《しょうへん》（遍《へん》）知《ち》＝正《ただ》しい理《ことわり》をきわめつくして知《し》らないことがない。

四、明行足《みょうぎょうそく》＝明《みょう》は智慧《ちえ》の力《ちから》、行《ぎょう》は実行《じっこう》の力《ちから》、この智慧《ちえ》と実行《じっこう》が具足《ぐそく》しているということである。両方《りょうほう》そろうということが大切《たいせつ》である。

五、善逝《ぜんぜい》＝善《ぜん》は完全無欠《かんぜんむけつ》、逝《ぜい》は世間《せけん》の煩《わずら》いをはなれることで、完全《かんぜん》に離《はな》れつくしたものが善逝《ぜんぜい》である。

六、世間解《せけんげ》＝世《よ》の中《なか》の事《こと》を一つひとつくわしく知《し》りわけて、教《おしえ》を説《と》くこと。世間《せけん》の事《こと》を皆《みな》よく呑《の》み込《こ》んで、一々適切《てきせつ》な教《おしえ》をあたえる。

七、無上士《むじょうじ》＝この上《うえ》もない勝《すぐ》れた者《もの》ということ。

八、調御丈夫《じょうごじょうぶ》＝野獣《やじゅう》のような馬《うま》や象《ぞう》をだんだん訓練《くんれん》して、実際《じっさい》の役《やく》に立《た》つようにしあげる。それと同様《どうよう》に野獣性《やじゅうせい》のある人間《にんげん》を、それぞれ導《みちび》いて正《ただ》しい道《みち》に入《い》れて行《い》くこと。

九、天人師《てんにんし》＝天上界《てんじょうかい》、人間界《にんげんかい》も共《とも》に仏《ほとけ》を師《し》とする。天上界《てんじょうかい》というものは、婆羅門《ばらもん》でも、その他《ほか》の新興宗教《しんこうしゅうきょう》でも理想《りそう》の境界《きょうがい》と思《おも》っているようであるが、無事《ぶじ》な境界《きょうがい》は決《けっ》して人間《にんげん》に満足《まんぞく》を与《あた》えないものである。自分《じぶん》の働《はたら》きが他《た》の者《もの》の役《やく》に立《た》つことを悦《よろこ》ぶような生活《せいかつ》をせねばならぬ、と導《みちび》くこと。

十、仏《ぶつ》・世尊《せそん》＝仏《ぶつ》は覚者《かくしゃ》、覚《さと》った者《もの》という意味《いみ》。世《よ》の中《なか》の一番尊《ばんとうと》い者《もの》となったということ。

以上《いじょう》の十号《ごう》は仏《ほとけ》さまをおほめ申《もう》す言葉《ことば》である。仏《ほとけ》を称歎《しょうたん》することは、われわれ自身《じしん》の反省《はんせい》の基《もとい》であるというように考《かんが》えるとよい。

妙法蓮華経略義　一七〇～一七二頁

仏法《ぶっぽう》の入口《いりぐち》・四諦《たい》の法《ほう》と四苦《く》八苦《く》

釈尊《しゃくそん》が鹿野園《ろくやおん》において初《はじ》めて五人《にん》の比丘《びく》に説法《せっぽう》され

たのが「四諦《たい》（四聖諦《しょうたい》）の法《ほう》」です。この四諦《たい》は仏法《ぶっぽう》の入口《いりぐち》ですが、御《ご》一代《だい》の説法《せっぽう》の骨《こっ》子《し》となっているのです。

〔一、苦諦《くたい》。二、集諦《じったい》。三、滅諦《めったい》。四、道諦《どうたい》〕

一、苦諦《くたい》

諦《たい》というのは、真実《しんじつ》にしてけっして誤《あやま》りがないという意《い》です。苦諦《くたい》というのは、人生《じんせい》には満足《まんぞく》がないということを知《し》ることです。

貧乏《びんぼう》な者《もの》にはもちろん満足《まんぞく》はありませんが、富《と》んだ者《もの》も満足《まんぞく》はないのです。賤《いや》しい者《もの》にも、貴《とうと》い者《もの》にも満足《まんぞく》はないのです。愚《おろ》かな者《もの》は愚《おろ》かなために世《よ》の中《なか》の人々《ひとびと》よりあなどられるのですが、たとえ高《たか》い教育《きょういく》をうけて、多《おお》くのことを知《し》っていても、ただ多《おお》く知《し》っているだけでは真《しん》の満足《まんぞく》は得《え》られません。これが人生《じんせい》の常態《じょうたい》であります。我々《われわれ》はまずこのことから考《かんが》えなければならないのであります。

釈尊《しゃくそん》は人生《じんせい》には「**八苦**《く》」というものがあり、これはいかなる人《ひと》でも免《まぬが》れえぬものであるといっておられます。

「生《しょう》・老《ろう》・病《びょう》・死《し》」の四つの苦悩《くのう》を「**四苦**《く》」といいます。

生《う》まれるのは苦《くる》しみのはじめです。病気《びょうき》になればなお一層苦《そうくる》しまねばなりません。これに愚痴不足《ぐちぶそく》という悩《なや》みがともないます。老《お》いてゆくことも、年《とし》をとればとるほど罪《つみ》をかさねてゆくのみで、哀《あわ》れな状態《じょうたい》です。死《し》は又《また》、寂《さび》しくも悲《かな》しいものです。

この四苦《く》に「愛別離苦《あいべつりく》・怨憎会苦《おんぞうえく》・求不得苦《ぐふとっく》・五陰盛苦《おんじょうく》」を加《くわ》えれば八つの苦《く》になります。

「愛別離苦《あいべつりく》」とは、自分《じぶん》の愛《あい》するものに別《わか》れなければならぬということで、何人《なんびと》でもかならず経験《けいけん》する苦《くる》しみです。美《うつく》しいと思《おも》った花《はな》は風《かぜ》に散《ち》り、暖《あたた》かい春《はる》の日《ひ》は久《ひさ》しくつづかずして暑《あつ》い夏《なつ》が来《く》るのです。可愛《かわい》い子《こ》に死別《しべつ》をすることもあり、老《お》いて後《のち》、子《こ》に先立《さきだ》たれるのは最《もっと》も哀《あわ》れです。親《おや》に先立《さきだ》たれる子《こ》もあります。これらは王者《おうじゃ》の力《ちから》をもってしても、又《また》、巨万《きょまん》の富《とみ》をつかんでもけっして免《まぬが》れることができないものであります。

「怨憎会苦《おんぞうえく》」とは、自分《じぶん》がいとわしいとおもうことにであわなければならぬことです。梅雨《つゆ》などはずいぶんいとわしいものですが、これはいかなる人《ひと》の力《ちから》でも、とめることはできないのです。であう人《ひと》ごとに、誰《だれ》からもつねに愉快《ゆかい》な話《はなし》ばかり聞《き》いているわけには行《い》かないもので、不愉快《ふゆかい》なことも聞《き》かなければなりません。嫌《いや》だと思《おも》う人《ひと》と、いっしょに勤《つと》めなければならぬこともあります。いかに幸福《こうふく》な境遇《きょうぐう》にある人《ひと》でも、嫌《いや》なことに少《すこ》しもあわずに毎日《まいにち》をすごすことはできないものです。

「求不得苦《ぐふとっく》」とは、自分《じぶん》の求《もと》めるとおりのことが得《え》られないことです。日《ひ》の暮《く》れるのを止《と》めることができないのとおなじです。儲《もう》けようとしても儲《もう》からぬばかりか、求《もと》めざる苦《く》のみを得《え》るのです。よい地位《ちい》を得《え》たいと求《もと》めても、思《おも》うようには地位《ちい》も得《え》られず、得《え》たものは苦《く》であるのです。

「五陰盛苦《おんじょうく》」とは、われわれの身心《しんしん》一切《さい》の働《はたら》きのことであります。この身心《しんしん》の働《はたら》きが盛《さか》んであるためにいろいろな欲情《よくじょう》がおこるのであります。色《しき》・受《じゅ》・想《そう》・行《ぎょう》・識《しき》の五つになやまされて心《こころ》の平和《へいわ》がえられないのであります。

以上の八苦《く》は人生《じんせい》に身《み》をおいているかぎり、その人《ひと》の地位身分《ちいみぶん》のいかんにかかわらずともに免《まぬが》れえぬものです。しからば、すべての人《ひと》がこれらの八苦《く》になやまされ、その心《こころ》にすこしの平和《へいわ》もない状態《じょうたい》であったかと申《もう》しますと、釈尊《しゃくそん》は申《もう》すにおよばず、そのほかにもつねに平和安静《へいわあんせい》に毎日《まいにち》を送《おく》った人《ひと》も少《すく》なくありません。それは、要《よう》するに心《こころ》のもち方《かた》によるのであります。雲《くも》がいかに繁《しげ》くても月《つき》は光《ひかり》をうしなわぬように、いかに浪《なみ》が烈《はげ》しくても大《おお》いなる巌《いわお》は動《うご》かぬが如《ごと》く、心《こころ》の持《も》ち方《かた》一つによっていかなる境遇《きょうぐう》にあっても、いかに周囲《しゅうい》の事情《じじょう》が変《かわ》っても動揺《どうよう》も受《う》けず、苦悶《くもん》もなくすごすことができるのです。

周囲《しゅうい》の変化《へんか》によって、動《うご》かされるか動《うご》かされないか、これは迷悟《めいご》の二つで、この別《べつ》によってあきらかになります。もしおたがいに惑《まど》った心《こころ》をもてば、変化常《へんかつね》ない世間《せけん》において紛乱《ふんらん》をうみ、とまる所《ところ》を知《し》らぬのであります。われわれは人生《じんせい》が苦《くる》しみでみちていることを知《し》ると同時《どうじ》に、自《みずか》ら省《かえり》みてわが心《こころ》の煩悩《ぼんのう》にみたされたるあさましい状態《じょうたい》を、ふかく考《かんが》えなければなりません。

二、集諦《じったい》

われら凡夫《ぼんぶ》の心《こころ》は、煩悩《ぼんのう》が集《あつ》まってできたものだということを徹底的《てっていてき》に説《と》いて、われらに深《ふか》い反省《はんせい》をうながすものが集諦《じったい》です。愛《あい》するものにもいつかは別《わか》れなければならぬのが人生《じんせい》であります。これをしいて止《と》めようとすれば、苦《く》をまし、悩《なや》みをまし、争《あらそ》いを生《しょう》じ、罪《つみ》を作《つく》るようになってしまうのです。求《もと》めて得《え》られないのが人生《じんせい》です。しいてこれを求《もと》めようとするならば怨《うら》みをうけ、敵《てき》を作《つく》るようにもなります。

楞伽経《りょうがきょう》には「妄想自《もうぞうみずか》ら纏《まと》うこと蚕《かいこ》の繭《まゆ》を作《つく》るが如《ごと》し」とありますが、まことに適切《てきせつ》な喩《たと》えであります。われら凡夫《ぼんぶ》はまさしくそれのごとく、自《みずか》ら作《つく》る罪《つみ》によって自《みずか》らまとわれ、自《みずか》ら動《うご》けなくなってしまうのであります。

しからば凡夫《ぼんぶ》の心《こころ》には、どれほどおおくの煩悩《ぼんのう》があるのでしょうか。人《ひと》が生《い》きているということは「ともに生《い》きている」ということであります。しかるに人《ひと》として生《い》きて行《い》くこの本性《ほんしょう》を忘《わす》れ、小《ち》さい自己《じこ》一身《しん》の利害得失《りがいとくしつ》のみを考《かんが》え、これに囚《とらわ》れてしまうことによっていろいろな誤《あやま》りを生《しょう》じ、いろいろな苦《くる》しみを生《う》むのであります。

三、滅諦《めったい》

苦《くる》しみのもとの迷《まよ》いを滅《めっ》することであります。凡夫《ぼんぶ》の生活《せいかつ》ばかりが人間《にんげん》の生活《せいかつ》の全部《ぜんぶ》ではありません。このあさましい状態《じょうたい》をはなれきって、平和安静《へいわあんせい》に生活《せいかつ》している人《ひと》もあるのです。これが真《しん》の生《い》き方《かた》でありましょう。しかるに、かかる滅《めつ》をうるためにはおおくの努力《どりょく》をかさね、おおくの修行《しゅぎょう》をつまなければならぬのはもちろんであります。それにはぜひとも、仏《ほとけ》のような洪大《こうだい》な智慧《ちえ》をそなえられた方《かた》の教《おし》えに従《したが》って、修行《しゅぎょう》を積《つ》まなければなりません。

四、道諦《どうたい》

滅《めつ》にいたるべき道《みち》を教《おし》えられたものであります。苦《く》をはなれる道《みち》のことです。涅槃経《ねはんぎょう》の中《なか》の四句《く》の偈《げ》はことに世間《せけん》に知《し》られています。それを説明《せつめい》しましょう。

涅槃経《ねはんきょう》四句《く》の偈《げ》＝〔諸行無常《しょぎょうむじょう》・是生滅法《ぜしょうめっぽう》・生滅滅已《しょうめつめつい》・寂滅為楽《じゃくめついらく》〕

「諸行無常《しょぎょうむじょう》」諸行《しょぎょう》というものは、さまざまな現象《げんしょう》のことです。晴《は》れた空《そら》にも雲《くも》がおこり、その雲《くも》がしだいに深《ふか》くなって雨《あめ》となる。その雨《あめ》もしばらくしてやみ、雲《くも》は散《ち》ってもとの晴天《せいてん》となるというように、われわれの眼前《がんぜん》に現《あら》われる各種《かくしゅ》の現象《げんしょう》はたえず変化《へんか》していきます。一つとして常住《じょうじゅう》のものはないのです。花《はな》は咲《さ》くあり、落《お》つるあり。月《つき》は満月《まんげつ》あり、欠《か》くるあり。人《ひと》には栄枯盛衰《えいこせいすい》ありで、これらもことごとく無常《むじょう》なのであります。こういうことばかり見《み》ていると誰《だれ》でも厭世的《えんせいてき》な考《かんが》えをおこすようになるのです。しかしわれわれは無常《むじょう》を無常《むじょう》として悲観《ひかん》せず、なぜ諸行《しょぎょう》が無常《むじょう》となるかを考《かんが》えてみるべきです。

「是生滅法《ぜしょうめっぽう》」諸行《しょぎょう》のさまざまな現象《げんしょう》が無常《むじょう》なのは、生滅《しょうめつ》の法《ほう》なるがゆえである、というのです。この「法《ほう》」は、方法《ほうほう》とか法則《ほうそく》という意味《いみ》ではなく、単《たん》にものという意味《いみ》です。すなわち、生滅《しょうめつ》するものということであります。われわれはいつも、すべての事物《じぶつ》が生《しょう》滅変化《めつへんか》する方向《ほうこう》ばかり見《み》ているので、無常《むじょう》に見《み》えるのも不思議《ふしぎ》はないのです。あらゆる現象《げんしょう》は生滅変化《しょうめつへんか》するのです。しかし、かく生滅変化《しょうめつへんか》するものよりほかになにも実在《じつざい》せぬかといえば、けっしてそうではありません。なるほど花《はな》は開《ひら》いても間《ま》もなく散《ち》り、月《つき》は満《み》ちてただちに欠《か》けて行《い》くのでありますが、しかし花《はな》はそれぞれ咲《さ》く時期《じき》になると、また咲《さ》き、散《ち》る時期《じき》に散《ち》っていきます。花《はな》の開《ひら》かぬ春《はる》もなく、枯葉《かれは》の散《ち》らない秋《あき》もないのです。また月《つき》は満《み》つるとともに必《かなら》ず欠《か》け、欠《か》けおわってもまた必《かなら》ず満《み》ちて行《い》くのであります。欠《か》けたまま満《み》ちぬということは一度《ど》もないし、満《み》ちたまま欠《か》けぬということも一度《ど》もないのです。このように、変化《へんか》の中《なか》にも定《さだ》まった法則《ほうそく》が厳《げん》として存在《そんざい》するということがわかります。波《なみ》はよせたりかえしたりしますが、海《うみ》の水《みず》その物《もの》に増減《ぞうげん》はほとんどありません。石炭《せきたん》を燃《も》やせば灰《はい》となり、またその一部分《ぶぶん》は煙《けむり》となって、石炭《せきたん》その物《もの》の元《もと》の姿《すがた》は失《うしな》われてしまいますが、灰《はい》となり、煙《けむり》となってやはり存在《そんざい》しているのであります。物質《ぶっしつ》にはすこしの増減《ぞうげん》もないのであります。ここで「無常《むじょう》」のなかを一貫《かん》して「常住《じょうじゅう》」の存《ぞん》することを知《し》るべきであります。生滅変化《しょうめつへんか》する方向《ほうこう》のみを見《み》てこれに囚《とら》われてしまうから、さまざまの違《ちが》った考《かんが》えがおこってきます。変化《へんか》して行《い》くところに文化《ぶんか》・文明《ぶんめい》の向上《こうじょう》、事業《じぎょう》の繁栄《はんえい》があり、善根《ぜんこん》をつむことの意義《いぎ》が判《わか》ってくるのであります。

「生滅滅已《しょうめつめつい》」生滅《しょうめつ》が滅《めっ》し已《おわ》れば、ということであります。生滅《しょうめつ》ということがなくなれば、すなわち不生不滅《ふしょうふめつ》であります。すなわち「生滅変化《しょうめつへんか》に囚《とら》われず、不生不滅《ふしょうふめつ》なものを囚《とら》え得《う》れば」というのです。ここが迷悟《めいご》の分《わか》れ目《め》です。

生滅変化《しょうめつへんか》の方面《ほうこう》のみを見《み》ている者《もの》の一生《しょう》は苦《く》であります。そこに何等《なんら》の平和《へいわ》も安定《あんてい》もありません。もし不生不滅《ふしょうふめつ》なものを囚《とら》え得《う》るならば、はじめて苦《く》を脱《だっ》して楽《らく》を得《う》べきであります。生滅変化《しょうめつへんか》を楽《たの》しみとすることが大切《たいせつ》です。

「寂滅為楽《じゃくめついらく》」寂滅《じゃくめつ》を楽《らく》と為《な》すというのであります。寂滅《じゃくめつ》とは「涅槃《ねはん》」のことです。他《た》の者《もの》のために影響《えいきょう》を受《う》けぬということで、周囲《しゅうい》がいかに変化《へんか》してもさらにこれがために動《うご》かされぬことであります。こうなればその心《こころ》に憂《うれ》いもなく、悩《なや》みもないわけです。道《みち》をもって楽《たの》しみとなすことであります。社会《しゃかい》にたって大活動《だいかつどう》をなし得《う》べき者《もの》は、かくの如《ごと》き人《ひと》でなければなりません。周囲《しゅうい》の事情《じじょう》によってつねに影響《えいきょう》される不安定《ふあんてい》な人《ひと》が、その周囲《しゅうい》の多《おお》くの人々《ひとびと》に、良《よ》き感化《かんか》をあたえることはできません。真《しん》に寂滅《じゃくめつ》という境界《きょうがい》に達《たっ》した人《ひと》が、世間《せけん》にたって多《おお》くの人《ひと》をみちびくとき、はじめて大《おお》いなる利益《りやく》をおおくの人《ひと》にあたえていくでしょう。欲《よく》がふかくて、他《た》に対《たい》して求《もと》めるところの多《おお》い人《ひと》は、結局自《けっきょくじ》分《ぶん》の主張《しゅちょう》をなげうつような結果《けっか》になるのです。貪《むさぼ》らず、周囲《しゅうい》の事情《じじょう》の変化《へんか》によっていちいち心《こころ》をうごかされぬ人《ひと》にして初《はじ》めて、よくその主張《しゅちょう》を貫《つらぬ》き、世《よ》のためにも人《ひと》のためにも十分《ぶん》尽《つ》くすことができるのです。これが仏《ほとけ》の道《みち》であります。この仏《ほとけ》の道《みち》を実践《じっせん》することによって、自分《じぶん》も他《た》の人《ひと》も、ともに意義《いぎ》ある楽《たの》しい人生《じんせい》をつくり得《う》るのであります。

この諸行無常《しょぎょうむじょう》の四句《く》の偈《げ》をわかりやすく歌《うた》にしたものに、「いろは歌《うた》」があります。それをのせておきましょう。

色《いろ》は匂《にほ》へと散《ち》りぬるを　（諸行無常《しょぎょうむじょう》）
我《わ》か世誰《よたれ》そ常《つね》ならむ　（是生滅法《ぜしょうめっぽう》）
有為《うい》の奥山今日《おくやまけふ》越《こ》えて　（生滅滅已《しょうめつめつい》）
浅《あさ》き夢見《ゆめみ》し酔《え》ひもせす　（寂滅為楽《じゃくめついらく》）

現代生活の指針　二九〜三八頁

十二因縁《いんねん》の事《こと》　十二因縁《いんねん》というのは、無明《むみょう》、行《ぎょう》、識《しき》、名色《みょうしき》、六処《しょ》（入《にゅう》）、触《そく》、受《じゅ》、愛《あい》、取《しゅ》、有《う》、生《しょう》、老死《ろうし》である。

教《おしえ》を知《し》らない者《もの》の、一生涯《しょうがい》の心《こころ》の働《はたら》きと身《み》の働《はたら》きとを調《しら》べてみると、こういう道《みち》を通《とお》っているという、凡夫《ぼんぶ》の生涯《しょうがい》の縮図《しゅくず》のようなものである。

初《はじ》めの、無明《むみょう》、行《ぎょう》の二つは前生《ぜんしょう》で、三から以下《いか》が今生《こんじょう》になる。さて、「無明《むみょう》」というのは、その前生《ぜんしょう》において心《こころ》に迷《まよ》いがあって、迷《まよ》った心持《こころもち》をもっておった。だからその無明《むみょう》によって次《つぎ》の、

「行《ぎょう》」といって、不完全《ふかんぜん》な行《ぎょう》をしておった。迷《まよ》いが行《ぎょう》に現《あらわ》れて不完全《ふかんぜん》な行《ぎょう》をしておった。その命《いのち》が今生《こんじょう》に生《うま》れてくる。

「識《しき》」というのは、われわれの生《うま》れてきた時《とき》に持《も》ってきた性質《せいしつ》である。生《うま》れた時《とき》は決《けっ》して人間《にんげん》は完全無欠《かんぜんむけつ》なものではない。

「名色《みょうしき》」というのは、年《とし》をへるにしたがい「名《みょう》」は心《こころ》、「色《しき》」は身《み》のことで、その心《こころ》も身《み》も発達《はったつ》して来《く》る。またその働《はたら》きもだんだん発達《はったつ》してくる。

「六処《しょ》」というのは、心《こころ》と身《み》の働《はたら》きが六つに分《わか》れてくる。いわゆる、眼《げん》、耳《に》、鼻《び》、舌《ぜつ》、身《しん》、意《い》の六根《こん》で、眼《め》で物《もの》を見《み》、耳《みみ》で音《おと》を聴《き》き、鼻《はな》で香《かおり》を嗅《か》ぎ、舌《した》で物《もの》を味《あじわ》い、身《み》で触《ふ》れてかたいとかやわらかいとか、つめたい、あついとわかる意《い》で、これは物《もの》、これは人《ひと》と

いうこと、そのはたらきまで考《かんが》えるようになる。だんだん大《おお》きく育《そだ》って行《い》くほど六つの働《はたら》きも発達《はったつ》してくるのである。

「触《そく》」というのは、外界《げかい》の感覚《かんかく》である。外《そと》から与《あた》えられた刺戟《しげき》によって感覚《かんかく》が起《おこ》る。この色《いろ》は赤《あか》い、白《しろ》い。この音《おと》は大《おお》きい、小《ちい》さい。鼻《はな》でもいろいろな香《かおり》を嗅《か》ぎ分《わ》け、舌《した》では甘《あま》い、辛《から》いの感覚《かんかく》が出《で》てくる。

「受《じゅ》」とは、感情《かんじょう》である。よい色《いろ》だ、悪《わる》い色《いろ》だ。気持《きも》ちがよい、気持《きも》ちが悪《わる》いというように受《う》ける感情《かんじょう》をいう。

「愛《あい》」は、好《す》き、嫌《きら》いというものが起《おこ》る。好《す》きなものはながく続《つづ》くように、嫌《きら》いなものはなるべくさけたいというようになる。好悪《こうお》、愛憎《あいぞう》をいう。

「取《しゅ》」とは選択作用《せんたくさよう》、すなわちえらぶ作用《さよう》が起《おこ》る。好《す》きなものはなるべくながく置《お》きたい。嫌《いや》なものは止《や》めたいというような、えらぶという働《はたら》きである。

「有《う》」というのは、選択作用《せんたくさよう》によって、よいものは俺《おれ》のものだ。悪《わる》いものは貴様《きさま》持《も》って行《い》けというように差別《さべつ》してしまう。好《す》き、嫌《きら》いの中《なか》に、またいろいろえらび立《た》てをするから差別《さべつ》が起《おこ》り、人生《じんせい》が面倒《めんどう》になる。

「生《しょう》」とは人生《じんせい》、この世《よ》の中《なか》というものができてくる。敵《てき》になったり、味方《みかた》になったり、差別《さべつ》をつけたりして、始終《しじゅう》わずらい事《ごと》だらけの人生《じんせい》が一生涯《しょうがいつづ》続くのである。「老死《ろうし》」とは、それで一生涯《しょうがい》、すきだ、嫌《きら》いだといって年《とし》をとって気力《きりょく》が衰《おとろ》え、人生《じんせい》は思《おも》うにまかせずといいながら死《し》んでいってしまう。

幾度人《いくどひと》と生《うま》れても、この十二の階段《かいだん》をいくらでも繰返《くりかえ》して、不平《ふへい》をいいながら無意義《むいぎ》にくらしてしまう。それでは人《ひと》の一生《しょう》は実《じつ》に味気《あじけ》ない一生《しょう》である。それ故第《ゆえだい》一番《ばん》の無明《むみょう》を根《ね》から取《と》りのぞかなければならない。また取《と》りのぞくことに努力《どりょく》せねばならぬ。

この十二因縁《いんねん》は凡夫《ぼんぷ》の生活《せいかつ》であるから、辟支仏《ひゃくしぶつ》といって、日々出《ひびで》あう事柄《ことがら》によって世《よ》の中《なか》のまよいをはなれる心持《こころも》ちを作《つく》りたいという要求《ようきゅう》のある者《もの》に、それに相当《そうとう》する十二因縁《いんねん》の法《ほう》を説《と》いて、〝これが凡夫《ぼんぷ》の生活《せいかつ》だ。こんな不完全《ふかんぜん》な生活《せいかつ》をはなれなければならぬ〟と徹底的《てっていてき》に教《おし》えられた。

妙法蓮華経略義　四四～四六頁

◆日達上人

大乗仏教誕生《だいじょうぶっきょうたんじょう》の途《と》

お釈迦《しゃか》さまが教《おし》えを説《と》き始《はじ》められたのは、紀元前《きげんぜん》五世紀《せいき》の頃《ころ》であります。お釈迦《しゃか》さまが亡《な》くなられた後《あと》に、お姿《すがた》を偲《しの》ぶよすがとして初《はじ》めに仏塔《ぶっとう》が作《つく》られました。ご遺骨《いこつ》を供養《くよう》するためです。その後《ご》、跡《あと》を偲《しの》ぶための「仏足跡《ぶっそくせき》」が出来《でき》ました。次《つぎ》に、仏教《ぶっきょう》の広《ひろ》がりを象徴《しょうちょう》する「法輪《ほうりん》」が信仰《しんこう》の対象《たいしょう》として表《あら》わされました。船《ふね》を操舵《そうだ》するハンドルのような形《かたち》をしています。

「仏像《ぶつぞう》」が出来《でき》たのは紀元前《きげんぜん》二世紀《せいき》の頃《ころ》です。有名《ゆうめい》な「ガンダーラ仏《ぶつ》」の誕生《たんじょう》です。

この頃《ころ》、カニシカ王《おう》がクシャン帝国《ていこく》を築《きず》きました。今《いま》のパキスタン一帯《たい》です。昔《むかし》はインド領《りょう》でした。中国《ちゅうごく》とヨーロッパを結《むす》ぶ東西交易《とうざいこうえき》の要衝《ようしょう》として栄《さか》え、大商人《だいしょうにん》も生《う》まれました。人間面白《にんげんおもしろ》いもので、お金《かね》が出来《でき》、安楽《あんらく》な生活《せいかつ》が出来《でき》るようになると今度《こんど》は、〝今世《こんぜ》はいいけれども来世《らいせ》はどうなるだろう〟という不安《ふあん》が出《で》てくるようです。そこに、大乗仏教《だいじょうぶっきょう》が興《おこ》りました。それまでの仏教《ぶっきょう》は、お坊《ぼう》さんだけが修行《しゅぎょう》して煩悩《ぼんのう》をなくし、さとりを得《え》ようとするもので、在家《ざいけ》の人々《ひとびと》は食《た》べ物《もの》などを供養《くよう》するという関係《かんけい》の、いわば小乗仏教《しょうじょうぶっきょう》でした。それにあきたらない人々《ひとびと》は、自分《じぶん》たちも修養《しゅうよう》してさとりを得《え》ようと、信仰《しんこう》を求《もと》めたのです。ですから大乗仏教《だいじょうぶっきょう》は、「在家仏教《ざいけぶっきょう》」とも言《い》えます。

最近研究《さいきんけんきゅう》が進《すす》んで、経文《きょうもん》の書《か》かれたボロボロの木《き》の皮《かわ》や、獣《けもの》の皮《かわ》などがクシャン帝国《ていこく》の遺跡《いせき》から発掘《はっくつ》されました。その中《なか》に、六波羅蜜《はらみつ》の書《か》かれた物《もの》もありました。菩薩行《ぼさつぎょう》を実践《じっせん》する大乗仏教《だいじょうぶっきょう》の発生《はっせい》が、その地《ち》に証明《しょうめい》されたのです。

大乗仏教《だいじょうぶっきょう》を信仰《しんこう》する在家《ざいけ》の人々《ひとびと》の間《あいだ》に〝仏塔《ぶっとう》や仏足跡《ぶっそくせき》や法輪《ほうりん》を拝《おが》むのもいいけれど、実際《じっさい》に仏《ほとけ》さまを拝《おが》みたい〟という心《こころ》が起《お》き始《はじ》めました。最初《さいしょ》は土偶《どぐう》のような物《もの》が作《つく》られますが、その内《うち》にギリシア美術《びじゅつ》と融合《ゆうごう》して、ガンダーラ仏《ぶつ》が出来《でき》たのです。非常《ひじょう》に端正《たんせい》で、きれいな仏《ほとけ》さまです。

『月刊法音』第四二七号　八〜九頁

お釈迦《しゃか》さまの初期《しょき》の説法《せっぽう》

お釈迦《しゃか》さまは「自分《じぶん》は仏教《ぶっきょう》を信仰《しんこう》していると言《い》っても『戒《かい》・定《じょう》・慧《え》』の三学《がく》を学《まな》ばない者《もの》は　私《わたくし》の弟子《でし》とは言《い》えない」とおっしゃいました。戒《かい》は戒律《かいりつ》です。定《じょう》は心《こころ》を落《お》ち着《つ》かせること。慧《え》は智慧《ちえ》であります。そして、実行《じっこう》の方法《ほう》として「八正道《しょうどう》」を説《と》かれました。

お釈迦《しゃか》さまの最初《さいしょ》のご説法《せっぽう》は「苦《く》・集《しゅう》・滅《めつ》・道《どう》」の四聖諦《しょうたい》でありますが、その苦《く》を滅《めつ》する道《みち》として説《と》かれたのであります。

八正道《しょうどう》のこと　八つの正《ただ》しいことをしなければならないと思《おも》うと大変《たいへん》ですが、お釈迦《しゃか》さまの時代《じだい》のお弟子《でし》の方々《かたがた》はともかく、現代《げんだい》を生《い》きる私共《わたくしども》は、現代《げんだい》に則《そく》して、大体《だいたい》のことがわかればいいのではないかと思《おも》います。〝人間《にんげん》として生《い》きてゆく上《うえ》に於《おい》て、正《ただ》しい行《おこ》ないをする〟ということです。

一、正見《しょうけん》。正《ただ》しい見方《みかた》です。この世界《せかい》の真実《しんじつ》の姿《すがた》、「四聖諦《しょうたい》」を知《し》ることです。まず「苦諦《くたい》」です。人生《じんせい》は思《おも》うようにならないことばかりです。〝幸《しあわ》せにしてあげると言《い》うから結婚《けっこん》したけど、現実《げんじつ》は違《ちが》った〟ということはよく聞《き》くことです。思《おも》うようにならないのは相手《あいて》があるからです。自分一人《じぶんひとり》なら何《なん》とかなることも、相手《あいて》がいる以上《いじょう》、簡単《かんたん》にはゆきません。それが苦《く》の本《もと》となります。

この苦《く》も、一つだけでなく二つも三つも集《あつ》まってくるとやっかいです。また〝どうしてこんなことになったのかわからない〟という苦《く》も、世《よ》の中《なか》にはあります。しかし、〝どうして〟と嘆《なげ》いているだけではさらに悪《わる》い因縁《いんねん》が出来《でき》て、悪《わる》い結果《けっか》しか現《あら》われません。

人生《じんせい》にはいろいろなことがあります。そのすべては因縁《いんねん》によって起《お》きているのです。これが、この世界《せかい》の真実《しんじつ》の姿《すがた》であります。

二、正思《しょうし》。正《ただ》しく考《かんが》えることです。

善根功徳《ぜんこんくどく》を積《つ》むにはまず、貪《とん》・瞋《じん》・痴《ち》の三毒《どく》を慎《つつし》まなければなりません。この三毒《どく》は、〝自分《じぶん》さえ良《よ》ければいい〟という、自分勝手《じぶんかって》な考《かんが》えから起《お》こります。

貪《むさぼ》りは、〝もっともっと〟と求《もと》めてやまない欲《よく》の心《こころ》です。喜《よろこ》びのない心《こころ》です。

瞋《いか》りは、思《おも》うようにならないところに起《お》こります。

愚痴《ぐち》も同《おな》じです。思《おも》うようにならないことに出《で》くわすと、気《き》の強《つよ》い人《ひと》は怒《おこ》り、気《き》の弱《よわ》い人《ひと》は愚痴《ぐち》を言《い》うことになります。

三毒《どく》に振《ふ》り回《まわ》されやすい心《こころ》を反省《はんせい》して、〝思《おも》うようにならなくてあたりまえ〟と考《かんが》えてゆくと、心《こころ》の動揺《どうよう》も少《すこ》しは防《ふせ》ぐことができると思《おも》います。自分一人《じぶんひとり》ですら思《おも》うようにならないのに、他人《たにん》までも思《おも》うようにしようというのはおこがましいことです。

三毒《どく》は徳《とく》を減《へ》らし、罪障《ざいしょう》を作《つく》ります。自分中心《じぶんちゅうしん》の考《かんが》えを改《あらた》めてゆきましょう。

三、正語《しょうご》。正《ただ》しい言葉《ことば》です。嘘《うそ》を言《い》ったり、二枚舌《まいじた》と言《い》って、こちらではあちらの悪口《わるくち》を言《い》い、あちらではこちらの悪口《わるくち》を言《い》う人《ひと》がいますが、いいことではありません。また、いいかげんなことを言《い》うのもいけません。

四、正業《しょうごう》。正《ただ》しい行《おこ》ないです。

一口《くち》に正《ただ》しいと言《い》われても、何《なに》が正《ただ》しいのかわかりにくいことですが、たとえば、殺生《せっしょう》とか盗《ぬす》みは正《ただ》しいことと言《い》えません。しかし、日常生活《にちじょうせいかつ》の中《なか》で平気《へいき》でしていることがあります。

人間《にんげん》生《い》きてゆくには、食《た》べ物《もの》が必要《ひつよう》です。肉《にく》・魚《さかな》・野菜《やさい》、これらの物《もの》はみな、命《いのち》のある物《もの》です。絶対《ぜったい》に殺生《せっしょう》は許《ゆる》されないというのなら、食《た》べられなくなります。それでは死《し》んでしまいます。そこで考《かんが》えるべきことは、〝無駄遣《むだづか》いをしない〟ということ、食《た》べ物《もの》に感謝《かんしゃ》することです。

子《こ》どもの頃《ころ》、食《た》べ物《もの》を残《のこ》すと叱《しか》られました。最近《さいきん》は、あまり食《た》べると体《からだ》によくないし、太《ふと》るからという理由《りゆう》で、残《のこ》すことに抵抗感《ていこうかん》はなくなったように思《おも》います。

以前《いぜん》あるレストランで、お母《かあ》さんと小学校《しょうがっこう》二年生《ねんせい》くらいの男《おとこ》の子《こ》がハンバーグを注文《ちゅうもん》しているのを見《み》ました。運《はこ》ばれてくると早速《さっそく》男《おとこ》の子《こ》が食《た》べ始《はじ》めましたが、一口《くち》食《た》べて〝まずいからいらない〟と言《い》いました。するとお母《かあ》さんが〝ほっておきなさい〟と言《い》って、替《か》わりにサンドイッチを頼《たの》みました。それも半分《はんぶん》くらい食《た》べただけで帰《かえ》って行《い》きました。〝もったいない〟と思《おも》いましたが、食《た》べ物《もの》を残《のこ》すことに対する罪悪感《ざいあくかん》が最近《さいきん》はないようです。

これが食《た》べ物《もの》に対《たい》する殺生《せっしょう》です。まず大人《おとな》が、命《いのち》を提供《ていきょう》してくれた肉《にく》や野菜《やさい》に感謝《かんしゃ》して、子《こ》どもたちにも食《た》べ物《もの》の大切《たいせつ》さを教《おし》えてゆきたいものであります。

「盗《ぬす》み」も、知《し》らず知《し》らずにしていることがあります。人《ひと》の信頼《しんらい》を裏切《うらぎ》ったり、約束《やくそく》を守《まも》らないのは心《こころ》を盗《ぬす》むのと同《おな》じです。

五、正命《しょうみょう》。正《ただ》しい生活《せいかつ》です。恥《は》ずかしくない生《い》き方《かた》、人《ひと》にうしろ指《ゆび》を指《さ》されることのない日常生活《にちじょうせいかつ》を送《おく》ることです。

六、正精進《しょうしょうじん》。正《ただ》しいことを怠《おこた》りなく進《すす》めることです。

七、正念《しょうねん》。思慮《しりょ》深《ぶか》い心《こころ》を持《も》つことです。

八、正定《しょうじょう》。心《こころ》を修《おさ》め、統《とう》一することです。

様々《さまざま》に実行《じっこう》の方法《ほうほう》が説《と》かれていますが、〝むつかしいけれども頑張《がんば》ってやりなさい〟と言《い》われているのではないと思《おも》います。〝人《ひと》として、あたりまえのことをあたりまえのようにする〟と考《かんが》えてゆくといいと思《おも》います。

徳《とく》を積《つ》むということは、縁《えん》ある人《ひと》を喜《よろこ》ばせてゆくことです。この八正道《しょうどう》こそ、一番基《ばんき》本的《ほんてき》な徳《とく》の積《つ》み方《かた》です。日常生活《にちじょうせいかつ》の中《なか》で、一緒《しょ》に住《す》む人《ひと》、縁《えん》ある人《ひと》を喜《よろこ》ばせてゆくのが八正道《しょうどう》の心《こころ》です。

八正道《しょうどう》の心《こころ》で中道《ちゅうどう》を生《い》きる

「潮《しお》の干《ひ》ると満《み》つと、日《ひ》の出《い》づると入《い》ると、夏《なつ》と秋《あき》と、冬《ふゆ》と春《はる》との境《さかい》には、必《かなら》ず相違《そうい》する事《こと》あり。凡夫《ぼんぷ》の仏《ほとけ》になる、又斯《またかく》の如《ごと》し」（兵衛《ひょうえ》士殿《しどの》御返《ごへん》事《じ》）

この世界《せかい》の異《こと》なる様《さま》がいろいろに述《の》べられていますが、文明《ぶんめい》が進《すす》むと季節感《きせつかん》も、はっきりした区別《くべつ》がなくなるのでしょうか。野菜《やさい》でも果物《くだもの》でも、多《おお》くの物《もの》は収穫期《しゅうかくき》が年《ねん》に一度《ど》でしたから、その時期《じき》にしかお目《め》にかかることができませんでした。この頃《ごろ》は年中《ねんじゅう》あります。また、この本堂《ほんどう》もそうです。外《そと》は寒《さむ》くても中《なか》は暖房《だんぼう》で、春《はる》のようです。昔《むかし》はそれこそ〝冬《ふゆ》は冷房《れいぼう》、夏《なつ》は暖房《だんぼう》〟で、お話《はなし》をする私《わたくし》も、聞《き》かれる皆《みな》さんも大変《たいへん》でした。文明《ぶんめい》が進歩《しんぽ》して便利《べんり》になるのはいいけれど、問題《もんだい》もありそうです。心《こころ》がわがままになるのです。

このわがままを抑《おさ》える薬《くすり》が、お釈迦《しゃか》さまのおっしゃる中道《ちゅうどう》の心《こころ》です。八正道《しょうどう》も基本的《きほんてき》には、心《こころ》を中道《ちゅうどう》に保《たも》つこと、極端《きょくたん》なことや片寄《かたよ》った考《かん》え方《かた》をしないで、穏《おだ》やかな心《こころ》を保《たも》つための手段《しゅだん》と言《い》えます。

信仰《しんこう》をする目的《もくてき》の一つは、日々《ひび》穏《おだ》やかな心《こころ》で過《す》ごせるように修養《しゅうよう》することだと思《おも》います。そのためには、いろいろな形《かたち》で徳《とく》を積《つ》み、心《こころ》を広《ひろ》くすることです。トゲトゲの心《こころ》で毎日生活《まいにちせいかつ》していると、いいことにはなりません。

〝ありがたい〟と思《おも》えることを見《み》つけて善根功徳《ぜんこんくどく》を積《つ》んでゆくと、心《こころ》は穏《おだ》やかになり、「八正道《しょうどう》の心《こころ》で中道《ちゅうどう》を生《い》きる」ということになります。そうなるとお釈迦《しゃか》さまから〝私《わたくし》の弟子《でし》にふさわしい〟と言《い》って頂《いただ》けると思《おも》います。そういう心《こころ》でやってゆきましょう。

『月刊法音』第四七一号　九～一六頁

両極端《りょうきょくたん》を避《さ》ける中道《ちゅうどう》

お釈迦《しゃか》さまは「中道《ちゅうどう》」を説《と》かれました。中道《ちゅうどう》は「なかみち」とも読《よ》めます。昔法音寺《むかしほうおんじ》は、千種《ちくさ》の中道《なかみち》という所《ところ》にありました。私《わたくし》はそこで生《う》まれましたが、昭和《しょうわ》十二年《ねん》にこの地《ち》に引《ひ》っ越《こ》して来《き》ました。そのこととお釈迦《しゃか》さまの法門《ほうもん》「中道《ちゅうどう》」とは何《なん》の関係《かんけい》もありませんが、中道《ちゅうどう》の意味《いみ》を一口《くち》で言《い》うと、〝両極端《りょうきょくたん》のことを考《かんが》えない。

しない〟ということです。そこに戻《もど》ってみると、お釈迦《しゃか》さまがおっしゃることも何《なん》となくわかる気《き》がいたします。

両極端《りょうきょくたん》を避《さ》けるということは、お釈迦《しゃか》さまご自身《じしん》のご生涯《しょうがい》を見《み》るとよくわかります。カピラ城《じょう》の王子《おうじ》としてお生《う》まれになったお釈迦《しゃか》さまは、衣食住《いしょくじゅう》のすべてに満足《まんぞく》する、大変優雅《たいへんゆうが》な生活《せいかつ》の中《なか》で育《そだ》たれました。しかし、物質的《ぶっしつてき》な満足《まんぞく》が心《こころ》をも満《み》たすとは限《かぎ》りません。食《た》べ物《もの》一つとってもわかります。いつもおいしい物《もの》を食《た》べていると、本当《ほんとう》においしい物《もの》がわからなくなります。昔《むかし》、御開山上人《ごかいさんしょうにん》が大荒行《だいあらぎょう》に入《はい》られている時《とき》、面会《めんかい》のため身延山《みのぶさん》に行《い》きました。田中屋旅館《たなかやりょかん》に泊《と》まりましたが、そこの夕食《ゆうしょく》が大変《たいへん》なご馳走《ちそう》で、それは嬉《うれ》しいことでした。エビフライ・刺身《さしみ》・てんぷらなどに大喜《おおよろこ》びしました。しかし最《さい》近《きん》は、家《いえ》で簡単《かんたん》に食《た》べられますから、とりたててご馳走《ちそう》とは思《おも》えません。ご馳走《ちそう》は、たまに食《た》べるからいいのです。毎日《まいにち》となったらあたりまえとなって、感動《かんどう》も何《なに》もありません。カピラ城《じょう》での生活《せいかつ》は、毎日《まいにち》がそんな生活《せいかつ》でした。

四門出遊《もんしゅつゆう》の事《こと》　ある日《ひ》、城外《じょうがい》に散歩《さんぽ》に行《い》かれました。お城《しろ》には東南西北《ひがしみなみにしきた》の四方向《ほうこう》に門《もん》があり、最初《さいしょ》、東《ひがし》の門《もん》から出《で》た時《とき》、シワだらけでヨボヨボの老人《ろうじん》に出会《であ》いました。宮殿《きゅうでん》にそんな人《ひと》はいません。そこで家来《けらい》に「あれはどういう人《ひと》だ」と聞《き》きます。すると家来《けらい》が「人《ひと》は誰《だれ》も年《とし》をとるとあのようになるのです」と答《こた》えます。

次《つぎ》に南《みなみ》の門《もん》を出《で》た時《とき》は、病人《びょうにん》に出会《であ》います。病人《びょうにん》も宮殿《きゅうでん》にはいません。やはり家来《けらい》から、「人間《にんげん》はいつか病気《びょうき》になる」ということを聞《き》かれます。

西《にし》の門《もん》を出《で》た時《とき》は、お葬式《そうしき》の列《れつ》に出会《であ》います。そこで「人《ひと》は誰《だれ》も、必《かなら》ず死《し》ぬ」と言《い》われ、驚《おどろ》き、悲《かな》しみます。

最後《さいご》に北《きた》の門《もん》を出《で》た時《とき》、今度《こんど》は清々《すがすが》しい姿《すがた》の修行者《しゅぎょうしゃ》に会《あ》い、心《こころ》を打《う》たれます。そして、〝自分《じぶん》もあの人《ひと》のようになりたいものだ〟と出家《しゅっけ》の決意《けつい》をされたのです。それまでの安《あん》楽《らく》な生活《せいかつ》の中《なか》に、真《しん》の心《こころ》の安定《あんてい》はなかったのです。

修行《しゅぎょう》の道《みち》に入《はい》ると今度《こんど》は一転《てん》して、苦行《くぎょう》をすることになります。茨《いばら》の上《うえ》に坐《すわ》って瞑想《めいそう》したり、断食《だんじき》をしたり、水《みず》をかぶったりという、考《かんが》えられる限《かぎ》りの苦行《くぎょう》に挑《いど》むのです。しかし、いくら体《からだ》を痛《いた》めつけても心《こころ》の安定《あんてい》を見出《みいだ》すことができなくて、山《やま》を降《お》りられます。「出山《しゅっさん》の釈迦《しゃか》」図《ず》を拝見《はいけん》するとそのお姿《すがた》は、骨《ほね》と皮《かわ》ばかりに見《み》えますが、その後《あと》で、悟《さと》りを開《ひら》かれるのです。

お釈迦《しゃか》さまの悟《さと》りの根本《こんぽん》は縁起《えんぎ》の教《おし》えであり、また、〝人《ひと》は皆一人《みなひとり》ひとりが尊《とうと》く、かけがえのない存在《そんざい》であり、同時《どうじ》に愚《おろ》かな者《もの》でもある〟ということのように思《おも》います。

人間《にんげん》は誰一人《だれひとり》として同《おな》じ人《ひと》はいません。〝私《わたくし》なんかつまらない人間《にんげん》だから、いてもいなくてもいい〟と思《おも》っているとしたら、とんでもないことです。この私《わたくし》は、世界中《せかいじゅう》にたった一人《ひとり》しかいない「貴重品《きちょうひん》」です。

同時《どうじ》に、愚《おろ》かな者《もの》ということも、たしかなことです。私《わたくし》もよく〝何《なん》であんなバカなことをしたのだ〟と後悔《こうかい》することがあります。その時《とき》は〝もう二度《ど》としないぞ〟と反省《はんせい》しますが、また、同《おな》じことをしてしまいます。

人間《にんげん》は誰《だれ》もが、そういった両面《りょうめん》を持《も》っているのです。そこから、いろいろな教《おし》えが展開《てんかい》されていったような気《き》がいたします。

『月刊法音』第四二三号　一〇〜一二頁

うつり変《か》わる世界《せかい》

お釈迦《しゃか》さまは最初《さいしょ》のご説法《せっぽう》で「苦《く》・集《しゅう》・滅《めつ》・道《どう》」の四つの姿《すがた》を説《と》かれ、〝この世《よ》は苦《く》の世界《せかい》である〟と言《い》われました。そして苦《く》を滅《めっ》する道《みち》として「八つの正《ただ》しい道《みち》」を示《しめ》されました。

苦《く》とは、文字通《もじどお》り「苦《くる》しい」という意味《いみ》の他《ほか》に、「不満足《ふまんぞく》」とか、「思《おも》うようにならないこと」とか、「明日《あした》がどうなるかわからないという悩《なや》み」であります。

次《つぎ》に説《と》かれるのは「縁起《えんぎ》」、つまり、「因縁《いんねん》」であります。どんなことでもこの世《よ》の中《なか》のことは、〝偶然《ぐうぜん》〟とか、〝突然現《とつぜんあら》われた〟というようなことはなく、〝いろいろな因《いん》と縁《えん》によってそうなった〟と言《い》われたのです。

私《わたくし》は今《いま》ここでお話《はなし》をしております。皆《みな》さんはお聞《き》きになっておられます。これも決《けっ》して偶然《ぐうぜん》のことではありません。縁《えん》があったからです。

縁《えん》とは不思議《ふしぎ》なものです。私《わたくし》はお寺《てら》に生《う》まれましたが、お寺《てら》に生《う》まれても全《まった》く関係《かんけい》のない世界《せかい》に行《い》く場合《ばあい》もあります。皆《みな》さんも、今日《きょう》は法音寺《ほうおんじ》に来《こ》られましたが、もし、どこか他《ほか》の所《ところ》に行《い》くという縁《えん》が強《つよ》ければ、そちらに行《い》かれたと思《おも》います。そう考《かんが》えると、〝今日皆《きょうみな》さんはいい因縁《いんねん》の方《ほう》を選《えら》ばれた〟ということになります。しかし因縁《いんねん》というものは、いろいろ移《うつ》り変《か》わりますから、常《つね》にいい縁《えん》を選《えら》べるとは限《かぎ》りません。いい因縁《いんねん》に出会《であ》うにはやはり、それなりの徳《とく》が必要《ひつよう》です。

『月刊法音』第四二三号　五〜六頁

久遠実成の本師釈迦牟尼世尊

〝み仏《ほとけ》の教《おし》えの道《みち》はあたたかし
憂《う》き世《よ》の人《ひと》をみなおおうかな〟

宗玄大徳御詠

◆経　典

◇佛昔《ほとけむかし》釋種《△しゃくしゅ》より、出家《しゅっけ》して伽耶《△がや》に近《ちか》く、菩提樹《ぼだいじゅ》に坐《ざ》したまえり。爾《しか》より來《このかた》尚《な》お未《いま》だ久《ひさ》しからず。此《こ》の諸《もろもろ》の佛子等《ぶっしとう》は、其《その》の數量《かずはか》るべからず。久《ひさ》しく已《すで》に佛道《ぶつどう》を行《ぎょう》じて、神《△じん》道智力《づうちりき》に住《じゅう》せり。善《よ》く菩薩《ぼさつ》の道《どう》を學《がく》して、世間《せけん》の法《ほう》に染《そ》まざること、蓮華《れんげ》の水《みず》に在《あ》るが如《ごと》し。地《ぢ》よりして涌出《ゆじゅつ》し、皆《みな》恭敬《くぎょう》の心《こころ》を起《おこ》して、世尊《せそん》の前《みまえ》に住《じゅう》せり。是《こ》の事《じ》思議《しぎ》し難《がた》し。云何《いかん》ぞ信《しん》ずべき。佛《ほとけ》の得道《とくどう》は甚《はなは》だ近《ちか》く、成就《じょうじゅ》したまえる所《ところ》は甚《はなは》だ多《おお》し。願《ねが》わくは爲《ため》に衆《しゅ》の疑《うたがい》を除《のぞ》き、實《じつ》の如《ごと》く分別《ふんべつ》し説《と》きたまえ。譬《たと》えば少壮《しょうしょう》の人《ひと》、年始《としはじ》めて二十五なる人《ひと》に百歳《さい》の子《こ》の、髪白《かみしろ》くして面皺《おもてしわ》めるを示《しめ》して、是《こ》れ等《ら》我《わ》が所生《しょしょう》なりといい、子《こ》も亦是《またこ》れ父《ちち》なりと説《と》かん。父《ちち》は少《わか》くして子《こ》は老《お》いたる。世《よ》を擧《こぞ》って信《しん》ぜざる所《ところ》ならんが如《ごと》く、世尊《せそん》も亦是《またかく》の如《ごと》し。得道《とくどう》より来《このかた》甚《はなは》だ近《ちか》し。是《こ》の諸《もろもろ》の菩薩等《ぼさつとう》は志《こころざし》固《かた》くして怯弱《こうにゃく》なし。無《む》量劫《りょうこう》より來《このかた》、而《しか》も菩薩《ぼさつ》の道《どう》を行《ぎょう》ぜり。難問答《なんもんどう》に巧《たく》みにして、其《そ》の心畏《こころおそ》るる所《ところ》なく、忍《にん》辱《にく》の心決定《こころけつじょう》し、端正《たんじょう》にして威徳《いとく》あり、十方《ぽう》の佛《ほとけ》の讃《ほ》めたもう所《ところ》なり。

妙法蓮華經・從地涌出品　二七〇〜二七一頁

◇汝等諦《なんだちあきら》かに聴《き》け、如來《にょらい》の祕密神通《ひみつじんづう》の力《ちから》を。一切世間《さいせけん》の天《てん》・人及《にんおよ》び阿修羅《あしゅら》は、皆今《みないま》の釋《しゃ》迦牟尼佛《かむにぶつ》、釋氏《しゃくし》の宮《みや》を出《い》でて伽耶城《がやじょう》を去《さ》ること遠《とお》からず、道場《どうじょう》に坐《ざ》して阿耨多羅《あのくたら》三藐《みゃく》三菩提《ぼだい》を得《え》たりと謂《おも》えり。然《しか》るに善男子《ぜんなんし》、我實《われじつ》に成佛《じょうぶつ》してより已來《このかた》、無量無邊《むりょうむへん》百千萬億《まんのく》那《な》由他劫《ゆたこう》なり。

妙法蓮華經・如來壽量品　二七二〜二七三頁

◇我成佛《われじょうぶつ》してより已來甚《このかたはなは》だ大《おお》いに久遠《くおん》なり。壽命無量阿僧祇劫《じゅみょうむりょうあそうぎこう》、常住《じょうじゅう》にして滅《めっ》せず。諸《もろもろ》の善男子《ぜんなんし》、我本菩薩《われもとぼさつ》の道《どう》を行《ぎょう》じて成《じょう》ぜし所《ところ》の壽命《じゅみょう》、今猶《いまな》お未《いま》だ盡《つ》きず。復上《またかみ》の數《かず》に倍《ばい》せり。然《しか》るに今實《いまじつ》の滅度《めつど》に非《あらざ》れども、而《しか》も便《すなわ》ち唱《とな》えて當《まさ》に滅度《めつど》を取《と》るべしと言《い》う。如來是《にょらいこ》の方便《ほうべん》を以《もっ》て衆生《しゅじょう》を教化《きょうけ》す。所以《ゆえ》は何《いか》ん、若《も》し佛久《ほとけひさ》しく世《よ》に住《じゅう》せば、薄徳《はくとく》の人《ひと》は善根《ぜんごん》を種《う》えず。貧窮下賤《びんぐげせん》にして五欲《よく》に貪著《とんぢゃく》し、憶想妄見《おくそうもうけん》の網《あみ》の中《なか》に入《い》りなん。若《も》し如來常《にょらいつね》に在《あ》って滅《めっ》せずと見《み》ば、便《すなわ》ち憍恣《きょうし》を起《おこ》して厭怠《えんだい》を懐《いだ》き、難遭《なんぞう》の想《おもい》・恭敬《くぎょう》の心《こころ》を生《しょう》ずること能《あた》わず。是《こ》の故《ゆえ》に如來《にょらい》、方便《ほうべん》を以《もっ》て説《と》く、比丘《びく》當《まさ》に知《し》るべし、諸佛《しょぶつ》の出世《しゅっせ》には値遇《ちぐう》すべきこと難《かた》し。

妙法蓮華經・如來壽量品　二七五～二七六頁

◇我佛《われほとけ》を得《え》てより來《このかた》、經《へ》たる所《ところ》の諸《もろもろ》の劫數《こっしゅ》、無量《むりょう》百千萬《まん》、億載阿僧祇《おくさいあそうぎ》なり。常《つね》に法《ほう》を説《と》いて、無數億《むしゅおく》の衆生《しゅじょう》を教化《きょうけ》して、佛道《ぶつどう》に入《い》らしむ。爾《しか》しより來《このかた》無量劫《むりょうこう》なり。衆生《しゅじょう》を度《ど》せんが爲《ため》の故《ゆえ》に、方便《ほうべん》して涅槃《ねはん》を現《げん》ず。而《しか》も實《じつ》には滅度《めつど》せず、常《つね》に此《ここ》に住《じゅう》して法《ほう》を説《と》く。

妙法蓮華經・如來壽量品　二七九頁

◇佛希有《ほとけけう》の法《ほう》を説《と》きたもう、昔《むかし》より未《いま》だ曾《かつ》て聞《き》かざる所《ところ》なり。世尊《せそん》は大力《だいりき》ましまして、壽命量《じゅみょうはか》るべからず。無數《むしゅ》の諸《もろもろ》の佛子《ぶっし》、世尊《せそん》の分別《ふんべつ》して、法利《ほうり》を得《う》る者《もの》を説《と》きたもうを聞《き》いて、歡喜身《かんぎみ》に充徧《じゅうへん》す。或《あるい》は不退《ふたい》の地《ぢ》に住《じゅう》し、或《あるい》は陀羅尼《だらに》を得《え》、或《あるい》は無礙《むげ》の樂説《ぎょうせつ》、萬《まん》億《のく》の旋總持《せんそうじ》あり。

妙法蓮華經・分別功德品　二八五頁

◆遺文

◇彌勒菩薩涌出品《みろくぼさつゆじゅっぽん》に、四十餘年《よねん》の未見今見《みけんこんけん》の大菩薩《だいぼさつ》を、『佛《ほとけ》、爾《しか》して乃《すなわ》ち之《これ》を教化《きょうけ》して、初《はじ》めて道心《どうしん》を發《おこ》さしむ』等《とう》と說《と》かせ給《たま》いしを、疑《うたが》って云《いわ》く、『如來太子《にょらいたいし》たりし時《とき》、釋《しゃく》の宮《みや》を出《い》でて伽耶城《がやじょう》を去《さ》ること遠《とお》からず、道場《どうじょう》に坐《ざ》して阿耨多羅《あのくたら》三藐《みゃく》三菩提《ぼだい》を成《じょう》ずることを得《え》たまえり。是《これ》より已來《このかた》、始《はじ》めて四十餘年《よねん》を過《す》ぎたり。世尊云何《せそんいかん》ぞ此《こ》の少時《しょうじ》に於《お》いて、大《おお》に佛事《ぶつじ》を作《な》し給《たま》える』等云云《とううんぬん》。教主釋尊此等《きょうしゅしゃくそんこれら》の疑《うたが》いを晴《は》らさんが爲《ため》に、壽量品《じゅりょうほん》を說《と》かんとして、爾前迹門《にぜんしゃくもん》の所聞《きき》を擧《あ》げて云《いわ》く、『一切世間《さいせけん》の天人及《てんにんおよ》び阿修羅《あしゅら》は、皆今《みないま》の釋迦牟《しゃかむ》尼佛《にぶつ》は釋氏《しゃくし》の宮《みや》を出《い》でて伽耶城《がやじょう》を去《さ》ること遠《とお》からず、道場《どうじょう》に坐《ざ》して阿耨多羅《あのくたら》三藐《みゃく》三菩提《ぼだい》を得給《えたま》えりと謂《おも》えり』等云云《とううんぬん》。正《まさ》しく此《こ》の疑《うたが》いを答《こた》えて云《いわ》く、『然《しか》るに善男子《ぜんなんし》、我實《われじつ》に成佛《じょうぶつ》してより已來《このかた》、無量無邊《むりょうむへん》・百千萬億《まんのく》・那由佗劫《なゆたこう》なり』等云云《とううんぬん》。華嚴乃至般若《けごんないしはんにゃ》・大日《だいにち》經等《きょうとう》は二乘作佛《じょうさぶつ》を隱《かく》すのみならず、久遠實成《くおんじつじょう》を說《と》き隱《かく》させ給《たま》えり。此等《これら》の經經《きょうぎょう》に二つの失《とが》あり。一には行布《ぎょうふ》を存《そん》する故《ゆえ》に仍《な》お未《いま》だ權《ごん》を開《かい》せず、迹門《しゃくもん》の一念《ねん》三千を隱《かく》せり。二には始成《しじょう》を言《い》う故《ゆえ》に尚未《なおいま》だ迹《しゃく》を發《ほっ》せず、本門《ほんもん》の久遠《くおん》を隱《かく》せり。此等《これら》の二の大法《だいほう》は一代《だい》の鋼《こう》骨《こつ》、一切經《さいきょう》の心髓《しんずい》なり。迹門方便品《しゃくもんほうべんぼん》は一念《ねん》三千・二乘作佛《じょうさぶつ》を說《と》いて、爾前《にぜん》二種《しゅ》の失《とが》一つを脱《のが》れたり。然《しか》りと雖《いえど》も未《いま》だ發迹顯本《ほっしゃくけんぽん》せざれば、實《まこと》の一念《ねん》三千も現《あらわ》れず、二乘作佛《じょうさぶつ》も定《さだ》まらず。水中《すいちゅう》の月《つき》を見《み》るが如《ごと》し、根《ね》なし草《ぐさ》の波《なみ》の上《うえ》に浮《うか》べるに似《に》たり。本門《ほんもん》に至《いた》って始成正覺《しじょうしょうがく》を破《やぶ》れば四教《きょう》の果《か》を破《やぶ》る。四教《きょう》の果《か》を破《やぶ》れば四教《きょう》の因《いん》破《やぶ》れぬ。爾《に》前迹門《ぜんしゃくもん》の十界《かい》の因果《いんが》を打《う》ち破《やぶ》って、本門《ほんもん》の十界《かい》の因果《いんが》を説《と》き顯《あら》わす。此《こ》れ即《すなわ》ち本因本果《ほんいんほんが》の法門《ほうもん》なり。九界《かい》も無始《むし》の佛界《ぶっかい》に具《ぐ》し、佛界《ぶっかい》も無始《むし》の九界《かい》に備《そな》わりて、眞《まこと》の十界互具《かいごく》・百界《かい》千如《にょ》・一念《ねん》三千なるべし。

開目鈔・上　七八〇～七八一頁

◇『我實《われじつ》に成佛《じょうぶつ》してより已來《このかた》、無量無邊《むりょうむへん》・百千萬億《まんのく》・那由陀劫《なゆたこう》なり』等云云《とううんぬん》。此《こ》の文《もん》は華嚴經《けごんきょう》の三處《しょ》の『始成正覺《しじょうしょうがく》』、阿含經《あごんきょう》の『初成《しょじょう》』、淨名經《じょうみょうきょう》の『始坐佛樹《しざぶつじゅ》』、大集經《だいじゅっきょう》の『始十六年《しねん》』、大日經《だいにちきょう》の『我昔坐道場《がしゃくざどうじょう》』、仁王經《にんのうきょう》の『二十九年《ねん》』、無量義經《むりょうぎきょう》の『我先道場《がせんどうじょう》』、法華經方便品《ほけきょうほうべんぽん》の『我始坐道場《がしざどうじょう》』等《とう》を、一言《げん》に大虚妄《だいこもう》なりと破《やぶ》る文《もん》なり。此《こ》の過去《かこ》常顯《じょうあら》わる時《とき》、諸佛皆釋尊《しょぶつみなしゃくそん》の分身《ふんじん》なり。爾前迹門《にぜんしゃくもん》の時《とき》は、諸佛釋尊《しょぶつしゃくそん》に肩《かた》を並《なら》べて各修各《かくしゅかく》行《ぎょう》の佛《ほとけ》なり、かるが故《ゆえ》に諸佛《しょぶつ》を本尊《ほんぞん》とする者《もの》、釋尊等《しゃくそんとう》を下《くだ》す。今華嚴《いまけごん》の臺上《だいじょう》、方等《ほうどう》・般《はん》若《にゃ》・大日經等《だいにちきょうとう》の諸佛《しょぶつ》は、皆釋尊《みなしゃくそん》の眷屬《けんぞく》なり。

開目鈔・下　八〇四頁

◇久遠實成《くおんじつじょう》の釋迦如來《しゃかにょらい》は、『我《わ》が昔《むかし》の所願《しょがん》の如《ごと》きは今已《いますで》に滿足《まんぞく》す。一切衆生《さいしゅじょう》を化《け》して皆《みな》佛道《ぶつどう》に入《い》らしむ』とて、御願已《ごがんすで》に滿足《まんぞく》し、如來《にょらい》の滅後《めつご》後《ご》五百歳中廣宣流布《さいちゅうこうせんるふ》の付屬《ふぞく》を說《と》かんが爲《た》め、地涌《ぢゆ》の菩薩《ぼさつ》を召《め》し出《いだ》して、本門《ほんもん》の當體蓮華《△とうたいれんげ》を要《よう》を以《もっ》て付屬《ふぞく》したまえる文《もん》なれば、釋尊出世《しゃくそんしゅっせ》の本懐《ほんがい》、道場所得《どうじょうしょとく》の祕法《ひほう》、末法《まっぽう》の我等《われら》が現當《△げんとう》二世《せ》を成就《じょうじゅ》する當體蓮華《とうたいれんげ》の誠證《じょうしょう》は此《こ》の文《もん》なり。故《ゆえ》に末法今時《まっぽうこんじ》に於《おい》て、如來《にょらい》の御使《おんつかい》より外《ほか》に、當體蓮華《とうたいれんげ》の證文《しょうもん》を知《し》って出《いだ》す人《ひと》すべてあるべからざるなり。眞實以《しんじつもっ》て祕文《ひもん》なり。眞實以《しんじつもっ》て大事《だいじ》なり。眞實以《しんじつもっ》て尊《とうと》きなり。

當體義鈔　一〇〇四頁

◇久遠實成《くおんじつじょう》の釋尊《しゃくそん》と、皆成佛道《かいじょうぶつどう》の法華經《ほけきょう》と、我等衆生《われらしゅじょう》との三つ全《まった》く差別《しゃべつ》なしと解《さと》りて、妙法蓮華經《みょうほうれんげきょう》と唱《とな》え奉《たてまつ》る處《ところ》を、生死《△しょうじ》一大事《だいじ》の血脈《けちみゃく》とは云《い》うなり。此《こ》の事但日蓮《ことただにちれん》が弟子檀那等《でしだんなとう》の肝要《かんよう》なり、法華經《ほけきょう》を持《たも》つとは是《これ》なり。

生死一大事血脈鈔　七六〇頁

◆御開山上人

妙法蓮華経如来寿量品《みょうほうれんげきょうにょらいじゅりょうほん》の事《こと》

如来《にょらい》とは仏《ほとけ》のこと、その仏《ほとけ》の寿命《じゅみょう》は限《かぎ》りなきものである。

無量《むりょう》の寿命《じゅみょう》であるということを説《と》いたものである。われわれも修行《しゅぎょう》してゆけば仏《ほとけ》の境界《きょうがい》に到達《とうたつ》できるのである。すなわち仏《ほとけ》が無限《むげん》の生命《せいめい》をもっていらっしゃるということをわれわれが習《なら》うことは、自分《じぶん》も無限《むげん》の生命《せいめい》をもっているということを習《なら》うことになるのである。ありがたいことに、われわれもまた限《かぎ》りない生命《せいめい》をもって、永久《えいきゅう》に悦《よろこ》びの生活《せいかつ》、清《きよ》らかな生活《せいかつ》を続《つづ》けてゆかれるのだということである。法華経《ほけきょう》の初《はじ》めからだんだんということは話《はなし》は折《おり》にふれてでていたのであるが、これをここでスッカリまとめて最後《さいご》の結論《けつろん》としてわれわれに示《しめ》そうというお経《きょう》である。

妙法蓮華経略義　五八七頁

本門《ほんもん》と迹門《しゃくもん》　「本門《ほんもん》」と「迹門《しゃくもん》」ということがあります。一切経《さいきょう》の全部《ぜんぶ》を二つに分《わ》けて、法華経《ほけきょう》を本門《ほんもん》といい、法華経《ほけきょう》の前《まえ》のお経《きょう》を迹門《しゃくもん》と言《い》うのであります。法華経《ほけきょう》の本仏《ほんぶつ》から本当《ほんとう》の教《おし》えを受《う》けるために、そこまで導《みちび》かれたのが迹門《しゃくもん》であります。そして、法華経《ほけきょう》の二十八品《ぽん》をわけますと、上《かみ》の十四品《ほん》、序品《じょほん》から安楽行品《あんらくぎょうほん》の十四までが迹門《しゃくもん》で、第《だい》十五の従地涌出品《じゅうぢゆじゅつほん》から二十八の普賢菩薩勧発品《ふげんぼさつかんぽっぽん》までが本門《ほんもん》ということになっております。

御開山上人御法話集（二）　一六五頁

◆日達上人

本地垂迹説《ほんぢすいじゃくせつ》　世《よ》の中《なか》に仏《ほとけ》さまはたくさんおられますが、中心《ちゅうしん》となる仏《ほとけ》さまは「久遠実成《くおんじつじょう》の本師釈迦牟尼仏《ほんししゃかむにぶつ》」であります。では、〝他《ほか》の仏《ほとけ》さまはいらないのか〟というと、そうではありません。他《ほか》の仏《ほとけ》さまは「化身《けしん》」ということです。

日本《にほん》には古《ふる》くから「本地垂迹説《ほんぢすいじゃくせつ》」がありました。

世界《せかい》のいろいろな国《くに》で「宗教戦争《しゅうきょうせんそう》」が起《お》き、今《いま》も争《あらそ》っている所《ところ》があります。キリスト教《きょう》ではカトリックとプロテスタントの争《あらそ》いがあり、ヒンズー教《きょう》もイスラム教もお互《たが》いの正義《せいぎ》を主張《しゅちょう》して争《あらそ》っております。宗教戦争《しゅうきょうせんそう》の特徴《とくちょう》は、宗派《しゅうは》の違《ちが》う人《ひと》を同《おな》じ人間《にんげん》と見《み》ないところにあります。ですから、非常《ひじょう》に凄惨《せいさん》な争《あらそ》いとなります。日本《にほん》にそれがないのは、昔《むかし》からこの本地垂迹説《ほんぢすいじゃくせつ》があるからです。

「本仏《ほんぶつ》」は中心《ちゅうしん》となる仏《ほとけ》さまですが、それがもっと広《ひろ》がって、神《かみ》さまも本仏《ほんぶつ》の化身《けしん》と考《かんが》えるのです。お互《たが》いが対立《たいりつ》する立場《たちば》にありませんから、神《かみ》さまと仏《ほとけ》さまの関係《かんけい》がうまくゆくのです。法華経《ほけきょう》の力《ちから》、如来《にょらい》の神力《じんりき》は、人知《じんち》の及《およ》ばない力《ちから》であります。

『月刊法音』第三九八号　六～七頁

永遠《えいえん》の命《いのち》・久遠《くおん》の本仏《ほんぶつ》

「我成仏《われじょうぶつ》してより已来《このかた》甚《はなは》だ大《おお》いに久遠《くおん》なり。寿命無量阿僧祇劫《じゅみょうむりょうあそうぎこう》、常住《じょうじゅう》にして滅《めっ》せず」（法華経如来寿量品《ほけきょうにょらいじゅりょうほん》）

　如来寿量品《にょらいじゅりょうほん》は、お釈迦《しゃか》さまご一代《だい》の説法《せっぽう》の中《なか》で一番《ばん》の肝心《かんじん》が説《と》き明《あ》かされています。
日蓮聖人《にちれんしょうにん》は、
「一切経《さいきょう》の中《なか》に此《こ》の寿量品《じゅりょうほん》ましまさずば、天《てん》に日月《にちがつ》なく、国《くに》に大王《だいおう》なく、山海《さんかい》に玉《たま》なく、人《ひと》に魂《たましい》無《な》からんが如《ごと》し」（寿量品得意鈔《じゅりょうほんとくいしょう》）とおっしゃっています。

　如来寿量品《にょらいじゅりょうほん》で説《と》かれることは、「久遠実成《くおんじつじょう》」です。〝仏《ほとけ》さまの寿命《じゅみょう》は始《はじ》めもなければ終《お》わりもない、ずっとひと続《つづ》きのもの〟ということです。この仏《ほとけ》さまを「久遠実成《くおんじつじょう》の大《だい》恩教主本師釈迦牟尼世尊《おんきょうしゅほんししゃかむにせそん》」と申《もう》します。

　平安末期《へいあんまっき》の天皇《てんのう》・後白河法皇《ごしらかわほうおう》の撰《せん》になる『梁塵秘抄《りょうじんひしょう》』という歌謡集《かようしゅう》に、
「釈迦《しゃか》の正覚《しょうがく》なることは、この度初《たびはじ》めと思《おも》いしに、五百塵点劫《じんでんごう》よりも、彼方《かなた》に仏《ほとけ》と見《み》え給《たも》う」とあります。

　法華経以前《ほけきょういぜん》の南方仏教《なんぽうぶっきょう》では〝お釈迦《しゃか》さまはインドでお生《う》まれになって悟《さと》りを開《ひら》かれ、仏《ほとけ》に成《な》られた〟とされています。「人間釈迦《にんげんしゃか》」という考《かんが》え方《かた》です。一方《ぼう》、北方仏教《ほっぽうぶっきょう》、特《とく》に法華経《ほけきょう》の如来寿量品《にょらいじゅりょうほん》になりますと、〝本仏《ほんぶつ》が悟《さと》りを開《ひら》かれたのは無量無辺阿僧祇劫《むりょうむへんあそうぎこう》という、人間《にんげん》の計算能力《けいさんのうりょく》をはるかに超越《ちょうえつ》した遠《とお》い過去世《かこせ》〟とあります。そして、その本仏《ほんぶつ》は「常住《じょうじゅう》にして滅《めっ》せず」ですから、いつもおみえになります。ところが現実《げんじつ》には、私《わたくし》共《ども》の目《め》には見《み》えません。見《み》えないけれども存在《そんざい》するというのは、ちょうど太陽《たいよう》の光《ひかり》か空《くう》気《き》みたいなものです。しかし〝見《み》えないのは困《こま》る〟ということで、昔《むかし》の人《ひと》は仏《ほとけ》さまの像《ぞう》を作《つく》りました。また、塔《とう》もそうです。拝《おが》む対象《たいしょう》を求《もと》めたのです。

では、インドでお生《う》まれになり、亡《な》くなられた「人間釈迦《にんげんしゃか》」はどういう方《かた》かというと、「応身仏《おうじんぶつ》」といって、〝私共《わたくしども》の求《もと》めに応《おう》じて姿《すがた》を現《あら》わされた仏《ほとけ》さま〟と考《かんが》えるのです。その訳《わけ》は、私共凡夫《わたくしどもぼんぷ》が〝仏《ほとけ》さまはいつもこの世界《せかい》におられる。困《こま》ったことがあればいつでもお願《ねが》いして助《たす》けて頂《いただ》ける〟と頼《たよ》り切《き》ってしまい、修養《しゅうよう》も、徳《とく》を積《つ》む心《こころ》もなくしてしまいますから、方便力《ほうべんりき》を以《も》って姿《すがた》を隠《かく》されたのです。ゆるみやすい私共《わたくしども》の信仰心《しんこうしん》をしっかりさせるために姿《すがた》を隠《かく》されましたが、それは、仏《ほとけ》さまがなくなってしまったのではなく、仏《ほとけ》さまの本質《ほんしつ》が損《そこ》なわれたものでもありません。仏《ほとけ》さまはずっと生《い》き続《つづ》け、無《む》量無辺阿僧祇劫《りょうむへんあそうぎこう》にわたって常住不滅《じょうじゅうふめつ》なのです。

『月刊法音』第三八七号　九〜一二頁

「涅槃《ねはん》」の理《ことわり》　お釈迦《しゃか》さまが亡《な》くなる姿《すがた》を見《み》せられたのは、我々人間《われわれにんげん》に本当《ほんとう》の信仰心《しんこうしん》を目覚《めざ》めさせるための方便《ほうべん》でありました。

私共《わたくしども》はどうも、仏《ほとけ》さまがいつもおみえになるとすると、仏《ほとけ》さまに対《たい》しても教《おし》えに対《たい》しても「渇仰《かつごう》の心《こころ》」が起《お》きてこないのです。慣《な》れ切《き》って〝あたりまえ〟という気《き》が強《つよ》くなり、心《こころ》がそちらに向《む》かないのです。

「若《も》し仏久《ほとけひさ》しく世《よ》に住《じゅう》せば、薄徳《はくとく》の人《ひと》は善根《ぜんごん》を種《う》えず…難遭《なんぞう》の想《おも》い・恭敬《くぎょう》の心《こころ》を生《しょう》ずること能《あた》わず…是《こ》の故《ゆえ》に如来《にょらい》、実《じつ》に滅《めっ》せずと雖《いえど》も而《しか》も滅度《めつど》すと言《い》う」（法華経如来寿量品《ほけきょうにょらいじゅりょうほん》）

「難遭《なんぞう》」とは、〝仏《ほとけ》さまにお会《あ》いすることはむつかしい〟ということです。

こういう状態《じょうたい》になって初《はじ》めて、〝こんなことならもっとお話《はなし》をお聞《き》きしておくのだった〟という悔恨《かいこん》の情《じょう》を起《お》こし、〝本当《ほんとう》に信心《しんじん》をしよう〟という心《こころ》が芽生《めば》えるのです。そのために仏《ほとけ》さまは、方便《ほうべん》の力《ちから》を以《も》って「死《し》」という仮《かり》の姿《すがた》をお見《み》せになられたのです。

しかし本当《ほんとう》の姿《すがた》は、

「常《つね》に此《こ》の娑婆世界《しゃばせかい》にあって説法教化《せっぽうきょうけ》す」

「寿命無量阿僧祇劫《じゅみょうむりょうあそうぎこう》、常住《じょうじゅう》にして滅《めっ》せず」

「常《つね》に此《ここ》に住《じゅう》して法《ほう》を説《と》く」のであります。

仏《ほとけ》さまはいつもこの世界《せかい》におられて、いつも私《わたくし》のために法《ほう》をお説《と》きくださっているのです。大変《たいへん》ありがたいことであります。

「法《ほう》を説《と》く」と言《い》っても、目《め》の前《まえ》で「自我得仏来《じがとくぶつらい》……」と言《い》われるのではありません。私《わたくし》がこの世界《せかい》で出《で》くわす出来事《できごと》はすべて、仏《ほとけ》さまが何《なに》かを教《おし》えようとしてくださっていることなのです。困《こま》ったことも嬉《うれ》しいこともみな、「私《わたくし》が」本当《ほんとう》の悟《さと》りを得《え》るために仏《ほとけ》さまが与《あた》えてくださった「宿題《しゅくだい》」なのです。

『月刊法音』第三八八号　八～一〇頁

仏《ほとけ》さまは常住此説法《じょうじゅうしせっぽう》

お釈迦《しゃか》さまと同《おな》じ時代《じだい》に生《い》きることは、今《いま》となっては不可能《ふかのう》です。次《つぎ》にお出《で》ましになられる仏《ほとけ》さまは弥勒菩薩《みろくぼさつ》で、五十六億《おく》七千万年後《まんねんご》と言《い》われています。これも無理《むり》です。しかし法華経《ほけきょう》には〝仏《ほとけ》さまは常《つね》にこの世界《せかい》で法《ほう》を説《と》いてみえる〟とあります。「常住此説法《じょうじゅうしせっぽう》」（法華経如来寿量品《ほけきょうにょらいじゅりょうほん》）です。

人《ひと》は、一日生《にちい》きれば一日《にち》、いろいろなことに出会《であ》います。それらのことがみな、仏《ほとけ》さまの教化《きょうけ》と考《かんが》えられるのです。嬉《うれ》しいことは仏《ほとけ》さまのご褒美《ほうび》、苦《くる》しいことは仏《ほとけ》さまが下《くだ》さった宿題《しゅくだい》と考《かんが》えてゆくのです。それが「常住此説法《じょうじゅうしせっぽう》」の受《う》け止《と》め方《かた》です。
日頃出会《ひごろであ》う困難《こんなん》も、仏《ほとけ》さまからの宿題《しゅくだい》と思《おも》えば〝何《なん》とかしなければ〟という気《き》が起《お》きます。〝突然《とつぜん》こんなことになって困《こま》った〟と苦《くる》しんでいるだけでは、信仰《しんこう》をしている甲斐《かい》がありません。〝仏《ほとけ》さまが下《くだ》さった問題《もんだい》なら乗《の》り越《こ》えられない筈《はず》はない〟という気持《きも》ちで取《と》り組《く》んでゆけば、何《なん》とかなります。

『月刊法音』第四六二号　七頁

如来の三身〔法・報・応〕

◆経　典

◇佛《ほとけ》の滅度《めつど》の後《のち》、佛《ほとけ》の諸《もろもろ》の弟子《でし》、若《も》し悪不善業《あくふぜんごう》を懺悔《さんげ》することあらば、但當《ただまさ》に大乘經典《だいじょうきょうでん》を誦読《じゅどく》すべし。此《こ》の方等經《ほうどうきょう》は是《こ》れ諸佛《しょぶつ》の眼《まなこ》なり。諸佛《しょぶつ》は是《こ》れに因《よ》って五眼《げん》を具《ぐ》することを得《え》たまえり。佛《ほとけ》の三種《じゅ》の身《み》は方等《ほうどう》より生《しょう》ず。是《こ》れ大法因《だいほういん》なり、涅槃海《ねはんかい》を印《いん》す。此《かく》の如《ごと》き海中《かいちゅう》より能《よ》く三種《じゅ》の佛《ほとけ》の清浄《しょうじょう》の身《み》を生《しょう》ず。此《こ》の三種《じゅ》の身《み》は人《にん》・天《でん》の福田《ふくでん》・應供《おうぐ》の中《なか》の最《さい》なり。其《そ》れ大乘方等經典《だいじょうほうどうきょうでん》を誦読《じゅどく》することあらば、當《まさ》に知《し》るべし、此《こ》の人《ひと》は佛《ほとけ》の功徳《くどく》を具《ぐ》し、諸惡永《しょあくなが》く滅《めっ》して佛慧《ぶって》より生《しょう》ずるなり。

佛説觀普賢菩薩行法經　四一六頁

◇開經偈《かいきょうげ》＝無上甚深微妙《むじょうじんじんみみょう》の法《ほう》は、百千萬劫《まんごう》にも遭遇《あい》たてまつること難《がた》し。我《わ》れ今見聞《いまけんもん》し受持《じゅじ》することを得《え》たり。願《ねが》わくは如來《にょらい》の第《だい》一義《ぎ》を解《げ》せん。至極《しごく》の大乘《だいじょう》、思議《しぎ》す可《べか》らず。見聞觸知《けんもんそくち》、皆菩提《みなぼだい》に近《ちか》づく。能詮《のうせん》は報身《ほうしん》、所詮《しょせん》は法身《ほっしん》、色《しき》相《そう》の文字《もんじ》は、則《すなわ》ち是《こ》れ應身《おうじん》なり。無量《むりょう》の功德《くどく》、皆是經《みなこのきょう》に集《あつ》まれり。是故《このゆえ》に自在《じざい》に、冥《みょう》に薫《くん》じ密《みつ》に益《やく》す。有智無智《うちむち》、罪《つみ》を滅《めっ》し善《ぜん》を生《しょう》ず。若《も》しは信若《しんも》しは謗《ほう》、共《とも》に佛道《ぶつどう》を成《じょう》ず。三世《ぜ》の諸佛《しょぶつ》、甚深《じんじん》の妙典《みょうでん》なり。生生世世《しょうじょうせせ》、値遇《ちぐ》し頂戴《ちょうだい》せん。

法音寺朝夕勤行要集　五～七頁

◆遺　文

◇法華經《ほけきょう》には我等《われら》が身《み》をば法身如來《ほっしんにょらい》、我等《われら》が心《こころ》は報身如來《ほうしんにょらい》、我等《われら》が振舞《ふるまい》をば應身如來《おうじんにょらい》と說《と》かれて候《そうら》えば、此《こ》の經《きょう》の一句《く》一偈《げ》を持《たも》ち信《しん》ずる人《ひと》は、皆此《みなこ》の功德《くどく》を具《そな》え候《そうろう》。
南無妙法蓮華經《なむみょうほうれんげきょう》と申《もう》すは是《これ》一句《く》一偈《げ》にて候《そうろう》。

妙法尼御前御返事　一六七五頁

◇御日記《おんにっき》の中《なか》に『釋迦佛《しゃかぶつ》の木像《もくぞう》一體《たい》』等云云《とううんぬん》。開眼《かいげん》の事《こと》。普賢經《ふげんきょう》に云《いわ》く、『此《こ》の大乘經典《だいじょうきょうでん》は諸佛《しょぶつ》の寶藏《ほうぞう》なり。十方《ぽう》三世《ぜ》の諸佛《しょぶつ》の眼目《がんもく》なり』等云云《とううんぬん》。又云《またいわ》く、『此《こ》の方等經《ほうどうきょう》は是諸佛《これしょぶつ》の眼《まなこ》なり、諸佛是《しょぶつこれ》に因《よ》って五眼《げん》を具《ぐ》することを得《え》たまえり』云云《うんぬん》。此《こ》の經《きょう》の中《なか》に五眼《げん》を具《ぐ》することを得《う》とは、一に肉眼《にくげん》、二に天眼《てんげん》、三に慧眼《えげん》、四に法眼《ほうげん》、五に佛眼《ぶつげん》なり。此《こ》の五眼《げん》をば法華經《ほけきょう》を持《たも》つ者《もの》は自然《じねん》に相具《あいぐ》し候《そうろう》。譬《たと》えば王位《おうい》に卽《つ》く人《ひと》には自然《じねん》に國《くに》の隨《したが》うが如《ごと》し。大海《たいかい》の主《しゅ》となる者《もの》の自然《じねん》に魚《いを》を得《う》るに似《に》たり。華嚴《けごん》・阿含《あごん》・方等《ほうどう》・般若《はんにゃ》・大日經等《だいにちきょうとう》には五眼《げん》の名《な》は有《あ》りと雖《いえど》も其《そ》の義《ぎ》はこれ無《な》し。今《いま》の法華經《ほけきょう》には名《な》もあり義《ぎ》も備《そな》わりて候《そうろう》。設《たと》い名《な》は無《な》けれども必《かなら》ず其《そ》の義《ぎ》あり。

三身《じん》の事《こと》。普賢經《ふげんきょう》に云《いわ》く、『佛《ほとけ》三種《じゅ》の身《み》は方等《ほうどう》より生《しょう》ず、是《こ》の大法印《だいほういん》は涅槃海《ねはんかい》を印《いん》す。此《かく》の如《ごと》き海中《かいちゅう》より能《よ》く三種《じゅ》の佛《ほとけ》の清淨《しょうじょう》の身《み》を生《しょう》ず。此《こ》の三種《じゅ》の身《み》は人天《にんでん》の福田《ふくでん》にして應《おう》供《ぐ》の中《なか》の最《さい》なり』云云《うんぬん》。三身《じん》とは、一に法身如來《ほっしんにょらい》、二に報身如來《ほうしんにょらい》、三に應身如來《おうじんにょらい》なり。此《こ》の三身如來《じんにょらい》をば一切《さい》の諸佛必《しょぶつかなら》ず相具《あいぐ》す。譬《たと》えば月《つき》の體《たい》は法身《ほっしん》、月《つき》の光《ひかり》は報身《ほうしん》、月《つき》の影《かげ》は應身《おうじん》に譬《たと》う。一の月《つき》に三の理《ことわり》あり、一佛《ぶつ》に三身《じん》の德《とく》まします。

此《こ》の五眼《げん》三身《じん》の法門《ほうもん》は法華經《ほけきょう》より外《ほか》には全《まった》く候《そうら》わず。故《ゆえ》に天台大師《てんだいだいし》云《いわ》く、『佛《ほとけ》三世《ぜ》に於《おい》て等《ひと》しく三身《じん》あり、諸教《しょきょう》の中《うち》に於《おい》て之《これ》を祕《ひ》して傳《つた》えず』云云《うんぬん》。此《こ》の釋《しゃく》の中《なか》に諸教《しょきょう》の中《なか》に於《おい》てと書《か》かれて候《そうろう》は、華嚴《けごん》・方等《ほうどう》・般若《はんにゃ》のみならず、法華經《ほけきょう》より外《ほか》の一切經《さいきょう》なり。之《これ》を祕《ひ》して傳《つた》えずと書《か》かれて候《そうろう》は、法華經《ほけきょう》の壽量品《じゅりょうほん》より外《ほか》の一切經《さいきょう》には、教主釋尊《きょうしゅしゃくそん》之《これ》を祕《ひ》して說《と》き給《たま》わずとなり。

四條金吾釋迦佛供養の事　一四〇九～一四一〇頁

◆御開山上人　仏説観普賢菩薩行法経の事

方等経《ほうどうきょう》は諸仏《しょぶつ》の眼《まなこ》　方等経《ほうどうきょう》即《すなわ》ち大乗《だいじょう》の教《おし》えは、人間《にんげん》が眼《まなこ》をもって物《もの》を見《み》るように、諸仏《しょぶつ》の眼《まなこ》であります。この教《おし》えによって仏《ほとけ》は絶対《ぜったい》の覚《さと》りを得《え》られ、一切《さい》の迷《まよ》いを離《はな》れ、一切《さい》の事物《じぶつ》の真相《しんそう》を明《あき》らかにし得《え》られ、五眼《げん》を得《え》られたのであります。

五眼《げん》とは肉眼《にくげん》、天眼《てんげん》、慧眼《えげん》、法眼《ほうげん》、仏眼《ぶつげん》であります。

一、肉眼《にくげん》は、普通《ふつう》の眼《まなこ》であって時《とき》には曇《くも》りあり、ただ物《もの》の形《かたち》を見《み》るのみであります。

二、天眼《てんげん》は、普通《ふつう》では見《み》えない物《もの》まで見《み》る力《ちから》のあるものです。

三、慧眼《えげん》は、心《こころ》に曇《くも》りがなくなって他《た》を慈《いつく》しむ心《こころ》にあふれ、一切《さい》の人《ひと》の迷《まよ》いをよく見《み》て如何《いか》にして迷《まよ》いが起《おこ》るかを明《あき》らかにすることのできる眼《まなこ》です。

四、法眼《ほうげん》は、更《さら》に進《すす》んで実社会法界《じっしゃかいほっかい》のすべてに応用《おうよう》の出来《でき》る眼《まなこ》のことです。そして一切《さい》の人《ひと》が皆仏《みなほとけ》に成《な》れるというところまで見透《みとお》す力《ちから》のある眼《まなこ》です。

五、仏眼《ぶつげん》は、以上《いじょう》の四眼《げん》を遺憾《いかん》なく具《そな》え、心《こころ》の眼《まなこ》も明《あき》らかにして、完全無欠《かんぜんむけつ》の眼《まなこ》を具《そな》えたものであります。

仏《ほとけ》は、大乗《だいじょう》の経典《きょうてん》の中《なか》に説《と》かれた如《ごと》く修行《しゅぎょう》せられて五眼《げん》を具《そな》えられたのであります。

三種《じゅ》の身《み》というのは、法身《ほっしん》、報身《ほうしん》、応身《おうじん》であります。仏《ほとけ》は、勝《すぐ》れた本性《ほんしょう》を具《そな》え、その本性《ほんしょう》から滲《にじ》み出《で》たところの勝《すぐ》れた智慧《ちえ》を持《も》ち、その智慧《ちえ》をもって一切《さい》の人間《にんげん》をお救《すく》いになるのですが、このように三点《てん》から仏《ほとけ》を見奉《みたてまつ》ったとき、この区別《くべつ》をたてるのです。

その仏《ほとけ》に成《な》るにはどうすればよいのかと言《い》えば「**方等《ほうとう》より生《しょう》ず**」大乗経典《だいじょうきょうてん》に説《と》いてあるように修行《しゅぎょう》すれば、その結果《けっか》として成《な》れるのであります。

是《こ》れ大法印《だいほういん》にして涅槃海《ねはんかい》を印《いん》す　仏《ほとけ》の貴《とうと》い教《おし》えは、人々《ひとびと》の心《こころ》に打《う》ち込《こ》まれて永《なが》く後々《のちのち》にまで遺《のこ》り、教《おし》えが心《こころ》に印《しる》されるようになるということです。

涅槃海《ねはんかい》というのは覚《さと》りです。この覚《さと》りは無限《むげん》の力《ちから》を具《そな》えているので、海《うみ》にたとえてあります。即《すなわ》ち仏《ほとけ》のお覚《さと》りになった広大無辺《こうだいむへん》のご精神《せいしん》である教《おし》えを受《う》けた者《もの》は、心《こころ》にそれをしっかり印《しる》して留《とど》めておかなければなりません。この広大無辺《こうだいむへん》な法《ほう》の中《なか》から三種《じゅ》の仏《ほとけ》の清浄《しょうじょう》の身《み》を生《しょう》ずるのであり、仏《ほとけ》の本性《ほんしょう》も、智慧《ちえ》も、慈悲《じひ》も、みなこの教《おし》えによって修《しゅ》行《ぎょう》することにより、自然《しぜん》に生《しょう》ずるものなのであります。

この法《ほう》・報《ほう》・応《おう》の三種《じゅ》の身《み》は、人《にん》・天《でん》の福田《ふくでん》であり、人間界《にんげんかい》・天上界《てんじょうかい》のものに残《のこ》らず福《ふく》を与《あた》えるところの根本《こんぽん》であります。

福田《ふくでん》とは、田畑《たはた》の中《なか》に米《こめ》や麦《むぎ》が育《そだ》つように、仏《ほとけ》の教《おし》えの中《なか》から一切《さい》の人《ひと》を救《すく》うべき道《みち》が生《う》み出《だ》されてくるということです。

応供《おうぐ》の中《なか》の最《さい》　応供《おうぐ》は、人《ひと》から供養《くよう》を受《う》くべき資格《しかく》を具《そな》えること、人《ひと》から感謝《かんしゃ》の心持《こころもち》を表《あら》わされるだけの資格《しかく》のあることです。礼《れい》を言《い》われて恥《は》ずかしくない人《ひと》というのは、仏《ほとけ》より他《ほか》には本当《ほんとう》はないのであります。仏《ほとけ》さまのような境界《きょうがい》になれば、すべての人《ひと》が感《かん》謝《しゃ》し、帰依《きえ》しても当然《とうぜん》でありますから、「応供《おうぐ》の中《なか》の最《さい》」というのです。ですから、仏《ほとけ》の真心《まごころ》込《こ》めて説《と》かれた大乗《だいじょう》の教《おし》えを学《まな》んで、自分《じぶん》にこれを実行《じっこう》し、これを弘《ひろ》める人《ひと》は、仏《ほとけ》さまと同《おな》じ功徳《くどく》を具《そな》えている者《もの》であります。その人《ひと》はいろいろな悪業《あくごう》を永久《えいきゅう》に滅《めっ》することが出来《でき》て、仏《ほとけ》の智慧《ちえ》によって生《うま》れ変《かわ》って、仏《ほとけ》の智慧《ちえ》を自分《じぶん》の智慧《ちえ》とする、新《あたら》しい心《こころ》

仏説観普賢菩薩行法経略義　一四九～一五三頁

になることができるのであります。

法《ほう》・報《ほう》・応《おう》の三身《じん》　三身《じん》というのは法身《ほっしん》・報身《ほうしん》・応身《おうじん》の三つのことでありまして、これは仏様《ほとけさま》を三つの点《てん》から見上《みあ》げてわれわれが解釈《かいしゃく》するのであります。説明《せつめい》の都合上《つごうじょう》、逆《ぎゃく》に応《おう》、報《ほう》、法《ほう》の順《じゅん》で述《の》べてみます。

「応身仏《おうじんぶつ》」世《よ》の中《なか》の苦《くる》しみをのぞきたい、まよいをはらいたいという要求《ようきゅう》に応《おう》じて世《よ》の中《なか》に生《う》まれいで、〝こうすれば苦《くる》しみがなくなる。こうして行《い》けばまよいがなくなる〟ということを、おしえて下《くだ》さる。〝こうして人間《にんげん》を救《すく》おう。すべての人間《にんげん》を安楽《あんらく》にしてやりたい〟という心持《こころも》ちから、教《おし》えを説《と》かれるのであります。こうした仏《ほとけ》さまは慈悲《じひ》のかたまりとして見《み》られた仏《ほとけ》さまで、それを応身仏《おうじんぶつ》というのであります。

「報身仏《ほうしんぶつ》」一切《さい》の人々《ひとびと》のくるしみなやみをすくおうと思《おも》うならば、一切《さい》の人々《ひとびと》よりもすぐれた智慧《ちえ》がなければならない。なにごともわきまえた人《ひと》でなければならない。その智慧《ちえ》はみがかなければでき上《あ》がらないものであります。誰《だれ》でもはじめから非常《ひじょう》によい智慧《ちえ》がそなわっているわけではありません。だんだん修行《しゅぎょう》をかさね、努力《どりょく》をかさねてみがき上《あ》げた結果《けっか》、世《よ》の中《なか》の人《ひと》を救《すく》う智慧《ちえ》が完成《かんせい》するのであります。ですから「報《ほう》」は「むくい」という字《じ》で、ながいあいだ苦心努力《くしんどりょく》した、その報《むく》いとして完全《かんぜん》な智慧《ちえ》をそなえた仏《ほとけ》さまであるという意味《いみ》で、報身仏《ほうしんぶつ》と申《もう》します。

「法身仏《ほっしんぶつ》」たとえば、朝顔《あさがお》の小《ちい》さい黒《くろ》い粒子《たね》を土《つち》に埋《う》めて、それに水《みず》をかけ、芽《め》を出《だ》したら肥料《ひりょう》を施《ほどこ》して、だんだん蔓《つる》がのびて花《はな》が咲《さ》くというように、仏《ほとけ》として一切《さい》の人々《ひとびと》を救《すく》う智慧《ちえ》を成就《じょうじゅ》したということは、本来《ほんらい》そなえている性質《せいしつ》を完成《かんせい》したのであります。本来《ほんらい》そなわれるとうとい性質《せいしつ》という意味《いみ》に於《おい》て仏《ほとけ》さまをみるときは、法身仏《ほっしんぶつ》というのであります。法身《ほっしん》というのは本体《ほんたい》として考《かんが》えることであります。

本来《ほんらい》そなえている本体《ほんたい》があって（法身《ほっしん》）それから修行《しゅぎょう》によって智慧《ちえ》が成就《じょうじゅ》し（報身《ほうしん》）その智慧《ちえ》がはたらいて慈悲《じひ》となり、一切《さい》の人々《ひとびと》を救《すく》うのであります（応身《おうじん》）。「一切衆生悉有仏性《さいしゅじょうしつうぶっしょう》」ということがいわれていますが、これは、生《い》きている者《もの》みな仏《ほとけ》になる性質《せいしつ》をもっているのであるということでありまして、この仏《ほとけ》の性質《せいしつ》（法身《ほっしん》）をみがけば、それ相応《そうおう》に仏《ほとけ》の智慧《ちえ》がそなわります。智慧《ちえ》がそなわれば、その人《ひと》の力《ちから》しだいで大《おお》勢《ぜい》の人々《ひとびと》を救《すく》い助《たす》けることができるのであります。この仏《ほとけ》の性質《せいしつ》をそなえている者《もの》はだれでも、お釈迦《しゃか》さまとおなじ仏《ほとけ》になりうる、ということがわかるのであります。

法身《ほっしん》は本体《ほんたい》、報身《ほうしん》は智慧《ちえ》、応身《おうじん》は慈悲《じひ》であります。

この三身《じん》というものは、要《よう》するに一身《しん》であって、仏《ほとけ》は一種《しゅ》しかありません。われわれの眼《め》の前《まえ》に現《あら》われて来《こ》られた仏《ほとけ》は、限《かぎ》りある生命《せいめい》をもっておられるが、その仏《ほとけ》は無限《むげん》の生命《せいめい》をもった仏《ほとけ》のあらわれたものであると考《かんが》えるのであります。又《また》、仏様《ほとけさま》は無限《むげん》の生命《せいめい》をもってこの世《よ》にあらわれた方《かた》であるが、又《また》これをさとった者《もの》はことごとく仏《ほとけ》の化身《けしん》、即《すなわ》ち応身仏《おうじんぶつ》として世《よ》に現《あら》われた者《もの》である。このわれわれにも無限《むげん》の生命《せいめい》があたえられているわけであります。

現代生活の指針　一七四～一七七頁

如来の三徳〔主・師・親〕

◆経　典

◇今此《いまこ》の三界《がい》は、皆是《みなこ》れ我《わ》が有《う》なり。其《そ》の中《なか》の衆生《しゅじょう》は、悉《ことごと》く是《こ》れ吾《わ》が子《こ》なり。而《しか》も今《いま》此《こ》の処《ところ》は、諸《もろもろ》の患難《げんなん》多《おお》し、唯我《ただわれ》一人《にん》のみ、能《よ》く救護《くご》を為《な》す。

妙法蓮華經・譬喩品　一〇七頁

◇如來《にょらい》の演《の》ぶる所《ところ》の經典《きょうでん》は、皆衆生《みなしゅじょう》を度脱《△どだつ》せんが爲《ため》なり。或《あるい》は己身《△こしん》を説《と》き、或《あるい》は他身《たしん》を説《と》き、或《あるい》は己身《こしん》を示《しめ》し、或《あるい》は他身《たしん》を示《しめ》し、或《あるい》は己事《こじ》を示《しめ》し、或《あるい》は他事《たじ》を示《しめ》す。諸《もろもろ》の言《ごん》説《ぜつ》する所《ところ》は皆實《みなじつ》にして虚《むな》しからず。

妙法蓮華經・如來壽量品　二七四～二七五頁

◇釋迦牟尼佛《しゃかむにぶつ》、法座《ほうざ》より起《た》って大神力《だいじんりき》を現《げん》じたもう。右《みぎ》の手《みて》を以《もっ》て、無量《むりょう》の菩薩摩訶薩《ぼさつまかさつ》の頂《いただき》を摩《な》でて、是《こ》の言《ことば》を作《な》したまわく、我《われ》無量《むりょう》百千萬億《まんのく》阿僧祇劫《あそうぎこう》に於《おい》て、是《こ》の得難《えがた》き阿耨多羅《あのくたら》三藐《みゃく》三菩提《ぼだい》の法《ほう》を修習《しゅしゅう》せり。今以《いまもっ》て汝等《なんだち》に付嘱《ふぞく》す。汝等應當《なんだちまさ》に一心《しん》に此《こ》の法《ほう》を流布《るふ》して、廣《ひろ》く増益《ぞうやく》せしむべし。是《かく》の如《ごと》く三たび諸《もろもろ》の菩薩摩訶薩《ぼさつまかさつ》の頂《いただき》を摩《な》でて、是《こ》の言《ことば》を作《な》したまわく、我《われ》無量《むりょう》百千萬億《まんのく》阿僧祇劫《あそうぎこう》に於《おい》て、是《こ》の得難《えがた》き阿耨多羅《あのくたら》三藐《みゃく》三菩提《ぼだい》の法《ほう》を修習《しゅしゅう》せり。今以《いまもっ》て汝等《なんだち》に付嘱《ふぞく》す。汝等當《なんだちまさ》に受持《じゅじ》・讀誦《どくじゅ》し廣《ひろ》く此《こ》の法《ほう》を宣《の》べて、一切衆生《さいしゅじょう》をして普《あまね》く聞知《もんち》することを得《え》せしむべし。

妙法蓮華經・囑累品　三三二頁

◆遺　文

◇佛《ほとけ》は人天《にんでん》の主《しゅ》、一切衆生《さいしゅじょう》の父母《ふぼ》なり。而《しか》も開導《かいどう》の師《し》なり。

祈禱鈔・九一八頁

◇夫《そ》れ一切衆生《さいしゅじょう》の尊敬《そんぎょう》すべき者《もの》三つあり、所謂主《いわゆるしゅ》・師《し》・親《しん》これなり。

開目鈔・上　七六四頁

◇法華經第二《ほけきょうだい》の譬喩品《ひゆほん》に云《いわ》く、『今此《いまこ》の三界《がい》は皆是《みなこ》れ我《わ》が有《う》なり』云云《うんぬん》。是《こ》の三界《がい》の日本國《にほんこく》は釋尊《しゃくそん》の御領《ごりょう》なり。其《そ》の御領《ごりょう》の住民《じゅうみん》は釋尊《しゃくそん》を主《しゅ》と憑《たの》み奉《たてまつ》るべきなり。『其《そ》の中《なか》の衆生《しゅじょう》は悉《ことごと》く是《こ》れ吾《わ》が子《こ》』と云《い》えり。是《これ》は我等衆生《われらしゅじょう》は釋尊《しゃくそん》の御子《おんこ》なりと宣《の》べ給《たま》えり。故《ゆえ》に釋尊《しゃくそん》は我等衆生《われらしゅじょう》の親《おや》にて御座《おわ》し候《そうろう》。又《また》『唯《た》だ我《われ》一人《にん》のみ能《よ》く救護《くご》を為《な》す』と云《い》う。是《これ》は釋尊《しゃくそん》は我等衆生《われらしゅじょう》を一人《にん》して救《すく》うべしと誓《ちか》い給《たま》えり。故《ゆえ》に釋尊《しゃくそん》は我等衆生《われらしゅじょう》の師匠《ししょう》にて御座《おわ》し候《そうろう》なり。此《こ》の譬喩品《ひゆほん》の文《もん》は、釋尊《しゃくそん》は我等衆生《われらしゅじょう》の爲《ため》には、主《しゅ》・師《し》・親《しん》の三徳《とく》を備《そな》え給《たま》う慈悲深重《じひじんぢゅう》の佛《ほとけ》にて、此《こ》の土《ど》の有縁《うえん》の佛《ほとけ》にて御座《おわ》し候《そうろう》。

法華大綱鈔　二〇六四～二〇六五頁

◇釋迦如來《しゃかにょらい》は、我等衆生《われらしゅじょう》には親《しん》なり、師《し》なり、主《しゅ》なり。我等衆生《われらしゅじょう》のためには、阿彌陀佛《あみだぶつ》・藥師佛等《やくしぶつどう》は主《しゅ》にてはましませども、親《しん》と師《し》とにはましまさず。ひとり三徳《とく》を兼《か》ねて恩《おん》ふかき佛《ほとけ》は、釋迦《しゃか》一佛《ぶつ》に限《かぎ》りたてまつる。親《おや》も親《おや》にこそよれ、釋尊《しゃくそん》ほどの親《おや》、師《し》も師《し》にこそよれ、主《しゅ》も主《しゅ》にこそよれ、釋尊《しゃくそん》ほどの師主《ししゅ》は有《あ》り難《がた》くこそはべれ。この親《しん》と師《し》と主《しゅ》との仰《おお》せを背《そむ》かんもの、天神地祇《てんじんちぎ》に捨《す》てられたてまつらざらんや。不孝第《ふこうだい》一の者《もの》なり。

南條兵衛七郎殿御書　五三八頁

◆宗玄大徳

大恩深《だいおんふか》き釈尊《しゃくそん》　釈尊《しゃくそん》は三界《がい》の主《しゅ》であり、その中《なか》の衆生《しゅじょう》は悉《ことごと》く吾《わ》が子《こ》なりと申《もう》しておられます。

「今此《いまこ》の三界《がい》は、皆是《みなこれ》我《わ》が有《う》なり。其《そ》の中《なか》の衆生《しゅじょう》は、悉《ことごと》く是《こ》れ吾《わ》が子《こ》なり。而《しか》も今《いま》此《こ》の処《ところ》は、諸《もろもろ》の患難《げんなん》多《おお》し、唯我《ただわれ》一人《にん》のみ、能《よ》く救護《くご》を為《な》す」（法華経譬喩品《ほけきょうひゆほん》）幼児《ようじ》も大人《おとな》もよく悟《さと》り得《え》て、真《しん》の道《みち》に入《はい》らるるように教《おし》えられし師《し》であります。また、「或《あるい》は己身《こしん》を示《しめ》し、或《あるい》は他身《たしん》を示《しめ》し」（法華経如来寿量品《ほけきょうにょらいじゅりょうほん》）末法《まっぽう》の我等《われら》に細《こま》やかに教《おし》え遺《のこ》されしこそ、実《げ》にありがたき次第《しだい》であります。

我等仏教徒《われらぶっきょうと》はこの主《しゅ》・師《し》・親《しん》の三徳兼備《とくけんび》の釈尊《しゃくそん》の仰《おお》せに従《したが》って、家庭《かてい》も平和《へいわ》に、国家《こっか》を豊《ゆた》かに、四海《かい》をして普《あまね》く極楽土《ごくらくど》と化《か》せんと自《みずか》らも励《はげ》み、他《た》をも導《みちび》いて、その建設《けんせつ》に向《む》かって進《すす》むこそ真《しん》に人界《にんかい》に生《せい》を受《う》けたる本分《ほんぶん》であるのであります。かくしてこそ主《しゅ》・師《し》・親《しん》の大恩深《だいおんふか》き世尊《せそん》に対《たい》してせめてものご恩報《おんほう》じとなり、親《おや》には孝《こう》となり、現世安穏《げんぜあんのん》・後生善処《ごしょうぜんしょ》も求《もと》めずして得《え》らるるのであります。

村上先生御法話集（一）　一三七～一三八頁

◆御開山上人　主《しゅ》・師《し》・親《しん》の三徳《とく》

主《しゅ》・師《し》・親《しん》（おや）の三徳《とく》というのは、お釈迦《しゃか》さまが具《そな》えていらっしゃる徳《とく》、仏《ほとけ》さまの具《そな》えていらっしゃる徳《とく》の中《なか》でも最《もっと》も尊《とうと》く、ありがたいことであります。お釈迦《しゃか》さまを三界第《がいだい》一の仏《ほとけ》と申《もう》しあげるのも、この主《しゅ》・師《し》・親《しん》という三つの徳《とく》を兼《か》ね具《そな》えていらっしゃるからであります。

いろいろな仏《ほとけ》がいらっしゃるけれども、お釈迦《しゃか》さまのようにこの世《よ》の中《なか》の主人《しゅじん》であり、この世《よ》の中《なか》の人々《ひとびと》の親《おや》であるという仏《ほとけ》は他《ほか》にはありません。われわれは、その尊《とうと》くありがたい仏《ほとけ》さまのみ教《おし》えを心《こころ》の底《そこ》から信《しん》じて実行《じっこう》し、そうして仏《ほとけ》の行《おこ》ないをして、ついに即身成仏《そくしんじょうぶつ》ということにならなければならんと思《おも》います。

お釈迦《しゃか》さまと同《おな》じ仏《ほとけ》に

法華経《ほけきょう》は、「一一《いちいち》の文文《もんもん》は是《こ》れ真仏《しんぶつ》なり」と申《もう》しまして、〝法《ほ》華経《けきょう》の文字《もんじ》は文字《もんじ》と思《おも》うべからず。この文字《もんじ》は仏《ほとけ》と思《おも》え。本当《ほんとう》によくその意味《いみ》を解釈《かいしゃく》するならば、仏《ほとけ》の説法《せっぽう》と少《すこ》しも変《か》わらない〟とあります。その中《なか》にこの主《しゅ》・師《し》・親《しん》の三徳《とく》の大事《だいじ》なお話《はなし》がございますが、では、主《しゅ》・師《し》・親《しん》ということは、仏《ほとけ》さまだけの専門《せんもん》のことかということそうではありません。皆《みな》さんもご承知《しょうち》のごとく教主釈迦牟尼世尊《きょうしゅしゃかむにせそん》は、法華《ほけ》経方便品《きょうほうべんぼん》の中《なか》で「我本誓願《われもとせいがん》を立《た》てて、一切《さい》の衆《しゅ》をして、我《わ》が如《ごと》く等《ひと》しくして異《こと》なることなからしめんと欲《ほっ》しき」というようにおっしゃってみえるのであります。これも大変《たいへん》ありがたいことでございまして、お釈迦《しゃか》さまが仏《ほとけ》さまになられて以来《いらい》、どうかして成《な》し遂《と》げたいと心《こころ》に願《ねが》っておられた本当《ほんとう》の願《ねが》いというのは、〝この世《よ》の中《なか》の一切《さい》の人々《ひとびと》を一人《ひとり》残《のこ》らず仏《ほとけ》にしたい〟ということで、しかも「我《わ》が如《ごと》く等《ひと》しくして異《こと》なることなからしめん」〝私《わたくし》と同《おな》じ仏《ほとけ》にしてやろう〟というのですから、もったいなくもありがたいお話《はなし》であります。

キリスト教《きょう》などでは、イエスさまという神《かみ》さまは絶対《ぜったい》に偉《えら》い方《かた》であり、人間《にんげん》という者《もの》は汚《よご》れた者《もの》であるから、いい行《おこ》ないをすれば天《てん》に生《う》まれるかは知《し》らないが、イエスさまのような神《かみ》さまにはなれないということになっています。

仏教《ぶっきょう》のありがたいことは、お釈迦《しゃか》さまと同《おな》じ仏《ほとけ》にしてやろうというんです。そんな偉《えら》い人《ひと》にしてもらわなくても結構《けっこう》というので遠慮《えんりょ》しなくてもいいですから、お釈迦《しゃか》さまと同《おな》じ仏《ほとけ》にしてやろうというんですから〝はい、さようでございますか。承知《しょうち》しました〟と言《い》って、皆《みな》さんお釈迦《しゃか》さまと同《おな》じ仏《ほとけ》になって頂《いただ》くようにしたいと思《おも》います。

主《しゅ》の徳《とく》　主人《しゅじん》というのはどういう人《ひと》かと申《もう》しますれば、先《さき》ほど申《もう》しましたようにお釈迦《しゃか》さまは〝世界中《せかいじゅう》を極楽《ごくらく》にする責任《せきにん》がある者《もの》だ〟とおっしゃるのであります。皆《みな》さんは皆《みな》さんのお家の主人《しゅじん》となって、〝自分《じぶん》の家《いえ》は私《わたくし》の力《ちから》で極楽《ごくらく》にしよう〟という考《かんが》えが大事《だいじ》です。その力《ちから》が余《あま》りましたならば、あなた方《がた》の親戚《しんせき》も極楽《ごくらく》にしてもらいたいし、あなた方《がた》の町《まち》や村《むら》も、あなた方《がた》の力《ちから》の及《およ》ぶ限《かぎ》りを極楽《ごくらく》のような住《す》みやすい所《ところ》にしてゆくことが、主《しゅ》であるという責任《せきにん》でございます。お釈迦《しゃか》さまと同《おな》じ心《こころ》がけというのはこういう心《こころ》がけです。

私《わたくし》は女《おんな》であるからそんなことはできないとご遠慮《えんりょ》なさらず、法華経《ほけきょう》を聞《き》きなさった方《かた》はどなたも、〝これは自分《じぶん》の責任《せきにん》だ〟というふうに思《おも》われることが必要《ひつよう》です。〝私《わたくし》が責任持《せきにんも》って、私《わたくし》の家《いえ》を明《あか》るい住《す》みやすい極楽《ごくらく》のようにせなければならん〟というお考《かんが》えが、主《しゅ》の徳《とく》であります。

師《し》の徳《とく》　師匠《ししょう》というのはどういうことかと申《もう》しますれば、これは先《さき》ほども申《もう》しましたように、皆《みな》さんは皆《みな》さんのお家《うち》の先生《せんせい》です。法華経《ほけきょう》は自分《じぶん》に聞《き》いて自分《じぶん》が実行《じっこう》するとは申《もう》しまするが、その実行《じっこう》は自分《じぶん》の力《ちから》の及《およ》ぶ範囲《はんい》の全部《ぜんぶ》に、皆《みな》さんのお家《うち》の、たとえば奥《おく》さんならばご主人《しゅじん》に、またおじいさんやおばあさんに、皆《みな》さんの子《こ》どもさんも兄弟《きょうだい》もみんなに仏《ほとけ》さまの教《おし》えを伝《つた》え、本心《ほんしん》と申《もう》しまして、〝自分《じぶん》は何《なん》のためにこの世《よ》の中《なか》に生《う》まれてきたものであるか。どうしたならば一生《しょう》が有意義《ゆういぎ》に暮《く》らせるであろうか〟ということを教《おし》え導《みちび》いて頂《いただ》かなければならんのです。ですから、いつもの講日《こうび》に行《い》って話《はなし》を聞《き》くだけではだめなんです。話《はなし》を聞《き》いたならば〝これをどうしたらみんなに伝《つた》えることができるだろう〟というようにお考《かんが》え願《ねが》いたいのであります。

しかしながら、教化《きょうけ》というものはなかなかむずかしいものであります。先生《せんせい》になって導《みちび》くというのは本当《ほんとう》にむずかしいのです。仏《ほとけ》さまは教化《きょうけ》の方法《ほうほう》を法華経《ほけきょう》の中《なか》にも申《もう》しておられまするが、まず自《みずか》ら行《おこ》なって、その行《おこ》なったありさまをもって大勢《おおぜい》の人々《ひとびと》を教化《きょうけ》せなければなりません。「法華経《ほけきょう》の行《おこ》ないを以《も》って身《み》を荘厳《しょうごん》し、その力《ちから》を以《も》って衆生《しゅじょう》を化《け》す」というようにあります。皆《みな》さんもそういうお心《こころ》がけを願《ねが》いたいと思《おも》います。

親《しん》（おや）の徳《とく》　親《おや》であるということはどういうことであるかと申《もう》しますと、皆《みな》さんのように法華経《ほけきょう》を常《つね》に習《なら》い覚《おぼ》えてゆかれることは、親《おや》であらねばならないというのであります。親《おや》というのは子《こ》どもをかわいがるものです。どんなにかわいがるかと申《もう》しますれば、いつもお話《はな》ししておりますように、〝どうかして子《こ》どもをよくしたいもんだ。立派《りっぱ》に育《そだ》てたいもんだ〟ということであります。

〝寒《さむ》き夜《よ》のねやのとばりに床《とこ》ぬれてかわける方《かた》に寝《ね》かせけるかな〟

という古歌《こか》があります。これはあんまりきれいな歌《うた》ではございませんが、赤《あか》ん坊《ぼう》が寝小《ねしょう》便《べん》をする。それは寒《さむ》い夜《よる》である。子《こ》どもがギャーギャーと泣《な》きかけた。〝寝小便《ねしょうべん》だな〟と思《おも》うお母《かあ》さんはねむたい目《め》をこすりながら、こたつに掛《か》けてあるおむつを出《だ》してぬれたおむつと取《と》り替《か》えて、ふとんにしみておる冷《つめ》たい所《ところ》にもまた乾《かわ》いた布《ぬの》を敷《し》いて、子《こ》どもを〝かわける方《かた》に寝《ね》かせけるかな〟というわけであります。

仏《ほとけ》さまになる道《みち》にはいろいろございますでしょうけれども、特《とく》にこのような心持《こころも》ちになるということ、親《おや》のような慈悲《じひ》の心《こころ》を用《もち》いることは非常《ひじょう》に大事《だいじ》なことであります。

三徳具足《とくぐそく》の仏《ほとけ》さま

親《おや》である者《もの》はいつでも先生《せんせい》であるという心持《こころも》ちを持《も》たなければならないのであります。また自分《じぶん》は、主人《しゅじん》といって、家中極楽《いえじゅうごくらく》にする責任者《せきにんしゃ》にならなければならないのであります。主人《しゅじん》である人《ひと》は家中《いえじゅう》の者《もの》の模範《もはん》となり、導《みちび》くような人《ひと》にならなければならないのですから、常《つね》に仏《ほとけ》さまの教《おし》えを信仰《しんこう》して進《すす》んで頂《いただ》きたいと思《おも》うのであります。

また先生《せんせい》となった方《かた》は、親《おや》のような慈悲《じひ》の心《こころ》をも同時《どうじ》に持《も》たなければならんのです。自分《じぶん》が教《おし》えてゆく子《こ》どもを、〝本当《ほんとう》に仏《ほとけ》さまのように平和《へいわ》な世界《せかい》を作《つく》る者《もの》にしなければならないが、それは私《わたくし》の責任《せきにん》だ〟という自覚《じかく》を持《も》って教《おし》えてゆかれるならば、本当《ほんとう》に立派《りっぱ》な先生《せんせい》になります。親《おや》は親《おや》らしい親《おや》になるというわけであります。

皆《みな》さんや私《わたくし》どもがこの主《しゅ》・師《し》・親《しん》の三徳《とく》を学《まな》びまして、そうしてこの主《しゅ》・師《し》・親《しん》の三徳《とく》を行《おこ》ない、家中《いえじゅう》の人《ひと》を仏《ほとけ》さまに近《ちか》い人《ひと》にし、自分《じぶん》の家《いえ》を極楽《ごくらく》にするということが非《ひ》常《じょう》に大事《だいじ》なことでございます。

御開山上人御法話集　六七～七四頁

◆日達上人

仏《ほとけ》さまにご守護《しゅご》頂《いただ》くには…

仏《ほとけ》さまはいつも守《まも》ってくださるのですが、運《うん》が悪《わる》く、何《なに》をしてもうまくゆかないと思《おも》っている人《ひと》は〝仏《ほとけ》さまに守《まも》って頂《いただ》いていない〟と思《おも》われるかも知《し》れません。しかしそれでも仏《ほとけ》さまは、いつもこの私《わたくし》を見守《みまも》っていてくださるのです。これは、私《わたくし》がそう言《い》っているのではありません。仏《ほとけ》さまがはっきりおっしゃっているのです。

「毎自作是念《まいじさぜねん》　以何令衆生《いがりょうしゅじょう》　得入無上道《とくにゅむじょうどう》　速成就仏身《そくじょうじゅぶっしん》」（法華経如来寿量品《ほけきょうにょらいじゅりょうほん》）

いつもお唱《とな》えするお自我偈《じがげ》の一節《せつ》です。仏《ほとけ》さまが、〝私《わたくし》は夜《よる》も昼《ひる》もいつも、あなたのことを、どうしたら本当《ほんとう》の幸《しあわ》せにすることができるかと考《かんが》えている〟とおっしゃっているのです。これを信《しん》じて疑《うたが》わないことが大切《たいせつ》です。

何《なに》をしてもうまくゆかないと、〝どうして私《わたくし》だけがこんな目《め》にあわなければならないのか〟と孤独感《こどくかん》に陥《おち》ることがありますが、どんな状況《じょうきょう》にあっても、それでも仏《ほとけ》さまに見守《みまも》って頂《いただ》いているということを、固《かた》く信《しん》じてゆきたいのです。

この世界《せかい》は「今此《こんし》三界《がい》　皆是我有《かいぜがう》」（法華経譬喩品《ほけきょうひゆほん》）の世界《せかい》です。私共《わたくしども》はどこで生《い》きようとどこで死《し》のうと、仏《ほとけ》さまの世界《せかい》の中《なか》です。海外《かいがい》へ出張《しゅっちょう》される方《かた》が〝お守《まも》りをください〟と言《い》って来《こ》られると、私《わたくし》は〝どんな遠《とお》い所《ところ》へ行《い》ってもすべて仏《ほとけ》さまの世界《せかい》ですから、心配《しんぱい》いりませんよ〟と申《もう》し上《あ》げるのですが、信《しん》じられないのか、〝ハア？〟と不思議《ふしぎ》そうな顔《かお》をされます。

〝どこにいても仏《ほとけ》さまの世界《せかい》にいる。仏《ほとけ》さまに見守《みまも》って頂《いただ》いている〟ということを信《しん》じてゆきたいものです。それには、仏《ほとけ》さまに守《まも》られるような心《こころ》と実行《じっこう》がなければなりません。そして、仏《ほとけ》さまのご守護《しゅご》を確《たし》かなこととして信《しん》じられるように、自分《じぶん》も信仰《しんこう》をしてゆかなければなりません。〝守《まも》ってくだされぱけっこう〟ということで、何《なに》もしないのではいけません。守《まも》られるような行《おこな》いをするということです。

仏《ほとけ》さまにご守護頂《しゅごいただ》くには、それなりのものも必要《ひつよう》のように思《おも》います。〝私《わたくし》はこういうことをさせていただきました〟ということです。その上《うえ》で仏《ほとけ》さまに〝お願《ねが》いします〟というのであれば、快《こころよ》く聞《き》き届《とど》けて頂《いただ》けると思《おも》います。

たとえば、講日《こうび》や法座《ほうざ》にお参《まい》りすることです。それは仏《ほとけ》さまにお会《あ》いすることと同《おな》じですから、何《なに》かの時《とき》にお願《ねが》いすると〝あなたはよくお参《まい》りされていますね〟と、顔見知《かおみし》りというのは変《へん》な言《い》い方《かた》ですが覚《おぼ》えていてくださって、聞《き》いて頂《いただ》きやすいのではないかと思《おも》うのです。お話《はなし》が面白《おもしろ》いとか面白《おもしろ》くないということとは別《べつ》に、仏《ほとけ》さまと縁《えん》をつなぐためにも参詣《さんけい》されるのはいいことです。仏《ほとけ》さまは〝お前《まえ》なんか知《し》らん〟とはおっしゃいませんが、やはり縁《えん》は大切《たいせつ》にした方《ほう》がいいと思《おも》います。

『月刊法音』第四一〇号　七～九頁

仏《ほとけ》さまの本当《ほんとう》のご守護《しゅご》

不幸《ふこう》な目《め》にあって、あるいは病気《びょうき》になって、芯《しん》から〝もうだめだ〟と思《おも》ってしまったら、本当《ほんとう》にだめになってしまいます。しかし、〝今《いま》は仏《ほとけ》さまから苦《くる》しむ役《やく》を頂《いただ》いているのだ〟と思《おも》えば、割《わり》に楽《らく》に乗《の》り越《こ》えられると思《おも》います。

会社勤《かいしゃつと》めの人《ひと》で、大変仕事熱心《たいへんしごとねっしん》な方《かた》がみえます。朝早《あさはや》く出勤《しゅっきん》し、帰《かえ》るのは夜遅《よるおそ》いため、子《こ》どもとはいつもすれ違《ちが》いで遊《あそ》ぶ時間《じかん》がありません。その人《ひと》が病気《びょうき》になり、自宅《じたく》で療養《りょうよう》することになりました。そうなると子《こ》どもにいつも会《あ》え、遊《あそ》ぶ時間《じかん》もできました。そのことが嬉《うれ》しくて、〝仏《ほとけ》さまが私《わたくし》を病気《びょうき》にしてくださった〟と喜《よろこ》んでいるのです。病気《びょうき》になれば普通《ふつう》は気分《きぶん》が落《お》ち込《こ》みます。病気《びょうき》を喜《よろこ》べる人《ひと》は心《こころ》の広《ひろ》い人《ひと》です。こういう人《ひと》には病気《びょうき》も長《なが》く居座《いすわ》ることはないと思《おも》います。何《なに》があっても自分《じぶん》の今《いま》の立場《たちば》を嫌《きら》ってはいけません。〝あなたには今《いま》のその立場《たちば》がちょうど、修行《しゅぎょう》するのに一番《ばん》ふさわしい姿《すがた》ですよ〟と仏《ほとけ》さまは教《おし》えてくださるのです。仏《ほとけ》さまがいつも私《わたくし》を導《みちび》いてくださるとなれば、こんな安心《あんしん》なことはありません。

『月刊法音』第三五八号　一〇～一一頁

大慈悲の事

釈尊《しゃくそん》は法華経方便品《ほけきょうほうべんぼん》に於《おい》て「如我等無異《にょがとうむい》＝我《わ》が如《ごと》く等《ひと》しくして異《こと》なることなからしめん」と、大慈悲《だいじひ》を以《も》って衆生済度《しゅじょうさいど》の決意《けつい》を述《の》べられている。又《また》、如来寿量品《にょらいじゅりょうほん》・自我偈《じがげ》の最後《さいご》には「毎自作是念《まいじさぜねん》　以何令衆生《いがりょうしゅじょう》　得入無上道《とくにゅむじょうどう》　速成就仏身《そくじょうじゅぶっしん》＝毎《つね》に自《みずか》ら是《こ》の念《ねん》を作《な》す。何《なに》を以《もっ》てか衆生《しゅじょう》をして、無上道《むじょうどう》に入《い》り、速《すみ》やかに仏身《ぶっしん》を成就《じょうじゅ》することを得《え》せしめんと」と、驚《おどろ》くべき大慈悲《だいじひ》を披歴《ひれき》されている。何《なに》を以《も》ってその大慈悲《だいじひ》にお応《こた》えするべきか、仏教徒《ぶっきょうと》として真《しん》の信仰《しんこう》が問《と》われる。

◆経典

◇我本誓願《われもとせいがん》を立《た》てて、一切《さい》の衆《しゅ》をして、我《わ》が如《ごと》く等《ひと》しくして異《こと》なることなからしめんと欲《ほっ》しき。我《わ》が昔《むかし》の所願《しょがん》の如《ごと》き、今者已《いますで》に満足《まんぞく》しぬ。一切衆生《さいしゅじょう》を化《け》して、皆佛道《みなぶつどう》に入《い》らしむ。

妙法蓮華經・方便品　七二～七三頁

◇我《われ》は爲《こ》れ世尊《せそん》なり、能《よ》く及《およ》ぶ者《もの》なし。衆生《しゅじょう》を安穏《あんのん》ならしめんが故《ゆえ》に、世《よ》に現《げん》じて、大《だい》衆《しゅ》の爲《ため》に、甘露《かんろ》の淨法《じょうほう》を説《と》く。其《そ》の法《ほう》一味《み》にして、解脱《げだつ》・涅槃《ねはん》なり。一の妙音《みょうおん》を以《もっ》て、斯《こ》の義《ぎ》を演暢《えんちょう》す。常《つね》に大乘《だいじょう》の爲《ため》に、而《しか》も因緣《いんねん》を作《な》す。我《われ》一切《さい》を觀《み》ること、普《あまね》く皆平等《みなびょうどう》にして、彼此《ひし》・愛憎《あいぞう》の、心《こころ》あることなし。我貪著《われとんぢゃく》なく、亦限礙《またげんげ》なし。恒《つね》に一切《さい》の爲《ため》に、平《びょう》等《どう》に法《ほう》を説《と》く。一人《にん》の爲《ため》にするが如《ごと》く。衆多《しゅた》も亦然《またしか》なり。常《つね》に法《ほう》を演説《えんぜつ》して、曾《かつ》て他事《たじ》なし。去來《こらい》・坐立《ざりゅう》、終《つい》に疲厭《ひえん》せず。世間《せけん》に充足《じゅうそく》すること、雨《あめ》の普《あまね》く潤《うるお》すが如《ごと》し。貴賤《きせん》・上下《じょうげ》、持戒《じかい》・毀戒《きかい》、威儀《いぎ》具足《ぐそく》せる、及《およ》び具足《ぐそく》せざる、正見《しょうけん》・邪見《じゃけん》、利根《りこん》・鈍根《どんこん》に、等《ひと》しく法雨《ほうう》を雨《ふ》らして、懈倦《けげん》なし。一切衆生《さいしゅじょう》の、我《わ》が法《ほう》を聞《き》く者《もの》は、力《ちから》の受《う》くる所《ところ》に隨《した》って、諸《もろもろ》の地《ぢ》に住《じゅう》す。

妙法蓮華經・藥草喩品　一三九～一四〇頁

◇大雄猛世尊《だいおうみょうせそん》、諸釋《しょしゃく》の法王《ほうおう》、我等《われら》を哀愍《あいみん》したもうが故《ゆえ》に、而《しか》も佛《ほとけ》の音聲《おんじょう》を賜《たま》え。若《も》し我《わ》が深心《じんしん》を知《しろ》しめして、授記《じゅき》せられれば、甘露《かんろ》を以《もっ》て灑《そそ》ぐに、熱《ねつ》を除《のぞ》いて清涼《しょうりょう》を得《う》るが如《ごと》くならん。飢《う》えたる國《くに》より來《きた》って、忽《たちま》ちに大王《だいおう》の膳《そなえ》に遇《あ》わんに、心猶《こころな》お疑懼《ぎく》を懷《いだ》いて、未《いま》だ敢《あえ》て卽便《すなわ》ち食《じき》せず。若《も》し復王《またおう》の教《おしえ》を得《え》ば、然《しこう》して後《のち》に乃《すなわ》ち敢《あえ》て食《じき》せんが如《ごと》く。我等《われら》も亦是《またかく》の如《ごと》し、每《つね》に小乘《しょうじょう》の過《とが》を惟《おも》うて、當《まさ》に云何《いかに》して、佛《ほとけ》の無上慧《むじょうえ》を得《う》べきを知《し》らず。佛《ほとけ》の音聲《おんじょう》の、我等《われら》作佛《さぶつ》せんと言《のたも》うを聞《き》くと雖《いえど》も、心《こころ》尚《な》お憂懼《うく》を懐《いだ》くこと、未《いま》だ敢《あえ》て便《すなわ》ち食《じき》せざるが如《ごと》し。若《も》し佛《ほとけ》の授記《じゅき》を蒙《こうむ》りなば、爾《しこう》して乃《すなわ》ち快《こころよ》く安樂《あんらく》ならん。大雄猛世尊《だいおうみょうせそん》、常《つね》に世間《せけん》を安《やす》んぜんと欲《ほっ》す。願《ねが》わくは我等《われら》に記《き》を賜《たま》え。飢《う》えて教《おしえ》を須《ま》って食《じき》するが如《ごと》くならん。

妙法蓮華經・授記品　一四五～一四六頁

◇世尊《せそん》は甚《はなは》だ値《あ》いたてまつり難《がた》し。願《ねが》わくは大慈悲《だいじひ》を以《もっ》て、廣《ひろ》く甘露《かんろ》の門《もん》を開《ひら》き、無上《むじょう》の法輪《ほうりん》を轉《てん》じたまえ。無量慧《むりょうえ》の世尊《せそん》、彼《か》の衆人《しゅにん》の請《しょう》を受《う》けて、爲《ため》に種種《しゅじゅ》の法《ほう》、四諦《たい》・十二縁《えん》を宣《の》べたもう。

妙法蓮華經・化城喩品　一七八頁

◇世尊《せそん》は甚《はなは》だ奇特《きどく》にして所爲希有《しょいけう》なり。世間若干《せけんそこばく》の種性《しゅしょう》に隨順《ずいじゅん》して、方便知見《ほうべんちけん》を以《もっ》て爲《ため》に法《ほう》を説《と》いて、衆生處處《しゅじょうしょしょ》の貪著《とんぢゃく》を抜出《ばっすい》したもう。我等佛《われらほとけ》の功徳《くどく》に於《おい》て、言《ことば》をもって宣《の》ぶること能《あた》わず。唯佛世尊《ただぶつせそん》のみ能《よ》く我等《われら》が深心《じんしん》の本願《ほんがん》を知《しろ》しめせり。

妙法蓮華經・五百弟子受記品　一八三頁

◇世尊《せそん》は慧《え》の燈明《とうみょう》なり。我授記《われじゅき》の音《みこえ》を聞《き》きたてまつりて、心《こころ》に歡喜充滿《かんぎじゅうまん》せること、甘露《かんろ》をもって灌《そそ》がるるが如《ごと》し。

妙法蓮華經・授學無學人記品　二〇一頁

◇我常《われつね》に衆生《しゅじょう》の、道《どう》を行《ぎょう》じ道《どう》を行《ぎょう》ぜざるを知《し》って、度《ど》すべき所《ところ》に隨《したが》って、爲《ため》に種種《しゅじゅ》の法《ほう》を説《と》く。每《つね》に自《みずか》ら是《こ》の念《ねん》を作《な》す。何《なに》を以《もっ》てか衆生《しゅじょう》をして、無上道《むじょうどう》に入《い》り、速《すみや》かに佛身《ぶっしん》を成就《じょうじゅ》することを得《え》しめんと。

妙法蓮華經・如來壽量品　二八二頁

◇如來《にょらい》は大慈悲《だいじひ》あって諸《もろもろ》の慳悋《けんりん》なく、亦畏《またおそ》るる所《ところ》なくして、能《よ》く衆生《しゅじょう》に佛《ほとけ》の智慧《ちえ》・如來《にょらい》の智慧《ちえ》・自然《じねん》の智慧《ちえ》を與《あた》う。如來《にょらい》は是《こ》れ一切衆生《さいしゅじょう》の大施主《だいせしゅ》なり。

妙法蓮華經・囑累品　三三二頁

◆遺文

◇日蓮《にちれん》が慈悲曠大《じひこうだい》ならば、南無妙法蓮華經《なむみょうほうれんげきょう》は萬年《まんねん》の外未來《ほかみらい》までも流《なが》るべし。日本國《にほんこく》の一切衆生《さいしゅじょう》の盲目《もうもく》を開《ひら》ける功徳《くどく》あり、無間地獄《むけんじごく》の道《みち》を塞《ふさ》ぎぬ。此《こ》の功徳《くどく》は傳教《でんぎょう》・天台《てんだい》にも超《こ》え、龍樹《りゅうじゅ》・迦葉《かしょう》にも勝《すぐ》れたり。極樂百年《ごくらくねん》の修行《しゅぎょう》は穢土《えど》一日《にち》の功《こう》に及《およ》ばず。正像《しょうぞう》二千年《ねん》の弘通《ぐづう》は末法《まっぽう》の一時《じ》に劣《おと》るか。是偏《これひとえ》に日蓮《にちれん》が智《ち》の賢《かしこ》きにはあらず、時《とき》の然《しか》らしむるのみ。

報恩鈔・下　一四六七頁

◇今生《こんじょう》に法華經《ほけきょう》の敵《てき》となりし人《ひと》をば、梵天《ぼんでん》・帝釋《たいしゃく》・日月《にちがつ》・四天《てん》罰《ばっ》し給《たま》いて、皆人《みなひと》に見懲《みこ》りさせ給《たま》えと申《もう》し付《つ》けて候《そうろう》。日蓮法華經《にちれんほけきょう》の行者《ぎょうじゃ》にてある無《な》しは是《これ》にて御覧《ごらん》あるべし。斯《か》う申《もう》せば國主等《こくしゅら》は此《こ》の法師《ほうし》の威《おど》すと思《おも》えるか。敢《あえ》て惡《にく》みては申《もう》さず、大慈大悲《だいじだいひ》の力無《ちからむ》間地獄《けんぢごく》の大苦《だいく》を今生《こんじょう》に消《け》さしめんとなり。

王舎城の事　一一五四頁

◇南無妙法蓮華經《なむみょうほうれんげきょう》は死出《しで》の山《やま》にては杖柱《つえはしら》となり給《たま》い、釋迦佛《しゃかぶつ》・多寶佛《たほうぶつ》・上行等《じょうぎょうとう》の四菩薩《ぼさつ》は手《て》を取《と》り給《たま》うべし。日蓮先《にちれんさき》に立《た》ち候《そうら》わば、御迎《おんむか》いにまいり候事《そうろうこと》もやあらんずらん。又《また》さきに行《ゆ》かせ給《たま》わば、日蓮必《にちれんかなら》ず閻魔法王《えんまほうおう》にも委《くわ》しく申《もう》す可《べ》く候《そうろう》。此《こ》の事少《ことすこ》しも虚事《そらごと》あるべからず。

彌源太殿御返事　一〇四一頁

◇日蓮《にちれん》は日本第一《にほんだい》の法華經《ほけきょう》の行者《ぎょうじゃ》なり。日蓮《にちれん》が弟子檀那等《でしだんなとう》の中《なか》に、日蓮《にちれん》より後《のち》に來《きた》り給《たま》い候《そうら》わば、梵天《ぼんでん》・帝釋《たいしゃく》・四大天王《だいてんのう》・閻魔法皇《えんまほうおう》の御前《おんまえ》にても、日本第一《にほんだい》の法華經《ほけきょう》の行者《ぎょうじゃ》、日蓮房《にちれんぼう》が弟子檀那《でしだんな》なりと名乘《なの》りて通《とお》り給《たま》うべし。此法華經《このほけきょう》は三途《づ》の河《かわ》にては船《ふね》となり、死出《しで》の山《やま》にては大白牛車《だいびゃくごしゃ》となり、冥途《めいど》にては燈《ともしび》となり、靈山《りょうぜん》へ參《まい》る橋《はし》なり。靈山《りょうぜん》へましまして、艮《うしとら》の廊《わたりどの》にて尋《たず》ねさせ給《たま》え、必《かなら》ず待《ま》ち奉《たてまつ》るべく候《そうろう》。

波木井殿御書　一二〇〇九頁

◆**御開山上人**

仏《ほとけ》さまは一切衆生《さいしゅじょう》の大施主《だいせしゅ》

仏《ほとけ》は一切衆生《さいしゅじょう》をすくうことを自分《じぶん》の望《のぞみ》とするものであって、大慈悲《だいじひ》をもっている。虚空《こくう》の下《した》におおわれないものがないとおなじように、仏《ほとけ》の慈悲心《じひしん》の下《した》におおわれないものはない。仏《ほとけ》は大慈悲《だいじひ》をもっている。これを教《おし》えるのは惜《お》しいというような考《かんが》えは一つももっていない。またはばかることもない。そうしてすべての人《ひと》に仏《ほとけ》とおなじ智慧《ちえ》をあたえてやる。仏《ほとけ》さまは一切衆生《さいしゅじょう》の大施主《だいせしゅ》であるから、仏弟子《ぶつでし》たる者《もの》はみな仏《ほとけ》の心《こころ》をもって、自分《じぶん》の心《こころ》としなければならぬ。そして勝手《かって》に習《なら》ってはいけない。仏《ほとけ》にしたがって仏《ほとけ》の教《おし》えを学《まな》ばなければならない。そうして習《なら》って得《え》たことを惜《お》しむようなことがあってはならない。

妙法蓮華経略義　七〇八頁

我《わ》が如《ごと》く等《ひと》しくして異《こと》なることなからしめんと欲《ほっ》す

日本福祉大学《にほんふくしだいがく》、学長《がくちょう》の建学《けんがく》の精神《せいしん》の言葉《ことば》の中《なか》に「我《わ》が如《ごと》く等《ひと》しくして異《こと》なることなからしめんと欲《ほっ》す」とあります。これは法華経方便品《ほけきょうほうべんぼん》にあります。私《わたくし》の著書《ちょしょ》『妙法蓮華経略義《みょうほうれんげきょうりゃくぎ》』の中《なか》では一一六頁《ページ》、九〇に次《つぎ》の如《ごと》く出《で》ています。

「舎利弗《しゃりほつ》、当《まさ》に知《し》るべし。我本誓願《われもとせいがん》を立《た》てて、一切《さい》の衆《しゅ》をして、我《わ》が如《ごと》く等《ひと》しくして異《こと》なることなからしめんと欲《ほ》しき。我《わ》が昔《むかし》の所願《しょがん》の如《ごと》き、今者已《いますで》に満足《まんぞく》しぬ」

〝舎利弗《しゃりほつ》よ、自分《じぶん》は仏陀伽耶《ぶっだがや》において修行《しゅぎょう》し、人生《じんせい》の深《ふか》い意味《いみ》を覚《さと》った。そして世間《せけん》に出《で》て教《おし》えを説《と》いたが、その教《おし》えを説《と》く初《はじ》めから、是非自分《ぜひじぶん》が一生涯必《しょうがいかなら》ず成《な》し遂《と》げたいと誓願《せいがん》を立《た》てた。その誓願《せいがん》は、『一切衆生《さいしゅじょう》を教《おし》え導《みちび》いて、自分《じぶん》と少《すこ》しも変《か》わらない仏《ほとけ》にしてゆきたい』という願《ねが》いである〟

キリスト教《きょう》では、〝人間《にんげん》と神《かみ》さまは別《べつ》もので、人間《にんげん》は神《かみ》さまにはなれない。イエスさまと同《おな》じにはなれない。いつまでたっても人間《にんげん》は人間《にんげん》だ。一番偉《ばんえら》くなったら天国《てんごく》に生《う》まれて神《かみ》さまのお傍《そば》に侍《はべ》り得《う》る者《もの》にはなるだろうけれども、神《かみ》さまにはなれない〟と言《い》っています。

論語《ろんご》には、「上知《じょうち》と下愚《げぐ》は移《うつ》らず」と言《い》ってあります。〝一番上《ばんうえ》の知恵《ちえ》のある者《もの》と、一番下《ばんした》の愚《おろ》かな者《もの》とは代《か》えられない。一番上《ばんうえ》の者《もの》は本当《ほんとう》に偉《えら》い者《もの》で、一番下《ばんした》の者《もの》は駄目《だめ》だ〟と言《い》うのです。

然《しか》るに仏《ほとけ》さまは、一段《だん》と超越《ちょうえつ》しておられます。〝世《よ》の中《なか》にはいろいろな人《ひと》がいるけれど、すべての人《ひと》を等《ひと》しく『自分《じぶん》と同《おな》じ仏《ほとけ》にしてやろう』それが自分《じぶん》の理想《りそう》である〟とおっしゃるのであります。

これは実《じつ》に驚《おどろ》くべきことであり、実《じつ》に広大無辺《こうだいむへん》な大慈悲《だいじひ》であると感謝《かんしゃ》するものであります。

〈私《わたくし》はそれ以来《いらい》、宗教《しゅうきょう》の王《おう》であることを感《かん》じ、すべてを打込《うちこ》む考《かんが》えになった次第《しだい》です〉。

この大慈悲《だいじひ》を考《かんが》えます時《とき》、第《だい》一に〝自分《じぶん》を軽《かろ》んじてはならぬ〟ということ。そして第《だい》二には、〝怒《おこ》ったり、愚痴《ぐち》を言《い》ってばかりのどんな恩知《おんし》らずの者《もの》でも、仏《ほとけ》に成《な》れる者《もの》だ。

自分《じぶん》がもっと骨折《ほねお》ってやらねばならぬ。自分《じぶん》の努力《どりょく》にまだ欠《か》けたところがある。もう一奮発《ふんぱつ》しよう〟という心持《こころも》ちが起《お》こってくるのであります。母親《ははおや》が、自分《じぶん》の子《こ》どもが重病《じゅうびょう》の時《とき》、〝我《わ》が命《いのち》に代《か》えても子《こ》どもの病《やまい》を治《なお》したい〟と、神《かみ》さまや仏《ほとけ》さまに祈《いの》る心《こころ》と同《おな》じであって、これが大慈悲《だいじひ》の心《こころ》であります。

仏《ほとけ》さまは、

〝自分《じぶん》は昔《むかし》から一切《さい》の人々《ひとびと》を皆《みな》、我《わ》が子《こ》と思《おも》い、皆仏《みなほとけ》にしたいことを願《ねが》っていたが、今《いま》ここで本当《ほんとう》の心持《こころも》ちである仏《ほとけ》になる教《おし》え、法華経《ほけきょう》を説《と》き聞《き》かせることができて、その願《がん》望《ぼう》が満足《まんぞく》したのである。これは、自分《じぶん》が一生涯《しょうがい》の精神《せいしん》を明《あ》かしたものであるから、このことがすべての人《ひと》に解《わか》りさえすれば、皆仏《みなほとけ》に成《な》れるのだ〟

とおっしゃるのであります。

次《つぎ》の九一番《ばん》に、

「一切衆生《さいしゅじょう》を化《け》して、皆仏道《みなぶつどう》に入《い》らしむ」

とありますことも、この続《つづ》きのお言葉《ことば》であります。

〝一切《さい》の人々《ひとびと》を教化《きょうけ》して、自分《じぶん》と同《おな》じ心《こころ》、即《すなわ》ち、自分《じぶん》が仏《ほとけ》と同《おな》じような心《こころ》になるとともに、他《た》の人々《ひとびと》をも皆《みな》、仏《ほとけ》と同《おな》じような大慈悲《だいじひ》の心持《こころも》ちとなるように導《みちび》いて、世《よ》の中《なか》の人々《ひとびと》が幸福《こうふく》に暮《く》らし、極《ご》く楽《たの》しい生活《せいかつ》をして、いつも大《おお》きな喜《よろこ》びを感《かん》ずる者《もの》になるように。そして、自分《じぶん》の骨折《ほねお》りにより、一切《さい》の人《ひと》に喜《よろこ》びを与《あた》え、一切《さい》の人《ひと》に満足《まんぞく》を与《あた》えるように努力《どりょく》する道《みち》、即《すなわ》ち仏道《ぶつどう》に入《い》らしめよう〃というのであります。本当《ほんとう》に味《あじ》わうべき偈《げ》であると思《おも》います。

参考《さんこう》までに「建学《けんがく》の精神《せいしん》」の全文《ぜんぶん》を掲載《けいさい》しておきます。これは昭和《しょうわ》二十八年正月《ねんしょうがつ》、私《わたくし》が身延山《みのぶさん》の日蓮宗大荒行堂《にちれんしゅうだいあらぎょうどう》で修行中《しゅぎょうちゅう》に書《か》いたものであります。

日本福祉大学『建学《けんがく》の精神《せいしん》』

中部社会事業短期大学《ちゅうぶしゃかいじぎょうたんきだいがく》（日本福祉大学《にほんふくしだいがく》）は、その根本精神《こんぽんせいしん》として、高《たか》く清《きよ》き宗教的信念《しゅうきょうてきしんねん》に根《ね》をおろした教養《きょうよう》が積《つ》まれる場所《ばしょ》でありたいと願《ねが》うのであります。社会事業《しゃかいじぎょう》の経営《けいえい》について研究《けんきゅう》すべきはもちろんでありますが、社会事業《しゃかいじぎょう》の専門的知識人《せんもんてきちしきじん》を作《つく》ることよりも、永遠向上《えいえんこうじょう》の世界観《せかいかん》と、大慈大愛《だいじだいあい》に生《い》きる人生観《じんせいかん》を把握《はあく》した健全《けんぜん》な人格《じんかく》を育《そだ》て、広《ひろ》い世界的視野《せかいてきしや》を持《も》ちつつ、社会事業《しゃかいじぎょう》を通《つう》じてわが人類《じんるい》のために、自己《じこ》を捧《ささ》げることを惜《お》しまぬ志《こころざし》の人《ひと》を現実《げんじつ》の社会《しゃかい》に送《おく》り出《だ》したいのであります。

今《いま》や新《あたら》しい日本《にほん》は、新《あたら》しい文化的基盤《ぶんかてききばん》を要求《ようきゅう》しております。それは、真《しん》・善《ぜん》・美《び》・聖《せい》の精神文化《せいしんぶんか》、特《とく》に従来不振《じゅうらいふしん》の状態《じょうたい》にある聖《せい》—即《すなわ》ち、信仰《しんこう》を他《た》にして奈辺《なへん》にも見出《みいだ》し難《がた》いのであります。

この悩《なや》める時代《じだい》の苦難《くなん》に身《み》を以《も》って当《あ》たり、大慈悲心《だいじひしん》・大友愛心《だいゆうあいしん》を身《み》に負《お》うて、社会《しゃかい》の革新《かくしん》と進歩《しんぽ》のために挺身《ていしん》する 志《こころざし》の人《ひと》を、この大学《だいがく》を中心《ちゅうしん》として輩出《はいしゅつ》させたいのであります。それは単《たん》なる学究《がくきゅう》ではなく、また、自己保身栄達《じこほしんえいだつ》のみに汲々《きゅうきゅう》たる気風《きふう》ではなく、人類愛《じんるいあい》の精神《せいしん》に燃《も》えて立《た》ち上《あ》がる学風《がくふう》が、本大学《ほんだいがく》に満《み》ち溢《あふ》れたいものであります。

釈尊《しゃくそん》のお言葉《ことば》、「我《わ》が如《ごと》く等《ひと》しくして異《こと》なることなからしめんと欲《ほっ》す」、この一偈《げ》を、精神的根源《せいしんてきこんげん》としたいのであります。これぞ本大学学徒等《ほんだいがくがくととう》の 魂《たましい》の奥底《おくそこ》に鳴《な》り響《ひび》かすべき真理追求《しんりついきゅう》の基調《きちょう》でなければならぬのであります。　御開山上人御遺稿集　二二九〜二三三頁

あなた方《がた》の家《いえ》が極楽《ごくらく》ですよ　せっかく苦労《くろう》して生《い》きておりながら、〃極楽《ごくらく》へ行《い》きたいこと〃と〃仏《ほとけ》に成《な》りたいこと〃を抜《ぬ》かして「地獄《ぢごく》」へ行《い》って、それで「鬼《おに》」になろうと、そんなことではあかんな。三途《づ》の川《かわ》へ行《い》って苦《くる》しんだりするんなら、働《はたら》く甲斐《かい》はありませんね。一生《しょう》の間苦労《あいだくろう》して働《はたら》いて、そうして地獄《ぢごく》の釜《かま》の中《なか》へ行《い》ってしまうんじゃ、どう

もならん。

今日《きょう》みなさんがおいでになって、話《はなし》を聞《き》いて喜《よろこ》んで頂《いただ》けるのも、〝どうしたら仏《ほとけ》に成《な》れる。どうしたら極楽《ごくらく》へ行《い》けるか〟という話《はなし》があるからなんですね。

今日《きょう》お寺《てら》へいらっしゃった方《かた》は地獄《ぢごく》へは決《けっ》してやりません。全部《ぜんぶ》極楽《ごくらく》へ行《い》けるように致《いた》しますから、そう思《おも》ってね、極楽《ごくらく》へ行《い》きなさい。行《い》けるようにしときます。それから、きっと仏《ほとけ》になれるようにしときますから、もうしばらく辛抱《しんぼう》して私《わたくし》の話《はなし》を聞《き》いていてくださいよ。

これから暗《くら》くなると〝早《はや》く家《いえ》に帰《かえ》りたい〟と思《おも》うな。どんなきれいな所《ところ》にいても、最《さい》後《ご》は家《いえ》に帰《かえ》りたいと思《おも》いますね。これは子《こ》どもだけではありません。これはもうはっきりしております。ですから西方《さいほう》十万億土《まんおくど》へ行《い》かなくても、極楽《ごくらく》はあなた方《がた》の家《いえ》ですから、この極楽《ごくらく》、自分《じぶん》の家《いえ》を良《よ》くするには、私《わたくし》の話《はなし》を聞《き》いて、今《いま》も申《もう》しますように、夫婦《ふうふ》同士《どうし》ええことを見出《みいだ》しあって、悪口《わるぐち》を言《い》ったり、けんかをすることは明日《あす》にして、やってもいいが、するのは明日《あす》だ。今日《きょう》はええことをほめて、〝ごくろうさまだったたな。ようやってくださったね〟と言《い》って、腹立《はらた》つこともあろうが、それは明日《あす》にしておきなさい。そうすれば今日《きょう》は極楽《ごくらく》です。そういうように、自分《じぶん》の家《いえ》を、自分《じぶん》のいる所《ところ》を極楽《ごくらく》にするように実行《じっこう》する人《ひと》が仏《ほとけ》であります。

御開山上人御法話集　三八～三九頁

◆日達上人

如我等無異《にょがとうむい》　「我《わ》が如《ごと》く等《ひと》しくして異《こと》なることなからしめん」と、仏《ほとけ》さまは私《わたくし》のようないたらない者《もの》にまで、温《あたた》かいお言葉《ことば》をくださいました。一億円《おくえん》くださるというより、もっと価値《かち》のあることです。こんなうれしいことはありません。

大白牛車・7　四頁

仏《ほとけ》さまの教化《きょうけ》・行道不行道《ぎょうどうふぎょうどう》　仏《ほとけ》さまはいつも、私《わたくし》が菩薩行《ぼさつぎょう》をしているかいないか、徳《とく》を積《つ》んでいるか罪障《ざいしょう》を作《つく》っていないか、すべてを見《み》ていてくださいます。そして、日常《にちじょう》のその時《とき》に応《おう》じて適切《てきせつ》な教化《きょうけ》を施《ほどこ》してくださいます。たとえば、おいしい物《もの》ばかり求めすぎている時《とき》には〝それもいいけれども、あまり美食《びしょく》にこだわっていると体《からだ》に悪《わる》いよ〟と、病気《びょうき》という姿《すがた》を見《み》せてくださることがあります。この私《わたくし》の、どこかを直《なお》す必要《ひつよう》があると思《おも》われた時《とき》、いろいろ宿題《しゅくだい》をくださるのです。ですから、病気《びょうき》になったり困《こま》ったことに出《で》くわしたら〝どこか至《いた》らないところがあるに違《ちが》いない〟と反省《はんせい》することです。朝《あさ》も晩《ばん》も、仏《ほとけ》さまはこの私《わたくし》を、〝どうしたら本当《ほんとう》の幸《しあわ》せにすることができるか〟と、片時《かたとき》も忘《わす》れることなく心配《しんぱい》してくださるのです。

〝誰《だれ》も見《み》ていないから何《なに》をやってもいい〟のではありません。また、〝私《わたくし》は一人《ひとり》ぼっちで、人《ひと》にほめられることもないから、菩薩行《ぼさつぎょう》なんかしても仕方《しかた》がない〟のでもありません。誰《だれ》が見《み》ていなくても、仏《ほとけ》さまが見《み》ていてくださるのです。その上《うえ》に、この私《わたくし》を〝どうしたら無上道《むじょうどう》＝本当《ほんとう》の幸《しあわ》せにすることができるだろうか〟と、いつも見守《みまも》っていてくださるのです。こんなありがたいことはありません。

『月刊法音』第三九〇号　一〇〜一二頁

「毎自《まいじ》の悲願《ひがん》」毎自作是念《まいじさぜねん》の心《こころ》　「毎《つね》に自《みずか》ら是《こ》の念《ねん》を作《な》す。何《なに》を以《もっ》てか衆生《しゅじょう》をして、無《む》上道《じょうどう》に入《い》り、速《すみ》やかに仏身《ぶっしん》を成就《じょうじゅ》することを得《え》せしめんと」（法華経如来寿量品《ほけきょうにょらいじゅりょうほん》）

これが仏《ほとけ》さまの、本当《ほんとう》のお心《こころ》であります。

「衆生《しゅじょう》」とは〝すべての人《ひと》〟という意味《いみ》ですが、お経《きょう》を読《よ》む時《とき》は、〝この私《わたくし》のこと〟

と受《う》け止《と》めることです。

仏《ほとけ》さまはいつも、〝どうしたらこの私《わたくし》を目覚《めざ》めさせ、本当《ほんとう》の幸《しあわ》せにすることができるか〟とお考《かんが》えくださっているのです。久遠実成《くおんじつじょう》の本師釈迦牟尼仏《ほんししゃかむにぶつ》、即《すなわ》ち、久遠《くおん》の本仏《ほんぶつ》がこの私《わたくし》のことをいつも心配《しんぱい》してくださっているのです。こんなありがたいことはありません。

『月刊法音』第三七八号　五頁

「毎自《まいじ》の悲願《ひがん》」地獄《ぢごく》の道《みち》を閉《と》ざす文《もん》

「毎《つね》に自《みずか》ら是《こ》の念《ねん》を作《な》す。何《なに》を以《もっ》てか衆生《しゅじょう》をして、無上道《むじょうどう》に入《い》り、速《すみや》かに仏身《ぶっしん》を成就《じょうじゅ》することを得《え》せしめんと」（法華経如来寿量品《ほけきょうにょらいじゅりょうほん》）

仏《ほとけ》さまの慈悲《じひ》とか智慧《ちえ》、特《とく》に慈悲《じひ》についてはいろいろ他《ほか》の経典《きょうてん》にも説《と》かれますが、この偈文《げもん》ほど大《おお》きな慈悲《じひ》はありません。一説《せつ》に「破地獄《はぢごく》の文《もん》」つまり、〝地獄《じごく》の道《みち》を破《やぶ》り閉《と》ざしてしまうような大慈悲心《だいじひしん》が顕《あら》わされている文《もん》〟と言《い》われているのであります。

〝すべての人々《ひとびと》を本当《ほんとう》の幸《しあわ》せに到達《とうたつ》させるための方法《ほうほう》を、朝《あさ》も晩《ばん》もひと時《とき》も忘《わす》れることなく考《かんが》えている〟と、仏《ほとけ》さまはおっしゃられるのであります。

すべての人《ひと》というとピンとこないかも知《し》れませんが、これは〝私《わたくし》のために〟という風《ふう》に考《かんが》えるといいと思《おも》います。

仏《ほとけ》さま、つまり如来寿量品《にょらいじゅりょうほん》に出《で》てまいります久遠実成《くおんじつじょう》の本師釈迦牟尼仏《ほんししゃかむにぶつ》が、私《わたくし》のために〝一体《たい》どうしたら本当《ほんとう》の幸《しあわ》せにすることができるのか〟と、日夜《にちや》お考《かんが》えくださっているのです。逆《ぎゃく》に言《い》えば、〝私共《わたくしども》はそれだけ仏《ほとけ》さまを悩《なや》ましている〟とも言《い》えるのです。そのように考《かんが》えますと、仏《ほとけ》さまの大慈悲《だいじひ》がよくわかると思《おも》います。

これはまた、昔《むかし》は天皇即位《てんのうそくい》の時《とき》に天子《てんし》に授《さず》けられた言葉《ことば》であるとも言《い》われております。つまり天皇《てんのう》という方《かた》は、〝この心《こころ》で何事《なにごと》に対《たい》しても処《しょ》してゆかなければいけない〟ということなのでしょう。いわばこの「毎自作是念《まいじさぜねん》……」は、仏教《ぶっきょう》の中《なか》でも最高《さいこう》・最大《さいだい》の言《こと》葉《ば》ということができます。

この言葉《ことば》には二通《とお》りの読《よ》み方《かた》があります。一つの読《よ》み方《かた》は、今申《いまもう》しましたような、仏《ほとけ》さまが衆生《しゅじょう》を救《すく》ってゆこうという意《こころ》に立《た》っての読《よ》み方《かた》であります。そしてもう一つの読《よ》み方《かた》でありますが、法華経《ほけきょう》は悉皆成仏《しっかいじょうぶつ》の説《と》かれる教《おし》えであります。つまり、〝人間《にんげん》は誰《だれ》もが仏性《ぶっしょう》を具《そな》えており、仏《ほとけ》に成《な》ることができる〟と説《と》かれてあるのです。ですから自分《じぶん》も、今《いま》はいたらない人間《にんげん》ではありましても、努力次第《どりょくしだい》で仏《ほとけ》さまと同《おな》じような心《こころ》になることもでき、その心《こころ》でやってゆくこともできるとも言《い》えるわけです。これを「本覚思想《ほんがくしそう》」と申《もう》しますが、そういう解釈《かいしゃく》の上《うえ》に立《た》っての読《よ》み方《かた》があるのです。

これに関連《かんれん》して安立大法尼《あんりゅうだいほうに》は「法華経講習会《ほけきょうこうしゅうかい》」の席上《せきじょう》、このように述《の》べられたことがあります。

「欲令衆《よくりょうしゅう》に開《かい》・示《じ》・悟《ご》・入《にゅう》について説《と》かれた『衆生《しゅじょう》をして仏知見《ぶっちけん》を開《ひら》かしめ、清浄《しょうじょう》なることを得《え》せしめんと欲《ほっ》するが故《ゆえ》に、世《よ》に出現《しゅつげん》したもう。衆生《しゅじょう》に仏知見《ぶっちけん》を示《しめ》さんと欲《ほっ》するが故《ゆえ》に、世《よ》に出現《しゅつげん》したもう。衆生《しゅじょう》をして仏知見《ぶっちけん》を悟《さと》らしめんと欲《ほっ》するが故《ゆえ》に、世《よ》に出現《しゅつげん》したもう。衆生《しゅじょう》をして仏知見《ぶっちけん》の道《どう》に入《い》らしめんと欲《ほっ》するが故《ゆえ》に、世《よ》に出現《しゅつげん》したもう』という言葉《ことば》がありますが、これは一体誰《たいだれ》がすることでありましょうか」と問《と》われたのです。

そうしますと「諸仏世尊《しょぶつせそん》」と誰《だれ》もが答《こた》えたのです。この言葉《ことば》の前《まえ》に「諸仏世尊《しょぶつせそん》は」とあるのですから、あたりまえといえばあたりまえのことかも知《し》れませんが、安立大法尼《あんりゅうだいほうに》は「それは間違《まちが》いである。仏《ほとけ》さまがそういうことをおやりになるということで、自分達《じぶんたち》には関係《かんけい》ないと思《おも》っているかも知《し》れないが、法華経《ほけきょう》を聞《き》いた人《ひと》は、それを仏《ほとけ》さまがされるという風《ふう》にではなく『自分《じぶん》がすること』と思《おも》わなければいけない。それを実行《じっこう》することが初《はじ》めて法華経《ほけきょう》を受持《じゅじ》することである」とおっしゃられたのであります。

〝自分《じぶん》がする〟という考《かんが》え方《かた》、それがもう一通《とお》りの読《よ》み方《かた》であります。それは、「自《みずか》ら是《こ》の念《ねん》を作《な》す毎《ごと》に、以何《いか》にしても衆生《しゅじょう》をして　無上道《むじょうどう》に入《い》ることを得《え》て　速《すみや》かに仏身《ぶっしん》を成就《じょうじゅ》せしめん」であります。

安立大法尼《あんりゅうだいほうに》もおっしゃっておられますように、仏《ほとけ》さまのお心《こころ》を実行《じっこう》することが一番大切《ばんたいせつ》なことであります。ですから「毎自作是念《まいじさぜねん》……」ということも、仏《ほとけ》さまが私《わたくし》に大慈悲《だいじひ》をかけてくださっていると喜《よろこ》ぶと同時《どうじ》に〝自分《じぶん》だけが喜《よろこ》んでいるのではなく、自分《じぶん》もやはり人《ひと》に対《たい》してそうしなければいけない〟と教《おし》えられるのです。

「自《みずか》ら是《こ》の念《ねん》を作《な》す毎《ごと》に」＝仏《ほとけ》さまのご守護《しゅご》を喜《よろこ》ぶたび毎《ごと》に、「以何《いか》にしても衆生《しゅじょう》をして　無上道《むじょうどう》に入《い》ることを得《え》て」＝私《わたくし》のできることで少《すこ》しでも人《ひと》を喜《よろこ》ばせ、正《ただ》しい道《みち》に入《い》れることが大切《たいせつ》である、ということであります。

そして最後《さいご》に、

「速《すみや》かに仏身《ぶっしん》を成就《じょうじゅ》せしめん」＝自分《じぶん》の力《ちから》で、自分《じぶん》の仕事《しごと》を通《とお》して、日常《にちじょう》の行《おこ》ないを通《とお》して人《ひと》を喜《よろこ》ばせ、本当《ほんとう》にその人《ひと》に幸《しあわ》せをわからせてゆくということ。そしてそれがまた仏《ほとけ》の道《みち》、成仏《じょうぶつ》の道《みち》につながるように〝私《わたくし》はしてゆきます〟という決心《けっしん》が、一番肝心《ばんかんじん》なことなのです。

〝法華経《ほけきょう》はありがたい教《おし》えだ〟と思《おも》ったならば、自分一人《じぶんひとり》〝ありがたい。ありがたい〟と喜《よろこ》んでいるだけではいけないのです。

信仰《しんこう》とは、堪忍《かんにん》の話《はなし》でも慈悲《じひ》の話《はなし》でも、頭《あたま》の中《なか》に入《はい》っているだけではいたし方《かた》ありません。頭《あたま》の中《なか》にいくら堪忍《かんにん》の話《はなし》が入《はい》っていても、実行《じっこう》できなければ何《なん》にもなりません。

頭《あたま》の中《なか》のことがどれだけ実行《じっこう》に移《うつ》されるか、どれだけ体《からだ》の方《ほう》に働《はたら》きかけられてゆくか、そこが一番《ばん》のポイントであります。それがありませんと、やはり信仰《しんこう》とは言《い》えません。

〝ただお経《きょう》を知《し》っております〟というだけのことであります。

「信仰《しんこう》する。受持《じゅじ》する」とは、今申《いまもう》しましたように、〝少《すこ》しでも実行《じっこう》する。できないながらも行《おこ》ないに変《か》えてゆく〟ということです。それが本当《ほんとう》の信仰《しんこう》の姿《すがた》であります。

大白牛車・9　九八〜一〇三頁

宗教　法華経とその信仰

〝乗《の》りて見《み》よ法《のり》の御舟《みふね》の心地《ここち》よさ
何《なに》にたとえんもののあるまじ〟

安立大法尼御詠

◆経典

◇是《こ》の經《きょう》は能《よ》く菩薩《ぼさつ》の未《いま》だ發心《ほっしん》せざる者《もの》をして菩提心《ぼだいしん》を發《おこ》さしめ、慈仁《じにん》なき者《もの》には慈心《じしん》を起《おこ》さしめ、殺戮《せつりく》を好《この》む者《もの》には大悲《だいひ》の心《こころ》を起《おこ》さしめ、嫉妬《しっと》を生《しょう》ずる者《もの》には隨喜《ずいき》の心《こころ》を起《おこ》さしめ、愛著《あいぢゃく》ある者《もの》には能捨《のうしゃ》の心《こころ》を起《おこ》さしめ、諸《もろもろ》の慳貪《けんどん》の者《もの》には布施《ふせ》の心《こころ》を起《おこ》さしめ、憍慢多《きょうまんおお》き者《もの》には持戒《じかい》の心《こころ》を起《おこ》さしめ、瞋恚盛《しんにさか》んなる者《もの》には忍辱《にんにく》の心《こころ》を起《おこ》さしめ、懈怠《けだい》を生《しょう》ずる者《もの》には精進《しょうじん》の心《こころ》を起《おこ》さしめ、諸《もろもろ》の散亂《さんらん》の者《もの》には禪定《ぜんじょう》の心《こころ》を起《おこ》さしめ、愚癡多《ぐちおお》き者《もの》には智慧《ちえ》の心《こころ》を起《おこ》さしめ、未《いま》だ彼《かれ》を度《ど》すること能《あた》わざる者《もの》には彼《かれ》を度《ど》する心《こころ》を起《おこ》さしめ、十惡《あく》を行《ぎょう》ずる者《もの》には十善《ぜん》の心《こころ》を起《おこ》さしめ、有爲《うい》を樂《ねが》う者《もの》には無爲《むい》の心《こころ》を志《こころざ》さしめ、退心《たいしん》ある者《もの》には不退《ふたい》の心《こころ》を作《な》さしめ、有漏《うろ》を爲《な》す者《もの》には無漏《むろ》の心《こころ》を起《おこ》さしめ、煩惱多《ぼんのうおお》き者《もの》には除滅《じょめつ》の心《こころ》を起《おこ》さしむ。

無量義經・十功徳品　二二～二三頁

◇爾《そ》の時《とき》に世尊《せそん》、三昧《まい》より安詳《あんじょう》として起《た》って、舎利弗《しゃりほつ》に告《つ》げたまわく、諸佛《しょぶつ》の智慧《ちえ》は甚深《じんじん》無量《むりょう》なり。其《そ》の智慧《ちえ》の門《もん》は難解難入《なんげなんにゅう》なり。一切《さい》の聲聞《しょうもん》・辟支佛《びゃくしぶつ》の知《し》ること能《あた》わざる所《ところ》なり。所以《ゆえ》は何《いか》ん、佛曾《ほとけかつ》て百千萬億無數《まんのくむしゅ》の諸佛《しょぶつ》に親近《しんごん》し、盡《つ》くして諸佛《しょぶつ》の無量《むりょう》の道法《どうほう》を行《ぎょう》じ、勇猛精進《ゆうみょうしょうじん》して、名稱普《みょうしょうあまね》く聞《きこ》えたまえり。甚深未曾有《じんじんみぞうう》の法《ほう》を成就《じょうじゅ》して、宜《よろ》しきに隨《したが》って説《と》きたもう所《ところ》、意趣解《いしゅさと》り難《がた》し。舎利弗《しゃりほつ》、吾成佛《われじょうぶつ》してより已來《このかた》、種種《しゅじゅ》の因縁《いんねん》・種種《しゅじゅ》の譬喩《ひゆ》をもって、廣《ひろ》く言教《ごんきょう》を演《の》べ、無數《むしゅ》の方便《ほうべん》をもって、衆生《しゅじょう》を引導《いんどう》して諸《もろもろ》の著《じゃく》を離《はな》れしむ。所以《ゆえ》は何《いか》ん、如來《にょらい》は方便《ほうべん》・知見波羅蜜《ちけんはらみつ》、皆已《みなすで》に具足《ぐそく》せり。舎利弗《しゃりほつ》、如來《にょらい》の知見《ちけん》は廣大深遠《こうだいじんのん》なり。無量《むりょう》・無礙《むげ》・力《りき》・無所畏《むしょい》・禪定《ぜんじょう》・解脱《げだつ》・三昧《まい》あって深《ふか》く無際《むさい》に入《い》り、一切未曾有《さいみぞうう》の法《ほう》を成就《じょうじゅ》せり。舎利弗《しゃりほつ》、如來《にょらい》は能《よ》く種種《しゅじゅ》に分別《ふんべつ》し、巧《たく》みに諸法《しょほう》を説《と》き、言辭柔輭《ごんじにゅうなん》にして、衆《しゅ》の心《こころ》を悦可《えつか》せしむ。舎利弗《しゃりほつ》、要《よう》を取《と》って之《これ》を言《い》わば、無量無邊未曾有《むりょうむへんみぞうう》の法《ほう》を、佛悉《ほとけことごと》く成就《じょうじゅ》したまえり。止《△や》みなん、舎利弗《しゃりほつ》、復説《またと》くべからず。所以《ゆえ》は何《いか》ん、佛《ほとけ》の成就《じょうじゅ》したまえる所《ところ》は、第一希有難解《だいけうなんげ》の法《ほう》なり。唯佛《ただほとけ》と佛《ほとけ》と乃《いま》し能《よ》く諸法《しょほう》の實相《じっそう》を究盡《くじん》したまえり。所謂《いわゆる》諸法《しょほう》の如是相《にょぜそう》・如是性《にょぜしょう》・如是體《にょぜたい》・如是力《にょぜりき》・如是作《にょぜさ》・如是因《にょぜいん》・如是縁《にょぜえん》・如《にょ》是果《ぜか》・如是報《にょぜほう》・如是本末究竟等《にょぜほんまつくきょうとう》なり。

妙法蓮華經・方便品　五七～五八頁

◇未《いま》だ曾《かつ》て汝等《なんだち》、當《まさ》に佛道《ぶつどう》を成《じょう》ずることを得《う》べしと説《と》かず。未《いま》だ曾《かつ》て説《と》かざる所以《ゆえん》は、説時《せつじ》未《いま》だ至《いた》らざるが故《ゆえ》なり。今正《いままさ》しく是《こ》れ其《そ》の時《とき》なり、決定《けつじょう》して大乘《だいじょう》を説《と》く。

妙法蓮華經・方便品　七一頁

◇我《わ》が所説《しょせつ》の經典《きょうでん》、無量《むりょう》千萬億《まんのく》にして、已《すで》に説《と》き今説《いまと》き當《まさ》に説《と》かん。而《しか》も其《そ》の中《なか》に於《おい》て此《こ》の法華經《ほけきょう》最《もっと》も爲《こ》れ難信難解《なんしんなんげ》なり。

妙法蓮華經・法師品　二〇七頁

◇我佛道《われぶつどう》を爲《え》て、無量《むりょう》の土《ど》に於《おい》て、始《はじめ》より今《いま》に至《いた》るまで、廣《ひろ》く諸經《しょきょう》を説《と》く。而《しか》も其《そ》の中《なか》に於《おい》て、此《こ》の經第《きょうだい》一なり。

妙法蓮華經・見寶塔品　二二四～二二五頁

◇此《こ》の法華經《ほけきょう》は諸佛如來《しょぶつにょらい》の祕密《ひみつ》の藏《ぞう》なり。諸經《しょきょう》の中《なか》に於《おい》て最《もっと》も其《そ》の上《かみ》に在《あ》り。長夜《じょうや》に守《しゅ》護《ご》して妄《みだ》りに宣説《せんぜつ》せざるを、始《はじ》めて今日《こんにち》に於《お》いて乃《すなわ》ち汝等《なんだち》がために而《しか》も之《これ》を敷演《ふえん》す。

妙法蓮華經・安樂行品　二五三頁

◇爾《そ》の時《とき》に佛《ほとけ》、諸《もろもろ》の菩薩《ぼさつ》及《およ》び一切《さい》の大衆《だいしゅ》に告《つ》げたまわく、諸《もろもろ》の善男子《ぜんなんし》、汝等當《なんだちまさ》に如《にょ》來《らい》の誠諦《じょうたい》の語《ことば》を信解《しんげ》すべし。復大衆《またたいしゅ》に告《つ》げたまわく、汝等當《なんだちまさ》に如來《にょらい》の誠諦《じょうたい》の語《ことば》を信解《しんげ》すべし。又復諸《またまたもろもろ》の大衆《だいしゅ》に告《つ》げたまわく、汝等當《なんだちまさ》に如來《にょらい》の誠諦《じょうたい》の語《ことば》を信解《しんげ》すべし。是《こ》の時《とき》に菩薩大衆《ぼさつだいしゅ》、彌勒《みろく》を首《はじめ》として、合掌《がっしょう》して佛《ほとけ》に白《もう》して言《もう》さく、世尊唯願《せそんただねが》わくは之《これ》を説《と》きたまえ。我等當《われらまさ》に佛《ほとけ》の語《みこと》を信受《しんじゅ》したてまつるべし。是《かく》の如《ごと》く三たび白《もう》し已《おわ》って復言《またもう》さく、唯願《ただねが》わくは之《これ》を説《と》きたまえ。我等當《われらまさ》に佛《ほとけ》の語《みこと》を信受《しんじゅ》したてまつるべし。

妙法蓮華經・如來壽量品　二七二頁

◇一切《さい》の川流《せんる》・江河《ごうが》の諸水《しょすい》の中《なか》に、海《うみ》為《こ》れ第《だい》一なるが如《ごと》く、此《こ》の法華經《ほけきょう》も亦復是《またまたかく》の如《ごと》し。諸《もろもろ》の如來《にょらい》の所説《しょせつ》の經《きょう》の中《なか》に於《おい》て最《もっと》も爲《こ》れ深大《じんだい》なり。又土山《またどせん》・黑山《こくせん》・小鐵圍山《しょうてっちせん》・大鐵圍《だいてっち》山及《せんおよ》び十寶山《ぼうせん》の衆山《しゅせん》の中《なか》に、須彌山《しゅみせん》為《こ》れ第《だい》一なるが如《ごと》く、此《こ》の法華經《ほけきょう》も亦復是《またまたかく》の如《ごと》し。

諸經《しょきょう》の中《なか》に於《おい》て最《もっと》も爲《こ》れ其《そ》の上《かみ》なり。又衆星《またしゅしょう》の中《なか》に月天子《がってんじ》最《もっと》も爲《こ》れ第《だい》一なるが如《ごと》く、此《こ》の法華經《ほけきょう》も亦復是《またまたかく》の如《ごと》し。千萬億數《まんのくしゅ》の諸《もろもろ》の經法《きょうぼう》の中《なか》に於《おい》て最《もっと》も爲《こ》れ照明《しょうみょう》なり。

妙法蓮華經・藥王菩薩本事品　三四二頁

◇觀音妙智《かんのんみょうち》の力《ちから》、能《よ》く世間《せけん》の苦《く》を救《すく》う。神通力《じんづうりき》を具足《ぐそく》し、廣《ひろ》く智《ち》の方便《ほうべん》を修《しゅ》して、十方《ぽう》の諸《もろもろ》の國土《こくど》に、刹《くに》として身《み》を現《げん》ぜざることなし。種種《しゅじゅ》の諸《もろもろ》の惡趣《あくしゅ》、地獄《ぢごく》・鬼《き》・畜生《ちくしょう》、生《しょう》・老《ろう》・病《びょう》・死《し》の苦《く》、以《もっ》て漸《ようや》く悉《ことごと》く滅《めつ》せしむ。眞觀《しんかん》・清淨觀《しょうじょうかん》、廣大智慧觀《こうだいちえかん》、悲觀《ひかん》及《およ》び慈觀《じかん》あり、常《つね》に願《ねが》い常《つね》に瞻仰《せんごう》すべし。無垢清淨《むくしょうじょう》の光《ひかり》あって、慧日《えにち》諸《もろもろ》の闇《やみ》を破《は》し、能《よ》く災《さい》の風火《ふうか》を伏《ぶく》して、普《あまね》く明《あきら》かに世間《せけん》を照《て》らす。悲體《ひたい》の戒雷震《かいらいしん》のごとく、慈意《じい》の妙大雲《みょうだいうん》のごとく、甘露《かんろ》の法雨《ほうう》を澍《そそ》ぎ、煩惱《ぼんのう》の燄《ほのお》を滅除《めつじょ》す。諍訟《じょうしょう》して官處《かんしょ》を經《へ》、軍陣《ぐんじん》の中《なか》に怖畏《ふい》せんに、彼《か》の觀音《かんのん》の力《ちから》を念《ねん》ぜば、衆《もろもろ》の怨《あだ》悉《ことごと》く退散《たいさん》せん。妙音觀世音《みょうおんかんぜおん》、梵音海潮音《ぼんのんかいちょうおん》、勝《しょう》彼世間音《ひせけんのん》あり。是《こ》の故《ゆえ》に須《すべか》らく常《つね》に念《ねん》ずべし。念念《ねんねん》に疑《うたがい》を生《しょう》ずることなかれ。觀世音《かんぜおん》淨聖《じょうしょう》は、苦惱《くのう》・死厄《しやく》に於《おい》て、能《よ》く爲《ため》に依怙《えこ》と作《な》れり。一切《さい》の功德《くどく》を具《ぐ》して、慈眼《じげん》をもって衆生《しゅじょう》を視《み》る。福聚《ふくじゅ》の海《うみ》無量《むりょう》なり。

妙法蓮華經・觀世音菩薩普門品　三六五～三六六頁

◇佛《ほとけ》、諸《もろもろ》の羅刹女《らせつにょ》に告《つ》げたまわく、善哉善哉《ぜんざいぜんざい》、汝等但能《なんだちただよ》く法華《ほっけ》の名《みな》を受持《じゅじ》せん者《もの》を擁護《おうご》せんすら、福量《ふくはか》るべからず。何《いか》に況《いわ》んや、具足《ぐそく》して受持《じゅじ》し、經巻《きょうがん》に華《け》・香《こう》・瓔珞《ようらく》・抹香《まっこう》・塗香《ずこう》・焼香《しょうこう》・旛蓋《ばんがい》・伎樂《ぎがく》を供養《くよう》し、種種《しゅじゅ》の燈《ともしび》・蘇燈《そとう》・油燈《ゆとう》・諸《もろもろ》の香油燈《こうゆとう》・蘇摩那華油燈《そまなけゆとう》・瞻蔔華油燈《せんぽつけゆとう》・婆師迦華油燈《はしかけゆとう》・優鉢羅華油燈《うはつらけゆとう》を燃《とも》し、是《かく》の如《ごと》き等《ら》の百千種《じゅ》をもって供養《くよう》せん者《もの》を擁護《おうご》せんをや。皐諦《こうたい》、汝等及《なんだちおよ》び眷屬《けんぞく》、應當《まさ》に是《かく》の如《ごと》き法師《ほっし》を擁護《おうご》すべし。此陀羅尼品《このだらにほん》を説《と》きたもう時《とき》、六萬《まん》八千人《にん》無生法忍《△むしょうぼうにん》を得《え》たり。

妙法蓮華經・陀羅尼品　三七二頁

◆遺　文

◇釋迦如來《しゃかにょらい》は法華經《ほけきょう》のために世《よ》に出《いで》させ給《たま》いたりしかども、四十餘年《よねん》の間《あいだ》は名《な》をも語《かた》り出《いだ》し給《たま》わず。佛《ほとけ》の御年《おんとし》七十二と申《もう》せし時《とき》、始《はじ》めて妙法蓮華經《みょうほうれんげきょう》と唱《とな》え出《いで》させ給《たま》いたり。然《しか》りと雖《いえど》も摩訶尸那日本《まかしなにほん》の邊土《へんど》の者《もの》は御名《みな》をも聞《き》かざりき。佛滅後《ぶつめつご》一千餘年《よねん》を過《す》ぎて、三百五十餘年《よねん》に及《およ》んでこそ、纔《わずか》に御名《みな》ばかりをば聞《き》きたりしか。さればこの經《きょう》に値《あ》いたてまつることをば、三千年《ねん》に一度華《どはな》さく優曇華《△うどんげ》、無量無邊劫《むりょうむへんごう》に一度値《どあ》うなる一眼《げん》の龜《かめ》にも

喩《たと》えたり。　法華題目鈔　六〇一頁

◇法華經《ほけきょう》は實語《じつご》の中《なか》の實語《じつご》なり。眞實《しんじつ》の中《なか》の眞實《しんじつ》なり。　妙法尼御前御返事　一六八三頁

◇此《こ》の法華經《ほけきょう》と申《もう》すは已今當《いこんとう》の三說《せつ》を嫌《きら》って、已前《いぜん》の經《きょう》をば『未顯眞實《みけんしんじつ》』と打破《うちやぶ》り、肩《かた》を並《なら》ぶる經《きょう》をば今說《こんせつ》の文《もん》を以《もっ》て責《せ》め、已後《いご》の經《きょう》をば當說《とうせつ》の文《もん》を以《もっ》て破《やぶ》る、實《じつ》に三說第《せつだい》一の經《きょう》なり。　聖愚問答鈔・上　五七六頁

◇如來《にょらい》の聖教《しょうぎょう》に隨佗意《ずいたい》・隨自意《ずいじい》と申《もう》す事《こと》あり。譬《たと》えば子《こ》の心《こころ》に親《おや》の隨《したが》うをば隨佗意《ずいたい》と申《もう》す。親《おや》の心《こころ》に子《こ》の隨《したが》うをば隨自意《ずいじい》と申《もう》す。諸經《しょきょう》は隨佗意《ずいたい》なり、佛衆生《ほとけしゅじょう》の心《こころ》に隨《したが》い給《たま》う故《ゆえ》に。法華經《ほけきょう》は隨自意《ずいじい》なり、一切衆生《さいしゅじょう》を佛《ほとけ》の心《こころ》に隨《したが》えたり。諸經《しょきょう》は佛說《ぶっせつ》なれども是《これ》を信《しん》ずれば、衆生《しゅじょう》の心《こころ》にて永《なが》く佛《ほとけ》に成《な》らず。法華經《ほけきょう》は佛說《ぶっせつ》なり佛智《ぶっち》なり佛意《ぶつい》なり。一字《じ》一點《てん》も深《ふか》く信《しん》ずれば我《わ》が身卽《みすなわ》ち佛《ほとけ》となる。　新池殿御消息　一七六六頁

◇爾前《にぜん》の經經《きょうぎょう》の心《こころ》は心《こころ》より萬法《ばんぽう》を生《しょう》ず。譬《たと》えば心《こころ》は大地《だいち》の如《ごと》し、草木《そうもく》は萬法《ばんぽう》の如《ごと》しとし、法華經《ほけきょう》は然《しか》らず、心《こころ》すなわち大地《だいち》、大地《だいち》則《すなわ》ち草木《そうもく》なり。爾前《にぜん》の經經《きょうぎょう》の心《こころ》は、心《こころ》の住《す》むは月《つき》の如《ごと》し、心《こころ》の清《きよ》きは花《はな》の如《ごと》し。法華經《ほけきょう》は然《しか》らず、月《つき》こそ心《こころ》よ、花《はな》こそ心《こころ》よと申《もう》す法門《ほうもん》なり。

事理供養御書　一二三四～一二三五頁

◇生死《しょうじ》の大海《だいかい》を渡《わた》らんことは妙法蓮華經《みょうほうれんげきょう》の船《ふね》にあらずんば叶《かな》うべからず。抑《そもそ》も法華經《ほけきょう》の『△如渡得船《にょととくせん》』と申《もう》す事《こと》は、教主大覺世尊《きょうしゅだいがくせそん》巧智無邊《ぎょうちむへん》の番匠《ばんしょう》として、△四味《み》八教《きょう》の材木《ざいもく》を取集《とりあつ》め、△正直捨權《しょうじきしゃごん》と削《けず》りなして、△邪正《じゃしょう》一如《にょ》と切《き》り合《あわ》せ、△醍醐《だいご》一實《じつ》の釘《くぎ》を丁《ちょう》と打《う》って、生死《しょうじ》の大海《だいかい》へ押浮《おしうか》め、△中道《ちゅうどう》一實《じつ》の帆《ほ》ばしらに△界如《かいにょ》三千の帆《ほ》をあげて、『諸法實相《しょほうじっそう》』の追風《おいかぜ》を得《え》て、『以信得入《いしんとくにゅう》』の一切衆生《さいしゅじょう》を取《と》り乘《の》せて、釋迦如來《しゃかにょらい》は楫《かぢ》を取《と》り、多寶如來《たほうにょらい》は綱手《つなで》を取《と》り給《たま》えば、上行等《じょうぎょうとう》の四菩薩《ぼさつ》は、△函蓋相應《かんがいそうおう》して、きりきりと漕《こ》ぎ給《たま》う所《ところ》の船《ふね》を、如渡得船《にょととくせん》の船《ふね》とは申《もう》すなり。是《これ》に乘《の》るべき者《もの》は日蓮《にちれん》が弟子檀那等《でしだんなとう》なり。能《よ》く能《よ》く信《しん》じさせ給《たま》え。

椎地四郎殿御書　四三四頁

◇法華經《ほけきょう》の一字《じ》は大地《だいち》の如《ごと》し、萬物《ばんぶつ》を出生《しゅっしょう》す。一字《じ》は大海《だいかい》の如《ごと》し、衆流《しゅる》を納《おさ》む。一字《じ》は日月《にちがつ》の如《ごと》し、四天下《てんげ》を照《てら》す。此《こ》の一字變《じへん》じて佛《ほとけ》と成《な》る。稻變《いねへん》じて苗《なえ》となる、苗變《なえへん》じて草《くさ》となる、草變《くさへん》じて米《こめ》となる、米變《こめへん》じて人《ひと》となる、人變《ひとへん》じて佛《ほとけ》となる、女人變《にょにんへん》じて妙《みょう》の一字《じ》となる、妙《みょう》の一字變《じへん》じて臺上《だいじょう》の釋迦佛《しゃかぶつ》となるべし。

王日殿御返事　一九四八頁

◇大塔《だいとう》を組《く》み候《そうろう》には、先《ま》づ材木《ざいもく》より外《ほか》に足代《あししろ》と申《もう》して、多《おお》くの少木《しょうぼく》を集《あつ》め、一丈《じょう》二丈《じょう》計《ばか》り結《ゆ》い上《あ》げ候《そうろう》なり。かく結《ゆ》い上《あ》げて材木《ざいもく》を以《もっ》て大塔《だいとう》を組《く》み上《あ》げ候《そうら》いつれば、返《かえ》りて足代《あししろ》を切《き》り捨《す》て大塔《だいとう》は候《そうろう》なり。足代《あししろ》と申《もう》すは一切經《さいきょう》なり、大塔《だいとう》と申《もう》すは法華經《ほけきょう》なり。佛《ほとけ》一切經《さいきょう》を說《と》き給《たま》いし事《こと》は法華經《ほけきょう》を說《と》かせ給《たま》わんための足代《あししろ》なり。

上野殿母御前御返事　一九〇三頁

◇毎朝讀誦《まいあさどくじゅ》せらるる自我偈《じがげ》の功徳《くどく》は、『唯佛《ただほとけ》と佛《ほとけ》とのみ乃《いま》し能《よ》く究盡《くじん》す』なるべし。夫《そ》れ法華經《ほけきょう》は一代聖教《だいしょうぎょう》の骨髓《こつずい》なり。自我偈《じがげ》は二十八品《ぼん》の魂《たましい》なり。三世《ぜ》の諸佛《しょぶつ》は壽量品《じゅりょうほん》を命《いのち》とし、十方《ぼう》の菩薩《ぼさつ》は自我偈《じがげ》を眼目《がんもく》とす。自我偈《じがげ》の功徳《くどく》をば私《わたくし》に申《もう》すべからず、次《つぎ》下《しも》の分別功徳品《ふんべつくどくほん》に載《の》せられたり。此《こ》の自我偈《じがげ》を聴聞《ちょうもん》して、佛《ほとけ》になりたる人人《ひとびと》の數《かず》を擧《あ》げて候《そうろう》には、小《しょう》千大《だい》千三千世界《せかい》の微塵《みじん》の數《かず》をこそ擧《あ》げて候《そうら》え。

法蓮鈔　一一六八〜一一六九頁

◇今《いま》の法華經《ほけきょう》の文字《もんじ》は皆生身《みなしょうしん》の佛《ほとけ》なり。我等《われら》は肉眼《にくげん》なれば文字《もんじ》と見《み》るなり。例《たと》えば餓鬼《がき》は△恒河《ごうが》を火《ひ》と見《み》る、人《ひと》は水《みず》と見《み》、天人《てんにん》は甘露《かんろ》と見《み》る。水《みず》は一なれども、果報《かほう》に随《したがい》て見《み》る所各別《ところかくべつ》なり。此《こ》の法華經《ほけきょう》の文字《もんじ》は盲目《もうもく》の者《もの》は之《これ》を見《み》ず、肉眼《にくげん》は黒色《こくしょく》と見《み》、二乘《じょう》は虚空《こくう》と見《み》、菩薩《ぼさつ》は種種《しゅじゅ》の色《いろ》と見《み》、佛種純熟《ぶっしゅじゅんじゅく》せる人《ひと》は佛《ほとけ》と見《み》奉《たてまつ》る。されば經文《きょうもん》に云《いわ》く、『若《も》し能《よ》く持《たも》つことあれば、即《すなわ》ち佛身《ぶっしん》を持《たも》つなり』等云云《とううんぬん》。天台《てんだい》の云《いわ》く、『△稽首妙法蓮華經《けいしゅみょうほうれんげきょう》、一帙《ちつ》八軸《ぢく》四七品《ほん》、六萬《まん》九千三八四、一一文文是眞佛《いちいちもんもんぜしんぶつ》、眞佛説法利衆生《しんぶつせっぽうりしゅじょう》』等《とう》と書《か》かれて候《そうろう》。

法蓮鈔　一一六九〜一一七〇頁

◇佛《ほとけ》の御意《みこころ》現《あら》われて法華《ほっけ》の文字《もんじ》となれり。文字變《もんじへん》じて又佛《またほとけ》の御意《みこころ》となる。

木繪二像開眼の事　五四六頁

◆安立大法尼

真実《しんじつ》の経《きょう》は法華経《ほけきょう》のみ

釈尊《しゃくそん》の説《と》かれた経《きょう》は、権教《ごんきょう》と実教《じっきょう》とに区別《くべつ》することができます。権教《ごんきょう》というのは、仮《かり》の方便《ほうべん》として説《と》かれた教《おし》えであり、実教《じっきょう》は、釈尊出世《しゃくそんしゅっせ》の本懐《ほんかい》であって成仏無疑《じょうぶつむぎ》の経《きょう》、究竟身実《くきょうしんじつ》の教《おし》えであります。釈尊《しゃくそん》がご成道《じょうどう》の御時《おんとき》より四十余年間《よねんかん》に説《と》かれたところの華厳経《けごんきょう》、阿含経《あごんきょう》、方等経《ほうどうきょう》、般若経《はんにゃきょう》は即《すなわ》ち権教《ごんきょう》であって、また権大乗《ごんだいじょう》とも白法《びゃくほう》とも方便経《ほうべんきょう》とも申《もう》しております。これは、釈尊《しゃくそん》が法華開経《ほっけかいきょう》の無量義経《むりょうぎきょう》に於《お》て、「四十余年《よねん》には未《いま》だ真実《しんじつ》を顕《あらわ》さず」と喝破《かっぱ》しておられるのをみても明白《めいはく》であります。当時《とうじ》の衆生《しゅじょう》の知見《ちけん》があまりに幼稚《ようち》であったために、これに直接実大乗《ちょくせつじつだいじょう》の教《おし》えを説《と》いても到底《とうてい》それを咀嚼《そしゃく》するだけの力《ちから》がありません。かえって驚疑《きょうぎ》して逃《のが》れ去《さ》る恐《おそ》れがあったから、真《しん》実《じつ》の経《きょう》を説《と》くに先立《さきだ》ってまず彼等《かれら》の知見《ちけん》を開発《かいほつ》し、未熟《みじゅく》な機根《きこん》を調《ととの》える必要《ひつよう》があったのです。たとえば、幼児《ようじ》を教育《きょういく》するためにおとぎばなしを聞《き》かせたり、おもちゃを与《あた》えたりするようなものです。しかし、おとぎばなしやおもちゃは教育《きょういく》の最終目的《さいしゅうもくてき》ではありません。釈尊《しゃくそん》は四十余年間《よねんかん》の準備教育《じゅんびきょういく》によって衆生《しゅじょう》の機根《きこん》がようやく熟《じゅく》したのを見《み》らるるや「今正《いままさ》に時《とき》なり」と、御年《おんとし》七十二歳《さい》の時《とき》より八か年間《ねんかん》にわたって真実門《しんじつもん》を開顕説示《かいけんせつじ》せられました。即《すなわ》ちそれが「妙法蓮華経《みょうほうれんげきょう》」であります。これは経文《きょうもん》によってきわめて明瞭《めいりょう》なことであります。

法華経《ほけきょう》に曰《いわ》く、

「未《いま》だ曽《かつ》て説《と》かざる所以《ゆえん》は、説時《せつじ》未《いま》だ至《いた》らざるが故《ゆえ》なり。今正《いままさ》しく是《こ》れ其《そ》の時《とき》なり。決《けつ》定《じょう》して大乗《だいじょう》を説《と》く」（方便品《ほうべんぼん》）。また、

「我《わ》が所説《しょせつ》の諸経《しょきょう》、而《しか》も此《こ》の経《きょう》の中《なか》に於《おい》て法華《ほっけ》最《もっと》も第《だい》一なり。――我《わ》が所説《しょせつ》の経典《きょうでん》、無《む》量《りょう》千万億《まんのく》にして、已《すで》に（過去《かこ》）説《と》き、今《いま》（現在《げんざい》）説《と》き、当《まさ》に（未来《みらい》）説《と》かん。而《しか》も其《そ》の中《なか》に於《おい》て此《こ》の法華経最《ほけきょうもっと》も為《こ》れ難信難解《なんしんなんげ》なり。――此《こ》の経《きょう》は是《こ》れ諸仏《しょぶつ》の秘要《ひよう》の蔵《ぞう》なり」（法師品《ほっしほん》）と。

即《すなわ》ち法華経《ほけきょう》は、釈尊《しゃくそん》が四十余年《よねん》の間《あいだ》、内《うち》に秘蔵《ひぞう》して開示《かいじ》されなかったものであります。過去《かこ》・現在《げんざい》・未来《みらい》を通《つう》じ、釈尊御《しゃくそんご》一代《だい》の経典中最上位《きょうてんちゅうさいじょうい》のもので、一切衆生《さいしゅじょう》が成仏《じょうぶつ》するのは、この妙法蓮華経《みょうほうれんげきょう》に依《よ》るより他《ほか》に道《みち》はないのであります。したがって諸仏《しょぶつ》の説法《せっぽう》の目《もく》的《てき》も、ただこの妙法《みょうほう》を説《と》くことであって、それ以外《いがい》には何《なに》もないのであります。

「我《わ》が所説《しょせつ》の法《ほう》を聞《き》くこと、乃至《ないし》一偈《げ》に於《おい》てもせば、皆成仏《みなじょうぶつ》せんこと疑《うたがい》なし。十方仏《ぼうぶつ》

土《ど》の中《なか》には唯《ただ》一乗《じょう》の法《ほう》のみあり、二なく、亦《また》三なし」（方便品《ほうべんぼん》）。
これを以《も》って見《み》ても、実大乗経《じつだいじょうきょう》というのは法華経《ほけきょう》を指《さ》していることは疑《うたが》う余地《よち》がありません。

始祖・御法話集　三五～三七頁

唯仏与仏乃能究尽《ゆいぶつよぶつないのうくじん》　法華経《ほけきょう》は「唯仏与仏乃能究尽《ただほとけとほとけといましよくくじんしたまえり》」（方便品《ほうべんぼん》）と申《もう》すお経《きょう》でありまして、仏《ほとけ》と成《な》るべき法《ほう》であります。されば、「法華経《ほけきょう》以外《いがい》に仏《ほとけ》と成《な》るべき法《ほう》はないのであるから、この経《きょう》を持《たも》たぬ者《もの》は一人《ひとり》も仏《ほとけ》に成《な》った者《もの》はないということを、仏《ほとけ》という仏《ほとけ》は皆究《みなきわ》め尽《つ》くして知《し》られた」という意《い》であります。それ故《ゆえ》、現世《げんぜ》には安穏《あんのん》に暮《く》らして、未来《みらい》には極楽《ごくらく》、即《すなわ》ち、仏《ほとけ》の境界《きょうがい》に進《すす》もうとする人《ひと》は、法華経《ほけきょう》の実行《じっこう》をせなくては到底《とうてい》その目的《もくてき》を達《たっ》することはできないのであります。
もしこの経《きょう》を説《せつ》の如《ごと》く実行《じっこう》するなれば、自己《じこ》の思《おも》うことは何《なん》でも思《おも》うようになり、自《じ》由自在《ゆうじざい》のことができます。たとえば、災難《さいなん》の来《こ》ない前《まえ》に災難《さいなん》の来《きた》ることを知《し》ることもでき、また、それを防《ふせ》いで小難《しょうなん》とすることや、無難《ぶなん》とすることもできます。商人《しょうにん》なれば、商売《しょうばい》を繁盛《はんじょう》させることも容易《ようい》にできるのであります。

世《よ》の中《なか》には、せっかく築《きづ》き上《あ》げた巨万《きょまん》の財産《ざいさん》も、その子孫《しそん》が見《み》る影《かげ》もなく使《つか》い尽《つ》くしてしまう例《れい》は、たくさんありますが、妙法《みょうほう》は、実行次第《じっこうしだい》でこのような不肖《ふしょう》な子孫《しそん》もできないで、末代《まつだい》までも栄《さか》ゆる、徳《とく》の深《ふか》い子孫《しそん》を得《え》ることもできます。いわゆる長生《ちょうせい》の術《じゅつ》とは、この経《きょう》の実行者《じっこうしゃ》に限《かぎ》りでき得《う》るのです。

斯《か》くの如《ごと》く万事《ばんじ》に自由自在《じゆうじざい》になれば、常《つね》に面白《おもしろ》く、満足《まんぞく》して、極楽《ごくらく》の境界《きょうがい》で暮《く》らすことができるのであります。

始祖・御法話集　四三～四四頁

◆宗玄大徳

仏教徒《ぶっきょうと》はすべからく妙法蓮華経《みょうほうれんげきょう》を

妙法蓮華経《みょうほうれんげきょう》は梵語《ぼんご》にて「薩達磨芬陀利伽蘇多攬《さだるまふんだりきやそたらん》」と申《もう》します。薩達磨《さだるま》とは正法《しょうほう》、あるいは、妙《みょう》なりと訳《やく》し、芬陀利伽《ふんだりきや》とは白蓮華《びゃくれんげ》、蘇多攬《そたらん》とは経《きょう》と訳《やく》するのであります。

妙《みょう》とは具足《ぐそく》とも翻《ほん》じ、六度万行《どまんぎょう》を具足《ぐそく》すということになります。また具《ぐ》とは十界互具《かいごぐ》のこと、足《そく》とは、一界《かい》に十界《かい》あれば当位《とうい》に余界《よかい》あり、満足《まんぞく》の義《ぎ》であります。法華経《ほけきょう》一部《ぶ》八巻《かん》二十八品《ぼん》六万《まん》九千三百八十四字《じ》をもって妙法《みょうほう》を説明《せつめい》せられてありまして、法華以前《ほっけいぜん》の経々《きょうぎょう》は、この妙法蓮華経《みょうほうれんげきょう》の真実《しんじつ》に入《い》らしむるの手段方法《しゅだんほうほう》を述《の》べられたものであります。

なお涅槃経《ねはんぎょう》は、一切経《さいきょう》の補足《ほそく》と言《い》うべきでありますが、現在《げんざい》いずれの宗派《しゅうは》が果《は》たして仏《ぶっ》陀所説《だしょせつ》の真実経《しんじつきょう》を奉持《ぶじ》しているかは、如上《じょじょう》の次第《しだい》でよくお判《わか》りになることと思《おも》われます。

すべて宗派《しゅうは》に拘泥《こうでい》せずして、仏教徒《ぶっきょうと》はすべからく妙法蓮華経《みょうほうれんげきょう》を信《しん》じて実行《じっこう》しなかったならば、決《けっ》して成仏《じょうぶつ》はでき得《え》ないのであります。成仏《じょうぶつ》ができぬようならば、また現在《げんざい》も安楽《あんらく》は得《え》られないはずであります。

「四十余年《よねん》には未《いま》だ真実《しんじつ》を顕《あらわ》さず」（無量義経説法品《むりょうぎきょうせっぽうぼん》）。

「今正《いままさ》しく是《こ》れ其《そ》の時《とき》なり。決定《けつじょう》して大乗《だいじょう》を説《と》く」（法華経方便品《ほけきょうほうべんぼん》）。

「唯《ただ》一乗《じょう》の法《ほう》のみあり、二なく亦《また》三なし、仏《ほとけ》の方便《ほうべん》の説《せつ》をば除《のぞ》く」（法華経方便品《ほけきょうほうべんぼん》）。

「已《すで》に説《と》き今説《いまと》き当《まさ》に説《と》かん。而《しか》も其《そ》の中《なか》に於《おい》て此《こ》の法華経《ほけきょう》最《もっと》も為《な》れ難信難解《なんしんなんかい》なり」（法華経法師品《ほけきょうほっしほん》）。

「正直《しょうじき》に方便《ほうべん》を捨《す》つ。余経《よきょう》の一偈《げ》をも受《う》けざれ」（妙《みょう》一尼御前御返事《あまごぜんごへんじ》）。

等々《とうとう》の文字《もんじ》を熟読玩味《じゅくどくがんみ》すべきであります。

かくの如《ごと》き文《もん》を信《しん》じて余経《よきょう》の一偈《げ》をも受《う》けず、心《こころ》の底《そこ》より妙法《みょうほう》を信《しん》じて修養《しゅうよう》したならば、利益《りやく》の無《な》いということは決《けっ》してないのであります。

村上先生御法話集（一）一五七～一五八頁

無上道《むじょうどう》に到《いた》る道《みち》　釈尊《しゃくそん》の説法《せっぽう》に権《ごん》あり、実《じつ》あり、小乗《しょうじょう》あり、大乗《だいじょう》ありて、その間大《かんおお》いなる差《さ》があります。例《れい》を挙《あ》げて申《もう》せば、小乗《しょうじょう》・権大乗《ごんだいじょう》の教《おし》えは、ただ苦《く》の源《みなもと》を作《つく》らざることを説《と》き、しかしてその根源《こんげん》を作《つく》らざることを指《さ》して解脱《げだつ》を得《え》たりと教《おし》えられております。四十二年間《ねんかん》の久《ひさ》しきにわたりて説《と》かれたる権経《ごんきょう》において解脱《げだつ》を得《う》ると名付《なづ》けたのは、実《じつ》に真《しん》の解脱《げだつ》にはあらず、単《たん》に苦《く》の源《みなもと》を断《だん》じたのみであって、過去《かこ》の悪因《あくいん》を消滅《しょうめつ》して無上道《むじょうどう》に到《いた》るの道《みち》を説《と》かず、ために完全無欠《かんぜんむけつ》の教《おし》えではないことを、説述《せつじゅつ》せられたのであります。

「一切諸経法中最為第一《さいしょきょうほうちゅうさいいだい》」（薬王菩薩本事品《やくおうぼさつほんじほん》）の法華経《ほけきょう》には、善因《ぜんいん》を積《つ》み、その功徳《くどく》を以《も》って過去《かこ》の悪因《あくいん》を消滅《しょうめつ》して無上道《むじょうどう》に到《いた》り、現世《げんぜ》すなわちこの娑婆《しゃば》をして寂光土《じゃっこうど》たらしめんとするが真《しん》の解脱《げだつ》であり、滅度《めつど》であると説《と》かれているのであります。

村上先生御法話集（一）五九～六〇頁

悉皆成仏《しっかいじょうぶつ》の法華経《ほけきょう》　釈迦牟尼世尊《しゃかむにせそん》は四十余年《よねん》の間《あいだ》、自己《じこ》の体得《たいとく》せられたる真実義《しんじつぎ》を聴《き》き受《う》けんとする諸人《もろびと》の機根《きこん》を進《すす》めんがため、その階段《かいだん》とも足場《あしば》とも見《み》るべき方便《ほうべん》の教《おし》えを説《と》かれたのであります。そして御年《おんとし》七十二歳《さい》の時《とき》、その機《き》の至《いた》れるを認《みと》められて「四十余年未顕真実《よねんみけんしんじつ》」（無量義経説法品《むりょうぎきょうせっぽうぼん》）と言明《げんめい》され、〝今《いま》まで説《と》かれし教義《きょうぎ》は真実《しんじつ》にあらず、ただ真実義《しんじつぎ》に到《いた》らしむるの手段《しゅだん》なり〟と断言《だんげん》せられまして、鷲《わし》の御山《みやま》（霊鷲山《りょうじゅせん》）において八か年《ねん》にわたり、法華真実《ほっけしんじつ》の教《おし》えをお説《と》きくださったのであります。

十大弟子《だいでし》をはじめ声聞衆《しょうもんしゅう》は、最勝無上《さいしょうむじょう》の妙法《みょうほう》をお説《と》きくださることを、かつ驚《おどろ》き、かつ喜《よろこ》んだのであります。それもそのはず、声聞《しょうもん》は初《はじ》めて釈尊出世《しゃくそんしゅっせ》のご本懐《ほんかい》を知《し》ると同時《どうじ》に、自分《じぶん》の本分《ほんぶん》をも悟《さと》ることを得《え》たのであります。釈尊《しゃくそん》の高弟中《こうていちゅう》にて、大智者《だいちしゃ》と呼《よ》ばれた舎利弗《しゃりほつ》は第《だい》一に本懐《ほんかい》を悟《さと》り、法華経譬喩品《ほけきょうひゆほん》の会座《えざ》において、釈尊《しゃくそん》より未来《みらい》に仏《ほとけ》たるの記莂《きべつ》を授《さず》けられたのであります。この時《とき》の舎利弗《しゃりほつ》の喜《よろこ》びはまた格別《かくべつ》でありました。

村上先生御法話集（一）　五七頁

妙法蓮華経《みょうほうれんげきょう》は諸仏《しょぶつ》の眼目《がんもく》　妙法蓮華経《みょうほうれんげきょう》は、諸仏《しょぶつ》の万行万徳《まんぎょうまんとく》の力《ちから》と徳《とく》を集《あつ》めた如意宝珠《にょいほうじゅ》であります。また、これをわかりやすく説明《せつめい》したものは、法華経《ほけきょう》二十八品《ぽん》六万九千三百八十四文字《もんじ》であります。この文字《もんじ》は、妙法蓮華経《みょうほうれんげきょう》という諸仏《しょぶつ》の眼目《がんもく》を説明《せつめい》したもので、日《にち》蓮聖人《れんしょうにん》はこれにつき「法華経《ほけきょう》を読《よ》み奉《たてまつ》り候《そうら》いなば、御経《おんきょう》の文字《もんじ》は六万九千三百八十四字《じ》、一一《いちいち》の文字《もんじ》は皆金色《みなこんじき》の仏《ほとけ》なり」（単衣鈔《たんえしょう》）と仰《おお》せであります。

　しかるに、本門《ほんもん》は下《しも》の十四品《ほん》、すなわち涌出品《ゆじゅつぽん》より勧発品《かんぼっぽん》までで、上《かみ》の十四品《ほん》、序品《じょほん》より安楽行品《あんらくぎょうほん》までは迹門《しゃくもん》なれば用《もち》うべからず、などと申《もう》す人《ひと》もあるようですが、これは誤《あやま》りもはなはだしいのであります。

「此《こ》の法華経《ほけきょう》は一切《さい》の諸仏《しょぶつ》の眼目《がんもく》、教主釈尊《きょうしゅしゃくそん》の本師《ほんし》なり。一字《じ》一点《てん》も捨《す》つる人《ひと》あれば、千万《まん》の父母《ふぼ》を殺せる罪《つみ》にも過《す》ぎ、十方《ぼう》の仏《ほとけ》の身《み》より血《ち》を出《いだ》す罪《つみ》にも超《こ》えて候《そうら》いける故《ゆえ》に、△三五の塵点《じんでん》をば経《へ》候《そうら》いけるなり」（兄弟鈔《きょうだいしょう》）と。

　現在《げんざい》はもちろん私《わたくし》の滅《めつ》した後《のち》においてもこの理《り》を忘《わす》れず、生死流転《しょうじるてん》を離《はな》れて仏界《ぶっかい》に到《いた》らんとする人《ひと》は、妙法蓮華経《みょうほうれんげきょう》の五文字《もんじ》、法華経《ほけきょう》二十八品《ぽん》六万九千三百八十四文字《もんじ》を用《もち》い、実地《じっち》に活用《かつよう》して頂《いただ》きたいのであります。

村上先生御法話集（一）八一～八二頁

◆御開山上人

宗教信仰《しゅうきょうしんこう》の目標《もくひょう》　真《しん》に住《す》みよい日本《にほん》の建設《けんせつ》をめざすならば、その考《かんが》え方《かた》の基礎《きそ》に正《ただ》しい信仰《しんこう》がなければならないと思《おも》います。この大切《たいせつ》な宗教《しゅうきょう》の選択《せんたく》をあやまれば一大事《だいじ》です。どうしてその選択《せんたく》をすればよろしいか。

宗教《しゅうきょう》には、りっぱな教《おし》えと、教《おし》える者《もの》がそれを実行《じっこう》してりっぱな結果《けっか》を得《え》たという、二つの条件《じょうけん》がそろわなければなりません。

「宗《しゅう》」の字《じ》は「範《はん》とし」「鏡《かがみ》とするに足《た》る」という意味《いみ》があります。範《はん》とは、その行《おこ》ないが模範《もはん》となること。鏡《かがみ》とは、自分《じぶん》の行《おこ》ないを鏡《かがみ》のようなりっぱな教《おし》えに照《て》らし、自分《じぶん》の欠点《けってん》が明《あき》らかになり、向上《こうじょう》していくものであることです。その教《おし》えを行《おこ》なっても立派《りっぱ》な人格者《じんかくしゃ》を作《つく》らず、その教《おし》えが自分《じぶん》の鏡《かがみ》にならないような下劣《げれつ》な教《おし》えでも宗教《しゅうきょう》と言《い》われているものもありますが、それは宗教《しゅうきょう》として何等《なんら》の価値《かち》のないものであります。仏《ほとけ》さまというりっぱな理想《りそう》の人格《じんかく》を作《つく》り上《あ》げた、本当《ほんとう》にお手本《てほん》とし、鏡《かがみ》として、自《みずか》らの行《おこ》ないを向上《こうじょう》させていく仏《ほとけ》さまの教《おし》え・法華経《ほけきょう》こそ、正《ただ》しく高《たか》い理想《りそう》の宗教《しゅうきょう》と思《おも》います。

人《ひと》は第《だい》一の宗教《しゅうきょう》をもって修行《しゅぎょう》し、仏《ほとけ》をつくり、極楽《ごくらく》をつくり、幸福《こうふく》の境遇《きょうぐう》をつくらねばならないのであります。これが住《す》みよい日本建設《にほんけんせつ》の基礎《きそ》でもあり、宗教信仰《しゅうきょうしんこう》の目標《もくひょう》でなければばなりません。どなたも宗教《しゅうきょう》の選択《せんたく》は、あやまりのないようにしていただきたいと思《おも》います。

現代生活の指針　三～四頁

信仰《しんこう》をしない人生《じんせい》は無意義《むいぎ》です

信仰《しんこう》は、よい教《おし》えを信《しん》じ仰《あお》ぐということです。我々《われわれ》の一生《しょう》を、楽《たの》しく生《い》き甲斐《がい》ある生活《せいかつ》とする教《おし》えを信《しん》じ仰《あお》いで、日常生活《にちじょうせいかつ》に活用《かつよう》することが大事《だいじ》であります。

信仰《しんこう》には神《かみ》の教《おし》え、仏《ほとけ》の教《おし》えの別《べつ》があります。いずれがよいでしょうか。神《かみ》の教《おし》えもよいのですが、深《ふか》く考《かんが》えおよびますと、神《かみ》の教《おし》えでは満足《まんぞく》できぬようになります。仏《ほとけ》さまの教《おし》えはその真理《しんり》が深《ふか》く、われわれの目的《もくてき》をかなえさす教《おし》えです。しかし、仏《ほとけ》さまの教《おし》えにも小乗《しょうじょう》あり、権大乗《ごんだいじょう》あり、実大乗《じつだいじょう》の法華経《ほけきょう》ありという風《ふう》に、低《ひく》い教《おし》えと高《たか》い教《おし》えがあります。高《たか》い教《おし》えはわれわれが実行《じっこう》して、ただちによい結果《けっか》をうる教《おし》えであります。われわれの一生《しょう》の暮《く》らし方《かた》を解決《かいけつ》させてくれる教《おし》えは仏教《ぶっきょう》です。仏教《ぶっきょう》の肝心《かんじん》は法華経《ほけきょう》であり、法華経以前《ほけきょういぜん》の教《おし》えは、法華経《ほけきょう》を学《まな》び悟《さと》るに大切《たいせつ》な基礎《きそ》となる教《おし》えです。

仏教《ぶっきょう》は法華経《ほけきょう》です。法華経《ほけきょう》の内容《ないよう》をよく知《し》って日常生活《にちじょうせいかつ》に応用《おうよう》すれば、病《やまい》をなおそうと思《おも》わずとも病《やまい》はなおり、いろいろな苦《くる》しみは転《てん》じて幸《さいわ》いとなるのです。幸福《こうふく》を望《のぞ》まなくても、法華経《ほけきょう》の実行《じっこう》は、即幸福《そくこうふく》です。

福《ふく》という字《じ》は、自分《じぶん》の働《はたら》きが、人《ひと》を救《すく》い助《たす》け、自分《じぶん》の働《はたら》きで他《た》の人々《ひとびと》に幸《しあわ》せをあたえる力《ちから》があることであります。この力《ちから》で働《はたら》き、幸《しあわ》せに暮《く》らす、これを幸福《こうふく》というのです。人《ひと》を助《たす》け救《すく》い、幸《しあわ》せをあたえる働《はたら》きをして、喜《よろこ》びとする。これこそ生《い》きて行《ゆ》くために最《もっと》も大切《たいせつ》な考《かん》え方《かた》であり、この心《こころ》がけと働《はたら》きができるようになれば、苦《く》というものはみんな解消《かいしょう》して、長《なが》い一生《しょう》も、また未来《みらい》にも、希望《きぼう》と光明《こうみょう》を見出《みいだ》すことができます。この教《おし》えを信仰《しんこう》しなければ大切《たいせつ》な一生《しょう》は無意義《むいぎ》となってしまいます。おたがいにこのことをよく考《かんが》えて法華経《ほけきょう》の信仰《しんこう》をなお深《ふか》く、またこの信仰《しんこう》をすすめて、幸福《こうふく》な人《ひと》を多《おお》くするようにはげみましょう。信仰《しんこう》をしない人生《じんせい》は無意義《むいぎ》です。

現代生活の指針　一〇〜一一頁

道徳《どうとく》と宗教《しゅうきょう》　宗教《しゅうきょう》は道徳《どうとく》の基礎《きそ》であると考《かんが》える人《ひと》もあり、宗教《しゅうきょう》は道徳《どうとく》を超越《ちょうえつ》したものであると言《い》っている人《ひと》もありますが、宗教《しゅうきょう》と申《もう》しましても種々《しゅじゅ》なものがありまして、道徳《どうとく》の基礎《きそ》となるべきものもあり、ほとんど道徳《どうとく》と交渉《こうしょう》を持《も》たぬものもあります。私達《わたくしたち》の信《しん》じています仏教《ぶっきょう》は、たしかに道徳《どうとく》の基礎《きそ》となるべきものであります。宗教《しゅうきょう》は道徳《どうとく》よりもさらに高《たか》いものであり、さらに深《ふか》いものであります。

ここに述《の》べたいことは、宗教《しゅうきょう》と学問《がくもん》のことです。「学《がく》」ということは、多《おお》くの学者《がくしゃ》の説《せつ》をくらべ合《あ》わせて、その採《と》るべきは採《と》り、捨《す》てるべきは捨《す》てること自由《じゆう》でありますが、宗教《しゅうきょう》の信仰《しんこう》は、われらの一切《さい》の活動《かつどう》の根底《こんてい》をこれに托《たく》するのであります。それゆえもし劣等《れっとう》な宗教《しゅうきょう》を信《しん》じて、これに一切《さい》の働《はたら》きを託《たく》するということになれば、生涯《しょうがい》をあやまるような結果《けっか》を生《しょう》ずるのでありますから、この点《てん》深《ふか》くいましめなければならぬと思《おも》います。

これを譬《たと》えれば、険《けわ》しい山路《やまみち》をのぼる時《とき》には杖《つえ》が必要《ひつよう》であります。その杖《つえ》（宗教《しゅうきょう》）は最《もっと》も丈夫《じょうぶ》なものをえらばなければなりません。もし弱《よわ》くて山登《やまのぼ》り（人生《じんせい》）にたえぬような杖《つえ》だと、途中《とちゅう》でその杖《つえ》が折《お》れて、その拍子《ひょうし》で谷底《たにぞこ》へ落《お》ちるかも知《し》れません。そんなときに杖《つえ》を使《つか》うことは、かえって杖《つえ》を使《つか》わぬより危険《きけん》なこともありましょう。だから宗教《しゅうきょう》の選択《せんたく》がまことに大切《たいせつ》であることがわかります。

現代生活の指針　一三～一四頁

観世音菩薩《かんぜおんぼさつ》の事《こと》　法華経《ほけきょう》は諸法実相《しょほうじっそう》の真理《しんり》を説《と》かれた幽玄《ゆうげん》な教理《きょうり》でありまして、釈尊《しゃくそん》の出世《しゅっせ》の本懐《ほんかい》、仏《ほとけ》さまがこの世《よ》の中《なか》にでられた目的《もくてき》をお説《と》きになったものであります。その中《なか》の一部《ぶ》である観世音菩薩普門品《かんぜおんぼさつふもんぼん》は人生活躍《じんせいかつやく》のすがたを示《しめ》されたものであります。

一、諸《もろもろ》の苦悩《くのう》をうくるもの、観世音《かんぜおん》にいっしんに帰命《きみょう》し、その名《みな》を称《たた》うれば、観世音《かんぜおん》はその名《みな》を聞《き》いて解脱《げだつ》せしめむ。

二、観音《かんのん》を信《しん》ずれば、人生《じんせい》の苦難《くなん》、すなわち火難《かなん》、水難《すいなん》、風難《ふうなん》、刀難《とうなん》、鬼難《きなん》、囚難《しゅうなん》、賊《ぞく》難《なん》がのぞかれる。

三、貪欲《とんよく》、瞋恚《しんに》、愚痴《ぐち》の三毒《どく》よりはなれしめる。

四、愛子《あいし》をのぞむものには、福徳智慧《ふくとくちえ》の男《おとこ》の子《こ》を、あるいは端正有相《たんじょううそう》の女《おんな》の子《こ》をさずけられる。

五、観音《かんのん》を信《しん》ずれば畏《おそ》れなき勇気《ゆうき》を出《いだ》すことをえる。また観音妙智力《かんのんみょうちりき》といってあらゆる艱難《かんなん》にうちかち、善事《ぜんじ》をなしとげる不思議《ふしぎ》の力《ちから》をあたえられる。

というようなことは、常識的《じょうしきてき》にちょっと不思議《ふしぎ》に思《おも》われることであるかもしれません。しかしお経《きょう》の解釈《かいしゃく》には、事釈《じしゃく》と理釈《りしゃく》の二つがあります。

理釈《りしゃく》というのは精神的《せいしんてき》に解釈《かいしゃく》することです。たとえば火難《かなん》を除《のぞ》くというのは、瞋恚《しんに》の炎《ほのお》を除《のぞ》くということですが、それは精神的救済《せいしんてききゅうさい》を意味《いみ》しているのであります。観世音《かんぜおん》が音声《おんじょう》を聞《き》いて救済《きゅうさい》するというのは、いま政治家《せいじか》が国民《こくみん》の声《こえ》を聞《き》いてよい政治《せいじ》を行《おこ》なうということもその一つであります。人《ひと》と人《ひと》の間《あいだ》では、相手《あいて》の望《のぞ》みをよく理解《りかい》してやる。世《よ》の人々《ひとびと》のうったえている苦悩《くのう》をよく観察《かんさつ》して、その人《ひと》その人個人《ひとこじん》に、適当《てきとう》な教《おし》えをあたえて、喜《よろこ》びへの道《みち》、仏門《ぶつもん》にいたる道《みち》を説《と》いて導《みちび》く。世《よ》の人々《ひとびと》の訴《うった》えを聞《き》き、よく観察《かんさつ》することが観世音《かんぜおん》ということです。それは精神的《せいしんてき》の救済《きゅうさい》であります。

事釈《じしゃく》というのは、日蓮聖人《にちれんしょうにん》が、龍《たつ》の口《くち》において法難《ほうなん》をのがれたようなことであります。重《おも》い病気《びょうき》が奇跡的《きせきてき》に全治《ぜんち》したという話《はなし》は迷信《めいしん》のようでありますが、精神療法《せいしんりょうほう》は、すでに現代《げんだい》の医学《いがく》でも認《みと》めているところであり、精神《せいしん》が肉体《にくたい》の支配者《しはいしゃ》である以上《いじょう》、精神力《せいしんりょく》によって病《やまい》が左右《さゆう》せられるものであることは疑《うたが》いない事実《じじつ》であります。楽《らく》して笑《えみ》をうかべる生活《せいかつ》であれば、食事《しょくじ》が美味《びみ》であり、唾液《だえき》が旺盛《おうせい》に抽出《ちゅうしゅつ》されて胃腸《いちょう》が丈夫《じょうぶ》になり、白血球《はっけっきゅう》の活動《かつどう》がさかんになり、自己《じこ》の身体《からだ》に侵入《しんにゅう》するバイ菌《きん》をふせぐ働《はたら》きをさかんにしますので、医療《いりょう》の効《き》きめも予期《よき》以上《いじょう》に効果的《こうかてき》となり、重《おも》い病《やまい》をものぞきうることは確実《かくじつ》であります。またよき子《こ》をあたえるということは、人間本能《にんげんほんのう》の欲求《よっきゅう》をみたすということを明示《めいじ》されたものであり、胎内《たいない》にいる間《あいだ》から信仰生活《しんこうせいかつ》にはいり周囲《しゅうい》のひとに親切《しんせつ》にすること、慈悲《じひ》の心《こころ》を養《やしな》うことは、昔《むかし》からいう胎内教育《たいないきょういく》です。出生後《しゅっせいご》も親《おや》の真実《しんじつ》の慈悲《じひ》と、よりよき教育《きょういく》で本当《ほんとう》に立派《りっぱ》な子供《こども》が恵《めぐ》まれるということは当然《とうぜん》なことであります。

続・現代生活の指針　八～一〇頁

法華《ほっけ》の名《みな》を受持《じゅじ》せん者《もの》は…大黒《だいこく》さまの事《こと》

「受持《じゅじ》法華《ほっけ》名者《みょうしゃ》　福不可量《ふくふかりょう》（法華《ほっけ》の名《みな》を受持《じゅじ》せん者《もの》……福量《ふくはか》るべからず）」（法華経陀羅尼品《ほけきょうだらにほん》）

〝法華経《ほけきょう》という教《おし》えを受《う》け持《たも》つ者《もの》は、その福徳《ふくとく》が量《はか》り知《し》ることのできない程多《ほどおお》いのだ〞ということです。皆《みな》さまよくご存知《ぞんじ》の大黒《だいこく》さまは、この福徳《ふくとく》のできる教《おし》えを袋《ふくろ》に一ぱい入《い》れてかつぎ、毎日《まいにち》世《よ》の中《なか》の人々《ひとびと》に分《わ》かち与《あた》えて世《よ》の中《なか》の人々《ひとびと》を幸福《こうふく》にするように働《はたら》いておられます。

世《よ》の人々《ひとびと》は、大黒《だいこく》さまの袋《ふくろ》の中《なか》にある法華経《ほけきょう》という教《おし》えを頂《いただ》いて、善《よ》いことをたくさん行《おこ》なって幸福《こうふく》になり、また、世《よ》の中《なか》の人々《ひとびと》へも自分《じぶん》の幸福《こうふく》になったことを教《おし》えて、世《よ》の中《なか》の人々《ひとびと》が幸福《こうふく》になるように働《はたら》いてください。そうすると知《し》らぬ間《ま》に、大黒《だいこく》さまのように大福徳《だいふくとく》の人《ひと》となるのです。

本当《ほんとう》にそんな福徳《ふくとく》の人《ひと》となれるかと疑《うたが》ってはなりません。お互《たが》いの心《こころ》の底《そこ》には、大黒《だいこく》さまと同《おな》じように福徳《ふくとく》の人《ひと》となれる性質《せいしつ》がチャンと有《あ》ります。これを「仏性《ぶっしょう》」、即《すなわ》ち仏《ほとけ》の性質《せいしつ》と申《もう》すのであります。それは有《あ》るという証拠《しょうこ》があります。

自分《じぶん》の子《こ》どもを愛《あい》する心《こころ》、親子《おやこ》・兄弟《きょうだい》がお互《たが》いに睦《むつ》み合《あ》う心《こころ》、気《き》の毒《どく》な人《ひと》を見《み》ては労《いたわ》り慰《なぐさ》める心《こころ》、それは仏《ほとけ》さまと同《おな》じ善《よ》い性質《せいしつ》でありまして、必《かなら》ず皆《みな》さんは持《も》ち合《あ》わせていられるのです。

その持《も》ち合《あ》わせていられる善《よ》い心《こころ》を延《の》ばし、養《やしな》ってゆくことが信仰《しんこう》です。その善《よ》い心《こころ》で父母《ふぼ》に孝行《こうこう》を励《はげ》み、他人《たにん》にも喜《よろこ》びを与《あ》えて、人《ひと》を労《いたわ》り、精神的《せいしんてき》・物質的《ぶっしつてき》に恵《めぐ》みを与《あた》える日暮《ひぐ》らしをすることが善《ぜん》の種《たね》を蒔《ま》くことです。必《かなら》ずその善《よ》い種《たね》が芽《め》を出《だ》し、成長《せいちょう》して、大福徳《だいふくとく》の人《ひと》となります。

自分《じぶん》の心《こころ》は楽《たの》しく、物質《ぶっしつ》も豊《ゆた》かになり、為《な》すことは運《うん》が善《よ》くなります。もちろん、病気《びょうき》や災難《さいなん》は免《まぬが》れます。日夜《にちや》に諸仏善神《しょぶつぜんじん》に守《まも》られる人《ひと》となります。どうか世《よ》の中《なか》の皆《みな》さん一人残《ひとりのこ》らず福徳《ふくとく》の人《ひと》となって下《くだ》さい。

御開山上人御遺稿集　一七〇～一七一頁

◆日達上人　人生《じんせい》のたしかな杖《つえ》

人生《じんせい》にはいろいろな悩《なや》み・苦《くる》しみがあります。それも、自分《じぶん》の努力《どりょく》で何《なん》とか打開《だかい》できればいいのですが、どうすることもできないと思《おも》うことに出《で》くわしますと、なすすべがありません。そこに、しっかりした杖《つえ》となる信仰《しんこう》が必要《ひつよう》なのでありま す。

安立大法尼《あんりゅうだいほうに》は「ただ単《たん》に信仰《しんこう》といっても、どの宗教《しゅうきょう》を選《えら》ぶか、それが大切《たいせつ》な問題《もんだい》だ」と言《い》われました。〝どういう仏《ほとけ》さまを一番《ばん》の中心《ちゅうしん》として崇《あが》め、数有《かずあ》る経典《きょうてん》の内《うち》、何《なに》を大《たい》切《せつ》なみ教《おし》えとしているか〟ということです。

お釈迦《しゃか》さまは法華経《ほけきょう》の前《まえ》に無量義経《むりょうぎきょう》を説《と》かれました。その中《なか》に「四十余年《よねん》には未《いま》だ真《しん》実《じつ》を顕《あらわ》さず」というお言葉《ことば》があります。「悟《さと》りを開《ひら》いて以来《いらい》いろいろな教《おし》えを説《と》いてきたけれども、その中《なか》で私《わたくし》は未《いま》だ本当《ほんとう》の真理《しんり》を説《と》いていない」。そして「今正《いままさ》に真実《しんじつ》を説《と》く」と述《の》べられ、妙法蓮華経《みょうほうれんげきょう》を説《と》かれたのであります。

人《ひと》は皆《みな》「諸法実相《しょほうじっそう》」

法華経方便品《ほけきょうほうべんぼん》に示《しめ》される「諸法実相《しょほうじっそう》」の諸法《しょほう》とは、この世《よ》の中《なか》に存在《そんざい》するすべてのものを指《さ》して言《い》います。その諸法《しょほう》が実相《じっそう》とは、それらのものはすべて、〝かけがえのない尊《とうと》いものである〟ということです。人間《にんげん》にたとえるならば、〝この世《よ》に生《い》きている人《ひと》はすべてかけがえのない人《ひと》であり、いてもいなくてもどうでもいい人《ひと》は一人《ひとり》もいない〟ということです。

方便品《ほうべんぼん》に「如是相《にょぜそう》……如是本末究竟等《にょぜほんまつくきょうとう》」の十如是《にょぜ》があります。ここから「一念《ねん》三千」が生《う》まれました。

十如是《にょぜ》とか一念《ねん》三千と申《もう》しますと大変《たいへん》むつかしく思《おも》われるでしょうが、つまりこれは〝この世界《せかい》は因縁《いんねん》によって成《な》り立《た》っている〟ということです。

人間一人《にんげんひとり》で生《い》きてゆくことはできません。またこの地球上《ちきゅうじょう》、人間《にんげん》だけでは生《い》きてゆかれません。一人《ひとり》の人《ひと》が生《い》きてゆくその基《もと》には、大勢《おおぜい》の人《ひと》の支《ささ》えがあり、また、人間以外《にんげんいがい》のあらゆるものの恵《めぐ》みがあるのです。目《め》に見《み》える因縁《いんねん》、見《み》えない因縁《いんねん》、いろいろな姿《すがた》・形《かたち》に支《ささ》えられてこそ、人間《にんげん》は生《い》きてゆかれるのです。

私共《わたくしども》が今《いま》生《い》きている、そのもっと奥《おく》を考《かんが》えてみましょう。誰《だれ》でも、自分自身《じぶんじしん》で生《う》まれてきた人《ひと》はおりません。不思議《ふしぎ》な因縁《いんねん》によって生《う》まれてきたのです。このことをもっとつきつめて申《もう》しますならば、私共一人一人《わたくしどもひとりひとり》はすべてが〝仏《ほとけ》さまの世界《せかい》に生《い》かされている〟ということになるのです。仏《ほとけ》さまの世界《せかい》に生《い》かして頂《いただ》いている以上《いじょう》、やはり、その人《ひと》でなければならない力《ちから》＝仕事《しごと》・役割《やくわり》があります。

それは、人間以外《にんげんいがい》のもの、草《くさ》でも木《き》でも石《いし》でも同《おな》じであります。この内《うち》の何《なに》一つが欠《か》けても宇宙全体《うちゅうぜんたい》の生命《せいめい》は維持《いじ》されません。たとえ目《め》に見《み》える姿《すがた》は取《と》るに足《た》りない小《ちい》さなものでも、そのもの自体《じたい》、他《た》に取《と》って替《か》わることのできない尊《とうと》い命《いのち》があり、そのすべてが関連《かんれん》し、助《たす》け合《あ》って生《い》きているというのが「諸法実相《しょほうじっそう》」であります。

『月刊法音』第一六〇号　五～七頁

人間《にんげん》と宗教《しゅうきょう》　人間《にんげん》の先祖《せんぞ》が地上世界《ちじょうせかい》に初《はじ》めて現《あら》われ、人間《にんげん》らしい生活《せいかつ》をするようになったのは約《やく》二十億年《おくねん》ぐらい昔《むかし》だったろうと言《い》われております。それ以来《いらい》、人間《にんげん》はずっと宗《しゅう》教《きょう》を持《も》ち続《つづ》けてきました。

そんな大昔《おおむかし》、現代《げんだい》では「原人《げんじん》」と呼《よ》んでおりますが、人間《にんげん》といっても、他《ほか》の動物《どうぶつ》と同《おな》じ環境《かんきょう》のもと、動物《どうぶつ》の一種《しゅ》として生活《せいかつ》をしておりました。

人間《にんげん》を含《ふく》めて動物《どうぶつ》には、大《おお》まかにわけて二つの本能《ほんのう》があります。生《い》きのびてゆくための自己保存本能《じこほぞんほんのう》と種族保存本能《しゅぞくほぞんほんのう》であります。それがなければ、動物《どうぶつ》は生命《せいめい》を維持《いじ》し続《つづ》けてゆくことはできません。ところが人間《にんげん》は、他《ほか》の動物《どうぶつ》と比《くら》べて本能《ほんのう》の発達《はったつ》が遅《おく》れております。他《ほか》の動物《どうぶつ》たちの生《い》きざまをみて見《み》ますと、よくわかります。牛《うし》でも馬《うま》でも、生《う》まれて半日《はんにち》もすれば、もうお母《かあ》さんの後《あと》をついて歩《ある》くようになります。しかし、人間《にんげん》は一年《ねん》たってもまだ、充分歩《じゅうぶんある》くことすらできません。草原《そうげん》で暮《く》らすにしろ密林《みつりん》で暮《く》らすにしろ、一年《ねん》たっても歩《ある》くことすらできなかったとすれば、強《つよ》い生《い》き物《もの》にみな食《た》べられてしまったことでしょう。ですから他《ほか》の動物《どうぶつ》たちは、生《う》まれて一時間《じかん》も立《た》たないうちから、もう立《た》つけいこを始《はじ》めます。それだけ生《い》きてゆく本能《ほんのう》が強《つよ》いのです。

加《くわ》えて人間《にんげん》は、腕力《わんりょく》も劣《おと》ります。原人《げんじん》のいたころ、旧石器時代《きゅうせっきじだい》といわれますが、マンモスとか恐竜《きょうりゅう》といった、非常《ひじょう》に力《ちから》の強《つよ》い動物《どうぶつ》がたくさんおりました。人間《にんげん》の素手《すで》の力《ちから》ではとてもかないません。そこで人間《にんげん》は、何《なん》とか生《い》きのびてゆくために頭《あたま》を使《つか》い始《はじ》めました。道具《どうぐ》を考《かんが》え出《だ》したのです。棒《ぼう》を使《つか》い、石《いし》を使《つか》い、他《ほか》の動物《どうぶつ》を殺《ころ》して本能《ほんのう》を満《み》たしていったのであります。

頭脳《ずのう》の発達《はったつ》により人間《にんげん》は、他《ほか》の動物《どうぶつ》の考《かんが》えないことを考《かんが》えるようになりました。まず、〝自分《じぶん》はなぜこの世界《せかい》に生《う》まれてきたのか。何《なん》のために生《い》きているのか〟という疑問《ぎもん》であります。疑問《ぎもん》が生《しょう》じますと、次《つぎ》には、その解答《かいとう》がどうしても必要《ひつよう》になります。

さらに発達《はったつ》してまいりますと、人間《にんげん》には欲《よく》が生《しょう》じ、考《かんが》えなくてもいいことまで考《かんが》えるようになります。その結果《けっか》として、いろいろな悩《なや》み・苦《くる》しみが生《しょう》じてまいります。そうなりますと、その悩《なや》み・苦《くる》しみを乗《の》り越《こ》えてゆく方法《ほうほう》が必要《ひつよう》となります。

一口《くち》に悩《なや》みと申《もう》しましても、まことに種々雑多《しゅじゅざった》であります。世俗的《せぞくてき》な便利《べんり》とか不便《ふべん》ということもあげられましょう。物質的《ぶっしつてき》な欲望《よくぼう》もあげられましょう。これらのことは、だんだん世《よ》の中進歩《なかしんぽ》するにしたがって充分《じゅうぶん》とはいえなくとも、それなりに解消《かいしょう》されてまいりました。ところが一向《こう》に解消《かいしょう》しないのは、人《ひと》と人《ひと》の関係《かんけい》です。親《おや》と子《こ》、夫婦《ふうふ》、嫁《よめ》・姑《しゅうとめ》といった問題《もんだい》は、たとえどのように進歩《しんぽ》した世《よ》の中《なか》になっても、少《すこ》しも変《か》わりません。子《こ》どもを育《そだ》ててゆくこともそうです。いくら世《よ》の中《なか》が進歩《しんぽ》し、便利《べんり》になっても、子《こ》どもを本当《ほんとう》に育《そだ》ててゆこうとするならば、やはり、手間《てま》ひまかけなければなりません。

太古《たいこ》の昔《むかし》から現代《げんだい》にいたるまで、少《すこ》しも変《か》わらず人類《じんるい》が共通《きょうつう》して抱《いだ》いてきた悩《なや》みであり、幸《しあわ》せになるための課題《かだい》をどうしたら解決《かいけつ》できるか、そこに、宗教《しゅうきょう》が必要《ひつよう》になった理《り》由《ゆう》の一つがあります。

私《わたくし》が今皆《いまみな》さんにお話《はな》ししていることも、結局《けっきょく》その解決方法《かいけつほうほう》であります。

〝私《わたくし》はいったい何《なん》のために生《い》きているのか〟、そして、〝私《わたくし》の苦《くる》しみはどうしたら解消《かいしょう》できるのか〟という、人類《じんるい》が共通《きょうつう》に抱《いだ》く悩《なや》みを解消《かいしょう》するために、いろいろなお話《はなし》を申《もう》し上《あ》げているのであります。

この世《よ》の中《なか》、多《おお》くの人々《ひとびと》の中《なか》には「教養《きょうよう》」で信仰《しんこう》をするという人《ひと》もあるかも知《し》れません。しかし、人間《にんげん》の根本《こんぽん》に思《おも》いをめぐらしますとき、やはり問題《もんだい》は、〝この悩《なや》みを解決《かいけつ》するためにいかにしてゆくか〟ということです。そのためにする努力《どりょく》、それが、自分《じぶん》の信仰《しんこう》を持《も》つということであります。

『月刊法音』第一四六号　七〜九頁

法華経《ほけきょう》と物理学《ぶつりがく》　先日《せんじつ》、アメリカで発行《はっこう》された物理学《ぶつりがく》と東洋《とうよう》の神秘《しんぴ》という本《ほん》を読《よ》んだのですが、大変《たいへん》おもしろいことが書《か》いてありました。最《もっと》も新《あたら》しい学説《がくせつ》が発表《はっぴょう》されているのですが、それによりますと、お釈迦《しゃか》さまの説《と》かれたことに段々近《だんだんちか》づいてゆく傾向《けいこう》が見《み》られるのです。

今《いま》さかんに研究《けんきゅう》されているものの一つに、宇宙《うちゅう》があります。宇宙《うちゅう》の成立起源《せいりつきげん》、あるいは広《ひろ》さについての理論的考察《りろんてきこうさつ》がいろいろなされております。

その基《もと》は、アインシュタインの相対性理論《そうたいせいりろん》でありますが、その本《ほん》には、宇宙《うちゅう》の成《な》り立《た》ちについて次《つぎ》のように書《か》いてあります。

「この世界《せかい》は、突然《とつぜん》の大爆発《だいばくはつ》=ビックバンにより、たくさんの星《ほし》のかたまり、つまり宇《う》宙《ちゅう》というものができた。そして今《いま》は、それが広《ひろ》がっている時期《じき》であるけれども、その広《ひろ》がりもいつか止《と》まって、今度《こんど》は収縮《しゅうしゅく》が始《はじ》まり、ついには滅《ほろ》びてゆく時《とき》がくる」。そして「太陽《たいよう》が次第《しだい》に白《しろ》くなり、次《つぎ》には赤《あか》い色《いろ》に変《か》わり、そして黄色《きいろ》っぽくなって冷《ひ》えてくると、地球《ちきゅう》も含《ふく》めたすべての太陽系《たいようけい》の星《ほし》が吸収《きゅうしゅう》され、最後《さいご》には、スポッとした宇宙《うちゅう》の穴《あな》になって元《もと》の姿《すがた》に帰《かえ》ってしまうだろう」と言《い》われています。もっともその時期《じき》は、数《すう》千億《おく》年《ねん》も先《さき》ということですから、今《いま》そんな心配《しんぱい》をしていてもどうにもなりませんが、とにかく、生《しょう》じたものは必《かなら》ず滅《ほろ》びてゆくというのです。

また、宇宙《うちゅう》の広《ひろ》さについては「有限《ゆうげん》であるけれども限《かぎ》りが無《な》い」つまり〝どこまで行《い》ったら突《つ》き当《あ》たりなのか計算《けいさん》できない〟というのです。しかし「限《かぎ》りがあることは確実《かくじつ》である」と書《か》かれてあります。

理論上《りろんじょう》の研究《けんきゅう》ですから大変《たいへん》わかりにくく感《かん》じられるかも知《し》れませんが、これは言《い》ってみれば、お釈迦《しゃか》さまと孫悟空《そんごくう》のお話《はなし》のようなものです。

ある時《とき》、うぬぼれの強《つよ》い孫悟空《そんごくう》が〝お釈迦《しゃか》さまは何《なん》でもできるというけれども宇宙《うちゅう》の果《は》てまで飛《と》んで行《い》くことはできないだろう〟と、雲《くも》に乗《の》って飛《と》んで行《い》きます。すると柵《さく》に突《つ》き当《あ》たって、もうそれ以上《いじょう》は行《い》かれません。そこでその柵《さく》に〝孫悟空《そんごくう》はここまで来《き》た〟と書《か》いて戻《もど》ったのですが、結局《けっきょく》その柵《さく》は〝お釈迦《しゃか》さまの指《ゆび》だった〟というお話《はなし》です。

これは、「この三千大千世界《だいせかい》はすべて仏《ほとけ》の世界《せかい》」ということを示唆《しさ》した教《おし》えです。科学的《かがくてき》な研究《けんきゅう》の結果《けっか》もたらされた宇宙《うちゅう》の有限説《ゆうげんせつ》が、すでに何《なん》千年《ねん》もの昔《むかし》に明《あ》かされているわけです。一体《たい》そんな昔《むかし》に誰《だれ》が考《かんが》えたのでしょうか。もちろんお釈迦《しゃか》さまです。お釈迦《しゃか》さまの説《と》かれたことを基《もと》にして作《つく》られたのが、このお話《はなし》であります。

科学《かがく》は何事《なにごと》に於《お》いても細《こま》かく細《こま》かく分析《ぶんせき》し、正《ただ》しいか間違《まちが》っているか徹底的《てっていてき》に調《しら》べ、一つの真理《しんり》を探《さぐ》り出《だ》してゆくのですが、最近《さいきん》は少《すこ》し違《ちが》った言《い》い方《かた》をしております。たとえば光《ひかり》について、それを構成《こうせい》するものは粒子《りゅうし》という説《せつ》と、波《なみ》という説《せつ》があります。普通《ふつう》、科学的《かがくてき》な判断《はんだん》に結論《けつろん》をゆだねますと、波《なみ》なら波《なみ》、粒子《りゅうし》なら粒子《りゅうし》という風《ふう》に、どちらか一方《ぽう》に決《き》め、それが真理《しんり》となりますが、最近《さいきん》はそうではないようです。「粒子《りゅうし》でもあるけれども波《なみ》でもある。それは、見《み》る立場《たちば》によって異《こと》なる」という言《い》い方《かた》をしているのです。

見《み》る立場《たちば》、つまりそれは「因縁《いんねん》」であります。因縁《いんねん》によって結果《けっか》が違《ちが》うということを、最近《さいきん》では科学《かがく》の方《ほう》でも言《い》っているわけです。〝一つのものは絶対《ぜったい》のもの〟という考《かん》え方《かた》ではなく、〝一つのものが成《な》り立《た》つためには、他《ほか》のものもあり、お互《たが》いの相対的《そうたいてき》な関係《かんけい》によってこそ本当《ほんとう》のものが成《な》り立《た》つ〟という考《かん》え方《かた》が最近《さいきん》の物理学《ぶつりがく》のようであります。物事《ものごと》を細《こま》かく分析《ぶんせき》して一つの真理《しんり》を決《き》めるのではなく、総合的《そうごうてき》なものとして見《み》ると申《もう》しますか、別《べつ》の言《い》い方《かた》をすれば、〝因縁《いんねん》としてとらえる〟という考《かん》え方《かた》です。

たとえば「私《わたくし》」という一人《ひとり》の人間《にんげん》を考《かんが》えてみましょう。〝私《わたくし》とは一体何《たいなん》だろう〟と、細《こま》かく自分《じぶん》を分析《ぶんせき》して見《み》るのではなく、一軒《けん》の家《いえ》の、父親《ちちおや》、母親《ははおや》、そして子《こ》どもという、総合的《そうごうてき》な、家族《かぞく》という関係《かんけい》の中《なか》に於《おい》て「私《わたくし》」をとらえる、ということです。家《か》族《ぞく》という関係《かんけい》を無視《むし》して「私《わたくし》」という存在《そんざい》は、あり得《え》ないことだからです。これが因《いん》縁《ねん》のとらえ方《かた》であります。このように考《かん》えてゆきませんと、本当《ほんとう》に正《ただ》しく物事《ものごと》を見《み》ることはできないのであります。

仏《ほとけ》さまのみ教《おし》え、法《ほう》の話《はなし》というものは、どこか突拍子《とっぴょうし》もないことを言《い》っているようではありますが、結局《けっきょく》、現在最先端《げんざいさいせんたん》をゆく科学《かがく》と不思議《ふしぎ》にも合《あ》っているわけです。合《あ》っているというより、仏《ほとけ》さまのみ教《おし》えの中《なか》にこそ本当《ほんとう》の真理《しんり》があるということなのでしょう。

『月刊法音』第一二九号　五～七頁

一眼《げん》の亀《かめ》のお話《はなし》（法華経《ほけきょう》に巡《めぐ》り値《あ》えた縁《えん》）

今《いま》の一生《しょう》についてだけ考《かんが》えますと、私共《わたくしども》はたまたま日本《にほん》に生《う》まれて法華経《ほけきょう》を聴《き》く縁《えん》を得《え》たということかも知《し》れません。しかし、三界《がい》六道《どう》を輪廻《りんね》している人間《にんげん》にとって、今現在《いまげんざい》こうして法華経《ほけきょう》を聴《き》く縁《えん》に恵《めぐ》まれたということは、決《けっ》して偶然《ぐうぜん》のものではなく、本当《ほんとう》に不思議《ふしぎ》で、得難《えがた》いことなのです。

どれくらい得難《えがた》いことなのか、その譬《たと》え話《ばなし》を読《よ》んでみましょう。

「大海《だいかい》の中《なか》に八万《まん》由旬《ゆじゅん》の底《そこ》に亀《かめ》と申《もう》す大魚《だいぎょ》あり。手足《てあし》もなく鰭尾《ひれお》もなし。腹《はら》の熱《あつ》き事《こと》は鉄《くろがね》を焼《や》けるが如《ごと》し。背《せ》の甲《こう》の冷《つめた》き事は雪山《せっせん》に過《す》ぎたり。此《こ》の魚《うお》の昼夜朝暮《ちゅうやちょうぼ》の願《ねが》い時時《じじ》剋剋《こくこく》の口《くち》ずさみには、あわれ腹《はら》を冷《ひや》し甲《こう》を温《あたた》めんと思《おも》いき。赤栴檀《しゃくせんだん》と申《もう》す木《き》をば聖木《しょうぼく》と名《なづ》く、人《ひと》の中《なか》の聖人《せいじん》の如《ごと》し。余《よ》の一切《さい》の木《き》をば凡木《ぼんぼく》と申《もう》す、愚人《ぐにん》の如《ごと》し。此《こ》の栴檀《せんだん》の木《き》は此《こ》の魚《うお》の腹《はら》を冷《ひや》す木《き》なり。あわれ此《こ》の木《き》に乗《の》りて腹《はら》をば穴《あな》に入《い》れて冷《ひや》し、甲《こう》をば天《てん》の日《ひ》に当《あ》てて温《あたた》めばやと申《もう》すなり。自然《しぜん》の理《り》として三千年《ねん》と申《もう》すに一度浮《どうか》ぶ亀《かめ》なり。而《しか》れども此《こ》の木《き》に値《あ》う事難《ことがた》し。大海《だいかい》は広《ひろ》し亀《かめ》は小《ちい》さし、浮木《うきぎ》はまれなり。縦《たと》い余《よ》の浮木《うきぎ》には行《ゆ》き合《あ》うとも、栴檀《せんだん》の浮木《うきぎ》にはあわず。縦《たと》い栴檀《せんだん》には値《あ》うとも、亀《かめ》の腹《はら》を彫《ほ》りはめたる様《よう》に、骸分《がいぶん》に相応《そうおう》したる浮木《うきぎ》の穴《あな》に値《あ》い難《がた》し。縦《たと》い穴《あな》ありとも広《ひろ》くして我《わ》が身落《みお》ち入《い》りなば甲《こう》を温《あたた》め難《がた》し。誰《たれ》か又取《またと》り上《あ》ぐべき。又穴《またあな》せばくして腹《はら》を陥《おとしい》れずば波《なみ》に洗《あら》い落《おと》され大海《だいかい》に沈《しず》みなん。縦《たと》い不思議《ふしぎ》として栴檀《せんだん》の浮木《うきぎ》の穴《あな》に適々《たまたま》行《ゆ》き合《あ》いたれども、我《わが》一眼《がん》のひがめる故《ゆえ》に、浮木西《うきぎにし》に流《なが》れるは東《ひがし》と見《み》る故《ゆえ》に、急《いそ》ぎ乗《の》らんと思《おも》うて泳《およ》げば弥々遠《いよいよとお》ざかる。東《ひがし》に流《なが》るを西《にし》と見《み》る。南北《なんぼく》も亦復是《またかく》の如《ごと》し。浮木《うきぎ》には遠《とお》ざかれども近《ちか》づく事《こと》なし。是《かく》の如《ごと》く無量無辺劫《むりょうむへんごう》にも一眼《げん》の亀《かめ》の浮木《うきぎ》の穴《あな》に値《あ》い難《がた》き事《こと》を仏説《ほとけと》き給《たま》えり」（松野殿後家尼御前御返事《まつのどのごけあまごぜんごへんじ》）

手《て》も足《あし》もなく、しかも目《め》が片方《かたほう》しか見《み》えないというのですから、実《じっ》に気《き》の毒《どく》な亀《かめ》だと思《おも》います。

その亀《かめ》が、大平洋《たいへいよう》よりもっともっと広《ひろ》い海《うみ》で、三千年《ぜんねん》に一度《ど》浮かび上《あ》がり、甲《こう》がすっぽりはまるような穴《あな》の空《あ》いた赤栴檀《しゃくせんだん》の木《き》を探《さが》し出《だ》して、初《はじ》めて願《ねが》いが叶《かな》えられるぐらい、法華経《ほけきょう》に巡《めぐ》り会《あ》うことは珍《めずら》しいことであり、有《あ》り難《がた》いことなのです。

そうは言《い》われても、そんなに深《ふか》くお考《かんが》えになられたことはないかも知《し》れません。「たまたま隣《となり》の人《ひと》に〝法華経《ほけきょう》を聴《き》きなさい。そうすれば病気《びょうき》も治《なお》りますよ〟と言《い》われたからお寺《てら》に来《き》ただけですが……」と言《い》われる人《ひと》も、あるかも知《し》れません。しかし法華経《ほけきょう》に会《あ》い、法華経《ほけきょう》を聴《き》き、信仰《しんこう》をしてゆくことは本当《ほんとう》に得難《えがた》い、不思議《ふしぎ》なことなのです。

そこで、せっかくそういう得難《えがた》い、不思議《ふしぎ》な縁《えん》に巡《めぐ》り会《あ》えたわけですから、〝しっかり妙法《みょうほう》を聴《き》いて、実行《じっこう》したいものだ〟と、この譬《たと》えは教《おし》えているのであります。

大海《だいかい》とは生死《しょうじ》の苦海《くかい》　私共《わたくしども》の一生《しょう》を海《うみ》に譬《たと》えてありますが、たしかに面白《おもしろ》い譬《たと》えだと思《おも》います。穏《おだ》やかな日《ひ》もありますし、波《なみ》の荒《あら》い日《ひ》もあります。一生《しょう》の内《うち》、一日《にち》の内《うち》にも、いろいろなことがあるものです。それが人生《じんせい》なのです。

手足《てあし》のないのは、善根《ぜんこん》が具《そな》わらない譬《たと》え　亀《かめ》は、私共《わたくしども》自身《じしん》に譬《たと》えられます。手足《てあし》がちゃんとそろっていれば、自由《じゆう》に泳《およ》ぐことができます。自由《じゆう》に泳《およ》ぐことのできない姿《すがた》は、思《おも》うようにならないことの多《おお》い世界《せかい》に住《す》み、彷徨《ほうこう》している私共衆生《わたくしどもしゅじょう》そのものと言《い》えましょう。

　この世《よ》の中《なか》、思《おも》うようにならないことはいっぱいあります。衣《い》・食《しょく》・住《じゅう》はもちろん、あらゆる面《めん》にあることです。思《おも》うようになることはどうでしょう、十の内《うち》、三つか四つではないでしょうか。それだけでも思《おも》うようになれば充分《じゅうぶん》かも知《し》れません。

　ある人《ひと》がこんなことを言《い》っていました。

「人間《にんげん》は、恐《おそ》らく天国《てんごく》に行《い》っても神《かみ》さまに文句《もんく》を言《い》うだろう」

天国《てんごく》はさぞきれいな所《ところ》だと思《おも》います。しかし、いくらきれいでも一か月《げつ》や二か月《げつ》はいいかも知《し》れません。その内《うち》、〝きれいばかりで少《すこ》しも変化《へんか》がないし、刺激《しげき》がないと、神《かみ》さまに文句《もんく》を言《い》いに行《い》くだろう〟というのです。

　求不得苦《ぐふとっく》と言《い》って、人間《にんげん》の心《こころ》には、他《ほか》から見《み》てどんないい状況《じょうきょう》にあっても、絶《た》えず不《ふ》満《まん》な心《こころ》が離《はな》れることなくつきまとっているのです。ですからどうしても喜《よろこ》びの心《こころ》も出《で》てこないのです。そのことを手足《てあし》のない亀《かめ》に譬《たと》えてあるのです。

では、手足《てあし》があれば思《おも》うようになるかと申《もう》しますと、そうはまいりません。世間的《せけんてき》な考《かんが》えからゆけば、頭《あたま》が良《よ》くて才能《さいのう》もあり、お金《かね》があって地位《ちい》もあれば、何《なん》でも思《おも》うようになると思《おも》い勝《が》ちです。しかしこの世《よ》の中《なか》、それでも、どうにもならないことがいくらでもあります。

すべての計算《けいさん》をし、しっかりと計画《けいかく》を立《た》て、人《ひと》も揃《そろ》い、資金《しきん》も豊富《ほうふ》となれば、もう完《かん》璧《ぺき》と思《おも》われるかも知《し》れません。それでも駄目《だめ》になることはいくらでもあるのです。そこに足《た》りなかったもの、それが亀《かめ》の手足《てあし》、つまり、〝その人《ひと》に具《そな》わる徳《とく》がなかった〟ということであります。

腹《はら》の熱《あつ》いことは瞋恚《しんに》の譬《たと》え　思《おも》うようにならないことの方《ほう》が多《おお》い世《よ》の中《なか》に私共《わたくしども》は住《す》んでいるのです。そこで、気《き》の強《つよ》い人《ひと》は腹《はら》を立《た》て、気《き》の弱《よわ》い人《ひと》は陰《かげ》でぶつぶつ愚痴《ぐち》を言《い》う。それも避《さ》けられない姿《すがた》かも知《し》れません。

背《せ》の甲《こう》の寒《さむ》いのは貪欲《とんよく》の譬《たと》え　多少《たしょう》願《ねが》いが叶《かな》えられても、人間《にんげん》の欲《よく》は次《つぎ》から次《つぎ》へと変《か》わってゆきますから、いつもいつも満足《まんぞく》の心《こころ》でいるというわけにはまいりません。

たしかにそうだと思《おも》います。法華経《ほけきょう》を聴《き》いて慈悲《じひ》・至誠《まこと》・堪忍《かんにん》をいつも行《おこ》なうことはむつかしく、貪《とん》・瞋《じん》・痴《ち》を行《おこ》なうほうが余程楽《よほどらく》です。しかし、いくら楽《らく》とは申《もう》しましても、腹《はら》を立《た》て、愚痴《ぐち》を言《い》い、貪《むさぼ》りばかりしていては、悪《わる》い方《ほう》へ悪《わる》い方《ほう》へとゆくに決《き》まっております。

三千年《ねん》の間《あいだ》大海《たいかい》にある姿《すがた》は、三悪道《あくどう》に堕《お》ちた我等《われら》の事《こと》　六道《どう》を輪廻《りんね》とする姿《すがた》を想像《そうぞう》してみてください。人間死《にんげんし》んだら一体《たい》どうなるのか、誰《だれ》も経験《けいけん》したことがありませんからわかりません。しかし、六道輪廻《どうりんね》からゆきますと、次《つぎ》の世《よ》に果《は》たして人間《にんげん》に生《う》まれることができるかどうか、わかりません。地獄《ぢごく》に生《う》まれるかも知《し》れないのです。カラスに生《う》まれるかネズミに生《う》まれるか、あるいはゴキブリに生《う》まれ変《か》わって孫《まご》に踏《ふ》み殺《ころ》されてしまうこともあり得《え》るのです。

そう考《かんが》えますと、今人間《いまにんげん》として生《い》きていること自体《じたい》、大変《たいへん》ありがたいことだ、と思《おも》えてくるのではないでしょうか。

ところが〝人間《にんげん》として生《い》きている、そんなことはあたりまえ〟と、私 共《わたくしども》は思《おも》っております。それが、あたりまえと思《おも》っていることの一番《ばん》の根本《こんぽん》なのです。

余《よ》の浮木《うきぎ》には値《あ》いやすく、赤栴檀《しゃくせんだん》には値《あ》い難《がた》い　法華《ほけ》経《きょう》以外《いがい》の経《きょう》には値《あ》いやすく、法華《ほけ》経《きょう》には値《あ》い難《がた》いことの譬《たと》えです。

東《ひがし》を西《にし》と見《み》、北《きた》を南《みなみ》と見《み》るとは　我等《われら》衆生《しゅじょう》が賢《かし》こ顔《がお》で知恵《ちえ》があるかのように思《おも》い、勝《しょう》を劣《れつ》と思《おも》い、劣《れつ》を勝《しょう》と思《おも》い、得益《とくやく》のなき法《ほう》を得益《とくやく》があると思《おも》い、機《き》に叶《かな》わない法《ほう》を叶《かな》っていると見《み》、機《き》に叶《かな》っている法《ほう》を叶《かな》っていないと思《おも》う、迷《まよ》いの心《こころ》を指《さ》していることの譬《たと》えであります。

このように愚《おろ》かしい苦《くる》しみから早《はや》く出《で》なければなりません。

『月刊法音』第一一〇号　五～一一頁

御開山上人著　法華経七喩の話

七喩《ゆ》の話《はなし》の事《こと》　法華経《ほけきょう》は、釈尊《しゃくそん》が五十年《ねん》にわたってお説《と》きになった教《おし》えのなかで、一番《ばん》尊《とうと》い教《おし》えであります。この法華経《ほけきょう》は二十八品《ぼん》からなっていますが、七つのたとえは次《つぎ》のようであります。

三車《しゃ》一車《しゃ》のたとえ・譬喩品第三《ひゆほんだい》／長者窮子《ちょうじゃぐうじ》のたとえ・信解品第四《しんげほんだい》／三草《そう》二木《もく》のたとえ

・薬草喩品第《やくそうゆほんだい》五／化城宝所《けじょうほうしょ》のたとえ・化城喩品第《けじょうゆほんだい》七／繋珠衣裏《けいじゅえり》のたとえ・五百弟子《でし》受記《じゅき》品第《ほんだい》八／髻中明珠《けいちゅうみょうじゅ》のたとえ・安楽行品第《あんらくぎょうほんだい》十四／良医治子《ろういじし》のたとえ・如来寿量品第《にょらいじゅりょうほんだい》十六。

一般《ぱん》の人々《ひとびと》は「お経《きょう》はむつかしいものである。しかも法華経《ほけきょう》は大変《たいへん》むつかしい」と思《おも》われていますが、よく解釈《かいしゃく》すれば随分《ずいぶん》わかりやすく、ありがたいものです。皆《みな》さんの信《しん》仰《こう》のもとであるお経《きょう》に親《した》しんでいただくよう、このたとえの一つ一つについて説明《せつめい》してみましょう。

一、三車《しゃ》一車《しゃ》のたとえ

人《ひと》の生活《せいかつ》には必《かなら》ず苦《くる》しみがあります。生活《せいかつ》の苦《くる》しみ、老《お》いゆくを憂《うれ》い、病《やまい》の苦《くる》しみ、死《し》の悩《なや》みなどがあって、少《すこ》しも安《やす》らかではありません。これを生《しょう》・老《ろう》・病《びょう》・死《し》の四苦《く》といいます。

私《わたくし》どもは、お釈迦《しゃか》さまの教《おし》えによって、だんだんこの苦《くる》しみ悩《なや》みを除滅《じょめつ》しなければなりません。三車《しゃ》一車《しゃ》のたとえは、その教《おし》えの一つであります。

ある国《くに》に、非常《ひじょう》な富豪《ふごう》がありまして、大《おお》きな邸宅《ていたく》をかまえ、それに大勢《おおぜい》の子供《こども》を持《も》っていました。ある時《とき》この邸宅《ていたく》に火事《かじ》が起《お》こり、しかもその家《いえ》の中《なか》の大勢《おおぜい》の子供《こども》たちは何《なに》も知《し》らないで遊《あそ》んでいました。長者《ちょうじゃ》はこれを見《み》て、大声《おおごえ》で「火事《かじ》だ、外《そと》に出《で》なければ危《あぶな》いぞ」と叫《さけ》びましたが、子供《こども》たちは驚《おどろ》きもせず遊《あそ》び続《つづ》けていました。火《ひ》の恐《おそ》ろしさや焼《や》け死《し》ぬことを知《し》らないで遊《あそ》んでいるのであります。

長者《ちょうじゃ》は仏《ほとけ》さまであり、子供《こども》たちは衆生《しゅじょう》（凡夫《ぼんぷ》）であります。火《ひ》のついた家《いえ》（火宅《かたく》といいます）は濁悪《じょくあく》な世《よ》の中《なか》で、その恐《おそ》ろしさを知《し》らずにいることであります。

長者《ちょうじゃ》はこの災難《さいなん》から子供《こども》たちを救《すく》うために、子供《こども》たちの好《す》きな玩具《おもちゃ》が表《おもて》にあることを知《し》らせました。それは羊《ひつじ》の引《ひ》く車《くるま》、鹿《しか》の引《ひ》く車《くるま》、牛《うし》の引《ひ》く車《くるま》の三車《しゃ》で、「早《はや》く門《もん》の外《そと》へ出《で》なさい。珍《めず》らしい車《くるま》がお前《まえ》たちのものになるぞ」といいました。子供《こども》たちはこれを聞《き》いて喜《よろこ》んで、われさきにと門《もん》の外《そと》へ飛《と》び出《だ》しました。長者《ちょうじゃ》はやっと安心《あんしん》しましたが、子《こ》供《ども》たちは三種《しゅ》の車《くるま》がないので長者《ちょうじゃ》に尋《たず》ねました。その時長者《ときちょうじゃ》は「子供《こども》たちよ、三車《しゃ》のことを聞《き》いてよく外《そと》へ出《で》てくれた。それでは三車《しゃ》よりずっと美《うつく》しくりっぱな、大《おお》きな白《しろ》い牛《うし》の引《ひ》く車《くるま》をあげよう」といって、大白牛車《だいびゃくごしゃ》を子供《こども》たちに与《あた》えたのであります。

三車《しゃ》というのは、仏《ほとけ》の教《おし》えを聞《き》き実行《じっこう》している、声聞《しょうもん》（羊車《ようしゃ》）・縁覚《えんがく》（鹿車《ろくしゃ》）・菩薩《ぼさつ》（牛車《ごしゃ》）の三段階《だんかい》を示《しめ》すのであります。そこで修行《しゅぎょう》を全《まっと》うした人《ひと》は仏《ほとけ》の境界《きょうがい》に到《いた》るのであります。大白牛車《だいびゃくごしゃ》というもっともすぐれた車《くるま》は法華経《ほけきょう》にたとえてあります。大白牛車《だいびゃくごしゃ》を与《あた》えられたということは、最高《さいこう》にして崇高《すうこう》なる仏界《ぶっかい》に達《たっ》する教《おし》えを与《あた》えられたことであります。

二、長者窮子《ちょうじゃぐうじ》のたとえ

これは、仏《ほとけ》の教《おし》えを衆生《しゅじょう》に教《おし》える方法《ほうほう》（教化《きょうけ》の法《ほう》）と、仏《ほとけ》の教《おし》えを聞《き》き、実行《じっこう》して進《すす》めば、最高《さいこう》の喜《よろこ》びが会得《えとく》できることを説明《せつめい》してあります。法華経《ほけきょう》に説《と》かれてあるこれらのたとえ話《ばなし》は、全部当時《ぜんぶとうじ》のインドが背景《はいけい》になっているのであります。

ある国《くに》に父親《ちちおや》と息子《むすこ》の二人《ふたり》が暮《く》らしていましたが、息子《むすこ》は幼《おさな》い時家《ときいえ》を飛《と》び出《だ》して、諸《しょ》国《こく》を流浪《るろう》していました。流浪《るろう》した息子《むすこ》の困窮《こんきゅう》は甚《はなは》だしく、その日《ひ》の食《た》べ物《もの》、着《き》る物《もの》にも困《こま》るようになりました。これは仏法《ぶっぽう》を知《し》らない衆生《しゅじょう》の無意味《むいみ》な生活《せいかつ》を説《と》いているのであります。父親《ちちおや》の方《ほう》は、ますます商売《しょうばい》が繁盛《はんじょう》し、財宝《ざいほう》を無量《むりょう》に所有《しょゆう》した大富豪《だいふごう》でありました。

息子《むすこ》は流浪《るろう》の果《は》てに自国《じこく》に舞《ま》い戻《もど》り、父親《ちちおや》の家《いえ》の門前《もんぜん》に来《き》ましたが、それが自分《じぶん》の家《いえ》であることは知《し》りません。父親《ちちおや》は何《なに》げなく見《み》た門前《もんぜん》の男《おとこ》が、一目《め》で息子《むすこ》であることを知《し》りました。召使《めしつか》いに命《めい》じて自分《じぶん》の家《いえ》につれて来《こ》させようとしますと、門前《もんぜん》の男《おとこ》は「悪《わる》いことのしないのになぜ捕《とら》えるのか」と叫《さけ》び、終《しま》いには目《め》を廻《まわ》して倒《たお》れてしまいました。父親《ちちおや》は仏《ほとけ》さま、息子《むすこ》は無智《むち》の人《ひと》のことであります。一旦飛《たんと》び出《だ》した家《いえ》に知《し》らず知《し》らずに戻《もど》って来《き》たというのは、仏《ほとけ》の教《おし》えに縁《えん》があったことにたとえてあります。それから、何《なに》も知《し》らない無智《むち》の人《ひと》は、法華経《ほけきょう》をいきなり説《と》かれても、驚《おどろ》き恐《おそ》れてしまうことにたとえられてあります。

富豪《ふごう》の父親《ちちおや》は考《かんが》えるところあって、一旦《たん》その男《おとこ》を放《はな》してやりました。今度《こんど》は召使《めしつか》いに見《み》すぼらしい身《み》なりをさせ、その男《おとこ》に近《ちか》づき「良《よ》い仕事《しごと》があるがいっしょに来《こ》ないか」ともちかけ、家《いえ》につれてくる方法《ほうほう》をとりました。

無理《むり》に尊《とうと》い教《おし》えを聞《き》かせるのは仏《ほとけ》さまの本意《ほんい》ではありません。父親《ちちおや》は、彼《か》の男《おとこ》が息子《むすこ》であることは誰《だれ》にも知《し》らせませんでした。遣《つか》わした召使《めしつか》いは言《い》い付《つ》け通《どお》り男《おとこ》を捜《さが》し出《だ》し、話《はなし》をして連《つ》れて来《き》ました。父親《ちちおや》は息子《むすこ》に家中《いえじゅう》で一番下《ばんした》のきたない仕事《しごと》をさせました。自《じ》身《しん》もりっぱな着物《きもの》を脱《ぬ》ぎ、粗末《そまつ》な着物《きもの》を着《き》て、体中《からだじゅう》には泥《どろ》を塗《ぬ》り、手《て》に糞《ふん》を払《はら》う箒《ほうき》や塵《ちり》取《とり》を持《も》って、若者《わかもの》の仲間入《なかまい》りをしました。そうしてだんだん、良《よ》い仕事《しごと》を若者《わかもの》といっしょにしました。

仏《ほとけ》さまは、衆生《しゅじょう》の身《み》になって考《かんが》え、教化《きょうけ》されるのであります。若者《わかもの》は熱心《ねっしん》に仕事《しごと》をしました。すさんでいた性質《せいしつ》もだんだんなくなっていきました。父親《ちちおや》は若者《わかもの》が家《いえ》のことをほとんど覚《おぼ》えたので、一番重要《ばんじゅうよう》な倉《くら》の中《なか》にある数限《かずかぎ》りない財宝《ざいほう》を管理《かんり》する仕事《しごと》をさせました。若者《わかもの》はやましい心《こころ》もなく、充分《じゅうぶん》に勤《つと》めを果《は》たしました。

父親《ちちおや》はここまで若者《わかもの》を勤《つと》め上《あ》げさせてから初《はじ》めて、親族知人《しんぞくちじん》を集《あつ》め、「この男《おとこ》は私《わたくし》の本当《ほんとう》の息子《むすこ》であり、私《わたくし》の財産《ざいさん》は皆《みな》この息子《むすこ》に譲《ゆず》る」旨《むね》を発表致《はっぴょういた》しました。息子《むすこ》はこれを聞《き》いて非常《ひじょう》に驚《おどろ》き、且《か》つ大《おお》いなる喜《よろこ》びを得《え》たのであります。

仏《ほとけ》の教《おし》えを心《こころ》から信《しん》じ、修行《しゅぎょう》に励《はげ》んでいけば、必《かなら》ず仏《ほとけ》さまと同《おな》じ境界《きょうがい》に達《たっ》して、この上《うえ》なき無量《むりょう》の喜《よろこ》びが得《え》られるのであります。もう一つ重要《じゅうよう》なことは、人《ひと》はみな仏性《ぶっしょう》（仏《ほとけ》になる性質《せいしつ》）を持《も》っているものであるということです。


この話《はなし》の若者《わかもの》は、家《いえ》を飛《と》び出《だ》して、自分《じぶん》に譲《ゆず》られるべき財産《ざいさん》を知《し》らずにいましたが、これは長者《ちょうじゃ》の子《こ》であることを知《し》らなかったと同様《どうよう》に、自分《じぶん》も尊《とうと》い仏《ほとけ》の性質《せいしつ》を心《こころ》に持《も》っていることに気付《きづ》かないことであります。父親《ちちおや》の尊《とうと》い指導《しどう》（教化《きょうけ》）によって家《いえ》の中《なか》を知《し》り（仏法《ぶっぽう》を知《し》り）、一番重要《ばんじゅうよう》なる宝《たから》の倉《くら》をも管理《かんり》することができるようになりました。これは、法華経《ほけきょう》の尊《とうと》いことがわかり、そして実践《じっせん》することによって、ついに仏《ほとけ》の境遇《きょうぐう》に到達《とうたつ》したということであります。

三、三草二木《そうもく》のたとえ

仏《ほとけ》さまの教《おし》えはあらゆる人々《ひとびと》に平等《びょうどう》に垂《た》れられるものです。平等《びょうどう》とは、仏法《ぶっぽう》を全然知《ぜんぜんし》らない人《ひと》からだんだんに知《し》っている人《ひと》、菩薩《ぼさつ》として修行《しゅぎょう》に励《はげ》んでいる人《ひと》、これら全部《ぜんぶ》の人々《ひとびと》が、すべて仏《ほとけ》の境地《きょうち》に到《いた》るよう、平等《びょうどう》に教《おし》えが受《う》けられるということであります。人々《ひとびと》は、それぞれに分《ぶん》に応《おう》じて教《おし》えられることであります。三草《そう》二木《もく》は、このたとえであります。

日照《ひで》り続《つづ》きでカラカラに乾《かわ》いた地上《ちじょう》を潤《うるお》すべく大空《おおぞら》いっぱいに雨雲《あまぐも》が起《お》こり、その雨雲《あまぐも》は次第《しだい》に広《ひろ》がってすべてのものを覆《おお》ってしまいます。この雨雲《あまぐも》は仏《ほとけ》の広大《こうだい》な智慧《ちえ》と慈悲心《じひしん》にたとえてあります。雷《かみなり》が鳴《な》り、地上《ちじょう》のすべてのものが期待《きたい》するうちに、涼《すず》しさを加《くわ》えて雨《あめ》が降《ふ》ってきます。そしてすべての動物《どうぶつ》も植物《しょくぶつ》も甦《よみがえ》って来《き》ます。

雨《あめ》は平等《びょうどう》に降《ふ》り注《そそ》いでいますが、地上《ちじょう》の植物《しょくぶつ》は、その大《おお》きさによって、大木《たいぼく》は大《おお》きいなりに、小木《しょうぼく》は小《ち》さいなりに慈雨《じう》を受《う》け、茂《しげ》っていくのであります。

仏《ほとけ》の智慧《ちえ》と慈悲心《じひしん》は平等《びょうどう》に世《よ》の人々《ひとびと》にいき渡《わた》り、人々《ひとびと》はその分《ぶん》に応《おう》じて、仏《ほとけ》の垂《た》れたもうた智慧《ちえ》と慈悲心《じひしん》を自分《じぶん》のものにしていくのであります。

三草《そう》二木《もく》とは、仏《ほとけ》の教《おし》えに帰依《きえ》している人々《ひとびと》の程度《ていど》をたとえています。三草《そう》は三種《しゅ》の薬草《やくそう》です。迷《まよ》いを全部除《ぜんぶのぞ》いているわけではないが、世《よ》に重《おも》んぜられ、人《ひと》に敬《うやま》われている程度《ていど》の人《ひと》は小《しょう》の薬草《やくそう》であります。少《すこ》し上《うえ》になり、世間《せけん》の迷《まよ》いを除《のぞ》く方法《ほうほう》を知《し》り、普通《ふつう》の人《ひと》には具《そな》わらないような心《こころ》の働《はたら》き（神通力等《じんづうりきとう》）が具《そな》わって、一人山林《ひとりさんりん》に禅定《ぜんじょう》を行《ぎょう》じている人《ひと》は中《ちゅう》の薬草《やくそう》であります。もっと上《うえ》で、仏《ほとけ》の境界《きょうがい》に必《かなら》ず成《な》ると思《おも》って精進定《しょうじんじょう》（精進《しょうじん》と禅定《ぜんじょう》）を行《ぎょう》じ、この修行《しゅぎょう》を怠《おこた》らぬ人《ひと》は大《だい》の薬草《やくそう》であるわけであります。

二木《もく》はこれより上《うえ》の人《ひと》で、本当《ほんとう》の仏《ほとけ》のみ子《こ》（仏子《ぶっし》）であります。仏法《ぶっぽう》を学《まな》んで他《ほか》に心《こころ》をうばわれず、自分一人《じぶんひとり》で悟《さと》るだけでなく、大勢《おおぜい》の人《ひと》を愍《あわれ》み、苦《くる》しみを済《すく》い、慈悲《じひ》の行《ぎょう》を実行《じっこう》している人《ひと》は、小樹《しょうじゅ》にたとえてあります。

それより不思議《ふしぎ》な神通《じんづう》の力《ちから》を具《そな》え、仏法《ぶっぽう》を世《よ》に広《ひろ》める努力《どりょく》を少《すこ》しも緩《ゆる》めず、数限《かずかぎ》りない人々《ひとびと》をだんだんに説《と》いて、ことごとくこれを済《すく》うことのできる菩薩《ぼさつ》を、大樹《だいじゅ》にたとえてあるのであります。

仏《ほとけ》さまの慈雨《じう》がすべての生物《せいぶつ》に降《ふ》り注《そそ》いで成長《せいちょう》させ、花《はな》を咲《さ》かせ、実《み》を結《むす》ばせると同《どう》様《よう》に、仏《ほとけ》さまは世《よ》の中《なか》の人々《ひとびと》をその分《ぶん》に応《おう》じて、ことごとく仏《ほとけ》と同《おな》じ境遇《きょうぐう》に達《たっ》しさせたいという目的《もくてき》のために、教《おし》えを説《と》かれるのであります。

四、化城宝所《けじょうほうしょ》のたとえ

釈尊《しゃくそん》が教《おし》えを説《と》かれる時《とき》、しばしば便宜的《べんぎてき》に設《もう》けた教《おし》え（これを方便《ほうべん》の教《おし》えといいます）を一つの手段《しゅだん》として用《もち》いられます。化城宝所《けじょうほうしょ》の話《はなし》はこれをたとえたものです。

非常《ひじょう》に遠《とお》い所《ところ》に宝物《ほうもつ》のたくさんある城《しろ》がありまして、大勢《おおぜい》の人々《ひとびと》が宝物《ほうもつ》を取《と》りに行《い》くために、一人《ひとり》の道案内者《みちあんないしゃ》に引率《いんそつ》されて出《で》かけて行《い》きました。この道《みち》は遠《とお》いばかりではなく、非常《ひじょう》に危険《きけん》な場所《ばしょ》もあり、困難《こんなん》な山路《やまみち》や、灼熱《しゃくねつ》の砂漠《さばく》などがありました。道案内者《みちあんないしゃ》は、道《みち》をよく知《し》っているばかりでなく、非常《ひじょう》に智慧《ちえ》のある人《ひと》でありました。

種々困難《しゅじゅこんなん》な道《みち》を通《とお》るうちに、ある者《もの》は安易《あんい》な道《みち》を選《えら》んで危《あや》く墜落《ついらく》するような目《め》に遭《あ》い、ある者《もの》は初《はじ》めから疲《つか》れたといっていますが、これらの者《もの》を道案内者《みちあんないしゃ》はよく指導《しどう》して道《みち》を進《すす》んでいきました。

道案内者《みちあんないしゃ》は仏《ほとけ》さまであり、引率《いんそつ》されていく者《もの》は衆生《しゅじょう》であり、困難《こんなん》な道《みち》は、教《おし》えの道《みち》であります。

この困難《こんなん》であり危険《きけん》な道《みち》を人々《ひとびと》は進《すす》んでいきましたが、途中《とちゅう》でほとんどの者《もの》が疲《つか》れて進《すす》まなくなってしまいました。そこで道案内者《みちあんないしゃ》は一つの案《あん》を立《た》て、神通力《じんづうりき》をもってかなたの方《ほう》に、りっぱな城《しろ》を出現《しゅつげん》させました。人々《ひとびと》は疲《つか》れた目《め》をこすりながらこの城《しろ》を見《み》て、「あんな近《ちか》くに城《しろ》があるじゃないか」と、われ先《さき》に城《しろ》に向《む》かって駆《か》け出《だ》しました。城《しろ》に着《つ》いて、皆《みな》の者《もの》が充分《じゅうぶん》に休養《きゅうよう》しました。そこで彼《か》の道案内者《みちあんないしゃ》は人々《ひとびと》にいいました。

「皆《みな》よく聞《き》けよ、この城《しろ》は 私《わたくし》が仮《かり》に出現《しゅつげん》させたものである。皆《みな》の奮起《ふんき》を促《うなが》し、休息《きゅうそく》を与《あた》えるために現《あら》わしたものである。本当《ほんとう》の城《しろ》は、ここよりそう遠《とお》くはない。今《いま》一度《ど》奮発《ふんぱつ》して進《すす》んでいこうではないか」

人々《ひとびと》はこれを聞《き》いて充分休息《じゅうぶんきゅうそく》もでき、「もう少《すこ》し」といわれて元気《げんき》を出《だ》して出発《しゅっぱつ》しました。道案内者《みちあんないしゃ》は彼《か》の城《しろ》を消《け》して、また人々《ひとびと》を励《はげ》ましながら道《みち》を進《すす》ませていきました。

この話《はなし》の仮《かり》の城《しろ》を出現《しゅつげん》させたのは、方便《ほうべん》の教《おし》えです。かずかずの苦労《くろう》と困難《こんなん》を切《き》り抜《ぬ》けてきた人々《ひとびと》も、目的地《もくてきち》がまだまだ先《さき》であってみれば、そこで人々《ひとびと》は皆行進《みなこうしん》を止《や》めてしまったかも知《し》れないのです。仮《かり》の目的地《もくてきち》を現《あら》わして、皆《みな》の者《もの》の奮起《ふんき》を促《うなが》したのは決《けっ》して嘘《うそ》をいったことにはならないのであります。このようにひとつの方法《ほうほう》として説《と》かれる教《おし》えを方便《ほうべん》の教《おし》えというのです。

釈尊《しゃくそん》の説《と》かれた教《おし》えの中《なか》には、この方便《ほうべん》の教《おし》えが当《とう》を得《え》た巧《たく》みさで随処《ずいしょ》に生《い》かされています。修行《しゅぎょう》を励《はげ》んでいく人々《ひとびと》に、適度《てきど》の休息《きゅうそく》と励《はげ》ましを与《あた》え、指導《しどう》されていくのであります。これらは小乗《しょうじょう》、権大乗《ごんだいじょう》の教《おし》えでありますが、これを土台《どだい》にして、大乗《だいじょう》である最《もっと》も尊《とうと》い法華経《ほけきょう》を理解《りかい》し得《う》るまでに大奮発心《だいふんぱつしん》を起《お》こさせ、一心不乱《しんふらん》に修行《しゅぎょう》して仏《ほとけ》の境界《きょうがい》に到《いた》るまで努力《どりょく》を怠《おこた》らないよう、導《みちび》かれているのであります。

五、繋珠衣裏《けいじゅえり》のたとえ

長者窮子《ちょうじゃぐうじ》のたとえで少《すこ》し述《の》べました「仏性《ぶっしょう》」を説《と》かれたのが、この繋珠衣裏《けいじゅえり》のたとえであります。仏性《ぶっしょう》は人《ひと》が生《う》まれながらに心《こころ》に持《も》っている、仏《ほとけ》の境《きょう》界《がい》に必《かなら》ず成《な》り得《え》るという性質《せいしつ》であります。

一人《ひとり》の男《おとこ》が親《した》しい金持《かねも》ちの友人《ゆうじん》に招《まね》かれて、その家《いえ》でご馳走《ちそう》になっていました。色々《いろいろ》な酒《さけ》が出《で》て楽《たの》しく過《す》ごしたのですが、酔《よ》いがまわってその男《おとこ》は寝《ね》てしまいました。友人《ゆうじん》は公用《こうよう》があったので出掛《でか》けなければならなかったのですが、寝《ね》ている客《きゃく》を起《お》こすのは気《き》の毒《どく》と思《おも》って、声《こえ》をかけないで出《で》て行《い》きました。しかし行《い》きがけに、友人《ゆうじん》は寝《ね》ている男《おとこ》の着物《きもの》の裏側《うらがわ》に、値段《ねだん》のわからないほど貴《とうと》い珠《たま》を縫《ぬ》い着《つ》けておきました。眼《め》が醒《さ》めた男《おとこ》は、友人《ゆうじん》がいなくなっているのでつまらないと思《おも》い、友人《ゆうじん》の家《いえ》を辞《じ》して、旅《たび》に出《で》ていきました。諸国《しょこく》をまわっているうちに、路銀《ろぎん》もなくなって困《こま》るようになりました。男《おとこ》はその日《ひ》その場《ば》の仕事《しごと》を見付《みつ》けて、それで生活《せいかつ》してゆくことで満足《まんぞく》していました。暫《しばら》く過《す》ぎたある日《ひ》、男《おとこ》は自分《じぶん》を招《まね》いてくれた友人《ゆうじん》に、ひょっこり出逢《であ》いました。友人《ゆうじん》は懐《なつ》かしく思《おも》いましたが、男《おとこ》のみなりや、痩《や》せてしまった哀《あわ》れな姿《すがた》を見《み》て驚《おどろ》きました。

「どうしてそんな情《なさ》けない生活《せいかつ》をしているのか。私《わたくし》は以前《いぜん》、君《きみ》が安楽《あんらく》な暮《く》らしのできるように非常《ひじょう》に高価《こうか》な珠《たま》を、着物《きもの》の裏《うら》に縫《ぬ》い着《つ》けておいた。それを金《かね》に換《か》えれば、何不《なにふ》自由《じゆう》ない生活《せいかつ》が続《つづ》けられたであろうに、どうしてその珠《たま》を見付《みつ》けなかったのか」

いわれた男《おとこ》は、自分《じぶん》のぼろぼろになった着物《きもの》の裏《うら》を探《さが》して、初《はじ》めて貴重《きちょう》な珠《たま》のあることを知《し》り、自分《じぶん》の愚《おろ》かさを恥《は》じたのであります。

この珠《たま》が仏性《ぶっしょう》であります。人《ひと》は皆《みな》この性質《せいしつ》があるものですから、これを教《おし》えによって、磨《みが》き伸《の》ばしていかなければなりません。

もう一つ、この話《はなし》の男《おとこ》が困窮《こんきゅう》した際《さい》に、その日《ひ》その場《ば》の仕事《しごと》をして、それで満足《まんぞく》していたとありましたが、これは、そのような低《ひく》いところで満足《まんぞく》していてはいけないということのたとえであります。生活《せいかつ》ばかりでなく、仏《ほとけ》の教《おし》えを少《すこ》し聞《き》いた程度《ていど》で満足《まんぞく》していてはいけないというのです。仏《ほとけ》の教《おし》えを聞《き》いた人々《ひとびと》も、もうこれ位《くらい》で良《よ》かろうと止《や》めてしまったり、満足《まんぞく》してはいけないのであります。自分《じぶん》の悟《さと》るところを、世間《せけん》の人々《ひとびと》に示《しめ》し、教化《きょうけ》するのが本当《ほんとう》の菩薩《ぼさつ》の行《おこ》ないであります。

六、髻中明珠《けいちゅうみょうじゅ》のたとえ

髻中明珠《けいちゅうみょうじゅ》のたとえは、いかに法華経《ほけきょう》がりっぱな教《おし》えであり、尊《とうと》い教《おし》えであるかを説明《せつめい》したものであります。

文殊師利菩薩《もんじゅしりぼさつ》が、大勢《おおぜい》のお弟子《でし》を代表《だいひょう》して釈尊《しゃくそん》に聞《き》かれました。「私《わたくし》どもは数多《かずおお》くの教《おし》えを聞《き》きましたが、どうして法華経《ほけきょう》はお説《と》きにならないのですか」。この問《とい》に、釈《しゃく》尊《そん》が譬喩《ひゆ》をもって答《こた》えられたのがこの話《はなし》であります。

昔《むかし》のインドの国《くに》は、大国《たいこく》の下《もと》に中小国《ちゅうしょうこく》が統治《とうち》されていました。大国《たいこく》の配下《はいか》である小国《しょうこく》が、大国《たいこく》の命令《めいれい》に従《したが》わない時《とき》は、武力《ぶりょく》をもって小国《しょうこく》を鎮圧《ちんあつ》していました。このような場《ば》合《あい》の戦《たたか》いに、大勢《おおぜい》の将卒《しょうそつ》の中《なか》で抜群《ばつぐん》の功《こう》あった者《もの》には、大国《たいこく》の王《おう》は非常《ひじょう》に喜《よろこ》んでその功《こう》に応《おう》じた褒美《ほうび》を与《あた》えました。ある者《もの》には田地《でんち》を、ある者《もの》には宅地《たくち》を、ある者《もの》には美《うつく》しい宝珠《ほうじゅ》や金銀《きんぎん》を与《あた》えました。

しかし、この王《おう》が自分《じぶん》の頭《あたま》の髻《もとどり》の中《なか》に入《い》れている、非常《ひじょう》に貴《とうと》いりっぱな宝石《ほうせき》の珠《たま》は、容易《ようい》に人《ひと》に与《あた》えはしなかったのでした。この宝石《ほうせき》の珠《たま》は、ただ一つしかないかけ替《が》えのないもので、王《おう》の象徴《しょうちょう》でもありました。このように貴《とうと》い珠《たま》ですから容易《ようい》に人《ひと》に授《さず》けなかったのです。王自身《おうじしん》はそれでも、非常《ひじょう》な武勲《ぶくん》を立《た》て、非常《ひじょう》にりっぱな働《はたら》きをした者《もの》には、この宝石《ほうせき》の珠《たま》を授《さず》けようと考《かんが》えていたのであります。この貴《とうと》い宝珠《ほうじゅ》が法華経《ほけきょう》であります。

このたとえと同様《どうよう》に、仏《ほとけ》さまは、世《よ》の中《なか》の人々《ひとびと》の上《うえ》に立《た》たれ、すべての人間《にんげん》の心《こころ》を、禅定《ぜんじょう》・智慧《ちえ》等《とう》の法《ほう》の力《ちから》によって導《みちび》かれるのであります。そこへ教《おし》えの妨《さまた》げをする悪魔《あくま》が現《あら》われて人々《ひとびと》の心《こころ》を乱《みだ》し、教《おし》えに従《したが》わないばかりか、これを壊《こわ》そうとする時《とき》に、仏《ほとけ》さまはお弟子《でし》たちに命《めい》ぜられて、教《おし》えをもって誤《あや》まった心《こころ》を正《ただ》しきに導《みちび》き、克服《こくふく》されるのであります。そしてその時《とき》、教《おし》えを普《あまね》く弘《ひろ》めることに骨折《ほねお》った人々《ひとびと》や、教《おし》えを懇切丁寧《こんせつていねい》に説《と》いた人々《ひとびと》を見《み》ては、仏《ほとけ》さまは大《おお》いにお喜《よろこ》びになって、更《さら》に種々《しゅじゅ》の教《おし》えをお説《と》きになり、禅定《ぜんじょう》・解脱《げだつ》・智慧《ちえ》等《とう》をお授《さず》けになるのであります。

迷《まよ》いを除《のぞ》く力《ちから》、善根《ぜんこん》を積《つ》む力《ちから》、その他尊《ほかとうと》い教《おし》えは色々《いろいろ》ありますが、仏《ほとけ》さまの本心《ほんしん》をお打《う》ち明《あ》けになってお説《と》きになった法華経《ほけきょう》の教《おし》えは、たやすく誰《だれ》にも説《と》かれなかったので

ありま す。法華経《ほけきょう》を説《と》かれるのは、王《おう》さまが髻《もとどり》を解《と》いて一番大切《ばんたいせつ》な珠《たま》を出《だ》して家来《けらい》に与《あた》えられることよりも、もっと尊《とうと》いのであります。

七、良医治子《ろういじし》のたとえ

仏教《ぶっきょう》をこの世《よ》に広《ひろ》められた釈尊《しゃくそん》は、インドの一つの国《くに》の王《おう》さまである浄飯王《じょうぼんのう》の子《こ》としてお生《う》まれになり、成年《せいねん》して出家《しゅっけ》され、難行苦行《なんぎょうくぎょう》を重《かさ》ねられて、成道《じょうどう》されたのであります。

これより五十年《ねん》に亘《わた》る説法《せっぽう》を続《つづ》けられて入滅《にゅうめつ》されたのでありますが、しかしながら実《じつ》は、久遠《くおん》の寿命《じゅみょう》を有《ゆう》したまえる本仏《ほんぶつ》が、われわれ衆生《しゅじょう》を愍《あわれ》みたもうが故《ゆえ》に、人《ひと》の身《み》をかり、われわれの間《あいだ》に現《あら》われ、われわれを教化《きょうけ》されたのであります。釈尊《しゃくそん》がこのことを宣《せん》言《げん》し、説《と》かれるにあたって教《おし》えられたのが、良医治子《ろういじし》のたとえであります。

ある国《くに》に、大変智慧《たいへんちえ》があり、病人《びょうにん》の全治《ぜんち》の方法《ほうほう》を能《よ》く見分《みわ》ける、大《たい》へんりっぱな医者《いしゃ》がありました。ある時《とき》、他《ほか》の国《くに》へ用事《ようじ》があって行《い》っている留守《るす》に、その医者《いしゃ》の子供《こども》たちが、知《し》らずに毒薬《どくやく》を飲《の》んで大《たい》へん苦《くる》しんでいました。折《おり》よく用《よう》を済《す》ませて家《いえ》に帰《かえ》った医《い》者《しゃ》は、早速子供《さっそくこども》たちの苦《くる》しみを除《のぞ》く薬《くすり》を作《つく》りました。これを子供《こども》たちに与《あた》えて飲《の》ませますと、その薬《くすり》を信《しん》じて飲《の》んだ子供《こども》たちはことごとく苦《くる》しみがなくなって治《なお》りましたが、毒《どく》が深《ふか》くまわって本心《ほんしん》を失《うしな》っている子供《こども》たちは、父親《ちちおや》である医者《いしゃ》の作《つく》った薬《くすり》を、自分《じぶん》たちには効《き》きそうもないだろうと疑《うたが》い、薬《くすり》を飲《の》まずに苦《くる》しみ続《つづ》けていました。医者《いしゃ》は気《き》の毒《どく》な者《もの》たちであると思《おも》いましたが、飲《の》ませなければならないので、一つの手段《しゅだん》を講《こう》じ、子供《こども》たちに向《む》かっていいました。

「今《いま》からもう一度《ど》私《わたくし》は他《ほか》の国《くに》へ行《い》かねばならないが、旅先《たびさき》で死《し》ぬことがあるかも知《し》れない。その時《とき》は色々困《いろいろこま》ることがあるだろうが、皆協力《みなきょうりょく》して暮《く》らしていきなさい。ここに最上《さいじょう》の薬《くすり》を置《お》いておくから、病気《びょうき》になった場合《ばあい》は必《かなら》ず治《なお》ると信《しん》じて飲《の》みなさい」

こういい残《のこ》して、父親《ちちおや》の医者《いしゃ》は出立《しゅったつ》しました。そして旅先《たびさき》の国《くに》から医者《いしゃ》は、子供《こども》たちのところへ使《つか》いを出《だ》して「お前《まえ》たちの父親《ちちおや》は既《すで》に死《し》んでしまった」と告《つ》げさせました。

子供《こども》たちはこれを聞《き》いて大《たい》へん驚《おどろ》き、悲《かな》しみましたが、今更《いまさら》のように親《おや》の有難《ありがた》さを知《し》りました。そして薬《くすり》を飲《の》まなかった子供《こども》も、父《ちち》の作《つく》って置《お》いた薬《くすり》を心《こころ》から信《しん》じて飲《の》んだので、病《やまい》は治《なお》ったのであります。医者《いしゃ》である父親《ちちおや》はこれを待《ま》っていたのです。

子供《こども》たちが皆全快《みなぜんかい》したという報《しら》せを受《う》けて、やっと安心《あんしん》して家《いえ》に帰《かえ》り、子供《こども》たちに自分《じぶん》の元気《げんき》な姿《すがた》を見《み》せ、親子共々喜《おやこともどもよろこ》び合《あ》ったのであります。

最上《さいじょう》の薬《くすり》は「是好良薬《ぜこうろうやく》」といって、最《もっと》も尊《とうと》い法華経《ほけきょう》の教《おし》えであります。医者《いしゃ》が自分《じぶん》の死《し》を子供《こども》たちに告《つ》げたのは、釈尊《しゃくそん》のご入滅《にゅうめつ》にたとえ、もし仏《ほとけ》が入滅《にゅうめつ》しても、この世《よ》に留《とど》め置《お》いた法華経《ほけきょう》を心《こころ》から信《しん》じて行《おこ》なえば、いかなる心《こころ》の病《やまい》も全治《ぜんち》して、楽《たの》しい境遇《きょうぐう》で暮《くら》すことができるのだと説《と》いておられるのであります。釈尊《しゃくそん》は久遠《くおん》の寿命《じゅみょう》を有《ゆう》したもう仏《ほとけ》さまでありますから、入滅《にゅうめつ》された後《のち》も、すべての人々《ひとびと》を見守《みまも》っていてくださるのであります。

以上《いじょう》が法華経《ほけきょう》七つの譬喩《ひゆ》のお話《はなし》であります。法華経《ほけきょう》の教《おし》えを心《こころ》から信《しん》じて行《おこ》ない、苦《くる》しみ・悩《なや》みを除滅《じょめつ》して、本当《ほんとう》に楽《たの》しく、意義《いぎ》ある生活《せいかつ》を送《おく》るように進《すす》もうではありませんか。

◆私と信仰

法の巻

◇高祖・日蓮大菩薩（日蓮聖人の事）／日蓮聖人の宗教（五綱と三秘）／始祖・安立大法尼（安立大法尼と一大事の因縁・安立大法尼と本化の菩薩）／行住坐臥のお題目

高祖・日蓮大菩薩

経典　日月《にちがつ》の光明《こうみょう》の、能《よ》く諸《もろもろ》の幽冥《ゆうみょう》を除《のぞ》くが如《ごと》く、斯《こ》の人《ひと》世間《せけん》に行《ぎょう》じて、能《よ》く衆生《しゅじょう》の闇《やみ》を滅《めっ》し、無量《むりょう》の菩薩《ぼさつ》をして、畢竟《ひっきょう》して一乗《じょう》に住《じゅう》せしめん。

妙法蓮華經・如來神力品　三三二頁

◆遺　文

◇闇《やみ》なれども燈《ともしび》入《い》りぬれば明《あきら》かなり。濁水《じょくすい》にも月《つき》入《い》りぬれば澄《す》めり。明《あきら》かなる事日月《ことにちがつ》に過《す》ぎんや、浄《きよ》き事蓮華《ことれんげ》にまさるべきや。法華經《ほけきょう》は日月《にちがつ》と蓮華《れんげ》となり。故《ゆえ》に妙法蓮華經《みょうほうれんげきょう》と名《なづ》く。日蓮又日月《にちれんまたにちがつ》と蓮華《れんげ》との如《ごと》くなり。

四條金吾女房御書　六八三頁

◇日蓮《にちれん》を戀《こい》しくおわしせば、常《つね》に出《い》づる日《ひ》、夕《ゆう》べに出《い》づる月《つき》を拝《をが》ませ給《たま》え。何時《いつ》となく日月《にちがつ》に影《かげ》を浮《うか》ぶる身《み》なり。

國府尼御前御返事　一二四五頁

日蓮聖人の事

◆遺文

◇日蓮《にちれん》は何《いづ》れの宗《しゅう》の元祖《がんそ》にも非《あら》ず、又末葉《またまつよう》にも當《あた》らず。持戒破戒《ぢかいはかい》にも闕《か》けて無戒《むかい》の僧《そう》、有智無智《うちむち》にもはづれたる牛羊《△ごよう》の如《ごと》くなる者《もの》なり。何《いか》にしてか申《もう》し初《そ》めけん、上行菩薩《じょうぎょうぼさつ》の出現《しゅつげん》して弘《ひろ》めさせ給《たま》うべき妙法蓮華經《みょうほうれんげきょう》の五字《じ》を、先立《さきだち》てねごとの様《よう》に心《こころ》にもあらず南無《なむ》妙法蓮華經《みょうほうれんげきょう》と申《もう》し初《そ》めて候《そうら》いし程《ほど》に唱《とな》うるなり。所詮《しょせん》よき事《こと》にや候《そうろう》らん、又惡《またあし》き事《こと》にや侍《はべ》るらん。我《われ》も知《し》らず人《ひと》も辨《わきま》えがたきか。但《ただ》し法華經《ほけきょう》を開《ひら》いて拜《はい》し奉《たてまつ》るに、この經《きょう》をば等覺《とうがく》の菩薩《ぼさつ》、文殊《もんじゅ》・彌勒《みろく》・觀音《かんのん》・普賢《ふげん》までも、輒《たやす》く一句《く》一偈《げ》をも持《たも》つ人《ひと》なし。唯佛《ただほとけ》と佛《ほとけ》とのみぞ說《と》かせ給《たま》う。

妙密上人御消息　一三九七頁

◇當世日本國《とうせいにほんこく》に第《だい》一に富《と》める者《もの》は日蓮《にちれん》なるべし。命《いのち》は法華經《ほけきょう》にたてまつる、名《な》をば後代《こうだい》に留《とど》むべし。

開目鈔・下　八一七頁

◇總《そう》じて日蓮《にちれん》が弟子檀那等《でしだんなとう》、自他彼此《じたひし》の心《こころ》なく、水魚《すいぎょ》の思《おも》いを成《な》して、異體同心《いたいどうしん》にして南無妙法蓮華經《なむみょうほうれんげきょう》と唱《とな》うるところを、生死《しょうじ》一大事《だいじ》の血脈《けちみゃく》とは云《い》うなり。然《しか》も今日蓮《いまにちれん》が弘通《ぐづう》する處《ところ》の所詮是《しょせんこれ》なり。若《も》し然《しか》らば廣宣流布《こうせんるふ》の大願《だいがん》も叶《かな》う可《べ》きものか。剰《あまつさ》え日蓮《にちれん》が弟子《でし》の中《なか》に同體異心《どうたいいしん》の者《もの》これあれば、例《れい》せば城者《じょうしゃ》として城《しろ》を破《やぶ》るが如《ごと》し。

生死一大事血脈鈔　七六一頁

◇日蓮日本國《にちれんにほんこく》に出現《しゅつげん》せずば、如來《にょらい》の金言《きんげん》も虚《むなし》くなり。多寶《たほう》の證明《しょうみょう》も何《なに》かせん。十方《ぼう》の諸《しょ》佛《ぶつ》の御語《みことば》も妄語《もうご》と成《な》りなん。佛滅後《ぶつめつご》二千二百二十餘年《よねん》、月氏《がっし》・漢土《かんど》・日本《にほん》に『一切世間《さいせけん》多怨難信《たおんなんしん》』の人《ひと》なし。日蓮無《にちれんな》くば佛語既《ぶつごすで》に絶《た》えなん。

單衣鈔　一二九七頁

◇日蓮《にちれん》に依《よ》りて日本國《にほんこく》の有無《うむ》はあるべし。譬《たと》えば宅《いえ》に柱《はしら》なければ保《たも》たず。人《ひと》に魂《たましい》なければ死人《しにん》なり。日蓮《にちれん》は日本國《にほんこく》の魂《たましい》なり。

種種御振舞御書　一三七七頁

◇二十餘年《よねん》が間《あいだ》、此《こ》の法門《ほうもん》を申《もう》すに、日日月月年年《にちにちつきづきとしどし》に難重《なんかさ》なる。少少《しょうしょう》の難《なん》は數知《かずし》らず、大事《だいじ》の難《なん》四度《ど》なり。

開目鈔・上　七八六頁

◇當世法華《とうせいほっけ》の三類《△るい》の强敵《ごうてき》なくば、誰《たれ》か佛説《ぶっせつ》を信受《しんじゅ》せん。日蓮《にちれん》なくば、誰《たれ》をか法華經《ほけきょう》の行《ぎょう》者《じゃ》として佛語《ぶつご》を助《たす》けん。

開目鈔・上　七八九頁

◇詮《せん》ずるところは天《てん》も捨《す》て給《たま》え、諸難《しょなん》にも値《あ》え、身命《しんみょう》を期《ご》とせん。身子《しんし》が六十劫《こう》の菩薩《ぼさつ》の道《どう》を退《たい》せし、乞眼《△こつげん》の婆羅門《ばらもん》の責《せめ》を堪《た》えざるゆえ。久遠大通《△くおんだいつう》の者《もの》の三五の塵《じん》を經《ふ》る、惡《あく》知識《ちしき》に値《あ》うゆえなり。善《ぜん》に付《つ》け惡《あく》に付《つ》け、法華經《ほけきょう》を捨《す》つるは地獄《じごく》の業《ごう》なるべし。大願《だいがん》を立《た》てん、日本國《にほんこく》の位《くらい》を讓《ゆず》らむ、法華經《ほけきょう》を捨《す》てて觀經等《かんぎょうとう》に就《つ》いて後生《ごしょう》を期《ご》せよ、父母《ふぼ》の頸《くび》を刎《は》ねん、念佛申《ねんぶつもう》さずばなんどの、種種《しゅじゅ》の大難出來《だいなんしゅつらい》すとも、智者《ちしゃ》に我《わ》が義破《ぎやぶ》られずば用《もち》いじとなり。其《そ》の外《ほか》の大難風《だいなんかぜ》の前《まえ》の塵《ちり》なるべし。我日本《われにほん》の柱《はしら》とならん、我日本《われにほん》の眼目《がんもく》とならん、我日本《われにほん》の大船《たいせん》とならん等《とう》と誓《ちか》いし願破《がんやぶ》るべからず。

開目鈔・下　八三〇頁

◇我無始《われむし》より以來《このかた》、惡王《あくおう》と生《うま》れて法華經《ほけきょう》の行者《ぎょうじゃ》の衣食田畠等《いしょくたはたとう》を奪《うば》い取《と》りせしこと數知《かずし》らず。當世日本國《とうせいにほんこく》の諸人《しょにん》の、法華經《ほけきょう》の山寺《さんじ》を倒《たお》すが如《ごと》し。又法華經《またほけきょう》の行者《ぎょうじゃ》の頸《くび》を刎《は》ぬること其《そ》の數《かず》を知《し》らず。此等《これら》の重罪果《じゅうざいはた》せるもあり。未《いま》だ果《はた》さざるもあるらん。果《はた》すも餘殘未《よざんいま》だ盡《つ》きず。生死《しょうじ》を離《はな》るる時《とき》は必《かなら》ず此《こ》の重罪《じゅうざい》を消《け》し果《は》てて出離《しゅつり》すべし。功徳《くどく》は淺輕《せんきょう》なり、此等《これら》の罪《つみ》は深重《じんぢゅう》なり。權經《ごんきょう》を行《ぎょう》ぜしには、此《こ》の重罪未《じゅうざいいま》だ起《おこ》らず。鐵《くろがね》を熱《きた》うに、いとう鍛《きた》わざれば瑕隱《きずかく》れて見《み》えず。度度《たびたび》槌《せ》むれば瑕顯《きずあら》わる。麻子《あさのみ》を絞《しぼ》るに強《つよ》く搾《せ》めざれば、油《あぶら》少《すく》きが如《ごと》し。今日蓮強盛《いまにちれんごうじょう》に國土《こくど》の謗法《ほうぼう》を責《せ》むれば、此《こ》の大難《だいなん》の來《きた》るは、過去《かこ》の重罪《じゅうざい》を今《こん》生《じょう》の護法《ごほう》に招《まね》き出《いだ》せるなるべし。鐵《くろがね》は火《ひ》に値《あ》わざれば黑《くろ》し、火《ひ》と合《あ》いぬれば赤《あか》し。木《き》を以《もっ》て急《きゅう》に流《ながれ》をかけば波山《なみやま》の如《ごと》し。睡《ねむ》れる師子《しし》に手《て》を付《つ》くれば大《おお》に吼《ほ》ゆ。

開目鈔・下　八三一～八三二頁

◇日蓮今生《にちれんこんじょう》には貧窮下賤《びんぐげせん》の者《もの》と生《うま》れ、△旃陀羅《せんだら》が家《いえ》より出《い》でたり。心《こころ》こそ少《すこ》し法華經《ほけきょう》を信《しん》じたる様《よう》なれども、身《み》は人身《にんしん》に似《に》て畜身《ちくしん》なり。魚鳥《ぎょちょう》を混丸《こんがん》して△赤白《しゃくびゃく》二渧《たい》とせり。其《そ》の中《なか》に△識神《しきしん》を宿《やど》す、濁水《じょくすい》に月《つき》の映《うつ》れるが如《ごと》し。糞嚢《ふんのう》に金《こがね》を包《つつ》めるなるべし。心《こころ》は法華經《ほけきょう》を信《しん》ずる故《ゆえ》に、梵天《ぼんでん》・帝釋《たいしゃく》をも猶恐《なおおそ》ろしと思《おも》わず。身《み》は畜生《ちくしょう》の身《み》なり。色心不相應《しきしんふそうおう》の故《ゆえ》に愚《ぐ》者《しゃ》の侮《あなづ》る道理《どうり》なり。心《こころ》も又身《またみ》に對《たい》すればこそ月金《つきこがね》にも譬《たと》うれ。又過去《またかこ》の謗法《ほうぼう》を案《あん》ずるに誰《たれ》か知《し》る、△勝意比丘《しょういびく》が魂《たましい》にもや、△大天《だいてん》が神《たましい》にもや、不輕輕毀《ふきょうきょうき》の流類《るるい》なるか、失心《しっしん》の餘残《よざん》なるか、五千上慢《じょうまん》の眷屬《けんぞく》なるか、大通第三《だいつうだい》の餘流《よりゅう》にもやあるらん、宿業《しゅくごう》はかり難《がた》し。鐵《くろがね》は炎《きた》い打《う》ちて劍《つるぎ》となる、賢聖《けんしょう》は罵詈《めり》して試《こころ》みるなるべし。我《わ》が今度《こんど》の御勘氣《ごかんき》は世間《せけん》の失《とが》一分《ぶん》もなし。偏《ひとえ》に先業《せんごう》の重罪《じゅうざい》を今生《こんじょう》に消《け》して、後生《ごしょう》の三惡《なく》を脱《のが》れんずるなるべし。

佐渡御書　八四三～八四四頁

◇今夜頸切《こんやくびき》られにまかるなり、この數年《すうねん》が間願《あいだねが》いし事《こと》これなり。此《こ》の娑婆世界《しゃばせかい》にして、雉《きじ》となりし時《とき》は鷹《たか》に摑《つか》まれ、鼠《ねずみ》となりし時《とき》は猫《ねこ》に食《くら》われ、或《あるい》は妻《め》に子《こ》に敵《かたき》に身《み》を捨《す》て、所領《しょりょう》に命《いのち》を失《うしな》いし事大地微塵《ことだいちみじん》よりも多《おお》し。法華經《ほけきょう》の御爲《おんため》には一度《ど》も失《うしな》うことなし。されば日蓮貧道《にちれんひんどう》の身《み》と生《うま》れて、父母《ふぼ》の孝養心《こうようこころ》に足《た》らず、國恩《こくおん》を報《ほう》ずべき力《ちから》なし。今度頸《こんどくび》を法《ほ》華經《けきょう》に奉《たてまつ》りて、其《そ》の功徳《くどく》を父母《ふぼ》に回向《えこう》し、其《そ》の餘《よ》をば弟子檀那《でしだんな》等《ら》にはぶくべしと申《もう》せし事《こと》これなり。

種種御振舞御書　一三六九頁

◇日蓮《にちれん》は法華經《ほけきょう》の明鏡《めいきょう》をもて、自身《じしん》に引向《ひきむか》えたるに都《すべ》て曇《くも》りなし。過去《かこ》の謗法《ほうぼう》我《わ》が身《み》にあること疑《うたが》いなし。此《こ》の罪《つみ》を今生《こんじょう》に消《け》さずば、未來争《みらいいかで》か地獄《ぢごく》の苦《く》をば免《まぬか》るべき。過去遠《かこおん》遠《のん》の重罪《じゅうざい》をば何《いか》にして皆集《みなあつ》めて、今生《こんじょう》に消滅《しょうめつ》して未來《みらい》の大苦《だいく》を免《まぬが》れんと勘《かんが》えしに、當世《とうせい》時《とき》に當《あた》って謗法《ほうぼう》の人人《ひとびと》國國《くにぐに》に充滿《じゅうまん》せり。其《そ》の上國主《うえこくしゅ》既《すで》に第《だい》一の誹謗《ひぼう》の人《ひと》たり。此《こ》の時是《ときこ》の重罪《じゅうざい》を消《け》さずば、何《いづ》れの時《とき》をか期《ご》すべき。

呵責謗法滅罪鈔　一〇二二頁

◇幸《さいわい》なる哉《かな》、一生《しょう》の内《うち》に無始《むし》の謗法《ほうぼう》を消滅《しょうめつ》せんことよ。悦《よろこ》ばしい哉《かな》、未《いま》だ見聞《けんもん》せざる教主釋尊《きょうしゅしゃくそん》に侍《つか》え奉《たてまつ》らんこと。願《ねが》わくば我《われ》を損《そん》ずる國主等《こくしゅとう》をば最初《さいしょ》に之《これ》を導《みちび》かん。我《われ》を扶《たす》くる弟子等《でしとう》をば釋尊《しゃくそん》に之《これ》を申《もう》さん。我《われ》を生《う》める父母等《ふぼとう》には、未《いま》だ死《し》せざる已前《いぜん》に此《こ》の大善《だいぜん》を進《すす》めん。

顯佛未來記　九八六頁

◇現在《げんざい》の大難《だいなん》を思《おも》い續《つづ》くるにも涙《なみだ》、未來《みらい》の成佛《じょうぶつ》を思《おも》うて喜《よろこ》ぶにも涙《なみだ》せきあえず。鳥《とり》と蟲《むし》とは鳴《な》けども涙落《なみだお》ちず、日蓮《にちれん》は泣《な》かねども涙隙《なみだひま》なし。此《こ》の涙世間《なみだせけん》の事《こと》にはあらず、但偏《ただひとえ》に法華經《ほけきょう》の故《ゆえ》なり。若《も》し然《しか》らば甘露《かんろ》の涙《なみだ》とも云《い》いつべし。

諸法實相鈔　九七一頁

◇予《われ》に三度《ど》の高名《こうみょう》あり。一には去《い》にし文應元年《ぶんのうがんねん》太歳庚申七月《がつ》十六日《にち》に、『立正安國論《りっしょうあんこくろん》』を最《さい》明寺殿《みょうじどの》に奏《そう》し奉《たてまつ》りし時《とき》、宿谷入道《やどやのにゅうどう》に向《むか》って云《いわ》く、禪宗《ぜんしゅう》と念佛宗《ねんぶつしゅう》とを失《うしな》い給《たま》うべしと申《もう》させ給《たま》え。此《こ》の事《こと》を御用《おんもち》いなきならば、此《こ》の一門《もん》より事起《ことおこ》りて、佗國《たこく》に攻《せ》められさせ給《たま》うべし。二には去《い》にし文永《ぶんねい》八年《ねん》九月《がつ》十二日申《にちさる》の時《とき》に、平左衛門尉《へいのさえもんのじょう》に向《むか》って云《いわ》く、日蓮《にちれん》は日本國《にほんこく》の棟梁《とうりょう》なり、予《われ》を失《うしな》うは日本國《にほんこく》の柱《はしら》を倒《たお》すなり。只今《ただいま》に△自界反逆難《じかいほんぎゃくなん》とて同志打《どうしう》ちして、△佗國侵逼難《たこくしんぴつなん》とて、此《こ》の國《くに》の人人《ひとびと》他國《たこく》に打殺《うちころ》さるるのみならず、多《おお》く生擒《いけどり》にせらるべし。建長寺《けんちょうじ》・壽福寺《じゅふくじ》・極樂寺《ごくらくじ》・大佛《だいぶつ》・長樂寺《ちょうらくじ》等《とう》の一切《さい》の念佛者《ねんぶつしゃ》・禪僧等《ぜんそうら》が寺塔《じとう》をば燒《や》き拂《はら》いて、彼等《かれら》が頸《くび》を由比《ゆい》の濱《はま》にて切《き》らずば、日本國《にほんこく》必《かなら》ず滅《ほろ》ぶべしと申《もう》し候《そうら》い了《おわ》んぬ。第《だい》三に去《い》ぬる年《とし》文永十一年四月《がつ》八日《か》左衛門尉《さえもんのじょう》に語《かた》って云《いわ》く、王地《おうち》に生《うま》れたれば身《み》をば隨《したが》えられたてまつるようなりとも、心《こころ》をば隨《したが》えられたてまつるべからず。念佛《ねんぶつ》の無間獄《むけんごく》、禪《ぜん》の天《てん》魔《ま》の所爲《そい》なる事《こと》は疑《うたが》いなし。殊《こと》に眞言宗《しんごんしゅう》が此《こ》の國土《こくど》の大《おおい》なる禍《わざわい》にては候《そうろう》なり。大蒙《だいもう》古《こ》を調伏《ちょうぶく》せん事《こと》、眞言師《しんごんし》には仰《おお》せ付《つ》けらるべからず。若《も》し大事《だいじ》を眞言師調伏《しんごんしちょうぶく》するならば、彌々急《いよいよいそ》いで此《こ》の國滅《くにほろ》ぶべしと申《もう》せしかば、頼綱《よりつな》問《と》うて云《いわ》く、何時頃《いつごろ》か寄《よ》せ候《そうろう》べき。予《よ》言《いわ》く、經文《きょうもん》には何時《いつ》とは見《み》え候《そうら》わねども、天《てん》の御氣色《みけしき》怒《いか》り少《すく》からず、急《きゅう》に見《み》えて候《そうろう》、よも今年《ことし》は過《すご》し候《そうら》わじと語《かた》りたりき。此《こ》の三の大事《だいじ》は日蓮《にちれん》の申《もう》したるにはあらず、只偏《ただひとえ》に釋迦如來《しゃかにょらい》の御神《みたましい》我《わ》が身《み》に入《い》り替《かわ》らせ給《たま》いけるにや。我《わ》が身《み》ながらも悅《よろこ》び身《み》に餘《あま》る。法華經《ほけきょう》の一念《ねん》三千と申《もう》す大事《だいじ》の法門《ほうもん》は是《これ》なり。

撰時鈔・下　一二三五〜一二三六頁

◇釋迦佛《しゃかぶつ》は天竺《てんぢく》の靈山《りょうぜん》に居《こ》して八箇年《かねん》法華經《ほけきょう》を説《と》かせ給《たま》う。御入滅《ごにゅうめつ》は靈山《りょうぜん》より艮《うしとら》に當《あた》れる△東天竺《とうてんぢく》△倶尸那城《くしなじょう》、跋提河《ばつだいが》の純陀《じゅんだ》が家《いえ》に居《こ》して入滅《にゅうめつ》なりしかども、八箇年《かねん》法華經《ほけきょう》を説《と》かせ給《たま》う山《やま》なればとて、御墓《おんはか》をば靈山《りょうぜん》に建《た》てさせ給《たま》いき。されば日蓮《にちれん》も是《かく》の如《ごと》く、身延《みのぶ》山《さん》より艮《うしとら》に當《あた》りて、△武藏國池上《むさしのくにいけがみ》右衛門大夫宗長《うえもんだゆうむねなが》が家《いえ》にして死《し》すべく候《そうろう》か。縦《たと》いいづくにて死《し》に候《そうろう》とも、九箇年《かねん》の間心安《あいだこころやす》く法華經《ほけきょう》を讀誦《どくじゅ》し奉《たてまつ》り候《そうろう》山《やま》なれば、墓《はか》をば身延山《みのぶさん》に立《た》てさせ給《たま》え。未來際《みらいざい》までも心《こころ》は身延山《みのぶさん》に住《す》むべく候《そうろう》。

波木井殿御書　二〇〇八〜二〇〇九頁

◆安立大法尼

日蓮聖人《にちれんしょうにん》の実践《じっせん》

〝聖者日蓮聖人《せいじゃにちれんしょうにん》は何故《なにゆえ》に、辻説法《つじせっぽう》の時聴衆《ときちょうしゅう》に瓦石《がしゃく》を投《な》げつけられたか、あるいは、佐渡《さど》に流罪《るざい》せられたか、また、松葉《まつば》ヶ谷《やつ》ご庵室《あんしつ》が焼《や》き打《う》ちに遭《あ》い、その上《うえ》、龍《たつ》の口《くち》にて断頭《だんとう》の座《ざ》に据《す》えられたか〟

皆《みな》さんは何《なん》とお思《おも》いになりますか。日蓮聖人《にちれんしょうにん》は兄弟鈔《きょうだいしょう》にて、「法華経《ほけきょう》には『如来《にょらい》の現在《げんざい》すら猶《な》お怨嫉《おんしつ》多《おお》し、況《いわん》や滅度《めつど》の後《のち》をや。』又云《またいわ》く、『一切《さい》世《せ》間怨多《けんあだおお》くして信《しん》じ難《がた》し。』涅槃経《ねはんぎょう》に云《いわ》く、『横《よこさま》に死殃《しおう》に罹《かか》り、呵嘖《かしゃく》・罵辱《めにく》・鞭杖《べんじょう》・閉繋《へいけ》・飢餓《きが》・困苦《こんく》、是《かく》の如《ごと》き等《とう》の現世《げんぜ》の軽報《きょうほう》を受《う》けて地獄《ぢごく》に堕《お》ちず』等云云《とううんぬん》。般泥洹経《はつないおんきょう》に云《いわ》く、『衣服不足《いふくふそく》にして飲《おん》食麤疎《じきそそ》なり。財《ざい》を求《もと》むるに利《り》あらず、貧賤《ひんせん》の家及《いえおよ》び邪見《じゃけん》の家《いえ》に生《うま》れ、或《あるい》は王難及《おうなんおよ》び餘《よ》の種種《しゅじゅ》の人間《にんげん》の苦報《くほう》に遭《あ》う。現世《げんぜ》に軽《かろ》く受《う》くるは、これ護法《ごほう》の功徳力《くどくりき》に由《よ》るが故《ゆえ》なり』等《とう》云云《うんぬん》。文《もん》の心《こころ》は、我等《われら》過去《かこ》に正法《しょうぼう》を行《ぎょう》じける者《もの》に寇《あだ》を為《な》してありけるが、今却《いまかえ》りて信受《しんじゅ》すれば、過去《かこ》に人《ひと》を障《さわ》える罪《つみ》にて未来《みらい》に大地獄《だいぢごく》に堕《お》つべきが、今生《こんじょう》に正法《しょうぼう》を行《ぎょう》ずる功徳《くどく》強盛《ごうじょう》なれば、未来《みらい》の大苦《だいく》を招《まね》き越《こ》して小苦《しょうく》に値《あ》うなり」と申《もう》されております。

聖人《しょうにん》は、末法《まっぽう》と申《もう》して法華経《ほけきょう》を実行《じっこう》せなければならないという時期《じき》に出世《しゅっせ》せられて、「たくさんの経文《きょうもん》の中《なか》、この経《きょう》が一番勝《ばんすぐ》れたものである。諸経中《しょきょうちゅう》の王《おう》である。仏《ほとけ》に成《な》る法《ほう》は、唯《ただ》これ一つのみである」ということを知《し》って、この経《きょう》を説《と》かれたのであります。

経文《きょうもん》の如《ごと》くでありますれば、末法《まっぽう》に出《いで》て経王《きょうおう》・法華経《ほけきょう》を教《おし》えられた聖人《しょうにん》は、上行菩薩《じょうぎょうぼさつ》の△再誕《さいたん》であります。

経《きょう》に曰《いわ》く、「上行《じょうぎょう》は諸仏《しょぶつ》に護念《ごねん》を受《う》け」と。然《しか》るに、次《つぎ》から次《つぎ》と災難《さいなん》の来《きた》るのは、「その過去《かこ》に法華経《ほけきょう》に背《そむ》いた罪《つみ》があるために、その報《むく》いとして地獄界《ぢごくかい》に堕《お》つべき者《もの》なるが、護法《ごほう》の功徳力《くどくりき》にて、ごく小難《しょうなん》で受《う》けるのだ。小難《しょうなん》で受《う》けて、未来《みらい》に地獄《ぢごく》に堕《お》つべき罪《つみ》を消滅《しょうめつ》するのである」と喜《よろこ》んでおられるのであります。

かの、松葉《まつば》ヶ谷《やつ》ご庵室《あんしつ》焼《や》き打《う》ちの時《とき》には、白《しろ》き毛《け》の猿《さる》に手《て》を引《ひ》かれ、山《やま》に逃《のが》れて危難《きなん》を逃《のが》れ給《たま》い、龍《たつ》の口斬首《くちざんしゅ》の座《ざ》にては、種々《しゅじゅ》なる不思議《ふしぎ》な出来事《できごと》によりてついに、名刀《めいとう》蛇《じゃ》洞丸《どうまる》は三つに折《お》れたとのことであります。法華経観世音菩薩普門品《ほけきょうかんぜおんぼさつふもんほん》に「刀尋段段壊《とうじんだんだんね》」とあることを実証《じっしょう》されたのでありまして、皆《みな》これ、真実《しんじつ》なる経文《きょうもん》の明《あき》らかなることを証《しょう》されたのであります。

また、佐渡《さど》に流罪《るざい》の時《とき》は、雪《ゆき》に埋《う》もれた塚原《つかはら》三昧堂《まいどう》に置《お》き去《さ》られて寒風《かんぷう》と雪《ゆき》と飢《うえ》に責《せ》められ、常人《じょうにん》なれば凍死《とうし》すべきに、その時《とき》、遠藤為盛夫婦《えんどうためもりふうふ》が人知《ひとし》れず食《しょく》を運《はこ》びしことども、一つとして諸仏《しょぶつ》の護念《ごねん》と見《み》るのほかはありません。経《きょう》に「清信士女《しょうしんじにょ》を遣《つか》わして、法《ほっ》師《し》を供養《くよう》せしめ……変化《へんげ》の人《ひと》を遣《つか》わして、之《これ》が為《ため》に衛護《えいご》と作《な》さん」（法華経法師品《ほけきょうほっしほん》）とあるは、正《まさ》にこれであります。

始祖・御法話集　四四～四七頁

◆宗玄大徳

未来永遠《みらいえいえん》に続《つづ》く信仰《しんこう》を

日蓮聖人《にちれんしょうにん》が、かの一代《だい》の巨難《きょなん》とも称《しょう》すべき龍《たつ》の口《くち》の法難《ほうなん》を免《まぬが》れ給《たま》いて後《のち》に「世間《せけん》の人々《ひとびと》は、法華経《ほけきょう》の文字《もんじ》は読《よ》めども身《み》に読《よ》まず、日蓮《にちれん》一人《にん》法華経《ほけきょう》を身《み》に読《よ》めり……」というように申《もう》されました。

いかに尊《とうと》い仏法《ぶっぽう》も、これを正《ただ》しく読《よ》まざればその勝劣《しょうれつ》も明《あき》らかならずして仏教徒《ぶっきょうと》たる価値《かち》もなく、却《かえ》って仏教《ぶっきょう》を信《しん》ずる如《ごと》く見《み》えて教主釈尊《きょうしゅしゃくそん》のご恩《おん》も知《し》らず、あるいは禅宗《ぜんしゅう》だの念仏《ねんぶつ》だのと方便《ほうべん》の仏《ほとけ》を信《しん》ずるが如《ごと》きは教主《きょうしゅ》を侮《あなど》り奉《たてまつ》ることに外《ほか》ならぬのであります。

いやしくも仏教徒《ぶっきょうと》たるものは、仏《ほとけ》の出世《しゅっせ》の本懐《ほんかい》を思《おも》い起《お》こしてその教法《きょうぼう》を遵奉《じゅんぽう》し、説《せっ》の如《ごと》く身《み》に行《おこ》なわなくてはその価値《かち》を失《うしな》うのみか、仏法《ぶっぽう》そのものを傷《きず》つけることとなって、仏《ほとけ》の重恩《じゅうおん》に対《たい》し奉《たてまつ》り、もったいなくも怨《うら》みを以《も》って報《むく》い、重罪《じゅうざい》を作《つく》ることとなるのであります。法華経分別功徳品《ほけきょうふんべつくどくほん》に「仏智《ぶっち》を除《のぞ》いて五波羅蜜《はらみつ》を行《ぎょう》ぜし功徳《くどく》と、仏《ほとけ》の寿命《じゅみょう》の長遠《ちょうおん》なることを聞《き》いて悟《さと》った功徳《くどく》を比較《ひかく》すれば、寿命《じゅみょう》の長遠《ちょうおん》なることを聞《き》いた功徳《くどく》は五波羅蜜《はらみつ》を行《ぎょう》ぜし功徳《くどく》よりもはるかに優《すぐ》れている」とあります。

寿命《じゅみょう》の長遠《ちょうおん》を知《し》るということは即《すなわ》ち仏智《ぶっち》のことであります。仏《ほとけ》の寿命《じゅみょう》は過去《かこ》に於《おい》ては百千万億阿僧祇劫《まんのくあそうぎこう》であり、未来《みらい》もまた辺際極《へんざいきわ》まりなきものであります。その間《かん》ずっと、常《つね》に衆生《しゅうじょう》を教化《きょうけ》して正覚《しょうがく》を得《え》せしめ、仏道《ぶつどう》を成《じょう》ぜしめたいという思《おぼ》し召《め》しは止《や》まず、絶《た》ゆることなく衆生済度《しゅじょうさいど》をなされるのであります。

日蓮聖人《にちれんしょうにん》は、当事鎌倉《とうじかまくら》の良観上人《りょうかんしょうにん》が橋梁《きょうりょう》を修理《しゅうり》し、道路《どうろ》を作《つく》り、慈善事業《じぜんじぎょう》をせられても「仏《ほとけ》の心《こころ》を知《し》らずしての行《おこ》ないは、その功徳《くどく》が少《すく》ないのみか、小善《しょうぜん》を行《おこ》なって、却《かえ》って仏《ほとけ》の心《こころ》を殺《ころ》す所作《しょさ》となるから、仏道《ぶつどう》に対《たい》しては大罪人《だいざいにん》となる」というように申《もう》されたことも了解《りょうげ》できることと思《おも》います。皆《みな》さまは仏教徒《ぶっきょうと》でありましたなれば、どこまでも教《きょう》主釈尊《しゅしゃくそん》の教訓《きょうくん》を遵奉《じゅんぽう》して、仏《ほとけ》の心《こころ》に違背《いはい》せないように日常努《にちじょうつと》むることこそ、自他《じた》に対《たい》する大《たい》切《せつ》なことだと思《おも》いますから、大《おお》いに悟《さと》って頂《いただ》きたいと思《おも》います。

二祖・村上斎先生　九七〜九九頁

◆御開山上人

日蓮聖人《にちれんしょうにん》の恩《おん》

法華経《ほけきょう》だけでお釈迦《しゃか》さまのみ心《こころ》を理解《りかい》しようとしてもなかなかむずかしいのですが、日蓮聖人《にちれんしょうにん》がお書《か》きになられたものを見《み》ますと悉《ことごと》く法華経《ほけきょう》の内容《ないよう》をご説明《せつめい》になっておられますので、私《わたくし》は大変《たいへん》ありがたいことだと思《おも》っております。

日蓮聖人《にちれんしょうにん》がお話《はな》しになられたものをお弟子《でし》の方々《かたがた》がまとめられた「御義口伝《おんぎくでん》」というものを拝読《はいどく》させて頂《いただ》きまして、初《はじ》めて、法華経《ほけきょう》というもののお経《きょう》の内容《ないよう》がわかってまいりましたのです。そうしてこれをみなさんにお話《はな》ししておるのであります。

これを思《おも》いましても、日蓮聖人《にちれんしょうにん》のご功績《こうせき》によりまして私共《わたくしども》は、間接《かんせつ》ではありまするが、非常《ひじょう》にご恩《おん》をこうむっているのであります。また、誰《だれ》が何《なん》と言《い》っても、法華経《ほけきょう》にそって行《おこ》なうことにより実生活《じっせいかつ》に使《つか》えるようにお説《と》きになったということは、尊《とうと》いことであります。

日蓮聖人《にちれんしょうにん》は本当《ほんとう》言《い》うと「何《いず》れの宗《しゅう》の元祖《がんそ》にも非《あら》ず、又末葉《またまつよう》にも当《あた》らず」（妙密上人御消息《みょうみつしょうにんごしょうそく》）ということをおっしゃられていて、独自《どくじ》の宗旨《しゅうし》を作《つく》ろうということは毛頭《もうとう》お考《かんが》えにはなられなかったのであります。ところが後《のち》の人《ひと》たちが、日蓮聖人《にちれんしょうにん》の教《おし》えだから日蓮《にちれん》宗《しゅう》としただけであります。

御開山上人御法話集　一三八頁

三国《ごく》四師《し》の事《こと》　釈尊《しゃくそん》の聖教《しょうぎょう》を解釈《かいしゃく》して相承《そうじょう》した人《ひと》は、中国《ちゅうごく》では天台大師《てんだいたいし》であり、日本《にほん》では伝教大師《でんきょうだいし》であります。日蓮聖人《にちれんしょうにん》はこれを承《う》けて相承《そうじょう》せられたものでありまして、「日《にち》蓮《れん》は恐《おそ》らく三師《し》に相承《そうじょう》し、法華宗《ほっけしゅう》を助《たす》けて末法《まっぽう》に流布《るふ》す。三に一を加《くわ》えて、三国《ごく》四師《し》と号《なづ》けん」と顕仏未来記《けんぶつみらいき》に記《しる》されております。これが法華経《ほけきょう》の相承《そうじょう》の次第《しだい》であります。

法華経《ほけきょう》を弘《ひろ》める者《もの》の功徳《くどく》の莫大《ばくだい》なることは、見宝塔品《けんほうとうほん》には、

「此《こ》の経《きょう》は持《たも》ち難《がた》し。若《も》し暫《しばら》くも持《たも》つ者《もの》は、我即《われすなわ》ち歓喜《かんぎ》す、諸仏《しょぶつ》も亦然《またしか》なり——恐畏《くい》の世《よ》に於《おい》て、能《よ》く須臾《しゅゆ》も説《と》かんは、一切《さい》の天《てん》・人《にん》、皆供養《みなくよう》すべし」

法師品《ほっしほん》には、

「吾《わ》が滅後《めつご》の悪世《あくせ》に、能《よ》く是《こ》の経《きょう》を持《たも》たん者《もの》をば、当《まさ》に合掌《がっしょう》し礼敬《らいきょう》して、世尊《せそん》に供養《くよう》するが如《ごと》くすべし」

と仰《おお》せられてあります。日蓮聖人《にちれんしょうにん》は、末法《まっぽう》の世《よ》に出《い》で、この経《きょう》を弘《ひろ》めることに力《ちから》を尽《つく》すことを非常《ひじょう》に喜《よろこ》ばれて、報恩鈔《ほうおんじょう》・下《げ》に、

「此《こ》の功徳《くどく》は伝教《でんぎょう》・天台《てんだい》にも超《こ》え、龍樹《りゅうじゅ》・迦葉《かしょう》にも勝《すぐ》れたり。極楽《ごくらく》百年《ねん》の修行《しゅぎょう》は穢土《えど》一日《にち》の功《こう》に及《およ》ばず。正像《しょうぞう》二千年《ねん》の弘通《ぐづう》は末法《まっぽう》の一時《じ》に劣《おと》るか。是偏《これひとえ》に日蓮《にちれん》が智《ち》の賢《かしこ》きにはあらず、時《とき》の然《しか》らしむるのみ」

と仰《おお》せになっています。

されば三国《ごく》四師《し》と言《い》われていますものの、実《じつ》は末法《まっぽう》に法華経《ほけきょう》を弘《ひろ》めて直《ただ》ちに釈尊《しゃくそん》の御《み》心《こころ》と一致《ち》した働《はたら》きをなさった日蓮聖人《にちれんしょうにん》は、全《まった》く釈尊直接《しゃくそんちょくせつ》の直弟子《じきでし》であられるのであります。〝釈尊《しゃくそん》が『この経《きょう》を末法《まっぽう》に弘《ひろ》めよ』と命《めい》じたまえるその使命《しめい》を果《は》たすべき者《もの》は、自《じ》分《ぶん》より他《ほか》にない〟との確信《かくしん》を持《も》って少《すこ》しも動《どう》じなかったのであります。

日蓮聖人《にちれんしょうにん》は、御自身《ごじしん》のみがそのような大切《たいせつ》な任務《にんむ》を果《は》たす者《もの》と思《おも》われただけではありません。志《こころざし》を同《おな》じくして聖人《しょうにん》と困苦《こんく》を共《とも》にし、法華経弘通《ほけきょうぐづう》のために尽《つ》くす者《もの》はみな同《おな》じ聖行《△しょうぎょう》にたずさわる者《もの》であり、同《おな》じ功徳《くどく》を積《つ》む者《もの》である、と思《おぼ》し召《め》されて、弟子檀那等《でしだんなとう》を励《はげ》まされたのであります。

今末法《いままっぽう》の世《よ》に於《おい》て、この聖行《しょうぎょう》のために心身《しんしん》を打《う》ち込《こ》んで働《はたら》く者《もの》は、最大《さいだい》の幸福者《こうふくしゃ》であります。それなのにこの末法《まっぽう》に生《う》まれあわせた喜《よろこ》びもなく、法華経流布《ほけきょうるふ》に心《こころ》を打《う》ち込《こ》み、未《いま》だかつてない大《おお》きな功徳《くどく》を積《つ》むという時《とき》に当《あた》って無為《むい》に暮《く》らすことは、実《じつ》に惜《お》しむべきことであり、愚《おろ》かな者《もの》と言《い》わねばなりません。受《う》け難《がた》き人身《じんしん》を受《う》け、遇《あ》い難《がた》き法華経《ほけきょう》に遇《あ》いながら手《て》を空《むな》しくすることは、宝《たから》の山《やま》に入《い》りながら手《て》を空《むな》しくして何物《なにもの》をも得《え》ないことと同《おな》じであります。とくと考《かんが》え直《なお》して、法華経流布《ほけきょうるふ》のために努力《どりょく》することを誓《ちか》って頂《いただ》きたいのであります。

今思《いまおも》いを改《あらた》めて、この聖行《しょうぎょう》である法華経流布《ほけきょうるふ》に参画《さんかく》し、努力《どりょく》するならば、知《し》らず知《し》らずに作《つく》った過去遠近来《かこおんごんらい》の罪障《ざいしょう》をも消滅《しょうめつ》することが出来《でき》ますし、数多《かずおお》き堕地獄《だぢごく》の者《もの》をも救《すく》うことが出来《でき》ます。自分《じぶん》の身辺《しんぺん》にいる、親《おや》・子《こ》・兄弟《きょうだい》、さらに縁者《えんじゃ》である者《もの》を悉《ことごと》く霊《りょう》山浄土《ぜんじょうど》に進《すす》ませることが出来《でき》るのであります。

このような大《おお》きな利益《りやく》を受《う》ける時《とき》は再《ふたた》び巡《めぐ》り来《こ》ないのであります。その功徳《くどく》を積《つ》む時《とき》は、今現在《いまげんざい》です。釈尊《しゃくそん》が「末法《まっぽう》に於《おい》てこの経《きょう》を弘《ひろ》めよ」と命《めい》じられましたのは、この利《り》益《やく》を受《う》けることであります。

生死一大事血脈鈔《しょうじいちだいじけちみゃくしょう》には、

「総《そう》じて日蓮《にちれん》が弟子檀那等《でしだんなとう》、自他彼此《じたひし》の心《こころ》なく、水魚《すいぎょ》の思《おも》いを成《な》して、異体同心《いたいどうしん》にして南無妙法蓮華経《なむみょうほうれんげきょう》と唱《とな》うるところを、生死《しょうじ》一大事《だいじ》の血脈《けちみゃく》とは云《い》うなり。然《しか》も今日蓮《いまにちれん》が弘通《ぐづう》する処《ところ》の所詮是《しょせんこれ》なり。若《も》し然《しか》らば広宣流布《こうせんるふ》の大願《だいがん》も叶《かな》う可《べ》きものか」とありますが、前《まえ》に述《の》べたように日蓮聖人《にちれんしょうにん》は、御自身一人《ごじしんひとり》の力《ちから》のみでは法華経《ほけきょう》の弘通《ぐづう》は完成《かんせい》するものではないから、〝志《こころざし》を同《おな》じくする者皆《ものみな》が一心同体《しんどうたい》となって法華経《ほけきょう》を信《しん》じ、法華経《ほけきょう》を弘《ひろ》めなければならない〟と言《い》っておられるのであります。この大切《たいせつ》な意義《いぎ》を解《かい》して法華経広宣流布《ほけきょうこうせんるふ》に力《ちから》を尽《つ》くす人々《ひとびと》は、皆《みな》この尊《とうと》い教《おし》えを相承《そうじょう》した者《もの》となるのであります。

釈尊《しゃくそん》の御心《みこころ》である「一切衆生《さいしゅじょう》を仏《ほとけ》の境界《きょうがい》に到達《とうたつ》せしめ、この娑婆世界《しゃばせかい》をして浄土《じょうど》とする」この御目的《おんもくてき》を達《たっ》せしめるため、目覚《めざ》めて努力《どりょく》する者《もの》が釈尊《しゃくそん》の直弟子《じきでし》であり、血脈《けちみゃく》を相承《そうじょう》した者《もの》と言《い》い得《う》るのであります。

生死《しょうじ》一大事血脈鈔《だいじけちみゃくしょう》にはまた次《つぎ》の如《ごと》く言《い》われています。

「久遠実成《くおんじつじょう》の釈尊《しゃくそん》と、皆成仏道《かいじょうぶつどう》の法華経《ほけきょう》と、我等衆生《われらしゅじょう》との三つ全《まった》く差別《しゃべつ》なしと解《さと》りて、妙法蓮華経《みょうほうれんげきょう》と唱《とな》え奉《たてまつ》る処《ところ》を、生死《しょうじ》一大事《だいじ》の血脈《けちみゃく》とは云《い》うなり。此《こ》の事但日蓮《ことただにちれん》が弟子《でし》檀《だん》那等《なとう》の肝要《かんよう》なり、法華経《ほけきょう》を持《たも》つとは是《これ》なり」

「過去《かこ》に法華経《ほけきょう》の結縁強盛《けちえんごうじょう》なる故《ゆえ》に、現在《げんざい》に此《こ》の経《きょう》を受持《じゅぢ》し、未来《みらい》に仏果《ぶっか》を成就《じょうじゅ》せん事《こと》疑《うたが》いある可《べ》からず」

「生死《しょうじ》一大事《だいじ》の血脈此《けちみゃくこれ》より外《ほか》に全《まった》く求《もと》むることなかれ」

血脈相承《けちみゃくそうじょう》には何《なに》の秘密《ひみつ》もなく、何《なん》の特別《とくべつ》の相承《そうじょう》もないのであります。ただ法華経《ほけきょう》をよく解《かい》し、自分《じぶん》は何《なん》の目的《もくてき》を持《も》って生《う》まれた者《もの》か、末法《まっぽう》の時代《じだい》こそ未曽有《みぞう》の功徳《くどく》を積《つ》む時《とき》であり、未曽有《みぞう》の利益《りやく》をうけて、我《われ》も人《ひと》も仏身《ぶっしん》を成《じょう》ずることの出来《でき》る最良《さいりょう》の時代《じだい》であることを自覚《じかく》し、よくこの法華経《ほけきょう》を信《しん》じ、説《せつ》の如《ごと》く必《かなら》ず実行《じっこう》するという心《こころ》さえ動《うご》かなければ、釈尊《しゃくそん》の御心《みこころ》に叶《かな》っているのであります。

「信心《しんじん》の血脈《けちみゃく》なくんば、法華経《ほけきょう》を持《たも》つとも無益《むやく》なり」（同書《どうしょ》）

法華経《ほけきょう》を持《たも》たなければならぬという真理《しんり》を解《かい》し、深《ふか》く信《しん》じ、これを言葉《ことば》にも行動《こうどう》にも移《うつ》して周囲《しゅうい》の人々《ひとびと》を感化《かんか》し、娑婆世界《しゃばせかい》を浄土《じょうど》と化《け》せしむためこの身《み》を大《おお》いに役立《やくだ》たせてゆきましょう。これが法華経《ほけきょう》を聞《き》いた我々《われわれ》の大事《だいじ》な仕事《しごと》であり、一生《しょう》の大事《だいじ》なのであります。

御開山上人御遺稿集　三八～四二頁

広宣流布《こうせんるふ》の事《こと》

　私《わたくし》はこの頃《ころ》、智度論《ちどろん》という本《ほん》を読《よ》みました。その中《なか》にはこの尊《とうと》い教《おし》え、法華経《ほけきょう》を広《ひろ》めるにあたってどうしたら広《ひろ》まるかということが書《か》かれてありました。比丘《びく》・比丘尼《びくに》・優婆塞《うばそく》・優婆夷《うばい》と言《い》って、お経《きょう》の中《なか》にたびたび出《で》てくるこの四種《しゅ》の人《ひと》たちは世《よ》の中《なか》の全部《ぜんぶ》の人《ひと》たちのことを指《さ》しております。比丘《びく》・比丘尼《びくに》というと男《おとこ》の坊《ぼう》さん、女《おんな》の坊《ぼう》さん。優婆塞《うばそく》・優婆夷《うばい》というと俗人《ぞくじん》の男性《だんせい》、俗人《ぞくじん》の女性《じょせい》のことであります。

「世《よ》の中《なか》の人《ひと》たちがこの法《ほう》を行《おこ》なって、なるほどと思《おも》って、そうして皆《みな》さんに教《おし》えてくださって、法華経《ほけきょう》を広《ひろ》めるようにすることが一番大《ばんおお》きな問題《もんだい》だ」と書《か》いてあるのを読《よ》みまして、びっくりするほどありがたいと思《おも》いました。

　皆《みな》さん今《いま》は私《わたくし》の話《はなし》を聞《き》いてくださっていますが、一番最初《ばんさいしょ》は違《ちが》う方《かた》からお聞《き》きになられてこちらへお見《み》えになるようになったと思《おも》いますよ。

　実《じつ》は、法華経《ほけきょう》を広宣流布《こうせんるふ》するという力《ちから》は、皆《みな》さんにありますんですよ。皆《みな》さんが仕事《しごと》に一生懸命精出《しょうけんめいせいだ》して働《はたら》いていらっしゃる中《なか》にも、お互《たが》いににこにこ笑《わら》い合《あ》って暮《く》らされることは、他《ほか》の人《ひと》からうらやましがられますでしょう。そうしてだんだん家《いえ》がよくなって、病気《びょうき》をしたり、身体《からだ》が弱《よわ》かった人《ひと》たちがだんだん丈夫《じょうぶ》になってゆかれたならば、これもうらやましいことであります。

これは皆《みな》さんが仏《ほとけ》さまの話《はなし》を聞《き》いて実行《じっこう》なさることによってね、そういうい結果《けっか》が得《え》られるのであります。そのことが即《そく》ね、法華経《ほけきょう》の広宣流布《こうせんるふ》につながってゆくのです。むつかしいお経《きょう》のお話《はなし》をすることだけが広宣流布《こうせんるふ》ではないのですよ。

世《よ》の中《なか》の人《ひと》は何《なん》でもいいことの方《ほう》が好《す》きでしょう。何《なん》でもいいことなら好《す》きだ。しかし、そういうふうになるためには、いいことをやってこなければだめなんですよ。皆《みな》さんも日々《ひび》の生活《せいかつ》の中《なか》で法華経《ほけきょう》の実行《じっこう》をし、縁《えん》ある人《ひと》たちにお話《はな》しして頂《いただ》きたいと思《おも》います。どうかよろしくお願《ねが》い致《いた》します。

御開山上人御法話集　一四三〜一四四頁

◆日達上人

日蓮聖人《にちれんしょうにん》の求道《ぐどう》

日蓮聖人《にちれんしょうにん》がお生《う》まれになられましたのは貞応元年《じょうおうがんねん》（一二二二）二月《がつ》十六日《にち》であります。そして、十二歳《さい》の時《とき》に生家近《せいかちか》くの清澄山《きよすみやま》に登《のぼ》られ、道善房《どうぜんぼう》という人《ひと》のところで勉学《べんがく》をされます。日蓮聖人《にちれんしょうにん》の時代《じだい》、つまり鎌倉時代《かまくらじだい》は、勉強《べんきょう》するのはやはりお寺《てら》が一番適《ばんてき》していたようであります。当時仏教者《とうじぶっきょうしゃ》は、あらゆる面《めん》に於《お》いて知識階級《ちしきかいきゅう》にあったからです。

ご自身《じしん》のお生《う》まれについて述《の》べられているご遺文《いぶん》を見《み》てみましょう。

◇日蓮《にちれん》は日本國《にほんこく》東夷《とうい》東條《とうじょう》安房國《あわのくに》海邊《かいへん》の旃陀羅《せんだら》が子《こ》なり。徒《いたずら》に朽《く》ちん身《み》を法華經《ほけきょう》の御故《おんゆえ》に捨《す》てまいらせん事《こと》、あに石《いし》に金《こがね》をかうるにあらずや。

佐渡御勘氣鈔　七一三頁

旃陀羅《せんだら》とは、インドの階級制《かいきゅうせい》にある最下層《さいかそう》の人《ひと》を言《い》います。その人々《ひとびと》の多《おお》くは、生《い》きものの命《いのち》をとって生活《せいかつ》しております。日蓮聖人《にちれんしょうにん》が旃陀羅《せんだら》の子《こ》と言《い》われるわけは、お父上《ちちうえ》が漁師《りょうし》をしておられたことにもよりますが、それだけではなく、ご自分《じぶん》の身《み》の上《うえ》を旃陀羅《せんだら》の子《こ》とされる時《とき》には、必《かなら》ず後《あと》に法華経《ほけきょう》が出《で》てまいります。法華経《ほけきょう》とご自分《じぶん》の身《み》の上《うえ》を対比《たいひ》させ、法華経《ほけきょう》の尊《とうと》さを強調《きょうちょう》しておられるのであります。

◇生年《しょうねん》十二、同《おな》じき郷《ごう》の内《うち》、清澄寺《きよすみでら》と申《もう》す山《やま》にまかりき。遠國《えんごく》なる上《うえ》、寺《てら》とは名《なづ》けて候《そうら》えども修學《しゅがく》の人《ひと》なし。然《しか》るに随分諸國《ずいぶんしょこく》を修行《しゅぎょう》して學問《がくもん》し候《そうら》いし程《ほど》に、我《わ》が身《み》は不肖《ふしょう》なり人《ひと》は教《おし》えず。

本尊問答鈔　一七二七頁

十二歳《さい》と言《い》えば、小学校六年生《しょうがっこうねんせい》でしょうか。その年《とし》から本格的《ほんかくてき》に勉学《べんがく》に励《はげ》まれたわけですが、清澄寺《きよすみでら》は、日蓮聖人《にちれんしょうにん》の求学心《きゅうがくしん》を満足《まんぞく》させるものではなかったようです。四年後《ねんご》の十六歳《さい》の時道善房《ときどうぜんぼう》のもとで剃髪得度《ていはつとくど》され、以後《いご》、いろいろな所《ところ》に赴《おもむ》き、多《おお》くの学問《がくもん》を修《おさ》められました。

学問《がくもん》を修《しゅう》するにあたって、次《つぎ》のような願《がん》を立《た》てておられます。

◇幼少《ようしょう》の時《とき》より虚空蔵菩薩《こくうぞうぼさつ》に願《がん》を立《た》てて云《いわ》く、『日本第一《にほんだい》の智者《ちしゃ》となし給《たま》え』云云《うんぬん》。

善無畏三藏鈔　六六一頁

虚空蔵菩薩《こくうぞうぼさつ》は智慧《ちえ》の菩薩《ぼさつ》であります。〝日本《にほん》で一番頭《ばんあたま》のいい、勉強《べんきょう》のできる者《もの》にしてほしい〟とお願《ねが》いしておられるのであります。

ただこれだけを見《み》ますと〝私《わたくし》たちと同《おな》じような願《ねが》いを〟と思《おも》われるかも知《し》れません

が、私《わたくし》たち凡夫《ぼんぷ》との大《おお》きな違《ちが》いは、その願《ねが》いの基《もとい》が自分一人《じぶんひとり》のためにあるのではなく、父《ちち》の恩《おん》、母《はは》の恩《おん》、そして師《し》の恩《おん》、周囲《しゅうい》の人々《ひとびと》の恩《おん》を報《ほう》ずるために、というところにあります。

私《わたくし》たちが勉強《べんきょう》のできるようにと願《ねが》うのは、せいぜい〝いい学校《がっこう》に入《はい》って、いい会社《かいしゃ》に就職《しゅうしょく》して、給料《きゅうりょう》をたくさんもらえるように〟という程度《ていど》のことでしょう。私《わたくし》たちとは、最初《さいしょ》から心《こころ》がけが違《ちが》っているように思《おも》います。

十六歳《さい》で得度《とくど》された日蓮聖人《にちれんしょうにん》は、十七歳《さい》の時鎌倉《ときかまくら》に行《い》かれて真言宗《しんごんしゅう》・禅宗《ぜんしゅう》・念仏宗《ねんぶつしゅう》といった、いろいろな宗派《しゅうは》の教学《きょうがく》を勉強《べんきょう》されます。その鎌倉《かまくら》でも限界《げんかい》を見《み》いだされたのでしょう、二十一歳《さい》の年《とし》に比叡山《ひえいざん》に登《のぼ》られ、横川《よかわ》の定光院《じょうこういん》でなお一層《そう》の勉学《べんがく》に励《はげ》まれます。その間《かん》、京都《きょうと》・奈良《なら》・高野山等《こうやさんとう》にも赴《おもむ》き、当時《とうじ》あった仏教各宗派《ぶっきょうかくしゅうは》を悉《ことごと》く学《まな》び尽《つ》くされました。

◇倶舎宗《くしゃしゅう》・成實宗《じょうじつしゅう》・律宗《りっしゅう》・法相宗《ほっそうしゅう》・三論宗《ろんしゅう》・華厳宗《けごんしゅう》・眞言宗《しんごんしゅう》・法華天台宗《ほっけてんだいしゅう》と申《もう》す宗共《しゅうども》あ

またありと聞《き》く上《うえ》に、禪宗《ぜんしゅう》・淨土宗《じょうどしゅう》と申《もう》す宗《しゅう》も候《そうろう》なり。此等《これら》の宗宗枝葉《しゅうじゅうしよう》をば細《こま》かに習《なら》わずとも、所詮肝要《しょせんかんよう》を知《し》る身《み》とならばやと思《おも》いし故《ゆえ》に、隨分《ずいぶん》に走《はし》り廻《まわ》り、十二・十六の年《とし》より三十二に至《いた》るまで二十餘年《よねん》が間《あいだ》、鎌倉《かまくら》・京《きょう》・叡山《えいざん》・園城寺《おんじょうじ》・高野《こうや》・天王寺等《てんのうじとう》の、國國寺寺《くにぐにてらでら》あらあら習《なら》い回《まわ》り候《そうろう》。

妙法比丘尼御返事　一六九九頁

当時《とうじ》の時代背景《じだいはいけい》を考《かんが》えますと、二十年《ねん》もの長《なが》い間勉強《あいだべんきょう》し続《つづ》けることは実《じつ》に大変《たいへん》であったと思《おも》います。現在《げんざい》ですら大学《だいがく》まで行《い》っても十六年《ねん》です。なぜこんなにも長《なが》い間勉強《あいだべんきょう》する必要《ひつよう》があったのでしょう。

それは、八万《まん》四千の法門《ほうもん》と言《い》われておりますお釈迦《しゃか》さまの教《おし》えの中《なか》、何《なに》が一番真実《ばんしんじつ》なのか、何《なに》が一番根本《ばんこんぽん》なのかを究《きわ》めるところにありました。ご遺文《いぶん》に見《み》られますように、非常《ひじょう》に多《おお》くの宗派《しゅうは》があります。その中《なか》で何《なに》が一番正《ばんただ》しいのか、それを知《し》るために二十年《ねん》もの長《なが》い期間《きかん》、勉学《べんがく》されたのであります。

日蓮聖人《にちれんしょうにん》をその思《おも》いにかり立《た》てさせた一つの理由《りゆう》が、このご遺文《いぶん》の中《なか》に見《み》られます。

◇いかにもして佛種《ぶつしゅ》をも植《う》え、生死《しょうじ》を離《はな》るる身《み》と成《な》らんと思《おも》いて候《そうら》いし程《ほど》に、皆人《みなひと》の願《ねが》わせ給《たま》う事《こと》なれば阿彌陀佛《あみだぶつ》を憑《たの》み奉《たてまつ》り、幼少《ようしょう》より名號《みょうごう》を唱《とな》え候《そうら》いし程《ほど》に、聊《いささ》かの事《こと》ありて此《こ》の事《こと》を疑《うたが》いし故《ゆえ》に一《いっ》の願《がん》を發《おこ》す。

妙法比丘尼御返事　一六九九頁

〝自分《じぶん》も幼少《ようしょう》のころは周囲《しゅうい》の人々《ひとびと》と同《おな》じように、南無阿弥陀仏《なむあみだぶつ》と唱《とな》えていたけれども、一つの疑《うたが》いを起《お》こした〟と言《い》われているのです。

その疑《うたが》いとは、当時《とうじ》、大変声望《たいへんせいぼう》の篤《あつ》かった「大阿《だいあ》」という念仏《ねんぶつ》の僧《そう》が亡《な》くなる時《とき》、狂《くる》い死《じ》にのような大変《たいへん》みじめな死《し》に方《かた》をしたことです。それを知《し》り〝阿弥陀《あみだ》さまに助《たす》けられて西方浄土《さいほうじょうど》に行《い》くというのはどうもおかしい〟と疑問《ぎもん》を起《お》こされたのであります。そして、次《つぎ》のようにも述《の》べておられます。

◇十惡《あく》五逆《ぎゃく》を作《つく》らざる當世《とうせい》の念佛《ねんぶつ》の上人達《しょうにんたち》、竝《ならび》に大檀那《だいだんな》等《とう》の臨終《りんじゅう》の惡瘡《あくそう》等《とう》の諸《もろもろ》の惡重《あくじゅう》病《びょう》、竝《ならび》に臨終《りんじゅう》の狂亂《きょうらん》は意得《こころえ》ざる事《こと》なり。

當世念佛者無間地獄の事　五二七頁

この疑問《ぎもん》を解明《かいめい》するために、あらゆる宗派《しゅうは》の肝要《かんよう》を悉《ことごと》く学《まな》び尽《つ》くされたのであります。

宗教《しゅうきょう》を信仰《しんこう》するその多《おお》くは、ほとんどが〝何《なに》かの縁《えん》によって〟たとえば〝家代々《いえだいだい》の宗《しゅう》教《きょう》・宗派《しゅうは》をその通《とお》り受《う》け継《つ》ぐ〟ということでありましょう。それは、当時《とうじ》の各宗派《かくしゅうは》の祖《そ》師《し》と仰《あお》がれる人々《ひとびと》も、やはり例外《れいがい》ではありませんでした。もちろんそうした人々《ひとびと》も、勉《べん》学《がく》はされました。しかしそれは、一つの縁《えん》、つまり〝入《はい》ったお寺《てら》、就《つ》いた師《し》によってその道《みち》を究《きわ》める〟というあり方《かた》です。その例《れい》でゆけば清澄寺《きよすみでら》は天台宗《てんだいしゅう》のお寺《てら》でありましたから、日蓮聖人《にちれんしょうにん》も普通《ふつう》でゆけば、そのことだけをしておればよかったと言《い》えましょう。しかし日蓮聖人《にちれんしょうにん》は「日本第一《にほんだい》の智者《ちしゃ》となし給《たま》え」という願《ねが》いのもとに、何《なに》がお釈迦《しゃか》さまの一番《ばん》の本懐《ほんかい》とされた教《おし》えなのか、究《きわ》め尽《つ》くそうとされたのであります。その結論が、

◇仰《あお》ぐ所《ところ》は釋迦佛《しゃかぶつ》、信《しん》ずる法《ほう》は法華經《ほけきょう》なり。

盂蘭盆御書　一五四九頁

本当《ほんとう》に本尊《ほんぞん》として仰《あお》ぐべき仏《ほとけ》は、久遠実成《くおんじつじょう》の本師釈迦牟尼仏《ほんししゃかむにぶつ》であり、その本仏《ほんぶつ》の出世《しゅっせ》の本懐《ほんかい》は、妙法蓮華経《みょうほうれんげきょう》以外《いがい》にない、という真理《しんり》に到達《とうたつ》されたのであります。

本師釈迦牟尼仏《ほんししゃかむにぶつ》と阿弥陀仏《あみだぶつ》について、次《つぎ》のように述《の》べておられます。

◇釋迦如來《しゃかにょらい》は、我等衆生《われらしゅじょう》には親《しん》なり、師《し》なり、主《しゅ》なり。我等衆生《われらしゅじょう》のためには、阿彌陀佛《あみだぶつ》・藥師佛等《やくしぶつとう》は主《しゅ》にてはましませども、親《しん》と師《し》とにはましまさず。ひとり三徳《とく》を兼《か》ねて恩《おん》ふかき佛《ほとけ》は、釋迦《しゃか》一佛《ぶつ》に限《かぎ》りたてまつる。

南條兵衛七郎殿御書　五三八頁

◇教主釋尊《きょうしゅしゃくそん》は日本國《にほんこく》の一切衆生《さいしゅじょう》の父母《ふぼ》なり、師匠《ししょう》なり、主君《しゅくん》なり。阿彌陀佛《あみだぶつ》は此《こ》の三の義《ぎ》ましまさず。而《しか》るに三徳《とく》の佛《ほとけ》を閣《さしお》いて、佗佛《たぶつ》を晝夜朝夕《ちゅうやちょうせき》に稱名《しょうみょう》し、六萬《まん》八萬《まん》の名號《みょうごう》を唱《とな》えましします。豈不孝《あにふこう》の御所作《おんしょさ》にわたらせ給《たま》わずや。彌陀《みだ》の願《がん》も釋迦如來《しゃかにょらい》の說《と》かせ給《たま》いしかども、終《つい》に悔《く》い返《かえ》し給《たま》いて、唯我《ゆいが》一人《にん》と定《さだ》め給《たま》いぬ。

頼基陳状　一五六〇頁

〝主《しゅ》、師《し》、親《しん》の三徳《とく》を具《そな》えた仏《ほとけ》は釈迦牟尼仏《しゃかむにぶつ》以外《いがい》になく、阿弥陀仏《あみだぶつ》といえどもそれは、釈迦牟尼仏《しゃかむにぶつ》が説《と》き現《あら》わした仏《ほとけ》でしかない。その根本《こんぽん》を忘《わす》れて阿弥陀仏《あみだぶつ》を本尊《ほんぞん》とすることは、親不孝《おやふこう》以外《いがい》の何《なに》ものでもない〟と言《い》われるのです。

◇人《ひと》にも父母《ふぼ》二人《にん》なし。何《いず》れの經《きょう》に彌陀《みだ》は此《こ》の國《くに》の父《ちち》、何《いず》れの論《ろん》に母《はは》たる旨《むね》見《み》えて候《そうろう》。

頼基陳状　一五六〇頁

〝いったいどの経《きょう》・論《ろん》に、阿弥陀仏《あみだぶつ》が本尊《ほんぞん》たる資格《しかく》を有《ゆう》していると説《と》かれるか〟と問《と》いかけておられるのであります。

このようなことは、生半可《なまはんか》な勉学《べんがく》で言《い》えることではありません。一切経《さいきょう》はもちろん、あらゆる人々《ひとびと》の著《あら》わされた書物《しょもつ》を悉《ことごと》く研鑽《けんさん》された人《ひと》にして初《はじ》めて言《い》えることで、日蓮《にちれん》聖人《しょうにん》の徹底《てってい》した勉学《べんがく》ぶりが偲《しの》ばれるのであります。

本来《ほんらい》、本当《ほんとう》にわが身《み》の一生《しょう》を託《たく》する信仰《しんこう》を求《もと》めるならば、このような姿勢《しせい》が必要《ひつよう》なのかも知《し》れません。〝たまたま人《ひと》に勧《すす》められたから。あの人《ひと》が信仰《しんこう》しているから〟ということでは、本当《ほんとう》のものは見《み》いだせないかも知《し》れません。とは申《もう》しましても、誰《だれ》もがそれを究《きわ》めることはむつかしいことです。しかし、どこかに、こういう気持《きも》ちは持《も》ち続《つづ》ける必要《ひつよう》があるのではないでしょうか。涅槃経《ねはんぎょう》に『法《ほう》に依《よ》って人《ひと》に依《よ》らざれ』とあります。日蓮聖人《にちれんしょうにん》は、まさにこの金言《きんげん》を体現《たいげん》されたのであります。

悟《さと》られた真理《しんり》を初《はじ》めて人《ひと》に話《はな》されたのは、清澄《きよすみ》に帰《かえ》られた時《とき》であります。

◇生年《しょうねん》三十二歳《さい》にして、建長《けんちょう》五年癸丑《ねんみづのとうし》四月《がつ》二十八日《にち》、念佛《ねんぶつ》は無間《むけん》の業《ごう》なりと見出《みいだ》しけるこそ時《とき》の不祥《ふしょう》なれ。如何《いかん》せん此《こ》の法門《ほうもん》を申《もう》さば誰《たれ》か用《もち》うべき、返《かえ》って怨《あだ》をなすべし。

波木井殿御書　一二〇〇三頁

〝念仏《ねんぶつ》を唱《とな》えても無間地獄《むけんぢごく》への道《みち》しかないということを知《し》ったことが、私《わたくし》の不幸《ふこう》の始《はじ》まりなのだろうか。法華経《ほけきょう》が一番正《ばんただ》しい教《おし》えと話《はな》しても、誰《だれ》が信《しん》じてくれるだろうか。かえって私《わたくし》をうらむことになろう〟と言《い》われるのです。しかし、

◇人《ひと》を恐《おそ》れて申《もう》さずば、佛法《ぶっぽう》の怨《あだ》となりて大阿鼻地獄《だいあびぢごく》に堕《お》つべし。

波木井殿御書　二〇〇三頁

〝人《ひと》にうらまれたり、さげすまれることを恐《おそ》れて法華経《ほけきょう》が正《ただ》しいということを言《い》わなければ、謗法《ほうぼう》の罪《つみ》を作《つく》ることになり、大阿鼻地獄《だいあびぢごく》に堕《お》ちてしまう〟

◇末法《まっぽう》に法華經《ほけきょう》を弘《ひろ》むる行者《ぎょうじゃ》あらば、上行菩薩《じょうぎょうぼさつ》の示現《じげん》なりと思《おも》うべし。言《い》わざる者《もの》は佛《ぶっ》法《ぽう》の怨《あだ》なりと佛《ほとけ》說《と》き給《たま》えり。經文《きょうもん》に任《まか》せて云《い》うならば、日本國《にほんこく》は皆《みな》一同《どう》に日蓮《にちれん》が敵《かたき》と成《な》るべし。

波木井殿御書　二〇〇三頁

今度《こんど》は、ご自身《じしん》を上行菩薩《じょうぎょうぼさつ》の再誕《さいたん》と言《い》い聞《き》かせておられます。しかし、〝日本中《にほんじゅう》の人《ひと》々《びと》がすべて敵《かたき》となるようなことを言《い》い出《だ》すのは…〟という、一種《しゅ》の躊躇《ちゅうちょ》のようなお心《こころ》もみられます。

伝《つた》えられるところによりますと、清澄《きよすみ》に帰《かえ》られて後《のち》一週間《しゅうかん》、一室《しつ》に閉《と》じこもって心《こころ》を澄《す》まされたといいます。その一週間《しゅうかん》、いろいろな思《おも》いが胸中《きょうちゅう》をよぎったことと思《おも》います。このことはかえって、日蓮聖人《にちれんしょうにん》に親《した》しみを覚《おぼ》えるのではないでしょうか。各地《かくち》に立《た》つ日《にち》蓮聖人《れんしょうにん》の像《ぞう》などを見《み》ますと、〝強《つよ》い一方《ぽう》の〟という感《かん》を受《う》けますが、こうしたご遺文《いぶん》を拝見《はいけん》しますと、日蓮聖人《にちれんしょうにん》もやはり〝人《ひと》の子《こ》として悩《なや》みをお持《も》ちになる〟という親《した》しみが感《かん》じられるのであります。

こうした心《こころ》の葛藤《かっとう》を乗《の》り越《こ》えられたのも、〝虚空蔵菩薩《こくうぞうぼさつ》の恩《おん》に報《むく》いるため〟と、次《つぎ》のように述《の》べておられます。

◇虚空蔵菩薩《こくうぞうぼさつ》の御恩《ごおん》を奉《ほう》ぜんが爲《た》めに、建長《けんちょう》五年《ねん》四月《がつ》二十八日《にち》、安房《あわ》の國東條《くにとうじょう》の郷清澄《ごうきよすみ》寺道善房持佛堂《でらどうぜんのぼうぢぶつどう》の南面《なんめん》にして、淨圓房《じょうえんぼう》と申《もう》す者竝《ものなら》びに少少《しょうしょう》の大衆《だいしゅ》に是《これ》を申《もう》し始《はじ》めて、其《そ》の後《のち》二十餘年《よねん》が間退轉《あいだたいてん》なく申《もう》せば、或《あるい》は處《ところ》を追《お》い出《いだ》され、或《あるい》は流罪等《るざいとう》。昔《むかし》は聞《き》く不輕菩《ふきょうぼ》薩《さつ》の杖木等《ちょうもくとう》を、今《いま》は見《み》る日蓮《にちれん》が刀劍《とうけん》に當《あた》る事《こと》を。

清澄寺大衆中　一一三五〇頁

〝すべての勉学《べんがく》を成《な》し終《お》え、その結果《けっか》、法華経《ほけきょう》が一番勝《ばんすぐ》れた教《おし》えと悟《さと》り得《え》た以上《いじょう》、たとえどのように人《ひと》から怨《うら》まれようと、言《い》わなければ智慧《ちえ》を授《さず》けてくださった虚空蔵菩薩《こくうぞうぼさつ》に申《もう》し訳《わけ》ない〟というお心《こころ》なのでしょう。しかし案《あん》の定《じょう》、刀杖瓦石《とうじょうがしゃく》や流罪《るざい》の難《なん》に、何度《なんど》となく遭《あ》われました。

現在《げんざい》からこのようなことは及《およ》びもつきません。信仰《しんこう》の自由《じゆう》は憲法《けんぽう》でも保証《ほしょう》されていますから、自由《じゆう》に法華経《ほけきょう》を信《しん》じ、南無妙法蓮華経《なむみょうほうれんげきょう》と唱《とな》えられますが、当時《とうじ》それをすることは、本当《ほんとう》に命《いのち》がけであったのです。ほとんどの人《ひと》が念仏《ねんぶつ》を信《しん》じ、阿弥陀仏《あみだぶつ》を本尊《ほんぞん》と崇《あが》めていたのですから、それを真正面《ましょうめん》から否定《ひてい》し、法華経《ほけきょう》を流布《るふ》してゆくことは、大変《たいへん》な勇《ゆう》気《き》のいることでありました。何度《なんど》も何度《なんど》も迫害《はくがい》に遭《あ》われながら、終生《しゅうせい》かわることなく法《ほ》華経《けきょう》を説《と》き続《つづ》けられた日蓮聖人《にちれんしょうにん》の信念《しんねん》の強《つよ》さに、つくづく頭《あたま》の下《さ》がる思《おも》いがいたします。

『月刊法音』第一四一号　九〜一四頁

日蓮聖人《にちれんしょうにん》の実践《じっせん》と御遺文《ごいぶん》

日蓮聖人《にちれんしょうにん》は五十歳《さい》の時《とき》、佐渡《さど》に流《なが》されて大変苦労《たいへんくろう》されました。そしてその流罪中《るざいちゅう》、大切《たいせつ》な教《おし》えを数々残《かずかずのこ》されました。最初《さいしょ》の塚原《つかはら》三昧堂《まいどう》で著《あら》わされた書《しょ》が「開目鈔《かいもくしょう》」です。開目《かいもく》とは文字通《もじどお》り〝心《こころ》の目《め》を開《ひら》く〟ということです。立正安国論《りっしょうあんこくろん》・観心本尊鈔《かんじんほんぞんしょう》と並《なら》ぶ、大事《だいじ》な御遺文《ごいぶん》の一つです。その中《なか》でこんなことを言《い》われています。

「当世日本国《とうせいにほんこく》に第《だい》一に富《と》める者《もの》は日蓮《にちれん》なるべし」（開目鈔《かいもくしょう》・下《げ》）

「日本《にほん》一の富者《ふしゃ》」と言《い》われるのですから、塚原《つかはら》三昧堂《まいどう》は余程《よほど》の豪邸《ごうてい》かと思《おも》いますが、とんでもありません。墓地《ぼち》に建《た》つ掘《ほ》っ建《た》て小屋《こや》です。埋葬《まいそう》する前《まえ》にちょっとお経《きょう》を読《よ》むためのお堂《どう》にすぎません。しかも御書《ごしょ》を拝見《はいけん》するとその小屋《こや》の壁《かべ》は落《お》ち、隙間風《すきまかぜ》は入《はい》り放題《ほうだい》で天井《てんじょう》を見上《みあ》げると星空《ほしぞら》が見《み》えるという代物《しろもの》です。そんな所《ところ》に放置《ほうち》された「罪人《ざいにん》」です。付人《つきびと》はもちろんいませんし、罪人《ざいにん》ですから島《しま》の人《ひと》も近寄《ちかよ》りません。佐渡《さど》の冬《ふゆ》の寒《さむ》さを経験《けいけん》したことはありませんが、相当《そうとう》の寒《さむ》さと聞《き》いています。そういう状態《じょうたい》では、飢《う》えと寒《さむ》さでのたれ死《じ》にしても不思議《ふしぎ》はありません。それが為政者《いせいしゃ》の目的《もくてき》でもありました。その中《なか》でどうして「日本《にほん》一の富《と》める者《もの》」などと言《い》えるのでしょう。信《しん》じられませんが、その少《すこ》し後《あと》にまた、すごいことを言《い》ってみえます。

「日蓮《にちれん》といいし者《もの》は、去《いぬ》る年《とし》九月十二日子丑《にちねうし》の時《とき》に頸刎《くびは》ねられぬ。此《これ》は魂魄佐渡《こんぱくさど》の国《くに》に至《いた》りて……」（開目鈔《かいもくしょう》・下《げ》）

〃私《わたくし》はもう竜《たつ》の口《くち》で首《くび》を切《き》られて死《し》んだ人間《にんげん》だ。佐渡《さど》に来《き》ているのは私《わたくし》の魂《たましい》だ〃

と言《い》われているのです。そしてまた、

〃これまで何度《なんど》も命《いのち》にかかわるような大難《だいなん》に遭《あ》ったが、それは私《わたくし》が法華経《ほけきょう》を信《しん》じ、説《と》かれる通《とお》りに修行《しゅぎょう》してきたからだ。法華経《ほけきょう》の行者《ぎょうじゃ》は刀杖瓦石《とうじょうがしゃく》・悪口罵詈《あっくめりとう》等の様々《さまざま》な難《なん》に遭《あ》うと書《か》かれてある。その通《とお》りのことがわが身《み》に起《お》きたということは、私《わたくし》が法華経《ほけきょう》の行者《ぎょうじゃ》である証拠《しょうこ》だ。『諸天善神《しょてんぜんじん》は私《わたくし》をお見捨《みす》てになられたか』と思《おも》ったこともあったが、何度《なんど》も殺《ころ》されそうになりながら、そのたびに必《かなら》ず救《すく》われてきた。このように仏《ほとけ》さまに守護《しゅご》して頂《いただ》いている私《わたくし》は、日本《にほん》一の幸《しあわ》せ者《もの》だ〃

と喜《よろこ》びを表《あら》わしておられます。だから、「日本国《にほんこく》に第《だい》一に富《と》める者《もの》」なのです。

日蓮聖人《にちれんしょうにん》の書《か》かれた物《もの》を読《よ》み、いろいろな事蹟《じせき》を見《み》ますと、その時代《じだい》の「超《ちょう》一流《りゅう》の学《がく》者《しゃ》」でもあったと言《い》えると思《おも》います。そういう立場《たちば》の人《ひと》にとっての出世《しゅっせ》は、自分《じぶん》の学問《がくもん》や徳《とく》が認《みと》められて大《おお》きな寺《てら》の住職《じゅうしょく》になり、後世《ごせ》をゆうゆうと暮《く》らすことでしょう。しかし日蓮聖人《にちれんしょうにん》はその機会《きかい》を、一切捨《さいす》ててしまわれました。

佐渡流罪《さどるざい》を許《ゆる》された要因《よういん》の一は、日蓮聖人《にちれんしょうにん》の予言《よげん》「佗国侵逼難《たこくしんぴつなん》・自界反逆難《じかいほんぎゃくなん》」などの国難《こくなん》が現実《げんじつ》に起《お》きたからです。幕府《ばくふ》としては日蓮聖人《にちれんしょうにん》を認《みと》めざるを得《え》ませんでした。そこで「あなたの言《い》われることはよくわかりました。あなたのために寺《てら》を建《た》て、寺領《じりょう》も差《さ》し上《あ》げますから、鎌倉《かまくら》に落《お》ち着《つ》いて国家《こっか》の安泰《あんたい》を祈《いの》ってください」と北条氏《ほうじょうし》が申《もう》し出《で》ます。しかし日蓮聖人《にちれんしょうにん》は「あなたが率先《そっせん》して法華経《ほけきょう》の信者《しんじゃ》になり、人《ひと》に勧《すす》めるのでなければ辞退《じたい》します」と断《こと》わって身延山《みのぶさん》に入《はい》られたのであります。

『月刊法音』第三七八号　一〇～一二頁

日蓮聖人《にちれんしょうにん》の徳《とく》　お会式《えしき》（日蓮聖人御入滅《にちれんしょうにんごにゅうめつ》の聖日《せいじつ》に奉行《ぶぎょう》される法会《ほうえ》）に参詣《さんけい》されると「おみよっこ」をお帰《かえ》りにお渡《わた》ししております。これは、〝きれいな造花《ぞうか》だから部屋《へや》の飾《かざ》りにでも〟というのではありません。日蓮聖人《にちれんしょうにん》のお徳《とく》を頂《いただ》くというのが第一《だい》です。

日蓮聖人《にちれんしょうにん》のお徳《とく》を頂《いただ》くと言《い》いましても、〝お金《かね》がもうかる〟とか〝出世《しゅっせ》できる〟ということではありません。波乱《はらん》に満《み》ちたご生涯《しょうがい》を通《とお》して地位《ちい》・名誉《めいよ》・財産《ざいさん》といったものには縁《えん》がありませんでした。キリスト者《しゃ》として有名《ゆうめい》な内村鑑三氏《うちむらかんぞうし》は、その著《ちょ》『代表的日本人《だいひょうてきにほんじん》』の中《なか》で尊敬《そんけい》する日本人《にほんじん》の一人《ひとり》に日蓮聖人《にちれんしょうにん》を挙《あ》げています。

日蓮聖人《にちれんしょうにん》は、法華経《ほけきょう》の信仰《しんこう》を中心《ちゅうしん》に置《お》き、真《しん》の幸福《こうふく》を築《きず》き上《あ》げようとされました。そのため念仏宗《ねんぶつしゅう》・禅宗《ぜんしゅう》など他《た》の仏教徒《ぶっきょうと》から様々《さまざま》な迫害《はくがい》を受《う》けましたが、それでもくじけず法華経《ほけきょう》を説《と》き続《つづ》けられました。最後《さいご》に北条氏《ほうじょうし》も折《お》れて〝あなたの言《い》い分《ぶん》は解《わか》った。大《おお》きなお寺《てら》を作《つく》り、広《ひろ》い寺領《じりょう》もあげよう〟と申《もう》し出《で》てきました。普通《ふつう》の人《ひと》ならそこで、〝ようやく長年《ながねん》の苦労《くろう》が報《むく》われた。これで地位《ちい》も財産《ざいさん》も出来《でき》た〟と喜《よろこ》びますが、日蓮聖人《にちれんしょうにん》は〝北条氏《ほうじょうし》が法華経《ほけきょう》に帰依《きえ》するのでなければ申《もう》し出《で》をお受《う》けすることができない〟と断《こと》わり、身延《みのぶ》に入《はい》ってしまわれました。内村鑑三氏《うちむらかんぞうし》は「それが偉《えら》い」と称《たた》えているのです。日蓮聖人《にちれんしょうにん》にとっては、法華経《ほけきょう》こそがすべてであったのです。

そういう方《かた》でありますから、日蓮聖人《にちれんしょうにん》を信仰《しんこう》し、〝お金《かね》もうけがしたい。出世《しゅっせ》をしたい〟と願《ねが》うのは少《すこ》し見当《けんとう》ちがいのような気《き》がいたします。

『月刊法音』第三六〇号　五～六頁

日蓮聖人《にちれんしょうにん》の孝道《こうどう》

日蓮聖人《にちれんしょうにん》は毎日《まいにち》、住居《すまい》としておられた身延山西谷《みのぶさんにしたに》のご草庵《そうあん》から奥《おく》の院《いん》の、今《いま》の思親閣《ししんかく》の建《た》つ所《ところ》に登《のぼ》られ、ご両親《りょうしん》のお墓《はか》のある房州《ぼうしゅう》の方《ほう》に向《む》けて拝《おが》まれました。

現在《げんざい》はケーブルが行《い》っていますが、当時《とうじ》はもちろんありません。その道《みち》は今《いま》でも大変険《たいへんけわ》しい道《みち》のりです。たまたまある日《にち》、来客《らいきゃく》でもあったのか、いつもより遅《おそ》くなってしまいました。お弟子《でし》の日朗上人《にちろうしょうにん》が、

「今日《きょう》はもう日《ひ》も暮《く》れかけましたから、奥《おく》の院《いん》に行《い》かれるのはおよしになっては……」

と言《い》いますと、日蓮聖人《にちれんしょうにん》は、

「気遣《きづか》ってくれることはありがたいが、私《わたくし》のお母《かあ》さんは、今日《きょう》は疲《つか》れたから、今日《きょう》は遅《おそ》くなったからといって、私《わたくし》にお乳《ちち》をくださらなかったことはありません。さあ、明《あ》かりをつけてください」

と言《い》われ、奥《おく》の院《いん》に登《のぼ》って行《い》かれました。本当《ほんとう》に日蓮聖人《にちれんしょうにん》は素晴《すば》しいお方《かた》です。少《すこ》しでも見習《みなら》ってゆきたいと思《おも》います。

『月刊法音』第三七九号　一二頁

三大誓願のお話

日達上人講演抄

『我《われ》日本《にほん》の柱《はしら》とならん
我《われ》日本《にほん》の眼目《がんもく》とならん

我日本《われにほん》の大船《たいせん》とならん』＝日蓮聖人《にちれんしょうにん》。

『我閻浮提《われえんぶだい》の太陽《たいよう》とならん

我煩悩《われぼんのう》を能《よ》く断《だん》ず

我妙法《われみょうほう》を以《も》って仏《ほとけ》を成《じょう》ぜん』＝安立大法尼《あんりゅうだいほうに》。

この三大誓願《だいせいがん》はいずれも『主《しゅ》・師《し》・親《しん》』の三徳《とく》を具《そな》えております。三徳《とく》は、本仏《ほんぶつ》、本《ほん》当《とう》の仏《ほとけ》さまが具《そな》えておられる三つの徳《とく》であります。

法華経譬喩品《ほけきょうひゆほん》に、この三つの徳《とく》が説《と》かれてあります。

『今此《いまこ》の三界《がい》は、皆是《みなこ》れ我《わ》が有《う》なり』＝主《しゅ》の徳《とく》であります。

『其《そ》の中《なか》の衆生《しゅじょう》は、悉《ことごと》く是《こ》れ吾《わ》が子《こ》なり』＝親《しん》の徳《とく》であります。

『唯我《ただわれ》一人《にん》のみ、能《よ》く救護《くご》を為《な》す』＝師《し》の徳《とく》であります。

この主《しゅ》・師《し》・親《しん》の三徳《とく》について日蓮聖人《にちれんしょうにん》は、次《つぎ》のように述《の》べておられます。

『釈迦如来《しゃかにょらい》は、我等衆生《われらしゅじょう》には親《しん》なり、師《し》なり、主《しゅ》なり。我等衆生《われらしゅじょう》のためには、阿弥陀仏《あみだぶつ》

・薬師仏等《やくしぶつとう》は主《しゅ》にてはましませども、親《しん》と師《し》とにはましまさず。ひとり三徳《とく》を兼《か》ねて恩《おん》ふかき仏《ほとけ》は、釈迦《しゃか》一仏《ぶつ》に限《かぎ》りたてまつる。親《おや》も親《おや》にこそよれ、釈尊《しゃくそん》ほどの親《おや》、師《し》も師《し》にこそよれ、主《しゅ》も主《しゅ》にこそよれ、釈尊《しゃくそん》ほどの師主《ししゅ》は有《あ》り難《がた》くこそはべれ。この親《しん》と師《し》と主《しゅ》との仰《おお》せを背《そむ》かんもの、天神地祇《てんじんちぎ》に捨《す》てられたてまつらざらんや。不孝第一《ふこうだい》の者《もの》なり』

（南条兵衛七郎殿御書《なんじょうひょうえしちろうどのごしょ》）。

ひとり三徳《とく》を兼《か》ね具《そな》えた仏《ほとけ》とは、究竟《くきょう》の仏《ほとけ》、仏《ほとけ》の中《なか》の仏《ほとけ》、本当《ほんとう》の仏《ほとけ》さまのことであります。それは、如来寿量品《にょらいじゅりょうほん》の「久遠実成《くおんじつじょう》の本師《ほんし》・釈迦牟尼世尊《しゃかむにせそん》」であります。その本仏《ほんぶつ》の具《そな》えておられる主《しゅ》・師《し》・親《しん》の三徳《とく》に立脚《りっきゃく》して、それぞれ、ご自分《じぶん》の誓願《せいがん》としておられるのであります。

日蓮聖人《にちれんしょうにん》の誓願《せいがん》

『我日本《われにほん》の柱《はしら》とならん』　私《わたくし》は日本《にほん》という国土《こくど》の柱《はしら》となる、つまり「主《しゅ》」であります。

『我日本《われにほん》の眼目《がんもく》とならん』　眼目《がんもく》とは、手本《てほん》とでも申《もう》しましょうか。見宝塔品《けんほうとうほん》の偈《げ》「此《し》経難持《きょうなんじ》」に「是諸天人《ぜしょてんにん》、世間之眼《せけんしげん》」とありますが、これは、持《たも》ち続《つづ》けることの難《むずか》しい法《ほ》華経《けきょう》を持《たも》つことのできる人《ひと》は、大勢《おおぜい》の人々《ひとびと》や、天人《てんにん》の手本《てほん》となる人《ひと》、つまり、「師《し》である」と説《と》かれているのであります。

『我日本《われにほん》の大船《たいせん》とならん』　大《おお》きな船《ふね》は大勢《おおぜい》の人《ひと》を乗《の》せることができます。日本中《にほんじゅう》の人《ひと》を乗《の》せて生死《しょうじ》の大海《たいかい》を無事渡《ぶじわた》らせ、彼《か》の岸《きし》（幸《しあわ》せの境涯《きょうがい》）に到《いた》らせようとおっしゃるのです。「親《しん》」の徳《とく》と申《もう》せましょう。

この三大誓願《だいせいがん》は、開目鈔《かいもくしょう》に著《あら》わされています。

「善《ぜん》に付《つ》け悪《あく》に付《つ》け、法華経《ほけきょう》を捨《す》つるは地獄《じごく》の業《ごう》なるべし。大願《だいがん》を立《た》てん、日本国《にほんこく》の位《くらい》を譲《ゆず》らむ、法華経《ほけきょう》を捨《す》てて観経等《かんぎょうとう》に就《つ》いて後生《ごしょう》を期《ご》せよ、父母《ふぼ》の頸《くび》を刎《は》ねん、念仏申《ねんぶつもう》さずばなんどの、種種《しゅじゅ》の大難出来《だいなんしゅつらい》すとも、智者《ちしゃ》に我《わ》が義破《ぎやぶ》られずば用《もち》いじとなり。其《そ》の外《ほか》の大難風《だいなんかぜ》の前《まえ》の塵《ちり》なるべし。我日本《われにほん》の柱《はしら》とならん、我日本《われにほん》の眼目《がんもく》とならん、我日本《われにほん》の大船《たいせん》とならん等《とう》と誓《ちか》いし願破《がんやぶ》るべからず」

〝一生《しょう》がどのように苦《くる》しかろうとかまわない。たとえ、『法華経《ほけきょう》を捨《す》てて念仏《ねんぶつ》を申《もう》すならばすべての願《ねが》いを聞《き》き届《とど》けよう。日本《にほん》という国《くに》の王《おう》にもしてあげよう』と言《い》われても、また、『捨《す》てなければ父母《ふぼ》の頸《くび》を切《き》る』と言《い》われても、法華経《ほけきょう》を捨《す》てて念仏《ねんぶつ》を唱《とな》えることはできない。そのために蒙《こうむ》るいかなる迫害《はくがい》もすべては風《かぜ》の前《まえ》のチリのようなもの〟と法華経《ほけきょう》に対《たい》しての信念《しんねん》を述《の》べ、〝日本国《にほんこく》の柱《はしら》となり、人々《ひとびと》の眼目《がんもく》となり、人々《ひとびと》を導《みちび》く大《たい》船《せん》となって法華経宣布《ほけきょうせんぷ》に命《いのち》を賭《か》けてゆく〟との決意《けつい》を、生涯《しょうがい》の大誓願《だいせいがん》としておられるのであります。

　このご決意《けつい》の通《とお》りのことが、佐渡流罪《さどるざい》を赦《ゆる》されて鎌倉《かまくら》に戻《もど》られた後起《あとお》きたと言《い》われております。それは、時《とき》の幕府《ばくふ》が日蓮聖人《にちれんしょうにん》に対《たい》して〝土地《とち》を寄進《きしん》し、お寺《てら》を建《た》てて与《あた》えよう〟と申《もう》し入《い》れをしたのです。当時《とうじ》の状況《じょうきょう》を考《かんが》えますと、この申《もう》し入《い》れは幕府《ばくふ》にとって大変《たいへん》な譲歩《じょうほ》と言《い》えましょう。憎《にく》くて憎《にく》くて仕方《しかた》がなく、死罪《しざい》にしようとした日蓮聖人《にちれんしょうにん》に〝お寺《てら》を与《あた》えよう〟というのですから、破格《はかく》な申《もう》し入《い》れであります。しかしそれは、日《にち》蓮聖人《れんしょうにん》の大願《だいがん》とする「一天《てん》四海《かい》・皆帰妙法《かいきみょうほう》」にはほど遠《とお》いものでありました。法華経《ほけきょう》を奉持《ぶじ》する「本門《ほんもん》の戒壇建立《かいだんこんりゅう》」という願《ねが》いとは、うらはらなものであったのです。ですから日蓮聖人《にちれんしょうにん》はその申《もう》し出《で》をあっさり断《ことわ》って、身延《みのぶ》の山《やま》に入《はい》られ、以後《いご》のご生涯《しょうがい》をご自《じ》分《ぶん》の一層《そう》の修養《しゅうよう》と、お弟子《でし》の養成《ようせい》にかけられたのであります。

　ここに、法華経《ほけきょう》に対《たい》する日蓮聖人《にちれんしょうにん》の行者《ぎょうじゃ》としての真髄《しんずい》が見《み》られると言《い》えましょう。いかなる迫害《はくがい》も、逆《ぎゃく》に、世俗的《せぞくてき》ないかなる栄耀栄華《えいようえいが》も、法華経信仰《ほけきょうしんこう》の前《まえ》にはすべて、〝風《かぜ》の前《まえ》のチリのようにははかないもの〟と一蹴《しゅう》され、一切惑《さいまど》わされることはなかったのであります。

安立大法尼《あんりゅうだいほうに》の誓願《せいがん》

『我閻浮提《われえんぶだい》の太陽《たいよう》とならん』　太陽《たいよう》はこの太陽系宇宙《たいようけいうちゅう》の中心《ちゅうしん》であり、また、一つしか存《そん》在《ざい》いたしません。二つあれば大変《たいへん》なことになってしまいます。主《しゅ》もまた、そうしたものと言《い》えましょう。

『我煩悩《われぼんのう》を能《よ》く断《だん》ず』　〝貪《とん》・瞋《じん》・痴《ち》という三毒《どく》を断《た》ってゆく〟と言《い》われるのですが、この現実《げんじつ》の世界《せかい》にあって煩悩《ぼんのう》を断《た》つことは、なかなかできるものではありません。師匠《ししょう》なればこそであります。

『我妙法《われみょうほう》を以《も》って仏《ほとけ》を成《じょう》ぜん』　大勢《おおぜい》の人々《ひとびと》も、安立大法尼《あんりゅうだいほうに》のような大《おお》きな心《こころ》から見《み》れば子《こ》どものようなものかも知《し》れません。その人々《ひとびと》に妙法《みょうほう》、つまり、慈悲《じひ》・至誠《まこと》・堪忍《かんにん》の実行《じっこう》を教《おし》えることによって仏《ほとけ》の境遇《きょうぐう》に導《みちび》いてゆく、と言《い》われるのです。親《おや》の愛《あい》が感《かん》じられるのであります。

安立大法尼《あんりゅうだいほうに》のご法話《ほうわ》に、「私《わたくし》は常《つね》に安楽《あんらく》なる境涯《きょうがい》を過《す》ごしておりますので、皆様《みなさま》をもこの境涯《きょうがい》に至《いた》らしめんとするのであります」という一節《せつ》があります。

安立大法尼《あんりゅうだいほうに》のご生涯《しょうがい》に思《おも》いをいたします時《とき》、とてもご自身《じしん》のおっしゃられるような「安楽《あんらく》な境涯《きょうがい》」であったとは思《おも》われません。当時《とうじ》の人《ひと》に「仏教感化救済会《ぶっきょうかんかきゅうさいかい》」をもじって、「ボッコクワンカ救済会《きゅうさいかい》」と揶揄《やゆ》されたほど、今《いま》から言《い》えば貧《まず》しい生活《せいかつ》に終始《しゅうし》しておりました。食《た》べる物《もの》と言《い》えば、近所《きんじょ》の人々《ひとびと》の買《か》い残《のこ》した野菜《やさい》や魚《さかな》のクズみたいなものを安《やす》く買《か》い、着《き》る物《もの》と言《い》えば、つぎはぎだらけのボロを着《き》ておられたのであります。ご自身《じしん》はそのような最低《さいてい》の生活《せいかつ》をされながら、飢《う》えに苦《くる》しむ人《ひと》、寒《さむ》さに震《ふる》える人《ひと》、病気《びょうき》で苦《くる》しむ人《ひと》には何物《なにもの》をも惜《お》しまず施《ほどこ》され、救済《きゅうさい》してこられたのであります。まさしく安立行菩《あんりゅうぎょうぼ》薩《さつ》の誓願《せいがん》「衆生無辺誓願度《しゅじょうむへんせいがんど》」を、身《み》を以《も》って実践《じっせん》されたのであります。ご自分《じぶん》では一度《ど》もそのようなことを言《い》われたことはありませんが、その自覚《じかく》は、しっかり心《こころ》にあったと私《わたくし》は思《おも》います。

『月刊法音』第一四〇号　五〜八頁

日蓮聖人の宗教〔五綱と三秘〕

日蓮聖人《にちれんしょうにん》の教《おし》えは、天台大師《てんだいたいし》、伝教大師《でんぎょうだいし》の教《おし》えにもとずいているのですが、両大師《りょうたいし》よりさらに一歩《ぽ》すすめられたものといってよいと思《おも》います。

一念《ねん》三千の理《り》は天台大師《てんだいたいし》のいいはじめられたことでありますが、日蓮聖人《にちれんしょうにん》は天台大師《てんだいたいし》の立場《たちば》とご自身《じしん》の立場《たちば》を説明《せつめい》され、天台大師《てんだいたいし》のいわれた一念《ねん》三千は「理《り》の一念《ねん》三千」であり、ご自分《じぶん》の主義《しゅぎ》とするところは、もっとふかい意味《いみ》のものをもち、実行《じっこう》にうつす考《かんが》えをさだめるために「事《じ》の一念《ねん》三千」と提唱《ていしょう》しておられます。

理《り》というのは理論《りろん》であり、事《じ》というのは、実行《じっこう》することであります。

しかし、実行《じっこう》するには、実行《じっこう》する方針《ほうしん》をたて、それに心《こころ》を定《さだ》め、こういう順序《じゅんじょ》をとおって実際《じっさい》の行《おこ》ないをしなければならぬという、系統《けいとう》をしめされることが必要《ひつよう》であります。この必要《ひつよう》に応《おう》じてたてられた教義《きょうぎ》が「五綱《こう》」と「三秘《ぴ》」であります。

五綱《こう》というのは、教《きょう》・機《き》・時《じ》・国《こく》・序《じょ》（教法流布先後《きょうぼうるふせんご》）であります。

三秘《ぴ》というのは、本門《ほんもん》の本尊《ほんぞん》・本門《ほんもん》の戒壇《かいだん》・本門《ほんもん》の題目《だいもく》の三つの大事《だいじ》であります。

御開山上人　現代生活の指針　一六六～一六七頁

五綱〔教・機・時・国・序（教法流布先後）〕

◆遺文

◇夫《そ》れ佛法《ぶっぽう》を弘《ひろ》めんと思《おも》わんものは、必《かなら》ず五義《ぎ》を存《そん》して正法《しょうぼう》を弘《ひろ》むべし。五義《ぎ》とは、一には教《きょう》、二には機《き》、三には時《とき》、四には國《くに》、五には佛法流布《ぶっぽうるふ》の前後《ぜんご》なり。

顯謗法鈔　四六九頁

◇法華經《ほけきょう》は一切經《さいきょう》の中《なか》の第《だい》一の經王《きょうおう》なりと知《し》るは、是《こ》れ教《きょう》を知《し》る者《もの》なり。

教機時國鈔　四五〇頁

◇日本國《にほんこく》の一切衆生《さいしゅじょう》は桓武皇帝《かんむこうてい》より已來《このかた》四百餘年《よねん》、一向《こう》に法華經《ほけきょう》の機《き》なり。例《れい》せば靈山《りょうぜん》八個年《かねん》の純圓《△じゅんえん》の機《き》なるが如《ごと》し。天台大師、聖徳太子、鑑眞和尚、根本大師、安然和尚、慧心等の記にこれあり。是《こ》れ機《き》を知《し》る者《もの》なり。

教機時國鈔　四五〇頁

◇日本國《にほんこく》の當世《とうせい》は、如來《にょらい》の滅後《めつご》二千二百一十餘年《よねん》、後《ご》五百歳《さい》に當《あた》って、妙法蓮華經廣宣《みょうほうれんげきょうこうせん》

流布《るふ》の時刻《じこく》なり。是《こ》れ時《とき》を知《し》れるなり。　教機時國鈔　四五一頁

◇日本國《にほんこく》は一向大乘《こうだいじょう》の國《くに》なり、大乘《だいじょう》の中《なか》にも法華經《ほけきょう》の國《くに》たる可《べ》きなり。瑜伽論、肇公の記、聖徳太子、傳教大師、安然等の記にこれあり。是《こ》れ國《くに》を知《し》れる者《もの》なり。　教機時國鈔　四五一頁

◇實大乘《じつだいじょう》を破《は》して權宗《ごんしゅう》に付《つ》き、一切經《さいきょう》を捨《す》てて教外《△きょうげ》を立《た》つ。譬《たと》えば珠《たま》を捨《す》てて石《いし》を取《と》り、地《ち》を離《はな》れて空《くう》に登《のぼ》るが如《ごと》し。此《これ》は教法流布《きょうぼうるふ》の先後《せんご》を知《し》らざる者《もの》なり。　教機時國鈔　四五二頁

◇佛法《ぶっぽう》を弘《ひろ》めん輩《ともがら》は、教機時國教法流布《きょうきじこくきょうぼうるふ》の前後《ぜんご》を撿《かんが》うべきか。如來世《にょらいよ》に出《い》でたまうには、前《まえ》の四十餘年《よねん》には大小《だいしょう》を說《と》くと雖《いえど》も、說時《せつじ》未《いま》だ至《いた》らざるが故《ゆえ》に本懐《ほんがい》を演《の》べ給《たま》わず。機《き》ありと雖《いえど》も時《とき》無《な》ければ大法《だいほう》を說《と》き給《たま》わず。靈山《りょうぜん》八年《ねん》の間《あいだ》誰《たれ》か圓機《△えんき》にあらざる。時《とき》も來《きた》る故《ゆえ》に本懐《ほんがい》を演《の》べ給《たま》うに、權機《ごんき》移《うつ》りて實機《じっき》と成《な》る。法華經《ほけきょう》の流通《るつう》並《ならび》に涅槃經《ねはんぎょう》には實教《じっきょう》を前《さき》とし、權教《ごんきょう》を後《のち》とすべきの由《よし》見《み》えたり。在世《ざいせ》には實《じつ》を隱《かく》して權《ごん》を前《さき》にす、滅後《めつご》には實《じつ》

を前《さき》として權《ごん》を後《のち》と爲《な》すべき道理《どうり》顯然《けんねん》なり。

當世念佛者無間地獄の事　五三三頁

◇佛法《ぶっぽう》を弘通《ぐづう》し群生《ぐんじょう》を利益《りやく》せんには、先《ま》づ教《きょう》・機《き》・時《じ》・國《こく》・教法流布《きょうぼうるふ》の前後《ぜんご》を辨《わきま》うべきものなり。所以《ゆえ》は時《とき》に正像末《しょうぞうまつ》あり、法《ほう》に大小乘《だいしょうじょう》あり、修行《しゅぎょう》に攝折《しょうしゃく》あり。攝受《しょうじゅ》の時折伏《ときしゃくぶく》を行《ぎょう》ずるも非《ひ》なり。折伏《しゃくぶく》の時攝受《ときしょうじゅ》を行《ぎょう》ずるも失《とが》なり。然《しか》るに今《いま》の世《よ》は攝受《しょうじゅ》の時《とき》か折伏《しゃくぶく》の時《とき》か先《ま》づ是《これ》を知《し》るべし。

聖愚問答鈔・下　五八九頁

◇法《ほう》は必《かなら》ず國《くに》を鑑《かんが》みて弘《ひろ》むべし。彼《か》の國《くに》によかりし法《ほう》なれば、必《かなら》ず此《こ》の國《くに》にもよかるべしとは思《おも》う可《べ》からず。四是

又佛法流布《またぶっぽうるふ》の國《くに》に於《おい》ても前後《ぜんご》を勘《かんが》うべし。佛法《ぶっぽう》を弘《ひろ》むる習《なら》い、必《かなら》ずさきに弘《ひろ》めける法《ほう》の様《さま》を知《し》るべきなり。例《れい》せば病人《びょうにん》に藥《くすり》を與《あた》うるには、さきに服《ふく》したる藥《くすり》の様《さま》を知《し》るべし。藥《くすり》と藥《くすり》とがゆき合《お》うて爭《あらそ》いをなし、人《ひと》を損《そん》ずる事《こと》あり。佛法《ぶっぽう》と佛法《ぶっぽう》とが行《ゆ》き合《お》うて爭《あらそ》いをなして、人《ひと》を損《そん》ずる事《こと》のあるなり。

南條兵衛七郎殿御書　五四一～五四二頁

◇佛法《ぶっぽう》を修行《しゅぎょう》する法《ほう》は、必《かなら》ず經經《きょうぎょう》の大小《だいしょう》・權實《ごんじつ》・顯密《けんみつ》を辨《わきま》うべき上《うえ》、よくよく時《とき》を知《し》り機《き》を鑑《かんが》みて申《もう》すべき事《こと》なり。而《しか》るに當世日本國《とうせにほんこく》は、人毎《ひとごと》に阿彌陀經《あみだきょう》竝《なら》びに彌陀《みだ》の名號《みょうごう》等《とう》を本《もと》として、法華經《ほけきょう》を忽諸《ゆるがせ》にし奉《たてまつ》る。世間《せけん》に智者《ちしゃ》と仰《あお》がる人人《ひとびと》、我《われ》も我《われ》も時機《じき》を知《し》れり知《し》れりと存《ぞん》ぜられげに候《そうら》えども、小善《しょうぜん》を以《もっ》て大善《だいぜん》を打《う》ち奉《たてまつ》り、權經《ごんぎょう》を以《もっ》て實經《じっきょう》を失《うしな》う失《とが》は、小善還《しょうぜんかえ》って大惡《だいあく》となる、藥變《くすりへん》じて毒《どく》となる。親族還《しんぞくかえ》って怨敵《おんてき》となるが如《ごと》し、難治《なんち》の次第《しだい》なり。又佛法《またぶっぽう》には賢氣《さかしげ》なる樣《よう》なる人《ひと》なれども、時《とき》に依《よ》り機《き》に依《よ》り國《くに》に依《よ》り、前後《ぜんご》の弘通《ぐづう》に依《よ》る事《こと》を辨《わきま》えざれば、身心《しんしん》を苦《くる》しめて修行《しゅぎょう》すれども驗《しるし》なき事《こと》なり。

下山御消息　一五一一頁

◇正法《しょうぼう》を修《しゅ》して佛《ほとけ》になる行《ぎょう》は時《とき》によるべし。日本國《にほんこく》に紙《かみ》なくば皮《かわ》を剝《は》ぐべし。日本國《にほんこく》に法華經《ほけきょう》なくて知《し》れる鬼神《きじん》一人出來《にんしゅったい》せば身《み》を投《な》ぐべし。日本國《にほんこく》に油《あぶら》なくば臂《ひじ》をも燃《とも》すべし。

日妙聖人御書　八七七頁

◇法門《ほうもん》の事《こと》は、佐渡國《さどのくに》へ流《なが》され候《そうら》いし以前《いぜん》の法門《ほうもん》は、但佛《ただほとけ》の爾前《にぜん》の經《きょう》と思食《おぼしめ》せ。此《こ》の國《くに》の國主《こくしゅ》我《わ》が代《よ》をもたもつべくば、眞言師《しんごんし》等《ら》にも召合《めしあわ》せ給《たま》わんずらん。爾《そ》の時實《ときまこと》の大事《だいじ》をば申《もう》すべし。弟子《でし》等《ら》にも内内申《ないないもう》すならば披露《ひろう》して彼等《かれら》知《し》りなんず。さらばよも合《あ》わじと思《おも》いて各々《おのおの》にも申《もう》さざりしなり。而《しか》るに去《いぬ》る文永《ぶんねい》八年《ねん》九月《がつ》十二日《にち》の夜《よ》、龍《たつ》の口《くち》にて頸《くび》を刎《は》ねられんとせし時《とき》より後《のち》、不便《ふびん》なり我《われ》に付《つ》きたりし者共《ものども》に、實《まこと》の事《こと》を云《い》わざりけると思《おも》いて、佐渡國《さどのくに》より弟子共《でしども》に内内申《ないないもう》す法門《ほうもん》あり。此《これ》は佛《ほとけ》より後《のち》、迦葉《かしょう》・阿難《あなん》・龍樹《りゅうじゅ》・天《てん》親《じん》・天台《てんだい》・妙樂《みょうらく》・傳教《でんぎょう》・義眞《ぎしん》等《とう》の大論師《だいろんじ》大人師《だいにんし》は、知《し》りて而《しか》も御心《みこころ》の中《なか》に祕《ひ》せさせ給《たま》いし、口《くち》より外《そと》には出《いだ》し給《たま》わず。其《そ》の故《ゆえ》は佛制《ほとけせい》して云《いわ》く、『我《わ》が滅後末法《めつごまっぽう》に入《い》らずば、此《こ》の大法《だいほう》云《い》うべからず』とありし故《ゆえ》なり。日蓮《にちれん》は其《そ》の御使《おんつかい》にはあらざれども、其《そ》の時剋《じこく》に當《あた》る上《うえ》、存外《ぞんがい》に此《こ》の法門《ほうもん》を解《さと》りぬれば、聖人《しょうにん》の出《いで》させ給《たま》うまで先《ま》づ序分《じょぶん》にあらあら申《もう》すなり。而《しか》るに此《こ》の法門出現《ほうもんしゅつげん》せば正法《しょうぼう》・像法《ぞうほう》に論師人師《ろんじにんし》の申《もう》せし法門《ほうもん》は、皆日《みなひ》出《い》でて後《のち》の星《ほし》の光《ひかり》、巧匠《たくみ》の後《のち》に拙《つたな》きを知《し》るなるべし。此《こ》の時《とき》には正像《しょうぞう》の寺塔《じとう》の佛像僧等《ぶつぞうそうら》の靈驗《れいげん》は皆《みな》消《き》え失《う》せて、但此《ただこ》の大法《だいほう》のみ一閻浮提《えんぶだい》に流布《るふ》すべしと見《み》えて候《そうろう》。各々《おのおの》はかかる法門《ほうもん》に契《ちぎり》ある人《ひと》なれば頼《たの》もしと思《おぼ》すべし。

三澤鈔　一六四四～一六四五頁

◆安立大法尼

釈尊出世《しゃくそんしゅっせ》の本懐《ほんかい》は法華経《ほけきょう》　すべて仏法《ぶっぽう》を信《しん》ずる人《ひと》は、まず「仏《ほとけ》」と「教《おし》え」と「時《とき》」との三つを明《あき》らかに知《し》らねばなりません。然《しか》るに現代《げんだい》の人々《ひとびと》の中《なか》には、各宗派《かくしゅうは》の真義《しんぎ》も知《し》らないで、〝釈尊《しゃくそん》の説法《せっぽう》である以上《いじょう》は何宗何派《なにしゅうなには》を問《と》うを要《よう》しない。自己《じこ》の気《き》の向《む》いた一つを信《しん》じれば、たとえ分け登《のぼ》る麓《ふもと》の道《みち》は違《ちが》っていても、やがては同《おな》じ高嶺《たかね》の月《つき》を見《み》るのである〟というような、雑駁《ざっぱく》な考《かんが》えの人《ひと》も少《すく》なくないようですが、しかしこれらの人《ひと》たちは、実《じっ》は教主釈尊《きょうしゅしゃくそん》のご出世《しゅっせ》の本懐《ほんかい》に背《そむ》き、諸仏《しょぶつ》の本意《ほんい》を無視《むし》し、謗法《ほうぼう》の恐《おそ》るべき結果《けっか》を招《まね》いているのであります。

すべて経《きょう》と申《もう》すは釈尊《しゃくそん》の説法《せっぽう》のみを指《さ》すのであって、余《よ》の菩薩《ぼさつ》の説《と》きたるものを論《ろん》と言《い》い、人師《にんしら》等の説《と》きたるものを状《じょう》と称《しょう》し、これを経《きょう》・論《ろん》・状《じょう》の三説《せつ》と申《もう》すのであります。末代《まつだい》には、論師《ろんし》・人師《にんし》の説《と》いたものまで経《きょう》と名付《なづ》ける人《ひと》がありますが、それは大《おお》きな誤《あやま》りであります。世《よ》に一切経《さいきょう》と称《しょう》するものは、すべて釈尊《しゃくそん》の説《と》きたまえるものであります。されいやしくも仏道《ぶつどう》を修行《しゅぎょう》するものは、皆《みな》、釈尊《しゃくそん》から教《おし》えを受《う》けているのであります。されば釈尊《しゃくそん》こそ教主《きょうしゅ》であるべき筈《はず》であるのに、世間《せけん》では教主《きょうしゅ》である釈尊《しゃくそん》を忘《わす》れ、恩《おん》もなき余《よ》仏《ぶつ》を信《しん》ずるものがありますが、これこそ不知恩《ふちおん》のものと言《い》わねばなりません。仏《ほとけ》に迷《まよ》うとはこのことであります。

始祖・御法話集　三三一〜三三五頁

◆宗玄大徳

人格完成《じんかくかんせい》の道《みち》

仏様《ほとけさま》とは、どういうお方《かた》を申《もう》すのでありましょうか。仏《ほとけ》という字《じ》には「覚者《かくしゃ》」という意味《いみ》があります。即《すなわ》ち、目覚《めざ》めたる者《もの》ということで、これを現代語《げんだいご》にて申《もう》しますれば、「人格完成者《じんかくかんせいしゃ》」であります。

日蓮聖人《にちれんしょうにん》は「一切衆生《さいしゅじょう》の盲目《もうもく》を開《ひら》ける」（開目鈔《かいもくしょう》・下《げ》）と申《もう》されました。未《いま》だ処世《しょせい》の真理《しんり》を知《し》らない者《もの》を衆生《しゅじょう》と申《もう》し、その衆生《しゅじょう》はあたかも盲《めし》いたる者《もの》の如《ごと》く事物《じぶつ》の善悪《ぜんあく》を識《しき》別《べつ》することができないから、眼《め》を覚《さ》まさせてあげよう、と申《もう》されたのであります。

仏教《ぶっきょう》では正見《しょうけん》、邪見《じゃけん》ということを言《い》われています。即《すなわ》ち、仏様《ほとけさま》＝覚者《かくしゃ》の発見《はっけん》されたる真理《しんり》を能《よ》く了解《りょうげ》して事物《じぶつ》を観察《かんさつ》することを正見《しょうけん》と申《もう》します。一方《ぽう》、一切衆生《さいしゅじょう》はあたかも盲《めし》いたる人《ひと》が事物《じぶつ》を見得《みえ》ざるが如《ごと》く、覚者《かくしゃ》の真理《しんり》を了解《りょうげ》できないから、その観察《かんさつ》する所《ところ》は邪見《じゃけん》でありまして、結局正《けっきょくただ》しい生活《せいかつ》はできないのです。正《ただ》しい生活《せいかつ》ができなければその身《み》に来《きた》るものは苦《くる》しみと災難《さいなん》でありますが、しかし、かかる苦難《くなん》を脱却《だっきゃく》して真《しん》に安楽《あんらく》な生活《せいかつ》へと導《みちび》くべく教《おし》ゆる覚者《かくしゃ》が即《すなわ》ち仏様《ほとけさま》であります。ゆえに、仏教《ぶっきょう》は人間処世《にんげんしょせい》の第《だい》一義《ぎ》であるのみならず、未来永遠《みらいえいえん》の安楽《あんらく》を得《う》る道法《どうほう》であることをご承知頂《しょうちいただ》きたいのであります。また、仏教以外《ぶっきょういがい》の宗教《しゅうきょう》もみな、仏《ほとけ》の教《おし》えを加味《かみ》した上《うえ》で教義《きょうぎ》ができているように思《おも》います。それについては、皆《みな》さんが冷静《れいせい》にその教義《きょうぎ》の内容《ないよう》を観察《かんさつ》くだされば直《ただ》ちにわかると思《おも》います。

聖徳太子《しょうとくたいし》と仏法《ぶっぽう》

そもそも仏教《ぶっきょう》が我《わ》が国《くに》に渡来致《とらいいた》しましたのは、第《だい》二十九代欽明天皇《だいきんめいてんのう》の御代《みよ》であります。百済《くだら》の聖明王《せいめいおう》が、仏像《ぶつぞう》・経巻及《きょうかんおよ》び法師《ほっし》を付《ふ》して天皇《てんのう》に献上《けんじょう》したのが始《はじ》まりであります。

しかれども欽明天皇《きんめいてんのう》、敏達天皇《びだつてんのう》、用明天皇《ようめいてんのう》の御《ご》三代《だい》、三十余年間《よねんかん》は、仏《ほとけ》を崇《あが》め給《たも》うこともありませんでしたが、第《だい》三十二代崇峻天皇《だいすしゅんてんのう》の時《とき》より仏法《ぶっぽう》は、我《わ》が朝《ちょう》に於《おい》て崇《あが》められるようになったのであります。

三十三代《だい》は推古天皇《すいこてんのう》と申《もう》し上《あ》げますが、女帝《じょてい》でいらっしゃいましたので、甥《おい》にあたる聖徳太子《しょうとくたいし》を摂政《せっしょう》として、政治《せいじ》を司《つかさど》られたのであります。

太子《たいし》は生《う》まれつき人《ひと》に優《すぐ》れて賢《かしこ》く、一時《とき》に十人《にん》の訴《うった》えを誤《あやま》りなくご裁断《さいだん》になったと伝《つた》えられています。その太子《たいし》が深《ふか》く仏教《ぶっきょう》を信仰《しんこう》なさって、多《おお》くの寺院《じいん》をご建立《こんりゅう》になったり、また親《した》しく仏教《ぶっきょう》の経典《きょうてん》をお説《と》きになったりして、熱心《ねっしん》に仏教《ぶっきょう》の宣伝《せんでん》にお力《ちから》を尽《つ》くされたのでありました。それは前《まえ》にも申《もう》し上《あ》げましたように、仏即《ほとけすなわ》ち覚者《かくしゃ》の所説《しょせつ》の意義《いぎ》は深遠《じんのん》にして、しかも崇高《すうこう》なる事実《じじつ》と了知《りょうち》せられたからであります。

太子《たいし》はまず、この仏法《ぶっぽう》を以《も》って国民《こくみん》の道徳心《どうとくしん》を養《やしな》い、感化《かんか》したなれば必《かなら》ずや国家《こっか》は平和《へいわ》に治《おさ》まると考《かんが》えられたのであります。

太子《たいし》が多《おお》くの寺院《じいん》を建立《こんりゅう》されたのは、あたかも仏陀《ぶっだ》の言《い》われた、いわゆる「像法《ぞうほう》」の「多造塔寺《たぞうとうじ》」の時代《じだい》でありまして、その予言《よげん》に正《まさ》しく合致《がっち》しているのであります。

太子《たいし》が寺院《じいん》をご造営《ぞうえい》なさったのは、国民一人《こくみんひとり》ひとりの安《やす》らかな日常生活《にちじょうせいかつ》の営《いとな》みを希求《ききゅう》されたところにあります。それには何《なに》よりまず、仏教精神《ぶっきょうせいしん》を中心《ちゅうしん》として社会的《しゃかいてき》に国民《こくみん》を感化《かんか》し、貧困者《ひんこんしゃ》を救済《きゅうさい》し、孤独者《こどくしゃ》や老人《ろうじん》を大切《たいせつ》に養《やしな》ってゆくことを教《おし》え、あるいは、病《びょう》気《き》になっても治療《ちりょう》の道《みち》すら与《あた》えられない貧《まず》しい人々《ひとびと》を救《すく》ってゆくことこそ、国《くに》を治《おさ》むるの基礎《きそ》であると覚知《かくち》され、その実践《じっせん》の場《ば》として寺院《じいん》を建立《こんりゅう》されたのであります。

かく仏教《ぶっきょう》の社会的《しゃかいてき》な救済事業《きゅうさいじぎょう》は、引《ひ》き続《つづ》いて奈良朝《ならちょう》にも行《おこ》なわれたのでありまして、聖武天皇《しょうむてんのう》が国々《くにぐに》に国分寺《こくぶんじ》をご造営《ぞうえい》になったのも、各地《かくち》にお寺《てら》を造営《ぞうえい》して社会事業《しゃかいじぎょう》を行《おこ》ない、人心感化《じんしんかんか》の事業《じぎょう》を起《お》こそうとなされたに外《ほか》なりません。その起源《きげん》は実《じつ》に、聖徳太子《しょうとくたいし》が四天王寺《てんのうじ》をご造営《ぞうえい》なさったのに端《たん》を発《はっ》したものであります。

国分寺《こくぶんじ》は四天王《てんのう》を本尊《ほんぞん》としているのでありまして、今《いま》なお現存《げんぞん》せるものとしては、奈《な》良《ら》の東大寺等《とうだいじとう》が挙《あ》げられましょう。同寺《どうじ》の西大門《さいだいもん》の額《がく》には「四天王護国之寺《てんのうごこくのてら》」という文《もん》字《じ》があります。これらの事実《じじつ》を以《も》って考察《こうさつ》すれば、国《くに》を治《おさ》め、国民《こくみん》を護《まも》るにはまず仏教《ぶっきょう》を広《ひろ》め、社会《しゃかい》を美《うつく》しくしてゆかなければいけないという精神《せいしん》がしっかりと培《つちか》われていたと思《おも》われるのであります。四天王寺《てんのうじ》に範《はん》を示《しめ》し、同寺《どうじ》をして社会事業《しゃかいじぎょう》の中心道場《ちゅうしんどうじょう》とせられたことが、よく窺《うかが》われるのであります。

聖徳太子《しょうとくたいし》はかように、すべての事業《じぎょう》は精神的方面《せいしんてきほうめん》から進《すす》め、心《こころ》の底《そこ》から仏心《ぶっしん》を喚起《かんき》せしめてゆかなければならぬという、大《おお》きな真理《しんり》を実現《じつげん》されたのであります。

世界平和《せかいへいわ》を願《ねが》う仏教《ぶっきょう》　聖徳太子《しょうとくたいし》のみ心《こころ》を以《も》って私共《わたくしども》の今日《こんにち》を考《かんが》える時《とき》、何《なに》が一番大切《ばんたいせつ》なことでありましょうか。私《わたくし》は、聖徳太子《しょうとくたいし》がなさったように仏教《ぶっきょう》を基《もと》として寺院《じいん》が中《ちゅう》心《しん》となり、大《おお》いに国民《こくみん》をして精神修養《せいしんしゅうよう》をなさしめるが緊要《きんよう》ではないかと思《おも》うのでありまず。実《じつ》に国家《こっか》を興隆《こうりゅう》に赴《おもむ》かしむるものは宗教《しゅうきょう》であり、その宗教《しゅうきょう》の最勝《さいしょう》なるものは仏教《ぶっきょう》であります。国《くに》の繁栄《はんえい》は、その宗教《しゅうきょう》の優劣《ゆうれつ》に左右《さゆう》されるといって一向《こう》に憚《はばか》らないのでありますが、であればこそ、最上《さいじょう》の宗教《しゅうきょう》に依《よ》って皆《みな》さんが大《おお》いに考《かんが》え、目覚《めざ》めて頂《いただ》かなければなりません。もしその宗教《しゅうきょう》を誤《あやま》ったなら、世《よ》を救《すく》い、人《ひと》を導《みちび》く目的《もくてき》とする宗教《しゅうきょう》がかえって社会《しゃかい》を害《がい》し、人《ひと》を毒《どく》することとなります。

現在我《げんざいわ》が国《くに》には、各市町村《かくしちょうそん》ともに多《おお》くの寺院《じいん》がありながら、仏教《ぶっきょう》は漸次《ぜんじ》に衰退《すいたい》しつつあるの傾向《けいこう》を示《しめ》しております。そのせいでもありましょう、世《よ》を益《えき》するどころか社会《しゃかい》に何《なん》らの益《えき》なく、むしろ弊害多《へいがいおお》き似非宗教《えせしゅうきょう》を盲信《もうしん》する方《かた》の多《おお》きことはどういうことでありましょうか。

仏教即《ぶっきょうすなわ》ち覚者《かくしゃ》の教《おし》えは、処世《しょせい》の術《じゅつ》に於《お》いていかなることにも応用自在《おうようじざい》であります。事業家《じぎょうか》が金儲《かねもう》けをするにしても、精神的修養《せいしんてきしゅうよう》をなして以《も》って、社会的事業《しゃかいてきじぎょう》に尽《つ》くさなくては、真《しん》の利益《りえき》はないのであります。自己《じこ》さえ利《り》すればよいという利己主義《りこしゅぎ》の信念《しんねん》では、到底《とうてい》幸《しあわ》せな境界《きょうがい》に至《いた》ることはできないのであります。

聖徳太子《しょうとくたいし》の憲法第《けんぽうだい》十七条《じょう》の一番最初《ばんさいしょ》に、「和《わ》を以《もっ》て貴《とうと》しと為《な》す、忤《さから》うことなきを宗《むね》とせよ」と仰《おお》せられてありますが、これこそ、とりも直《なお》さず世界人類《せかいじんるい》の理想《りそう》でなくてはならぬのであります。ただ平和《へいわ》ということを口《くち》にするのは易《やす》いのでありますけれども、実際《じっさい》に於《おい》てこれを行《おこ》なうのは仏教《ぶっきょう》の力《ちから》であると悟《さと》り、その実行《じっこう》に移《うつ》り、以《も》って国民自《こくみんみずか》ら進《すす》んでゆかなければならぬのであります。

かく悟《さと》りて真理《しんり》の教《おし》えを信《しん》じ、行《ぎょう》ずる者《もの》こそ、正《まさ》しく人生《じんせい》の行路《こうろ》を正《ただ》しく歩《あゆ》む者《もの》でありまして、かくの如《ごと》く正《ただ》しき悟《さと》りをして人生《じんせい》を有意義《ゆういぎ》ならしめ、以《も》って世界人類《せかいじんるい》の平和《へいわ》を期《き》するが実《じつ》に仏教《ぶっきょう》の目標《もくひょう》であります。皆《みな》さん大《おお》いに目覚《めざ》めて、仏法《ぶっぽう》を説《せつ》の如《ごと》く実地《じっち》に行《おこ》なうことに努力《どりょく》して頂《いただ》きたいのであります。　村上先生御法話集（二）　一六二～一六七頁

◆御開山上人　五綱の事

一、教《きょう》　お釈迦《しゃか》さまの五十年間《ねんかん》にお説《と》きになった教義《きょうぎ》の内容《ないよう》をいうのであります。教《おし》えには方便《ほうべん》の教《おし》えと真実《しんじつ》の教《おし》えとあり、四十余年《よねん》の方便《ほうべん》の教《おし》えを学《まな》んだのち、仏《ほとけ》のご精神《せいしん》のうち込《こ》んである法華経《ほけきょう》を学《まな》び行《おこ》なってこそ、真《しん》に仏教《ぶっきょう》を学《まな》ぶ者《もの》といいうるのでありま

す。こういうことが「教《きょう》」であります。

二、機《き》　機根《きこん》のことであります。すなわち教《おし》えを理解《りかい》する人《ひと》の程度《ていど》であります。一般《ぱん》の人《ひと》がこの法華経《ほけきょう》を本当《ほんとう》に味《あじ》わって、そうしてこの法華経《ほけきょう》を信《しん》じていくだけの機根《きこん》になっているか、それともそれがわからないような機根《きこん》のおとった者《もの》であるかを、あきらかにすることであります。

三、時《じ》　これは時期《じき》であります。お釈迦《しゃか》さまは、あらかじめご自分《じぶん》がご入滅《にゅうめつ》になったのちに教《おし》えがどんなになっていくかということをお考《かんが》えになって、「大集経《だいじっきょう》」というお経《きょう》の中《なか》に五つの時期《じき》があるということをお説《と》きになっておられます。それは次《つぎ》のように分《わ》けてあります。

○**正法千年《しょうぼうせんねん》**――解脱堅固《げだつけんご》五百年《ねん》・禅定堅固《ぜんじょうけんご》五百年《ねん》
○**像法千年《ぞうほうせんねん》**――多聞堅固《たもんけんご》五百年《ねん》・多造塔寺堅固《たぞうとうじけんご》五百年《ねん》
○**末法万年《まっぽうまんねん》**――闘諍堅固《とうじょうけんご》五百年《ねん》

このように大《おお》きく三つの時代《じだい》にわけ、さらに五百年《ねん》ずつに分《わ》けてあります。

一、正法千年《しょうぼうねん》というのは、仏教《ぶっきょう》が正《ただ》しくお釈迦《しゃか》さまのお心持《こころも》ちのように信《しん》じられ、また実行《じっこう》されている時代《じだい》であるというのです。

二、像法《ぞうほう》千年《ねん》は、仏教《ぶっきょう》の形《かたち》だけはのこっているけれども魂《たましい》がぬけてしまって、研究《けんきゅう》は盛《さか》んのようでも、実行《じっこう》がむつかしくなり、仏《ほとけ》さまのお心《こころ》持《も》ちをもって、自分《じぶん》の心《こころ》持《も》ちとして世《よ》の中《なか》に立《た》つというものが少《すく》なくなっていく時代《じだい》だというのであります。

三、末法《まっぽう》というのは、末《まつ》は打《う》ち消《け》しに使《つか》ってある字《じ》で、法《ほう》がなくなった時代《じだい》という意《い》味《み》です。法《ほう》がなくなって世間《せけん》が真暗闇《まっくらやみ》のようになった時代《じだい》というのであります。

つぎにこの三つの時代《じだい》を五つにわけて、解脱《げだつ》・禅定《ぜんじょう》・多聞《たもん》・多造塔寺《たぞうとうじ》・闘諍《とうじょう》というようにいわれています。

解脱堅固《げだつけんご》の時代《じだい》　お釈迦様《しゃかさま》がご入滅《にゅうめつ》になってからとおくない時代《じだい》でありますから、お釈迦《しゃか》さまの感化《かんか》がまだのこっているので、教《おし》えのとおりうたがわず信《しん》じていって世《よ》の中《なか》の苦《くる》しみや悩《なや》みをはなれ、また世間《せけん》や穢《けが》れをはなれて行《い》くことに力《ちから》をつくしているという時代《じだい》であって、それが五百年《ねん》つづくのであります。

禅定堅固《ぜんじょうけんご》の時代《じだい》　世間《せけん》がだんだん複雑《ふくざつ》になってきて、ただ仏《ほとけ》さまのおっしゃったとおりをそのまま信《しん》じているというだけでは、もはや物足《ものた》りなくなり、こんどはどうしたならばまよいをのぞくことができようか、どうしたならば罪《つみ》や穢《けが》れをはなれることができようかと工夫《くふう》をして、自分達《じぶんたち》の努力《どりょく》によってきよらかな生活《せいかつ》に入《はい》ることを求《もと》める時代《じだい》です。しずかに考《かんが》えて自分《じぶん》の心《こころ》をしずめ、まよいをのぞいて行《い》こうとすることであります。

多聞堅固《たもんけんご》の時代《じだい》　仏滅後《ぶつめつご》千年《ねん》をすぎたのち、すなわち像法《ぞうほう》の時代《じだい》になり世《よ》の中《なか》も複《ふく》雑《ざつ》になり、また仏《ほとけ》の残《のこ》した教《おし》えについてもさまざまな意見《いけん》をいうようになり、そこでいろいろな教《おし》えをくらべあわせることを主《しゅ》とする時代《じだい》となるのです。いろいろな宗派《しゅうは》がわかれたり、著述《ちょじゅつ》も盛《さか》んになり、研究的《けんきゅうてき》な面《めん》はさかんになるのですが、しかし以前《いぜん》のようにまじめに実行《じっこう》するということがだんだんなくなってきた時代《じだい》であります。

多造塔寺堅固《たぞうとうじけんご》の時代《じだい》　こんどは、もはや研究《けんきゅう》に力《ちから》を打《う》ち込《こ》むということもしないで、ただおおくの寺《てら》や塔《とう》をつくり、かたちの上《うえ》だけ整頓《せいとん》して宗教《しゅうきょう》が行《おこ》なわれるようになってきます。形《かたち》は立派《りっぱ》で建物《たてもの》も沢山《たくさん》でき、儀式《ぎしき》もととのってきますが、実行《じっこう》はおろそかになり、また研究《けんきゅう》も充分《じゅうぶん》でなく、形《かたち》ばかりの仏教《ぶっきょう》というものが五百年《ねん》ばかりつづくのであります。

闘諍堅固《とうじょうけんご》の時代《じだい》

いよいよ末法《まっぽう》の世《よ》になりますと、人々《ひとびと》がみな利己的《りこてき》になって、自《じ》分《ぶん》の利害得失《りがいとくしつ》ばかりを考《かんが》えて争《あらそ》うという、あさましい時代《じだい》になるといわれるのであります。

今日《こんにち》ふりかえってみますと、少《すこ》しも違《たが》わずこの道程《どうてい》を辿《たど》ってきたことが明《あき》らかであります。いまの世《よ》の中《なか》はまさに闘諍堅固《とうじょうけんご》の時代《じだい》、末法《まっぽう》の世《よ》の中《なか》に入《はい》ったのであります。日《にち》蓮聖人《れんしょうにん》は、〝この末法《まっぽう》の時代《じだい》には、法華経《ほけきょう》がひろまらなければ世《よ》の中《なか》はよくならない。人々《ひとびと》の困窮《こんきゅう》をすくって世《よ》の中《なか》をあかるくするには、よい教《おし》えを人々《ひとびと》がおこなわなければならぬ。そのよい教《おし》えは法華経《ほけきょう》である〟といっておられます。また末法《まっぽう》の世《よ》の中《なか》は「白《びゃく》法隠没《ほうおんもつ》の時代《じだい》」といわれています。白法隠没《びゃくほうおんもつ》というのは、正《ただ》しい教《おし》えが隠《かく》れ、ほろびてなくなった時代《じだい》ということであります。けれどもこの白法隠没《びゃくほうおんもつ》の時代《じだい》には「大白法《だいびゃくほう》」すなわち、特《とく》にすぐれた正《ただ》しい教《おし》えというものが光《ひかり》を発《はっ》してくるといわれます。これが法《ほ》華経《けきょう》であります。いろいろ極端《きょくたん》まで行《ゆ》きづまって非常《ひじょう》に苦《くる》しい世《よ》の中《なか》になり、どうしてもこのままではならぬという時《とき》に、仏《ほとけ》さまが魂《たましい》を打《う》ち込《こ》んで説《と》かれた法華経《ほけきょう》が力《ちから》をあらわしてくるということが、お釈迦《しゃか》さまのご予言《よげん》であります。

四、国《こく》　国《くに》によっていろいろ状勢《じょうせい》がちがい、低《ひく》い方《ほう》の教《おし》えだけしかひろまらない国《くに》もありますし、高《たか》い方《ほう》の教《おし》えでなければ、人《ひと》が信《しん》じない国《くに》もあります。その国柄《くにがら》により、国《こく》民性《みんせい》によって、それぞれちがいがあるということであります。

わが日本《にほん》の国《くに》はどういう国柄《くにがら》かといえば、大乗《だいじょう》の教《おし》えでなければひろまらない国《くに》であります。そこで、日本《にほん》には大乗《だいじょう》の教《おし》えがひろまり、はじめて世界中《せかいじゅう》に仏《ほとけ》さまのお心持《こころも》ちがあきらかになる機運《きうん》がひらけるのであります。こう考《かんが》えると、われわれ仏教徒《ぶっきょうと》はこの仏《ほとけ》さまのお心持《こころも》ちをしっかりとらえて、この世界《せかい》を理想《りそう》の浄土《じょうど》とすべく努力《どりょく》するという自覚《じかく》をもたねばならぬのです。これが「国《こく》」ということであります。

五、序《じょ》（教法流布先後《きょうほうるふせんご》）　これは、ものには順序《じゅんじょ》があって、低《ひく》いものの後《のち》には高《たか》いものがくる。あさいものの後《のち》にはふかいものがあらわれる。劣《おと》ったものの後《のち》にはすぐれたものが世《よ》に行《おこ》なわれるということで、仏《ほとけ》さまの教《おし》えでも、低《ひく》い方《ほう》の教《おし》えがひろまってから高《たか》い教《おし》えがひろまっていくことです。又《また》、いつまでも低《ひく》いあさい教《おし》えをひろめて満足《まんぞく》すべきではないということで、順序《じゅんじょ》どうりであるならば、末法《まっぽう》こそは法華経《ほけきょう》がひろまらなければならぬということであります。

現代生活の指針　一六七～一七三頁

三　秘〔本門の本尊・本門の戒壇・本門の題目〕

◆遺　文

◇問《と》うて云《いわ》く、如來滅後《にょらいめつご》二千餘年《よねん》に、龍樹《りゅうじゅ》・天親《てんじん》・天台《てんだい》・傳教《でんぎょう》の殘《のこ》し給《たま》える所《ところ》の祕法《ひほう》とは何物《なにもの》ぞや。答《こた》えて曰《いわ》く、本門《ほんもん》の本尊《ほんぞん》と戒壇《かいだん》と題目《だいもく》の五字《じ》となり。問《と》うて云《いわ》く、正像等《しょうぞうとう》に何《なん》ぞ弘通《ぐづう》せざるや。答《こた》えて曰《いわ》く、正像《しょうぞう》に之《これ》を弘通《ぐづう》せば、小乘《しょうじょう》・權大乘《ごんだいじょう》・迹門《しゃくもん》の法門《ほうもん》、一時《じ》に滅盡《めつじん》す可《べ》きなり。

法華取要鈔　一〇五〇頁

◇問《と》うて云《いわ》く、天台《てんだい》・傳教《でんぎょう》の弘通《ぐづう》し給《たま》わざる正法《しょうぼう》ありや。答《こた》えて云《いわ》く有《あ》り。求《もと》めて云《いわ》く何物《なにもの》ぞや。答《こた》えて云《いわ》く、三あり、末法《まっぽう》の爲《ため》に佛留《ほとけとど》め置《お》き給《たま》う。迦葉《かしょう》・阿難等《あなんとう》、馬鳴《めみょう》・龍樹等《りゅうじゅとう》、天台《てんだい》・傳教等《でんぎょうとう》の弘通《ぐづう》せさせ給《たま》わざる正法《しょうぼう》なり。求《もと》めて云《いわ》く、其《そ》の形貌《ぎょうみょう》如何《いかん》。答《こた》えて云《いわ》く、一には日本乃至《にほんないし》一閻浮提《△えんぶだい》一同《どう》に本門《ほんもん》の教主釋尊《きょうしゅしゃくそん》を本尊《ほんぞん》とすべし。所謂寶塔《いわゆるほうとう》の中《うち》の釋迦《しゃか》・多寶《たほう》、外《そと》の諸佛竝《しょぶつなら》びに上行等《じょうぎょうとう》の四菩薩《ぼさつ》脇士《△きょうじ》となるべし。二には本門《ほんもん》の戒壇《かいだん》、三には日本《にほん》・乃至漢土《ないしかんど》・月氏《がっし》・一閻浮提《えんぶだい》に、人毎《ひとごと》に有智無智《うちむち》を嫌《きら》わず、一同《どう》に他事《たじ》を捨《す》てて南無妙法蓮華經《なむみょうほうれんげきょう》と唱《とな》うべし。此《こ》の事《こと》未《いま》だ弘《ひろ》まらず、一閻浮提《えんぶだい》の內《うち》に、佛滅後《ぶつめつご》二千二百二十五年が間《あいだ》一人《にん》も唱《とな》えず。日蓮《にちれん》一人《にん》南無《なむ》妙法蓮華經《みょうほうれんげきょう》・南無《なむ》妙法蓮華經等《みょうほうれんげきょうとう》と、聲《こえ》も惜《おし》まず唱《とな》うるなり。例《れい》せば風《かぜ》に隨《したが》って波《なみ》の大小《だいしょう》あり、薪《たきぎ》によて火《ひ》の高下《こうげ》あり、池《いけ》に隨《したが》って蓮《はちす》の大小《だいしょう》あり、雨《あめ》の大小《だいしょう》は龍《りゅう》による。根深《ねふか》ければ枝繁《えだしげ》し、源《みなもと》遠《とお》ければ流《なが》れ長《なが》しというは是《これ》なり。

報恩鈔・下　一四六六頁

◇此《こ》の三大秘法《だいひほう》は二千餘年《よねん》の當初《そのかみ》、地涌千界《ぢゆがい》の上首《じょうしゅ》として日蓮慥《にちれんたし》かに教主大覺世尊《きょうしゅだいがくせそん》より口決相承《くけつそうじょう》せしなり。今日蓮《いまにちれん》が所行《しょぎょう》は靈鷲山《りょうじゅせん》の稟承《ほんじょう》に芥爾《けにばか》計りの相違《そうい》なき色《いろ》も替《かわ》らぬ壽量品《じゅりょうほん》の事《じ》の三大事《だいじ》なり。

三大秘法稟承の事　一九五六頁

◆御開山上人

三秘《ぴ》　三大秘法《だいひほう》を略《りゃく》して三秘《ぴ》と申《もう》します。

一、本門《ほんもん》の本尊《ほんぞん》　二、本門《ほんもん》の戒壇《かいだん》　三、本門《ほんもん》の題目《だいもく》

この三つのことです。本門《ほんもん》というのは迹門《しゃくもん》に対《たい》しての言《い》い方《かた》で、法華経《ほけきょう》の二十八品《ほん》も前《まえ》十四品《ほん》は迹門《しゃくもん》といい、後《あと》十四品《ほん》を本門《ほんもん》というのです。

迹門《しゃくもん》は、印度《いんど》にご出現《しゅつげん》になって五十年《ねん》の説法《せっぽう》をおえ、八十歳《さい》でご入滅《にゅうめつ》になられたお釈《しゃ》迦《か》さまを指《さ》して仏《ほとけ》さまといいます。本門《ほんもん》になると、〝お釈迦《しゃか》さまは、本仏《ほんぶつ》のあらわれである。永遠《えいえん》の生命《せいめい》をもった本仏《ほんぶつ》がわれわれ人間《にんげん》を憐《あわ》れまれるのあまりに、かりに人《ひと》のすがたをして印度《いんど》にご出現《しゅつげん》になり、八十歳《さい》までわれわれのために教《おし》えをお説《と》きになったのだ〟というのであります。

現代生活の指針　一七三〜一七四頁

日蓮宗学《にちれんしゅうがく》の肝心《かんじん》　五綱《こう》・三秘《び》は、日蓮宗《にちれんしゅう》の宗学《しゅうがく》としてもっとも大切《たいせつ》なものであるばかりか、仏教《ぶっきょう》を学《まな》ぶ者《もの》が必《かなら》ず心得《こころえ》ていなければならぬ大事《だいじ》であります。

日本《にほん》の人々《ひとびと》が皆法華経《みなほけきょう》を信《しん》じ、心《こころ》の広《ひろ》い人《ひと》となったならば、国《くに》は小《ちい》さくても大日本《だいにほん》であります。大《だい》は心《こころ》の広《ひろ》いことです。大《おお》きい心《こころ》の人《ひと》の住《す》む日本《にほん》、即《すなわ》ち大日本《だいにほん》というのであります。これは伝教大師《でんぎょうだいし》の説《せつ》ですが、まことにもっとものことと思《おも》います。

現代生活の指針　一八六頁

本門の本尊（妙法曼荼羅）

◆遺　文

◇問《と》うて云《いわ》く、末代悪世《まつだいあくせ》の凡夫《ぼんぶ》は何物《なにもの》を以《もっ》て本尊《ほんぞん》と定《さだ》むべきや。答《こた》えて云《いわ》く、法華經《ほけきょう》の題目《だいもく》を以《もっ》て本尊《ほんぞん》とすべし。問《と》うて云《いわ》く、何《いづ》れの經文《きょうもん》、何《いづ》れの人師《にんし》の釋《しゃく》にか出《い》でたるや。答《こた》う。法華經《ほけきょう》の第《だい》四法師品《ほっしほん》に云《いわ》く、『藥王在在處處《やくおうざいざいしょしょ》に若《も》しは説《と》き、若《も》しは讀《よ》み、若《も》しは誦《ず》し、若《も》しは書《か》き、若《も》しは經巻所住《きょうがんしょじゅう》の處《ところ》には、皆應《みなまさ》に七寶《△ぼう》の塔《とう》を起《た》てて、極《きわ》めて高廣嚴《こうこうごん》飾《じき》ならしむべし。復舍利《またしゃり》を安《あん》ずることを須《もち》いざれ。所以《ゆえ》は何《いか》ん。此《こ》の中《なか》には已《すで》に如來《にょらい》の全身《ぜんしん》います』等云云《とううんぬん》。

本尊問答鈔　一七一九〜一七二〇頁

◇汝云何《なんじいかん》ぞ釋迦《しゃか》を以《もっ》て本尊《ほんぞん》とせずして、法華經《ほけきょう》の題目《だいもく》を本尊《ほんぞん》とするや。答《こた》う、上《かみ》に擧《あ》ぐる所《ところ》の經釋《きょうしゃく》を見給《みたま》え。私《わたくし》の義《ぎ》にはあらず。釋尊《しゃくそん》と天台《てんだい》とは法華經《ほけきょう》を本尊《ほんぞん》と定《さだ》め給《たま》えり。末代今《まつだいいま》の日蓮《にちれん》も佛《ほとけ》と天台《てんだい》との如《ごと》く、法華經《ほけきょう》を以《もっ》て本尊《ほんぞん》とするなり。其《そ》の故《ゆえ》は法華經《ほけきょう》は釋《しゃく》尊《そん》の父母《ふぼ》・諸佛《しょぶつ》の眼目《がんもく》なり。釋迦《しゃか》・大日《だいにち》、總《そう》じて三世《ぜ》十方《ぽう》の諸佛《しょぶつ》は、法華經《ほけきょう》より出生《しゅっしょう》し給《たま》えり。故《ゆえ》に今《いま△》能生《のうしょう》を以《もっ》て本尊《ほんぞん》とするなり。

本尊問答鈔　一七二一頁

◇日蓮守護《にちれんしゅご》たる所《ところ》の御本尊《ごほんぞん》を認《したた》め参《まい》らせ候事《そうろうこと》も、師子王《ししおう》に劣《おと》るべからず、經《きょう》に云《いわ》く、『師子奮迅《ししふんじん》の力《ちから》』とは是《これ》なり。又此《またこ》の曼荼羅《まんだら》能《よ》く信《しん》ぜさせ給《たま》うべし。南無妙法蓮華《なむみょうほうれんげ》經《きょう》は師子吼《ししく》の如《ごと》し、如何《いか》なる病障《やまいさわ》りをなすべきや。鬼子母神《きしもじん》・十羅刹女《らせつにょ》、法華經《ほけきょう》の題目《だいもく》を持《たも》つものを守護《しゅご》すべしと見《み》えたり。幸《さいわい》は愛染《あいぜん》の如《ごと》く、福《ふく》は毘沙門《びしゃもん》の如《ごと》くなるべし。如何《いか》なる處《ところ》にて遊《あそ》び戯《たわむ》るとも恙《つつが》あるべからず。『遊行《ゆうぎょう》して、畏《おそ》れ無《な》きこと師子王《ししおう》の如《ごと》く』なるべし。十羅刹女《らせつにょ》の中《なか》にも皐諦女《こうたいにょ》の守護《しゅご》ふかかるべきなり。但《ただ》し御信心《ごしんじん》によるべし。劔《つるぎ》なんども進《すす》まざる人《ひと》の爲《ため》には用《もち》うる事《こと》なし。法華經《ほけきょう》の劔《つるぎ》は信心《しんじん》のけなげなる人《ひと》こそ用《もち》うる事《こと》なれ、鬼《おに》に鐵棒《かなぼう》たるべし。日蓮《にちれん》が魂《たましい》を墨《すみ》に染《そめ》ながして書《か》きて候《そうろう》ぞ、信《しん》じさせ給《たま》え。佛《ほとけ》の御心《みこころ》は法華經《ほけきょう》なり、日蓮《にちれん》が魂《たましい》は南無妙法蓮華經《なむみょうほうれんげきょう》に過《す》ぎたるはなし。妙樂云《みょうらくいわ》く、『顯本遠壽《けんぽんおんじゅ》を以《もっ》て其《そ》の命《いのち》と爲《な》す』と釋《しゃく》し給《たま》う。經王御前《きょうおうごぜ》には災《わざわい》も轉《てん》じて幸《さいわい》となるべし。あいかまえて御信心《ごしんじん》を出《いだ》し、此《こ》の御本尊《ごほんぞん》に祈念《きねん》せしめ給《たま》え。何事《なにごと》か成就《じょうじゅ》せざるべき。『充滿其願如清涼池《じゅうまんごがんにょしょうりょうち》』『現世安穩後生善處《げんぜあんのんごしょうぜんしょ》』疑《うたが》いなからん。

經王殿御返事　九九五頁

◇本尊《ほんぞん》の體《てい》たらく、本時《ほんじ》の娑婆《しゃば》の上《うえ》に寶塔空《ほうとうくう》に居《こ》し、塔中《たっちゅう》の妙法蓮華經《みょうほうれんげきょう》の左右《さゆう》に、釋迦《しゃか》牟尼佛《むにぶつ》・多寶佛《たほうぶつ》、釋尊《しゃくそん》の脇士上行等《きょうじじょうぎょうとう》の四菩薩《ぼさつ》、文殊《もんじゅ》・彌勒等《みろくとう》は四菩薩《ぼさつ》の眷屬《けんぞく》として末座《まつざ》に居《こ》し、迹化他方《しゃっけたほう》の大小《だいしょう》の諸菩薩《しょぼさつ》は、萬民《ばんみん》の大地《だいち》に處《しょ》して雲閣月卿《うんかくげっけい》を見《み》るが如《ごと》く、十方《ぼう》の諸佛《しょぶつ》は大地《だいち》の上《うえ》に處《しょ》したまう、迹佛迹士《しゃくぶつしゃくど》を表《ひょう》するが故《ゆえ》なり。是《か》の如《ごと》き本尊《ほんぞん》は在世《ざいせい》五十餘年《よねん》にこれ無《な》し。八年《ねん》の間《あいだ》にも但《ただ》八品《ぼん》に限《かぎ》る。正像《しょうぞう》二千年《ねん》の間《あいだ》は、小乘《しょうじょう》の釋尊《しゃくそん》は迦葉阿《かしょうあ》難《なん》を脇士《きょうじ》と爲《な》し、權大乘竝《ごんだいじょうなら》びに涅槃《ねはん》・法華經《ほけきょう》の迹門等《しゃくもんとう》の釋尊《しゃくそん》は、文殊《もんじゅ》・普賢等《ふげんとう》を以《もっ》て脇《きょう》士《じ》と爲《な》す。此等《これら》の佛《ほとけ》をば正像《しょうぞう》に造《つく》り畫《えが》けども、未《いま》だ壽量《じゅりょう》の佛在《ほとけまし》まさず。末法《まっぽう》に來入《らいにゅう》して始《はじ》めて此《こ》の佛像出現《ぶつぞうしゅつげん》せしむべきか。

如來滅後五五百歳始観心本尊鈔　九五五～九五六頁

◇首題《しゅだい》の五字《じ》は中央《ちゅうおう》にかかり、四大天王《だいてんのう》は寶塔《ほうとう》の四方《ほう》に坐《ざ》し、釋迦《しゃか》・多寶《たほう》・本化《ほんげ》の四菩《ぼ》薩肩《さつかた》を竝《なら》べ、普賢《ふげん》・文殊等《もんじゅとう》・舍利弗《しゃりほつ》・目連等《もくれんとう》座《ざ》を屈《くっ》し、日天《にってん》・月天《がってん》・第六天《だいてん》の魔王《まおう》・龍《りゅう》王《おう》・阿修羅《あしゅら》、其《そ》の外不動《ほかふどう》・愛染《あいぜん》は南北《なんぼく》の二方《ほう》に陣《じん》を取《と》り、惡逆《あくぎゃく》の達多《だった》・愚癡《ぐち》の龍女《りゅうにょ》・一座《ざ》を張《は》り、三千世界《ぜんせかい》の人《ひと》の壽命《いのち》を奪《うば》う惡鬼《あっき》たる鬼子母神《きしもじん》・十羅刹女等《らせつにょとう》、加之《しかのみならず》日本國《にほんこく》の守護神《しゅごじん》たる天照太神《てんしょうだいじん》・八幡大菩薩《まんだいぼさつ》・天神《てんじん》七代《だい》・地神《ちじん》五代《だい》の神神《かみがみ》、總《そう》じて大小《だいしょう》の神祇等《じんぎとう》、體《たい》の神《かみ》つらなる、其《そ》の餘《よ》の用《ゆう》の神《かみ》豈《あに》漏《も》るべきや。寶塔品《ほうとうほん》に云《いわ》く、『諸《もろもろ》の大衆《だいしゅ》を接《せっ》して、皆虚空《みなこくう》に在《お》きたまう』云云《うんぬん》。此等《これら》の佛《ぶつ》・菩薩《ぼさつ》・大聖等《だいしょうとう》、總《そう》じて序品列坐《じょほんれつざ》の△二界八番《にかいはちばん》の雑《ざっ》衆等《しゅとう》、一人《にん》も漏《も》れず此《こ》の御本尊《ごほんぞん》の中《なか》に住《じゅ》し給《たま》い、妙法《みょうほう》五字《じ》の光明《こうみょう》に照《てら》されて△本有《ほんぬ》の尊形《そんぎょう》となる、是《これ》を本尊《ほんぞん》とは申《もう》すなり。

日女御前御返事　一五七一～一五七二頁

◇幼《おさな》き人《ひと》の御爲《おんため》に御守《おんまも》り授《さず》けまいらせ候《そうろう》。この御守《おんまも》りは法華經《ほけきょう》の肝心《かんじん》、一切經《さいきょう》の眼目《げんもく》にて候《そうろう》。たとえば天《てん》には日月《にちがつ》、地《ち》には大王《だいおう》、人《ひと》には心《こころ》、寶《たから》の中《なか》には如意寶珠《にょいほうじゅ》の玉《たま》、家《いえ》には柱《はしら》のようなる事《こと》にて候《そうろう》。この曼荼羅《まんだら》を身《み》に持《たも》ちぬれば、王《おう》を武士《ぶし》の守《まも》るがごとく、子《こ》を親《おや》の愛《あい》するがごとく、魚《うを》の水《みず》を頼《たの》むがごとく、草木《そうもく》の雨《あめ》を願《ねが》うが如《ごと》く、鳥《とり》の木《き》を頼《たの》むが如《ごと》く、一切《さい》の佛神等《ぶっしんとう》の集《あつま》り守《まも》り、晝夜《ちゅうや》に影《かげ》の如《ごと》く守《まも》らせ給《たま》う法《ほう》にて候《そうろう》。能《よ》く能《よ》く御信用《ごしんよう》あるべし。

妙心尼御前御返事　一二九五～一二九六頁

◇佛《ほとけ》の滅後《めつご》に於《おい》て、△四味《み》・三教等《ぎょうとう》の邪執《じゃしゅう》を捨《す》てて、實大乘《じつだいじょう》の法華經《ほけきょう》に歸《き》せば、諸天《しょてん》・善《ぜん》神竝《じんなら》びに地涌《ぢゆ》千界等《がいとう》の菩薩《ぼさつ》法華《ほっけ》の行者《ぎょうじゃ》を守護《しゅご》せん。此《こ》の人《ひと》は守護《しゅご》の力《ちから》を得《え》て、本門《ほんもん》の本《ほん》尊《ぞん》、妙法蓮華經《みょうほうれんげきょう》の五字《じ》を以《もっ》て閻浮提《えんぶだい》に廣宣流布《こうせんるふ》せしめんか。例《れい》せば威音王佛《いおんのうぶつ》の像法《ぞうぼう》の時《とき》、不輕菩薩《ふきょうぼさつ》『我深敬《がしんきょう》』等《とう》の二十四字《じ》を以《もっ》て彼《か》の土《ど》に廣宣流布《こうせんるふ》し、一國《こく》の杖木等《じょうもくとう》の大難《だいなん》を招《まね》きしが如《ごと》し。

顯佛未來記　九八三頁

◇妙法《みょうほう》の曼陀羅《まんだら》は文字《もんじ》は五字《じ》七字《じ》にて候《そうろう》といえども、三世《ぜ》の諸佛《しょぶつ》の御師《おんし》一切女人成佛《さいにょにんじょうぶつ》の印文《いんもん》なり。冥途《めいど》にては燈《ともしび》となり、死出《しで》の山《やま》にては良馬《りょうめ》と成《な》り、天《てん》には日月《にちがつ》の如《ごと》く、地《ち》には須彌山《しゅみせん》の如《ごと》く、生死海《しょうじかい》の船《ふね》なり、成佛得道《じょうぶつとくどう》の導師《どうし》なり。

妙法曼陀羅供養の事　九三九頁

◆御開山上人

本尊《ほんぞん》に二つの考《かんが》え　本仏《ほんぶつ》の現《あら》われた釈迦牟尼仏《しゃかむにぶつ》が本尊《ほんぞん》だというのと、妙法蓮華経《みょうほうれんげきょう》が本尊《ほんぞん》だというのと、二通《とお》りにいわれているので、果《はた》して何《いず》れに従《したが》うべきかという問題《もんだい》が起《お》こります。しかしよく考《かんが》えれば矛盾《むじゅん》もなければ衝突《しょうとつ》もありません。

教主釈迦牟尼仏《きょうしゅしゃかむにぶつ》という、本仏《ほんぶつ》の「はたらき」が自《おのずか》ら現《あら》われて、永《なが》く一切《さい》の人《ひと》が救《すく》われるという大《おお》きな力《ちから》になるのです。この仏《ほとけ》の力《ちから》の現《あら》われたる一切《さい》を「妙法蓮華経《みょうほうれんげきょう》」というのであります。

妙法蓮華経《みょうほうれんげきょう》というのはお経《きょう》の名《な》であるだけのものではありません。お経《きょう》の中《なか》に説《と》き現《あら》わされたる絶対《ぜったい》の仏《ほとけ》の一切《さい》の「はたらき」を妙法蓮華経《みょうほうれんげきょう》というのです。妙法蓮華経《みょうほうれんげきょう》という仏《ほとけ》の力《ちから》が姿《すがた》となって現《あら》われたものが、教主釈迦牟尼世尊《きょうしゅしゃかむにせそん》であり、教主釈迦牟尼世尊《きょうしゅしゃかむにせそん》の力《ちから》とはたらきを妙法蓮華経《みょうほうれんげきょう》というのであります。されば曼荼羅《まんだら》の真《ま》ん中《なか》に教主釈迦牟尼《きょうしゅしゃかむに》世尊《せそん》の名《な》を書《か》かずに、妙法蓮華経《みょうほうれんげきょう》と書《か》かれてあります。妙法蓮華経《みょうほうれんげきょう》というのは仏《ほとけ》の力《ちから》の現《あら》われた一切《さい》を示《しめ》すのですから、われわればかりか永遠《えいえん》に一切《さい》の者《もの》がこの仏《ほとけ》の力《ちから》の中《なか》に包容《ほうよう》せられているのだということが、ハッキリ感《かん》ぜられるのであります。

現代生活の指針　一七九～一八〇頁

十界《かい》の大曼荼羅《だいまんだら》　十界《かい》の大曼荼羅《だいまんだら》には、地獄《ぢごく》・餓鬼《がき》・畜生《ちくしょう》から仏界《ぶっかい》にいたるまで描《えが》かれてあります。仏界《ぶっかい》の所《ところ》には「釈迦《しゃか》」「多宝《たほう》」の名《な》が書《か》かれてあります。これは、下《した》は地《ぢ》獄界《ごくかい》から上《うえ》は仏界《ぶっかい》にいたるまでの一切《さい》の者《もの》が、みなこの妙法蓮華経《みょうほうれんげきょう》の光《ひかり》に照《て》らされ、包《ほう》容《よう》せられて行《い》くところに、ことごとく仏《ほとけ》と同《おな》じ境界《きょうがい》に到達《とうたつ》し、仏《ほとけ》の智慧《ちえ》をそなえ、仏《ほとけ》と同《おな》じ慈悲心《じひしん》をそなえるのだということが明《あき》らかにわかるのであります。

現代生活の指針　一八〇頁

◆日達上人

十界《かい》の大曼荼羅《だいまんだら》　曼荼羅《まんだら》という言葉《ことば》は梵語《ぼんご》の音写《おんしゃ》で「輪円具足《りんねんぐそく》」と訳《やく》します。仏《ほとけ》の悟《さと》りの境地《きょうち》を顕《あら》わしたものです。

私共《わたくしども》法華経《ほけきょう》を信仰《しんこう》する者《もの》は、十界《かい》の大曼荼羅《だいまんだら》に顕《あら》わされた諸仏《しょぶつ》・諸尊《しょそん》を勧請《かんじょう》して礼《らい》拝《はい》いたします。

このお曼荼羅《まんだら》を礼拝《らいはい》することについては〝拝《おが》むとご利益《りやく》が頂《いただ》け、幸福《こうふく》に成《な》れる〟と教《おし》えるところもあるようですが、ただ単《たん》に〝ご利益《りやく》を頂《いただ》くためにする〟ということではありません。

ご利益《りやく》を頂《いただ》くために拝《おが》むというのは、言葉《ことば》を変《か》えていえば、〝自分《じぶん》の思《おも》う通《とお》りにしたい〟という、いわば「我《が》」の現《あら》われであって、それはちょうど薬《くすり》の効《き》き目《め》を試《ため》すのと同《おな》じことになってしまいます。

信仰《しんこう》のご利益《りやく》というものは、いわゆる誠心誠意《せいしんせいい》信仰《しんこう》の誠《まこと》をつくした心《こころ》の副産物《ふくさんぶつ》みたいなもので、ご利益《りやく》のみを目的《もくてき》とすることは、どこか大《おお》きな間違《まちが》いをしていることになります。

では何《なん》のために勧請《かんじょう》するかと申《もう》しますと、お曼荼羅《まんだら》を拝《おが》むことによって〝自分《じぶん》の心《こころ》を正《ただ》しく整《ととの》えてゆく〟、さらには、〝先祖《せんぞ》への感謝《かんしゃ》の気持《きも》ちを現《あら》わす〟、そして、〝今自《いまじ》分《ぶん》が生《い》きていることへの感謝《かんしゃ》の気持《きも》ちを現《あら》わす〟ためであります。

御開山上人《ごかいさんしょうにん》はこのように言《い》われています。

「十界《かい》の大曼荼羅《だいまんだら》は、南無妙法蓮華経《なむみょうほうれんげきょう》を中心《ちゅうしん》といたしまして、十界《かい》の衆生《しゅじょう》を書《か》き顕《あら》わした、日蓮聖人御真筆《にちれんしょうにんごしんぴつ》の大曼荼羅《だいまんだら》であります。

この意味《いみ》を略《りやく》して申《もう》しますれば、十界《かい》の衆生《しゅじょう》は妙法蓮華経《みょうほうれんげきょう》の光明《こうみょう》に照《て》らされ、悉《ことごと》く仏《ほとけ》の境遇《きょうぐう》に達《たっ》することを示《しめ》したものであり、妙法蓮華経《みょうほうれんげきょう》二十八品《ぽん》の縮図《しゅくず》と考《かんが》えてよろしいものです」

まず真《ま》ん中《なか》には南無妙法蓮華経《なむみょうほうれんげきょう》と書《か》かれてあります。これは、ただのお経《きょう》のタイトルではありません。仏《ほとけ》さま出世《しゅっせ》の一番《ばん》の本懐《ほんかい》である教《おし》えの中心《ちゅうしん》、法《ほう》の中心《ちゅうしん》の姿《すがた》であります。

このお題目《だいもく》を中心《ちゅうしん》にして、十界《かい》の世界《せかい》が展開《てんかい》されております。つまり、仏界《ぶっかい》・菩薩界《ぼさつかい》・縁覚界《えんがくかい》・声聞界《しょうもんかい》・天上界《てんじょうかい》・人間界《にんげんかい》・修羅界《しゅらかい》・畜生界《ちくしょうかい》・餓鬼界《がきかい》・地獄界《ちごくかい》という、あらゆる境界《きょうがい》が顕《あら》わされてあるのです。

これを御開山上人《ごかいさんしょうにん》は「妙法蓮華経《みょうほうれんげきょう》二十八品《ぼん》の縮図《しゅくず》」と述《の》べておられますが、これは今《いま》申《もう》しました「十界《かい》の衆生《しゅじょう》」、仏《ほとけ》さまもいれば地獄《ぢごく》の境遇《きょうぐう》の人《ひと》、また畜生《ちくしょう》のような心《こころ》の人《ひと》々《びと》も含《ふく》めて〝十界《かい》の衆生《しゅじょう》は悉《ことごと》く妙法蓮華経《みょうほうれんげきょう》の世界《せかい》に生《い》き、成仏《じょうぶつ》できる〟と説《と》かれる法《ほ》華経《けきょう》の世界《せかい》の姿《すがた》をそのまま表《あら》わしてあるわけです。つまり、十界《かい》の大曼荼羅《だいまんだら》は、仏《ほとけ》さまの世界《せかい》を図《ず》によって顕《あら》わしたものなのです。

法華経《ほけきょう》の世界《せかい》とか仏《ほとけ》さまの世界《せかい》と申《もう》しますと、悟《さと》りを開《ひら》かれた仏《ほとけ》さまや菩薩《ぼさつ》ばかりの世界《せかい》と思《おも》われるかも知《し》れませんが、そうではありません。仏《ほとけ》や菩薩《ぼさつ》はもちろん、地獄《ぢごく》も餓鬼《がき》も畜生《ちくしょう》も、また私共《わたくしども》のような凡夫《ぼんぷ》、これはいわば人間界《にんげんかい》です。それらもすべて含《ふく》んだ世界《せかい》のことであります。

お曼荼羅《まんだら》を見《み》て頂《いただ》くとおわかりになると思《おも》いますが、南無妙法蓮華経《なむみょうほうれんげきょう》を中心《ちゅうしん》にして、まずお釈迦《しゃか》さまと多宝如来《たほうにょらい》が両脇《りょうわき》に書《か》かれてあります。このお釈迦《しゃか》さまは、二千五百年《ねん》前《まえ》インドにお生《う》まれになり、ご入滅《にゅうめつ》されたお釈迦《しゃか》さまではなく、如来寿量品《にょらいじゅりょうぼん》に出《で》てまいります久遠《くおん》の本仏《ほんぶつ》「久遠実成《くおんじつじょう》の本師釈迦牟尼仏《ほんししゃかむにぶつ》」であります。そして多宝如来《たほうにょらい》という仏《ほとけ》さまは、法華経《ほけきょう》が真実《しんじつ》であることを証明《しょうめい》される仏《ほとけ》さまであります。

その姿《すがた》を「二仏並座《ぶつびょうざ》」と申《もう》しますが、この二人《ふたり》の仏《ほとけ》さまの次《つぎ》には、上行菩薩《じょうぎょうぼさつ》を始《はじ》めとする地涌《ぢゆ》の四菩薩《ぼさつ》、さらに下《した》へまいりまして普賢《ふげん》とか文殊《もんじゅ》・薬王等《やくおうとう》の菩薩《ぼさつ》、阿難《あなん》・目連《もくれん》・迦葉《かしょう》といったお釈迦《しゃか》さまのお弟子《でし》、また鬼子母神《きしもじん》・十羅刹女《らせつにょ》という神《かみ》さまもあります。

それればかりではありません。提婆達多《だいばだった》のように、何《なん》とかしてお釈迦《しゃか》さまを殺《ころ》して教団《きょうだん》を乗《の》っとろうと図《はか》った大悪人《だいあくにん》や、阿闍世《あじゃせ》のように、提婆《だいば》にそそのかされて父王《ちちおう》である頻婆《びんば》娑羅王《しゃらおう》を殺害《さつがい》した、いわば地獄《ぢごく》の境界《きょうがい》のものまで書《か》き顕《あら》わされてあります。

これは、〝どんな大悪人《だいあくにん》でも妙法蓮華経《みょうほうれんげきょう》に帰依《きえ》することによって成仏《じょうぶつ》できる〟という、仏《ほとけ》さまのみ教《おし》えが顕《あら》わされているのです。

中心《ちゅうしん》にある南無妙法蓮華経《なむみょうほうれんげきょう》の「南無《なむ》」は「帰命《きみょう》」と訳《やく》され〝私《わたくし》は心《こころ》から命《いのち》を捧《ささ》げます。命《いのち》をあなたのもとに帰《かえ》します〟という、強《つよ》い意味《いみ》があります。

十界《かい》のすべてが備《そな》わる「十界《かい》」

さらに十界《かい》で教《おし》えられることは〝地獄《ちごく》の人《ひと》、餓鬼《がき》の人《ひと》〟という存在《そんざい》だけでなく、私共人間《わたくしどもにんげん》の心《こころ》も顕《あら》わしているのであります。

私共《わたくしども》の心《こころ》は日々刻々《ひびこくこく》いろいろ変化《へんか》いたします。

朝起《あさお》きた時《とき》は菩薩《ぼさつ》のようないい心《こころ》でいても、何《なに》かあるとカーッと頭《あたま》に血《ち》がのぼって、畜生《ちくしょう》・修羅《しゅら》のような心《こころ》になるかも知《し》れません。わずか一日《にち》の内《うち》でも、何度《なんど》も何度《なんど》もコロコロと変《かわ》ってしまうのが私共人間《わたくしどもにんげん》の心《こころ》です。つまり、私共《わたくしども》の心《こころ》は仏《ほとけ》のような心《こころ》を持《も》ったと思《おも》う瞬間《しゅんかん》、次《つぎ》の瞬間《しゅんかん》には修羅《しゅら》のように〝人《ひと》と争《あらそ》おう。相手《あいて》を殺《ころ》してやりたい〟という地獄《ぢごく》のような心《こころ》にも、すぐさま変《かわ》りやすいということです。

十界《かい》の世界《せかい》は、地獄《ぢごく》でも餓鬼《がき》でもすべてに仏性《ぶっしょう》があり、仏《ほとけ》に成《な》れる「悉皆成仏《しっかいじょうぶつ》」であることの反面《はんめん》、例《たと》えて言《い》えば上《うえ》へゆく方向《ほうこう》と同時《どうじ》に、下《した》に向《む》かう方向《ほうこう》もあることを明《あき》らかにしています。

つまり〝あなたにも仏性《ぶっしょう》はありますから仏《ほとけ》に成《な》れますよ〟ということは、裏《うら》を返《かえ》せば〝あなたにも地獄《ぢごく》の性質《せいしつ》がありますから地獄《ぢごく》に堕《お》ちますよ〟と教《おし》えているわけです。

好《この》ましい方《ほう》に変《かわ》ってゆくこともあるし、また悪《わる》い方《ほう》へ堕《お》ちてゆくこともあるという十界互具《かいごぐ》の姿《すがた》から考《かんが》えますと、〝人間《にんげん》はいつどうなるのか、自分《じぶん》というものはわからないものだ〟ということも教《おし》えられるわけです。

次々《つぎつぎ》に変化《へんか》してゆく世界《せかい》に私共人間《わたくしどもにんげん》は生《い》きているのです。先日《せんじつ》、近所《きんじょ》の子《こ》どもが交通事故《こうつうじこ》で大《おお》けがをしました。こんなことも、全《まった》く予測《よそく》のつかないことです。

このようなことを考《かんが》えますと、自分《じぶん》にできることで人《ひと》を喜《よろこ》ばせてゆくことがいかに大切《たいせつ》であるか、おわかり頂《いただ》けると思《おも》います。今《いま》という時間《じかん》を生《い》かしてゆくことです。

家庭《かてい》で、職場《しょくば》で、言葉《ことば》の施《ほどこ》し・笑顔《えがお》の施《ほどこ》し、そのつもりになればいくらでもあります。大《おお》いにしてゆきたいと思《おも》うのです。

そういう心《こころ》でお曼荼羅《まんだら》を見《み》ておりますと、〝今自分《いまじぶん》はどういう心《こころ》なのか。はたして地獄《じごく》にいるのではないだろうか。餓鬼《がき》のような心《こころ》ではないだろうか〟というように、自分《じぶん》の心《こころ》を反省《はんせい》する材料《ざいりょう》にもなりましょう。

さらに、〝修羅《しゅら》のような、あるいは畜生《ちくしょう》のような悪《わる》い世界《せかい》に〟と言《い》いながらも、〝それでもやっぱり仏《ほとけ》の世界《せかい》の中《なか》にいるのだ〟ということになりますと、安心《あんしん》とでも言《い》いましょうか、今後《こんご》の心次第《こころしだい》で、〝自分《じぶん》の心《こころ》を取《と》りもどすことによってその世界《せかい》から抜《ぬ》け出《だ》すことができるし、仏《ほとけ》さまの守護《しゅご》が頂《いただ》けるのだ〟という喜《よろこ》びがでてくると思《おも》います。

このお曼荼羅《まんだら》を拝《おが》むということは、〝変《か》わりやすく、移《うつ》ろいやすい自分《じぶん》の心《こころ》を反省《はんせい》し、精進《しょうじん》の誓《ちか》いとする〟という意味《いみ》に於《おい》ても大変意義《たいへんいぎ》の深《ふか》いことであります。

いずれにしましても「十界《かい》の大曼荼羅《だいまんだら》」は、仏《ほとけ》さまのみ心《こころ》である「南無妙法蓮華経《なむみょうほうれんげきょう》」を中心《ちゅうしん》として展開《てんかい》してゆく、仏《ほとけ》の世界《せかい》を顕《あら》わしたものであります。

私共人間《わたくしどもにんげん》は、どこで生《う》まれようと、どこで死《し》のうと、また何《なに》をしていようと、結局《けっきょく》は仏《ほとけ》の世界《せかい》に生《う》まれ、仏《ほとけ》の世界《せかい》に帰《かえ》ってゆくのです。法華経《ほけきょう》に顕《あら》わされた仏《ほとけ》さまのみ心《こころ》を自《みずか》らの心《こころ》にして少《すこ》しでも実行《じっこう》に移《うつ》すことが、十界《かい》の大曼荼羅《だいまんだら》を本当《ほんとう》に礼拝《らいはい》することになるのであります。

『月刊法音』第八四号　六～一〇頁

本門の戒壇

◆経　典

◇諸天《しょてん》、虚空《こくう》の中《なか》に於《おい》て高聲《こうしょう》に唱《とな》えて言《い》わく、此《こ》の無量無邊《むりょうむへん》百千萬億阿僧祇《まんのくあそうぎ》の世界《せかい》を過《す》ぎて、國《くに》あり娑婆《しゃば》と名《なづ》く、是《こ》の中《なか》に佛《ほとけ》います、釋迦牟尼《しゃかむに》と名《なづ》けたてまつる。今《いま》諸《もろもろ》の菩《ぼ》薩摩訶薩《さつまかさつ》の爲《ため》に、大乘經《だいじょうきょう》の妙法蓮華《みょうほうれんげ》・教菩薩法《きょうぼさっぽう》・佛所護念《ぶっしょごねん》と名《なづ》くるを說《と》きたもう。汝等《なんだち》當《まさ》に深心《じんしん》に隨喜《ずいき》すべし。亦當《またまさ》に釋迦牟尼佛《しゃかむにぶつ》を禮拜《らいはい》し供養《くよう》すべし。彼《か》の諸《もろもろ》の衆生《しゅじょう》、虚空《こくう》の中《なか》の聲《こえ》を聞《き》き已《おわ》って、合掌《がっしょう》して娑婆世界《しゃばせかい》に向《むか》って、是《かく》の如《ごと》き言《ことば》を作《な》さく、南無釋迦牟尼佛《なむしゃかむにぶつ》・南無釋迦牟尼佛《なむしゃかむにぶつ》と。種種《しゅじゅ》の華《け》・香《こう》・瓔珞《ようらく》・旛蓋《ばんがい》及《およ》び諸《もろもろ》の嚴身《ごんしん》の具《ぐ》・珍寶《ちんぼう》・妙物《みょうもつ》を以《もっ》て、皆共《みなとも》に遙《はる》かに娑婆世界《しゃばせかい》に散《さん》ず。所散《しょさん》の諸物《しょもつ》十方《ぽう》より來《きた》ること、譬《たと》えば雲《くも》の集《あつま》るが如《ごと》し。變《へん》じて寶帳《ほうちょう》となって、徧《あまね》く此《こ》の間《あいだ》の諸佛《しょぶつ》の上《みうえ》に覆《おお》う。時《とき》に十方世界《ぽうせかい》、通達無礙《つうだつむげ》にして一佛土《ぶつど》の如《ごと》し。

妙法蓮華經・如來神力品　三二七〜三二八頁

◆遺文

◇末法《まっぽう》に入《い》りて今日蓮《いまにちれん》が唱《とな》うる所《ところ》の題目《だいもく》は、前代《ぜんだい》に異《こと》なり自行化他《じぎょうけた》に亘《わた》りて南無妙法蓮華經《なむみょうほうれんげきょう》なり。名體宗用教《みょうたいしゅうゆうきょう》の五重玄《ぢゅうげん》の五字《じ》なり。戒壇《かいだん》とは王法佛法《おうほうぶっぽう》に冥《みょう》し、佛法王法《ぶっぽうおうほう》に合《がっ》して王臣《おうしん》一同《どう》に本門《ほんもん》の三祕密《ひみつ》の法《ほう》を持《たも》ちて、有徳王覺徳比丘《うとくおうかくとくびく》の其《そ》の乃往《むかし》を末法濁惡《まっぽうじょくあく》の未來《みらい》に移《うつ》さん時《とき》、勅宣《ちょくせん》竝《なら》びに御教書《みきょうしょ》を申《もう》し下《くだ》して、靈山淨土《りょうぜんじょうど》に似《に》たらん最勝《さいしょう》の地《ち》を尋《たず》ねて、戒壇《かいだん》を建立《こんりゅう》す可《べ》きものか。時《とき》を待《ま》つ可《べ》きのみ、事《じ》の戒法《かいほう》と申《もう》すは是《これ》なり。三國《ごく》竝《なら》びに一閻《えん》浮提《ぶだい》の人懺悔滅罪《ひとさんげめつざい》の戒法《かいほう》のみならず、大梵天王《だいぼんでんのう》・帝釋《たいしゃく》等《とう》も來下《らいげ》して踏《ふ》み給《たま》うべき戒壇《かいだん》なり。

三大祕法稟承の事　一九五五〜一九五六頁

◇我《わ》が身《み》法華經《ほけきょう》の行者《ぎょうじゃ》ならば、靈山《りょうぜん》の教主釋迦《きょうしゅしゃか》、寶淨世界《ほうじょうせかい》の多寶如來《たほうにょらい》、十方分身《ぼうふんじん》の諸佛《しょぶつ》、本化《ほんげ》の大士《だいし》、迹化《しゃっけ》の大菩薩《だいぼさつ》、梵《ぼん》・釋《しゃく》・龍神《りゅうじん》・十羅刹女《らせつにょ》も、定《さだ》めて此《こ》の砌《みぎり》に御坐《おはしま》すらん。水《みず》あれば魚住《うをす》む、林《はやし》あれば鳥來《とりきた》る。蓬萊山《ほうらいさん》には玉多《たまおお》く、摩黎山《まりさん》には栴檀生《せんだんしょう》ず。麗水《れいすい》の山《やま》には金《こがね》はあり、今此《いまこ》の所《ところ》も此《かく》の如《ごと》し。佛菩薩《ぶつぼさつ》の住《す》み給《たま》う功德聚《くどくじゅ》の砌《みぎり》なり。

四條金吾殿御返事　一八九五頁

◆御開山上人

本門《ほんもん》の戒壇《かいだん》　戒壇《かいだん》というのは、人々《ひとびと》が集《あつ》まって仏《ほとけ》に対《たい》して誓《ちか》いを立《た》て、〝共《とも》に仏《ほとけ》の教《おし》えを守《まも》ろう。仏《ほとけ》の戒《いまし》めに背《そむ》くまい〟ということを約束《やくそく》する所《ところ》であります。凡夫《ぼんぶ》は約束《やくそく》をしてもその誓《ちか》いと一致《ち》しない場合《ばあい》があります。そういう場合《ばあい》にはおたがいに戒《いまし》め合《あ》い、おたがいに教《おし》え合《あ》って、仏《ほとけ》のご精神《せいしん》に一致《ち》するような行《おこ》ないをつづけるようにつとめなければならないのであります。その教《おし》え合《あ》い、戒《いまし》め合《あ》う場所《ばしょ》を戒壇《かいだん》といってよろしいのでありま す。だから自分《じぶん》の家《いえ》も一つの小《ちい》さい戒壇《かいだん》と思《おも》ってもよいし、自分《じぶん》の住《す》む町《まち》も村《むら》も、大《おお》きく考《かんが》えれば自分《じぶん》の住《す》む国《くに》も戒壇《かいだん》となるならば、理想《りそう》の実現《じつげん》です。戒壇《かいだん》というのは一種《しゅ》の共同生活《きょうどうせいかつ》、協力《きょうりょく》一致《ち》の信仰生活《しんこうせいかつ》というふうに解釈《かいしゃく》してよろしいのです。

妙法蓮華経如来神力品《みょうほうれんげきょうにょらいじんりきほん》には「十方世界《ぽうせかい》、通達無礙《つうだつむげ》にして一仏土《ぶつど》の如《ごと》し」とあります。十方世界《ぽうせかい》すなわち、われわれの住《す》んでいるこの世界《せかい》が、極楽浄土《ごくらくじょうど》になるということです。これを理想《りそう》として、おたがいが法華経《ほけきょう》の修行《しゅぎょう》を励《はげ》んでいかなければならないのでありま す。それにはどうしても戒壇《かいだん》というものが必要《ひつよう》になって来《く》るのであります。そうして極《ごく》楽浄土実現《らくじょうどじつげん》のために、法華経《ほけきょう》の信仰《しんこう》をはげんでゆかなければなりません。

現代生活の指針　一八二〜一八三頁

安立大法尼の戒壇（初期・仏教感化救済会）

安立大法尼《あんりゅうだいほうに》は、愛知県西加茂郡藤岡村白川《あいちけんにしかもぐんふじおかむらしらかわ》（現、愛知県豊田市白川町《あいちけんとよたししらかわちょう》）で修行中《しゅうぎょうちゅう》、付《ふ》近《きん》の民家《みんか》の水車《すいしゃ》を見《み》て、〝水《みず》に没《ぼっ》しても、水《みず》から離《はな》れても水車《すいしゃ》は用《よう》を為《な》さぬ。我《わ》が会《かい》も

『半僧半俗《はんそうはんぞく》』の在家仏教《ざいけぶっきょう》で、宣伝性《せんでんせい》を持《も》つ広宣流布《こうせんるふ》よりも、水車《すいしゃ》の如《ごと》く人様《ひとさま》を救《すく》う（救《きゅう》済《さい》）ことを第《だい》一にしよう〟と、会《かい》の創設《そうせつ》を決意《けつい》されたと伝《つた》えられている。

大乗山法音寺三徳開教百年史（1）　二一五頁

御開山上人の戒壇（日蓮宗昭徳教会）

我《わ》が日本《にほん》の復興再建《ふっこうさいけん》は何《なに》に依《よ》るべきか。其《そ》の基礎《きそ》を宗教《しゅうきょう》にまたねばならない。

諸宗教中《しょしゅうきょうちゅう》、末法悪世《まっぽうあくせ》中《ちゅう》に於《おい》て弘《ひろ》まらせ給《たも》う御経《おんきょう》は法華経《ほけきょう》である事《こと》、論《ろん》をまたぬ処《ところ》であります。

茲《ここ》に於《おい》て財団法人昭徳会《ざいだんほうじんしょうとくかい》は、社会事業《しゃかいじぎょう》として戦災孤児《せんさいこじ》・浮浪児《ふろうじ》の収容養育《しゅうようよういく》、並《なら》びに、保育事業《ほいくじぎょう》・診療所等《しんりょうじょとう》を経営《けいえい》していまして、其《そ》の行績《ぎょうせき》たるや大《おお》いに見《み》るべきものがあります。

此《こ》の事業経営《じぎょうけいえい》に当《あた》っては、日蓮宗《にちれんしゅう》に属《ぞく》せずして法華経《ほけきょう》を信奉《しんぽう》する者数《ものすう》千有《あ》り、之《これ》を維《い》持《じ》していますが、今回此《こんかいこ》の経営者《けいえいしゃ》たる財団法人昭徳会《ざいだんほうじんしょうとくかい》の要望《ようぼう》もあり、此《こ》の篤志者《とくししゃ》たる維《い》持会員《じかいいん》をして真《しん》に、日蓮宗信徒《にちれんしゅうしんと》として法華経実践者《ほけきょうじっせんしゃ》たらしめむとする事《こと》になった次第《しだい》であります。

斯《か》くして身心共《しんしんとも》に正《ただ》しく法華経《ほけきょう》を実践《じっせん》せしむる事《こと》を得《え》ば、教主釈迦牟尼仏《きょうしゅしゃかむにぶつ》を始《はじ》め奉《たてまつ》り、諸仏菩薩《しょぶつぼさつ》は申《もう》すに及《およ》ばず、宗祖日蓮大士《しゅうそにちれんだいし》もまことに歓喜《かんぎ》し給《たも》う事《こと》であります。

此《こ》の意《こころ》を以《もっ》て茲《ここ》に日蓮宗昭徳教会《にちれんしゅうしょうとくきょうかい》を設立《せつりつ》すべく、既《すで》に財団法人昭徳会当事者《ざいだんほうじんしょうとくかいとうじしゃ》との了解《りょうかい》も成立《せいりつ》し、同会敷地内《どうかいしきちない》に敷地及《しきちおよ》び建物《たてもの》を、無償《むしょう》にて借入《かりい》れることとなった次第《しだい》であります。

幸《さいわい》にして本昭徳教会《ほんしょうとくきょうかい》が設立許可《せつりつきょか》せられ、妙宗《みょうしゅう》の教化善導道場《きょうけぜんどうどうじょう》とならむか、宗門《しゅうもん》としても、将又《はたまた》、教主《きょうしゅ》・宗祖《しゅうそ》に対《たい》しましても、聊《いささ》か報恩《ほうおん》の一端《たん》ともなるやと、其《そ》の意義《いぎ》の大《だい》なるを信《しん》じて止《や》まない次第《しだい》であります。

昭和《しょうわ》二十一年《ねん》十一月《がつ》

日蓮宗昭徳教会理由書及由緒沿革書《にちれんしゅうしょうとくきょうかいりゆうしょおよびゆいしょえんかくしょ》

大乗山法音寺三徳開教百年史（3）一〇二～一〇三頁

功徳聚・大乗山法音寺の流れ

日達上人講演抄

御開山上人《ごかいさんしょうにん》のご足跡《そくせき》

御開山上人《ごかいさんしょうにん》が一生《しょう》の間《あいだ》になされたお仕事《しごと》は、各支院《かくしいん》の開設《かいせつ》、福祉《ふくし》事業《じぎょう》、教育事業《きょういくじぎょう》と、今《いま》も輝《かがや》きを放《はな》っております。一貫《かん》してその底《そこ》に流《なが》れているのは、人《ひと》々《びと》の幸《しあわ》せを願《ねが》う菩提心《ぼだいしん》であります。

法音寺《ほうおんじ》は始祖《しそ》・安立大法尼《あんりゅうだいほうに》が明治《めいじ》四十二年《ねん》に仏教感化救済会《ぶっきょうかんかきゅうさいかい》を設立《せつりつ》し、法華経《ほけきょう》・三徳《とく》の実行《じっこう》によって人々《ひとびと》を救済《きゅうさい》し、喜《よろこ》びを与《あた》えようとされたことに始《はじ》まります。

私《わたくし》の知《し》っている昭和《しょうわ》の初《はじ》め頃《ころ》、本部《ほんぶ》にはいろいろな人《ひと》が出入《でい》りしてみえました。主《しゅ》人《じん》が家出《いえで》をしたために生活《せいかつ》できなくなった母子《ははこ》や、家《いえ》を追《お》い出《だ》されて行《い》く所《ところ》がなくなった女性《じょせい》が子《こ》どもを連《つ》れて何人《なんにん》もおみえになりました。来《き》た時《とき》は疲《つか》れ切《き》っていますが、しばらくいて元気《げんき》を取《と》り戻《もど》すとどこかに働《はたら》きに行《い》くのです。また、子《こ》どもがいては働《はたら》けないからと、子《こ》どもを置《お》いて行《い》く人《ひと》もいました。そういう子《こ》どもが増《ふ》えてくると、その子《こ》たちの家《いえ》が必要《ひつよう》となりますから、施設《しせつ》を作《つく》ったのです。

安立大法尼《あんりゅうだいほうに》は〝困《こま》っている人《ひと》は皆《みな》いらっしゃい〟と言《い》われましたから、精神《せいしん》を患《わずら》った人《ひと》、肺病《はいびょう》の人《ひと》、また、ハンセン病《びょう》（らい病《びょう》）など難病《なんびょう》の人《ひと》もいました。

ハンセン病《びょう》は当時《とうじ》、国《くに》が隔離政策《かくりせいさく》を取《と》っていました。今《いま》でこそ治《なお》す薬《くすり》もある病気《びょうき》になりましたが、以前《いぜん》は、一人《ひとり》でも患者《かんじゃ》が出《で》ると一族郎党《ぞくろうとう》悉《ことごと》く世間《せけん》から冷《つめ》たい目《め》で見《み》られるという時代《じだい》でした。たとえ親子《おやこ》・夫婦《ふうふ》でも縁《えん》を切《き》ってしまったのです。家《いえ》を追《お》われた人《ひと》は乞食《こつじき》をするしかありません。普通《ふつう》の乞食《こじき》は三日《か》やったらやめられない、と言《い》われたこともありましたが、ハンセン病《びょう》の人《ひと》はみんなに怖《こわ》がられ、乞食《こつじき》もできにくい時代《じだい》でした。安立大法尼《あんりゅうだいほうに》はそういう人々《ひとびと》をもお世話《せわ》されたのです。町中《まちなか》では人目《ひとめ》につきますから、知多郡《ちたぐん》の臥竜山《がりゅうさん》や藤森《ふじもり》などの郊外《こうがい》に寮《りょう》を建《た》て、そこでお世話《せわ》されたのです。

御開山上人《ごかいさんしょうにん》は昭和《しょうわ》三年《ねん》から五年《ねん》の暮《くれ》まで、安立大法尼《あんりゅうだいほうに》の命《めい》を受《う》けて九州《きゅうしゅう》・生《いき》の松原《まつばら》のハンセン病療病院《びょうりょうびょういん》で働《はたら》かれました。

安立大法尼《あんりゅうだいほうに》の教化《きょうけ》は徹底《てってい》していました。信仰《しんこう》の強《つよ》さとも言《い》えますが、当時《とうじ》は〝空気伝染《くうきでんせん》する〟と恐《おそ》れられたハンセン病《びょう》も、〝信仰《しんこう》がしっかりしていればうつることはない。うつるのは罪障《ざいしょう》や心《こころ》に迷《まよ》いがあるからだ〟と教化《きょうけ》されましたから、こわごわお世話《せわ》をしていました。御開山上人《ごかいさんしょうにん》はその教化《きょうけ》を正面《しょうめん》から受《う》け止《と》め、患者《かんじゃ》さんと共《とも》に食事《しょくじ》をされましたし、風呂《ふろ》にも入《はい》られました。

財政的《ざいせいてき》にも大変《たいへん》でした。国《くに》の補助《ほじょ》はもちろんなく、家族《かぞく》に縁《えん》を切《き》られた人《ひと》ですから、費用《ひよう》の出所《でどころ》がありません。しかし病気《びょうき》の治療《ちりょう》をし、衣《い》・食《しょく》・住《じゅう》の面倒《めんどう》は見《み》なければなりません。その費用《ひよう》すべてが、事業《じぎょう》をしている人《ひと》の負担《ふたん》でした。安立大法尼《あんりゅうだいほうに》以来《いらい》、信仰《しんこう》と福祉《ふくし》は車《くるま》の両輪《りょうりん》でしたから、お寺《てら》のお金《かね》がそちらに使《つか》われたのです。

今《いま》も大《おお》きな違《ちが》いはありません。隣《となり》に保育園《ほいくえん》があります。建物《たてもの》を建《た》て替《か》えるにあたって補助金《ほじょきん》は出《で》ましたが、それだけでは充分満足《じゅうぶんまんぞく》できる建物《たてもの》や設備《せつび》はできませんから、足《た》りない分《ぶん》は法音寺《ほうおんじ》が負担《ふたん》いたしました。幸《さいわ》い信者《しんじゃ》さんの浄財《じょうざい》を使《つか》わせて頂《いただ》くことができますから、そうした事業《じぎょう》ができたのです。

御開山上人《ごかいさんしょうにん》はいつも〝私《わたくし》にはたくさん子《こ》どもがいる〟とおっしゃってみえました。大勢《おおぜい》の親《おや》のいない子《こ》の父親役《ちちおややく》をされたのです。延《の》べでいったら何《なん》千人《にん》もの子《こ》どもを育《そだ》てられたことになります。

子《こ》どもの面倒《めんどう》を見《み》るといっても、お金《かね》を出《だ》して食《た》べさせるだけではありません。暇《ひま》があると寮《りょう》に出向《でむ》き、勉強《べんきょう》を教《おし》えたり、紙芝居《かみしばい》をしてみえました。それがお上手《じょうず》で、声色《こわいろ》を使《つか》い分《わ》けて子《こ》どもたちを楽《たの》しませていました。亡《な》くなられた後《あと》、私《わたくし》も行《い》って紙芝居《かみしばい》をしましたが、子《こ》どもたちの中《なか》には横《よこ》を向《む》いている子《こ》がいたことを思《おも》い出《だ》します。ちょうど今《いま》、本堂《ほんどう》の建《た》つ所《ところ》に児童養護施設《じどうようごしせつ》の駒方寮《こまがたりょう》がありました。この前身《ぜんしん》は村上先生《むらかみせんせい》の時代《じだい》、藤森《ふじもり》にあった明徳寮《めいとくりょう》です。そこは自然環境《しぜんかんきょう》に恵《めぐ》まれた所《ところ》でしたが交通《こうつう》の便《べん》が悪《わる》く、ある時《とき》お医者《いしゃ》さんの往診《おうしん》が間《ま》に合《あ》わなくて、子《こ》どもを亡《な》くしてしまいました。以来《らい》、〝子《こ》どもを大勢面倒見《おおぜいめんどうみ》るには、交通《こうつう》の便《べん》がよくなければ〟ということで、現在地《げんざいち》の駒方町《こまがたちょう》に引《ひ》っ越《こ》し、駒方寮《こまがたりょう》としたのです。

昔《むかし》は栄養事情《えいようじじょう》も悪《わる》かったのでしょう、青《あお》バナを垂《た》らした子《こ》が大勢《おおぜい》いました。そういう子《こ》どもたちと一緒《しょ》に食事《しょくじ》をされましたが、ある時《とき》、一人《ひとり》の子《こ》が床《ゆか》にごはんをこぼしました。それを見《み》た御開山上人《ごかいさんしょうにん》は、何《なん》の気負《きお》いもなくサッと拾《ひろ》って食《た》べられました。その姿《すがた》を見《み》て県《けん》の偉《えら》い人《ひと》が、〝自分《じぶん》の子《こ》に対《たい》してもできにくいことなのに、鈴木先生《すずきせんせい》は本当《ほんとう》にすごい人《ひと》だ。とても真似《まね》のできることではない〟と心《こころ》から感心《かんしん》してみえました。

親《おや》に捨《す》てられた子《こ》、虐待《ぎゃくたい》を受《う》けた子《こ》、家《いえ》が貧《まず》しくてサーカスに売《う》られていた子《こ》らは、心《こころ》に大《おお》きな傷《きず》を負《お》っています。そういう子《こ》に対《たい》して御開山上人《ごかいさんしょうにん》は、ほめてほめてほめて、ほめ殺《ころ》すくらいにほめて育《そだ》てられました。横着《おうちゃく》で保母《ほぼ》さんが手《て》を焼《や》いていた子《こ》がいました。

その子《こ》には、ほうきを持《も》たせて庭《にわ》を掃《は》くように言《い》いました。そしてその子《こ》が庭《にわ》を掃《は》くとすかさず〝上手《じょうず》にできるじゃないか。えらいぞ〟とほめて喜《よろこ》ばせ、ゆがんでいた子《こ》どもの心《こころ》を少《すこ》しでも元《もと》に戻《もど》すよう導《みちび》かれたのです。〝どんな子《こ》でも必《かなら》ずいい所《ところ》がある〟と言《い》われ、その子《こ》のできそうなことを探《さが》してやらせ、ほめて喜《よろこ》ばせたのです。そのやり方《かた》は天才的《てんさいてき》でした。

施設《しせつ》の子《こ》どもたちにとっては就職《しゅうしょく》のむつかしい時代《じだい》でもありました。卒業《そつぎょう》してゆく子《こ》の就職先《しゅうしょくさき》を探《さが》すのも、御開山上人《ごかいさんしょうにん》の大事《だいじ》なお仕事《しごと》でした。戦後《せんご》は八事少年寮《やごとしょうねんりょう》の経営《けいえい》も引《ひき》受《う》けられ、精神薄弱《せいしんはくじゃく》（知的障害《ちてきしょうがい》）児《じ》のお世話《せわ》もされましたが、そういう子《こ》の就職《しゅうしょく》はまた、一段《だん》と大変《たいへん》でした。信者《しんじゃ》さんにお願《ねが》いして引受《ひきう》けて頂《いただ》きましたが、今《いま》も、その時《とき》の子《こ》をお世話《せわ》してくださっている方《かた》がみえます。

男《おとこ》の子《こ》を引取《ひきと》ったのですが、その子《こ》が二十歳《はたち》になってもおねしょをするので困《こま》り果《は》てた奥《おく》さんが〝もうこの子《こ》のお世話《せわ》はできない。あなたはこの子《こ》のためと言《い》うけど、この子《こ》を取《と》るか私《わたくし》を取《と》るか決《き》めてほしい〟と主人《しゅじん》に言《い》いました。その時《とき》〝私《わたくし》はお前《まえ》も大《たい》切《せつ》だが、この子《こ》の世話《せわ》を御前様《ごぜんさま》（御開山上人《ごかいさんしょうにん》）から『頼《たの》む』と言《い》われた以上《いじょう》、どちらを取《と》るかと言《い》われたらこの子《こ》を取《と》る〟と答《こた》えたそうです。奥《おく》さんはすっかりあきらめて〝そこまで言《い》うならお世話《せわ》させて頂《いただ》きましょう〟と言《い》ったということですが、それだけ信頼《しんらい》が厚《あつ》かったのです。信者《しんじゃ》の方《かた》も本当《ほんとう》によくやってくださったものだと思《おも》います。

各方面《かくほうめん》にそういう子《こ》がいますが、今《いま》では六十歳《さい》を越《こ》した人《ひと》もいます。ある方《かた》が〝御前《ごぜん》様《さま》からお預《あず》かりしたけど私《わたくし》も年《とし》を取《と》り、今《いま》はまだいいけれど、私《わたくし》にもしものことがあったらお預《あず》かりした子《こ》はどうしたらいいでしょう〟と言《い》われました。〝その時《とき》はお寺《てら》に引取《ひきと》らせて頂《いただ》きます〟とお答《こた》えさせて頂《いただ》きましたが、やがて、再《ふたた》びお寺《てら》でお世話《せわ》する時《とき》がくると思《おも》っています。平均寿命《へいきんじゅみょう》も延《の》び、医薬《いやく》も進歩《しんぽ》してきましたから、いずれは昭《しょう》徳会《とくかい》で新《あら》たな高齢《こうれい》知的障害者《ちてきしょうがいしゃ》施設《しせつ》を作《つく》る必要《ひつよう》があるかも知《し》れません。

安立大法尼《あんりゅうだいほうに》が、〝困《こま》った人《ひと》は誰《だれ》でもいらっしゃい〟と始《はじ》められ、御開山上人《ごかいさんしょうにん》が拡充《かくじゅう》された福祉事業《ふくしじぎょう》です。皆様《みなさま》のご協力《きょうりょく》を頂《いただ》いて、その精神《せいしん》で今後《こんご》もやってゆきたいと思《おも》っております。

『月刊法音』第三九三号　五～一〇頁

本門の題目

◆遺　文

◇法華經《ほけきょう》の題目《だいもく》は一切經《さいきょう》の神《たましい》、一切經《さいきょう》の眼目《がんもく》なり。

曾谷殿御返事　一七七九頁

◇人《ひと》の身《み》の五尺《しゃく》六尺《しゃく》の神《たましい》も一尺《しゃく》の面《かお》に顯《あら》われ、一尺《しゃく》の面《かお》の神《たましい》も一寸《すん》の眼《まなこ》の内《うち》にをさまり候《そうろう》。又日本《またにほん》と申《もう》す二つの文字《もんじ》に、六十六箇國《かこく》の人畜《にんちく》・田圃《たはた》・上下《じょうげ》・貴賤《きせん》・七珍萬《ちんまん》寶《ぼう》、一つも缺《か》くる事候《ことそうら》わず收《おさ》めて候《そうろう》。其《そ》の如《ごと》く南無《なむ》妙法蓮華經《みょうほうれんげきょう》の題目《だいもく》の内《うち》には、一部《ぶ》八巻《かん》二十八品《ぽん》六萬《まん》九千三百八十四の文字《もんじ》も漏《も》れず缺《か》けず收《おさ》めて候《そうろう》。

妙法尼御前御返事　一六七五～一六七六頁

◇先《さき》の功徳《くどく》にたくらぶれば、前《まえ》の功徳《くどく》は爪上《そうじょう》の土《つち》の如《ごと》し。法華經《ほけきょう》の題目《だいもく》の功徳《くどく》は十方《ぼう》の土《つち》の如《ごと》し。先《さき》の功徳《くどく》は一渧《てい》の水《みづ》の如《ごと》し。題目《だいもく》の功徳《くどく》は大海《だいかい》の如《ごと》し。先《さき》の功徳《くどく》は瓦礫《がりゃく》の如《ごと》し。題目《だいもく》の功徳《くどく》は金銀《きんぎん》の如《ごと》し。先《さき》の功徳《くどく》は螢火《けいか》の如《ごと》し。題目《だいもく》の功徳《くどく》は日月《にちがつ》の如《ごと》しと申《もう》す經文《きょうもん》なり。

題目功徳御書　二二五九頁

◇法華《ほっけ》一部《ぶ》の功徳《くどく》は只妙法等《ただみょうほうとう》の五字《じ》の内《うち》に籠《こも》れり、一部《ぶ》八巻文文《かんもんもん》ごとに二十八品《ぼん》旨趣《ししゅ》かわれども首題《しゅだい》の五字《じ》は同等《どうとう》なり。譬《たと》えば日本《にほん》の二字《じ》の中《なか》に六十餘州嶋《よしゅうしま》二つ入《い》らぬ國《くに》やあるべき、籠《こも》らぬ郡《ぐん》やあるべき。飛鳥《ひちょう》と呼《よ》べば空《そら》を翔《かけ》る者《もの》と知《し》り、走獣《そうじゅう》といえば地《ち》を走《はし》る者《もの》と心得《こころう》る。一切名《さいな》の大切《たいせつ》なること蓋《けだ》し以《もっ》て是《かく》の如《ごと》し。

聖愚問答鈔・下　五九五〜五九六頁

◇妙法蓮華經《みょうほうれんげきょう》と申《もう》すは、文《もん》にあらず義《ぎ》にあらず一經《きょう》の心《こころ》のみと釋《しゃく》せられて候《そうろう》。されば題目《だいもく》を離《はな》れて法華經《ほけきょう》の心《こころ》を尋《たづ》ぬる者《もの》は、猨《さる》を離《はな》れて肝《きも》をたづねしはかなき龜《かめ》なり。山林《さんりん》を捨《す》てて果《このみ》を大海《だいかい》の邊《ほとり》に求《もと》めし猨猴《えんこう》なり。はかなしはかなし。

曾谷入道殿御返事　一五九九頁

◇本門《ほんもん》の肝心《かんじん》南無妙法蓮華經《なむみょうほうれんげきょう》の五字《じ》に於《お》いては、佛猶文殊《ほとけなおもんじゅ》・藥王等《やくおうとう》にも之《これ》を付屬《ふぞく》し給《たま》わず。何《いか》に況《いわん》や其《そ》の已下《いげ》をや。但地涌《ただぢゆ》千界《がい》を召《め》して、八品《ぼん》を說《と》いて之《これ》を付屬《ふぞく》したまう。

如來滅後五五百歲始觀心本尊鈔　九五五頁

◇大地《だいち》の上《うえ》に針《はり》を立《た》てて、大梵天王宮《だいぼんてんのうぐう》より芥子《けし》を投《な》ぐるに、針《はり》のさきに芥子《けし》の貫《つらぬ》かれたるよりも、法華經《ほけきょう》の題目《だいもく》に値《あ》い奉《たてまつ》る事《こと》かたし、此須彌山《このしゅみせん》に針《はり》を立《た》てて、彼《か》の須彌山《しゅみせん》より大風《たいふう》の強《つよ》く吹《ふ》かん日《ひ》、絲《いと》をわたさんに針《はり》の穴《あな》に至《いた》りて絲《いと》の尖《さき》の入《い》りたらんよりも、法《ほ》華經《けきょう》の題目《だいもく》に値《あ》い奉《たてまつ》る事《こと》かたし。

法華題目鈔　六〇一頁

◆御開山上人　宗玄大徳のご遺訓

妙《みょう》・法《ほう》・蓮《れん》・華《げ》・経《きょう》の心《こころ》は法音寺《ほうおんじ》三徳《とく》の心《こころ》　先生《せんせい》が臨終《りんじゅう》の其《そ》の日《ひ》まで私共《わたくしども》に申《もう》された遺訓《いくん》は、妙法蓮華経《みょうほうれんげきょう》の五文字《もじ》で、此《こ》の五文字《もじ》を実践化《じっせんか》して、皆《みな》さんの生活《せいかつ》を意義《いぎ》あらしめたい、ということでした。この五文字《もじ》を分解《ぶんかい》して説明《せつめい》すれば、妙《みょう》は慈悲《じひ》、法《ほう》は至誠《まこと》、蓮《れん》は堪忍《かんにん》、華《げ》は因《いん》、経《きょう》は果《か》と考《かんが》えられます。

　妙法《みょうほう》の妙《みょう》の字《じ》は「よみがえる」という意味《いみ》の文字《もじ》であります。「よみがえる」とはどんなことか。「禍《わざわい》を変《へん》じて福《ふく》とする。貧者《ひんじゃ》を富者《ふしゃ》とする。病者《びょうしゃ》を健康者《けんこうしゃ》とする」ということでありまして、猶大《なおおお》きく申《もう》せば、二乗《じょう》の者《もの》（声聞《しょうもん》、縁覚《えんがく》）、地獄《ぢごく》の者《もの》でも仏《ほとけ》にする、というような変化《へんか》をさせる意味《いみ》でありますが、此《こ》の妙《みょう》を妙《みょう》として変化《へんか》せしめるものは、慈悲心《じひしん》であります。他《た》を愛《あい》する慈悲心《じひしん》によって総《すべ》てを善化《ぜんか》させる作用《さよう》、之《これ》を妙《みょう》と名《な》づけるのであります。

今迄《いままで》嫌《きら》われていた人《ひと》も、邪魔《じゃま》にされた人《ひと》も、慈悲心深《じひしんふか》く人《ひと》を恵《めぐ》む心《こころ》を増《ま》せば、愛《あい》され、頼《たよ》りにされる人《ひと》となります。商売《しょうばい》は繁昌《はんじょう》し、農作物《のうさくぶつ》までも増収《ぞうしゅう》となります。「是非共慈《ぜひともじ》悲心《ひしん》を増《ま》して幸《さち》を得《え》て戴《いただ》きたい」というのが第《だい》一であります。

法《ほう》は「世法《せほう》」、即《すなわ》ち世渡《よわた》りの道《みち》です。日蓮聖人《にちれんしょうにん》は「天晴《てんは》れぬれば地明《ちあき》らかなり。法華《ほっけ》を識《し》る者《もの》は世法《せほう》を得《う》べきか」と申《もう》されています。何故《なにゆえ》に法華《ほっけ》を識《し》ると世渡《よわた》りの道《みち》を得《え》たことになるのか、それは人生《じんせい》の大事《だいじ》を悟《さと》るからです。

皆《みな》さん、此《こ》の世《よ》の中《なか》に生存《せいぞん》するの意味《いみ》は何《なん》でしょうか。美食《びしょく》を得《え》ることか、立派《りっぱ》な家《いえ》に住《す》む事《こと》か、金《かね》を儲《もう》けることか、否《いな》、それ以上《いじょう》に大切《たいせつ》な事《こと》があるのです。それは「生死《しょうじ》一大事《だいじ》の血脈《けちみゃく》」であります。

血脈《けちみゃく》とは、仏《ほとけ》の教《おし》えを我《わ》が身《み》を通《つう》じて、全身《ぜんしん》に脈打《みゃくう》ち、流《なが》れるように普《あまね》く伝《つた》える、そして、社会《しゃかい》をよくする、ということです。此《こ》の心掛《こころが》けを以《もっ》て信仰《しんこう》し、修養《しゅうよう》せねばなりません。これこそ人生《じんせい》の一大事《だいじ》であります。そして遂《つい》に成仏《じょうぶつ》と申《もう》して、仏《ほとけ》と同《おな》じ境遇《きょうぐう》に進《すす》まねばならぬのです。

猶《なお》、仏《ほとけ》となった人《ひと》は多《た》千億《おく》の仏《ほとけ》を供養《くよう》されたとあります。その仏《ほとけ》とはどんな仏《ほとけ》でしょう。それは、これから仏《ほとけ》になる世《よ》の中《なか》の人々《ひとびと》を指《さ》すのであります。されば、仏《ほとけ》と考《かんが》えられる人《ひと》の中《なか》には夫《おっと》もあり、妻《つま》もあり、父母《ふぼ》兄弟《きょうだい》も隣人《りんじん》も含《ふく》まれています。そういう人々《ひとびと》に仕《つか》えること、仏《ほとけ》を敬《うやま》うが如《ごと》くすることです。

朝《あさ》に起《お》きて掃除《そうじ》をすることも皆仏《みなほとけ》の供養《くよう》であります。炊事《すいじ》をすることも、又商売《またしょうばい》をするにも、皆仏《みなほとけ》が相手《あいて》です。敬《うやま》い心《ごころ》を以《もっ》て接《せっ》し、仏《ほとけ》の心《こころ》に安心《あんしん》を与《あた》え、便利《べんり》を与《あた》え、喜《よろこ》ばすように心掛《こころが》けてするのは皆仏《みなほとけ》の供養《くよう》です。斯《か》く考《かんが》える時《とき》、仏《ほとけ》の供養《くよう》は随分多《ずいぶんおお》いのです。そして、毎日《まいにち》の働《はたら》きは本当《ほんとう》に意義《いぎ》があり、本当《ほんとう》に嬉《うれ》しい毎日《まいにち》です。

此《こ》の心掛《こころが》けを以《もっ》て暮《くら》せば、此《こ》の世《よ》に生《せい》を受《う》けたことの喜《よろこ》びは自《おのず》ら心《こころ》の奥底《おくそこ》に湧《わ》き出《い》で て来《き》ます。其《そ》の日其《ひそ》の日《ひ》は本当《ほんとう》に意義《いぎ》ある日《ひ》となります。かような心掛《こころが》けの人《ひと》は、自身《じしん》の行《ぎょう》を以《もっ》て自然《しぜん》の間《あいだ》に仏《ほとけ》の教《おし》えを伝《つた》えて行《い》きます。

持戒波羅蜜《じかいはらみつ》の修行《しゅぎょう》は此《こ》の信仰者《しんこうしゃ》に依《よ》って持《たも》たれるのでありまして、其《そ》の働《はたら》きに至誠《まこと》のこもらぬということはありませんので、人《ひと》からの信用《しんよう》は増《ま》し、幸《さち》の基《もとい》となります。これ世法《せほう》の第一《だい》方法《ほうほう》であります。

蓮《れん》とは蓮華《れんげ》の心《こころ》であります。蓮華《れんげ》は畑《はたけ》や山《やま》の上《うえ》には生《お》いません。泥土《でいど》にこそ立派《りっぱ》に生《お》い、立派《りっぱ》に華《はな》を咲《さ》かすのであります。我々仏性《われわれぶっしょう》を持《も》つ菩薩《ぼさつ》は、末法悪世中《まっぽうあくせちゅう》に華《はな》を咲《さ》かすこと、蓮華《れんげ》の如《ごと》くありたいものです。兎角世《とかくよ》の中《なか》は、善行《ぜんぎょう》を修《しゅう》するにしても、周囲《しゅうい》は泥《でい》土《ど》の如《ごと》く思想《しそう》が悪《わる》くて、其《そ》の泥《どろ》には塗《ぬ》れ易《やす》いように、種々《しゅじゅ》な誘惑《ゆうわく》や迫害等《はくがいとう》もありますが、これを耐《たえ》え忍《しの》び、忍耐強《にんたいづよ》く進《すす》まねばならぬということです。此《こ》の心掛《こころが》けがない時《とき》には、常《つね》に人《ひと》の仕打《しう》ちを腹立《はらた》ち、失敗《しっぱい》をすることが多《おお》いのです。

〝敵《てき》となる人《ひと》こそは我《わ》が師匠《ししょう》ぞと

　思《おも》いかえして身《み》をばたしなめ〟

釈尊《しゃくそん》が、事毎《ことごと》に反対《はんたい》した提婆達多《だいばだった》は善知識《ぜんちしき》であると喜《よろこ》ばれた物語《ものがた》りを歌《うた》にしたものであります。反対者《はんたいしゃ》となる人《ひと》を師匠《ししょう》だと悟《さと》って行《い》くこそ正《ただ》しい悟《さと》りであって、心《こころ》の中《なか》の邪《じゃ》念《ねん》は払《はら》われ、人《ひと》を怨《うら》み憎《にく》み、腹立《はらた》つことがなくなって、真《しん》に幸福《こうふく》です。斯《か》く悟《さと》って如何《いか》なる出来事《できごと》にも驚《おどろ》かず、恐《おそ》れず、勤《つと》め難《がた》きを勤《つと》めて行《おこ》なう、これこそ蓮華《れんげ》の心《こころ》でありまして、我々《われわれ》が常《つね》に心掛《こころが》けねばならぬ大事《だいじ》であります。

されば仏《ほとけ》の姿《すがた》は蓮台《れんだい》に坐《ざ》しておられるのですが、これは、自《みずか》ら仏《ほとけ》が忍耐強《にんたいづよ》く修行《しゅぎょう》された事《こと》の形《かたち》に顕《あらわ》れていることが納得《なっとく》せられ、尊《とうと》く思《おも》われます。

村上斎先生《むらかみいっきせんせい》は「一度腹立《どはらた》つことは身《み》も心《こころ》も焼《や》き、我《わ》が徳《とく》も焼失《しょうしつ》するのだと心得《こころえ》て堪忍《かんにん》を守《まも》って戴《いただ》きたい」と申《もう》しておられたのであります。

華《げ》は因《いん》です。現在仏様《げんざいほとけさま》の教《おし》えを聞《き》くことを得《え》て人生《じんせい》を有為《ゆうい》とすることが出来《でき》るのも、過去《かこ》に善《よ》き因《いん》のあった結果《けっか》です。現在《げんざい》の幸《こう》・不幸《ふこう》、此《こ》れは皆過去《みなかこ》の因《いん》に依《よ》る結果《けっか》であります。未来《みらい》に必《かなら》ず結実《けつじつ》する華《はな》を咲《さ》かすような善根《ぜんこん》を修《しゅう》して行《い》けば、其《そ》の結果《けっか》は、善《ぜん》の果《か》実《じつ》を得《え》るものなりと解《げ》する、これ因《いん》の道理《どうり》を知《し》ることであります。

経《きょう》、即《すなわ》ち教《おし》えは、善行《ぜんぎょう》を修《しゅう》して善《よ》き結果《けっか》を得《え》ることで、即《すなわ》ち平和《へいわ》の世界《せかい》、極楽《ごくらく》の世界《せかい》を出現《しゅつげん》させねばならぬ、ということであります。それ故日々《ゆえひび》の行《おこ》ないは、慈悲深《じひぶか》く、至誠《まこと》を以《もっ》て働《はたら》き、堪忍強《かんにんつよ》くし、深《ふか》く因果《いんが》の道理《どうり》を悟《さと》って之《これ》を行《ぎょう》に顕《あらわ》し、其《そ》の行《おこ》なった跡《あと》をふりかえり反省《はんせい》して、又実行《またじっこう》をするのです。

丁度《ちょうど》、稲《いね》・麦等《むぎとう》の作物《さくもつ》の種《たね》を蒔《ま》き、其《そ》の成長《せいちょう》を見《み》ては耕作《こうさく》し、施肥《せひ》するように、慈悲《じひ》・至誠《まこと》・堪忍《かんにん》を行《おこ》なって其《そ》の結果《けっか》をふりかえり、又行《またおこ》なってはふりかえりつつ、段々其《だんだんそ》の働《はたら》きを大《おお》きく及《およ》ぼして広《ひろ》く世《よ》を益《えき》するよう致《いた》すのです。これが、妙法蓮華経《みょうほうれんげきょう》を口《くち》に唱《とな》える者《もの》の行《おこ》ないであります。

斯《か》くして人《ひと》の一代《だい》を有為《ゆうい》にすることこそ仏様《ほとけさま》の眼目《がんもく》であり、仏様《ほとけさま》が法華経《ほけきょう》を説《と》かれた目的《もくてき》であります。されば先生《せんせい》は「此《こ》の事《こと》を悟《さと》り、大人格者《だいじんかくしゃ》となって、仏様《ほとけさま》と同《おな》じように大涅槃《だいねはん》を得《え》てもらいたい」と希望《きぼう》しておられたのであります。

釈尊《しゃくそん》の大願《たいがん》は「一切《さい》の衆《しゅ》をして、我《わ》が如《ごと》く等《ひと》しくして、異《こと》なることなからしめんと欲《ほっ》しき」これです。先生《せんせい》の念願《ねんがん》も亦《また》これに外《ほか》ならないのであります。此《こ》の最後《さいご》の教訓《きょうくん》を信《しん》じ念《ねん》じて、大《おお》きな徳《とく》を積《つ》みましょう。そして社会《しゃかい》に大利益《だいりえき》を齎《もたら》そうではありませんか。

（昭和《しょうわ》二十二年《ねん》二月《がつ》十一日《にち》・鈴木修一郎《すずきしゅういちろう》記《しる》す）

大乗山法音寺三徳開教百年史（2）四六〇～四六四頁

妙法蓮華経《みょうほうれんげきょう》の五字《じ》

〝火《ひ》は焼《や》き照《てら》すを以《もっ》て行《ぎょう》と為《な》し、水《みず》は垢穢《くえ》を浄《きよ》むるを以《もっ》て行《ぎょう》と為《な》し、風《かぜ》は塵埃《ぢんあい》を払《はら》うを以《もっ》て行《ぎょう》と為《な》し、又人畜草木《またにんちくそうもく》の為《ため》に魂《たましい》となるを以《もっ》て行《ぎょう》と為《な》す。大地《だいち》は草木《そうもく》を生《しょう》ずるを以《もっ》て行《ぎょう》と為《な》し、天《てん》は潤《うるお》すを以《もっ》て行《ぎょう》と為《な》す。妙法蓮華経《みょうほうれんげきょう》の五字《じ》も又是《またかく》の如《ごと》

し、本化《ほんげ》地涌《ぢゆ》の利益是《りやくこれ》なり〟（生死《しょうじ》一大事《だいじ》血脈鈔《けちみゃくしょう》）

火《ひ》は物《もの》を焼《や》いたり、あるいは暗《くら》い所《ところ》を照《て》らすのが本来《ほんらい》の性質《せいしつ》です。水《みず》は穢《けが》れたものを浄《きよ》めるのがその本来《ほんらい》の性質《せいしつ》です。風《かぜ》は塵《ちり》を払《はら》うことがその本来《ほんらい》の働《はたら》きです。風《かぜ》が吹《ふ》くことによっていろいろな障《さわ》りが払《はら》われ、人間《にんげん》も草《くさ》も木《き》もよく育《そだ》つ、つまり風《かぜ》はすべてのものを育《そだ》てる働《はたら》きをします。人畜草木《にんちくそうもく》のために魂《たましい》となるというようにも、考《かんが》えられています。大地《だいち》は草木《そうもく》を生《しょう》ずることがその本来《ほんらい》の性質《せいしつ》であり、天《てん》は物《もの》を潤《うる》おすのがその働《はたら》きであります。

　このようにすべての物《もの》には、その本性《ほんしょう》というものがあります。またそれぞれに具《そな》わる働《はたら》きというものがあります。

「妙法蓮華経《みょうほうれんげきょう》」の五字《じ》もまたそれと同様《どうよう》であって、〝一切《さい》の人間《にんげん》を救《すく》い、一切《さい》の人間《にんげん》を仏《ほとけ》にする〟という働《はたら》きが「妙法蓮華経《みょうほうれんげきょう》」の中《なか》に具《そな》わっているのであります。これは決《けっ》して他《た》に類《るい》のない、尊《とうと》い働《はたら》きなのであります。

信仰の目標　五〜六頁

本門《ほんもん》の題目《だいもく》　妙法蓮華経《みょうほうれんげきょう》と唱《とな》えるお題目《だいもく》はただお経《きょう》をさしているのではなくて、お経《きょう》の中《なか》に書《か》いてあることを指《さ》しているのであります。「南無妙法蓮華経《なむみょうほうれんげきょう》」と唱《とな》えることは、お経《きょう》の中《なか》に説《と》き示《しめ》されることを自分達《じぶんたち》が実行《じっこう》するという意味《いみ》をあらわすものであります。それでこの題目《だいもく》を唱《とな》えることが、すなわち妙法蓮華経《みょうほうれんげきょう》を信《しん》ずる者《もの》の修行《しゅぎょう》となるのです。

なぜ口《くち》に唱《とな》えるのが大事《だいじ》であるかと申《もう》しますれば、われわれの一切《さい》の行《おこ》ないは身《み》と口《くち》と意《こころ》との三業《ごう》というものを出《で》ないのでありまして、ただ口《くち》にお題目《だいもく》を唱《とな》えると共《とも》に意《こころ》がその口《くち》に唱《とな》える所《ところ》と一致《ち》し、その身《み》に行《おこ》ないとなって現《あら》われるに相違《そうい》ないのであります。お題目《だいもく》を唱《とな》えることによって自分《じぶん》の意《こころ》が法華経《ほけきょう》と一致《ち》するのです。「南無妙法蓮華経《なむみょうほうれんげきょう》」と唱《とな》えるのは、〝必《かなら》ず意《こころ》に信《しん》じよう。必《かなら》ずこれを身《み》に行《おこ》なおう〟という決心《けっしん》を言葉《ことば》に現《あら》わしたものです。されば真心《まごころ》をこめて「南無妙法蓮華経《なむみょうほうれんげきょう》」と唱《とな》える時《とき》には、その声《こえ》の中《なか》にその人《ひと》の魂《たましい》がこもっておりますから、その声《こえ》を聞《き》いた人《ひと》が自《おのずか》ら大《おお》きな感化《かんか》をうけてその方《ほう》に心《こころ》がひかれ、自分《じぶん》も自然《しぜん》に法華経《ほけきょう》を信《しん》ずるようになり、又自然《またしぜん》に法華経《ほけきょう》と一致《ち》するような行《おこ》ないをしたいという心持《こころも》ちになります。すなわち、我《わ》が本性《ほんしょう》である仏《ほとけ》の性質《せいしつ》が芽《め》を出《だ》し、成長《せいちょう》してくるのであります。又《また》お題目《だいもく》を聞《き》く人《ひと》を感動《かんどう》せしめ、同《おな》じ信《しん》仰《こう》に誘《さそ》って行《い》くことができるのであり、聞《き》く人《ひと》に感動《かんどう》をあたえることによって、はかり知《し》れぬ神力《じんりき》が感応道交《かんのうどうきょう》するのであります。

現代生活の指針　一八〇〜一八二頁

◆日達上人

お題目《だいもく》は究極《きゅうきょく》の真理《しんり》

お題目《だいもく》は、ただ単《たん》に「妙法蓮華経《みょうほうれんげきょう》」というお経《きょう》の名前《なまえ》に「南無《なむ》」をつけただけのものではありません。お釈迦《しゃか》さまご一代《だい》の説法《せっぽう》の肝心《かんじん》であるばかりでなく、法華経《ほけきょう》の精神《せいしん》・本体《ほんたい》がすべて具《そな》わり、究極《きゅうきょく》の真理《しんり》がその中《なか》にあるのであります。

大白牛車・5　四一頁

唱《とな》える題目《だいもく》を生《い》きた題目《だいもく》に

「南無妙法蓮華経《なむみょうほうれんげきょう》」とお唱《とな》えするのは、「法華経《ほけきょう》を杖《つえ》とし、柱《はしら》として生《い》きてゆきます」という誓《ちか》いの表明《ひょうめい》であります。

法華経《ほけきょう》が諸経《しょきょう》の王《おう》と言《い》われるのは、すべての人《ひと》の成仏《じょうぶつ》が説《と》かれているからです。譬喩品《ひゆほん》の舎利弗《しゃりほつ》に始《はじ》まり、十二番目《ばんめ》の提婆達多品《だいばだったほん》に至《いた》りますと、釈尊《しゃくそん》を殺《ころ》そうとした大悪人《だいあくにん》・提婆達多《だいばだった》の成仏《じょうぶつ》と、法華経以前《ほけきょういぜん》には、決《けっ》して仏《ほとけ》に成《な》れないと言《い》われてきた女性《じょせい》の成仏《じょうぶつ》も保証《ほしょう》されています。

普通《ふつう》〝仏《ほとけ》に成《な》るのはあの世《よ》で〟と考《かんが》えますが、法華経《ほけきょう》は〝生《い》きている間《あいだ》の成仏《じょうぶつ》〟もあります。それは、いつも変《か》わらない幸《しあわ》せを持《も》つことです。

時《とき》には「幸《しあわ》せ」と思《おも》うことはあります。〝お金《かね》が入《はい》る。出世《しゅっせ》する。好《す》きな人《ひと》と結婚《けっこん》する〟といったことです。しかし、それがいつまで続《つづ》くかとなると問題《もんだい》です。〝大恋愛《だいれんあい》をして結婚《けっこん》したのに数《すう》か月《げつ》で別《わか》れた〟ということもあります。

私共《わたくしども》が「幸《しあわ》せ」と思《おも》うのは、変《か》わりやすい幸《しあわ》せです。成仏《じょうぶつ》という意味《いみ》の幸《しあわ》せは、変《か》わらない幸《しあわ》せ、いつも〝ありがたい〟という心《こころ》の持《も》てる幸《しあわ》せです。この幸《しあわ》せを持《も》つにはやはり、徳《とく》を積《つ》まなければなりません。

杉山先生《すぎやませんせい》は「南無妙法蓮華経《なむみょうほうれんげきょう》と唱《とな》える私《わたくし》と法華経《ほけきょう》は一体《たい》である」と言《い》われました。一体《たい》であるとは、〝妙法蓮華経《みょうほうれんげきょう》の心《こころ》を実行《じっこう》する〟ということです。実行《じっこう》する徳目《とくもく》は、慈《じ》悲《ひ》・至誠《まこと》・堪忍《かんにん》の三徳《とく》です。

三徳《とく》を実行《じっこう》してゆくとまず第《だい》一に、心《こころ》が広《ひろ》くなります。普段私共《ふだんわたくしども》は狭《せま》い心《こころ》で〝オレガ・オレガ〟と言《い》っていますが、その心《こころ》が段々広《だんだんひろ》がって、〝何《なに》があってもありがたい〟と思《おも》えるようになってきます。目《め》の前《まえ》に困《こま》ったことが起《お》きても、心《こころ》が広《ひろ》くなると今《いま》までと全《まった》く違《ちが》った考《かんが》え方《かた》ができるのです。

「南無妙法蓮華経《なむみょうほうれんげきょう》」と口《くち》で唱《とな》えると同時《どうじ》に、その心《こころ》を実行《じっこう》してゆくと、より生《い》きたお題《だい》目《もく》にすることができるのであります。

『月刊法音』第三九九号　九〜一〇頁

始祖・安立大法尼

〝師《し》の君《きみ》はまづ諸人《もろびと》によろこびを
あたえて身《み》をばおしみたまわず〟

御開山上人御詠

◆経　典

◇善男子《ぜんなんし》・善女人《ぜんにょにん》、我《わ》が滅度《めつど》の後《のち》、能《よ》く竊《ひそ》かに一人《にん》の爲《ため》にも法華經《ほけきょう》の乃至《ないし》一句《く》を說《と》かん。當《まさ》に知《し》るべし、是《こ》の人《ひと》は則《すなわ》ち如來《にょらい》の使《つかい》なり。如來《にょらい》の所遣《しょけん》として如來《にょらい》の事《じ》を行《ぎょう》ずるなり。何《いか》に況《いわ》んや大衆《だいしゅ》の中《なか》に於《おい》て廣《ひろ》く人《ひと》の爲《ため》に說《と》かんをや。

妙法蓮華經・法師品　二〇四頁

◇人《ひと》あって佛道《ぶつどう》を求《もと》めて、一劫《こう》の中《なか》に於《おい》て、合掌《がっしょう》し我《わ》が前《まえ》にあって、無數《むしゅ》の偈《げ》を以《もっ》て讃《ほ》めん。是《こ》の讃佛《さんぶつ》に由《よ》るが故《ゆえ》に、無量《むりょう》の功德《くどく》を得《え》ん。持經者《じきょうしゃ》を歎美《たんみ》せんは、其《そ》の福復《ふくまた》彼《か》れに過《す》ぎん。八十億劫《おっこう》に於《おい》て、最妙《さいみょう》の色《しき》・聲《しょう》、及與香《およびこう》・味《み》・觸《そく》を以《もっ》て、持經者《じきょうしゃ》に供養《くよう》せよ。

妙法蓮華經・法師品　二〇六頁

◇諸《もろもろ》の聚落《じゅらく》・城邑《じょうおう》に、其《そ》れ法《ほう》を求《もと》むる者《もの》あらば、我皆其《われみなそ》の所《ところ》に到《いた》って、佛《ほとけ》の所囑《しょぞく》の法《ほう》を説《と》かん。我《われ》は是《こ》れ世尊《せそん》の使《つかい》なり、衆《しゅ》に處《しょ》するに畏《おそ》るる所《ところ》なし、我當《われまさ》に善《よ》く法《ほう》を説《と》くべし。

妙法蓮華經・勸持品　二四〇頁

◇善男子《ぜんなんし》・善女人《ぜんにょにん》、善根《ぜんごん》を種《う》えたるが故《ゆえ》に世世《せせ》に善知識《ぜんちしき》を得《う》。其《そ》の善知識《ぜんちしき》は能《よ》く佛事《ぶつじ》を作《な》し、示教利喜《じきょうりき》して阿耨多羅三藐三菩提《あのくたらみゃくさんぼだい》に入《い》らしむ。大王當《だいおうまさ》に知《し》るべし。善知識《ぜんちしき》は是《こ》れ大因縁《だいいんねん》なり。所謂《いわゆる△》化導《けどう》して、佛《ほとけ》を見《み》、阿耨多羅三藐三菩提《あのくたらみゃくさんぼだい》の心《こころ》を發《おこ》すことを得《え》せしむ。

妙法蓮華經・妙莊嚴王本事品　三七九頁

◆遺　文

◇實《まこと》に佛《ほとけ》になる道《みち》は師《し》に仕《つか》うるには過《す》ぎず。

身延山御書　一二八五頁

◇今《いま》の時《とき》は師《し》に於《おい》て正師《しょうし》・邪師《じゃし》・善師《ぜんし》・惡師《あくし》の不同《ふどう》ある事《こと》を知《し》って、邪惡《じゃあく》の師《し》を遠離《おんり》し正善《しょうぜん》の師《し》に親近《しんごん》すべきなり。

最蓮房御返事　八五〇頁

◇佛《ほとけ》に成《な》る道《みち》は善知識《ぜんちしき》には過《す》ぎず。我《わ》が智慧《ちえ》何《なに》かせん、只温《ただあつ》き寒《つめた》き計《ばか》りの智慧《ちえ》だにも候《そうろう》ならば善知識大切《ぜんちしきたいせち》なり。而《しか》るに善知識《ぜんちしき》に値《あ》う事《こと》が第一《だい》の難《かた》き事《こと》なり。然《さ》れば佛《ほとけ》は善《ぜん》知識《ちしき》に値《あ》う事《こと》をば一眼《げん》の龜《かめ》の浮木《うきぎ》に入《い》り、梵天《ぼんでん》より糸《いと》を下《さ》げて大地《だいち》の鍼《はり》の目《めど》に入《い》るに譬《たと》え給《たま》えり。然《しか》るに末代惡世《まつだいあくせ》には惡知識《あくちしき》は大地微塵《だいぢみぢん》よりも多《おお》く、善知識《ぜんちしき》は爪上《△そうじょう》の土《つち》よりも少《すく》し。

三三藏祈雨の事　一二四六頁

◆宗玄大徳

大善知識《だいぜんちしき》〈師《し》・安立大法尼《あんりゅうだいほうに》〉の事《こと》　仏《ほとけ》久《ひさ》しく世《よ》に住《じゅう》せば…　皆《みな》さん、杉山前会長《すぎやまぜんかいちょう》が入滅《にゅうめつ》されてより葬儀《そうぎ》に至《いた》る間《あいだ》、誠《まこと》の一字《じ》をもってよくお骨折《ほねお》りくださいました。前会長《ぜんかいちょう》もさぞ満足《まんぞく》と存《ぞん》じます。厚《あつ》くお礼申《れいもう》し上《あ》げます。

前会長《ぜんかいちょう》が入滅《にゅうめつ》せられた当時《とうじ》、私《わたくし》も皆《みな》さんとともに、全《まった》く盲目《もうもく》の者《もの》が杖《つえ》を失《うしな》ったような感《かん》に打《う》たれ、とめどもなく涙《なみだ》が出《で》ました。しかしながら、よくよく考《かんが》えてみますに前《ぜん》会長《かいちょう》の入滅《にゅうめつ》は、大変意義《たいへんいぎ》あることと気《き》がつきました。

前会長《ぜんかいちょう》が社会救済《しゃかいきゅうさい》・思想善導《しそうぜんどう》に力《ちから》を致《いた》されるようになって三十有余年《ゆうよねん》、その目的《もくてき》とせられたことは、我等衆生《われらしゅじょう》を現世安穏《げんぜあんのん》に、後世《ごせ》は無上寂光土《むじょうじゃっこうど》に導《みちび》くところにありました。我々《われわれ》はその道《みち》を、初《はじ》めより終《お》わりまで教《おし》えられたのであります。

人《ひと》としてこの人界《にんかい》に生《せい》を受《う》けた以上《いじょう》、お互《たが》いの過去《かこ》の悪業《あくごう》の因縁《いんねん》を切断《せつだん》して、無上道《むじょうどう》に帰《かえ》るべき修養《しゅうよう》を励《はげ》まなければなりません。前会長《ぜんかいちょう》は、私《わたくし》をはじめ無数《むすう》の衆生《しゅじょう》を教化《きょうけ》せられ、その功徳《くどく》に因《よ》って無数《むすう》の煩悩《ぼんのう》を断絶《だんぜつ》して無上寂光《むじょうじゃっこう》の都《みやこ》に帰《かえ》られたのであります。「仏《ほとけ》久《ひさ》しく世《よ》に住《じゅう》せば、薄徳《はくとく》の人《ひと》は善根《ぜんごん》を種《う》えず。貧窮下賤《びんぐげせん》にして五欲《よく》に貪著《とんぢゃく》し、憶想《おくそう》妄見《もうけん》の網《あみ》の中《なか》に入《い》りなん」と法華経如来寿量品《ほけきょうにょらいじゅりょうほん》にあるが如《ごと》く、前会長《ぜんかいちょう》は、我々《われわれ》が緊張《きんちょう》してなお一層修行《そうしゅぎょう》に励《はげ》むようにとの御計《おんはか》らいをもって、入滅《にゅうめつ》せられたのであります。

皆《みな》さん、この因縁《いんねん》を悟《さと》って前会長《ぜんかいちょう》が生前《せいぜん》に教化《きょうけ》くださったみ教《おし》えを遵奉《じゅんぽう》し、皆《みな》さんが一地方《ちほう》の会長《かいちょう》のつもりで奮励努力《ふんれいどりょく》、もって思想善導《しそうぜんどう》に全力《ぜんりょく》を尽《つ》くしてください。

皆《みな》さんは、総会《そうかい》の結果《けっか》、満場《まんじょう》一致《ち》で私《わたくし》を会長《かいちょう》に推薦《すいせん》してくださいました。私《わたくし》は身《み》に余《あま》る光栄《こうえい》と感謝《かんしゃ》致《いた》します。しかし、私《わたくし》は本年《ほんねん》七十七歳《さい》であります。八十歳《さい》まで生《い》きるとしても、もうあと三年余《ねんよ》であります。それに私《わたくし》には、前会長《ぜんかいちょう》のような徳《とく》はありません。例《たと》えば、前会長《ぜんかいちょう》が大海《たいかい》の水《みず》としたならば、私《わたくし》は一滴《てき》の水《みず》にも及《およ》びません。私《わたくし》の徳《とく》では、なかなか、会長《かいちょう》の遺業《いぎょう》を全《まっと》うすることはできないのであります。前会長《ぜんかいちょう》が臨《りん》終《じゅう》に先立《さきだ》って、「異体《いたい》も同心《どうしん》となり、協力一致《きょうりょくいっち》して大業《たいぎょう》を遂行《すいこう》せよ」と遺言《ゆいごん》せられた如《ごと》く、皆《みな》さん、心《こころ》を一つにして、協力一致《きょうりょくいっち》して、私《わたくし》を助《たす》けてください。私《わたくし》は皆《みな》さんの助力《じょりょく》に因《よ》って会長《かいちょう》になるのであります。私《わたくし》が完全《かんぜん》に職責《しょくせき》を果《は》たすことは、皆《みな》さんの助《じょ》力《りょく》という二字《じ》に因《よ》るのであります。

今後《こんご》の方針《ほうしん》については、言《い》うまでもなく前会長《ぜんかいちょう》の遺教《いきょう》を基《もと》とし、思想《しそう》を善導《ぜんどう》し、もって社会《しゃかい》を感化救済《かんかきゅうさい》するにあります。それにはまず、自分《じぶん》に精神修養《せいしんしゅうよう》を実地《じっち》に行《おこ》ない、善《よ》き結果《けっか》を得《え》て、これを他人《たにん》に示《しめ》さなければならないのであります。

村上先生御法話集（一）　三～五頁

前会長《ぜんかいちょう》・安立大法尼《あんりゅうだいほうに》の範《はん》とすべき節約《せつやく》

前会長《ぜんかいちょう》はいつも私《わたくし》に言《い》われました。

「世《よ》の中《なか》の人々《ひとびと》はお金《かね》を大切《たいせつ》と思《おも》っていられるけれども、大切《たいせつ》に扱《あつか》う者《もの》が少《すく》ない。私《わたくし》はお金《かね》を生《い》かして使《つか》いたいと思《おも》っています。どうか大切《たいせつ》なお金《かね》は功徳《くどく》になって人格《じんかく》を高《たか》めることに使《つか》いたい。世《よ》の中《なか》の人《ひと》はお金《かね》があればよい着物《きもの》を作《つく》り、立派《りっぱ》な家《いえ》を建《た》てられるが、着物《きもの》や家《いえ》があっても極楽《ごくらく》へは行《い》けません。世《よ》の中《なか》で一番節約《ばんせつやく》の出来《でき》るものは衣類《いるい》であります。寒《さむ》さを防《ふせ》ぐ着物《きもの》、別《べつ》に贅沢《ぜいたく》の必要《ひつよう》はありません」と申《もう》されて、衣類《いるい》は膝《ひざ》が破《やぶ》れればしきせを置《お》き、お尻《しり》が破《やぶ》れれば袖《そで》を持《も》ってゆくという風《ふう》で、縫《ぬ》って縫《ぬ》って縫《ぬ》い目《め》だらけ。それでも胸《むね》のあたりだけは縫《ぬ》い目《め》が出《で》ないようにするのです。

「徳《とく》を積《つ》めば、どんな着物《きもの》を着《き》ていられても、人《ひと》の目《め》からよい着物《きもの》に見《み》えます。徳《とく》の無《な》い者《もの》は、よい物《もの》も悪《わる》く見《み》られますよ」と言《い》って笑《わら》われたこともあります。

どんなに困《こま》っていられる方々《かたがた》でもこの心掛《こころが》けで、ある物《もの》で用《よう》を足《た》し、布《ぬの》を一年間買《ねんかんか》わず、縫《ぬ》って縫《ぬ》って縫《ぬ》い目《め》だらけにして徳《とく》を積《つ》むよう心掛《こころが》けられたら、困《こま》るということはなくなるであろうと思《おも》います。

前会長《ぜんかいちょう》はそれでいて、施《ほどこ》すとなれば、人《ひと》を喜《よろこ》ばすとなれば、明日《あす》の食費《しょくひ》等《とう》が無《な》くなっても全力《ぜんりょく》を尽《つ》くされました。功徳《くどく》に目《め》をつけていられたとは申《もう》せ、その慈悲深《じひぶか》さには感《かん》涙《るい》の外《ほか》ありません。

安立大法尼の教え　五〇～五一頁

◆御開山上人

善《よ》い師《し》には値《あ》い難《がた》し

仏《ほとけ》になる道《みち》は善知識《ぜんちしき》、すなわち善《よ》き師《し》にあうことより外《ほか》にない。自分《じぶん》の智慧《ちえ》などはほとんど何《なん》の役《やく》にもたつものではない。まるで思慮分別《しりょぶんべつ》がなくては仕《し》方《かた》がないが、暖《あたた》かいか寒《さむ》いかというようなことを知《し》り分《わ》けるだけの智慧《ちえ》があるならば、善《よ》い師《し》にあってその教《おし》えを聞《き》くと、必《かなら》ずめいめいのもっている尊《とうと》い仏性《ぶっしょう》もだんだんとのびて行《い》って、後《のち》には仏《ほとけ》の境界《きょうがい》にも到達《とうたつ》することができるのである。すなわち善《よ》き師《し》にあうということがなにより大切《たいせつ》である。ところがなかなか善知識《ぜんちしき》には値《あた》い難《がた》いものである。世《よ》の中《なか》に教《おし》えを説《と》く人《ひと》は多《おお》いけれども、本当《ほんとう》に正《ただ》しい教《おし》えを説《と》く人《ひと》はきわめて稀《まれ》である。善知識《ぜんちしき》にあいさえすれば救《すく》われるのであるが、その善知識《ぜんちしき》にあうということは、はなはだ困難《こんなん》なことである。

たとえば、ひろい海《うみ》の中《なか》に片目《かため》しかない亀《かめ》が泳《およ》いでおり、おなじ海《うみ》の中《なか》に小《ちい》さい木《き》が浮《う》いているとする。海《うみ》は広《ひろ》いし、風《かぜ》が吹《ふ》いて波立《なみだ》っている時《とき》に、その片目《かため》しかない亀《かめ》が今《いま》の浮木《うきぎ》にあって、その木《き》に取《と》りついて休《やす》むというようなことはなかなかできない。また、空《そら》から糸《いと》を下《さ》げて、その糸《いと》が地面《じめん》にある針《はり》の目《め》にまっすぐに入《はい》ることも到底《とうてい》できない。それと殆《ほと》んど同《おな》じくらいに真《しん》の善知識《ぜんちしき》にあって心《こころ》の迷《まよ》いを除《のぞ》き、正《ただ》しい道《みち》にはいるということは、まことにできにくいことである。

続・現代生活の指針　八六～八七頁

師《し》・安立大法尼《あんりゅうだいほうに》の事《こと》

本当《ほんとう》に、人間《にんげん》として生《い》きてゆけるのも、立派《りっぱ》にやってゆけるのも、それはすべて、人《ひと》のご恩《おん》です。私《わたくし》は今《いま》ここでこうして話《はなし》をしております。この話《はなし》の元《もと》は誰《だれ》かというと、すべてこれは杉山先生《すぎやませんせい》がもとであり、村上先生《むらかみせんせい》に教《おそ》わったからであります。

私《わたくし》は東京《とうきょう》で約《やく》六か月《げつ》の間《あいだ》、何《なん》にも仕事《しごと》もさせられずに「本《ほん》を読《よ》みなさい。本《ほん》を読《よ》みなさい」と言《い》われた時期《じき》がありました。朝起《あさお》きたら「本《ほん》を読《よ》みなさい」。ごはんを食《た》べたらまた「本《ほん》を読《よ》みなさい」。そういうことで、うれしいことですから読《よ》みました。読《よ》んだ本《ほん》は日蓮聖人《にちれんしょうにん》の御遺文集《ごいぶんしゅう》です。

一生懸命《しょうけんめい》読《よ》むのですが、どういうものか読《よ》みかけると眠《ねむ》たくなってしまうから、眠《ねむ》って、ふと目《め》を開《あ》けてみると昼《ひる》ごはんになっております。「おやおや、もう昼《ひる》かな」と思《おも》って、ごはんを食《た》べて、本《ほん》を読《よ》み始《はじ》めるとまた眠《ねむ》たくなって、今度《こんど》はおやつの時間《じかん》まで眠《ねむ》ってしまって、おやつがすむとまた少《すこ》し読《よ》んでは眠《ねむ》って、それでは眠《ねむ》ってばかりで本《ほん》を読《よ》む時間《じかん》がないようですが、それでも「読《よ》め読《よ》め」と言《い》われて、「杉山先生《すぎやませんせい》という人《ひと》は変《へん》な人《ひと》だな。『本読《ほんよ》め、本読《ほんよ》め』とばかり言《い》って」と思《おも》いましたが、そうして読《よ》んだのが、今《いま》になってみると「ああ、あの時読《ときよ》んでおいたおかげで」と思《おも》えます。いろいろ本《ほん》を書《か》きますにも、あの時《とき》に読《よ》んだことが大変役《たいへんやく》に立《た》っております。

その後《あと》、杉山先生《すぎやませんせい》から法華経《ほけきょう》の話《はなし》を聞《き》かされました。約《やく》三年《ねん》の間《あいだ》、「またもお話《はなし》。またもお話《はなし》」で、お茶《ちゃ》を飲《の》んでは話《はなし》を聞《き》いて、眠《ねむ》たくなるから居眠《いねむ》りを始《はじ》めると杉山先生《すぎやませんせい》が、「あなたはいい人だと思《おも》うが、謗法罪《ほうぼうざい》があるから眠《ねむ》たくなるのだ。ちょっと畑《はたけ》へ行《い》って草取《くさと》りでもしていらっしゃい。お題目《だいもく》を忘《わす》れてはいけませんよ」と言《い》われて、「そうだな。行《い》ってこよう」と思《おも》って、半《はん》てんを着《き》て縄帯《なわおび》を締《し》め、車《くるま》を引《ひ》いて行《い》くと眠《ねむ》たいのはなくなりましたが、帰《かえ》ってくるとまた話《はなし》を聞《き》かされました。そうして聞《き》いたのが、ちょうど一千頁《ぺーじ》の本《ほん》（妙法蓮華経略義《みょうほうれんげきょうりゃくぎ》など）になったわけです。あれは私《わたくし》の話《はなし》ではありません。読《よ》んで頂《いただ》くとわかりますが、後《あと》の方《ほう》にちゃんと「みんな杉山先生《すぎやませんせい》から教《おそ》わった話《はなし》です」と書《か》いてあります。

御開山上人御法話集（二）　七六～七八頁

非常時《ひじょうじ》に恩師《おんし》・安立大法尼《あんりゅうだいほうに》の教訓《きょうくん》を偲《しの》ぶ

私《わたくし》が知多郡《ちたぐん》の農場《のうじょう》から田《た》の草取《くさとり》を済《す》ませて、本部《ほんぶ》に帰《かえ》って参《まい》りました時《とき》のことです。杉山先生《すぎやませんせい》にいろいろ仕事《しごと》の報告《ほうこく》をしましたら、先生《せんせい》は「臥龍山《がりゅうざん》の沢庵漬《たくあんづけ》はどうなりました」と尋《たず》ねられました。私《わたくし》は「腐《くさ》っていたから田圃《たんぼ》へ捨《す》てました。一部《ぶ》は穴《あな》を掘《ほ》って埋《う》めてしまいました」と答《こた》えたところ、先生《せんせい》は、「あなたは何《なん》にも知《し》られんが、大根《だいこん》は腐《くさ》っても食《た》べれますよ。腐《くさ》っても鯛《たい》ということを言《い》いますが、大根《だいこん》は鯛《たい》よりも調法《ちょうほう》なものです。生《なま》の大根《だいこん》は、おろしにしてもよし、塩《しお》もみにしてもよし、煮《に》てもよし、蒸《む》してもよし、切干《きりぼし》にしてもよし、漬物《つけもの》にしてもよし、本当《ほんとう》に捨《す》てるところはありません。腐《くさ》ってもよく洗《あら》って、油《あぶら》で炒《いた》めて煮《に》るなれば、実《じつ》に美味《おい》しくたべれますよ。たくさんの大根《だいこん》を捨《す》ててはもったいない。すぐさま行《い》って取《と》っていらっしゃ」と叱《しか》られてしまいました。知多郡《ちたぐん》の農場《のうじょう》までは八、九里位《りぐらい》ありましょうか。早速引返《さっそくひきかえ》して、田圃《たんぼ》に散乱《さんらん》していた大根《だいこん》も、穴《あな》に埋《う》めた大根《だいこん》も皆拾《みなひろ》って持《も》って帰《かえ》りました。杉山先生《すぎやませんせい》は「偉《えら》かった」とほめて下《くだ》さって、それからその腐《くさ》った沢庵漬《たくあんづけ》を洗《あら》って薄《うす》く切《き》り、水《みず》につけて酸味《さんみ》を取《と》り、油《あぶら》で炒《いた》めて煮上《にあ》げられました。その大根《だいこん》は、実《じつ》に美味《おい》しかったです。ご飯《はん》が一膳多《ぜんおお》く頂《いただ》けた程美味《ほどおい》しいものでした。

また、杉山先生《すぎやませんせい》は「私《わたくし》は大根《だいこん》の尻尾《しっぽ》が好《す》きだ」と言《い》われて、大根《だいこん》の尻尾《しっぽ》を細《こま》かく切《き》り、醤油《しょうゆ》を付《つ》けて召上《めしあ》がっておられました。誰《だれ》だって大根《だいこん》の尻尾《しっぽ》や、沢庵《たくあん》の腐《くさ》った物《もの》が好《す》きな人《ひと》はないと思《おも》いますが、これは、食《た》べられるところは捨《す》てぬように、粗末《そまつ》にせぬようにということを、身《み》を以《も》って示《しめ》されたのだと思《おも》います。また、塵箱《ちりばこ》に捨《す》てようとしていた、葱《ねぎ》の赤葉《あかば》の附《つ》いたものを拾《ひろ》い取《と》りつつ、青《あお》い所《ところ》だけ切《き》り取《と》って「私《わたくし》は赤《あか》くなりかけた物《もの》が好《す》きです」と申《もう》されて、チャンと揃《そろ》えて決《けっ》して無駄《むだ》にせられませんでした。何《なに》はともあれこの気持《きも》ちを学《まな》んで、無駄《むだ》をせぬよう気《き》を付《つ》けて、少《すこ》しなりとも余裕《よゆう》を得《え》るように致《いた》したいと思《おも》います。

このようなことを申《もう》しますれば、杉山先生《すぎやませんせい》はケチな方《かた》だと思《おも》われるかも知《し》れませぬが、施《ほどこ》しをなさる時《とき》は実《じつ》にすっかりしてしまいます。旅行先《りょこうさき》でも、ある人《ひと》が「先生《せんせい》の羽織《はおり》はよい羽織《はおり》ですネ」とほめたりするならば「およろしくば差上《さしあ》げましょう」と、帯《おび》でも着物《きもの》でも上《あ》げてしまわれます。仏道《ぶつどう》の真理《しんり》を聞《き》きたいと努力《どりょく》せられる人《ひと》があるなれば、明日《あす》支払《しはら》う金《かね》がなくなっても惜《お》しまずご馳走《ちそう》をしたり、喜《よろこ》ばせるようになさいまして「徳《とく》を積《つ》まずに明日《あす》死《し》んでは何《なん》にもならぬ。どうか徳《とく》を積《つ》むことをしたい」と申《もう》されまして、本当《ほんとう》に献身的《けんしんてき》の供養《くよう》をせられました。これが本当《ほんとう》の施者《せしゃ》だと思《おも》います。お金《かね》は活《い》かして使《つか》いたいものです。無駄《むだ》を省《はぶ》いて社会《しゃかい》に役立《やくだ》つことに使《つか》ったり、公衆《こうしゅう》の便《べん》を図《はか》ることが出来得《できう》れば最《もっと》も大切《たいせつ》なお金《かね》も成仏《じょうぶつ》することとなります。しかし、むやみに節約《せつやく》と申《もう》して萎縮《いしゅく》することは禁物《きんもつ》です。働《はたら》けるだけ働《はたら》いて産業《さんぎょう》を益々発展《ますますはってん》せしめ、公《おおやけ》に報《むく》いようとの精神《せいしん》を養《やしな》い、日々《ひび》の業務《ぎょうむ》に誠《まこと》を以《も》って励《はげ》むことが大切《たいせつ》でありまして、この心掛《こころが》けこそ、人《ひと》として最《もっと》も大切《たいせつ》な徳《とく》が積《つ》まれてゆく精神《せいしん》であります。これが杉山先《すぎやません》生《せい》の教訓《きょうくん》の最《もっと》も尊《とうと》い所《ところ》だと思《おも》うのであります。

御開山上人御遺稿集　一二一～一二三頁

◆日達上人

大乗山法音寺落慶天童音楽大法要慶讃文《だいじょうざんほうおんじらっけいてんどうおんがくだいほうようけいさんもん》　史《し》を按《あん》ずるに、我《わ》が山始祖《やましそ》廣宣院殿安立大法《こうせんいんでんあんりゅうだいほう》尼《に》は、人《ひと》となり仏縁深厚《ぶつえんじんこう》にして、夙《つと》に法華経《ほけきょう》の研究《けんきゅう》を志《こころざ》し、炬《かがりび》の如《ごと》き眼光紙背《がんこうしはい》に徹《てっ》し、讃仏乗《さんぶつじょう》の研鑽《けんさん》、時《とき》には三更《こう》に及《およ》ぶ。又《また》、夜半丑《やはんうし》の刻《こく》、満天《まんてん》の星《ほし》を仰《あお》ぎては清浄《しょうじょう》の法《ほう》水《すい》によく六根《こん》の罪垢《ざいく》を浄《きよ》め、或《ある》は寒風膚《かんぷうはだ》を刺《さ》す厳冬《げんとう》、食《しょく》を断《だん》じて昼夜《ちゅうや》を覚《おぼ》えず。斯《か》く苦《く》修錬行《しゅうれんぎょう》、行学《ぎょうがく》二道《どう》に励《はげ》み給《たも》うこと多年《たねん》、遂《つい》に仏天《ぶってん》の冥加《みょうが》ありて六根清浄《こんしょうじょう》の位《くらい》に入《い》り、一大霊感《だいれいかん》を体得《たいとく》せられたり。よって社会《しゃかい》に出《い》でて、苦海《くかい》に沈淪《ちんりん》する衆生《しゅじょう》を救済《きゅうさい》せんと発願《ほつがん》せられ、臥竜山《がりゅうざん》を下《くだ》り給《たも》う。実《じつ》に明治《めいじ》四十二年《ねん》のことなり。是《これ》、出山《しゅっさん》の釈迦仏《しゃかぶつ》に相似《そうじ》たる行跡《ぎょうせき》にして、尊《とうと》き極《きわ》みなり。

先生《せんせい》はじめ仏教感化救済会《ぶっきょうかんかきゅうさいかい》を名古屋《なごや》に設立《せつりつ》し、身《み》を挺《てい》して難民《なんみん》の救済《きゅうさい》に当《あた》り、又法華《またほけ》経《きょう》の信仰《しんこう》を教《おし》えて倦《う》むことを知《し》らず。布教《ふきょう》の範囲《はんい》も次第《しだい》に拡張《かくちょう》して、東京《とうきょう》、大阪《おおさか》、九州《きゅうしゅう》と、難民救済《なんみんきゅうさい》の為《ため》に席《せき》の暖《あたた》まる暇《いとま》もなし。昭和《しょうわ》三年《ねん》には福岡《ふくおか》に癩病療養所《らいびょうりょうようじょ》を建設《けんせつ》し、多《おお》くの病者《びょうしゃ》を収容《しゅうよう》し、慈念《じねん》を以《もっ》てこれを愛護《あいご》し給《たも》う。先生《せんせい》の慈悲《じひ》ここに極《きわ》まるというべきか。

先生常《せんせいつね》には襤褸《らんる》を纏《まと》い、口《くち》は粗食《そしょく》に甘《あま》んじ、意《こころ》は念々《ねんねん》に妙法《みょうほう》を離《はな》れず、身辺最《しんぺんもっと》も清廉《せいれん》を旨《むね》とし、余財《よざい》あらば一切《さい》を挙《あ》げて難民救済《なんみんきゅうさい》の資《し》に充当《じゅうとう》す。世人為《せじんため》に先生《せんせい》を呼《よ》びて、安《あん》立行菩薩《りゅうぎょうぼさつ》の再来《さいらい》と称《しょう》して敬仰《けいぎょう》するも、又宜《またむべ》なるかな。(昭和四十八年十月十三日・十四日)

師《し》・安立大法尼《あんりゅうだいほうに》の道《みち》『無上道《むじょうどう》』

杉山先生《すぎやませんせい》のご生涯《しょうがい》は、一口《くち》に言《い》って法華経《ほけきょう》を基《もと》とする三徳《とく》の実践《じっせん》にありました。仏《ほとけ》の教《おし》えを理解《りかい》するには、その理論《りろん》、教説《きょうせつ》をもって極《きわ》めようとする方法《ほうほう》と、実践《じっせん》によってその果《か》を極《きわ》めようとする二つの立場《たちば》があります。先生《せんせい》は、法華経《ほけきょう》の解釈《かいしゃく》に於《お》ても文字《もじ》の上《うえ》の解釈《かいしゃく》にとどまらず、我々《われわれ》が日常生活《にちじょうせいかつ》の営《いとな》みの中《なか》で法華経《ほけきょう》をいかに具体化《ぐたいか》し、実行《じっこう》するかをお示《しめ》しになっているのであります。

心《こころ》の救済《きゅうさい》と物質《ぶっしつ》による救済《きゅうさい》、これが法音寺教団《ほうおんじきょうだん》と社会福祉事業《しゃかいふくしじぎょう》、学校事業《がっこうじぎょう》の長《なが》い歴史《れきし》の上《うえ》に花咲《はなさ》いています。

この世界《せかい》は因縁《いんねん》の世界《せかい》であり、また、相対《そうたい》の世界《せかい》でもあります。多《おお》くの悩《なや》み・苦《くる》しみの渦巻《うずま》く世界《せかい》でありますが、この世《よ》をいかに乗《の》り切《き》り安心《あんしん》を得《え》るかが切実《せつじつ》な問題《もんだい》であります。相対《そうたい》の世界《せかい》とは、一人《ひとり》の喜《よろこ》ぶ者《もの》があれば、また反面悲《はんめんかな》しむ者《もの》がいる世界《せかい》であります。このことは、入学試験《にゅうがくしけん》の合格《ごうかく》・不合格《ふごうかく》、出世《しゅっせ》・不出世《ふしゅっせ》を考《かんが》えればよくわかることと思《おも》います。先生《せんせい》は、「喜《よろこ》びを得《え》るとは、一人《ひとり》だけの喜《よろこ》びではいけない。一人《ひとり》と共《とも》に他《た》の人《ひと》すべてが喜《よろこ》びとする世界《せかい》でなければいけない。そのためには、法華経《ほけきょう》を通《とお》して三徳《とく》を実行《じっこう》する以外《いがい》に方法《ほうほう》はない」と確信《かくしん》せられ、その実行《じっこう》を説《と》かれたのであります。この道《みち》とその成就《じょうじゅ》こそが「無上道《むじょうどう》」に外《ほか》ならないのであります。

無上道――始祖杉山先生のご生涯を訪ねて・発刊の辞

み教《おし》えを伝《つた》えるために

安立大法尼《あんりゅうだいほうに》の教《おし》えは、因縁《いんねん》の理《り》を悟《さと》り、三徳《とく》を実行《じっこう》することにあります。現代《げんだい》は、貧《ひん》・病《びょう》・争《そう》の苦《くる》しみ、不満《ふまん》と幸福感《こうふくかん》の欠如《けつじょ》に悩《なや》まされております。貧《ひん》とは、お金《かね》がないということだけではありません。心《こころ》のまずしさ、心《こころ》の狭《せま》さであります。今《いま》はそうではないと思《おも》っても、釈尊《しゃくそん》の説《と》かれる生《しょう》・老《ろう》・病《びょう》・死《し》をはじめとする四苦《く》・八苦《く》から逃《のが》れることのできる人《ひと》は誰《だれ》もいないと思《おも》います。また、現代《げんだい》は物質万能《ぶっしつばんのう》の時《じ》代《だい》であり、目《め》に見《み》えないもの、人格《じんかく》の完成《かんせい》とか心《こころ》の充実《じゅうじつ》は、省《かえり》みられないといっても過《か》言《ごん》ではありません。安立大法尼《あんりゅうだいほうに》は、

「私《わたくし》は安楽《あんらく》な、幸《しあわ》せな境遇《きょうぐう》を送《おく》っております。これを皆様方《みなさまがた》に分《わ》かち、その方法《ほうほう》を教《おし》えてあげたいと願《ねが》っております」と、おっしゃっています。先生《せんせい》の生活《せいかつ》は衣《い》・食《しょく》・住《じゅう》について人《ひと》のうらやむような生活《せいかつ》ではありませんでした。それどころか、余財《よざい》があれば人《ひと》に分《わ》け与《あた》える日常《にちじょう》ですから、豊《ゆた》かさからは縁《えん》のない生活《せいかつ》といえるものであります。それでも、〝不安《ふあん》のない幸《しあわ》せな生活《せいかつ》である〟とおっしゃるのは、人《ひと》を怨《うら》んだり、物《もの》に対《たい》する不足《ふそく》を感《かん》じない日々《ひび》であったからだろうと思《おも》います。因縁《いんねん》の理《り》を悟《さと》り、非《ひ》を他《た》に求《もと》めないことによっていわれのない執着《しゅうちゃく》を去《さ》り、過去《かこ》から現在《げんざい》に至《いた》る自分《じぶん》を見据《みす》えることによ

る安《やす》らぎであります。そこには、怒《いか》り・愚痴《ぐち》・貪《むさぼ》りは出《で》てきません。さらに、明日《あす》からの未来《みらい》に向《む》かっての心構《こころがま》えも、いたずらに利《り》を求《もと》めたり、とらえどころもなく満足感《まんぞくかん》のない地位《ちい》や財産《ざいさん》を追《お》うことなく、日々《ひび》、慈悲《じひ》・至誠《まこと》・堪忍《かんにん》の三徳《とく》を絶《た》え間《ま》なく実行《じっこう》し、善因《ぜんいん》、善根《ぜんこん》を植《う》えることによってもたらされる物心両面《ぶっしんりょうめん》の充実《じゅうじつ》、善果《ぜんか》に対《たい》する、ゆるぎない確信《かくしん》であったと思《おも》います。

先生《せんせい》が去《さ》られてから五十年《ねん》、その面影《おもかげ》を知《し》る者《もの》も少《すく》なくなってきました。「時《とき》が過《す》ぎてゆくのではない、人《ひと》が過《す》ぎてゆくのだ」という言葉《ことば》があります。教《おし》えを聞《き》かれた多《おお》くの人《ひと》たちも今《いま》は遠《とお》くなっています。しかし、先生《せんせい》の尊《とうと》い教《おし》えだけは、一人《ひとり》でも多《おお》くの人《ひと》に伝《つた》え、未来永劫《みらいえいごう》、尽《つ》きることなく受持《じゅじ》されなければならないのであります

『月刊法音』第一三五号　六〜七頁

安立大法尼と一大事の因縁

◆経　典

◇諸佛世尊《しょぶつせそん》は、衆生《しゅじょう》をして佛知見《ぶっちけん》を開《ひら》かしめ清浄《しょうじょう》なることを得《え》せしめんと欲《ほっ》するが故《ゆえ》に、世《よ》に出現《しゅつげん》したもう。衆生《しゅじょう》に佛知見《ぶっちけん》を示《しめ》さんと欲《ほっ》するが故《ゆえ》に、世《よ》に出現《しゅつげん》したもう。衆生《しゅじょう》をして佛知見《ぶっちけん》を悟《さと》らしめんと欲《ほっ》するが故《ゆえ》に、世《よ》に出現《しゅつげん》したもう。衆生《しゅじょう》をして佛知見《ぶっちけん》の道《どう》に入《い》らしめんと欲《ほっ》するが故《ゆえ》に、世《よ》に出現《しゅつげん》したもう。舎利弗《しゃりほつ》、是《こ》れを諸佛《しょぶつ》は唯《ただ》一大事《だいじ》の因縁《いんねん》を以《もっ》ての故《ゆえ》に、世《よ》に出現《しゅつげん》したもうとなづく。

妙法蓮華經・方便品　六六～六七頁

◆宗玄大徳

私《わたくし》が今《いま》ここにいる一大事《だいじ》の因縁《いんねん》＝仏知見《ぶっちけん》の開《かい》・示《じ》・悟《ご》・入《にゅう》　大正《たいしょう》十五年頃《ねんごろ》のことでした。その頃《ころ》から本会《ほんかい》では法華経《ほけきょう》開《かい》・結《けつ》の講習会《こうしゅうかい》をしておりましたが、ある日《ひ》、杉山先生《すぎやませんせい》が講習生《こうしゅうせい》に向《む》かって、「法華経方便品《ほけきょうほうべんぼん》の中《なか》に『開《かい》・示《じ》・悟《ご》・入《にゅう》』ということがあることをご存知《ぞんじ》でしょう。『諸仏世尊《しょぶつせそん》は、衆生《しゅじょう》をして仏知見《ぶっちけん》を開《ひら》かしめ清浄《しょうじょう》なることを得《え》せしめんと欲《ほっ》するが故《ゆえ》に、世《よ》に出現《しゅつげん》したもう。衆生《しゅじょう》に仏知見《ぶっちけん》を示《しめ》さんと欲《ほっ》するが故《ゆえ》に、世《よ》に出現《しゅつげん》したもう。衆生《しゅじょう》をして仏知見《ぶっちけん》を悟《さと》らしめんと欲《ほっ》するが故《ゆえ》に、世《よ》に出現《しゅつげん》したもう。衆生《しゅじょう》をして仏知見《ぶっちけん》の道《どう》に入《い》らしめんと欲《ほっ》するが故《ゆえ》に、世《よ》に出現《しゅつげん》したもう。舎利弗《しゃりほつ》、是《こ》れを諸仏《しょぶつ》は唯《ただ》一大事《だいいじ》の因縁《いんねん》を以《もっ》ての故《ゆえ》に、世《よ》に出現《しゅつげん》したもうとなづく』というお言葉《ことば》です。

さて、この一大事因縁《だいじいんねん》は誰《だれ》がなすべきことでしょう」

　誰《だれ》も直《ただ》ちに答《こた》える者《もの》がありませんでしたが、しばらくしてようやくある一人《ひとり》が、

「これは諸仏《しょぶつ》とあるから、釈尊《しゃくそん》をはじめ十方《ぽう》の諸仏《しょぶつ》のなさることでしょう」と答《こた》えました。するともう一人《ひとり》の講習生《こうしゅうせい》が、

「これは末法《まっぽう》の大導師《だいどうし》、上行《じょうぎょう》・無辺行《むへんぎょう》・浄行《じょうぎょう》・安立行《あんりゅうぎょう》の四大菩薩《だいぼさつ》のお役目《やくめ》でしょう」と答《こた》えました。また、

「それは上行菩薩《じょうぎょうぼさつ》でしょう」と答《こた》える人《ひと》もありましたが、この時杉山先生《ときすぎやませんせい》は、

「皆《みな》さん、ずいぶん方角《ほうがく》が違《ちが》っていますね。それではもう一つ質問致《しつもんいた》しましょう。法華経《ほけきょう》は諸仏《しょぶつ》の眼目《がんもく》とありますが、誰《だれ》に一番必要《ばんひつよう》なものでしょう」と問《と》いかけられました。

これにも即答《そくとう》する者《もの》はありませんでした。それをご覧《らん》になられ、

「このことが答《こた》えられぬようでは『開《かい》・示《じ》・悟《ご》・入《にゅう》』はわからないでしょう。法華経《ほけきょう》は

諸仏《しょぶつ》の眼目《がんもく》ではありますが、仏《ほとけ》には必要《ひつよう》ありません。何故《なぜ》ならば、法華経《ほけきょう》は仏《ほとけ》になる修《しゅ》行方法《ぎょうほうほう》の書《か》いてあるものです。その修行方法《しゅぎょうほうほう》を説《せつ》の如《ごと》く修行《しゅぎょう》して既《すで》に仏《ほとけ》になった方《かた》には必要《ひつよう》ないのです。未《いま》だ煩悩《ぼんのう》を断《だん》ぜざる者《もの》、未《いま》だ完全《かんぜん》なる修養《しゅうよう》ができずして、財宝等《ざいほうとう》、世《よ》の楽《たの》しみ事《ごと》に執着《しゅうちゃく》して正道《しょうどう》を誤《あやま》る者《もの》、未《いま》だ悩《なや》みに束縛《そくばく》されて地獄《ちごく》・餓鬼《がき》・畜生《ちくしょう》の苦《くる》しみに遭《あ》える者《もの》のために必要欠《ひつようか》くべからざるみ教《おし》えであることをよく知《し》らなくてはなりません。

世《よ》の中《なか》は間違《まちが》いが多《おお》いので致《いた》し方《かた》ないかも知《し》れませんが、法華経《ほけきょう》を読誦《どくじゅ》することが仏《ほとけ》の供養《くよう》だと思《おも》っていられる人《ひと》がずいぶんたくさんおられます。単《たん》に法華経《ほけきょう》を読誦《どくじゅ》しさえすればいいのではありません。読誦《どくじゅ》することによって、自分《じぶん》の魂《たましい》に法華経《ほけきょう》を理解《りかい》させねばなりません。そのような読《よ》み方《かた》をしなければならないのです。一分《ぶ》八間《けん》という諺《ことわざ》にもたとえられますように、『自分《じぶん》は極楽《ごくらく》へ行《い》くつもりであったのが、実《じつ》は地獄《ちごく》であった』という違《ちが》いともなりかねません。いつか早大教授《そうだいきょうじゅ》のある先生《せんせい》が『ぼくら同好者《どうこうしゃ》で観《かん》音会《のんかい》を組織《そしき》しているが、ある会合《かいごう》の折《お》りに、〝神通力《じんづうりき》というものはあるものか、ないものか〟という話《はなし》が出《で》た。そこでいろいろ意見《いけん》を戦《たたか》わせたが、結局法華経《けっきょくほけきょう》の一字《じ》一句《く》は真《しん》実《じつ》の言葉《ことば》であるから、ないものではなかろう。しかし、未《いま》だ神通力《じんづうりき》を得《え》た者《もの》がないから確《たし》かなことは何《なに》もわからない』と話《はな》されたことがあります。如何《いか》に法華経《ほけきょう》を研究《けんきゅう》しても、見方《みかた》が違《ちが》うとその真義《しんぎ》が判然《はんぜん》としないのであります。

鏡《かがみ》は、姿《すがた》を写《うつ》すということについては何《なん》の偽《いつわ》りもなく写《うつ》すものでありますが、若《も》し一、鏡《かがみ》の裏《うら》に向《む》かっていては、何万年《なんまんねん》の歳月《さいげつ》を経《へ》ても自分《じぶん》の姿《すがた》は写《うつ》らないのであります。それと同様《どうよう》であろうと考《かんが》えます。法華経《ほけきょう》の『開《かい》・示《じ》・悟《ご》・入《にゅう》』も、仏《ほとけ》のなされる仕事《しごと》だとか、目的《もくてき》と思《おも》っていたら、幾万年過《いくまんねんす》ぎても法華経《ほけきょう》の意味《いみ》はわかりません。この一大事《だいじ》は、私《わたくし》も皆《みな》さんも、共《とも》になさねばならぬことで、自分《じぶん》の修養《しゅうよう》すべき事柄《ことがら》と思《おも》って読誦《どくじゅ》せねばならぬのです」と申《もう》されました。

見方《みかた》を違《ちが》えていてはいくら法華経《ほけきょう》の解説《かいせつ》に秀《ひい》でていても、価値《かち》はないのであります。

村上先生御法話集（二）　一一九～一二二頁

◆御開山上人

一大事《だいじ》の因縁《いんねん》

仏《ほとけ》は何《なん》のために世《よ》の中《なか》に出《で》られたのか、それは「一大事《だいじ》の因縁《いんねん》」人間《にんげん》にとって何《なに》より大事《だいじ》な、もっとも大事《だいじ》なことを世《よ》の中《なか》の人々《ひとびと》に教《おし》えようという目的《もくてき》をもって世《よ》の中《なか》に出《で》て来《き》たのである。

仏《ほとけ》さまが世《よ》の中《なか》にお出《で》ましになるのは、人間《にんげん》として日常生活等《にちじょうせいかつなど》において根本的《こんぽんてき》の、一番大事《ばんだいじ》なことを実行《じっこう》し、導《みちび》くために世《よ》の中《なか》に出現《しゅつげん》せられたのである。

仏知見《ぶっちけん》の開《かい》・示《じ》・悟《ご》・入《にゅう》は、私《わたくし》のする事《こと》　仏知見《ぶっちけん》というのは、仏《ほとけ》という境遇《きょうぐう》はもっとも明《あか》るく、楽《たの》しく、人《ひと》として生《い》き甲斐《がい》のある生活《せいかつ》をすることを知《し》ることである。たとえば世《よ》の中《なか》の人々《ひとびと》はほんとうに明《あか》るく楽《たの》しい生活《せいかつ》を知《し》らない。それは暗《くら》い室《へや》にはいるようなものである。仏《ほとけ》は明《あか》るい、楽《たの》しい室《へや》にいるもので、暗《くら》い室《へや》より明《あか》るい室《へや》に出《だ》して楽《たの》しい生活《せいかつ》をさせてやろうと思《おも》われる。そこで明《あか》るい室《へや》の戸《と》を開《ひら》いてみせる。これを「開《かい》」という。そして明《あか》るい室《へや》の美《うつく》しさを見《み》せる。これを「示《じ》」という。そして明《あか》るい室《へや》の方《ほう》が綺麗《きれい》だ、はいって見《み》たいなと思《おも》わせる。これを「悟《ご》」という。その美《うつく》しい室《へや》に自分《じぶん》の力《ちから》でもって歩《ある》いてはいらせる。これを「入《にゅう》」というのである。

仏《ほとけ》さまは涅槃経《ねはんぎょう》にもあるように、常《つね》に「一切衆生異《さいしゅじょうい》の苦《く》を受《う》くるは、悉《ことごと》く是《こ》れ如来《にょらい》一人《にん》の苦《く》なり」とおおせられ、その苦《くる》しみより脱《だっ》せしめ、真《しん》の楽《たの》しみを与《あた》えたいと努力《どりょく》していられる。すなわち仏《ほとけ》の一大事《だいじ》とは、暗闇《くらやみ》の生活《せいかつ》、苦《くる》しい生活《せいかつ》の者《もの》をして、明《あか》るく楽《たの》しい生活《せいかつ》に入《はい》らせるように導《みちび》き、極楽《ごくらく》の世界《せかい》とするにあるのである。仏《ほとけ》さまは、世《よ》の人々《ひとびと》が各々《おのおの》仏性《ぶっしょう》をそなえていることを知《し》っていられる。

次《つぎ》の三は仏性《ぶっしょう》の性質《せいしつ》である。

一、正因仏性《しょういんぶっしょう》　生《う》まれながらにしてそなえている仏《ほとけ》と同《おな》じ性質《せいしつ》。子《こ》が親《おや》を慕《した》う、親《おや》が子《こ》を膝《ひざ》のうえに抱《だ》きあげる、親《した》しみあうという本性《ほんしょう》。

二、了因仏性《りょういんぶっしょう》　教《おしえ》によって修養《しゅうよう》し、学《まな》び、その学《まな》ぶことによって仕上《しあ》げて、生《う》まれながらのよい性質《せいしつ》を育《そだ》てて大《おお》きくする、その性質《せいしつ》をいう。

三、縁因仏性《えんいんぶっしょう》　学《まな》んだだけではならない。よい行《おこな》いを実行《じっこう》して心《こころ》に喜《よろこ》びを感《かん》じ、なるほど楽《たの》しい、うれしいものだな、とわかって来《く》る。それを縁《えん》という。縁《えん》により実際《じっさい》に行《おこな》って、真実《しんじつ》を掴《つか》む。これを縁因仏性《えんいんぶっしょう》という。

かくの如《ごと》く学《まな》び、悟《さと》り、行《おこな》うことのできるのは自分《じぶん》に仏性《ぶっしょう》のあるおかげということを知《し》らねばならぬ。これを仏知見《ぶっちけん》というのである。

かように自分《じぶん》の仏性《ぶっしょう》を自覚《じかく》し、その仏性《ぶっしょう》を研《みが》いていくこと、開《かい》・示《じ》・悟《ご》・入《にゅう》せしめるために仏《ほとけ》さまは世《よ》の中《なか》に出《いで》られたのである。またわれわれもその責任《せきにん》をもって生《うま》れ、世《よ》の中《なか》に出《いで》たのである。

妙法蓮華経略義　九二～九四頁

◆日達上人

一大事《だいじ》の因縁《いんねん》　仏《ほとけ》さまは、娑婆《しゃば》世界《せかい》にお出《で》ましになられた理由《りゆう》を「一大事《だいじ》の因縁《いんねん》」とおっしゃっておられます。

仏《ほとけ》さまのお出《で》ましになられた理由《りゆう》は、大変大《たいへんおお》きな意義《いぎ》をもっていますが、一大事因縁《だいじいんねん》とは、仏《ほとけ》さまがそうであるというだけではありません。私共《わたくしども》が今《いま》生きているということもやはり一大事《だいじ》の因縁《いんねん》と言《い》うことができるのであります。

一人《ひとり》ひとり、その人《ひと》しかできない仕事《しごと》、大《おお》きくいえば使命《しめい》をもって私共《わたくしども》は生《う》まれて来《き》たのであります。

たとえば、ごく普通《ふつう》の家庭《かてい》の奥《おく》さんでありましても、その人《ひと》がいなくなれば家庭《かてい》は変《か》わってしまいましょう。その家《いえ》にとっては、かけがえのない人《ひと》であります。ご主人《しゅじん》も子《こ》供《ども》も、また年《とし》をとったおじいさんもおばあさんも、そうであります。そうした人々《ひとびと》が寄《よ》り集《あつ》まって家庭《かてい》が形成《けいせい》され、社会《しゃかい》が、国《くに》が形成《けいせい》されているのであります。

心《こころ》がせまい人《ひと》と申《もう》しますか、いい加減《かげん》な考《かんが》えしかできない人《ひと》はそう思《おも》えなくて、〝私《わたくし》なんかいてもいなくても〟と思《おも》われるかも知《し》れません。しかし決《けっ》してそうではないのです。その人《ひと》にしかできないことは必《かなら》ずあるものです。

ほんのささいなことかも知《し》れませんが、食《た》べること寝《ね》ること、またトイレに行《い》くことも、本人《ほんにん》でなければ誰《だれ》も代《か》わることができません。そのように、決《けっ》して人《ひと》に代《か》わってもらうことのできないことはいろいろあると思《おも》うのです。

そう考《かんが》えますと、今自分《いまじぶん》の置《お》かれている立場《たちば》、あるいは自分《じぶん》の仕事《しごと》がいかに大切《たいせつ》なものであるか、わかると思《おも》います。まずそれを、しっかりと自覚《じかく》することが大切《たいせつ》でありますす。そうでありませんと、せっかく生《い》かせてくださっている仏《ほとけ》さまに対《たい》し、大変申《たいへんもう》し訳《わけ》ないことになるのではないかと思《おも》います。

『月刊法音』第一〇一号　五頁

開《かい》・示《じ》・悟《ご》・入《にゅう》は誰《だれ》のする事《こと》？　法華経《ほけきょう》が優《すぐ》れたみ教《おし》えであることは、万人《ばんにん》の認《みと》めるところであります。しかし、いかに優《すぐ》れていても、そのままではなかなか消化《しょうか》できません。

安立大法尼《あんりゅうだいほうに》以来《いらい》、代々《だいだい》の先師《せんし》が心《こころ》を砕《くだ》かれたのはこのことであります。法華経《ほけきょう》を料理《りょうり》にたとえては申《もう》しわけないことですが、食《た》べやすいように料理《りょうり》して、しかも相手《あいて》の人《ひと》の口《くち》元《もと》まで持《も》って行《い》って、どうかして食《た》べて頂《いただ》けるように努力《どりょく》することが必要《ひつよう》であります。「如我等無異《にょがとうむい》＝我《わ》が如《ごと》く等《ひと》しくして異《こと》なることなからしめん」は、法華経方便品《ほけきょうほうべんぼん》に説《と》かれています。大変立派《たいへんりっぱ》なお言葉《ことば》でありますが、これだけではよくわからないと思《おも》います。そうでしょう。「我《われ》」つまり、〝仏《ほとけ》さまと同《おな》じようにする〟と言《い》われてもピンときません。経文《きょうもん》の解釈《かいしゃく》としてはそれで正解《せいかい》でありますが、聞《き》く人《ひと》がピンとこないのでは意味《いみ》がありません。どんな立派《りっぱ》なごちそうでも、食《た》べなければ何《なに》もならないと同《おな》じです。そこで、ではどのようにしたら食《た》べやすくなるかということですが、そこに安立大法尼以来《あんりゅうだいほうにいらい》のみ教《おし》えが生《い》かされてくるのであります。

安立大法尼《あんりゅうだいほうに》はある時《とき》、「方便品《ほうべんぼん》の仏知見《ぶっちけん》を開《かい》・示《じ》・悟《ご》・入《にゅう》せしむるのは誰《だれ》か」と質問《しつもん》されたことがあります。殆《ほとん》どの人《ひと》が「仏《ほとけ》さま」と答《こた》えました。経文《きょうもん》の解釈《かいしゃく》としては正解《せいかい》です。しかし安立大法尼《あんりゅうだいほうに》は「違《ちが》う」と言《い》われました。

〝法華経《ほけきょう》に説《と》かれる仏《ほとけ》さまのなさることはすべて、信仰《しんこう》する私《わたくし》たち一人《ひとり》ひとりがしてゆかなければならないこと〟とお諭《さと》しになられたのです。法華経《ほけきょう》を実行《じっこう》の面《めん》からみると、こうなるのであります。

「如我等無異《にょがとうむい》」と説《と》かれる仏《ほとけ》さまのみ心《こころ》を、安立大法尼流《あんりゅうだいほうにりゅう》に考《かんが》えますと「状況《じょうきょう》に左右《さゆう》されない、本当《ほんとう》の幸《しあわ》せにすべての人《ひと》を導《みちび》く」ことであろうと思《おも》います。

『月刊法音』第一七四号　五～六頁

安立大法尼と本化の菩薩

◆経　典

◇他方《たほう》の國土《こくど》の諸《もろもろ》の來《きた》れる菩薩摩訶薩《ぼさつまかさつ》の八恒河沙《ごうがしゃ》の數《かず》に過《す》ぎたる、大衆《だいしゅ》の中《なか》に於《おい》て起《き》立《りゅう》し合掌《がっしょう》し禮《らい》を作《な》して、佛《ほとけ》に白《もう》して言《もう》さく、世尊《せそん》、若《も》し我等《われら》佛《ほとけ》の滅後《めつご》に於《おい》て此《こ》の娑婆世《しゃばせ》界《かい》に在《あ》って、勤加精進《ごんかしょうじん》して是《こ》の經典《きょうでん》を護持《ごじ》し讀誦《どくじゅ》し書寫《しょしゃ》し供養《くよう》せんことを聽《ゆる》したまわば、當《まさ》に此《こ》の土《ど》に於《おい》て廣《ひろ》く之《これ》を説《と》きたてまつるべし。

爾《そ》の時《とき》に佛《ほとけ》、諸《もろもろ》の菩薩摩訶薩衆《ぼさつまかさつしゅ》に告《つ》げたまわく、止《や》みね、善男子《ぜんなんし》、汝等《なんだち》が此《こ》の經《きょう》を護持《ごじ》せんことを須《もち》いじ。所以《ゆえ》は何《いか》ん、我《わ》が娑婆世界《しゃばせかい》に自《おのずか》ら六萬恒河沙等《まんごうがしゃとう》の菩薩摩訶薩《ぼさつまかさつ》あり。一一の菩薩《ぼさつ》に各《おのおの》六萬恒河沙《まんごうがしゃ》の眷屬《けんぞく》あり。是《こ》の諸人等《しょにんら》能《よ》く我《わ》が滅後《めつご》に於《お》て、護持《ごじ》し讀誦《どくじゅ》し廣《ひろ》く此《こ》の經《きょう》を說《と》かん。

佛《ほとけ》是《こ》れを說《と》きたもう時《とき》、娑婆世界《しゃばせかい》の三千大《だい》千の國土《こくど》、地皆震裂《ちみなしんれつ》して、其《そ》の中《なか》より無量《むりょう》千萬億《まんのく》の菩薩摩訶薩《ぼさつまかさつ》あって同時《どうじ》に涌出《ゆじゅつ》せり。是《こ》の諸《もろもろ》の菩薩《ぼさつ》は身皆金色《みみなこんじき》にして、三十二相《そう》・無量《むりょう》の光明《こうみょう》あり。先《さき》より盡《ことごと》く娑婆世界《しゃばせかい》の下《した》、此《こ》の界《かい》の虚空《こくう》の中《なか》に在《あ》って住《じゅう》せり。是《こ》の諸《もろもろ》の菩薩《ぼさつ》、釋迦牟尼佛《しゃかむにぶつ》の所說《しょせつ》の音聲《おんじょう》を聞《き》いて下《した》より發來《ほつらい》せり。一一の菩薩皆是《ぼさつみなこ》れ大衆唱導《だいしゅしょうどう》の首《しゅ》なり。各《おのおの》六萬恒河沙等《まんごうがしゃとう》の眷屬《けんぞく》を將《ひき》いたり。

妙法蓮華經・從地涌出品　二五八～二五九頁

◇是《こ》の菩薩衆《ぼさつしゅ》の中《なか》に四導師《どうし》あり。一を上行《じょうぎょう》と名《な》づけ、二を無邊行《むへんぎょう》と名《な》づけ、三を淨行《じょうぎょう》と名《な》づけ、四を安立行《あんりゅうぎょう》と名《な》づく。是《こ》の四菩薩《ぼさつ》其《そ》の衆中《しゅちゅう》に於《お》いて最《もっと》も爲《こ》れ上首唱導《じょうしゅしょうどう》の師《し》なり。

妙法蓮華經・從地涌出品　二六〇頁

◇是《こ》の諸《もろもろ》の大菩薩摩訶薩《だいぼさつまかさつ》の無量無數阿僧祇《むりょうむしゅあそうぎ》にして地《ち》より涌出《ゆじゅつ》せる、汝等昔《なんだちむかし》より未《いま》だ見《み》ざる所《ところ》の者《もの》は、我是《われこ》の娑婆世界《しゃばせかい》に於《おい》て阿耨多羅《あのくたら》三藐《みゃく》三菩提《ぼだい》を得已《えおわ》って、是《こ》の諸《もろもろ》の菩薩《ぼさつ》を教化示導《きょうけじどう》し、其《そ》の心《こころ》を調伏《じょうぶく》して道《どう》の意《こころ》を發《おこ》さしめたり。此《こ》の諸《もろもろ》の菩薩《ぼさつ》は皆是《みなこ》の娑婆《しゃば》世界《せかい》の下此《したこ》の界《かい》の虚空《こくう》の中《なか》に於《おい》て住《じゅう》せり。諸《もろもろ》の經典《きょうでん》に於《おい》て讀誦通利《どくじゅつうり》し思惟分別《しゆいふんべつ》し正憶《しょうおく》念《ねん》せり。

妙法蓮華經・從地涌出品　二六六頁

◇此《こ》の諸《もろもろ》の佛子等《ぶっしとう》は、其《その》の數量《かずはか》るべからず。久《ひさ》しく已《すで》に佛道《ぶつどう》を行《ぎょう》じて、神通智力《じんづうちりき》に住《じゅう》せり。善《よ》く菩薩《ぼさつ》の道《どう》を學《がく》して、世間《せけん》の法《ほう》に染《そ》まざること、蓮華《れんげ》の水《みず》に在《あ》るが如《ごと》し。

妙法蓮華經・從地涌出品　二七〇頁

◇爾《そ》の時《とき》に千世界微塵等《ぜかいみじんとう》の菩薩摩訶薩《ぼさつまかさつ》の地《ぢ》より涌出《ゆじゅつ》せる者《もの》、皆佛前《みなぶつぜん》に於《おい》て一心《しん》に合掌《がっしょう》し尊顔《そんげん》を瞻仰《せんごう》して、佛《ほとけ》に白《もう》して言《もう》さく、世尊《せそん》、我等佛《われらほとけ》の滅後《めつご》、世尊分身所在《せそんふんじんしょざい》の國土《こくど》、滅度《めつど》の處《ところ》に於《おい》て、當《まさ》に廣《ひろ》く此《こ》の經《きょう》を說《と》くべし。所以《ゆえ》は何《いか》ん、我等《われら》も亦自《またみずか》ら是《こ》の眞淨《しんじょう》の大法《だいほう》を得《え》て、受持《じゅじ》・讀誦《どくじゅ》し、解說《げせつ》・書寫《しょしゃ》して、之《これ》を供養《くよう》せんと欲《ほっ》す。

妙法蓮華經・如來神力品　三二六頁

◇佛《ほとけ》、上行等《じょうぎょうとう》の菩薩大衆《ぼさつだいしゅ》に告《つ》げたまわく、諸佛《しょぶつ》の神力《じんりき》は是《かく》の如《ごと》く無量無邊不可思議《むりょうむへんふかしぎ》なり。若《も》し我是《われこ》の神力《じんりき》を以《もっ》て、無量無邊《むりょうむへん》百千萬億《まんのく》阿僧祇劫《あそうぎこう》に於《おい》て、屬累《ぞくるい》の爲《ため》の故《ゆえ》に此《こ》の經《きょう》の功《く》徳《どく》を説《と》かんに、猶《な》お盡《つ》くすこと能《あた》わじ。要《よう》を以《もっ》て之《これ》を言《い》わば、如來《にょらい》の一切《さい》の法《ほう》・如來《にょらい》の一切《さい》の自在《じざい》の神力《じんりき》・如來《にょらい》の一切《さい》の祕要《ひよう》の藏《ぞう》・如來《にょらい》の一切《さい》の甚深《じんじん》の事《じ》・皆此《みなこ》の經《きょう》に於《おい》て宣示顯説《せんじけんぜつ》す。是《こ》の故《ゆえ》に汝等如來《なんだちにょらい》の滅後《めつご》に於《おい》て、應當《まさ》に一心《しん》に受持《じゅじ》・讀誦《どくじゅ》し、解説《げせつ》・書寫《しょしゃ》し、説《せつ》の如《ごと》く修行《しゅぎょう》すべし。

妙法蓮華經・如來神力品　三二八〜三二九頁

◆遺　文

◇大覺世尊佛眼《だいがくせそんぶつげん》を以《もっ》て末法《まっぽう》を鑒知《かんち》し、此《こ》の逆《ぎゃく》・謗《ぼう》の二罪《ざい》を對治《たいぢ》せしめんが爲《ため》に、一大祕《だいひ》法《ほう》を留《とど》め置《お》き給《たま》う。所謂法華經本門久成《いわゆるほけきょうほんもんくじょう》の釋尊《しゃくそん》、寶淨世界《ほうじょうせかい》の多寶佛《たほうぶつ》、高《たか》さ五百由旬《ゆじゅん》、廣《ひろ》さ二百五十由旬《ゆじゅん》の大寶塔《だいほうとう》の中《なか》に於《おい》て、二佛座《ぶつざ》を竝《なら》べしこと、宛《あたか》も日月《にちがつ》の如《ごと》く、十方分身《ぼうふんじん》の諸佛《しょぶつ》は、高《たか》さ五百由旬《ゆじゅん》の寶樹《ほうじゅ》の下《もと》に、五由旬《ゆじゅん》の師子《しし》の座《ざ》を竝《なら》べ敷《し》き、衆星《しゅせい》の如《ごと》く列座《れつざ》し給《たま》い、四百萬億那由佗《まんのくなゆた》の大地《だいぢ》に、三佛二會《ぶつえ》に充滿《じゅうまん》したまうの儀式《ぎしき》は、華嚴寂場《けごんじゃくぢょう》の華藏《けぞう》世界《せかい》にも勝《すぐ》れ、眞言兩界《しんごんりょうかい》の千二百餘尊《よそん》にも超《こ》えたり。一切世間《さいせけん》の眼《まなこ》なり。此《こ》の大會《だいえ》に於《おい》て△六難《なん》九易《い》を擧《あ》げて法華經《ほけきょう》を流通《るづう》せんと、諸《もろもろ》の大菩薩《だいぼさつ》に諫曉《かんぎょう》せしめたまう。金色世界《こんじきせかい》の文殊師利《もんじゅしり》、兜史多宮《としたぐう》の彌勒菩薩《みろくぼさつ》、寶淨世界《ほうじょうせかい》の智積菩薩《ちしゃくぼさつ》、補陀落山《ふだらくせん》の觀世音菩薩等《かんぜおんぼさつとう》、頭《づ》陀《だ》第《だい》一の大迦葉《だいかしょう》、智《ち》慧《え》第《だい》一の舍利弗等《しゃりほつとう》、三千世界《せかい》を統領《とうりょう》する無量《むりょう》の梵天《ぼんでん》、須彌《しゅみ》の頂《いただき》に居住《こじゅう》する無邊《むへん》の帝釋《たいしゃく》、一四天下《てんげ》に照耀《しょうよう》せる阿僧祇《あそうぎ》の日月《にちがつ》、十方《ぼう》の佛法《ぶっぽう》を護持《ごじ》する恒沙《ごうじゃ》の四天王《てんのう》、大地微塵《だいぢみじん》の諸《もろもろ》の龍王等《りゅうおうとう》、我《われ》にも我《われ》にも此《こ》の經《きょう》を付屬《ふぞく》せられよと競《きそ》ひ望《のぞ》みしかども、世尊《せそん》都《すべ》て之《これ》を許《ゆる》したまわず。

爾《そ》の時《とき》に下方《げほう》の大地《だいぢ》より未見今見《みけんこんけん》の四大菩薩《だいぼさつ》を召出《めしいだ》したまう。所謂《いわゆる》上行菩薩《じょうぎょうぼさつ》・無邊行菩薩《むへんぎょうぼさつ》・淨行菩薩《じょうぎょうぼさつ》・安立行菩薩《あんりゅうぎょうぼさつ》なり。此《こ》の大菩薩各々《だいぼさつおのおの》六萬恒河沙《まんごうがしゃ》の眷屬《けんぞく》を具足《ぐそく》す。形貌威儀《ぎょうみょういぎ》言《ことば》を以《もっ》て宣《の》べ難《がた》く、心《こころ》を以《もっ》て量《はか》るべからず。　曾谷入道殿許御書　一一一一～一一一二頁

◇如何《いか》にも今度信心《こんどしんじん》を致《いた》して、法華經《ほけきょう》の行者《ぎょうじゃ》にて日蓮《にちれん》が一門《もん》と成《な》り通《とお》し給《たま》うべし。日蓮《にちれん》と同意《どうい》ならば地涌《ぢゆ》の菩薩《ぼさつ》たらんか。地涌《ぢゆ》の菩薩《ぼさつ》に定《さだ》まりなば、釋尊久遠《しゃくそんくおん》の弟子《でし》たること豈疑《あにうたが》うべきや。經《きょう》に云《いわ》く、『我久遠《われくおん》より來《このかた》、是等《これら》の衆《しゅ》を教化《きょうけ》せり』とは是《これ》なり。末法《まっぽう》にして妙法蓮華經《みょうほうれんげきょう》の五字《じ》を弘《ひろ》めん者《もの》は男女《をとこをんな》は嫌《きら》うべからず、皆地涌《みなぢゆ》の菩薩《ぼさつ》の出現《しゅつげん》にあら

ずば唱《とな》え難《がた》き題目《だいもく》なり。日蓮《にちれん》一人初《にんはじ》めは南無妙法蓮華經《なむみょうほうれんげきょう》と唱《とな》えしが、二人《にん》三人《にん》百人《にん》と次《し》第《だい》に唱《とな》え傳《つた》うるなり。未來《みらい》も又然《またしか》るべし。是豈地涌《これあにぢゅ》の義《ぎ》にあらずや。剰《あまつさ》え廣宣流布《こうせんるふ》の時《とき》は、日本《にほん》一同《どう》に南無妙法蓮華經《なむみょうほうれんげきょう》と唱《とな》えん事《こと》は大地《だいち》を的《まと》とするなるべし。兎《と》も角《かく》も法華《ほけ》經《きょう》に名《な》を立《た》て身《み》を任《まか》せ給《たま》うべし。

諸法實相鈔　九七〇頁

◇大地《だいち》は草木《そうもく》を生《しょう》ずるを以《もっ》て行《ぎょう》と爲《な》し、天《てん》は潤《うるお》すを以《もっ》て行《ぎょう》と爲《な》す。妙法蓮華經《みょうほうれんげきょう》の五字《じ》も又是《またかく》の如《ごと》し、本化地涌《ほんげぢゅ》の利益是《りやくこれ》なり。上行菩薩末法今《じょうぎょうぼさつまっぽういま》の時《とき》、此《こ》の法門《ほうもん》を弘《ひろ》めんが爲《ため》に御《ご》出現《しゅつげん》これあるべきの由《よし》、經文《きょうもん》には見《み》え候《そうら》えども如何《いかが》候《そうろう》やらん。上行菩薩《じょうぎょうぼさつ》出現《しゅつげん》すとやせん、出現《しゅつげん》せずとやせん。日蓮先《にちれんま》づ粗弘《ほぼひろ》め候《そうろう》なり。相構《あいかま》え相構《あいかま》えて、強盛《ごうじょう》の大信力《だいしんりき》を出《いだ》して、南無妙法蓮華經《なむみょうほうれんげきょう》、臨終正念《りんじゅうしょうねん》と祈念《きねん》し給《たま》え。生死《しょうじ》一大事《だいじ》の血脈此《けちみゃくこれ》より外《ほか》に全《まった》く求《もと》むることなかれ。煩惱卽菩提《ぼんのうそくぼだい》、生死卽涅槃《しょうじそくねはん》とは是《これ》なり。信心《しんじん》の血脈《けちみゃく》なくんば、法華經《ほけきょう》を持《たも》つとも無益《むやく》なり。

生死一大事血脈鈔　七六二頁

◇八萬聖教《まんしょうぎょう》の肝心《かんじん》法華經《ほけきょう》の眼目《がんもく》たる妙法蓮華經《みょうほうれんげきょう》の五字《じ》をば、迦葉《かしょう》・阿難《あなん》にも讓《ゆず》り給《たま》わず、又文殊《またもんじゅ》・普賢《ふげん》・觀音《かんのん》・彌勒《みろく》・地藏《ぢぞう》・龍樹《りゅうじゅ》等《とう》の大菩薩《だいぼさつ》にも授《さず》け給《たま》わず。此等《これら》の大菩薩等《だいぼさつとう》の望《のぞ》み申《もう》せしかども佛許《ほとけゆる》し給《たま》わず。大地《だいぢ》の底《そこ》より上行菩薩《じょうぎょうぼさつ》と申《もう》せし老人《ろうじん》を召《め》し出《いだ》して、多《た》寶佛《ほうぶつ》十方《ぽう》の諸佛《しょぶつ》の御前《みまえ》にして、釋迦如來《しゃかにょらい》七寶《ぽう》の塔中《たっちゅう》にして、妙法蓮華經《みょうほうれんげきょう》の五字《じ》を上行菩《じょうぎょうぼ》薩《さつ》に讓《ゆず》り給《たま》う。

高橋入道殿御返事　一二六七頁

◆安立大法尼

皆《みな》さんが本化地涌《ほんげぢゆ》の菩薩《ぼさつ》です

皆様方《みなさまがた》の如《ごと》く、〝どうか善《よ》い事《こと》が実行《じっこう》したい。出世《しゅっせ》がしたい。人《ひと》より尊敬《そんけい》せらるる人《ひと》となりたい〟と思《おも》わるる方々《かたがた》は、釈尊《しゃくそん》が本化菩薩《ほんげぼさつ》と仰《おお》せられた、高徳《こうとく》の方々《かたがた》の化身《けしん》であるのであります。これら高徳《こうとく》の方々《かたがた》なる故《ゆえ》に、人界《にんかい》に生《せい》を受《う》けられたる今《いま》、人《ひと》から仰《あお》がるるような人《ひと》となられたのであります。

始祖・御法話集　一三六～一三七頁

「艱難汝《かんなんなんじ》を玉《たま》にす」　功徳《くどく》をたくさん積《つ》めば、煩悩《ぼんのう》に苦《く》しめらるる時《とき》、たとえば悪《あく》の誘《ゆう》惑《わく》に陥《おち》いらんとするも、〝これは正《ただ》しいか正《ただ》しくないか〟の判断《はんだん》が早《はや》くつくのであります。

あるいは、すこぶる困難《こんなん》な立場《たちば》に臨《のぞ》んでも、心《こころ》を冷静《れいせい》に保《たも》ち、なお一段《だん》の苦《くる》しき境遇《きょうぐう》に想《おも》いを到《いた》して、〃自分《じぶん》はまだありがたい〃と悟《さと》りつつ、当面《とうめん》の事物《じぶつ》を善処《ぜんしょ》すべき方法《ほうほう》を考《かんが》えるのであります。たとえ、他人《たにん》から悪口《あっく》されても、これも自分《じぶん》の煩悩《ぼんのう》だと悟《さと》って腹《はら》立《た》てず、ただ、自分《じぶん》の悪口《あっく》せられたる時《とき》の気持《きも》ちを追想《ついそう》して人《ひと》を悪口《あっく》せず、人《ひと》の善《ぜん》を見《み》ればもって自分《じぶん》の短所《たんしょ》を補《おぎな》い、他人《たにん》の短所《たんしょ》を見《み》れば、〃自分《じぶん》にも同様《どうよう》な短所《たんしょ》は無《な》きや〃と反省《はんせい》するのであります。

斯《か》くの如《ごと》く能《よ》く悟《さと》り得《う》るは、自己《じこ》の持《も》ちたる功徳《くどく》の力《ちから》であります故《ゆえ》に、薄徳《はくとく》の我々《われわれ》は常日頃《つねひごろ》功徳《くどく》を積《つ》むことを忘《わす》れず、煩悩《ぼんのう》に打《う》ち勝《か》つ用意《ようい》をしつつ暮《く》らしましょう。さすれば、この煩悩《ぼんのう》に接《せっ》するたびごとに悟《さと》りを得《え》、処世《しょせい》の道《みち》を体得《たいとく》することができます。「艱《かん》難汝《なんなんじ》を玉《たま》にす」とはこれです。

然《しか》るに、煩悩《ぼんのう》を変《へん》じて悟《さと》りとする功徳《くどく》の用意《ようい》もなく、うかうかとその日《ひ》を暮《く》らしたなれば、必《かなら》ず煩悩《ぼんのう》に打《う》ち勝《か》たれて困《こま》り苦《くる》しむ悲境《ひきょう》に陥《おちい》り、ついに、光明《こうみょう》の世界《せかい》に出《い》づることはできません。故《ゆえ》に、いつも申《もう》し上《あ》げる如《ごと》く、自分《じぶん》がこの娑婆世界《しゃばせかい》に来《きた》りたる所以《ゆえん》は、〃日々《ひび》食《く》っては食《く》うことに勤《いそ》しむ造糞機《ぞうふんき》にはあらず〃と自覚《じかく》し、本化菩薩《ほんげぼさつ》の本体《ほんたい》を顕現《けんげん》して誠《まこと》の人士《じんし》となり、真《しん》の仏道《ぶつどう》を解《げ》せざる民衆《みんしゅう》を、娑婆《しゃば》即寂光土《そくじゃっこうど》・娑婆《しゃば》即無上道《そくむじょうどう》の真《しん》の道《みち》に引導《いんどう》すべき使命《しめい》を帯《お》びたる者《もの》と自任《じにん》し、常《つね》に妙法蓮華経《みょうほうれんげきょう》を唱《とな》えつつ、日常行為《にちじょうこうい》には慈悲《じひ》・至誠《まこと》・堪忍《かんにん》を忘《わす》れず、終始《しゅうし》一貫功徳《かんくどく》を積《つ》むべく努《つと》めましょう。

始祖・御法話集　一〇二～一〇三頁

◆宗玄大徳

本化《ほんげ》の菩薩《ぼさつ》の事《こと》

われらの魂《たましい》は、久遠《くおん》の昔《むかし》から今世《こんぜ》に至《いた》るまで、仏《ほとけ》の徳《とく》を受《う》けて次第《しだい》に進化《しんか》し、琢磨《たくま》されて今日《こんにち》に至《いた》ったものである故《ゆえ》に、この娑婆世界《しゃばせかい》に生《せい》を受《う》けたるその目的《もくてき》として、仏恩報謝《ぶつおんほうしゃ》のため善事《ぜんじ》に励《はげ》まなければなりません。

法華経従地涌出品《ほけきょうじゅうぢゆじゅっほん》に曰《いわ》く「娑婆世界《しゃばせかい》の三千大《だい》千の国土《こくど》、地皆震列《ちみなしんれつ》して、其《そ》の中《なか》より無《む》量《りょう》千万億《まんのく》の菩薩摩訶薩《ぼさつまかさつ》あって同時《どうじ》に涌出《ゆじゅつ》せり。是《こ》の諸《もろもろ》の菩薩《ぼさつ》は身皆金色《みみなこんじき》にして、三十二相《そう》・無量《むりょう》の光明《こうみょう》あり。先《さき》より尽《ことごと》く娑婆世界《しゃばせかい》の下《した》、此《こ》の界《かい》の虚空《こくう》の中《なか》に在《あ》って住《じゅう》せり。是《こ》の諸《もろもろ》の菩薩《ぼさつ》、釈迦牟尼仏《しゃかむにぶつ》の所説《しょせつ》の音声《おんじょう》を聞《き》いて下《した》より発来《ほつらい》せり。一一の菩薩皆是《ぼさつみなこ》れ大衆唱導《だいしゅしょうどう》の首《しゅ》なり。各《おのおの》六万恒河沙等《まんごうがしゃとう》の眷属《けんぞく》を将《ひき》いたり」とありますが、この諸《もろもろ》の菩《ぼ》薩《さつ》というのは他《ほか》にあるべきではありません。

釈尊滅後《しゃくそんめつご》二千年《ねん》を過《す》ぎて末法《まっぽう》に至《いた》ったなれば「地《ち》を尋《たず》ぬれば則《すなわ》ち唐《とう》の東羯《ひがしかつ》の西《にし》」（開《かい》目鈔《もくしょう》・上《じょう》）と定《さだ》められたるこの国《くに》こそ、無上《むじょう》の大法《だいほう》の広宣流布《こうせんるふ》すべき根元地《こんげんち》であります。しかしてその国《くに》には、これら大菩薩《だいぼさつ》が経《きょう》と共《とも》に出生《しゅっしょう》し、これを護持《ごじ》すべき責任《せきにん》を有《ゆう》するものであります。神通《じんづう》をもって見《み》るに、この国《くに》とは即《すなわ》ちわが日本国《にほんこく》で、国民《こくみん》一千人《にん》の内《うち》九百九十九人《にん》までがこの菩薩《ぼさつ》の魂《たましい》の持主《もちぬし》であります。いわんやこの法《ほう》に会《あ》い、この理《り》を聞知《もんち》して、須臾《しゅゆ》も説《と》く者《もの》はなおさらのことであります。

このことを今《いま》までお忘《わす》れになっておられた方々《かたがた》は、どうかこのことを思《おも》い出《だ》して、自《じ》分《ぶん》の魂《たましい》が本化菩薩《ほんげぼさつ》という尊《とうと》い魂《たましい》であることを覚《さと》られて、心《こころ》を広《ひろ》く高《たか》く持《も》ち、しかも身《み》は低《ひく》く、他人《たにん》を慈《いつく》しみ、喜《よろこ》ばせることをもってわが喜《よろこ》びとするようにしてください。

自己《じこ》の踏《ふ》むべき道《みち》、信《しん》ずべき経《きょう》を忘《わす》れ、さらに本師《ほんし》をも忘《わす》れておられる人々《ひとびと》もまことにたくさんあるように思《おも》います。いかに魂《たましい》がよくても、この世《よ》に生《う》まれた目的《もくてき》を知《し》っても、もし修養《しゅうよう》の道《みち》を説《と》きたる教《おし》え、即《すなわ》ち宗教《しゅうきょう》がなかったなれば、あたかも大海《たいかい》に出《い》で羅針盤《らしんばん》を失《うしな》った船《ふね》のごとくであります。

村上先生御法話集（二）三七～三九頁

「四弘誓願《ぐせいがん》」の事《こと》　四弘誓願《ぐせいがん》は、我々《われわれ》が自己《じこ》を去《さ》り、人生《じんせい》の目的《もくてき》を了知《りょうち》し、以《も》って人格《じんかく》を完成《かんせい》せんとする、精神《せいしん》の基礎《きそ》となる誓《ちか》いであります。この誓《ちか》いは法華経《ほけきょう》三の巻《まき》・薬草《やくそう》喩品第《ゆほんだい》五の中《なか》に、

未《いま》だ度《ど》せざる者《もの》は度《ど》せしめ
未《いま》だ解《げ》せざる者《もの》は解《げ》せしめ
未《いま》だ安《あん》ぜざる者《もの》は安《あん》ぜしめ
未《いま》だ涅槃《ねはん》せざる者《もの》は涅槃《ねはん》を得《え》せしむ

とあるのと同《おな》じです。

衆生無辺誓願度《しゅじょうむへんせいがんど》　第《だい》一の「未《いま》だ度《ど》せざる者《もの》」というのは、未《いま》だ修養《しゅうよう》のできていない者《もの》のことです。修養《しゅうよう》のできていない者《もの》を修養《しゅうよう》せしめるというのですが、それは、自分《じぶん》をはじめ世《よ》の中《なか》の人々《ひとびと》です。即《すなわ》ち、修養《しゅうよう》のできていない者《もの》を衆生《しゅじょう》と名《な》づけるのでありまして、度《ど》というのは六度《ど》にも当《あ》たる、世渡《よわた》りの道《みち》です。日蓮聖人《にちれんしょうにん》は、「天晴《てんは》れぬれば地明《ちあき》らかなり、法華《ほっけ》を識《し》る者《もの》は世法《せほう》を得《う》べきか」（如来滅後五五百歳始《にょらいめつごさいし》観心本尊鈔《かんじんほんぞんしょう》）

と言《い》っておられますが、〝世法《せほう》を識《し》って有為《ゆうい》の人生《じんせい》を過《す》ごす〟この人生《じんせい》を有意義《ゆういぎ》に過《す》ごすことを度《ど》というのでありまして、人一生《ひといっしょう》の大事《だいじ》であります。

〝為《な》すことのなくて終《お》わらば世《よ》に永《なが》き
　齢《よわい》をたもつ甲斐《かい》やなからん〟　明治天皇御製《めいじてんのうぎょせい》。

人《ひと》には何《なに》か使命《しめい》があるはずです。世《よ》のためにならぬ人生《じんせい》は無意義《むいぎ》ではないかとの教訓《きょうくん》であります。

この自覚《じかく》のもとに、自分《じぶん》がまず正《ただ》しき道《みち》を歩《あゆ》み、人々《ひとびと》もともに導《みちび》いて以《も》って平和《へいわ》の世界《せかい》を作《つく》ろうというのが第一《だい》の誓願《せいがん》であります。

煩悩無数誓願断《ぼんのうむしゅせいがんだん》　第二《だい》は「未《いま》だ解《げ》せざる者《もの》」ですが、この解《げ》というのは、〝心《こころ》の迷《まよ》いに縛《しば》られているのを解《と》く〟という解《げ》であります。心《こころ》の迷《まよ》いによって善《よ》い心掛《こころが》けが縄《なわ》を以《も》って縛《しば》られている、その縄《なわ》を解《と》くことであります。

お互《たが》いに人間《にんげん》は正《ただ》しく進《すす》みたいと思《おも》っていますが、心《こころ》の中《なか》で、〝それはそうだけれども、それはむずかしい。それでは自分《じぶん》が困《こま》る〟というような自己《じこ》を愛《あい》する思《おも》い、考《かんが》えが起《お》こって正《ただ》しく進《すす》まれないのであります。この妨《さまた》げをするものを迷《まよ》いとも言《い》い煩悩《ぼんのう》とも申《もう》すのでありまして、この囚《とら》われを解《と》いてゆかねばならぬのであります。専門《せんもん》の言葉《ことば》では「煩悩消滅《ぼんのうしょうめつ》」と言《い》います。お互《たが》いに迷《まよ》い心《ごころ》を離《はな》れて正《ただ》しき道《みち》を歩《あゆ》み、〝自《みずか》らの働《はたら》きが世《よ》の中《なか》のためになるようにやってゆこう。自《みずか》らも迷《まよ》いを断《た》ち、また世《よ》の人《ひと》を一人《ひとり》でも多《おお》く迷《まよ》い心《ごころ》のないように導《みちび》いてゆこう〟という誓《ちか》いです。

法門無尽誓願知《ほうもんむじんせいがんち》　第三《だい》の「未《いま》だ安《あん》ぜざる者《もの》」とは、仏《ほとけ》の教《おし》えを安心《あんしん》して行《おこ》なわない者《もの》です。

〝安《あん》じて行《おこ》なう〟には、教《おし》えをよく知《し》らなくてはならぬのです。宏大無辺《こうだいむへん》の法門《ほうもん》を知《し》らねばなりません。この法門即《ほうもんすなわ》ち法《ほう》には「世法《せほう》」と「仏法《ぶっぽう》」とがありますが、世法《せほう》と申《もう》すのは世《よ》の中《なか》の法則《ほうそく》・規則《きそく》であります。しかしながら、この規則《きそく》だけで正《ただ》しく進《すす》ませようとしてもなかなかむずかしいことで、徹底《てってい》することは極《きわ》めて困難《こんなん》なことなのです。仏法《ぶっぽう》は精神的《せいしんてき》のことでありまして、〝自分《じぶん》の一生《しょう》は何《なん》のためにあるのか〟という根本《こんぽん》から承《しょう》知《ち》せしめるものであります。

その根本《こんぽん》である仏《ほとけ》の教《おし》え、即《すなわ》ち法門《ほうもん》は実行《じっこう》せねばなかなか了解《りょうげ》できません。実行《じっこう》は如何《いか》にしてしますか？。水行《すいぎょう》したり、断食《だんじき》するのもよいでしょう。しかしこれは、まだまだ真《しん》の修行《しゅぎょう》に入《はい》っていないと思《おも》います。私《わたくし》も随分水行《ずいぶんすいぎょう》や断食《だんじき》をやってきましたが、自己一人《じこひとり》の修行《しゅぎょう》は小《ちい》さいことです。大勢《おおぜい》の中《なか》に入《はい》っては、水行《すいぎょう》・断食《だんじき》の修行《しゅぎょう》は用《よう》をなすことが少《すく》ないのです。

それでは如何《いか》にするか、人家稠密《じんかしゅうみつ》の中《なか》にあってあちらからもこづかれ、こちらからも悪口《あっく》せらるるその中《なか》で、しっかり目的《もくてき》を定《さだ》めて正《ただ》しき道《みち》に進《すす》み、決《けっ》して心《こころ》を動《どう》じない、これが水行《すいぎょう》・断食《だんじき》以上《いじょう》の修行《しゅぎょう》です。

水行《すいぎょう》や断食《だんじき》は形《かたち》の上《うえ》のことです。実際《じっさい》の修行《しゅぎょう》は「和光同塵《わこうどうじん》」と申《もう》して、自己《じこ》の名誉《めいよ》・地位《ちい》を思《おも》わず、迷《まよ》いの人々《ひとびと》の中《なか》に混《ま》じって正《ただ》しく進《すす》む修行《しゅぎょう》であります。〝困難《こんなん》なことに遭《あ》った。悪口《あっく》せられた。病気《びょうき》をした。これみな修行《しゅぎょう》の道程《どうてい》であり、修養《しゅうよう》の機会《きかい》を与《あた》えられたのだ〟と悟《さと》るところに、真価《しんか》が存《ぞん》するのであります。

もし人《ひと》に苦《く》というものが無《な》かったなればどうでしょう。その人《ひと》は幸《しあわ》せのようですけれども、真《しん》の幸《しあわ》せではないと思《おも》います。苦《く》なき所《ところ》に修養《しゅうよう》はできません。我《わ》が心《こころ》を磨《みが》くのは艱難《かんなん》です。「艱難汝《かんなんなんじ》を玉《たま》にす」これなのです。

教主釈尊《きょうしゅしゃくそん》は、父王《ちちおう》の寵愛《ちょうあい》の中《なか》に成長《せいちょう》せられましたが、迷《まよ》える世《よ》の人々《ひとびと》を導《みちび》くために修《しゅ》行《ぎょう》を志《こころざ》されたのです。第《だい》一に、自《みずか》ら苦難《くなん》の中《なか》に入《はい》られました。即《すなわ》ち和光同塵《わこうどうじん》です。それゆえ、我々《われわれ》の眼前《がんぜん》に来《きた》る苦難《くなん》というものはみな、修養《しゅうよう》の糧《かて》であると知《し》ることができるでしょう。これが法門《ほうもん》を知《し》ることです。

このように考《かんが》える時《とき》に、世《よ》の中《なか》の苦《く》は一切《さい》なくなるのであります。そしてその難《なん》に容易《ようい》に打《う》ち克《か》つことを重《かさ》ねてこそ、他《た》の人々《ひとびと》が苦難《くなん》に困惑《こんわく》している時《とき》、〝こうして悟《さと》ればよいのだ〟と導《みちび》くことができるのであります。

〝災難《さいなん》もありがたい。病気《びょうき》もありがたい。修養《しゅうよう》の道程《どうてい》だ。私《わたくし》の心《こころ》が磨《みが》かれるのだ〟と喜《よろこ》び、心《こころ》を引《ひ》き締《し》めて進《すす》んでこそ、日々《ひび》の仕事《しごと》に邁進《まいしん》することができるのです。

愚痴《ぐち》を言《い》ったり、後悔《こうかい》しても利益《りやく》はありません。難《なん》によって大《おお》いに体験《たいけん》を得《え》て、なお備《そな》えを堅《かた》くするとすれば、小難《しょうなん》でよろしかったと喜《よろこ》べましょう。これを〝法門《ほうもん》を知《し》る〟というのです。自《みずか》ら心《こころ》は安《やす》らかです。よく仏《ほとけ》の教《おし》えの奥底《おくそこ》を知《し》るべく修行《しゅぎょう》をして、自《みずか》らも法門《ほうもん》に安《やす》んじ、他《た》をも安《やす》んぜしめるように努《つと》めましょう。

仏道無上誓願成《ぶつどうむじょうせいがんじょう》　第《だい》四は「未《いま》だ涅槃《ねはん》せざる者《もの》は涅槃《ねはん》を得《え》せしむ」です。涅槃《ねはん》は悟《さと》りのことで、仏様《ほとけさま》と同《おな》じ悟《さと》りの中《なか》に生《い》きるということです。

この悟《さと》りの中《なか》に生《い》きることを「無上道《むじょうどう》」あるいは「極楽《ごくらく》」というのです。そして、涅《ね》槃《はん》を得《え》ることは、無上《むじょう》の仏道《ぶつどう》を成就《じょうじゅ》することです。

お互《たが》いに未来《みらい》は仏《ほとけ》になりたいという、それは一般《ぱん》の人々《ひとびと》の理想《りそう》です。理想《りそう》は実現《じつげん》せねばなりません。

未来《みらい》に仏《ほとけ》になりたいならばどうすればよろしいのか。

仏《ほとけ》となる道《みち》を歩《あゆ》まねばならぬのです。それには自己《じこ》というものを考《かんが》えずして、悩《なや》み苦《くる》しむ人々《ひとびと》の心《こころ》も身《み》も救《すく》う実行《じっこう》をするのです。これは仏《ほとけ》としての道《みち》です。〝身《み》を殺《ころ》して仁《じん》をなす〟が無上道《むじょうどう》です。この無上道《むじょうどう》を通《とお》って間違《まちが》いないように常《つね》に反省《はんせい》をしてゆきます。その心《こころ》の中《なか》には悩《なや》みはありません。迷《まよ》いもありません。実《じつ》に安《やす》らかであります。これを極楽《ごくらく》というのです。

お互《たが》いにこの世《よ》を暮《く》らしますには、ともかく楽《らく》に暮《く》らしたいということです。楽《らく》に暮《く》らすにはまず生活《せいかつ》に困《こま》らぬこと、病気《びょうき》・災難《さいなん》に苦《くる》しめられぬことでありますが、仏《ほとけ》と同《おな》じ悟《さと》りをすれば、皆《みな》これ楽《たの》しみと変化《へんか》します。

地獄《ぢごく》と極楽《ごくらく》は紙《かみ》一重《え》の隔《へだ》りです。でき得《う》れば地獄《ぢごく》を変《へん》じて極楽《ごくらく》で暮《く》らしましょう。

心《こころ》が朗《ほが》らかであれば見《み》る物《もの》みな美《うつく》しく、聞《き》く声《こえ》はみな音楽《おんがく》です。来《く》る人々《ひとびと》は皆《みな》、私《わたくし》に給仕《きゅうじ》してくださる人々《ひとびと》ばかりです。もし災難《さいなん》・病気《びょうき》となりましても、それは自《みず》らの心《こころ》に反省《はんせい》を求《もと》めしむる機会《きかい》を与《あた》えられているのですから、愚痴《ぐち》・不足《ふそく》を言《い》うことは禁物《きんもつ》です。

この正《ただ》しき悟《さと》りの中《なか》に生《い》きて、我《わ》が身《み》の続《つづ》く限《かぎ》り、世《よ》のため人《ひと》のために貢献《こうけん》することこそ人《ひと》としての使命《しめい》です。自《みず》らも正《ただ》しき悟《さと》りの中《なか》に生《い》き、一人《ひとり》でも多《おお》くの人々《ひとびと》をこの楽《たの》しき境界《きょうがい》に生《い》きさせようとの誓願《せいがん》であります。

大導師《だいどうし》としての誓《ちか》い

四弘誓願《ぐせいがん》の後《あと》に、次《つぎ》のようにお唱《とな》えすることがあります。

「末法悪世《まっぽうあくせ》、諸天《しょてん》、衆生《しゅじょう》を愍《あわれ》むがゆえに、大導師《だいどうし》となって囲繞《いにょう》す。大慈大悲《だいじだいひ》の妙法《みょうほう》を以《もっ》て即身成仏《そくしんじょうぶつ》せしめん」

「末法悪世《まっぽうあくせ》」＝次第《しだい》に思想《しそう》の悪化《あっか》して来《き》た世《よ》の中《なか》ということで、神《かみ》の如《ごと》き心《こころ》の中《なか》にも利《り》己主義《こしゅぎ》が浸潤《しんじゅん》して、闘争《とうそう》を好《この》み、弱肉強食《じゃくにくきょうしょく》の醜《みにく》きを演《えん》ずる世《よ》の中《なか》を悪世《あくせ》と申《もう》すのであります。

かように思想《しそう》の悪化《あっか》した世《よ》の中《なか》に生《い》きている人々《ひとびと》は、その悪思想《あくしそう》に染《そ》まって、善因《ぜんいん》を施《ほどこ》すことなく、その結果《けっか》として現在《げんざい》に於《お》ては、あるいは修羅《しゅら》の巷《ちまた》を現出《げんしゅつ》し、あるいは地《ち》獄《ごく》の相《そう》を現《あら》わして、現在《げんざい》のみか未来永劫《みらいえいごう》に仏道《ぶつどう》を聴聞《ちょうもん》することさえできぬようになってしまうのです。この時《とき》に当《あ》たり、仏道《ぶつどう》を知《し》った者《もの》は正《ただ》しき道案内者《みちあんないしゃ》となって正《ただ》しき方向《ほうこう》へ導《みちび》いてゆかねばならぬのです。即《すなわ》ち、〝自分《じぶん》は大導師《だいどうし》となって一切衆生《さいしゅじょう》を愛《あい》するために働《はたら》かねばならぬ。自分《じぶん》の力《ちから》の及《およ》ぶ範囲《はんい》の者《もの》を取《と》り囲《かこ》むこと、衣《ころも》を以《も》って包《つつ》むが如《ごと》く、抱《いだ》くが如《ごと》く愛《あい》してゆこう〟というのです。

まず、近《ちか》きより及《およ》ぼしてだんだん広《ひろ》く、一人《ひとり》でも多《おお》くの人《ひと》に幸《しあわ》せを得《え》せしむるように努力《どりょく》しましょう。

「最《もっと》も高《たか》き道《みち》、妙法《みょうほう》を実践《じっせん》し、現身《うつしみ》を以《も》って極楽《ごくらく》を作《つく》ろう」と、こういうことを仏前《ぶつぜん》で誓《ちか》うわけであります。

二祖・村上斎先生　一五四～一六〇頁

◆御開山上人

従地涌出品《じゅうぢゆじゅつほん》の事《こと》

従地《じゅうち》とは、地下《ちか》より湧《わ》き上《あ》がったという意《い》であって、この娑婆世界《しゃばせかい》に縁《えん》の深《ふか》い者《もの》、そして、この娑婆世界《しゃばせかい》で苦労《くろう》をした者《もの》こそ、この世《よ》の中《なか》を浄《きよ》き地《ち》とする者《もの》であるという事《こと》を説《と》いたのである。

元来《がんらい》この世《よ》の中《なか》は「厭離穢土《おんりえど》・欣求浄土《ごんぐじょうど》」という言葉《ことば》もあるように、〝何《なに》も満足《まんぞく》のできない苦《くる》しいところだ。それ故極楽《ゆえごくらく》を求《もと》めたい〟という思想《しそう》が起《おこ》る。しかし自分《じぶん》の心《こころ》の中《なか》に貪《むさぼ》り・怒《いか》り・愚痴《ぐち》という迷《まよ》いがあっては、たとえ極楽浄土《ごくらくじょうど》に行《い》っても、不満《ふまん》を生《しょう》じて穢土《えど》になってしまうのである。浄土《じょうど》を求《もと》めるならば、自分《じぶん》の心《こころ》の中《なか》に求《もと》めねばならぬ。心《こころ》を浄《きよ》くすれば自分《じぶん》の身《み》も、住《す》まうところも浄《きよ》くなるのである。その心《こころ》を浄《きよ》くするには仏《ほとけ》の教《おしえ》が必要《ひつよう》である。故《ゆえ》に仏《ほとけ》の教《おしえ》、慈悲《じひ》・至誠《まこと》・堪忍《かんにん》の力《ちから》をもって周囲《しゅうい》の人々《ひとびと》の悩《なや》みを去《さ》らせ、楽《たの》しみを与《あた》えねばならぬが、その責任《せきにん》は誰《だれ》にあるか。「大地《だいち》より涌出《ゆじゅつ》した菩薩《ぼさつ》」すなわちこの世《よ》の中《なか》に生《う》まれて、この所《ところ》において悩《なや》み・苦《くる》しみに遭《あ》った人《ひと》でなければならぬ。東《ひがし》や西《にし》からきた者《もの》に手伝《てつだ》いを求《もと》めるにはおよばぬ。この世《よ》の人々《ひとびと》といっしょに苦《くる》しんで、いっしょに苦労《くろう》して、本当《ほんとう》の教《おしえ》を実行《じっこう》して真《しん》の楽《たの》しみを得《え》たのでなければならぬ。日蓮聖人《にちれんしょうにん》は「われわれが苦労《くろう》するのはこの尊《とうと》い責任《せきにん》を負《お》わされているためだ」といって、自分《じぶん》が大事《だいじ》な責任《せきにん》をもった者《もの》だと考《かんが》え、苦労《くろう》を楽《たの》しみとして喜《よろこ》ばれた方《かた》である。「法華経《ほけきょう》をひろめる責任《せきにん》をはたす者《もの》は自分《じぶん》である」という大決心《だいけっしん》をもって、自《みずか》ら心《こころ》を浄《きよ》くし、他《た》の人《ひと》の心《こころ》をも浄《きよ》くするために、〝法華経《ほけきょう》をひろめよう。ひろめることをはげもう〟という覚悟《かくご》を定《さだ》めさせるお経《きょう》である。

妙法蓮華経略義　五六三～五六四頁

この私《わたくし》が地涌《ぢゆ》の菩薩《ぼさつ》　諸法実相鈔《しょほうじっそうしょう》に「皆地涌《みなぢゆ》の菩薩《ぼさつ》の出現《しゅつげん》にあらずば唱《とな》え難《がた》き題目《だいもく》なり」とあります。自分《じぶん》が地涌《ぢゆ》の菩薩《ぼさつ》の生《う》まれかわりだという自覚《じかく》をもってお題目《だいもく》を唱《とな》えることであります。この自覚《じかく》をもって唱《とな》える以上《いじょう》、様々《さまざま》な迫害《はくがい》にも耐《た》え、様々《さまざま》な困難《こんなん》にも耐《た》えるという信念《しんねん》を持《たも》って唱《とな》えるのです。〝自分《じぶん》は仏《ほとけ》の分身《ぶんしん》としてこの世《よ》の中《なか》に応現《おうげん》したものであり、世《よ》の中《なか》の迷《まよ》える人々《ひとびと》の迷《まよ》いを去《さ》らせ、救《すく》い助《たす》けることこそ本分《ほんぶん》である〟という、信念《しんねん》と決意《けつい》によって実践《じっせん》するのです。あらゆる迫害《はくがい》も、あらゆる困難《こんなん》も冒《おか》し、どんな面倒《めんどう》なことがあっても、自分《じぶん》の進《すす》むべき道《みち》を明確《めいかく》にして突《つ》き進《すす》むのです。これが地涌《ぢゆ》の菩薩《ぼさつ》の生《う》まれかわりだという自覚《じかく》であります。地涌《ぢゆ》の菩薩《ぼさつ》であるとの自覚《じかく》と信念《しんねん》で唱《とな》える題目《だいもく》が尊《とうと》いのであります。

現代生活の指針　一八二頁

◆日達上人　本化《ほんげ》の菩薩《ぼさつ》の使命《しめい》

〝みほとけよわがたましいをとこしえに
　みのりのためにつかいまさなむ〟　御開山上人御詠《ごかいさんしょうにんぎょえい》。

人間《にんげん》は一生《いっしょう》で終《お》わります。しかし、魂《たましい》は未来永劫《みらいえいごう》に生《い》き続《つづ》けます。その魂《たましい》を、「法《ほう》のため、今世《こんぜ》だけでなくいつの世《よ》も使《つか》うことを誓《ちか》います」という、大変《たいへん》スケールの大《おお》きな歌《うた》です。御開山上人《ごかいさんしょうにん》だから言《い》えることです。私《わたくし》のように徳《とく》のない者《もの》がこのようなことを言《い》えば、「もうけっこうだ」とおっしゃるかも知《し》れません。

法華経《ほけきょう》の説法《せっぽう》が進《すす》み、第《だい》十五番《ばん》の従地涌出品《じゅうぢゆじゅつほん》に至《いた》ったとき、「この娑婆世界《しゃばせかい》には、仏《ほとけ》の滅度《めつど》の後《のち》に法華経《ほけきょう》を流布《るふ》すべき任《にん》を帯《お》びた無数《むすう》の菩薩《ぼさつ》がいる」と説《と》かれます。

この菩薩《ぼさつ》を「本化《ほんげ》の菩薩《ぼさつ》」と申《もう》します。

従地涌出品《じゅうぢゆじゅつほん》は、久遠《くおん》の生命《せいめい》を説《と》き明《あ》かされた如来寿量品《にょらいじゅりょうほん》の前《まえ》に説《と》かれるもので、次《つぎ》のようなことが説《と》かれます。

仏《ほとけ》さまがお亡《な》くなりになった後《あと》、十方世界《ぼうせかい》から集《あつ》まった、大勢《おおぜい》の「迹化他方来《しゃっけたほうらい》」の菩薩《ぼさつ》が、〝この娑婆世界《しゃばせかい》に法華経《ほけきょう》を広《ひろ》めましょう〟と申《もう》し出《で》ます。するとお釈迦《しゃか》さまは、

〝この娑婆《しゃば》世界《せかい》にはもともと六万恒河砂《まんごうがしゃ》という無数《むすう》の菩薩《ぼさつ》がいて、これらの菩薩《ぼさつ》が法華《ほけ》経《きょう》を説《と》くから〟とお断《ことわ》りになります。その時《とき》、地面《じめん》が大《おお》きく揺《ゆ》れ、大地《だいち》が割《わ》れて無数《むすう》の菩薩《ぼさつ》が地面《じめん》から涌《わ》き出《で》てきます。その菩薩《ぼさつ》たちは、今《いま》までの菩薩《ぼさつ》と違《ちが》って金色《こんじき》に輝《かがや》き、仏《ほとけ》さまと同《おな》じ三十二相《そう》を具《そな》え、無量《むりょう》の光明《こうみょう》を放《はな》っています。

この菩薩《ぼさつ》を、本化地涌《ほんげぢゆ》の菩薩《ぼさつ》と申《もう》しますが、その上首《じょうしゅ》が上行《じょうぎょう》・無辺行《むへんぎょう》・浄行《じょうぎょう》・安立行《あんりゅうぎょう》の四菩薩《ぼさつ》であります。

尊《とうと》い方《かた》が、四方《かた》もおみえになるのは、それぞれ役割《やくわり》が異《こと》なるからです。それは、いつも私共《わたくしども》お唱《とな》えしている四誓願《せいがん》、「衆生無辺誓願度《しゅじょうむへんせいがんど》・煩悩無数誓願断《ぼんのうむしゅせいがんだん》・法門無尽誓願知《ほうもんむじんせいがんち》・仏道無上誓願成《ぶつどうむじょうせいがんじょう》」であります。

衆生無辺誓願度《しゅじょうむへんせいがんど》は、安立行菩薩《あんりゅうぎょうぼさつ》の誓願《せいがん》であります。

この世界《せかい》には、無数《むすう》と言《い》っていいほど大勢《おおぜい》の人《ひと》がいて、それぞれにいろいろな悩《なや》みを持《も》っています。そのすべての人《ひと》を〝悩《なや》みから解《と》き放《はな》とう〟という誓願《せいがん》です。

今《いま》この地上世界《ちじょうせかい》には五十億《おく》の人《ひと》が住《す》んでいると言《い》われています。世界各地《せかいかくち》では日照《ひで》り

・干《かん》ばつなどの自然災害《しぜんさいがい》や紛争等《ふんそうとう》によって、多《おお》くの人《ひと》が生命《せいめい》の危機《きき》に瀕《ひん》しています。そうした人々《ひとびと》を一人残《ひとりのこ》らず救《すく》おうとしても、不可能《ふかのう》なことです。とすると、この誓願《せいがん》は絵《え》空事《そらごと》と思《おも》われるかも知《し》れません。

私共《わたくしども》としては〝自分《じぶん》のできることを精《せい》一杯《ぱい》してゆくこと〟です。自分《じぶん》の立場《たちば》を通《とお》して、働《はたら》きを通《とお》して、とにかくまず、目《め》の前《まえ》にいる人一人《ひとひとり》に喜《よろこ》びを与《あた》え、幸《しあわ》せの境遇《きょうぐう》に導《みちび》いてゆくのです。それが衆生無辺誓願度《しゅじょうむへんせいがんど》の第《だい》一歩《ぽ》であります。

一度《ど》に大勢《おおぜい》の人《ひと》を救《すく》う力《ちから》はなくても、一人《ひとり》の人《ひと》を喜《よろこ》ばせることくらいはできます。家《いえ》の人《ひと》、職場《しょくば》の人《ひと》、学校《がっこう》の友人《ゆうじん》の誰《だれ》か一人《ひとり》に、まず自分《じぶん》のできることで喜《よろこ》びを与《あた》え、救《すく》ってゆくことです。

現在昭徳会《げんざいしょうとくかい》では、三好町《みよしちょう》に特別養護老人《とくべつようごろうじん》ホーム・安立荘《あんりゅうそう》を経営《けいえい》し、高浜市《たかはまし》に同《おな》じく高《たか》浜安立荘《はまあんりゅうそう》を建設《けんせつ》しております。この名前《なまえ》は、法音寺《ほうおんじ》の始祖《しそ》杉山先生《すぎやませんせい》・広宣院殿安立大法《こうせんいんでんあんりゅうだいほう》尼《に》の安立《あんりゅう》を頂《いただ》いて付《つ》けた名前《なまえ》です。杉山先生《すぎやませんせい》の法名《ほうみょう》こそ、安立行菩薩《あんりゅうぎょうぼさつ》にちなんで付《つ》けられたものであります。杉山先生《すぎやませんせい》のお働《はたら》きを見《み》て、当時《とうじ》の誰《だれ》もが安立行菩薩《あんりゅうぎょうぼさつ》の再誕《さいたん》と仰《あお》ぎました。ちなみに日蓮聖人《にちれんしょうにん》は、上行菩薩《じょうぎょうぼさつ》の再誕《さいたん》と自覚《じかく》されたのであります。

煩悩無数誓願断《ぼんのうむしゅせいがんだん》は、浄行菩薩《じょうぎょうぼさつ》の誓願《せいがん》であります。〝心《こころ》に起《お》こる煩悩《ぼんのう》は数限《かずかぎ》りなくあるけれども、誓《ちか》って私《わたくし》は断《だん》じます〟という誓《ちか》いです。たしかに煩悩《ぼんのう》はたくさんあります。〝ああしたい。こうしたい〟という欲《よく》が次《つぎ》から次《つぎ》に出《で》てきて、留《とど》まることがありません。

煩悩《ぼんのう》の元《もと》は貪《とん》・瞋《じん》・痴《ち》であります。〝腹《はら》を立《た》てる。愚痴《ぐち》を言《い》う。貪《むさぼ》りをする〟ことです。その原因《げんいん》は、心《こころ》に喜《よろこ》びがないことです。多少良《たしょうよ》いことがあっても、どんなに物《もの》があっても満足《まんぞく》がありませんから、次《つぎ》から次《つぎ》へと心《こころ》の中《なか》に涌《わ》いてくるのです。その煩悩《ぼんのう》を切《き》るには、歯《は》をくいしばってガマンする方法《ほうほう》もありますが、それより、〝ありがたい〟という心《こころ》を持《も》つことです。心《こころ》に喜《よろこ》びができれば、どんな煩悩《ぼんのう》もたちどころに消《き》えてゆきます。

法門無尽誓願知《ほうもんむじんせいがんち》は、無辺行菩薩《むへんぎょうぼさつ》の誓願《せいがん》であります。〝仏《ほとけ》さまの教《おし》えは数限《かずかぎ》りなくたくさんあるけれども、誓《ちか》って私《わたくし》は学《まな》び尽《つ》くします〟という誓《ちか》いです。

お経《きょう》は、一切経《さいきょう》や大蔵経《だいぞうきょう》にまとめられていますが、たしかにたくさんあります。それを全部《ぜんぶ》読《よ》み尽《つ》くし、覚《おぼ》えることは不可能《ふかのう》に近《ちか》いことです。では、どうすればいいのでしょう。

法門無尽誓願知《ほうもんむじんせいがんち》の本意《ほんい》は〝お経《きょう》を全部覚《ぜんぶおぼ》える〟というのではありません。学校《がっこう》の勉強《べんきょう》は、よく覚《おぼ》えてテストの時《とき》に正確《せいかく》に書《か》くことが求《もと》められますが、信仰《しんこう》の上《うえ》に於《お》いては、経典《きょうてん》を覚《おぼ》えるだけでは意味《いみ》がありません。法華経《ほけきょう》の解説書《かいせつしょ》を読《よ》み、言葉《ことば》の理解《りかい》はできても、それだけでは信仰《しんこう》しているとは言《い》えません。法華経《ほけきょう》は「以信得入《いしんとくにゅう》」（法華経譬喩品《ほけきょうひゆほん》）と言《い》い、信《しん》ずることによってのみ理解《りかい》することができるのです。

仏《ほとけ》さまの教《おし》えの根本《こんぽん》は一つであります。法華経《ほけきょう》を信《しん》じ、法華経《ほけきょう》の心《こころ》を知《し》ることです。たくさんのお経《きょう》がある理由《りゆう》は、説《と》く相手《あいて》が様々《さまざま》だからです。顔《かお》が違《ちが》うように、心《こころ》も求《もと》めることも違《ちが》います。同《おな》じことを説《と》いても、説《と》き方《かた》・教《おし》え方《かた》を変《か》える必要《ひつよう》があります。

人《ひと》を喜《よろこ》ばせるにも、いろいろな方法《ほうほう》を講《こう》じてゆかなければなりません。

仏道無上誓願成《ぶつどうむじょうせいがんじょう》は、上行菩薩《じょうぎょうぼさつ》の誓願《せいがん》であります。

仏道《ぶつどう》が無上《むじょう》とは、〝仏《ほとけ》さまの教《おし》えは最高《さいこう》のものである〟ということです。どのように最高《さいこう》なのかということが、六無上《むじょう》として示《しめ》されています。

一、見無上《けんむじょう》。私《わたくしども》共は日頃《ひごろ》いろいろな物《もの》・事《こと》を見《み》ますが、その、見《み》ることに於《お》いて、仏《ほとけ》さまの教《おし》え、法華経《ほけきょう》は最高《さいこう》のものであります。

二、聞無上《もんむじょう》。聞《き》く方《ほう》に於《おい》てもまた、いろいろ聞《き》くものの中《なか》で法華経《ほけきょう》は最高《さいこう》であります。

三、得無上《とくむじょう》。私《わたくしども》共この世界《せかい》でいろいろなものを自分《じぶん》のものとしますが、その中《なか》でも法華経《ほけきょう》が最高《さいこう》です。

四、戒無上《かいむじょう》。戒《かい》とは、自分《じぶん》の持《も》つ戒《いまし》めですが、法華経《ほけきょう》を持《たも》つことが最高《さいこう》の戒《かい》を持《たも》つことになります。

〝腹《はら》を立《た》てるな。ウソをつくな。盗《ぬす》みをするな〟といろいろな戒《かい》がありますが、法華経《ほけきょう》の教《おし》え、慈悲《じひ》・至誠《まこと》・堪忍《かんにん》を実行《じっこう》してゆけば自然《しぜん》に、最高《さいこう》の戒《かい》が具《そな》わってゆくのです。

五、供無上《くむじょう》。三徳《とく》を持《たも》ち、実行《じっこう》することこそ、仏《ほとけ》さまに対《たい》しても先祖《せんぞ》に対《たい》しても、最《さい》高《こう》の供養《くよう》となります。

六、念無上《ねんむじょう》。いつも心《こころ》に他人《たにん》の幸《しあわ》せを念《ねん》ずることです。〝ああしたい。こうしたい〟という願《ねが》いを私《わたくしども》共は持《も》っております。そういう個々《ここ》の願《ねが》いがあればそれと同《おな》じに、あるいはそれ以上《いじょう》に法華経《ほけきょう》を持《たも》ち、縁《えん》ある人《ひと》に喜《よろこ》びを与《あた》えてゆこうと念《ねん》ずる以上《いじょう》に尊《とうと》いものはありません。

これらのことを〝誓《ちか》って実行《じっこう》いたします〟というのが仏道無上誓願成《ぶつどうむじょうせいがんじょう》であります。

この四誓願《せいがん》を私《わたくし》たちは、お勤《つと》めの度毎《たびごと》に唱《とな》えています。完全《かんぜん》に実行《じっこう》するのは不可能《ふかのう》と思《おも》われることばかりです。しかし、唱《とな》える以上《いじょう》はたとえ真似事《まねごと》でも心《こころ》がけてゆかなければなりません。唱《とな》えていながら何《なに》もしないのは、仏《ほとけ》さまにウソをつくことになります。それではいざという時《とき》、〝仏《ほとけ》さまお願《ねが》いします〟と言《い》っても横《よこ》を向《む》いてしまわれるかも知《し》れません。

『月刊法音』第二七九号　九〜一六頁

蓮《はす》の華《はな》に学《まな》ぶ心《こころ》　法華経従地涌出品《ほけきょうじゅうぢゆじゅつほん》に「不染世間法《ふぜんせけんぼう》、如蓮華在水《にょれんげざいすい》」とあります。「世間《せけん》の法《ほう》に染《そ》まざること、蓮華《れんげ》の水《みず》に在《あ》るが如《ごと》し」ということです。

世間《せけん》の法《ほう》とは、この世界《せかい》のすべての出来事《できごと》、有様《ありさま》を言《い》いますが、特《とく》にここでは、貪《とん》・瞋《じん》・痴《ち》の渦巻《うずまく》く現実社会《げんじつしゃかい》に生《い》きながら、それらのことに惑《まど》わされない姿《すがた》を言《い》っているのです。

蓮《はす》の華《はな》は、きれいな花壇《かだん》ではなく泥田《どろた》の中《なか》に咲《さ》きます。しかも、泥《どろ》に汚《よご》されることなく、美《うつく》しく咲《さ》きます。妙法《みょうほう》・三徳《とく》の信仰者《しんこうしゃ》はそうあるべきだ、と教《おし》えられているのです。従地涌出品《じゅうぢゆじゅつほん》で説《と》かれることは、「お釈迦《しゃか》さま滅度《めつど》の後《のち》の末法濁悪《まっぽうじょくあく》な世《よ》に妙法《みょうほう》を宣布《せんぷ》する使命《しめい》を帯《お》びた菩薩《ぼさつ》の出現《しゅつげん》」であります。この菩薩《ぼさつ》を「本化地涌《ほんげぢゆ》の菩薩《ぼさつ》」と申《もう》します。その上首《じょうしゅ》が上行《じょうぎょう》・無辺行《むへんぎょう》・浄行《じょうぎょう》・安立行《あんりゅうぎょう》の四大菩薩《だいぼさつ》であります。この地涌《ぢゆ》の菩薩《ぼさつ》が〝三毒渦巻《どくうずま》く濁世《じょくせ》にいながら一切染《さいそ》められることなく、その姿《すがた》はあたかも、泥田《どろた》に美《うつく》しく咲《さ》く蓮華《れんげ》のようである〟と説《と》かれるのです。

〝地涌《ぢゆ》の菩薩様《ぼさつさま》は修養《しゅうよう》の出来《でき》た立派《りっぱ》な方《かた》だから…〟と言《い》われるかも知《し》れませんが、そうではありません。少《すこ》しでも法華経《ほけきょう》に縁《えん》を結《むす》び、お話《はなし》を聞《き》き、実行《じっこう》してみようと心《こころ》がける人《ひと》は皆《みな》、地涌《ぢゆ》の菩薩《ぼさつ》です。安立大法尼以来法音寺《あんりゅうだいほうにいらいほうおんじ》は、そうした見地《けんち》に立《た》って法華経《ほけきょう》を伝《つた》えてまいりました。私《わたくし》も、あなたも、今《いま》、お話《はなし》をお聞《き》きの皆様方《みなさまがた》すべてが、地涌《ぢゆ》の菩薩《ぼさつ》です。この世《よ》の中《なか》いろいろなことがあります。楽《たの》しいことより、苦《くる》しいことの方《ほう》が多《おお》いかも知《し》れません。しかし、どんな困難《こんなん》なことに出《で》くわしても、そのことに左右《さゆう》され、押《お》し潰《つぶ》されない生《い》き方《かた》を「不染世間法《ふぜんせけんぼう》、如蓮華在水《にょれんげざいすい》」というのです。

少《すく》なくとも法華経《ほけきょう》を聞《き》き、実行《じっこう》しようとする私共《わたくしども》は皆《みな》、地涌《ぢゆ》の菩薩《ぼさつ》との自覚《じかく》を持《も》ち、三毒渦巻《どくうずま》く社会《しゃかい》にいても浄《きよ》らかに咲《さ》く蓮《はす》の華《はな》のような生《い》き方《かた》をしたいものです。この世《せ》界《かい》は因縁《いんねん》の世界《せかい》でありますから、たとえまわりがどうあろうと、その中《なか》で一人《ひとり》だけでも三毒《どく》に染《そ》められず、左右《さゆう》されず、慈悲《じひ》・至誠《まこと》・堪忍《かんにん》の三徳《とく》の心《こころ》でやってゆくならば必《かなら》ずその因縁《いんねん》は華開《はなひら》き、まわりをよくしてゆくことができるのであります。

大白牛車・4　四九〜五一頁

行住坐臥のお題目

〝起《お》きいでて清《きよ》き気《き》をすい題目《だいもく》を
となうる朝《あさ》ぞこころうれしき〟

御開山上人御詠

◆遺文

◇凡《およ》そ八萬法藏《まんほうぞう》の廣《ひろ》きも一部《ぶ》八巻《かん》の多《おお》きも、只是《ただこれ》五字《じ》を説《と》かんためなり。靈山《りょうぜん》の雲《くも》の上《うえ》鷲峰《じゅほう》の霞《かすみ》の中《なか》に、釋尊要《しゃくそんよう》を結《むす》び地涌附囑《ぢゆふぞく》を得《う》ることありしも法體《ほったい》は何事《なにごと》ぞ、只此《ただこ》の要法《ようぼう》にあり。天台《てんだい》・妙樂《みょうらく》の六千張《ちょう》の疏玉《△じょたま》を連《つら》ぬるも、道邃行滿《どうずいぎょうまん》の數軸《すぢく》の釋金《しゃくこがね》を竝《なら》ぶるも、併《しか》しながら此《こ》の義趣《ぎしゅ》を出《い》でず。誠《まこと》に生死《しょうじ》を恐《おそ》れ涅槃《ねはん》を欣《ねが》い、信心《しんじん》を運《はこ》び渇仰《かつごう》を致《いた》さば、遷《△せん》滅無常《めつむじょう》は昨日《きのう》の夢《ゆめ》、菩提《ぼだい》の覺悟《かくご》は今日《きょう》の現《うつつ》なるべし。只南無妙法蓮華經《ただなむみょうほうれんげきょう》とだにも唱《とな》え奉《たてまつ》らば滅《めっ》せぬ罪《つみ》やあるべき、來《きた》らぬ福《さいわい》やあるべき。眞實《しんじつ》なり甚深《じんじん》なり、是《これ》を信受《しんじゅ》すべし。

聖愚問答鈔・下　五九四頁

◇日蓮《にちれん》は明日《あす》佐渡《さど》の國《くに》へまかるなり。今夜《こよい》の寒《さむ》さにつけても、籠《ろう》のうちの有様《ありさま》思《おも》いやられて、痛《いた》わしくこそ候《そうら》え。あわれ殿《との》は法華經《ほけきょう》一部《ぶ》、色心《しきしん》二法共《ほうとも》に遊《あそ》ばしたる御身《おんみ》なれば、父母《ふぼ》・六親《しん》・一切衆生《さいしゅじょう》を助《たす》け給《たま》うべき御身《おんみ》なり。法華經《ほけきょう》を餘人《よにん》の讀《よ》み候《そうろう》は、口《くち》ばかり言《ことば》ばかりは讀《よ》めども心《こころ》は讀《よ》まず。心《こころ》は讀《よ》めども身《み》に讀《よ》まず。色心《しきしん》二法共《ほうとも》に遊《あそ》ばされたるこそ貴《とうと》く候《そうら》え。『天《てん》の諸《もろもろ》の童子《どうじ》、以《もっ》て給使《きゅうじ》を爲《な》さん。刀杖《とうじょう》も加《くわ》えず、毒《どく》も害《がい》すること能《あた》わじ』と說《と》かれて候《そうら》えば、べちの事《こと》はあるべからず。

土籠御書　七〇六～七〇七頁

◇大地《だいち》は指《さ》さば外《はず》るるとも、虚空《おおぞら》を繫《つな》ぐ者《もの》はありとも、潮《しお》の滿《み》ち干《ひ》ぬ事《こと》はありとも、日《ひ》は西《にし》より出《い》づるとも、法華經《ほけきょう》の行者《ぎょうじゃ》の祈《いの》りの叶《かな》わぬ事《こと》はあるべからず。法華經《ほけきょう》の行者《ぎょうじゃ》を諸《もろもろ》の菩薩《ぼさつ》・人《にん》・天《でん》・八部《ぶ》等《とう》、二聖《しょう》・二天《てん》・十羅刹女等《らせつにょとう》、千に一も來《きた》りて守《まも》り給《たま》わぬ事侍《ことはべ》らば、上《かみ》は釋迦諸佛《しゃかしょぶつ》を侮《あなず》り奉《たてまつ》り、下《しも》は九界《かい》を誑《たぶら》かす失《とが》あり。行者《ぎょうじゃ》は必《かなら》ず不實《ふじつ》なりとも、智慧《ちえ》は愚《おろ》かなりとも、身《み》は不淨《ふじょう》なりとも、戒德《かいとく》は備《そな》えずとも、南無《なむ》妙法蓮華經《みょうほうれんげきょう》と申《もう》さば必《かなら》ず守護《しゅご》し給《たま》うべし。

祈禱鈔　九二〇～九二一頁

◇日本國《にほんこく》の中《うち》に但《ただ》一人《にん》南無妙法蓮華經《なむみょうほうれんげきょう》と唱《とな》えたり。これ須彌山《しゅみせん》の始《はじ》めの一塵《ぢん》、大海《だいかい》の始《はじ》めの一露《ろ》なり。二人《にん》三人《にん》十人《にん》百人《にん》、一國《こく》二國《こく》六十六箇國《かこく》、已《すで》に嶋《しま》二つにも及《およ》びぬらん。今《いま》は謗《ほう》ぜし人人《ひとびと》も唱《とな》え給《たま》うらん。上《かみ》一人《にん》より下萬民《しもばんみん》に至《いた》るまで法華經《ほけきょう》の神力品《じんりきほん》の如《ごと》く、一同《どう》に南無妙法蓮華經《なむみょうほうれんげきょう》と唱《とな》え給《たま》う事《こと》もや有《あ》らんずらん。

妙密上人御消息　一四〇〇頁

◇如何《いか》に強敵重《ごうてきかさ》なるとも、ゆめゆめ退《しりぞ》く心《こころ》なかれ、恐《おそ》るる心《こころ》なかれ。縱《たと》い頸《くび》をば鋸《のこぎり》にて引《ひ》き切《き》り、胴《どう》をば稜鉾《ひしほこ》を以《もっ》て突《つ》き、足《あし》にはほだしを打《う》ちて錐《きり》を以《もっ》て揉《も》むとも、命《いのち》の通《かよ》わん程《ほど》は南無妙法蓮華經《なむみょうほうれんげきょう》・南無妙法蓮華經《なむみょうほうれんげきょう》と唱《とな》えて、唱《とな》え死《じ》に死《し》するならば、釋迦《しゃか》・多《た》寶《ほう》・十方《ぽう》の諸佛《しょぶつ》、靈山會上《りょうぜんえじょう》にして御契約《ごけいやく》なれば、須臾《しゅゆ》の程《ほど》に飛《と》び來《きた》って手《て》を取《と》り肩《かた》に引《ひっ》懸《か》けて靈山《りょうぜん》へ走《はし》り給《たま》わば、二聖《しょう》・二天《てん》・十羅刹女《らせつにょ》は受持《じゅぢ》の者《もの》を擁護《おうご》し、諸天善神《しょてんぜんじん》は蓋《がい》を指《さ》し旗《はた》を上《あ》げて、我等《われら》を守護《しゅご》して慥《たしか》に寂光《じゃっこう》の寶刹《ほうせつ》へ送《おく》り給《たま》うべきなり。あら嬉《うれ》しやあら嬉《うれ》しや。

如説修行鈔　九八〇頁

◇法華經《ほけきょう》一部《ぶ》の肝心《かんじん》は南無妙法蓮華經《なむみょうほうれんげきょう》の題目《だいもく》にて候《そうろう》。朝夕御唱《ちょうせきおんとな》え候《そうら》わば正《まさ》しく法華經《ほけきょう》一部《ぶ》を眞讀《しんどく》にあそばすにて候《そうろう》。二返唱《へんとな》うれば二部《ぶ》、乃至《ないし》百返《ぺん》は百部《ぶ》、千返《べん》は千部《ぶ》、加《か》様《よう》に不退《ふたい》に御唱《おんとな》え候《そうら》わば、不退《ふたい》に法華經《ほけきょう》を讀《よ》む人《ひと》にて候《そうろう》べく候《そうろう》。

妙法尼御前御返事　一六七六頁

◇但在家《ただざいけ》の御身《おんみ》は餘念《よねん》もなく、日夜朝夕南無妙法蓮華經《にちやちょうせきなむみょうほうれんげきょう》と唱《とな》え候《そうろう》て、最後臨終《さいごりんじゅう》の時《とき》を見《み》させ給《たま》え。妙覺《みょうがく》の山《やま》に走《はし》り登《のぼ》り四方《ほう》を御覽《ごらん》ぜよ、法界《ほうかい》は寂光土《じゃっこうど》にして瑠璃《るり》を以《もっ》て地《ち》とし、金《こがね》の繩《なわ》を以《もっ》て八つの道《みち》をさかい、夫《それ》より四種《しゅ》の花《はな》降《ふ》り虚空《こくう》に音樂《おんがく》聞《きこ》え、諸佛菩薩《しょぶつぼさつ》は皆常樂我淨《みなじょうらくがじょう》の風《かぜ》にそよめき給《たま》えば、我等《われら》も必《かなら》ず其《そ》の數《かず》に列《つらな》らん。法華經《ほけきょう》はかかるいみじき御經《おんきょう》にておわしまいらせ候《そうろう》。

松野殿御返事　一五八一～一五八二頁

◇行儀《ぎょうぎ》は本尊《ほんぞん》の御前《みまえ》にして必《かなら》ず坐立行《ざりゅうぎょう》なるべし。道場《どうじょう》を出《い》でては行住坐臥《ぎょうじゅうざが》をえらぶべからず。常《つね》の所行《しょぎょう》は南無妙法蓮華経《なむみょうほうれんげきょう》と唱《とな》うべし。

唱法華題目鈔　三五五頁

◆安立大法尼

車《くるま》の両輪《りょうりん》・鳥《とり》の両翼《りょうよく》　常《つね》に六波羅蜜《はらみつ》を行《おこ》ない、南無妙法蓮華経《なむみょうほうれんげきょう》と唱《とな》えましょう。南無《なむ》とは帰依《きえ》し奉《たてまつ》る意《い》で、妙法蓮華経《みょうほうれんげきょう》とは法華経《ほけきょう》の意《い》です。題目《だいもく》を唱《とな》うることと六波羅蜜《はらみつ》の実行《じっこう》とは、車《くるま》の両輪《りょうりん》の如《ごと》く、鳥《とり》の両翼《りょうよく》の如《ごと》くです。

始祖・御法話集　二九頁

行住坐臥《ぎょうじゅうざが》のお題目《だいもく》　皆《みな》さん、人間《にんげん》に生《せい》を受《う》けるということは誠《まこと》に難《むずか》しいことであります。涅槃経《ねはんぎょう》には「仏阿難尊者《ほとけあなんそんじゃ》を召《め》し給《たま》い、大地《だいち》の土《つち》と爪《つめ》の土《つち》、どちらが多《おお》きと問《と》い給《たも》う。人間《にんげん》に生《せい》を受《う》くるは爪上《そうじょう》の土《つち》より難《かた》きぞや」と申《もう》されています。せっかくこの受《う》け難《がた》い人界《かい》に生《せい》を受《う》けながら、世《よ》のためにもならずして、地震《ぢしん》・火災《かさい》・水難《すいなん》・殺害等《さつがいとう》の色々《いろいろ》な災《さい》難《なん》を受《う》けられることは、誠《まこと》においたわしいことであります。そうしたなら、これらの災《さい》難《なん》を受《う》けぬようにするにはどうしたなればよいかと申《もう》せば、第《だい》一に妙法《みょうほう》を唱《とな》え、第《だい》二に慈悲心《じひしん》を養《やしな》うことであります。この二つを実地《じっち》に行《おこ》なったなれば、いかなる災難《さいなん》も大難《だいなん》は小難《しょうなん》、小難《しょうなん》は無難《ぶなん》となるのであります。

妙法《みょうほう》を唱《とな》うることは「行住坐臥《ぎょうじゅうざが》」とありまして、ちょうど、ご自分《じぶん》のお好《す》きな書籍《しょせき》を食《しょく》をも忘《わす》れて読《よ》まれるように唱《とな》えることです。こうして、仕事《しごと》の折《お》りも、道《みち》を歩《あゆ》む時《とき》も、常《つね》に唱《とな》えたなれば、不慮《ふりょ》の災厄《さいやく》には遭《あ》わぬのであります。

慈悲心《じひしん》を養《やしな》うということは、一軒《けん》の家《いえ》はたとえ誰《だれ》に対《たい》してでも、皆自分《みなじぶん》の体《からだ》を可愛《かわい》がるように愛《あい》し、妙法《みょうほう》によって大難《だいなん》は小難《しょうなん》になるように教《おし》え導《みちび》くことです。この心《こころ》さえ忘《わす》れず行《おこ》なったなれば、たとえ隣《となり》の家《いえ》までも全滅《ぜんめつ》するような出来事《できごと》が起《お》こっても、その行《ぎょう》者《じゃ》の住居《すまい》は何《なん》の障《さわ》りもないのであります。「衆生劫尽《しゅじょうこうつ》きて大火《だいか》に焼《や》かるると見《み》る時《とき》も、我《わ》が此《こ》の土《ど》は安穏《あんのん》にして天人常《てんにんつね》に充満《じゅうまん》せり、園林《おんりん》　諸《もろもろ》　の堂閣《どうかく》種々《しゅじゅ》の宝《たから》を以《も》って荘厳《しょうごん》す」と法華経如来寿量品《ほけきょうにょらいじゅりょうほん》にある通《とお》りです。

始祖・御法話集　一六三～一六四頁

安立大法尼の早題目――仏教感化救済会の実践

安立大法尼《あんりゅうだいほうに》独特《どくとく》の教化《きょうけ》「罪障消滅法《ざいしょうしょうめつほう》」に「早題目《はやだいもく》」がある。悩《なや》み事《ごと》の相談《そうだん》に訪《おとず》れた人《ひと》に「三徳《とく》の実践《じっせん》による精神修養《せいしんしゅうよう》」を説《と》くのだが、その後《あと》で必《かなら》ず、次《つぎ》のような教化《きょうけ》がなされた。

「精神修養《せいしんしゅうよう》を決意《けつい》なさった以上《いじょう》、途中《とちゅう》で止《や》めるわけにはゆきませんよ。あなたの罪障《ざいしょう》を取《と》り除《のぞ》くためには、一日《にち》五万回《まんかい》のお題目《だいもく》を唱《とな》えなくてはいけません」

五万回《まんかい》ともなると〝お題目《だいもく》を唱《とな》えるために眠《ねむ》ることも食事《しょくじ》をすることもできないのではあるまいか……〟と思《おも》うかも知《し》れない。しかしその時《とき》、安立大法尼《あんりゅうだいほうに》は数珠《じゅず》を取《と》り出《だ》し、人々《ひとびと》に声《こえ》を掛《か》けるのが常《つね》であった。

「さあ早題目《はやだいもく》を始《はじ》めましょう。お願《ねが》いしますよ」

十人《にん》ほどの人《ひと》が座敷《ざしき》に座《すわ》り、「南無妙法蓮華経《なむみょうほうれんげきょう》」と唱《とな》えては一個数珠玉《こじゅずだま》を繰《く》る。とてもスピードが早《はや》いので「南無《なむ》」は消《き》え「妙法蓮華経《みょうほうれんげきょう》」が「ミョウレンキョウ」と聞《き》こえる。数珠《じゅず》を一回《まわ》りすると百回《かい》を越《こ》す。それを十回繰返《かいくりかえ》し、十人《にん》でやれば優《ゆう》に一万回《まんかい》を越《こ》える。

誰《だれ》もが初《はじ》めのうちはおぼつかない手《て》つきで数珠《じゅず》を繰《く》るのだが、一時間半《じかんはん》ほどで五万回《まんかい》のお題目《だいもく》が上《あ》がったという。そのうち誰伝《だれつた》えるとなく、「あそこへ行《い》くと、法華経《ほけきょう》のお題目《だいもく》で罪障《ざいしょう》を消滅《しょうめつ》してくれる」という話《はなし》が人《ひと》の口《くち》にのぼり始《はじ》めた。

『五字《じ》の妙法《みょうほう》』という、当時《とうじ》の消息史《しょうそくし》に沢井才亮《さわいさいりょう》さんという人《ひと》の実体験《じったいけん》が載《の》っている。

「本部《ほんぶ》は地所《ちしょ》も広《ひろ》くなかなか大《おお》きくて家賃《やちん》は十五円《えん》だった。……その頃《ころ》、『早題目《はやだいもく》』ではやらかした。早題目《はやだいもく》というのは、杉山先生《すぎやませんせい》が音頭取《おんどと》りで、十人《にん》ばかりそういうお婆《ばあ》さんが居《い》て、十五分間《ふんかん》で一万遍《まんべん》あげた。その日《ひ》に浮《う》いた罪障《ざいしょう》はその日《ひ》のうちに消滅《しょうめつ》してしまうというので、そのやり方《かた》が沢山《たくさん》の人《ひと》の気《き》に入《い》り、感応《かんのう》もたしかにあって御利益《ごりやく》を受《う》けた。罪《つみ》の重《おも》い人《ひと》は五万《まん》十万《まん》とやったが十五万《まん》より多《おお》い人《ひと》はなかった。一番最初《ばんさいしょ》の頃《ころ》から、ひとさかり盛《さか》んになるまでやった。

南無妙法蓮華経《なむみょうほうれんげきょう》というのを『妙法蓮華経《みょうほうれんげきょう》』だけでいい。また妙法蓮華経《みょうほうれんげきょう》というのも時間《じかん》がかかるから『妙蓮経《みょうれんきょう》』だけでいいと言《い》われた。それだから一万遍《まんべん》を十五分《ふん》でやれた。数珠《じゅず》を下《した》へ垂《た》らしたら数珠《じゅず》が廻《まわ》れせんで、どうしても胸《むね》の所《ところ》でやらないかん。頼《たの》まれると朝《あさ》でも晩《ばん》でもやった。頼《たの》む人《ひと》はお金《かね》を払《はら》ってそこで聞《き》いている。忙《いそが》しい人《ひと》は聞《き》いとらんでも晩《ばん》までにはちゃんとやってくれる。東京《とうきょう》の本門寺《ほんもんじ》の先住《せんじゅう》の日坊上人《にちぼうしょうにん》という方《かた》が、私《わたくし》の紹介《しょうかい》で杉山先生《すぎやませんせい》の所《ところ》へお詣《まい》りされたが『これなら悪《わる》いことはない』と言《い》われた」

※「消息史」＝『五字の妙法』・岩井法宸氏著。

大乗山法音寺三徳開教百年史（1）二三六～二三七頁

◆宗玄大徳

貧乏《びんぼう》も病《やまい》も地獄《ぢごく》も嫌《きら》いな人《ひと》は…　皆《みな》さんのように、貧乏《びんぼう》も病《やまい》も嫌《きら》い、地獄《ぢごく》も嫌《きら》いな方々《かたがた》は、どうか仏《ほとけ》のみ教《おし》えを実行《じっこう》してください。苦《くる》しみは嫌《いや》だと申《もう》しても、実行《じっこう》をせなければ、それが好《す》きだと言《い》われても致《いた》し方《かた》はありませんでしょう。皆《みな》さん、どうか地獄《ぢごく》に堕《だ》落《らく》しないよう妙法《みょうほう》を活用《かつよう》してください。貪《むさぼ》らぬよう布施《ふせ》の徳《とく》を積《つ》み、自分《じぶん》は菩薩《ぼさつ》であると悟《さと》って堪忍《かんにん》し、百千万劫《まんごう》にも値《あ》い奉《たてまつ》ること難《がた》き妙法《みょうほう》に会《あ》いたるを喜《よろこ》び、行住坐臥《ぎょうじゅうざが》、妙法蓮華経妙法蓮華経《みょうほうれんげきょうみょうほうれんげきょう》と唱《とな》えて、身《み》を惜《おし》まず、〝但無上道《ただむじょうどう》に行《ゆ》かねばならぬ〟と心《こころ》に掛《か》けてお進《すす》みください。さすれば家庭《かてい》も平和《へいわ》となり、すべてが善《よ》いことのみになります。

村上先生御法話集（一）　二一頁

現世安穏《げんぜあんのん》・後世安楽《ごせあんらく》の法《ほう》　わが心《こころ》を常《つね》に最第一《さいだい》の仏教《ぶっきょう》に照《て》らし合《あ》わせて慈悲《じひ》・至誠《まこと》・堪《かん》忍《にん》の三徳《とく》を守《まも》り、行住坐臥《ぎょうじゅうざが》、妙法蓮華経《みょうほうれんげきょう》と唱《とな》えましたならば、病《やまい》なく、災難《さいなん》もなく、現《げん》世安穏《ぜあんのん》のみならず、後世《ごせ》までも安《やす》らかにして、永劫《えいごう》の楽《らく》を得《え》らるるのであります。

村上先生御法話集（一）　一四八頁

◆御開山上人

無上道《むじょうどう》への道《みち》「お題目《だいもく》」　私《わたくし》はいつも、杉山先生《すぎやませんせい》から教《おそ》わっていましたところを思《おも》い出《だ》してお話《はな》しさせて頂《いただ》いているわけですが、あの当時《とうじ》、知多郡《ちたぐん》の臥竜山《がりゅうざん》という所《ところ》へ、素《そ》行《こう》のあんまり良《よ》くない人《ひと》たちを大勢《おおぜい》連《つ》れて行《い》って農作業《のうさぎょう》をしておったことがありました。ある時《とき》、田《た》の草取《くさと》りをしておりましたところ、杉山先生《すぎやませんせい》は田《た》の畔《あぜ》にお立《た》ちになられて私共《わたくしども》の仕事《しごと》ぶりを見《み》てみえました。その日《ひ》は大変天気《たいへんてんき》もいいし、いい気持《きも》ちですから、歌《うた》を歌《うた》いながら田《た》の草《くさ》を取《と》っておりました。すると杉山先生《すぎやませんせい》はこんなことを言《い》われました。

「おいおい、あのね、歌《うた》を歌《うた》っておることもええことだけれどもが、ここは道場《どうじょう》だから歌《うた》の代《か》わりにお題目《だいもく》を唱《とな》えなさいね。

お題目《だいもく》を唱《とな》えるとどんな効果《こうか》があるかと言《い》ってもね、これはなかなか口《くち》では言《い》えんが、お題目《だいもく》を唱《とな》えるとね、知《し》らん間《ま》に田《た》んぼの中《なか》のひる・・だとか害虫《がいちゅう》などが成仏《じょうぶつ》していなくなってしまう。そうしてお題目《だいもく》の声《こえ》を聞《き》いて成仏《じょうぶつ》したのはね、あなたの眷属《けんぞく》となって働《はたら》いてくれるようになるからね、大変《たいへん》なもうけになるよ。そうして一生懸命《しょうけんめい》お題目《だいもく》を唱《とな》えるならば、そのお題目《だいもく》が、たとえば一本の草《くさ》を抜《ぬ》くのに一口《くち》のお題目《だいもく》が唱《とな》えられるとすると、千本《ぼん》の草《くさ》を抜《ぬ》けば千口《くち》のお題目《だいもく》が唱《とな》えられることになる。普段《ふだん》は仏《ほとけ》さまの前《まえ》でお題目《だい》を唱《とな》えて『先祖《せんぞ》の供養《くよう》』をするのだが、田《た》の草《くさ》を取《と》りながら唱《とな》えたお題目《だいもく》でも結構《けっこう》なんだよ。そういうふうにして唱《とな》えたお題目《だいもく》を、〝亡《な》くなったおじいさんに供養《くよう》します。おばあさんに供養《くよう》します〟というと、知《し》らぬ間《ま》におじいさんやおばあさん、亡《な》くなったお父《とう》さん、お母《かあ》さんにも供養《くよう》が届《とど》き、大《おお》きな功徳《くどく》になる。そうすると大《おお》きな功徳《くどく》が積《つ》まれる。功徳《くどく》が積《つ》まれれば積《つ》まれるほど、先祖《せんぞ》は喜《よろこ》んでくださって、夜《よる》も昼《ひる》も護《まも》ってくださるようになるんだよ。それればかりか、あなたの罪障《ざいしょう》がだんだん取《と》れてゆく。罪障《ざいしょう》が取《と》れてゆくというと、今度《こんど》はあなたの考《かんが》えがだんだん善《よ》くなって、いい考《かんが》えがだんだんたくさんできるようになる。そういうふうに喜《よろこ》んでやっているというと、米《こめ》がびっくりする程良《ほどよ》くできるようになる。一反《たん》に一俵《びょう》や二俵《ひょう》は多《おお》く取《と》れるようになるんだ。そうしてここの田《た》んぼの米《こめ》は、これは余計《よけい》に取《と》れたら、それをよい着物《きもの》を作《つく》ったり、温泉《おんせん》にでも行《い》こうと、そういうために使《つか》うんじゃなく、みんな施《ほどこ》しをするんだ。ここから半田山《はんだやま》の方《ほう》を見《み》るというと、田《た》んぼがたくさんあるけれど、このたくさんある田《た》んぼの中《なか》で、施《ほどこ》し米《まい》を作ろうという人《ひと》は一人《ひとり》もあるまい。少《すこ》しでも余計《よけい》に取《と》って、世《よ》の中《なか》の人《ひと》のために役立《やくだ》てようと思《おも》ってやっている人《ひと》はなかろう。わたしらが作《つく》っているここの田《た》んぼは、みんなに施《ほどこ》して、喜《よろこ》ばせて、信心力《しんじんりき》を励《はげ》ませるために作《つく》っている米《こめ》だから大変大《たいへんおお》きな功《く》徳《どく》になるんだよ。

どうかね。はじめから数《かぞ》えてみるといくつ効果《こうか》があるかというと、

一、田《た》んぼのひるや害虫《がいちゅう》などが成仏《じょうぶつ》するということ。

二、それが自分《じぶん》の眷属《けんぞく》になるということ。

三、先祖《せんぞ》の供養《くよう》ができるということ。

四、自分《じぶん》の罪障《ざいしょう》が消滅《しょうめつ》するということ。

五、いい智慧《ちえ》が出《で》るということ。

六、米《こめ》が余計《よけい》に取《と》れるということ。

七、その米《こめ》でまた大勢《おおぜい》の人《ひと》を喜《よろこ》ばせることができるということ。

考《かんが》えてみればこんなにたくさんあるんだよ。それを〝こんなくそ暑《あつ》いのに田《た》んぼの草《くさ》取《と》り仕事《しごと》ばっかりやっているんじゃばからしい。こんな百姓《ひゃくしょう》の家《いえ》に生《う》まれたからいやに

なっちゃう。名古屋《なごや》にでも生《う》まれたのなら、仕事《しごと》が済《す》んで明《あか》るいうちに映画《えいが》でも見《み》に行《い》けていいけどな〟などと言《い》ってプンプン怒《おこ》ってやっていては、ありもしない徳《とく》をどんどんどん減《へ》らしていることになるんだよ。そういう人《ひと》たちを衆生《しゅじょう》と言《い》うんだ。どうだ、おまえさんたちもそんなことをやっていたんだろう。ここへ来《き》て私《わたくし》が今話《いまはな》しただけでも七つもあるが、七つとも全部《ぜんぶ》わからんでもいいから、一つだけわかってお題目《だいもく》を唱《とな》えておるならば、知《し》らぬ間《ま》にいい風《ふう》になってゆくんだよ。そんな楽《たの》しみの歌《うた》なんか歌《うた》っておらんで、お題目《だいもく》を唱《とな》えてやりなさいね」

御開山上人御法話集　一九～二二頁

身《しん》・口《く》・意《い》の実践《じっせん》　日蓮聖人《にちれんしょうにん》は「私《わたくし》の唱《とな》える題目《だいもく》も皆《みな》さんが唱《とな》える題目《だいもく》も題目《だいもく》に変《か》わりはない」（松野殿御返事《まつのどのごへんじ》）というようにおっしゃられるけれども、日蓮聖人《にちれんしょうにん》の唱《とな》えられるお題目《だいもく》は、一口《くち》のお題目《だいもく》が百遍分《ぺんぶん》にも千遍分《べんぶん》にもなっているのではないかと思《おも》います。というのは、お題目《だいもく》を唱《とな》えるということは、これは実行《じっこう》するということでありまして、このことを御義口伝《おんぎくでん》の中《なか》でおっしゃられています。

また「土籠御書《つちのろうごしょ》」という日朗上人《にちろうしょうにん》に宛《あ》てて書《か》かれた御遺文《ごいぶん》があります。

「法華経《ほけきょう》を余人《よにん》の読《よ》み候《そうろう》は、口《くち》ばかり言《こと》ばかりは読《よ》めども心《こころ》は読《よ》まず。心《こころ》は読《よ》めども身《み》に読《よ》まず。色心《しきしん》二法共《ほうとも》に遊《あそ》ばされたるこそ貴《とうと》く候《そうら》え」とあります。

「世《よ》の中《なか》の人《ひと》は、法華経《ほけきょう》を口《くち》に唱《とな》えても実行《じっこう》することがないから、このお題目《だいもく》が三分《ぶん》の一になってしまう。あなたは本当《ほんとう》にそれを実行《じっこう》してお題目《だいもく》を唱《とな》えながらみんなのためにと思《おも》って一生懸命《しょうけんめい》なされた。これが本当《ほんとう》の徳《とく》である」とおっしゃられているのでありますす。ですから〝南無妙法蓮華経《なむみょうほうれんげきょう》、南無妙法蓮華経《なむみょうほうれんげきょう》。デレック・デレック・デレック・デン〟これでいいかというとそういうわけにはゆきません。

御開山上人御法話集　九四〜九五頁

家《いえ》の中《なか》を明《あか》るくするお題目《だいもく》　お題目《だいもく》を自《みずか》らも唱《とな》え、人《ひと》にもこれを唱《とな》えさせるようにしましょう。病気《びょうき》をしていても何《なん》でもお題目《だいもく》を唱《とな》えるという心《こころ》で今日《きょう》一日《にち》を暮《く》らしてゆくというと、これは本当《ほんとう》に幸《しあわ》せじゃないかと思《おも》いますですよ。心《こころ》から感謝《かんしゃ》してお題目《だいもく》が唱《とな》えられるなら、おそらく肺病《はいびょう》の神《かみ》さまもびっくりこいて逃《に》げ出《だ》すだろうと思《おも》いますですよ。もしあなたの家《いえ》に貧乏神《びんぼうがみ》がおるとするならば、びっくりして逃《に》げ出《だ》していってしまうと思《おも》うがな。そうしてその後《あと》に入《はい》ってくるのが福《ふく》の神《かみ》さまなんです。本当言《ほんとうい》うとね、恵比寿《えびす》さまや大黒《だいこく》さまは家《いえ》がなくて困《こま》っているそうです。みなさん方《がた》が怒《おこ》ったり、愚痴《ぐち》を言《い》ったり、わがままなことばかりしているから、そんな家《いえ》ばかりが多《おお》いから、いる所《ところ》がなくてお困《こま》りなんだそうですよ。でありますから、みなさんの家《いえ》から貧乏神《びんぼうがみ》や病《やま》いの神《かみ》がなくなるというと、〝それそれ〟と言《い》って、喜《よろこ》び勇《いさ》んで福《ふく》の神《かみ》さま方《がた》が競走《きょうそう》でお入《はい》りになりますから、それからというものは家《いえ》の中《なか》が大変明《たいへんあか》るくなってゆくのであります。家《いえ》の中《なか》が明《あか》るくなり、病気《びょうき》をしたくてもできないようになり、毎日《まいにち》の仕事《しごと》が思《おも》う存分《ぞんぶん》にやれて物《もの》もどんどんでき、商売《しょうばい》でもどんどん繁盛《はんじょう》してもうかるより他《ほか》にないということになるのであります。さらに、それを自分《じぶん》だけのために使《つか》わず、法《ほう》のために使《つか》うなら、またどんどん功徳《くどく》ができまして「はあ、なるほど。法音寺《ほうおんじ》の信者《しんじゃ》の人《ひと》はあんなににこにこ笑《わら》っているけど、ああいうふうなら私《わたくし》もやってみるか。どうかね、あんたもひとつやってみんかね」ということになって、それこそ「広宣流布《こうせんるふ》の大願《だいがん》も叶《かの》う可《べ》きものか」（生死一大事血脈鈔《しょうじいちだいじけちみゃくしょう》）ということになることはまちがいないだろうと思《おも》います。

御開山上人御法話集　一二三～一二四頁

◆日達上人

南無妙法蓮華経《なむみょうほうれんげきょう》のお話《はなし》

南無妙法蓮華経《なむみょうほうれんげきょう》と唱《とな》えることは〝妙法蓮華経《みょうほうれんげきょう》と私《わたくし》は一体《たい》でございます〟ということです。私共《わたくしども》の日常《にちじょう》を省《かえり》みると、様々《さまざま》な出来事《できごと》に遭遇《そうぐう》し、悩《なや》み・苦《くる》しんでいます。それは、妙法蓮華経《みょうほうれんげきょう》から遠《とお》ざかっているからです。それも、自分《じぶん》から遠《とお》ざかって行《い》ったのです。妙法蓮華経《みょうほうれんげきょう》と離《はな》れた世界《せかい》に行《い》けば、困難《こんなん》や苦悩《くのう》に出会《であ》っても仕方《しかた》がありません。

また単《たん》に「南無妙法蓮華経《なむみょうほうれんげきょう》」とどれほどたくさん唱《とな》えても、それだけで妙法蓮華経《みょうほうれんげきょう》と一体《たい》になれるかというと、そういうものでもありません。妙法蓮華経《みょうほうれんげきょう》と一体《たい》になるには、その教《おし》えである慈悲《じひ》・至誠《まこと》・堪忍《かんにん》の功徳《くどく》を積《つ》まなければなりません。

せっかく妙法蓮華経《みょうほうれんげきょう》と一体《たい》になれるチャンスに恵《めぐ》まれながら、貪《むさぼ》り・瞋《いか》り・愚痴《ぐち》の「我《が》」に振《ふ》り回《まわ》され、どんどんどんどん、仏《ほとけ》さま＝妙法蓮華経《みょうほうれんげきょう》から遠《とお》ざかってしまうのです。そうして、影《かげ》も姿《すがた》も見《み》えないような所《ところ》にまで行《い》ってしまったら、苦《くる》しみ・悩《なや》みから離《はな》れることはできません。

「自分《じぶん》で遠《とお》ざかったものなら、また自分《じぶん》で帰《かえ》ってくればいい」と思《おも》うかも知《し》れませんが、三徳《とく》の世界《せかい》と三毒《どく》の世界《せかい》の隔《へだ》たりは、どこかに遊《あそ》びに行《い》って家《いえ》に帰《かえ》るように簡単《かんたん》には行《い》きません。三毒《どく》の世界《せかい》に行《い》くのは簡単《かんたん》ですが、三徳《とく》の世界《せかい》に戻《もど》るには、一つずつ着実《ちゃくじつ》に功徳《くどく》を積《つ》み、罪障《ざいしょう》を消滅《しょうめつ》させてゆかなければなりません。

この道《みち》を教《おし》え、導《みちび》くのが慈悲《じひ》・至誠《まこと》・堪忍《かんにん》であります。家庭《かてい》に、職場《しょくば》に、日常生活《にちじょうせいかつ》のすべてに、自分《じぶん》にできることで実行《じっこう》し、少《すこ》しでも人《ひと》に喜《よろこ》んで頂《いただ》けるよう努力《どりょく》するのです。そうして、仏《ほとけ》さま＝妙法蓮華経《みょうほうれんげきょう》と一体《たい》になれた状態《じょうたい》を、本当《ほんとう》の幸《しあわ》せ＝成仏《じょうぶつ》というのであります。

南無妙法蓮華経《なむみょうほうれんげきょう》と唱《とな》える以上《いじょう》、言行一致《げんこういっち》の生活《せいかつ》を送《おく》りたいものであります。

大白牛車・4　一一～一二頁

今世《こんぜ》に極楽《ごくらく》を作《つく》るための信仰《しんこう》

「日蓮《にちれん》が慈悲広大《じひこうだい》ならば、南無妙法蓮華経《なむみょうほうれんげきょう》は万年《まんねん》の外未来《ほかみらい》までも流《なが》るべし。日本国《にほんこく》の一切衆生《さいしゅじょう》の盲目《もうもく》を開《ひら》ける功徳《くどく》あり」（開目鈔《かいもくしょう》・下《げ》）

南無妙法蓮華経《なむみょうほうれんげきょう》と唱《とな》えさえすれば目《め》の見《み》えない人《ひと》が突然見《とつぜんみ》えるようになる、というのではありません。法華経《ほけきょう》を聞《き》き、お題目《だいもく》を唱《とな》えてゆくと心《こころ》の目《め》が開《ひら》き、今《いま》まで〝あたりまえ〟と思《おも》っていた中《なか》に〝ありがたい〟ことを見《み》つけることができるということです。

お題目《だいもく》を唱《とな》えることも、慈悲《じひ》を行《おこ》なうことも、堪忍《かんにん》を守《まも》ることも、心《こころ》に喜《よろこ》びがないと長続《ながつづ》きはしません。いつでも〝ありがたい〟ことを見《み》つけられる人《ひと》が、慈悲《じひ》や堪忍《かんにん》を持《たも》ち続《つづ》けることのできる人《ひと》です。

「病気《びょうき》でも何《なん》でもお題目《だいもく》を唱《とな》えるという心《こころ》で今日《きょう》一日《にち》を暮《く》らしてゆくなら、病気《びょうき》の神《かみ》さまも貧乏神《びんぼうがみ》も逃《に》げ出《だ》してしまい、その後《あと》に大黒様《だいこくさま》や恵比須様《えびすさま》のような福《ふく》の神《かみ》さまが競走《きょうそう》で入《はい》ってみえます。それからは、家《いえ》の中《なか》が大変明《たいへんあか》るくなり、仕事《しごと》も思《おも》う存分《ぞんぶん》できるようになり、商売《しょうばい》もどんどん繁盛《はんじょう》してゆきます」と御開山上人《ごかいさんしょうにん》はお教《おし》え下《くだ》さっています。

法華経《ほけきょう》の話《はなし》は、聞《き》く人《ひと》に納得《なっとく》して頂《いただ》けなければ効果《こうか》はありません。言葉《ことば》だけで〝地獄《ぢごく》だ。極楽《ごくらく》だ。今世《こんぜ》だ。来世《らいせ》だ〟と言《い》っているだけでは極楽《ごくらく》はできません。

今世《こんぜ》に極楽《ごくらく》を作《つく》るために信仰《しんこう》をするのです。自分《じぶん》の家《いえ》を極楽《ごくらく》にすることが、法華経《ほけきょう》の信仰《しんこう》であります。〝経文《きょうもん》をどれだけ知《し》っているか〟というより〝自分《じぶん》は何《なに》が実行《じっこう》できるか。家族《かぞく》の幸《しあわ》せのために、まわりの人《ひと》に喜《よろこ》んで頂《いただ》くために何《なに》をしてゆくべきか〟を考《かんが》え、行《おこ》ないに現《あら》わしてゆくことが信仰《しんこう》であります。

『月刊法音』第三一一号　一一～一二頁

◆私と信仰

蓮の巻

◇耐難（堪忍の事）／寂光土（現世安穏・後生善処）／知恩報恩の事／人身・命／楽園の家庭（親子・兄弟・夫婦）／病気と信仰

耐難〔堪忍の事〕

〝うきつらき心《こころ》にそわぬことをみな
善《よ》きにさとりてよろこびをえよ〟

宗玄大徳御詠

◆経典

◇若《も》し人《ひと》此《こ》の經《きょう》を說《と》かば、如來《にょらい》の室《しつ》に入《い》り、如來《にょらい》の衣《ころも》を著《き》、而《しか》も如來《にょらい》の座《ざ》に坐《ざ》して、衆《しゅ》に處《しょ》して畏《おそ》るる所《ところ》なく、廣《ひろ》く爲《ため》に分別《ふんべつ》し說《と》くべし。大慈悲《だいじひ》を室《しつ》とし、柔和忍辱《にゅうわにんにく》を衣《ころも》とし、諸法《しょほう》の空《くう》を座《ざ》とす。此《こ》れに處《しょ》して爲《ため》に法《ほう》を說《と》け。若《も》し此《こ》の經《きょう》を說《と》かん時《とき》、人《ひと》あって惡口《あっく》し罵《ののし》り、刀杖《とうじょう》・瓦石《がしゃく》を加《くわ》うとも、佛《ほとけ》を念《ねん》ずるが故《ゆえ》に忍《しの》ぶべし。

妙法蓮華經・法師品　二二一頁

◇常《つね》に大衆《だいしゅ》の中《なか》に在《あ》って、我等《われら》を毀《そし》らんと欲《ほっ》するが故《ゆえ》に、國王《こくおう》・大臣《だいじん》・婆羅門《ばらもん》・居士《こじ》、及《およ》び餘《よ》の比丘衆《びくしゅ》に向《むか》って、誹謗《ひほう》して我《わ》が惡《あく》を說《と》いて、是《こ》れ邪見《じゃけん》の人《ひと》、外道《△げどう》の論議《ろんぎ》を說《と》くと謂《い》わん。我等《われら》佛《ほとけ》を敬《うやま》うが故《ゆえ》に、悉《ことごと》く是《こ》の諸悪《しょあく》を忍《しの》ばん。

妙法蓮華經・勸持品　二三九頁

◇濁劫《じょっこう》惡世《あくせ》の中《なか》には、多《おお》く諸《もろもろ》の恐怖《くふ》あらん。惡鬼《あっき》其《そ》の身《み》に入《い》って、我《われ》を罵詈《めり》毀辱《きにく》せん。我等《われら》佛《ほとけ》を敬信《きょうしん》して、當《まさ》に忍辱《にんにく》の鎧《よろい》を著《き》るべし。是《こ》の經《きょう》を説《と》かんが爲《ため》の故《ゆえ》に、此《こ》の諸《もろもろ》の難事《なんじ》を忍《しの》ばん。

妙法蓮華經・勸持品　二三九〜二四〇頁

◇濁世《じょくせ》の惡比丘《あくびく》は、佛《ほとけ》の方便《ほうべん》・隨宜所説《ずいぎしょせつ》の法《ほう》を知《し》らず。惡口《あっく》して顰蹙《ひんじゅく》し、數數《しばしば》擯出《ひんずい》せられ、塔寺《とうじ》を遠離《おんり》せん。是《かく》の如《ごと》き等《ら》の衆惡《しゅあく》をも、佛《ほとけ》の告勅《ごうちょく》を念《おも》うが故《ゆえ》に、皆當《みなまさ》に是《こ》の事《じ》を忍《しの》ぶべし。

妙法蓮華經・勸持品　二四〇頁

◇我《われ》深《ふか》く汝等《なんだち》を敬《うやま》う、敢《あえ》て輕慢《きょうまん》せず。所以《ゆえ》は何《いか》ん、汝等皆菩薩《なんだちみなぼさつ》の道《どう》を行《ぎょう》じて、當《まさ》に作佛《さぶつ》することを得《う》べしと。而《しか》も是《こ》の比丘《びく》、專《もっぱ》らに經典《きょうでん》を讀誦《どくじゅ》せずして、但《ただ》禮拜《らいはい》を行《ぎょう》ず。乃至《ないし》遠《とお》く四衆《しゅ》を見《み》ても、亦復《またまた》故《ことさ》らに往《ゆ》いて禮拜讃歎《らいはいさんだん》して、是《こ》の言《ことば》を作《な》さく、我敢《われあえ》て汝等《なんだち》を輕《かろ》しめず、汝等皆當《なんだちみなまさ》に作佛《さぶつ》すべきが故《ゆえ》にと。四衆《しゅ》の中《なか》に瞋恚《しんに》を生《しょう》じて心不淨《こころふじょう》なる者《もの》あり。悪口罵詈《あっくめり》して言《い》わく、是《こ》の無智《むち》の比丘《びく》、何《いず》れの所《ところ》より來《きた》って、自《みずか》ら我汝《われなんじ》を輕《かろ》しめずと言《い》って、我等《われら》がために當《まさ》に作佛《さぶつ》することを得《う》べしと授記《じゅき》する。我等是《われらかく》の如《ごと》き虚妄《こもう》の授記《じゅき》を用《もち》いずと。此《かく》の如《ごと》く多年《たねん》を經歴《きょうりゃく》して、常《つね》に罵詈《めり》せらるれども瞋恚《しんに》を生《しょう》ぜずして、常《つね》に是《こ》の言《ことば》を作《な》す、汝當《なんじまさ》に作佛《さぶつ》すべしと。是《こ》の語《ことば》を説《と》く時《とき》、衆人或《しゅにんあるい》は杖木《じょうもく》・瓦石《がしゃく》を以《もっ》て之《これ》を打擲《ちゃく》すれば、避《さ》け走《はし》り遠《とお》く住《じゅう》して、猶《な》お高聲《こうしょう》に唱《とな》えて言《い》わく、我敢《われあえ》て汝等《なんだち》を輕《かろ》しめず、汝《なん》等皆當《だちみなまさ》に作佛《さぶつ》すべしと。

妙法蓮華經・常不輕菩薩品　三一九〜三二〇頁

◆遺文

◇末法《まっぽう》には法華經《ほけきょう》の行者《ぎょうじゃ》必《かなら》ず出來《しゅったい》すべし、但《ただ》し大難來《だいなんきた》りなば強盛《ごうじょう》の信心《しんじん》彌《いよいよ》悦《よろこ》びをなすべし。火《ひ》に薪《たきぎ》を加《くわ》えんにさかんなる事《こと》なかるべしや。大海《だいかい》へ衆水流《しゅすいなが》れ入《い》る、されど共大海《どもだいかい》は河《かわ》の水《みず》を返《かえ》す事《こと》ありや。法華大海《ほっけだいかい》の行者《ぎょうじゃ》に諸河《しょか》の水《みず》は大難《だいなん》の如《ごと》く入《い》れどもかえす事《こと》とがむる事《こと》なし。諸河《しょか》の水入《みずい》る事《こと》なくば大海《だいかい》あるべからず、大難《だいなん》なくば法華經《ほけきょう》の行者《ぎょうじゃ》にはあらじ。

椎地四郎殿御書　四三三頁

◇鍛《きた》わぬ金《かね》は盛《さかん》なる火《ひ》に入《い》るれば早《はや》く蕩《と》け、氷《こおり》を湯《ゆ》に入《い》るるが如《ごと》し。剣《つるぎ》なんどは大火《だいか》に入《い》るれども暫《しば》らく熔《と》けず、是鍛《これきた》える故《ゆえ》なり。　四條金吾殿御返事　一五七九頁

◇勧持品《かんぢほん》には法華經《ほけきょう》の敵人《てきにん》三類《るい》を擧《あ》げられたるに、一には在家《ざいけ》の俗男俗女《ぞくなんぞくにょ》なり。此《こ》の俗男俗女《なんぞくにょ》は法華經《ほけきょう》の行者《ぎょうじゃ》を憎《にく》み罵《ののし》り、打《う》ちわり、斬《き》り殺《ころ》し、所《ところ》を追《お》い出《いだ》し、或《あるい》は上《かみ》へ讒奏《ざんそう》して遠流《をんる》し、なさけなく怨《あだ》む者《もの》なり。二には出家《しゅっけ》の人《ひと》なり。此《こ》の人《ひと》は慢心高《まんしんたか》くして、内心《ないしん》には物《もの》も知《し》らざれども、智者《ちしゃ》げにもてなして、世間《せけん》の人《ひと》に學匠《がくしょう》と思《おも》われて、法華經《ほけきょう》の行者《ぎょうじゃ》を見《み》ては、怨《あだ》み嫉《そね》み輕《かろ》しめ賤《いや》しみ、犬《いぬ》・野干《やかん》よりもわろきようを人《ひと》に云《い》い疎《うと》め、法華經《ほけきょう》をば我《われ》一人心得《にんこころえ》たりと思《おも》う者《もの》なり。三には阿練若《△あれんにゃ》の僧《そう》なり。此《こ》の僧《そう》は極《きわ》めて貴《とうと》き相《そう》を形《かたち》に顯《あら》わし、三衣《△ね》一鉢《ばつ》を帯《たい》して、山林《さんりん》の閑《しずか》なる所《ところ》に籠《こも》り居《い》て、在世《ざいせ》の羅漢《らかん》の如《ごと》く諸人《しょにん》に貴《とうと》まれ、佛《ほとけ》の如《ごと》く萬人《まんにん》に仰《あお》がれて、法華經《ほけきょう》を説《せつ》の如《ごと》くに讀《よ》み持《たも》ち奉《たてまつ》らん僧《そう》を見《み》ては、憎《にく》み嫉《そね》んで云《いわ》く、大愚癡《だいぐち》の者大邪見《ものだいじゃけん》の者《もの》なり。總《すべ》て慈悲《じひ》なき者《もの》、外道《げどう》の法《ほう》を説《と》くなんど云《い》わん。上《かみ》一人《にん》より仰《あお》いで信《しん》を取《と》らせ給《たま》わば、其《そ》の已下萬人《いげまんにん》も佛《ほとけ》の如《ごと》くに供養《くよう》をなすべし。法華經《ほけきょう》を説《せつ》の如《ごと》く讀《よ》み持《たも》たん人《ひと》は、必《かなら》ず此《こ》の三類《るい》の敵人《てきにん》に怨《あだ》まるべきなりと佛《ほとけ》説《と》き

給《たま》えり。

法華初心成佛鈔　一六三一頁

◇無道心《むどうしん》の者生死《ものしょうじ》を離《はな》るる事《こと》はなきなり。教主釋尊《きょうしゅしゃくそん》の一切《さい》の外道《げどう》に、大惡人《だいあくにん》と罵詈《めり》せられさせ給《たま》い、天台大師《てんだいだいし》の南北竝《なんぼくならび》に得《とく》一に、三寸《ずん》の舌《した》もて五尺《しゃく》の身《み》を斷《た》つといわれ、傳教《でんぎょう》大師《だいし》の南京《なら》の諸人《しょにん》に、最澄未《さいちょういま》だ唐都《とうと》を見《み》ず等《とう》と言《い》われさせ給《たま》いし、皆法華經《みなほけきょう》の故《ゆえ》なれば恥《はぢ》ならず。愚人《ぐにん》に譽《ほ》められたるは第《だい》一の恥《はぢ》なり。日蓮《にちれん》が御勘氣《ごかんき》をかおれば、天台《てんだい》・眞言《しんごん》の法師等悅《ほっしらよろこ》ばしくや思《おも》うらん。且《かつ》は無慚《むざん》なり且《かつ》は奇怪《きかい》なり。

夫《そ》れ釋尊《しゃくそん》は娑婆《しゃば》に入《い》り、羅什《らじゅう》は秦《しん》に入《い》り、傳教《でんぎょう》は尸那《しな》に入《い》り、提婆《だいば》・師子《しし》は身《み》を捨《す》つ。藥王《やくおう》は臂《ひぢ》を燒《や》く。△上宮《じょうぐう》は手《て》の皮《かわ》を剝《は》ぐ。釋迦菩薩《しゃかぼさつ》は肉《にく》を賣《う》る。樂法《ぎょうぼう》は骨《ほね》をもて筆《ふで》とす。天台《てんだい》の云《いわ》く、『時《とき》に適《かな》うのみ』等云云《とううんぬん》。佛法《ぶっぽう》は時《とき》に依《よ》るべし。日蓮《にちれん》が流罪《るざい》は今生《こんじょう》の小苦《しょうく》なればなげかしからず。後生《ごしょう》には大樂《だいらく》をうくべければ、大《おおい》に悅《よろこ》ばし、悅《よろこ》ばし。

開目鈔・下　八三八頁

◆安立大法尼

悪鬼《あっき》其《そ》の身《み》に入《い》る　六波羅蜜《はらみつ》の一、羼提波羅蜜《せんだいはらみつ》は柔和忍辱《にゅうわにんにく》と訳《やく》し、堪忍《かんにん》をすることであります。〝いかによき行為《こうい》をして徳《とく》を積《つ》むとも、一度《ど》の怒《いか》りは百日《にち》の徳《とく》を焼《や》き尽《つ》くす〟とあります。

例《れい》を申《もう》しますれば、彼《か》の賽《さい》の河原《かわら》にて小児《しょうに》が石《いし》を積《つ》むこと、一つ積《つ》んでは父《ちち》のため、一つ積《つ》んでは母《はは》のため、一つ積《つ》んでは兄弟《きょうだい》のためと、ようやくにして数個《すうこ》の石《いし》を積《つ》みたる時《とき》に、赤鬼《あかおに》が来《きた》って打《う》ち壊《こわ》すという譬《たとえ》は、衆生《しゅじょう》を小児《しょうに》にたとえ、わずかずつ徳《とく》を積《つ》み増《ま》して、ようやく積《つ》み重《かさ》ねた時《とき》、自分《じぶん》の煩悩《ぼんのう》の鬼《おに》が〝喝《かつ》〟と怒《おこ》って、せっかく積《つ》み上《あ》げた徳《とく》を打《う》ち壊《こわ》す、という譬《たとえ》であります。慎《つつ》しみても慎《つつ》しむべく、恐《おそ》れても恐《おそ》るべきは、怒《いか》りの鬼《おに》であります。

然《しか》るに衆生《しゅじょう》は、怒《いか》りを以《も》って自分《じぶん》の武器《ぶき》と心得《こころえ》、怒《いか》りを以《も》って自分《じぶん》の権力《けんりょく》の強《つよ》きを誇《ほこ》り、怒《いか》りこそ人間《にんげん》の本質《ほんしつ》の如《ごと》く思《おも》うが故《ゆえ》に、一家不和《かふわ》を生《しょう》じ、ひいては全世界《ぜんせかい》の平和《へいわ》を乱《みだ》すのであります。ある人《ひと》は言《い》います。〝もし怒《いか》りを止《と》めたれば、発展力《はってんりょく》を消耗《しょうもう》する。向上心《こうじょうしん》を阻止《そし》する〟と。如何《いか》に見解《けんかい》の違《ちが》いでありましょう。

古来《こらい》怒《いか》りを以《も》って出世《しゅっせ》したとか、怒《いか》りを以《も》って尊敬《そんけい》せられた、という人《ひと》があるでしょうか。織田《おだ》の滅亡《めつぼう》、明智《あけち》の滅亡《めつぼう》、さては赤穂《あこう》の城主浅野《じょうしゅあさの》の滅亡等《めつぼうとう》、みな忍《にん》の一字《じ》を欠《か》きたるためと思《おも》いますが、如何《いかが》でしょうか。また、浅野《あさの》の家老大石《かろうおおいし》の忍《にん》は大望《たいぼう》をとげ、全《ぜん》世界《せかい》に大石《おおいし》の堪忍袋《かんにんぶくろ》は賞揚《しょうよう》されて、且《か》つ衆人《しゅうじん》の座右《ざゆう》の銘《めい》ともなったのであります。徳川《とくがわ》家康《いえやす》の家訓《かくん》には、忍《にん》の徳《とく》を第《だい》一として示《しめ》され、ついに三百年間《ねんかん》の徳川家《とくがわけ》の基礎《きそ》となったのであります。これらの例《れい》を以《も》ってしても、如何《いか》に堪忍《かんにん》の大切《たいせつ》なるかの事実《じじつ》を明《あき》らかにしておりますが、これを実行《じっこう》することはなかなか容易《ようい》ではありません。

今平易《いまへいい》に、堪忍《かんにん》する法《ほう》を申《もう》し上《あ》げて見《み》ましょう。

「我《われ》は衆《しゅう》の眼目《がんもく》となる導師《どうし》なれば大仏《だいぶつ》なりと思《おも》え。忍《にん》の徳《とく》も弁《わきま》えざる者《もの》は小児《しょうに》と思《おも》え」

誰《だれ》しも怒《いか》る時《とき》は、必《かなら》ず相手《あいて》のあるもので、相手《あいて》を同等《どうとう》の者《もの》と思《おも》えば腹《はら》も立《た》つが、相手《あいて》は取《と》るに足《た》らざる子《こ》どもだと思《おも》えば、腹《はら》も立《た》ちません。もし一度怒《たびいか》りの起《お》こった時《とき》は、自分《じぶん》も子《こ》どもになったのであります。我《われ》はつねに大仏《だいぶつ》と心得《こころえ》て、子《こ》どもにならぬようにしてください。

また、腹立《はらた》てて、せっかくの徳《とく》を打《う》ち壊《こわ》し、損《そん》をすることの起《お》こるのは、自分《じぶん》の悪因《あくいん》の結果《けっか》であります。我《われ》を腹立《はらだ》たせる彼《か》の人《ひと》は、我《わ》が悪因《あくいん》の罪《つみ》が乗《の》ってついに悪因《あくいん》を作《つく》ります。お気《き》の毒《どく》だと思《おも》ってください。「悪鬼其《あっきそ》の身《み》に入《い》って」（法華経勧持品《ほけきょうかんじほん》）と経文《きょうもん》にあるのはこれであります。

一度《ど》腹立《はらた》ったなら、〝百日《にち》の説法《せっぽう》も屁《へ》一つ〟で、同《おな》じ水泡《すいほう》に帰《き》するのであります。故《ゆえ》に、怒《おこ》ることの起《お》こった時《とき》は、恐《おそ》ろしいと思《おも》ってください。また憎《にく》みて悪《わる》く言《い》われても、〝過去《かこ》に自分《じぶん》が彼《かれ》の如《ごと》く悪口《あっく》した結果《けっか》だ。その時《とき》には彼《かれ》に気《き》の毒《どく》であった〟と、善意《ぜんい》に解《かい》してください。怒《いか》りは小人物《しょうじんぶつ》に多《おお》いのです。大人物《だいじんぶつ》は腹《はら》を立《た》てません。今《いま》まで腹立《はらた》つことの多《おお》き人《ひと》も、この怒《いか》りを慎《つつし》んだなれば、必《かなら》ず度量《どりょう》の大《おお》きい人《ひと》になったと人《ひと》からも言《い》われ、家庭《かてい》も必《かなら》ず円満《えんまん》となることはうけあいです。

心《こころ》が狭《せま》くなると腹《はら》も立《た》ち易《やす》いので、心《こころ》を広《ひろ》く持《も》って冷静《れいせい》にし、他人《たにん》の心情《しんじょう》を思《おも》いやってください。堪忍《かんにん》が破《やぶ》れた修養《しゅうよう》は、底《そこ》のぬけたつるべで水《みず》を汲《く》むようなもので、なんにもなりません。病《やまい》の起《お》こりも、この怒《いか》りによって来《きた》ることが多《おお》いのです。よくよく悟《さと》って堪忍《かんにん》してください。

始祖・御法話集　一七六～一七九頁

◆宗玄大徳
堪忍《かんにん》は平和《へいわ》な社会《しゃかい》を作《つく》る基《もとい》

私《わたくし》の欠点《けってん》と申《もう》しますのは、〝あまりにも堅苦《かたくる》しいこと。取《と》り越《こ》し苦労《くろう》をすること。腹《はら》を立《た》てること〟この三つであります。このため私《わたくし》の半生《はんせい》の幸福《こうふく》は蹂躙《じゅうりん》されたのであります。この悪魔《あくま》は私《わたくし》ばかりでなく、世《よ》の中《なか》の多《おお》くの人々《ひとびと》をも苦《くる》しめているのであります。その中《なか》でも、腹《はら》を立《た》てることの損《そん》の大《おお》いなるは、実《じつ》に筆舌《ひつぜつ》に尽《つ》くし難《がた》いのであります。〝一度《ど》や二度《ど》ぐらい腹《はら》を立《た》てても物質《ぶっしつ》の損《そん》はあるまい〟などと考《かんが》えるのは、大《おお》いに心得違《こころえちが》いであります。仏説《ぶっせつ》に依《よ》りますれば、〝せっかく過去《かこ》において積《つ》んだ徳《とく》も、一度《ど》の怒《いか》りはよくその大半《たいはん》を焼《や》き尽《つ》くす〟とあります。この怒《いか》りの炎《ほのお》の徳《とく》を焼《や》き尽《つ》くすことは、凡眼《ぼんがん》に見《み》えない故《ゆえ》、意《こころ》にも止《とど》めぬのですが、ついに徳《とく》を減《げん》少《しょう》した結果《けっか》は、病《やまい》の原因《げんいん》となり、災難《さいなん》の基《もと》ともなり、物質《ぶっしつ》の損失《そんしつ》を招《まね》き、ついには一命《めい》をも失《うしな》う、恐《おそ》るべき事態《じたい》を出現《しゅつげん》するのであります。

私《わたくし》はこの怒《いか》りの恐《おそ》ろしさを悟《さと》り、腹《はら》を立《た》てぬ堪忍《かんにん》の修養《しゅうよう》を致《いた》しました。腹《はら》を立《た》てなければならぬことができますと、怒《いか》りの恐《おそ》ろしさを思《おも》い出《だ》すと共《とも》に、〝無理《むり》を言《い》う者《もの》は子《こ》どもだ。取《と》るに足《た》らぬ誠《まこと》に気《き》の毒《どく》な者《もの》だ〟と、むしろ先方《せんぽう》を哀《あわ》れんで、腹《はら》の立《た》つ所《ところ》を忍《しの》ぶのです。この世《よ》に人《ひと》と生《う》まれて最《もっと》も大切《たいせつ》なのは、徳《とく》を積《つ》むことであります。この大《たい》切《せつ》な徳《とく》を積《つ》まぬのみか、それを焼《や》き尽《つ》くすことは、この上《うえ》もない損《そん》の上塗《うわぬ》りであると悟《さと》って、私《わたくし》は堪忍《かんにん》しました。最初《さいしょ》が肝心《かんじん》です。まず一度《ど》だけ堪忍《かんにん》をしてください。そうすれば、次《つぎ》の堪忍《かんにん》も自然《しぜん》にできるようになります。こうして堪忍《かんにん》を重《かさ》ねてゆけば、その徳《とく》は実《じつ》に、又《また》、非常《ひじょう》に大《おお》きいのであります。

本会《ほんかい》が杉山前会長《すぎやまぜんかいちょう》のご遷化《せんげ》後、会《かい》の財産問題《ざいさんもんだい》について非常《ひじょう》な動揺《どうよう》を来《きた》しました折《おり》、会《かい》を思《おも》う人々《ひとびと》は、〝法律《ほうりつ》に依《よ》って会《かい》の安泰《あんたい》を計《はか》っては〟と種々進言《しゅじゅしんげん》されましたが、私《わたくし》は、〝今《いま》、冷《つめ》たき法律《ほうりつ》に依《よ》って事態《じたい》を処理《しょり》したならば、私《わたくし》の三十年来《ねんらい》にわたって修養《しゅうよう》して来《き》た堪忍《かんにん》の徳《とく》もたちまち水泡《すいほう》に帰《き》するのである。必《かなら》ずやこれは、諸仏善神《しょぶつぜんじん》が私《わたくし》を試験《しけん》されるのだ〟と悟《さと》りまして、相手《あいて》に寛容《かんよう》な態度《たいど》を示《しめ》し、これを皆《みな》さんにもお話《はな》しして忍《しの》んで頂《いただ》きました。その結果《けっか》はついに、今日《こんにち》の喜《よろこ》びを来《きた》したのであります。諸仏善神《しょぶつぜんじん》よりは無量《むりょう》の徳《とく》を頂《いただ》きました。この徳《とく》こそ悪因《あくいん》を消滅《しょうめつ》する武器《ぶき》となり、ついに、物質上《ぶっしつじょう》の利《り》益《やく》も現《あら》われ、善《よ》いことの続《つづ》く因《いん》ともなるのであります。

いかに家庭《かてい》の不和《ふわ》なる所《ところ》も、この堪忍《かんにん》の二字《じ》に因《よ》って必《かなら》ず平和《へいわ》の楽園《らくえん》を作《つく》ることができます。諸君《しょくん》に今日《きょう》徳《とく》を差《さ》し上《あ》げましても、堪忍《かんにん》を守《まも》ってくださらぬと、徳《とく》も無《な》くなります。せっかくの徳《とく》を使《つか》わぬのはもったいないことであります。どうかこの徳《とく》を有意義《ゆういぎ》に使《つか》って、ぜひ幸福《こうふく》の得《え》らるるよう、堪忍《かんにん》してください。

村上先生御法話集（一）三八〜四〇頁

堪忍《かんにん》の徳《とく》　私《わたくし》も知《し》らなかったのでありますが、皆《みな》さんもお知《し》りにならなかったでしょう。後《あと》で知《し》りました。前会長《ぜんかいちょう》のご遷化《せんげ》は、諸天善神《しょてんぜんじん》の深《ふか》いお考《かんが》えあってのことで、私《わたくし》に徳《とく》を積《つ》ませるためでした。元来本会財産所有権《がんらいほんかいざいさんしょゆうけん》は、皆《みな》さんもご承知《しょうち》の如《ごと》く前会長《ぜんかいちょう》に帰《き》しておった故《ゆえ》に、その所有権《しょゆうけん》は、前会長《ぜんかいちょう》ご遷化《せんげ》と共《とも》に法律上《ほうりつじょう》の相続者《そうぞくしゃ》に移《うつ》ってしまっていたのです。しかるに会《かい》を思《おも》う人々《ひとびと》は、私《わたくし》に種々忠告《しゅじゅちゅうこく》を与《あた》えてくださったのですが、その時《とき》私《わたくし》はすでに一大決心《だいけっしん》を持《も》っていました。「私《わたくし》は元来無《がんらいむ》一物《ぶつ》であったものを、前会長《ぜんかいちょう》に救《すく》って頂《いただ》いた。そうして三十有余年《ゆうよねん》の間《あいだ》、及《およ》ばずながら功徳《くどく》を積《つ》ませて頂《いただ》いたのであるから、もし裸《はだか》一貫《かん》で投《な》げ出《だ》されても困《こま》ることは無《な》かろう。私《わたくし》の実行《じっこう》が妙法《みょうほう》に叶《かな》った行《おこ》ないであるならば、よもや諸天善神《しょてんぜんじん》は見捨《みす》てられることはない」という深《ふか》い信《しん》念《ねん》を持《も》ったのでありました。またこの場合《ばあい》に「もし一腹立《はらた》つようなことがあったならば、前会長《ぜんかいちょう》から教《おし》えられた甲斐《かい》もないのだ」と思《おも》って、皆《みな》さんにも私《わたくし》の心情《しんじょう》を申《もう》し上《あ》げると共《とも》に、前会長《ぜんかいちょう》の遺訓《いくん》をお話《はな》し致《いた》しました。皆《みな》さんは私《わたくし》の心《こころ》を了解《りょうげ》せられて、互《たが》いに力《ちから》を合《あ》わせよく尽《つ》くしてくださいました。もし一その時間《ときま》違《ちが》いが起《お》こったならば、この会《かい》は解散《かいさん》してしまったかも知《し》れません。しかるに今日《こんにち》、本会《ほんかい》の組織《そしき》を法人《ほうじん》に改《あらた》めるよう準備《じゅんび》を進《すす》め、認可《にんか》もすでに目睫《もくしょう》に迫《せま》っている有様《ありさま》で、各支部《かくしぶ》は次第《しだい》に増加《ぞうか》し、会員《かいいん》も昭《しょう》和《わ》七年頃《ねんごろ》の十倍《ばい》にもなったことは、全《まった》く皆《みな》さんが前会長《ぜんかいちょう》の遺訓《いくん》を守《まも》って、ただご法《ほう》のために真心《まごころ》をもって努力《どりょく》くださったと同時《どうじ》に、前会長《ぜんかいちょう》のご守護《しゅご》の賜《たま》ものと、深《ふか》く感謝《かんしゃ》する次第《しだい》であります。

村上先生御法話集（一）一八三～一八五頁

◆御開山上人

説法第一《せっぽうだい》・富樓那《ふるな》の実践《じっせん》

お釈迦《しゃか》さまのお弟子《でし》の富樓那《ふるな》は説法第一《せっぽうだい》と言《い》われた人《ひと》です。これは、ただ上手《じょうず》に話《はな》すということだけではありません。

富樓那《ふるな》は仏《ほとけ》さまから教《おし》えを聞《き》きまして十五年《ねん》くらいたったある日《ひ》、仏《ほとけ》さまから、

「もう長《なが》い間聞《あいだき》いてひと通《とお》り解《わか》った様子《ようす》だから、これからはソロソロ 私《わたくし》に代《か》わって教《おし》えを説《と》いてもよろしい」ということを許《ゆる》されました。富楼那《ふるな》は、

「それでは、今《いま》までお聞《き》かせ頂《いただ》いた教《おし》えを他国《たこく》へ行《い》って説《と》きましょう」と申《もう》しました。

「第一番《だいばん》に西《にし》の方《ほう》の縁《えん》のある国《くに》へ参《まい》りましょう」と申《もう》しますと、仏《ほとけ》さまは、

「それは結構《けっこう》である。しかしながら、お前《まえ》の 志《こころざし》 して行《い》こうとする国《くに》は甚《はなは》だ人々《ひとびと》の心《こころ》が険悪《けんあく》な国《くに》であって、恐《おそ》らくお前《まえ》が教《おし》えを説《と》いても聞《き》く者《もの》はあるまい。お前《まえ》が熱心《ねっしん》に教《おし》えを説《と》いても誰《だれ》も聞《き》かなかったら、その時《とき》はどうするか」と問《と》われました。富楼那《ふるな》は、

「いや、そんなことで 私《わたくし》 は決《けっ》して失望《しつぼう》しません。誰《だれ》も聞《き》いてくれないでも、笑《わら》われなければよろしいと思《おも》いましょう」と申《もう》しました。仏《ほとけ》さまは、

「もし大勢《おおぜい》の人《ひと》がお前《まえ》の話《はなし》を聞《き》いて笑《わら》ったらどうするか」と申《もう》されますと、富楼那《ふるな》は、

「笑《わら》われたならば、罵《ののし》られなければ幸《しあわ》せだと思《おも》いましょう」と答《こた》えました。さらに仏《ほとけ》さまは、

「罵《ののし》られたらどうする」と問《と》われました。

「罵《ののし》られたら、石《いし》などを打《う》ちつけられないのを幸《しあわ》せと思《おも》います」と答《こた》えました。仏《ほとけ》さま

は更に問《と》われ、

「石《いし》を打《う》ちつけられたらどうする」と申《もう》しますと、

「刀《かたな》で切《き》られないのを幸《しあわ》せと思《おも》いましょう」と答《こた》えました。すると仏《ほとけ》さまは、

「刀《かたな》で切《き》られたらどうするか」と問《と》われました。富楼那《ふるな》は、

「刀《かたな》で切《き》られたら、殺《ころ》されないのは幸《しあわ》せだと思《おも》います」と答《こた》えました。仏《ほとけ》さまは、

「死《し》ぬ程《ほど》の傷《きず》を受《う》けたらどうする」と問《と》われますと、富楼那《ふるな》は、

「その時《とき》は、仏《ほとけ》の教《おし》えのために命《いのち》を捧《ささ》げられて幸《しあわ》せと思《おも》いましょう」と申《もう》しました。

そこで仏《ほとけ》さまは初《はじ》めてお喜《よろこ》びになりまして、

「それだけの決心《けっしん》があるならば行《ゆ》け。そうしてお前《まえ》の今《いま》まで習《なら》った所《ところ》を説《と》くがよろしい」

と言《い》われて、富楼那《ふるな》が説法《せっぽう》に行《ゆ》くのを許《ゆる》されたのであります。

その時《とき》に仏《ほとけ》さまは、

「この富楼那《ふるな》は説法第一《せっぽうだい》である。この決心《けっしん》で教《おし》えを説《と》けば、教《おし》えを説《と》く上《うえ》に於《お》いて、非常《ひじょう》に優《すぐ》れた者《もの》になるだろう」と言《い》われたということです。

こういう決心《けっしん》を以《も》って仏《ほとけ》さまの教《おし》えを説《と》く者《もの》を、本当《ほんとう》の説法者《せっぽうしゃ》というのでありましょ

う。何《なに》もべらべらと達者《たっしゃ》に喋《しゃべ》るというのではなく、教《おし》えを説《と》く上《うえ》に於《おい》て用心《ようじん》が堅固《けんご》であって、その覚悟《かくご》がしっかり据《す》わっているということであります。

御開山上人御遺稿集　一四六〜一四九頁

◆日達上人　今世《こんぜ》は修行《しゅぎょう》

「大難来《だいなんきた》りなば強盛《ごうじょう》の信心《しんじん》弥《いよいよ》悦《よろこ》びをなすべし」（椎地四郎殿御書《しいちしろうどのごしょ》）

日蓮聖人《にちれんしょうにん》は、〝法華経《ほけきょう》の信仰《しんこう》はどんな難《なん》に出遭《であ》っても変《か》えてはいけない。難《なん》に遭《あ》ってこそ法華経《ほけきょう》の行者《ぎょうじゃ》と言《い》える〟と言《い》われています。

四十歳《さい》の頃《ころ》のお手紙《てがみ》です。何《なに》ものも恐《おそ》れない気概《きがい》が伺《うかが》われます。

釈尊《しゃくそん》ご入滅《にゅうめつ》の後《のち》、最初《さいしょ》の千年《ねん》を正法《しょうぼう》の時代《じだい》といい、この時代《じだい》は法華経《ほけきょう》が正《ただ》しく信仰《しんこう》されます。次《つぎ》の千年《ねん》を像法《ぞうほう》の時代《じだい》といい、形《かたち》だけの信仰《しんこう》が多《おお》くなります。その後《ご》を末法《まっぽう》といって、仏《ほとけ》の教《おし》えが忘《わす》れ去《さ》られ、〝オレガオレガ〟の「我《が》」のはびこる修羅《しゅら》の世界《せかい》となります。そういう時代《じだい》に法華経《ほけきょう》を信仰《しんこう》しようとする人《ひと》は必《かなら》ず多《おお》くの難《なん》に遭《あ》う、と言《い》われています。

「大難《だいなん》なくば法華経《ほけきょう》の行者《ぎょうじゃ》にはあらじ」（同書《どうしょ》）

苦《くる》しいことに出《で》くわしても受入《うけい》れてゆかなければなりません。すべてを受入《うけい》れることによって、人間《にんげん》は大《おお》きくなれます。

信仰《しんこう》は、これくらいの信念《しんねん》でやる必要《ひつよう》があります。日蓮聖人《にちれんしょうにん》は「今世《こんぜ》は修行《しゅぎょう》だ」と言《い》われました。修行《しゅぎょう》であれば楽《らく》な筈《はず》はありません。苦《くる》しいこと、困《こま》ったことの一つや二つあってあたりまえです。それを乗《の》り越《こ》えてこそ修行《しゅぎょう》であり、信仰《しんこう》であります。

『月刊法音』第二九三号　五〜六頁

明日《あす》まで待《ま》とう怒《おこ》るのは

御開山上人《ごかいさんしょうにん》は堪忍《かんにん》について、〝腹《はら》が立《た》ったらすぐ怒《おこ》らないで、明日《あす》まで待《ま》ちなさい〟と言《い》われました。怒《いか》りは瞬間的《しゅんかんてき》なものです。カーッときた時《とき》、〝明日《あす》まで待《ま》とう〟と踏《ふ》み止《とど》まることは容易《ようい》ではありません。それに、明日《あす》まで待《ま》ったら大体《だいたい》のことは半分以上《はんぶんいじょう》蒸発《じょうはつ》して、怒《おこ》るのもバカバカしくなるだろうと思《おも》います。でも、栓《せん》を抜《ぬ》いて一日《にち》置《お》いたら気《き》が抜《ぬ》けてしまいます。御開山上人《ごかいさんしょうにん》の教《おし》えを守《まも》るには、ビール相当《そうとう》な努力《どりょく》と忍耐力《にんたいりょく》がいると思《おも》いますが、〝それが堪忍《かんにん》を守《まも》る秘訣《ひけつ》だ〟とおっしゃるの

ですから、できないながらも努力《どりょく》しなければなりません。『月刊法音』第四三六号　七頁

堪忍袋《かんにんぶくろ》の緒《お》は固《かた》く…

〝堪忍袋《かんにんぶくろ》の緒《お》が切《き》れる〟と言《い》います。昔《むかし》から堪忍袋《かんにんぶくろ》のことは聞《き》いていましたが、中《なか》に何《なに》が入《はい》っているかまでは考《かんが》えたことはありません。

堪忍袋《かんにんぶくろ》の中《なか》に入《はい》っているのは、無理《むり》に堪忍《かんにん》した時《とき》にできた「ガス」だと思《おも》います。施《ほどこ》しをしても〝お礼《れい》を言《い》わない〟とか〝お返《かえ》しがない〟というように、心《こころ》が濁《にご》っているとガスはたまるのです。このガスを爆発《ばくはつ》させないためには、〝ありがたい〟という心《こころ》を持《も》つ以外《いがい》にありません。

世《よ》の中《なか》いろいろなことがあります。夜寝《よるね》る時《とき》に一日《にち》を振《ふ》り返《かえ》ってみて、〝今日《きょう》はこんないやなことがあった〟ということもありましょう。しかし、〝それでも今日《きょう》一日無事《にちぶじ》に過《す》ごすことができてありがたかった〟と自分《じぶん》に言《い》い聞《き》かせると、安《やす》らかに眠《ねむ》りにつくことができ、明日《あす》の朝《あさ》にはすっかりガスも抜《ぬ》けているだろうと思《おも》います。

堪忍袋《かんにんぶくろ》は一つだけではありません。あの人用《ひとよう》、この人用《ひとよう》といろいろありますから、〝あちらのガスは抜《ぬ》けたけど、こちらにはまだ残《のこ》っていた〟ということもあり得《え》ます。

いつも素直《すなお》な気持《きも》ちで〝してあげられてよかった。施《ほどこ》しができてありがたかった〟と喜《よろこ》びに変《か》え、ガスのたまらないようにしてゆきたいものであります。

『月刊法音』第四五七号　一一～一二頁

法華経《ほけきょう》のために命《いのち》を使《つか》い切《き》る

法《ほう》を説《と》く上《うえ》で大切《たいせつ》なことは、説《と》く人《ひと》の姿勢《しせい》です。怒《おこ》ってばかりいたら、いかに法華経《ほけきょう》が尊《とうと》くても人《ひと》は信《しん》じてくれません。また、少《すこ》しくらいの困難《こんなん》に出《で》くわしたからと言《い》って、愚痴《ぐち》ばかり言《い》っていては、人《ひと》は法《ほう》を聞《き》いてくれません。いつも揺《ゆ》らぐことのない信仰心《しんこうしん》があってこそ、人《ひと》は話《はなし》を聞《き》き、信《しん》じてくれるのです。

「我身命《われしんみょう》を愛《あい》せず、但無上道《ただむじょうどう》を惜《おし》む」（法華経勧持品《ほけきょうかんじほん》）とありますが、命《いのち》を粗末《そまつ》にしていいのではありません。〝法華経《ほけきょう》のために命《いのち》を使《つか》い切《き》る〟ということです。これが勧持品《かんじほん》に説《と》かれることです。

堪忍《かんにん》の行《ぎょう》については、法華経常不軽菩薩品《ほけきょうじょうふぎょうぼさつほん》にもあります。常不軽菩薩《じょうふぎょうぼさつ》は会《あ》う人《ひと》ごとに合掌《がっしょう》・礼拝《らいはい》し、

「私《わたくし》はあなたを深《ふか》く敬《うやま》い、決《けっ》して軽《かろ》んずることはありません。あなたはやがて菩薩道《ぼさつどう》

を行《ぎょう》ずることにより必《かなら》ず仏《ほとけ》に成《な》る人《ひと》だからです」と言《い》って回《まわ》りました。

言《い》われた人《ひと》が「何《なに》をこの乞食坊主《こじきぼうず》が、人《ひと》をバカにして」と怒《おこ》って石《いし》を投《な》げつけると、遠《とお》くに去《さ》って同《おな》じことを繰《く》り返《かえ》しました。相手《あいて》の人《ひと》が偉《えら》いからそうするのではありません。菩薩道《ぼさつどう》を行《ぎょう》ずることができる人《ひと》だからです。

菩薩道《ぼさつどう》とは、人《ひと》を喜《よろこ》ばせ、力《ちから》づけてゆくことです。この実行《じっこう》がなければ、いくら地位《ちい》が高《たか》くても余《あま》り意味《いみ》がありません。

私共《わたくしども》はいろいろな状況《じょうきょう》の中《なか》で堪忍《かんにん》をしてゆかなければなりませんが、日蓮聖人《にちれんしょうにん》のように命《いのち》にかかわる堪忍《かんにん》を試《ため》されることはないと思《おも》います。

『月刊法音』第三〇四号　一〇～一一頁

法音寺の歴史に見る「法難」

◆宗玄大徳（安立大法尼の時代）

三河《みかわ》・白川村《しらかわむら》での修行中《しゅぎょうちゅう》（明治末期《めいじまっき》）　病気《びょうき》の者《もの》は私《わたくし》（宗玄大徳《そうげんだいとく》）が薬《くすり》を与《あた》え、前会長《ぜんかいちょう》（安立大法尼《あんりゅうだいほうに》）は其《そ》の因果《いんが》を神通力《じんづうりき》で洞見《どうけん》して、妙法《みょうほう》に依《よ》って因果《いんが》を消滅《しょうめつ》する様《よう》精神《せいしん》的治療《てきちりょう》をせられたので、村人《むらびと》の信用《しんよう》は益々厚《ますますあつ》く、追々妙法《おいおいみょうほう》を信《しん》ずる者《もの》が出来《でき》る事《こと》となりました。

之《これ》を快《こころよ》しとせぬのは、前《まえ》に世話《せわ》してくれた増延寺《ぞうえんじ》の住職《じゅうしょく》です。或時《あるとき》、柿野村《かきのむら》と白川村《しらかわむら》と争《あらそ》いが出来《でき》た事《こと》がありました。早速仲裁《さっそくちゅうさい》しようと致《いた》しましたが、前会長《ぜんかいちょう》の言《い》われるに、「之《これ》は余程徳《よほどとく》のある人《ひと》でなければ仲裁《ちゅうさい》しても応《おう》じないであろう。あなたでは少《すこ》し治《おさ》まるまい」と言《い》われたが、其《そ》の言葉《ことば》に頓着《とんちゃく》せず仲裁《ちゅうさい》の労《ろう》を取《と》ったのですが、徒労《とろう》に終《おわ》ってしまって、隣村《となりむら》の伊藤某氏《いとうぼうし》が治《おさ》めたのでありました。ところが、こんな事《こと》が端緒《たんちょ》となって住職《じゅうしょく》と区長《くちょう》が相談《そうだん》し、私共《わたくしども》を村《むら》から追出《おいだ》そうという事《こと》になったのでありました。

鎌弥《かまや》という人《ひと》が窃《ひそ》かに私《わたくし》の許《もと》に来《きた》り、「こんな騒《さわ》ぎになるのも、あなた方《がた》が妙法《みょうほう》を唱《とな》えよと人《ひと》にも勧《すす》め、あなた方《がた》が強情《ごうじょう》であるからだ。妙法《みょうほう》だけはお止《や》めになってはどうですか」と親切《しんせつ》に言《い》って来《き》て下《くだ》さった事《こと》もあったが、前会長《ぜんかいちょう》は「鎌弥《かまや》さんよく聞《き》いて下《くだ》さい。此《こ》の娑婆世界《しゃばせかい》に生《せい》を享《う》けたのは〝妙法《みょうほう》を弘《ひろ》める為《ため》であるぞ〟と経文《きょうもん》には申《もう》してあります。仏教《ぶっきょう》を信《しん》ずる者《もの》は皆《みな》、功徳《くどく》を積《つ》まねば未来《みらい》は恐《おそ》ろしい三悪道《あくどう》に堕《お》ちて、永劫苦《えいごうく》しまねばならぬのです。私等《わたくしら》はそれが恐《おそ》ろしさに一生懸命《しょうけんめい》妙法《みょうほう》を唱《とな》えるのです。人《ひと》の命《いのち》は誠《まこと》に風前《ふうぜん》の灯火《ともしび》よりも危《あやう》きものでありますから、悟《さと》って、あなたも妙法《みょうほう》を唱《とな》えなさる様《よう》になさい」と申《もう》されて、只変《ただへん》な顔《かお》をしておられるのみでありました。

或朝《あるあさ》私《わたくし》が雨戸《あまど》を開《あ》けると、梅《うめ》の木《き》に何万《なんまん》とも数知《かずし》れぬ蝶《ちょう》が止《と》まっていて、戸《と》を開《あ》ける音《おと》に驚《おどろ》いて空《そら》に舞《ま》い上《あが》りました。又明《またあ》くる日《ひ》の朝《あさ》も梅《うめ》の木《き》に止《と》まっているのであります。こんな事《こと》が数日続《すうじつつづ》きました。

或日《あるひ》、鶴《つる》さんという人《ひと》が息《いき》せき切《き》って駆《か》け込《こ》んで来《き》て、「あなた方《がた》を悪《にく》む人達《ひとたち》が、〝村上《むらかみ》や杉山《すぎやま》は阿弥陀様《あみださま》の敵《てき》だ。あんな人《ひと》を此《こ》の村《むら》に置《お》いてはならぬ〟と言《い》って、あなた方《がた》を〝追出《おいだ》そう。出《で》て行《い》かなければ何《なん》とかせねばならぬ〟と謀《はか》っておりますよ」と告《つ》げました。

実《じつ》に妙法《みょうほう》を広《ひろ》めんとすれば「猶多怨嫉《ゆたおんしつ》」（法華経法師品《ほけきょうほっしほん》）の金言《きんげん》の如《ごと》し、其《そ》の難《なん》の来《きた》った事《こと》を自覚《じかく》し、愈々白川村《いよいよしらかわむら》を密《ひそ》かに出立《しゅったつ》し、名古屋《なごや》に出《で》る事《こと》にしました。

夜《よる》もほのぼのと明《あ》くる頃《ころ》、北戸越《きたとごし》から裏道伝《うらみちづた》いに鶴《つる》さんの道案内《みちあんない》で瀬戸《せと》の町《まち》に出《で》る様《よう》、前会長《ぜんかいちょう》と共《とも》に白川《しらかわ》を後《あと》にしました。

大乗山法音寺三徳開教百年史（1）二一六～二一八頁

◆日達上人〈宗玄大徳・御開山上人の時代〉
大乗修養団解散《だいじょうしゅうようだんかいさん》の事《こと》

法音寺《ほうおんじ》の「法難《ほうなん》」は、昭和《しょうわ》十八年《ねん》、宗教団体法《しゅうきょうだんたいほう》という法律《ほうりつ》により特高警察《とっこうけいさつ》の手入《てい》れを受《う》け、御開山上人《ごかいざんしょうにん》が五十八日間《にちかん》も拘留《こうりゅう》されたことに始《はじ》まります。

当時《とうじ》も、布教活動《ふきょうかつどう》と並行《へいこう》して各種《かくしゅ》の社会事業《しゃかいじぎょう》を経営《けいえい》しておりましたが、結果《けっか》として「社会事業《しゃかいじぎょう》のみに専念《せんねん》して布教活動《ふきょうかつどう》は禁止《きんし》する」という処分《しょぶん》を受《う》けたのです。各地《かくち》の支《し》部《ぶ》も閉鎖《へいさ》され、一切宗教活動《さいしゅうきょうかつどう》ができなくなってしまった時期《じき》です。いわば宗教弾圧《しゅうきょうだんあつ》ですが、こうした宗教弾圧《しゅうきょうだんあつ》は、歴史《れきし》を見《み》てみますと随分昔《ずいぶんむかし》からたくさんありました。なぜ、宗教《しゅうきょう》は何度《なんど》も何度《なんど》も弾圧《だんあつ》されたのでしょうか。

時《とき》の為政者《いせいしゃ》が、宗教団体《しゅうきょうだんたい》の勢力《せいりょく》が大《おお》きくなることを怖《おそ》れたことや、時《とき》として、それらの団体《だんたい》を国策《こくさく》に従《したが》わせようとしたことに原因《げんいん》があるようです。

一般《ぱん》に地上《ちじょう》の権力《けんりょく》を考《かんが》えます時《とき》、国王《こくおう》とか天皇《てんのう》、或《あるい》は大統領《だいとうりょう》とか総理大臣《そうりだいじん》というように、政治《せいじ》の力《ちから》が最高《さいこう》と考《かんが》えます。しかし宗教《しゅうきょう》を信《しん》じる人《ひと》、特《とく》に法華経《ほけきょう》を信《しん》じる人《ひと》たちにとってはそれ以上《いじょう》のものが法華経《ほけきょう》であり、仏《ほとけ》さまの教《おし》えこそ最高《さいこう》のものと信《しん》じますから、為政者《いせいしゃ》にしてみれば都合《つごう》が悪《わる》いわけです。

日蓮聖人《にちれんしょうにん》の鎌倉幕府《かまくらばくふ》にもそれは見《み》られますし、信長《のぶなが》・秀吉《ひでよし》・家康《いえやす》の時代《じだい》にも、同《おな》じことが見《み》られるのであります。

災難《さいなん》は「如説修行《にょせつしゅぎょう》」の証《あか》し

法華経《ほけきょう》を信《しん》じ、実行《じっこう》する人《ひと》は、一生《しょう》の間《あいだ》にいろいろな迫害《はくがい》を被《こうむ》るということが、法華経《ほけきょう》の勧持品《かんじほん》や常不軽菩薩品《じょうふきょうぼさつほん》に見《み》られます。そして、たとえいかなる迫害《はくがい》に遭《あ》おうとも、決《けっ》して法華経《ほけきょう》を捨《す》ててはならないと説《と》かれています。また、迫害《はくがい》や災難《さいなん》に遭《あ》うことは、法華経《ほけきょう》を本当《ほんとう》に「如説修行《にょせつしゅぎょう》」している証《あか》しであるとも説《と》かれてあります。

日蓮聖人《にちれんしょうにん》のご遺文《いぶん》を基《もと》として高山樗牛《たかやまちょぎゅう》の書《か》いた『況後録《きょうごろく》』に次《つぎ》のようにあります。

「是《こ》の経《きょう》の為《ため》には大覚世尊《だいがくせそん》だに九横《おう》の大難《だいなん》に値《あ》いたまいき。不軽菩薩《ふきょうぼさつ》は杖木瓦石《じょうもくがしゃく》を被《こうむ》りき、笠《じく》の道生《どうしょう》は蘇山《そざん》に流《なが》され、法道三蔵《ほうどうさんぞう》は面《かお》に火印《かいん》をあてられ、天台大師《てんだいたいし》は南《なん》三北《ほく》七の仇《あだ》となり、伝教大師《でんぎょうたいし》は六宗《しゅう》に憎《にく》まれ給《たま》いき。日蓮《にちれん》こそは、居処《きょしょ》を逐《お》わるること二十余度《よたび》、敵人《てきじん》の戕害《ざんがい》に臨《のぞ》みしこと三たび、一度《ど》は頸《くび》の座《ざ》に据《す》えられ、二度《ど》は遠流《おんる》の罪《つみ》に行《おこな》われて、今《いま》やこの北海《ほっかい》の孤島《ことう》に明日《あす》をも知《し》らぬ命《いのち》とはなりたるぞ」

是《こ》の経《きょう》とは法華経《ほけきょう》であります。法華経《ほけきょう》のためにはお釈迦《しゃか》さまでさえ、九つもの大《おお》きな難《なん》を受《う》けられましたし、天台大師《てんだいたいし》も伝教大師《でんぎょうだいし》もその例外《れいがい》ではありませんでした。日蓮聖《にちれんしょう》人《にん》の受《う》けられました迫害《はくがい》については皆《みな》さんよくご存知《ぞんじ》と思《おも》いますが、そのような迫害《はくがい》の中《なか》にあっても日蓮聖人《にちれんしょうにん》は、

「あら嬉《うれ》しや、喜《よろこ》ばしや」（同書《どうしょ》）と、述《の》べておられます。それは、

「古賢先聖《こけんせんしょう》だに読《よ》み給《たま》わざりし妙法《みょうほう》の極意《ごくい》をば、今《いま》ぞ日蓮《にちれん》こそは読《よ》みたむなれ。勧持品《かんじほん》二十行《ぎょう》の偈《げ》は日蓮《にちれん》だに、此《こ》の国此《くにこ》の世《よ》に生《う》まれ、別《べつ》して此《こ》の島《しま》に流《なが》されずば、世尊《せそん》一代《だい》の大妄語《だいもうご》となり果《は》てなむず」（同書《どうしょ》）という、法華経《ほけきょう》に対《たい》する信念《しんねん》であります。

「読《よ》む」とは、口《くち》に出《だ》して法華経《ほけきょう》を読《よ》むことではありません。法華経《ほけきょう》に説《と》かれてあることを実行《じっこう》し、体験《たいけん》することです。〝説《せつ》の如《ごと》く実行《じっこう》しているからこそ迫害《はくがい》に遭《あ》う〟これは、まぎれもなく法華経《ほけきょう》の行者《ぎょうじゃ》であることの立証《りっしょう》であります。そのことを喜《よろこ》ばれているのであります。

『月刊法音』第一一六号　五～六頁

法華経行者《ほけきょうぎょうじゃ》の喜《よろこ》び　はっきり言《い》って、宗教活動《しゅうきょうかつどう》を禁止《きんし》されたということは、団体《だんたい》として解散《かいさん》させられたのと同《おな》じことなのです。その上《うえ》にまだ、手入《てい》れを受《う》けて暫《しばら》くの間《あいだ》は特高《とっこう》

がお寺《てら》の周《まわ》りを見張《みは》っておりまして、出入《でい》りする人々《ひとびと》をすべて取調《とりしら》べておりました。当《とう》時特高《じとっこう》に目《め》をつけられるということは、一般《ぱん》では大変《たいへん》なことだったと思《おも》います。にもかかわらず、立派《りっぱ》に立《た》ち直《なお》ってきたということは、本当《ほんとう》に強盛《ごうじょう》な信仰《しんこう》と申《もう》しましょうか、法華経《ほけきょう》に対《たい》する信念《しんねん》を、御開山上人《ごかいさんしょうにん》をはじめ幹部《かんぶ》の人《ひと》たちはもちろんですが、一般《ぱん》の信《しん》者《じゃ》さんも固《かた》く持《たも》ち続《つづ》けられたからだと思《おも》うのです。そういう人々《ひとびと》の支《ささ》えがあったからこそ、今日《こんにち》があるのです。

そこには、法華経《ほけきょう》に説《と》かれてあること、そして幾度《いくど》かの迫害《はくがい》にもめげず、むしろ、法《ほ》華経《けきょう》の行者《ぎょうじゃ》である査証《さしょう》を与《あた》えられたという喜《よろこ》び、そして、自《みずか》らの罪障《ざいしょう》が消滅《しょうめつ》できるという信念《しんねん》で立《た》ち向《む》かわれた日蓮聖人《にちれんしょうにん》のみ教《おし》えが、しっかり植《う》えつけられていたと申《もう》せましょう。

「法難《ほうなん》」に学《まな》ぶこと

「法難《ほうなん》」は、私共《わたくしども》の今《いま》の生活《せいかつ》とは少《すこ》しかけ離《はな》れてしまった話《はなし》のように思《おも》われるかも知《し》れませんが、こうしたことは、一人《ひとり》ひとりの人生《じんせい》に於《おい》ても同《おな》じことが言《い》えるのです。

本当《ほんとう》に法華経《ほけきょう》を実行《じっこう》する人《ひと》は、いろいろな災難《さいなん》・迫害《はくがい》を受《う》けると説《と》かれてあることを考《かんが》えます時《とき》、災難《さいなん》や迫害《はくがい》が身《み》に降《ふ》りかかってきたということは、本当《ほんとう》に法華経《ほけきょう》を実践《じっせん》しているという証拠《しょうこ》と言《い》えるのです。そしてまた、自分《じぶん》の持《も》っている罪障《ざいしょう》が表《おもて》に現《あら》われてきたということでもあるのです。表《おもて》に現《あら》われるということは、消《き》えてゆくことでもあるのです。言葉《ことば》を換《か》えて言《い》えば、消《き》えるために現《あら》われてくるわけです。

どんな苦《くる》しみでも悩《なや》みでも、病気《びょうき》でもそうです。決《けっ》して、人《ひと》が持《も》ってきたり、突然関《とつぜんかん》係《けい》もなく現《あら》われるものではありません。みな自分《じぶん》が作《つく》ったものであり、自分《じぶん》に具《そな》わっている罪障《ざいしょう》の結果《けっか》、そうなるわけです。そうした自覚《じかく》に立《た》ち、それを喜《よろこ》びに変《か》えてゆかれるような、大《おお》きく広《ひろ》い心《こころ》を持《も》ってゆくことが大切《たいせつ》です。

家庭《かてい》に於《おい》ても社会《しゃかい》に於《おい》ても同《おな》じです。「法難《ほうなん》」のように、命《いのち》を取《と》られるような迫害《はくがい》はないかも知《し》れません。しかし、思《おも》いもかけないような、降《ふ》って湧《わ》いたような災難《さいなん》が、突《とつ》然起《ぜんお》こるようなことはありましょう。そうした時《とき》、本当《ほんとう》に芯《しん》になる法華経《ほけきょう》の信仰《しんこう》が心《こころ》にしっかりとあれば、法音寺《ほうおんじ》の歴史《れきし》のように、乗《の》り越《こ》え、より以上《いじょう》に発展《はってん》させてゆくことができるのであります。

『月刊法音』第一一六号　一〇～一一頁

寂光土〔現世安穏・後生善処〕

〝かぎりなき法《のり》のめぐみを身《み》にうけて
いとありがたき日《ひ》を送《おく》るかな〟

宗玄大徳御詠

◆経　典

◇我等《われら》今《いま》佛前《ぶつぜん》に於《おい》て、聲聞《しょうもん》に阿耨多羅《あのくたら》三藐《みゃく》三菩提《ぼだい》の記《き》を授《さず》けたもうを聞《き》いて、心甚《こころはなは》だ歡喜《かんぎ》し未曾有《みぞうう》なることを得《え》たり。謂《おも》わざりき、於今《いまこつねん》忽然に希有《けう》の法《ほう》を聞《き》くことを得《え》んとは。深《ふか》く自《みずか》ら慶幸《きょうこう》す。大善利《だいぜんり》を得《え》たりと。無量《むりょう》の珍寶《ちんぼう》、求《もと》めざるに自《おのずか》ら得《え》たり。

妙法蓮華經・信解品　一一七頁

◇無數千萬億種《むしゅまんのくしゅ》の衆生《しゅじょう》、佛所《ぶっしょ》に來至《らいし》して法《ほう》を聽《き》く。如來時《にょらいとき》に是《こ》の衆生《しゅじょう》の諸根《しょこん》の利《り》・鈍《どん》・精進《しょうじん》・懈怠《けだい》を觀《かん》じて、其《そ》の堪《た》うる所《ところ》に隨《したが》って、爲《ため》に法《ほう》を説《と》くこと種種無量《しゅじゅむりょう》にして、皆歡喜《みなかんぎ》し快《こころよ》く善利《ぜんり》を得《え》せしむ。是《こ》の諸《もろもろ》の衆生《しゅじょう》、是《こ》の法《ほう》を聞《き》き已《おわ》って、現世安穏《げんぜあんのん》にして後《のち》に善處《ぜんしょ》に生《しょう》じ、道《どう》を以《もっ》て樂《らく》を受《う》け、亦法《またほう》を聞《き》くことを得《う》。

妙法蓮華經・藥草喩品　一三五～一三六頁

◇未來世《みらいせ》の中《なか》に若《も》し善男子《ぜんなんし》・善女人《ぜんにょにん》あって、妙法華經《みょうほけきょう》の提婆達多品《だいばだったほん》を聞《き》いて、淨心《じょうしん》に信《しん》敬《きょう》して疑惑《ぎわく》を生《しょう》ぜざらん者《もの》は、地獄《ぢごく》・餓鬼《がき》・畜生《ちくしょう》に墮《お》ちずして十方《ぼう》の佛前《ぶつぜん》に生《しょう》ぜん。所《しょ》生《しょう》の處《ところ》には常《つね》に此《こ》の經《きょう》を聞《き》かん。若《も》し人《にん》・天《でん》の中《なか》に生《うま》るれば勝妙《しょうみょう》の樂《らく》を受《う》け、若《も》し佛前《ぶつぜん》にあらば蓮華《れんげ》より化生《けしょう》せん。

妙法蓮華經・提婆達多品　二二九頁

◇若《も》し聚落《じゅらく》・城邑《じょうおう》・空閑《くうげん》・林中《りんちゅう》に在《あ》らんとき、人《ひと》あり來《きた》って難問《なんもん》せんと欲《ほっ》せば、諸天晝《しょてんちゅう》夜《や》に常《つね》に法《ほう》の爲《ため》の故《ゆえ》に而《しか》も之《これ》を衞護《えいご》し、能《よ》く聽者《ちょうじゃ》をして皆歡喜《みなかんぎ》することを得《え》せしめん。

妙法蓮華經・安樂行品　二五一頁

◇衆生劫盡《しゅじょうこうつ》きて、大火《だいか》に燒《や》かるると見《み》る時《とき》も、我《わ》が此《こ》の土《ど》は安穏《あんのん》にして、天人常《てんにんつね》に充滿《じゅうまん》せり。園林諸《おんりんもろもろ》の堂閣《どうかく》、種種《しゅじゅ》の寶《たから》をもって莊嚴《しょうごん》し、寶樹花果多《ほうじゅけかおお》くして、衆生《しゅじょう》の遊樂《ゆらく》する所《ところ》なり。諸天天鼓《しょてんてんく》を撃《う》って、常《つね》に諸《もろもろ》の伎樂《ぎがく》を作《な》し、曼陀羅華《まんだらけ》を雨《ふ》らして、佛及《ほとけおよ》び大衆《だいしゅ》に散《さん》ず。

妙法蓮華經・如來壽量品　二八〇頁

◇此《こ》の經《きょう》は能《よ》く一切衆生《さいしゅじょう》を救《すく》いたもう者《もの》なり。此《こ》の經《きょう》は能《よ》く一切衆生《さいしゅじょう》をして諸《もろもろ》の苦惱《くのう》を離《はな》れしめたもう。此《こ》の經《きょう》は能《よ》く大《おお》いに一切衆生《さいしゅじょう》を饒益《にょうやく》して、其《そ》の願《がん》を充滿《じゅうまん》せしめたもう。清涼《しょうりょう》の池《いけ》の能《よ》く一切《さい》の諸《もろもろ》の渇乏《かつぼう》の者《もの》に滿《み》つるが如《ごと》く、寒《さむ》き者《もの》の火《ひ》を得《え》たるが如《ごと》く、裸《はだか》なる者《もの》の衣《ころも》を得《え》たるが如《ごと》く、商人《しょうにん》の主《しゅ》を得《え》たるが如《ごと》く、子《こ》の母《はは》を得《え》たるが如《ごと》く、渡《わたり》に船《ふね》を得《え》たるが如《ごと》く、病《やまい》に醫《くすし》を得《え》たるが如《ごと》く、暗《やみ》に燈《ともしび》を得《え》たるが如《ごと》く、貧《まず》しきに寶《たから》を得《え》たるが如《ごと》く、民《たみ》の王《おう》を得《え》たるが如《ごと》く、賈客《こかく》の海《うみ》を得《え》たるが如《ごと》く、炬《ともしび》の暗《やみ》を除《のぞ》くが如《ごと》く、此《こ》の法華經《ほけきょう》も亦復《またまたかく》是の如《ごと》し。能《よ》く衆生《しゅじょう》をして一切《さい》の苦《く》・一切《さい》の病痛《びょうつう》を離《はな》れ、能《よ》く一切《さい》の生死《しょうじ》の縛《ばく》を解《と》かしめたもう。

妙法蓮華經・藥王菩薩本事品　三四三〜三四四頁

◇若《も》し人《ひと》あって受持《じゅじ》し、讀誦《どくじゅ》し、其《そ》の義趣《ぎしゅ》を解《げ》せん。是《こ》の人《ひと》、命終《みょうじゅ》せば、千佛《ぶつ》の手《みて》を授《さず》けて、恐怖《くふ》せず惡趣《あくしゅ》に墮《お》ちざらしめたもうことを爲《え》、卽《すなわ》ち兜率天上《△とそつてんじょう》の彌勒菩薩《みろくぼさつ》の所《もと》に往《ゆ》かん。

妙法蓮華經・普賢菩薩勸發品　三八六頁

◇若《も》し是《こ》の法華經《ほけきょう》を受持《じゅじ》し、讀誦《どくじゅ》し、正憶念《しょうおくねん》し、修習《しゅしゅう》し、書寫《しょしゃ》することあらん者《もの》は、當《まさ》に知《し》るべし、是《こ》の人《ひと》は則《すなわ》ち釋迦牟尼佛《しゃかむにぶつ》を見《み》るなり、佛口《ぶっく》より此《こ》の經典《きょうでん》を聞《き》くが如《ごと》し。當《まさ》に知《し》るべし、是《こ》の人《ひと》は釋迦牟尼佛《しゃかむにぶつ》を供養《くよう》するなり。當《まさ》に知《し》るべし、是《こ》の人《ひと》は佛《ほとけ》、善哉《ぜんざい》と讃《ほ》む。當《まさ》に知《し》るべし、是《こ》の人《ひと》は釋迦牟尼佛《しゃかむにぶつ》の手《みて》をもって、其《そ》の頭《こうべ》を摩《ま》するを爲《え》ん。當《まさ》に知《し》るべし、是《こ》の人《ひと》は釋迦牟尼佛《しゃかむにぶつ》の衣《ころも》に覆《おお》わるることを爲《え》ん。是《かく》の如《ごと》きの人《ひと》は復《また》世樂《せらく》に貪《とん》著《ぢゃく》せじ。

妙法蓮華經・普賢菩薩勸發品　三八七頁

◆遺　文

◇『三界《がい》は安《やす》きこと無《な》し、猶《な》お火宅《かたく》の如《ごと》し』とは如來《にょらい》の教《おし》え、『所以《ゆえ》に諸法《しょほう》は幻《まぼろし》の如《ごと》く化《け》の如《ごと》し』とは菩薩《ぼさつ》の詞《ことば》なり。寂光《じゃっこう》の都《みやこ》ならずば、何《いづ》くも皆苦《みなく》なるべし。本覺《ほんがく》の栖《すみか》を離《はな》れて何事《なにごと》か樂《たのし》みなるべき。願《ねがわ》くば『現世安穏《げんぜあんのん》、後生善處《ごしょうぜんしょ》』の妙法《みょうほう》を持《たも》つのみこそ、只《ただ》今生《こんじょう》の名聞《みょうもん》、後世《ごせ》の弄引《ろういん》なるべけれ。須《すべか》らく心《こころ》を一にして南無妙法蓮華經《なむみょうほうれんげきょう》と我《われ》も唱《とな》え、

佗《た》をも勸《すす》めんのみこそ、今生人界《こんじょうにんがい》の思《おも》い出《で》なるべき。　持妙法華問答鈔　四九七頁

◇法華經《ほけきょう》の行者《ぎょうじゃ》は信心《しんじん》に退轉《たいてん》なく身《み》に詐親無《そしんな》く、一切法華經《さいほけきょう》に其《そ》の身《み》を任《まか》せ金言《きんげん》の如《ごと》く修行《しゅぎょう》せば、慥《たしか》に後生《ごしょう》は申《もう》すに及《およ》ばず、今生《こんじょう》も息災延命《そくさいえんめい》にして勝妙《しょうみょう》の大果報《だいかほう》を得《え》、廣宣流布《こうせんるふ》の大願《だいがん》をも成就《じょうじゅ》すべきなり。　祈禱經送狀　九二九頁

◇錢《ぜに》と云《い》うものは用《よう》に随《したが》って變《へん》ずるなり、法華經《ほけきょう》も亦復是《またかく》の如《ごと》し。暗《やみ》には燈《ともしび》、渡《わた》りには舟《ふね》、或《あるい》は水《みず》ともなり、或《あるい》は火《ひ》ともなり給《たま》うなり。若《も》し然《しか》れば法華經《ほけきょう》は『現世安穏後生《げんぜあんのんごしょう》善處《ぜんしょ》』の御經《おんきょう》なり。　彌源太殿御返事　一〇四一頁

◇『七難卽滅《なんそくめつ》七福卽生《ふくそくしょう》』と祈《いの》らんにも、此《こ》の御經第《おんきょうだい》一なり。『現世安穏《げんぜあんのん》』と見《み》えたればなり。　持妙法華問答鈔　四九六頁

◇我《わ》が己心《こしん》の妙法蓮華經《みょうほうれんげきょう》を本尊《ほんぞん》と崇《あが》め奉《たてまつ》りて、我《わ》が己心中《こしんちゅう》の佛性《ぶっしょう》、南無妙法蓮華經《なむみょうほうれんげきょう》と

呼《よ》び呼《よ》ばれて顯《あら》われ給《たま》う所《ところ》を佛《ほとけ》とは云《い》うなり。譬《たと》えば籠《かご》の中《なか》の鳥鳴《とりな》けば、空飛《そらと》ぶ鳥《とり》の呼《よ》ばれて集《あつ》まるが如《ごと》し。空飛《そらと》ぶ鳥《とり》の集《あつ》まれば、籠《かご》の中《なか》の鳥《とり》も出《い》でんとするが如《ごと》し。口《くち》に妙《みょう》法《ほう》を呼《よ》び奉《たてまつ》れば、我《わ》が身《み》の佛性《ぶっしょう》も呼《よ》ばれて、必《かなら》ず顯《あら》われ給《たま》う。梵王《ぼんのう》・帝釋《たいしゃく》の佛性《ぶっしょう》は呼《よ》ばれて我等《われら》を守《まも》り給《たま》う。佛菩薩《ぶつぼさつ》の佛性《ぶっしょう》はよばれて悅《よろこ》び給《たま》う。されば『若《も》し暫《しばら》くも持《たも》つ者《もの》は、我則《われすなわ》ち歡喜《かんぎ》す、諸佛《しょぶつ》も亦然《またしか》なり』と說《と》き給《たま》うは此《こ》の心《こころ》なり。されば三世《ぜ》の諸佛《しょぶつ》も、妙法蓮華經《みょうほうれんげきょう》の五字《じ》を以《もっ》て佛《ほとけ》に成《な》り給《たま》いしなり。三世《ぜ》の諸佛《しょぶつ》の出世《しゅっせ》の本懷《ほんがい》、一切衆生皆成《さいしゅじょうかいじょう》佛道《ぶつどう》の妙法《みょうほう》と云《い》うは是《これ》なり。是等《これら》の趣《おもむき》を能《よ》く能《よ》く心得《こころえ》て、佛《ほとけ》になる道《みち》には我慢偏執《がまんへんしゅう》の心《こころ》なく、南無妙法蓮華經《なむみょうほうれんげきょう》と唱《とな》え奉《たてまつ》るべきものなり。

法華初心成佛鈔　一六三二〜一六三三頁

◇我等《われら》が居住《こじゅう》して一乘《じょう》を修行《しゅぎょう》せん處《ところ》は、何《いず》れの處《ところ》にても候《そうら》え常寂光《じょうじゃっこう》の都《みやこ》たるべし。我等《われら》が弟子檀那《でしだんな》とならん人《ひと》は一歩《ぽ》を行《ゆ》かずして天竺《てんぢく》の靈鷲山《りょうじゅせん》を見《み》、本有《ほんぬ》の寂光土《じゃっこうど》へ晝夜《ちゅうや》に往《おう》復《ふく》し給《たま》わん事嬉《ことうれ》しとも申《もう》す計《ばか》りなし云云《うんぬん》。

最蓮房御返事　八五四頁

◇世《よ》の中《なか》もの憂《う》からん時《とき》も、今生《こんじょう》の苦《く》さえかなしし。況《ま》してや來世《らいせ》の苦《く》をやと思食《おぼしめ》して南無妙法蓮華經《なむみょうほうれんげきょう》と唱《とな》え、悦《よろこ》ばしからん時《とき》も、今生《こんじょう》の悦《よろこび》は夢《ゆめ》の中《なか》の夢《ゆめ》、靈山淨土《りょうぜんじょうど》の悦《よろこ》びこそ實《まこと》の悦《よろこ》びなれと思食合《おぼしめしあわ》せて又南無妙法蓮華經《またなむみょうほうれんげきょう》と唱《とな》え、退轉《たいてん》なく修行《しゅぎょう》して最後臨終《さいごりんじゅう》の時《とき》を待《ま》って御覽《ごらん》ぜよ。妙覺《みょうがく》の山《やま》に走《はし》り登《のぼ》りて四方《ほう》をきっと見《み》るならば、あら面白《おもしろ》や法界《ほうかい》は寂光土《じゃっこうど》にして、瑠璃《るり》を以《もっ》て地《ち》とし、金《こがね》の縄《なわ》を以《もっ》て八《やっ》の道《みち》を界《さか》えり。天《そら》より四種《しゅ》の花降《はなふ》り、虚空《こくう》に音樂聞《おんがくきこ》えて、諸佛菩薩《しょぶつぼさつ》は常樂我淨《じょうらくがじょう》の風《かぜ》にそよめき、娯樂快樂《ごらくけらく》し給《たま》うぞや。我《われ》等《ら》も其《そ》の數《かず》に列《つらな》りて遊戯《ゆうげ》し樂《たの》しむべき事《こと》はや近《ちか》づけり。

松野殿御返事　一四八六～一四八七頁

◇今本時《いまほんじ》の娑婆世界《しゃばせかい》は、三災《さい》を離《はな》れ四劫《こう》を出《い》でたる常住《じょうじゅう》の淨土《じょうど》なり。佛既《ほとけすで》に過去《かこ》にも滅《めっ》せず未來《みらい》にも生《しょう》ぜず、所化以《しょけもっ》て同體《どうたい》なり。是即《これすなわ》ち己心《こしん》の三千具足三種《ぜんぐそくしゅ》の世間《せけん》なり。

如來滅後五五百歳始観心本尊鈔　九五五頁

◇所詮臨終只今《しょせんりんじゅうただいま》にありと解《さと》りて、信心《しんじん》を致《いた》して南無妙法蓮華經《なむみょうほうれんげきょう》と唱《とな》うる人《ひと》を、『是《こ》の人《ひと》命終《みょうじゅう》せば、千佛《ぶっ》手《て》を授《さづ》けて、恐怖《くふ》せず、惡趣《あくしゅ》に墮《お》ちざらしめ給《たま》うことを爲《な》す』と說《と》かれて候《そうろう》。悅《よろこ》ばしい哉《かな》、一佛《ぶつ》二佛《ぶつ》に非《あら》ず、百佛《ぶつ》二百佛《ぶつ》に非《あら》ず、千佛《ぶつ》まで來迎《らいごう》し手《て》を取《と》り給《たま》わん事《こと》、歡喜《かんぎ》の感淚《かんるい》押《おさ》え難《がた》し。

生死一大事血脈鈔　七六〇頁

◆安立大法尼

千仏《ぶつ》に迎《むか》えられ…　最勝無上《さいしょうむじょう》の妙法蓮華経《みょうほうれんげきょう》を専念信受《せんねんしんじゅ》して、行住坐臥《ぎょうじゅうざが》、南無妙法蓮華経《なむみょうほうれんげきょう》と唱《とな》え、かつ実行《じっこう》しましょう。特《とく》に皆様方《みなさまがた》のように貴《とうと》い宿世《しゅくせ》の因縁《いんねん》を有《ゆう》し、無量《むりょう》の功徳《くどく》を積《つ》んでおかれた方々《かたがた》は、衆生済度《しゅじょうさいど》のためにわざわざこの世《よ》に生《う》まれなさった方々《かたがた》です。天賦《てんぷ》であるということを忘《わす》れず、大《おお》いに世《よ》のため人《ひと》のために尽《つ》くし、慈悲《じひ》と至誠《まこと》と堪忍《かんにん》を持《たも》って自《みずか》らも満足《まんぞく》し、他人《たにん》の便利《べんり》を図《はか》ってください。その功徳《くどく》によって大難《だいなん》を小難《しょうなん》に、小難《しょうなん》を無難《ぶなん》とすることができるのです。この実行《じっこう》は、あなた方《がた》の貴《とうと》い任務《にんむ》であります。斯《か》くてこそ初《はじ》めて何《なん》らの曇《くも》りもなく、畏《おそ》れもない真《しん》の幸福《こうふく》な生活《せいかつ》を営《いとな》むことができて、誠《まこと》に意義《いぎ》ある人生《じんせい》を送《おく》ることができるとともに、臨終《りんじゅう》に際《さい》しては千仏《ぶつ》に迎《むか》えられて、紫《し》磨金色《まこんじき》の無上道《むじょうどう》に到《いた》ること疑《うたが》いなしであります。娑婆即寂光土《しゃばそくじゃっこうど》、娑婆即無上道《しゃばそくむじょうどう》とはこれです。

始祖・御法話集　三八～三九頁

妙法《みょうほう》は最良《さいりょう》の法《ほう》　妙法《みょうほう》は病者《びょうしゃ》を健康者《けんこうしゃ》とし、貧者《ひんじゃ》も富者《ふしゃ》とする最良《さいりょう》の法《ほう》であります。これを行《ぎょう》ずる人《ひと》こそ、諸仏《しょぶつ》の「是真仏子《ぜしんぶっし》」（法華経見宝塔品《ほけきょうけんほうとうほん》）と仰《おお》せらるる人《ひと》でありまして、祈《いの》らずとても諸仏善神《しょぶつぜんじん》のご加護《かご》を受《う》け、娑婆即寂光土《しゃばそくじゃっこうど》、娑婆即無上道《しゃばそくむじょうどう》となるのであります。

始祖・御法話集　一八六～一八七頁

◆宗玄大徳

「我此土安穏《がしどあんのん》」の心《こころ》　正像《しょうぞう》二千の年月《としつき》を経《へ》たる後《のち》に於《おい》ては、必《かなら》ず妙法蓮華経《みょうほうれんげきょう》を身《み》と心《こころ》に修行《しゅぎょう》しなければなりません。その故《ゆえ》は、正像《しょうぞう》二千年《ねん》の間《あいだ》は人智《じんち》未《いま》だ発達《はったつ》せずして、この甚深《じんじん》の妙法《みょうほう》を聴《き》く力《ちから》を有《ゆう》せず、たとえば幼稚《ようち》の如《ごと》くでありますが、正像《しょうぞう》二千年《ねん》を過《す》ぐれば、人智《じんち》は発達《はったつ》するとともに人心《じんしん》は極度《きょくど》に悪化《あっか》するからであります。人心《じんしん》の悪化《あっか》は悪《あく》の因《もと》となり、その結果《けっか》、刀《とう》・疾《しっ》・飢《き》等《など》の三災《さい》が起《お》こり、人民《じんみん》は塗炭《とたん》の苦《くる》しみに遭《あ》わなければならないのであります。この時《とき》に正法《しょうほう》を行《ぎょう》ずるならば必《かなら》ず「我《わ》が此《こ》の土《ど》は安穏《あんのん》にして、天人常《てんにんつね》に充満《じゅうまん》せり。園林《おんりん》諸《もろもろ》の堂閣《どうかく》、種種《しゅじゅ》の宝《たから》をもって荘厳《しょうごん》し、宝樹花果多《ほうじゅけかおお》く」と、法華経如来寿量品《ほけきょうにょらいじゅりょうほん》にある通《とお》りとなるのであります。ただ今《いま》はちょうど、正像《しょうぞう》二千の年月《としつき》も去《さ》り、すでに三千年《ねん》になんなんとする末法《まっぽう》五濁悪世《じょくあくせ》でありまして、油断《ゆだん》をすればたちまち災厄《さいやく》に遭《あ》う、最《もっと》も危険《きけん》な時期《じき》であります。この際《さい》、この正道《しょうどう》を見明《みあき》らめて実行《じっこう》するならば、釈尊《しゃくそん》が「若《も》し暫《しばら》くも持《たも》つ者《もの》は、我即《われすなわ》ち歓喜《かんぎ》す。諸仏《しょぶつ》も亦然《またしか》なり」（法華経見宝塔品《ほけきょうけんほうとうほん》）と仰《おお》せられし如《ごと》く、この実行者《じっこうしゃ》の住《す》むところは必《かなら》ず諸仏《しょぶつ》が昼夜《ちゅうや》にわたって守護《しゅご》せらるる故《ゆえ》に安穏《あんのん》となり、浄土《じょうど》と化《か》すのであります。大《おお》いにこの一事《じ》を覚醒《かくせい》し、この大業《たいぎょう》を翼賛《よくさん》してください。諸仏善神《しょぶつぜんしん》に対《たい》してこの上《うえ》の奉仕《ほうし》はなきものと存《ぞん》じます。

この大業《たいぎょう》を致《いた》すならば「極楽百年《ごくらくねん》の修行《しゅぎょう》は穢土《えど》一日《にち》の功《こう》に及《およ》ばず」（報恩鈔《ほうおんじょう》・下《げ》）とありますが如《ごと》く、甚大《じんだい》な功徳《くどく》を得《え》ることができます。この功徳《くどく》こそ、過去幾《かこいく》千万《まん》の年月《としつき》に作《つく》りし悪因《あくいん》もたちまち消滅《しょうめつ》して、未来《みらい》には必《かなら》ず無上寂光《むじょうじゃっこう》の極楽浄土《ごくらくじょうど》に帰《かえ》ることができるのであります。臨終《りんじゅう》にはこの浄土《じょうど》を目《ま》のあたりに見《み》て、諸仏菩薩《しょぶつぼさつ》に手《て》を引《ひ》かれて妙覚《みょうがく》の山《やま》に昇《のぼ》ることもできます。

村上先生御法話集（一）　四三～四四頁

◆御開山上人

今本時《いまほんじ》の娑婆世界《しゃばせかい》は…〔如来滅後《にょらいめつご》五五百歳《さい》始《し》観心本尊鈔《かんじんほんぞんしょう》・四十五字《じ》の法体《ほったい》〕

「今《いま》」というのは、正法《しょうぼう》である法華経《ほけきょう》が説《と》かれる時《とき》をいいます。

法華経如来寿量品《ほけきょうにょらいじゅりょうほん》に、久遠《くおん》の生命《せいめい》を持《も》った本仏《ほんぶつ》が説《と》き顕《あら》わされてありますが、この本《ほん》仏《ぶつ》の実在《じつざい》がわかって初《はじ》めて、一切《さい》の者《もの》のこの世《よ》に存在《そんざい》する本来《ほんらい》の意義《いぎ》が明《あき》らかになります。それは、如来寿量品《にょらいじゅりょうほん》の説《と》かれる時《とき》、すなわち今《いま》この世《よ》であり、凡《すべ》ての者《もの》の本来《ほんらい》の性《せい》質《しつ》の示《しめ》さるる時《とき》であると認識《にんしき》することであります。

本来《ほんらい》の性質《せいしつ》の示《しめ》さるる時《とき》、すなわち今《いま》がその「本時《ほんじ》」である、というのであります。

「娑婆世界《しゃばせかい》」はわれわれの住《す》んでいるこの世界《せかい》、そこに法華経《ほけきょう》が説《と》かれ、仏《ほとけ》さまの本来《ほんらい》の姿《すがた》、実在《じつざい》が明《あき》らかに示《しめ》されました。そのお経《きょう》がだんだん人《ひと》の心《こころ》にしみ込《こ》んで、よい心《こころ》になってゆけば、この娑婆世界《しゃばせかい》は以前《いぜん》とは異《こと》なったよい世界《せかい》となるでありましょう。

「娑婆《しゃば》」という言葉《ことば》は「堪忍《かんにん》」という意味《いみ》があります。この世《よ》の中《なか》というものは、堪忍《かんにん》をしなくては一日《にち》も生《い》きていられない程《ほど》、いろいろなできごとが起《お》こってきます。堪忍《かんにん》がなければ、人《ひと》と人《ひと》とは衝突《しょうとつ》ばかりするでしょうし、また自然界《しぜんかい》のいろいろな現象《げんしょう》についても、気《き》に入《い》らぬことばかり目《め》につくようになるでしょう。自分《じぶん》の思《おも》うようにはならず、周囲《しゅうい》の者《もの》は皆《みな》、妨《さまた》げをする者《もの》のように思《おも》えてきます。自分中心《じぶんちゅうしん》のせまい考《かんが》えで、堪忍《かんにん》することができないのであります。

しかし、仏《ほとけ》さまの教《おし》えを聞《き》いて何事《なにごと》も修行《しゅぎょう》と思《おも》い、広《ひろ》い心持《こころも》ちでこれを受《う》け止《と》め、喜《よろこ》びに代《か》えるようにするならば、りっぱに堪忍《かんにん》はできるのであります。

三災《さい》を離《はな》れ四劫《こう》を出《い》でたる　「三災《さい》」とは刀兵災《とうびょうさい》、疾病災《しっぺいさい》、飢餓災《きがさい》の三つです。世《よ》の中《なか》の人々《ひとびと》が、本当《ほんとう》に仏《ほとけ》さまのお心《こころ》と同《おな》じようになれば世《よ》の中《なか》は平和《へいわ》であり、永遠《えいえん》に安穏《あんのん》でありましょう。如何《いか》なる災害《さいがい》に遭《あ》ってもそれに堪《た》える心《こころ》と力《ちから》ができていますので、この三災《さい》は離《はな》れてしまうというのです。

「四劫《こう》」とは成劫《じょうこう》、住劫《じゅうこう》、壊劫《えこう》、空劫《くうこう》の四つで、四劫《こう》を出《い》でたというのは、永遠《えいえん》に変《か》わらないところの常住《じょうじゅう》の世界《せかい》に住《す》む、ということです。すなわち、この娑婆世界《しゃばせかい》が真《しん》の浄《じょう》土《ど》となるというのであります。

仏既《ほとけすで》に過去《かこ》にも滅《めっ》せず未来《みらい》にも生《しょう》ぜず　これは、法華経如来寿量品《ほけきょうにょらいじゅりょうほん》に説《と》かれているところの本仏《ほんぶつ》のことを申《もう》しているのであります。過去《かこ》に滅《めっ》されたこともなく、また未来《みらい》に新《あたら》しく生《う》まれてこられるのでもありません。

如来寿量品《にょらいじゅりょうほん》に「常住此説法《じょうじゅうしせっぽう》」とあります。「常《じょう》」というのは、今始《いまはじ》まったのではなく遠《とお》い昔《むかし》から後《のち》の世《よ》までということで、いつでもここに「住《じゅう》」して法《ほう》を説《と》くといわれているのであります。

「此《し》」とは娑婆世界《しゃばせかい》であります。すなわち、われわれの住《す》んでいるこの世界《せかい》に仏《ほとけ》さまは常《つね》にあって法《ほう》を説《と》いていられるということです。その常住《じょうじゅう》の説法《せっぽう》の一部分《ぶぶん》として釈迦牟尼仏《しゃかむにぶつ》はインドの国《くに》にお生《う》まれになり、三十歳《さい》で御成道後《ごじょうどうご》、五十年《ねん》にわたり御説法《ごせっぽう》をなさったのであります。

それによってわれわれは本仏《ほんぶつ》を知《し》り、永遠《えいえん》の生命《せいめい》を知《し》ることができます。この五十年《ねん》のご説法《せっぽう》は限《かぎ》りなく尊《とうと》いもので、ご説法《せっぽう》を通《つう》じて永遠《えいえん》に生命《せいめい》ある本仏《ほんぶつ》を知《し》り、またその本仏《ほんぶつ》の絶対性《ぜったいせい》を知《し》るのであります。

所化以《しょけもっ》て同体《どうたい》なり　これは能化《のうけ》・所化《しょけ》という区別《くべつ》があり、「能化《のうけ》」というのは教化《きょうけ》を与《あた》える側《がわ》の者《もの》。「所化《しょけ》」というのは、教化《きょうけ》を受《う》ける方《ほう》の者《もの》をいいます。

お釈迦《しゃか》さまは能化《のうけ》であり、われわれは皆《みな》、所化《しょけ》であります。そして仏《ほとけ》の教化《きょうけ》を受《う》けるわれわれの生命《せいめい》も無限《むげん》で、われわれにも尊《とうと》い仏性《ぶっしょう》が具《そな》わっており、その仏性《ぶっしょう》が仏《ほとけ》さまの教《おし》えによって養《やしな》われてゆく時《とき》、われわれも仏《ほとけ》に成《な》ることができるのであります。これが「所化以て同体なり《しょけもっ どうたい》」という所以《ゆえん》であります。われわれは、今《いま》は仏《ほとけ》ではないけれども究《きゅう》極《きょく》は仏《ほとけ》と成《な》り得《う》る者《もの》であることを、しっかりと自覚《じかく》しなければなりません。

仏《ほとけ》さまの寿命《じゅみょう》が無限《むげん》であり、智慧《ちえ》が絶対《ぜったい》であり、慈悲《じひ》が広大無辺《こうだいむへん》であるということは、すなわち、私達《わたくしたち》も無限《むげん》の命《いのち》を持《も》ち、絶大《ぜつだい》なる智慧《ちえ》、広大《こうだい》なる慈悲《じひ》の働《はたら》きを具《そな》え得《う》るということになり、「所化以て同体《しょけもっ どうたい》」といわれているのは、まことに重要《じゅうよう》なお言葉《ことば》であります。

己身《こしん》の三千具足《ぐそく》三種《しゅ》の世間《せけん》なり　私達《わたくしたち》の心《こころ》の中《なか》に「三千世界《せかい》」が具足《ぐそく》しているということで、この心《こころ》の中《なか》に、仏《ほとけ》に成《な》る本性《ほんしょう》がすっかり具《そな》わっているということであります。仏《ほとけ》さまの教《おし》えを心《こころ》から信《しん》じ、行《おこ》なってゆけば、仏《ほとけ》さまの力《ちから》が現《あら》われて、私達《わたくしたち》の心《こころ》に具《そな》わっている仏《ほとけ》になる本性《ほんしょう》もだんだん現《あら》われ、ますます善行《ぜんぎょう》を尽《つく》し、この世《よ》を寂光土《じゃっこうど》とするような働《はたら》きが積《つ》まれてゆくのであります。

これは大切《たいせつ》なお言葉《ことば》でありますが〝一々《いちいち》の文字《もんじ》は文字《もんじ》と思《おも》うべからず、真仏《しんぶつ》と思《おも》え〟

といわれていますところから、『今本時娑婆世界離三災出四劫常住浄土《いまほんじのしゃばせかいはさんさいをはなれしこうをいでたるじょうじゅうのじょうどなり》。仏既過去不滅《ほとけすでにかこにもめっせず》未来不生《みらいにもしょうぜず》。所化以同体《しょけもってどうたいなり》。此即己心三千具足三種世間也《これすなわちこしんのさんぜんぐそくさんしゅのせけんなり》』の四十五文字《もじ》を「四十五字《じ》の法体《ほったい》」と申《もう》しております。

仏性のありか　一八～二六頁

◆日達上人　積《つ》み重《かさ》なった法音寺《ほうおんじ》の徳《とく》

法音寺《ほうおんじ》にご参詣《さんけい》くださる皆《みな》さんに常々《つねづね》「法音寺《ほうおんじ》には安立大法《あんりゅうだいほう》尼《に》以来《いらい》の功徳《くどく》がたくさんありますからどうかお持《も》ち帰《かえ》りください」とお話《はな》ししております。その根拠《こんきょ》は、安立大法尼《あんりゅうだいほうに》が一生涯通《しょうがいとお》してなされた「難民救済《なんみんきゅうさい》」に代表《だいひょう》される数々《かずかず》の実践功徳《じっせんくどく》に加《くわ》え、宗玄大徳《そうげんだいとく》、御開山上人《ごかいさんしょうにん》へと引継《ひきつ》がれてなされたご業蹟《ぎょうせき》、さらには、その時々《ときどき》、先師《せんし》の方《かた》を手助《てだす》けしてご奉仕《ほうし》された多《おお》くの信者《しんじゃ》の方々《かたがた》の積《つ》まれた功徳《くどく》が〝法音寺《ほうおんじ》にある〟という確信《かくしん》であります。

今《いま》、皆《みな》さんがそうした方々《かたがた》のなされたように、三徳《とく》を実行《じっこう》して幸《しあわ》せになって頂《いただ》くことは、自分《じぶん》のことだけでなく、同時《どうじ》に、この法音寺《ほうおんじ》の徳《とく》として残《のこ》ってゆくのです。その徳《とく》をお参《まい》りに来《こ》られた方《かた》が持《も》ってゆかれれば、その功徳《くどく》によってまた、その人《ひと》が幸《しあわ》せになってゆかれるのです。

『月刊法音』第一四七号　一七頁

永遠不滅《えいえんふめつ》の仏《ほとけ》の世界《せかい》

「衆生劫尽《しゅじょうこうつ》きて、大火《だいか》に焼《や》かるると見《み》る時《とき》も」（法華経如来寿量《ほけきょうにょらいじゅりょう》品《ほん》）の「劫《こう》」とは「四劫《こう》＝成《じょう》・住《じゅう》・壊《え》・空《くう》」のことであります。誕生《たんじょう》があり（成《じょう》）、そして成長《せいちょう》し（住《じゅう》）、壊《こわ》れ（壊《え》）、やがて亡《な》くなってゆく（空《くう》）人間《にんげん》の一生《しょう》と同《おな》じように、私《わたくし》共《ども》の住《す》む地球《ちきゅう》もいずれ無《な》くなる時《とき》がくるのですが、仏《ほとけ》さまの世界《せかい》は滅《ほろ》びることのない素晴《すば》しい世界《せかい》である、ということです。

地球《ちきゅう》が無《な》くなるというようなことは、私《わたくし》共《ども》の生《い》きている間《あいだ》にはまずないでしょう。

しかし現実的《げんじつてき》には、もっともっと怖《こわ》い話《はなし》があるのです。

西暦元年《せいれきがんねん》には地球上《ちきゅうじょう》の人口《じんこう》は約《やく》二百五十万人位《にんくらい》でした。それが段々《だんだん》増《ふ》えてまいりまして、十八世紀《せいき》には十億人《おくにん》、十九世紀《せいき》には二十億人《おくにん》、そして現在《げんざい》は四十億人《おくにん》、さらに二十一世紀《せいき》には七十二億人《おくにん》になるであろうと言《い》われております。一年《ねん》に二％ずつ増加《ぞうか》するというのですから、単純《たんじゅん》に計算《けいさん》するとそうなるわけです。

別《べつ》に人間《にんげん》が増《ふ》えたところでかまわないのですが、しかし、それだけの人間《にんげん》に必要《ひつよう》な食《しょく》糧《りょう》が地球上《ちきゅうじょう》にはありません。現在《げんざい》でもアフリカやインドなどでは、三分《ぶん》の一以上《いじょう》の人《ひと》が飢《う》えで苦《くる》しんでいると言《い》います。それが今世紀《こんせいき》の終《おわ》りから来世紀《らいせいき》の初《はじ》めにかけて、今度《こんど》は三分《ぶん》の二以上《いじょう》の人《ひと》が飢《う》えで苦《くる》しまなければならないであろうと言《い》われております。一体《たい》どういうことになるのでしょう。たとえ地球《ちきゅう》が無《な》くならないにしても、食糧《しょくりょう》が無《な》くなれば人間《にんげん》は生《い》きてゆくことができないのですから……。

そういうことを考《かん》えますと、そんなに先《さき》の話《はなし》ではなくもっと身近《みぢか》に大変《たいへん》な問題《もんだい》が控《ひか》えていることがわかります。

このように、私共《わたくしども》の今住《います》む世界《せかい》は理屈《りくつ》の世界《せかい》・知恵《ちえ》の世界《せかい》、あるいは欲《よく》の世界《せかい》とも言《い》えるのですが、いろいろ移《うつ》り変《か》わってゆきます。しかし、仏《ほとけ》さまの世界《せかい》だけは絶対《ぜったい》に変《か》わることのない、美《うつく》しい極楽《ごくらく》のような世界《せかい》であると説《と》かれるのです。

目《め》の前《まえ》のものはいろいろ違《ちが》っておりましても、こうした仏《ほとけ》さまの世界《せかい》を心《こころ》に描《えが》くと申《もう》しましょうか、思《おも》い浮《う》かべて見《み》ることも必要《ひつよう》なことだと思《おも》います。仏《ほとけ》さまの世界《せかい》は永遠《えいえん》不滅《ふめつ》なものであり、大変美《たいへんうつく》しい世界《せかい》であるという、そうした確信《かくしん》を持《も》つことも、信仰《しんこう》をしてゆく上《うえ》には大切《たいせつ》なことであります。

よく、現実《げんじつ》ばなれした過去《かこ》の経験《けいけん》を思《おも》い浮《う》かべることによって、その中《なか》に引《ひ》き込《こ》まれてゆくような、トランス状態《じょうたい》になる場合《ばあい》があります。

五月《がつ》の爽《さわ》やかな日《ひ》、以前《いぜん》の法音寺《ほうおんじ》境内《けいだい》の庫裡《くり》から奥座敷《おくざしき》に至《いた》る庭《にわ》の芝生《しばふ》の上《うえ》を、にこやかに御前様《ごぜんさま》（御開山上人《ごかいさんしょうにん》）が歩《ある》いて来《こ》られます。五月《がつ》の陽光《ようこう》と鳥《とり》の声《こえ》。私《わたくし》はこの情景《じょうけい》を思《おも》い浮《う》かべると、何《なん》ともたとえようのない良《よ》い気分《きぶん》になります。そしてホッとすると申《もう》しましょうか、本当《ほんとう》の心《こころ》の安《やす》らぎを覚《おぼ》えるのです。今《いま》、たとえ自分《じぶん》の立場《たちば》がどうであろうと仏《ほとけ》さまの世界《せかい》を心《こころ》に描《えが》くことによって、どこか心《こころ》が鎮《しず》められ、安心《あんしん》というものが出《で》てくるのであろうと思《おも》います。

確《たし》かにこの世界《せかい》は、嬉《うれ》しいこともあれば、またすぐに悲《かな》しいこともやってまいります。そして、苦《くる》しいことや困《こま》ったことというのは、それ一つで終《お》わることなく次《つぎ》から次《つぎ》へと重《かさ》なって起《お》こるものです。

苦《くる》しみとか悩《なや》みは、全人類的《ぜんじんるいてき》なことを考《かんが》えても、また自分一人《じぶんひとり》だけの個人的《こじんてき》なことを考《かんが》えても、数《かぞ》え上《あ》げたらきりがありません。考《かんが》えれば考《かんが》える程《ほど》、心配《しんぱい》の種《たね》は尽《つ》きないのです。しかし、仏《ほとけ》さまの世界《せかい》はいつも春《はる》のように穏《おだ》やかで、悩《なや》みのない永遠不滅《えいえんふめつ》の世界《せかい》であると説《と》かれるのは、〝そういう極楽《ごくらく》のような世界《せかい》を心《こころ》に描《えが》くことにより心《こころ》を落《お》ち着《つ》けなさい〟ということだと思《おも》います。イライラしたり、心《こころ》が落《お》ち着《つ》かない時《とき》には、自分《じぶん》なりの仏《ほとけ》さまの世界《せかい》を心《こころ》に描《えが》き、まず心《こころ》を落《お》ち着《つ》けることが大切《たいせつ》です。そういたしますと、何《なに》があろうとそれに負《ま》けたり、おぼれてしまうようなことはなくなるであろうと思《おも》います。

大白牛車・9　七七〜八一頁

お自我偈《じがげ》に示《しめ》された極楽《ごくらく》

「我《わ》が此《こ》の土《ど》は安穏《あんのん》にして、天人常《てんにんつね》に充満《じゅうまん》せり。園林《おんりん》諸《もろもろ》の堂閣《どうかく》、種種《しゅじゅ》の宝《たから》を以《もっ》て荘厳《しょうごん》し、宝樹花果多《ほうじゅけかおお》くして、衆生《しゅじょう》の遊楽《ゆらく》する所《ところ》なり。諸天天鼓《しょてんてんく》を撃《う》って、常《つね》に諸《もろもろ》の伎楽《ぎがく》を作《な》し、曼陀羅華《まんだらけ》を雨《ふ》らして、仏及《ほとけおよ》び大衆《だいしゅ》に散《さん》ず」と、お自我《じが》偈《げ》（法華経如来寿量品《ほけきょうにょらいじゅりょうほん》）に描《えが》かれる情景《じょうけい》を思《おも》い浮《う》かべてみてください。まぎれもなく極《ごく》楽《らく》そのものです。普通《ふつう》に見《み》ればこの世界《せかい》は、思《おも》うようにならないことばかりのいやな世《せ》界《かい》です。しかし本当《ほんとう》は、こんなに素晴《すば》らしい、何不足《なにふそく》のない充分《じゅうぶん》な世界《せかい》のはずです。

〝こんな素敵《すてき》な仏《ほとけ》の世界《せかい》に住《す》みながら、いったい何《なん》の不足《ふそく》がありますか……〟

〝何《なに》一つ不自由《ふじゆう》のない世界《せかい》に住《す》みながら、なぜ、困《こま》った困《こま》ったといって毎日《まいにち》を送《おく》っているのですか……〟

お自我偈《じがげ》は、読《よ》む人《ひと》にこのように問《と》いかけています。日常《にちじょう》の世界《せかい》と同時《どうじ》に私《わたくし》たちは、大《おお》きな仏《ほとけ》の世界《せかい》に生《い》かして頂《いただ》いているのです。小《ちい》さなことにこだわっている自分《じぶん》が恥《は》ずかしくなってきます。

大白牛車・6　四九～五〇頁

桜《さくら》の花《はな》のように

桜《さくら》の花《はな》は、びっしりくっついて咲《さ》いています。隣《となり》の花《はな》はきらいだから と、自分《じぶん》から離《はな》れて咲《さ》く花《はな》はありません。あれだけぎっしり、ひしめきあうように咲《さ》いていられるのは、みんなが隣《となり》の花《はな》と仲良《なかよ》しだからなのでしょう。花《はな》と花《はな》がくっついて咲《さ》いているように、どんな人《ひと》とも仲良《なかよ》くできるように、人間《にんげん》もみなくっついてゆこうという優《やさ》しい心《こころ》を持《も》ちたいものです。素直《すなお》な心《こころ》で、人《ひと》を疑《うたが》うことなく、仲良《なかよ》くしてゆきたいと思《おも》います。

大白牛車・8　一〇三頁

知恩報恩の事

〝師《し》の君《きみ》のあつきめぐみに報《むく》いなむ
妙《たえ》なる法《のり》を人《ひと》につたえて〟

御開山上人御詠

◆経典

◇世尊《せそん》慈愍《じみん》して快《こころよ》く我等《われら》が爲《ため》に是《かく》の如《ごと》き法《ほう》を説《と》いて、我《われ》をして大《おおい》に法利《ほうり》を獲《え》せしめたもう。甚《はなは》だ爲《こ》れ奇特《きどく》に未曾有《みぞう》なり。世尊《せそん》の慈恩《じおん》實《じつ》に報《ほう》ずべきこと難《かた》し。

無量義經・十功徳品　三三頁

◇世尊《せそん》は大恩《だいおん》まします。希有《けう》の事《じ》を以《もっ》て、憐愍教化《れんみんきょうけ》して、我等《われら》を利益《りやく》したもう。無量億劫《むりょうおっこう》にも、誰《たれ》か能《よ》く報《ほう》ずる者《もの》あらん。手足《しゅそく》をもって供給《くきゅう》し、頭頂《ずちょう》をもって禮敬《らいきょう》し、一切《さい》をもって供養《くよう》すとも、皆報《みなほう》ずること能《あた》わじ。若《も》しは以《もっ》て頂戴《ちょうだい》し、兩肩《りょうけん》に荷負《かふ》して、恒沙劫《ごうじゃこう》に於《おい》て、心《こころ》を盡《つ》くして恭敬《くぎょう》し、又美膳《またみぜん》・無量《むりょう》の寶衣《ほうえ》、及《およ》び諸《もろもろ》の臥具《がぐ》・種種《しゅじゅ》の湯藥《とうやく》を以《もっ》てし、牛頭栴檀《ごづせんだん》、及《およ》び諸《もろもろ》の珍寶《ちんぽう》、以《も》って塔廟《とうみょう》を起《た》て、寶衣《ほうえ》を地《じ》に布《し》き、斯《か》くの如《ごと》き等《ら》の事《じ》、以《も》って供養《くよう》すること、恒沙劫《ごうじゃこう》に於《お》いてすとも、亦《また》報《ほう》ずること能《あた》わじ。

妙法蓮華經・信解品　一三一～一三二頁

◇未來世《みらいせ》に於《お》いて、若《も》し善男子《ぜんなんし》・善女人《ぜんにょにん》あって如來《にょらい》の智慧《ちえ》を信《しん》ぜん者《もの》には、當《まさ》に爲《ため》に此《こ》の法華經《ほけきょう》を演説《えんぜつ》して、聞知《もんち》することを得《え》せしむべし。其《そ》の人《ひと》をして佛慧《ぶって》を得《え》せしめんが爲《ため》の故《ゆえ》なり。若《も》し衆生《しゅじょう》あって信受《しんじゅ》せざらん者《もの》には、當《まさ》に如來《にょらい》の餘《よ》の深法《じんぽう》の中《なか》に於《お》いて示教利《じきょうり》喜《き》すべし。汝等《なんだち》若《も》し能《よ》く是《かく》の如《ごと》くせば、則《すなわ》ち爲《こ》れ已《すで》に諸佛《しょぶつ》の恩《おん》を報《ほう》ずるなり。

妙法蓮華經・囑累品　三三二頁

◆遺　文

◇我釋尊《われしゃくそん》の遺法《いほう》を學《まな》び佛法《ぶっぽう》に肩《かた》を入《い》れしより已來《このかた》、知恩《ちおん》を以《も》って最《さい》とし報恩《ほうおん》を以《も》って前《さき》とす。世《よ》に四恩《おん》あり、之《これ》を知《し》るを人倫《じんりん》と名《なづ》け、知《し》らざるを畜生《ちくしょう》とす。予父母《よふぼ》の後世《ごせ》を助《たす》け國家《こっか》の恩徳《おんとく》を報《ほう》ぜんと思《おも》うが故《ゆえ》に、身命《しんみょう》を捨《す》つること敢《あえ》て他事《たじ》にあらず。唯知恩《ただちおん》を旨《むね》とする計《ばか》りなり。

聖愚問答鈔・下　五八五頁

◇我等《われら》が父母世尊《ふぼせそん》は主《しゅ》・師《し》・親《しん》の三徳《とく》を備《そな》えて、一切《さい》の佛《ほとけ》に擯出《ひんずい》せられたる我等《われら》を、『唯我一人能爲救護《ゆいがにんのういくご》』と勵《はげ》ませ給《たま》う。其《そ》の恩大海《おんだいかい》よりも深《ふか》し、其《そ》の恩大地《おんだいち》よりも厚《あつ》し、其《そ》の恩虚空《おんこくう》よりも廣《ひろ》し。二つの眼《まなこ》をぬいて佛前《ぶつぜん》に空《そら》に星《ほし》の數備《かずそな》うとも、身《み》の皮《かわ》を剥《は》いで百千萬天上《まんてんじょう》に張《は》るとも、涙《なみだ》を閼伽《あか》の水《みず》として千萬億劫佛前《まんのくこうぶつぜん》に花《はな》を備《そな》うとも、身《み》の肉血《にくけつ》を無量劫佛前《むりょうこうぶつぜん》に山《やま》の如《ごと》く積《つ》み、大海《だいかい》の如《ごと》く湛《たた》うとも、此《こ》の佛《ほとけ》の一分《ぶん》の御恩《ごおん》を報《ほう》じ盡《つく》し難《がた》し。

善無畏三藏鈔　六五八頁

◇孝《こう》と申《もう》すは高《こう》なり、天高《てんたか》けれども孝《こう》よりは高《たか》からず。又孝《またこう》とは厚《こう》なり、地厚《ちあつ》けれども孝《こう》よりは厚《あつ》からず。聖賢《せいけん》の二類《るい》は孝《こう》の家《いえ》より出《い》でたり。何《いか》に況《いわん》や佛法《ぶっぽう》を學《がく》せん人《ひと》、知恩《ちおん》報恩《ほうおん》なかるべしや。佛弟子《ぶつでし》は必《かなら》ず四恩《おん》を知《し》って、知恩報恩《ちおんほうおん》を致《いた》すべし。

開目鈔・上　七七三頁

◇佛教《ぶっきょう》の四恩《おん》とは、一には父母《ふぼ》の恩《おん》を報《ほう》ぜよ、二には國主《こくしゅ》の恩《おん》を報《ほう》ぜよ、三には一切衆生《さいしゅじょう》の恩《おん》を報《ほう》ぜよ、四には三寶《ぼう》の恩《おん》を報《ほう》ぜよ。一に父母《ふぼ》の恩《おん》を報《ほう》ぜよとは、父母《ふぼ》の赤白二渧《しゃくびゃくたい》和合《わごう》して我《わ》が身《み》となる。母《はは》の胎内《たいない》に宿《やど》る事《こと》二百七十日《にち》、九月《くかつき》の間《あいだ》三十七度《ど》死《し》するほどの苦《くる》しみあり。生《う》み落《おと》す時《とき》堪《た》えがたしと思《おも》い念《ねん》ずる息《いき》、項《うなじ》より出《い》づる煙梵天《けむりぼんでん》に至《いた》る。さて生《う》み落《おと》されて乳《ちち》を飲《の》む事《こと》一百八十餘石《よこく》。三年《ねん》が間《あいだ》は父母《ふぼ》の膝《ひざ》に遊《あそ》び、人《ひと》となりて佛教《ぶっきょう》を信《しん》ずれば、先《ま》づ此《こ》の父母《ふぼ》の恩《おん》を報《ほう》ずべし。父《ちち》の恩《おん》の高《たか》き事須彌山猶《ことしゅみせんなお》ひきし、母《はは》の恩《おん》の深《ふか》き事大海返《ことだいかいかえ》りて淺《あさ》し。相構《あいかま》えて父母《ふぼ》の恩《おん》を報《ほう》ずべし。

上野殿御消息　一三四七頁

◇夫《そ》れ老狐《ろうこ》は塚《つか》を後《あと》にせず、白龜《びゃっき》は毛寶《もうほう》が恩《おん》を報《ほう》ず、畜生《ちくしょう》すら斯《かく》の如《ごと》し、況《いおう》や人倫《じんりん》をや。

報恩鈔・上　一四一五頁

◆安立大法尼　母の十恩

天《てん》よりも高《たか》く、大地《だいち》よりも厚《あつ》い父母《ふぼ》の慈愛《じあい》　父母《ふぼ》のご恩《おん》につきましては、今《いま》さら事新《ことあたら》しく申《もう》し上《あ》げるまでもありません。父《ちち》は終日外《しゅうじつそと》に出《で》て世業《せぎょう》のために働《はたら》き、衣《い》・食《しょく》・住《じゅう》の基《もとい》を作《つく》って一家の生計《せいけい》をたて、母《はは》は家事万端《かじばんたん》を整《ととの》え、昼夜養育《ちゅうやよういく》のため、心身《しんしん》を労《ろう》するのでありります。中《なか》にも母《はは》のご恩《おん》はことさらに心肝《しんかん》に染《し》みて貴《とうと》く思《おも》われます。

第一《だい》　懐妊守護《かいにんしゅご》の恩《おん》　懐妊後《かいにんご》九か月《げつ》の間《あいだ》は起居《ききょ》も意《い》の如《ごと》くならず、仮初《かりそめ》の物《もの》の響《ひび》きにも驚《おどろ》き騒《さわ》ぎ、心《こころ》を休《やす》むる暇《ひま》もありません。

第二《だい》　飲食禁忌《おんじききんき》の恩《おん》　懐妊後《かいにんご》は五味《み》の味《あじ》わいを失《うしな》い、朝夕《あさゆう》の食《しょく》も進《すす》まず、たまたま欲《ほっ》する食味《しょくみ》も、禁毒《きんどく》を怖《おそ》れて食《しょく》せないのであります。

第三《だい》　臨産受苦《りんさんじゅく》の恩《おん》　すでに産《さん》の気萠《けきざ》せば、疼痛《とうつう》五臓《ぞう》を裂《さ》くが如《ごと》く、八寒《かん》八熱《ねつ》の苦患《くげん》というもこれに勝《まさ》るべきものはありません。

第四《だい》　生死忘憂《しょうじぼうゆう》の恩《おん》　産《さん》に臨《のぞ》み生死《しょうじ》の間《あいだ》を彷徨《ほうこう》しつつも、ただ出産《しゅっさん》の児《こ》の五体具足《たいぐそく》せんことをのみ願《ねが》うのです。

第五《だい》　初声聞夢《しょせいもんむ》の恩《おん》　すでに産《う》み落《お》とし、心《こころ》も遠《とお》く、魂《たましい》も消《き》えぬべく、夢《ゆめ》に夢見《ゆめみ》る如《ごと》き間《あいだ》にも、一度初声耳《たびうぶごえみみ》に入《い》れば、我《わ》が身《み》の生死《しょうじ》を忘《わす》れ、はや愛憐《あいりん》の心《こころ》を生《しょう》じ、健《すこ》やかに成長《せいちょう》せんことを願《ねが》うのであります。その慈悲心《じひしん》は、何《なに》を以《も》って譬《たと》うべきものがありましょうか。

第六　養育覆衣の恩《よういくふくいのおん》　初声《うぶごえ》を初《はじ》めとして、寒暑《かんしょ》の衣服《いふく》に心《こころ》をゆだね、冬《ふゆ》は暖《あたた》かに、夏《なつ》は涼《すず》しく、春《はる》の日長《ひなが》しと雖《いえど》も花《はな》を見捨《みす》てて乳房《ちぶさ》を含《ふく》め、夏《なつ》の夜短《よみじか》しと雖《いえど》も諸虫《しょちゅう》を払《はら》い、安《やす》々夢《やすゆめ》も結《むす》びません。

第七　親疎朋友の恩《しんそほうゆうのおん》　他《ほか》の小児《しょうに》と交《まじ》わり遊《あそ》ぶころとなれば、我《わ》が子《こ》はもとより他人《たにん》の子《こ》にも食物等《たべものとう》を分《わ》かち与《あた》え、遊戯《ゆうぎ》の具等備《ぐなどそな》えてその機嫌《きげん》をはかるのも、子《こ》を思《おも》うの余《あま》りであります。

第八　遠路遊行の恩《えんろゆうぎょうのおん》　ようやく成長《せいちょう》して、遠国他境《えんごくたきょう》に行《い》く時《とき》は我《わ》が子《こ》の行方《ゆくえ》を思《おも》い、家《いえ》路《じ》に帰《かえ》る時《とき》まで胸《むね》を休《やす》むる暇《ひま》もありません。

第九　麁悪蔽覆の恩《そあくへいりのおん》　我《わ》が子《こ》もし罪《つみ》を犯《おか》せば、他人《たにん》の見聞《みき》かんことは申《もう》すにおよばず、父《ちち》にさえも覆《おお》い隠《かく》し、あるいはその罪《つみ》を身《み》に蒙《こうむ》り、時々《ときどき》に諫《いさ》め正《ただ》すのです。

第十　寿命因福の恩《じゅみょういんふくのおん》　我《わ》が子《こ》もし疾病《しっぺい》ある時《とき》は、天《てん》に祈《いの》り、地《ち》に祈《いの》り、薬餌《やくじ》のために心《しん》身《しん》を労《ろう》し、甚《はなはだ》しきにいたっては、我《わ》が命《いのち》に代《か》わらんことをも願《ねが》うのであります。

以上《いじょう》を母《はは》の十恩《おん》と申《もう》し、上《かみ》は貴《とうと》きより、下《しも》は貧《まず》しき民《たみ》にいたるまで、一人《ひとり》としてこのご恩《おん》を受《う》けざる者《もの》はありません。父母《ふぼ》のご恩《おん》は実《じつ》に、山《やま》よりも高《たか》く、海《うみ》よりも深《ふか》いのです。仏《ほとけ》は「三千大千《だい》の国《くに》に代《か》うべき物《もの》はなし」と仰《おお》せです。

されば、このご恩《おん》を忘《わす》れ、わがままを振《ふ》り舞《ま》いたる者《もの》も、この重恩《じゅうおん》を思《おも》い起《お》こせば後悔《こうかい》の涙《なみだ》が湧《わ》き出《い》づるでありましょう。また、人《ひと》たる者《もの》は、この鴻恩《こうおん》に報《むく》いん程《ほど》の孝養《こうよう》をしたいと思《おも》うでしょう。しかし「孝行《こうこう》のしたい時分《じぶん》に親《おや》はなし」との古語《こご》の如《ごと》く、自《みずか》ら反省《はんせい》して孝養《こうよう》せんとする時《とき》はすでに親《おや》はいませず、悔《く》ゆる者《もの》が多《おお》いのであります。

始祖・御法話集　八一〜八四頁

誠《まこと》の孝道《こうどう》　父母《ふぼ》の大恩《だいおん》に報《むく》いんとせらるる孝養《こうよう》の方々《かたがた》は、行住坐臥《ぎょうじゅうざが》、道《みち》を歩《あゆ》む折《おり》、仕事《しごと》の最中《さなか》も、休《やす》らいたる時《とき》も、倦《う》まず弛《たゆ》まず、南無妙法蓮華経《なむみょうほうれんげきょう》、南無妙法蓮華経《なむみょうほうれんげきょう》と唱《とな》え、身《み》には布施《ふせ》・持戒《じかい》・忍辱《にんにく》・精進《しょうじん》・禅定《ぜんじょう》・仏智《ぶっち》の六波羅蜜《はらみつ》の修養《しゅうよう》をして功徳《くどく》を積《つ》んでください。我《われ》らの体《からだ》は父母《ふぼ》の遺体《いたい》なるが故《ゆえ》に、我《わ》が身《み》に功徳《くどく》を積《つ》めば、必《かなら》ず父母《ふぼ》に報《むく》ゆることができます。父母《ふぼ》はおろか上《かみ》無量生《むりょうしょう》の祖先《そせん》までも、六道《どう》を離《はな》れしめることができます。

これが誠《まこと》の孝行《こうこう》であります。必《かなら》ず諸仏《しょぶつ》は歓喜《かんぎ》せられ、この孝子《こうし》を昼夜《ちゅうや》に守護《しゅご》せられます。諸仏善神《しょぶつぜんじん》に守護《しゅご》せられたならば、咄嗟《とっさ》の災難《さいなん》に遭《あ》うこともありません。必《かなら》ず、日々《ひび》安心《あんしん》して暮《く》らすことができます。また、自分《じぶん》の目的《もくてき》を達成《たっせい》することもできます。
会員各位《かいいんかくい》は皆《みな》、誠《まこと》の孝子《こうし》となって、世人《せじん》の模範《もはん》となるよう努力《どりょく》してください。

始祖・御法話集　八七〜八八頁

◆宗玄大徳

七恩《おん》の事《こと》　世尊《せそん》、父《ちち》・浄飯王《じょうぼんのう》に仰《おう》せらるるに「そもそも人《ひと》には七恩《おん》あり。これを知《し》るをもって人倫《じんりん》と申《もう》し、知《し》らざる者《もの》は鬼畜《きちく》・木石《ぼくせき》にも劣《おと》り候《そうろう》。

第《だい》一に**天地《てんち》の恩《おん》**　人《ひと》の胎内《たいない》に宿《やど》るより生育《せいいく》することは、天地《てんち》の恵《めぐ》みに非《あら》ざることなし。この恩《おん》を知《し》らざる者《もの》は死《し》して無明《むみょう》の闇《やみ》に迷《まよ》い、昼夜《ちゅうや》を弁《わきま》えること能《あた》わず。

第《だい》二に**国王《こくおう》の恩《おん》**　人生《ひとう》まれて天地《てんち》の恵《めぐ》みを蒙《こうむ》るとも、もし国王聖明《こくおうせいめい》ならざれば、父母《ふぼ》も養《やしな》うこと能《あた》わず。しかれば、その恩《おん》を知《し》らざれば地獄《ぢごく》に堕落《だらく》して猛火《もうか》の為《ため》に身《み》を焼《や》かるるの苦患《くげん》あり。

第《だい》三には**父母《ふぼ》の恩《おん》**　母胎《ぼたい》十月《つき》の深恩《じんおん》はじめ、出生後《しゅっしょうご》父《ちち》は終日外《しゅうじつそと》に出《で》て世業《せぎょう》の為《ため》に身《み》を労《ろう》し、母《はは》は終夜《しゅうや》養育《よういく》の為《ため》に眠《ねむ》らず。この恩《おん》を知《し》らざれば、畜生道《ちくしょうどう》に生《しょう》を得《え》、あるいは五体不具《たいふぐ》の者《もの》となる。

第四《だい》に**師の恩**《しおん》　人成長《ひとせいちょう》すとも教《おし》え導《みちび》く人《ひと》なければ鬼畜《きちく》に異《こと》ならず。この恩《おん》を知《し》らざればば後身愚痴《こうしんぐち》・無智《むち》の者《もの》と生《う》まれて、ついに悪趣《あくしゅ》に堕落《だらく》す。

第五《だい》に**朋友の恩**《ほうゆうおん》　たとえ師《し》ありて教《おし》え導《みちび》くとも、良友《りょうゆう》の補《たす》けなくんば発達《はったつ》することを得《え》ず。この恩《おん》を知《し》らざる者《もの》は、慳貪《けんどん》・無慚《むざん》の者《もの》と生《う》まれて天罰《てんばつ》を蒙《こうむ》る。

第六《だい》には**従類眷族の恩**《じゅうるいけんぞくおん》　良友《りょうゆう》ありて過《あやま》ちを正《ただ》し、非《ひ》を諫《いさ》めて善導《ぜんどう》に導《みちび》くとも、眷属《けんぞく》の助力《じょりょく》なくては銭財《せんざい》尽《つ》きて長久《ちょうきゅう》を得《え》ず。この恩《おん》を知《し》らざれば後身《こうしん》ついに、餓鬼道《がきどう》に堕落《だらく》す。

第七《だい》に**衆生の恩**《しゅじょうおん》　身《み》に良友眷属《りょうゆうけんぞく》の助《たす》けありとも、衆生《しゅじょう》その能《のう》を愛《あい》し、才《さい》を賞《しょう》せずんば、後身孤独《こうしんこどく》の者《もの》となり、刀剣《とうけん》の地獄《ぢごく》に堕《お》つる。

慎《つつし》みても慎《つつし》むべきは七恩《おん》にて候《そうろう》。なかんずく我第二《われだい》、第三《だい》の高恩《こうおん》を蒙《こうむ》ること須弥山《しゅみせん》もなお低《ひく》く、滄海《そうかい》もなお浅《あさ》し。しかるに父王《ちちおう》を下《した》に置《お》き奉《たてまつ》り、予《よ》が身高座《みこうざ》の上《うえ》に在《あ》って説法《せっぽう》するならば諸天《しょてん》の悪《にく》みを受《う》け、十二年《ねん》の難行《なんぎょう》も空《むな》しく泡《あわ》に帰《き》し候《そうろう》べし」と。

村上先生御法話集（一）一三四～一三六頁

世尊《せそん》は大恩《だいおん》まします

法華経信解品《ほけきょうしんげほん》に「世尊《せそん》は大恩《だいおん》まします。希有《けう》の事《じ》を以《もっ》て、憐愍教《れんみんきょう》化《け》して、我等《われら》を利益《りやく》したもう。無量億劫《むりょうおっこう》にも、誰《たれ》か能《よ》く報《ほう》ずる者《もの》あらん。手足《しゅそく》をもって供給《くきゅう》し、頭頂《ずちょう》をもって礼敬《らいきょう》し、一切《さい》をもって供養《くよう》すとも、皆報《みなほう》ずること能《あた》わじ。若《も》しは以《もっ》て頂戴《ちょうだい》し、両肩《りょうけん》に荷負《かふ》して、恒沙劫《ごうじゃこう》に於《おい》て、心《こころ》を尽《つ》くして恭敬《くぎょう》し、又美膳《みぜん》・無量《むりょう》の宝《ほう》衣《え》、及《およ》び諸《もろもろ》の臥具《がぐ》・種種《しゅじゅ》の湯薬《とうやく》を以《もっ》てし、牛頭栴檀《ごずせんだん》、及《およ》び諸《もろもろ》の珍宝《ちんぼう》、以《もっ》て塔廟《とうみょう》を起《た》て、宝衣《ほうえ》を地《じ》に布《し》き、斯《かく》の如《ごと》き等《ら》の事《じ》、以《もっ》用て供養《くよう》すること、恒沙劫《ごうじゃこう》に於《おい》てすとも、亦《また》報《ほう》ずること能《あた》わじ」と申《もう》されてありますように、師《し》の鴻恩《こうおん》は到底《とうてい》、物質《ぶっしつ》をもってするとも、体《からだ》でもって成《な》すとも報《ほう》ずることはできぬのであります。しかし、ただ一つその報《ほう》ずる道《みち》があります。それは「如来《にょらい》の所遣《しょけん》として如来《にょらい》の事《じ》を行《ぎょう》ずる」（法華経法師品《ほけきょうほっしほん》）このただ一事《じ》であります。大覚世尊《だいがくせそん》のお訓《さと》しに従《したが》って身《み》を修《おさ》め、「自行化他《じぎょうけた》」と申《もう》して自《みずか》らの修行《しゅぎょう》をなすと同時《どうじ》に、他人《たにん》をも善導《ぜんどう》し、功徳《くどく》を積《つ》みて未来永劫《みらいえいごう》の安楽《あんらく》を得《え》らるべき基《き》礎《そ》を作《つく》ることであります。言《い》い換《か》えれば、妙法《みょうほう》を仏説《ぶっせつ》の如《ごと》く実行《じっこう》し、小《しょう》にしては家庭《かてい》を平和《へいわ》に、大《だい》にしては国家安泰《こっかあんたい》の基《もとい》を成《な》すべく進《すす》んで他《た》を善導《ぜんどう》する、すなわち法華経《ほけきょう》を広《こう》宣流布《せんるふ》してゆくことであります。そうして、ことごとく妙道《みょうどう》に潤《うるお》わせることをすれば、法華経見宝塔品《ほけきょうけんほうとうほん》の偈文《げもん》に「此《こ》の経《きょう》は持《たも》ち難《がた》し。若《も》し暫《しばら》くも持《たも》つ者《もの》は、我即《われすなわ》ち歓喜《かんぎ》す。諸《しょ》仏《ぶつ》も亦然《またしか》なり。是《か》くの如《ごと》きの人《ひと》は、諸仏《しょぶつ》の歎《ほ》めたもう所《ところ》なり」とありますように、教主《きょうしゅ》釈尊《しゃくそん》はじめ、恩師《おんし》・杉山先生《すぎやませんせい》も十方《ぽう》の諸仏善神《しょぶつぜんじん》もことごとく歓喜《かんぎ》してくださるのであります。これこそ真《しん》のご恩報《おんほう》じとなる訳《わけ》であります。もうこの外《ほか》にご恩報《おんほう》じはないのであります。

村上先生御法話集（一）　一八七～一八八頁

◆御開山上人

四恩《おん》のこと　人間《にんげん》は、随分大勢《ずいぶんおおぜい》の人《ひと》から恩《おん》を受《う》けているのであります。いろいろなお経《きょう》に恩《おん》については教《おし》えられていますが、「心地観経《しんちかんぎょう》」に四恩《おん》が明《あき》らかにされてあります。

一、父母《ふぼ》の恩《おん》。
二、一切衆生《さいしゅじょう》の恩《おん》。
三、国王《こくおう》の恩《おん》。
四、三宝《ぼう》の恩《おん》。

そして、「此《こ》の四恩《おん》は一切衆生平等《さいしゅじょうびょうどう》に荷負《かふ》せり」と言《い》ってあります。

親《おや》の恩《おん》を受《う》けない者《もの》はありません。一切衆生《さいしゅじょう》の恩《おん》を受《う》けない者《もの》もありません。国王《こくおう》の恩《おん》を受《う》けない者《もの》もありません。

三宝《ぼう》の恩《おん》とは教《おし》えの恩《おん》です。教《おし》えの恩《おん》を受《う》けない者《もの》もないのです。この四つの恩《おん》は誰《だれ》でも受《う》けているのだから、この恩《おん》に報《むく》いることに力《ちから》を用《もち》いなければならぬのであります。

母《はは》に与《あた》えられし教訓《きょうくん》

私《わたくし》の七、八歳《さい》の頃《ころ》でした。弟《おとうと》を連《つ》れて母《はは》の里《さと》に行《い》こうとすると、母《はは》は申《もう》しました。「弟《おとうと》を連《つ》れて行《い》ってもよいが、お前《まえ》は兄《あに》だ。弟《おとうと》の面倒《めんどう》はどんなことでも見《み》てやらねばならぬ。もし弟《おとうと》が鼻汁《はなじる》を出《だ》したらふいてやり、ご飯《はん》を食《た》べ残《のこ》したら食《た》べてやり、こぼしたら拾《ひろ》ってやりなさい。それが出来《でき》れば連《つ》れて行《い》ってよろしい。それがいやなれば止《や》めなさい」

母《はは》の里《さと》では、可愛《かわ》いがってくれるお祖父《じい》さん、お祖母《ばあ》さんがいます。行《い》きたいので、「きっと弟《おとうと》の面倒《めんどう》を見《み》ます」と申《もう》して、弟《おとうと》を連《つ》れて行《い》きました。母《はは》に言《い》われたことはチャンと守《まも》って行《おこ》ないました。

こうしたことが、今《いま》の事業《じぎょう》、育児《いくじ》について関係《かんけい》があるのかも知《し》れません。幼《おさな》い子《こ》らの面倒《めんどう》を見《み》ることは何《なに》よりも楽《たの》しみです。

その頃《ころ》です、母《はは》は申《もう》しました。

「私達《わたくしたち》が安心《あんしん》して暮《く》らせるのは三つの御恩《ごおん》のおかげです。第《だい》一は天子様《てんしさま》の御恩《ごおん》。第《だい》二は神様《かみさま》。第《だい》三は仏様《ほとけさま》で、この方々《かたがた》は昼《ひる》となく夜《よる》となく私達《わたくしたち》を守《まも》って下《くだ》さるのです。朝《あさ》はチャンとお日様《ひさま》の出《で》なさる東《ひがし》に向《む》かって拝《おが》みなさい。神社《じんじゃ》やお寺《てら》の前《まえ》を通《とお》る時《とき》は、必《かなら》ず私《わたくし》を護《まも》って下《くだ》さることを感謝《かんしゃ》して、三度《ど》お題目《だいもく》を唱《とな》えて通《とお》りなさい」

これを聞《き》いてからは必《かなら》ず守《まも》って実行《じっこう》しました。こんなことが原因《げんいん》でしょうか、神様《かみさま》や仏様《ほとけさま》の教《おし》えを世《よ》の人々《ひとびと》にもお話《はな》しする教化事業《きょうけじぎょう》の一員《いん》となりましたことは、大《おお》いに意味《いみ》があると思《おも》うのであります。

また、私《わたくし》の十八歳《さい》の頃《ころ》であったかと思《おも》いますが、胃腸病《いちょうびょう》のために苦《くる》しめられ、痩《や》せ衰《おとろ》えてもう命《いのち》も旦夕《たんせき》に迫《せま》ったと思《おも》う程《ほど》のことがありました。本当《ほんとう》に死《し》を待《ま》つ身《み》の淋《さび》しさは、また別《べつ》です。その時《とき》です。町《まち》に出《で》る時必《ときかなら》ず前《まえ》を通《とお》る神社《じんじゃ》がありますが、ある夜《よる》、「この神社《じんじゃ》の神《かみ》だ」と言《い》われた、金色《こんじき》の神様《かみさま》を見《み》ました。その神様《かみさま》に「汝《なんじ》の命《いのち》は旦夕《たんせき》に迫《せま》った。しかし、日頃神仏《ひごろしんぶつ》に感謝《かんしゃ》の礼拝《らいはい》をする功《こう》を以《も》って寿命《じゅみょう》を延《の》ばす。この後《あと》一層心《そうこころ》を清《きよ》くせよ。夢《ゆめ》と思《おも》って疑《うたが》うな」と、こういうことを聞《き》かされてフト目《め》を開《ひら》きました。不思議《ふしぎ》にも、その翌日《よくじつ》よりご飯《はん》も美味《おい》しくなりまして、遂《つい》に全治《ぜんち》しました。そこで思《おも》ったことは、〝母《はは》の教《おし》えで、薬《くすり》の効《こう》もなかった病気《びょうき》を治《なお》して戴《いただ》いたのだ。本当《ほんとう》に夢《ゆめ》の中《なか》で神様《かみさま》の言《い》われたように、私《わたくし》は浄《きよ》い心《こころ》の者《もの》となって神仏《しんぶつ》の守護《しゅご》を受《う》けてゆきたい〟ということでした。

　こんな話《はなし》は平凡《へいぼん》なことのようでありますが、幼《おさな》い時《とき》の母《はは》の教訓《きょうくん》は、確《たし》かに人《ひと》一代《だい》の基《き》礎《そ》となるであろうということを深《ふか》く思《おも》い、深《ふか》く信《しん》ずるのであります。それ故《ゆえ》、子《こ》どもの人格《じんかく》を向上《こうじょう》せしめ、人《ひと》の模範《もはん》たる日本人《にほんじん》を養育《よういく》するについて親《おや》たる者《もの》が、神仏《しんぶつ》の御恩《ごおん》に感謝《かんしゃ》するよう訓《さと》してゆくことは、大《おお》いに大切《たいせつ》なる問題《もんだい》ではなかろうかと思《おも》い、完全《かんぜん》な子《こ》育《そだ》てを全《まっと》うすることにご留意《りゅうい》あらむようご一考願《こうねが》いたいと存《ぞん》ずる次第《しだい》であります。

御開山上人御遺稿集　五三一～五六頁

知恩報恩《ちおんほうおん》のこと　親《おや》の恩《おん》に報《むく》いるとか、師《し》の恩《おん》に報《むく》いるとか申《もう》しましても、親《おや》が死《し》んでしまったり、師《し》が側《そば》にいないということであれば、直接恩《ちょくせつおん》に報《むく》いることが出来《でき》ません。

それならばどうすればよいかと言《い》えば、自分《じぶん》が正《ただ》しい教《おし》え、即《すなわ》ち法華経《ほけきょう》を信《しん》じて世《よ》の中《なか》の人《ひと》を導《みちび》くとか、社会《しゃかい》のために尽《つ》くすことです。皆さんが法華経《ほけきょう》を信《しん》じ、法華経《ほけきょう》の実践《じっせん》に努力《どりょく》せられ、殊《こと》に信仰《しんこう》の目標《もくひょう》を改《あらた》めるために日蓮宗《にちれんしゅう》に改宗《かいしゅう》せられて亡《な》き先祖《せんぞ》の追善《ついぜん》をされること、そして法華経《ほけきょう》の正《ただ》しいことを世《よ》の中《なか》の人々《ひとびと》に知《し》らせるためお骨折《ほねお》りくださることなど、みな大《おお》きな報恩《ほうおん》であります。

恩《おん》を知《し》れば恩《おん》に報《むく》いようと致《いた》します。恩《おん》に報《むく》いようとするならばどうするか、必《かなら》ずしも直接《ちょくせつ》その人《ひと》に報《むく》いることをしないでも、世《よ》の中《なか》に尽《つ》くすことによっても恩《おん》を報《ほう》ずることができます。即《すなわ》ち、恩《おん》を知《し》ればあらゆる善根《ぜんこん》を積《つ》むことができるのであります。恩《おん》に報《むく》いるという心持《こころも》ちがなければ、自分《じぶん》さえよければ人《ひと》はどうでもいい、という利己心《りこしん》の固《かた》まりになって、善根《ぜんこん》は自然《しぜん》になくなってしまいます。

智度論《ちどろん》に、

「恩《おん》を知《し》る者《もの》は大悲《だいひ》の本《もと》なり。善業《ぜんごう》を開《ひら》くの初門《しょもん》なり」

と言《い》われています。仏《ほとけ》となるには大悲《だいひ》の心《こころ》が深《ふか》く、恩《おん》に報《むく》いる働《はたら》きがなくてはなりません。大悲《だいひ》の心《こころ》もなく、報恩《ほうおん》の働《はたら》きなき者《もの》は仏《ほとけ》に成《な》れません。

お釈迦《しゃか》さまは、ご自身《じしん》でご一生《しょう》の間始終《あいだしじゅう》、恩《おん》を知《し》り、恩《おん》に報《むく》いることをお考《かんが》えになり、ご実行《じっこう》になった方《かた》であります。お釈迦《しゃか》さまは、インドの国王《こくおう》の子《こ》としてお生《う》まれになりましたが、お年《とし》の若《わか》い時《とき》から世《よ》の中《なか》の無常《むじょう》を観《かん》じて、

「ただうっかりしていては自分《じぶん》の一生《しょう》が無意味《むいみ》になってしまう。何《なん》とかして人生《じんせい》の本当《ほんとう》の意義《いぎ》を知《し》りたい。それには、自分《じぶん》が王《おう》の子《こ》として栄華《えいが》の生活《せいかつ》をしていたのでは本当《ほんとう》の修行《しゅぎょう》は出来《でき》ないから、王宮《おうきゅう》の生活《せいかつ》を捨《す》てて出家《しゅっけ》をし、然《しか》るべき師匠《ししょう》を求《もと》めて人生《じんせい》の本当《ほんとう》の意義《いぎ》を知《し》るための努力《どりょく》をしよう」と決心《けっしん》されたのであります。しかしながら元来心《がんらいこころ》の優《やさ》しい方《かた》でありますから、

「自分《じぶん》が今王宮《いまおうきゅう》を去《さ》ったなら親《おや》の王《おう》も、また妻子《さいし》も嘆《なげ》くであろうし、家来達《けらいたち》も失望《しつぼう》するであろう。それら大勢《おおぜい》の人《ひと》に嘆《なげ》きをかけて、自分一人《じぶんひとり》の研究《けんきゅう》したいという心持《こころも》ちを満足《まんぞく》させるということは、甚《はなは》だわがままなことではないか」と思《おも》われ、躊躇《ちゅうちょ》しておられましたが、さればといって、人生《じんせい》の本当《ほんとう》の意義《いぎ》を知《し》らずに毎日《まいにち》を送《おく》ることは堪《た》えられないことでありますから、ついに大決心《だいけっしん》を定《さだ》められ、

「自分《じぶん》がこれから出家《しゅっけ》して人生《じんせい》の意義《いぎ》を極《きわ》め、人間《にんげん》は何《なん》のために生《い》きているのか、天地《てんち》

万有《ばんゆう》は何《なん》のために存在《そんざい》しているのか、ということが本当《ほんとう》に解《わか》ったなら、直《ただ》ちに帰《かえ》って自《じ》分《ぶん》の覚《さと》ったことを親《おや》にも話《はな》そう。また、妻子《さいし》にも家来《けらい》たちにも話《はな》そう。そうしてみんなを救《すく》ってやろう。本当《ほんとう》の人生《じんせい》の意義《いぎ》を教《おし》えてやろう。そうすれば、今《いま》一時《じ》は嘆《なげ》きをかけても、後《のち》の悦《よろこ》びを以《も》ってこれを償《つぐな》うことができる」とお考《かんが》えになられたのであります。

およそ人《ひと》の子《こ》としては、親《おや》に孝行《こうこう》を尽《つ》くさなければなりませんが、何《なに》が一番《ばん》の孝行《こうこう》であるかというと、親《おや》に人生《じんせい》の本当《ほんとう》の意義《いぎ》を知《し》らせて上《あ》げるということであります。また、夫《おっと》として妻《つま》に、親《おや》として子《こ》に対《たい》する慈悲《じひ》で何《なに》が一番大《ばんおお》きいかと言《い》えば、妻《つま》にも子《こ》にも人《にん》間《げん》としての本当《ほんとう》の意味《いみ》を教《おし》えることです。そのことこそ最大《さいだい》の慈悲《じひ》であります。それ故《ゆえ》、自分《じぶん》が法華経《ほけきょう》のために修行《しゅぎょう》するということは、自分《じぶん》一身《しん》のためだけではなく、親《おや》のためであり、妻子《さいし》のためとなるのであります。恩《おん》を棄《す》てるように見《み》えるけれども、これが真《しん》の恩《おん》を全《まっと》うする道《みち》であります。

御開山上人御遺稿集　四六〜四九頁

親《おや》の恩《おん》を報《ほう》ずるには

私《わたくし》が杉山先生《すぎやませんせい》の弟子《でし》になり、生《う》まれた家《いえ》を捨《す》てて出《で》たその時《とき》には、父《ちち》も母《はは》も反対《はんたい》を致《いた》しましたが、親《おや》も救《すく》われ、兄弟《きょうだい》も救《すく》われる教《おし》えのために思《おも》い切《き》って家《いえ》を捨《す》てて出《で》たのであります。しかし後《あと》になって、父《ちち》も母《はは》も喜《よろこ》んで教《おし》えを聞《き》いてくれました。そして父《ちち》は、「善《よ》い師匠《ししょう》を得《え》たね。私《わたくし》は法華経《ほけきょう》を読《よ》むことは負《ま》けないが、法華経《ほけきょう》の意味《いみ》、仏《ほとけ》さまの心《こころ》は解《わか》らなかった。少《すこ》しでも仏《ほとけ》さまのお心《こころ》が解《わか》って死《し》ぬのはうれしいことだ。この家《いえ》と邸《やしき》は法華経《ほけきょう》を弘《ひろ》める寺《てら》にするように」と申《もう》してくれました。

僧侶《そうりょ》となる儀式《ぎしき》・得度式《とくどしき》では、「恩《おん》を棄《す》てて無為《むい》に入《い》るは、真実報恩《しんじつほうおん》の者《もの》なり」（心地観経《しんちかんきょう》）とお唱《とな》えします。〝恩《おん》を棄《す》てるように見《み》えるけれども、これが恩《おん》を全《まっと》うする道《みち》である〟とお釈迦《しゃか》さまはおっしゃられ、御自《おんみずか》らもそう考《かんが》えて出家《しゅっけ》なさったのであります。現今《げんこん》でも、出家《しゅっけ》する者《もの》は皆《みな》〝恩《おん》に報《むく》いるため、大切《たいせつ》な人生《じんせい》の意義《いぎ》を全《まっと》うするための出家《しゅっけ》〟としてもらいたいのであります。

お釈迦《しゃか》さまは、修行《しゅぎょう》を積《つ》んで覚《さと》りを開《ひら》かれました後《あと》に、元臣下《もとしんか》であった優陀夷《うだい》という人《ひと》に教《おし》えを説《と》かれた時《とき》、そのことを言《い》っておられるのであります。

「自分《じぶん》が出家《しゅっけ》したのは、覚《さと》り得《え》たところを親《おや》に話《はな》したいと思《おも》ったからである。今《いま》は出家《しゅっけ》した目的《もくてき》が達《たっ》せられて、人生《じんせい》の本当《ほんとう》の意義《いぎ》が解《わか》ったから、早《はや》く帰《かえ》ってこれを親《おや》に話《はな》したい。妻子《さいし》や大勢《おおぜい》の家来《けらい》たちにも話《はな》して、皆《みな》の心《こころ》を救《すく》ってやりたい」

お釈迦《しゃか》さまのその望《のぞ》みは達《たっ》せられまして、国《くに》へ帰《かえ》られてお父《とう》さまの浄飯王《じょうぼんのう》に教《おし》えを説《と》かれました。父王《ちおう》も大変喜《たいへんよろこ》ばれ、非常《ひじょう》に安《やす》らかにこの世《よ》を去《さ》られたのであります。

御開山上人御遺稿集　四九～五一頁

◆日達上人

仏道《ぶつどう》の報恩《ほうおん》　普通《ふつう》「報恩《ほうおん》」ということを考《かんが》えますと、私《わたくし》どもは、これまでの人生《じんせい》でお世話《せわ》になった方々《かたがた》を思《おも》い浮《う》かべ、その恩《おん》に対《たい》して報《むく》いてゆくこと、と考《かんが》えます。

それもけっこうですが、個々《ここ》の恩《おん》に報《むく》いてゆこうとする「報恩《ほうおん》」は、誰《だれ》かにお世話《せわ》になったからお返《かえ》しをするという一対《たい》一の恩返《おんがえ》しで、それは「恩《おん》に報《ほう》ずる」というより、義理《ぎり》・人情《にんじょう》に近《ちか》い世界《せかい》と言《い》えます。

では、仏教的《ぶっきょうてき》に見《み》た「報恩《ほうおん》」はどのようなものでしょう。

それは、普通考《ふつうかんが》えているよりも、もっと大《おお》きな世界《せかい》と言《い》えます。

一対《たい》一の恩返《おんがえ》しを考《かんが》えた場合《ばあい》、もし相手《あいて》の人《ひと》が亡《な》くなって、いなかったら、どうして恩返《おんがえ》しをしていいかわかりません。「報恩《ほうおん》」ということを、一対《たい》一の義理《ぎり》・人情《にんじょう》の面《めん》だけで見《み》てゆくと、恩返《おんがえ》しのできない場合《ばあい》が出《で》てくるのです。

本来《ほんらい》の「報恩《ほうおん》」は、私《わたくし》どもの受《う》けている、根本的《こんぽんてき》な恩《おん》に対《たい》して報《ほう》じてゆこうとするところにあります。

では、根本的《こんぽんてき》な恩《おん》とはどういうものなのでしょう。

人《ひと》はみな仏《ほとけ》さまの世界《せかい》に生《い》かしていただいております。〝仏《ほとけ》さまの世界《せかい》に生《い》きている仏《ほとけ》さまの子《こ》ども〟とおっしゃってくださいます。これは本当《ほんとう》にありがたいことでありま す。

「知恩報恩《ちおんほうおん》」の根本《こんぽん》は、まず自分《じぶん》が今《いま》あるこの本当《ほんとう》の姿《すがた》を正《ただ》しく見《み》て、その恩《おん》に報《ほう》じてゆこうとすることであります。

仏《ほとけ》さまの世界《せかい》に生《い》かして頂《いただ》いている喜《よろこ》び、さらには、その世界《せかい》で法華経《ほけきょう》を聞《き》き得《え》たという喜《よろこ》びに対《たい》して感謝《かんしゃ》を表《あら》わしてゆくのが、仏道《ぶつどう》の報恩《ほうおん》であります。

ただ、それだけではあまりにばく然《ぜん》として意味《いみ》がわかりにくいものですから、具体的《ぐたいてき》に親《おや》の恩《おん》・師《し》の恩《おん》・社会《しゃかい》の恩《おん》といった、いろいろな恩《おん》が示《しめ》されているのです。

生《い》きている喜《よろこ》びを知《し》る

「知恩《ちおん》」とは、恩《おん》を知《し》るということですが、もし〝自分《じぶん》が今《いま》ここにいるのは自分《じぶん》の力《ちから》〟と思《おも》っていれば、まず、この思《おも》いはでてきません。

〝生《い》きているのはあたりまえ〟〝自分《じぶん》は健康《けんこう》で、自分《じぶん》の力《ちから》で働《はたら》いて金《かね》をもうけて生《い》きている〟と考《かんが》えている人《ひと》もいますが、本当《ほんとう》の姿《すがた》はそうではないはずです。私《わたくし》どもこうして生《い》きているのは、実《じつ》に不思議《ふしぎ》な因縁《いんねん》をいただいていると言《い》えるのです。

人間《にんげん》は、一歳《さい》でも十歳《さい》でも二十歳《さい》でも、若《わか》いから死《し》なないのではありません。本来《ほんらい》、いつ死《し》んでも不思議《ふしぎ》はないのです。それなのに今日《きょう》もこうして生《い》かしていただいているということは、本当《ほんとう》に不思議《ふしぎ》で、ありがたいことです。その上《うえ》に、すべての人《ひと》を本当《ほんとう》の幸《しあわ》せにする法華経《ほけきょう》にめぐり会《あ》えたことは、大《おお》いに喜《よろこ》ぶべきことであります。〝これ以上《いじょう》の喜《よろこ》びはない〟と言《い》って、言《い》い過《す》ぎではないのです。

しかし、その喜《よろこ》びも、自分一人《じぶんひとり》が喜《よろこ》んでいるだけでは何《なん》の意味《いみ》もありません。自分《じぶん》の得《え》た喜《よろこ》びを、どうやって行《おこ》ないに現《あら》わし、人《ひと》に伝《つた》えてゆくかが、肝心《かんじん》なことであります。

その方法《ほうほう》のひとつは「施《ほどこ》し」をしてゆくことです。

仏《ほとけ》さまの世界《せかい》に生《い》かしていただいて、正《ただ》しい教《おし》え、法華経《ほけきょう》を聞《き》く縁《えん》を得《え》られた喜《よろこ》びを、人《ひと》に教《おし》え、導《みちび》き、自分《じぶん》にできることで社会《しゃかい》のために尽《つ》くしてゆくのです。自分《じぶん》の日常《にちじょう》の生活《せいかつ》の中《なか》で、役割《やくわり》や仕事《しごと》を通《とお》して、たとえば、その人《ひと》がいることによって少《すこ》しでも楽《たの》しいとか〝あなたのおかげで…〟と言《い》われるような行《おこ》ないをしてゆくことです。

この義務《ぎむ》をはたすには、言葉《ことば》で、笑顔《えがお》で、心《こころ》で、行《おこ》ないで、とにかく、相手《あいて》の人《ひと》の喜《よろこ》ぶようなことをしてゆくことです。それが、生《い》かしていただいている喜《よろこ》び、法《ほう》を聞《き》き得《え》た喜《よろこ》びに対《たい》する報恩《ほうおん》であります。

そして、このことが親《おや》の恩《おん》・師《し》の恩《おん》・社会《しゃかい》の恩《おん》に報《ほう》じることとなり、さらには、仏《ほとけ》さまや法華経《ほけきょう》に対《たい》するご恩報《おんほう》じとなるのであります。

広《ひろ》い心《こころ》への導《みちび》き　自分《じぶん》が今《いま》こうしていることに対《たい》して心《こころ》からありがたいと思《おも》い、その喜《よろこ》びを自分《じぶん》の心《こころ》の中《なか》だけにとどめておかないで行《おこ》ないにうつしてゆけば、また、どんどんありがたいことがふえてきます。他《ほか》の人《ひと》、相手《あいて》の人《ひと》が喜《よろこ》んでくだされば、それは大《おお》きな善根《ぜんこん》・功徳《くどく》となるのですから、自然《しぜん》に喜《よろこ》びが増《ま》してゆくのも当然《とうぜん》です。

これが「菩薩行《ぼさつぎょう》」の行《おこ》ないです。

逆《ぎゃく》に、〝今《いま》こうして生《い》きているのはあたりまえ。自分《じぶん》ひとりの力《ちから》で生《い》きているんだ〟

ということであれば、もうそれ以上《いじょう》の発展《はってん》はありません。それだけで終《お》わってしまいます。〝自分《じぶん》さえよければ他《ほか》はどうでもいい〟という、利己心《りこしん》の固《かた》まりです。

欲令衆《よくりょうしゅう》に「四仏知見《ぶっちけん》」の法門《ほうもん》が説《と》かれています。仏《ほとけ》さまは私《わたくし》ども衆生《しゅじょう》に、仏《ほとけ》の智慧《ちえ》を開《ひら》き、示《しめ》し、悟《さと》らせ、入《い》らせるという「一大事《だいじ》の因縁《いんねん》」をもってお出《で》ましになられた、と説《と》かれています。

私《わたくし》どもは皆《みな》、利己心《りこしん》を基《もと》に生《い》きています。〝自分《じぶん》がいいと思《おも》うことがいいことなんだ〟という、狭《せま》い考《かんが》え方《かた》にとらわれているのです。

自分《じぶん》がいいという心《こころ》は、〝相手《あいて》はどうでもいい〟という心《こころ》に外《ほか》なりません。

法華経《ほけきょう》を聞《き》く前《まえ》は、そういう利己心《りこしん》の固《かた》まりで生《い》きていますから、その狭《せま》い心《こころ》を開《ひら》かせ、示《しめ》し、悟《さと》らせ、〝仏《ほとけ》さまのような広《ひろ》い心《こころ》を持《も》つように〟と、法華経《ほけきょう》をお説《と》きくださったのであります。

本当《ほんとう》の報恩者《ほうおんしゃ》とは　仏教《ぶっきょう》もいろいろな段階《だんかい》があります。お釈迦《しゃか》さまの時代《じだい》の悟《さと》りは、自分《じぶん》の煩悩《ぼんのう》を断《た》ち、△阿羅漢《あらかん》になることでした。今《いま》でもその流《なが》れは南方《なんぽう》（小乗《しょうじょう》）仏教《ぶっきょう》の方《ほう》で見《み》られます。〝自分《じぶん》さえ煩悩《ぼんのう》を断《た》ちきればいい。自分《じぶん》が悟《さと》ればそれでいい。人《ひと》のために祈《いの》ることはしなくてもいい〟という考え方《かんがかた》です。

その後《ご》、〝すべての人《ひと》が仏《ほとけ》に成《な》れる〟という教《おし》えが現《あら》われてきます。北方《ほっぽう》（大乗《だいじょう》）仏教《ぶっきょう》がこの精神《せいしん》に立《た》っております。〝私《わたくし》のみならず、あなたも、みんなが幸《しあわ》せになりましょう〟という教《おし》えです。行《おこ》ないにおいて、自分《じぶん》のことはさておき、〝まわりの人々《ひとびと》の幸《しあわ》せのために生《い》きてゆく〟という信仰《しんこう》であります。

皆《みな》さん、法華経《ほけきょう》の信仰《しんこう》をしておられます。中《なか》には、〝信仰《しんこう》は自分《じぶん》ひとりの幸《しあわ》せのためにするもの〟と考《かんが》えている方《かた》もおられるかも知《し》れません。

初《はじ》めはしかたがないかも知《し》れませんが、しかし、そのようなことばかりですと、結局《けっきょく》、信仰《しんこう》ではなくなってしまいます。それは、仏《ほとけ》さまと取引《とりひ》きすると申《もう》しますか、供養金《くようきん》を出《だ》して仏《ほとけ》さまをゆすろうとするのと同《おな》じで、信仰《しんこう》とは言《い》えません。

人生《じんせい》の本当《ほんとう》の意義《いぎ》、つまり、人《ひと》は何《なん》のために生《い》きるのかと申《もう》しますと「菩薩行《ぼさつぎょう》をするため」であります。法華経《ほけきょう》はそのように教《おし》えているのです。

心地観経《じんちかんぎょう》に「恩《おん》を棄《す》てて無為《むい》に入《い》るは、真実報恩《しんじつほうおん》の者《もの》なり」とあります。

ここで言う〝恩《おん》を棄《す》てる〟とは、自分《じぶん》の受《う》けた個々《ここ》の恩《おん》を棄《す》てるのではなく、本当《ほんとう》に恩《おん》を受《う》けたのなら、それを〝縁《えん》ある人《ひと》に返《かえ》し、施《ほどこ》しなさい〟ということです。ひとりの人《ひと》に恩《おん》を受《う》けたならば、〝それを今度《こんど》は百人《にん》、二百人《にん》の人《ひと》に返《かえ》しなさい〟と教《おし》えているのです。もっと言《い》えば「施《ほどこ》し続《つづ》ける」ということです。慈悲《じひ》・至誠《まこと》・堪忍《かんにん》を実行《じっこう》し続《つづ》けてゆくことは、親《おや》の恩《おん》、師《し》の恩《おん》、そして、さまざまに受《う》けている恩《おん》に報《ほう》じてゆくことになるのであります。

『月刊法音』第二一九号　九〜一六頁

〝おかげさまで……〟

私共《わたくしども》は慈悲《じひ》・至誠《まこと》・堪忍《かんにん》を心掛《こころが》けていますが、その前《まえ》に、もう一つ大切《たいせつ》なことを知《し》らなければいけません。

何《なに》かの記者会見《きしゃかいけん》で皇太子殿下《こうたいしでんか》が、皇后陛下《こうごうへいか》のことを次《つぎ》のように述《の》べておられました。「皇后様《こうごうさま》は常《つね》に『自分《じぶん》がいたらないから多《おお》くの方々《かたがた》にお許《ゆる》しを頂《いただ》いて、これまでつとめさせて頂《いただ》きました』と言《い》っておられます」

こういう謙虚《けんきょ》な心《こころ》が、日本人本来《にほんじんほんらい》の心《こころ》ではないかと思《おも》います。

〝世《よ》のため人《ひと》のため菩薩行《ぼさつぎょう》を行《おこ》なおう〟と決心《けっしん》するのは結構《けっこう》ですが、その前《まえ》に、多《おお》くの人《ひと》に堪忍《かんにん》をして頂《いただ》き、施《ほどこ》しを頂《いただ》いていることを知《し》らなければなりません。

人間《にんげん》は、大勢《おおぜい》の人《ひと》のおかげをこうむって初《はじ》めて、生《い》きてゆけるのです。人間《にんげん》だけではありません。地上世界《ちじょうせかい》に生《い》きる動物《どうぶつ》・植物《しょくぶつ》、そして太陽《たいよう》・空気《くうき》・水《みず》といった自然《しぜん》の恵《めぐ》みがなければ、一日《にち》たりとも生《い》きられません。〝あらゆる所《ところ》で、いろいろな人《ひと》やものの犠《ぎ》牲《せい》の上《うえ》で、迷惑《めいわく》をかけながら生《い》きている〟というのが本来《ほんらい》の姿《すがた》です。

迷惑《めいわく》をかけるといっても、仕事《しごと》の邪魔《じゃま》をしたり、借金《しゃっきん》を返《かえ》さない、というのではありません。

私《わたくし》が一日《にち》生《い》きるには、まず、一日分《にちぶん》の食《た》べ物《もの》がいります。それは、多《おお》くの生《い》きものの命《いのち》を頂《いただ》いて得《え》たものです。

〝肉《にく》も魚《さかな》も食《た》べないから殺生《せっしょう》はしていない〟という人《ひと》がいるかも知《し》れません。しかし、米《こめ》や野菜《やさい》はどうでしょう。大根《だいこん》でも人参《にんじん》でも、土《つち》の中《なか》にいる間《あいだ》は呼吸《こきゅう》し、水分《すいぶん》を吸収《きゅうしゅう》して生《い》きています。しかし、引《ひ》き抜《ぬ》いてきて放《ほ》っておけば段々《だんだん》しぼんでゆきます。それは、死《し》んでゆく姿《すがた》です。調理《ちょうり》され、食卓《しょくたく》にのぼったものはすべて、私《わたくし》に命《いのち》をくださったものなのです。

食事《しょくじ》の前《まえ》に〝頂《いただ》きます〟と言《い》います。何気《なにげ》なく言《い》いますが、これは〝あなたの命《いのち》を頂《いただ》きます〟と、そうした生《い》きものに感謝《かんしゃ》を表《あら》わす言葉《ことば》でもあるのです。〝オレが金《かね》を出《だ》して買《か》ったのだから文句《もんく》はない〟というのは、ごうまんな人間《にんげん》の勝手《かって》な言《い》い分《ぶん》です。

『月刊法音』第二九一号　一〇〜一二頁

恩《おん》とは因《いん》を知《し》る

恩《おん》という字《じ》は、心《こころ》の上《うえ》に因《いん》があります。因《いん》とは、自分《じぶん》が因《よ》って来《き》たるところのもの、つまり、今《いま》ここにいることの原因《げんいん》です。それを知《し》る心《こころ》が、恩《おん》を知《し》ることです。人《ひと》に何《なに》かを頂《いただ》いたとか、してもらったという直接《ちょくせつ》の恩《おん》もありますが、それ以上《いじょう》に大《おお》きな恩《おん》のあることを知《し》らなければなりません。

今《いま》こうして生《い》きているのは、自分一人《じぶんひとり》の力《ちから》だけではありません。両親《りょうしん》をはじめ大勢《おおぜい》の方《かた》のお世話《せわ》になっているから、今《いま》があるのです。

恩《おん》を受《う》けているのは、人《ひと》からだけではありません。食《た》べ物《もの》にも多《おお》くのおかげを受《う》けています。

唯識論《ゆいしきろん》に「この世界《せかい》は命《いのち》のあるものと命《いのち》のないものに支《ささ》えられている」とあります。

命《いのち》のないものとは、空気《くうき》・水《みず》・太陽《たいよう》といった自然界《しぜんかい》の恵《めぐ》みです。このうち何《なに》がなくても、人間《にんげん》は生《い》きられません。

今《いま》、空気《くうき》がなくなれば、どんなに息《いき》の長《なが》い人《ひと》でもせいぜい四〜五分《ふん》の命《いのち》でしょう。

同《おな》じ空気《くうき》でも、エベレストの頂上《ちょうじょう》ではとても薄《うす》くなります。そのエベレストのふもと四千メートルくらいの所《ところ》に、日本人《にほんじん》の経営《けいえい》するホテルがあります。手前《てまえ》百メートルくらいまで飛行機《ひこうき》で行《い》って後《あと》は歩《ある》くのですが、その百メートルが大変《たいへん》です。そうしてホテルに入《はい》っても空気《くうき》が薄《うす》いせいでしょう、歩《ある》くのも向《む》きを変《か》えるのもいつもと違《ちが》い、ゆっくり、慎重《しんちょう》にしなければ倒《たお》れてしまいます。ホテルの周辺《しゅうへん》を散歩《さんぽ》していて急《きゅう》に呼吸困難《こきゅうこんなん》に陥《おちい》り、亡《な》くなった人《ひと》も何人《なんにん》かいると言《い》います。空気《くうき》が薄《うす》いということは不便《ふべん》なことです。

逆《ぎゃく》に、地下《ちか》に降《お》りるとどうなるのでしょう。日本福祉大学《にほんふくしだいがく》の学生《がくせい》がかつて、アフリカのケープタウンに行《い》った時《とき》、ダイヤモンドの原石《げんせき》を掘《ほ》る地底《ちてい》の見学《けんがく》を勧《すす》められたそうです。いったいどれくらいの深《ふか》さか聞《き》くと「二千メートル」と言《い》われ、〝ぞっとしてやめた〟と言《い》っていました。そこまで下《した》に行《い》くと心臓《しんぞう》が圧迫《あっぱく》され、なれるのに時間《じかん》がかかるということです。

空気《くうき》というものは、上《うえ》に行《い》っても下《した》に行《い》っても人間《にんげん》の体《からだ》に影響《えいきょう》を与《あた》えます。

人《ひと》さまのお役《やく》に…　恩《おん》を知《し》ると、〝恩《おん》をいつも受《う》けて生《い》かして頂《いただ》いているのだから、少《すこ》しでも人《ひと》さまのお役《やく》に立《た》つ生《い》き方《かた》をしたいものだ〟という心《こころ》ができてきます。〝自分《じぶん》のできることで、立場《たちば》を通《とお》し、仕事《しごと》を通《とお》して人《ひと》を喜《よろこ》ばせ、力《ちから》づけてゆこう〟という心《こころ》です。喜《よろこ》ばせる相手《あいて》は、生《い》きている人《ひと》だけではありません。先祖《せんぞ》はもちろん、かつてお世話《せわ》になった方《かた》で亡《な》くなられた方《かた》があれば供養《くよう》させて頂《いただ》くのです。そうしてゆくと次第《しだい》に心《こころ》が広《ひろ》くなり、今《いま》まで気付《きづ》かなかったこと、見《み》えなかったことが見《み》えるようになります。〝人生《じんせい》はいろいろ思《おも》うようにならないことがあるけれども、それでもこうして生《い》きていけるのはありがたい〟と思《おも》えてきます。

〝ありがたい〟という心《こころ》を持《も》てることが一番《ばん》の徳《とく》であります。これが幸《しあわ》せにつながってゆくものだと思《おも》います。

『月刊法音』第三二六号　七～九頁

人身・命

〝善《よ》き悪《あ》しき人《ひと》のさま見《み》て我《わ》が心《こころ》
いかならむかと返《かえ》り見《み》るかな〟

御開山上人御詠

◆経　典

◇諸《もろもろ》の衆生《しゅじょう》、虚妄《こもう》に是《これ》は此《し》是《これ》は彼《ひ》、是《これ》は得《とく》是《これ》は失《しつ》と横計《おうけい》して、不善《ふぜん》の念《ねん》を起《おこ》し衆《もろもろ》の悪業《あくごう》を造《つく》って六趣《△しゅ》に輪廻《りんね》し、諸《もろもろ》の苦毒《くどく》を受《う》けて、無量億劫《△むりょうおっこう》自《みずか》ら出《い》ずること能《あた》わず。

無量義經・説法品　一〇頁

◇諸佛世《しょぶつよ》に興出《こうしゅつ》したもうこと、懸遠《けんのん》にして値遇《ちぐう》すること難《かた》し。正使《たとい》世《よ》に出《い》でたまえども、是《こ》の法《ほう》を説《と》きたもうこと復難《またかた》し。無量無数劫《むりょうむしゅこう》にも、是《こ》の法《ほう》を聞《き》くこと亦難《またかた》し。能《よ》く是《こ》の法《ほう》を聴《き》く者《もの》、斯《こ》の人亦復難《ひとまたまたかた》し。譬《たと》えば優曇華《うどんげ》の、一切《さい》皆《みな》愛樂《あいぎょう》し、天《てん》・人《にん》の希有《けう》にする所《ところ》として、時《と》時《き》に乃《いま》し一たび出《い》ずるが如《ごと》し。法《ほう》を聞《き》いて歡喜《かんぎ》し讃《ほ》めて、乃至《ないし》一言《ごん》をも發《ほっ》せば、則《すなわ》ち爲《こ》れ已《すで》に、一切三世《さいぜ》の佛《ほとけ》を供養《くよう》するなり。是《こ》の人甚《ひとはなは》だ希有《けう》なること、優曇華《うどんげ》に過《す》ぎたり。

妙法蓮華經・方便品　八一頁

◇諸《もろもろ》の衆生《しゅじょう》を見《み》るに生《しょう》・老《ろう》・病《びょう》・死《し》・憂悲《うひ》・苦惱《くのう》に燒煮《しょうしゃ》せられ、亦《また》五欲財利《よくざいり》を以《もっ》ての故《ゆえ》に、種種《しゅじゅ》の苦《く》を受《う》く。又貪著《またとんぢゃく》し追求《ついぐ》するを以《もっ》ての故《ゆえ》に、現《げん》には衆苦《しゅく》を受《う》け、後《のち》には地《ぢ》獄《ごく》・畜生《ちくしょう》・餓鬼《がき》の苦《く》を受《う》く。若《も》し天上《てんじょう》に生《うま》れ及《およ》び人間《にんげん》に在《あ》っては貧窮困苦《びんぐこんく》・愛別離苦《あいべつりく》・怨憎會苦《おんぞうえく》、是《かく》の如《ごと》き等《ら》の種種《しゅじゅ》の諸苦《しょく》あり。衆生其《しゅじょうそ》の中《なか》に沒在《もつざい》して歡喜《かんぎ》し遊戲《ゆけ》して、覺《おぼ》えず知《し》らず驚《おどろ》かず怖《お》じず、亦厭《またいと》うことを生《な》さず解脱《げだつ》を求《もと》めず。此《こ》の三界《がい》の火宅《かたく》に於《おい》て東西《とうざい》に馳走《ちそう》して、大苦《だいく》に遭《あ》うと雖《いえど》も以《もっ》て患《うれい》とせず。

妙法蓮華經・譬喩品　九七～九八頁

◆遺　文

◇命限《いのちかぎ》りあり惜《をし》むべからず。遂《つい》に願《ねが》うべきは佛國《ぶっこく》なり。

富木入道殿御返事　七一五頁

◇命《いのち》と申《もう》す物《もの》は一身第《しんだい》一の珍寶《ちんぼう》なり。一日《にち》なりとも之《これ》を延《の》ぶるならば千萬兩《まんりょう》の金《こがね》にも過《す》ぎたり。

法華經に依りて定業を延ぶべき事　一七四八頁

◇人《ひと》にも二つの財《たから》あり。一には衣《い》、二には食《しょく》なり、經《きょう》に云《いわ》く、『有情《うじょう》は食《しょく》に依《よっ》て住《じゅう》す』云云《うんぬん》。文《もん》の心《こころ》は生《せい》ある者《もの》は衣《い》と食《しょく》とに依《よ》って世《よ》に住《す》むと申《もう》す心《こころ》なり。魚《いを》は水《みづ》に住《す》む、水《みづ》を宅《たく》とす。木《き》は地《ち》の上《うえ》に生《お》いて候《そうろう》、地《ち》を財《たから》とす。人《ひと》は食《しょく》によて生《せい》あり、食《しょく》を財《たから》とす。命《いのち》と申《もう》す物《もの》は一切《さい》の財《たから》の中《なか》に第《だい》一の財《たから》なり。『遍満《へんまん》三千界無《かいむ》有《う》直身命《ぢきしんみょう》』と説《と》かれて、三千大《だい》千世界《せかい》に満《み》てて候財《そうろうたから》を、命《いのち》にはかえぬ事《こと》に候《そうろう》なり。されば命《いのち》は燈《ともしび》の如《ごと》し、食《しょく》は油《あぶら》の如《ごと》し。油《あぶら》尽《つ》くれば燈《ともしび》消《き》えぬ、食《しょく》なければ命《いのち》絶《た》えぬ。

事理供養御書　二一三三頁

◇昨日《きのう》が今日《きょう》になり、去年《こぞ》の今年《ことし》となる事《こと》も、是《こ》れ期《ご》する處《ところ》の餘命《よめい》にはあらざるをや。總《すべ》て過《す》ぎにし方《かた》を數《かぞ》えて、年《とし》の積《つ》もるをば知《し》ると雖《いえど》も、今行末《いまゆくすえ》に於《おい》て一日片時《にちかたとき》も誰《たれ》か命《いのち》の數《かず》に入《い》るべき。臨終今《りんじゅういま》に在《あ》りとは知《し》りながら、我慢《がまん》・偏執《へんしゅう》・名聞《みょうもん》・利養《りよう》に著《ちゃく》して、妙法《みょうほう》を唱《とな》え奉《たてまつ》らざらん事《こと》は、志《こころざし》の程《ほど》無下《むげ》にあえなし。さこそは『皆成佛道《かいじょうぶつどう》』の御法《みのり》とは云《い》いながら、此《こ》の人争《ひといかで》か佛道《ぶつどう》に懶《ものう》からざるべき。

持妙法華問答鈔　四九五頁

◇數々《しばしば》他面《ためん》を見《み》るに、或時《あるとき》は喜《よろこ》び、或時《あるとき》は瞋《いか》り、或時《あるとき》は平《たいら》かに、或時《あるとき》は貪《むさぼ》り現《げん》じ、或時《あるとき》は癡《おろか》現《げん》じ、或時《あるとき》は諂曲《てんごく》なり。瞋《いか》るは地獄《ぢごく》、貪《むさぼ》るは餓鬼《がき》、癡《おろか》は畜生《ちくしょう》、諂曲《てんごく》なるは脩羅《しゅら》、喜《よろこ》ぶは天《てん》、平《たいら》かなるは人《にん》なり。他面《ためん》の色法《しきほう》に於《おい》ては六道共《どうとも》に之《これ》あり。四聖《しょう》は冥伏《みょうぶく》して現《げん》ぜずとも、委細《いさい》に之《これ》を尋《たず》ねば之《これ》あるべし。

如來滅後五五百歳始觀心本尊鈔　九四六頁

◇我等《われら》が人界《にんがい》に生《うま》るることの稀《まれ》なる様《さま》を、龍樹《りゅうじゅ》の『大論《だいろん》』に宣《の》べられ候《そうろう》。『大海《だいかい》の八萬《まん》四千由旬《ゆじゅん》の底《そこ》に針《はり》を立《た》て、大風《だいふう》の吹《ふ》かん時《とき》、忉利天《とうりてん》より糸《いと》を下《おろ》して、針《はり》の耳《みみ》に貫《つらぬ》く不《ふ》思議《しぎ》はありとも、人間《にんげん》に生《しょう》を受《う》くる事《こと》はあり難《がた》し』と宣《の》べ給《たま》う。既《すで》に是程《これほど》の受《う》け難《がた》き身《み》を受《う》けて、今度《こんど》佛法《ぶっぽう》の善惡《ぜんなく》を知《し》らず。惡師《あくし》の邪法《じゃほう》を行《ぎょう》じて、最第《さいだい》一の法華經《ほけきょう》を信《しん》ぜず。三途《づ》の黒闇《こくあん》の古里《ふるさと》に還《かえ》りて永劫流轉《えいごうるてん》せん事《こと》、嘆《なげ》きの中《なか》の嘆《なげ》きなり。其《そ》の上《うえ》南浮不定《なんぶふぢょう》と申《もう》して、我等《われら》が命《いのち》は電光朝露《でんこうちょうろ》の如《ごと》く、又《また》蜉蝣《ふゆう》の朝《あした》に生《しょう》じて夕《ゆうべ》に死《し》するが如《ごと》し。

法華大綱鈔　二〇七〇頁

◇人身《にんしん》は受《う》け難《がた》し、爪《つめ》の上《うえ》の土《つち》。人身《にんしん》は持《たも》ち難《がた》し、草《くさ》の上《うえ》の露《つゆ》。百二十まで持《たも》ちて名《な》を下《くだ》して死《し》せんよりは、生《い》きて一日《にち》なりとも名《な》を擧《あ》げん事《こと》こそ大切《たいせつ》なれ。中務《なかつかさ》三郎左衛門《ろうざえもんの》尉《じょう》は主《しゅ》の御爲《おんため》にも、佛法《ぶっぽう》の御爲《おんため》にも、世間《せけん》の心根《こころね》もよかりけりよかりけりと、鎌倉《かまくら》の人《ひと》人《びと》の口《くち》に歌《うた》われ給《たま》え。あなかしこあなかしこ。藏《くら》の財《たから》よりも身《み》の財勝《たからすぐ》れたり、身《み》の財《たから》よりも心《こころ》の財第《たからだい》一なり。此《こ》の御文《おんふみ》を御覽《ごらん》あらんよりは、心《こころ》の財《たから》を積《つ》ませ給《たま》うべし。

崇峻天皇御書（四條鈔）　一五八八～一五八九頁

◇世間《せけん》の人《ひと》の有様《ありさま》を見《み》るに、口《くち》には信心深《しんじんふか》き事《こと》を云《い》うと雖《いえど》も、實《じつ》に神《たましい》にそむる人《ひと》は千萬人《まんにん》に一人《にん》もなし。涅槃經《ねはんぎょう》に云《いわ》く、『佛法《ぶっぽう》を信《しん》ぜずして惡道《あくどう》に墮《だ》せん者《もの》は大地《だいち》の土《つち》の如《ごと》く、佛法《ぶっぽう》を信《しん》じて佛《ほとけ》に成《な》らん者《もの》は爪上《そうじょう》の土《つち》の如《ごと》し』と説《と》き給《たま》えるも理《ことわり》なり。

身延山御書　一二八七～一二八八頁

◇衆生《しゅじょう》の心汚《こころけが》るれば土《つち》も汚《けが》れ、心清《こころきよ》ければ土《つち》も清《きよ》しとて、淨土《じょうど》と云《い》い穢土《えど》と云《い》うも土《つち》に二つの隔《へだ》てなし。只我等《ただわれら》が心《こころ》の善惡《ぜんなく》によると見《み》えたり。衆生《しゅじょう》と云《い》うも佛《ほとけ》と云《い》うも亦此《またかく》の如《ごと》し。迷《まよ》う時《とき》は衆生《しゅじょう》と名《なづ》け、悟《さと》る時《とき》をば佛《ほとけ》と名《なづ》けたり。譬《たと》えば闇鏡《あんきょう》も磨《みが》きぬれば玉《たま》と見《み》ゆるが如《ごと》し。只今《ただいま》も一念《ねん》無明《むみょう》の迷《まよ》う心《こころ》は磨《みが》かざる鏡《かがみ》なり、是《これ》を磨《みが》かば必《かなら》ず法性眞如《ほっしょうしんにょ》の明《めい》鏡《きょう》となるべし。深《ふか》く信心《しんじん》を發《おこ》して日夜朝暮《にちやちょうぼ》に又懈《またおこた》らず磨《みが》くべし。何様《いかよう》に磨《みが》くべき、只南《ただな》無妙法蓮華經《むみょうほうれんげきょう》と唱《とな》えたてまつるを、是《これ》を磨《みが》くとは云《い》うなり。

一生成佛鈔　一一四頁

◇人《ひと》の壽命《いのち》は無常《むじょう》なり。出《い》づる氣《いき》は入《い》る氣《いき》を待《ま》つ事《こと》なし。風《かぜ》の前《まえ》の露尚譬《つゆなおたとえ》にあらず。賢《かしこ》きもはかなきも、老《お》いたるも若《わか》きも定《さだ》めなき習《なら》いなり。されば先《ま》づ臨終《りんじゅう》の事《こと》を習《なら》うて後《のち》に佗事《たじ》を習《なら》うべし。

妙法尼御前御返事　一六八二頁

◆安立大法尼

人界《にんかい》は保釈《ほしゃく》　法華経譬喩品第《ほけきょうひゆほんだい》三に曰《いわ》く「常《つね》に地獄《ちごく》に処《しょ》すること、園観《おんかん》に遊《あそ》ぶが如《ごと》く。余《よ》の悪道《あくどう》に在《あ》ること、己《おの》が舎宅《しゃたく》の如《ごと》く、駝《だ》・驢《ろ》・豬《ちょ》・狗《く》、是《こ》れ其《そ》の行処《ぎょうしょ》ならん」と。

人《ひと》と生《う》まるべき霊魂《れいこん》はいつも人間《にんげん》に宿《やど》ると心得《こころえ》たなれば大間違《おおまちが》いであります。十界《かい》のうちの三悪道《あくどう》、即《すなわ》ち、地獄《ぢごく》・餓鬼《がき》・畜生《ちくしょう》は人間《にんげん》ではないのです。

日蓮聖人曰《にちれんしょうにんいわ》く、

「悲《かな》しい哉《かな》、痛《いた》ましい哉《かな》、我等《われら》無始《むし》より已来《このかた》無明《むみょう》の酒《さけ》に酔《よ》いて、六道《どう》四生《しょう》に輪回《りんね》して、或時《あるとき》は焦熱《しょうねつ》・大焦熱《だいしょうねつ》の炎《ほのお》に咽《むせ》び、或時《あるとき》は紅蓮《ぐれん》・大紅蓮《だいぐれん》の氷《こおり》に閉《と》ぢられ、或時《あるとき》は餓鬼《がき》飢渇《けかち》の悲《かな》しみに値《お》うて、五百生《しょう》の間《あいだ》飲食《おんじき》の名《な》をも聞《き》かず。或時《あるとき》は畜生残害《ちくしょうざんがい》の苦《くる》しみを受《う》けて、小《ちい》さきは大《おお》きなるに呑《の》まれ、短《みじか》きは長《なが》きに巻《ま》かる、是《これ》を残害《ざんがい》の苦《く》と云《い》う。――悲《かな》しかるべし悲《かな》しかるべし」（聖愚問答鈔《しょうぐもんどうしょう》・上《じょう》）と。

これらの苦《くる》しみは、人間《にんげん》にあらざる畜類《ちくるい》に生《せい》を受《う》けての苦《くる》しみであります。常《つね》にムカムカと腹立《はらた》つことが多《おお》ければ、地獄《じごく》の種《たね》まきであり、貪欲《とんよく》は餓鬼道《がきどう》の種《たね》まき、自分《じぶん》さえ良《よ》ければ他人《たにん》はどうなろうともかまわぬ、という心持《こころも》ちで日常《にちじょう》の行為《こうい》をなし、常《つね》に足《た》ることを知《し》らずして愚痴《ぐち》多《おお》ければ、畜生道《ちくしょうどう》の種《たね》まきであります。然《しか》るに、人界《にんかい》に生《せい》を受《う》けたる者《もの》にも、関東大震災《かんとうだいしんさい》の如《ごと》く、猛火《もうか》に焼《や》かれてこの世《よ》からなる焦熱地獄《しょうねつじごく》を現《あら》わしたのであります。また、世《よ》の中《なか》には、失業《しつぎょう》のため飢餓《きが》に迫《せま》られ、あるいは、わずかの財産《ざいさん》も他人《たにん》に横領《おうりょう》せられ、病《やまい》を得《え》たれど世話《せわ》する者《もの》もなく、犬猫同様《いぬねこどうよう》の死様《しにざま》を致《いた》す等《とう》、畜類《ちくるい》にも劣《おと》った境涯《きょうがい》にて一生《しょう》を終《お》わる者《もの》もあるのでありまして、今生《こんじょう》にはさしたる悪事《あくじ》もせざるにこの苦《くる》しみに遭《あ》うのでありますが、如何《いか》にも不審《ふしん》に思《おも》われます。

斯《か》くの如《ごと》きはすべて、過去永劫《かこえいごう》の罪業《ざいごう》の現《あら》われに外《ほか》ならぬのであります。これらはいわゆる、三悪道《あくどう》にてその業因《ごういん》を果《は》たさずして仮《か》りに人界《にんかい》に生《せい》を受《う》けたのでありまして、これを保釈《ほしゃく》と申《もう》すのであります。ちょうど、国法《こくほう》を犯《おか》して入獄《にゅうごく》したる者《もの》が、仮《か》りに出獄《しゅつごく》したるを保釈《ほしゃく》というが如《ごと》く、その罪業《ざいごう》に相当《そうとう》する果報《かほう》を終《お》えずして、人界《にんかい》に生《せい》を受《う》けたる者《もの》であります。

保釈出獄者《ほしゃくしゅつごくしゃ》は謹慎《きんしん》して、行《おこ》ないを正《ただ》しくせねばならぬのであります。保釈《ほしゃく》にて人界《にんかい》に生《せい》を受《う》けたる者《もの》も、自分《じぶん》の保釈《ほしゃく》なる所以《ゆえん》を悟《さと》り、行《おこ》ないを慎《つつし》み、善根功徳《ぜんこんくどく》を積《つ》めば、必《かなら》ず罪業《ざいごう》は次第《しだい》に消滅《しょうめつ》して晴天白日《せいてんはくじつ》となり、幸福《こうふく》が来《きた》るのであります。

思《おも》うことが思《おも》うようにならず、災難《さいなん》から災難《さいなん》にて泣《な》く人《ひと》は、すべてご自身《じしん》が保釈《ほしゃく》であることをご自覚《じかく》ください。これを自覚《じかく》せずして世《よ》を儚《はかな》み、人《ひと》を憎《にく》み、恨《うら》み、なおさらに貪《むさぼ》り、人《ひと》を軽《かろ》しめたなれば、現世《げんぜ》の悪因《あくいん》と過去《かこ》の悪因《あくいん》とともにその報《むくい》を受《う》けて、三悪道《あくどう》に苦《くる》しまなければなりません。その時《とき》、如何《いか》に悔《く》ゆるとも遅《おそ》いのであります。どうかこの理《り》をお悟《さと》りあって、善因《ぜんいん》を積《つ》むことに努力《どりょく》してください。

始祖・御法話集　一三三〜一三五頁

◆宗玄大徳

人生《じんせい》は仮《かり》の宿《やど》

暮《く》れゆきて明《あ》けるを喜《よろこ》ぶ若人《わこうど》にも、過《す》ぎゆく歳月《さいげつ》は、一歩《ぽ》一歩《ぽ》我《わ》が身《み》が臨終《りんじゅう》に近《ちか》づくの道程《どうてい》であります。この理《り》は、たとえいかなる立場《たちば》の人《ひと》といえど、生《せい》を受《う》けたる者《もの》の決《けっ》して免《まぬが》れ得《え》ざることであります。この人生《じんせい》のはかなきことを説《と》いて教主釈尊《きょうしゅしゃくそん》が「一生《しょう》はただ一夜《や》の仮《かり》の宿《やど》なり」と教《おし》えられたことは、実《げ》にもと思《おも》われることであります。わが魂《たましい》は、久遠《くおん》の昔《むかし》に仏《ほとけ》の徳《とく》に依《よ》って進化《しんか》してより以来今日《いらいこんにち》に至《いた》り、なお未来永遠《みらいえいえん》に滅《めっ》することなく生《い》きてゆくのであります。

人生《じんせい》は、この魂《たましい》が人《ひと》という体《からだ》に入《はい》った時《とき》を言《い》うのであります。また、畜生《ちくしょう》その他《た》に入《はい》った時《とき》には各々《おのおの》その形《かたち》によってそれぞれ名称《めいしょう》を付《ふ》され、各々《おのおの》の受《う》けたる身《み》によって苦楽《くらく》を受《う》けるのであります。されども過去無数劫《かこむしゅこう》に造《つく》りし悪業《あくごう》の因縁《いんねん》を消滅《しょうめつ》し、功徳《くどく》を積《つ》むことのできるのは、独《ひと》り人身《じんしん》を受《う》けたる時《とき》に限《かぎ》るのであります。しかし、人生《にんしょう》を受《う》けたりといえども功徳《くどく》を積《つ》みて悪業《あくごう》の因縁《いんねん》を消滅《しょうめつ》する方法《ほうほう》を教《おし》える人師《じんし》に会《あ》わざる時《とき》は、いわゆる酔生夢死《すいせいむし》にこの尊《とうと》き人生《じんせい》を終《お》わるのでありますが、今幸《いまさいわ》いにしてお互《たが》いに受《う》け難《がた》き人身《じんしん》を受《う》け、値《あ》い難《がた》き妙法《みょうほう》に会《あ》えたのでありますから、この上《うえ》の喜《よろこ》びは無《な》いのであります。

一夜《や》の仮《かり》の宿《やど》のようなわずかの歳月《さいげつ》に無量《むりょう》の徳《とく》を得《え》たならば、この魂《たましい》は未来永劫《みらいえいごう》に楽《らく》を受《う》けるのであります。また、この法《ほう》に会《あ》わざる者《もの》や、法《ほう》を信《しん》ぜざる者《もの》は、無為《むい》に明《あ》かし暮《く》らすのみか、かえって悪業《あくごう》を重《かさ》ね、永遠《えいえん》に魂《たましい》の苦《くる》しむ因《いん》を造《つく》るのであります。世《よ》の人々《ひとびと》は平和《へいわ》を願《ねが》い、福徳《ふくとく》を希《こいねが》うといえども、知《し》らず知《し》らずの内《うち》に悪業《あくごう》を重《かさ》ねて善根《ぜんこん》を積《つ》まざるが故《ゆえ》に、善《よ》きことは到底来《とうていき》たらぬのであります。

村上先生御法話集（一）　一二一～一二二頁

臨終《りんじゅう》の事《こと》を習《なら》うて後《のち》に佗事《たじ》を習《なら》うべし　人界《にんかい》一期《ご》の清算期《せいさんき》とも称《しょう》すべき臨終《りんじゅう》において後《こう》悔《かい》せざる者《もの》を賢人《けんじん》・聖人《せいじん》と言《い》うのであります。日蓮聖人《にちれんしょうにん》は「臨終《りんじゅう》の事《こと》を習《なら》うて後《のち》に佗事《たじ》を習《なら》うべし」（妙法尼御前御返事《みょうほうあまごぜんごへんじ》）と教《おし》えられています。今臨終《いまりんじゅう》のその時《とき》に平素《へいそ》積《つ》み重《かさ》ねたる財宝《ざいほう》が、後世《ごせ》の悔《く》い、悲《かな》しみの種《たね》とならぬようにとの理《ことわり》を、心《こころ》の底《そこ》に深《ふか》く思《おも》うて、今生《こんじょう》の執着《しゅうちゃく》に執《と》らわれざることこそ肝要《かんよう》であります。

されども一般民衆《ぱんみんしゅう》は、とかくにその未来《みらい》の善果《ぜんか》を思《おも》わずして、ただ目前《もくぜん》の色形《しきぎょう》のみに執《と》らわれ、臨終《りんじゅう》を習《なら》わずして〝今日《きょう》はこのこと、明日《あす》はかのこと〟とのみ思《おも》うて、尊《とう》き人生《じんせい》をも無意味《むいみ》に終《お》わってしまうのであります。

　教主釈尊《きょうしゅしゃくそん》は例《れい》をもって「衆生《しゅじょう》とてわれら人間《にんげん》は、あたかも苦海《くかい》という泥海《どろうみ》に浮沈《ふちん》して、彼《か》の岸《きし》は見《み》ゆるといえども泳《およ》ぎつかんともせず、その上泳《うえおよ》がなければならぬその手《て》には、玩具《おもちゃ》や花束《はなたば》をしっかりと握《にぎ》ってそれを離《はな》そうとしない。たまたま天《てん》より声《こえ》あって『その花束《はなたば》や玩具《おもちゃ》を離《はな》して彼《か》の岸《きし》に泳《およ》ぎつくべし。そこには安楽《あんらく》なる世界《せかい》があるぞ』と聞《き》こえるにもかかわらず、握《にぎ》りたる玩具《おもちゃ》を離《はな》さずしてついに、海底《かいてい》の藻屑《もくず》となり果《は》てる悲《かな》しさよ」と示《しめ》されています。

　今《いま》、手《て》に持《も》ちたる玩具等《おもちゃなど》はこの上《うえ》もなく衆生《しゅじょう》の喜《よろこ》ぶものでありますが、これをいつまでも握《にぎ》り来《きた》らんには、ついには我《わ》が身《み》は溺《おぼ》るるの外《ほか》なく、その場合《ばあい》に、手《て》にせし玩具《おもちゃ》は何者《なにもの》の所有《しょゆう》でありましょうか。実《じつ》に我《わ》が身体《からだ》さえ自己《じこ》の自由《じゆう》とはならざるものを…。

村上先生御法話集（一）　一二三～一二四頁

◆御開山上人

迷《まよ》いと覚《さと》り

「迷《まよ》う時は衆生《しゅじょう》と名《な》づけ、悟《さと》る時《とき》をば仏《ほとけ》と名《な》づけたり」（一生成仏鈔《しょうじょうぶつしょう》）といわれておりますように、迷《まよ》った人《ひと》とはどんな人《ひと》のことでしょうか。それは、

一、自分《じぶん》のためにならぬようなことをする人《ひと》。
一、自分《じぶん》が困《こま》り、苦《くる》しまねばならぬことをする人《ひと》。
一、自分《じぶん》が難儀《なんぎ》な情況《じょうきょう》になるように振舞《ふるま》う人《ひと》。

これは誰《だれ》が考《かんが》えても、愚《おろ》かなことです。悟《さと》った人《ひと》は、

一、自分《じぶん》のためになることをする人《ひと》。
一、人《ひと》に喜《よろこ》びを与《あた》えて、自分《じぶん》が喜《よろこ》ぶ人《ひと》。
一、自分《じぶん》の徳《とく》となる善行《ぜんこう》を積《つ》む人《ひと》。

です。仏様《ほとけさま》は、自分《じぶん》が困《こま》り、苦《くる》しむ原因《げんいん》となるような行《おこ》ないはやめて、自分《じぶん》のためになる行《おこ》ないをさせたいと、教《おし》えを施《ほどこ》されたのであります。自己中心《じこちゅうしん》の考《かんが》えで貪《むさぼ》りをすることは、自分《じぶん》のためにならず、自分《じぶん》が困《こま》る原因《げんいん》となります。

人《ひと》の心《こころ》を和《やわら》げるような「布施《ふせ》・持戒《じかい》・忍辱《にんにく》」の行《おこ》ないをすれば、自分《じぶん》の喜《よろこ》びが増《ま》され、

自分《じぶん》のためになるのです。

話の泉　一一〜一二頁

仏《ほとけ》の子《こ》として

無量義経《むりょうぎきょう》十功徳品《くどくほん》に「憍慢多《きょうまんおお》き者《もの》には持戒《じかい》の心《こころ》を起《おこ》さしめ」とあります。

憍慢《きょうまん》というのは、本当《ほんとう》のことを知《し》らずに知《し》ったふりをしている人《ひと》で、世《よ》の中《なか》の人《ひと》はこうあり勝《か》ちです。正《ただ》しい教《おし》え、正《ただ》しい目標《もくひょう》もなく一生《しょう》をおわったならば、まことにあわれむべき者《もの》となってしまいます。「到彼岸《とうひがん》」の事実《じじつ》を思《おも》うならば、少《すこ》しぐらい物事《ものごと》を知ったというだけでは、物《もの》の数《かず》にはなりません。自分《じぶん》の一生《しょう》は菩薩修行《ぼさつしゅぎょう》であり、仏《ほとけ》の子《こ》としての修行《しゅぎょう》をせねばならぬと思《おも》わなければなりません。そして、世《よ》の中《なか》の迷《まよ》っている人《ひと》々《びと》を自分《じぶん》の力《ちから》の及《およ》ぶところで救《すく》い助《たす》けねばならぬのでありまして、実《じつ》に容易《ようい》ならぬ大《おお》きな仕事《しごと》と責任《せきにん》があるのであります。これは容易《ようい》な仕事《しごと》ではありません。

教《おし》えには三つの区別《くべつ》があります。第《だい》一は法則《ほうそく》、第《だい》二は教法《きょうほう》、第《だい》三に真理《しんり》というように分《わ》けることができます。

一、法則《ほうそく》＝人《ひと》として暮《く》らすには、規則《きそく》を守《まも》り、おたがいに迷惑《めいわく》をかけないよう、助《たす》け合《あ》うようにせねばならぬのです。親《おや》は大事《だいじ》にせねばなりません。老幼《ろうよう》はいたわらねばなりません。怠《なま》けていてはなりません。正直《しょうじき》でなければなりません。人《ひと》の物《もの》を盗《ぬす》んだり、嘘《うそ》を言《い》ってはなりません。淫《みだら》をしてもなりません。これは人《ひと》としての一通《とお》りのきまりであります。神《かみ》の教《おし》えなどはこの規律《きりつ》を教《おし》えています。

二、教法《きょうほう》＝その善《よ》き行《おこ》ないをだんだん進《すす》めてゆくには、だんだん高《たか》い教《おし》えを教《おし》えて、善《よ》い行《おこ》ないをのばし、向上《こうじょう》させてゆかねばなりません。仏《ほとけ》の教《おしえ》で申《もう》しますなら、小乗《しょうじょう》、権大乗《ごんだいじょう》の教《おし》えから段々《だんだん》高《たか》い教《おし》えに近《ちか》づけてゆくのであります。

三、真理《しんり》＝これこそ本当《ほんとう》に意義《いぎ》ある暮《く》らし方《かた》、永遠《えいえん》の実相《じっそう》を示《しめ》している大乗妙法蓮華経《だいじょうみょうほうれんげきょう》の教《おし》えに照《て》らされたものであります。この教《おし》えによって、〝自分《じぶん》の一生《しょう》はどんな暮《く》らし方《かた》をしたら永《なが》く真実《しんじつ》の相《すがた》で暮《く》らすことができるか〟ということを悟《さと》ることです。それと共《とも》に、〝自分《じぶん》は末代《まつだい》の凡夫《ぼんぷ》だとおもっていたがそうではなかった、仏《ほとけ》の子《こ》（仏子《ぶっし》）であった〟ということを知《し》ることが肝要《かんよう》です。そして、仏《ほとけ》の子《こ》らしい行《おこ》ないをせねばなりません。人《ひと》を助《たす》け救《すく》い、自分《じぶん》の働《はたらき》きで世《よ》の中《なか》の人々《ひとびと》を幸福《こうふく》にする、そういう働《はたら》きをせねばならぬと自覚《じかく》し、働《はたら》いてゆくようにならなければなりません。この働《はたら》きが持戒《じかい》であります。

現代生活の指針　六九〜七一頁

思《おも》えません。

◆日達上人

本当《ほんとう》の幸《しあわ》せを求《もと》めるなら　はっきり言《い》えば私《わたくし》共《ども》の一生《しょう》は一度限《どかぎ》り、今《いま》いる自分《じぶん》のその場《ば》がすべてです。ですから、相手《あいて》の人《ひと》とかモノの中《なか》に幸《しあわ》せを求《もと》めても、叶《かな》えられるとは思《おも》えません。

そうした無駄《むだ》なことに力《ちから》を費《つい》やすより、自分《じぶん》の今《いま》ある姿《すがた》をしっかり見《み》つめることです。そしてその中《なか》に、喜《よろこ》びを見《み》つけてゆくのです。〝何《なに》か面白《おもしろ》いことはないだろうか。いいことはないか。もうかる話《はなし》はないか〟と求《もと》めてばかりいると、いつまでたっても本当《ほんとう》の幸《しあわ》せは見《み》えません。

安立大法尼《あんりゅうだいほうに》以来《いらい》の教《おし》えは、私《わたくし》共《ども》は〝菩薩行《ぼさつぎょう》をするため、他《た》の人《ひと》を喜《よろこ》ばせ、徳《とく》を積《つ》むためにこの世《よ》に生《う》まれてきた〟ということです。これは、息《いき》のある以上《いじょう》、生《い》きている以《い》上《じょう》、続《つづ》けてゆかなければならないことです。自分《じぶん》の仕事《しごと》を通《とお》し、立場《たちば》を通《とお》して少《すこ》しでもまわりの人《ひと》を喜《よろこ》ばせ、徳《とく》を積《つ》んでゆくのです。その行為《こうい》は、人《ひと》の目《め》にふれるかどうか、人《ひと》が気付《きづ》いて感謝《かんしゃ》されるかどうかわかりませんが、誰《だれ》に認《みと》められなくとも、いろいろなところで、いろいろなことで、言葉《ことば》で、行《おこ》ないで、人《ひと》のために尽《つ》くしてゆくのです。

生《い》きている以上《いじょう》、たとえ病気《びょうき》で寝《ね》ていても、徳《とく》を積《つ》むことはできます。言葉《ことば》でお世話《せわ》頂《いただ》いている方《かた》に感謝《かんしゃ》を表《あら》わせば、それが言葉《ことば》の施《ほどこ》しとなります。

目《め》の前《まえ》には、いいこと悪《わる》いこと、いろいろなことが起《お》こりますが、どんなことでも喜《よろこ》びに変《か》え、徳《とく》を積《つ》む方向《ほうこう》に変《か》えてゆくなら、必《かなら》ずよくなります。これが〝信仰《しんこう》をする〟ということです。毎日《まいにち》を〝ありがたいな〟という心《こころ》で生《い》きてゆく中《なか》に、本当《ほんとう》の幸《しあわ》せが生《う》まれてくるのです。

『月刊法音』第二四五号　一一～一二頁

今《いま》が一番《ばん》　心《こころ》が狭《せま》いのでしょう、人《ひと》のことがよく見《み》え、うらやましく思《おも》えて仕方《しかた》のない時《とき》があります。そんな時《とき》には周囲《しゅうい》を見回《みまわ》し、花《はな》を見《み》るといいでしょう。

春《はる》になると、いろいろな花《はな》が美《うつく》しく咲《さ》きます。その花《はな》が隣《とな》りの花《はな》を見《み》て、〝いい色《いろ》だな。自分《じぶん》もああなりたいな〟とうらやむようなことは決《けっ》してありません。自分《じぶん》に与《あた》えられた力《ちから》＝因縁《いんねん》を充分《じゅうぶん》に発揮《はっき》して咲《さ》くのです。

私共人間《わたくしどもにんげん》も〝今《いま》の自分《じぶん》が一番《ばん》〟と考《かんが》えてゆくことが大切《たいせつ》です。〝今《いま》、自分《じぶん》のいる場所《ばしょ》、置《お》かれた立場《たちば》は仏《ほとけ》さまがくださったもので、一番自分《ばんじぶん》に合《あ》ったいい姿《すがた》なのだ〟というふうに考《かんが》えてゆきますと、まず、心《こころ》が安心《あんしん》できるのです。

仏《ほとけ》さまの世界《せかい》で起《お》こることはみな、仏《ほとけ》さまのなさることであります。嬉《うれ》しいことはご守護《しゅご》で、苦《くる》しいことは、仏《ほとけ》さまが私《わたくし》をよくするために与《あた》えてくださった宿題《しゅくだい》です。そうした中《なか》にあって、〝なぜ自分《じぶん》はこんなことになるのだ。なぜこんな所《ところ》にいなければならないのだ〟と思《おも》うのは「我《が》」であります。

せっかく法華経《ほけきょう》の大船《たいせん》に乗《の》っているのですから、お互《たが》いにルールを守《まも》り、助《たす》け合《あ》い、感謝《かんしゃ》を忘《わす》れないようにしてゆきたいものです。

『月刊法音』第二六七号　一四〜一五頁

慈悲《じひ》の船《ふね》　法華経《ほけきょう》の船《ふね》に乗《の》るには切符《きっぷ》がいります。それは「慈悲《じひ》」であります。この世《せ》界《かい》は、慈悲《じひ》の因縁《いんねん》によって成《な》り立《た》っています。

人間《にんげん》は、自分《じぶん》の力《ちから》だけで生《い》きているのではありません。「生《う》まれ」から考《かんが》えても、不《ふ》思議《しぎ》なことがいっぱいあります。

一人《ひとり》の子《こ》が生《う》まれる確率《かくりつ》は、生物学的《せいぶつがくてき》に見《み》て「何兆分《なんちょうぶん》の一の確率《かくりつ》」と言《い》います。考《かんが》えられないような確率《かくりつ》です。「私《わたくし》」ではなく「私《わたくし》以外《いがい》の人間《にんげん》」が生《う》まれても何《なん》の不思《ふし》議《ぎ》もありません。

今《いま》の私《わたくし》は両親《りょうしん》から生《う》まれましたが、その先《さき》を考《かんが》えると実《じつ》に多《おお》くの因縁《いんねん》があることに気付《きづ》きます。親《おや》の親《おや》の親《おや》というように先祖《せんぞ》をさかのぼってゆくと、二十代前《だいまえ》には百四万《まん》八千人《せんにん》を越《こ》す「先祖《せんぞ》」がいたことになります。その中《なか》の誰一人《だれひとり》が欠《か》けても今《いま》の私《わたくし》はありません。百万人《まんにん》を越《こ》す因縁《いんねん》を頂《いただ》いて、私《わたくし》はこの世《よ》に生《う》まれてきたのです。

生《う》まれてから今日《きょう》までを考《かんが》えても、不思議《ふしぎ》な因縁《いんねん》がたくさんあります。両親《りょうしん》がいて、学校《がっこう》の先生《せんせい》・親戚《しんせき》・知人《ちじん》・友人《ゆうじん》がいて、そうした人々《ひとびと》に支《ささ》えられて今《いま》の私《わたくし》はあるのです。

衣《い》・食《しょく》・住《じゅう》についても、〝自分《じぶん》がかせいで自分《じぶん》で買《か》う〟と言《い》うかも知《し》れませんが、多《おお》くの人《ひと》がそれぞれ働《はたら》いてくださったおかげで、手《て》に入《い》れることができるのです。食事《しょくじ》の後《あと》には「御馳走様《ごちそうさま》」と言《い》います。馳走《ちそう》とは、走《はし》り回《まわ》るということです。それに、尊敬《そんけい》を表《あら》わす御《ご》が付《つ》き、様《さま》まで付《つ》いています。「多《おお》くの人《ひと》が走《はし》り回《まわ》り、努力《どりょく》してくださったおかげで、私《わたくし》は食事《しょくじ》を頂《いただ》くことができました。ありがとうございました」というのが、御馳走様《ごちそうさま》の意味《いみ》であります。本来誰《ほんらいだれ》もが、いつも御馳走様《ごちそうさま》であります。

太陽《たいよう》・空気《くうき》・水《みず》について考《かんが》えてみましょう。

日常生活《にちじょうせいかつ》では、支払《しはら》いが滞《とどこお》ると供給《きょうきゅう》は止《と》められます。公共的《こうきょうてき》なもので最初《さいしょ》に止《と》められるのは電話《でんわ》です。こちらがお金《かね》を払《はら》っていても、相手《あいて》が料金《りょうきん》を支払《しはら》っていないと、「ただ今《いま》加入者《かにゅうしゃ》の都合《つごう》で通話《つうわ》できません」と言《い》われてしまいます。二番目《ばんめ》はガスで、三番目《ばんめ》は電気《でんき》です。寒《さむ》い冬《ふゆ》の夜《よる》も、暗闇《くらやみ》の中《なか》で震《ふる》えていなければなりません。

水道《すいどう》は、止《と》めると命《いのち》にかかわりますから、簡単《かんたん》には止《と》められないようです。

ところが、太陽《たいよう》や空気《くうき》は、全《まった》く料金《りょうきん》はいりません。もしなくなれば、生《い》き物《もの》すべてがたちどころに全滅《ぜんめつ》です。しかし、誰《だれ》もが平等《びょうどう》で、無料《むりょう》です。〝お前《まえ》は貧乏人《びんぼうにん》で金払《かねばら》いが悪《わる》いから空気《くうき》は半分《はんぶん》だ〟ということはありません。

電話《でんわ》も電気《でんき》もガスも、なければないで生《い》きてゆく道《みち》はあります。しかし、太陽《たいよう》・空気《くうき》・水《みず》は、たとえ一日《にち》といえどなかったら大変《たいへん》です。いくら「オレガオレガ」と言《い》ってみても、生《い》きるという根本《こんぽん》のところで〝オレの力《ちから》はたかが知《し》れている〟ということです。

大勢《おおぜい》の人《ひと》や動《どう》・植物《しょくぶつ》も含《ふく》めた不思議《ふしぎ》な自然界《しぜんかい》の営《いとな》みの中《なか》で、いろいろな施《ほどこ》しを受《う》けて、今《いま》、私《わたくし》は生《い》きているのです。家庭《かてい》でも会社《かいしゃ》でも学校《がっこう》でも、社会《しゃかい》の中《なか》で、まわりの人《ひと》が私《わたくし》に慈悲《じひ》を施《ほどこ》してくださるから生《い》きていられるのです。そこで〝私《わたくし》も皆《みな》さんのように何《なに》か一つでもお手伝《てつだ》いさせて頂《いただ》こう〟と考《かんが》えるのは、信仰《しんこう》する人間《にんげん》であれば当然《とうぜん》だと思《おも》います。

この肝心《かんじん》を忘《わす》れ、自分勝手《じぶんかって》な生《い》き方《かた》ばかりしておりますと、法華経《ほけきょう》の大船《たいせん》に乗《の》ることはできません。

『月刊法音』第二六七号　九～一二頁

凡夫《ぼんぶ》と仏《ほとけ》　世《よ》の中《なか》が悪《わる》く見《み》えるのもよく見《み》えるのも自分《じぶん》の心次第《こころしだい》、と日蓮聖人《にちれんしょうにん》はおっしゃいます。

「衆生《しゅじょう》の心汚《こころけが》るれば土《つち》も汚《けが》れ、心清《こころきよ》ければ土《つち》も清《きよ》しとて、浄土《じょうど》と云《い》い穢土《えど》と云《い》うも土《つち》に二つの隔《へだ》てなし。只我等《ただわれら》が心《こころ》の善悪《ぜんなく》によると見《み》えたり」（一生成仏鈔《しょうじょうぶつしょう》＝以下《いか》も同《おな》じ）

社会《しゃかい》でも家庭《かてい》でも、そこに住《す》んでいる人《ひと》がどういう心《こころ》で、どういう行《おこ》ないをするかによって、よくもなり悪《わる》くもなります。

「衆生《しゅじょう》と云《い》うも仏《ほとけ》と云《い》うも亦此《またかく》の如《ごと》し。迷《まよ》う時《とき》は衆生《しゅじょう》と名《なず》け、悟《さと》る時《とき》をば仏《ほとけ》と名《なず》けたり」

あれこれ迷《まよ》っている時《とき》は凡夫《ぼんぶ》で、〝ありがたい〟という喜《よろこ》びに満《み》たされている時《とき》は、仏《ほとけ》であります。一人《ひとり》の自分《じぶん》の中《なか》に、凡夫《ぼんぶ》の心《こころ》も仏《ほとけ》の心《こころ》もあるのです。

「一代《だい》八万《まん》の聖教《しょうぎょう》、三世《ぜ》十方《ぽう》の諸仏菩薩《しょぶつぼさつ》も、我《わ》が心《こころ》の外《そと》にありとはゆめゆめ思《おも》うべからず」

法華経《ほけきょう》の功徳《くどく》も、三世《ぜ》十方《ぽう》の諸仏《しょぶつ》・菩薩《ぼさつ》の心《こころ》もみな、外《そと》にあるのではありません。私《わたくし》の心《こころ》の中《なか》に見《み》つけるのです。

チルチル・ミチルの兄妹《きょうだい》は幸福《こうふく》の青《あお》い鳥《とり》を探《さが》して遠《とお》くに行《ゆ》きましたが、幸《しあわ》せを外《そと》に求《もと》めようとして人《ひと》を頼《たよ》り、人《ひと》に何《なに》かをしてもらおうと期待《きたい》してはいけません。

幸《しあわ》せは、自分《じぶん》が作《つく》ってゆくものです。どのような境遇《きょうぐう》にあろうと、心《こころ》を澄《す》ませ、落《お》ち着《つ》いた心《こころ》で常《つね》に〝感謝《かんしゃ》すること。ありがたいこと〟を見《み》つけることです。

『月刊法音』第二六七号　一五～一六頁

妙法《みょうほう》の生《い》き方《かた》　自分《じぶん》が生《い》きることによって少《すこ》しでも他《た》の人《ひと》の役《やく》に立《た》つ生《い》き方《かた》をするのが、妙法《みょうほう》の生《い》き方《かた》です。

ただ〝自分《じぶん》のために食《た》べて寝《ね》て、自分《じぶん》が元気《げんき》で幸《しあわ》せならばそれでいい〟というのでは、動物《どうぶつ》と同《おな》じです。人間《にんげん》が他《ほか》の動物《どうぶつ》より上等《じょうとう》な生《い》きものであるのなら、それなりの生《い》き方《かた》をしなければなりません。それは、他《た》に対《たい》する思《おも》いやりの心《こころ》を持《も》ってゆくことです。

人生《じんせい》を生《い》きてゆく中《なか》で、〝考《かんが》えてみると私《わたくし》も空《むな》しい存在《そんざい》であるけれど、しかし、生《い》きている以上《いじょう》は自分《じぶん》の力《ちから》で、何《なに》か人《ひと》の役《やく》に立《た》つ生《い》き方《かた》をしよう〟というのが、〝動物《どうぶつ》とは違《ちが》う生《い》き方《かた》をする〟ということです。それが「妙法《みょうほう》の生《い》き方《かた》」です。

「苦《く》」であり「空《くう》」である世界《せかい》から、「妙《みょう》」という「よみがえる」世界《せかい》に行《い》く道《みち》です。〝つまらない〟という心《こころ》から〝ありがたい〟という心《こころ》になれば、目《め》の前《まえ》の世界《せかい》は全《まった》く違《ちが》った世界《せかい》になります。自分《じぶん》の人生《じんせい》が「よみがえる」のです。それが安立大法尼《あんりゅうだいほうに》以来《いらい》の教《おし》えであり、法華経《ほけきょう》の説《と》く世界《せかい》であります。

『月刊法音』第三二三号　七〜八頁

永遠《えいえん》の魂《たましい》　人間《にんげん》の命《いのち》には限《かぎ》りがあります。しかし、魂《たましい》は永遠《えいえん》に続《つづ》きます。地上《ちじょう》に落《お》ちた水《みず》が天地《てんち》の間《あいだ》を循環《じゅんかん》してなくならないように、人間《にんげん》の魂《たましい》もまた、因縁《いんねん》によっていろいろな形《かたち》をとり、この世《よ》に現《あら》われます。魂《たましい》の続《つづ》く中《なか》で時《とき》には親《おや》になり、子《こ》になることはありましても、消滅《しょうめつ》してなくなることはありません。

過去世《かこせ》はいったい何《なに》であったか、天眼《てんがん》がないからわかりませんが、「生生世世《しょうじょうせせ》」（開《かい》教偈《きょうげ》）から考《かんが》えますと、今《いま》、憎《にく》くて仕方《しかた》のない人《ひと》が自分《じぶん》の先生《せんせい》であった可能性《かのうせい》もあります。

心《こころ》が狭《せま》いと、目《め》の前《まえ》のこと、現世《げんぜ》の姿《すがた》しか思《おも》いつきませんが、過去世《かこせ》だけでなく来世《らいせ》を考《かんが》えますと、大《おお》きく、広《ひろ》い世界《せかい》が見《み》えてまいります。

人間《にんげん》の寿命《じゅみょう》は決《き》まっていますから、今世《こんぜ》しかないと思《おも》っていると、〝あれをしたい。これもしたい〟と思《おも》っても充分《じゅうぶん》できません。それでは死《し》ぬ時《とき》、思《おも》いを残《のこ》したままあの世《よ》に行《い》かなければなりません。しかし、今世《こんぜ》だけでなく来世《らいせ》もあると考《かんが》えてゆくと、〝今世《こんぜ》でできないことは来世《らいせ》にすればいい〟ということになります。世界《せかい》が広《ひろ》がりますから、落《お》ち着《つ》いた生《い》き方《かた》ができると思《おも》います。

『月刊法音』第三一六号　一一～一二頁

三徳《とく》は心《こころ》の栄養《えいよう》

日蓮聖人《にちれんしょうにん》の遺文《いぶん》に「命《いのち》と申《もう》す物《もの》は一切《さい》の財《たから》の中《なか》に第《だい》一の財《たから》なり」（事《じ》理供養御書《りくようごしょ》）とあります。生《い》きているその基《もと》は命《いのち》であります。人《ひと》には肉体《にくたい》と心《こころ》の健康《けんこう》が大切《たいせつ》です。肉体《にくたい》を保《たも》つには呼吸《こきゅう》と食事《しょくじ》が大切《たいせつ》です。肉体《にくたい》の循環《じゅんかん》をよくするためには、手《て》足《あし》をよく動《うご》かすことです。一方《ぽう》、心《こころ》の健康《けんこう》のためには、心《こころ》の栄養《えいよう》を取《と》り、それを生《い》かしてゆく行《おこ》ないが必要《ひつよう》であります。心《こころ》の栄養《えいよう》、それは法華経《ほけきょう》・三徳《とく》であります。

〝なぜ三徳《とく》を実行《じっこう》しなければならないのか。どうして慈悲《じひ》・至誠《まこと》・堪忍《かんにん》が必要《ひつよう》なのか〟

それは、私達《わたくしたち》が幸《しあわ》せになるために必要不可欠《ひつようふかけつ》なものだからです。

唯識論《ゆいしきろん》によると、私達《わたくしたち》は生《う》まれながらに〝心《こころ》の病人《びょうにん》である〟と言《い》います。その病源《びょうげん》は「末那識《まなしき》」であります。「末那識《まなしき》」とは我欲《がよく》であります。それが表《おもて》に病気《びょうき》として現《あら》われたのが、貪《とん》・瞋《じん》・痴《ち》であります。

生《い》きていると楽《たの》しいことも少《すこ》しはありますが、辛《つら》いこと、苦《くる》しいこと、悩《なや》むことの方《ほう》が多《おお》いものです。衣《い》・食《しょく》・住《じゅう》の問題《もんだい》、人間関係《にんげんかんけい》のこと、家族《かぞく》のこと、職場《しょくば》のこと等《とう》、悩《なや》みはつきないものです。これを無《な》くし、良《よ》い方向《ほうこう》にもってゆくには三徳《とく》の実行《じっこう》しかありません。

三徳《とく》を実行《じっこう》し続《つづ》けると〝オレガ〟という心《こころ》が変化《へんか》してゆきます。ほっておくと我《が》が強《つよ》くなり、人《ひと》を困《こま》らせ、自分《じぶん》を困《こま》らせるもととなります。いろいろな形《かたち》で施《ほどこ》しを続《つづ》け、慈《じ》悲《ひ》を実行《じっこう》し続《つづ》けてゆけば、だんだん心《こころ》が広《ひろ》くなり、何事《なにごと》にも〝ありがたいな〟という心《こころ》ができてきます。ありがたいと思《おも》う心《こころ》ができてくると今《いま》までの悩《なや》みも半減《はんげん》し、悩《なや》みが多《た》少《しょう》あってもあまり気《き》にしなくてもよいようになります。生《い》きてゆく上《うえ》で、いやいや生《い》きてゆくのと、広《ひろ》い心《こころ》で積極的《せっきょくてき》に生《い》きてゆくのでは大《おお》きなちがいです。三徳《とく》の大道《だいどう》を、変《か》わらない幸《しあわ》せを目《め》ざして歩《あゆ》もうではありませんか。

『月刊法音』第三三九号　四～七頁

輪廻転生《りんねてんしょう》　人間《にんげん》は未来永劫《みらいえいごう》、〝輪廻《りんね》を繰《く》り返《かえ》す〟と言《い》われています。考《かんが》えてみれば、恐《こわ》いことです。

死《し》によってすべてが終《お》わりになってしまうのなら、苦《くる》しいことがあってもそんなに心《しん》配《ぱい》しなくてもいいかも知《し》れません。また、今世《こんぜ》だけですべて片《かた》が付《つ》くのなら、何《なに》をしてもいいでしょう。好《す》きなことをして、それがたとえ悪《わる》いことでも、〝人《ひと》に見《み》つからなければいい〟ということになります。事実《じじつ》そう思《おも》っているのか、最近《さいきん》の世《よ》の中《なか》を見《み》ると、そんな生《い》き方《かた》を平気《へいき》でしている人《ひと》が見受《みう》けられます。もちろん大半《たいはん》の人《ひと》は誠実《せいじつ》な人生《じんせい》を送《おく》っておられますが、とんでもないことをする人《ひと》がいます。そんなことをすれば今世《こんぜ》は何《なん》とか逃《のが》れても、来世《らいせ》には利息《りそく》がついて何倍《なんばい》もの償《つぐな》いをしなければならないと思《おも》いますが、犯罪《はんざい》を犯《おか》す人《ひと》は、そんなことは考《かんが》えないのでしょう。『月刊法音』第四四三号　七頁

「死《し》」に向《む》けて生《い》きる？

人間《にんげん》の死《し》の確率《かくりつ》は百《ひゃく》パーセントです。人間《にんげん》は〝死《し》ぬために生《う》まれてきた〟と言《い》って過言《かごん》ではありません。そして、〝年《とし》を取《と》ったから死《し》ぬ〟というものでもありません。若《わか》いのに亡《な》くなる方《かた》もいます。そうであるなら、〝生《い》きている間《あいだ》をどう生《い》きるか。いかに喜《よろこ》んで生《い》きるか〟が問題《もんだい》になってきます。毎日死《まいにちし》に向《む》けて生《い》きているると思《おも》うといやになりますから、その間《かん》を〝どれだけ喜《よろこ》んで生《い》きるか。自分《じぶん》のできることでどれだけ人《ひと》を助《たす》けられるか〟ということです。菩薩行《ぼさつぎょう》をするとは、そういうことを言《い》うのです。

『月刊法音』第四三四号　一一頁

不満足《ふまんぞく》な人生《じんせい》

私共《わたくしども》の人生《じんせい》に於《お》いては、生《う》まれた時《とき》が始《はじ》まりで、死《し》ぬ時《とき》が終《お》わりと考《かんが》えられます。そして、生《い》きている間《あいだ》が「中道《ちゅうどう》」と言《い》えると思《おも》います。

私《わたくし》も皆《みな》さんも生《い》きております。生《う》まれてきたからですが、私《わたくし》が生《う》まれてきたとい

うこと自体《じたい》を考《かんが》えると、いろいろ問題《もんだい》をもっていることに気付《きづ》きます。

まず言《い》えることは、〝家《いえ》や親《おや》を選《えら》んで生《う》まれることができない〟ということです。〝もうちょっとましな家《いえ》に生《う》まれたかった。背《せ》も高《たか》く、器量《きりょう》もよく、脳《のう》ミソももう少《すこ》しいい物《もの》を持《も》って生《う》まれてくれれば、もう少《すこ》しましな人間《にんげん》になっていたかも知《し》れないのに、残念《ざんねん》なことにこんな程度《ていど》だ〟と思《おも》っている方《かた》もいらっしゃるのではないでしょうか。人《にん》間《げん》はもともと、そういう不満足《ふまんぞく》な中《なか》にいるのです。

また、今《いま》は元気《げんき》に生《い》きておりますが、やはり、終《お》わりの時《とき》がきます。その時《とき》もまた、思《おも》うにまかせません。死《し》にたくないと思《おも》っていても、突然《とつぜん》あちらの世界《せかい》に連《つ》れて行《い》かれてしまうこともあります。結婚式《けっこんしき》などは暦《こよみ》を見《み》て好《す》きな日《ひ》を選《えら》べますが、死《し》ぬ時《とき》は、〝今日《きょう》は三隣亡《りんぼう》だからやめよう〟と思《おも》ってもできません。人間《にんげん》にとって一番肝心《ばんかんじん》の、初《はじ》めと終《お》わりが思《おも》うにまかせません。ですから、〝生《う》まれてきた以上《いじょう》、仕方《しかた》がないけど生《い》きている〟ということになるわけですが、その生《い》きる間《あいだ》がまた、思《おも》うにまかせません。

『月刊法音』第四二三号　一二～一三頁

楽園の家庭〔親子・兄弟・夫婦〕

〝勤《つと》むれば富《とみ》も得《う》べけむ身《み》を保《たも》ち
幸《さち》を迎《むか》えて家《いえ》も栄《さか》えむ〟

御開山上人御詠

◆経　典

◇今此《いまこ》の幼童《ようどう》は皆是《みなこ》れ吾《わ》が子《こ》なり。愛《あい》するに偏黨《へんとう》なし。

妙法蓮華經・譬喩品　九六頁

◇大白牛《だいびゃくご》あり、肥壯多力《ひしょうたりき》にして、形體姝好《ぎょうたいしゅこう》なり。以《もっ》て寶車《ほうしゃ》を駕《か》せり。諸《もろもろ》の儐從多《ひんじゅうおお》くして、之《これ》を侍衛《じえい》せり。是《こ》の妙車《みょうしゃ》を以《もっ》て、等《ひと》しく諸子《しょし》に賜《たも》う。諸子《しょし》是《こ》の時《とき》、歡喜踊躍《かんぎゆやく》して、是《こ》の寶車《ほうしゃ》に乘《の》って、四方《ほう》に遊《あそ》び、嬉戯快樂《きけけらく》して、自在無礙《じざいむげ》ならんが如《ごと》し。舍利弗《しゃりほつ》に告《つ》ぐ、我《われ》も亦是《またかく》の如《ごと》し、衆聖《しゅしょう》の中《なか》の尊《そん》、世間《せけん》の父《ちち》なり。一切衆生《さいしゅじょう》は、皆是《みなこ》れ吾《わ》が子《こ》なり。深《ふか》く世樂《せらく》に著《じゃく》して、慧心《えしん》あることなし。

妙法蓮華經・譬喩品　一〇六～一〇七頁

◇富《と》める長者《ちょうじゃ》の子《こ》の志《こころざし》劣《れつ》なるを知《し》って、方便力《ほうべんりき》を以《もっ》て、其《そ》の心《こころ》を柔伏《にゅうぶく》して、然《しか》して後《のち》に乃《いま》し、一切《さい》の財寶《ざいほう》を付《ふ》するが如《ごと》く。

妙法蓮華經・信解品　一三〇～一三一頁

◇我等《われら》愚癡《ぐち》にして誤《あやま》って毒藥《どくやく》を服《ふく》せり。願《ねが》わくは救療《くりょう》せられて更《さら》に壽命《じゅみょう》を賜《たま》えと。父《ちち》、子等《こども》らの苦惱《くのう》すること是《かく》の如《ごと》くなるを見《み》て、諸《もろもろ》の經方《きょうぼう》に依《よ》って好《よ》き藥艸《やくそう》の色《しき》・香《こう》・美《み》味皆悉《みみなことごと》く具足《ぐそく》せるを求《もと》めて、擣簁和合《とうしわごう》して子《こ》に與《あた》えて服《ふく》せしむ。而《しこう》して是《こ》の言《ことば》を作《な》さく、此《こ》の大良藥《だいろうやく》は色《しき》・香《こう》・美味皆悉《みみみなことごと》く具足《ぐそく》せり。汝等服《なんだちふく》すべし。速《すみや》かに苦惱《くのう》を除《のぞ》いて復衆《またもろもろ》の患《うれえ》なけんと。

妙法蓮華經・如來壽量品　二七七頁

◇淨藏《じょうぞう》・淨眼《じょうげん》の二子《し》、其《そ》の母《はは》の所《ところ》に到《いた》って十指爪掌《しそうしょう》を合《あわ》せて白《もう》して言《もう》さく、願《ねが》わくは母《はは》、雲雷音宿王華智佛《うんらいおんしゅくおうけちぶつ》の所《みもと》に往詣《おうけい》したまえ。我等《われら》亦當《またまさ》に侍從《じじゅう》して親近《しんごん》し供養《くよう》し禮拜《らいはい》すべし。所以《ゆえ》は何《いか》ん、此《こ》の佛《ほとけ》一切《さい》の天《てん》・人衆《にんじゅ》の中《なか》に於《おい》て、法華經《ほけきょう》を説《と》きたもう、宜《よろ》しく聽受《ちょうじゅ》すべし。母《はは》、子《こ》に告《つ》げて言《い》わく、汝《なんじ》が父《ちち》、外道《げどう》を信受《しんじゅ》して深《ふか》く婆羅門《ばらもん》の法《ほう》に著《じゃく》せり。汝等往《なんだちゆ》いて父《ちち》に白《もう》して與《くみ》して共倶《とも》に去《さ》らしむべし。淨藏《じょうぞう》・淨眼《じょうげん》、十指爪掌《しそうしょう》を合《あわ》せて母《はは》に白《もう》さく、我等《われら》は是《こ》れ法王《ほうおう》の子《みこ》なり。而《しか》るに此《こ》の邪見《じゃけん》の家《いえ》に生《うま》れたり。母《はは》、子《こ》に告《つ》げて言《い》わく、汝《なん》等當《だちまさ》に汝《なんじ》が父《ちち》を憂念《うねん》して爲《ため》に神變《じんべん》を現《げん》ずべし。若《も》し見《み》ることを得《え》ば心必《こころかなら》ず清淨《しょうじょう》ならん。或《あるい》は我等《われら》が佛所《ぶっしょ》に往至《おうし》することを聽《ゆる》されん。是《ここ》に二子《し》其《そ》の父《ちち》を念《おも》うが故《ゆえ》に、虚空《こくう》に踊在《ゆざい》することを高《たか》さ七多羅樹《たらじゅ》にして、種種《しゅじゅ》の神變《じんべん》を現《げん》ず。虚空《こくう》の中《なか》に於《おい》て行《ぎょう》・住《じゅう》・坐《ざ》・臥《が》し、身《み》の上《うえ》より水《みず》を出《いだ》し、身《み》の下《した》より火《ひ》を出《いだ》し、身《み》の下《した》より水《みず》を出《いだ》し、身《み》の上《うえ》より火《ひ》を出《いだ》し、或《あるい》は大身《だいしん》を現《げん》じて虚空《こくう》の中《なか》に滿《み》ち、而《しか》も復小《またしょう》を現《げん》じ、小《しょう》にして復大《まただい》を現《げん》じ、空中《くうちゅう》に於《おい》て滅《めっ》し、忽然《こつねん》として地《ち》に在《あ》り、地《ち》に入《い》ること水《みず》の如《ごと》く、水《みず》を履《ふ》むこと地《ち》の如《ごと》し。是《かく》の如《ごと》き等《ら》の種種《しゅじゅ》の神變《じんべん》を現《げん》じて、其《そ》の父《ちち》の王《おう》をして心淨《こころきよ》く信解《しんげ》せしむ。時《とき》に父《ちち》、子《こ》の神力是《じんりきかく》の如《ごと》くなるを見《み》て、心大《こころおおい》に歡喜《かんぎ》し未曾有《みぞうう》なることを得《え》、合掌《がっしょう》して子《こ》に向《むか》って言《い》わく、汝等《なんだち》が師《し》は爲《さだ》めて是《こ》れ誰《たれ》ぞ、誰《たれ》の弟子《でし》ぞ。二子《し》白《もう》して言《もう》さく、大王《だいおう》、彼《か》の雲雷音宿王華智佛《うんらいおんしゅくおうけちぶつ》、今《いま》七寶《ぽう》菩提樹下《ぼだいじゅげ》の法座《ほうざ》の上《うえ》に在《まし》まして坐《ざ》したまえり。一切世間《さいせけん》の天《てん》・人衆《にんじゅ》の中《なか》に於《おい》て、廣《ひろ》く法華經《ほけきょう》を說《と》きたもう。是《こ》れ我等《われら》が師《し》なり、我《われ》は是《こ》れ弟子《でし》なり。父《ちち》、子《こ》に語《かた》って言《い》わく、我今亦汝等《われいままたなんだち》が師《し》を見《み》たてまつらんと欲《ほっ》す。共倶《とも》に往《ゆ》く可《べ》し。是《ここ》に二子《し》、空中《くうちゅう》より下《お》りて其《そ》の母《はは》の所《ところ》に到《いた》って、合掌《がっしょう》して母《はは》に白《もう》さく、父《ちち》の王《おう》、今已《いますで》に信解《しんげ》して、阿耨多羅《あのくたら》三藐《みゃく》三菩提《ぼだい》の心《こころ》を發《おこ》すに堪任《かんにん》せり。我等父《われらちち》の爲《ため》に已《すで》に佛事《ぶつじ》を作《な》しつ。願《ねが》わくは母《はは》、彼《か》の佛《ほとけ》の所《みもと》に於《おい》て、出家《しゅっけ》し修道《しゅどう》せんことを聽《ゆる》されよ。

妙法蓮華經・妙莊嚴王本事品　三七四～三七六頁

◇世尊《せそん》、此《こ》の我《わ》が二子《しこ》已《すで》に佛事《ぶつじ》を作《な》しつ、神通變化《じんづうへんげ》を以《もっ》て、我《わ》が邪心《じゃしん》を轉《てん》じて佛法《ぶっぽう》の中《なか》に安住《あんじゅう》することを得《え》、世尊《せそん》を見《み》たてまつることを得《え》せしむ。此《こ》の二子《し》は是《こ》れ我《わ》が善知識《ぜんちしき》なり。宿世《しゅくせ》の善根《ぜんごん》を發起《ほっき》して、我《われ》を饒益《にょうやく》せんと欲《ほっ》するを爲《もっ》ての故《ゆえ》に、我《わ》が家《いえ》に來生《らいしょう》せり。

妙法蓮華經・妙莊嚴王本事品　三七八～三七九頁

◆遺　文

◇我《わ》が頭《こうべ》は父母《ふぼ》の頭《こうべ》、我《わ》が足《あし》は父母《ふぼ》の足《あし》、我《わ》が十指《しし》は父母《ふぼ》の十指《しし》、我《わ》が口《くち》は父母《ふぼ》の口《くち》なり。譬《たと》えば種子《たね》と果子《このみ》と、身《み》と影《かげ》との如《ごと》し。

忘持經の事　一三六二～一三六三頁

◇父母《ふぼ》に御孝養《おんきょうよう》の意《こころ》あらん人人《ひとびと》は法華經《ほけきょう》を贈《おく》り給《たま》うべし。教主釋尊《きょうしゅしゃくそん》の父母《ふぼ》の御孝養《おんきょうよう》に法《ほ》華經《けきょう》を贈《おく》り給《たま》いて候《そうろう》。

刑部左衛門尉女房御返事　一九〇〇頁

◇烏龍《をりょう》と云《い》いし者《もの》は法華經《ほけきょう》を謗《ぼう》じて地獄《ぢごく》に墮《お》ちたりしかども、其《そ》の子《こ》に遺龍《いりょう》と云《い》いし者《もの》、法華經《ほけきょう》を書《か》きて供養《くよう》せしかば親佛《おやほとけ》に成《な》りぬ。又妙莊嚴王《またみょうしょうごんのう》は惡王《あくおう》なりしかども、御子《おんこ》の淨《じょう》藏《ぞう》・淨眼《じょうげん》に導《みちび》かれて、娑羅樹王佛《しゃらじゅおうぶつ》と成《な》らせ給《たま》う。其《そ》の故《ゆえ》は子《こ》の肉《にく》は母《はは》の肉《にく》、母《はは》の骨《ほね》は子《こ》の骨《ほね》なり。

光日上人御返事　一九六七頁

◇父母《ふぼ》の命《めい》に背《そむ》いて無爲《むい》に入《い》り、還《かえ》って父母《ふぼ》を導《みちび》くは孝《こう》の手本《てほん》なること佛《ほとけ》其《そ》の證據《しょうこ》なるべし。彼《か》の淨藏淨眼《じょうぞうじょうげん》は父《ちち》の妙莊嚴王《みょうしょうごんのう》外道《げどう》の法《ほう》に著《ぢゃく》して佛法《ぶっぽう》に背《そむ》き給《たま》いしかども、二人《にん》の太子《たいし》は父《ちち》の命《めい》に背《そむ》きて雲雷音王佛《うんらいおんのうぶつ》の御弟子《みでし》となり、終《つい》に父《ちち》を導《みちび》きて沙羅樹王佛《しゃらじゅおうぶつ》と申《もう》す佛《ほとけ》になし申《もう》されけるは不孝《ふこう》の人《ひと》と云《い》うべきか。經文《きょうもん》には『恩《おん》を棄《す》てて無爲《むい》に入《い》るは眞實《しんじつ》に恩《おん》を報《ほう》ずる者《もの》』と説《と》いて、今生《こんじょう》の恩愛《おんあい》をば皆捨《みなす》てて佛法《ぶっぽう》の實《じつ》の道《みち》に入《い》る、是《こ》れ實《じつ》に恩《おん》を知《し》れる人《ひと》なりと見《み》えたり。

聖愚問答鈔・下　五八七頁

◇日蓮《にちれん》は日本《にほん》第一《だい》の法華經《ほけきょう》の行者《ぎょうじゃ》なり。既《すで》に勸持品《かんぢほん》の二十行《ぎょう》の偈《げ》の文《もん》は日本國《にほんこく》の中《なか》には日蓮一人《にちれんひとり》讀《よ》めり。八十萬億那由陀《まんのくなゆた》の菩薩《ぼさつ》は口《くち》には宣《の》べたれども、修行《しゅぎょう》したる人《ひと》一人《にん》もなし。かかる不思議《ふしぎ》の日蓮《にちれん》を生《う》み出《いだ》せる父母《ふぼ》は日本國《にほんこく》の一切衆生《さいしゅじょう》の中《なか》には大果報《だいかほう》の人《ひと》なり。父母《ふぼ》となり其《そ》の子《こ》となるも必《かなら》ず宿習《しゅくしゅう》なり。若《も》し日蓮《にちれん》・法華經《ほけきょう》・釋迦如來《しゃかにょらい》の御使《おんつかい》ならば、父母豈其《ふぼあにそ》の故《ゆえ》なからんや。例《れい》せば妙莊嚴王《みょうしょうごんのう》・淨德夫人《じょうとくぶにん》・淨藏《じょうぞう》・淨眼《じょうげん》の如《ごと》し。釋迦《しゃか》・多寶《たほう》の二佛《ぶつ》、日蓮《にちれん》が父母《ふぼ》と變《へん》じ給《たま》うか。然《しか》らずば八十萬億《まんのく》の菩薩《ぼさつ》の生《うま》れ替《かわ》り給《たま》うか。又上行《またじょうぎょう》菩薩等《ぼさつとう》の四菩薩《ぼさつ》の中《なか》の垂迹《すいじゃく》か、不思議《ふしぎ》に覺《おぼ》え候《そうろう》。　寂日房御書　一七八六～一七八七頁

◇子《こ》を思《おも》う金鳥《こんちょう》は火《ひ》の中《なか》に入《い》りにき。子《こ》を思《おも》いし貧女《ひんにょ》は恆河《ごうが》に沈《しず》みき。彼《か》の金鳥《こんちょう》は今《いま》の彌勒菩薩《みろくぼさつ》なり。彼《か》の河《かわ》に沒《しず》みし女人《にょにん》は大梵天王《だいぼんてんのう》と生《うま》れ給《たま》う。　光日上人御返事　一九六八頁

◇凡《およ》そ一樹《じゅ》の陰《かげ》に宿《やど》り一河《が》の流《ながれ》を汲《く》むことだにも、多生《たしょう》の緣《えにし》とこそ云《い》いぬるに、まして況《いわ》んや親《おや》となり子《こ》となるをや。　十王讃歎鈔　七一頁

◇父母《ふぼ》に孝《こう》あれとは、設《たと》い親《おや》は物《もの》に覺《おぼ》えずとも、惡《あし》ざまなる事《こと》を云《い》うとも、聊《いさ》かも腹《はら》も立《た》てず誤《あやま》る顔《かお》を見《み》せず、親《おや》の云《い》う事《こと》に一分《ぶん》も違《たが》えず。親《おや》によき物《もの》を與《あた》えんと思《おも》いて、せめてやる事《こと》なくば一日《にち》に二三度《ど》笑《え》みて向《むか》えとなり。

上野殿御消息　一三四六頁

◇一切《さい》の事《こと》は父母《ふぼ》に背《そむ》き、國王《こくおう》に從《したが》わざるは不孝《ふこう》の者《もの》にして天《てん》の責《せめ》を蒙《こうむ》る。ただし法華《ほけ》經《きょう》の敵《かたき》になりぬれば、父母《ふぼ》國主《こくしゅ》の事《こと》をも用《もち》いざるが孝養《こうよう》ともなり、國《くに》の恩《おん》を報《ほう》ずるにて候《そうろう》。

王舎城の事　一一五三頁

◇二の輪《わ》の車《くるま》をたすけ、二の足《あし》の人《ひと》を荷《にな》えるが如《ごと》く、二の羽《はね》の飛《と》ぶが如《ごと》く、日月《にちがつ》の一切《さい》衆生《しゅじょう》を助《たす》くるが如《ごと》く、兄弟《きょうだい》の御力《おんちから》にて親父《しんぷ》を法華經《ほけきょう》に入《い》れまいらさせ給《たま》いぬる御計《おんはか》らい、偏《ひとえ》に貴邊《きへん》の御身《おんみ》にあり。

兵衞志殿御書　一五八三頁

◇案《あん》に違《たが》う事《こと》なく、親父《しんぷ》より度度《たびたび》の御勘當《ごかんどう》を蒙《こうむ》らせ給《たま》いしかども、兄弟《きょうだい》ともに淨藏《じょうぞう》・淨《じょう》眼《げん》の後身《ごしん》か。將又《はたまた》藥王《やくおう》・藥上《やくじょう》の御計《おんはから》いかの故《ゆえ》に、終《つい》に事《こと》ゆえなく親父《しんぷ》の御勘氣《ごかんき》を許《ゆる》させ給《たま》いて、前《さき》に立《た》てまいらせし御孝養心《ごきょうようごころ》に任《まか》させ給《たま》いぬるは豈孝子《あにこうし》にあらずや。定《さだ》めて天《てん》よりも悦《よろこ》びを与《あた》え、法華經《ほけきょう》十羅刹《らせつ》も御納受《ごのうじゅ》あるべし。其《そ》の上貴邊《うえきへん》の御事《おんこと》は心《こころ》の内《うち》に感《かん》じ思《おも》う事候《ことそうろう》。此《こ》の法門經《ほうもんきょう》の如《ごと》く弘《ひろ》まり候《そうら》わば御悦《おんよろこ》び申《もう》すべし。穴賢穴賢《あなかしこあなかしこ》。兄弟《きょうだい》の御中《おんなか》不《ふ》和《わ》に渡《わた》らせ給《たま》うべからず、不和《ふわ》に渡《わた》らせ給《たま》うべからず。

孝子御書　一七五〇頁

◇男《おとこ》は柱《はしら》の如《ごと》し女《おんな》は桁《なかわ》の如《ごと》し。男《おとこ》は足《あし》の如《ごと》し女人《にょにん》は身《み》の如《ごと》し。男《おとこ》は羽《はね》の如《ごと》し女《おんな》は身《み》の如《ごと》し。羽《はね》と身《み》と別別《べちべち》になりなば何《なに》を以《もっ》てか飛《と》ぶべき、柱倒《はしらたお》れなば桁地《なかわち》に落《お》ちなん。

千日尼御返事　一八六八頁

◇矢《や》の走《はし》る事《こと》は弓《ゆみ》の力《ちから》、雲《くも》の行《ゆ》く事《こと》は龍《りゅう》の力《ちから》、夫《おとこ》の仕業《しわざ》は女《おんな》の力《ちから》なり。

富木尼御前御返事　一三五九頁

◇女人《にょにん》となる事《こと》は物《もの》に随《したが》って物《もの》を随《したが》うる身《み》なり。夫樂《をっとたの》しくば妻《つま》も栄《さか》うべし。夫盗人《をっとぬすびと》ならば妻《つま》も盗人《ぬすびと》なるべし。これ偏《ひとえ》に今生《こんじょう》ばかりの事《こと》にはあらず、世世《せせ》生生《しょうじょう》に影《かげ》と身《み》と、華《はな》と菓《このみ》と、根《ね》と葉《は》との如《ごと》くにて在《おわ》するぞかし。木《き》に棲《す》む蟲《むし》は木《き》を食《は》む、水《みづ》にある魚《いを》は水《みづ》を啖《くら》う。芝枯《しばか》るれば蘭泣《らんな》く、松榮《まつさか》うれば柏悦《かしわよろこ》ぶ。草木《くさき》すら是《かく》の如《ごと》し。比翼《ひよく》と申《もう》す鳥《とり》は身《み》は一にて頭《かしら》二あり、二の口《くち》より入《い》る物《もの》一身《しん》を養《やしな》う。比目《ひもく》と申《もう》す魚《いを》は一目《もく》づつある故《ゆえ》に一生《しょう》が間離《あいだはな》る事《こと》なし。夫《おっと》と妻《つま》とは是《かく》の如《ごと》し。

兄弟鈔　一一五〇頁

◆安立大法尼
家庭《かてい》の平和《へいわ》を望《のぞ》むなら

人《ひと》は、必《かなら》ず家庭《かてい》という集団《しゅうだん》をもって暮《く》らさなければなりません。その家庭《かてい》を平和《へいわ》に、しかも有意義《ゆういぎ》に楽《たの》しく暮《く》らすことは、人《ひと》と生《う》まれて最大《さいだい》の幸福《こうふく》であります。これに反《はん》して、不愉快《ふゆかい》なる、陰惨《いんさん》な家庭《かてい》で一生《しょう》を終《お》わる人々《ひとびと》は、誠《まこと》に人生《じんせい》の大《だい》なる不幸《ふこう》と言《い》わなければなりません。

然《しか》らば、幸福《こうふく》の源泉《げんせん》である家庭《かてい》の平和《へいわ》を希《こいねが》わるる方々《かたがた》は、如何《いか》にせば平和《へいわ》な家庭《かてい》を作《つく》り得《え》るでありましょうか。これを考究《こうきゅう》し、実行《じっこう》して、一日《にち》も早《はや》くその成果《せいか》を揚《あ》ぐべきが目下《もっか》の重大問題《じゅうだいもんだい》ではありますまいか。

この重大《じゅうだい》なる問題《もんだい》を解決《かいけつ》すべきものは何《なん》でしょうか。物質《ぶっしつ》でも科学《かがく》でも、それはだめです。畢竟《ひっきょう》、宗教《しゅうきょう》によって心《こころ》の修養《しゅうよう》をしなければ、決《けっ》してこの難問題《なんもんだい》を解決《かいけつ》することはできません。

然《しか》らば、その宗教《しゅうきょう》はと見《み》れば種々雑多《しゅじゅざった》で、教義《きょうぎ》の優劣《ゆうれつ》も定《さだ》め難《がた》く、去就《きょしゅう》いずれかに迷《まよ》う次第《しだい》でありますが、最《もっと》もよく我々日本人《われわれにほんじん》に合致《がっち》するものは仏教《ぶっきょう》であります。而《しこう》して、数《かず》ある経典中最《きょうてんちゅうもっと》も完全《かんぜん》なる修養《しゅうよう》の鑑《かがみ》は、法華経《ほけきょう》であります。日蓮主義《にちれんしゅぎ》、即《すなわ》ち法華経主義《ほけきょうしゅぎ》の修養《しゅうよう》が、現代《げんだい》に行《おこ》なわるる幾多《いくた》の修養法中《しゅうようほうちゅう》、最《もっと》も適切《てきせつ》なるものであるということが、ただいまようやく、我《わ》が国有識階級《くにゆうしきかいきゅう》に於《おい》て重要視《じゅうようし》されてまいりました。

始祖・御法話集　五三～五四頁

幸福《こうふく》の玉《たま》を得《え》て楽園《らくえん》の家庭《かてい》に…　変転常《へんてんつね》なき人生《じんせい》の行路《こうろ》には、山《やま》あり谷《たに》あり林《はやし》あり、昨日《きのう》の栄華《えいが》も今日《きょう》は夢《ゆめ》、得意《とくい》の絶頂《ぜっちょう》から悲歎《ひたん》のどん底《ぞこ》にぶち堕《お》ちるような悲惨事《ひさんじ》も、決《けっ》して少《すく》なくはありませんが、妙法《みょうほう》を実行《じっこう》する者《もの》には諸天善神《しょてんぜんじん》の守護《しゅご》がある故《ゆえ》に、咄嗟《とっさ》に来《きた》る災難《さいなん》も未然《みぜん》に防止《ぼうし》し、かかる不幸《ふこう》から必《かなら》ず逃《のが》れることができます。そうして家内睦《かないむつま》じく、親《おや》は子《こ》を愛《あい》し、子《こ》は親《おや》を敬《うやま》い、老人《ろうじん》をいたわり、幼者《ようしゃ》を慈《いつく》しみ、家族《かぞく》おのおの、その本分《ほんぶん》を尽《つ》くしたなれば、期《き》せずして、楽《たの》しくも美《うつく》しい人生《じんせい》の理想境《りそうきょう》は必《かなら》ず出現《しゅつげん》するのであります。これこそ楽園《らくえん》の家庭《かてい》でなくて何《なん》でしょう。

故《ゆえ》に、平和《へいわ》な家庭《かてい》を望《のぞ》まるるならば、法華経《ほけきょう》に依《よ》り一心《しん》に修養《しゅうよう》しなければ、到底《とうてい》その目的《もくてき》を達成《たっせい》することはできません。

堪忍《かんにん》の一つを持《たも》ち得《え》ただけでも、人格陶冶《じんかくとうや》に絶大《ぜつだい》な効果《こうか》のあることは、私《わたくし》も今日《きょう》までの体験《たいけん》でよく知《し》りました。古今東西《ここんとうざい》の偉人聖賢《いじんせいけん》はもとより、いやしくも大人物《だいじんぶつ》と言《い》わるる程《ほど》の人々《ひとびと》は、皆《みな》よく堪忍《かんにん》を持《たも》った方々《かたがた》であります。これに反《はん》して、堪忍袋《かんにんぶくろ》を破《やぶ》って家《いえ》を失《うしな》い、身《み》を滅《ほろ》ぼしたる例《れい》は、枚挙《まいきょ》に暇《いとま》なき程《ほど》であります。

論《ろん》より証拠《しょうこ》、明日《あす》と言《い》わず今日《こんにち》ただ今《いま》よりこれを実行《じっこう》して、幸福《こうふく》の玉《たま》を得《え》てください。

斯《か》くの如《ごと》くお徳《とく》の深《ふか》い方々《かたがた》が法華経《ほけきょう》により修養《しゅうよう》なさいましたら、必《かなら》ず楽園《らくえん》は完成《かんせい》します。幸福《こうふく》な家庭《かてい》が集《あつ》まって一村治《そんおさ》まり、ついには、国家《こっか》もまた楽《たの》しき楽園《らくえん》となるのであります。万物《ばんぶつ》の霊長《れいちょう》と生《う》まれ、鬼畜《きちく》に等《ひと》しき行為《こうい》を敢《あ》えてし、尊厳《そんげん》なる我《わ》が国体《こくたい》を毀損《きそん》するが如《ごと》きことのなきよう、お互《たが》いにまず楽《たの》しい家庭《かてい》を作《つく》り、やがて我《わ》が国全体《くにぜんたい》をも、世界《せかい》の楽園《らくえん》としようではありませんか。

始祖・御法話集　五五〜五七頁

◆宗玄大徳

必《かなら》ず家庭平和《かていへいわ》となる実行法《じっこうほう》　家庭《かてい》の平和《へいわ》を実現《じつげん》すべき第一《だい》の要素《ようそ》は何《なん》でありましょうか。

私《わたくし》はかく考《かんが》えます。〝自分《じぶん》はこの世《よ》に何《なに》を目的《もくてき》として生《せい》を受《う》けたか〟ということです。

人《ひと》として生《う》まれ、一生涯心得《しょうがいこころえ》なければならぬことは、人格《じんかく》を養《やしな》い、これが完成《かんせい》を期《き》することであろうと思《おも》います。ひいては、家庭《かてい》を平和《へいわ》にして日々楽《ひびたの》しき日暮《ひぐ》らしをすべきであります。しかるに、家庭《かてい》の親子《おやこ》・兄弟《きょうだい》・夫婦《ふうふ》等《ら》が相互《そうご》に自分《じぶん》の意見《いけん》を主張《しゅちょう》して譲《ゆず》らず、相争《あいあらそ》うようでは、人格《じんかく》の向上《こうじょう》も家庭《かてい》の平和《へいわ》も得《え》られず、却《かえ》って不幸《ふこう》の源《みなもと》を増《ま》すのであります。故《ゆえ》に、かかる闘争心《とうそうしん》を去《さ》りて、慈悲《じひ》に仏智《ぶっち》を利用《りよう》し、お互《たが》いに相手《あいて》の心《こころ》を慰《なぐさ》めいたわり、自己《じこ》の住《す》む所《ところ》を修養《しゅうよう》の道場《どうじょう》と心得《こころえ》て功徳《くどく》を積《つ》まねばならぬのであります。

親《おや》と子《こ》は…　説教《せっきょう》をする場所《ばしょ》のみが道場《どうじょう》ではないのであります。事務《じむ》を執《と》る所《ところ》、商取《しょうと》り引《ひ》きをする所《ところ》、百姓《ひゃくしょう》をする所《ところ》が皆道場《みなどうじょう》であります。その道場《どうじょう》にてよく修養《しゅうよう》しなければならぬのに、子《こ》にして親《おや》と意見《いけん》が合《あ》わぬと言《い》っている場合《ばあい》ではないのであります。

いったいこれは、親《おや》が悪《わる》いのか、子《こ》が悪《わる》いのか。まず大抵《たいてい》の場合《ばあい》は、子《こ》が親《おや》の意見《いけん》を用《もち》いぬことが原因《げんいん》で、親子《おやこ》の仲《なか》が悪《わる》いのであります。親《おや》が子《こ》の意見《いけん》を用《もち》いぬのは、子《こ》の意見《いけん》を親《おや》が用《もち》いるほどに、子《こ》の信用《しんよう》や経験《けいけん》がないからであります。昔《むかし》より「焼野《やけの》の雉《きぎす》、夜《よる》の鶴《つる》、子《こ》を思《おも》わぬ親《おや》はなし」と言《い》って、禽獣《きんじゅう》すら親子《おやこ》の情《じょう》は備《そな》え持《も》っております。況《いわん》や人《ひと》として、子《こ》に愛《あい》を持《も》たぬ者《もの》がありましょうか。親《おや》が今日《こんにち》まで、しばしば経験《けいけん》の結果《けっか》から見《み》て、子《こ》のなすことが不同意《ふどうい》で意見《いけん》を申《もう》すことが多《おお》いのであります。この親《おや》の心情《しんじょう》を察《さっ》し、柔和《にゅうわ》な心持《こころも》ちで「そうですか」とその意見《いけん》を聞《き》き用《もち》いて後《のち》、自分《じぶん》の計画《けいかく》を打《う》ち明《あ》けてとくと相談《そうだん》するならば、子《こ》の意見《いけん》を用《もち》いぬということはないのであります。もし親《おや》が自分《じぶん》の申《もう》し分《ぶん》を用《もち》いてくれぬ場合《ばあい》は、自分《じぶん》に信用《しんよう》のないことを自覚《じかく》してまず親《おや》の意《い》見《けん》に従《したが》い、その心《こころ》を慰《なぐさ》める努力《どりょく》をなして、親《おや》が信用《しんよう》してくれるまで努力《どりょく》するのです。この行為《こうい》は親《おや》に対《たい》する孝《こう》であって、その徳《とく》に因《よ》ってついに、自分《じぶん》の考《かんが》えも用《もち》いられるようになるものであります。しかるに意見《いけん》が合《あ》わぬとて何事《なにごと》も相談《そうだん》せぬような家庭《かてい》は、親子《おやこ》が不和合《ふわごう》の証拠《しょうこ》で、お嫁《よめ》さんを迎《むか》えても嫁《よめ》・姑《しゅうとめ》間《かん》の争《あらそ》いが絶《た》えぬのであります。親子《おやこ》がよく相談《そうだん》をし合《あ》うことに因《よ》って常《つね》に親子《おやこ》の仲《なか》が良《よ》くなり、子《こ》としては自然孝行《しぜんこうこう》もできるのであります。

夫《おっと》と妻《つま》は…　夫婦間《ふうふかん》で意見《いけん》が時々衝突《ときどきしょうとつ》して不和合《ふわごう》である場合《ばあい》はどうしたらよいか考《かんが》えて

みましょう。

ともかく一戸《こ》の家長《かちょう》として、その家庭《かてい》を一身《しん》に担《にな》ってゆく夫《おっと》の責任《せきにん》は重大《じゅうだい》であるから、その恩恵《おんけい》は家内《かない》一同《どう》の片時《かたとき》も忘《わす》れてならぬことであります。されば、常《つね》に夫《おっと》を敬《うやま》い、夫《おっと》が外《そと》に出《で》て働《はたら》いて帰宅《きたく》された時《とき》には主婦《しゅふ》が一同《どう》を指揮《しき》してその労《ろう》を慰《なぐさ》むべく、暑《あつ》い時《とき》ならば冷《つめ》たき飲《の》み物《もの》を進《すす》めるとか、扇《おおぎ》で風《かぜ》を送《おく》るというようにするのです。また、寒《さむ》い時《とき》ならば暖《あたた》かくするという具合《ぐあい》に、真心《まごころ》をもって慰《なぐさ》めるならば、もし外《そと》に出《で》て心《こころ》おもしろからぬことがあっても、帰宅後《きたくご》はその感情《かんじょう》を拭《ぬぐ》い去《さ》ることができるのであります。

夫《おっと》が完全《かんぜん》な働《はたら》きのできるのは主婦《しゅふ》の内助《ないじょ》にあるのであります。日蓮聖人《にちれんしょうにん》は「矢《や》の走《はし》る事《こと》は弓《ゆみ》の力《ちから》、雲《くも》の行《ゆ》く事《こと》は龍《りゅう》の力《ちから》、夫《おっと》の仕業《しわざ》は女《おんな》の力《ちから》なり」（富木尼御前御返事《ときあまごぜんごへんじ》）と申《もう》されております。まず、家庭《かてい》を平和《へいわ》にするの重大責任《じゅうだいせきにん》はひとえに主婦《しゅふ》にあるといってもよろしいのであるから、一般婦人《ぱんふじん》には是非《ぜひ》とも、夫《おっと》の労《ろう》を慰《なぐさ》めることの実行《じっこう》をお願《ねが》い致《いた》したいのであります。少《すこ》しくらい無理《むり》なことがあっても、なおさらにいたわるようにしてください。必《かなら》ず夫《おっと》の心《こころ》は優《やさ》しくなってくるのであります。かように主婦《しゅふ》が心掛《こころが》けたならば必《かなら》ず、家庭《かてい》は円満《えんまん》にゆくものです。

　また夫《おっと》は、弓《ゆみ》である主婦《しゅふ》、すなわち妻《つま》を慰《なぐさ》めいたわらなければなりません。男子《だんし》と女子《じょし》とはその仕事《しごと》に於《おい》て持《も》ち前《まえ》を異《こと》にしているのみで、婦人《ふじん》の仕事《しごと》もなかなか重大《じゅうだい》であるのです。将来《しょうらい》家運《かうん》を栄《さか》えしむる基《もとい》の子《こ》どもの養育《よういく》をはじめ、衣・食《い・しょく》に関《かん》する一切《さい》の責任《せきにん》を持《も》ち、外出《がいしゅつ》も少《すく》なくして、家庭《かてい》に於《おい》て内助《ないじょ》の責任《せきにん》を全《まっと》うする者《もの》であるから、その心《こころ》を察《さっ》して慰《なぐさ》めるように心掛《こころが》け、夫《おっと》は妻《つま》をして心《こころ》を傷《いた》めしむるが如《ごと》き遊《あそ》び事《ごと》に耽《ふけ》ることは慎《つつし》みて、常《つね》に妻《つま》を喜《よろこ》ばすよう心掛《こころが》けてください。必《かなら》ず夫婦相和《ふうふあいわ》すことができるのでありま す。子宝《こだから》を得《う》るにも、この心掛《こころが》けに因《よ》って夫婦相和《ふうふあいわ》してこそ初《はじ》めて、「胎内教育《たいないきょういく》」も完《かん》全《ぜん》にでき得《え》て、良《よ》き子《こ》が得《え》られるのであります。

お嫁《よめ》さんとお姑《しゅうとめ》さんは…　世《よ》の中《なか》には、お互《たが》いの意見《いけん》が合《あ》わぬことは随分多《ずいぶんおお》いのであ りますが、これは、お姑《しゅうとめ》さんが〝嫁《よめ》は他人《たにん》だ〟という考《かんが》えを持《も》たれるところに思《おも》い違《ちが》いがあるのです。年《とし》も若《わか》いし経験《けいけん》も少《すく》ないお嫁《よめ》さんを我《わ》が娘《むすめ》と思《おも》って教《おし》え導《みちび》くよう心掛《こころが》け、お嫁《よめ》さんはまた、よくお姑《しゅうとめ》さんに仕《つか》えて常《つね》にその心《こころ》を慰《なぐさ》めるようにすべきであります。

　この頃《ころ》こういう話《はなし》を聞《き》きました。ある家庭《かてい》でお嫁《よめ》さんとお姑《しゅうとめ》さんが大変仲《たいへんなか》が良《よ》く、お嫁《よめ》さんの外出《がいしゅつ》する時《とき》には自分《じぶん》の娘《むすめ》のように湯《ゆ》を沸《わ》かして「それ、湯《ゆ》で顔《かお》を洗《あら》いなさい。履物《はきもの》は何《なに》にせられますか」と揃《そろ》え、無言《むごん》の中《なか》にかような教訓《きょうくん》をされ、お嫁《よめ》さんはそれを実行《じっこう》することに因《よ》って、睦《むつ》まじく暮《く》らしておられるとのことであります。

これは独《ひと》り嫁《よめ》・姑《しゅうとめ》ばかりでないのです。いずれの場合《ばあい》にもまず自分《じぶん》に範《はん》を示《しめ》し、自己《じ》の実行《じっこう》を見習《みなら》わせることが必要《ひつよう》であります。子《こ》に対《たい》してはまずその長所《ちょうしょ》を賞《ほ》めて、しかる後《のち》に一つ注意《ちゅうい》を与《あた》えるように心掛《こころが》けるのです。古《いにしえ》から「五つ賞《ほ》めて一つの注意《ちゅうい》」と言《い》われていることは、皆《みな》さんよくご存知《ぞんじ》のことと思《おも》います。

もし一、器物《きぶつ》を壊《こわ》しても大声《おおごえ》で叱《しか》るべきでありません。その過《あやま》ちをした当人《とうにん》は必《かなら》ず悪《わる》かったと思《おも》うもので、その心《こころ》は善《ぜん》に働《はたら》く芽生《めば》えであります。それを叱《しか》ったならば、その芽生《めば》えを切《き》るようなものです。叱《しか》ればきっと〝私《わたくし》ばかりでない〟と反抗心《はんこうしん》が起《お》こるでしょう。それは、悪《あく》に働《はたら》く芽生《めば》えであるのです。

人《ひと》の心《こころ》は善《ぜん》と悪《あく》との二方面《ほうめん》に働《はたら》くもので、その悪《あく》に働《はたら》く芽生《めば》えを慈悲《じひ》の縄《なわ》をもって縛《ばく》すると善心《ぜんしん》が働《はたら》くのであります。仏《ほとけ》の教《おし》えに、「解縛《げばく》・緊縛《きんばく》」とある教訓《きょうくん》がこのことであります。

家庭《かてい》の平和《へいわ》を希《こいねが》う方々《かたがた》は、以上申《いじょうもう》し述《の》べましたように、子《こ》としては親《おや》の心《こころ》をいたわるように、妻《つま》としては夫《おっと》の心《こころ》を慰《なぐさ》めるように、夫《おっと》は妻《つま》の心《こころ》をいたわるように、親《おや》としては、その子《こ》をしてどうしたならば善道《ぜんどう》に進《すす》ましめ得《う》るかということに心《こころ》を留《とど》めるのです。この行為《こうい》はすべて善根《ぜんこん》となり、将来幸福《しょうらいこうふく》を招来《しょうらい》すべき種《たね》となります。この種まきに心《こころ》を留《とど》めず、不和《ふわ》の家庭《かてい》で暮《く》らすならば、ついには経済《けいざい》にも行《ゆ》き詰《づ》まりを生《しょう》じ、病気《びょうき》も起《お》こります。災難《さいなん》に遭《あ》って後悔《こうかい》するのです。まず、人生《じんせい》の最大《さいだい》の幸福《こうふく》の泉《いずみ》は家庭平和《かていへいわ》であります。どうか家庭《かてい》を平和《へいわ》に暮《く》らしたいと思《おも》われる方々《かたがた》は、微細《びさい》なことにも徳《とく》を積《つ》むよう心掛《こころが》けてください。そうして、よい種《たね》まきをしてください。こうして家庭《かてい》を平和《へいわ》にされるならば、近隣《きんりん》の方々《かたがた》にも好《す》かれることとなり、一町村治《ちょうそんおさ》まって一国《こく》も平和《へいわ》となるの基《もと》となります。

いかに神仏《しんぶつ》に祈誓《きせい》を掛《か》けても、もしこの実行《じっこう》ができなければ家庭《かてい》の平和《へいわ》は来《きた》りません。この実行《じっこう》をするのがすなわち信仰《しんこう》であります。皆《みな》さん、どうか家庭《かてい》を平和《へいわ》にすべき本当《ほんとう》の信仰《しんこう》をしてください。祈《いの》らずとても必《かなら》ず極楽《ごくらく》の家庭《かてい》となりますから、どうかお願《ねが》い申《もう》します。

村上先生御法話集（一）　二三〇～二三六頁

◆御開山上人　よい子のお母さん心得

胎内《たいない》にある間《あいだ》は…仏《ほとけ》さまの教《おし》えを尊《とうと》び、慈悲深《じひぶか》い施《ほどこ》しのよい人《ひと》になって下《くだ》さい。施《ほどこ》しには、物《もの》の施《ほどこ》し、人《ひと》に慰安《いあん》を与《あた》える心《こころ》の施《ほどこ》し、法《ほう》の施《ほどこ》しとあります。ご両親《りょうしん》に孝行《こうこう》して下《くだ》さい。また、夫《おっと》にも兄弟《きょうだい》・姉妹《しまい》にも親切《しんせつ》にして下《くだ》さい。もう一つ堪忍強《かんにんづよ》くして下《くだ》さい。そして妙法蓮華経《みょうほうれんげきょう》、妙法蓮華経《みょうほうれんげきょう》と努《つと》めてたくさん唱《とな》えて下《くだ》さい。この心掛《こころが》けが子《こ》どもの個性《こせい》となってゆきます。お産《さん》も必《かなら》ず安産《あんざん》です。

生《う》まれてからは…可愛《かわい》い自分《じぶん》の子《こ》どもを、仏《ほとけ》さまの分身《ぶんしん》と思《おも》って敬《うやま》いの心《こころ》を持《も》って下《くだ》さい。胎内《たいない》にある時《とき》と同《おな》じように修養《しゅうよう》して下《くだ》さい。お乳《ちち》を飲《の》ませる時《とき》も、寝《ね》かす時《とき》も、小《ち》さい声《こえ》で妙法蓮華経《みょうほうれんげきょう》をお唱《とな》え下《くだ》さい。妙法蓮華経《みょうほうれんげきょう》を唱《とな》えて、よい心遣《こころづか》いをしている時《とき》はあなたのその身《み》が仏《ほとけ》さまです。諸天善神《しょてんぜんじん》はその親《おや》を、その子《こ》を必《かなら》ずお守《まも》り下《くだ》さいます。病気《びょうき》や災難《さいなん》も脱《のが》れて丈夫《じょうぶ》に育《そだ》ちます。

段々大《だんだんおお》きくなったら…親《おや》は可愛《かわい》い子《こ》どもの先生《せんせい》です。何《なん》でもお母《おか》さんのすることを知《し》らぬ間《ま》に覚《おぼ》えるのです。修養《しゅうよう》を怠《おこた》ってはなりません。お母《かあ》さんの言葉遣《ことばづか》い、お行儀《ぎょうぎ》、みな可愛《かわい》い子《こ》にそのままうつってゆきます。可愛《かわい》いと思《おも》えば思《おも》うほど他人《たにん》を親切《しんせつ》にする慈《じ》悲心《ひしん》を深《ふか》くして下《くだ》さい。そしてお母《かあ》さんは、子《こ》どもが二歳《さい》ならば二歳《さい》のお母《かあ》さん、子《こ》どもが五歳《さい》になったら五歳《さい》のお母《かあ》さんになって下《くだ》さい。それは、その年齢相当《ねんれいそうとう》の子《こ》どもの智慧《ちえ》と動作《どうさ》をよく理解《りかい》するお母《かあ》さんになって戴《いただ》きたいからです。

子《こ》どもはどんなよい子《こ》でも、初《はじ》めから何《なん》でも知《し》ってはいません。よい行《おこ》ないやお行儀《ぎょうぎ》はお母《かあ》さんが教えてゆくのです。子どもによい行《おこ》ない、よいまね、よい遊《あそ》び、よい言葉《ことば》をつかわせるのは、お母《かあ》さんがよい行《おこ》ない、よい言葉《ことば》をつかわねばなりません。子《こ》どもの教育《きょういく》は決《けっ》して叱《しか》らなくてもよいのです。よく賞《ほ》め、よく教《おし》えてゆくことです。よいと思《おも》う行《おこ》ない、よい言葉《ことば》を使《つか》ったら賞《ほ》めて下《くだ》さい。

前《まえ》にも申《もう》しましたように、お母《かあ》さんは親孝行《おやこうこう》をして見《み》せて下《くだ》さい。夫婦喧嘩《ふうふげんか》など見《み》せてはなりません。また、何事《なにごと》でも有難《ありがた》いと悟《さと》るように修養《しゅうよう》をして、人《ひと》のご恩《おん》に感謝《かんしゃ》するように子《こ》どもに実演《じつえん》して見《み》せて下《くだ》さい。もし子《こ》どもが癇癪《かんしゃく》の時《とき》も、〝お母《かあ》さんはどうしてこんなに堪忍《かんにん》が出来《でき》ないのでしょう。またお寺《てら》へお詣《まい》りに行《い》って堪忍《かんにん》の出来《でき》るお話《はなし》を聞《き》いて来《き》ましょう〟というように、自《みずか》らの修養《しゅうよう》の足《た》りないことを反省《はんせい》するようにして下《くだ》さい。自然《しぜん》に子《こ》どもの癇癪《かんしゃく》が治《なお》ります。

子《こ》どもが修養《しゅうよう》の話《はなし》を聞《き》いてくれるようにするには、夕食後《ゆうしょくご》などに、仏《ほとけ》さまのお話《はなし》、お経《きょう》のお話《はなし》を、楽《たの》しく笑《わら》っている間《あいだ》に話《はな》し合《あ》うように努《つと》めて下《くだ》さい。必《かなら》ず信仰心《しんこうしん》の深《ふか》い子《こ》になります。

母親《ははおや》はよい子《こ》の先生《せんせい》です。よい子《こ》以上《いじょう》によい母《はは》になろうとの心掛《こころが》けがなくてはなりません。自分《じぶん》の子《こ》が親孝行《おやこうこう》になるのはお母《かあ》さんの力《ちから》です。この世《よ》の中《なか》をよくする一番大《ばんおお》きな責任者《せきにんしゃ》は母《はは》であると心得《こころえ》て下《くだ》さい。世《よ》の中《なか》に役立《やくだ》つ立派《りっぱ》な子《こ》のお母《かあ》さん、そのお母《かあ》さんこそ立派《りっぱ》な世界《せかい》を作《つく》る基《もとい》をなす人《ひと》です。まことにむつかしいことばかり申《もう》すようですが、この自覚《じかく》を持《も》って子《こ》どもを育《そだ》ててゆくところに、何《なん》とも言《い》えぬ楽《たの》しさが出《で》て来《き》ます。法華経《ほけきょう》の信仰《しんこう》を怠《おこた》らず、よいお母《かあ》さん、本当《ほんとう》によい子《こ》を持《も》ったしあわせなお母《かあ》さんになって下《くだ》さい。

御開山上人御遺稿集　一八六～一八八頁

「柔伏《にゅうぶく》」という事《こと》　この偈《げ》（法華経信解品《ほけきょうしんげほん》）は非常《ひじょう》によい言葉《ことば》であります。「柔《にゅう》」は「やわらか」、「伏《ぶく》」は「したがわせる。降伏《こうふく》させる」ということです。

昔《むかし》から貞女《ていじょ》としての教訓《きょうくん》に、「婦人《ふじん》は人《ひと》に随《したが》って随《したが》わせる身《み》なり」ということがあります。これとおなじ意味《いみ》でもありますが、心《こころ》の下劣《げれつ》な者《もの》をよい方《ほう》に導《みちび》く時《とき》に使《つか》う心《こころ》の働《はたら》きを申《もう》すのであります。お釈迦《しゃか》さまは、志《こころざし》の低《ひく》い世《よ》の中《なか》の人々《ひとびと》を高《たか》い方《ほう》に導《みちび》くため、四十余年方便《よねんほうべん》の説法《せっぽう》をなさったのです。四十余年《よねん》の説法《せっぽう》は随他意《ずいたい》とも申《もう》して、他《た》の人々《ひとびと》の心《こころ》に随《したが》って説《と》かれたものです。四十余年《よねん》という永《なが》い年月《ねんげつ》を過《す》ぎて心《こころ》がととのったのを知《し》って、随自意《ずいじい》といって仏《ほとけ》さまご自身《じしん》の心《こころ》のありのままの教《おし》えをお説《と》きになったのです。

私《わたくし》は師匠《ししょう》の杉山先生《すぎやませんせい》からこの教《おし》えの理《り》を聞《き》いたのでした。私《わたくし》の父《ちち》は、自分《じぶん》の子供《こども》の意見《いけん》を用《もち》いることも、他人《たにん》の意見《いけん》を用《もち》いることも好《この》まない性質《せいしつ》で、自分《じぶん》の思《おも》った通《とお》りにしか動《うご》かぬ人《ひと》でした。私《わたくし》は、どうも意見《いけん》があいませんでした。杉山先生《すぎやませんせい》は〝法華経《ほけきょう》の教《おし》えを行《おこ》なう者《もの》が親《おや》の心《こころ》に従《したが》うことができぬようではならぬ〟とおっしゃったのです。

私《わたくし》は三日ぐらい考《かんが》えましたが、決心《けっしん》して両親《りょうしん》のいうことは二つ返事《へんじ》で聞《き》くことにしました。一年《ねん》、二年《ねん》とつづく間《あいだ》についに「お前《まえ》は日本中《にほんじゅう》で私《わたくし》の意見《いけん》を一番《ばん》よく聞《き》いてくれるものだ」と申《もう》しました。そうして、「お前《まえ》はよい先生《せんせい》から教《おし》えをうけた。私《わたくし》は法《ほ》華経《けきょう》を常《つね》に読《よ》み誦《そら》んじ、訓読《くんどく》して父親《ちちおや》に読《よ》んで聞《き》かせたものだ。お経《きょう》を読《よ》むことはお前《まえ》に負《ま》けないと思《おも》ったが、法華経《ほけきょう》は毎日《まいにち》の暮《く》らしに一々応用《おうよう》する教《おし》えであることを知《し》らなかった。本当《ほんとう》に有難《ありがた》いことだ」と申《もう》して、よく私《わたくし》の話《はな》す法華経《ほけきょう》の話《はなし》を聞《き》いてくれました。

世《よ》の中《なか》で意見《いけん》があわぬといって困《こま》っている人《ひと》には、相手《あいて》にあわせるようにしたならば、必《かなら》ず相手《あいて》は自分《じぶん》を信用《しんよう》し、自分《じぶん》の意見《いけん》を聞《き》いてくれる人《ひと》になるという確信《かくしん》をもちました。これが「柔伏《にゅうぶく》」ということであります。

続・現代生活の指針　五三～五五頁

◆日達上人

子育《こそだ》て鬼子母尊神《きしもそんじん》の事《こと》　出産《しゅっさん》の善神《ぜんじん》とされ、育児《いくじ》の善神《ぜんじん》とされる鬼子母尊神《きしもそんじん》は、初《はじ》めからそうであったわけではありません。鬼女《きじょ》として生《う》まれ、五百人《にん》の子《こ》どもの母《はは》でありました。

鬼女《きじょ》と言《い》われる所以《ゆえん》は、人《ひと》の幼児《ようじ》を食《しょく》するところにあります。そのため王舎城《おうしゃじょう》は恐怖《きょうふ》に震《ふる》えました。王《おう》から相談《そうだん》を受《う》けた釈尊《しゃくそん》は、鬼子母《きしも》の五百人目《にんめ》の末子《まっし》を神通力《じんづうりき》で隠《かく》してしまわれました。鬼子母《きしも》は血眼《ちまなこ》になって探《さが》しましたが見《み》つからないので、釈尊《しゃくそん》のみ許《もと》に行《ゆ》きました。

「鬼子母《きしも》よ、あなたは五百人《にん》もの子《こ》があるのだから、一人《ひとり》ぐらいはいいではないか」

「とんでもありません」

鬼子母《きしも》は真剣《しんけん》に答《こた》えます。親《おや》にとっては、一人《ひとり》ひとりの子《こ》が可愛《かわい》いものです。

「ではなぜ、世《よ》の親《おや》たちから子《こ》を奪《うば》うのか。数少《かずすく》ない子《こ》を失《うしな》った親《おや》の気持《きも》ちがわからぬわけはないのに」

そう諭《さと》されて改心《かいしん》し、仏《ほとけ》に帰依《きえ》して以降《いこう》は子《こ》どもたちを守《まも》る善神《ぜんじん》となることを誓《ちか》ったのです。

鬼子母尊神《きしもそんじん》が出産《しゅっさん》・育児《いくじ》の神《かみ》とされるのは、五百人《にん》もの子《こ》どもを慈《いつく》しむだけでなく、子《こ》を失《うしな》った母親《ははおや》の悲《かな》しみを体験《たいけん》されたことによります。それにしても、今《いま》でも鬼形《きぎょう》といわれるように牙《きば》をむき出《だ》した、おそろしいお顔《かお》をしてみえるのはどうしてでしょう。それは、子《こ》どものためといいながら、自分《じぶん》のことばかり考《かんが》えている親《おや》を睨《にら》みつけてみえるからです。

慈悲《じひ》という言葉《ことば》は子《こ》どもが正《ただ》しい方向《ほうこう》へ向《む》かうよう慈《いつく》しむことです。数字《すうじ》の上《うえ》からいえばどんな子《こ》どもでも、精子《せいし》と卵子《らんし》の二百兆《ちょう》の組合《くみあ》わせの中《なか》から、両親《りょうしん》にとって一番《ばん》ふさわしい一つを仏様《ほとけさま》が選《えら》び、与《あた》えてくださったのです。世間《せけん》の評価《ひょうか》からすれば、良《よ》い子《こ》・悪《わる》い子《こ》、出来《でき》の良《よ》い子《こ》・悪《わる》い子《こ》、能力《のうりょく》や姿《すがた》・形《かたち》もいろいろです。親《おや》を喜《よろこ》ばすだけでなく、教《おし》え諭《さと》すために生《う》まれて来《き》た子《こ》もあります。私共《わたくしども》は凡夫《ぼんぷ》でありますから、怒《おこ》ったり、あいそをつかせたりすることもありましょうが、どんな時《とき》にも心《こころ》の底《そこ》では、一番《ばん》ふさわしい子《こ》どもを仏様《ほとけさま》が選《えら》んでくださったことを忘《わす》れないことです。

法華経陀羅尼品《ほけきょうだらにほん》に、鬼子母尊神《きしもそんじん》が十の羅刹女《らせつにょ》と共《とも》に「われらは、法華経《ほけきょう》を読誦《どくじゅ》し、受《じゅ》持《じ》する者《もの》を擁護《おうご》せん」と釈尊《しゃくそん》に誓《ちか》われたことが記《しる》されています。鬼子母尊神《きしもそんじん》は法華経《ほけきょう》の守護神《しゅごじん》であると共《とも》に、法華経《ほけきょう》を受持《じゅじ》するものの守護神《しゅごじん》でもあります。

法華経《ほけきょう》に縁《えん》のある私共《わたくしども》は我《が》の三毒《どく》、貪《とん》・瞋《じん》・痴《ち》を反省《はんせい》し、慈悲《じひ》・至誠《まこと》・堪忍《かんにん》の三徳《とく》を実行《じっこう》することによって、睨《にら》みつけてみえる怒《いか》りの鬼子母尊神《きしもそんじん》のお顔《かお》を、柔和《にゅうわ》な優《やさ》しいお姿《すがた》にしようではありませんか。

子育て鬼子母尊神のこと　一〜二頁

地獄《ぢごく》も極楽《ごくらく》も道具立《どうぐだ》ては同《おな》じ　極楽《ごくらく》とは文字通《もじどお》り、極《ご》く楽《たの》しい所《ところ》です。今自分《いまじぶん》のいる所《ところ》がそうなったらどんなに楽《たの》しいでしょう。

極楽《ごくらく》は経文《きょうもん》によると、道端《みちばた》の石コロさえ宝石《ほうせき》という、素晴《すばら》しい世界《せかい》です。しかし、宝石《ほうせき》はなくてもまわりの人々《ひとびと》と常《つね》になごやかな日々《ひび》を過《す》ごせるなら、そこが極楽《ごくらく》です。

その極楽《ごくらく》は、私《わたくし》が、自分《じぶん》の努力《どりょく》で、自分《じぶん》のまわりに作《つく》るのです。自分《じぶん》の家《いえ》で家族《かぞく》の者《もの》をほめ、いたわり、〝ありがたいな〟という感謝《かんしゃ》の気持《きも》ちを行《おこ》ないに現《あら》わしてゆくことです。

この世《よ》からあの世《よ》に一番最初《ばんさいしょ》に行《い》かれた方《かた》が、閻魔様《えんまさま》です。最初《さいしょ》にその地《ち》に足《あし》を踏《ふ》み入《い》れた人《ひと》に占有権《せんゆうけん》があるとすれば、あの世《よ》の親方《おやかた》は閻魔様《えんまさま》となります。最初《さいしょ》、あの世《よ》はとてもいい世界《せかい》でした。食《た》べ物《もの》も豊富《ほうふ》にあり、とても美《うつく》しい所《ところ》で、まさに極楽《ごくらく》でした。ところが、後《あと》から後《あと》から人間《にんげん》が行《い》くようになり、その地《ち》にふさわしくない人《ひと》も見受《みう》けられるようになりました。人《ひと》をいじめたり、強盗《ごうとう》・殺人《さつじん》など犯罪《はんざい》を犯《おか》した悪人《あくにん》もぞろぞろやって来《き》ました。そこで、そういう人《ひと》のために別《べつ》の世界《せかい》が必要《ひつよう》となって、地面《ぢめん》の下《した》に地獄《ぢごく》が作《つく》られたのです。最初《さいしょ》はすべて極楽世界《ごくらくせかい》であったのに、そこに来《く》る人《ひと》に合《あ》わせて、ついに地獄《ぢごく》ができてしまったのです。

ある説《せつ》によりますと、地獄《ぢごく》も極楽《ごくらく》も道具立《どうぐだ》ては全《まった》く同《おな》じということです。風呂《ふろ》も食堂《しょくどう》も同《おな》じ作《つく》りをしていますが、中《なか》は大違《おおちが》いです。地獄《ぢごく》では、風呂《ふろ》も食堂《しょくどう》も人々《ひとびと》がけんかばかりしています。極楽《ごくらく》の方《ほう》はどちらも、大変《たいへん》なごやかです。

その違《ちが》いは、地獄《ぢごく》の風呂《ふろ》はみんながてんでばらばらに石けん使《せっ》《つか》って体《からだ》を洗《あら》うから、泡《あわ》が飛《と》び散《ち》り、ひじがぶつかりあってけんかの種《たね》が絶《た》えません。極楽《ごくらく》の方《ほう》ではみんなが輪《わ》になり、仲良《なかよ》く背中《せなか》を流《なが》し合《あ》っているので、けんかの起《お》きることがありません。

食堂《しょくどう》では、一メートル以上《いじょう》もある長《なが》くて太《ふと》い箸《はし》が使《つか》われています。そんな箸《はし》では、食《た》べ物《もの》をはさんでも口《くち》に運《はこ》ぶ前《まえ》にこぼれてしまいます。隣《となり》の人《ひと》にもぶつかります。そうしたことが元《もと》で地獄《ぢごく》ではけんかが絶《た》えません。極楽《ごくらく》では、その箸《はし》の特長《とくちょう》を生《い》かして、まず向《む》かいの人《ひと》に食《た》べさせ、次《つぎ》に自分《じぶん》も、向《む》かいの人《ひと》に食《た》べさせてもらいます。誰《だれ》もがそうして食《た》べたい物《もの》が充分《じゅうぶん》食《た》べられ、満足《まんぞく》しているのです。

地獄《ぢごく》も極楽《ごくらく》も道具立《どうぐだ》ては同《おな》じですが、そこにいる人《ひと》の心《こころ》がけによって、正反対《せいはんたい》の結果《けっか》が生《う》まれているのです。

わが家《や》を省《かえり》みて〝もう少《すこ》し何《なん》とかならないか。主人《しゅじん》が、奥《おく》さんが、子《こ》どもが〟と思《おも》っているだけではいけません。自分《じぶん》がまず始《はじ》めてゆくのです。自分《じぶん》のできることで慈悲《じひ》を施《ほどこ》し、相手《あいて》を喜《よろこ》ばせてゆくのです。そこに極楽《ごくらく》ができてきます。

『月刊法音』第三一一号　六〜九頁

結婚《けっこん》する人《ひと》は…　杉山先生《すぎやませんせい》はお嫁《よめ》にゆく人《ひと》にいつも、「あなたは、相手《あいて》の家《いえ》の先祖《せんぞ》を救《すく》い、相手《あいて》の人《ひと》を助《たす》け、幸《しあわ》せにしてあげるためにゆくのです」と話《はな》されました。

杉山先生《すぎやませんせい》のおっしゃるように、相手《あいて》の先祖《せんぞ》を供養《くよう》し、相手《あいて》の人《ひと》を幸《しあわ》せにするために結《けっ》婚《こん》するのであれば、不幸《ふこう》になりようがありません。うまくゆかなくても自分《じぶん》の努力《どりょく》がまだ足《た》りないだけで、〝もっと続《つづ》けなければ〟と思《おも》うだけです。

これは〝女性《じょせい》だけ〟というのではありません。男性《だんせい》もともに心《こころ》がけてゆくべきことであります。

『月刊法音』第二四五号　六〜七頁

夫婦《ふうふ》は絶対《ぜったい》に別《わか》れてはダメ　人《ひと》は必《かなら》ず親《おや》に別《わか》れる時《とき》がきます。しかし、その時期《じき》が問題《もんだい》です。成人《せいじん》してから亡《な》くなるなら仕方《しかた》がありませんが、子《こ》どもの頃《ころ》に両親《りょうしん》に生《い》き別《わか》れ、死《し》に別《わか》れをすると、大《おお》きな傷《きず》が心《こころ》に残《のこ》ります。皆《みな》さんのおかげで児童養護施設《じどうようごしせつ》・駒方寮《こまがたりょう》、名古屋養育院《なごやよういくいん》を経営《けいえい》しておりますが、昔《むかし》は本当《ほんとう》に両親《りょうしん》のいない子《こ》が多《おお》くいました。最近《さいきん》は、親《おや》はいても様々《さまざま》な事情《じじょう》で養育《よういく》できなくなり、入所《にゅうしょ》している子《こ》が大勢《おおぜい》います。

どうか親《おや》になったら、子《こ》どもが成人《せいじん》するまで、「生《い》き別《わか》れ」はもちろん「死《し》に別《わか》れ」もしないようにして頂《いただ》きたいものだと思《おも》います。

『月刊法音』第三八八号　八頁

妙荘厳王《みょうしょうごんのう》と二人《ふたり》の子《こ》　妙荘厳王《みょうしょうごんのう》には浄蔵《じょうぞう》・浄眼《じょうげん》という二人《ふたり》の優《すぐ》れた子《こ》どもがいます。その二人《ふたり》が力《ちから》を合《あ》わせて父王《ちちおう》を教化《きょうけ》します。

普通《ふつう》は親《おや》が子《こ》どもを教化《きょうけ》しますが、ここでは逆《ぎゃく》です。それだけに話《はなし》は簡単《かんたん》に進《すす》みません。父親《ちちおや》はバラモンの信仰《しんこう》を持《も》っています。一言《こと》二言《こと》聞《き》いただけで〃うん、そうか〃とはいきません。その様子《ようす》を見《み》て母《はは》の浄徳夫人《じょうとくぶにん》が、〃父王《ちちおう》のために神変《じんぺん》を現《げん》じて見《み》せなさい〃と言《い》います。神変《じんぺん》とは神通力《じんつうりき》です。尋常《じんじょう》ではないことをして見《み》せることです。

二人《ふたり》は虚空《こくう》に飛《と》び上《あ》がって歩《ある》いたり、体《からだ》から水《みず》や火《ひ》を出《だ》したり、見上《みあ》げるような大男《おおおとこ》になったかと思《おも》うと手《て》の平《ひら》に乗《の》るほど小《ちい》さくなって見《み》せます。それを見《み》て王《おう》は驚《おどろ》き〃どうしてそんなことができるのか〃と尋《たず》ねます。二人《ふたり》が〃仏《ほとけ》さまの教《おし》えを聞《き》いて実行《じっこう》しているから〟と答《こた》えます。王《おう》は感心《かんしん》し、一緒《しょ》に仏《ほとけ》さまの所《ところ》に行《い》ってお話《はなし》を聴《き》き、帰依《きえ》いたします。

人《ひと》を教化《きょうけ》するにはまず、言葉《ことば》で理論的《りろんてき》に話《はな》す方法《ほうほう》がありますが、相手《あいて》に聞《き》く気《き》がなければ右《みぎ》から左《ひだり》に抜《ぬ》けてゆくだけです。大《おお》きな力《ちから》になるのは実行《じっこう》です。その人《ひと》の行《おこ》ないを見《み》て感心《かんしん》し、〝お寺《てら》で話《はなし》を聞《き》いているから〟となれば〝では私《わたくし》も一度《ど》聞《き》いてみよう〟となります。普段《ふだん》の行《おこ》ないが教化《きょうけ》の力《ちから》となるのです。

二人《ふたり》の王子《おうじ》は手品《てじな》のようなことをしますが、私共《わたくしども》に置《お》き換《か》えるなら、いつも聞《き》いている慈悲《じひ》・至誠《まこと》・堪忍《かんにん》を普通《ふつう》に実行《じっこう》することです。これがいつも自然《しぜん》にできたら立派《りっぱ》な神変《じんべん》です。

親孝行《おやこうこう》もそのひとつです。一番《ばん》の孝行《こうこう》は親《おや》を喜《よろこ》ばせることです。そのためにはまず、親《おや》の言《い》うことを素直《すなお》に聞《き》き、随《したが》うことです。なかなかできにくいことですが、いつも素《す》直《なお》にできたら神変《じんべん》です。

日蓮聖人《にちれんしょうにん》は「女人《にょにん》となる事《こと》は物《もの》に随《したが》って物《もの》を随《したが》うる身《み》なり」（兄弟鈔《きょうだいしょう》）と言《い》われました。「女人《にょにん》」は奥《おく》さんで、「物《もの》」とは、すべての物《もの》や人《ひと》です。

奥《おく》さんがいつも主人《しゅじん》に〝ハイハイ〟と随《したが》っていれば、肝心《かんじん》な時《とき》に奥《おく》さんが言《い》うことは、素直《すなお》に相手《あいて》に通《とお》ります。反対《はんたい》に、普段《ふだん》から逆《さか》らってばかりいたら、いざという時《とき》、どんなにいい意見《いけん》でも聞《き》いてもらえません。普段《ふだん》の時《とき》はよくても、いざという肝心《かんじん》な時《とき》に自分《じぶん》の考《かんが》えを通《とお》そうと思《おも》うなら、常日頃《つねひごろ》から素直《すなお》に随《したが》っておくことです。相手《あいて》の心《こころ》に通《つう》じやすいようになっているからです。

少《すこ》しのことでもすぐに腹《はら》を立《た》てる人《ひと》が怒《おこ》らないようになれば、これは神変《じんべん》です。夫婦《ふうふ》の間《あいだ》にも親子《おやこ》の間《あいだ》にも立派《りっぱ》に通用《つうよう》いたします。

『月刊法音』第三三〇号　五〜八頁

烏竜《おりょう》・遺竜《いりょう》のお話《はなし》

御開山上人《ごかいさんしょうにん》は幼《おさな》い頃《ころ》、お父《とう》さんの徳太郎《とくたろう》さんからいろいろ法華経《ほけきょう》や御遺文《ごいぶん》のお話《はなし》を聞《き》かれたようですが「烏竜《おりょう》・遺竜《いりょう》の話《はなし》が一番印象深《ばんいんしょうぶか》く残《のこ》っている」と伺《うかが》ったことがあります。

昔中国《むかしちゅうごく》に、烏竜《おりょう》という能書家《のうしょか》がいました。多《おお》くの人《ひと》の尊敬《そんけい》を集《あつ》めていましたが、烏竜《おりょう》は何《なに》があっても、仏教《ぶっきょう》の経典《きょうてん》を書《か》くことはありませんでした。道教《どうきょう》の祖《そ》・老子《ろうし》を尊敬《そんけい》していたからです。烏竜《おりょう》は自分《じぶん》が経典《きょうてん》を書《か》かないだけでなく、息子《むすこ》の遺竜《いりょう》にも、〝絶対《ぜったい》に書《か》いてはいけない〟と遺言《ゆいごん》しました。

「お前《まえ》は私《わたくし》の家《いえ》に生《う》まれて芸能《げいのう》を嗣《つ》いだ。私《わたくし》への孝養《こうよう》の為《ため》には仏教《ぶっきょう》の経典《きょうてん》を書《か》いてはならない。殊《こと》に法華経《ほけきょう》はいけない。私《わたくし》の先生《せんせい》、老子《ろうし》は天尊《てんそん》である。天《てん》に二つの太陽《たいよう》はない。それなのに法華経《ほけきょう》には『唯我《ゆいが》一人《にん》』とある。奇怪《きかい》なことだ」

「唯我《ゆいが》一人《にん》」は譬喩品《ひゆほん》にあります。

「今此《いまこ》の三界《がい》は、皆是《みなこ》れ我《わ》が有《う》なり。其《そ》の中《なか》の衆生《しゅじょう》は、悉《ことごと》く是《こ》れ吾《わ》が子《こ》なり。而《しか》も今《いま》此《こ》の処《ところ》は、諸《もろもろ》の患難《げんなん》多《おお》し。唯我《ただわれ》一人《にん》のみ、能《よ》く救護《くご》を為《な》す」

　私共《わたくしども》には大変《たいへん》ありがたいお言葉《ことば》ですが、老子《ろうし》を本師《ほんし》と仰《あお》ぐ父親《ちちおや》には、とんでもないことなのでしょう。

「もしお前《まえ》が言《い》い付《つ》けに背《そむ》いて仏書《ぶっしょ》を書《か》いたなら、私《わたくし》は悪霊《あくりょう》となってお前《まえ》の命《いのち》を断《た》つ」

　そう言《い》い終《お》えると烏竜《おりょう》の舌《した》は八つに裂《さ》け、頭《あたま》は七つに破《わ》れ、五根《こん》から血《ち》を吐《は》いて死んでしまいました。父親《ちちおや》が正法《しょうぼう》を謗《そし》って阿鼻地獄《あびぢごく》に堕《お》ちたとも知《し》らず、遺竜《いりょう》は遺言《ゆいごん》を守《まも》って仏書《ぶっしょ》は書《か》きませんでした。

　法華経陀羅尼品《ほけきょうだらにほん》に、法華経《ほけきょう》を謗《そし》る者《もの》は「頭破《こうべわ》れて七分《ぶ》になること、阿黎樹《△ありじゅ》の枝《えだ》の如《ごと》くならん」とある、その通《とお》りのことが起《お》きたのです。

時流《ときなが》れ司馬王《しばおう》の時代《じだい》、仏事《ぶつじ》のために経典《きょうてん》を書写《しょしゃ》することになりました。そこで中国第《ちゅうごくだい》一の書家《しょか》が求《もと》められ、遺竜《いりょう》が選《えら》ばれました。王《おう》は遺竜《いりょう》を呼《よ》び、法華経《ほけきょう》を書《か》くよう命《めい》じますが、遺竜《いりょう》は再《さい》三辞退《じたい》します。仕方《しかた》なく他《ほか》の人《ひと》に一部《ぶ》の経《きょう》を書《か》かせますが、王《おう》は快《こころよ》く思《おも》わず、再《ふたた》び遺竜《いりょう》を呼《よ》び、

「お前《まえ》は親《おや》の遺言《ゆいごん》だからと言《い》って私《わたくし》の為《ため》に法華経《ほけきょう》を書《か》こうとしないが、それはしばらく免《ゆる》す。ただ、題目《だいもく》だけは書《か》け」と命《めい》じます。それでも辞退《じたい》すると、

「天地《てんち》のすべては王《おう》の支配《しはい》するところである。してみればお前《まえ》も親《おや》も私《わたくし》の家臣《かしん》ではないか。私事《しじ》の遺言《ゆいごん》をもって公事《こうじ》を軽《かろ》んじてはならない。どうしても書《か》かないのなら、仏事供養《ぶつじくよう》の場《ば》ではあるが、即座《そくざ》に首《くび》をはねる」と言《い》うものですから、やむなく妙法蓮華経《みょうほうれんげきょう》巻第《かんだい》一から巻第《かんだい》八までの六十四文字《もじ》を書《か》きました。その夕暮《ゆうぐ》れ、遺竜《いりょう》は家《いえ》に帰《かえ》り、嘆《なげ》いて言《い》いました。

「私《わたくし》は親《おや》の遺言《ゆいごん》に背《そむ》いて仏書《ぶっしょ》を書《か》いてしまった。天神《てんじん》も地祇《ちぎ》もさぞや憤《いきどお》り、不孝者《ふこうもの》と思《おも》われるであろう」

その夜《よ》のことです。夢《ゆめ》に大光明《だいこうみょう》が現《あら》われて朝日《あさひ》が照《て》らし出《だ》したかと思《おも》うと、多《おお》くの伴《とも》を連《つ》れた一人《ひとり》の天人《てんにん》が庭《にわ》に立《た》っていました。その頭上《ずじょう》の虚空《こくう》に、六十四体《たい》もの仏《ほとけ》が現《あら》われました。遺竜《いりょう》は合掌《がっしょう》して、

「どういう天人《てんにん》でいらっしゃいますか」と尋《たず》ねます。すると、

「私《わたくし》はお前《まえ》の父《ちち》の烏竜《おりょう》である。法華経《ほけきょう》を謗《そし》ったから舌《した》が八つに裂《さ》け、五根《こん》から血《ち》を出《いだ》し、頭《あたま》は七分《ぶ》に破《わ》れて無間地獄《むけんぢごく》に堕《お》ちた。臨終《りんじゅう》の苦《くる》しみは堪《た》え切《き》れなかったが、無間地獄《むけんぢごく》の苦《くる》しみはさらに、百千万億倍《まんおくばい》である」

「無間地獄《むけんぢごく》」は字《じ》の通《とお》り、「間《ま》の無《な》い、休《やす》みのない地獄《ぢごく》」です。その有様《ありさま》は次《つぎ》のように語《かた》られています。

「鈍刀《どんとう》で爪《つめ》をはがされ、鋸《のこぎり》で首《くび》を切《き》られ、炭火《すみび》の上《うえ》を歩《ある》かされ、棘《いばら》の中《なか》に閉《と》じ込《こ》められる」

首《くび》を切《き》られても、すぐ元通《もとどお》りになり、また苦痛《くつう》が始《はじ》まるのです。次《つぎ》から次《つぎ》に苦《く》が襲《おそ》い、一秒《びょう》たりとも休憩時間《きゅうけいじかん》はありません。

「無間地獄《むけんぢごく》の苦《くる》しみは比較《ひかく》にならない。何《なん》とかしてわが子《こ》にこのことを知《し》らせたいと思《おも》

っても叶《かな》わない。臨終《りんじゅう》の時《とき》、決《けっ》して仏書《ぶっしょ》を書《か》いてはならないと誡《いまし》めたことが口惜《くちお》しくてならなかったが、後悔先《こうかいさき》に立《た》たずで、わが身《み》を恨《うら》み、舌《した》を責《せ》めたけれど何《なん》の甲斐《かい》もなかった。それが昨日《きのう》の朝《あさ》、法華経《ほけきょう》の始《はじ》めの妙《みょう》の字《じ》が無間地獄《むけんぢごく》の鼎《かなえ》の上《うえ》に飛《と》んできて金色《こんじき》の釈迦仏《しゃかぶつ》と変《へん》じた。三十二相《そう》を具《そな》え、満月《まんげつ》のように円満《えんまん》なお顔《かお》で大音声《だいおんじょう》を発《はっ》し、『たとえ天地《てんち》に満《み》ちる程《ほど》の悪人《あくにん》でも、一度《たび》法華経《ほけきょう》を聞《き》けば決定《けつじょう》して菩提《ぼだい》を成《じょう》ずる』と言《い》われた。その光明《こうみょう》の中《なか》から大雨《おおあめ》が降《ふ》ってきて、無間地獄《むけんぢごく》の炎《ほのお》を消《け》した。さすがの閻魔王《えんまおう》も頭《あたま》を下《さ》げて敬《うやま》い、地獄《ぢごく》の番人《ばんにん》は杖《つえ》を捨《す》てて立《た》っていた。一切《さい》の罪人《ざいにん》たちは、何《なに》が起《お》きたのかとあわてていた。するとまた、法《ほう》の一字《じ》が飛《と》んできて、前《まえ》の通《とお》りのことが起《お》きた。続《つづ》いて蓮《れん》・華《げ》・経《きょう》の字《じ》が現《あら》われて六十四体《たい》の仏《ほとけ》となった。無間地獄《むけんぢごく》に六十四体《たい》の仏《ほとけ》が現《あら》われるのは、六十四の日月《にちがつ》が並《なら》び出《で》たようであった。そして天《てん》から甘露《かんろ》が降《ふ》り注《そそ》いだ」

法華経観世音菩薩普門品《ほけきょうかんぜおんぼさつふもんぼん》に「甘露《かんろ》の法雨《ほうう》を澍《そそ》ぎ、煩悩《ぼんのう》の炎《ほのお》を滅除《めつじょ》す」とあります。

〝南無観世音菩薩《なむかんぜおんぼさつ》〟と唱《とな》えると〝燃《も》え盛《さか》っている貪《とん》・瞋《じん》・痴《ち》の炎《ほのお》が、きれいな水《みず》が降《ふ》り注《そそ》いで火《ひ》を消《け》すように滅《めっ》する〟と言《い》われる通《とお》りのことが起《お》きたのです。それを見《み》て罪人《ざいにん》たちは〝いったいどんな善《よ》いことがあったのでしょう〟と、現《あら》われた仏《ほとけ》さまに尋《たず》ねます。

「我々《われわれ》は極楽《ごくらく》から来《き》たのではない。無間地獄《むけんぢごく》にいる烏竜《おりょう》の子《こ》、遺竜《いりょう》が書《か》いた法華経《ほけきょう》八巻《かん》の題目《だいもく》である。遺竜《いりょう》の手《て》は烏竜《おりょう》が生《う》んだ身《み》の一部《ぶ》である。その手《て》が書《か》いた文字《もんじ》は烏竜《おりょう》が書《か》いたのと同《おな》じである」

六十四の文字《もじ》一つ一つが仏《ほとけ》さまに成《な》るということは『閉経偈《へいきょうげ》』にあることです。

「一々文々是真仏《いちいちもんもんぜしんぶつ》　真仏説法利衆生《しんぶつせっぽうりしゅじょう》」

法華経《ほけきょう》一部《ぶ》は八巻《かん》、二十八品《ぽん》から成《な》り立《た》っており、文字《もじ》の総数《そうすう》は六万九千三百八十四字《じ》あります。その一字《じ》一字《じ》すべてが「真仏《しんぶつ》」と言《い》うのです。

その六十四体《たい》の仏《ほとけ》さまが遺竜《いりょう》に言《い》いました。

「我々《われわれ》は別《べつ》に師《し》と仰《あお》ぐ仏《ほとけ》はいない。あなたは我々《われわれ》の檀那《だんな》（主人《しゅじん》）である。今日《きょう》からあなたを親《おや》として守護《しゅご》するから、あなたも怠《おこた》ってはならない。後世《ごせ》には必《かなら》ず、兜率《△とそつ》の内院《ないいん》に迎《むか》えよう」

書写《しょしゃ》した法華経《ほけきょう》の一字《じ》一字《じ》が「守護神《しゅごじん》」となって守《まも》ってくださるのです。こんなありがたいことはありません。

遺竜《いりょう》はいっそうかしこまって、

「今後《こんご》は決《けっ》して、外典《げてん》の文字《もんじ》は書《か》かない」と誓《ちか》いました。

なかなか劇的《げきてき》な物語《ものがたり》でありますが、御開山上人《ごかいざんしょうにん》がお父《とう》さんから聞《き》かれ、一番印象《ばんいんしょう》に残《のこ》っていると言《い》われた、「写経《しゃきょう》の功徳《くどく》」についてのお話《はなし》であります。

『月刊法音』第四一一号　九～一六頁

むつかしいのは「身近《みぢか》な家族《かぞく》」への教化《きょうけ》

外《そと》へ行《い》って関係《かんけい》のない人《ひと》に話《はなし》をするのは、いいことだけ言って帰《かえ》ってくればいいのですが、身近《みぢか》な人《ひと》というのは、こちらのいい所《ところ》だけではなく悪《わる》い所《ところ》もみな知《し》っておりますから、なかなかうまくゆきません。

〝うちの主人《しゅじん》に話《はなし》を聞《き》かせたいのですが、どうしたらいいでしょう。いくら言《い》ってもなかなか聞《き》いてくれません〟と言われる方《かた》がいます。

身近《みぢか》な人《ひと》を教化《きょうけ》するには、言葉《ことば》で〝こうしなさい、ああしなさい。こうした方《ほう》がいいですよ〟という方法《ほうほう》もありますが、それによって法《ほう》を聞《き》いてみようかという人《ひと》は、言《い》ってみれば法《ほう》の因縁《いんねん》の深《ふか》い人《ひと》なのです。しかし浅《あさ》い人《ひと》になりますと、いくら口《くち》で進《すす》めてもなかなか聞《き》こうという気《き》にはならないものです。そういう場合《ばあい》はどうするかということですが、これはもうその人《ひと》の実行《じっこう》によって、行《おこ》ないによって相手《あいて》を感化《かんか》するより仕方《しかた》がありません。

特《とく》にこの頃《ごろ》は理屈《りくつ》が達者《たっしゃ》な時代《じだい》ですから、〝ああ言えばこう〟というように、言葉《ことば》だけでは理屈《りくつ》しか返《かえ》ってまいりません。ですから、行《おこ》ないが一番肝心《いちばんかんじん》なのです。

たとえば、怒《おこ》りっぽい人《ひと》が全然怒《ぜんぜんおこ》らなくなり温和《おんわ》な人《ひと》になれば、それを見《み》た人《ひと》は〝どうしてそうなったのだろう〟ということになります。そこで〝こういう話《はなし》を聞《き》いて私《わたくし》も実行《じっこう》しております〟と言《い》えば、〝では私《わたくし》も聞《き》こうか〟ということになるのです。

実際《じっさい》にそういう方《かた》が信者《しんじゃ》さんの中《なか》にたくさんおられますが、このように行《おこ》ないで教化《きょうけ》することが大切《たいせつ》です。またそうでなければ、まわりの人《ひと》を感化《かんか》することはできません。

摩訶波闍波提比丘尼《まかはじゃはだいびくに》への教化《きょうけ》

「仏《ほとけ》の姨母《いも》摩訶波闍波提比丘尼《まかはじゃはだいびくに》、学《がく》・無学《むがく》の比丘尼《びくに》六千人《にん》と倶《とも》に、座《ざ》より而《しか》も起《た》って一心《しん》に合掌《がっしょう》し、尊顔《そんげん》を瞻仰《せんごう》して目《め》暫《しばら》くも捨《す》てず。時《とき》に世尊《せそん》、憍曇弥《きょうどんみ》に告《つ》げたまわく、何《なん》が故《ゆえ》ぞ憂《うれえ》の色《いろ》にして如来《にょらい》を視《み》る。汝《なんじ》が心《こころ》に将《まさ》に我汝《われなんじ》が名《な》を説《と》いて阿耨多羅三藐三菩提《あのくたらみゃくさんぼだい》の記《き》を授《さず》けずと謂《おも》うこと無《な》し耶《や》。憍曇弥《きょうどんみ》、我先《われさき》に総《そう》じて一切《さい》の声聞《しょうもん》に皆已《みなすで》に授記《じゅき》すと説《と》きき。今汝記《いまなんじき》を知《し》らんと欲《ほっ》せば、将来《しょうらい》の世《よ》に当《まさ》に六万《まん》八千億《のく》の諸仏《しょぶつ》の法《ほう》の中《なか》に於《おい》て大法師《だいほっし》と為《な》るべし。及《およ》び六千の学《がく》・無学《むがく》の比丘尼《びくに》も倶《とも》に法師《ほっし》と為《な》らん。汝是《なんじかく》の如《ごと》く漸漸《ぜんぜん》に菩薩《ぼさつ》の道《どう》を具《ぐ》して、当《まさ》に作成《さぶつ》することを得《う》べし」（法華経勧持品《ほけきょうかんじほん》）

摩訶波闍波提比丘尼《まかはじゃはだいびくに》＝憍曇弥《きょうどんみ》＝というお方《かた》は、お釈迦《しゃか》さまの育《そだ》ての親《おや》であります。実《じつ》母《ぼ》・摩耶夫人《まやぶにん》は、お釈迦《しゃか》さまがお生《う》まれになって七日目《かめ》に亡《な》くなられましたので、浄飯《じょうぼん》王《のう》の後妻《ごさい》となられ、以後立派《いごりっぱ》に〝産《う》みの親以上《おやいじょう》に、勝《まさ》るとも劣《おと》らぬ深《ふか》い愛情《あいじょう》を注《そそ》いで〟と仏伝《ぶつでん》にありますが、お育《そだ》てになられた方《かた》であります。そしてお釈迦《しゃか》さまの成道後《じょうどうご》、女《じょ》性《せい》としては一番最初《ばんさいしょ》のお弟子《でし》になられ、尼《あま》さん達《たち》のリーダーとして教団《きょうだん》に大変力《たいへんちから》を尽《つ》くされました。

お釈迦《しゃか》さまの親《おや》というのですから相当《そうとう》なお年《とし》だったと思《おも》われますが、この方《かた》は百二十歳《さい》の時《とき》、お釈迦《しゃか》さまのご入滅《にゅうめつ》が万《まん》が一にも自分《じぶん》より先《さき》だととても耐《た》えられないということで、昆舎離国《びしゃりこく》という所《ところ》で禅定《ぜんじょう》に入《はい》られ、断食《だんじき》して亡《な》くなられたと言《い》われております。

お葬式《そうしき》はお釈迦《しゃか》さまと難陀《なんだ》・羅睺羅《らごら》・阿難《あなん》の四人《にん》の手《て》で行《おこ》なわれたと伝《つた》えられていますが、考《かんが》えてみれば最《もっと》も幸《しあわ》せな方《かた》ではないかと思《おも》います。とにかくお釈迦《しゃか》さまにお葬式《そうしき》をして頂《いただ》かれたのはこの方《かた》だけですから…。

耶輸陀羅比丘尼《やしゅたらびくに》と実子《じっし》・羅睺羅《らごら》への教化《きょうけ》

「爾《そ》の時《とき》に羅睺羅《らごら》の母耶輸陀羅比丘尼《ははやしゅたらびくに》、是《こ》の念《ねん》を作《な》さく、世尊《せそん》、授記《じゅき》の中《なか》に於《おい》て独我《ひとりわ》が名《な》を説《と》きたまわず。仏《ほとけ》、耶輸陀羅《やしゅたら》に告《つ》げたまわく、汝来世百千万億《なんじらいせひゃくせんまんのく》の諸仏《しょぶつ》の法《ほう》の中《なか》に於《おい》て、菩薩《ぼさつ》の行《ぎょう》を修《しゅ》し大法師《だいほっし》と為《な》り漸《ようや》く仏道《ぶつどう》を具《ぐ》して、善国《ぜんこく》の中《なか》に於《おい》て当《まさ》に作仏《さぶつ》することを得《う》べし」（法華経勧持品《ほけきょうかんじほん》）

やはり、〝直接自分《ちょくせつじぶん》が名指《なざ》しで言ってもらいたい〟わけです。それで納得《なっとく》して安心《あんしん》できるのです。

この耶輸陀羅比丘尼《やしゅたらびくに》という方《かた》は、お釈迦《しゃか》さまの太子時代《たいしじだい》の奥《おく》さまであります。そして羅睺羅《らごら》のお母《かあ》さんであります。その羅睺羅《らごら》が出家《しゅっけ》する時《とき》のお話《はなし》です。

お釈迦《しゃか》さまは悟《さと》りを開《ひら》かれてから諸国《しょこく》を教化《きょうけ》してまわられたのですが、ご自分《じぶん》の生《う》まれたお城《しろ》にも行《い》かれました。その時《とき》、この方《かた》が羅睺羅《らごら》に〝あの大沙門《だいしゃもん》はあなたのお父《とう》さまですよ。さあ、お父《とう》さまの所《ところ》へ行《い》って遺産《いさん》をくださるようにお願《ねが》いしなさい。お父《とう》さまは誰《だれ》も見《み》たこともないような素晴《すば》らしい宝《たから》を持《も》っていらっしゃいます。それをもらっていらっしゃい〟と言《い》われたのです。そこで羅睺羅《らごら》がお釈迦《しゃか》さまのところに行《い》き〝お父《とう》さま、私《わたくし》に遺産《いさん》をください〟と言《い》いますと、お釈迦《しゃか》さまはご自分《じぶん》たちの住《す》んでいる林《はやし》の中《なか》に連《つ》れて行《い》かれまして、直《ただ》ちに出家《しゅっけ》させられた、というのであります。

それが遺産《いさん》であります。法《ほう》の相続《そうぞく》、法《ほう》の遺産《いさん》です。もっと言《い》えば徳《とく》の遺産《いさん》ということです。

私共《わたくしども》遺産《いさん》と言《い》いますと土地《とち》・建物《たてもの》・お金《かね》ということを考《かんが》えます。こうしたものも必《ひつ》要《よう》かもしれません。しかしそれ以上《いじょう》に、徳《とく》の遺産《いさん》を残《のこ》しませんとだめです。いくらお金《かね》を残《のこ》したとしても、それを二、三年《ねん》で使《つか》ってしまい、みじめな生活《せいかつ》をしている人《ひと》もあります。子供《こども》に遺産《いさん》を残《のこ》してやるならば、それを持《も》つだけの徳《とく》を残《のこ》してやりませんと、つまり、それを持《も》つに値《あたい》しない人《ひと》でありますと、かえって貰《もら》ったお金《かね》・家屋敷《いえやしき》のために身《み》を滅《ほろ》ぼしてしまうということになるのです。それを忘《わす》れておりますと、結局子供《けっきょくこども》を不幸《ふこう》にしてしまいます。それに最近《さいきん》は相続税《そうぞくぜい》もばかになりません。しかし、徳《とく》の遺産《いさん》はいくら残《のこ》しておいても税金《ぜいきん》はかかりませんから、どうか残《のこ》すなら、税務署《ぜいむしょ》にも誰《だれ》にも取《と》られない、徳《とく》の遺産《いさん》を残《のこ》しておきたいものであります。

『月刊法音』第七七号　八〜一〇頁

病気と信仰

〝み仏《ほとけ》の教《おしえ》の法《のり》は身《み》のくすし
悟《さと》りてのまばいたつきもなし〟

宗玄大徳御詠

◆経　典

◇貧窮下賤《びんぐげせん》にして、人《ひと》に使《つか》われ、多病痟痩《たびょうしょうしゅ》にして、依怙《えこ》する所《ところ》なく、人《ひと》に親附《しんぷ》すと雖《いえど》も、人意《ひとこころ》に在《お》かじ。若《も》し所得《しょとく》あらば、尋《つ》いで復忘失《またもうしつ》せん。若《も》し醫道《いどう》を修《しゅ》して、方《ほう》に順《じゅん》じて病《やまい》を治《じ》せば、更《さら》に他《た》の疾《やまい》を増《ま》し、或《あるい》は復死《またし》を致《いた》さん。若《も》し自《みずか》ら病《やまい》あらば、人《ひと》の救療《くりょう》することなく、設《たと》い良薬《ろうやく》を服《ふく》すとも、而《しか》も復増劇《またぞうげき》せん。若《も》しは他《た》の反逆《ほんぎゃく》し、抄劫《しょうこう》し竊盗《せっとう》せん。是《かく》の如《ごと》き等《ら》の罪《つみ》、横《よこ》ざまに其《そ》の殃《わざわい》に羅《かか》らん。

妙法蓮華經・譬喩品　一一二～一一三頁

◇此《こ》の大良薬《だいろうやく》は色《しき》・香《こう》・美味《みみ》皆悉《みなことごと》く具足《ぐそく》せり。汝等服《なんだちふく》すべし。速《すみや》かに苦悩《くのう》を除《のぞ》いて復《また》衆《もろもろ》の患《うれえ》なけんと。其《そ》の諸《もろもろ》の子《こ》の中《なか》に心《こころ》を失《うしな》わざる者《もの》は、此《こ》の良薬《ろうやく》の色《いろ》・香倶《かとも》に好《よ》きを見《み》て卽《すなわ》ち之《これ》を服《ふく》するに、病悉《やまいことごと》く除《のぞ》こり愈《い》えぬ。餘《よ》の心《こころ》を失《うしな》える者《もの》は其《そ》の父《ちち》の來《きた》れるを見《み》て、亦歡喜《またかんぎ》し問訊《もんじん》して病《やまい》を治《じ》せんことを求《もと》索むと雖《いえど》も、然《しか》も其《そ》の藥《くすり》を與《あた》うるに而《しか》も肯《あえ》て服《ふく》せず。所以《ゆえ》は何《いか》ん、毒氣《どっけ》深《ふか》く入《い》って本心《ほんしん》を失《うしな》えるが故《ゆえ》に、此《こ》の好《よ》き色《いろ》・香《か》ある藥《くすり》に於《おい》て美《よ》からずと謂《おも》えり。

妙法蓮華經・如來壽量品　二七七～二七八頁

◇是《こ》の好《よ》き良藥《ろうやく》を今留《いまとど》めて此《ここ》に在《お》く。汝取《なんじと》って服《ふく》すべし、差《い》えじと憂《うれ》うることなかれと。

妙法蓮華經・如來壽量品　二七八頁

◇此《こ》の經《きょう》は則《すなわ》ち爲《こ》れ閻浮提《えんぶだい》の人《ひと》の病《やまい》の良藥《ろうやく》なり。若《も》し人病《ひとやまい》あらんに是《こ》の經《きょう》を聞《き》くことを得《え》ば、病卽《やまいすなわ》ち消滅《しょうめつ》して不老不死《ふろうふし》ならん。

妙法蓮華經・藥王菩薩本事品　三四六頁

◆遺　文

◇夫《そ》れ人《ひと》に二病《びょう》あり。一には身《み》の病《やまい》、所謂《いわゆる》地大《ちだい》百一、水大《すいだい》百一、火大《かだい》百一、風大《ふうだい》百一、已上《いじょう》四百四病《びょう》。此《こ》の病《やまい》は持水《じすい》・流水《るすい》・耆婆《ぎば》・偏鵲等《へんじゃくとう》の方藥《ほうやく》をもんて此《これ》を治《ち》す。二には心《こころ》の病《やまい》、所謂《いわゆる》三毒《どく》乃至《ないし》八萬《まん》四千の病《やまい》なり。佛《ほとけ》にあらざれば二天《てん》・三仙《せん》も治《ぢ》しがたし。何《いか》に況《いわん》や神農黄帝《しんのうこうてい》の力及《ちからおよ》ぶべしや。

中務左衛門尉殿御返事　一六七二～一六七三頁

◇唐土《とうど》に黄帝扁鵲《こうていへんじゃく》と申《もう》せし醫師《くすし》あり。天竺《てんぢく》に持水《ぢすい》・耆婆《ぎば》と申《もう》せし醫師《くすし》あり。是等《これら》は其《そ》の代《よ》の財末代《たからまつだい》の醫師《くすし》の師《し》なり。佛《ほとけ》と申《もう》せし人《ひと》は是《これ》には似《に》るべくもなきいみじき醫師《くすし》なり。此《こ》の佛《ほとけ》不死《ふし》の藥《くすり》を說《と》かせ給《たま》えり、今《いま》の妙法蓮華經《みょうほうれんげきょう》の五字是《じこれ》なり。而《しか》も此《こ》の五字《じ》をば『閻《えん》浮提《ぶだい》の人《ひと》の病《やまい》の良藥《ろうやく》』とこそ說《と》かれて候《そうら》え。入道殿《にゅうどうどの》は閻浮提《えんぶだい》の內日本國《うちにほんこく》の人《ひと》なり。而《しか》も身《み》に病《やまい》を受《う》けられて候《そうろう》。『病《やまい》の良藥《ろうやく》』の經文顯然《きょうもんけんねん》なり。其《そ》の上蓮華經《うえれんげきょう》は第《だい》一の藥《くすり》なり。波瑠璃王《はるりおう》と申《もう》せし惡王《あくおう》は佛《ほとけ》の親《した》しき女人《にょにん》五百餘人《よにん》を殺《ころ》して候《さうら》いしに、佛阿難《ほとけあなん》を雪山《せっせん》に遣《つか》わして靑蓮華《しょうれんげ》を取《と》りよせて、身《み》に觸《ふ》れさせ給《たま》いしかば、蘇《よみがえ》りて七日《か》ありて忉利天《△とうりてん》に生《うま》れにき。蓮華《れんげ》と申《もう》す花《はな》はかかるいみじき德《とく》ある花《はな》にて候《そうら》えば、佛妙法《ほとけみょうほう》に譬《たと》え給《たま》えり。

妙心尼御前御返事　一六九五～一六九六頁

◇平等大慧妙法蓮華經《びょうどうだいえみょうほうれんげきょう》の第《だい》七に云《いわ》く、『此《こ》の經《きょう》は則《すなわ》ち爲《こ》れ閻浮提《えんぶだい》の人《ひと》の病《やまい》の良藥《ろうやく》なり。

若《も》し人病《ひとやまい》あらんに、是《こ》の經《きょう》を聞《き》くことを得《え》ば、病卽《やまいすなわ》ち消滅《しょうめつ》して不老不死《ふろうふし》ならん』云云《うんぬん》。已上上《いじょうかみ》の諸文《しょもん》を引《ひ》いて惟《ここ》に御病《おんやまい》を勘《かんが》うるに六病《びょう》を出《い》でず。其《そ》の中《なか》の五病《びょう》は且《しば》らく之《これ》を置《お》く。第《だい》六の業病最《ごうびょうもっと》も治《ぢ》し難《がた》し。將又業病《はたまたごうびょう》に輕《けい》あり重《ぢゅう》ありて、多少定《たしょうさだ》まらず、就中法華誹《なかんづくほっけひ》謗《ほう》の業病最《ごうびょうもっと》も第《だい》一なり。神農《しんのう》・黄帝《こうてい》・華佗《かだ》・扁鵲《へんじゃく》も手《て》を拱《こまぬ》き、持水《ぢすい》・流水《るすい》・耆婆《ぎば》・維摩《ゆいま》も口《くち》を閉《と》づ。但《ただ》し釋尊《しゃくそん》一佛《ぶつ》の妙經《みょうきょう》の良藥《ろうやく》に限《かぎ》りて之《これ》を治《ぢ》す。法華經《ほけきょう》に云《いわ》く、上《かみ》の如《ごと》し。

太田入道殿御返事　一三〇六頁

◇百千合《あわ》せたる藥《くすり》も口《くち》に飲《の》まざれば病《やまい》も愈《い》えず、藏《くら》に寶《たから》を持《も》てども開《ひら》く事《こと》を知《し》らずして飢《かつ》え、懷《ふところ》に藥《くすり》を持《もち》ても、飲《の》まんことを知《し》らずして死《し》するが如《ごと》し。

一念三千法門　二二四頁

◇病《やまい》は佛《ほとけ》の御計《おんはから》いか。其《そ》の故《ゆえ》は淨名經《じょうみょうきょう》・涅槃經《ねはんぎょう》には病《やまい》ある人佛《ひとほとけ》になるべき由說《よしと》かれて候《そうろう》。病《やまい》に依《よ》りて道心《どうしん》は發《おこ》り候《そうろう》か。又《また》一切《さい》の病《やまい》の中《なか》には五逆罪《ぎゃくざい》と一闡提《△せんだい》と謗法《ほうぼう》をこそ重《おも》き病《やまい》とは佛《ほとけ》は傷《いた》ませ給《たま》い候《そうら》え。今《いま》の日本國《にほんこく》の人《ひと》は一人《にん》もなく極大重病《ごくだいぢゅうびょう》あり、所謂大謗《いわゆるだいほう》法《ぼう》の重病《ぢゅうびょう》なり。

妙心尼御前御返事　一六九六頁

◆安立大法尼

健康《けんこう》と病魔《びょうま》　善《よ》き行《おこ》ないをするのに近所《きんじょ》の手前《てまえ》とか、友人《ゆうじん》の手前《てまえ》きまりが悪《わる》い、体裁《ていさい》が悪《わる》いと躊躇《ちゅうちょ》する人《ひと》もあります。他人《たにん》の喜《よろこ》ぶこと、自分《じぶん》の徳《とく》を積《つ》むこと、出世《しゅっせ》をすることに、なんで躊躇《ちゅうちょ》がいりましょう。自分《じぶん》の徳《とく》を積《つ》むこと、衆生《しゅじょう》を善導《ぜんどう》することには、自分《じぶん》を顧《かえり》みず、あらん限《かぎ》りの力《ちから》を尽《つ》くして邁進《まいしん》してください。さすれば少《すこ》し位《くらい》の病《やまい》は吹飛《ふきと》んで、必《かなら》ず健全《けんぜん》な身体《からだ》となります。柔弱《にゅうじゃく》にして善《ぜん》の種《たね》まきに躊躇《ちゅうちょ》をし、心《こころ》を腐《くさ》らせている者《もの》には、病魔《びょうま》が取《と》り付《つ》き易《やす》いから用心《ようじん》して、法《ほう》のためには身命《しんみょう》を惜《お》しまず精進《しょうじん》してください。

始祖・御法話集　一八〇〜一八一頁

◆宗玄大徳

安立大法尼《あんりゅうだいほうに》と医療《いりょう》　私《わたくし》は其《そ》の当時《とうじ》、眼科《がんか》の研究《けんきゅう》をしてみたいと思《おも》って、愛知病院《あいちびょういん》に行《い》きました。其《そ》の頃《ころ》でも眼病《がんびょう》の中《なか》で治《なお》らぬと言《い》われているのは黒内症《こくないしょう》、青内症《あおないしょう》でありまして、診察《しんさつ》に来院《らいいん》した患者《かんじゃ》に対《たい》し、該病《がいびょう》なる事《こと》を断定《だんてい》するのは、結局《けっきょく》、〝治《なお》らぬぞ〟という宣告《せんこく》であります。医師《いし》として病《やまい》を治《なお》す役目《やくめ》の者《もの》が、病《やまい》を〝治《なお》らぬ〟と言《い》うは全《まった》く不合《ふごう》理《り》な事《こと》であります。されど重病《じゅうびょう》なれば〝治《なお》らぬ〟と患者《かんじゃ》に宣告《せんこく》すればよいと思《おも》いますが、併《しか》し患者《かんじゃ》も、薬《くすり》でも付《つ》けぬと何《なに》も慰《なぐさ》めとする事《こと》も出来《でき》ぬから、薬《くすり》を与《あた》えはしますが、心《こころ》苦《ぐる》しい事《こと》であり、自責《じせき》の念《ねん》に堪《た》えぬものがありました。前会長《ぜんかいちょう》に此《こ》の由《よし》を話《はな》しましたら、曰《いわ》く、「病《やまい》の基《もと》は御承知《ごしょうち》の如《ごと》く過去《かこ》の因果《いんが》に外《ほか》ならない。其《そ》の源《みなもと》を知《し》らずして病《やまい》を薬《くすり》に依《よ》って治《なお》そうとするのは全《まった》く不合理《ふごうり》の事《こと》であって、治《なお》らぬが当《あた》り前《まえ》の事《こと》である。何故《なぜ》なれば法華経譬喩品《ほけきょうひゆほん》には『若《も》し医道《いどう》を修《しゅ》して、方《ほう》に順《じゅん》じて病《やまい》を治《じ》せば、更《さら》に他《た》の疾《やまい》を増《ま》し、或《あるい》は復死《またし》を致《いた》さん。若《も》し自《みずか》ら病《やまい》あらば、人《ひと》の救療《くりょう》することなく、設《たと》い良薬《ろうやく》を服《ふく》すとも、而《しか》も復増劇《またぞうげき》せん。若《も》しは他《た》の反逆《ほんぎゃく》し、抄劫《しょうこう》し竊盗《せっとう》せん』とあります。治《なお》らぬが当《あた》り前《まえ》、治《なお》るは不思議《ふしぎ》と言《い》わねばなりません。病《やまい》も『是好良薬《ぜこうろうやく》・今留在此《こんるざいし》』の此《こ》の経《きょう》（法華《ほけ》経如来寿量品《きょうにょらいじゅりょうほん》）の実践《じっせん》に依《よ》っては必《かなら》ず根切《こんぜつ》に治《なお》ります。あなた試《こころ》みて下《くだ》さい。医師《いし》の診《しん》断《だん》で治《なお》らぬと断定《だんてい》されたものを、更《さら》に法《ほう》に依《よ》って精神療法《せいしんりょうほう》を併用《へいよう》して下《くだ》さい。治《なお》りますよ。先《ま》ず患者《かんじゃ》に其《そ》の原因《げんいん》を知《し》らしめ、患者《かんじゃ》の精神修養《せいしんしゅうよう》に就《つ》いての欠点《けってん》を反省《はんせい》せしめて実《じっ》行《こう》させ、妙法《みょうほう》に帰依《きえ》せしめたなれば、必《かなら》ず全治《ぜんち》せぬという事《こと》は無《な》いのであります」之《これ》を聞《き》いて、黒内症《こくないしょう》の患者《かんじゃ》で不治《ふち》と断定《だんてい》されたる者《もの》を二週間《しゅうかん》で全治《ぜんち》せしめました。之《これ》に依《よ》って〝薬餌《やくじ》にのみ頼《たよ》る医師《いし》は今日限《きょうかぎ》り止《や》めよう〟と覚悟《かくご》をしたのであります。

大乗山法音寺三徳開教百年史（1）二二四～二二五頁

如来《にょらい》の金言《きんげん》　皆《みな》さんは、世界最勝《せかいさいしょう》の修養録《しゅうようろく》たる妙法蓮華経《みょうほうれんげきょう》を信《しん》じ、その実行《じっこう》を教《おし》えられて完全《かんぜん》なる修養《しゅうよう》のできることを喜《よろこ》ばねばなりません。妙法《みょうほう》の唱《とな》えと精神《せいしん》の修養《しゅうよう》と相伴《あいともな》って初《はじ》めて利益《りやく》があり、功徳《くどく》が得《え》られるのであります。しかるに片腕《かたうで》では功徳《くどく》が得《え》られぬから煩悩《ぼんのう》を滅《めっ》することができません。皆《みな》さんはこの尊《とうと》い功徳《くどく》の得《え》られる妙法《みょうほう》に会《あ》ったのであります。この大法《だいほう》に依《よ》って修養《しゅうよう》を志《こころざ》しながら、愚痴《ぐち》を思《おも》い、癇癪玉《かんしゃくだま》を破裂《はれつ》させて病気《びょうき》になるよう、災難《さいなん》の来《く》るような行為《こうい》をするのは何《なん》という意志《いし》の弱《よわ》いことでありましょう。かくの如《ごと》き行《おこ》ないをするから、自分《じぶん》が難儀《なんぎ》をしなければならぬことは当然《とうぜん》の成《な》り行《ゆ》きであります。さればまず、天《てん》から与《あた》えられた自己《じこ》の境遇《きょうぐう》を喜《よろこ》ばねばなりません。また、自分《じぶん》に喜《よろこ》んだら他人《たにん》にもこの喜《よろこ》びを与《あた》えて共《とも》に喜《よろこ》び、腹《はら》を立《た》てたり立《た》たせたりしてはなりません。かくの如《ごと》く自己《じこ》の修養《しゅうよう》をして、他人《たにん》にも無病息災《むびょうそくさい》の大法《だいほう》を告《つ》げるのが人《ひと》として、菩薩《ぼさつ》としての使命《しめい》であります。

法華経法師品《ほけきょうほっしほん》には「自《みずか》ら清浄《しょうじょう》の業報《ごうほう》を捨《す》てて、我《わ》が滅度《めつど》の後《のち》に於《おい》て、衆生《しゅじょう》を愍《あわれ》むが故《ゆえ》に悪世《あくせ》に生《うま》れて広《ひろ》く此《こ》の経《きょう》を演《の》ぶるなり」と述《の》べられています。病気《びょうき》に罹《かか》っておられる人《ひと》でも、自分《じぶん》がこの娑婆世界《しゃばせかい》に生《せい》を受《う》けし由来《ゆらい》を知《し》り、病《やまい》の根源《こんげん》は〝自分《じぶん》が愚痴《ぐち》と怒《いか》りに因《よ》って作《つく》ったもので、そのために自《みずか》らが苦《くる》しむのだ〟という原因《げんいん》を悟《さと》り、自分《じぶん》の作《つく》った業報《ごうほう》に喜《よろこ》んで服従《ふくじゅう》して逆《さか》らわず、堪忍《かんにん》を保《たも》って腹立《はらた》たぬようにし、人《ひと》に優《やさ》しき言葉《ことば》を施《ほどこ》して常《つね》にニコニコとすることに努《つと》め、もし死《し》すとも〝自分《じぶん》の作《つく》った罪障《ざいしょう》のために死《し》ぬのが何《なん》の後悔《こうかい》があろう。一度《たび》知《し》った妙法《みょうほう》に依《よ》って、魂《たましい》になっても人《ひと》を善導《ぜんどう》しよう。また病痛《びょうつう》を治《なお》してあげよう〟と心《こころ》に誓《ちか》われたならば、この人《ひと》を諸天善神《しょてんぜんじん》がどうして見捨《みす》てられましょう。ただし、自分《じぶん》の作《つく》りたる罪《つみ》で苦《くる》しみながら愚痴《ぐち》を言《い》い〝自分《じぶん》さえ命《いのち》を長《なが》らえたれば〟との小《ちい》さい悟《さと》りでは、守護《しゅご》して頂《いただ》くことができません。

どうしても諸天《しょてん》の意《い》に叶《かな》うような大《おお》きな悟《さと》りをして行《ぎょう》・住《じゅう》・坐《ざ》・臥《が》、妙法蓮華経《みょうほうれんげきょう》と唱《とな》え、施《ほどこ》しと堪忍《かんにん》を実地《じっち》に行《おこ》なったならば、病気《びょうき》の全快《ぜんかい》せぬということはありません。

法華経如来寿量品《ほけきょうにょらいじゅりょうほん》に「是好良薬《ぜこうろうやく》、今留在此《こんるざいし》、汝可取服《にょかしゅぶく》、勿憂不差《もつふさい》（是《こ》の好《よ》き良薬《ろうやく》を今《いま》留《とど》めて此《ここ》に在《お》く。汝《なんじ》取《と》って服《ふく》すべし、差《い》えじと憂《うれ》うることなかれと）」とあります。これは如来《にょらい》の金言《きんげん》にして、実語《じつご》の中《なか》の実語《じつご》であります。

村上先生御法話集（一）二一〇～二一二頁

◆御開山上人

法華経《ほけきょう》は世《よ》の中《なか》の悩《なや》みを治《なお》す大良薬《だいろうやく》

如来寿量品《にょらいじゅりょうほん》は、法華経《ほけきょう》の肝心《かんじん》と言《い》われています。その肝心《かんじん》とは……一つには仏《ほとけ》の寿命《じゅみょう》の長遠《ちょうおん》であることと、吾々凡夫《われわれぼんぶ》にも、仏《ほとけ》と同《おな》じ長遠《ちょうおん》な寿命《じゅみょう》をお与《あた》え下《くだ》さったことでありまして、誠《まこと》にありがたいことであります。

もう一つは「良医治子《ろういじし》」と言《い》って、毒薬《どくやく》を誤《あやま》って飲《の》み、気《き》の狂《くる》った子《こ》どもに、お父《とう》さんの良医《ろうい》が良《よ》い薬《くすり》を与《あた》えて治《なお》したことが説《と》かれてあります。如何《いか》なる大病《たいびょう》も、適当《てきとう》な薬《くすり》を与《あた》えれば全治《ぜんち》するように、世《よ》の中《なか》の人々《ひとびと》の心《こころ》の病《やまい》、即《すなわ》ち、悲《かな》しみ・悩《なや》み・憎《にく》しみ・怨《うら》み・貧苦《ひんく》・困苦《こんく》という病《やまい》も、適当《てきとう》な教《おし》えの薬《くすり》を与《あた》えれば必《かなら》ず治《なお》るというのです。

その薬《くすり》は妙法蓮華経《みょうほうれんげきょう》であると教《おし》えられています。如来寿量品《にょらいじゅりょうほん》に「是《こ》の好《よ》き良薬《ろうやく》を今留《いまとど》めて此《ここ》に在《お》く。汝《なんじ》取《と》って服《ふく》すべし、差《い》えじと憂《うれ》うることなかれと」とあります。

「お前《まえ》たちよく聴《き》きなさい。自分《じぶん》は年寄《としよ》りになった。もう直《じ》き死《し》ぬであろう。自分《じぶん》が死《し》んだ後《あと》に、お前《まえ》たちが困《こま》らないようにと良《よ》い薬《くすり》を今留《いまと》めてここに置《お》くから、病《やまい》で難儀《なんぎ》をしたならば、この薬《くすり》を飲《の》むがよいぞ。『治《なお》るであろうか』と疑《うたが》ってはならない。必《かなら》ず治《なお》ると信《しん》じて飲《の》みなさい。どんな毒病《どくびょう》でも必《かなら》ず治《なお》るのであるぞ」

というのであります。この言葉《ことば》が仏《ほとけ》の真実《しんじつ》の言葉《ことば》で「金言《きんげん》」と言《い》われています。

この病《やまい》を治《なお》す大良薬《だいろうやく》は「妙法蓮華経《みょうほうれんげきょう》」です。仏《ほとけ》さまは吾々凡夫《われわれぼんぷ》に、必《かなら》ず毒病《どくびょう》も治《なお》るこの大良薬《だいろうやく》「妙法蓮華経《みょうほうれんげきょう》」を飲《の》ませ、実行《じっこう》させて、心《こころ》の悩《なや》み・苦《くる》しみ・悲《かな》しみを治《なお》してやりたいと日夜《にちや》ご苦労《くろう》なさっています。

「毎《つね》に自《みずか》ら是《こ》の念《ねん》を作《な》す。何《なに》を以《もっ》てか衆生《しゅじょう》をして、無上道《むじょうどう》に入《い》り、速《すみや》かに仏身《ぶっしん》を成就《じょうじゅ》することを得《え》せしめんと」（法華経如来寿量品《ほけきょうにょらいじゅりょうほん》）とはこれです。このありがたいお言葉《ことば》を信《しん》じ念《ねん》じて、一心《しん》に法華経《ほけきょう》を読《よ》み、実行《じっこう》して、病気《びょうき》のない愉快《ゆかい》な体《からだ》を得《え》たように、心《こころ》も楽《たの》しく、一日《にち》一日《にち》の暮《く》らしは善根《ぜんこん》を植《う》える日《ひ》として暮《く》らしましょう。

御開山上人御遺稿集　一一七〜一一九頁

中風《ちゅうふう》を治《なお》した体験《たいけん》　前会長杉山先生《ぜんかいちょうすぎやませんせい》はいつも、「病気《びょうき》は医者《いしゃ》の治療《ちりょう》だけで治《なお》るものではないが、妙法《みょうほう》の修養《しゅうよう》をするならば、どんな病気《びょうき》でも治《なお》らぬものはない」と語《かた》られました。

私《わたくし》は「精神修養《せいしんしゅうよう》で病気《びょうき》が治《なお》るならば病院《びょういん》の必要《ひつよう》はないのに、病院《びょういん》がたくさん出来《でき》るのはどういうことだろう。本当《ほんとう》に精神修養《せいしんしゅうよう》で治《なお》るのだろうか」と疑《うたが》いました。段々講話《だんだんこうわ》を聞《き》くにつれて修養《しゅうよう》が大《おお》いに効果《こうか》のあることを了解《りょうげ》するようになりましたが、ある日《ひ》、杉山先生《すぎやませんせい》にお尋《たず》ねしました。

「私《わたくし》の親戚《しんせき》に中風《ちゅうふう》で体《からだ》の自由《じゆう》が叶《かな》わず、一か年半《ねんはん》も寝《ね》ている人《ひと》があります。医者《いしゃ》には治《なお》らぬと言《い》われているようですが治《なお》るでしょうか」

その時先生《ときせんせい》は、

「治《なお》りますとも、妙法《みょうほう》で治《なお》らぬ病気《びょうき》はありませんよ」

とのお答《こた》えでしたから、私《わたくし》も〝医者《いしゃ》で治《なお》らぬ『業病《ごうびょう》』を治《なお》して妙法《みょうほう》の偉力《いりょく》を体験《たいけん》したい〟と考《かんが》えました。

その夜直《よるただ》ちに中風《ちゅうふう》の人《ひと》を尋《たず》ねまして、いろいろ妙法《みょうほう》の話《はなし》をして後《のち》、お題目《だいもく》を唱《とな》えつつさすってあげました。それから毎日行《まいにちい》くことにしました。三日目《かめ》の晩《ばん》でした。枕元《まくらもと》に杖《つえ》

が置《お》いてありました。その人《ひと》が、

「今日《きょう》は立《た》つ稽古《けいこ》をしようと思《おも》って杖《つえ》にすがって立《た》ったら歩《ある》けたよ」

と言《い》われました。自分《じぶん》ながら不思議《ふしぎ》なことだと思《おも》いました。しかし、もうその後《あと》は立《た》つ稽古《けいこ》も出来《でき》ませず、二十二日間通《にちかんかよ》いましたがいっこうに験《しるし》がありませんでした。それでも、一度立《どた》つ稽古《けいこ》をしたのだから、〝これは『治《なお》るぞ』との暗示《あんじ》であるが、治《なお》らぬのは外《ほか》に何《なに》か理由《りゆう》があるのだな〟と思《おも》いました。やはり家庭上《かていじょう》にも複雑《ふくざつ》なことがありましたので、いっそのこと病人《びょうにん》を家《いえ》に連《つ》れ帰《かえ》り療養《りょうよう》してもらおうと思《おも》いましたが、そう易々《やすやす》とはいきません。そこで村長《そんちょう》さんに中《なか》へ入《はい》って戴《いただ》いて、来《き》てもらうことに致《いた》しました。


一か月程経過《げつほどけいか》しましたが、どうもよろしくありません。しかし〝三日目《かめ》に立《た》つ稽古《けいこ》をすると言《い》って立《た》ったのだ。治《なお》るに違《ちが》いないが、治《なお》るにしても治《なお》す方法《ほうほう》が間違《まちが》っていてはならぬ〟と思《おも》って、杉山先生《すぎやませんせい》にお尋《たず》ねしました。先生《せんせい》は、

「あなたはリクツが多《おお》いがリクツを言《い》うことを止《や》めるならば教《おし》えてあげましょう。中風《ちゅうふう》は今《いま》、医者《いしゃ》の治療《ちりょう》ではちょっと治《なお》りません。又《また》、祈祷《きとう》しても治《なお》りません。妙法《みょうほう》を唱《とな》えてなでてあげても、その病気《びょうき》の基《もと》を知《し》り、因果《いんが》の除滅《じょめつ》をせねば治《なお》りません。たとえば、借《しゃっ》

金《きん》をしておいて、返《かえ》す時期《じき》が来《く》ると催促《さいそく》されましょう。その時《とき》、待《ま》って下《くだ》さいと支払《しはら》いの延期《えんき》を頼《たの》めば待《ま》ってくれるものです。祈祷《きとう》で病《やまい》を逐《お》うのはこれと同《おな》じです。しかし、期日《きじつ》まで待《ま》ってくれても又催促《またさいそく》に来《き》ますから、そこで『百両《りょう》のかたに編笠一蓋《あみがさがい》』というたとえの如《ごと》く、私財《しざい》を投《な》げ出《だ》して誠意《せいい》を示《しめ》し、なお更生《こうせい》して進《すす》むことにしますれば、もう催促《さいそく》に来《き》ません。

病気《びょうき》をするという悪因《あくいん》は、借金《しゃっきん》を持《も》ったようなものですが、これは、財物《ざいもつ》ではどうにも出来《でき》ません。功徳《くどく》を持《も》って行《い》って帳消《ちょうけ》しにするより他《ほか》に方法《ほうほう》はありません。中風《ちゅうふう》は悪業《あくごう》も深《ふか》い方《ほう》ですから、本人《ほんにん》が精神修養《せいしんしゅうよう》をして、煩悩《ぼんのう》という負債《ふさい》を作《つく》らぬよう、心《こころ》から功徳《くどく》を積《つ》むという更生《こうせい》の道《みち》を進《すす》むことを誓《ちか》って、功徳《くどく》を持《も》ってゆけば治《なお》ります。

功徳《くどく》というのは第一《だい》に善人《ぜんにん》を作《つく》らねばなりませんが、あなたは人《ひと》のためになさることだから私《わたくし》も手伝《てつだ》いましょう。幸《さいわ》いここにある（会発行《かいはっこう》の本《ほん》を指《さ》して）『世界《せかい》の鑑《かがみ》』をあなたに四百五十冊差上《さつさしあ》げますから、この本《ほん》を読《よ》んで菩提心《ぼだいしん》を起《お》こす人《ひと》を作《つく》りなさい。

そうしてあなたも共《とも》に心遣《こころづか》いを直《なお》しなさい」

と言《い》われましたので、まず百五十冊《さつ》ばかり戴《いただ》いて帰《かえ》りました。

　私《わたくし》もこれまでの間《あいだ》、神仏《しんぶつ》に対《たい》して自分《じぶん》の修養《しゅうよう》もせずして〝お金《かね》が儲《もう》かるように。無《む》病息災《びょうそくさい》で暮《く》らせるように〟と頼《たの》んだことを悔《く》い改《あらた》め、大阪府能勢《おおさかふのせ》の妙見山《みょうけんさん》を初《はじ》めその他《た》の神社《じんじゃ》で、今迄無理《いままでむり》な願《ねが》いをしたことを詫《わ》び、さらに参詣者《さんけいしゃ》にも「修養《しゅうよう》の無《な》い神頼《かみだの》みは効果《こうか》は無《な》い」ことを話《はな》したり、その他青年団《たせいねんだん》や学校等《がっこうなど》でも自己《じこ》の今迄《いままで》の考《かんが》えの間違《まちが》っていたことや、慈悲《じひ》・至誠《まこと》・堪忍及《かんにんおよ》び精進《しょうじん》・禅定《ぜんじょう》・仏智《ぶっち》の六波羅蜜《はらみつ》の話《はなし》を聞《き》いて戴《いただ》き、自《みずか》らもこの修養《しゅうよう》に努《つと》め、病人《びょうにん》にも喜《よろこ》ばせるように気《き》を付《つ》けて修養《しゅうよう》するようお話《はな》ししました。その間《かん》には随分《ずいぶん》いろいろ難儀《なんぎ》なこともありましたが、杉山先生《すぎやませんせい》の懇切《こんせつ》なるご教化《きょうけ》を聴《き》き、実行《じっこう》するようになって五十八日目《にちめ》のある日《ひ》、病人《びょうにん》が私《わたくし》を呼《よ》びます。用便《ようべん》かと思《おも》って行《い》きますと、室《へや》をドスドス歩《ある》いていました。病人《びょうにん》の顔《かお》も嬉《うれ》しそうでしたが、私《わたくし》もあんな嬉《うれ》しいことはありませんでした。

　初《はじ》め先生《せんせい》が、「どんな病気《びょうき》でも治《なお》りますよ」と言《い》われましたが、私《わたくし》は〝医者《いしゃ》で治《なお》らぬ重《おも》い中風《ちゅうふう》が治《なお》れば妙法《みょうほう》に進《すす》もう。治《なお》らねば止《や》めよう〟と思《おも》っていました。それでも何《なん》とか偉力《いりょく》の顕《あら》われるようにと願《ねが》った甲斐《かい》あって、本当《ほんとう》に嬉《うれ》しかったです。それのみか、病気《びょうき》を治《なお》してあげたいと思《おも》って精神修養《せいしんしゅうよう》しました結果商売《けっかしょうばい》の都合《つごう》もよく、大変《たいへん》お金《かね》も儲《もう》かりました。これに依《よ》って考《かんが》えますれば、〝邪《よこしま》なる精神《せいしん》を改《あらた》め、功徳《くどく》を積《つ》まして戴《いただ》けば、病気《びょうき》も治《なお》る。お金《かね》も儲《もう》かる〟ということを実地《じっち》に体験《たいけん》させて戴《いただ》いたのです。

皆《みな》さんも、自己《じこ》の修養上《しゅうようじょう》の欠点《けってん》を見出《みいだ》して、その欠点《けってん》を補《おぎな》い、更《さら》に自己《じこ》の長所《ちょうしょ》は発達《はったつ》せしめるように心掛《こころが》けてください。必《かなら》ず良果《りょうか》が得《え》られます。私《わたくし》が病人《びょうにん》のお世話《せわ》をさせて戴《いただ》いたことも、実《じつ》は私《わたくし》のためでした。徳《とく》を積《つ》ませて戴《いただ》いた大恩人《だいおんじん》でありました。

私《わたくし》は常《つね》に、その人《ひと》の方《ほう》に向《む》かって拝《おが》んでいます。

（昭和《しょうわ》十一年《ねん》六月《がつ》一日発行《たちはっこう》『樹徳《じゅとく》』第《だい》六号《ごう》）

妙法蓮華経のお話　四五～五〇頁

◆日達上人

薬《くすり》を服《の》む

法華経如来寿量品《ほけきょうにょらいじゅりょうほん》に「是好良薬《ぜこうろうやく》、今留在此《こんるざいし》＝是《こ》の好《よ》き良薬《ろうやく》を今留《いまとど》めて此《ここ》に在《お》く」とあります。

妙法《みょうほう》が薬《くすり》にたとえられていますが、いくらいい薬《くすり》でも、そこに置《お》いてあるだけでは何《なん》の役《やく》にも立《た》ちません。そこで、「汝可取服《にょかしゅぶく》＝取《と》って服《の》みなさい」と言《い》われるのです。それで、

「即取服之《そくしゅぶし》、毒病皆愈《どくびょうかいゆ》＝その薬《くすり》を服《の》んだら、毒《どく》におかされた病《やま》いも皆治《みななお》った」のであります。

薬《くすり》を服《の》む＝妙法《みょうほう》を信《しん》じて実行《じっこう》することにより、大難《だいなん》は小難《しょうなん》となり、小難《しょうなん》は無難《ぶなん》となる、不思議《ふしぎ》な力《ちから》が働《はたら》くのです。

〝み仏《ほとけ》の教《おしえ》の法《のり》は身《み》のくすし
　悟《さと》りてのまばいたつきもなし〟　宗玄大徳御詠《そうげんだいとくぎょえい》。

「くすし」は、医師《いし》と薬《くすり》の両方《りょうほう》を意味《いみ》します。

「いたつき」は、病気《びょうき》・苦《くる》しみです。

〝法華経《ほけきょう》を説《せつ》の如《ごと》く実行《じっこう》すれば、病《やま》いや苦《くる》しみもなくなる〟ということです。

村上先生《むらかみせんせい》（宗玄大徳《そうげんだいとく》）はお医者《いしゃ》さんでした。先生《せんせい》が信仰《しんこう》に入《はい》られた動機《どうき》の一つが、この歌《うた》の中《なか》にあります。

医師《いし》として病人《びょうにん》を診察《しんさつ》し、〝この病気《びょうき》はこうすれば必《かなら》ず治《なお》る〟と言《い》われていた治療《ちりょう》をしても、どうしても治《なお》らない人《ひと》が十人《にん》のうち二、三人《にん》はいつもいました。その時《とき》、患者《かんじゃ》さんの「心《こころ》」に気付《きづ》かれたのです。

一口《くち》に病気《びょうき》と言《い》っても、体《からだ》だけの病気《びょうき》と心《こころ》まで悪くしている病気《びょうき》は違《ちが》います。痛《いた》いのは、いわば体《からだ》の病気《びょうき》です。しかし、足《あし》が痛《いた》いだけなのに、〝もうだめだ。死《し》ぬかも知《し》れない。家族《かぞく》や財産《ざいさん》はいったいどうなるのだろう〟と考《かんが》え始《はじ》めると、もう心《こころ》まで病気《びょうき》に罹《かか》ったことになります。こうなると、「大難《だいなん》」です。

病気《びょうき》になるとどうしてもイライラしがちですから、薬《くすり》を服《の》んでもよく効《き》きません。病《びょう》気《き》を治《なお》そうと思《おも》いながら一方《ぽう》で、悪《わる》くする原因《げんいん》を同時《どうじ》に作《つく》っているのです。

信仰《しんこう》すると病気《びょうき》が治《なお》るというのは、こんなところにあるのかも知《し》れません。

信仰《しんこう》をしている人《ひと》はいつも〝ありがたい〟という心《こころ》でいますから、〝同《おな》じ治療《ちりょう》でも薬《くすり》でもよく効《き》く〟ということです。

『月刊法音』第二五五号　一〇～一三頁

心《こころ》の治療《ちりょう》　どんな病気《びょうき》でも、突然《とつぜん》なったということはありません。〝胃潰瘍《いかいよう》で突然《とつぜん》胃《い》に穴《あな》があいた〟と言《い》う人《ひと》がいました。しかし、突然穴《とつぜんあな》があくことはありません。そうなるように、毎日因縁《まいにちいんねん》を重《かさ》ねてようやく穴《あな》があいたのです。

穴《あな》があけば、手術《しゅじゅつ》をしてふさがなければなりません。そうした直接的《ちょくせってき》な治療方法《ちりょうほうほう》を

「対症療法《たいしょうりょうほう》」と言《い》いますが、最近《さいきん》は〝患部《かんぶ》の治療《ちりょう》をするだけでは充分《じゅうぶん》ではない。病気《びょうき》の元《もと》となっている心《こころ》を治《なお》さなければ……〟という考《かんが》えを持《も》つお医者《いしゃ》さんもいるようです。

村上先生《むらかみせんせい》はすでに、明治《めいじ》の終《お》わり頃《ごろ》にそのことに気付《きづ》かれ、杉山先生《すぎやませんせい》の協力者《きょうりょくしゃ》となり、医学《いがく》と共《とも》に、心《こころ》の医者《いしゃ》としての道《みち》を歩《あゆ》まれたのであります。

たしかに病気《びょうき》は対症療法《たいしょうりょうほう》によってよくなりますが、一番肝心《ばんかんじん》の、そうなった元《もと》の因縁《いんねん》が治《なお》っていないと、再発《さいはつ》しやすいものです。対症療法《たいしょうりょうほう》は、患部《かんぶ》を治《なお》すことはできても、元《もと》の因縁《いんねん》を正《ただ》すことはできません。

因縁《いんねん》を正《ただ》すには「悟《さと》る」、つまり、今《いま》までの考《かんが》え方《かた》を変《か》え、心《こころ》を変《か》えて生活《せいかつ》することです。狭《せま》い心《こころ》を広《ひろ》い心《こころ》に変《か》え、感謝《かんしゃ》できることを探《さが》すのです。

信仰《しんこう》によって〝ありがたい〟という心《こころ》がどこかにあると、落《お》ち着《つ》いてきます。これは、病気《びょうき》がよくなる秘訣《ひけつ》であります。

『月刊法音』第二六二号　五～七頁

病《やま》いは仏《ほとけ》さまの教化《きょうけ》　病気《びょうき》になって喜《よろこ》ぶ人《ひと》はいません。しかし、この世界《せかい》をすべて仏《ほとけ》さまの世界《せかい》と考《かんが》え、法《ほう》の鑑《かがみ》に照《て》らし合《あ》わせてゆきますと、身《み》の周《まわ》りに起《お》こる現象《げんしょう》・状況《じょうきょう》のすべてが、〝私《わたくし》を仏《ほとけ》にするための出来事《できごと》〟と考《かんが》えられるのです。病気《びょうき》も〝自分《じぶん》の至《いた》らない点《てん》＝罪障《ざいしょう》を教《おし》えるための仏《ほとけ》さまの所作《しょさ》〟と考《かんが》えますと、病気《びょうき》になるのも結構《けっこう》なことになるのではないでしょうか。身《み》の上《うえ》に起《お》こるすべてを、「仏《ほとけ》に成《な》るための因縁《いんねん》」と考《かんが》えてゆくのです。

たとえどのように苦《くる》しいことであろうとも、それを人《ひと》のせいにしたり、そこから逃《に》げ出《だ》そうとするのではなく、自分《じぶん》のものとして受《う》け止《と》め、前向《まえむ》きに罪障消滅《ざいしょうしょうめつ》を考《かんが》えてゆかなければなりません。それが「悟《さと》り」であります。

一口《くち》に病気《びょうき》と言《い》いますが、これは、体《からだ》の病気《びょうき》と心《こころ》の病気《びょうき》の二つに大別《たいべつ》できるでしょう。ある人《ひと》が〝体《からだ》の病気《びょうき》なんてしれたもの。治《なお》らない病気《びょうき》は一つもない〟というようなことを書《か》いておられます。どういうことかと申《もう》しますと、どんな業病《ごうびょう》、たとえばガンでも〝死《し》ねば治《なお》る〟と言《い》うのです。私《わたくし》も最初《さいしょ》は、〝そんなバカな考《かんが》え〟と思《おも》ったのですが、言《い》われてみればその通《とお》りです。どんなに頑固《がんこ》な障害《しょうがい》・はれものといえど、死《し》んでしまえば痛《いた》くもかゆくもありません。しかし、心《こころ》で作《つく》った病気《びょうき》はどうでしょう。死《し》んだ後《あと》も必《かなら》ずついてまわるのです。お金《かね》も地位《ちい》も名誉《めいよ》も身体《からだ》も、一切《さい》ついてゆきませんが、自分《じぶん》で作《つく》った業《ごう》「功徳《くどく》と罪障《ざいしょう》」は、どこまでもついてゆくのです。それだけに少《すこ》しも油断《ゆだん》できません。

また、心《こころ》の病気《びょうき》は始末《しまつ》の悪《わる》いもので、すぐ伝染致《でんせんいた》します。伝染病《でんせんびょう》と申《もう》しますとコレラとかチフスが頭《あたま》に浮《う》かびますが、心《こころ》の病《やまい》ほど素早《すばや》く伝染《でんせん》する病気《びょうき》はありません。たとえば、家族《かぞく》の一人《ひとり》がカーッと腹《はら》を立《た》てて怒鳴《どな》りちらしたとします。そのことによって他《ほか》の家族《かぞく》が喜《よろこ》ぶようなことは絶対《ぜったい》にないでしょう。全員《ぜんいん》が面白《おもしろ》くないと言《い》って、ブーブー言《い》い出《だ》すに違《ちが》いありません。仕事《しごと》もしてもらえないし、学校《がっこう》も行《い》かなくなってしまうかも知《し》れません。家《いえ》を出《で》て行《い》ったら行《い》ったで、帰《かえ》って来《こ》なくなってしまうかも知《し》れません。怒《いか》りという病気《びょうき》が、家族全員《かぞくぜんいん》に伝染《でんせん》するわけですが、殆《ほとん》ど時《とき》をおかずに伝染《でんせん》しますから本当《ほんとう》に注意《ちゅうい》してゆかなければなりません。

逆《ぎゃく》に、笑顔《えがお》のようないいこともすぐに伝染《でんせん》してゆきますから、同《おな》じ伝染《でんせん》させるなら、「施《ほどこ》し」ともなる笑顔《えがお》が伝染《でんせん》するようにして頂《いただ》きたいものであります。

『月刊法音』第一七五号　六〜八頁

修養《しゅうよう》が一番《ばん》の良薬《りょうやく》

以前《いぜん》私《わたくし》も、心身症《しんしんしょう》になった経験《けいけん》があります。五十年程前《ねんほどまえ》、東京《とうきょう》で大学院《だいがくいん》に行《い》っていた頃《ころ》のことです。三年目《ねんめ》に入《はい》り、〝そろそろ学位論文《がくいろんぶん》を出《だ》して卒業《そつぎょう》しようか〟と考《かんが》えていた頃《ころ》でした。突然心臓《とつぜんしんぞう》の調子《ちょうし》が変《へん》になり、脈《みゃく》が速《はや》く打《う》ち出《だ》したのです。普通《ふつう》は七十くらいのものが二百以上《いじょう》になって、数《かぞ》えることもできなくなりました。心臓《しんぞう》が空回《からまわ》りを始《はじ》めたかと思《おも》いました。近所《きんじょ》のお医者《いしゃ》さんに来《き》てもらいましたが、お医者《いしゃ》さんは簡単《かんたん》に診《み》た後《あと》で私《わたくし》の手《て》を握《にぎ》り、「もう治《なお》ったでしょう」と言《い》われたのです。そうしたら不思議《ふしぎ》に、すっと治《おさ》まっていました。その時《とき》こんなことを言《い》われました。「来《き》たのが私《わたくし》でよかったですよ。実《じつ》は私《わたくし》もこの病気《びょうき》を経験《けいけん》したことがあるのです。もし何《なに》も知《し》らない人《ひと》だったら『これは大変《たいへん》だ』と強心剤《きょうしんざい》を打《う》ったかも知《し》れません。そうしたらもっと苦《くる》しくなりますよ」

その後《ご》、名古屋大学《なごやだいがく》の心臓《しんぞう》の専門家《せんもんか》の診断《しんだん》を受《う》けましたが、やはり悪《わる》い所《ところ》は見《み》つかりませんでした。それなのに発作《ほっさ》が起《お》こるものですから、「発作《ほっさ》が起《お》きたら精神安定剤《せいしんあんていざい》を飲《の》みなさい。しかしこれも、段々効《だんだんき》かなくなりますよ」と言《い》われました。やはり言《い》われた通《とお》り、段々効《だんだんき》かなくなってしまいました。お医者《いしゃ》さんが最後《さいご》に言《い》われたのは、「あなたの場合《ばあい》、心臓《しんぞう》が悪《わる》くて発作《ほっさ》が起《お》こるのではないから、もう修養《しゅうよう》するより手《て》がない」ということでした。お医者《いしゃ》さんに「修養《しゅうよう》しなさい」と言《い》われてもどうしようもありませんでしたが、そんなやっかいな病気《びょうき》になってしまったのです。

今《いま》になって考《かんが》えると、卒業《そつぎょう》した後《あと》のことを「潜在意識《せんざいいしき》」が心配《しんぱい》したのかも知《し》れません。私《わたくし》自身《じしん》そんな意識《いしき》はありませんでしたが、卒業《そつぎょう》すれば、お寺《てら》のことがあり、昭徳会《しょうとくかい》、大学《だいがく》もあり、将来《しょうらい》その後《あと》を継《つ》がなければなりません。そんな先行《さきゆ》きを心配《しんぱい》して、〝はたして自分《じぶん》にできるだろうか〟と取越苦労《とりこしぐろう》をしたのかも知《し》れません。

発作《ほっさ》が起《お》きて困《こま》ったのは、苦《くる》しいと同時《どうじ》に〝死《し》ぬ〟という恐怖《きょうふ》に襲《おそ》われたことです。ところがある時《とき》ふと、〝このまま死《し》ねたら幸《しあわ》せだ〟と思《おも》ったのです。社会《しゃかい》に出《で》たらいろいろなことが起《お》きてきます。人《ひと》とのことやお金《かね》のことで苦《くる》しみ、悩《なや》むこともあるでしょう。しかし今《いま》なら、のんびり勉強《べんきょう》だけしていればいいのですから、何《なん》の心配《しんぱい》もありません。〝このまま死《し》ねたらこんな楽《らく》な、幸《しあわ》せな一生《しょう》はない。今死《いまし》んでもいいじゃないか〟と思《おも》ったら急《きゅう》に楽《らく》になり、発作《ほっさ》は治《おさ》まりました。それ以来《いらい》、一度《ど》も起《お》きておりません。

『月刊法音』第四二九号　九～一一頁

◆私と信仰

華の巻

◇一念三千の事／因果の二法〔因・縁・果・報〕の事／先祖供養の事／成仏の事／謗法の事／懺悔の事／除災難

一念三千の事

〝真心《まごころ》はいかなる人《ひと》のこころにも
通《かよ》いて楽《たの》しき事《こと》となるらむ〟

御開山上人御詠

◆遺　文

◇一念《ねん》三千の法門《ほうもん》は但法華經《ただほけきょう》の本門《ほんもん》、壽量品《じゅりょうほん》の文《もん》の底《そこ》に沈《しず》めたり。龍樹《りゅうじゅ》・天親《てんじん》知《し》って而《しか》も未《いま》だ拾《ひろ》い出《だ》さず、但我《ただわ》が天台智者《てんだいちしゃ》のみこれを懐《いだ》けり。一念《ねん》三千は十界互具《かいごぐ》より事始《ことはじ》まれり。

開目鈔・上　七六九頁

◇一念《ねん》三千の觀法《かんぽう》に二あり。一には理《り》二には事《じ》なり。天台傳教等《てんだいでんぎょうとう》の御時《おんとき》には理《り》なり、今《いま》は事《じ》なり。觀念《かんねん》すでに勝《まさ》る故《ゆえ》に大難又色《だいなんまたいろ》まさる。彼《か》れは迹門《しゃくもん》の一念《ねん》三千、此《これ》は本門《ほんもん》の一念《ねん》三千なり。天地《てんち》はるかに殊《こと》なりことなりと御臨終《ごりんじゅう》の御時《おんとき》は御心得《おんこころえ》あるべく候《そうろう》。

治病大小權實違目　一九九九頁

◇今《いま》△本時《ほんじ》の娑婆世界《しゃばせかい》は、三災《さい》を離《はな》れ四劫《こう》を出《い》でたる常住《じょうじゅう》の淨土《じょうど》なり。佛《ほとけ》既《すで》に過去《かこ》にも滅《めっ》せず未來《みらい》にも生《しょう》ぜず、所化《しょけ》以《もっ》て同體《どうたい》なり。是《これ》即《すなわ》ち己心《こしん》の三千具足《ぐそく》三種《しゅ》の世間《せけん》なり。迹《しゃく》門《もん》十四品《ほん》には未《いま》だ之《これ》を說《と》かず、法華經《ほけきょう》の內《うち》に於《お》ても時機未熟《じきみじゅく》の故《ゆえ》か、此《こ》の本門《ほんもん》の肝心《かんじん》南《な》無妙法蓮華經《むみょうほうれんげきょう》の五字《じ》に於《お》ては、佛猶文殊《ほとけなおもんじゅ》・藥王《やくおう》等《とう》にも之《これ》を付屬《ふぞく》し給《たま》わず。何《いか》に況《いわん》や其《そ》の已下《いげ》をや。但地涌《ただぢゆ》千界《がい》を召《め》して、八品《ぽん》を說《と》いて之《これ》を付屬《ふぞく》したまう。

如來滅後五五百歲始觀心本尊鈔　九五五頁

◇天晴《てんは》れぬれば地明《ちあきら》かなり、法華《ほっけ》を識《し》る者《もの》は世法《せほう》を得《う》べきか。一念《ねん》三千を識《し》らざる者《もの》には、佛大慈悲《ほとけだいじひ》を起《おこ》して、五字《じ》の內《うち》に此《こ》の珠《たま》を裹《つつ》み、末代幼稚《まつだいようち》の頸《くび》に懸《か》けさしめたまう。

如來滅後五五百歲始觀心本尊鈔　九六六頁

◆安立大法尼

一念《ねん》三千を識《し》る　どうか皆様《みなさま》は、慈悲《じひ》・至誠《まこと》・堪忍《かんにん》の三つを心《こころ》の守《まも》りとせられて、行住《ぎょうじゅう》坐臥《ざが》、妙法蓮華経《みょうほうれんげきょう》をお唱《とな》えください。斯《か》くして、悪業《あくごう》の因縁《いんねん》を断《だん》ぜられて初《はじ》めて、お互《たが》

い の徳《とく》を発揮《はっき》することができるのであります。「天晴《てんは》れぬれば地明《ちあきら》かなり、法華《ほっけ》を識《し》る者《もの》は世法《せほう》を得《う》べきか」と日蓮聖人《にちれんしょうにん》の申《もう》されたる如《ごと》く、この理《り》を知《し》って暮《く》らす者《もの》は処世《しょせい》の道《みち》を得《え》た者《もの》であるから、必《かなら》ず明《あか》るい気分《きぶん》で暮《く》らすことができるのであります。

また「一念《ねん》三千を識《し》らざる者《もの》」は「末代幼稚《まつだいようち》」とも申《もう》されていますが、これは〝善因《ぜんいん》あれば善果《ぜんか》を得《え》、悪因《あくいん》あれば悪果来《あっかきた》る〟の因果《いんが》の理法《りほう》を悟《さと》り、功徳《くどく》を積《つ》む者《もの》が「一念《ねん》三千を識《し》れる者《もの》」であり、〝たとえ頭《こうべ》には霜《しも》を戴《いただ》き、額《ひたい》には西海《さいかい》の波《なみ》を漂《ただよ》わすと雖《いえど》も、この理《り》を知《し》らず、死後仏《しごほとけ》に救《すく》われんとの考《かんが》えにて暮《く》らす人々《ひとびと》は、あたかも子《こ》どもである〟という意《い》です。

経《きょう》を明鏡《めいきょう》としますに、ただ今《いま》は小劫《しょうこう》の期《き》と申《もう》しまして、一般《ぱん》の思想《しそう》は悪化《あっか》し、これが原因《げんいん》となって小《しょう》の三災《さい》とて、流行病《りゅうこうびょう》・飢饉《ききん》・刀争等《とうそうとう》の難《なん》の起《お》こる時期《じき》であります。油断《ゆだん》をすればこの悪思想《あくしそう》に染《そ》まって、三災《さい》に苦《くる》しまなければなりません。皆《みな》さん、油断《ゆだん》をせず、妙法《みょうほう》の修養《しゅうよう》に努力《どりょく》してください。必《かなら》ず世間《せけん》の大難《だいなん》をも救《すく》うことができます。この悟《さと》りこそ、実《じつ》に一生《しょう》の幸《こう》・不幸《ふこう》の分岐点《ぶんきてん》であります。これを悟《さと》りてこそ、尊《とうと》き人生《じんせい》を全《まった》く有意義《ゆういぎ》に暮《く》らすことができるのであります。

始祖・御法話集　一三七～一三九頁

◆宗玄大徳

水行《すいぎょう》や断食《だんじき》の苦行《くぎょう》も悟《さと》りなくば無意義《むいぎ》なり

「一念《ねん》三千を識《し》らざる者《もの》には、仏大慈悲《ほとけだいじひ》を起《おこ》して、五字《じ》の内《うち》に此《こ》の珠《たま》を裹《つつ》み、末代幼稚《まつだいようち》の頸《くび》に懸《か》けさしめたまう」とは、日蓮聖人《にちれんしょうにん》の説《と》かれたるところであります。

私《わたくし》はかつて、名古屋市本立寺《なごやしほんりゅうじ》十四代《だい》の住職《じゅうしょく》、名倉順慶師《なくらじゅんけいし》に一念《ねん》三千について尋《たず》ねましたが、同師《どうし》の答《こた》えはすこぶる簡単《かんたん》で、ただ十界互具《かいごぐ》・百界《かい》千如《にょ》であるとのみで、その余《よ》のことにわたっては何《なに》も教《おし》えてくださらなかったのであります。なるほど十界互具《かいごぐ》・百界《かい》千如《にょ》については、日蓮聖人《にちれんしょうにん》の観心本尊鈔《かんじんほんぞんしょう》にも説《と》かれていますが、私《わたくし》は、これが現《げん》在《ざい》のわれら衆生《しゅじょう》に対《たい》していかなる関係《かんけい》にあるのか、ということが知《し》りたかったのであります。今《いま》までにすでに数《すう》十人《にん》の僧侶《そうりょ》にこれを尋《たず》ねたれども、私《わたくし》がなるほどと合点《がってん》するように教《おし》えてくださった方《かた》は一人《ひとり》もなかったのであります。その頃法義《ころほうぎ》の解釈《かいしゃく》で有名《ゆうめい》なる名倉師《なくらし》さえ、私《わたくし》の悟《さと》れるようには教《おし》えてくださらない。この上《うえ》は自力《じりき》に依《よ》りてもこれを悟《さと》らんと志《こころざ》し、水行《すいぎょう》でも断行《だんこう》して悟《さと》らんものと思《おも》い立《た》ったのであります。

以来《いらい》、県下知多郡阿久比村《けんかちたぐんあぐいむら》、臥竜山《がりゅうざん》において一か年半《ねんはん》、引続《ひきつづ》いて西加茂郡藤岡村《にしかもぐんふじおかむら》、柿《かき》野《の》の山奥《やまおく》にて一か年半《ねんはん》、都合《つごう》三か年間《ねんかん》水行《すいぎょう》を致《いた》しましたが、ある日《ひ》のこと、誰《だれ》言《い》う者《もの》も無《な》きに私《わたくし》の耳《みみ》に「汝《なんじ》はすでに満《まん》三年間《ねんかん》水行《すいぎょう》をなせり。この三年間《ねんかん》の水行《すいぎょう》に依《よ》りていかなる効果《こうか》があったか。いかなる悟《さと》りができたか。今日限《きょうかぎ》り止《や》めるがよかろう」と聞《き》こえました。

この言葉《ことば》を聞《き》いて考《かんが》えるに、私《わたくし》は三年間《ねんかん》一度《ど》も湯《ゆ》に入《はい》らず水行《すいぎょう》に精進《しょうじん》したが、なるほど諸天善神《しょてんぜんじん》の仰《おお》せの如《ごと》く、何《なん》の得《う》るところもなかったのです。そこで、さらに悟《さと》りを開《ひら》かんと沈思黙考《ちんしもっこう》したのでありましたが、その時《とき》また声《こえ》あって「汝《なんじ》は棺桶《かんおけ》を作《つく》ってその中《なか》に入《はい》って考《かんが》えよ。しかし棺桶《かんおけ》に入《はい》ったら世《よ》の人《ひと》は汝《なんじ》を狂人《きょうじん》と言《い》うであろう。棺桶《かんおけ》に入《はい》ったつもりで押入《おしいれ》に入《はい》って考《かんが》えよ。水行《すいぎょう》するのは魚《さかな》の真似《まね》、魚《さかな》は水《みず》の中《なか》に住《す》みて水《みず》を離《はな》るれば死《し》するのだ」と聞《き》こえました。この言葉《ことば》を聞《き》いて水行《すいぎょう》はプッツリ止《や》めてしまいました。そうして諸天《しょてん》の仰《おお》せの如《ごと》く棺桶《かんおけ》に入《はい》ったつもりで考《かんが》えました。かくして数日《すうじつ》を経《へ》て悟《さと》りました。

〝なるほど水行《すいぎょう》は魚《さかな》の真似《まね》、断食《だんじき》は蛙《かえる》や蛇《へび》の真似《まね》だ。彼《かれ》らは水《みず》の中《なか》に常住《じょうじゅう》し、また求《もと》めずして断食《だんじき》をさせられる。いかに冷《つめ》たくともその水《みず》を離《はな》るれば死《し》ぬ。また、空腹《くうふく》となれどもあえて食《しょく》するあたわざるは、実《じつ》に気《き》の毒《どく》なものだ。彼《かれ》もまた一つの魂《たましい》を持《も》っていると思《おも》えば実《じつ》に苦《くる》しいことであろう。我々《われわれ》も彼《かれ》の如《ごと》く苦《くる》しまざるべからざる悪因《あくいん》あるにもかかわらず、幸《さいわ》いに人《ひと》である。仮《かり》に水行《すいぎょう》をしても止《や》めたい時《とき》にそれを止《や》め、断食《だんじき》しても、喰《く》いたい時《とき》に食《しょく》することができるのを思《おも》えば実《じつ》にありがたいことではないか〟

かく悟《さと》ればさらに、

〝我々《われわれ》は日常《にちじょう》衣食《いしょく》に不足《ふそく》を言《い》うべきでない。もし彼《かれ》の如《ごと》く、畜類《ちくるい》・魚類《ぎょるい》であったならば常《つね》にその苦《く》を受《う》けねばならぬ。それは過去《かこ》の悪因故《あくいんゆえ》であるが、幸《さいわ》いにして未《いま》だその苦《くる》しみを受《う》くるに至《いた》らざるは、善因《ぜんいん》のありしためか、実《じつ》にありがたい。なお未来《みらい》かかる苦《く》を招《まね》かざらんには、善根《ぜんこん》を積《つ》まねばならぬ。無為《むい》に暮《く》らさば善芽《ぜんが》は生《しょう》ぜず、苦《く》の世界《せかい》の流《る》転《てん》を免《まぬが》れぬ。善根《ぜんこん》を積《つ》まば喜《よろこ》びの境界《きょうがい》に到《いた》るは当然《とうぜん》の理《り》〟と悟《さと》り得《え》ました。

かく悟《さと》り得《う》れば、〝我等《われら》の一念《ねん》に三千の世間《せけん》も現《げん》ずべきものぞ〟と考《かんが》えると共《とも》に、

〝いかに百年《ねん》の水行《すいぎょう》や断食《だんじき》の苦行《くぎょう》を重《かさ》ぬるとも、諸天善神《しょてんぜんじん》の仰《おお》せの如《ごと》く、もし悟《さと》りを得《え》なかったなれば何《なん》にもならぬ〟と思《おも》うに至《いた》ったのであります。この悟《さと》りを得《え》さえすれば、水行《すいぎょう》や断食《だんじき》の必要《ひつよう》もないのであります。幸《さいわ》いにも諸天善神《しょてんぜんじん》にこの理《り》を教《おし》えて頂《いただ》いたこと

は、誠《まこと》にありがたいことだと思《おも》いました。
　世《よ》の中《なか》にはこの意《い》を解《かい》せずして、水行《すいぎょう》や断食《だんじき》をなす人々《ひとびと》がありますが、誠《まこと》に無意義《むいぎ》のことと思《おも》います。

十界《かい》互《ご》具《ぐ》の理《り》　さて一念《ねん》三千とはいかなることでありましょうか。字句《じく》の如《ごと》く、一つの思《おも》いに因《よ》って三千種《しゅ》の世界《せかい》を生《しょう》ずるということであります。その三千種《しゅ》の世界《せかい》とは何《なに》かと申《もう》せば、もし我々《われわれ》が一度怒《ひとたびおこ》れば地獄《ちごく》、貪《むさぼ》れば餓鬼《がき》、愚痴《ぐち》多《おお》きは畜生《ちくしょう》、曲《ま》がり諂《へつら》えば修《しゅ》羅《ら》、平《たい》らかにして進歩《しんぽ》なきは人《ひと》、喜《よろこ》びは天上《てんじょう》、仏《ほとけ》の善《よ》き道《みち》を尋《たず》ね聴《き》くは声聞《しょうもん》、飛花落葉《ひからくよう》を見《み》て世間《せけん》の無常《むじょう》を悟《さと》るは縁覚《えんがく》、仏《ほとけ》となるべき道《みち》を行《おこ》なうは菩薩《ぼさつ》、すでに菩薩《ぼさつ》の道《どう》を行《ぎょう》じて解脱《げだつ》し、一切衆生《さいしゅじょう》を教化《きょうけ》して無上道《むじょうどう》に到《いた》らしめんとするは仏《ほとけ》であります。
　この十の心遣《こころづか》いに因《よ》り同《おな》じ仏性《ぶっしょう》の所有者《しょゆうしゃ》でも、各々《おのおの》なせし心遣《こころづか》いに従《したが》って異《こと》なれる身《み》を生《しょう》ずるのであります。この十種《しゅ》の世界《せかい》の者《もの》、例《たと》えば仏界《ぶっかい》に在《あ》る者《もの》も、いったん怒《おこ》れば地獄《ちごく》の因《いん》を作《つく》ります。地獄界《ちごくかい》の者《もの》も菩提心《ぼだいしん》を起《お》こせば仏界《ぶっかい》ともなるのです。例《たと》えばいかなる大悪人《だいあくにん》もなお妻子《さいし》を慈愛《じあい》するが如《ごと》きは、いわゆる菩薩《ぼさつ》の一示現《じげん》であります。かの悉《しっ》達太子《たたいし》（お釈迦《しゃか》さまの幼名《ようみょう》）が、人界《にんかい》より出《い》て難行苦行《なんぎょうくぎょう》の後《のち》、ついに仏身《ぶっしん》を成《じょう》じ給《たま》いしは、人界《にんかい》に仏界《ぶっかい》があるの例証《れいしょう》であります。

十界個々《かいここ》の者《もの》また、各々《おのおの》の心遣《こころづか》いに因《よ》りて各々《おのおの》十種《しゅ》の界《かい》を生《しょう》ずるのであります。十界《かい》互具《ごぐ》とはこの理《り》にして、一念《ねん》はついに百界《かい》を生《しょう》ずるのであります。

百界《かい》千如《にょ》の理《り》　この百界《かい》の個々《ここ》に、十如《にょ》（相《そう》・性《しょう》・体《たい》・力《りき》・作《さ》・因《いん》・縁《えん》・果《か》・報《ほう》・本末《ほんまつ》究竟等《くきょうとう》＝法華経方便品《ほけきょうほうべんぼん》）を具《そな》え持《も》てるのであります。

「如是相《にょぜそう》」とは、過去《かこ》すなわち、現在《げんざい》に至《いた》る間《あいだ》の一念《ねん》に因《よ》って行《ぎょう》ぜられし結果《けっか》の相《そう》で、これは外《そと》より見《み》て面貌《めんぼう》の別《べつ》を生《しょう》じ、その物々《ものもの》の形《かたち》を現《あら》わして外《ほか》に紛《まぎ》れざること。

「如是性《にょぜしょう》」とは、目《め》には見《み》えざれども、各々具《おのおのそな》え持《も》てる性分《しょうぶん》あるを言《い》い、

「如是体《にょぜたい》」とは、身《み》と心《こころ》と共鳴《ともな》れる主質《しゅしつ》を言《い》うのであります。すなわち我々《われわれ》に四肢《し》五根《こん》あるが如《ごと》しであります。

「如是力《にょぜりき》」とは、相及《そうおよ》び性《しょう》を有《ゆう》する体《たい》に巧能力用《こうのうりきよう》を有《ゆう》するを言《い》い、

「如是作《にょぜさ》」とは、あるいは怒《いか》り、あるいは笑《わら》い、あるいは事《じ》を成《じょう》ずる等《とう》の作用《さよう》をなすを

言《い》うのであります。

「如是因《にょぜいん》」とは、前《まえ》の世《よ》すなわち、過去《かこ》の因《いん》に因《よ》って後《のち》の果報《かほう》を得《う》る種《たね》を言《い》い、草木《そうもく》の種子《しゅし》を下《くだ》す如《ごと》く、今《いま》の善悪《ぜんあく》につきて未来《みらい》の修因《しゅういん》をなすことを言《い》うのであります。

「如是縁《にょぜえん》」とは、前《まえ》の作用《さよう》を助《たす》ける縁《えん》を言《い》います。悪《あく》をなす時《とき》は悪友《あくゆう》が縁《えん》となり、善《ぜん》をなすには善知識《ぜんちしき》が助縁《じょえん》となるが如《ごと》くであります。

「如是果《にょぜか》」とは、善悪《ぜんあく》の縁《えん》に因《よ》って行《ぎょう》ぜし結果《けっか》を言《い》い、

「如是報《にょぜほう》」とは善悪《ぜんあく》の報《むく》いを言《い》うのであります。苦楽《くらく》・貧富《ひんぷ》の差別《さべつ》有《あ》るは、皆《みな》これ報《むく》いであります。

しかして、初《はじ》めの相《そう》を基《もとい》となし、後報《ごほう》を受《う》くるを「如是本末究竟等《にょぜほんまつくきょうとう》」と言《い》うのであります。

かくの如《ごと》き十如《にょ》は、百界《かい》の各々《おのおの》のものにこれを具《ぐ》する故《ゆえ》に、千界《かい》となります。これを百界《かい》千如《にょ》と名付《なづ》けるのであります。

この千界《かい》がさらに、過去《かこ》の二因《いん》を持《も》ちて十種《しゅ》の因果不同《いんがふどう》なる「五陰世間《おんせけん》（色《しき》・受《じゅ》・想《そう》・行《ぎょう》・識《しき》）」に有《あ》り、また、現在《げんざい》の五果《か》、現在《げんざい》の三因《いん》、合《あ》わせて八果《か》に因《よ》って十果《か》の衆《しゅ》

生各々異《じょうおのおのこと》なりたる活動《かつどう》をなす「衆生世間《しゅじょうせけん》」にも有《あ》り、未来《みらい》の両果《りょうが》は十種《しゅ》の所居《しょこ》にして、すなわち「国土世間《こくどせけん》」と名付《なづ》けられるこの世間《せけん》にも有《あ》るのであります。以上合《いじょうあ》わせて、三千種《しゅ》の世間《せけん》を現《げん》ずるは次《つぎ》の如《ごと》くであります。

一念《ねん》×十界《かい》×十界《かい》×十如是《にょぜ》×三種世間《しゅせけん》＝三千種世間《しゅせけん》

十二因縁《いんねん》の観法《かんぽう》　しかして三種世間《しゅせけん》の内《うち》、五陰世間《おんせけん》の二因《いん》を「無明《むみょう》」と「行《ぎょう》」と言《い》い、衆生世間《しゅじょうせけん》の八果《か》を「識《しき》・名色《みょうしき》・六入《にゅう》・触《そく》・受《じゅ》・愛《あい》・取《しゅ》・有《う》」と言《い》うのであります。そして、国土世間《こくどせけん》の両果《りょうが》は、「生《しょう》・老死《ろうし》」であります。この十二を合《あ》わせて十二因縁《いんねん》の観法《かんぽう》と名付《なづ》けるのであります。

村上先生御法話集（一）　六九〜七六頁

理《り》・事《じ》、二の観法《かんぽう》　かく人生《じんせい》は、その一念《ねん》に因《よ》って事《こと》を作《な》し、因《いん》を作《つく》ってゆくのでありますます。これが善因《ぜんいん》なればよけれども、悪《あく》の因《いん》を作《つく》りたる場合《ばあい》は、その因《いん》に因《よ》って悪《あく》の報《むく》いを受《う》け、我《わ》が身《み》を苦《くる》しめ、さらに、その因《いん》に因《よ》って未来《みらい》また、母《はは》の胎内《たいない》に宿《やど》り、出生《しゅっしょう》して六境《きょう》を受《う》け、悪《あく》の因《いん》を作《つく》り、ついに老死《ろうし》・憂悲《うひ》・苦悩《くのう》し、また生《う》まれては未来永劫《みらいえいごう》、苦《くる》しみを受《う》けねばならぬのであります。しかるに、その間《かん》にもし善因《ぜんいん》あらば、その因《いん》に因《よ》って仏《ほとけ》と成《じょう》ずることもできるのであります。

かくしてこの「因果《いんが》の二法《ほう》」を知《し》らざれば、六道《どう》を車輪《しゃりん》の如《ごと》く輪廻《りんね》するのでありますが、悟《さと》りたる者《もの》は四聖道《しょうどう》に入《い》り、終《つい》には仏《ほとけ》を成《じょう》ずるのであります。この階級《かいきゅう》を十に分《わ》かちしものを十界《かい》と名付《なづ》け、十の体質《たいしつ》の差異《さい》を十如《にょ》とし、かくして六道《どう》を輪廻《りんね》して苦《く》を受《う》け、楽《らく》を受《う》ける間《あいだ》を十二に分《わ》かちて十二因縁《いんねん》の観法《かんぽう》となし、またこれを三種《しゅ》の世間《せけん》に分《わ》かつのであります。

しかして、この理《り》を研究《けんきゅう》しさえすればよいと、単《たん》に理屈《りくつ》のみに留《とど》めるを「理《り》の一念《ねん》三千」と言《い》うのでありますが、しかし、理屈《りくつ》のみにて悟《さと》りがなければ何等《なんら》の効果《こうか》は無《な》いのであります。

日蓮聖人《にちれんしょうにん》はこのことにつき特記《とっき》して、「一念《ねん》三千の観法《かんぽう》に二あり。一には理《り》二には事《じ》なり。天台伝教等《てんだいでんぎょうどう》の御時《おんとき》には理《り》なり、今《いま》は事《じ》なり。観念《かんねん》すでに勝《まさ》る故《ゆえ》に大難又色《だいなんまたいろ》まさる。彼《か》れは迹門《しゃくもん》の一念《ねん》三千、此《これ》は本門《ほんもん》の一念《ねん》三千なり。天地《てんち》はるかに殊《こと》なりことなりと御臨《ごりん》終《じゅう》の御時《おんとき》は御心得《おんこころえ》あるべく候《そうろう》」（治病大小権実違目《じびょうだいしょうごんじついもく》）と申《もう》しておられます。

もし一念《ねん》三千の真義《しんぎ》を知《し》りてなお、悪《あく》の因《いん》を植《う》え付《つ》けることは、その報《むく》いの恐《おそ》るべきぞと悟《さと》りて常《つね》に精神修養《せいしんしゅうよう》をなし、怒《おこ》らず、貪《むさぼ》らず、愚痴《ぐち》を言《い》わず、他《た》の人《ひと》をも指導《しどう》してその修養《しゅうよう》を実行《じっこう》せしめ、行住坐臥《ぎょうじゅうざが》、妙法蓮華経《みょうほうれんげきょう》と唱《とな》うるなれば、十二因縁《いんねん》を流転《るてん》し、六道《どう》を輪廻《りんね》することより離脱《りだつ》して、必《かなら》ず仏界《ぶっかい》、すなわち最上《さいじょう》の境界《きょうがい》に到達《とうたつ》することができるのであります。

村上先生御法話集（一）　七七〜七九頁

◆御開山上人

一念《ねん》三千の事《こと》

天台大師《てんだいたいし》は、釈尊《しゃくそん》のお説《と》きになりました教《おし》えの全体《ぜんたい》を、さらに法華経《ほけきょう》を中心《ちゅうしん》として一つの系統《けいとう》の立《た》った教《おし》えにして後世《こうせい》にのこされました。それは「摩訶止観《まかしかん》」という書物《しょもつ》でありまして、その中《なか》に説《と》かれた教《おし》えの骨子《こっし》となっているものが「一念《ねん》三千」であります。

一念《ねん》三千の初めに、まず「十界《かい》」というものを立《た》てました。その十界《かい》のものが各々他《おのおのほか》の十界《かい》の性質《せいしつ》をもそなえているということを説《と》かれています。このことを「十界互具《かいごぐ》」というのであります。

十界《かい》というのは、
一、地獄《ぢごく》。二、餓鬼《がき》。三、畜生《ちくしょう》。四、修羅《しゅら》。五、人間《にんげん》。六、天上《てんじょう》。七、声聞《しょうもん》。八、縁《えん》覚《がく》。九、菩薩《ぼさつ》。十、仏《ぶつ》。

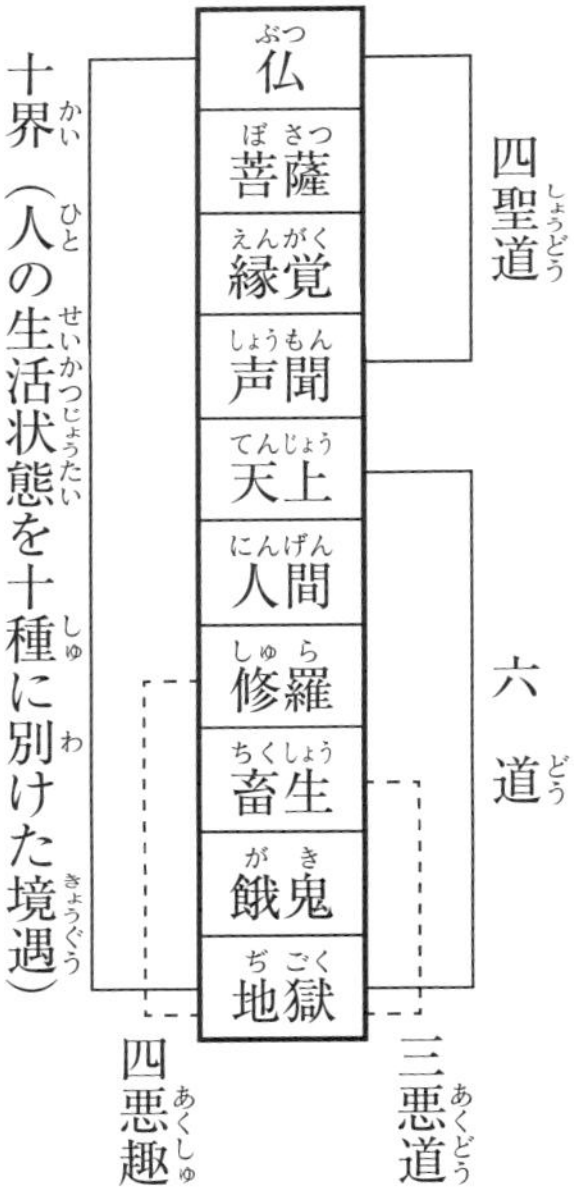

この十の世界《せかい》で、この十の世界《せかい》というものは、だれでもおたがいの心《こころ》の中《なか》にあらわれて来《く》るものであります。

現代生活の指針　一四六～一四七頁

十界互具《かいごぐ》の事《こと》　十の境界《きょうがい》がいつでもわれわれの心《こころ》の中《なか》にそなわっていて、ある時《とき》は地獄《ぢごく》や餓鬼《がき》のような情《なさ》けない心持《こころも》ちもおこるし、ある時《とき》は世《よ》の中《なか》の無常《むじょう》を感《かん》ずるようなこともあり、ある時《とき》には又他《またほか》の者《もの》の苦《くる》しみ、悩《なや》む者《もの》にたいして同情《どうじょう》をよせるということもあって、この十界《かい》がたえず自分《じぶん》の心《こころ》の中《なか》にあらわれてきます。地獄《ぢごく》に堕《お》ちたというような者《もの》、瞋恚《しんに》という一念《ねん》ばかりで心《こころ》が占領《せんりょう》されている者《もの》でも、その心《こころ》の奥底《おくそこ》の方《ほう》には、他人《たにん》にたいして同情《どうじょう》をよせるというような心持《こころも》ちもあるのです。ただそれがおもてにあらわれないでひそんでいるだけなのです。仏《ほとけ》の境界《きょうがい》に到達《とうたつ》しないあいだは、覚《さと》ったと思《おも》ってもまだまよいが心《こころ》の奥《おく》にあります。又《また》まよっていても、そのまよった人《ひと》の心《こころ》の底《そこ》には覚《さと》った境界《きょうがい》に行《い》くべき心持《こころも》ちが幾《いく》らか残《のこ》っている、これが「十界互具《かいごぐ》」というのであります。

十界互具《かいごぐ》ということを考《かん》えて見《み》ると、現在《げんざい》の自分《じぶん》がつまらない者《もの》であってもけっして失望《しつぼう》することはないのであります。なにゆえならば、今《いま》の自分《じぶん》のまよいにみちた心《こころ》の奥《おく》の奥《おく》には、覚《さと》りをひらいていこうとする心《こころ》が潜《ひそ》んでいるのであるから、決《けっ》して失望《しつぼう》すべきではないのであります。又現在《またげんざい》、自分《じぶん》が少《すこ》しばかり覚《さと》ったからといって、これで安心《あんしん》して満足《まんぞく》すべきではないのであります。何故《なぜ》ならば、その覚《さと》った心《こころ》の奥《おく》の奥《おく》には、迷《まよ》いの方《ほう》に行《い》くべき心持《こころも》ちがまるで無《な》くなってしまった訳《わけ》ではありません。だから決《けっ》してみづから安《やす》んじてはならないのであります。

現代生活の指針　一五六〜一五七頁

十如是《にょぜ》の事《こと》

十界《かい》が一念《ねん》三千ということの土台《どだい》でありまして、その十界《かい》の働《はたら》きがどういうふうにあらわれるかと申《もう》しますと、十の方面《ほうめん》であらわれるので「十如是《にょぜ》」ということを説《と》き、又《また》三つのことなった方面《ほうめん》があるというので「三世間《せけん》」が説《と》かれてあります。十界互具《かいごぐ》で百界《かい》を生《しょう》じ、百界《かい》に十如《にょ》という十の働《はたら》きが加《くわ》わって千界《かい》となり、千界《かい》に三つの方面《ほうめん》の見《み》かたがあるので、三千種《しゅ》の別《べつ》があらわれるのであります。

如是相《にょぜそう》。如是性《にょぜしょう》。如是体《にょぜたい》。如是力《にょぜりき》。如是作《にょぜさ》。如是因《にょぜいん》。如是縁《にょぜえん》。如是果《にょぜか》。如是報《にょぜほう》。如是《にょぜ》本末究竟等《ほんまつくきょうとう》。これが「十如是《にょぜ》」であります。

「如是《にょぜ》」と申《もう》すのは、是《かく》の如《ごと》くという意味《いみ》ではなくて、「何時《いつ》でもかわらずに」とか、「かならず」というような意味《いみ》です。相《そう》、性《しょう》、体《たい》、力《りき》、作《さ》、因《いん》、縁《えん》、果《か》、報《ほう》というのは、どんな物《もの》にでもみなそなわっているので、これはすべての物《もの》の存在《そんざい》する根本《こんぽん》の条件《じょうけん》であるというのであります。この条件《じょうけん》をそなえないで存在《そんざい》するものは、けっしてないのであります。

現代生活の指針　一五八〜一五九頁

三種世間《しゅせけん》の事《こと》　いままでによって、個人《こじん》としての問題《もんだい》はひととおりわかるのですけれども、人間《にんげん》は、他《た》の人《ひと》との社会的《しゃかいてき》な関係《かんけい》をも考《かんが》えなければなりません。個人《こじん》をはなれた社《しゃ》会《かい》というものもないし、又社会《またしゃかい》をはなれた個人《こじん》というものもないのであります。それでその社会《しゃかい》と個人《こじん》との関係《かんけい》を観察《かんさつ》して、「三世間《せけん》」という教《おし》えがあるのであります。

一、五陰世間《ごおんせけん》＝色《しき》、受《じゅ》、想《そう》、行《ぎょう》、識《しき》の相並《あいなら》んでいる個人《こじん》の内的働《ないてきはたら》き。

二、衆生世間《しゅじょうせけん》＝個人《こじん》が沢山生活《たくさんせいかつ》している世《よ》の中《なか》のこと。

三、国土世間《こくどせけん》＝衆生《しゅじょう》があつまって作《つく》っている国土《こくど》をいう。

現代生活の指針　一六二頁

「一念《ねん》」が仏《ほとけ》の境界《きょうがい》に　人間《にんげん》が一緒《しょ》に生《い》きているということは個人個人《こじんこじん》の集《あつ》まりにほかならないのですが、いっしょにすんでいるあいだにはおたがいに感化《かんか》を及《およ》ぼしあい、影《えい》響《きょう》をあたえあってゆくのであります。それゆえ個人《こじん》をはなれて国家《こっか》も社会《しゃかい》もないといえるとともに、国家社会《こっかしゃかい》をはなれた個人《こじん》というものもないということがいえるのであります。よく考《かんが》えねばならぬところでありまして、個人《こじん》の責任《せきにん》というものも非常《ひじょう》に重《おも》いのであります。また国家《こっか》の価値《かち》というものも、非常《ひじょう》に重《おも》く考《かんが》えられなければならないのであります。

一念《ねん》というのはきわめて短《みじか》いあいだにおこる心持《こころも》ちでありますが、この一念《ねん》が世間《せけん》をよくし、又《また》わるくもするのであります。ですからよい家庭《かてい》、住《す》みよい社会《しゃかい》、国《くに》をつくるには、私《わたくし》という個人《こじん》にも、大《おお》きな役割《やくわり》があると思《おも》わなければなりません。自分《じぶん》の心《こころ》の中《なか》にはいろいろな性質《せいしつ》や考《かんが》えがふくまれていますが、その中《なか》の貴《とうと》い性質《せいしつ》が、仏様《ほとけさま》の教《おし》えを学《まな》ぶことによってだんだん発揮《はっき》されてゆけば、現在《げんざい》はつまらぬ凡夫《ぼんぷ》でも、やがて仏《ほとけ》の境界《きょうがい》にゆけるのであります。

現代生活の指針　一六四〜一六五頁

◆日達上人

一念《ねん》三千の事《こと》　仏《ぶつ》・菩薩《ぼさつ》・縁覚《えんがく》・声聞《しょうもん》・天上《てんじょう》・人間《にんげん》・修羅《しゅら》・畜生《ちくしょう》・餓鬼《がき》・地獄《ぢごく》という十法界《ぽうかい》が、それぞれに十界《かい》を具足《ぐそく》して百界《かい》、その百界《かい》に十如是《にょぜ》（相《そう》・性《しょう》・体《たい》・力《りき》・作《さ》・因《いん》・縁《えん》・果《か》・報《ほう》・本末究竟等《ほんまつくきょうとう》）、三種世間《しゅせけん》（衆生《しゅじょう》・国土《こくど》・五陰《ごおん》）が掛《か》け合《あ》わされて三千の世界《せかい》となるわけですが、この三千の世界《せかい》がすべての人《ひと》の心《こころ》に具《そな》わり、人間《にんげん》はその世界《せかい》を常《つね》に展開《てんかい》させている、という法門《ほうもん》であります。

　これは法華経方便品《ほけきょうほうべんぼん》の十如是《にょぜ》を基《もとい》として立《た》てられたものですが、日蓮聖人《にちれんしょうにん》は、「一念《ねん》三千は十界互具《かいごぐ》より事始《ことはじ》まれり」（開目鈔《かいもくしょう》・上《じょう》）と述《の》べておられます。〝方便品《ほうべんぼん》に代表《だいひょう》される法華経迹門《ほけきょうしゃくもん》（前半《ぜんはん》十四品《ほん》）の一念《ねん》三千はまだ不十分《ふじゅうぶん》なものであり、如来寿量品《にょらいじゅりょうほん》に至《いた》って初《はじ》めて完成《かんせい》する〟と言《い》われるのです。

　迹門《しゃくもん》で説《と》かれます主《おも》なことは、〝私共《わたくしども》のような凡夫《ぼんぶ》でも仏《ほとけ》に成《な》れる〟ということです。ここで教《おし》えられますのは、〝私《わたくし》の心《こころ》に仏《ほとけ》がある〟ということです。これを日蓮聖人《にちれんしょうにん》は「九界所具《かいしょぐ》の仏界《ぶっかい》」と述《の》べられております。九界《かい》とは、仏界《ぶっかい》をのぞいた菩薩界《ぼさつかい》から地獄界《ぢごくかい》までを言《い》います。この九界《かい》に仏界《ぶっかい》はあるけれども、仏界《ぶっかい》に九界《かい》があるとはここまででは言《い》えないのであります。

　では、本門《ほんもん》・如来寿量品《にょらいじゅりょうほん》では何《なに》が説《と》かれるのでしょう。寿量品《じゅりょうほん》の肝心《かんじん》は、「インドで生《う》まれ、修行《しゅぎょう》し、悟《さと》りを開《ひら》いた『釈迦《しゃか》』という仏《ほとけ》さまは実《じつ》は仮《かり》の姿《すがた》であって、本当《ほんとう》の私《わたくし》『仏《ほとけ》』は過去《かこ》・現在《げんざい》・未来《みらい》の三世《ぜ》に亘《わた》って尽《つ》きることのない命《いのち》を有《ゆう》した『久遠《くおん》の本仏《ほんぶつ》』である」という、お釈迦《しゃか》さまのご宣言《せんげん》にあります。お釈迦《しゃか》さまは如来寿量品《にょらいじゅりょうほん》に於《お》いて初《はじ》めて本仏《ほんぶつ》の実体《じったい》を明《あ》かされ、〝私《わたくし》はあなた方《がた》をその間《かん》ずっと、今《いま》に至《いた》るまで、いろいろな形《かたち》を現《あら》わして教化《きょうけ》してきた。さらに、未来永遠《みらいえいえん》に亘《わた》っても同《おな》じように教化《きょうけ》してゆく〟と、仏法《ぶっぽう》の真髄《しんずい》をここで説《と》き明《あ》かされたのであります。ここに於《おい》て初《はじ》めて「十界《かい》互具《ごぐ》は完成《かんせい》」したと、日蓮聖人《にちれんしょうにん》は「仏界所具《ぶっかいしょぐ》の十界《かい》」という言葉《ことば》で顕《あら》わしておられます。

仏《ほとけ》さまは久遠《くおん》であり、私共凡夫《わたくしどもぼんぷ》の魂《たましい》も、やはり久遠《くおん》ということが教《おし》えられるのです。寿量品《じゅりょうほん》によって初《はじ》めて、〝仏《ほとけ》さまと私共《わたくしども》は一体《たい》のものであり、ともに久遠《くおん》の生命《せいめい》を有《ゆう》している〟と信《しん》ずることができるのであります。

天台大師《てんだいたいし》は「師弟《してい》ともに久遠《くおん》」という言葉《ことば》で、これを顕《あら》わしておられます。

『月刊法音』第一四〇号　五～九頁

十界互具《かいごぐ》の事《こと》

（すべての人《ひと》に）仏性《ぶっしょう》はありますが、人間《にんげん》は「十界《かい》」の中《なか》に生《い》きています。一番上《ばんうえ》が仏界《ぶっかい》、つまり仏《ほとけ》さまの世界《せかい》で、以下順《いかじゅん》に、菩薩《ぼさつ》・縁覚《えんがく》・声聞《しょうもん》・天上《てんじょう》・人間《にんげん》・修羅《しゅら》・畜生《ちくしょう》・餓鬼《がき》・地獄《ぢごく》とつながっています。

菩薩界《ぼさつかい》は、自分《じぶん》のできることで人《ひと》を力《ちから》づけてゆこう、喜《よろこ》ばせてゆこうという世界《せかい》です。

縁覚界《えんがくかい》は縁《えん》によって覚《さと》ること。自分《じぶん》の身《み》の周《まわ》りに起《お》きたことによって覚《さと》りを開《ひら》く世界《せかい》です。覚《さと》りと言《い》っても、大《おお》きな覚《さと》りもあれば小《ちい》さな覚《さと》りもあります。身近《みぢか》なことでは、身内《みうち》の人《ひと》の死《し》によって〝人間《にんげん》は誰《だれ》もが死《し》ぬ〟という「無常《むじょう》」を知《し》ります。

声聞界《しょうもんかい》は、皆《みな》さん今《いま》お話《はなし》を聞《き》いていて下《くだ》さいますが、法《ほう》の話《はなし》を聞《き》いて〝あ、そういうことか〟と理解《りかい》することです。

天上界《てんじょうかい》は、たのしい暮《く》らしをしている所《ところ》です。しかし、徳《とく》が切《き》れると落《お》ちてしまいます。

人間界《にんげんかい》は、いいこともあるし、悪《わる》いこともあるという世界《せかい》です。実際《じっさい》には悪《わる》いことの方《ほう》が多《おお》いかも知《し》れません。

修羅界《しゅらかい》は争《あらそ》いの世界《せかい》です。戦争《せんそう》はもちろんですが、家《いえ》の中《なか》で家族《かぞく》がケンカばかりしていたら、その家《いえ》は修羅界《しゅらかい》です。

畜生界《ちくしょうかい》は、けもののような世界《せかい》です。人間《にんげん》がもっている思《おも》いやりとかルールをはずれた世界《せかい》です。

餓鬼界《がきかい》は、〝もっともっと〟という欲《よく》の深《ふか》い世界《せかい》です。最後《さいご》が地獄界《ちごくかい》です。絶《た》えず苦《くる》しみに遭《あ》う世界《せかい》です。

この十界《かい》は「互具《ごぐ》」と言《い》いまして、すべての人《ひと》は皆《みな》、十界《かい》のすべてを持《も》っているのです。畜生《ちくしょう》のような心《こころ》を起《お》こすこともあれば、餓鬼《がき》のように物《もの》やお金《かね》を追《お》い求《もと》めることもあります。貴《とうと》い姿《すがた》、賎《いや》しい姿《すがた》、また、金持《かねも》ち、貧乏《びんぼう》という現《あら》われ方《かた》をするのも「十界互具《かいご》《ぐ》」だからです。

地球上《ちきゅうじょう》には、戦争《せんそう》もあり、テロなどもあって人《ひと》と人《ひと》の殺《ころ》し合《あ》いが実際《じっさい》に起《お》きています。戦争《せんそう》のない日本《にほん》でも、子《こ》どもを虐待《ぎゃくたい》して殺《ころ》すとか、逆《ぎゃく》に、子《こ》どもが親《おや》を殺《ころ》すとか、また、オレオレ詐欺《さぎ》やフリコメ詐欺《さぎ》という、人《ひと》をだます事件《じけん》もよく起《お》きています。〝仏性《ぶっしょう》を持《も》ちながらなぜ〟と思《おも》いますが、それもやはり「十界互具《かいごぐ》」だからです。人間《にんげん》は、この十界《かい》のどの心《こころ》を持《も》つかによります。

『月刊法音』第四三三号　五～七頁

縦横無尽《じゅうおうむじん》につながる因縁《いんねん》　一念《ねん》三千とは、この世《よ》の中《なか》、自分《じぶん》と世界《せかい》は因縁《いんねん》によって縦横《じゅうおう》無尽《むじん》につながっているという考《かんが》え方《かた》であります。

人間《にんげん》の心《こころ》は、朝《あさ》から晩《ばん》まで少《すこ》しも一定《てい》しておりません。仏《ほとけ》さまのような心《こころ》の時《とき》もあれば、地獄《ちごく》の鬼《おに》みたいになることもあります。仏界《ぶっかい》から地獄界《ちごくかい》までの十界《かい》を、私共《わたくしども》は常《つね》にさまよっているわけです。これは縦《たて》の関係《かんけい》と申《もう》せましょう。

一方《ぽう》、横《よこ》の関係《かんけい》はと申《もう》しますと、これも大変《たいへん》な広《ひろ》がりを持《も》っております。自分《じぶん》のほんのちょっとした思《おも》い、行《おこ》ないが、全世界《ぜんせかい》につながってゆくと考《かんが》えて過言《かごん》ではないのです。

簡単《かんたん》な例《れい》を挙《あ》げてみましょう。私《わたくし》は今《いま》、こうしてお話《はなし》をしております。この私《わたくし》が今日《こんにち》に至《いた》るまで、はたして自分《じぶん》の力《ちから》だけでやって来《こ》られたかと言《い》えば、決《けっ》してそのようなことはありません。せいぜい百のうち、二か三ではないのでしょうか。あとの九十幾《いく》つはみな、親《おや》・先祖《せんぞ》、そして、周囲《しゅうい》の方々《かたがた》の因縁《いんねん》としか考《かんが》えられません。そうした方々《かたがた》のお陰《かげ》で今《いま》の私《わたくし》が在《あ》るのです。

また、今私《いまわたくし》の着《き》ている物《もの》を考《かんが》えますと、まず、材料《ざいりょう》を作《つく》る人《ひと》がいます。加工《かこう》する人《ひと》、染《そ》める人《ひと》、仕立《した》てる人《ひと》がいます。本当《ほんとう》に多《おお》くの人《ひと》が、この一枚《まい》の着物《きもの》に関《かか》わりを持《も》たれたと思《おも》うのです。そうした人々《ひとびと》を私《わたくし》は全《まった》く存《ぞん》じ上《あ》げておりません。しかし、その人々《ひとびと》のご苦労《くろう》のお陰《かげ》で今身《いまみ》に着《つ》けることが出来《でき》ているのです。この着物《きもの》を通《とお》して、作《つく》った人《ひと》と私《わたくし》とは「因縁《いんねん》」の糸《いと》に結《むす》ばれていることになります。

これは衣《い》・食《しょく》・住《じゅう》のすべてについて言《い》えます。さらに、宇宙的《うちゅうてき》な広《ひろ》がりも考《かんが》えることが出来《でき》ます。太陽《たいよう》・空気《くうき》・水《みず》、その他《ほか》いろいろな物《もの》の恵《めぐ》みを私共《わたくしども》は受《う》けております。人間一人《にんげんひと》り自分《じぶん》で空気《くうき》を作《つく》り、水《みず》を作《つく》っているというような人《ひと》は、一人《ひとり》もいないでしょう。人が生《い》きているその基《もとい》には、みなこうした因縁《いんねん》が関《かか》わり合《あ》い、〝その中《なか》で私《わたくし》は生《い》かされている〟と考《かんが》えてゆくことが大切《たいせつ》です。お互《たが》いに助《たす》け合《あ》ってこそ、人間《にんげん》は生《い》きてゆくことができるのです。

そうした世界《せかい》に在《あ》りながら、常《つね》に「オレガ」という生《い》き方《かた》をしておりますと、次第《しだい》に周囲《しゅうい》から孤立《こりつ》してしまいます。孤立《こりつ》すれば当然《とうぜん》、さみしくなり、物事《ものごと》も思《おも》うようにならなくなります。その状態《じょうたい》を「不幸《ふこう》」と言《い》うのです。

『月刊法音』第一六五号　六～八頁

因果の二法〔因・縁・果・報〕の事

〝憂《う》きことの身《み》にあらわれしことはみな
われ蒔《ま》きおきし種《たね》とこそ知《し》れ〟

宗玄大徳御詠

◆経典

◇佛《ほとけ》の説《と》きたもう苦諦《くたい》は、眞實《しんじつ》にして異《ことな》ることなし。若《も》し衆生《しゅじょう》あって、苦《く》の本《もと》を知《し》らず、深《ふか》く苦《く》の因《いん》に著《じゃく》して、暫《しばら》くも捨《す》つること能《あた》わざる。是《こ》れ等《ら》を爲《もっ》ての故《ゆえ》に、方便《ほうべん》して道《どう》を説《と》きたもう。諸苦《しょく》の所因《しょいん》は、貪欲《とんよく》これ本《もと》なり。若《も》し貪欲《とんよく》を滅《めつ》すれば、依止《えし》する所《ところ》なし。

妙法蓮華經・譬喩品　一〇九頁

◆遺文

◇事《こと》の心《こころ》を案《あん》ずるに、前生《ぜんしょう》に法華經誹謗《ほけきょうひほう》の罪《つみ》なきもの、今生《こんじょう》に法華經《ほけきょう》を行《ぎょう》ず。これを世《せ》間《けん》の失《とが》に寄《よ》せ、或《あるい》は罪《つみ》なきを怨《あだ》すれば、忽《たちま》ちに現罰《げんばつ》あるか。修羅《しゅら》が帝釋《たいしゃく》を射《い》る、金翅鳥《こんじちょう》の阿耨池《あのくち》に入《い》る等《とう》、必《かなら》ず返《かえ》って一時《じ》に損《そん》するが如《ごと》し。天台云《てんだいいわ》く、『今我《いまわ》が疾苦《しっく》は皆過去《みなかこ》に由《よ》る、今生《こんじょう》の修福《しゅふく》は報将來《ほうしょうらい》に在《あ》り』等云云《とううんぬん》。心地觀經《しんちかんぎょう》に云《いわ》く、『過去《かこ》の因《いん》を知《し》らんと欲《ほっ》せば、其《そ》の現在《げんざい》の果《か》を見《み》よ。未來《みらい》の果《か》を知《し》らんと欲《ほっ》せば、其《そ》の現在《げんざい》の因《いん》を見《み》よ』等云云《とううんぬん》。不輕品《ふきょうぼん》に云《いわ》く、『其《そ》の罪畢《つみお》え已《おわ》って』等云云《とううんぬん》。不輕菩薩《ふきょうぼさつ》は過去《かこ》に法華經《ほけきょう》を謗《ぼう》じ給《たま》う罪身《つみみ》にある故《ゆえ》に、瓦石《がしゃく》をかほると見《み》えたり。

開目鈔・下　八二九頁

◇業因《ごういん》は、殺生《せっしょう》・偸盗《ちゅうとう》・邪婬《じゃいん》・飲酒《おんじゅ》・妄語《もうご》の上《うえ》、邪見《じゃけん》とて、因果《いんが》なしという者此《ものこ》の中《なか》に墮《お》つべし。邪見《じゃけん》とは、有人《あるひと》の云《いわ》く、人飢《ひとう》えて死《し》ぬれば天《てん》に生《うま》るべし等《とう》と云云《うんぬん》。總《そう》じて因《いん》果《が》を知《し》らぬ者《もの》を邪見《じゃけん》と申《もう》すなり。世間《せけん》の法《ほう》には慈悲《じひ》なき者《もの》を邪見《じゃけん》の者《もの》という。當世《とうせい》の人《ひと》人此《びとこ》の地獄《ぢごく》を免《まぬが》れがたきか。

顯謗法鈔　四五八頁

◇阿鼻《あび》の業因《ごういん》は經論《きょうろん》のおきては五逆《ぎゃく》・七逆《ぎゃく》・因果撥無《いんがほつむ》・正法誹謗《しょうぼうひほう》の者《もの》なり。

眞言見聞　八八〇頁

◇釋尊《しゃくそん》の因行果徳《いんぎょうかとく》の二法《ほう》は、妙法蓮華經《みょうほうれんげきょう》の五字《じ》に具足《ぐそく》す。我等此《われらこ》の五字《じ》を受持《じゅぢ》すれば、自然《じねん》に彼《か》の因果《いんが》の功徳《くどく》を譲《ゆず》り與《あた》え給《たま》う。四大聲聞《だいしゅうもん》の領解《りょうげ》に云《いわ》く、『無上《むじょう》の寶珠《ほうじゅ》求《もと》めざるに自《おのずか》ら得《う》』云云《うんぬん》。我等《われら》が己心《こしん》の聲聞界《しょうもんかい》なり。『我《わ》が如《ごと》く等《ひと》しくして異《こと》なること無《な》けん。』『我《わ》が昔《むかし》の所願《しょがん》の如《ごと》き、今已《いますで》に滿足《まんぞく》しぬ。』『一切衆生《さいしゅじょう》を化《け》して、皆佛道《みなぶつどう》に入《い》らしむ。』妙覺《みょうかく》の釋尊《しゃくそん》は我等《われら》が血肉《けつにく》なり、因果《いんが》の功徳《くどく》は骨髓《こつずい》に非《あら》ずや。

如來滅後五五百歳始觀心本尊鈔　九五四頁

◇陰徳《いんとく》あれば陽報《ようほう》ありと申《もう》して、皆人《みなひと》は主《しゅ》にうたえ、主《しゅ》もいかんぞおぼせしかども、わ△どのの正直《しょうじき》の心《こころ》に、主《しゅ》の後生《ごしょう》を助《たす》けたてまつらむと思《おも》う心強盛《こころごうじょう》にして、修練《すれん》を修《す》すれば、かかる利生《りしょう》にもあづからせ給《たま》うぞかし。此《これ》は物《もの》のはしなり、大果報《だいかほう》は又來《またきた》るべしと思食《おぼしめ》せ。又此《またこ》の法門《ほうもん》の一行何《ぎょういか》なる本意《ほんい》なき事《こと》ありとも、見《み》ず聞《き》かず言《い》わずしてむつばせ給《たま》え。大人《だいにん》には祈《いの》りなしまいらせ候《そうろう》べし。上《かみ》に申《もう》す事私《ことわたくし》の事《こと》にはあらず。外典《げでん》三千内典《ないでん》五千の肝心《かんじん》の心《こころ》をぬきて書《か》きて候《そうろう》。

陰徳陽報御書　一一五三頁

◇悪《あく》の中《なか》の大悪《だいあく》は我《わ》が身《み》に其《そ》の苦《く》を受《う》くるのみならず、子《こ》と孫《まご》と末《すえ》七代《だい》までもかかり候《そうら》いけるなり。善《ぜん》の中《なか》の大善《だいぜん》も又又《またまた》かくの如《ごと》し。

盂蘭盆御書　一五四九頁

◆安立大法尼　因果の教え

ご養子《ようし》の失敗《しっぱい》で多大《ただい》な損害《そんがい》を蒙《こうむ》り、怨《うら》んでいる資産家《しさんか》への教化《きょうけ》　「あなたの家《いえ》のご失敗《しっぱい》は、決《けっ》してご養子一人《ようしひとり》のご失敗《しっぱい》ではありません。皆《みな》さんの過去《かこ》ならびに現在《げんざい》における罪《ざい》障《しょう》と申《もう》すものがご養子《ようし》の一身《しん》に集《あつ》まってきたもので、ついに、することなすことがご失《しっ》敗《ぱい》となったのです。ですからそれは、お家《いえ》の方《かた》すべての共同責任《きょうどうせきにん》であります。

すべて人間《にんげん》は罪障《ざいしょう》と申《もう》すものが必《かなら》ずあります。それは過去《かこ》・現在《げんざい》における各自《かくじ》のなした罪業《ざいごう》です。〝過去《かこ》のことは知《し》ることはできない〟と誰《だれ》もが心得《こころえ》ておりますが、現在《げんざい》に於《お》いても、自分《じぶん》では罪《つみ》と知《し》らずしてなしつつあることが、積《つ》もり積《つ》もってこの罪業《ざいごう》となるのです。実《じつ》に『過去《かこ》の因《いん》を知《し》らんと欲《ほっ》せば現在《げんざい》の果《か》を見《み》よ』と日蓮聖人《にちれんしょうにん》も言《い》われましたが、人々《ひとびと》の現在《げんざい》の境遇《きょうぐう》に種々様々《しゅじゅさまざま》な差別《さべつ》のあるのは、多《おお》くは、この過去《かこ》の因《いん》によるものであります。

過去《かこ》・現在《げんざい》・未来《みらい》、三世《ぜ》の因果《いんが》の理法《りほう》は終始《しゅうし》一貫《かん》して継続《けいぞく》するものです。人《ひと》にしても、悪因《あくいん》によって現在《げんざい》に悪果《あっか》に苦《くる》しむとしたら、この悪因《あくいん》の綱《つな》を切断《せつだん》しなければ、いかに奮闘努力《ふんとうどりょく》しても決《けっ》して成功《せいこう》しません。

この悪因《あくいん》を断《だん》ずる利剣《りけん》は妙法《みょうほう》に依《よ》る以外《いがい》にありません。火《ひ》を消《け》すは水《みず》により、硝子《がらす》を切《き》るには金剛石《こんごうせき》に限《かぎ》り、木材《もくざい》を切《き》るには鋸《のこぎり》を用《もち》いる通《とお》り、皆《みな》それ相応《そうおう》の道具《どうぐ》を用《もち》いるのと同様《どうよう》です。

しきりに災厄《さいやく》に遭《あ》う人《ひと》、不幸《ふこう》・不運《ふうん》を嘆《なげ》く人《ひと》、貧困《ひんこん》に苦《くる》しめらるる人《ひと》、病魔《びょうま》に侵《おか》さるる人等《ひとひと》、数《かぞ》え上《あ》げれば種々様々《しゅじゅさまざま》でありますが、要《よう》するに人間《にんげん》として安穏《あんのん》に現在《げんざい》を送《おく》り、未来《みらい》は善《よ》き処《ところ》に到《いた》らんことを希《こいねが》う人《ひと》は、一日《にち》も早《はや》く妙法《みょうほう》に帰依《きえ》して常《つね》に慈悲《じひ》・至誠《まこと》・堪忍《かんにん》の三徳《とく》を守《まも》り、行住坐臥《ぎょうじゅうざが》に妙法蓮華経《みょうほうれんげきょう》を唱《とな》えるのです。自己本有《じこほんぬ》の仏性《ぶっしょう》を磨《みが》き、人《ひと》の、人《ひと》として踏《ふ》むべき大道《だいどう》をゆくべきことは、実《じつ》に、人生《じんせい》一日《にち》も欠《か》くべからざるの所業《しょぎょう》であります。

父母《ふぼ》と呼《よ》び、夫婦《ふうふ》となって現在《げんざい》そのように生存《せいぞん》するも、決《けっ》して偶然《ぐうぜん》ではありません。皆《みな》それぞれの因縁《いんねん》があるからです。自分《じぶん》の心《こころ》の迷《まよ》いから罪《つみ》のない人《ひと》を怨《うら》むことは恐《おそ》ろしいことです。日々信仰《ひびしんこう》を怠《おこた》ることなく心得《こころえ》てやってゆけば、家運《かうん》も次第《しだい》に開《ひら》けて、家庭《かてい》も円満《えんまん》となること請合《うけあ》いです。心身《しんしん》の病《やま》いを癒《いや》す大良薬《だいりょうやく》は、真《しん》に妙法以外《みょうほういがい》にはありません」。

大乗山法音寺三徳開経百年史（1）二六六〜二六七頁

善因善果《ぜんいんぜんか》・悪因悪果《あくいんあっか》　佐渡御書《さどごしょ》に曰《いわ》く、「世間《せけん》に人《ひと》の恐《おそ》るる者《もの》は、火炎《ほのお》の中《なか》と刀剣《つるぎ》の影《かげ》と此《こ》の身《み》の死《し》するとなるべし。牛馬猶身《ぎゅうばなおみ》を惜《をし》む、況《いわん》や人身《にんしん》をや」と。

およそ世間《せけん》の人《ひと》が忌《い》むものは、咄嗟《とっさ》の災難《さいなん》と、病気《びょうき》と、この身《み》の死《し》することでありましょう。然《しか》らば、人々《ひとびと》はこれら嫌忌《けんき》すべきものを避《さ》けて、幸福《こうふく》へと、その道《みち》を踏《ふ》みつつあるでありましょうか。

〝自分《じぶん》さえよければ他人《たにん》は如何《いか》に迷惑《めいわく》するとも構《かま》わぬ〟というような心遣《こころづか》いをしたり、また、足《た》ることを知《し》らず常《つね》に不満《ふまん》を抱《いだ》いて愚痴《ぐち》を言《い》い、僅《わず》かのことにもムカムカと腹立《はらだ》つようなれば、如何《いか》に災難《さいなん》を嫌《きら》うとも、これを免《まぬが》れることはできません。言《い》うまでもなく、各人平素《かくじんへいそ》の心掛《こころが》けが肝要《かんよう》であります。

世間《せけん》には時折《ときおり》、〝何《なに》か良《よ》いことはないか〟と尋《たず》ね合《あ》う人々《ひとびと》を見聞《みき》き致《いた》しますが、その過去《かこ》に善《よ》いことがたくさん行《ぎょう》じてあればともかくも、善《よ》いこともせずしてどうして良《よ》いことがありましょうか。今《いま》までに善《よ》いこともせずして何《なに》か良《よ》いことはないかというのは、あたかも一粒《つぶ》の種《たね》もまかずして米《こめ》は取《と》れぬかというのと、少《すこ》しも変《か》わりないのであります。

　されば、良《よ》きことの到来《とうらい》するにはどうすればよいのでしょう。申《もう》すまでもありません。何《なに》をおいても善根功徳《ぜんこんくどく》を積《つ》まねばならぬのであります。仏道《ぶつどう》に依《よ》って慈悲《じひ》・至誠《まこと》・堪忍《かんにん》の精神修養《せいしんしゅうよう》をするのであります。

　仏《ほとけ》説《と》いて曰《いわ》く、「七宝《ぽう》を以《もっ》て三千大《だい》千世界《せかい》に満《み》てて、仏及《ほとけおよ》び大菩薩《だいぼさつ》・辟支仏《びゃくしぶつ》・阿羅漢《あらかん》に供養《くよう》せん。是《こ》の人《ひと》の所得《しょとく》の功徳《くどく》も、此《こ》の法華経《ほけきょう》の乃至《ないし》一四句偈《くげ》を受持《じゅじ》する、其《そ》の福《ふく》の最《もっと》も多《おお》きには如《し》かじ」（法華経薬王菩薩本事品《ほけきょうやくおうぼさつほんじほん》）と。また、「一切《さい》の楽具《らくぐ》を以《もっ》て四百万《まん》億阿僧祇《おくあそうぎ》の世界《せかい》の六趣《しゅ》の衆生《しゅじょう》に施《ほどこ》し、又阿羅漢果《またあらかんが》を得《え》せしめん。所得《しょとく》の功徳《くどく》は是《こ》の第《だい》五十の人《ひと》の法華経《ほけきょう》の一偈《げ》を聞《き》いて随喜《ずいき》せん功徳《くどく》には如《し》かじ。百分《ぶん》・千分《ぶん》・百千万億分《まんのくぶん》にして其《そ》の一にも及《およ》ばじ。乃至算数《ないしさんじゅ》・譬喩《ひゆ》も知《し》ること能《あた》わざる」（法華経随喜功徳品《ほけきょうずいきくどくほん》）と。

自分《じぶん》に精神修養《せいしんしゅうよう》をすると共《とも》に、他人《たにん》にこれを教《おし》えて善道《ぜんどう》に入《い》らしむることは、実《じつ》に大《おお》いなる功徳《くどく》であります。世界中《せかいじゅう》の民衆《みんしゅう》に如何《いか》ほど財宝《ざいほう》を与《あた》うると雖《いえど》も、法《ほう》を与《あた》えざれば、この民衆《みんしゅう》は現世安穏《げんぜあんのん》・後生善処《ごしょうぜんしょ》と救《すく》わることはできません。むしろ、怠惰者《たいだしゃ》となるでしょう。もし、一人《ひとり》の立派《りっぱ》な人物《じんぶつ》を作《つく》れば、この人《ひと》が次《つぎ》から次《つぎ》へと立派《りっぱ》な人《ひと》を作《つく》って、ついには、全世界《ぜんせかい》を平和《へいわ》に、即《すなわ》ち、娑婆即寂光土《しゃばそくじゃっこうど》・娑婆即無上道《しゃばそくむじょうどう》ともすることができます。

この意義《いぎ》に則《のっと》り、本会《ほんかい》はまず自己《じこ》の修養《しゅうよう》に努《つと》め、さらに進《すす》んで一般的《ぱんてき》にこれが宣伝《せんでん》を致《いた》して、善道《ぜんどう》に導《みちび》かんとするのであります。

始祖・御法話集　一〇七～一〇九頁

◆宗玄大徳

私《わたくし》の入信《にゅうしん》の動機《どうき》　三世因果《ぜいんが》の理《ことわり》

今《いま》は昔《むかし》、私《わたくし》が未《いま》だ妙法《みょうほう》に入《はい》らぬ以前《いぜん》の事《こと》でありますが、次《つぎ》から次《つぎ》へと災難《さいなん》襲《おそ》い来《きた》り、悲観《ひかん》の結果《けっか》終《つい》に自殺《じさつ》を遂《と》げようと迄《まで》も決心《けっしん》した事《こと》がありました。其《そ》の時現在《ときげんざい》の会長杉山辰子《かいちょうすぎやまたつこ》女史《じょし》に遭遇《そうぐう》し、三世《ぜ》の因果《いんが》の理《ことわり》を懇々《こんこん》と説《と》き聞《き》かされた事《こと》があったが、杉山女史《すぎやまじょし》の物語《ものがた》りに、

「昔印度《むかしいんど》に頻婆沙羅王《びんばしゃらおう》と申《もう》す王様《おうさま》があった。家富《いえと》み、国栄《くにさか》え、何不足無《なにふそくな》けれども唯一人《ただひとり》

王位《おうい》を譲《ゆず》るべき太子《たいし》の無《な》きを悲《かな》しみ、或《あ》る時易者《ときえきしゃ》に占《うらな》わせし処《ところ》、彼《かれ》は王《おう》に申上《もうしあ》げたる様《よう》、『陛下《へいか》の御領分《ごりょうぶん》の山奥《やまおく》に住居《じゅうきょ》する一仙人《せんにん》あり。其《そ》の仙人今《せんにんいま》より十年《ねん》を経《へ》て生《うま》れ替《かわ》り陛下《へいか》の御子《みこ》と成《な》らせ給《たま》う。その御子《みこ》こそ真《しん》に陛下《へいか》の後《あと》を承《う》けて王位《おうい》を継《つ》がせらるる太子《たいし》である』と申《もう》し上《あ》げた。王《おう》は大《おお》いに喜《よろこ》び、今《いま》より十年《ねん》の間待《あいだま》つのをもどかしく思《おも》い給《たま》い、直《ただ》ちに臣下《しんか》に命《めい》じて彼《か》の仙人《せんにん》を殺害《さつがい》なさしめ給《たま》う。それより間《ま》も無《な》く王妃懐妊《おうひかいにん》し給《たま》う。王妃懐妊《ひかいにん》し給《たま》うと同時《どうじ》に頻婆沙羅王《びんばしゃらおう》の顔《かお》に剣難《けんなん》の相《そう》が顕《あら》われた。その時易者《ときえきしゃ》、又王《またおう》に申《もう》し上《あ》げける様《よう》、『今王妃《いまおうひ》の腹《はら》に宿《やど》らせらるる御子《みこ》はやがて陛下《へいか》を害《がい》し奉《たてまつ》る皇子《おうじ》である』と申《もう》し上《あ》げた。因縁因果《いんねんいんが》を知《し》らぬ王《おう》は心中大《しんちゅうおお》いに憂《うれ》い給《たま》い、産《う》まれると同時《どうじ》に皇子《おうじ》を刺《さ》し殺《ころ》して害《がい》を未然《みぜん》に除《のぞ》かんと決心《けっしん》し給《たま》う。此《こ》れを聞《き》いた王妃《おうひ》は歎《なげ》き悲《かな》しみ、王《おう》を諫《いさ》めて申《もう》し上《あ》げ給《たま》う様《よう》、『王先頃猶《おうさきごろなお》十か年寿命《ねんじゅみょう》を保《たも》つべき仙人《せんにん》を殺害《さつがい》し給《たま》う。然《しか》るに其《そ》の仙人《せんにん》因縁《いんねん》あって妾《わらわ》が腹《はら》に宿《やど》り、今又腹《いままたはら》の御子《みこ》を殺害《さつがい》なさんとし給《たま》う。是《こ》れ王《おう》の慈悲《じひ》にあらず。王若《おうも》し慈悲《じひ》の心《こころ》あらば妾《わらわ》の申《もう》す処《ところ》を聞《き》こし召《め》し給《たま》え。妾月満《わらわつきみ》ちて出産《しゅっさん》の際刃《さいやいば》を三尺下《しゃくした》に置《お》き、その上《うえ》より産《う》み落《おと》し刃《やいば》に掛《かか》りて死《し》なば即《すなわ》ち手《て》を下《くだ》さずとも御子《みこ》の命自《いのちおのず》から終《おわ》るべし。若《も》し又刃《またやいば》に掛《かか》らず幸《さいわい》に御子《みこ》の寿命《じゅみょう》あらば、願《ねが》わくば助《たす》け給《たま》え』と歎願《たんがん》し給《たま》う。その時王《ときおう》は妃《きさき》の諫《いさめ》を容《い》れて其《そ》の言《ことば》の如《ごと》く成《な》し給《たま》いしに、産《う》み落《おと》した御子《みこ》は刃《やいば》に触《ふ》れて指《ゆび》を落《お》としたのみで命《いのち》には別条《べつじょう》がなかった。後《の》ち皇子《おうじ》は太子《たいし》と成《な》らせられ、成長《せいちょう》して阿闍世王《あじゃせおう》と成《な》られたが、如何《いかん》せん悪因《あくいん》の縁《えん》の切《き》れざるがため、皇子出産当時出来事《おうじしゅっさんとうじできごと》の今迄秘密《いままでひみつ》であった事《こと》を提婆《だいば》に発《あ》ばかれて阿闍世王《あじゃせおう》の知《し》る処《ところ》となり、大《おお》いに怒《おこ》って父王《ちちおう》を七重《え》八重《え》の牢獄《ろうごく》に投《とう》じ、食《しょく》を与《あた》えずして終《つい》に餓死《がし》せしめた。是《こ》れ因縁因果《いんねんいんが》にあらずして何《なん》ぞや」と。

「又過去《またかこ》の弥勒菩薩《みろくぼさつ》は阿逸多《あいった》として波羅内城《はらないじょう》に生《う》れ、父王《ちちおう》と意見《いけん》が合《あ》わぬため父王《ちちおう》を殺《ころ》し、又父《またちち》の愛《あい》する阿羅漢《あらかん》を殺《ころ》し、まだそれのみならず生《う》みの母迄殺《ははまでころ》した。その後《のち》、己《おの》れの因果《いんが》の恐《おそ》ろしさを悟《さと》り釈尊《しゃくそん》の御弟子《みでし》と成《な》られた。今法華経第十八随喜功徳品《いまほけきょうだいずいきくどくほん》の中《なか》に阿《あ》逸多《いった》とあるは是《こ》の人《ひと》の事《こと》である。釈尊《しゃくそん》の御弟子《みでし》の内《うち》でも智慧第《ちえだい》一の舎利弗《しゃりほつ》よりも、如何《いか》なる神通《じんづう》の菩薩《ぼさつ》よりもこの阿逸多《あいった》が最《もっと》も賞嘆《しょうたん》され、代語師《だいごし》にまでも選《えら》ばれた。

かの阿闍世王《あじゃせおう》と言《い》い、阿逸多《あいった》と言《い》い、何《いず》れも国王《こくおう》と生《うま》れ給《たま》うには過去《かこ》に於《お》いて十重禁《じゅうきん》戒《かい》を持《たも》ち、善根功徳《ぜんこんくどく》を積《つ》みて今世《こんぜ》に生《うま》れ給《たま》うたが、而《し》かも悪業《あくごう》の因縁《いんねん》あればこそ種々《しゅじゅ》の災難《さいなん》が交々生《こもごもしょう》じ来《きた》った。此因果《これいんが》の二法《ほう》を悟《さと》らずして、今貴君《いまきくん》は現在《げんざい》の苦《くる》しみより脱《だっ》せんために自殺《じさつ》を遂《と》げられなば、未来《みらい》は今《いま》一層苦《そうくる》しみを受《う》けねばならぬ。凡《およ》そ変死《へんし》を遂《と》ぐる者《もの》は何《いず》れも皆《みな》、地獄《ぢごく》・餓鬼《がき》・畜生《ちくしょう》の三悪道《あくどう》を免《まぬが》れる事《こと》は出来《でき》ぬ」と懇々《こんこん》と諭《さと》され、私《わたくし》は初《はじ》めて夢《ゆめ》より覚めたる心地《ここち》して己《おの》れの愚蒙《ぐもう》を恥《は》じ、〝凡《およ》そ人《ひと》として国王大臣《こくおうだいじん》と生《うま》れ給《たま》う御方《おかた》ですら斯《かく》の如《ごと》き罪障《ざいしょう》ありて悩《なや》まされ給《たま》うものを、況《いわ》んや我等如《われらごと》き者《もの》に於《お》いてをや〟と翻然悟《ほんぜんさと》る処《ところ》あり。夫《そ》れより仏門《ぶつもん》に入《はい》り一心《しん》に妙法蓮華経《みょうほうれんげきょう》を唱《とな》え、病《やまい》に苦《くる》しむ者《もの》、貧《ひん》に泣《な》く者《もの》、家庭《かてい》の不和《ふわ》に悶《もだえ》る者《もの》を慰《なぐさ》め憐《あわ》れみ、物質《ぶっしつ》に、精神《せいしん》に、両方面《りょうほうめん》より救助《きゅうじょ》なし、次第《しだい》に仏性《ぶっしょう》の磨《みが》けるにつれて大神通力《だいじんづうりき》を体得《たいとく》し、今日《こんにち》にては多《おお》くの信者《しんじゃ》より慈母《じぼ》の如《ごと》く敬《うやま》い慕《した》われて居《い》る次第《しだい》である。

大乗山法音寺三徳開教百年史（2）　三五～三七頁

◆御開山上人

因縁果報《いんねんかほう》の事《こと》

いろいろ「もの」というものは、それ一つだけでなく、おおくの他《た》のものが相対《あいたい》して存在《そんざい》しておりますから、その相対《あいたい》するものとの関係《かんけい》によってできるいろいろな影響《えいきょう》、結果《けっか》がでてまいります。それが、因縁果報《いんねんかほう》であります。

因《いん》　ある一つのものにそなわっている働《はたら》き。

縁《えん》　その働《はたら》きの他《た》に及《およ》ぶ場合《ばあい》、その周囲《しゅうい》の境遇事情《きょうぐうじじょう》。

果《か》　因《いん》と縁《えん》があいまって生《しょう》ずるその結果《けっか》。

報《ほう》　その結果《けっか》がおよぼす働《はたら》き。

たとえば、マッチを空気中《くうきちゅう》で擦《す》るとき、擦《す》ることが因《いん》で、その空気《くうき》の中《なか》が縁《えん》で、その因《いん》と縁《えん》がそろって火《ひ》がでる。それが果《か》で、その火《ひ》が物《もの》を焼《や》く。これが報《ほう》であります。

また仏法修行《ぶっぽうしゅぎょう》で申《もう》せば、まなぶということが因《いん》で、仏《ほとけ》ののこされた教《おし》えが縁《えん》で、修行《しゅぎょう》をつみますと、果《か》として智慧《ちえ》がそなわり徳《とく》がそなわる。その報《ほう》として、一切《さい》の人《ひと》をすくい、一切《さい》の人《ひと》を利益《りやく》するということになります。世《よ》の中《なか》には、人間《にんげん》をはなれた他《ほか》のものでも孤立《こりつ》しているというものは一つもないのでありますから、おたがいの間《あいだ》に因縁果報《いんねんかほう》の関係《かんけい》が生《しょう》じて、たがいに影響《えいきょう》をあたえあってゆくのであります。

現代生活の指針　一六〇～一六一頁

釈尊《しゃくそん》の因行果徳《いんぎょうかとく》の二法《ほう》〈如来滅後五五百歳始観心本尊鈔《にょらいめつごごごひゃくさいしかんじんほんぞんしょう》〉　「釈尊《しゃくそん》の因行果徳《いんぎょうかとく》の二法《ほう》は、妙法蓮華経《みょうほうれんげきょう》の五字《じ》に具足《ぐそく》す。我等此《われらこ》の五字《じ》を受持《じゅぢ》すれば、自然《じねん》に彼《か》の因果《いんが》の功徳《くどく》を譲《ゆず》り与《あた》え給《たま》う」

お釈迦《しゃか》さまは仏《ほとけ》であります。それゆえ仏《ほとけ》としての万《まん》の徳《とく》をそなえていらっしゃるのです。しかし仏《ほとけ》としての徳《とく》をそなえられたのは、長《なが》い間《あいだ》の修行《しゅぎょう》として、よい行《おこ》ないをし、善根《ぜんこん》を積《つ》まれたからであります。その修行《しゅぎょう》せられたことが因《いん》であって、徳《とく》は修行《しゅぎょう》の結果《けっか》としてえられたものです。

因行《いんぎょう》・果徳《かとく》というのはこのことです。われらも仏《ほとけ》の境遇《きょうぐう》になりたいと思《おも》えば、お釈迦《しゃか》さまが仏《ほとけ》の境遇《きょうぐう》になられた修行《しゅぎょう》の方法《ほうほう》を実行《じっこう》しましょう。そうすれば、仏《ほとけ》としての徳《とく》がそなえられるのであります。その原因《げんいん》となる修行《しゅぎょう》、仏《ほとけ》としての徳《とく》を得《え》る法《ほう》、すなわち二つの法《ほう》は妙法蓮華経《みょうほうれんげきょう》の五文字《もじ》に具足《ぐそく》されているのです。この秘法《ひほう》をならいおぼえて実行《じっこう》しましょう。これが本当《ほんとう》の信心《しんじん》です。

「成仏《じょうぶつ》」すなわち仏《ほとけ》の境遇《きょうぐう》をうること疑《うたが》いなしであります。

続・現代生活の指針　一八～一九頁

◆日達上人

「貪《とん》」をなくす智慧《ちえ》

「諸苦《しょく》の所因《しょいん》は、貪欲《とんよく》これ本《もと》なり。若《も》し貪欲《とんよく》を滅《めっ》すれば、依止《えし》す

る所《ところ》なし」（法華経譬喩品《ほけきょうひゆほん》）

〝辛《つら》いこと、苦《くる》しいことはいろいろあるけれど、その本《もと》は求《もと》めすぎることにある。その心《こころ》がなくなれば消《き》えてゆく〟ということです。

地位《ちい》・財産《ざいさん》に対《たい》するこだわりは誰《だれ》にでもあります。また、すんでしまったことをいつまでも執念深《しゅうねんぶか》く思《おも》い続《つづ》けるということもあります。こうした思《おも》いが、苦《く》の本《もと》になるのです。

貪欲《とんよく》は病気《びょうき》で言《い》うなら、症状《しょうじょう》です。病原《びょうげん》は〝オレガ〟という我《が》で、我《が》を引《ひ》き起《お》こす症《しょう》状《じょう》は他《ほか》に、瞋《いか》り・愚痴《ぐち》・慢心《まんしん》などがあります。私共《わたくしども》は皆《みな》、生《う》まれつきその病原《びょうげん》を持《も》つ心《こころ》の病人《びょうにん》と言《い》えます。法《ほう》も聞《き》かず、教《おし》えも実行《じっこう》しない人《ひと》は、実行《じっこう》している人《ひと》に比《くら》べて症《しょう》状《じょう》も重《おも》いことでしょう。

貪著《とんぢゃく》をなくす智慧《ちえ》とは、「因縁《いんねん》を知《し》る智慧《ちえ》」です。世《よ》の中《なか》の原理《げんり》を知《し》ることです。

今《いま》の状態《じょうたい》は善《よ》くも悪《わる》くも、そうなる因縁《いんねん》があったからで、因縁《いんねん》はいつまでも固定《こてい》して動《うご》かないものではありません。変《か》えることができるのです。

因縁《いんねん》の因《いん》は本《もと》となるもので、自分《じぶん》が作《つく》り、自分《じぶん》が持《も》っているものです。縁《えん》は、その因《いん》の現《あら》われる引金《ひきがね》と言《い》えます。強《つよ》く現《あら》われたり、弱《よわ》く現《あら》われたりします。たとえば、火《ひ》の燃《も》えている所《ところ》に油《あぶら》をかければ燃《も》え広《ひろ》がります。火《ひ》が燃《も》えていても燃《も》える物《もの》を加《くわ》えなければ、それ以上広《いじょうひろ》がることはありません。水《みず》をかければ消《け》すこともできます。因《いん》は縁《えん》によって現《あら》われ方《かた》が異《こと》なるのです。

因縁《いんねん》を知《し》ろうとしない人《ひと》や、徳《とく》を積《つ》んで因縁《いんねん》をよくしようと思《おも》わない人《ひと》は智慧《ちえ》のない人《ひと》です。

貪著《とんちゃく》は自分《じぶん》ですぐ取《と》ろうとしても取《と》れません。徳《とく》を積《つ》み、心《こころ》を広《ひろ》くしてゆくと自分中《じぶんちゅう》心《しん》の心《こころ》が少《すく》なくなり、納《おさ》まってゆきます。

『月刊法音』第三五二号　五〜六頁

前世《ぜんせ》の業《ごう》　人《ひと》を悩《なや》ませ、苦《くる》しませる基《もと》の「業《ごう》＝罪障《ざいしょう》」には、前世《ぜんせ》から持《も》ち続《つづ》けてきたものと、この世《よ》に生《う》まれてから今日《きょう》までに作《つく》ったものの二つがあります。

皆《みな》さんも私《わたくし》も、それぞれの姿《すがた》・形《かたち》をしております。性質《せいしつ》も顔《かお》もそれぞれです。そして、そうしたものはいずれも基本的《きほんてき》には、自分《じぶん》で作《つく》ったものではありません。みな、親《おや》・先祖《せんぞ》から受《う》け継《つ》いだものです。これもやはり「業《ごう》」であります。そうした業《ごう》と同《おな》じように私共《わたくしども》は、罪障《ざいしょう》も功徳《くどく》も受《う》け継《つ》いできております。好《この》むと好《この》まざるとにかかわらず、そうなっているのです。

この前世《ぜんせ》の業《ごう》を土台《どだい》に、今世《こんぜ》、自分《じぶん》が作《つく》った業《ごう》がプラスされて、いろいろなことが起《お》こるのです。いいことも悪《わる》いこともみなそうです。もともとある因《いん》に縁《えん》が加《くわ》わって果《か》が現《あら》われるわけです。

因《いん》はもともと自分《じぶん》が持《も》っていたもの。縁《えん》は自分《じぶん》が行《おこ》なったこと。つまり、果《か》の現《あら》われはすべて自分《じぶん》に原因《げんいん》のあることを知《し》らなければなりません。

誰《だれ》しも、罪障《ざいしょう》は現《あら》われてもらいたくありません。できることなら〝一生現《しょうあら》われませんように〟と仏《ほとけ》さまにお願《ねが》いしたいところですが、因縁《いんねん》として持《も》っている以上《いじょう》、現《あら》われても仕方《しかた》がありません。そこで、罪障《ざいしょう》の現《あら》われた時《とき》どう対処《たいしょ》してゆくか、それを知《し》って頂《いただ》きたいのです。

罪障《ざいしょう》の現《あら》われた時《とき》、その苦《くる》しさに負《ま》けて対処《たいしょ》を誤《あやま》りますと、また、それが悪《わる》い業《ごう》となって「今日以後《きょういご》の来世《らいせ》」に受《う》け継《つ》がれてしまいます。法《ほう》を聞《き》いていない人《ひと》、慈悲《じひ》・至誠《まこと》・堪忍《かんにん》も、先祖供養《せんぞくよう》も罪障消滅《ざいしょうしょうめつ》も知《し》らずに生《い》きている人《ひと》の陥《おちい》りやすい道《みち》です。なぜならそういう人々《ひとびと》は、業《ごう》のままに生《い》きているからです。ですから何《なに》かが起《お》こるときまって〝突然起《とつぜんお》きた〟と言《い》います。そして、〝どうしてこんなことになったのだろう〟と、そのことに引《ひ》きずりまわされてしまうのです。その結果《けっか》、怒《おこ》り、貪《むさぼ》り、愚痴《ぐち》を言《い》い、さらに罪《つみ》を重《かさ》ねることになるのです。

〝どうして自分《じぶん》だけが……〟というその心《こころ》は〝自分《じぶん》は悪《わる》くない。悪《わる》いのは相手《あいて》だ〟という心《こころ》です。この心《こころ》は、相手《あいて》に対《たい》して三毒《どく》の心《こころ》しか持《も》てません。そのようなことばかりしておりますと、悪《わる》い業《ごう》をいつまでも作《つく》ってゆくことになります。そして今度《こんど》その業《ごう》が現《あら》われた時《とき》、今《いま》に数倍《すうばい》する苦《くる》しみとなることは、疑《うたが》う余地《よち》のないことです。

では、どのように対処《たいしょ》したらよいか、ということです。

まず、現《あら》われたことを自分《じぶん》のものとして受《う》け入《い》れることです。一切《さい》の理屈《りくつ》を抜《ぬ》きにして受《う》け入《い》れ、次《つぎ》にそれを、〝いかにしたらいい因縁《いんねん》に変《か》えることができるか〟その道《みち》を法華経《ほけきょう》に求《もと》めるのです。こざかしい凡智《ぼんち》ではなく、大《おお》きく広《ひろ》い法《ほう》の鏡《かがみ》に照《て》らし合《あ》わせてゆくのです。

〝今起《いまお》きていることはみな、自分《じぶん》の業《ごう》のせいだ。誰《だれ》が悪《わる》いのでもない。それなのに他人《たにん》に迷惑《めいわく》をかけて、本当《ほんとう》にすまないことだ〟と思《おも》いを改《あらた》めてゆくなら、次《つぎ》にはきっと、相《あい》手《て》の人《ひと》に対《たい》する慈悲《じひ》・至誠《まこと》・堪忍《かんにん》の心《こころ》が起《お》きるに違《ちが》いありません。そうして初《はじ》めて、悪《あく》業《ごう》が滅《めっ》して功徳《くどく》が生《しょう》じてゆくのであります。

『月刊法音』第二〇八号　六～八頁

未来《みらい》にむけて　因縁《いんねん》は過去《かこ》・現在《げんざい》・未来《みらい》と、ずっとひと続《つづ》きにつながっています。普通《ふつう》「親《おや》の因果《いんが》が子《こ》に報《むく》い」という、過去《かこ》から現在《げんざい》の因縁《いんねん》を言《い》いますが、しかし、信仰《しんこう》の面《めん》から大切《たいせつ》なことは、現在《げんざい》から未来《みらい》にかけての因縁《いんねん》です。

〝未来《みらい》はずっと先《さき》のことだから、もう少《すこ》し後《あと》で…〟と言《い》っていてはいけません。未来《みらい》と は次《つぎ》の瞬間《しゅんかん》です。明日《あす》からがもう未来《みらい》なのです。自分《じぶん》が今《いま》から作《つく》る因縁《いんねん》、これから積《つ》ん でゆく徳《とく》によって決《き》まってゆくのです。

たとえどのような苦《くる》しいことに遭《あ》っても、へこたれることなく心《こころ》をふるい起《お》こして功《く》徳《どく》を積《つ》んでゆくことが大切《たいせつ》です。

徳《とく》を積《つ》んでゆきますと、過去《かこ》から現在《げんざい》に至《いた》るまでに持《も》ってきた悪《わる》い因《いん》も、善《よ》い縁《えん》によって「大難《だいなん》は小難《しょうなん》、小難《しょうなん》は無難《ぶなん》」とすることができます。

三徳《とく》を実行《じっこう》して徳《とく》を積《つ》み、因縁《いんねん》を作《つく》り変《か》えてゆくと、思《おも》いもよらなかったいい方向《ほうこう》に自分《じぶん》を変《か》えることができます。信仰《しんこう》をするとは、そういうことです。

たとえば、夫婦《ふうふ》の間《あいだ》の因縁《いんねん》が悪《わる》かったとします。放《ほ》っておいたら、善《よ》くなることは決《けっ》してありません。別《わか》れるつもりならそれもいいでしょうが、仲良《なかよ》くしてゆこうと思《おも》うなら、因縁《いんねん》が善《よ》くなるような働《はたら》きかけをしてゆくことです。それにはまず、相手《あいて》を喜《よろこ》ばせてゆくことです。それ以外《いがい》に方法《ほうほう》はありません。間違《まちが》っても、〝自分《じぶん》の都合《つごう》のいいようにしよう。自分《じぶん》の思《おも》うようにしよう〟などとは考《かんが》えないことです。

相手《あいて》を喜《よろこ》ばせてゆくには、自分《じぶん》を変《か》えてゆく必要《ひつよう》があります。〝自分《じぶん》はそのままで相《あい》手《て》が変《か》わるように〟とか、〝まず先《さき》に自分《じぶん》を喜《よろこ》ばせてほしい〟などと言《い》っていては、永《えい》久《きゅう》に善《よ》くなることはないでしょう。

因縁《いんねん》は相対的《そうたいてき》なものでありますから、自分《じぶん》が変《か》われば必《かなら》ず、相手《あいて》も変《か》わるのです。そうなれば、どんなにいがみあっていた人《ひと》とでも、うまくやってゆくことができます。

『月刊法音』第二六〇号　七～九頁

陰徳《いんとく》あれば陽報《ようほう》あり　この世界《せかい》は因縁《いんねん》によって成《な》り立《た》っています。「因果応報《いんがおうほう》」というと、悪《わる》いことに出会《であ》うように思《おも》いますが、これは決《けっ》して悪《わる》いことだけではありません。いいことも「因果応報《いんがおうほう》」なのです。いい因《いん》を作《つく》ればいつか必《かなら》ず、いい果《か》が現《あら》われます。

〝み仏《ほとけ》の法《のり》の教《おし》えは世《よ》の鏡《かがみ》

よろずの影《かげ》はみなうつるなり〟　宗玄大徳御詠《そうげんだいとくぎょえい》。

仏《ほとけ》さまの教《おし》えは世《よ》の中《なか》の指針《ししん》となり、また、人《ひと》の心《こころ》を写《うつ》す鏡《かがみ》でもあります。鏡《かがみ》に写《うつ》して恥《は》ずかしくない日々《ひび》を送《おく》りたいものです。

人《ひと》は誰《だれ》も、何《なに》かいいことをすれば〝ほめてもらいたい〟と願《ねが》い、悪《わる》いことをした時《とき》は〝誰《だれ》にも気付《きづ》かれないように〟と願《ねが》います。まことに人間《にんげん》は勝手《かって》なものです。しかし、誰《だれ》に見《み》られなくても、仏《ほとけ》さまはすべてご存知《ぞんじ》です。

私共《わたくしども》は、見《み》たり聞《き》いたりしたことしか知《し》りませんが、仏《ほとけ》さまはすべてお見通《みとお》しなのです。また、そうでなければ困《こま》ります。見《み》つからなければどんな悪《わる》いことをしてもいいとなったら、この世《よ》は困《こま》ったことになります。

私共《わたくしども》の今《いま》いる社会《しゃかい》は損《そん》・得《とく》の世界《せかい》でありますから、いいことをすればすぐにいい結《けっ》果《か》が出《で》ないと損《そん》をしたと思《おも》います。また、人《ひと》にほめてもらえなかったり、認《みと》めてもらえないと、せっかく善因《ぜんいん》を作《つく》りながら愚痴《ぐち》を言《い》い、腹《はら》を立《た》てて悪因《あくいん》に変《か》えてしまうということになります。仏《ほとけ》さまを信《しん》じていないと、そうなります。

他人《たにん》に認《みと》められても認《みと》められなくても、本来《ほんらい》いいことをするのに何《なん》の関係《かんけい》もありません。

〝仏《ほとけ》さまはすべて知《し》っていてくださる〟という心《こころ》があれば、世《よ》の中大分楽《なかだいぶらく》に送《おく》れると思《おも》います。

死《し》んだ後《あと》、閻魔《えんま》さまの所《ところ》に行《い》くと「浄玻璃《じょうはり》の鏡《かがみ》」があって、その人《ひと》が一生《しょう》の間《あいだ》に行《おこ》なったことのすべてが、ちょうどテレビを見《み》るように写《うつ》し出《だ》されると言《い》います。

今《いま》、人《ひと》に認《みと》められなくても、ほめられなくても、自分《じぶん》にできることを精《せい》いっぱいして、あとのことは仏《ほとけ》さまにおまかせするのです。

生《い》きてゆく上《うえ》に於《おい》て、自分《じぶん》の能力《のうりょく》は大切《たいせつ》です。しかし、いかに能力《のうりょく》があるといっても、完全《かんぜん》とは言《い》えません。そういう不完全《ふかんぜん》なものをたよりにしていると、迷《まよ》い・苦《くる》しみの境《きょう》遇《ぐう》から離《はな》れられません。

法華経《ほけきょう》を信《しん》じ、信仰《しんこう》を進《すす》めてまいりますと、自分《じぶん》の持《も》っている以上《いじょう》の力《ちから》ができ、狭《せま》い心《こころ》を広《ひろ》くすることができます。

私共《わたくしども》は、仏《ほとけ》さまの世界《せかい》に生《い》かされているのです。その中《なか》で、歯《は》ぎしりをして生《い》きゆく必要《ひつよう》などありません。肩《かた》の力《ちから》を抜《ぬ》いて、楽《らく》に、楽《たの》しんで生《い》きてゆけばいいのです。そうすれば肩《かた》もこりませんし、胃《い》を悪《わる》くすることもありません。

仏《ほとけ》さまにいつも見守《みまも》っていただいていることを思《おも》えば、安心《あんしん》して生《い》きてゆくことができるのであります。

『月刊法音』第二五六号　九〜一二頁

大通結縁《だいつうけちえん》の事《こと》

私共《わたくしども》は今《いま》、法華経《ほけきょう》を聞《き》いています。これは、法華経化城喩品《ほけきょうけじょうゆほん》で説《と》かれますように、遠《とお》い遠《とお》い過去世《かこせ》、大通智勝如来《だいつうちしょうにょらい》の時代《じだい》に法華経《ほけきょう》を聞《き》いたという宿縁《しゅくえん》に結《むす》ばれていたからです。この因縁《いんねん》を「大通結縁《だいつうけちえん》」と言《い》います。

大通結縁《だいつうけちえん》が教《おし》えることとは、この世界《せかい》に起《お》こることはすべて、〝深《ふか》い因縁《いんねん》に結《むす》ばれている〟ということです。法華経《ほけきょう》を聞《き》く縁《えん》は、〝今世《こんぜ》にたまたま人《ひと》として生《う》まれ、誰《だれ》かに誘《さそ》われてお寺《てら》に来《き》て、偶然説法《ぐうぜんせっぽう》の場《ば》に出会《であ》った〟という単純《たんじゅん》なものではありません。〝ずっと過去世《かこせ》に法華経《ほけきょう》を聞《き》いていたから、今世《こんぜ》もまた聞《き》くことができ、やがて成仏《じょうぶつ》の縁《えん》を結《むす》ぶことができる〟ということです。

譬喩品《ひゆほん》でお釈迦《しゃか》さまが、舎利弗《しゃりほつ》にこのようなことを言《い》われています。

「過去世《かこせ》にお前《まえ》も法華経《ほけきょう》を聞《き》いたことがあったのだが、生《う》まれ変《か》わり死《し》に変《か》わりするうちに忘《わす》れてしまい、成仏《じょうぶつ》の縁《えん》をなくしてしまった。しかし、その時《とき》の因縁《いんねん》により再《ふたた》び法《ほ》華経《けきょう》に会《あ》うことができたのだから、今度《こんど》こそ成仏《じょうぶつ》できるよう修養《しゅうよう》しなさい」

舎利弗《しゃりほつ》は、お釈迦《しゃか》さまのお弟子《でし》の中《なか》で智慧《ちえ》第《だい》一と言《い》われた人《ひと》です。そんなに頭《あたま》のいい人《ひと》ですら忘《わす》れてしまったと言《い》われるのです。頭《あたま》の悪《わる》い私《わたくし》共《ども》が過去世《かこせ》の出来事《できごと》を忘《わす》れているのも無理《むり》はないと言《い》えますが、せっかく尊《とうと》い因縁《いんねん》に結《むす》ばれていることがわかったのですから修養《しゅうよう》に励《はげ》んでゆきたいものだと思《おも》います。

『月刊法音』第四六三号　七～八頁

因縁《いんねん》のつながり　仏《ほとけ》さまの世界《せかい》の有様《ありさま》が説《と》かれた華厳経《けごんきょう》で説《と》かれるのは、まず「重重縁《じゅうじゅうえん》起《ぎ》」です。重《かさ》なりあっている因縁《いんねん》、ということです。仏像《ぶつぞう》にその様相《ようそう》が示《しめ》されています。仏《ほとけ》さまは蓮台《れんだい》に座《すわ》っていらっしゃいます。そこにある蓮《はす》の花《はな》びら一枚《まい》一枚《まい》にも、仏《ほとけ》さまがおられます。その仏《ほとけ》さまも蓮台《れんだい》に座《すわ》ってみえて、その花《はな》びらの中《なか》にも仏《ほとけ》さまがおられます。その意味《いみ》するところは、因縁《いんねん》のつながりです。この私《わたくし》は今《いま》、一人《ひとり》だけここにいるように思《おも》えますが、実《じつ》は、両親《りょうしん》・祖父母《そふぼ》、そして先祖《せんぞ》からの、因縁《いんねん》のつながりの結果《けっか》としているのです。決《けっ》して私一人《わたくしひとり》が孤立《こりつ》してあるのではありません。過去《かこ》を二十代《だい》さかのぼると、百万人《ひゃくまんにん》を越《こ》す先祖《せんぞ》が誰《だれ》にもいます。

同時《どうじ》に、現在《げんざい》を生《い》きることについても大《おお》きな因縁《いんねん》があることを忘《わす》れてはなりません。人《ひと》は、家族《かぞく》や身《み》の周《まわ》りの人々《ひとびと》との因縁《いんねん》の中《なか》だけで生《い》きているのではありません。衣食住《いしょくじゅう》を通《とお》して、実《じつ》に様々《さまざま》な因縁《いんねん》の関《かか》わりがあるのです。まず食《た》べ物《もの》です。野菜《やさい》でも肉《にく》でも、作《つく》っている人《ひと》を知《し》りません。見《み》も知《し》らない人《ひと》ですが、その物《もの》を通《とお》して、因縁《いんねん》のつながりがあるのです。

そう考《かんが》える時《とき》、〝私《わたくし》なんかいてもいなくてもいい。一人《ひとり》ぼっちで寂《さび》しいから死《し》んでしまいたい〟などと言《い》うのはとんでもないことです。大勢《おおぜい》の人《ひと》からありがたい因縁《いんねん》をうけて、今《いま》こうして生《い》かして頂《いただ》いているのです。その因縁《いんねん》を忘《わす》れてはいけません。「一即一切《そくさい》」とか「一切即一《さいそく》」ということも説《と》かれます（華厳五教章《けごんきょうしょう》）。「宇宙《うちゅう》と私《わたくし》は一体《たい》」ということです。

宇宙《うちゅう》と私《わたくし》が一体《たい》と、そんな大《おお》きなことを言《い》われてもピンときませんが、この世《よ》の中《なか》には、命《いのち》のあるものと命《いのち》のないものとがあります。水《みず》や空気《くうき》などが命《いのち》のないものです。それは言《い》うならば大自然《だいしぜん》のもの、宇宙《うちゅう》のものと言《い》えます。その水《みず》を飲《の》み、空気《くうき》を吸《す》うと、体《からだ》の中《なか》に入《はい》ってゆきます。人間《にんげん》の体《からだ》の七十パーセントが水《みず》とされていますが、水《みず》は宇宙《うちゅう》のものでありますから、私《わたくし》と宇宙《うちゅう》が一体《たい》と言《い》われるのもわかるでしょう。

『月刊法音』第四四七号　一〇〜一二頁

先祖供養の事

〝たらちねの親《おや》の情《なさけ》にむくゆるは
み法《のり》のほかに道《みち》なかりけり〟

宗玄大徳御詠

◆遺文

◇凡《およ》そ身體髪膚《しんたいはっぷ》を父母《ふぼ》に受《う》け、撫育慈愛《ぶいくじあい》を厚《あつ》く蒙《こうむ》る身《み》の親《おや》の菩提《ぼだい》をば祈《いの》らず。剰《あまつさ》え種《しゅ》種《じゅ》の惡業《あくごう》を造《つく》りて亡者《もうじゃ》に苦《く》を添《そ》えんこと、返《かえ》す返《かえ》す淺間敷《あさましき》ことなるべし。これ豈酉夢《あにゆうぶ》が父《ちち》を打《う》ち、妣妕《ひしん》が母《はは》を詈《ののし》りし罪《つみ》に劣《おと》らんや。必《かなら》ずしも天雷《てんらい》其《そ》の身《み》を割《さ》き、靈蛇《れいだ》其《そ》の命《いのち》を吸《す》うに非《あら》ずとも、後報《ごほう》何《なん》ぞ免《まぬか》れんや。されば孝行《こうこう》を先《さき》として追善《ついぜん》を致《いた》すべし。唐《とう》に叔雄《しゅくゆう》と云《い》う者《もの》は、身《み》を投《な》げて孝養《こうよう》を致《いた》しき。それまでこそなくとも信心《しんじん》の歩《あゆ》みを運《はこ》び、何《なん》ぞ彼《か》の菩提《ぼだい》を祈《いの》らざらんや。△孟宗《もうそう》が雪《ゆき》の中《なか》の笋《たかんな》、△王祥《おうしょう》が冰《こおり》の上《うえ》の魚《うを》、是《これ》は孝《こう》の志《こころざし》を感《かん》ずる所《ところ》なり。況《いわ》んや、孝養《こうよう》を致《いた》す家《いえ》には梵天《ぼんでん》・帝釋《たいしゃく》・四大天王住《だいてんのうじゅう》し給《たま》うと云《い》えり。是《これ》は正《まさ》しく如來《にょらい》の金言《きんげん》なり、誰《たれ》か是《これ》を疑《うたが》わんや。然《しか》れば此《かく》の如《ごと》き輩《はい》は皆諸天《みなしょてん》の擁護《おうご》を蒙《こうむ》る者《もの》なり。但《ただ》し孝養《こうよう》に三種《しゅ》あり。衣食《いしょく》を施《ほどこ》すを下品《げぼん》とし、父母《ふぼ》の意《い》に違《たが》わざるを中品《ちゅうぼん》とし、功徳《くどく》を回向《えこう》するを上品《じゃうぼん》とす。存生《ぞんじゃう》の父母《ふぼ》にだに尚《なお》功徳《くどく》を回向《えこう》するを上品《じゃうぼん》とす。況《いわ》んや亡《ぼう》親《しん》に於《おい》てをや。雪中《せっちゅう》の笋《たかんな》何《なに》かせん、法喜禅悦食《ほふきぜんえつじき》の味《あじ》には如《し》かじ。叔雄《しゃくゆう》身《み》を投《な》げても更《さら》に出離生死《しゅつりしょうじ》の便《たよ》りにはならず。只《ただ》善根《ぜんごん》を修《しゅ》して父母《ふぼ》の得脱《とくだつ》を祈《いの》るべし。

十王讃歎鈔　六八～六九頁

◇涅槃經《ねはんぎょう》に云《いわ》く、『死人《しにん》に閻魔王《えんまおう》勘《かんが》えて四十九の釘《くぎ》を打《う》つ。先《ま》づ目《め》に二、耳《みみ》に二、舌《した》に六、胸《むね》に十八、腹《はら》に六、足《あし》に十五打《う》つなり。各長《おのおのたけ》一尺《しゃく》なり。』取意　而《しか》るに娑婆《しゃば》に孝《こう》子有《しあっ》て、彼《か》の追善《ついぜん》の爲《ため》に僧《そう》を請《しょう》ぜんとて人《ひと》を走《はし》らしむる時《とき》、閻魔王宮《えんまおうきゅう》に此《こ》の事知《ことし》れて先《ま》づ足《あし》に打《う》ちたる十五の釘《くぎ》を抜《ぬ》く。其《そ》の故《ゆえ》は佛事《ぶつじ》の爲《ため》に僧《そう》を請《しょう》ずる功徳《くどく》の初《はじ》めなる間《あいだ》、足《あし》の釘《くぎ》を抜《ぬ》く。爰《ここ》に聖靈《しょうりょう》の足自在《あしじざい》なり。さて僧來《そうきた》りて佛《ほとけ》を造《つく》り御經《おんきょう》を書《か》く時《とき》、腹《はら》の六つの釘《くぎ》を抜《ぬ》くなり。次《つぎ》に佛《ほとけ》を作《つく》り開眼《かいげん》の時胸《ときむね》の十八の釘《くぎ》をば抜《ぬ》く。さて佛《ほとけ》を造《つく》り奉《たてまつ》り、三身《しん》の功徳《くどく》を讀《よ》み上《あ》げ奉《たてまつ》りて生身《しょうしん》の佛《ほとけ》になし奉《たてまつ》り、冥途《めいど》の聖靈《しょうりょう》の爲《ため》に說法《せっぽう》し給《たま》えと讀《よ》み上候時《あげそうろうとき》、聖靈《しょうりょう》の耳《みみ》に打《う》ちて候《そうら》いし二つの釘《くぎ》を抜《ぬ》くなり。此《こ》の佛《ほとけ》を見上《みあ》げまいらせて拝《おが》む時《とき》に、眼《め》に二つ打《う》ちたる釘《くぎ》を抜《ぬ》き候《そうろう》なり。娑婆《しゃば》にて聖靈《しょうりょう》の爲《ため》に題目《だいもく》を聲《こえ》をあげて唱《とな》え候時《そうろうとき》、我《わ》が志《こころざ》す聖靈《しょうりょう》も唱《とな》うる間《あいだ》、舌《した》に六つ打《う》ちて候《そうら》いし釘《くぎ》を抜《ぬ》き候《そうろう》なり。而《しか》るに加様《かよう》に孝子《こうし》有《あっ》て迹《あと》を訪《とぶ》らえば、閻浮提《えんぶだい》に佛事《ぶつじ》をなすを、閻魔《えんま》法王《ほうおう》も本《もと》より權者《ごんじゃ》の化《け》現《げん》なれば、是《これ》を知《し》りて罪人《ざいにん》に打《う》ちたる釘《くぎ》を抜《ぬ》き免《ゆる》して候《そうろう》なり。後生《ごしょう》を訪《とぶ》らう孝子《こうし》なくば、何《いづ》れの世《よ》に誰《たれ》か抜《ぬ》きえさせ候《そうろう》べきぞ。其《そ》の上《うえ》わづかのをどろのとげの立《た》ちて候《そうろう》だに忍《しの》び難《がた》く候《そうろう》べし。況《いわ》や一尺《しゃく》の釘《くぎ》一つに候《そうろう》とも悲《かな》しかるべし、まして四十九まで五尺《しゃく》の身《み》に立《た》てては、何《なん》と動《うご》き候《そうろう》べきぞ。聞《き》くに肝《きも》を消《け》し、見《み》るに悲《かな》しかるべし。其《そ》れを我《われ》も人《ひと》も此《こ》の道理《どうり》を知《し》らず。父母《ふぼ》兄弟《きょうだい》の死《し》して候時《そうろうとき》、初《しょ》七日《にち》と云《い》うことをも知《し》らず。まして四十九日《にち》百箇日《かにち》と云《い》うことをも、一周忌《しゅうき》と云《い》うことをも、第《だい》三年《ねん》と云《い》うことをも知《し》らず。訪《とぶ》らわざらん志《こころざし》の程《ほど》浅猿《あさまし》かるべし。聖靈《しょうりょう》の苦患《くげん》を助《たす》けずんば不孝《ふこう》の罪《つみ》深《ふか》し。惡靈《あくりょう》となりて碍《さまた》げをなし候《そうろう》なり。

回向功徳鈔　一二四～一二五頁

◇盂蘭盆《うらぼん》と申《もう》し候事《そうろうこと》は、佛《ほとけ》の御弟子《みでし》の中《なか》に目連尊者《もくれんそんじゃ》と申《もう》して、舎利弗《しゃりほつ》に竝《なら》びて智慧《ちえ》第《だい》一・神通第一《じんづうだい》と申《もう》して、須彌山《しゅみせん》に日月《にちがつ》の竝《なら》び、大王《だいおう》に左右《さゆう》の臣《しん》の如《ごと》くにおわせし人《ひと》なり。

此《こ》の人《ひと》の父《ちち》をば吉懺師子《きっせんしし》と申《もう》し、母《はは》をば青提女《しょうだいにょ》と申《もう》す。其《そ》の母《はは》の慳貧《けんどん》の科《とが》によて餓鬼道《がきどう》に堕《お》ちて候《そうら》いしを、目連尊者《もくれんそんじゃ》の救《すく》い給《たま》うより事起《ことおこ》りて候《そうろう》。其《そ》の因縁《いんねん》は母《はは》は餓鬼道《がきどう》に堕《お》ちて嘆《なげ》き候《そうら》いけれども、目連《もくれん》は凡夫《ぼんぶ》なれば知《し》ることなし。幼少《ようしょう》にして外道《げどう》の家《いえ》に入《い》り、四韋陀《いだ》十八大經《だいきょう》と申《もう》す外道《げどう》の一切經《さいきょう》を習《なら》い盡《つく》せども、未《いま》だ其《そ》の母《はは》の生所《しょうしょ》を知《し》らず。其《そ》の後《のち》十三の歳《とし》舎利弗《しゃりほつ》とともに釋迦佛《しゃかぶつ》にまいりて御弟子《みでし》となり、見惑《けんなく》を斷《だん》じて初果《しょか》の聖人《しょうにん》となり、修惑《しゅわく》を斷《だん》じて阿羅漢《あらかん》となりて三明《みょう》を具《そな》え六通《つう》を得給《えたま》えり。天眼《てんげん》を開《ひら》いて三千大《だい》千世界《せかい》を明鏡《めいきょう》の影《かげ》の如《ごと》く御覽《ごらん》ありしかば、大地《だいち》を見透《みとお》し三惡道《なくどう》を見《み》る事《こと》、氷《こおり》の下《した》に候魚《そうろううを》を朝日《あさひ》に向《むか》いて我等《われら》が透《とお》し見《み》るが如《ごと》し。其《そ》の中《なか》に餓鬼道《がきどう》と申《もう》す所《ところ》に我《わ》が母《はは》あり。飲《の》む事《こと》なし食《くら》うことなし。皮《かわ》は金鳥《きんちょう》を毟《むし》れるが如《ごと》く、骨《ほね》はまろき石《いし》を竝《なら》べたるが如《ごと》し。頭《こうべ》は毬《まり》の如《ごと》く、頸《くび》は絲《いと》の如《ごと》し、腹《はら》は大海《だいかい》の如《ごと》し。口《くち》をはり手《て》を合《あわ》せて物《もの》を乞《こ》える形《かたち》は、餓《う》えたる蛭《ひる》の人《ひと》の香《か》を嗅《か》げるが如《ごと》し。先生《せんしょう》の子《こ》を見《み》て泣《な》かんとする姿《すがた》、餓《う》えたる形《かたち》、譬《たと》えを取《と》るに及《およ》ばず。いかんが悲《かな》しかりけん。

盂蘭盆御書　一五四五〜一五四六頁

◇目連尊者《もくれんそんじゃ》は餘《あま》りの悲《かな》しさに、大神通《だいじんづう》を現《げん》じ給《たま》い、飯《はん》をまいらせたりしかば、母喜《ははよろこ》びて右《みぎ》の手《て》には飯《はん》を握《にぎ》り、左《ひだり》の手《て》にては飯《はん》を隠《かく》して口《くち》に押《お》し入《い》れ給《たま》いしかば、いかんがしたりけん、飯變《はんへん》じて火《ひ》となり、やがて燃《も》え上《あが》り、燈心《とうしび》を集《あつ》めて火《ひ》をつけたるが如《ごと》く、ぱと燃《も》えあがり、母《はは》の身《み》のこここと焼《や》け候《そうら》いしを、目連《もくれん》見《み》給《たま》いて、あまり周章《あわて》さわぎ、大《だい》神通《じんづう》を現《げん》じて大《おおい》なる水《みづ》をかけ候《そうら》いしかば、其《そ》の水薪《みづたきぎ》となりて、いよいよ母《はは》の身《み》の焼《や》け候《そうら》いし事《こと》こそ、あわれには候《そうら》いしか。其《そ》の時目連《ときもくれん》みづからの神通叶《じんづうかな》わざりしかば、走《はし》りかえり、須臾《しゅゆ》に佛《ほとけ》にまいりて嘆《なげ》き申《もう》せしようは、我《わ》が身《み》は外道《げどう》の家《いえ》に生《うま》れて候《そうら》いしが、佛《ほとけ》の御弟子《みでし》になりて、阿羅漢《あらかん》の身《み》を得《え》て三界《がい》の生《しょう》を離《はな》れ、三明《みょう》六通《つう》の羅漢《らかん》とはなりて候《そうら》えども、乳母《はは》の大苦《だいく》を救《すく》わんとし候《そうろう》に、かえりて大苦《だいく》に値《あ》わせて候《そうらう》は、心憂《こころう》しと嘆《なげ》き候《そうら》いしかば、佛説《ほとけと》いて云《いわ》く、汝《なんじ》が母《はは》は罪深《つみふか》し、汝《なんじ》一人《にん》が力及《ちからおよ》ぶべからず。又何《またいづ》れの人《ひと》なりとも天神《てんじん》・地神《ちじん》・邪魔《じゃま》・外道《げどう》・道士《どうし》・四天王《てんのう》・帝釋《たいしゃく》・梵王《ぼんのう》の力《ちから》も及《およ》ぶべからず。七月《がつ》十五日《にち》に十方《ぼう》の聖僧《しょうそう》を集《あつ》めて、百味飯食《みおんじき》を調《ととの》えて母《はは》の苦《く》は救《すく》うべしと云云《うんぬん》。目連佛《もくれんほとけ》の仰《おお》せの如《ごと》く行《おこな》いしかば、其《そ》の母餓鬼道《ははがきどう》一劫《こう》の苦《く》を脱《のが》れ給《たま》いきと、盂蘭盆經《うらぼんきょう》と申《もう》す經《きょう》に説《と》かれて候《そうろう》。其《それ》によて滅後末代《めつごまつだい》の人人《ひとびと》は、七月《がつ》十五日《にち》に此《こ》の法《ほう》を行《おこな》い候《そうろう》なり。此《これ》は常《つね》の如《ごと》し。

盂蘭盆御書　一五四六〜一五四七頁

◇目連尊者《もくれんそんじゃ》が乳母《はは》の苦《く》を救《すく》わざりし事《こと》は、小乘《しょうじょう》の法《ほう》を信《しん》じて、二百五十戒《かい》と申《もう》す持齋《ちさい》にてありし故《ゆえ》ぞかし。されば淨名經《じょうみょうきょう》と申《もう》す經《きょう》には淨名居士《じょうみょうこじ》と申《もう》す男《おとこ》、目連房《もくれんぼう》を責《せ》めて云《いわ》く、『汝《なんじ》を供養《くよう》する者《もの》は三惡道《なくどう》に墮《お》つ』云云《うんぬん》。文《もん》の心《こころ》は二百五十戒《かい》の尊《とうと》き目連尊者《もくれんそんじゃ》を供養《くよう》せん人《ひと》は三惡道《なくどう》に墮《お》つべしと云云《うんぬん》。此《こ》の文《もん》ただ目連《もくれん》一人《にん》が聞《き》く耳《みみ》にはあらず。一切《さい》の聲聞《しょうもん》乃至末代《ないしまつだい》の持齋等《ぢさいとう》が聞《き》く耳《みみ》なり。此《こ》の淨名經《じょうみょうきょう》と申《もう》すは法華經《ほけきょう》の御爲《おんため》には、數《すう》十番《ばん》の末《すえ》の郎從《ろうじゅう》にて候《そうろう》。詮《せん》する所《ところ》は目連尊者《もくれんそんじゃ》が自身《じしん》の未《いま》だ佛《ほとけ》にならざる故《ゆえ》ぞかし。自身佛《じしんほとけ》にならずしては、父母《ふぼ》をだにも救《すく》い難《がた》し、況《いおう》や他人《たにん》をや。

而《しか》るに目連尊者《もくれんそんじゃ》と申《もう》す人《ひと》は、法華經《ほけきょう》と申《もう》す經《きょう》にて正直捨方便《しょうじきしゃほうべん》とて、小乘《しょうじょう》の二百五十戒《かい》立《た》ちどころになげすてて、南無妙法蓮華經《なむみょうほうれんげきょう》と申《もう》せしかばやがて佛《ほとけ》になりて、名號《みょうごう》をば多摩《たま》羅跋栴檀香佛《らばつせんだんこうぶつ》と申《もう》す。此《こ》の時《とき》こそ父母《ふぼ》も佛《ほとけ》になり給《たま》え。故《ゆえ》に法華經《ほけきょう》に云《いわ》く、『我《わ》が願《ねが》い既《すで》に滿《まん》じ、衆《しゅ》の望《のぞみ》も亦《また》足《た》りぬ』云云《うんぬん》。目連《もくれん》が色身《しきしん》は父母《ふぼ》の遺體《いたい》なり。目連《もくれん》が色身佛《しきしんほとけ》になりしかば、父母《ふぼ》の身《み》も亦佛《またほとけ》になりぬ。

盂蘭盆御書　一五四七～一五四八頁

◇惡《あく》の中《なか》の大惡《だいあく》は我《わ》が身《み》に其《そ》の苦《く》を受《う》くるのみならず、子《こ》と孫《まご》と末《すえ》七代《だい》までもかかり候《そうら》いけるなり。善《ぜん》の中《なか》の大善《だいぜん》も又又《またまた》かくの如《ごと》し。目連尊者《もくれんそんじゃ》が法華經《ほけきょう》を信《しん》じまいらせし大善《だいぜん》は、我《わ》が身佛《みほとけ》になるのみならず父母佛《ふぼほとけ》になり給《たま》う。上《かみ》七代下《だいしも》七代《だい》、上無量生下無量生《かみむりょうしょうしもむりょうしょう》の父母等《ふぼら》、存外《ぞんがい》に佛《ほとけ》になり給《たま》う。乃至子息《ないししそく》・夫妻《ふさい》・所從《しょじゅう》・檀那《だんな》・無量《むりょう》の衆生《しゅじょう》・三惡道《なくどう》を離《はな》るるのみならず、皆《みな》△初住妙覺《しょじゅうみょうかく》の佛《ほとけ》となりぬ。故《ゆえ》に法華經《ほけきょう》の第三《だい》に云《いわ》く、『願《ねが》わくは此《こ》の功德《くどく》を以《もっ》て、普《あまね》く一切《さい》に及《およ》ぼし、我等《われら》と衆生《しゅじょう》と皆共《みなとも》に佛道《ぶつどう》を成《じょう》ぜん』云云《うんぬん》。

盂蘭盆御書　一五四九頁

◇盂蘭盆《うらぼん》と申《もう》すは、源目連尊者《もともくれんそんじゃ》の母靑提女《ははしょうだいにょ》と申《もう》す人《ひと》、慳貪《けんどん》の業《ごう》によりて五百生餓鬼道《しょうがきどう》に堕《お》ち給《たま》いて候《そうろう》を、目連救《もくれんすく》いしより事起《ことおこ》りて候《そうろう》。然《しか》りと雖《いえど》も佛《ほとけ》にはなさず。其《そ》の故《ゆえ》は我《わ》が身未《みいま》だ法華經《ほけきょう》の行者《ぎょうじゃ》ならざる故《ゆえ》に、母《はは》をも佛《ほとけ》になす事《こと》なし。靈山《りょうぜん》八箇年《かねん》の座席《ざせき》にして法華經《ほけきょう》を持《たも》ち、南無妙法蓮華經《なむみょうほうれんげきょう》と唱《とな》えて多摩羅跋栴檀香佛《たまらばっせんだんこうぶつ》となり給《たま》う。此《こ》の時母《ときはは》も佛《ほとけ》になり給《たま》う。

又施餓鬼《またせがき》の事仰《ことおお》せ候《そうろう》。法華經《ほけきょう》の第三《だい》に云《いわ》く、『飢國《けこく》より來《きた》って、忽《たちま》ち大王膳《だいおうぜん》に遇《あ》うが如《ごと》し』云云《うんぬん》。此《こ》の文《もん》は中根《ちゅうこん》の四大聲聞《だいしょうもん》の醍醐《だいご》の珍膳《ちんぜん》を音《おと》にも聞《き》かざりしが、今經《こんきょう》に來《きた》りて始《はじ》めて醍醐《だいご》の味《あぢ》を飽《あく》までに嘗《な》めて、昔《むかし》飢《う》えたる心《こころ》を忽《たちま》ちに息《や》めし事《こと》を説《と》き給《たま》う文《もん》なり。若《も》し爾《しか》らば餓鬼《がき》供養《くよう》の時《とき》は此《こ》の文《もん》を誦《ず》して、南無妙法蓮華經《なむみょうほうれんげきょう》と唱《とな》えて弔《とぶら》い給《たま》うべく候《そうろう》。

四條金吾殿御書　六九〇～六九一頁

◇儒家《じゅか》の孝養《こうよう》は今生《こんじゃう》に限《かぎ》る、未來《みらい》の父母《ふぼ》を扶《たす》けざれば、外家《げけ》の聖賢《せいけん》は有名無實《ゆうめいむじつ》なり。外《げ》道《どう》は過未《かみ》を知《し》れども、父母《ふぼ》を扶《たす》くる道《みち》なし。佛道《ぶつどう》こそ父母《ふぼ》の後世《ごせ》を扶《たす》くれば、聖賢《せいけん》の名《な》はあるべけれ。然《しか》れども法華經已前等《ほけきょういぜんとう》の大小乘《だいしょうじょう》の經宗《きょうしゅう》は、自身《じしん》の得道猶叶《とくどうなおかな》いがたし、何《いか》に況《いおう》や父母《ふぼ》をや、但文《ただもん》のみ有《あり》て義《ぎ》なし。今法華經《いまほけきょう》の時《とき》こそ女人成佛《にょにんじょうぶつ》の時《とき》、悲母《ひぼ》の成佛《じょうぶつ》も顯《あら》われ、達多《だった》の惡人成佛《あくにんじょうぶつ》の時《とき》、慈父《じふ》の成佛《じょうぶつ》も顯《あら》わるれ。此經《このきょう》は内典《ないでん》の孝經《こうきょう》なり。

開目鈔・下　八一七～八一八頁

◆安立大法尼

祖先《そせん》の恩《おん》　よく世間《せけん》では、死去《しきょ》した人々《ひとびと》が草葉《くさば》の陰《かげ》から守《まも》ってくださるといいますが、草葉《くさば》の陰《かげ》には何《なに》がいましょう。虫《むし》や、蛇《へび》や、蛙《かえる》でしょう。この境涯《きょうがい》にあってどうして守《しゅ》護《ご》ができましょう。

極楽《ごくらく》には草《くさ》など一本《ぽん》もありません。守護《しゅご》して頂《いただ》く方《かた》は諸仏善神《しょぶつぜんじん》です。まず諸仏善神《しょぶつぜんじん》に守護《しゅご》して頂《いただ》かなくては、何事《なにごと》もできません。

しかし、お互《たが》いに人間《にんげん》は、罪障《ざいしょう》という悪因《あくいん》がある故《ゆえ》に悪魔道《あくまどう》、即《すなわ》ち悪神《あくじん》に囲繞《いにょう》されているため健康《けんこう》を害《がい》するように〝夜更《よふ》かしがしたい。朝寝《あさね》がしたい。働《はたら》くことは苦痛《くつう》だ〟ということになるのです。あるいは、婬欲《いんよく》も盛《さか》んとなり、貪欲《とんよく》という、今世《こんぜ》の蓄《たくわ》えのみを思《おも》わしめるのであります。そうして、悪《わる》い方《ほう》へ悪《わる》い方《ほう》へと導《みちび》かれ、〝自分《じぶん》さえよければ他人《たにん》はどうなってもよい。施《ほどこ》すべきものも惜《お》しい〟気《き》がして、善《ぜん》の種《たね》まきは大嫌《だいきら》いとなります。種《たね》まきもせずして、如何《いか》にしてその花実《かじつ》を求《もと》むることができましょうか。

では、諸仏善神《しょぶつぜんじん》に守護《しゅご》せられるにはどうしたらよいでしょうか。

第《だい》一に慈悲深《じひふか》く、何事《なにごと》も至誠《まこと》を以《も》って臨《のぞ》み、〝自分《じぶん》は大人《おとな》である。無理《むり》を言《い》う者《もの》は子《こ》どもである。可哀想《かわいそう》だ。気《き》の毒《どく》だ〟と思《おも》って、決《け》して腹《はら》を立《た》てないようにします。即《すなわ》ち堪忍《かんにん》をして、行住坐臥《ぎょうじゅうざが》、道《みち》を歩《あゆ》む時《とき》も仕事《しごと》をする時《とき》も、南無妙法蓮華経《なむみょうほうれんげきょう》と唱《とな》えるのです。その功徳《くどく》によって、漸次悪魔《ぜんじあくま》を遠《とお》ざけることを得《え》て、諸仏善神《しょぶつぜんじん》の守護《しゅご》を受《う》けることができます。そうすると、ますます悟《さと》りがよくなり、咄嗟《とっさ》の災難《さいなん》も逃《のが》れることができます。大難《だいなん》は小難《しょうなん》、小難《しょうなん》は無難《ぶなん》ともなるのです。斯《か》くて、自然《しぜん》と早起《はやお》きもでき、身体《からだ》も丈夫《じょうぶ》になり、段々《だんだん》よく働《はたら》けるようにもなるのです。物《もの》を買《か》うにも安《やす》く買《か》えます。売《う》るにも、買《かい》手《て》の要《い》り用《よう》な所《ところ》へ持《も》ってゆけるようになる故《ゆえ》に、高《たか》くも売《う》れましょう。また、よく売《う》れます。その他《ほか》、外出《がいしゅつ》した時雨《ときあめ》に遭《あ》っても、帰宅《きたく》するまで雨《あめ》を降《ふ》り止《や》ませることもできます。

斯《か》くの如《ごと》く、諸仏善神《しょぶつぜんじん》に守護《しゅご》せらるると魔神《まじん》に守護《しゅご》せらるるとは、大《おお》いなる差《さ》があります。如何《いか》にしても幸福《こうふく》と栄達《えいだつ》を期《き》し、未来《みらい》に極楽《ごくらく》を願《ねが》う人《ひと》は、諸仏善神《しょぶつぜんじん》に守護《しゅご》せられるよう、功徳《くどく》を積《つ》みましょう。

始祖・御法話集　六～八頁

◆宗玄大徳

先祖《せんぞ》の追善供養《ついぜんくよう》　仏教《ぶっきょう》を信《しん》ずる人々《ひとびと》は毎年盆祭《まいとしぼんまつ》りと称《しょう》し、七月十五日《がつにち》に亡《な》き人々《ひとびと》の供養《くよう》をするをもって、年中行事《ねんちゅうぎょうじ》の一としているのであります。また人《ひと》の死《し》して、初七日《しょにち》、二七日《にち》、三七日《にち》、四七日《にち》、五七日《にち》、六七日《にち》、七七日《にち》に至《いた》るまでの間《あいだ》、その後《ご》に至《いた》りては、百か日《にち》、一周忌《しゅうき》、三回忌《かいき》というように、忌日《きじつ》に当《あ》たりてその遺族《いぞく》は追善供養《ついぜんくよう》をするのであります。その家《いえ》の子孫《しそん》として、これほど結構《けっこう》なこと、麗《うるわ》しいことはないのであります。しかしながらこの供養《くよう》は、今日全《こんにちまった》く形式《けいしき》のみに留《とど》まり、真《しん》の追善供養《ついぜんくよう》となっていないのではないかと、私《わたくし》はいささか疑《うたが》いを抱《いだ》く者《もの》であります。

そもそも追善供養《ついぜんくよう》と申《もう》すは、いかなることが真《しん》の追善《ついぜん》となるのでありましょうか。私《わたくし》はこの点《てん》について、現在一般的《げんざいいっぱんてき》に行《おこ》なわれつつある法要《ほうよう》、または供養《くよう》の効果《こうか》に疑《うたが》いを深《ふか》くするものであります。

法事供養《ほうじくよう》と言《い》えば、必《かなら》ずや、僧侶《そうりょ》の読経《どきょう》はこれに伴《ともな》うのであります。そうして後《のち》に、親類《しんるい》・知己《ちき》に精神的《せいしんてき》の饗応《きょうおう》をするのが例《れい》であります。然《しか》るに、読経《どきょう》をして、その供養《くよう》に集《あつ》まられし人々《ひとびと》はどんな心持《こころも》ちでこれを聞《き》かれるのでありましょうか。私《わたくし》は二、三の人《ひと》に、〝読経《どきょう》は誰《だれ》のためにするのでしょうか〟と尋《たず》ねましたところ、異口同音《いくどうおん》に〝亡《な》き人《ひと》のため〟と答《こた》えられたが、私《わたくし》は、これは大《おお》いなる間違《まちが》いと思《おも》います。

経《きょう》とはいかなるを指《さ》して言《い》うのでしょうか。言《い》うまでもなく、教主釈迦牟尼世尊一代《きょうしゅしゃかむにせそんだい》の説法《せっぽう》の記録《きろく》であります。その意《こころ》は、手段《しゅだん》を設《もう》け、譬喩《ひゆ》を以《も》って、〝かくすれば苦《く》の源《みなもと》である。かくすれば善《ぜん》の基《もとい》である〟とか、いずれも人類日常《じんるいにちじょう》の行為《こうい》について細々《こまごま》と修養法《しゅうようほう》を示《しめ》された、最《もっと》も貴重《きちょう》なる修身書《しゅうしんしょ》であると思《おも》いますが、いかがでしょうか。その修身書《しゅうしんしょ》は、亡《な》き人《ひと》がこれを聞《き》いたとて何《なん》となりましょう。これは人々《ひとびと》が聞《き》いて修養《しゅうよう》し、初《はじ》めて効果《こうか》があるのであります。それに亡者《もうじゃ》の霊《れい》に聞《き》かせて追善《ついぜん》とせんとし、あるいは集《あつ》まりし親類《しんるい》・縁者《えんじゃ》の人々《ひとびと》に理解《りかい》のできない漢文《かんぶん》で経《きょう》を読《よ》み下《くだ》し、加《くわ》えるに、最《もっと》も早口《はやくち》にこれを唱《とな》えて、多《おお》く読《よ》めば多《おお》く追善《ついぜん》となると思《おも》って、口早《くちばや》に読《よ》むのであります。

経文《きょうもん》、すなわち釈尊《しゃくそん》の説法《せっぽう》は、わずかにてもこれを聞《き》く人々《ひとびと》に理解《りかい》できるよう読《よ》み上《あ》げ、しかる後《のち》、一同《どう》にその意味《いみ》を説明《せつめい》して、〝老若男女《ろうにゃくなんにょ》の定《さだ》めなく、一度《ど》は黄泉《よみ》の旅《たび》にも趣《おもむ》かなければならない〟ことや、〝この肉体《にくたい》を持《も》てる間《あいだ》に常《つね》に善根《ぜんこん》を積《つ》みて人生《じんせい》を楽《らく》土《ど》とし、未来世《みらいせ》をも善処《ぜんしょ》となるべき源《みなもと》を造《つく》らねばならぬことが人《ひと》としての本分《ほんぶん》である〟という意味《いみ》や、〝善因《ぜんいん》を積《つ》まざるのみか、剰《あまつさ》え悪《あく》の種《たね》を蒔《ま》くことは末恐《すえおそ》ろしいことである〟と、仏《ほとけ》の教《おし》えを説《と》き聞《き》かせなければならぬのであります。かように話《はな》せば、これを聴《き》いた者《もの》は自《みずか》ら日常《にちじょう》の心遣《こころづか》いを反省《はんせい》して、善《よ》き道《みち》に進《すす》むのであります。かくして善人《ぜんにん》ができたなれば、これこそ、〝世界中《せかいじゅう》の人々《ひとびと》が欲《ほっ》する衣食住《いしょくじゅう》を八十年《ねん》の間《あいだ》施《ほどこ》す功徳《くどく》よりも、一人《ひとり》の善人《ぜんにん》を造《つく》りし功徳《くどく》は、はるかに優《すぐ》れたること幾《いく》千万倍《まんばい》なり〟と仏《ほとけ》の仰《おお》せられた如《ごと》く（法華経随喜功徳品《ほけきょうずいきくどくほん》）、実《じつ》に無量《むりょう》の功徳《くどく》を得《え》られるのであります。この功徳《くどく》を亡《な》き人々《ひとびと》に追善《ついぜん》して冥福《めいふく》を祈《いの》ることこそ、真《しん》の供養《くよう》と思《おも》います。なおさらに、この良《よ》き法《ほう》話《わ》を聞《き》いて下《くだ》さる親類《しんるい》・縁者《えんじゃ》の人々《ひとびと》に食事《しょくじ》を饗応《きょうおう》して喜《よろこ》んで頂《いただ》き、その喜《よろこ》びの功徳《くどく》をも追善《ついぜん》するのであります。

しかるにこの理《ことわり》を知《し》らずして、かの読経《どきょう》は亡《な》き人《ひと》のためと思《おも》い、饗応《きょうおう》するのを節約《せつやく》して来集《らいしゅう》の人々《ひとびと》の感情《かんじょう》を害《がい》することとすら意《い》に解《かい》せざるは、全《まった》くの形式《けいしき》の供養《くよう》にして、真《しん》の供養《くよう》とはならぬのであります。

かくの如《ごと》く追善供養《ついぜんくよう》の意味《いみ》を知《し》りて亡《な》き人々《ひとびと》を供養《くよう》すれば、亡《な》き人々《ひとびと》は無上《むじょう》に喜《よろこ》びます。その喜《よろこ》びが功徳《くどく》となって我《わ》が身《み》には善因《ぜんいん》となり、善《よ》きことの来《きた》る源《みなもと》となるのでありますから、ついには禍《わざわ》いを変《へん》じて幸《さいわ》いとすることができるのであります。されば、亡《な》き人々《ひとびと》の追善《ついぜん》は、遺族《いぞく》として最《もっと》も大切《たいせつ》なることでありまして、肉体《にくたい》を持《も》てる間《あいだ》、親子相《おやこあい》愛《あい》し、兄弟仲良《きょうだいなかよ》く、夫婦睦《ふうふむつ》まじと言《い》い、朋友相信《ほうゆうあいしん》ずると申《もう》しましても、先立《さきだ》って失《う》せし人々《ひとびと》の追善供養《ついぜんくよう》をなさざれば、今世《こんぜ》のみの形式的《けいしきてき》の交《まじ》わりのことと言《い》っても何《なん》らはばからぬでありましょう。まして、亡《な》き親《おや》には殊《こと》に大《おお》いなる追善供養《ついぜんくよう》をなして、菩提《ぼだい》を弔《とむら》わねばなりません。いかに生如来《いきにょらい》の如《ごと》く敬《きょう》せらるる共《とも》、父母《ふぼ》を救《すく》う程《ほど》の追善《ついぜん》をなさざれば孝養《こうよう》の人《ひと》にはあらず、また孝養《こうよう》の及《およ》ばざる者《もの》なれば人《ひと》たるの資格《しかく》もなき者《もの》と言《い》っても、過言《かごん》ではないのであります。

村上先生御法話集（一）　八五～八八頁

◆御開山上人

追善供養《ついぜんくよう》とは　報恩《ほうおん》のために感謝《かんしゃ》の誠《まこと》を表《あら》わす浄《きよ》き行《おこ》ないであります。

一、利供養《りくよう》　食物《たべもの》・衣服《いふく》・住居《じゅうきょ》・香華《こうげ》・音楽《おんがく》等《とう》を供《そな》えとする。

二、敬供養《けいくよう》　その徳行《とくぎょう》を讃《たた》え、言葉《ことば》やさしく顔色《かおいろ》を和《やわ》らげて、魂魄《こんぱく》に喜《よろこ》びを供《そな》える。

三、行供養《ぎょうくよう》　仏《ほとけ》の心《こころ》を心《こころ》とし、一切衆生《さいしゅじょう》を救護《くご》せんとの仏《ほとけ》の願望《がんぼう》を成就《じょうじゅ》するために、慈《じ》悲《ひ》・至誠《まこと》・堪忍《かんにん》等《とう》の徳行《とくぎょう》を実行《じっこう》し、人々《ひとびと》に対《たい》しては仏《ほとけ》を敬《うやま》うが如《ごと》く仕《つか》えて功徳《くどく》を積《つ》み、これを魂魄《こんぱく》に供《そな》える。

この三種《しゅ》の供養《くよう》は、上仏界《かみぶっかい》より下阿鼻地獄《しもあびぢごく》の霊《れい》をも喜《よろこ》ばしむる浄行《じょうぎょう》であります。この行《ぎょう》によって自《みずか》らの徳望《とくぼう》を増《ま》し、ついに仏身《ぶっしん》を成就《じょうじゅ》することができるのであります。

十王讃歎鈔《おうさんたんしょう》に次《つぎ》のように言《い》われてあります。

「孝養《こうよう》に三種《しゅ》あり。衣食《いしょく》を施《ほどこ》すを下品《げぼん》とし、父母《ふぼ》の意《い》に違《たが》わざるを中品《ちゅうぼん》とし、功徳《くどく》を回向《えこう》するを上品《じょうぼん》とす。存生《ぞんじょう》の父母《ふぼ》にだに尚功徳《なおくどく》を回向《えこう》するを上品《じょうぼん》とす。況《いわ》んや亡親《ぼうしん》に於《おい》てをや。雪中《せっちゅう》の筍《たかんな》何《なに》かせん、法喜禅悦食《ほうきぜんえつじき》の味《あじ》には如《し》かじ。叔雄身《しゅくゆうみ》を投《な》げても更《さら》に出離生死《しゅつりしょうじ》の便《たよ》りにはならず。只善根《ただぜんごん》を修《しゅ》して父母《ふぼ》の得脱《とくだつ》を祈《いの》るべし」

身《み》を養《やしな》うには食《た》べ物《もの》、心《こころ》を養《やしな》うにはこの二食《じき》、法喜食《ほうきじき》・禅悦食《ぜんえつじき》こそが大切《たいせつ》であります。

法喜食《ほうきじき》＝仏《ほとけ》の教《おし》えを聞《き》いてその教《おし》えの深《ふか》い意味《いみ》、仏《ほとけ》さまのご精神《せいしん》がわかって喜《よろこ》びとする。

禅悦食《ぜんえつじき》＝聞《き》いた仏《ほとけ》の教《おし》えを心《こころ》を静《しず》めてよく考《かんが》え、「成仏疑《じょうぶつうたが》いなし」と教《おし》えの意味《いみ》が確《たし》かにわかって、喜《よろこ》びで心《こころ》がいっぱいになる。

出離生死《しゅつりしょうじ》＝凡夫《ぼんぷ》の生活《せいかつ》を離《はな》れること。凡夫《ぼんぷ》は〝腹《はら》が立《た》つ。貪《むさぼ》る。愚痴《ぐち》を言《い》う〟生活《せいかつ》であって、仏《ほとけ》の教《おし》えを聞《き》いて人生《じんせい》の大事《だいじ》を悟《さと》り、慈悲《じひ》・至誠《まこと》・堪忍等《かんにんとう》の菩薩行《ぼさつぎょう》を行《おこ》なうようになるを言《い》い、これを滅度《めつど》、あるいは涅槃《ねはん》とも言《い》うのであります。

御開山上人御遺稿集　一三九～一四〇頁

目連尊者《もくれんそんじゃ》の事《こと》　昔《むかし》、お釈迦《しゃか》さまのお弟子《でし》に、目連尊者《もくれんそんじゃ》という方《かた》がありました。目連尊者《もくれんそんじゃ》のお母《かあ》さんを青提女《しょうだいにょ》と申《もう》します。その時《とき》お母《かあ》さんが亡《な》くなっておられたので、お母《かあ》さんはいかなる境遇《きょうぐう》におられるかと、天眼通《てんげんつう》でご覧《らん》になりました。お母《かあ》さんは思《おも》いもよらぬ、餓鬼道《がきどう》というところで、食《しょく》もなく痩《や》せ衰《おとろ》えた姿《すがた》で、画《え》に書《か》かれている餓鬼《がき》そのままの姿《すがた》でありました。

「餓鬼道《がきどう》と申《もう》す所《ところ》に我《わ》が母《はは》あり。飲《の》む事《こと》なし食《くら》うことなし。皮《かわ》は金鳥《きんちょう》を毟《むし》れるが如《ごと》く、骨《ほね》はまろき石《いし》を並《なら》べたるが如《ごと》し。頭《こうべ》は毬《まり》の如《ごと》く、頸《くび》は絲《いと》の如《ごと》し、腹《はら》は大海《だいかい》の如《ごと》し。口《くち》をはり手《て》を合《あわ》せて物《もの》を乞《こ》える形《かたち》は、餓《う》えたる蛭《ひる》の人《ひと》の香《か》を嗅《か》げるが如《ごと》し」（盂蘭盆御書《うらぼんごしょ》）

という、まことに見《み》るも気《き》の毒《どく》のような有様《ありさま》でありました。

目連尊者《もくれんそんじゃ》は、ただちに神通力《じんづうりき》で以《も》って、一椀《わん》のご飯《はん》を贈《おく》られたのです。お母《かあ》さんは、喜《よろこ》んでその一椀《わん》のご飯《はん》を召《め》し上《あ》がろうとせられるや、ご飯《はん》の上《うえ》から炎《ほのお》が上《あ》がり、その炎《ほのお》のためにお母《かあ》さんはご飯《はん》も食《た》べられません。目連尊者《もくれんそんじゃ》は、神通力《じんづうりき》を以《も》って大雨《おおあめ》を降《ふ》らせられたということですが、その雨《あめ》は火《ひ》に注《そそ》いだ油《あぶら》の如《ごと》く燃《も》え上《あ》がって、お母《かあ》さんは火達《ひだる》磨《ま》の如《ごと》く、七転《てん》八倒《とう》の苦《くる》しみでありました。目連尊者《もくれんそんじゃ》ではいかんとも手《て》の施《ほどこ》す術《すべ》はありませんでした。

目連尊者《もくれんそんじゃ》は、お釈迦《しゃか》さまの前《まえ》へかけつけて、救《すく》いを求《もと》められたのです。お釈迦《しゃか》さまは、「それは可哀《かわい》そうだ。しかし汝《なんじ》には、亡《な》き父母《ふぼ》を地獄《ぢごく》の苦《くる》しみより救《すく》うことは教《おし》えてなかったのだ。七月《がつ》十五日《にち》には、人《ひと》を救《すく》い助《たす》ける聖僧《しょうそう》の集《あつ》まりがある。汝《なんじ》の真心《まごころ》をもって、聖僧《しょうそう》に食《た》べ物《もの》の供養《くよう》をなさい」と申《もう》されました。目連尊者《もくれんそんじゃ》は大《おお》いに喜《よろこ》び、七月《がつ》十五日《にち》に百味《み》の御食《おんじき》を以《も》って聖僧《しょうそう》の供養《くよう》をいたしましたところ、目連尊者《もくれんそんじゃ》のお母《かあ》さんは、一劫《こう》という長《なが》い間《あいだ》の餓鬼道《がきどう》に苦《くる》しまなければならぬ罪《つみ》が除滅《じょめつ》せられたということです。

続・現代生活の指針　一五六〜一五八頁

◆日達上人

先祖《せんぞ》供養《くよう》は感謝《かんしゃ》の表明《ひょうめい》

先祖《せんぞ》への感謝《かんしゃ》は特《とく》に大切《たいせつ》です。先祖《せんぞ》供養《くよう》をいたしますが、これは供養《くよう》というより、〝先祖《せんぞ》に感謝《かんしゃ》すること〟と言《い》った方《かた》がいいでしょう。

先祖《せんぞ》に感謝《かんしゃ》し、先祖《せんぞ》を拝《おが》むことは、ひいては自分《じぶん》を拝《おが》むことになります。私共《わたくしども》こうして生《い》きていますが、自分《じぶん》で自分《じぶん》の体《からだ》を作《つく》った人《ひと》はいません。皆《みな》、親《おや》・先祖《せんぞ》のおかげで、その因縁《いんねん》を頂《いただ》いているのです。

〝生《い》きているから苦労《くろう》が多《おお》い〟と言《い》う人《ひと》がいますが、人生《じんせい》は悪《わる》いことばかりが起《お》こるのではないと思《おも》います。嬉《うれ》しいこと、ありがたいことも時《とき》にはあると思《おも》います。それ以上《いじょう》に、こうして生《い》きていられること自体《じたい》がありがたいことであります。その感謝《かんしゃ》を表《あら》わす行為《こうい》が先祖供養《せんぞくよう》です。

一度《ど》、自分《じぶん》で自分《じぶん》を拝《おが》むといいと思《おも》います。朝起《あさお》きて鏡《かがみ》に向《む》かい、鏡《かがみ》に写《うつ》った自分《じぶん》に手《て》を合《あ》わせるのです。〝とてもそんな気《き》になれる顔《かお》ではない〟と言《い》われるかも知《し》れませんが、私共《わたくしども》には「仏性《ぶっしょう》」という、いい心《こころ》があります。その仏性《ぶっしょう》を拝《おが》むことによって、さらに穏《おだ》やかな、こだわりのない心《こころ》になってゆきます。

自分《じぶん》を拝《おが》むということは、〝自分自身《じぶんじしん》が拝《おが》む価値《かち》のある者《もの》であることを自覚《じかく》し、自分《じぶん》を見捨《みす》てない〟ということでもあります。

事業《じぎょう》に失敗《しっぱい》して、自分《じぶん》で自分《じぶん》の人生《じんせい》を終《お》わりにしてしまう人《ひと》がいます。自分《じぶん》の力《ちから》でこの世《よ》に出《で》て来《き》たのなら勝手《かって》にやめてもいいでしょうが、私《わたくし》の体《からだ》は親《おや》・先祖《せんぞ》から頂《いただ》いたものなのです。頂《いただ》いたというより「借《か》りた物《もの》」と言《い》った方《ほう》がいいでしょう。簡単《かんたん》に自分《じぶん》で、〝もうやめた〟と言《い》って粗末《そまつ》にすることは許《ゆる》されることではありません。どんなことがあっても、自分《じぶん》を見捨《みす》ててはいけないのであります。

『月刊法音』第三七三号　一一～一二頁

お盆《ぼん》とお施餓鬼《せがき》

お盆《ぼん》について、こんなことを言《い》われた方《かた》があります。

「亡《な》くなった人《ひと》に会《あ》える機会《きかい》を作《つく》って下《くだ》さったことに感謝《かんしゃ》しよう。そして、亡《な》くなった人《ひと》たちに喜《よろこ》んで頂《いただ》ける、楽《たの》しいお盆《ぼん》にしよう。せっかくお帰《かえ》り下《くだ》さるご先祖《せんぞ》さまを悲《かな》しませ『もう二度《ど》と帰《かえ》りたくない』と思《おも》われることのないような家庭《かてい》にしよう」

お盆《ぼん》に限《かぎ》らず、家族《かぞく》が毎日仲良《まいにちなかよ》く暮《く》らすことが、教《おし》えの基本《きほん》であります。家《いえ》の中《なか》がギクシャクして、親子《おやこ》・夫婦《ふうふ》がいがみ合《あ》っていたら、ご先祖《せんぞ》さまも〝もう来年《らいねん》は帰《かえ》るのはよそう〟と思《おも》われるに違《ちが》いありません。そういうことのないよう、心温《こころあたた》かなお盆《ぼん》にしたいものであります。

ご先祖《せんぞ》さまをお迎《むか》えするために、掃除《そうじ》をし、お供《そな》え物《もの》を用意《ようい》しますが、同時《どうじ》に、家《いえ》の中《なか》を極楽《ごくらく》にすることが、生《い》きている私共《わたくしども》の大切《たいせつ》な心得《こころえ》であります。

お盆《ぼん》とお施餓鬼《せがき》は違《ちが》います。

「盆施餓鬼《ぼんせがき》」と一口《くち》に言《い》いますが、お盆《ぼん》とお施餓鬼《せがき》は違《ちが》います。お盆《ぼん》は目連尊者《もくれんそんじゃ》が主役《しゅやく》で、お施餓鬼《せがき》は阿難尊者《あなんそんじゃ》が主役《しゅやく》であります。

ある時《とき》、阿難尊者《あなんそんじゃ》がうたた寝《ね》をしていると餓鬼《がき》が現《あら》われて、〝お前《まえ》は三日《か》の内《うち》に死《し》ぬ。そして、私《わたくし》と同《おな》じようなみにくい餓鬼《がき》に生《う》まれ変《か》わるだろう〟と言《い》います。驚《おどろ》いて阿《あ》難尊者《なんそんじゃ》はお釈迦《しゃか》さまに助《たす》けを求《もと》めます。お釈迦《しゃか》さまは〝その餓鬼《がき》をはじめ、餓鬼界《がきかい》で苦《くる》しむ人々《ひとびと》に施《ほどこ》しをしなさい〟と言《い》われます。そこで阿難尊者《あなんそんじゃ》は大勢《おおぜい》の餓鬼《がき》に食《た》べ物《もの》を施《ほどこ》します。その功徳《くどく》によって、寿命《じゅみょう》を延《の》ばすことができました。

〝それは阿難尊者《あなんそんじゃ》のこと〟と言《い》っていたら、仏教《ぶっきょう》は自分《じぶん》から離《はな》れてしまいます。もし自《じ》分《ぶん》が〝あと三日《か》の命《いのち》と言《い》われたらどうするか〟。それを考《かんが》えてゆかなければなりません。

第《だい》一の矢《や》と第《だい》二の矢《や》の事《こと》

お釈迦《しゃか》さまは、そんな時《とき》の心構《こころがま》えとして次《つぎ》のようなことをおっしゃっています。

「第《だい》一の矢《や》は受《う》けても仕方《しかた》がないが、第《だい》二の矢《や》は受《う》けないようにしなさい」

矢《や》が体《からだ》に当《あ》たった時《とき》〝この矢《や》は誰《だれ》が射《い》たのか。どこから飛《と》んで来《き》たのか。何《なに》で出来《でき》ていて、どんな毒《どく》が塗《ぬ》ってあるのか。それがわからない内《うち》は抜《ぬ》いてはいけない〟などと言《い》っていたら毒《どく》が回《まわ》って死《し》んでしまいます。まず矢《や》を抜《ぬ》いて、手当《てあ》てをしなければなりません。

ここで言《い》う第《だい》一の矢《や》とは、〝あと三日で死《し》ぬ〟と言《い》われたことです。第《だい》二の矢《や》は、それを聞《き》いて〝死《し》ぬのはいやだ〟と苦《くる》しみ、悩《なや》むことです。

私共《わたくしども》の現実《げんじつ》に置《お》き換《か》えると、病気《びょうき》に罹《かか》り、お医者《いしゃ》さまから〝ガンです〟と言《い》われることかも知《し》れません。言《い》われた方《ほう》は大変《たいへん》です。ガクッとくるでしょう。これが第《だい》一の矢《や》です。そして、〝もうだめだ。私《わたくし》の人生《じんせい》もこれで終《お》わりだ〟と絶望感《ぜつぼうかん》に襲《おそ》われることが、第《だい》二の矢《や》を受《う》けることです。そうならないためには、お医者《いしゃ》さまに言《い》われたことを、まずは受《う》け入《い》れてゆくことです。

病気《びょうき》だけでなく、私共《わたくしども》いろいろな因縁《いんねん》を持《も》っておりますから、思《おも》いもよらないことに出《で》くわすことがあります。因縁《いんねん》であればどんなことでも受《う》け入《い》れるより仕方《しかた》がありません。その後《あと》どう対処《たいしょ》してゆくか、それが大切《たいせつ》です。

お釈迦《しゃか》さまがおっしゃるのは、「あきらめる」ということです。

あきらめると言《い》っても〝もうだめだ〟とお手上《てあ》げすることではありません。〝あきらかにする〟ということです。言葉《ことば》を換《か》えて言《い》うと、〝逃《に》げないで受《う》け止《と》める〟ということです。根本《こんぽん》の原因《げんいん》をあきらかにして、同時《どうじ》に、そのことがいつまでもシコリとなって残《のこ》らないようにすることです。それが、第《だい》二の矢《や》を受《う》けないということです。

阿難尊者《あなんそんじゃ》は、大勢《おおぜい》の餓鬼《がき》に施《ほどこ》しをして、その功徳《くどく》によって寿命《じゅみょう》を延《の》ばすことが出来《でき》ました。私共《わたくしども》も、いろいろ起《お》きてくる難《なん》をどうしたら乗《の》り越《こ》えられるか、その道《みち》をあきらかにしてゆく必要《ひつよう》があります。

その道《みち》が、菩薩道《ぼさつどう》であります。慈悲《じひ》・至誠《まこと》・堪忍《かんにん》を実行《じっこう》して功徳《くどく》を積《つ》むことです。

私共《わたくしども》の心《こころ》は放《ほ》っておきますと段々《だんだん》しぼんでゆきます。そうするとどうしても、悪《わる》い方《ほう》へ悪《わる》い方《ほう》へと考《かんが》え、第《だい》二の矢《や》を受《う》けやすくなります。少《すこ》しでも心《こころ》を広《ひろ》くして、第《だい》二の矢《や》を受《う》けないようにするために、三徳《とく》を実行《じっこう》するのです。

お盆《ぼん》の時期《じき》には先祖《せんぞ》をはじめ縁《えん》ある方々《かたがた》に供養《くよう》させて頂《いただ》きますが、これまでの人生《じんせい》を顧《かえり》みると、身内《みうち》の人《ひと》以外《いがい》にもお世話《せわ》になった方《かた》は大勢《おおぜい》います。私《わたくし》もこの年《とし》になりますと、生《い》きている方《かた》で知《し》っている方《かた》より、亡《な》くなられた方《かた》で知《し》っている方《かた》が多《おお》いような気《き》がします。本当《ほんとう》に多《おお》くの方《かた》にお世話《せわ》になってきました。そういう方々《かたがた》に感謝《かんしゃ》して供養《くよう》をさせて頂《いただ》くと、心《こころ》も少《すこ》しは広《ひろ》くなり、困《こま》ったことに出《で》くわしてもあまり苦《く》にならなくなるだろうと思《おも》います。

『月刊法音』第四五三号　六～一一頁

還元《かんげん》する、消滅《しょうめつ》・供養《くよう》の徳《とく》　杉山先生《すぎやませんせい》以来法音寺《いらいほうおんじ》は、いろいろな形《かたち》で多《おお》くの人《ひと》を力《ちから》づけてきました。個人《こじん》の消滅《しょうめつ》・供養《くよう》という形《かたち》で集《あつ》まったお徳《とく》を、困《こま》っている人《ひと》を助《たす》けることに役立《やくだ》ててきました。社会福祉法人《しゃかいふくしほうじん》は人々《ひとびと》の求《もと》めに応《おう》じて多《おお》くの施設《しせつ》を経営《けいえい》し、そうした施設《しせつ》で働《はたら》く人《ひと》を養成《ようせい》するために学校法人《がっこうほうじん》を設置《せっち》・運営《うんえい》してまいりました。それらの事《じ》業《ぎょう》をすることによって功徳《くどく》を累《かさ》ね、皆《みな》さんの幸《しあわ》せを願《ねが》ってきたのです。その功徳《くどく》のすべては、供養《くよう》された皆《みな》さんに還元《かんげん》されてゆくのであります。

大白牛車・8　三頁

御開山上人著　十王の話

十王讃歎鈔《おうさんたんしょう》の事《こと》　十王《おう》は、みな如来深位《にょらいじんい》の大菩薩《だいぼさつ》であります。生死《しょうじ》を流転《るてん》する凡夫《ぼんぶ》を哀《あわ》れんで、衆生《しゅじょう》が冥途《めいど》におもむくときにその道《みち》におわして、初《しょ》七日《にち》より百箇日《かにち》・一周忌《しゅうき》・三年忌《ねんき》まで、凡夫《ぼんぶ》の歩《ある》いて行《い》く場所《ばしょ》において、罪業《ざいごう》の軽重《けいちょう》を考《かんが》えて、未来《みらい》に生《う》まれて行《い》くところを定《さだ》められる、大菩薩《だいぼさつ》であります。これを十王《おう》と名《な》づけたてまつるのです。この方便《ほうべん》は、まことに意味《いみ》のあるものであります。これを知《し》らなかったならば、だれも自分《じぶん》の罪業《ざいごう》を恐《おそ》れ、生死《しょうじ》の道《みち》において、解脱《げだつ》の道《みち》を求《もと》めることはしないでありましょう。

一、初七日《しょにち》　秦広王《しんこうおう》

この王《おう》のもとに行《い》くまでの間《あいだ》に、いろいろな苦《くる》しみがあります。人《ひと》は命《いのち》が尽《つ》きると、さまざまな病《やまい》がおこり、眼《め》はくらくなり、見《み》たいものも見《み》えず、舌《した》の根《ね》がすくんで、言《い》いたいことも言《い》えなくなってしまいます。死《し》んで行《い》く時《とき》は、ただ一人《ひとり》で野原《のはら》を迷《まよ》い行《い》くようなもので、これを中有《ちゅうう》の旅《たび》と名《な》づけます。

極善《ごくぜん》の者《もの》は直《ただ》ちに成仏《じょうぶつ》し、極悪《ごくあく》の者《もの》は直《ただ》ちに悪道《あくどう》に堕《お》ちるのでこの旅《たび》はなく、ただ普《ふ》通《つう》の状態《じょうたい》で、仏道《ぶつどう》を修行《しゅぎょう》しても本気《ほんき》には修行《しゅぎょう》せず、法《ほう》を成就《じょうじゅ》する程《ほど》の行《おこ》ないをせずに暮《く》らして来《き》た人《ひと》に、中有《ちゅうう》ということがあるのです。

足《あし》に任《まか》せて行《い》くうちに、罪人《ざいにん》、獄卒《ごくそつ》の声《こえ》が聞《き》こえ、恐《おそ》れおののいている所《ところ》に、羅刹《らせつ》(鬼《おに》)があらわれます。そして、羅刹《らせつ》につきまとわれ、死出《しで》の山《やま》に追《お》い上《あ》げられます。

その山《やま》の岩《いわ》のかどは、剣《つるぎ》のようで、歩《ある》こうとしても歩《ある》けません。その時獄卒《ときごくそつ》が鉄棒《てつぼう》で打《う》ち砕《くだ》きますが、やがてまた生《い》き返《かえ》ります。

こうした苦《くる》しみを受《う》けて、泣《な》く泣《な》く死出《しで》の山《やま》を越《こ》えて、初《はじ》めて秦広王《しんこうおう》のみ前《まえ》につきます。大王《だいおう》は多《おお》くの罪人《ざいにん》をご覧《らん》になり「お前《まえ》たちは幾度《いくど》ここに来《き》たか数《かぞ》えきれないほどである。そのたびに仏道修行《ぶつどうしゅぎょう》を言《い》いふくめてあるのに、また来《く》るとはなんということか」と言《い》われますと、罪人《ざいにん》は「私《わたし》は在家《ざいけ》の身《み》で修行《しゅぎょう》など思《おも》いもよらず過《す》ごしました」と弁解《べんかい》するので、大王《だいおう》は非常《ひじょう》に怒《おこ》って「在家《ざいけ》だからと言《い》って仏道修行《ぶつどうしゅぎょう》に何《なん》の違《ちが》いがあるか。お前《まえ》は後世《ごせ》を忘《わす》れて不当不善《ふとうふぜん》の心《こころ》ばかりだったので、このような所《ところ》にまた来《き》たのだ。ほかに言《い》うことがあれば言《い》ってみよ」と睨《にら》みつけられました。

この王《おう》のみ前《まえ》で善悪《ぜんあく》の軽重《けいちょう》がきまらないときは、二七日《にち》の王《おう》へとつかわされます。

二、二七日《にち》　初江王《しょこうおう》

初江王《しょこうおう》の本地《ほんち》は釈迦如来《しゃかにょらい》であります。

この王《おう》のもとに参《まい》る道《みち》に、一つ大《おお》きな河《かわ》があります。この河《かわ》には三つの渡《わた》しがあるので三途《づ》の河《かわ》と言《い》います。上《うえ》の渡《わた》しは浅水瀬《あさせ》と言《い》い、罪《つみ》の浅《あさ》い者《もの》が渡《わた》り、中《なか》の渡《わた》しは金銀《きんぎん》七宝《ぼう》の橋《はし》で橋渡《はしわた》しと言《い》い、善人《ぜんにん》だけが渡《わた》り、下《した》の渡《わた》しは強深瀬《ふかせ》と言《い》い、悪人《あくにん》が渡《わた》ります。

河《かわ》の波《なみ》は大《おお》きな山《やま》のように高《たか》く、その中《なか》にはたくさんの毒蛇《どくじゃ》がいて罪人《ざいにん》を責《せ》め食《く》い、上《うえ》からは大《おお》きな石《いし》が流《なが》れて来《き》て、罪人《ざいにん》の体《からだ》を打《う》ち砕《くだ》きます。

この苦《くる》しみを七日《か》七夜《や》受《う》けて、向《む》こうの岸《きし》につくと、衣領樹《えりょうじゅ》という大《おお》きな木《き》があり、この上《うえ》には懸衣翁《けんねおう》という鬼《おに》、下《した》には懸衣嫗《けんねう》という鬼《おに》がいて、着物《きもの》をはぎとります。

そうしてようやく初江王《しょこうおう》の庁庭《ちょうてい》にひざまづくと、在世《ざいせ》のときになした善根功徳《ぜんこんくどく》を尋《たず》ねられます。答《こた》えられないで、「忘《わす》れてしまいました」と言《い》うと、王《おう》は、左右《さゆう》にある壇茶《だんだ》幢《どう》と名《な》づける二つの巻物《まきもの》をご覧《らん》になります。その上《うえ》に人頭《にんづ》があり、左《ひだり》を大山府君幢《たいせんふくんどう》と名《な》づけ、一切《さい》の小罪《しょうざい》も捨《す》てずに記《しる》され、右《みぎ》を黒闇天女幢《こくあんてんにょどう》と名《な》づけ、一切《さい》の小善《しょうぜん》まで残《のこ》さず記《しる》されてあるのです。

王《おう》は一読《どく》の上《うえ》、「罪人《ざいにん》を地獄《ちごく》につかわすように」と言《い》われますと、罪人《ざいにん》は「妻子《さいし》の追《つい》善《ぜん》がありましょうから」と、待《ま》って下《くだ》さるように願《ねが》います。大王《だいおう》は本地《ほんぢ》がお釈迦《しゃか》さまで、一子平等《しびょうどう》のご慈悲《じひ》の方《かた》ですから、待《ま》ってやろうと宣《のたも》うのですが、家族《かぞく》の者《もの》は追善《ついぜん》をしないばかりか、残《のこ》った財産《ざいさん》の分《わ》け前《まえ》を争《あらそ》って、種々《かずかず》の罪業《ざいごう》を作《つく》っています。大王《だいおう》は、悲《かな》しまれながら、罪人《ざいにん》を地獄《ちごく》に堕《お》とされるのです。

このときに、さした追善《ついぜん》もなく、断罪《だんざい》の定《さだ》まらないときは、次《つぎ》の王《おう》に送《おく》られます。

三、三七日《にち》　宗帝王《しゅうたいおう》

宗帝王《しゅうたいおう》の本地《ほんち》は文殊師利菩薩《もんじゅしりぼさつ》であります。

この王《おう》に参《まい》る道《みち》には一つの関所《せきしょ》があり、これを業関《ごうかん》と言《い》います。関守《せきもり》の鬼《おに》がいて、その形相《ぎょうそう》は譬《たと》えようもない恐《おそ》ろしさで、頭《あたま》には十六の角《つの》、顔《かお》には十二の眼《め》があって、眼《め》を動《うご》かすと稲妻《いなずま》のように光《ひかり》がほとばしり、口《くち》からは炎《ほのお》を吹《ふ》き出《だ》します。

関税《せきぜい》を求《もと》められて、罪人《ざいにん》が「ただ一つ身《み》につけた着物《きもの》も三途《づ》の河《かわ》ではぎとられ、一物《もつ》もありません」と申《もう》しますと、鬼《おに》は大《おお》いに怒《おこ》って「お前《まえ》の罪業《ざいごう》は、みな手足《てあし》によって作《つく》ったものだ。お前《まえ》の手足《てあし》を関税《せきぜい》に出《だ》せ」と言《い》ったかと思うと、罪人《ざいにん》の手足《てあし》を切《き》り取《と》って鉄《てつ》の板《いた》に並《なら》べおいてしまいます。

このとき肝魂《きもたま》も消《き》えた罪人《ざいにん》が、しばらくして気《き》がついてみると、業《ごう》の悲《かな》しさで影《かげ》のような手足《てあし》ができ、歩《あゆ》むともなく業風《ごうふう》に吹《ふ》かれて、宗帝王《しゅうたいおう》のみ前《まえ》に参《まい》り、泣《な》く泣《な》く自分《じぶん》の身《み》に罪《つみ》のない由《よし》を申《もう》し上《あ》げます。すると大王《だいおう》は「罪業《ざいごう》のない者《もの》が、この道《みち》に来《く》るはずはない。一生《しょう》の間《あいだ》に作《つく》った罪業《ざいごう》は、倶生神《くしょうじん》がことごとく記《しる》されている。つぶさに読《よ》んで聞《き》かせよう」と言《い》って、自《みずか》ら雷鳴《らいめい》のような声《こえ》で読《よ》み上《あ》げられました。罪人《ざいにん》は「娑婆《しゃば》にいる子供《こども》には、さだめし善根《ぜんこん》を送《おく》る者《もの》もあると思《おも》いますから」と、待《ま》って下《くだ》さるよう願《ねが》いました。大王《だいおう》は「お前《まえ》の罪業《ざいごう》が一つひとつ明《あき》らかである上《うえ》は、直《ただ》ちに地獄《ちごく》に堕《お》とすのであるが、ひとまず待《ま》ってやろう」と宣《のたま》いました。

こうして大王《だいおう》は待《ま》たれましたが、孝子《こうし》が善根《ぜんこん》をなせば、亡者《もうじゃ》は罪人《ざいにん》でも地獄《ぢごく》を免《まぬが》れるのです。大王《だいおう》も追善《ついぜん》を随喜《ずいき》され「お前《まえ》に似《に》ない子供《こども》だな」と讃歎《さんたん》されるのです。

ここでまだ断罪《だんざい》の決定《けってい》しない者《もの》は、次《つぎ》の大王《だいおう》につかわされるのです。

四、四七日《にち》　五官王《かんおう》

五官王《かんおう》の本地《ほんち》は普賢菩薩《ふげんぼさつ》であります。

この王《おう》に参《まい》る道《みち》には、業江《ごうこう》という大《おお》きな河《かわ》があります。波《なみ》は静《しず》かですが熱湯《ねっとう》のように熱《あつ》く、臭《くさ》いことは譬《たと》えようもありません。いやがる罪人《ざいにん》を棒《ぼう》で押《お》し入《い》れると、たちまち罪人《ざいにん》の体《からだ》は煮《に》えただれ、鉄《てつ》の嘴《くちばし》のある毒虫《どくむし》が多《おお》く集《あつ》まって、その体《からだ》を食《く》いはじめます。

このような苦しみを七日七夜《かや》うけて、五官王《かんおう》のみ前《まえ》に行《い》きます。罪人《ざいにん》は「娑婆《しゃば》での罪《ざい》業《ごう》は、これ程《ほど》の苦《くる》しみを受《う》ける程《ほど》とは思《おも》われないのですが」と歎《なげ》きますと、大王《だいおう》は怒《おこ》って「お前《まえ》が心《こころ》で小罪《しょうざい》と思《おも》っても、苦果《くか》を感《かん》じるのは必《かなら》ず大《おお》きかったからである。一生《しょう》の間《あいだ》の罪業《ざいごう》のことごとくは、お前《まえ》の体《からだ》にうずめられている。罪《つみ》を知《し》る秤《はかり》があり、これを業《ごう》秤《しょう》と言《い》うが、早《はや》く秤《はかり》にかけてみよ」と命《めい》ぜられました。鬼共《おにども》が罪人《ざいにん》を秤《はかり》にかけてみると、五十丈《じょう》もある大盤石《だいばんじゃく》が、わずか五尺《しゃく》の罪人《ざいにん》に比《くら》べると、石《いし》の軽《かる》いことは兎《うさぎ》の毛《け》のようです。鬼《おに》は罪人《ざいにん》を秤《はかり》の台《だい》からおろして「お前《まえ》は法《ほう》の裁断《さいだん》を欺《あざむ》き疑《うたが》い申《もう》すが、その罪過《ざいか》はなお重《おも》いぞ」と言《い》って、鉄棒《てつぼう》で五体《たい》を打《う》ち砕《くだ》きますが、業報《ごうほう》でまた生《い》き返《かえ》ります。大王《だいおう》は「お前《まえ》の妻子《さいし》は、自分《じぶん》の楽《たの》しみばかりして、お前《まえ》を忘《わす》れ、弔《とむら》うこともしない。今《いま》お前《まえ》の苦《くる》しみに代《か》えるものが一つでもあるか。恨《うら》むべきはわが身《み》であるのに、冥官《みょうかん》を恨《うら》むとは愚痴《ぐち》の至極《しごく》である。しかし、いささか仏法《ぶっぽう》に結縁《けちえん》があるので、地獄《ぢごく》にも堕《お》ちず、これまで来《き》たのである。この罪人《ざいにん》を次《つぎ》の王《おう》に渡《わた》せ」と言《い》われて、次《つぎ》の大王《だいおう》の所《ところ》へ送《おく》られるのであります。

五、五七日《にち》　閻魔王《えんまおう》　閻魔王《えんまおう》の本地《ほんち》は地蔵菩薩《ぢぞうぼさつ》であります。

この王《おう》のおわす所《ところ》は、縦横《たてよこ》六十由旬《ゆじゅん》の広《ひろ》さであり、その城《しろ》は七重《じゅう》で、四面《めん》は鉄《てつ》の牆《まがき》に囲《かこ》まれております。四方《ほう》に鉄《てつ》の門《もん》があり、その門《もん》の左右《さゆう》には壇荼幢《だんだどう》があり、幢《どう》の上《うえ》には同人頭《どうにんづ》があり、亡人《もうじん》の善悪《ぜんあく》をことごとく記《しる》して、大王《だいおう》に申《もう》し上《あ》げます。次《つぎ》に光明院《こうみょういん》と名《な》づける別院《べついん》があります。院内《いんない》には九面《めん》の鏡《かがみ》があり、それが八方《ぽう》に各々《おのおの》一つあり、中台《ちゅうたい》の鏡《かがみ》は浄頗梨《じょうはり》の鏡《かがみ》と言《い》います。大王《だいおう》のお顔《かお》は猛悪忿怒《もうあくふんぬ》の相《そう》におわしまして、罪人《ざいにん》が大王《だいおう》を拝《はい》し奉《たてまつ》ると、肝魂《きもたま》も失《う》せる程《ほど》であります。

大王《だいおう》は、百千の雷《かみなり》が一時《とき》に鳴《な》るような大声《おおごえ》で「お前《まえ》がここに来《く》ることは、昔《むかし》からずっと幾《いく》千万《まん》か、その数《かず》を知《し》らないが、『娑婆世界《しゃばせかい》で仏道修行《ぶつどうしゅぎょう》をして再《ふたた》びここに来《く》るな』とたびたび言《い》いふくめたのに、また来《く》るとは何《なに》ごとか」と責《せ》められます。罪人《ざいにん》は一言《こと》もなく涙《なみだ》にむせぶばかりです。大王《だいおう》は重《かさ》ねて、倶生神《くしょうじん》が鉄札《てっさつ》に記《しる》された罪業《ざいごう》を読《よ》み上《あ》げて、地獄《ちごく》に堕《お》とすべき者《もの》とお定《さだ》めになります。

罪人《ざいにん》は、もしも逃《のが》れることもあろうかと思《おも》って、泣《な》く泣《な》く「ただ今《いま》読《よ》まれた罪状《ざいじょう》のうち少々《しょうしょう》はいたしましたが、多《おお》くは覚《おぼ》えていません。倶生神《くしょうじん》のお筆《ふで》の誤《あやま》りではありませんか。だから少々《しょうしょう》の罪《つみ》はご慈悲《じひ》でお許《ゆる》し下《くだ》さい」と申《もう》し上《あ》げますが、大王《だいおう》はたちまち顔色《かおいろ》をかえてお怒《いか》りになり「お前《まえ》は娑婆《しゃば》にいた時《とき》は、さような妄語《もうご》・悪口《あっこう》を心《こころ》のままに口《くち》にすることができたが、その癖《くせ》がなおも無《な》くならず、すでにあらわれている罪《つみ》をとやかく言《い》うとは、いよいよ重苦《じゅうく》のもとを作《つく》ろう。それでは浄頗梨《じょうはり》の鏡《かがみ》でお前《まえ》の言《い》い分《ぶん》を止《と》めてやろう」とおおせられます。

鬼共《おにども》は命令《めいれい》を受《う》けて、罪人《ざいにん》を光明院《こうみょういん》の九面《めん》の鏡《かがみ》の中《なか》に入《い》れると、一つ一つ鏡《かがみ》の面《おもて》に一生《しょう》の間《あいだ》に犯《おか》した業《ごう》が、自分《じぶん》の外《ほか》はだれも知《し》らなかった悪業《あくごう》まで、残《のこ》らず浮《う》かび写《うつ》ります。倶生神《くしょうじん》はお怒《いか》りになり、多《おお》くの獄卒共《ごくそつども》は罪人《ざいにん》の顔《かお》を引上《ひきあ》げて鏡《かがみ》につきつけ「それ見《み》よ」と、責《せ》めるばかりでなく棒《ぼう》をもって打《う》ち叩《たた》くので、罪人《ざいにん》は微塵《みじん》に打《う》ち砕《くだ》かれ、それを活《かつ》々と言《い》って撫《な》でさすられて、また生《い》き返《かえ》り、かさなる苦《くる》しみを受《う》けます。罪人《ざいにん》は「こうと知《し》れば罪《つみ》を作《つく》るのでなかった」と悔《くや》みますが、とても及《およ》びません。ただ心《こころ》に願《ねが》うのは、娑婆《しゃば》の妻子《さいし》・眷属《けんぞく》が菩提《ぼだい》を弔《とむら》うようにということばかりであります。

父母《ふぼ》は申《もう》すに及《およ》ばず、朋友《ほうゆう》・所従《しょじゅう》など、生《い》きているうちは親《した》しみむつんでいる者《もの》も、死《し》んでしまうと思《おも》い出《だ》しもせず、弔《とむら》うことなどさらにないのは、人《ひと》の道《みち》とは言《い》えません。

亡者《もうじゃ》を弔《とむら》うのは自分《じぶん》の身《み》のためであることを忘《わす》れてはなりません。ことに閻魔大王《えんまだいおう》のみ前《まえ》で大苦《だいく》を受《う》けます。三十五日《にち》の追善《ついぜん》は特《とく》に肝心《かんじん》です。この砌《みぎり》に善根《ぜんこん》をなせば、ことごとく浄頗梨《じょうはり》の鏡《かがみ》の面《おもて》に写《うつ》るので、大王《だいおう》を初《はじ》めもろもろの冥官《めいかん》も随喜《ずいき》されます。また、罪人《ざいにん》も供養《くよう》を受《う》けて限《かぎ》りない喜《よろこ》びを得《え》ます。このように作善《さぜん》の多少《たしょう》、功徳《くどく》の浅深《せんじん》を分別《ぶんべつ》し、あるいは成仏《じょうぶつ》し、あるいは人界《にんかい》に、あるいは天上《てんじょう》に送《おく》られ、あるいは次《つぎ》の王《おう》へ送《おく》られるのです。

六、六七日《にち》　変成王《へんじょうおう》

変成王《へんじょうおう》の本地《ほんち》は弥勒菩薩《みろくぼさつ》であります。

この王《おう》に参《まい》る道《みち》に、鉄丸所《てつがんしょ》と名《な》づける一つの難所《なんしょ》があります。八百里《り》もあるこの河原《かわら》は、大《おお》きく丸《まる》い石《いし》が充満《じゅうまん》しており、その石《いし》はたがいに転《ころ》げまわり、その打《う》ち合《あ》う音《おと》は雷《かみなり》のようであり、石《いし》ごとに光《ひかり》を出《いだ》すのは、稲妻《いなずま》のようであります。

罪人《ざいにん》がこれを恐《おそ》れていると、獄卒《ごくそつ》が後《あと》から追《お》いたて、走《はし》り入《い》ると、この石《いし》に当《あた》って五体《たい》が砕《くだ》かれます。そして、死《し》んだと思《おも》えば生《い》き返《かえ》り、生《い》き返《かえ》ればまた砕《くだ》かれ、七日七夜《かや》を経《え》て変成王《へんじょうおう》のみ前《まえ》に参《さん》じます。

そのとき罪人《ざいにん》はなおこりもせず「これまでの大苦悩《だいくのう》によって、どんな罪業《ざいごう》のつぐないもしつくしたでありましょう。けれども今《いま》は、それは争《あらそ》い申《もう》しません。ひとえにお許《ゆる》し願《ねが》い、今《いま》一度娑婆《どしゃば》にお帰《かえ》し下《くだ》されば、十分《ぶん》に善根功徳《ぜんこんくどく》を積《つ》む覚悟《かくご》です。もしそうしないときは、いかようにも罪科《ざいか》にあずかります。ただ今《いま》だけはお助《たす》け下《くだ》さい」と申《もう》します。

大王《だいおう》は「これから後《のち》の功徳《くどく》を作《つく》ることは、それはそのときの沙汰《さた》になることであり、今《いま》は過去《かこ》の善悪《ぜんあく》を考《かんが》えていることであるから、犯《おか》した罪業《ざいごう》は逃《のが》れることができない。お前《まえ》の罪業《ざいごう》はまだつきていないのだ」と言《い》われて、獄卒《ごくそつ》を召《め》して「この罪人《ざいにん》に罪《つみ》の有無《うむ》を見《み》せよ。あの隻木《そうぼく》の本《もと》の三つの道《みち》を心《こころ》に任《まか》せて行《い》かせてみよ。お前《まえ》が善人《ぜんにん》なら、悪道《あくどう》には決《け》して行《い》かないはずである」と言《い》われます。

「どれが善道《ぜんどう》だろう」と思《おも》いわずらっている罪人《ざいにん》は、獄卒《ごくそつ》に早《はや》く早《はや》くと責《せ》められ、足《あし》に任《まか》せて行《い》くと、罪業《ざいごう》の悲《かな》しさに、悪道《あくどう》に走《はし》り入《い》って前身《ぜんしん》に煮《に》え湯《ゆ》をあびてしまうのです。大王《だいおう》は「お前《まえ》が善人《ぜんにん》ならこの道《みち》を行《い》くはずがない。冥衆《みょうしゅう》を軽《かろ》んじて罪《つみ》がないと偽《いつわ》り言《い》うのは、何《なん》ということであるか」と怒《おこ》られ、罪人《ざいにん》は身《み》を縮《ちぢ》めて恐《おそ》れいるばかりです。そのとき、孝子《こうし》の追善供養《ついぜんくよう》がたちまちにあらわれたので大王《だいおう》はこれをご覧《らん》になり「この罪人《ざいにん》には娑婆《しゃば》から追善《ついぜん》が来《き》たぞ。早々《そうそう》に許《ゆる》すべきである」と指図《さしず》され、生処《しょうしょ》を善処《ぜんしょ》に定《さだ》められます。

亡者《もうじゃ》は余《あま》りの嬉《うれ》しさに、これを子供《こども》に知《し》らせたいと涙《なみだ》にむせびます。子供《こども》が悪事《あくじ》をなすときは、親《おや》の苦《く》はいっそうまして、地獄《ぢごく》につかわされます。孝養《こうよう》には、善根《ぜんこん》を修《しゅう》することによって、父母《ふぼ》の得脱《とくだつ》を祈《いの》るのがいちばん良《よ》いのです。

ここで生処《しょうしょ》の定《さだ》まらない者《もの》は、次《つぎ》の王《おう》の所《ところ》につかわされます。

七、七七日《にち》　泰山王《たいせんおう》

泰山王《たいせんおう》の本地《ほんち》は薬師如来《やくしにょらい》であります。

この王《おう》に参《まい》る道《みち》にある悪処《あくしょ》を、闇鉄所《あんてつしょ》と言《い》います。その遠《とお》いことは五百里《り》、暗《くら》いことは譬《たと》えようもありません。道《みち》は細《ほそ》く、左右《さゆう》の壁《かべ》がみな鉄《てつ》の巌《いわお》になっていて、罪人《ざいにん》が身《み》を細《ほそ》めて通《とお》ると、巌《いわお》のかどは剣《つるぎ》のようで、少《すこ》しでもさわると肉《にく》を切《き》られ、進《すす》もうとすると巌《いわお》が閉《と》じ、立《た》ち止《ど》まろうとすると、巌《いわお》はまた開《ひら》きます。

このような苦《くる》しみを七日《か》七夜《や》うけて、泰山王《たいせんおう》のみ前《まえ》に参《まい》ります。王《おう》は「人間《にんげん》として生《せい》を受《う》けることはまれにしかできず、その上得《うええ》がたい仏法《ぶっぽう》の、しかも即身成仏《そくしんじょうぶつ》を説《と》かれた法華経《ほけきょう》に値《あ》うを得《え》たのに、お前《まえ》はどれ程《ほど》説法《せっぽう》を聴聞《ちょうもん》したか」と問《と》われ、罪人《ざいにん》は「ひまがなく、また見苦《みぐる》しいと思《おも》い、一度《ど》も聴聞《ちょうもん》しませんでした」と答《こた》えます。

大王《だいおう》は「見苦《みぐる》しいと言《い》って説法《せっぽう》の聴聞《ちょうもん》もせず、ここに参《まい》って諸方《しょほう》の群集《ぐんしゅう》の前《まえ》で獄卒《ごくそつ》に打《う》たれて泣《な》くとは、これに過《す》ぎる恥《はじ》が他《ほか》にあろうか」と言《い》われ、罪人《ざいにん》は恥《は》ずかしさに涙《なみだ》を流《なが》すばかりです。

この王《おう》のみ前《まえ》で一切《さい》の罪人《ざいにん》の生処《しょうしょ》が定《さだ》められることになっています。

王《おう》のみ前《まえ》に、地獄《ちごく》・餓鬼《がき》・畜生《ちくしょう》・修羅《しゅら》・人間《にんげん》・天上《てんじょう》の六道《どう》におもむく六つの鳥居《とりい》があります。これが断罪《だんざい》の庭《にわ》で、一切の罪人《ざいにん》の浮《う》かぶ境《さかい》です。そのとき、もしその者《もの》の追善《ついぜん》がねんごろであれば、悪処《あくしょ》の果《か》は転《てん》じて善処《ぜんしょ》に生《せい》を受《う》けることができますので、四十九日《にち》の弔《とむら》いは、ねんごろに営《いとな》むべきものであります。

ここでなお生処《しょうしょ》の定《さだ》まらない者《もの》は、次《つぎ》の王《おう》へ送《おく》られるのです。

八、百箇日《かにち》　平等王《びょうどうおう》

平等王《びょうどうおう》の本地《ほんち》は観世音菩薩《かんぜおんぼさつ》であります。

この王《おう》へ参《まい》る道《みち》に一つの河原《かわら》があり、鉄氷山《てつぴょうせん》と言《い》います。河原《かわら》の広《ひろ》さは五百里《り》で、通常《じょう》の氷《こおり》ではなく、ことごとく厚《あつ》い鉄《てつ》の氷《こおり》です。渡《わた》ろうとすると、その冷《つめ》たいことは五体《たい》がしめつけられるようであり、氷《こおり》にふれないうちに肉《にく》が赤切《あかぎ》れて、血《ち》が流《なが》れ出《だ》し、寒《さむ》い嵐《あらし》が氷《こおり》を吹《ふ》き砕《くだ》く音《おと》は、雷《かみなり》のようであります。獄卒《ごくそつ》に追《お》われて、罪人《ざいにん》が氷《こおり》の中《なか》に入《はい》ると氷《こおり》が破《やぶ》れ、入《はい》り終《お》わるとその口《くち》が塞《ふさ》がってしまいます。

この苦難《くなん》をへて平等王《びょうどうおう》のみ前《まえ》に参《まい》りますと、大王《だいおう》が「お前《まえ》がここに来《く》るのは、だれが導《みちび》いたものでもない。お前《まえ》の心《こころ》によって来《き》たのだ。今言《いまい》っても甲斐《かい》のないことだが、どうして仏道《ぶつどう》を成《じょう》じなかったのであろうか。お前《まえ》も愚《おろ》かな者《もの》であるなあ」と言《い》われるのを聞《き》いて、罪人《ざいにん》は後悔《こうかい》の涙《なみだ》を流《なが》すのみです。今頼《いまたの》むのは娑婆《しゃば》の追善《ついぜん》だけであります。

多《おお》くの親《おや》というものは、わが子《こ》を思《おも》うあまり、地獄《ぢごく》の責苦《せめく》を受《う》けることがあるのであります。よくよく考《かんが》えて弔《とむら》うべきものは、二親《しん》の後生菩提《ごしょうぼだい》です。

この王《おう》のみ前《まえ》で生処《しょうしょ》が定《さだ》まらなかったならば、次《つぎ》の王《おう》へと渡《わた》されます。

九、一周忌《しゅうき》　都弔王《とちょうおう》　都弔王《とちょうおう》の本地《ほんち》は大勢至菩薩《だいせいしぼさつ》であります。

罪人《ざいにん》は王《おう》のみ前《まえ》で涙《なみだ》を流《なが》して「道《みち》すがらの苦《くる》しみは、耐《た》え忍《しの》びがたく覚《おぼ》えました。もう今《いま》は、身《み》の罪業《ざいごう》はなくなったでありましょう。もし残《のこ》りがあっても、お慈悲《じひ》をもってお措《お》き願《ねが》います」と歎《なげ》き申《もう》します。大王《だいおう》は「罪業《ざいごう》の尽《つ》きているかどうかを明《あき》らかに知《し》ることができる箱《はこ》があるから、それを開《あ》けてみよ」と言《い》って、獄卒《ごくそつ》に命《めい》じてたくさん取《と》り出《だ》し、罪人《ざいにん》の前《まえ》に並《なら》べ置《お》かせました。罪人《ざいにん》が泣《な》く泣《な》く一つの箱《はこ》を開《あ》ければ、中《なか》から猛火《もうか》が燃《も》えあがり、罪人《ざいにん》の身《み》を焼《や》きます。鬼《おに》どもは、「それ見《み》ろ」というより早《はや》く鉄棒《てつぼう》で打《う》ち叩《たた》きます。

このとき王《おう》は「先々《さきざき》の王《おう》の処《ところ》でも地獄《ぢごく》に堕《お》とされるところを、娑婆《しゃば》から追善《ついぜん》があるのでこれまで来《き》たのである。お前《まえ》は自分《じぶん》の身《み》を思《おも》わぬ不当《ふとう》の者《もの》であるけれども、妻子《さいし》は孝《こう》養《よう》の善人《ぜんにん》であるので、この一周忌《しゅうき》の営《いとな》みによって、第《だい》三年《ねん》の王《おう》へ送《おく》られるのである。第《だい》三年《ねん》の旅《たび》に赴《おもむ》く道《みち》の間《あいだ》の苦《くる》しみも忍《しの》びがたいと思《おも》うが、それも諸天《しょてん》の加護《かご》を願《ねが》って、即身成仏《そくしんじょうぶつ》するように、自身《じしん》も信心《しんじん》をし、娑婆《しゃば》にいる者《もの》も、亡者《もうじゃ》を回向《えこう》するのが良《よ》い」と言《い》われます。

十、第三年《だいさんねん》　五道輪転王《ごどうりんてんおう》

五道輪転王《ごどうりんてんおう》の本地《ほんち》は釈迦如来《しゃかにょらい》であります。

罪人《ざいにん》は「今《いま》までの王《おう》のみ前《まえ》には、召人《めしゅうど》が多《おお》く見《み》られましたが、誠《まこと》にうらやましく思《おも》いました。道《みち》すがらの苦《くる》しみは、量《はか》りがたいものがあります」と申《もう》し上《あ》げます。大王《だいおう》は「召人《めしゅうど》になる者《もの》は、むりに悪《わる》いことを行《おこ》なったわけではなく、彼《かれ》らはみなその王《おう》の預《あずか》るべき結縁《けちえん》のある者《もの》であるが、お前《まえ》にはさような縁《えん》がないから、召人《めしゅうど》の義《ぎ》は叶《かな》えられない。しかし、娑婆《しゃば》の追善《ついぜん》があれば善処《ぜんしょ》に遣《つか》わしてやろう。もしまた弔《とむら》うことも無《な》かったならば、渡《わた》すべき処《ところ》もない地獄《ぢごく》へつかわしてしまおう。不便《ふびん》であるがこれも自業自得《じごうじとく》の理《ことわり》である。私《わたし》の力《ちから》も及《およ》ばない。およそ今《いま》までの苦《くる》しみは、地獄《ぢごく》の苦《く》に比《くら》べれば大海《たいかい》の一滴《てき》である。お前《まえ》も、その地獄《ぢごく》の苦《くる》しみを受《う》けなければならない時《とき》は、どうするか。地獄《ぢごく》のありさまを、あらまし語《かた》って聞《き》かせよう」

こう言《い》われて地獄《ぢごく》について説明《せつめい》されるのであります。

「地獄《ぢごく》は八大地獄《だいぢごく》と言《い》って、八つの地獄《ぢごく》がある。一に等活《とうかつ》、二に黒縄《こくじょう》、三に衆合《しゅうごう》、四に叫喚《きょうかん》、五に大叫喚《だいきょうかん》、六に焦熱《しょうねつ》、七に大焦熱《だいしょうねつ》、八に無間地獄《むけんぢごく》というものである。この地獄《ぢごく》に、各々《おのおの》十六の別所《べっしょ》があり、あわせて一百三十六の地獄《ぢごく》がある。この一つの地獄《ぢごく》に堕《お》ちたならば、一百三十六の地獄《ぢごく》を、ことごとく経歴《きょうりゃく》しなければならない。お前《まえ》はその時《とき》の苦患《くげん》をどのように考《かんが》えるか」と語《かた》り賜《たま》うと、罪人《ざいにん》は限《かぎ》りなく、おじ怖《おそ》れています。

大王《だいおう》はつづけて「等活地獄《とうかつぢごく》・無間地獄《むけんぢごく》・阿鼻地獄等《あびぢごくとう》の地獄《ぢごく》の名《な》を聞《き》いてさえ、このようにおじ怖《おそ》れるが、八大地獄《だいぢごく》の相《そう》は、譬《たと》えに譬《たと》えつくすものではない。もし人《ひと》あって、八大地獄《だいぢごく》の苦《くる》しみを説《と》いているのを聞《き》くならば、血《ち》をはいて死《し》んでしまうと言《い》われている。地獄《ぢごく》の火《ひ》の燃《も》えるいきおいは、かわいたまきを焼《や》くようなものである。これは、火《ひ》が焼《や》くのではない。悪業《あくごう》が焼《や》くのである。火《ひ》が燃《も》えるのは消《け》すことができようけれども、悪業《あくごう》が燃《も》えるのは消《け》すすべもない。このような重苦《じゅうく》を受《う》けることは、ただお前《まえ》の心《こころ》一つより起《お》こったものである。頼《たの》まんとしても頼《たの》み少《すく》ないのは、妻子《さいし》の善根《ぜんこん》である。その上《うえ》、没後《ぼつご》の追善《ついぜん》は、七分《ぶん》の一も受《う》けることができない。たとえ待《ま》っていても、浮《う》かばれるほどの追善《ついぜん》はしないものだ。存命中《ぞんめいちゅう》に悔《く》いることをしないで、今《いま》に到《いた》って後悔《こうかい》しても、どうすることもできないのである」と言《い》われて、地獄《ぢごく》へつかわされてしまいます。
もし追善《ついぜん》がなされたならば、成仏《じょうぶつ》して、あるいは人間界《にんげんかい》・天上界《てんじょうかい》にもつかわされるものなのに、地獄《ぢごく》へつかわされてしまうのですから、亡者《もうじゃ》に追善《ついぜん》をなすことは、本当《ほんとう》に肝《かん》要《よう》なのであります。それにより、亡者《もうじゃ》が喜《よろこ》ぶばかりでなく、わが身《み》の善根《ぜんこん》も限《かぎ》りなく作《つく》られ、諸仏《しょぶつ》の讃歎《さんたん》を受《う》け、諸仏《しょぶつ》の教《おし》えを聞《き》き、無上《むじょう》の悟《さと》りを得《え》て、今生《こんじょう》より成仏《じょうぶつ》の証《あかし》を得《え》るものになるのであります。

（註）「後悔先《こうかいさき》に立《た》たず」と申《もう》します。未来《みらい》の恐《おそ》るべき悪果《あっか》を、現在《げんざい》によくよく思《おも》いて善行《ぜんぎょう》に進《すす》み、父母《ふぼ》・先祖《せんぞ》の追善《ついぜん》のためにも、法華経《ほけきょう》の修行《しゅぎょう》を励《はげ》みましょう。

教育まんが　十王の話・解説　一～八頁

成仏の事

〝今《いま》の世《よ》に仏《ほとけ》成《な》る可《べ》き道《みち》知《し》るは
万劫《ばんこう》までの宝《たから》なりける〟

御開山上人御詠

◆経典

◇若《も》しは曠野《こうや》の中《なか》に於《おい》て、土《つち》を積《つ》んで佛廟《ぶつみょう》を成《な》し、乃至童子《ないしどうじ》の戯《たわむれ》に、沙《すな》を聚《あつ》めて佛塔《ぶっとう》と爲《せ》る。是《かく》の如《ごと》き諸人等《しょにんら》、皆已《みなすで》に佛道《ぶつどう》を成《じょう》じき。

妙法蓮華經・方便品　七五頁

◇若《も》し人散亂《ひとさんらん》の心《こころ》に、塔廟《とうみょう》の中《なか》に入《い》って、一《ひと》たび南無佛《なむぶつ》と稱《しょう》せし。皆已《みなすで》に佛道《ぶつどう》を成《じょう》じき。諸《もろもろ》の過去《かこ》の佛《ほとけ》の、現在或《げんざいあるい》は滅後《めつご》に於《おい》て、若《も》し是《こ》の法《ほう》を聞《き》くこと有《あ》りし。皆已《みなすで》に佛道《ぶつどう》を成《じょう》じき。未來《みらい》の諸《もろもろ》の世尊《せそん》、其《そ》の數量《かずはかり》あることなけん。是《こ》の諸《もろもろ》の如來等《にょらいとう》も、亦方便《またほうべん》して法《ほう》を説《と》きたまわん。一切《さい》の諸《もろもろ》の如來《にょらい》、無量《むりょう》の方便《ほうべん》を以《もっ》て、諸《もろもろ》の衆生《しゅじょう》を度脱《どだつ》して、佛《ほとけ》の無漏智《むろち》に入《い》れたまわん。若《も》し法《ほう》を聞《き》くことあらん者《もの》は、一《ひと》りとして成佛《じょうぶつ》せずということなけん。

妙法蓮華經・方便品　七六～七七頁

◇我過去《われかこ》の劫《こう》を念《おも》うに、大法《だいほう》を求《もと》むるをもっての故《ゆえ》に、世《よ》の國王《こくおう》と作《な》れりと雖《いえど》も、五欲《よく》の樂《らく》を貪《むさぼ》らざりき。鐘《かね》を椎《つ》いて四方《ほう》に告《つ》ぐ。誰《たれ》か大法《だいほう》を有《たも》てる者《もの》なる、若《も》し我《わ》が爲《ため》に解《げ》說《せつ》せば、身《み》當《まさ》に奴僕《ぬぼく》と爲《な》るべし。時《とき》に阿私仙《あしせん》あり、來《きた》って大王《だいおう》に白《もう》さく。我微妙《われみみょう》の法《ほう》を有《たも》てり、世間《せけん》に希有《けう》なる所《ところ》なり。若《も》し能《よ》く修行《しゅぎょう》せば、我當《われまさ》に汝《なんじ》が爲《ため》に說《と》くべし。時《とき》に王《おう》仙《せん》の言《ことば》を聞《き》いて、心《こころ》に大喜悅《だいきえつ》を生《しょう》じ、卽便仙人《すなわちせんにん》に隨《したが》って、所須《しょしゅ》を供給《くきゅう》し、薪及《たきぎおよ》び果蓏《このみくさのみ》を採《と》って、時《とき》に隨《したが》って恭敬《くぎょう》して與《あた》えき。情《こころ》に妙法《みょうほう》を存《ぞん》ぜるが故《ゆえ》に、身心懈倦《しんじんけげん》なかりき。

妙法蓮華經・提婆達多品　二二七頁

◇佛諸《ほとけもろもろ》の比丘《びく》に告《つ》げたまわく、爾《そ》の時《とき》の王《おう》とは則《すなわ》ち我《わ》が身是《みこ》れなり。時《とき》の仙人《せんにん》とは今《いま》の提婆達多是《だいばだったこ》れなり。提婆達多《だいばだった》が善知識《ぜんちしき》に由《よ》るが故《ゆえ》に、我《われ》をして六波羅蜜《はらみつ》・慈悲喜捨《じひきしゃ》・△三十二相《そう》・△八十種好《しゅごう》・△紫磨金色《しまこんじき》・△十力《りき》・△四無所畏《むしょい》・△四攝法《しょうぼう》・△十八不共《ふぐ》・△神通道力《じんづうどうりき》を具足《ぐそく》せしめたり。等正覺《とうしょうがく》を成《じょう》じて廣《ひろ》く衆生《しゅじょう》を度《ど》すること、皆提婆達多《みなだいばだった》が善知識《ぜんちしき》に因《よ》るが故《ゆえ》なり。諸《もろもろ》の四衆《しゅ》に告《つ》げたまわく。提婆達多《だいばだった》却《さ》って後無量劫《のちむりょうこう》を過《す》ぎて、當《まさ》に成佛《じょうぶつ》することを得《う》べし。號《な》を天王如來《てんのうにょらい》・應供《おうぐ》・正徧知《しょうへんち》・明行足《みょうぎょうそく》・善逝《ぜんぜい》・世間解《せけんげ》・無上士《むじょうじ》・調御丈夫《じょうごじょうぶ》・天人師《てんにんし》・佛《ぶつ》・世尊《せそん》といわん。世界《せかい》を天道《てんどう》と名《なづ》けん。時《とき》に天王佛《てんのうぶつ》、世《よ》に住《じゅう》すること二十中《ちゅう》劫《こう》、廣《ひろ》く衆生《しゅじょう》の爲《ため》に妙法《みょうほう》を說《と》かん。恒河沙《ごうがしゃ》の衆生《しゅじょう》阿羅漢果《あらかんが》を得《え》、無量《むりょう》の衆生縁覺《しゅじょうえんがく》の心《こころ》を發《おこ》し、恒河沙《ごうがしゃ》の衆生無上道《しゅじょうむじょうどう》の心《こころ》を發《おこ》し無生忍《むしょうにん》を得《え》、不退轉《ふたいてん》に住《じゅう》せん。

妙法蓮華經・提婆達多品　一二二八頁

◇女身《にょしん》は垢穢《くえ》にして是《こ》れ法器《ほうき》に非《あら》ず。云何《いか》んぞ能《よ》く無上菩提《むじょうぼだい》を得《え》ん。佛道《ぶつどう》は懸曠《はるか》なり。無量劫《むりょうこう》を經《へ》て勤苦《ごんく》して行《ぎょう》を積《つ》み、具《つぶ》さに諸度《しょど》を修《しゅ》し、然《しこう》して後《のち》に乃《すなわ》ち成《じょう》ず。又女人《またにょにん》の身《み》には猶《な》お五障《しょう》あり、一には梵天王《ぼんでんのう》となることを得《え》ず、二には帝釋《たいしゃく》、三には魔王《まおう》、四には轉輪聖王《てんりんじょうおう》、五には佛身《ぶっしん》なり。云何《いかん》ぞ女身速《にょしんすみや》かに成佛《じょうぶつ》することを得《え》ん。爾《そ》の時《とき》に龍女《りゅうにょ》一つの寶珠《ほうじゅ》あり、價直《けぢき》三千大《だい》千世界《せかい》なり。持《も》って以《もっ》て佛《ほとけ》に上《たてまつ》る。佛即《ほとけすなわ》ち之《これ》を受《う》けたもう。龍女《りゅうにょ》、智積菩薩《ちしゃくぼさつ》・尊者舎利弗《そんじゃしゃりほつ》に謂《い》って言《い》わく、我寶珠《われほうじゅ》を獻《たてまつ》る。世尊《せそん》の納受《のうじゅ》是《こ》の事疾《じと》しや不《いな》や。答《こた》えて言《い》わく、甚《はなは》だ疾《と》し。女《にょ》の言《い》わく、汝《なんじ》が神力《じんりき》を以《もっ》て我《わ》が成佛《じょうぶつ》を觀《み》よ。復此《またこ》

れよりも速《すみや》かならん。

妙法蓮華經・提婆達多品　二三三頁

◇億億萬劫《おくおくまんごう》より、不可議《ふかぎ》に至《いた》って、諸佛世尊《しょぶつせそん》、時《とき》に是《こ》の經《きょう》を説《と》きたもう。是《こ》の故《ゆえ》に行者《ぎょうじゃ》、佛《ほとけ》の滅後《めつご》に於《おい》て、是《かく》の如《ごと》き經《きょう》を聞《き》いて、疑惑《ぎわく》を生《しょう》ずることなかれ。應當《まさ》に一心《しん》に、廣《ひろ》く此《こ》の經《きょう》を説《と》くべし。世世《せせ》に佛《ほとけ》に値《あ》いたてまつりて、疾《と》く佛道《ぶつどう》を成《じょう》ぜん。

妙法蓮華經・常不輕菩薩品　三二四〜三二五頁

◆遺　文

◇法華經《ほけきょう》に過《す》ぎたる佛《ほとけ》になる大道《だいどう》は無《な》かるべきなり。

本尊問答鈔　一七三一頁

◇受《う》くるは易《やす》く持《たも》つは難《かた》し、さる間成佛《あいだじょうぶつ》は持《たも》つにあり。

四條金吾殿御返事　一一〇三頁

◇海《うみ》に非《あら》ざれば海藻《わかめ》なし。山《やま》に非《あら》ざれば茸《くさびら》なし。法華經《ほけきょう》に非《あら》ざれば佛《ほとけ》になる道《みち》なかりけるか。

四條金吾御書　一六三五頁

◇法華經《ほけきょう》を信《しん》ずる人《ひと》は冬《ふゆ》の如《ごと》し、冬《ふゆ》は必《かなら》ず春《はる》となる。未《いま》だ昔《むかし》より聞《き》かず見《み》ず、冬《ふゆ》の秋《あき》と返《かえ》れる事《こと》を。未《いま》だ聞《き》かず、法華經《ほけきょう》を信《しん》ずる人《ひと》の凡夫《ぼんぶ》となる事《こと》を。經文《きょうもん》には『若《も》し法《ほう》を聞《き》くことあらん者《もの》は、一として成佛《じょうぶつ》せずということなけん』と説《と》かれて候《そうろう》。

妙一尼御前御消息　一一八八頁

◇此《こ》の經《きょう》の信心《しんじん》と申《もう》すは、少《すこ》しも私《わたくし》なく經文《きょうもん》の如《ごと》くに人《ひと》の言《ことば》を用《もち》いず、法華《ほっけ》一部《ぶ》に背《そむ》く事《こと》なければ佛《ほとけ》に成《な》り候《そうろう》ぞ。佛《ほとけ》に成《な》り候事《そうろうこと》は、別《べつ》の様《よう》は候《そうら》わず、南無妙法蓮華經《なむみょうほうれんげきょう》と他事《たじ》なく唱《とな》え申《もう》して候《そうら》えば、天然《てんねん》として三十二相八十種好《そうしゅごう》を備《そな》うるなり。如我等無異《にょがとうむい》と申《もう》して、釋尊《しゃくそん》ほどの佛《ほとけ》に、やすやすと成《な》り候《そうろう》なり。

新池御書　二〇一七頁

◇衆流《しゅうる》集《あつま》りて大海《だいかい》となる、微塵《みじん》積《つも》りて須彌山《しゅみせん》となれり。日蓮《にちれん》が法華經《ほけきょう》を信《しん》じ始《はじ》めしは、日本國《にほんこく》には一滴《たい》一微塵《みじん》の如《ごと》し。法華經《ほけきょう》を二人《にん》・三人《にん》・十人《にん》・百千萬億人唱《まんのくにんとな》え傳《つた》うる程《ほど》ならば、妙覺《みょうかく》の須彌山《しゅみせん》ともなり、大涅槃《だいねはん》の大海《だいかい》ともなるべし。佛《ほとけ》になる道《みち》は此《これ》より外《ほか》に又《また》求《もと》むる事《こと》なかれ。

撰時鈔・下　一二三六頁

◇法華經《ほけきょう》は佛説《ぶっせつ》なり佛智《ぶっち》なり佛意《ぶっい》なり。一字《じ》一點《てん》も深《ふか》く信《しん》ずれば我《わ》が身《み》卽《すなわ》ち佛《ほとけ》となる。譬《たと》えば白紙《はくし》を墨《すみ》に染《そ》むれば黑《くろ》くなり、黑漆《うるし》に白《しろ》き物《もの》を入《い》るれば白《しろ》くなるが如《ごと》し。毒藥變《どくやくへん》じて藥《くすり》となり、衆生變《しゅじょうへん》じて佛《ほとけ》となる、故《ゆえ》に妙法《みょうほう》と申《もう》す。　新池殿御消息　一七六六頁

◇末代《まつだい》の凡夫《ぼんぶ》此《こ》の法門《ほうもん》を聞《き》かば、唯我《ただわ》れ一人《にん》のみ成佛《じょうぶつ》するに非《あら》ず、父母《ふぼ》も亦卽身成佛《またそくしんじょうぶつ》せん。これ第《だい》一の孝養《きょうよう》なり。　始聞佛乘義　一六五一頁

◇樂《たの》しくして若干《そくばく》の財《たから》を布施《ふせ》すとも、信心弱《しんじんよわ》くば佛《ほとけ》に成《な》らん事叶《ことかな》い難《がた》し。縱《たと》い貧《ひん》なりとも信心强《しんじんつよ》うして志深《こころざしふか》からんは、佛《ほとけ》に成《な》らん事疑《ことうたが》いあるべからず。されば無勝徳勝《むしょうとくしょう》と云《い》いける者《もの》は土《つち》の餠《もち》を佛《ほとけ》に供養《くよう》し奉《たてまつ》りて、此《こ》の功德《くどく》によりて閻浮提《えんぶだい》の主《しゅ》、阿育大王《△あいくだいおう》と生《うま》れて、終《つい》に八萬《まん》四千の石塔《せきとう》を作《つく》り、國國《くにぐに》に送《おく》り給《たま》い、後《のち》に菩提《ぼだい》の素懷《そかい》を遂《と》げ給《たま》う。されば法華經《ほけきょう》にて、四十餘年《よねん》がほど嫌《きら》われし女人《にょにん》も佛《ほとけ》になり、五逆闡提《ぎゃくせんだい》と云《い》われし提婆《だいば》も佛《ほとけ》になりけり。されば末代濁世《まつだいじょくせ》の謗法闡提《ほうぼうせんだい》五逆《ぎゃく》たる僧《そう》も俗《ぞく》も尼《あま》も女《おんな》も、此《こ》の經《きょう》にて佛《ほとけ》にならん事疑《ことうたが》いなし。されば法華經第《ほけきょうだい》七に云《いわ》く、『我《わ》が滅度《めつど》の後《のち》に於《おい》て、應《まさ》に此《こ》の經《きょう》を受持《じゅぢ》

すべし、是《こ》の人佛道《ひとぶつどう》に於《おい》て、決定《けつぢょう》して疑《うたが》いあることなけん』云云《うんぬん》。此《こ》の文《もん》こそ世《よ》に世《よ》に憑《たの》もしく候《そうら》え。

身延山御書　一二九〇～一二九一頁

◇法華經《ほけきょう》の卽身成佛《そくしんじょうぶつ》の法門《ほうもん》は龍女《△りゅうにょ》を證據《しょうこ》とすべし。

妙一女御返事　一八九二頁

◇内典《ないでん》・外典《げでん》にも嫌《きら》われたる女人《にょにん》の身《み》なれども、此《こ》の經《きょう》を讀《よ》まねども、書《か》かねども、身《み》と口《くち》と意《こころ》とに受《う》け持《たも》ちて、殊《こと》に口《くち》に南無妙法蓮華經《なむみょうほうれんげきょう》と唱《とな》え奉《たてまつ》る女人《にょにん》は、在世《ざいせ》の龍女《りゅうにょ》・憍曇彌《きょうどんみ》・耶輸陀羅女《やしゅたらにょ》の如《ごと》くに、やすやすと佛《ほとけ》になるべしと云《い》う經文《きょうもん》なり。

法華初心成佛鈔　一六二八頁

◇妙法蓮華經《みょうほうれんげきょう》と申《もう》すは蓮《はちす》に譬《たと》えられて候《そうろう》。天上《てんじょう》には摩訶曼陀羅華《まか△まんだらけ》、人間《にんげん》には櫻《さくら》の花《はな》、此等《これら》はめでたき花《はな》なれども、此等《これら》の花《はな》をば法華經《ほけきょう》の譬《たとえ》には佛《ほとけ》取《と》り給《たま》う事《こと》なし。一切《さい》の花《はな》の中《なか》に取分《とりわ》けて、此《こ》の花《はな》を法華經《ほけきょう》に譬《たと》えさせ給《たま》う事《こと》は其《そ》の故《ゆえ》候《そうろう》なり。或《あるい》は前花後果《ぜんけごか》と申《もう》して花《はな》は前《さき》に果《み》は後《のち》なり。或《あるい》は前果後花《ぜんかごけ》と申《もう》して果《み》は前《さき》に花《はな》は後《のち》なり。或《あるい》は一花多果《けたか》、或《あるい》は多花《たけ》一果《か》、或《あるい》は無花有果《むけうか》と種種《しなじな》に候《そうら》えども、蓮華《れんげ》と申《もう》す花《はな》は果《み》と花《はな》と同時《どうじ》なり。一切經《さいきょう》の功徳《くどく》は先《さき》に善根《ぜんごん》を作《な》して後《のち》に佛《ほとけ》とは成《な》ると説《と》く。かかる故《ゆえ》に不定《ふぢょう》なり。法華經《ほけきょう》と申《もう》すは手《て》に取《と》れば其《そ》の手《て》やがて佛《ほとけ》に成《な》り、口《くち》に唱《とな》うれば其《そ》の口則《くちすなわ》ち佛《ほとけ》なり。譬《たと》えば天月《てんげつ》の東《ひがし》の山《やま》の端《は》に出《いづ》れば、其《そ》の時卽《ときすなわ》ち水《みづ》に影《かげ》の浮《うか》ぶるが如《ごと》く、音《おと》と響《ひびき》との同時《どうじ》なるが如《ごと》し。故《ゆえ》に經《きょう》に云《いわ》く、『若《も》し法《ほう》を聞《き》くことあらん者《もの》は、一として成佛《じょうぶつ》せずということなし』云《うん》云《ぬん》。文《もん》の心《こころ》は、此《こ》の經《きょう》を持《たも》つ人《ひと》は百人《にん》は百人《にん》ながら、千人《にん》は千人《にん》ながら一人《にん》もかけず佛《ほとけ》に成《な》ると申《もう》す文《もん》なり。

上野尼御前御返事　一九七七頁

◆安立大法尼

法華経無《ほけきょうな》きは「永不成仏《ようふじょうぶつ》」　目連尊者程《もくれんそんじゃほど》の人格者《じんかくしゃ》も、自分《じぶん》の力《ちから》にて母《はは》の苦《く》を救《すく》うことのできなかったのは、目連尊者《もくれんそんじゃ》が四十余年《よねん》の小乗《しょうじょう》の法《ほう》に依《よ》って、法華経《ほけきょう》に依《よ》られなかったからであります。釈尊《しゃくそん》の説法《せっぽう》と雖《いえど》も、四十余年《よねん》の教法《きょうほう》に依《よ》って法華経《ほけきょう》に依《よ》らざる孝養《こうよう》は孝養《こうよう》に似《に》たれども、父母《ふぼ》の一苦《く》をも救《すく》うことはできないのみならず、自分《じぶん》も父母《ふぼ》もともに三悪道《あくどう》に堕落《だらく》するのであります。四十余年《よねん》の一切経《さいきょう》は方便経《ほうべんきょう》とも申《もう》して、善道《ぜんどう》に導《みちび》くべき手段《しゅだん》として、真実《しんじつ》ではないからであります。

釈尊出世《しゃくそんしゅっせ》の本懐《ほんかい》は法華経《ほけきょう》を説《と》かれんがためにして、四十余年《よねん》の一切経《さいきょう》は法華経《ほけきょう》を説《と》かんがための序言《じょげん》とも言《い》うべく、たとえば建築《けんちく》をする足場《あしば》と同様《どうよう》なることをご承知《しょうち》ください。足場《あしば》では家屋《かおく》の用《よう》はなさないのであります。されば、釈尊《しゃくそん》も法華経《ほけきょう》の御座《みざ》には父母《ふぼ》ましまさざりしかば、亡《な》き父母《ふぼ》のいます方便土《ほうべんど》と申《もう》すところに法華経《ほけきょう》を贈《おく》り給《たも》うたのであります。

釈尊程《しゃくそんほど》の大聖《たいせい》も、父母《ふぼ》に法華経《ほけきょう》を贈《おく》り給《たま》わず、四十余年《よねん》の方便経《ほうべんきょう》のみを以《も》ってして、父母《ふぼ》に永不成仏《ようふじょうぶつ》の嘆《なげ》きを深《ふか》められたならば、孝子《こうし》とは申《もう》されません。釈尊《しゃくそん》も御自《おんみずか》ら「若《も》し小乗《しょうじょう》を以《もっ》て化《け》すること、乃至《ないし》一人《にん》に於《おい》てもせば、我則《われすなわ》ち慳貪《けんどん》に堕《だ》せん」（法華経方便《ほけきょうほうべん》品《ぼん》）と述《の》べておられます。これは、〝四十余年《よねん》の一切経《さいきょう》、即《すなわ》ち華厳《けごん》、阿含《あごん》、方等《ほうどう》、般若《はんにゃ》経《きょう》の教《おし》えを説《と》いて、たとえ一人《ひとり》にでも法華経《ほけきょう》を説《と》くことを惜《お》しんだなれば、我自《われみずか》ら慳貪《けんどん》の罪《つみ》にて地獄《ぢごく》に堕落《だらく》す〟との意《い》です。

始祖・御法話集　八六〜八七頁

◆宗玄大徳

臨終《りんじゅう》の時《とき》、後悔《こうかい》なきように…　この娑婆世界《しゃばせかい》に住《す》める衆生《しゅじょう》は、苦海《くかい》という娑婆世界《しゃばせかい》の諸《もろ》々《もろ》の憂悲苦悩《うひくのう》を逃《のが》れて、彼《か》の岸《きし》という安楽《あんらく》の場所《ばしょ》にたどりつかんとの願望《がんぼう》はあれども、無知《むち》の悲《かな》しさに、その岸《きし》のいずこなるやも知《し》らず、なおさらにこれを見《み》て哀《あわ》れみ給《たま》えるみ仏《ほとけ》は、〝その手《て》に持《も》ちたる『玩具《おもちゃ》』を捨《す》てよ〟と声《こえ》の限《かぎ》り呼《よ》ばわれども聞《き》かずして、ついには海底《かいてい》の藻屑《もくず》となるは実《じつ》に悲《かな》しいことであります。この理《ことわり》をよく悟《さと》りて、この世《よ》の執着《しゅうちゃく》たる玩具《おもちゃ》を手離《てばな》して、彼《か》の岸《きし》に一日《にち》一日《にち》と近《ちか》づくように努力《どりょく》するこそ、まこと人生《じんせい》の真意義《しんいぎ》を得《え》たるのであります。この理《ことわり》を知《し》りながらも実行《じっこう》のできぬというは実《じつ》に愚《おろ》かの極《きわ》みであって、いかに現世幸福《げんぜこうふく》を願《ねが》うとも、後生《ごしょう》の善処《ぜんしょ》を願《ねが》うとも、それは無《む》理《り》な注文《ちゅうもん》にして、日蓮聖人《にちれんしょうにん》が「凡《およ》そ其《そ》の里《さと》ゆかしけれども道絶《みちた》え縁《えん》なきには、通《かよ》う心《こころ》も疎《おろそ》かに、其《そ》の人恋《ひとこい》しけれども憑《たの》めず」（持妙法華問答鈔《じみょうほっけもんどうしょう》）と仰《おお》せられし如《ごと》くであります。また曰《いわ》く「暮《く》れ行《ゆ》く空《そら》の雲《くも》の色《いろ》、有明方《ありあけがた》の月《つき》の光《ひかり》までも、心《こころ》を催《もよお》す思《おも》いなり。事《こと》にふれ折《おり》に付《つ》けても後世《ごせ》を心《こころ》にかけ、花《はな》の春雪《はるゆき》の朝《あした》も是《これ》を思《おも》い、風騒《かぜさわ》ぎ村雲迷《むらくもまよ》う夕《ゆうべ》にも忘《わす》るる隙《ひま》なかれ。出《い》づる息《いき》は入《い》る息《いき》を待《ま》たず、何《いか》なる時節《じせつ》ありてか『毎自作是念《まいじさぜねん》』の悲願《ひがん》を忘《わす》れ、何《いか》なる月日《つきひ》ありてか『無《む》一不成仏《ふじょうぶつ》』の御経《おんきょう》を持《たも》たざらん。昨日《きのう》が今日《きょう》になり、去年《こぞ》の今《こ》年《とし》となる事《こと》も、是《こ》れ期《ご》する処《ところ》の余命《よめい》にはあらざるをや。総《すべ》て過《す》ぎにし方《かた》を数《かぞ》えて、年《とし》の積《つも》るをば知《し》ると雖《いえど》も、今行末《いまゆくすえ》に於《おい》て一日片時《にちかたとき》も誰《だれ》か命《いのち》の数《かず》に入《い》るべき。臨終今《りんじゅういま》に在《あ》りとは知《し》りながら、我慢《がまん》・偏執《へんしゅう》・名聞《みょうもん》・利養《りよう》に著《ちゃく》して、妙法《みょうほう》を唱《とな》え奉《たてまつ》らざらん事《こと》は、志《こころざし》の程無下《ほどむげ》にあえなし」（持妙法華問答鈔《じみょうほっけもんどうしょう》）と申《もう》されし御言《おんこと》の葉《は》、よくよく味《あじ》わうべきであります。

げにはかなき人生《じんせい》を、法《ほう》をも信《しん》ぜず暮《く》らしたならば、何《なん》の甲斐《かい》こそあるべきで、暮《く》れ行《ゆ》く日月《じつげつ》は悔《く》いの基《もとい》となるのであります。今《いま》一年暮《ねんく》れかかりし時《とき》にこそ、わが臨終《りんじゅう》の近《ちか》づきつつあることを悟《さと》りてなおさらに菩提心《ぼだいしん》を増《ま》し、この忍土《にんど》という娑婆世界《しゃばせかい》に生《せい》を受《う》けたるを喜《よろこ》び、三千年《ねん》に一度《ど》も値《あ》い難《がた》き妙法《みょうほう》に会《あ》えたことを喜《よろこ》び、善事《ぜんじ》をなして喜《よろこ》び、人《ひと》を善導《ぜんどう》しては喜《よろこ》びて、堪忍《かんにん》を常《つね》に心《こころ》の守《まも》りとして妙法《みょうほう》を行住坐臥《ぎょうじゅうざが》に唱《とな》えるならば、最《さい》後臨終《ごりんじゅう》のその時《とき》に、諸仏《しょぶつ》・菩薩《ぼさつ》は手《て》を取《と》りて無上寂光《むじょうじゃっこう》の都《みやこ》に導《みちび》き給《たも》うのであります。されば日々《ひび》もまた安穏《あんのん》に、子孫繁栄《しそんはんえい》して、一家《か》は必《かなら》ず栄《さか》えること、疑《うたが》いなきことであります。みなさん最後臨終《さいごりんじゅう》の時《とき》に後悔《こうかい》なきよう、ますます精神修養《せいしんしゅうよう》あらんことをお願《ねが》い申《もう》します。

◆御開山上人　悪人と女人の成仏

村上先生御法話集（一）　一二四～一二六頁

（一）**悪人《あくにん》の成仏《じょうぶつ》**　提婆達多《だいばだった》という者《もの》は一闡提《せんだい》といって、仏《ほとけ》の教《おし》えを信《しん》じない者《もの》で、ほとんど生涯《しょうがい》の間《あいだ》仏教《ぶっきょう》を信《しん》ずる者《もの》を敵《てき》としていた者《もの》ですが、後《のち》になると天王如来《てんのうにょらい》という仏《ほとけ》に成《な》るということを許《ゆる》されています。お釈迦《しゃか》さまのお考《かんが》えによれば、〝提婆達多《だいばだった》は憎《にく》むべき者《もの》ではない。提婆達多《だいばだった》は敵《てき》になったのであるが、よく考《かんが》えて見《み》ればこれは前《まえ》の世《よ》からの因縁《いんねん》によるものである。ある国《くに》があり、その国《くに》が大変困難《たいへんこんなん》な状態《じょうたい》になり、とうてい人力《じんりき》では復興《ふっこう》できないというときに、その国《くに》の王様《おうさま》が国中《くにじゅう》に宣伝《せんでん》して教《おし》えを求《もと》め、教《おし》えによって国力《こくりょく》を復興《ふっこう》させたいと考《かんが》え、山《やま》に入《はい》り仙人《せんにん》を自分《じぶん》の師匠《ししょう》として給仕《きゅうじ》したことがある。そして、『爾《そ》の時《とき》の王《おう》とは則《すなわ》ち我《わ》が身《み》是《こ》れなり。時《とき》の仙人《せんにん》とは今《いま》の提婆達多《だいばだった》是《こ》れなり。提婆達多《だいばだった》が善知識《ぜんちしき》に由《よ》るが故《ゆえ》に』（法華経提婆達多品《ほけきょうだいばだったほん》）とあるように、現世《げんせ》において世《よ》の中《なか》の人々《ひとびと》を救《すく》い助《たす》ける法華経《ほけきょう》を説《と》くためには、その刺激《しげき》となる善知識《ぜんちしき》を必要《ひつよう》とするものである。この理由《りゆう》で提婆達多《だいばだった》が敵《てき》になったからこそ、仏法《ぶっぽう》を信《しん》ずる人々《ひとびと》もこれに励《はげ》まされて一心《しん》に教《おし》えを聞《き》き、そして弘《ひろ》めていき、これによって多《おお》くの人々《ひとびと》を救《すく》うことができるのであり、提婆達多《だいばだった》の慈悲《じひ》と功徳《くどく》は大《おお》きいものである〃といわれているのであります。さらに仏《ほとけ》さまは、ご自身《じしん》が法華経《ほけきょう》を説《と》いた莫大《ばくだい》な功徳《くどく》を提婆達多《だいばだった》に回向《えこう》して、未来《みらい》に仏《ほとけ》に成《な》る約束《やくそく》をせられたのであります。

この例《れい》によって、△善星比丘《ぜんしょうびく》とか阿闍世《あじゃせ》という罪《つみ》の深《ふか》い者《もの》、仏教《ぶっきょう》の妨《さまた》げをした者《もの》、五逆《ぎゃく》罪《ざい》を犯《おか》した者《もの》も、一番悪《ばんわる》い提婆《だいば》でさえ成仏《じょうぶつ》を許《ゆる》されたのでありますから、あらゆる悪人《あくにん》もみな仏《ほとけ》に成《な》れるという意味《いみ》が解《わか》ります。「毒薬変《どくやくへん》じて薬《くすり》となる」（内房女房御返事）のと同《おな》じで、まことにありがたいことであります。

(二) 女人《にょにん》の成仏《じょうぶつ》

女人《にょにん》・婦人《ふじん》は罪業《ざいごう》の深《ふか》い者《もの》とされていました。法華経提婆達多品《ほけきょうだいばだったほん》に、「女人《にょにん》の身《み》には猶《な》お五障《しょう》あり、一には梵天王《ぼんでんのう》となることを得《え》ず、二には帝釈《たいしゃく》、三には魔《ま》王《おう》、四には転輪聖王《てんりんじょうおう》、五には仏身《ぶっしん》なり。云何《いかん》ぞ女身速《にょしんすみや》かに成仏《じょうぶつ》することを得《え》ん」とありまして、法華経《ほけきょう》以前《いぜん》には、女人《にょにん》の成仏《じょうぶつ》は絶対《ぜったい》に許《ゆる》されていないのでありました。それなのに、法華経《ほけきょう》には八歳《さい》の龍《りゅう》の娘《むすめ》が成仏《じょうぶつ》したとあります。されば、一切《さい》の女人《にょにん》は誰《だれ》でも皆《みな》法華経《ほけきょう》に説《と》いてある教《おし》えを修行《しゅぎょう》し、菩薩《ぼさつ》の道《みち》を励《はげ》みさえすれば、仏《ほとけ》に成《な》れるのであります。

女人成仏《にょにんじょうぶつ》の条件《じょうけん》は次《つぎ》の三つであります。

一、智慧利根《ちえりこん》　心《こころ》の迷《まよ》い、自分《じぶん》のためにならぬこと、罪障《ざいしょう》の因《いん》となるような行《おこ》ないはしないということ。さらに進《すす》んで自分《じぶん》のためになる働《はたら》きをする、すなわち善根功徳《ぜんこんくどく》をつむことを楽《たの》しみとする。貪《むさぼ》り・怒《いか》り・愚痴《ぐち》の三悪道《あくどう》の行《おこ》ないをやめ、布施《ふせ》・持戒《じかい》・忍辱等《にんにくとう》のよい行《おこ》ないをして善根《ぜんこん》を植《う》えることこそ大切《たいせつ》であると、正《ただ》しい教《おし》え、法《ほ》華経《けきょう》に絶対《ぜったい》の信《しん》をもって、説《せつ》の如《ごと》く行《おこ》なっていくことです。

二、衆生《しゅじょう》を慈念《じねん》すること赤子《しゃくし》のごとし　自分《じぶん》は世《よ》の中《なか》の人《ひと》を救《すく》い助《たす》ける大人《おとな》であり、法《ほ》華経《けきょう》を知《し》らない物《もの》は幼《おさ》ない者《もの》である。どこまでも母《はは》が赤子《しゃくし》を愛《あい》してゆく心持《こころも》ちをもって、接《せっ》していくということです。

三、慈悲仁譲《じひにんじょう》、志意和雅《しいわげ》にしてよく菩提《ぼだい》にいたれり　いかに多《おお》くの人《ひと》に恵《めぐ》みを施《ほどこ》してもこれで沢山《たくさん》だとは思《おも》わない。物事《ものごと》がよく解《わか》っていてもそれで充分《じゅうぶん》だと思《おも》わない。心《こころ》持《も》ちがなごやかでものに逆《さから》わない。私心《ししん》がないので人《ひと》のいうことを正《ただ》しく判断《はんだん》する。そして結局仏《けっきょくほとけ》の智慧《ちえ》をそなえるようになることです。

これが女人成仏《にょにんじょうぶつ》の条件《じょうけん》であります。龍女《りゅうにょ》は、舎利弗《しゃりほつ》等《ら》の声聞《しょうもん》にたいして「観我成仏《かんがじょうぶつ》」〝自分《じぶん》が仏《ほとけ》に成《な》ったことをよく観察《かんさつ》なさい〟と申《もう》したのです。御義口伝《おんぎくでん》に「観我成仏《かんがじょうぶつ》とは舎利弗龍女《しゃりほつりゅうにょ》が成仏《じょうぶつ》と思《おも》うが僻事《ひがごと》なり、我《わ》が成仏《じょうぶつ》ぞと観《かん》ぜよと責《せ》めたるなり」とあるのは、〝八歳《さい》の龍女《りゅうにょ》でさえ成仏《じょうぶつ》したのであるから、舎利弗《しゃりほつ》以下《いか》一切衆生《さいしゅじょう》が成仏《じょうぶつ》しないということはない。成仏《じょうぶつ》せんとの心《こころ》さえあれば、一切《さい》の者《もの》が成仏《じょうぶつ》するのであるぞ、とお叱《しか》りになった言葉《ことば》であると考《かんが》えよ〟という、有難《ありがた》いお言葉《ことば》であります。この偈《げ》を読《よ》んだ人々《ひとびと》は〝一番奮起《ばんふんき》せずばなるまい〟と思《おも》います。これによって、悪人《あくにん》も女人《にょにん》も、又《また》、声聞《しょうもん》・縁覚《えんがく》の二乗《じょう》の者《もの》も悉《ことごと》く成仏《じょうぶつ》するということが明確《めいかく》になるのでありまして、この大事《だいじ》を深《ふか》く考《かんが》え、先《ま》ず日本中《にほんじゅう》の人々《ひとびと》は法華経《ほけきょう》を読《よ》み、自分《じぶん》の成仏《じょうぶつ》、父母《ふぼ》の成仏《じょうぶつ》を励《はげ》まねばなりません。

現代生活の指針　一九〇～一九五頁

法華経《ほけきょう》を以《も》って教化《きょうけ》する功徳《くどく》　人《ひと》と生《う》まれて何《なに》が最《もっと》も楽《たの》しいことであるか、何《なに》が一番大《ばんだい》事《じ》か、それは成仏《じょうぶつ》ということであります。未来永遠《みらいえいえん》の幸《しあわ》せであります。それは、法華経《ほけきょう》以外《いがい》の教《おし》えではでき得《え》ないことです。いかに物《もの》を施《ほどこ》しても、いかによい教《おし》えだといっても、法華経《ほけきょう》以外《いがい》の教《おし》えは、人生《じんせい》の大切《たいせつ》な目的使命《もくてきしめい》ではないからです。

法華経《ほけきょう》の教《おし》えは、第《だい》五十人目《にんめ》の人《ひと》が聞《き》いて随喜《ずいき》した功徳《くどく》でさえも仏《ほとけ》に成《な》れます（法華《ほけ》経随喜功徳品《きょうずいきくどくほん》）。仏《ほとけ》に成《な》った人《ひと》は、多《おお》くの人《ひと》を仏《ほとけ》にする働《はたら》きをしたのです。この働《はたら》きをしなければ仏《ほとけ》には成《な》れないのです。仏《ほとけ》に成《な》る人《ひと》は必《かなら》ず多《おお》くの人《ひと》を導《みちび》きます。教化《きょうけ》された人《ひと》は、また展転《てんでん》して仏《ほとけ》を作《つく》って行《い》くのです。

法華経《ほけきょう》以外《いがい》の教《おし》えでは一人《ひとり》も仏《ほとけ》はできず、全部《ぜんぶ》が悪道《あくどう》に入《はい》ってしまうのですから、いかに苦労《くろう》しても無駄《むだ》の骨折《ほねお》りであり、水《みず》の泡《あわ》と同《おな》じであります。こういうことを深《ふか》く考《かんが》えて、最第一《さいだい》の法華経《ほけきょう》を信《しん》じていただきたいのであります。

法華経を以って教化する功徳　一四頁

即身成仏《そくしんじょうぶつ》の事《こと》　みなさんがこうして話《はなし》を聞《き》いて下《くだ》さいますのは、十界《かい》から言《い》えば声聞《しょうもん》であり、縁覚界《えんがくかい》であります。いわば悟《さと》りの界《かい》と言《い》えるのですよ。そして、聞《き》いたことを実《じっ》行《こう》せられたら、あるいは菩薩《ぼさつ》・仏《ぶつ》の境界《きょうがい》に即身《そくしん》ということで、すぐさま成《な》れることになっておりますからご心配《しんぱい》なさいますな。会員《かいいん》になってもらった方《かた》は全員《ぜんいん》、閻魔《えんま》さまの所《ところ》へ行《い》こうと思《おも》っても行《い》けやせんし、行《い》かなくてもええから心配《しんぱい》いりませんですよ。ですから即身成仏《そくしんじょうぶつ》で、今《いま》から仏《ほとけ》の行《おこ》ないをやってゆけば、連《つ》れあいもその通《とお》りだし、亡《な》くなったじいさん、ばあさんもそういうふうで供養《くよう》もできますし、喜《よろこ》んでやって頂《いただ》けると思《おも》うと大変《たいへん》うれしく思《おも》います。

御開山上人御法話集　四七頁

◆日達上人
即身成仏《そくしんじょうぶつ》の事《こと》

「即身成仏《そくしんじょうぶつ》」の「即《そく》」は即席《そくせき》ラーメンの即《そく》と同《おな》じ字《じ》でありますから「インスタントな仏《ほとけ》」と思《おも》われるかも知《し》れませんが、そうではありません。即《そく》には、「インスタント＝すぐに」という意味《いみ》と、他《ほか》にもう一つ「そのまま離《はな》れずに」という意味《いみ》があります。つまり、〝自分《じぶん》の体《からだ》が変化《へんか》せず、そのままの状態《じょうたい》で仏《ほとけ》に成《な》る〟ということです。

即身成仏《そくしんじょうぶつ》は法華経《ほけきょう》の主眼《しゅがん》でありますが、この身《み》のままで仏《ほとけ》に成《な》るにはどうしたらいいのでしょう。〝遠《とお》い目標《もくひょう》に向《む》って歯《は》を食《く》いしばり、堪《た》え忍《しの》んでゆかなければならない〟とお考《かんが》えになるかも知《し》れませんが、法華経《ほけきょう》の成仏《じょうぶつ》はどうもそうではないようです。元来《がんらい》私共《わたくしども》は、仏《ほとけ》さまの世界《せかい》に生《い》かされている、仏《ほとけ》さまの子《こ》どもなのです。しかし、誰《だれ》もそのことを、素直《すなお》に信《しん》じることができません。それがまず間違《まちが》いの第《だい》一であります。南無妙法蓮華経《なむみょうほうれんげきょう》の「南無《なむ》」とは「帰命《きみょう》」つまり、〝命《いのち》に帰《き》する〟ということです。別《べつ》の言葉《ことば》で言《い》えば〝一体《たい》に成《な》る〟ということです。「南無妙法蓮華経《なむみょうほうれんげきょう》」と唱《とな》えることは、〝妙法蓮華経《みょうほうれんげきょう》と私《わたくし》は一体《たい》でございます〟ということを、仏《ほとけ》さまの子《こ》どもである「私《わたくし》」が、仏《ほとけ》さまに申《もう》し上《あ》げることであります。法華経《ほけきょう》の成仏《じょうぶつ》は、仏《ほとけ》さまと別《べつ》な「私《わたくし》」が仏《ほとけ》に成《な》るのではありません。〝仏《ほとけ》さまと私《わたくし》は元々《もともと》一体《たい》である〟という、本来《ほんらい》の姿《すがた》に気付《きづ》くことであります。

もっと言《い》うなら、私《わたくし》もあなたも仏《ほとけ》さまの家《いえ》の中《なか》にいるのですから、別《べつ》の、わざわざ遠《とお》くに仏《ほとけ》を探《さが》しに行《い》く必要《ひつよう》はないのです。仏《ほとけ》さまの家《いえ》の中《なか》にいながら〝その家《いえ》に入《はい》りたい〟と言《い》うのと同《おな》じで、考《かんが》えてみればおかしな話《はなし》です。

しかし、私共《わたくしども》の現実《げんじつ》はそうではありません。勝手《かって》に仏《ほとけ》さまの家《いえ》を出《で》て、「苦労《くろう》」という家《いえ》に住《す》んでいるのです。一日《にち》も早《はや》くそのことに気付《きづ》き、元《もと》の家《いえ》に帰《かえ》ることです。ただ、〝車《くるま》に乗《の》ってすぐ帰《かえ》る〟というわけにはまいりません。家《いえ》を出《で》る時《とき》に乗《の》った罪障《ざいしょう》の車《くるま》を、功徳《くどく》の車《くるま》に乗《の》り換《か》えなければなりません。

成仏《じょうぶつ》や彼岸《ひがん》は遠《とお》くに求《もと》めるものではなく、本来《ほんらい》、自分《じぶん》のまわりにあるものです。自分《じぶん》の罪障《ざいしょう》を落《お》として、自分《じぶん》で見《み》つけて頂《いただ》きたいと思《おも》います。

大白牛車・4　六一～六三頁

本当《ほんとう》の幸《しあわ》せ　法華経《ほけきょう》の主眼《しゅがん》は成仏《じょうぶつ》にあります。現世《げんぜ》に於《お》いては〝本当《ほんとう》の幸《しあわ》せになる〟ことですが、簡単《かんたん》にはなれそうにありません。

私共《わたくしども》幸《しあわ》せを感《かん》じることは時々《ときどき》はあります。〝お金《かね》が入《はい》って幸《しあわ》せ〟とか、〝いいことがあって嬉《うれ》しい〟といったことですが、それは一時《じ》の喜《よろこ》びです。今日《きょう》は幸《しあわ》せと感《かん》じても、明日《あす》にはどう変化《へんか》しているかわかりません。成仏《じょうぶつ》という、本当《ほんとう》の幸《しあわ》せを得《え》るまでには長《なが》い時間《じかん》かかるし、困難《こんなん》なこともあると思《おも》います。そこで、途中《とちゅう》に休憩所《きゅうけいじょ》（仮《かり》の城《しろ》・法華経化城喩品《ほけきょうけじょうゆほん》）を現《あら》わして長旅《ながたび》に疲《つか》れた人《ひと》に安《やす》らぎを与《あた》え、さらに前《まえ》に進《すす》むよう導《みちび》かれるのです。

何《なん》でもそうですが、あまり遠大《えんだい》な目標《もくひょう》を持《も》ちますと、途中《とちゅう》で疲《つか》れて〝もうやめよう〟という気《き》になりやすいものです。そういう時《とき》にはちょっとひと休《やす》みして、疲《つか》れが癒《い》えたところで再《ふたた》び進《すす》むようにしたらいいと思《おも》います。

「化城《けじょう》」は、私共《わたくしども》の日常《にちじょう》の中《なか》で時々《ときどき》〝ありがたいな〟と喜《よろこ》べる縁《えん》に遭《あ》わせて頂《いただ》くことであります。時《とき》に応《おう》じ、所《ところ》に応《おう》じてひと休《やす》みすると、新《あら》たな勇気《ゆうき》もわくと思《おも》います。

『月刊法音』第三八一号　八頁

成仏《じょうぶつ》という姿《すがた》

法華経《ほけきょう》の成仏《じょうぶつ》は一般《ぱん》で言《い》われているような、死《し》んでから仏《ほとけ》に成《な》るというのではありません。生《い》きている間《あいだ》に成仏《じょうぶつ》があるのです。そして、成仏《じょうぶつ》は人間《にんげん》だけにあるのではなく、どのような生《い》き物《もの》であろうと、あるいは木《き》や草《くさ》や、石《いし》や土《つち》にすらあると説《と》かれているのです。移《うつ》ろいやすい一時的《じてき》な幸福《こうふく》ではなく、いつも〝ありがたい〟という変《か》わらない喜《よろこ》びが持続《じぞく》できるなら、成仏《じょうぶつ》した状態《じょうたい》と言《い》えましょう。人《ひと》でも物《もの》でもそのもの自体《じたい》が充分働《じゅうぶんはたら》き、力《ちから》を発揮《はっき》しているなら、成仏《じょうぶつ》していると言《い》えるのです。ですから、怠《なま》けて仕事《しごと》や学校《がっこう》をさぼれば成仏《じょうぶつ》できないことになります。食《た》べ物《もの》を無駄《むだ》に食べ《たべ》残《のこ》し、捨《す》ててしまえば、成仏《じょうぶつ》させていないことになります。紙《かみ》でも鉛筆《えんぴつ》でも、使《つか》えば使《つか》えるのに捨《す》ててしまうなら、成仏《じょうぶつ》しないことになります。その物《もの》の使命《しめい》を全《まっと》うさせることを成《じょう》仏《ぶつ》というのです。

大白牛車・6　五〇～五一頁

成仏《じょうぶつ》　仏《ほとけ》さまは、変《か》わらない幸《しあわ》せを持《も》ってみえます。いつも〝このことはありがたい〟と思《おも》えるものを持《も》っていれば、仏《ほとけ》さまと同《おな》じです。その喜《よろこ》びは、来世《らいせ》にまで続《つづ》きますから来世《らいせ》の成仏《じょうぶつ》も疑《うたが》いありません。生《い》きている今《いま》その喜《よろこ》びがなければ、来世《らいせ》の成仏《じょうぶつ》もおぼつかないと思《おも》います。

大白牛車・7　一三〇頁

謗法の事

〝法《のり》の道《みち》謗《そし》り毀《こわ》たば阿鼻獄《あびごく》に
入《い》りて出《い》づべき時《とき》なからまし〟

御開山上人御詠

◆経典

◇會中《えちゅう》に比丘《びく》・比丘尼《びくに》・優婆塞《うばそく》・優婆夷《うばい》、五千人等《にんとう》あり。卽《すなわ》ち座《ざ》より起《た》って佛《ほとけ》を禮《らい》して退《しりぞ》きぬ。所以《ゆえ》は何《いか》ん、此《こ》の輩《ともがら》は罪根深重《ざいこんじんじゅう》に及《およ》び増上慢《ぞうじょうまん》にして、未《いま》だ得《え》ざるを得《え》たりと謂《おも》い、未《いま》だ證《しょう》せざるを證《しょう》せりと謂《おも》えり。此《かく》の如《ごと》き失《とが》あり、是《ここ》を以《もっ》て住《じゅう》せず。

妙法蓮華經・方便品　六五頁

◇諸《もろもろ》の比丘《びく》・比丘尼《びくに》、自《みずか》ら已《すで》に阿羅漢《あらかん》を得《え》たり、是《こ》れ最後身《さいごしん》なり、究竟《くきょう》の涅槃《ねはん》なりと謂《おも》うて、便《すなわ》ち復《また》阿耨多羅《あのくたら》三藐《みゃく》三菩提《ぼだい》を志求《しぐ》せざらん。當《まさ》に知《し》るべし、此《こ》の輩《ともがら》は皆《みな》是《こ》れ増上慢《ぞうじょうまん》の人《ひと》なり。

妙法蓮華經・方便品　六九頁

◇此《こ》の經《きょう》に於《おい》ては、信《しん》を以《もっ》て入《い》ることを得《え》たり、況《いわ》んや餘《よ》の聲聞《しょうもん》をや。其《そ》の餘《よ》の聲聞《しょうもん》も、佛語《ぶつご》を信《しん》ずるが故《ゆえ》に、此《こ》の經《きょう》に隨順《ずいじゅん》す、己《おの》が智分《ちぶん》に非《あら》ず。又舍利弗《またしゃりほつ》、憍慢《きょうまん》・懈怠《けだい》、我見《がけん》を計《け》する者《もの》には、此《こ》の經《きょう》を說《と》くことなかれ。凡夫《ぼんぶ》の淺識《せんしき》、深《ふか》く五欲《よく》に著《ちゃく》せるは、聞《き》くとも解《げ》すること能《あた》わじ、亦爲《またため》に說《と》くことなかれ。若《も》し人信《ひとしん》ぜずして、此《こ》の經《きょう》を毀謗《きほう》せば、則《すなわ》ち一切世間《さいせけん》の、佛種《ぶっしゅ》を斷《だん》せん。或《あるい》は復顰蹙《またひんじゅく》して、疑惑《ぎわく》を懷《いだ》かん。汝當《なんじまさ》に此《こ》の人《ひと》の、罪《ざい》報《ほう》を說《と》くを聽《き》くべし。若《も》しは佛《ほとけ》の在世《ざいせ》、若《も》しは滅度《めつど》の後《のち》に、其《そ》れ斯《かく》の如《ごと》き、經典《きょうでん》を誹謗《ひほう》することあらん。經《きょう》を讀誦《どくじゅ》し、書持《しょじ》することあらん者《もの》を見《み》て、輕賤憎嫉《きょうせんぞうしつ》して、結恨《けっこん》を懷《いだ》かん。此《こ》の人《ひと》の罪報《ざいほう》を、汝今復聽《なんじいままたき》け。其《そ》の人命終《ひとみょうじゅう》して、阿鼻獄《あびごく》に入《い》らん。一劫《こう》を具足《ぐそく》して、劫盡《こうつ》きなば更生《またうま》れん。是《かく》の如《ごと》く展轉《てんでん》して、無數劫《むしゅこう》に至《いた》らん。地獄《じごく》より出《い》でては、當《まさ》に畜生《ちくしょう》に墮《お》つべし。

妙法蓮華經・譬喩品　二一〇〜二一一頁

◇若《も》し惡人《あくにん》あって不善《ふぜん》の心《こころ》を以《もっ》て一劫《こう》の中《なか》に於《おい》て、現《げん》に佛前《ぶつぜん》に於《おい》て常《つね》に佛《ほとけ》を毀罵《きめ》せん、其《そ》の罪《つみ》尚《な》お輕《かろ》し。若《も》し人《ひと》一の惡言《あくごん》を以《もっ》て、在家《ざいけ》・出家《しゅっけ》の法華經《ほけきょう》を讀誦《どくじゅ》する者《もの》を毀訾《きし》せん、其《そ》の罪甚《つみはなは》だ重《おも》し。

妙法蓮華經・法師品　二〇四頁

◇彼《か》の時《とき》の四衆《しゅ》の比丘《びく》・比丘尼《びくに》・優婆塞《うばそく》・優婆夷《うばい》は、瞋恚《しんに》の意《こころ》を以《もっ》て我《われ》を輕賤《きょうせん》せしが故《ゆえ》に、二百億劫《おっこう》常《つね》に佛《ほとけ》に値《あ》わず、法《ほう》を聞《き》かず、僧《そう》を見《み》ず、千劫阿鼻地獄《こうあびぢごく》に於《おい》て大苦惱《だいくのう》を受《う》く。

妙法蓮華經・常不輕菩薩品　三二二頁

◆遺　文

◇大小流布《だいしょうるふ》の世《よ》に一向《こう》に小乗《しょうじょう》を弘《ひろ》め、自身《じしん》も大乗《だいじょう》に背《そむ》き、人《ひと》に於《おい》ても大乗《だいじょう》を捨《す》てしむる、是《これ》を謗法《ほうぼう》と云《い》う。

十法界明因果鈔　三三三頁

◇法華經《ほけきょう》に勝《すぐ》れたる經《きょう》ありと云《い》わん人《ひと》は、設《たと》い如何《いか》なる人《ひと》なりとも、謗法《ほうぼう》は免《まぬが》れじと見《み》えて候《そうろう》。

報恩鈔・上　一四二二頁

◇信心《しんじん》ふかき者《もの》も法華經《ほけきょう》のかたきをば責《せ》めず。如何《いか》なる大善《だいぜん》をつくり、法華經《ほけきょう》を千萬部《まんぶ》讀《よ》み書《か》き寫《うつ》し、一念三千《ねん》の觀道《かんどう》を得《え》たる人《ひと》なりとも、法華經《ほけきょう》の敵《かたき》をだにも、責《せ》めざれば得道《とくどう》ありがたし。

南條兵衛七郎殿御書　五三九頁

◇謗國《ぼうこく》と申《もう》すは、謗法《ほうぼう》の者《もの》其《そ》の國《くに》に住《じゅう》すれば、其《そ》の一國皆無間大城《こくみなむけんたいじょう》になるなり。大海《だいかい》へは一切《さい》の水集《みづあつま》り、其《そ》の國《くに》は一切《さい》の禍《わざわい》集《あつま》る。譬《たと》えば山《やま》に草木《そうもく》の茂《しげ》きが如《ごと》し。三災月月《さいつきづき》に重《かさ》なり、七難日日《なんひび》に來《きた》る。飢渇發《けかちおこ》れば其《そ》の國餓鬼道《くにがきどう》と變《へん》じ、疫病重《やくびょうかさ》なれば其《そ》の國地獄道《くにぢごくどう》となる。軍起《いくさおこ》れば其《そ》の國修羅道《くにしゅらどう》と變《へん》ず。父母兄弟姉妹《ふぼきょうだいしまい》を簡《えら》ばず、妻《つま》とし夫《おっと》と憑《たの》めば其《そ》の國畜生道《くにちくしょうどう》となる。死《し》して三惡道《なくどう》に墮《お》つるにはあらず、現身《げんしん》に其《そ》の國四惡道《くにあくどう》と變《へん》ずるなり。此《これ》を謗國《ぼうこく》と申《もう》す。

秋元御書　一八四九頁

◇御文《おんふみ》に云《いわ》く、『此《こ》の經《きょう》を持《たも》ち申《もう》して後《のち》、退轉《たいてん》なく十如《にょ》・自我偈《じがけ》を讀《よ》み奉《たてまつ》り、題目《だいもく》を唱《とな》え申《もう》し候《そうろう》なり。但《ただ》し聖人《しょうにん》の唱《とな》えさせ給《たま》う題目《だいもく》の功德《くどく》と、我等《われら》が唱《とな》え申《もう》す題目《だいもく》の功德《くどく》と、何程《いかほど》の多少《たしょう》候《そうろう》べきや』と云云《うんぬん》。更《さら》に勝劣《しょうれつ》あるべからず候《そうろう》。其《そ》の故《ゆえ》は愚者《ぐしゃ》の持《も》ちたる金《こがね》も智者《ちしゃ》の持《も》ちたる金《こがね》も、愚者《ぐしゃ》の燃《とも》せる火《ひ》も智者《ちしゃ》の燃《とも》せる火《ひ》も其《そ》の差別《しゃべつ》なきなり。但《ただ》し此《こ》の經文《きょうもん》の心《こころ》に背《そむ》きて唱《とな》えば、其《そ》の差別《しゃべつ》あるべきなり。此《こ》の經《きょう》の修行《しゅぎょう》に重重《ぢゅうぢゅう》の品《しな》あり。其《そ》の大概《おおむね》を申《もう》せば、『記《き》』の五に云《いわ》く、『惡《あく》の數《すう》を明《あか》さば、今《いま》の文《もん》には說不說《せつふせつ》と云《い》うのみ、有人此《あるひとこれ》を分《わか》って云《いわ》く、先《さき》に惡因《あくいん》を列《つら》ね、次《つぎ》に惡果《あくか》を列《つら》ぬ。惡《あく》の因《いん》に十四あり。

一に憍慢《きょうまん》、二に懈怠《けだい》、三に計我《けいが》、四に淺識《せんしき》、五に著欲《ぢゃくよく》、六に不解《ふげ》、七に不信《ふしん》、八に顰蹙《ひんじゅく》、九に疑惑《ぎわく》、十に誹謗《ひほう》、十一に輕善《きょうぜん》、十二に憎善《ぞうぜん》、十三に嫉善《しつぜん》、十四に恨善《こんぜん》なり。』此《こ》の十四誹謗《ひほう》は在家出家《ざいけしゅっけ》に亙《わた》るべし。恐《おそ》る可《べ》し恐《おそ》る可《べ》し。

松野殿御返事　一四七九～一四八〇頁

◇人皆口《ひとみなくち》には此《こ》の經《きょう》を信《しん》じ、手《て》には經巻《きょうがん》を握《にぎ》ると雖《いえど》も、經《きょう》の心《こころ》に背《そむ》く間惡道《あいだあくどう》を免《まぬが》れ難《がた》し。譬《たと》えば人《ひと》に皆《みな》五臓《ぞう》あり、一臓《ぞう》も損《そん》すれば其《そ》の臓《ぞう》より病《やまい》出《い》で來《き》て餘《よ》の臓《ぞう》を破《やぶ》り、終《つい》に命《いのち》を失《うしな》うが如《ごと》し。爰《ここ》を以《もっ》て傳教大師《でんぎょうだいし》は、『法華經《ほけきょう》を讃《さん》すと雖《いえど》も、還《かえ》って法華《ほっけ》の心《こころ》を死《ころ》す』等《とう》云云《うんぬん》。文《もん》の心《こころ》は、法華經《ほけきょう》を持《たも》ち讀《よ》み奉《たてまつ》り讃《ほ》むれども、法華《ほっけ》の心《こころ》に背《そむ》きぬれば、還《かえ》って釋尊《しゃくそん》十方《ぼう》の諸佛《しょぶつ》を殺《ころ》すに成《な》んぬと申《もう》す意《こころ》なり。縦《たと》い世間《せけん》の惡業衆罪《あくごうしゅざい》は須彌《しゅみ》の如《ごと》くなれども、此《こ》の經《きょう》に値《あ》い奉《たてまつ》りぬれば、諸罪《しょざい》は霜露《そうろ》の如《ごと》くに、法華經《ほけきょう》の日輪《にちりん》に値《あ》い奉《たてまつ》りて消《き》ゆべし。然《しか》れども此《こ》の經《きょう》の十四誹謗《ひほう》の中《なか》に、一も二も犯《おか》しぬれば其《そ》の罪消《つみき》え難《がた》し。所以《ゆえ》は何《いか》ん、一大《だい》三千界《がい》のあらゆる有情《うじょう》を殺《ころ》したりとも、爭《いかで》か一佛《ぶつ》を殺《ころ》す罪《つみ》に及《およ》ばんや。法《ほっ》華《け》の心《こころ》に背《そむ》きぬれば、十方《ぼう》の佛《ほとけ》の命《いのち》を失《うしな》う罪《つみ》なり。此《こ》の掟《おきて》に背《そむ》くを謗法《ほうぼう》の者《もの》とは申《もう》すなり。地獄《ぢごく》怖《おそ》るべし、炎《ほのお》を以《もっ》て家《いえ》とす。餓鬼《がき》悲《かなし》むべし、飢渇《けかち》に飢《う》えて子《こ》を食《くら》う。脩羅《しゅら》は闘《とう》諍《じょう》なり。畜生《ちくしょう》は残害《ざんがい》とて互《たがい》に殺《ころ》し合《あ》う。紅蓮地獄《ぐれんぢごく》と申《もう》すは、紅《くれない》のはちすと讀《よ》む。其《そ》の故《ゆえ》は餘《あま》りに寒《さむ》さに詰《つ》められてこごむ間《あいだ》、背中《せなか》われて肉《にく》の出《い》でたるが紅《くれない》の蓮《はちす》に似《に》たるなり。況《いわん》や大紅蓮《だいぐれん》をや。かかる惡所《あくしょ》に行《ゆ》けば、王位《おうい》・將軍《しょうぐん》も物《もの》ならず。獄卒《ごくそつ》の呵責《かしゃく》に値《あ》える姿《すがた》は、猿《さる》を舞《ま》わすに異《こと》ならず。此《こ》の時《とき》は争《いかで》か名聞名利《みょうもんみょうり》我慢偏執《がまんへんしゅう》あるべきや。

新池御書　二〇一一～二〇一二頁

◇謗《ぼう》と云《い》うは但口《ただくち》を以《もっ》て誹《そし》り、心《こころ》を以《もっ》て謗《そし》るのみ謗《ぼう》には非《あら》ず。法華經流布《ほけきょうるふ》の國《くに》に生《うま》れて、信《しん》ぜず行《ぎょう》ぜざるも卽《すなわ》ち謗《ぼう》なり。則《すなわ》ち一切世間《さいせけん》の佛種《ぶっしゅ》を斷《だん》ずと說《と》くは、法華經《ほけきょう》は末代《まつだい》の機《き》に協《かな》わずと云《い》うて、一切衆生《さいしゅじょう》の成佛《じょうぶつ》すべき道《みち》を閉《と》づるなり。

戒體卽身成佛義　一三頁

◇法華經《ほけきょう》の敵《てき》を見《み》ながら置《お》いて責《せ》めずんば、師檀《しだん》ともに無間地獄《むけんぢごく》は疑《うたがい》なかるべし。南《なん》岳大師《がくだいし》の云《いわ》く、『諸《もろもろ》の惡人《あくにん》と倶《とも》に地獄《ぢごく》に墮《お》ちん』云云《うんぬん》。謗法《ほうぼう》を責《せ》めずして成佛《じょうぶつ》を願《ねが》わば、火《ひ》の中《なか》に水《みず》を求《もと》め、水《みず》の中《なか》に火《ひ》を尋《たず》ぬるが如《ごと》くなるべし、はかなしはかなし。何《いか》に法《ほ》華《け》經《きょう》を信《しん》じ給《たま》うとも、謗法《ほうぼう》あらば必《かなら》ず地獄《ぢごく》に墮《お》つべし。漆《うるし》千ばいに蟹《かに》の足《あし》一つ入《い》れたらんが如《ごと》し。『毒氣《どっけ》深《ふか》く入《い》って本心《ほんしん》を失《うしな》うが故《ゆえ》』とは是《これ》なり。

曾谷殿御返事　一四七一～一四七二頁

◇身《み》は邪家《じゃけ》に處《しょ》して年久《としひさ》しく、心《こころ》は邪師《じゃし》に染《そ》みて月重《つきかさ》なる。設《たと》い大山《だいせん》は頽《くづ》るるとも、設《たと》い大海《だいかい》は乾《かわ》くとも此《こ》の罪消《つみき》え難《がた》きか。然《しか》りと雖《いえど》も宿縁《しゅくえん》の催《もよお》す所《ところ》、又今生《またこんじょう》に慈悲《じひ》の薫《くん》ずる所《ところ》、存《ぞんじ》の外《ほか》に貧道《ひんどう》に値遇《ちぐう》して、改悔《かいげ》を發起《ほっき》するが故《ゆえ》に、未來《みらい》の苦《く》を償《つぐな》い、現在《げんざい》に輕瘡出《けいそうしゅつ》現《げん》せるか。彼《か》の闍王《じゃおう》の身瘡《しんそう》は五逆誹法《ぎゃくひほう》の二罪《ざい》の招《まね》く所《ところ》なり。佛《ほとけ》月愛《がつあい》三昧《まい》に入《い》りて、其《そ》の身《み》を照《てら》し給《たま》えば惡瘡忽《あくそうたちま》ちに消《き》え、三七日《にち》の短壽《たんじゅ》を延《の》べて、四十年《ねん》の寶算《ほうさん》を保《たも》ち、兼《かね》ては又千人《またにん》の羅漢《らかん》を屈請《くっしょう》して、一代《だい》の金言《きんげん》を書《か》き顯《あら》わし、正像末《しょうぞうまつ》に流布《るふ》せり。此《こ》の禪門《ぜんもん》の惡瘡《あくそう》は但謗法《ただほうぼう》の一科《か》なり、所持《しょじ》の妙法《みょうほう》は月愛《がつあい》に超過《ちょうか》す。豈輕瘡《あにけいそう》を愈《いや》して、長壽《ちょうじゅ》を招《まね》かざらんや。此《こ》の語徵《ごしる》しなくんば、聲《こえ》を發《はっ》して一切世間眼《さいせけんげん》は大妄語《だいもうご》の人《ひと》、一乘妙經《じょうみょうきょう》は綺語《きご》の典《てん》なり、名《な》を惜《をし》み給《たま》わば世尊驗《せそんしる》しを顯《あら》わし、誓《ちかい》を恐《おそ》るれば諸《もろもろ》の賢聖來《けんしょうきた》り護《まも》り給《たま》えと叫《きょう》喚《かん》したまえと爾《し》か云《い》う。

太田入道殿御返事　一三〇八頁

◆安立大法尼

信心家《しんじんか》？　経《きょう》の善悪《ぜんあく》も分別《ふんべつ》せず、無闇《むやみ》に神社仏閣《じんじゃぶっかく》に参詣《さんけい》して信心家《しんじんか》と申《もう》されるのは、あるいは疑敬参拝《ぎきょうさんぱい》、あるいは狂念参拝《きょうねんさんぱい》で、利益《りやく》などはとてもおぼつかないことです。また、口《くち》に題目《だいもく》を唱《とな》うると雖《いえど》も実行《じっこう》なきは、不具《ふぐ》の信心《しんじん》です。皆様《みなさま》はこの意《こころ》をよくよく悟《さと》って、真《しん》の信仰《しんこう》をしてください。必《かなら》ず幸福《こうふく》は眼前《がんぜん》に来《きた》ります。実行《じっこう》せらるる皆様《みなさま》のお徳《とく》によって、我《わ》が会《かい》も一層発展《そうはってん》いたします。どうかよろしくお願《ねが》い申《もう》します。

始祖・御法話集　二九～三〇頁

災難激増《さいなんげきぞう》の因《いん》　各個人《かくこじん》の災難《さいなん》は、各人《かくじん》の悪因《あくいん》に匹敵《ひってき》する功徳《くどく》を積《つ》みてこれが防止《ぼうし》を計《はか》り、国家的《こっかてき》な災難《さいなん》は、国民全体《こくみんぜんたい》が目覚《めざ》めて一般民衆《ぱんみんしゅう》が妙法《みょうほう》に帰依《きえ》することにより、必《かなら》ず防止《ぼうし》することができるのであります。しかし、一見善《けんぜん》を修《しゅう》するが如《ごと》くであっても、一つにても法華経《ほけきょう》の意《こころ》に背《そむ》きぬれば、災難《さいなん》を逃《のが》るることはできません。のみならず、却《かえ》って火《ひ》に油《あぶら》を注《そそ》ぐが如《ごと》く、災難《さいなん》は激増《げきぞう》するのであります。

始祖・御法話集　九五～九六頁

喧嘩《けんか》の絶《た》えない家《いえ》　法《ほう》を信《しん》ぜずして災難《さいなん》から災難続《さいなんつづ》きで、愚痴《ぐち》と不足《ふそく》の他《ほか》はなく、日々《ひび》喧嘩《けんか》の絶《た》え間《ま》のない家庭《かてい》も世間《せけん》にはたくさん見受《みう》けますが、苟《いやしく》も家庭《かてい》の平和《へいわ》も成《な》らずして、正月《しょうがつ》が何《なん》の嬉《うれ》しいのでしょうか。人間《にんげん》に生《せい》を受《う》けたればとて、斯《か》くの如《ごと》きの状態《じょうたい》に陥《おち》りては、実《じつ》に人間《にんげん》も恐《おそ》ろしと言《い》わねばなりますまい。受《う》け難《がた》き人界《にんかい》に生《せい》を受《う》けて平々《へいへい》凡々《ぼんぼん》と暮《く》らす者《もの》を仏《ほとけ》は「宝《たから》の山《やま》に入《い》りながら、手《て》を空《むな》しうして帰《かえ》るが如《ごと》し」（正法念経《しょうぼうねんきょう》）と仰《おお》せらるるが、迷《まよ》いの一字《じ》に囚《とら》われた人々《ひとびと》は、宝《たから》の山《やま》に入《い》りて手《て》を空《むな》しうして帰《かえ》るのみか、恐《おそ》るべき悪因《あくいん》、即《すなわ》ち、罪《つみ》を背負《せお》い切《き》れぬほど持《も》って、ついには、三悪道《あくどう》に堕落《だらく》するのであります。恐《おそ》るべしとも恐《おそ》るべきことではありませんか。

始祖・御法話集　一一六〜一一七頁

持戒《じかい》と破戒《はかい》　いかに戒《かい》を持《たも》つが如《ごと》く見《み》ゆるとも、宗教《しゅうきょう》の優劣《ゆうれつ》や、経《きょう》の優劣《ゆうれつ》を弁《わきま》えず、真《しん》に煩悩《ぼんのう》を断除《だんじょ》して、仏《ほとけ》と成《な》るべき妙法《みょうほう》を信《しん》ぜず、しかもこれを誹謗《ひぼう》し、教主釈尊《きょうしゅしゃくそん》の捨《す》て給《たま》える方便《ほうべん》の教《おし》えをもって〝いずれも釈尊《しゃくそん》の教《おし》えなれば得道《とくどう》のできざる理由《りゆう》なし〟などという輩《やから》は、戒《かい》を持《たも》つは愚《おろ》か、破戒《はかい》の大罪人《だいざいにん》と言《い》うべきであります。よくよく思考《しこう》すべきは、この妙法《みょうほう》が釈尊出世《しゃくそんしゅっせ》の本懐《ほんかい》、仏《ほとけ》となる真実道《しんじつどう》なることを明《あき》らめて行《ぎょう》ずべきであります。この妙法《みょうほう》の大善《だいぜん》を行《おこ》なう者《もの》を大《おお》いに賞揚《しょうよう》し、且《か》つ、行《ぎょう》ぜしめるようにする、これより大《おお》いなる持戒《じかい》はほかにありません。

始祖・御法話集　一七五頁

◆宗玄大徳

謗法《ほうぼう》の罪《つみ》　徳本《とくほん》を植《う》えれば必《かなら》ずや善果《ぜんか》が生《しょう》じて、過去《かこ》の悪業《あくごう》を滅《めっ》するものでありますが、かように妙不可思議《みょうふかしぎ》の力《ちから》ある法《ほう》であることを忘《わす》れ、経《きょう》を誦《じゅ》して利益《りやく》を得《え》んとし、あるいは題目《だいもく》を唱《とな》えても、慈悲《じひ》・至誠《まこと》・堪忍《かんにん》の三徳《とく》の行《ぎょう》がなかったなれば経《きょう》の真価《しんか》を疑《うたが》わせ、傷《きず》つけ、軽《かろ》しめ、遂《つい》に謗《ほう》ずることとなり、最大《さいだい》の罪業《ざいごう》を作《つく》ることとなるのであります。それはいわゆる謗法罪《ほうぼうざい》であります。この謗法《ほうぼう》の者国《ものくに》に充《み》つるならば、多《おお》くの災厄《さいやく》が次《つぎ》から次《つぎ》へと来《きた》りて後《あと》を断《た》たず、不祥事《ふしょうじ》も起《お》こるのであります。恐《おそ》れても恐《おそ》るべきは謗法《ほうぼう》であります。

村上先生御法話集（二）四一頁

◆御開山上人　十四謗法の事〔法華経譬喩品〕

『憍慢《きょうまん》・懈怠《けだい》、我見《がけん》を計《け》する者《もの》には、此《こ》の経《きょう》を説《と》くことなかれ』

「説《と》くことなかれ」というのは、説《と》いてもなかなか信《しん》じることができないから、その〝悪《わる》い心《こころ》を除《のぞ》いてからしかるのちに説《と》いてやれ〟ということである。信《しん》じなければ仏《ほとけ》の智慧《ちえ》はわからないが、信《しん》ずるということにはいろいろ障《さわ》りがおこってくる。その障《さわ》りをお互《たが》いによく弁《わきま》えて、そういう障《さわ》りをはらいのけるように努《つと》めることがきわめて大切《たいせつ》である。もし誹謗《ひぼう》といって「乖《そむ》き違《たが》う」ことをすれば、仏《ほとけ》になる大切《たいせつ》な人々《ひとびと》を仏《ほとけ》になれないようにする。また浄土《じょうど》をつくる人《ひと》を亡《な》くするようにするのであるからその罪悪《ざいあく》は実《じつ》に重《おも》いのである。

この障《さわ》りを十四にわけてお説《と》きになっている。すなわち「十四誹謗《ひぼう》」といわれているのが次《つぎ》の通《とお》りである。

一、**憍慢《きょうまん》**＝仏教《ぶっきょう》の信仰《しんこう》をはじめたばかりの者《もの》にありがちのことで、少《すこ》しばかりの文句《もんく》を覚《おぼ》えたりすると、それでわかったような気《き》になる。実《じつ》はチットもわかっているのではない。わからぬくせにわかったと思《おも》うこと。

二、懈怠《けだい》＝懈《なま》けることである。世《よ》のなかの人々《ひとびと》は大事《だいじ》なこと、自分《じぶん》の本分《ほんぶん》を怠《おこた》って、つまらない事《こと》に頭《あたま》を使《つか》い、大事《だいじ》な仕事《しごと》をしないから懈怠《けだい》である。自分《じぶん》は仏《ほとけ》の修行《しゅぎょう》のために職場《しょくば》で働《はたら》かねばという、その心《こころ》がけがあればよいが、なければ懈怠《けだい》の者《もの》となる。

三、計我《けいが》＝すべての物事《ものごと》を自己中心《じこちゅうしん》として考《かんが》える。この自己中心《じこちゅうしん》の考《かんが》え方《かた》で、人生《じんせい》を滅《め》茶苦茶《ちゃくちゃ》にしてしまう。相手《あいて》を喜《よろこ》ばせ、満足《まんぞく》させるように、大勢《おおぜい》の人々《ひとびと》が円満《えんまん》にゆくようにと考《かんが》えてゆかねばならぬ。

『凡夫《ぼんぶ》の浅識《せんしき》、深《ふか》く五欲《よく》に著《ぢゃく》せるは、聞《き》くとも解《げ》すること能《あた》わじ、亦為《またため》に説《と》くことなかれ』

四、浅識《せんしき》＝物《もの》の表面《ひょうめん》だけを知《し》る。その中心《ちゅうしん》の大切《たいせつ》な点《てん》をとらえようとしないで、表《おもて》に現《あら》われたことだけ知《し》って、自《みずか》ら足《た》れりとする。限《かぎ》りなき深《ふか》い意味《いみ》、書《か》き表《あら》わせない、言葉《ことば》に現《あら》わせない、奥底《おくそこ》を考《かんが》えねば、ほんとうのことはわからない。まちがった考《かんが》えで終《お》わってしまう。

五、著欲《ぢゃくよく》＝深《ふか》く五欲《よく》に著《ぢゃく》することである。普通《ふつう》の生活上《せいかつじょう》の欲《よく》で、眼《げん》、耳《に》、鼻《び》、舌《ぜっ》、身《しん》の欲《よく》で、美《うつく》しい物《もの》を見《み》たい、綺麗《きれい》な声《こえ》をききたい、好《よ》い香《かおり》をかぎたい、うまい物《もの》が食《た》べたい、軟《やわ》らかい物《もの》に触《ふ》れたいというような欲《よく》で、それらの欲《よく》に執着《しゅうちゃく》することがいけない。五欲《よく》に執着《しゅうちゃく》する者《もの》は、困難《こんなん》を冒《おか》し仏《ほとけ》の教《おしえ》を学《まな》ぶ機根《きこん》がないのである。

六、不解《ふげ》＝聞《き》くとも「解《さと》ること能《あた》わず」わかることができないのは、その着眼《ちゃくがん》の急所《きゅうしょ》がはずれている。いくらきいても自分《じぶん》が勝手《かって》に解釈《かいしゃく》していると大事《だいじ》な点《てん》がわからない。

七、不信《ふしん》＝すべて自分《じぶん》をもって人《ひと》を推《お》すから不信《ふしん》の念《ねん》がおこる。自分《じぶん》たちの智慧《ちえ》はたかがしれたものだ。自分《じぶん》が信《しん》じないばかりか人《ひと》にも信《しん》じさせないようにすることは浅《あさ》ましいことで、その弊害《へいがい》は非常《ひじょう》に大《おお》きいのである。「一切世間《さいせけん》の仏種《ぶっしゅ》を断《だん》せん」世間《せけん》の仏《ほとけ》になる種《たね》をなくす罪《つみ》だから、非常《ひじょう》に大《おお》きな罪悪《ざいあく》である。

『若《も》し人《ひと》信《しん》ぜずして、此《こ》の経《きょう》を毀謗《きほう》せば、則《すなわ》ち一切世間《さいせけん》の、仏種《ぶっしゅ》を断《だん》せん』

八、顰蹙《ひんじゅく》＝憎《にく》む心《こころ》もちを顔《かお》かたちにあらわすことで、世《よ》の中《なか》に非常《ひじょう》に悪《わる》い影響《えいきょう》をあたえ

『或《あるい》は復顰蹙《またひんじゅく》して、疑惑《ぎわく》を懐《いだ》かん。汝当《なんじまさ》に此《こ》の人《ひと》の、罪報《ざいほう》を説《と》くを聴《き》くべし』

るのである。顔《かお》をしかめて教《おしえ》に対《たい》する反感《はんかん》をあらわすことである。教《おしえ》を行《おこな》う者《もの》に反感《はんかん》をあらわすことは、法華経《ほけきょう》のひろまるのをさまたげる事《こと》で大《おお》きな罪《つみ》である。笑顔《えがお》をもって接《せっ》せねばならぬ。

九、疑惑《ぎわく》＝一通《とお》りわけはわかっても、果《は》たしてそんなことができるかと躊躇《ちゅうちょ》することである。〝法華経《ほけきょう》は立派《りっぱ》なお経《きょう》であるが、それは理想《りそう》であって行《おこな》えそうもない〟と疑《うたが》う疑《ぎ》惑《わく》の人《ひと》がいると、他《た》の人《ひと》をも誘《さそ》って精進《しょうじん》する心《こころ》を失《うしな》わせる。この罪《つみ》も非常《ひじょう》に大《おお》きいのである。

『若《も》しは仏《ほとけ》の在世《ざいせ》、若《も》しは滅度《めつど》の後《のち》に、其《そ》れ斯《かく》の如《ごと》き、経典《きょうでん》を誹謗《ひほう》することあらん』

十、誹謗《ひほう》＝言葉《ことば》で悪《わる》くいうこと。他《た》の者《もの》を誹謗《ひほう》して自分《じぶん》を昂《たか》めようとする。ことに法華《ほけ》経《きょう》の信奉者《しんぽうしゃ》を誹謗《ひほう》する事《こと》は非常《ひじょう》な罪悪《ざいあく》である。

『経《きょう》を読誦《どくじゅ》し、書持《しょじ》することあらん者《もの》を見《み》て、軽賤憎嫉《きょうせんぞうしつ》して、結恨《けっこん》を懐《いだ》かん』

十一、軽善《きょうぜん》＝善《ぜん》を軽賤《きょうせん》することである。善《よ》い事《こと》は小《ちい》さくても、善《ぜん》は善《ぜん》に違《ちが》いない。小《ちい》さい善《ぜん》もつとめることによって大《おお》きな善《ぜん》を行《おこな》う力《ちから》が生《しょう》ずるのである。善《よ》い行《ぎょう》を軽《かろ》んぜず、これを賞讃《しょうさん》して善《ぜん》をはげむべきである。

十二、憎善《ぞうぜん》＝善《ぜん》を憎《にく》むことである。清廉潔白《せいれんけっぱく》な人《ひと》を苛《いじ》めだすようなこと。一人《ひとり》善《よ》い事《こと》をする者《もの》があると煙《けむ》たがる、いじめるという事《こと》はほんとうに悪《わる》い事《こと》である。善《よ》い行《ぎょう》をするように、もっと奮発《ふんぱつ》するようにすべきである。

十三、嫉善《しつぜん》＝善《ぜん》をねたむことである。「あいつ運《うん》のよい奴《やつ》だ。碌《ろく》な事《こと》もしないくせに」といって善《よ》い行《ぎょう》をした報《むく》いとして当然《とうぜん》の事《こと》であるのに、ねたむ、排斥《はいせき》する。これも大《おお》きな罪悪《ざいあく》である。

十四、恨善《こんぜん》＝善《ぜん》を行《おこな》う人《ひと》を敵《てき》として恨《うら》むことである。〝世《よ》の中《なか》には善《よ》い事《こと》をする者《もの》があるから自分《じぶん》たちは排斥《はいせき》されていかぬ〟と、〝善《よ》い事《こと》をしている奴《やつ》を追払《おいはら》ってしまおう。法華経《ほけきょう》を行《おこな》う者《もの》は追払《おいはら》ってしまえ〟ということになったら大変《たいへん》、大《おお》きな罪悪《ざいあく》である。

『此《こ》の人《ひと》の罪報《ざいほう》を、汝今復聴《なんじいままたき》け。其《そ》の人命終《ひとみょうじゅう》して、阿鼻獄《あびごく》に入《い》らん』

誹謗《ひほう》を十四種《しゅ》にわけて説明《せつめい》したが、法華経《ほけきょう》および、法華経《ほけきょう》の実行者《じっこうしゃ》にたいしてその誹《ひ》謗《ぼう》の一でも犯《おか》したその罪悪《ざいあく》の報《むく》いをよく聴《き》くがよい。その罪悪《ざいあく》を犯《おか》した者《もの》は、生命《せいめい》が終《お》わったならば阿鼻地獄《あびぢごく》（無間地獄《むけんぢごく》ともいって間断《かんだん》なく苦《く》をうけるところ）に堕落《だらく》してしまうのである。自分《じぶん》の作《つく》った罪《つみ》でまた自分《じぶん》が自然《しぜん》に苦《くる》しまねばならぬ。これを業報《ごうほう》という。

妙法蓮華経略義　二四二～二四六頁

◆日達上人

謗法罪《ほうぼうざい》とは

罪障《ざいしょう》の内《うち》でも謗法罪《ほうぼうざい》は特《とく》に大《おお》きなものです。〝そんな大《おお》きな罪《つみ》は犯《おか》したことはない〟と思《おも》い勝《が》ちですが、経典《きょうてん》を繙《ひもと》くと驚《おどろ》くことが挙《あ》げられています。

○つまらないことに頭《あたま》を使《つか》い、大事《だいじ》な仕事《しごと》をしないこと。
○自分《じぶん》をもって人《ひと》を推《お》し計《はか》ること。
○いくら聞《き》いても自分勝手《じぶんかって》に解釈《かいしゃく》して、大事《だいじ》な点《てん》がわからないこと。
○欲《よく》に執着《しゅうちゃく》しすぎること。
○すべての物事《ものごと》を自分中心《じぶんちゅうしん》に考《かんが》えること。

これらのことはいつも、誰《だれ》でも、簡単《かんたん》に行《おこ》なっていることです。徳積《とくつ》みを心《こころ》掛《が》けながら、こんなに罪障《ざいしょう》を重《かさ》ねていることに驚《おどろ》いてしまいます。

しかし、罪障《ざいしょう》といえども変《か》わらないものではありません。功徳《くどく》によって消滅《しょうめつ》してゆくことができます。

小学生《しょうがくせい》の頃《ころ》、西遊記《さいゆうき》を大変面白《たいへんおもしろ》く読《よ》みました。心踊《こころおど》る冒険小説《ぼうけんしょうせつ》です。これを法《ほう》の上《うえ》からみると、一段《だん》と面白《おもしろ》い話《はなし》になります。

三蔵法師《ぞうほうし》には三匹《びき》の家来《けらい》がいます。力《ちから》や能力《のうりょく》はあるのですが、すぐ怒《おこ》る孫悟空《そんごくう》。強《つよ》いくせに、異性《いせい》や食《た》べ物《もの》に弱《よわ》い猪八戒《ちょかい》。悪《わる》い役割《やくわ》りで、いつも文句《もんく》を言《い》う沙悟浄《さごじょう》。天竺《てんじく》への三千里《り》の旅《たび》には力強《ちからづよ》い家来《けらい》ですが、反面《はんめん》、この家来《けらい》のために災難《さいなん》に悩《なや》まされます。

この三匹《びき》はお気付《きづ》きのように、貪《とん》・瞋《じん》・痴《ち》の三毒《どく》を表《あら》わしています。物語《ものがた》りの世界《せかい》だけでなく、この家来《けらい》は私《わたくし》たちの心《こころ》に住《す》んでいるのです。大《おお》きな能力《のうりょく》を持《も》っていると同《どう》時《じ》に、罪障《ざいしょう》を作《つく》る力《ちから》を持《も》っているのが、私《わたくし》たちの心《こころ》です。良《よ》い方《ほう》の力《ちから》、功徳《くどく》を積《つ》むための力《ちから》を出《だ》せるように、一回《かい》でも多《おお》く講日《こうび》・法座《ほうざ》に出席《しゅっせき》し、一つでも多《おお》くの功徳《くどく》を積《つ》んでゆきましょう。

『月刊法音』第一九五号　六～七頁

何《なに》もしないのも謗法罪《ほうぼうざい》　多《おお》くの人《ひと》の中《なか》には〝私《わたくし》は何《なに》も悪《わる》いことをしていないから罪障《ざいしょう》などない〟という人《ひと》がいるかも知《し》れません。信仰《しんこう》の世界《せかい》ではどう見《み》るのでしょうか。

たしかに、盗《ぬす》みとか詐欺《さぎ》といった犯罪《はんざい》は犯《おか》していないかも知《し》れません。また、法華経《ほけきょう》を謗《そし》ったり、信仰《しんこう》の邪魔《じゃま》をしたりという謗法罪《ほうぼうざい》も犯《おか》していないかも知《し》れません。しかし法華経《ほけきょう》の世界《せかい》は、そうしたことだけが罪障《ざいしょう》を作《つく》るというのではありません。何《なに》もしないでいることも、罪障《ざいしょう》となるのです。

私共《わたくしども》は皆《みな》、仏《ほとけ》さまの世界《せかい》に住《す》む仏《ほとけ》さまの子《こ》どもでありますから、生《い》きている以上《いじょう》、慈悲《じひ》の行《おこ》ない、堪忍《かんにん》の行《おこ》ないをしてあたりまえです。〝人間《にんげん》は菩薩行《ぼさつぎょう》をするために生《う》まれてきた〟と法華経《ほけきょう》は説《と》きますから、日々《ひび》、徳《とく》を積《つ》もうともせず、人《ひと》を喜《よろこ》ばせようともしなければ法華経《ほけきょう》の教《おし》えに背《そむ》くことになり、立派《りっぱ》に謗法罪《ほうぼうざい》となります。

これは耳《みみ》の痛《いた》い話《はなし》です。閻魔《えんま》さまの前《まえ》へ行《い》くと、「私《わたくし》があげた命《いのち》を、自分《じぶん》のために使《つか》ったのと、人《ひと》のために使《つか》ったのと、どちらが多《おお》いですか」と聞《き》かれます。

私《わたくし》は今《いま》、こうして生《い》きています。しかしこれは、私《わたくし》の力《ちから》だけではありません。大《おお》勢《ぜい》の方《かた》のお世話《せわ》になっているのです。

食《た》べる物《もの》・着《き》る物《もの》、たとえ自分《じぶん》でお金《かね》を払《はら》って買《か》ったとしても、それ以上《いじょう》の施《ほどこ》しを受《う》けているのです。それが現在《げんざい》のみならず、この世《よ》に生《う》まれてから今日《きょう》まで、そして、死《し》ぬまでのことを考《かんが》えますと、いったいどれほど多《おお》くの人《ひと》のお世話《せわ》になり続《つづ》けてゆくかわかりません。そこで自分《じぶん》が何《なに》もしないということは、〝何《なん》の恩《おん》も報《ほう》じない〟ということになりますから、〝何《なに》も悪《わる》いことをしていない〟といっても通用《つうよう》しません。

生《い》きている以上《いじょう》、自分《じぶん》が受《う》けた施《ほどこ》しを、何《なに》かの形《かたち》で返《かえ》してゆくのは当然《とうぜん》です。多《おお》くの、まわりの方《かた》の堪忍《かんにん》のおかげで今《いま》があるのですから、自分《じぶん》が堪忍《かんにん》をするのはあたりまえです。それは、自分《じぶん》だけがすることではありません。自分《じぶん》も、菩薩行《ぼさつぎょう》の仲間《なかま》入《い》りをさせて頂《いただ》くという、それだけのことなのです。

『月刊法音』第二五七号　八〜一〇頁

阿鼻地獄《あびぢごく》に堕《お》ちる罪《つみ》　阿鼻地獄《あびぢごく》に堕《お》ちる人《ひと》は、「五逆《ぎゃく》・謗法《ほうぼう》」という大罪《だいざい》を犯《おか》した人《ひと》であります。この罪業《ざいごう》は「仏種《ぶっしゅ》を断《だん》ずる」と言《い》い、仏《ほとけ》に成《な》る種《たね》をなくして成仏《じょうぶつ》できないというものです。

謗法罪《ほうぼうざい》は、法華経譬喩品《ほけきょうひゆほん》に「十四誹謗《ひぼう》」として説《と》かれています。

十四ある罪《つみ》のうち、二つや三つはどなたも心当《こころあ》たりがあると思《おも》います。それでは全員《ぜんいん》が地獄行《ぢごくい》きで、極楽《ごくらく》には一人《ひとり》も行《い》けないことになります。

もし謗法罪《ほうぼうざい》を犯《おか》せば、〝地獄行《ぢごくい》きの切符《きっぷ》を一枚持《まいも》った〟ということです。二つ犯《おか》せば急行券《きゅうこうけん》が付《つ》き、三つ犯《おか》せば特急券《とっきゅうけん》です。もちろん停車駅《ていしゃえき》はありませんから、ノンストップの超特急《ちょうとっきゅう》で地獄行《ぢごくい》きです。しかも、罪《つみ》を重《かさ》ねればたくさんの地獄《ぢごく》が待《ま》つことになりますから、怖《こわ》いことです。

〝あび獄《ごく》の底《そこ》に苦《くる》しむ者共《ものども》も
　この法《のり》きけば記《き》をあたえらる〟　御開山上人御詠《ごかいさんしょうにんぎょえい》。

〝そんな報《むく》いを受《う》けなければならない悪業《あくごう》があっても、法華経《ほけきょう》を聞《き》いて実行《じっこう》すれば地獄《ぢごく》行《い》きの切符《きっぷ》をキャンセルでき、極楽行《ごくらくい》きの切符《きっぷ》に切換《きりか》えることができる〟と、御開山上《ごかいさんしょう》人《にん》は法華経《ほけきょう》の心《こころ》を教《おし》えて下《くだ》さっています。大変《たいへん》ありがたい教《おし》えに出会《であ》うことができたのです。

どんな教《おし》えでも、〝行《おこ》ないが悪《わる》いから救《すく》われない〟というのでは意味《いみ》がありません。

〝この印鑑《いんかん》を使《つか》わないと商売《しょうばい》がうまくゆかない〟とか〝名前《なまえ》が悪《わる》いから改名《かいめい》しなさい〟

とか〝家《いえ》の建《た》て方《かた》が悪《わる》いから病気《びょうき》になった〟などと、いかにも宗教《しゅうきょう》らしきことを言《い》う人《ひと》が世《よ》の中《なか》にはいますが、そういう類《たぐい》のものは信仰《しんこう》でも何《なん》でもありません。単《たん》なる脅《おど》しです。信仰《しんこう》という以上《いじょう》、自分《じぶん》で犯《おか》した罪障《ざいしょう》があり、地獄《ぢごく》に行《い》く種《たね》があっても、一方《ぽう》で、〝その罪《つみ》を上回《うわまわ》る徳《とく》を積《つ》む道《みち》がある〟というのでなければ意味《いみ》がありません。法華経《ほけきょう》は、たとえ五逆《ぎゃく》・謗法《ほうぼう》の大罪《だいざい》を犯《おか》した大悪人《だいあくにん》でも、この先《さき》の生《い》き方次第《かたしだい》で極楽《ごくらく》へ行《い》く、つまり、〝生《い》きている今《いま》、三徳《とく》を実行《じっこう》して徳《とく》を積《つ》んでゆくなら成仏《じょうぶつ》でき、本当《ほんとう》の幸《しあわ》せになることができる〟と教《おし》えているのであります。

『月刊法音』第二八〇号　八～一〇頁

懺悔の事

〝あるは罪《つみ》なきは功徳《くどく》と今《いま》ぞ知《し》り
やがてむくいの善《よ》き種《たね》ぞまく〟

宗玄大徳御詠

◆経典

◇身《み》は爲《こ》れ機關《きかん》の主《しゅ》、塵《ちり》の風《かぜ》に隨《したが》って轉《てん》ずるが如《ごと》し。六《△》賊《ぞく》中《なか》に遊戯《ゆけ》して、自在《じざい》にして罣《さわ》礙《り》なし。若《も》し此《こ》の惡《あく》を滅《めっ》して、永《なが》く諸《もろもろ》の塵勞《じんろう》を離《はな》れ、常《つね》に涅槃《ねはん》の城《しろ》に處《しょ》し、安樂《あんらく》にして心憺怕《こころたんぱく》ならんと欲《ほっ》せば、當《まさ》に大乘經《だいじょうきょう》を誦《じゅ》して、諸《もろもろ》の菩薩《ぼさつ》の母《はは》を念《ねん》ずべし。無量《むりょう》の勝《△しょう》方便《ほうべん》は、實相《じっそう》を思《おも》うに從《よ》って得《う》。此《か》の如《ごと》き等《ら》の六法《ほう》を、名《な》づけて六情根《じょうこん》とす。一切《さい》の業障《ごうしょう》海《かい》は、皆《みな》妄想《もうぞう》より生《しょう》ず。若《も》し懺悔《さんげ》せんと欲《ほっ》せば、端坐《たんざ》して實相《じっそう》を思《おも》え。衆罪《しゅざい》は霜露《そうろ》の如《ごと》し、慧日《えにち》能《よ》く消除《しょうじょ》す。是《こ》の故《ゆえ》に至心《ししん》に、六情根《じょうこん》を懺悔《さんげ》すべし。

佛説観普賢菩薩行法經　四一七〜四一八頁

◆懺悔文

◇仰《あお》ぎ願《ねが》わくば　三寶《ぼう》俯《ふ》して　照鑑《しょうかん》を垂《た》れ給《たま》え。夫《そ》れ懺悔《ざんげ》は　治病《じびょう》の妙薬《みょうやく》　開運《かいうん》の祕法《ひほう》なり。若《も》し　難病《なんびょう》を平癒《へいゆ》し　惡運《あくうん》を除《のぞ》かんと欲《ほっ》せば　すべからく懺悔《ざんげ》すべし。因果《いんが》のことわりは　嚴正《げんせい》にして犯《おか》し難《がた》し。微罪《びざい》も猶《なお》　惡報《あくほう》をまぬがれず　況《いわ》んや　不孝《ふこう》　不義《ふぎ》不正《ふせい》　不貞《ふてい》　不倫《ふりん》　背徳《はいとく》　忘恩《ぼうおん》の　大罪《だいざい》に於《お》てをや。積《つも》りて　難病《なんびょう》の因《もと》となり　あつまりて　災厄《さいやく》の縁《えん》となる。倩《つらつ》ら惟《おも》うに　われ等《ら》無始《むし》よりこのかた　無明《むみょう》の酒《さけ》に酔《よ》いて　造《つく》るところの罪業《ざいごう》　無量無邊《むりょうむへん》なり。あるいは子《こ》となりて　親《おや》を嘆《なげ》かしめ　或《あるい》は弟子《でし》となりて　師《し》をば輕《かろ》んじ　或《あるい》は從者《しもべ》となりて　主《しゅ》に背《そむ》き　或《あるい》は夫《おっと》となりて　妻《つま》を虐《しいた》げ　或《あるい》は妻《つま》となりて　夫《おっと》を尅《こく》し　或《あるい》は　姑《しゅうとめ》となりて　嫁《よめ》を憎《にく》み　或《あるい》は兄弟姉妹《きょうだいしまい》　相争《あいあらそ》い　或《あるい》は繼母《はは》となりて　子《こ》を愛《あい》せず　或《あるい》は他人《たにん》の不利《ふり》を計《はか》り　或《あるい》は約束《やくそく》を守《まも》らず　或《あるい》は惡口《あくこう》　兩舌《りょうぜつ》妄語《もうご》　綺語《きご》をもてあそび　或《あるい》は邪淫《じゃいん》を行《おこな》い　或《あるい》は亂暴《らんぼう》を働《はたら》き　或《あるい》は殺生《せっしょう》し　或《あるい》は偷盗《ちゅうとう》をなし　或《あるい》は強情《ごうじょう》にして他《た》と和《わ》せず　或《あるい》は冷酷《れいこく》にして他《た》を愛《あい》せず　或《あるい》は憍慢《きょうまん》にして他《た》を蔑《ないがし》ろにし　或《あるい》は執念深《しゅうねんぶか》くして他《た》を怨《あだ》み　或《あるい》は非道《ひどう》にして他《た》を苦《くる》しめ　或《あるい》は強慾《ごうよく》にして物《もの》を惜《おし》み　殊《こと》に　妙法《みょうほう》の弘《ひろ》まらせ給《たも》う妨《さまた》げをするなど　斯《かく》の如《ごと》き惡業《あくごう》を集《あつ》めて　いかでか悪報《あくほう》をまぬがれんや。これは宿業《しゅくごう》のみにあらず　今世《こんぜ》に於《おい》て　更《さら》に罪《つみ》を造《つく》れるに於《おい》てをや。

夫《そ》れ　黒《くろ》き衣《ころも》を纏《まと》える者《もの》は　襟《えり》の裏《うら》の垢《あか》を覺《さと》らず　白《しろ》き衣《ころも》を纏《まと》える者《もの》は　少《すく》き不浄《あか》をも畏《おそ》る。幸《さいわい》なるかなわれ等《ら》　宿福甚厚《しゅくふくじんこう》の　幸《さいわい》あって　遭《あ》い難《がた》き妙法《みょうほう》に遭《あ》いたてまつり　御佛《みほとけ》の御前《みまえ》に跪《ひざまづ》きて　深《ふか》く懺悔滅罪《ざんげめつざい》の　心《こころ》を起《おこ》すことを得《え》たり。經《きょう》に曰《いわ》く　一切《さい》の業障海《ごっしょうかい》は　皆妄想《みなもうぞう》より生《しょう》ず　若《も》し懺悔《ざんげ》せんと欲《ほっ》せば　端座《たんざ》して實相《じっそう》を思《おも》え　衆罪《しゅざい》は霜露《そうろ》の如《ごと》し　慧日《えにち》よく消除《しょうじょ》すと。仰《あお》ぎ願《ねが》わくば　唱《とな》え奉《たてまつ》る　南無妙法蓮華經《なむみょうほうれんげきょう》の慧日《えにち》　靈光《れいこう》を放《はな》ちて　われ等《ら》無始《むし》の惑業《わくごう》を滅《めっ》し　速《すみや》かに病苦《びょうく》を救《すく》い　定業《じょうごう》をして轉《てん》じて　現世安穏《げんぜあんのん》の大利益《だいりやく》を　授《さず》け給《たま》わんことを　至心《ししん》に懺悔《ざんげ》し　一心《いっしん》に祈《いの》りたてまつる。南無《なむ》十方《ぽう》三世《ぜ》一切諸佛《さいしょぶつ》　世尊菩薩摩訶薩《せそんぼさつまかさつ》　平等大慧《びょうどうだいえ》　一乗妙法蓮華經《じょうみょうほうれんげきょう》　南無妙法蓮華經《なむみょうほうれんげきょう》。

法音寺禮拜文

◆遺　文

◇螻蟻蚊蝱等《△ろうぎもんもうとう》の小蟲《しょうちゅう》を殺《ころ》せる者《もの》も、懺悔《ざんげ》なければ必《かなら》ず此《こ》の地獄《ぢごく》に堕《お》つべし。譬《たと》えば、鐵《くろがね》は鍼《はり》なれども水《みづ》の上《うえ》におけば沈《しづ》まざることなきが如《ごと》し。又懺悔《またざんげ》すれども懺悔《ざんげ》の後《のち》に重《かさ》ねて罪《つみ》を作《つく》れば、後《のち》の懺悔《ざんげ》には此《こ》の罪消《つみき》えがたし。譬《たと》えば、盗《ぬすみ》をして獄《ひとや》に入《い》りぬるものの、しばらく經《へ》て後《のち》に御免《みゆるし》を蒙《こうむ》りて獄《ごく》を出《い》づれども、又重《またかさ》ねて盗《ぬすみ》をして獄《ひとや》に入《い》りぬれば、出《い》でゆるされがたきが如《ごと》し。

顯謗法鈔　四五五頁

◇針《はり》は水《みづ》に沈《しづ》み、雨《あめ》は空《そら》に止《とど》まらず。蟻《あ》子《り》を殺《ころ》せる者《もの》は地獄《ぢごく》に入《い》り、死屍《しかばね》を切《き》れる者《もの》は惡道《あくどう》を免《まぬが》れず。何《いか》に況《いお》や人身《にんしん》を受《う》けたる者《もの》を殺《ころ》せる人《ひと》をや。但《ただ》し大石《たいせき》も海《うみ》に浮《うか》ぶ船《ふね》の力《ちから》なり。大火《たいか》を消《け》す事水《ことみづ》の用《よう》にあらずや。小罪《しょうざい》なれども懺悔《ざんげ》せざれば惡道《あくどう》を免《まぬが》れず。大逆《だいぎゃく》なれども懺悔《ざんげ》すれば罪消《つみき》ゆ。

光日房御書　一三九二頁

◇病《やまい》に二あり、一に輕病《けいびょう》、二に重病《ぢゅうびょう》。重病《ぢゅうびょう》すら善《よ》き醫《くすし》に値《あ》いて急《きゅう》に對治《たいぢ》すれば命猶存《いのちなおそん》す、何《いか》に況《いわ》や輕病《けいびょう》をや。業《ごう》に二あり、一には定業《ぢょうごう》、二には不定業《ふぢょうごう》。定業《ぢょうごう》すら能《よ》く懺悔《ざんげ》すれば必《かなら》ず消滅《しょうめつ》す。何《いか》に況《いわ》や不定業《ふぢょうごう》をや。

法華經に依りて定業を延ぶべき事　一七四七頁

◆御開山上人

仏説観普賢菩薩行法経の事《ぶっせつかんふげんぼさつぎょうほうきょうのこと》

法華経《ほけきょう》と無量義経《むりょうぎきょう》と観普賢経《かんふげんきょう》は、あわせて法華《ほっけ》の三部経《ぶきょう》と言《い》われています。天台大師《てんだいたいし》が法華経《ほけきょう》をお弘《ひろ》めになるころ、この三つの経《きょう》を一緒《しょ》に読《よ》まれたということであります。

法華経《ほけきょう》は、一切《さい》の人《ひと》がみな仏《ほとけ》に成《な》ることを教《おし》えられた一番尊《ばんとうと》いお経《きょう》であります。人間《にんげん》は仏《ほとけ》になる本性《ほんしょう》を持《も》っていることも説《と》かれてありますが、人間《にんげん》の心《こころ》の中《なか》には迷《まよ》いがあり、煩悩《ぼんのう》がありまして、仏《ほとけ》になる本性《ほんしょう》があっても、その本性《ほんしょう》を充分《じゅうぶん》に発揮《はっき》することができないのです。ここに於《お》いて、心《こころ》の迷《まよ》いをなくすることが必要《ひつよう》でありまして、その心《こころ》の迷《まよ》いをなくするために「懺悔《さんげ》」ということが必要《ひつよう》であります。自分《じぶん》の気《き》がつかない間《あいだ》にいろいろな煩悩《ぼんのう》が大《おお》きくなってきているのでありますから、たえず自分《じぶん》の心《こころ》を振《ふ》り返《かえ》って間違《まちが》ったところを直《なお》し、自分《じぶん》の足《た》りないところを補《おぎな》ってゆくようにしなければなりません。その自《みずか》らの足《た》りないところを省《かえり》みることを教《おし》えたお経《きょう》が、仏説観普賢菩薩行法経《ぶっせつかんふげんぼさつぎょうほうきょう》であります。

御開山上人御遺稿集　八九〜九〇頁

六根《こん》（六情根《じょうこん》）清浄《しょうじょう》の事《こと》　六根《こん》とは、眼《げん》・耳《に》・鼻《び》・舌《ぜつ》・身《しん》・意《い》の六つで、〝この六根《こん》を清浄《しょうじょう》にする修行《しゅぎょう》をせねばならぬ〟ということです。修行《しゅぎょう》といってもこれは、日常《にちじょう》私《わたくし》たちにできることであります。

第《だい》一は、眼根《げんこん》を清浄《しょうじょう》にすることです。今日《きょう》までの悪《わる》い行《おこ》ないの報《むく》いとして、物事《ものごと》の真《しん》実《じつ》がわからなくなった者《もの》は、大乗《だいじょう》の教《おし》えを繰《く》り返《かえ》し繰《く》り返《かえ》し読《よ》んで、考《かんが》えなければならないのであります。

第《だい》二は、耳根《にこん》を清浄《しょうじょう》にすることです。間違《まちが》ったことを聞《き》いて、正《ただ》しいことを聞《き》けないようではお互《たが》いに和合《わごう》の心持《こころも》ちが欠《か》け、互《たが》いに衝突《しょうとつ》しあって自分《じぶん》の頼《たよ》りになる者《もの》もいなくなり、人生《じんせい》に平和《へいわ》というものがなくなります。一切《さい》の迷《まよ》いを離《はな》れて、尊《とうと》い根本《こんぽん》の理《り》を考《かんが》えると、天耳《てんに》といって十方《ぽう》の声《こえ》が思《おも》うとおり聞かれ、一切《さい》の障《さわ》りを超越《ちょうえつ》した耳《みみ》となります。

第《だい》三は、鼻根《びこん》を清浄《しょうじょう》にすることです。いろいろな香《かお》りに執着《しゅうちゃく》して、間違《まちが》った感情《かんじょう》を起《お》こし易《やす》いのです。大乗《だいじょう》の教《おし》えを読《よ》み、真実《しんじつ》の道理《どうり》を考《かんが》えることができるならば、迷《まよ》いを生《しょう》じて凡夫《ぼんぷ》の生活《せいかつ》にもどるということはなく、後《のち》の生命《せいめい》まで非常《ひじょう》に良《よ》いものになるのです。

第四《だい》は、舌根《ぜっこん》を清浄《しょうじょう》にすることです。舌《した》は煩《わずら》いの因《いん》であります。妄語《もうご》・悪口《あっこう》・両舌《りょうぜつ》・綺語《きご》・誹謗《ひぼう》などの因《いん》であります。大乗《だいじょう》の教《おし》えを読《よ》んで心《こころ》の乱《みだ》れたところを調《ととの》え、一切《さい》の人々《ひとびと》を幸福《こうふく》にしてやりたいという心《こころ》がけで修行《しゅぎょう》してゆけば、その罪業《ざいごう》を償《つぐな》うことができるのであります。

第五《だい》は、心根《しんこん》を清浄《しょうじょう》にすることです。心《こころ》の動《うご》きというものは、猿《さる》が樹《き》の枝《えだ》を飛《と》び回《まわ》るように、しばらくもとどまることがありません。大乗《だいじょう》の教《おし》えを学《まな》び、仏《ほとけ》の力《ちから》、仏《ほとけ》さまが教《おし》えをお説《と》きになるときの態度《たいど》などをよく考《かんが》えて、〝自分《じぶん》は仏《ほとけ》にならなければならないのだ〟という決心《けっしん》をすることが、自分《じぶん》をよくする道《みち》であります。

自分《じぶん》の心《こころ》の煩悩《ぼんのう》をおさえて仏性《ぶっしょう》を発揮《はっき》させ、小《ちい》さな自分《じぶん》の欲望《よくぼう》を捨《す》て、自分《じぶん》の本来《ほんらい》の使命《しめい》を全《まっと》うするために努力《どりょく》せねばならないのであります。そうすれば心《こころ》の進《すす》みようが正《ただ》しく定《さだ》まってきます。それには、仏《ほとけ》さまの大乗《だいじょう》の教《おし》えを繰《く》り返《かえ》し繰《く》り返《かえ》し学《まな》んで、自分《じぶん》の心《こころ》を折伏《しゃくぶく》しなければならないのです。

第六《だい》は、身体《からだ》を清浄《しょうじょう》にすることです。身体《からだ》はいろいろな働《はたら》きをつかさどりますが、この身体《からだ》の状態《じょうたい》というものは、塵《ちり》の風《かぜ》に随《したが》って転《てん》ずるようなもので、周囲《しゅうい》の事情《じじょう》や刺激《しげき》によってぐるぐる変《かわ》ってゆくのであって、統《とう》一も方角《ほうがく》も定《さだ》まっていない状態《じょうたい》なのであります。経《きょう》に「六賊中《ぞくなか》に遊戯《ゆけ》して　自在《じざい》にして罣礙《さわり》なし」（仏説観普賢菩薩行法経《ぶっせつかんふげんぼさつぎょうほうきょう》）とありますが、見《み》たり聞《き》いたりすることがみな自分《じぶん》の妨《さまた》げとなって、その妨《さまた》げが自分《じぶん》の身《み》の中《なか》に自由自在《じゆうじざい》に力《ちから》を恣《ほしいまま》にして、迷《まよ》いが勢力《せいりょく》をもってしまうのであります。

御開山上人御遺稿集　九五～九七頁

◆日達上人　懺悔のお話

懺悔文《ざんげもん》『懺悔《ざんげ》は　治病《じびょう》の妙薬《みょうやく》　開運《かいうん》の秘法《ひほう》なり。若《も》し　難病《なんびょう》を平癒《へいゆ》し　悪運《あくうん》を除《のぞ》かんと欲《ほっ》せば　すべからく懺悔《ざんげ》すべし』（法音寺礼拝文《ほうおんじらいはいもん》）

懺悔《ざんげ》とは〝自分《じぶん》の犯《おか》した罪《つみ》を恥《は》じ、その罪《つみ》を人《ひと》に告白《こくはく》して許《ゆる》しを乞《こ》う〟という意味《いみ》であります。そしてもう一つには〝人《ひと》を責《せ》めない〟という意味《いみ》もあります。

懺悔《ざんげ》をすると病気《びょうき》が治《なお》り、運《うん》が開《ひら》けると言《い》われています。病気《びょうき》になる原因《げんいん》の大半《たいはん》が、怒《おこ》ったり、人《ひと》を憎《にく》んだりする心遣《こころづか》いにあることは申《もう》すまでもありません。そして悪《わる》いことに、病気《びょうき》になれば余計《よけい》に心《こころ》が狭《せま》くなり、さらに堪忍《かんにん》を破《やぶ》るという罪障《ざいしょう》を重《かさ》ねます。こうしたことを繰《く》り返《かえ》し繰《く》り返《かえ》し、循環《じゅんかん》して行《おこ》ないますからなかなか治《なお》りません。これは、病気《びょうき》に限《かぎ》ったことではありません。私共《わたくしども》の日常《にちじょう》を考《かんが》えますとき、思《おも》うようにならないこと、苦《くる》しいこと、本当《ほんとう》にいろいろなことがあります。そうした場《ば》に直面《ちょくめん》しますと、人間《にんげん》はなかなか、自分《じぶん》の罪障《ざいしょう》のせいとは思《おも》いません。〝こうなったのもあいつのせい。あのやろう、このやろう〟と人《ひと》を責《せ》め、憎《にく》み、そのことによってさらに罪障《ざいしょう》を積《つ》み重《かさ》ねてしまうのです。どこかでこの悪循環《あくじゅんかん》を断《た》ち切《き》らねばなりません。それが懺悔《ざんげ》であります。「懺悔文《ざんげもん》」にはとてもたくさん罪《つみ》の本《もと》が記《しる》されていますが、中《なか》から、日常最《にちじょうもっと》も犯《おか》し易《やす》い罪業《ざいごう》を考《かんが》えてまいりましょう。

子《こ》となりて親《おや》を嘆《なげ》かしめる　子《こ》どもの頃《ころ》を振《ふ》り返《かえ》ってみて、みなさんどうでしょう。私自身《わたくしじしん》も思《おも》い出《だ》されますが、たしかに言《い》われる通《とお》りであります。〝こうしなさい〟と言《い》われてもしなかったし、逆《さか》らってばかりいて随分親《ずいぶんおや》を困《こま》らせたのではないでしょうか。翻《ひるがえ》って、親《おや》の立場《たちば》から子《こ》どもを見《み》てみましょう。子《こ》どもが親《おや》の言《い》うことを聞《き》くのは小《ちい》さい内《うち》だけで、成長《せいちょう》するにつれて理屈《りくつ》ばかり達者《たっしゃ》になり、なかなか言《い》うことを聞《き》きません。それをそのまま見《み》ますと〝子《こ》どもが悪《わる》い〟となりましょうが、因縁《いんねん》を考《かんが》えますと、そうばかりも言《い》っておられません。そうでしょう。今《いま》、自分《じぶん》の子《こ》どもが言《い》うことを聞《き》かないのは、自分《じぶん》が子《こ》どものとき親《おや》を困《こま》らせた、その罪《つみ》が因果《いんが》となって現在《げんざい》に現《あら》われているのです。ですからただ単《たん》に、子《こ》どもだけを責《せ》めるのは間違《まちが》いということになります。すべてこのように考《かんが》えてゆかなければならないのであります。

夫《おっと》となりて妻《つま》を虐《しいた》げ、妻《つま》となりて夫《おっと》を尅《こく》す　たとえば、自分《じぶん》の言《い》うことを奥《おく》さんが全《まった》く聞《き》かなかったとしましょう。普通《ふつう》に考《かんが》えれば〝女房《にょうぼう》が悪《わる》い〟となりますが、そうではありません。〝過去世《かこせ》に自分《じぶん》が逆《ぎゃく》の立場《たちば》にあって、相手《あいて》に迷惑《めいわく》をかけたという因縁《いんねん》があったから今《いま》そうなっている〟と考《かんが》えなければなりません。今世《こんぜ》だけを考《かんが》えると、〝どうしてこんな人《ひと》と一緒《しょ》になったのか〟と思《おも》うこともありましょうが、夫婦《ふうふ》になるということは本当《ほんとう》に不思議《ふしぎ》な因縁《いんねん》であります。そういう深《ふか》い因縁《いんねん》に結《むす》ばれた二人《ふたり》が、お互《たが》いに勝手《かって》なことをして傷《きず》つけ合《あ》うのは、決《けっ》して偶然《ぐうぜん》の出来事《できごと》ではありません。〝お互《たが》いがそうなる因縁《いんねん》を過去世《かこせ》に蒔《ま》いて来《き》たから今《いま》めでたく実《みの》り、結果《けっか》となって現《あら》われた〟というように考《かんが》えてゆかなければならないのです。相手《あいて》を憎《にく》み、責《せ》めるのではなく、自分《じぶん》の罪障《ざいしょう》を憎《にく》む、つまり、懺悔《ざんげ》をしてその罪《つみ》を消滅《しょうめつ》する努力《どりょく》をしてゆかなければならないのであります。

姑《しゅうとめ》となりて嫁《よめ》を憎《にく》む

最近《さいきん》は、お嫁《よめ》さんがお姑《しゅうとめ》さんに辛《つら》く当《あ》たる場合《ばあい》もよく見受《みう》けられます。お寺《てら》に来《こ》られると、まことに面白《おもしろ》いもので、別々《べつべつ》に来《き》てはお互《たが》いに悪口《わるくち》を言《い》って帰《かえ》って行《い》かれます。聞《き》いているだけでは何《なん》にもなりませんから、何《なん》とかうまくゆくようにしてあげなければなりません。しかし、本人《ほんにん》たちがその気《き》にならなければどうにもなりません。この世界《せかい》は因縁《いんねん》の世界《せかい》でありますから、本人《ほんにん》たちがそうなっている因縁《いんねん》を悟《さと》り、何《なん》とか変《か》えてゆこうと努力《どりょく》しなければ解決《かいけつ》しないのです。

すべての人間関係《にんげんかんけい》について言《い》えることですが〝相手《あいて》が悪《わる》い。相手《あいて》が先《さき》に直《なお》すべきだ〟と思《おも》っている内《うち》は、決《けっ》してよくなりません。まして〝相手《あいて》が辛《つら》くあたるからこちらも〟というようなことを考《かんが》えていては、悪《わる》い方《ほう》に悪《わる》い方《ほう》にと進《すす》んでゆくだけで、ますます泥沼《どろぬま》にはまり込《こ》んでしまいます。こうした場合《ばあい》、まず自分《じぶん》の方《ほう》が先《さき》に変《か》えてゆかなければならないのです。こちらが変《か》われば必《かなら》ず相手《あいて》も変《か》わるというのが、因縁《いんねん》です。辛《つら》くあたってくる人《ひと》に対《たい》しては、できにくいことではありましょうが、何《なん》とかして相手《あいて》を喜《よろこ》ばせようとしてゆくのです。言葉《ことば》で、笑顔《えがお》で、あるいは物質的《ぶっしつてき》な施《ほどこ》しでも何《なん》でも、とにかく自分《じぶん》のできることで喜《よろこ》んで頂《いただ》ける方法《ほうほう》を考え、実行《じっこう》するのです。いくら意地《いじ》の悪《わる》い人《ひと》でも、自分《じぶん》が認《みと》められ、大切《たいせつ》にされれば悪《わる》い気《き》はしないでしょう。お嫁《よめ》さんもお姑《しゅうとめ》さんもいろいろなことを言《い》いますが、つまるところ何《なに》を言《い》いたいのかというと〝私《わたくし》を大切《たいせつ》にしてほしい〟と言《い》いたいのです。ただお互《たが》いに「我《が》」が強《つよ》いものですから、素直《すなお》に言《い》えないのです。その「我《が》」が愚痴《ぐち》を言《い》い、悪口《わるくち》を言《い》い、態度《たいど》を邪険《じゃけん》にしているだけで、本心《ほんしん》は〝ほめられたい。大切《たいせつ》にされたい〟ということ以外《いがい》にありません。誰《だれ》もがそう思《おも》っているのですから、そうしてあげればいいわけです。気《き》がついた方《ほう》が先《さき》にしてあげるのです。

「あいさつ」などいい例《れい》です。殊《こと》に近頃《ちかごろ》の子《こ》どもは、あいさつを知《し》らないのではないかと思《おも》える程《ほど》、いたしません。しかし一概《がい》に子《こ》どもばかりを責《せ》めるのは間違《まちが》いです。はっきり言《い》ってこれは、親《おや》が悪《わる》いのです。皆《みな》さんのご家庭《かてい》はいかがでしょう。親同志《おやどうし》、朝起《あさお》きたときあいさつをするでしょうか。子《こ》どもに〝おはよう〟と言《い》うでしょうか。朝《あさ》、だまって起《お》きて来《き》て、だまってごはんを食《た》べ、だまって家《いえ》を出《で》て行《い》く家庭《かてい》が多《おお》いのではないでしょうか。そのような環境《かんきょう》に育《そだ》った子《こ》どもにあいさつなどできるわけがありません。そういう家《いえ》の人《ひと》に限《かぎ》って〝なぜ親《おや》が子《こ》どもにあいさつをしなければならないのだ。子《こ》どもから先《さき》にするのが当然《とうぜん》じゃないか〟と言《い》われますが、ほっておかれた子《こ》どもが先《さき》にする筈《はず》がないでしょう。子《こ》どもにあいさつをさせるには、親同志《おやどうし》がまず交《か》わし合《あ》い、そして、子《こ》どもにも〝おはよう〟と声《こえ》を掛《か》けなければならないのです。

そういう因縁《いんねん》を、常日頃《つねひごろ》から作《つく》っておくことが大切《たいせつ》です。気《き》がついた方《ほう》が先《さき》に善《よ》い因《いん》縁《ねん》を作《つく》るということが、人間関係《にんげんかんけい》を円滑《えんかつ》にする秘訣《ひけつ》であります。

兄弟姉妹相争《きょうだいしまいあいあらそ》う

兄弟姉妹《きょうだいしまい》の争《あらそ》いは、殊《こと》に遺産相続《いさんそうぞく》の時《とき》によく見受《みう》けられます。その原《げん》因《いん》を一口《くち》に申《もう》しますと、財産《ざいさん》に徳《とく》がないからです。〝正当《せいとう》な〟と言《い》いますか、功徳《くどく》の結《けっ》果《か》としてできた財産《ざいさん》なら、そのような問題《もんだい》は起《お》きないのでしょうが、無理《むり》に作《つく》った財産《ざいさん》ですと、どうしたものか兄弟姉妹《きょうだいしまい》の争《あらそ》いがよく起《お》きるのです。また、徳《とく》のない財産《ざいさん》はもらった側《がわ》も、結果《けっか》としてよくありません。そのお金《かね》のために身《み》を誤《あやま》った例《れい》は、この世《よ》の中《なか》いくらもあるでしょう。財産《ざいさん》を子《こ》どもたちに残《のこ》したいのであれば、徳《とく》のついた財産《ざいさん》にするよう、普段《ふだん》から修養《しゅうよう》に励《はげ》むことが大切《たいせつ》です。

殺生《せっしょう》をする　殺生《せっしょう》をしないために肉《にく》・魚類《さかなるい》を食《た》べないという宗教教団《しゅうきょうきょうだん》もありますが、しかし、野菜類《やさいるい》、たとえば大根《だいこん》でも人参《にんじん》でも生命《せいめい》はある筈《はず》です。お米《こめ》もそうです。切り刻《きざ》んで赤《あか》い血《ち》のでることだけが殺生《せっしょう》ではないのです。人間《にんげん》は、一日《にち》として殺生《せっしょう》をしなくては生《い》きてゆかれません。言《い》い換《か》えれば、一日《にち》生《い》きることは一日分《にちぶん》の殺生《せっしょう》をしていることになるのです。そこで、どのように心《こころ》がけて生《い》きてゆくか、それが大切《たいせつ》です。

先立《せんだ》って小学生《しょうがくせい》の作文《さくぶん》を読《よ》みました。その学校《がっこう》では日頃《ひごろ》から、生《い》き物《もの》の命《いのち》を奪《うば》ってはいけないと教《おし》えていたのですが、フナの解剖実験《かいぼうじっけん》をしたことがありました。その時《とき》の作《さく》文《ぶん》です。

「フナは、どんな場面《ばめん》になっても必死《ひっし》に生《い》きようとしていた。そのフナをボクは殺《ころ》してしまった。フナさんごめんなさい。フナさんごめんなさい。これからボクは、フナさんの命《いのち》まで一緒《しょ》に生《い》きますから、フナさん許《ゆる》してください」

フナの命《いのち》と共《とも》に生《い》きるという、ここに人間《にんげん》として生《い》きる責任《せきにん》があるのです。米《こめ》の命《いのち》、大根《だいこん》の命《いのち》、いろいろな生《い》き物《もの》の命《いのち》を取《と》らなければ生《い》きてゆかれないのなら、それらの命《いのち》を受《う》け継《つ》ぎ、命《いのち》を奪《うば》っても生《い》きてゆく価値《かち》のある生《い》き方《かた》をしてゆく、ということです。

そうでなければ、命《いのち》を取《と》られた生《い》き物《もの》が成仏《じょうぶつ》できません。ひいては、私共《わたくしども》の成仏《じょうぶつ》もあり得《え》ないのであります。

妙法《みょうほう》の弘《ひろ》まらせ給《たも》う妨《さまた》げをする謗法罪《ほうぼうざい》であります。あえて妙法《みょうほう》の悪口《わるくち》を言《い》わなくとも犯《おか》し易《やす》いことですので、くれぐれも注意《ちゅうい》が必要《ひつよう》です。

〝あの人《ひと》は法音寺《ほうおんじ》に行《い》ってお話《はなし》を聞《き》いているというけど、人《ひと》の悪口《わるくち》をよく言《い》うし、すぐ怒《おこ》る〟などと言《い》われたとしたら、法音寺《ほうおんじ》の教《おし》えとは全《まった》く違《ちが》うことをしているので、かえってお話《はなし》を何《なに》も聞《き》かない人《ひと》より悪《わる》い結果《けっか》をもたらします。法音寺《ほうおんじ》へお参《まい》りになる以上《いじょう》、周《まわ》りの人《ひと》から、〝少《すこ》しは人柄《ひとがら》が良《よ》くなった〟と言《い》われるようになって頂《いただ》きたいのであります。

「一切《さい》の業障海《ごうしょうかい》は、皆妄想《みなもうぞう》より生《しょう》ず。若《も》し懺悔《さんげ》せんと欲《ほっ》せば、端坐《たんざ》して実相《じっそう》を思《おも》え。衆罪《しゅざい》は霜露《そうろ》の如《ごと》し、慧日《えにち》よく消除《しょうじょ》す」（仏説観普賢菩薩行法経《ぶっせつかんふげんぼさつぎょうほうきょう》）

「**妄想《もうぞう》**」とは、〝ありもしないことを現実《げんじつ》のもののように見誤《みあやま》る〟ことであります。取越苦労《とりこしくろう》などその好《よ》い例《れい》と言《い》えるでしょう。

「実相《じっそう》を思《おも》う」とは、〝この世界《せかい》の本当《ほんとう》の姿《すがた》をしっかり見《み》る〟ということです。

この世《よ》の中《なか》たしかに、気《き》に入《い》らないこと、思《おも》うようにならないことがいっぱいあります。しかしそれはどこまでも一面《めん》だけの姿《すがた》で、もう一方《ぽう》には必《かなら》ず喜《よろこ》べることがあるのです。この世《よ》の中《なか》は因縁《いんねん》の世界《せかい》、相対《そうたい》の世界《せかい》でありますから、悪《わる》いことがあれば反面《はんめん》で必《かなら》ず善《よ》いことがあるというのが、本当《ほんとう》の姿《すがた》であるのです。

考《かんが》えてみれば、今《いま》、こうして生《い》きておられることも本当《ほんとう》にありがたいことであります。そのありがたい面《めん》に目《め》を向《む》けず、悪《わる》い面《めん》ばかりを顕微鏡《けんびきょう》でも覗《のぞ》くかのように探《さが》しますので、少《すこ》しもありがたいことに気《き》がつきません。そうではなく、この世《よ》の中《なか》に今《いま》、どんな形《かたち》であろうと生《い》かされている自分《じぶん》を喜《よろこ》んでゆかなければなりません。そういう広《ひろ》い心《こころ》になりますと〝ありがたいな〟というゆとりができ、本当《ほんとう》の智慧《ちえ》や慈悲《じひ》が具《そな》わってきます。ちょうど太陽《たいよう》の光《ひかり》が霜露《そうろ》を溶《と》かすように、罪障《ざいしょう》が消《き》えてゆくのであります。

『月刊法音』第一七〇号　五～一二頁

自然《しぜん》と一体化《たいか》している「私《わたくし》」　私共《わたくしども》が〝困《こま》った。苦《くる》しい〟と言《い》って悩《なや》んでいることは、絶対《ぜったい》のものでも変《か》えられないものでもありません。みな「妄想《もうぞう》」で、それはすべて、自分《じぶん》の心《こころ》が作《つく》り出《だ》したものです。心《こころ》を落《お》ち着《つ》けて「実相《じっそう》」を見《み》てゆけば、〝罪障《ざいしょう》は木《き》の葉《は》の上《うえ》にたまった露《つゆ》が太陽《たいよう》の光《ひかり》に当《あ》たって消《き》えてゆくように消滅《しょうめつ》してゆく〟と説《と》かれるのです。

「実相《じっそう》」は、方便品《ほうべんぼん》の「諸法実相《しょほうじっそう》」であります。この世界《せかい》は仏《ほとけ》さまの世界《せかい》であります。普通《ふつう》私共《わたくしども》は、〝私《わたくし》があって、世界《せかい》がある〟というように別々《べつべつ》に考《かんが》えています。しかし諸法実相《しょほうじっそう》が言《い》うのは、〝私《わたくし》とこの世界《せかい》は一体《たい》である〟ということです。

一つの例《れい》を挙《あ》げてみましょう。私共《わたくしども》は水《みず》を飲《の》み、空気《くうき》を吸《す》います。そのおかげで生《い》きていますが、これらはすべて自然《しぜん》のものです。それを体《からだ》の中《なか》に取《と》り入《い》れて生命力《せいめいりょく》を頂《いただ》き、不要《ふよう》となったものは体外《たいがい》に排出《はいしゅつ》します。その出《だ》されたものは再《ふたた》び自然《しぜん》に帰《かえ》ってゆきます。ということは、〝私《わたくし》と自然《しぜん》は一体化《たいか》している〟と考《かんが》えられます。自分《じぶん》ということばかり考《かんが》えているからいろいろ問題《もんだい》が起《お》こるわけで、仏《ほとけ》さまの世界《せかい》に生《い》かされている自分《じぶん》ということを考《かんが》えてゆくと、世界《せかい》も、見《み》る目《め》も変《か》わると思《おも》います。

一年《ねん》を終《お》えるにあたって、一年《ねん》を懺悔《ざんげ》すると同時《どうじ》に、〝この仏《ほとけ》さまの世界《せかい》に生《い》かして頂《いただ》いてありがたい〟という心《こころ》を持《も》ちたいものだと思《おも》います。いろいろ問題《もんだい》はあったとしても、今年《ことし》一年《ねん》過《す》ごさせて頂《いただ》けたことは本当《ほんとう》に不思議《ふしぎ》な、ありがたいことなのです。日《に》本人《ほんじん》の平均寿命《へいきんじゅみょう》を考《かんが》えますと、〝自分《じぶん》はまだ生《い》きられる〟と言《い》われるかも知《し》れませんが、それはあくまでも国民全体《こくみんぜんたい》の平均値《へいきんち》であって、この私《わたくし》がいくつまで生《い》きられるかはわかりません。人間《にんげん》は、いつ死《し》んでも不思議《ふしぎ》はないのです。それなのに、〝今年《ことし》もこうして生《い》かして頂《いただ》けてありがたかった〟という感謝《かんしゃ》を、懺悔《ざんげ》とともに持《も》ちたいと思《おも》います。

手《て》が痛《いた》くても足《あし》が丈夫《じょうぶ》ならけっこうなことです。耳《みみ》が遠《とお》くても目《め》が見《み》えるのは、ありがたいことです。人間《にんげん》はすぐ悪《わる》いところに気《き》がつきますが、いいところも必《かなら》ずあるのですから、いいところを探《さが》して喜《よろこ》んでゆくことです。〝ありがたい〟という気持《きも》ちがあれば、心《こころ》の中《なか》にほこりが多少《たしょう》あってもきれいになります。このように一年《ねん》を終《お》えたいものだと思《おも》います。

『月刊法音』第四四六号　一一～一二頁

気《き》がついていない罪《つみ》

日頃《ひごろ》私共《わたくしども》がしていることの中《なか》には、いいことも悪《わる》いこともあります。しかし、悪《わる》いことでも反省《はんせい》して二度《ど》と繰《く》り返《かえ》さないようにすれば、悪《わる》いことではなくなります。

病気《びょうき》で苦《くる》しんだことも、その経験《けいけん》から他《ほか》の人《ひと》の病気《びょうき》の苦《くる》しみがわかり、力《ちから》になってあげられたら、結果的《けっかてき》には病気《びょうき》も悪《わる》いことではありません。

自分《じぶん》のしたことでも、全《まった》く覚《おぼ》えていなかったり、自分《じぶん》では何《なん》とも思《おも》っていないのに相《あい》手《て》の人《ひと》がひどく傷《きず》つくことがあります。

いくら気《き》がつかないとは言《い》え、罪障《ざいしょう》の元《もと》になれば問題《もんだい》です。知《し》らないことは反省《はんせい》のしようがありません。

罪障《ざいしょう》は、こういうふうにしてできるのかも知《し》れません。よく、〝私《わたくし》は何《なに》も悪《わる》いことをした覚《おぼ》えはない〟と言《い》いますが、何気《なにげ》なく〝ふっ〟と言《い》ったことが相手《あいて》の胸《むね》に突《つ》き刺《さ》さっているかも知《し》れないと考《かんが》えると〝私《わたくし》は何《なに》も……〟という言葉《ことば》は使《つか》えません。

この世《よ》の中《なか》では、悪《わる》いことも信仰《しんこう》の力《ちから》で生《い》かしてゆくことができます。

徳《とく》を積《つ》むのは「慈悲《じひ》・至誠《まこと》・堪忍《かんにん》」。「貪《とん》・瞋《じん》・痴《ち》」は三毒《どく》、罪障《ざいしょう》の元《もと》ですが、この三毒《どく》も、使《つか》い方《かた》によりいい方《ほう》に変《か》えてゆくことができます。

〝もっともっと〟という貪《むさぼ》りは、その心《こころ》を、〝もっと徳《とく》を積《つ》もう。もっと堪忍《かんにん》してゆこう〟という方《ほう》に使《つか》えば、素晴《すば》しいことになります。

すぐに腹《はら》を立《た》てる瞋《いか》りの心《こころ》は、徳《とく》を積《つ》んでゆくと、物事《ものごと》を集中的《しゅうちゅうてき》に、しかも、すぐ行動《こうどう》に現《あら》わすという能力《のうりょく》に変《か》わります。

細《こま》かいことを気《き》にして不満《ふまん》を言《い》う愚痴《ぐち》は、徳《とく》の力《ちから》により、細《こま》かいことによく気付《きづ》いて相手《あいて》を喜《よろこ》ばせる力《ちから》に変《か》わります。

徳《とく》を積《つ》むことにより貪《とん》・瞋《じん》・痴《ち》の三毒《どく》も、いい方《ほう》に変《か》えてゆくことができるのであります。

『月刊法音』第二八四号　九〜一〇頁

罪障《ざいしょう》は借金《しゃっきん》　罪障《ざいしょう》は借金《しゃっきん》と同《おな》じです。請求書《せいきゅうしょ》がまわってくれば払《はら》わなければなりません。払《はら》うのが遅《おそ》くなればなるほど、利息《りそく》がつくものです。百円《えん》の借金《しゃっきん》が、利息《りそく》と合《あ》わせて一億円《おくえん》にもなってしまってから払《はら》うとなると、これは大変《たいへん》なことです。罪障《ざいしょう》は、利息《りそく》のつかないうちに早《はや》いところ消滅《しょうめつ》した方《ほう》がいいのです。利息《りそく》もつかないうちに借金《しゃっきん》が返《かえ》せたら、こんないいことはありません。

大白牛車・5　五二頁

罪障《ざいしょう》の消滅《しょうめつ》する時《とき》　風呂《ふろ》の中《なか》で垢《あか》を落《お》とせば、落《お》ちた垢《あか》は上《うえ》に浮《う》いてまいります。罪障《ざいしょう》の消滅《しょうめつ》もそれと同《おな》じです。その形《かたち》は病気《びょうき》であるかも知《し》れませんし、困《こま》った出来事《できごと》であるかも知《し》れません。それが現《あら》われた時《とき》、罪障《ざいしょう》が消滅《しょうめつ》してゆく時《とき》です。現《あら》われた罪障《ざいしょう》を見《み》て腹《はら》を立《た》てておりますと、せっかく一つ消《き》えたのに、また一つ作《つく》ってしまうことになります。〝罪障《ざいしょう》が消滅《しょうめつ》できてよかった〟と、喜《よろこ》びに変《か》えてゆかなければいけません。

大白牛車・5　六五～六六頁

除災難

〝み仏《ほとけ》のまごころこもるみ教《おし》えを
守《まも》るはおのが身《み》を守《まも》るなり〟

宗玄大徳御詠

◆経　典

◇三界《がい》は安《やす》きことなし、猶《な》お火宅《かたく》の如《ごと》し。衆苦充満《しゅくじゅうまん》して、甚《はなは》だ怖畏《ふい》すべし。常《つね》に生《しょう》・老《ろう》・病《びょう》・死《し》の憂患《うげん》あり。是《か》くの如《ごと》き等《ら》の火《ひ》、熾然《しねん》として息《や》まず。如來《にょらい》は已《すで》に、三界《がい》の火宅《かたく》を離《はな》れて、寂然《じゃくねん》として閑居《げんこ》し、林野《りんや》に安處《あんじょ》せり。今此《いまこ》の三界《がい》は、皆是《みなこ》れ我《わ》が有《う》なり。其《そ》の中《なか》の衆生《しゅじょう》は、悉《ことごと》く是《こ》れ吾《わ》が子《こ》なり。而《しか》も今此《いまこ》の處《ところ》は、諸《もろもろ》の患難多《げんなんおお》し。唯我《ただわれ》一人《にん》のみ、能《よ》く救護《くご》を爲《な》す。

妙法蓮華經・譬喩品　一〇七頁

◇衆生劫盡《しゅじょうこうつ》きて、大火《だいか》に燒《や》かるると見《み》る時《とき》も、我《わ》が此《こ》の土《ど》は安穩《あんのん》にして、天人常《てんにんつね》に充滿《じゅうまん》せり。

妙法蓮華經・如來壽量品　二八〇頁

◆遺　文

◇金光明經第《こんこうみょうきょうだい》六に云《いわ》く、『若《も》し人《ひと》有《あ》って其《そ》の國土《こくど》に於《おい》て、此《こ》の經《きょう》ありと雖《いえど》も、未《いま》だ曾《かつ》て流布《るふ》せず、捨離《しゃり》の心《こころ》を生《しょう》じ、聴聞《ちょうもん》せんことを樂《ねが》わず、亦供養《またくよう》し尊重《そんぢゅう》し讃嘆《さんだん》せず。四部《ぶ》の衆持經《しゅぢきょう》の人《ひと》を見《み》て亦復尊重《またまたそんぢゅう》し乃至供養《ないしくよう》すること能《あた》わず、遂《つい》に我等《われら》及《およ》び餘《よ》の眷屬《けんぞく》無量《むりょう》の諸《しょ》天《てん》をして、此《こ》の甚深《じんじん》の妙法《みょうほう》を聞《き》くことを得《え》ず、甘露《かんろ》の味《あじ》に背《そむ》き、正法《しょうぼう》の流《ながれ》を失《うしな》い、威光《いこう》及《およ》び勢力《せいりょく》あること無《な》からしめ、惡趣《あくしゅ》を増長《ぞうちょう》して人天《にんでん》を損減《そんげん》し、生死《しょうじ》の河《かわ》に墮《お》ちて涅槃《ねはん》の路《みち》に乖《そむ》かん。世尊《せそん》、我等《われら》四王並《おうならび》に 諸《もろもろ》 の眷屬及《けんぞくおよ》び藥叉等《やしゃとう》、此《こ》の如《ごと》き事《じ》を見《み》て其《そ》の國土《こくど》を捨《す》て、擁護《ようご》の心無《こころな》けん。但我等《ただわれら》のみ是《こ》の王《おう》を捨棄《しゃき》するに非《あら》ず、亦無量《またむりょう》の國土《こくど》を守護《しゅご》する諸天善神有《しょてんぜんじんあ》らんも、皆 悉《みなことごと》く捨去《しゃこ》せん。既《すで》に捨離《しゃり》し已《おわ》れば其《そ》の國當《くにまさ》に種種《しゅじゅ》の災禍有《さいかあ》って國位《こくい》を喪失《そうしつ》すべし。一切《さい》の人衆皆善心無《にんしゅみなぜんしんな》けん。唯繫縛《ただけばく》・殺害《せつがい》・瞋諍有《しんじょうあ》って、互《たがい》に相讒諂《そうざんてん》枉《おう》して辜無《つみな》きに及《およ》ぼさん。疾疫流行《しつえきりゅうこう》し、彗星 數《すいせいしばしば》出《い》で、兩《りょう》の日並《ひなら》び現《げん》じ、薄蝕恒《はくしょくつね》なく、黑白《こくびゃく》の二つの虹不祥《にじふしょう》の相《そう》を表《あら》わし、星流《ほしなが》れ地動《ちうご》き井《い》の内《うち》に聲《こえ》を發《おこ》さん。暴雨惡風時節《ぼううあくふうじせつ》に依《よ》らず、常《つね》に飢饉《ききん》に遭《あ》うて苗實成《みょうじつみの》らず。多《おお》く佗方《たほう》の怨賊有《おんぞくあ》って國内《こくない》を侵掠《しんりょう》し、人民 諸《じんみんもろもろ》の苦惱《くのう》を受《う》け、土地可樂《とちからく》の處有《ところあ》ること無《な》けん。』已上　この經文《きょうもん》を見《み》るに、世間《せけん》の安穩《あんのん》を祈《いの》らんに國《くに》に三災起《さいおこ》らば、惡法流布《あくほうるふ》するが故《ゆえ》なりと知《し》る可《べ》し。

守護國家論　二五六～二五七頁

◇夫《そ》れ出家《しゅっけ》して道《みち》に入《い》る者《もの》は、法《ほう》に依《よ》って佛《ほとけ》を期《ご》するなり。而《しか》るに今神術《いましんじゅつ》も協《かな》わず、佛《ぶつ》威《い》も驗《しる》しなし。具《つぶ》さに當世《とうせい》の體《てい》を觀《み》るに、愚《ぐ》にして後生《ごしょう》の疑《うたが》いを發《おこ》す。然《しか》れば則《すなわ》ち圓覆《えんぷ》を仰《あお》ぎて恨《うら》みを呑《の》み、方載《ほうさい》に俯《ふ》して慮《おもんばか》りを深《ふか》くす。倩《つらつら》微管《びかん》を傾《かたむ》け、聊《いささ》か經文《きょうもん》を披《ひら》きたるに、世皆正《よみなしょう》に背《そむ》き、人悉《ひとことごと》く惡《あく》に歸《き》す。故《ゆえ》に善神國《ぜんじんくに》を捨《す》てて相去《あいさ》り、聖人所《せいじんところ》を辭《じ》して還《かえ》らず。是《ここ》を以《もっ》て魔來《まきた》り鬼來《ききた》り、災起《さいおこ》り難起《なんおこ》る。

立正安國論　三九〇頁

◇國土亂《こくどみだ》れん時《とき》は先《ま》づ鬼神亂《きじんみだ》る。鬼神亂《きじんみだ》るるが故《ゆえ》に萬民亂《ばんみんみだ》ると。今此《いまこ》の文《もん》に就《つ》いて具《つぶ》さに事《こと》の情《こころ》を案《あん》ずるに、百鬼《き》早《はや》く亂《みだ》れ萬民多《ばんみんおお》く亡《ほろ》ぶ。先難是《せんなんこ》れ明《あきら》かなり、後災何《こうさいなん》ぞ疑《うたが》わん。若《も》し殘《のこ》る所《ところ》の難《なん》、惡法《あくほう》の科《とが》に依《よ》って竝《なら》び起《おこ》り競《きそ》い來《きた》らば、其《そ》の時何《ときいか》がせんや。帝王《ていおう》は國《こっ》家《か》を基《もとい》として天下《てんか》を治《をさ》め、人臣《じんしん》は田園《でんえん》を領《りょう》して世上《せじょう》を保《たも》つ。而《しか》るに他方《たほう》の賊來《ぞくきた》りて其《そ》の國《くに》を侵逼《しんぴつ》し、自界叛逆《じかいほんぎゃく》して其《そ》の地《ち》を掠領《りゃくりょう》せば、豈驚《あにおどろ》かざらんや、豈騒《あにさわ》がざらんや。國《くに》を失《うしな》い家《いえ》を滅《めっ》せば、何《いづ》れの所《ところ》にか世《よ》を遁《のが》れん。汝須《なんじすべか》らく一身《しん》の安堵《あんど》を思《おも》わば、先《ま》づ四表《△ひょう》の靜謐《せいひつ》を禱《いの》るべきものか。就中人《なかんづくひと》の世《よ》に在《あ》るや、各《おのおの》後生《ごしょう》を恐《おそ》る。是《ここ》を以《もっ》て或《あるい》は邪教《じゃきょう》を信《しん》じ、或《あるい》は謗法《ほうぼう》を貴《とうと》ぶ。各《おのおの》是非《ぜひ》に迷《まよ》うことを惡《にく》むと雖《いえど》も、而《しか》も猶《な》お佛法《ぶっぽう》に歸《き》することを哀《かな》しむ。何《なん》ぞ同《おな》じく信心《しんじん》の力《ちから》を以《もっ》て、妄《みだ》りに邪義《じゃぎ》の詞《ことば》を崇《あが》めんや。若《も》し執心《しゅうしん》飜《ひるがえ》らず、亦《また》曲《△きょく》意《い》猶存《なおそん》せば、早《はや》く有爲《うい》の郷《きょう》を辭《じ》して、必《かなら》ず無間《むけん》の獄《ごく》に墮《だ》せん。

立正安國論　四〇九～四一〇頁

◇法華經第二《ほけきょうだい》に云《いわ》く、『若《も》し人信《ひとしん》ぜずして、此《こ》の經《きょう》を毀謗《きぼう》せば、乃至《ないし》、其《そ》の人命終《ひとみょうじゅう》して阿鼻獄《あびごく》に入《い》らん。』同第七巻不輕品《どうだいかんふきょうぼん》に云《いわ》く、『千劫阿鼻地獄《こうあびぢごく》に於《おい》て大苦惱《だいくのう》を受《う》く。』涅《ね》槃經《はんぎょう》に云《いわ》く、『善友《ぜんゆう》を遠離《おんり》し、正法《しょうぼう》を聞《き》かず惡法《あくほう》に住《じゅう》せば、是《こ》の因縁《いんねん》の故《ゆえ》に、沈沒《ちんもつ》して阿鼻地獄《あびぢごく》に在《あ》って、受《う》くる所《ところ》の身形縱横八萬《しんぎょうじゅうおうまん》四千由延《△ゆえん》ならん。』廣《ひろ》く衆經《しゅきょう》を披《ひら》きたるに、專《もっぱ》ら謗法《ほうぼう》を重《おも》しとす。悲《かな》しいかな、皆正法《みなしょうぼう》の門《もん》を出《い》でて深《ふか》く邪法《じゃほう》の獄《ごく》に入《い》る。愚《おろ》かなるかな、各惡教《おのおのあくきょう》の綱《つな》に懸《かか》りて鎭《とこしな》えに謗教《ぼうきょう》の網《あみ》に纏《まと》わる。此《こ》の朦霧《もうむ》の迷《まよ》い、彼《か》の盛焰《じょうえん》の底《そこ》に沈《しず》む。豈愁《あにうれ》えざらんや、豈苦《あにくる》しからざらんや。汝早《なんじはや》く信仰《しんこう》の寸心《すんしん》を改《あらた》めて、速《すみや》かに實乘《じつじょう》の一善《ぜん》に歸《き》せよ。然《しか》れば則《すなわ》ち三界《がい》は皆佛國《みなぶっこく》なり、佛國《ぶっこく》其《そ》れ衰《おとろ》えんや。十方《ぼう》は悉《ことごと》く寶土《ほうど》なり、寶土《ほうど》何《なん》ぞ壊《やぶ》れんや。國《くに》に衰微《すいび》なく、土《ど》に破壊《はえ》なくんば、身《み》は是《こ》れ安全《あんぜん》、心《こころ》是《こ》れ禪定《ぜんじょう》ならん。此《こ》の詞此《ことばこ》の言信《ことしん》ずべく崇《あが》むべし。

立正安國論　四一一頁

◇人《ひと》既《すで》に僻《ひが》み、法《ほう》も實《じつ》に驗《しるし》なく、佛神《ぶっしん》の威嚴《いげん》もましまさず、今生後生《こんじょうごしょう》の祈《いのり》も叶《かな》わず。斯《かか》らん時《とき》は便《たより》を得《え》て天魔《てんま》波旬《はじゅん》亂《みだ》れ入《い》り、國土《こくど》常《つね》に飢渇《けかち》して天下《てんか》も疫癘《えきれい》し、佗國侵逼難《たこくしんぴつなん》・自《じ》界叛逆難《かいほんぎゃくなん》とて、我《わ》が國《くに》に軍合戰《いくさかっせん》常《つね》にありて、後《のち》には佗國《たこく》より兵《つわもの》ども襲《おそ》い來《きた》りて、此《こ》の國《くに》を責《せ》むべしと見《み》えたり。此《こ》の如《ごと》き闘諍堅固《とうじょうけんご》の時《とき》は、餘經《よきょう》の白法《びゃくほう》は驗失《しるしう》せて、法華經《ほけきょう》の大良藥《だいろうやく》を以《もっ》て、此《こ》の大難《だいなん》をば治《ぢ》すべしと見《み》えたり。法華經《ほけきょう》を以《もっ》て國土《こくど》を祈《いの》らば、上《かみ》一人《にん》より下萬民《しもばんみん》に至《いた》るまで、悉《ことごと》く悦《よろこ》び榮《さか》え給《たま》うべき鎭護國家《ちんごこっか》の大白法《だいびゃくほう》なり。

法華初心成佛鈔　一六二二頁

◇『法華折伏破權門理《ほっけしゃくぶくはごんもんり》』の金言《きんげん》なれば、終《つい》に權教權門《ごんきょうごんもん》の輩《やから》を一人《にん》もなく攻《せ》め落《おと》して法王《ほうおう》の家人《けにん》となし、天下萬民諸乘《てんかばんみんしょじょう》一佛乘《ぶつじょう》となりて、妙法獨《みょうほうひと》り繁昌《はんじょう》せん時《とき》、萬民《ばんみん》一同《どう》に南無妙《なむみょう》法蓮華經《ほうれんげきょう》と唱《とな》え奉《たてまつ》らば、吹《ふ》く風枝《かぜえだ》を鳴《なら》さず、雨壌《あめつちくれ》を砕《くだ》かず、代《よ》は羲農《ぎのう》の世《よ》となりて、今生《こんじょう》には不祥《ふしょう》の災難《さいなん》を拂《はら》い、長生《ちょうせい》の術《じゅつ》を得《え》、人法共《にんぽうとも》に不老不死《ふろうふし》の理《ことわ》り顯《あら》われん時《とき》を御覧《ごらん》ぜよ、『現世安穏《げんぜあんのん》』の證文疑《しょうもんうたが》いあるべからざる者《もの》なり。

如説修行鈔　九七六頁

◆安立大法尼

関東大震災《かんとうだいしんさい》の事《こと》など

関東《かんとう》の大震災《だいしんさい》は二か年前《ねんまえ》に予言《よげん》いたしました。しかし、予言《よげん》のみにては何《なん》にもなりません。如何《いか》にしてこれを救《すく》うべきかが大問題《だいもんだい》であります。この大災《だいさい》厄《やく》の来《き》た原因《げんいん》は、万人邪法《ばんにんじゃほう》を信《しん》じて正《ただ》しき仏道修行《ぶつどうしゅぎょう》をせざるがためであります。もし災《さい》難《なん》を予知《よち》してこれを世間《せけん》に公表《こうひょう》し、皆様《みなさま》がこれによって邪法《じゃほう》を退《しりぞ》けて心《こころ》を柔和《にゅうわ》にし、堪《かん》忍《にん》して妙法《みょうほう》を信《しん》じていただくならば、きっと救《すく》うことができます。私《わたくし》が関東大震災《かんとうだいしんさい》を予知《よち》しました時《とき》に、新聞記者《しんぶんきしゃ》である小石川《こいしかわ》の佐藤順造氏《さとうじゅんぞうし》に新聞発表《しんぶんはっぴょう》を相談《そうだん》いたしました。佐藤氏《さとうし》は頭《あたま》を傾《かたむ》けてしばらく考《かんが》えておられましたが、「このことだけは掲載《けいさい》することができません」との答《こた》えでした。日時《にちじ》はくれました。いよいよ時期《じき》は切迫《せっぱく》いたしましたのです。〝知って言《い》わざるは不忠《ふちゅう》なり〟とありますが、しかし、あらゆる手《て》を尽《つ》くしてもできないことは、せんすべがありません。八月《がつ》十六日《にち》の日《ひ》に、〝災難《さいなん》を未然《みぜん》に知《し》りながら、私《わたくし》のいたらないためにこれを救《すく》うことのできないのは誠《まこと》に申《もう》し訳《わけ》ないことである〟と、東京市民《とうきょうしみん》にお詫《わ》びの遥拝《ようはい》をして名古屋《なごや》の本部《ほんぶ》へ帰《かえ》りました。

諸仏善神《しょぶつぜんじん》の謗法《ほうぼう》の怒《いか》りは、また、名古屋地方《なごやちほう》にも京阪地方《けいはんちほう》にも、同様《どうよう》に災厄《さいやく》を振《ふ》り降《お》ろさんとするのです。私《わたくし》は、今度《こんど》こそ何《なに》をおいても大難《だいなん》を止《と》めなければ諸仏善神《しょぶつぜんじん》に対《たい》して、また我《わ》が国民《こくみん》に対《たい》して申《もう》し訳《わけ》がないと思《おも》って、身命《しんみょう》に代《か》えても必《かなら》ず逃《のが》るるまでの努力《どりょく》をいたそうと誓《ちか》いました。まず白米《はくまい》を五合《ごう》、あるいは一升《しょう》ずつ袋《ふくろ》に入《い》れてこれを多《おお》くの人々《ひとびと》に配布《はいふ》し、妙法《みょうほう》を唱《とな》え、心《こころ》を広《ひろ》くもって堪忍《かんにん》していただくよう、説《と》き回《まわ》りました。一方《ぽう》には、第《だい》二の国民養成《こくみんようせい》の重任《じゅうにん》にある小学校長《しょうがっこうちょう》の方々《かたがた》に妙法《みょうほう》の真理《しんり》を説《と》き、精神《せいしん》修養《しゅうよう》の実行《じっこう》、及《およ》び、事《こと》の急《きゅう》なるをお話《はな》ししました。また、地方《ちほう》の各学校《かくがっこう》にも同様巡回講《どうようじゅんかいこう》演《えん》をいたしました結果《けっか》、大難《だいなん》は小難《しょうなん》で逃《のが》れることとなりました。精神修養《せいしんしゅうよう》をしていただいた人々《ひとびと》は、それぞれ神通力《じんづうりき》を得《え》られました。

続《つづ》いて京阪神《けいはんしん》を救《すく》うべく努力《どりょく》することとしました。如何《いか》にしてでも早《はや》く世間《せけん》に知《し》らしめ、大々的《だいだいてき》にいたしたいと考《かんが》えてこの事実《じじつ》を建議《けんぎ》いたすべく、時《とき》の鍋屋署長《なべやしょちょう》・野村豊助《のむらとよすけ》氏《し》に相談《そうだん》しました。署長《しょちょう》の言《い》われるには「これは絶対《ぜったい》にだめだ。五十条《じょう》にふれる故思《ゆえおも》い止《とど》まってください」とのこと。しかし、眼前《がんぜん》に災難《さいなん》を洞見《どうけん》しながらまたまた大勢《おおぜい》の人々《ひとびと》を苦《くる》しめるに忍《しの》びないので「それでは新聞紙上《しんぶんしじょう》で野村氏《のむらし》が阻止《そし》されたと発表《はっぴょう》します」と、興奮《こうふん》して言《い》いました。野村氏《のむらし》は「それならば発表《はっぴょう》せられてもよろしいが、国法《こくほう》に背《そむ》くことはできません。たとえ私《わたくし》は黙視《もくし》しても、外《ほか》の者《もの》が取《と》り締《し》まりますからさようご承知《しょうち》願《ねが》いたい」と注意《ちゅうい》を受《う》け、まったく不可能《ふかのう》なことを知《し》りました。この上《うえ》は、〝自《みずか》らの及《およ》ぶ限《かぎ》りの妙法宣布《みょうほうせんぷ》に努力《どりょく》するより道《みち》はない〟と考《かんが》えました。そこで大阪市《おおさかし》の鶴橋《つるはし》、中《なか》ノ島《しま》、及《およ》び汎愛小学校《はんないしょうがっこう》等《とう》で大講演会《だいこうえんかい》を催《もよお》し、あるいは浪花尋常小学校《なにわじんじょうしょうがっこう》にて例会講話《れいかいこうわ》をなす等《とう》、極力思想善導《きょくりょくしそうぜんどう》に尽瘁《じんすい》いたしました。この結果《けっか》ついに大難《だいなん》も小難《しょうなん》となり、辺境《へんきょう》に小範《しょうはん》囲《い》の災《わざわい》と表《あら》われ、あるいは、不景気《ふけいき》と変《へん》じたのです。この喜《よろこ》びは何《なん》とも言《い》い知《し》れぬ喜《よろこ》びであります。これはひとえに、名古屋《なごや》ならびに京阪神地方《けいはんしんちほう》の学校長《がっこうちょう》、及《およ》び信者各位《しんじゃかくい》の熱烈《ねつれつ》なる精神修養《せいしんしゅうよう》の賜物《たまもの》と、深《ふか》く感謝《かんしゃ》する次第《しだい》であります。

私《わたくし》は薄徳垢重《はくとくくじゅう》と申《もう》して、徳《とく》の根薄《ねうす》く、罪障《ざいしょう》という障《さわ》りの多《おお》い者《もの》であります。数十万《すうまん》の私財《しざい》も私《わたくし》の身《み》には少《すこ》しも役《やく》に立《た》ちませんでした。聖人《しょうにん》は「衣服足《えぶくた》らず、飲食麤疎《おんじきそそ》、財《ざい》を求《もと》むるに利《り》あらず、貧賤《ひんせん》の家及《いえおよ》び邪見《じゃけん》の家《いえ》に生《うま》れ」（開目鈔《かいもくしょう》・下《げ》）と仰《おお》せの如《ごと》く、家《いえ》に住《す》めない因果《いんが》があったのです。その証拠《しょうこ》に、今日《きょう》まで六十遍家《ぺんいえ》を変《か》わりました。しかし、善因《ぜんいん》は必《かなら》ず善果《ぜんか》と表《あら》われます。この大難《だいなん》を防《ふせ》いだため、お礼《れい》を言《い》う人《ひと》はないけれども、名古屋本部及《なごやほんぶおよ》び東京《とうきょう》、九州《きゅうしゅう》、藤森《ふじもり》、臥龍山等《がりゅうざんとう》に十数戸《すうこ》、予期《よき》せざる建物《たてもの》ができました。「陰徳《いんとく》あれば陽報《ようほう》あり」（陰徳陽報御書《いんとくようほうごしょ》）とはこのことです。

〝他人《たにん》の便利《べんり》を計《はか》るは損《そん》だ。施《ほどこ》したり徳《とく》を積《つ》むのは自分《じぶん》の財産《ざいさん》が減《へ》るのだ〟と言《い》う人々《ひとびと》もたくさんありますが、善因《ぜんいん》なくしてどうして善《ぜん》の果《か》が得《え》られましょうか。あれも我《わ》が物《もの》これも我《わ》が物《もの》と欲張《よくば》っても、一度無常《どむじょう》の風《かぜ》に誘《さそ》われたなれば何《なに》も持《も》ってゆけないのです。我《わ》が体《からだ》をも捨《す》ててゆかなければなりません。その期《ご》に及《およ》んで如何《いか》に悔《く》いても、その甲斐《かい》はありません。ただ人《ひと》の一生《しょう》は一睡《すい》の夢《ゆめ》の如《ごと》くです。徳《とく》を積《つ》まんとすれば如何《いか》ほどにても積《つ》み得《う》る人身《じんしん》を受《う》けながら、誤《あやま》れる信仰《しんこう》に浮《う》き身《み》をやつし、あるいは、遊戯雑談《ゆうぎざつだん》に等《ひと》しき事《こと》のみして暮《く》らせば、自《みずか》ら我《わ》が身《み》を苦《くる》しめ、ついに三悪道《あくどう》に到《いた》らんことは、峰《みね》の石《いし》の谷《たに》へ落《お》つるが如《ごと》くです。

始祖・御法話集　一二一〜一二六頁

◆宗玄大徳

災《わざわ》い転《てん》じて福《ふく》となす

本年《ほんねん》は、世間一般《せけんいっぱん》より見《み》ますれば余《あま》りよい年柄《としがら》ではなかったかも知《し》れません。まず、本年《ほんねん》の正月《しょうがつ》の元旦《がんたん》には日食《にっしょく》がありました。その後天空《ごてんくう》には種々《しゅじゅ》の異《い》変《へん》が現《あら》われました。五月初旬《がっしょじゅん》よりは赤日出《せきじつい》で、あるいは黒日出《こくじつい》で、月《つき》もまた赤《あか》く見《み》えたのでありますが、これを科学上《かがくじょう》より観察《かんさつ》すれば、日食《にっしょく》も月食《げっしょく》も何《なん》の不思議《ふしぎ》はありません。何年何月何日何時何分《なんねんなんがつなんにちなんじなんぷん》より何分間《なんぷんかん》、どこの地《ち》においてこれを見《み》ることができるかまで計《けい》算上予知《さんじょうよち》し得《う》るのであります。なお天体《てんたい》の変化《へんか》は、気温《きおん》の高低《こうてい》・気候《きこう》の関係《かんけい》によりて種《しゅ》々《じゅ》の変化《へんか》を生《しょう》じたものであり、赤日《せきじつ》・黒日《こくじつ》は、風《かぜ》のために飛揚《ひよう》せる砂塵《さじん》の空中《くうちゅう》に多《おお》く含《ふく》まれた結果《けっか》、と断定《だんてい》されたのでありますが、乾湿《かんしつ》の関係《かんけい》、あるいは砂塵《さじん》に因《よ》ってこの現《げん》象《しょう》が起《お》こるにもせよ、それはいわゆる科学的方面《かがくてきほうめん》における説明《せつめい》であります。

一方《ぽう》、仏道《ぶつどう》より判断《はんだん》を下《くだ》せばこの異変《いへん》は、将来《しょうらい》の吉凶《きっきょう》を予知《よち》せしめんとするの天意《てんい》であります。古来《こらい》の天文学者《てんもんがくしゃ》は、かかる異変《いへん》に因《よ》って将来《しょうらい》の出来事《できごと》を予知《よち》することを得《え》たのであります。

果《は》たして本年《ほんねん》は、千九百三十六年《ねん》を目前《もくぜん》に控《ひか》え、内政《ないせい》・外交共《がいこうとも》に多難《たなん》な年《とし》であったばかりか、国内《こくない》における災厄《さいやく》も次《つぎ》から次《つぎ》へと後《あと》を追《お》って来《き》たのでありました。この秋《あき》、皆《みな》さんにも常《つね》にお話《はな》し致《いた》しましたように〝災《わざわ》いを転《てん》じて福《ふく》となすのが仏法《ぶっぽう》の妙理《みょうり》である。この時《とき》こそ功徳《くどく》の得《え》られる時《とき》である。災難《さいなん》すなわち神仏《しんぶつ》の怒《いか》り、別言《べつげん》すれば天地自然《てんちしぜん》の大真理《だいしんり》に反《はん》するは、思想《しそう》の悪化《あっか》に外《ほか》ならない。どうか皆《みな》さん目覚《めざ》めてください〟と絶叫《ぜっきょう》しつつ活動《かつどう》したのでありました。

五月《がつ》に運動《うんどう》を開始《かいし》して以来《いらい》、九月《がつ》、十月《がつ》における運動《うんどう》は最《もっと》も顕著《けんちょ》なるものでありましたが、皆《みな》さんもよくこの運動《うんどう》に参加《さんか》され、物質的《ぶっしつてき》にも労力的《ろうりょくてき》にもお尽《つ》くしくださったことを深《ふか》く感謝《かんしゃ》いたします。

まず日本《にほん》の中部《ちゅうぶ》としては、関西地方《かんさいちほう》に大暴風《だいぼうふう》の被害《ひがい》はありましたが、いわば大難《だいなん》は小《しょう》難《なん》にして過《す》ごせたと言《い》ってもよろしいでしょう。仏陀《ぶっだ》の経典《きょうてん》の如《ごと》くでありますならば、現今《げんこん》はいわゆる末法《まっぽう》・五濁悪世爛漫《じょくあくせらんまん》の衆生《しゅじょう》をもって満《み》たされた期《き》でありますから、思想《しそう》の悪化《あっか》が因《いん》となって小《しょう》の三災《さい》、あるいは大《だい》の三災《さい》という、いわゆる刀《とう》・疾《しつ》・飢《き》等《とう》の災難《さいなん》の起《お》こる時《とき》でありますが、しかし、この期《き》においてこそ、妙法《みょうほう》を広宣流布《こうせんるふ》して大《おお》いなる功徳《くどく》の得《え》られる時期《じき》であることを、皆《みな》さんよく記憶《きおく》して頂《いただ》きたいのであります。

刀《とう》とは刀の争《かたなあらそ》い、すなわち戦争《せんそう》であります。今現《いまげん》に国民《こくみん》の危機《きき》を伝《つた》えているのは、多《た》少《しょう》その傾向《けいこう》が感知《かんち》せらるるからでありますまいか。

疾《しつ》とは流行病等《りゅうこうびょうとう》のことで、各地《かくち》に悪病《あくびょう》の流行《りゅうこう》することであります。

飢《き》とは凶年《きょうねん》であって、すなわち九州地方《きゅうしゅうちほう》や東北地方《とうほくちほう》のように降雨期《こううき》に照《て》り続《つづ》き、降雨《こうう》期《き》ならざる時《とき》に降《ふ》り続《つづ》いたり、または、風水害《ふうすいがい》その他《た》に因《よ》って五穀《こくみの》実らず、食糧乏《しょくりょうとぼ》しく飢《う》えに泣《な》き、餓死《がし》に瀕《ひん》するが如《ごと》きことの現起《げんき》であります。かの東北《とうほく》六県下《けんか》の人々《ひとびと》は、この寒《さむ》さに飢《う》えに泣《な》き、木《き》の皮《かわ》、草《くさ》の根《ね》を食《く》い尽《つ》くして、ついに白土《はくど》まで食《く》って空腹《くうふく》を満《み》たしていると言《い》うではありませんか。これがいわゆる飢饉《ききん》でありまして、昭和聖代《しょうわせいだい》にあまりにも不思議《ふしぎ》に思《おも》われるようではありますが、しかし現在《げんざい》あるのが、偽《いつわ》らざる証拠《しょうこ》であります。本会《ほんかい》も義援金《ぎえんきん》を募集《ぼしゅう》して送《おく》りましたが、お気《き》の毒《どく》な同胞《どうほう》にでき得《う》る限《かぎ》りの救《きゅう》済《さい》をお願《ねが》いしたいものであります。

これは、東北地方《とうほくちほう》や北海道《ほっかいどう》に限《かぎ》られたことではありません。一つ間違《まちが》えばいずれの地《ち》方《ほう》でも飢饉《ききん》の来《く》るぐらいは不思議《ふしぎ》なことではありません。現《げん》に養蚕《ようさん》を専業《せんぎょう》としている地《ち》方《ほう》は、せっかく採《と》り上《あ》げた繭《まゆ》が一貫目《かんめ》わずかに一円《えん》八十銭《せん》から二円位《えんくらい》ということで、それでは肥料代《ひりょうだい》にも足《た》らず、実《じつ》に困窮《こんきゅう》の極《きわ》みにあるの状態《じょうたい》であります。

すでに四年前《ねんまえ》から毎年《まいとし》、二百十日《か》から二百二十日頃《ごろ》に来《きた》るべき大暴風《だいぼうふう》のある前兆《ぜんちょう》も予《よ》知《ち》しまして、皆《みな》さんと共《とも》にこの災難《さいなん》を防止《ぼうし》するために功徳《くどく》を積《つ》み、大《おお》いに尽《つ》くして来《き》たことはご承知《しょうち》のとおりであります。お陰《かげ》を持《も》ちまして、まずその災厄《さいやく》を脱《だっ》し得《え》て来《き》たことは誠《まこと》にありがたいことであります。しかるに昨年等《さくねんとう》はこの事実《じじつ》を知《し》らぬとは言《い》え、米《こめ》が大豊作《だいほうさく》で価格《かかく》の安《やす》いことに不足《ふそく》を言《い》っておられたことを耳《みみ》に致《いた》しましたが、何《なん》というもったいない話《はなし》でありましょう。不作《ふさく》で飢饉《ききん》に苦《くる》しむ地方《ちほう》の状態《じょうたい》に比較《ひかく》して見《み》てください。東北地方《とうほくちほう》や九州地方《きゅうしゅうちほう》を思《おも》えば、我等《われら》は、本当《ほんとう》にありがたいことであります。どうか皆《みな》さんは、この利益《りやく》を諸天善神《しょてんぜんじん》になお一層感謝《そうかんしゃ》して頂《いただ》きたいのであります。そうしてますます精神修養《せいしんしゅうよう》に精進《しょうじん》してください。これが諸天《しょてん》に対《たい》して誠《まこと》の感謝《かんしゃ》であります。かように災難防止《さいなんぼうし》に運動《うんどう》せられ、感謝《かんしゃ》の念篤《ねんあつ》くせられた方々《かたがた》が、実《じつ》に稀有《けう》の徳《とく》を頂《いただ》かれたことは特筆大書《とくひつたいしょ》すべきことであります。

また、皆《みな》さんに特《とく》に感謝《かんしゃ》しなければならぬことは、従来《じゅうらい》の仏教感化救済会《ぶっきょうかんかきゅうさいかい》を財団法人《ざいだんほうじん》大乗報恩会《だいじょうほうおんかい》と改称《かいしょう》し、これが設立許可《せつりつきょか》を得《え》たことであります。現代《げんだい》は国家《こっか》としても実《じつ》に多事多端《たじたたん》でありますが、本会《ほんかい》としても同様《どうよう》に多事多端《たじたたん》でありました。回顧《かいこ》すれば本年《ほんねん》は、前会長《ぜんかいちょう》がご遷化《せんげ》せられて以来満《いらいまん》二か年《ねん》、即《すなわ》ち三回忌《かいき》に当《あ》たります。その記念《きねん》すべき年《とし》の六月《がつ》、主務省《しゅむしょう》よりその許可《きょか》を得《え》て、ますます基礎《きそ》を固《かた》め得《え》られたることは、実《じつ》に前会長《ぜんかいちょう》の余徳《よとく》とご守護《しゅご》に因《よ》るとは言《い》え、皆様方《みなさまがた》の献身的《けんしんてき》の努力《どりょく》の賜物《たまもの》と深《ふか》く感謝《かんしゃ》に堪《た》えぬ次第《しだい》であります。これらの運動《うんどう》に努力《どりょく》くださった方《かた》の得《え》られました功徳《くどく》も、また大《おお》いなることは申《もう》すまでもありません。

かくの如《ごと》く本会《ほんかい》の基礎《きそ》を強固《きょうこ》にして、国家《こっか》・社会《しゃかい》・民衆《みんしゅう》のために尽《つ》くすべき道《みち》を講《こう》じ、来《きた》らんとする大小《だいしょう》の災難《さいなん》を防止《ぼうし》するという大《おお》いなる運動《うんどう》をなしつつ、その効果《こうか》を収《おさ》めて得《え》たる功徳《くどく》、それはいかにして現《あら》われるであろうかと申《もう》せば、日蓮聖人《にちれんしょうにん》のご遺文《いぶん》にもある如《ごと》く「天下万民諸乗一仏乗《てんかばんみんしょじょうぶつじょう》となりて、妙法独《みょうほうひと》り繁昌《はんじょう》せん時《とき》、万民《ばんみん》一同《どう》に南無妙法蓮華《なむみょうほうれんげ》経《きょう》と唱《とな》え奉《たてまつ》らば、吹《ふ》く風枝《かぜえだ》を鳴《な》らさず、雨《あめつちくれ》壌を砕《くだ》かず、代《よ》は義農《ぎのう》の世《よ》となりて、今生《こんじょう》には不祥《ふしょう》の災難《さいなん》を払《はら》い、長生《ちょうせい》の術《じゅつ》を得《え》、人法共《にんぽうとも》に不老不死《ふろうふし》の理《ことわ》り顕《あら》われん時《とき》を御覧《ごらん》ぜよ、『現世安穏《げんぜあんのん》』の証文疑《しょうもんうたが》いあるべからざる者《もの》なり」（如説修行鈔《にょせつしゅぎょうしょう》）であります。

私《わたくし》は今日《こんにち》まで、かようにして得《え》た功徳《くどく》をもって祖先《そせん》の追善供養《ついぜんくようとう》等も致《いた》して参《まい》りましたが、亡《な》き人《ひと》に供養《くよう》を致《いた》しますればいかなる現象《げんしょう》のあるかという証拠《しょうこ》を、皆《みな》さんに見《み》て頂《いただ》きたいと考《かんが》えておりました。これも経文《きょうもん》より見《み》れば、死者《ししゃ》を荼毘《だび》に付《ふ》した時《とき》、もしその霊魂《れいこん》が無上道《むじょうどう》、即《すなわ》ち極楽《ごくらく》に到《いた》った者《もの》の灰《はい》には青蓮華《しょうれんげ》を生《しょう》ずとあり、後世《こうせい》、妙法蓮華経《みょうほうれんげきょう》を翻訳《ほんやく》せられた鳩摩羅什《くまらじゅう》三蔵《ぞう》は、法華経《ほけきょう》を説《と》いて誤《あやま》りがなかったので、その舌《した》が黒《くろ》く焼《や》け残《のこ》って青蓮華《しょうれんげ》が生《しょう》じたとあります。また、前会長《ぜんかいちょう》の舎利《しゃり》に大《おお》いなる青蓮華《しょうれんげ》の生《しょう》じましたことは皆《みな》さんご承知《しょうち》のとおりであります。

村上先生御法話集（一）二四〇～二四六頁

◆御開山上人

除災難《じょさいなん》

私《わたくし》毎晩《まいばん》ここでお題目《だいもく》を唱《とな》えながら「除災難《じょさいなん》」をお祈《いの》りしております。除災難《じょさいなん》唱題会《しょうだいえ》は、もうそろそろやめてもらってもいいと思《おも》っておりましたが、もうしばらく辛《しん》抱《ぼう》して続《つづ》けてくださいますよう、どうぞお願《ねが》いしたいと思《おも》っております。どうぞ皆《みな》さんにも、それまでご辛抱《しんぼう》くださいますようお話《はな》し頂《いただ》くようお願《ねが》いします。

如説修行鈔《にょせつしゅぎょうしょう》に、

「天下《てんか》万民《ばんみん》諸乗《しょじょう》一仏乗《ぶつじょう》となりて、妙法《みょうほう》独《ひと》り繁昌《はんじょう》せん時《とき》、万民《ばんみん》一同《どう》に南無妙法蓮華経《なむみょうほうれんげきょう》と唱《とな》え奉《たてまつ》らば、吹《ふ》く風枝《かぜえだ》を鳴《なら》さず、雨壌《あめつちくれ》を砕《くだ》かず、代《よ》は義農《ぎのう》の世《よ》となりて、今生《こんじょう》には不《ふ》祥《しょう》の災難《さいなん》を払《はら》い、長生《ちょうせい》の術《じゅつ》を得《え》、人法共《にんぽうとも》に不老不死《ふろうふし》の理《ことわ》り顕《あら》われん時《とき》を御覧《ごらん》ぜよ、『現《げん》世安穏《ぜあんのん》』の証文疑《しょうもんうたが》いあるべからざる者《もの》なり」とあります。

これは皆《みな》さんも空《そら》で言《い》っておられる方《かた》もあると思《おも》います。

天台大師《てんだいたいし》のお書《か》きになりました『法華玄義《ほっけげんぎ》』という書物《しょもつ》があります。如説修行鈔《にょせつしゅぎょうしょう》は、法華玄義《ほっけげんぎ》に著《あら》わされたお言葉《ことば》を基《もと》として書《か》かれたものでありまして、「法華経《ほけきょう》を基《もと》にしてゆけば方便《ほうべん》の教《おし》えというものは、これに敵《てき》することはできなくなってしまう。このことは決《けっ》して間違《まちが》いがないのだから、今《いま》は迫害《はくがい》がいかに来《こ》ようとも、この迫害《はくがい》を耐《た》えていって教《おし》えを広《ひろ》めれば、ついに権教《ごんきょう》である教《おし》え、すなわち方便《ほうべん》の教《おし》えに帰依《きえ》している人々《ひとびと》を一人残《ひとりのこ》らず攻《せ》め落《お》として『法王《ほうおう》の家人《けにん》』となす」とあります。

法王《ほうおう》というのはお釈迦《しゃか》さまです。お釈迦《しゃか》さまのお弟子《でし》にするということであります。お釈迦《しゃか》さまの本当《ほんとう》の信者《しんじゃ》となり、国中《くにじゅう》に法華経《ほけきょう》の信仰《しんこう》が広《ひろ》まって誰《だれ》もこれに背《そむ》く者《もの》はないということになります。「天下万民《てんかばんみん》」ですから皆《みな》です。世《よ》の中《なか》の人々《ひとびと》がみんな、一仏乗《ぶつじょう》、すなわち仏《ほとけ》に成《な》れる道《みち》を教《おし》えた法華経《ほけきょう》に帰依《きえ》して、一人《ひとり》もうろたえている者《もの》がなくなって、みんな正《ただ》しい一つの信仰《しんこう》になって「妙法独《みょうほうひと》り繁昌《はんじょう》」する時《とき》が来《く》るに違《ちが》いない、との確信《かくしん》を、大聖人《だいしょうにん》は持《も》っておられたのであります。

万人《ばんにん》一様《よう》に心《こころ》を同《おな》じうして南無妙法蓮華経《なむみょうほうれんげきょう》と唱《とな》え奉《たてまつ》るようになるならば、この国《くに》には災《わざわ》いもなくなって「吹《ふ》く風枝《かぜえだ》を鳴《なら》さず、雨壌《あめつちくれ》を砕《くだ》かず」と言《い》って、五風《ふう》十雨《う》、五日《か》目《め》ごとにそよそよと涼《すず》しい風《かぜ》が吹《ふ》いて、十日目《かめ》ごとに都合《つごう》よく雨《あめ》が降《ふ》るようになって、ちょうど中国《ちゅうごく》に昔《むかし》、伏羲《ふっぎ》・神農《しんのう》という名君《めいくん》の出《で》られた時《とき》がありましたが、その時《とき》は実《じつ》に穏《おだ》やかだったそうであります。それと同《おな》じような穏《おだ》やかな時代《じだい》になるならば、不祥《ふしょう》の災《さい》難《なん》も払《はら》って、人々《ひとびと》の生命《せいめい》も長《なが》く延《の》び、人間《にんげん》は皆栄《みなさか》え、仏《ほとけ》の尊《とうと》い教《おし》えも長《なが》く栄《さか》えて、人《ひと》と法《ほう》は共《とも》に不老不死《ふろうふし》のものとなって事実上現《じじつじょうあら》われることでしょう。そうなれば、お互《たが》いは現世安穏《げんぜあんのん》を願《ねが》っておるけれども、どこの家《いえ》もどこの家《いえ》も、本当《ほんとう》の楽《たの》しい家《いえ》になります。今《いま》その現世安穏《げんぜあんのん》に到達《とうたつ》すべき途中《とちゅう》であるのだから、いろいろ迫害《はくがい》とか、いろいろな妨《さまた》げとかということはあるけれども、それは覚悟《かくご》しなければなりません。そしてそれを通《とお》り越《こ》えて、現世安穏《げんぜあんのん》の事実《じじつ》が必《かなら》ず現《あら》われるということは、疑《うたが》いのないことであります。

この教《おし》えを世《よ》に広《ひろ》め、世《よ》の中《なか》の人《ひと》にこの事実《じじつ》を知《し》ってもらうように努《つと》めなければならないということを言《い》われたのが、如説修行鈔《にょせつしゅぎょうしょう》の一説《せつ》であります。

皆《みな》さんも寒《さむ》い時《とき》、忙《いそが》しい時《とき》にこうしてお参《まい》りくださるのも、現世《げんぜ》は楽《たの》しく暮《く》らすばかりか、未来《みらい》いつまでも後生善処《ごしょうぜんしょ》で、その善処《ぜんしょ》はお釈迦《しゃか》さまのいらっしゃる霊山浄土《りょうぜんじょうど》に生《う》まれ、楽《たの》しさが長《なが》く続《つづ》くように、ということであります。また今世《こんぜ》には水害《すいがい》とか地震《ぢしん》、そして大風《おおかぜ》だとかいう災難《さいなん》もないようになって、物《もの》みなよく取《と》れるということになれば現世安穏《げんぜあんのん》ということでありましょうが、そういうようにしたいというためにお参《まい》りくださったでしょうし、寒《さむ》い時《とき》に毎晩《まいばん》寄《よ》り合《あ》ってお題目《だいもく》を唱《とな》えてくださるということは、本《ほん》当《とう》に大勢《おおぜい》の人《ひと》のためであります。

そういうような災難《さいなん》を皆《みな》さんは逃《のが》れるために、自分《じぶん》が逃《のが》れずに他《ほか》の人《ひと》を逃《のが》れさせようと思《おも》って努力《どりょく》してくださったのでありまするために、とうとうこちらが先《さき》に逃《のが》れられてしまったというようなことになりまして、大変《たいへん》ありがたいことであります。

仏《ほとけ》さまは法華経《ほけきょう》を説《と》くために長《なが》い間《あいだ》、四十余年《よねん》もの長《なが》い間《あいだ》、法華経《ほけきょう》をわからせたいために、方便《ほうべん》と言《い》って段階《だんかい》としての準備的《じゅんびてき》のお話《はなし》を致《いた》されたのでありましたが、皆《みな》さんのように幸《さいわ》いに法華経《ほけきょう》を聞《き》かれるようになりましたということは、本当《ほんとう》にありがたいことでございます。

◆日達上人

自然現象《しぜんげんしょう》と罪障《ざいしょう》　災害《さいがい》の起《お》こる原因《げんいん》について安立大法尼《あんりゅうだいほうに》は、「万人邪法《ばんにんじゃほう》を信《しん》じて、正《ただ》しき仏道修行《ぶつどうしゅぎょう》をせざるがため」と述《の》べておられます。ここで思《おも》い出《だ》されますのは、日蓮聖《にちれんしょう》人《にん》の『立正安国論《りっしょうあんこくろん》』であります。

日蓮聖人《にちれんしょうにん》ご在世《ざいせ》の鎌倉時代《かまくらじだい》は、疫病《えきびょう》・暴風《ぼうふう》・地震《ちしん》・旱《かん》ばつといった大災厄《だいさいやく》が、相次《あいつ》いで起《お》きました。これらのことも、自然現象《しぜんげんしょう》と言《い》ってしまえばそれまでです。もし本当《ほんとう》にそうならば、人間《にんげん》の力《ちから》ではどうすることもできません。しかし日蓮聖人《にちれんしょうにん》は〝これには確《たし》かな原因《げんいん》がある〟との確信《かくしん》のもとに膨大《ぼうだい》な経典《きょうてん》をひもとき、そうなるべき因縁《いんねん》を明《あ》かされたのであります。

〝日本中《にほんじゅう》の人々《ひとびと》が悪《わる》い教《おし》えを正《ただ》しいものと思《おも》い込《こ》み、本当《ほんとう》に正《ただ》しい教《おし》えを信《しん》ずることなく勝手《かって》なことばかりしているから、日本《にほん》を守護《しゅご》される神《かみ》さまも仏《ほとけ》さまもそっぽを向《む》き、よその国《くに》へ行《い》ってしまわれた。だから、次《つぎ》から次《つぎ》へと災厄《さいやく》が起《お》こるのだ〟と、人々《ひとびと》に反《はん》省《せい》を求《もと》め、正法《しょうぼう》への帰依《きえ》を促《うなが》すため、立正安国論《りっしょうあんこくろん》を著《あら》わされたのであります。

安立大法尼《あんりゅうだいほうに》も、同《おな》じことを述《の》べておられるのであります。

〝地震《ぢしん》は単《たん》なる自然現象《しぜんげんしょう》ではない。みな、人間《にんげん》の作《つく》った罪障《ざいしょう》が積《つ》もり積《つ》もった結果《けっか》として起《お》こるのだから、その罪障《ざいしょう》を消滅《しょうめつ》させなければならない。そのためには何《なに》はさておいても、善根《ぜんこん》を植《う》えなければならない〟と、各地《かくち》で講演会《こうえんかい》を開催《かいさい》して法華経《ほけきょう》を説《と》き、一方《ぼう》で、ご自身《じしん》が先頭《せんとう》に立《た》ち、米題目《こめだいもく》をするなどして多《おお》くの人々《ひとびと》に施《ほどこ》し、功徳《くどく》を積《つ》まれたのであります。

地震《ぢしん》という、一見自然現象《けんしぜんげんしょう》に思《おも》われることも「因縁《いんねん》の法則《ほうそく》」から考《かんが》えますと、その法《ほう》則通《そくどお》りだと思《おも》います。

昨今《さっこん》、東海大地震《とうかいだいぢしん》が世《よ》の中《なか》を騒《さわ》がせております。このように予想《よそう》される大規模《だいきぼ》な地震《ぢしん》は、百年《ねん》とか百五十年《ねん》、あるいは二百年周期《ねんしゅうき》ということですが、これは言《い》ってみれば、積立預金《つみたてよきん》のようなものではないかと思《おも》うのです。大勢《おおぜい》の人々《ひとびと》がせっせと積立《つみた》てた罪障《ざいしょう》の、ちょうど満期《まんき》になるころ、と言《い》って差《さ》し支《つか》えないかも知《し》れません。であれば、満期《まんき》のこないうちに積立《つみた》てを止《や》めればいいのではないでしょうか。このことが、大難《だいなん》を小難《しょうなん》にする道《みち》であります。

〝皆様《みなさま》がこれによって心《こころ》を柔和《にゅうわ》にし、堪忍《かんにん》して妙法《みょうほう》を信《しん》じていただくならばきっと救《すく》うことができます〟

安立大法尼《あんりゅうだいほうに》は、地震予知《ぢしんよち》に関《かん》してこのように述《の》べておられるのですが、これは、私《わたくし》共一人一人《どもひとりひとり》の日常《にちじょう》にもあてはまることであります。

〝たとえどのような悪因《あくいん》があっても、正《ただ》しい教《おし》えを信《しん》じ、功徳《くどく》を積《つ》み重《かさ》ねてゆけば必《かなら》ず、大難《だいなん》は小難《しょうなん》に、小難《しょうなん》は無難《ぶなん》にできる〟と、因果《いんが》の二法《ほう》は教《おし》えているのです。苦《くる》しいこと、困《こま》ったこと、あるいは、思《おも》うようにならないこと、たしかにこの世《よ》の中《なか》に生《い》きてゆく上《うえ》においていろいろなことがあります。だからこそ、正《ただ》しい信仰《しんこう》が必要《ひつよう》になるのです。「因縁《いんねん》」という大《おお》きな視野《しや》に立《た》ち、それらのことを一つの契機《けいき》としてさらに、一層《そう》の修《しゅう》養《よう》を励《はげ》んでゆくならば必《かなら》ず、悪因《あくいん》は消滅《しょうめつ》され、幸《しあわ》せな境遇《きょうぐう》を迎《むか》えることができるのですから、何《なに》はさておいても、実行《じっこう》に努力《どりょく》して頂《いただ》きたいのであります。

『月刊法音』第一五〇号　六～八頁

大震災に関する一大警告

仏教感化救済会

諸名家《しょめいか》に提言《ていげん》

這箇《しゃこ》　関東地方《かんとうちほう》に於《お》ける、空前《くうぜん》の大事変《だいじへん》は果《はた》して、何《なん》に因《いん》するや。又斯《またか》かる災厄《さいやく》は之《これ》を未然《みぜん》に防止《ぼうし》するの策《さく》なきや。将又《はたまた》かかる不祥事《ふしょうじ》は一地方《ちほう》にのみ限局《げんきょく》し得《え》らるべきものなるやは、最《もっと》も審重《しんちょう》に講究《こうきゅう》せらるべき重要《じゅうよう》なる国家問題《こっかもんだい》に属《ぞく》するのである。

由来《ゆらい》、我国《わがくに》と謂《い》わず、天災地変《てんさいちへん》に対《たい》しても、単《たん》に科学《かがく》の力《ちから》を以《もっ》てのみ解決《かいけつ》せんとする物質文明《ぶっしつぶんめい》に囚《とら》われたる幣《へい》がある為《ため》に、今回《こんかい》の如《ごと》き科学《かがく》の力《ちから》も、何等《なんら》の権威《けんい》を認《みと》むる能《あた》わざる。一大厄難《だいやくなん》は、瞬間《しゅんかん》にして吾《わ》が帝都《ていと》に現出《げんしゅつ》したのである。豈恐《あにおそ》れ警《いま》しめざるべからざる事《こと》である。さりとて何人《なんびと》と雖《いえど》も此《こ》の災害《さいがい》の原因《げんいん》を説明《せつめい》し得《う》べからざるものである。

茲《ここ》に於《おい》て本会《ほんかい》は、之《これ》が主《おも》なる原因《げんいん》と見《み》るべきものとして左《ひだり》の三つのものを挙《あ》ぐる。

第《だい》一　多《おお》くの人々《ひとびと》は、教《おしえ》を誤《あやま》りたること。

第《だい》二　多《おお》くの人々《ひとびと》は、其《そ》の信《しん》ずべき方針《ほうしん》を誤《あやま》りたること。

第《だい》三　多《おお》くの人《ひと》は、教《おしえ》を誤《あやま》り、信《しん》ずべき方針《ほうしん》を誤《あやま》りたるが為《ため》、日常《にちじょう》の行為《こうい》を誤《あやま》りたること。

これである。若《も》し教《おしえ》を誤《あやま》らず、其《そ》の信《しん》ずる処《ところ》を失《うしな》わず、其《そ》の行為《こうい》を誤《あやま》らざるに於《おい》ては、決《けっ》して災厄《さいやく》に罹《かか》らぬことを保証《ほしょう》するのみならず、現世安穏《げんぜあんのん》にして、生涯《しょうがい》を送《おく》ることが出《で》来《き》、次第《しだい》に幸福《こうふく》の身《み》となることは、疑《うたが》わぬのである。

さらば、正《ただ》しき教《おしえ》とは、何《なに》か。言《い》う迄《まで》もなく、大覚世尊《だいかくせそん》、出世《しゅっせ》の大本懐《だいほんかい》たる、法華経《ほけきょう》がそれである。

信《しん》ずべきものは、何《なに》か。三明《みょう》六通《つう》を得《え》たる人《ひと》を師《し》と仰《あお》がざれば、何《なに》を以《もっ》てか、過去《かこ》・現在《げんざい》・未来《みらい》、三世因果《ぜいんが》の理《ことわり》を明《あきら》かにし、娑婆即寂光土《しゃばそくじゃっこうど》、即身是仏《そくしんぜぶつ》の真理《しんり》を悟《さと》ることが出来《でき》るであろうか。

行《ぎょう》とは何《なに》か。常《つね》に、慈悲《じひ》・至誠《まこと》・堪忍《かんにん》の三徳《とく》を離《はな》れず、行住坐臥《ぎょうじゅうざが》に、妙法蓮華経《みょうほうれんげきょう》の題《だい》目《もく》を唱《とな》うることである。

猶《な》お天《てん》の災害《さいがい》を未然《みぜん》に防《ふせ》ぐには、人類《じんるい》は茲《ここ》に、一大覚醒《だいかくせい》して、今後《こんご》に於《お》ける、思想上《しそうじょう》にも、行為上《こういじょう》にも、大革新《だいかくしん》を要《よう》するのである。

元来人々《がんらいひとびと》は、兎角《とかく》に凡体《ぼんたい》のみに重《おも》きを置《お》き、霊魂《れいこん》なるものにつき、殆《ほとん》ど顧《かえり》みるものがないようである。

抑《そもそ》も凡体《ぼんたい》は、霊魂《れいこん》の容器《ようき》と見《み》ねばならぬ。かの釈迦牟尼《しゃかむに》を見《み》よ。日蓮上人《にちれんしょうにん》を見《み》よ。何《いず》れも凡体《ぼんたい》に重《おも》きを置《お》かずして、唯偏《ただひとえ》に、霊魂《れいこん》を尊重《そんちょう》せられたのである。而《しか》して其《そ》の結果《けっか》としては、釈尊《しゃくそん》は、高《たか》さ三丈余《じょうよ》の空中《くうちゅう》に昇《のぼ》りて、自由自在《じゆうじざい》に行臥《ぎょうが》せられた事《こと》があった。日蓮上人《にちれんしょうにん》は、断頭台上《だんとうだいじょう》に臨《のぞ》みて、其《そ》の斬《き》らんとするの剣《つるぎ》は折《お》れ、流竄《りゅうそ》の難《なん》交々《こもごも》到《いた》ると雖《いえど》も、何《いず》れも無難《ぶなん》にて過《すご》されたのである。これ等《ら》の事実《じじつ》は、決《けっ》して架空《かくう》の問題《もんだい》ではない。実際問題《じっさいもんだい》であった。而《しか》も之《これ》に反《はん》して、余《あま》りに凡体《ぼんたい》に重《おも》きを置《お》きたる場合《ばあい》には、釈尊《しゃくそん》も或《あるい》は獅子《しし》と生《うま》れ、或《あるい》は薩埵王子《さつたおうじ》たりし時《とき》は、飢《うえ》たる虎《とら》の為《ため》に、身《み》を食《く》われしこともあった。日蓮上人《にちれんしょうにん》が迷《まよ》いたる時《とき》は、鼠《ねずみ》となりて猫《ねこ》に食《は》まれたることもありとて、自《みずか》ら遺文録中《いぶんろくちゅう》に述《の》べられて居《い》る。

之《これ》を要《よう》するに、今回《こんかい》の一大災厄《だいさいやく》は、之《これ》を天《てん》の怒《いかり》と見《み》ねばならぬ。天《てん》の警《いましめ》と考《かんが》えねばならぬ。先《ま》づ一般人士《ぱんじんし》の虚栄心《きょえいしん》を去《さ》れ。虚栄心《きょえいしん》より生《しょう》じ来《きた》れる衣服調度《いふくちょうど》は華美《かび》に流《なが》れ、贅沢《ぜいたく》に陥《おち》ったのである。其《そ》の他憍慢心《たきょうまんしん》多《おお》きが、実《じっ》に現代人《げんだいじん》の一大欠陥《だいけっかん》である。須《すべか》らく此《こ》の憍慢心《きょうまんしん》を去《さ》るべきである。

更《さら》に宗教方面《しゅうきょうほうめん》に就《つ》きて之《これ》を言《い》わば、所謂宗教《いわゆるしゅうきょう》にも、幾種類《いくしゅるい》もあって、各《おのおの》其《そ》の所信《しょしん》のものを以《もっ》て唯《ゆい》一無《む》二なるが如《ごと》く考《かんが》うるのであるが、其《そ》の最《もっと》も完全《かんぜん》にして無欠《むけつ》、真《しん》に人生《じんせい》を救《すく》うべきものは、仏道《ぶつどう》に外《ほか》ならぬのである。

而《しこう》して仏道中《ぶつどうちゅう》にも、かの経文《きょうもん》の読誦《どくじゅ》や、其《そ》の講義《こうぎ》やの如《ごと》きは、之《これ》を学校《がっこう》に譬《たと》うれば、恰《あたか》も小学校位《しょうがっこうぐらい》の程度《ていど》のものである。加持祈祷《かじきとう》を為《な》す人々《ひとびと》は恰《あたか》も幼稚園程度《ようちえんていど》より、中等学校《ちゅうとうがっこう》程度《ていど》に至《いた》るが如《ごと》き、種々《しゅじゅ》の階級《かいきゅう》ありて、一様《よう》ならざるも、就中幼稚園程度《なかんずくようちえんていど》の行者《ぎょうじゃ》は教法《きょうほう》の意義《いぎ》に暗《くら》く、其《そ》の為《な》す所《ところ》は殆《ほとん》ど迷信《めいしん》に近《ちか》きもの多《おお》く、為《ため》に真《しん》の妙法《みょうほう》に依《よ》りて加持祈祷《かじきとう》を為《な》す人《ひと》に迄《まで》、累《るい》を及《およ》ぼすものあり。仏道《ぶつどう》の名《な》に依《よ》りて、斯《かか》る多種多様《たしゅたよう》なる有害無益《ゆうがいむえき》の教法《きょうほう》を弄《もてあそ》びて、多《おお》くの無知《むち》なる、民衆《みんしゅう》を欺《あざむ》くが如《ごと》き、似《に》て非《ひ》なる僧侶行者《そうりょぎょうじゃ》の輩《やから》を厳《げん》禁《きん》し、真《しん》の妙法《みょうほう》を体得《たいとく》して三明《みょう》六通《つう》を得《え》たる人々《ひとびと》を採用《さいよう》し、其《そ》の人々《ひとびと》に依《よ》れる予言《よげん》や、祈祷《きとう》やによりて、災厄《さいやく》を未然《みぜん》に予防《よぼう》するの方策《ほうさく》を執《と》られんか。（仏教感化救済会《ぶっきょうかんかきゅうさいかい》には三明《みょう》六通《つう》を得《え》たる者有《ものあ》り）。既《すで》に七百年前《ねんまえ》に、日蓮上人《にちれんしょうにん》によりて絶叫《ぜっきょう》せられたる立正安国論《りっしょうあんこくろん》の基礎《きそ》は、茲《ここ》に初《はじ》めて樹立《じゅりつ》し、次第《しだい》に妙法《みょうほう》の広宣流布《こうせんるふ》の行《おこな》わるるあらんか。実《じつ》に世《よ》は義農《ぎのう》の世《よ》となりて、今生《こんじょう》には不祥《ふしょう》の災難《さいなん》を払《はら》い得《う》べきは、決《けっ》して疑《うたが》わざる処《ところ》である。

本会《ほんかい》は従来《じゅうらい》の経験《けいけん》に鑑《かんが》み、実地《じっち》の現証《げんしょう》を得《え》たる事《こと》一再《さい》にして止《とど》まらず、猶《な》お此尽《このまま》に推《すい》移《い》せんか、益々天《ますますてん》の怒《いか》りを如何《いか》にせん。之《これ》を知《し》りて言《い》わざるは国家《こっか》に対《たい》して不忠《ふちゅう》なり。一に国家《こっか》を憂《うれ》うるの赤誠《せきせい》より、茲《ここ》に建言《けんげん》する次第《しだい》である。

諸賢《しょけん》は、幸《さいわい》に国家枢要《こっかすうよう》の地位《ちい》に立《た》たれ、然《しこう》して国家《こっか》を憂《うれ》うるの点《てん》に於《おい》ては、何人《なにびと》よりも痛感《つうかん》せらるるならん。而《しこう》して、本会《ほんかい》の賛助員《さんじょいん》たるの故《ゆえ》を以《もっ》て、本会《ほんかい》の足《た》らざる処《ところ》を指導啓発《しどうけいはつ》せられなば、諸天善神《しょてんぜんじん》も共《とも》に守護《しゅご》し賜《たま》い、以《もっ》て天《てん》の災害来《さいがいきた》らず、大自然《だいしぜん》の恵沢《けいたく》に浴《よく》するを得《え》ば、幸何《さいわいなに》ものか之《これ》に如《し》かんやである。

希《こいねがわ》くば、大慈悲心《だいじひしん》を垂《た》れ賜《たま》い、本会《ほんかい》をして、有終《ゆうしゅう》の美《び》を済《すま》さしめられむことを、敢《あえ》て提言《ていげん》する次第《しだい》である。

大正拾貳年《たいしょうじゅうにねん》　月《がつ》　日《にち》

仏教感化救済会《ぶっきょうかんかきゅうさいかい》

顧問《こもん》　村上《むらかみ》　斎《いつき》

会長《かいちょう》　杉山《すぎやま》　辰子《たつこ》

大乗山法音寺三徳開教百年史（1）　三九四～三九七頁

◆私と信仰

経の巻

正しい信仰〔大乗山法音寺の信仰〕

〃みほとけよわがたましいをとこしえに
みのりのためにつかいまさなむ〃

御開山上人御詠

◆経典

◇若《も》し能《よ》く妙法華經《みょうほけきょう》を、受持《じゅじ》することあらん者《もの》は、當《まさ》に知《し》るべし佛《ほとけ》の所使《しょし》として、諸《もろもろ》の衆生《しゅじょう》を愍念《みんねん》するなり。諸《もろもろ》の能《よ》く妙法華經《みょうほけきょう》を、受持《じゅじ》することあらん者《もの》は、清淨《しょうじょう》の土《ど》を捨《す》てて、衆《しゅ》を愍《あわれ》むが故《ゆえ》に此《ここ》に生《しょう》ずるなり。當《まさ》に知《し》るべし是《かく》の如《ごと》き人《ひと》は、生《しょう》ぜんと欲《ほっ》する所《ところ》に自在《じざい》なれば、能《よ》く此《こ》の悪世《あくせ》に於《おい》て、廣《ひろ》く無上《むじょう》の法《ほう》を説《と》くなり。

妙法蓮華經・法師品　二〇五頁

◇若《も》し是《こ》の經典《きょうでん》を聞《き》くこと得《う》ることあらん者《もの》は、乃《すなわ》ち能善《よく》菩薩《ぼさつ》の道《どう》を行《ぎょう》ずるなり。其《そ》れ衆生《しゅじょう》の佛道《ぶつどう》を求《もと》むる者《もの》あって、是《こ》の法華經《ほけきょう》を若《も》しは見《み》、若《も》しは聞《き》き、聞《き》き已《おわ》って信解《しんげ》し受持《じゅじ》せば、當《まさ》に知《し》るべし、是《こ》の人《ひと》は阿耨多羅《あのくたら》三藐《みゃく》三菩提《ぼだい》に近《ちか》づくことを得《え》たり。

妙法蓮華經・法師品　二〇八頁

◇此《△こ》の經《きょう》は持《たも》ち難《がた》し。若《も》し暫《しばら》くも持《たも》つ者《もの》は、我《われ》即《すなわ》ち歡喜《かんぎ》す。諸佛《しょぶつ》も亦然《またしか》なり。是《こ》の如《ごと》きの人《ひと》は、諸佛《しょぶつ》の歎《ほ》めたもう所《ところ》なり。是《こ》れ則《すなわ》ち勇猛《ゆうみょう》なり。是《こ》れ則《すなわ》ち精進《しょうじん》なり。是《こ》れを戒《かい》を持《たも》ち、頭陀《ずだ》を行《ぎょう》ずる者《もの》と名《なづ》く。則《すなわ》ち爲《こ》れ疾《と》く、無上《むじょう》の佛道《ぶつどう》を得《え》たり。

妙法蓮華經・見寶塔品　二二五頁

◇如來《にょらい》の滅後《めつご》に末法《まっぽう》の中《なか》に於《おい》て是《こ》の經《きょう》を說《と》かんと欲《ほっ》せば、安樂行《あんらくぎょう》に住《じゅう》すべし。若《も》しは口《くち》に宣說《せんぜつ》し若《も》しは經《きょう》を讀《よ》まん時《とき》、樂《ねが》って人及《ひとおよ》び經典《きょうでん》の過《とが》を說《と》かざれ。亦諸餘《またしょよ》の法師《ほっし》を輕慢《きょうまん》せざれ。他人《たにん》の好惡長短《こうあくちょうたん》を說《と》かざれ。

妙法蓮華經・安樂行品　二四六頁

◇諸《もろもろ》の所說《しょせつ》の法《ほう》、其《そ》の義趣《ぎしゅ》に隨《したが》って、皆實相《みなじっそう》と相違背《あいいはい》せじ。若《も》し俗間《△ぞっけん》の經書《きょうしょ》・治世《△じせ》の語言《ごごん》・資生《△ししょう》の業等《ごうとう》を說《と》かんも、皆正法《みなしょうぼう》に順《じゅん》ぜん。三千大《だい》千世界《せかい》の六趣《しゅ》の衆生《しゅじょう》、心《こころ》の行《ぎょう》ずる所《ところ》、心《こころ》の動作《どうさ》する所《ところ》、心《こころ》の戯論《けろん》する所《ところ》、皆悉《みなことごと》く之《これ》を知《し》らん。未《いま》だ無漏《むろ》の智慧《ちえ》を得《え》ずと雖《いえど》も、而《しか》も其《そ》の意根《いこん》の清淨《しょうじょう》なること此《かく》の如《ごと》くならん。是《こ》の人《ひと》の思惟《しゆい》し籌量《ちゅうりょう》し言説《ごんぜつ》する所《ところ》あらんは、皆是《みなこ》れ佛法《ぶっぽう》にして眞實《しんじつ》ならざることなく、亦是《またこ》れ先佛《せんぶつ》の經《きょう》の中《なか》の所説《しょせつ》ならん。

妙法蓮華經・法師功德品　三一六頁

◇佛《ほとけ》の滅後《めつご》、法《ほう》盡《つ》きなんと欲《ほっ》せし時《とき》、一《ひと》りの菩薩《ぼさつ》あり、常不輕《じょうふきょう》と名《なづ》く。時《とき》に諸《もろもろ》の四衆《しゅ》、法《ほう》に計著《けいじゃく》せり。不輕菩薩《ふきょうぼさつ》、其《そ》の所《ところ》に往《ゆ》き到《いた》って、而《しか》も之《これ》に語《かた》って言《い》わく。我汝《われなんじ》を輕《かろ》しめず。汝等道《なんだちどう》を行《ぎょう》じて、皆當《みなまさ》に作佛《さぶつ》すべしと。諸人《しょにん》聞《き》き已《おわ》って、輕毀罵詈《きょうきめり》せしに、不輕菩薩《ふきょうぼさつ》、能《よ》く之《これ》を忍受《にんじゅ》しき。其《そ》の罪畢《つみお》え已《おわ》って、命終《みょうじゅう》の時《とき》に臨《のぞ》んで、此《こ》の經《きょう》を聞《き》くことを得《え》て、六根清淨《こんしょうじょう》なり。

妙法蓮華經・常不輕菩薩品　三二三頁

◆遺文

◇一閻浮提第《えんぶだいいだい》一の御本尊《ごほんぞん》を信《しん》じさせ給《たま》え。相構《あいかま》え相構《あいかま》えて信心強《しんじんつよ》く候《そうろう》て、三佛《ぶつ》の守護《しゅご》を蒙《こうむ》らせ給《たま》うべし。行學《ぎょうがく》の二道《どう》を勵《はげ》み候《そうろう》べし。行學絶《ぎょうがくた》えなば佛法《ぶっぽう》はあるべからず、我《われ》も致《いた》し人《ひと》をも教化《きょうけ》候《そうら》え。行學《ぎょうがく》は信心《しんじん》より起《おこ》るべく候《そうろう》。力《ちから》あらば一文《もん》一句《く》なりとも談《かた》らせ給《たま》うべし。

諸法實相鈔　九七二頁

◇御《おん》みやづかえを法華經《ほけきょう》と思《おぼ》し召《め》せ。『一切世間《さいせけん》の治生産業《ちしょうさんごう》は皆實相《みなじっそう》と相違背《あいいはい》せず』は此《これ》なり。

檀越某御返事　一六五五頁

◇佛法《ぶっぽう》を修行《しゅぎょう》せんには人《ひと》の言《ことば》を用《もち》ゆべからず、只仰《ただあお》いで佛《ほとけ》の金言《きんげん》をまもるべきなり。

如說修行鈔　九七六～九七七頁

◇抑々今《そもそもいま》の時法華經《ときほけきょう》を信《しん》ずる人《ひと》あり、或《あるい》は火《ひ》の如《ごと》く信《しん》ずる人《ひと》もあり、或《あるい》は水《みず》の如《ごと》く信《しん》ずる人《ひと》もあり。燃《も》え立《た》つばかり思《おも》えども、遠《とお》ざかりぬれば捨《す》つる心《こころ》あり。水《みず》の如《ごと》くと申《もう》すは、何時《いつ》も絶《た》えせず信《しん》ずるなり。

上野殿御返事　一六四七頁

◇器《うつわ》に四の失《とが》あり。一には覆《ふく》と申《もう》してうつぶけるなり。又《また》はくつがえす、又《また》は蓋《ふた》をおおうなり。二には漏《ろ》と申《もう》して水漏《みづも》るなり。三には汙《う》と申《もう》してけがれたるなり。水浄《みづきよ》けれども、糞《ふん》の入《い》りたる器《うつわ》の水《みづ》をば用《もち》ゆる事《こと》なし。四には雑《ぞう》なり。飯《いい》に或《あるい》は糞《ふん》、或《あるい》は石《いし》、或《あるい》は沙《すな》、或《あるい》は土《つち》なんどを雑《まじ》えぬれば人食《ひとくら》うことなし。器《うつわ》は我等《われら》が身心《しんしん》を表《あらわ》す、我等《われら》が心《こころ》は器《うつわ》の如《ごと》し。口《くち》も器耳《うつわみみ》も器《うつわ》なり。法華經《ほけきょう》と申《もう》すは佛《ほとけ》の智慧《ちえ》の法水《ほうすい》を、我等《われら》が心《こころ》に入《い》れぬれば、或《あるい》は打返《うちかえ》し、或《あるい》は耳《みみ》に聞《き》かじと、左右《さう》の手《て》を二つの耳《みみ》に覆《おお》い、或《あるい》は口《くち》に唱《とな》えじと吐《は》き出《いだ》しぬ。譬《たと》えば器《うつわ》を覆《ふく》するが如《ごと》し。或《あるい》は少《すこ》し信《しん》ずる様《よう》なれども、又惡縁《またあくえん》に値《お》うて信心薄《しんじんうす》くなり、或《あるい》は打《う》ち捨《す》て、或《あるい》は信《しん》ずる日《ひ》はあれども、捨《す》つる日《ひ》もあり、是《これ》は水《みず》の漏《も》るが如《ごと》し。或《あるい》は法華經《ほけきょう》を行《ぎょう》ずる人《ひと》の、一口《くち》は南無妙法蓮華經《なむみょうほうれんげきょう》、一口《くち》は南無阿彌陀佛《なむあみだぶつ》なんど申《もう》すは、飯《いい》に糞《ふん》を雑《まじ》え沙石《しゃせき》を入《い》れたるが如《ごと》し。法華經《ほけきょう》の文《もん》に『但大乘經典《ただだいじょうきょうでん》を受持《じゅぢ》することを樂《ねご》うて、乃至《ないし》、餘經《よきょう》の一偈《げ》をも受《う》けざれ』等《とう》と說《と》くは是《これ》なり。世間《せけん》の學匠《がくしょう》は法華經《ほけきょう》に餘行《よぎょう》を雑《まじ》えても苦《くる》しからずと思《おも》えり。日蓮《にちれん》もさこそ思《おも》い候《そうら》えども經文《きょうもん》は爾《しか》らず。

秋元御書　一八四四～一八四五頁

安立大法尼の御遺訓

妙法《みょうほう》を実行《じっこう》すれば
貧者《ひんじゃ》も福者《ふくしゃ》となって喜《よろこ》びの日《ひ》が来《きた》ります。
病者《びょうしゃ》も平癒《へいゆ》の喜《よろこ》びが来《きた》ります。
愛《あい》する者《もの》に別《わか》れるの苦《く》に会《あ》いて泣《な》く人《ひと》も、善処《ぜんしょ》の道《みち》が得《え》られます。
己《おのれ》の目的《もくてき》の達《たっ》せざる人《ひと》も、成功域《せいこういき》に達《たっ》する事《こと》が出来《でき》ます。
煩悶《はんもん》多《おお》き人《ひと》が悩《なやみ》を去《さ》る事《こと》も容易《ようい》です。
社会《しゃかい》より嫌忌《けんき》せらるる人々《ひとびと》でも、仏《ほとけ》は平等《びょうどう》に慈悲《じひ》を垂《た》れ給《たま》い、安穏《あんのん》を得《え》せしめ給《たも》う。
万法《ばんぽう》の中《なか》、抜苦与楽《ばっくよらく》の真実道《しんじつどう》は、妙法蓮華経《みょうほうれんげきょう》の実行《じっこう》であります。
詳細《しょうさい》を知《し》りたい方《かた》は当方《とうほう》にお越《こ》し下《くだ》さい。

仏教感化救済会《ぶっきょうかんかきゅうさいかい》
会《かい》　長《ちょう》　杉《すぎ》　山《やま》　辰《たつ》　子《こ》

大乗山法音寺三徳開教百年史（1）　二二三頁

仏教修養団団員綱領

一、団員《だんいん》ハ仏陀《ぶった》ノ経義《きょうぎ》ヲ基《もとい》トシテ専《もっぱ》ラ精神修養《せいしんしゅうよう》ヲナシ、国威発揚《こくいはつよう》ニ努力《どりょく》スベシ

一、団員《だんいん》ハ慈悲《じひ》強《つよ》ク、博愛《はくあい》ヲ旨《むね》トシ、布施《ふせ》ノ徳《とく》ヲ積《つ》ムベシ

一、団員《だんいん》ハ至誠《しせい》一貫《かん》己《おのれ》ノ本分《ほんぶん》ヲ全《まっと》ウスベシ

一、団員《だんいん》ハ柔和忍辱《にゅうわにんにく》ヲ心《こころ》ノ守《まもり》トスベシ

一、団員《だんいん》ハ他《た》ノ誘惑《ゆうわく》ニ動《どう》ゼザル様《よう》意志《いし》ヲ強固《きょうこ》ニスベシ

一、団員《だんいん》ハ常《つね》ニ妙法《みょうほう》ヲ唱《とな》エテ、天賦《てんぷ》タル本体《ほんたい》ヲ悖《もと》ラザランコトヲ期《き》スベシ

一、団員《だんいん》ハ国家擁護《こっかおうご》ノ正道《しょうどう》ニ勇猛精進《ゆうみょうしょうじん》スベシ

大乗山法音寺三徳開教百年史（1）　六七頁

◆安立大法尼

法華経《ほけきょう》の実行者《じっこうしゃ》は…

法華経《ほけきょう》の実行者《じっこうしゃ》は、共存共栄《きょうぞんきょうえい》の実《み》を揚《あ》ぐべき確固《かっこ》たる宗教的信念《しゅうきょうてきしんねん》をもって、お互《たが》いに仲《なか》よく助《たす》け合《あ》い、自他《じた》共々《ともども》に幸福《こうふく》となるべきことをいたします。何《なに》事《ごと》も、人生万事因果《じんせいばんじいんが》の理法《りほう》を離《はな》るるものではありません。善《よ》い行《おこ》ないをすれば必《かなら》ず善《よ》い

報《むく》いが来《きた》り、悪《わる》い種《たね》をまけば、いつかは必《かなら》ず、自《みずか》ら悪《あく》の実《み》を採《と》り要《い》れなければならぬのです。それを知《し》っておりますから、まず第一《だい》に堪忍《かんにん》をします。心《こころ》を広《ひろ》くもって、無理《むり》を言《い》う者《もの》は子《こ》どもだと思《おも》います。むしろ、他人《たにん》の迷惑《めいわく》を省《かえり》みぬ小人《しょうにん》を、気《き》の毒《どく》だ、かわいそうだ、どうかして度量《どりょう》の広《ひろ》い、決《けっ》して怒《おこ》らない立派《りっぱ》な人物《じんぶつ》にしてやりたいという、慈《じ》悲《ひ》の心《こころ》を起《お》こします。次《つぎ》に、他人《たにん》の過失《かしつ》を見《み》ても人《ひと》を責《せ》めず、自己《じこ》を反省《はんせい》します。なお、少欲知足《しょうよくちそく》と申《もう》しまして、虚栄《きょえい》に走《はし》らず、自分《じぶん》より下《した》の有様《ありさま》を見《み》ては現在《げんざい》の自分《じぶん》の境涯《きょうがい》を喜《よろこ》び、満足《まんぞく》します。自己《じこ》の努力《どりょく》によって向上《こうじょう》し、出世《しゅっせ》しようと、忠実《ちゅうじつ》に仕事《しごと》に励《はげ》みます。また、陰日向《かげひなた》なく少《すこ》しでも多《おお》く功徳《くどく》を積《つ》んで、善《よ》き果報《かほう》の来《きた》るべき種《たね》まきをすることを無上《むじょう》の楽《たの》しみとします。

万事斯《ばんじか》くの如《ごと》く身《み》に行《おこ》ないますから、他人《たにん》には必《かなら》ず愛《あい》せられ、敬《うやま》われるようになってきます。父母《ふぼ》・祖先《そせん》に対《たい》してもきっと孝行《こうこう》となります。斯《か》くてこそ、祈《いの》らずとても諸仏《しょぶつ》善神《ぜんじん》はご守護《しゅご》してくださいます。

始祖・御法話集　五四～五五頁

妙法《みょうほう》を知《し》れるは三千年《ねん》に一度《ど》の奇縁《きえん》

このたび妙法《みょうほう》を知《し》れるは、実《じつ》に三千年《ねん》に一度《ど》咲《さ》く優曇華《うどんげ》の花《はな》の如《ごと》くです。この期《き》に、権教《ごんきょう》、実教《じっきょう》を分別《ふんべつ》し、正《ただ》しき信仰《しんこう》をせざれば、幾億《いくおく》年過《ねんす》ぐるとも成仏《じょうぶつ》の時《とき》はありません。会員《かいいん》の皆様《みなさま》はこの理《ことわり》を悟《さと》り、真《しん》の信仰《しんこう》、功徳《くどく》の信心《しんじん》をいたしましょう。真《しん》の信仰《しんこう》とは、常《つね》に菩薩道《ぼさつどう》、すなわち六波羅蜜《はらみつ》の修行《しゅぎょう》をするのです。いわゆる六波羅蜜《はらみつ》と申《もう》すのは、次《つぎ》の六つを言《い》うのです。

一、檀波羅蜜《だんはらみつ》　布施《ふせ》とも慈悲《じひ》とも申《もう》します。人《ひと》を善《ぜん》に導《みちび》くを上品《じょうぼん》とし、人《ひと》の心《こころ》を和《やわ》らぐる言葉《ことば》の施《ほどこ》しを中品《ちゅうぼん》とします。物質《ぶっしつ》の布施《ふせ》は下品《げぼん》ですが、これを法《ほう》の施《ほどこ》しと共《とも》にすれば上品《じょうぼん》となります。

二、尸羅波羅蜜《しらはらみつ》　持戒《じかい》とも誠《まこと》とも申《もう》します。戒《かい》とは非《ひ》を防《ふせ》ぎ、悪《あく》を退《しりぞ》けることです。何事《なにごと》も誠《まこと》をもって不善《ふぜん》の行《おこ》ないを行《ぎょう》ぜざるはもちろん、我《わ》が身《み》の本文《ほんぶん》を忘《わす》れず、社会善《しゃかいぜん》導《どう》に心《こころ》を留《と》めることを言《い》うのです。

三、羼提波羅蜜《せんだいはらみつ》　柔和忍辱《にゅうわにんにく》とも申《もう》します。決《けっ》して怒《おこ》らぬことです。我《われ》は大人《おとな》である。無理《むり》を言《い》う者《もの》は子《こ》どもだと思《おも》って忍《しの》ぶのです。一度《ど》の怒《いか》りは百日《にち》の功徳《くどく》をも一瞬時《しゅんじ》に消《け》してしまいます。怒《いか》りもお互《たが》いの罪障《ざいしょう》です。我《わ》が身《み》の罪《つみ》が相手《あいて》に乗《の》って腹立《はらだ》たせ、相手《あいて》の者《もの》にまで罪《つみ》を作《つく》らせるのですから、相手《あいて》を気《き》の毒《どく》と思《おも》うのです。

四、毘黎耶波羅蜜《びりやはらみつ》　勇猛精進《ゆうみょうしょうじん》とも申《もう》します。余事《よじ》に交《まじ》わらず、弛《たゆ》まず進《すす》むことです。陰日向《かげひなた》なく善《ぜん》の種《たね》まきに努力《どりょく》することです。生《せい》ある者《もの》は必《かなら》ず死《し》あり、今日《きょう》も旅《たび》、明日《あす》もまた旅《たび》して、一歩《ぽ》一歩《ぽ》冥途《めいど》に近《ちか》づくのです。明日《あす》と言《い》わず今日《きょう》より無駄《むだ》に暮《く》らさぬよう、明日《あす》も無駄《むだ》に暮《く》らさぬように、善因《ぜんいん》を作《つく》ることを怠《おこた》らず進《すす》みましょう。

五、禅波羅蜜《ぜんはらみつ》　禅定《ぜんじょう》とも申《もう》し、ものに驚《おどろ》かぬとも申《もう》します。石《いし》の上《うえ》に尻《しり》の跡《あと》がつくまで座《す》わっていることではありません。君《きみ》に忠《ちゅう》、親《おや》に孝《こう》にして現世安穏《げんぜあんのん》に、後生《ごしょう》も善処《ぜんしょ》となるべき法《ほう》と知《し》りながら、悪縁《あくえん》に誑《たぶらか》されて不善《ふぜん》の道《みち》に這入《はいい》るは禅定《ぜんじょう》なき者《もの》であります。不善《ふぜん》のことをすれば咄嗟《とっさ》の災難《さいなん》が必《かなら》ず来《き》て、驚愕《きょうがく》せねばなりません。他人《たにん》は何《なん》と言《い》おうとも、動《どう》ぜず進《すす》んで利益《りやく》を受《う》けましょう。

六、般若波羅蜜《はんにゃはらみつ》　仏智《ぶっち》とも申《もう》します。他人《たにん》の過《あやま》ちを見《み》て我《わ》が過《あやま》ちを防《ふせ》ぐ資料《しりょう》とし、人《ひと》を責《せ》めず反省《はんせい》するよう、あるいは己身《こしん》を示《しめ》し、他身《たしん》を示《しめ》して事《こと》を静《しず》かに治《おさ》めようとする智慧《ちえ》を申《もう》します。「うれしや隣《となり》の蔵《くら》も売《う》れたそうな」というような人《ひと》は、仏智《ぶっち》のある人《ひと》とは言《い》えません。

皆様《みなさま》はこの意《い》をよくよく悟《さと》って、真《しん》の信仰《しんこう》をしてください。必《かなら》ず幸福《こうふく》は眼前《がんぜん》に来《きた》ります。実行《じっこう》せらるる皆様《みなさま》のお徳《とく》によって、我《わ》が会《かい》も一層発展《そうはってん》いたします。どうかよろしくお願《ねが》い申《もう》します。

始祖・御法話集　二六〜三〇頁

日々《ひび》の生活《せいかつ》に一番大切《ばんたいせつ》な、正《ただ》しいお金《かね》の使《つか》い方《かた》

皆《みな》さん、お金《かね》の大切《たいせつ》なる所以《ゆえん》をご存知《ぞんじ》ですか。人《ひと》と生《う》まれて人《ひと》の使《つか》うべきお金《かね》の使《つか》い方《かた》を知《し》らぬ人《ひと》を、猫《ねこ》に小判《こばん》と申《もう》すことはご存知《ぞんじ》でしょう。しかしよく考《かんが》えますと、私《わたくし》は猫《ねこ》に小判《こばん》を持《も》たせたよりも劣《おと》った人《ひと》が、世《よ》の中《なか》にたくさんあると思《おも》いますが如何《いかが》でしょう。

金銭《きんせん》の大切《たいせつ》だ、尊《とうと》いということは、これを使用《しよう》して自分《じぶん》の徳《とく》を積《つ》み、自分《じぶん》の品位《ひんい》を向上《こうじょう》せしむるために必要《ひつよう》であるから大切《たいせつ》であると思《おも》います。それに何《なん》ぞや、この大切《たいせつ》なる金銭《きんせん》の目的《もくてき》を達《たっ》せしめず、他人《たにん》に迷惑《めいわく》をかけても自分《じぶん》は蓄財《ちくざい》し、不当《ふとう》の利欲《りよく》を貪《むさぼ》り、これを以《も》って酒色《しゅしょく》に耽《ふけ》りて道徳上《どうとくじょう》の罪《つみ》を犯《おか》し、金《かね》のために喧嘩《けんか》をしたとか、人命《じんめい》を殺傷《さっしょう》したというが如《ごと》き事実《じじつ》は新聞紙上《しんぶんしじょう》でご覧《らん》の如《ごと》くであります。あるいは、その身《み》は位人身《くらいじんしん》を極《きわ》めながら、この金《かね》の故《ゆえ》に一代《だい》の栄誉《えいよ》を水泡《すいほう》に帰《き》せしめ、恥《はじ》を末代《まつだい》にさらすが如《ごと》き、みな、金銭《きんせん》の貴《とうと》き所以《ゆえん》を知得《ちとく》せざるがためだと思《おも》います。

斯《か》くの如《ごと》く、自分《じぶん》の品位《ひんい》を損傷《そんしょう》し、自分《じぶん》に害《がい》を及《およ》ぼす金《かね》を不浄財《ふじょうざい》と申《もう》すのであります。しかし、斯《か》く申《もう》す人《ひと》もありましょう。「現代《げんだい》は金銭万能《きんせんばんのう》の世《よ》だ。金《かね》があればこそ何事《なにごと》も自分《じぶん》の欲《ほっ》するままになる」といって、お金《かね》をためることを無上《むじょう》の楽《たの》しみとしておらる人《ひと》もありますが、しかし、お金《かね》が沢山有《たくさんあ》るからといって災難《さいなん》を逃《のが》るることができますか。お金《かね》があるからといって病気《びょうき》で苦《くる》しんだならば如何《いかが》でしょう。病気《びょうき》で苦《くる》しむよりお金《かね》の方《ほう》がよろしいでしょうか。

「妙法無《みょうほうな》き国《くに》にこそ金銀《きんぎん》も宝也《たからなり》」。これは、その浅墓《あさはか》さを気《き》の毒《どく》と思《おも》われてのお言葉《ことば》であります。

まず、人間《にんげん》として常《つね》に希《こいねが》うことは、不慮《ふりょ》の災難《さいなん》に遭《あ》わざること、病気《びょうき》とならざること、次《つぎ》に、人《ひと》より尊敬《そんけい》せらるること、出世《しゅっせ》をして一生幸福《しょうこうふく》に暮《く》らすこと、などでありましょう。

斯《か》くの如《ごと》き幸福《こうふく》の身《み》と成《な》るには、是非《ぜひ》とも功徳《くどく》を積《つ》んで過去《かこ》の悪因《あくいん》を消滅《しょうめつ》せざれば、決《けっ》してその目的《もくてき》を達《たっ》することはできません。徳《とく》を積《つ》むには、他《た》の人《ひと》を喜《よろこ》ばせ、人《ひと》の便利《べんり》を図《はか》り、世《よ》のため人《ひと》のため、大《おお》いに善事《ぜんじ》を行《ぎょう》ぜねばなりません。この幸福《こうふく》の基《もとい》を作《つく》る徳《とく》本《ほん》を植《う》えることに使《つか》うお金《かね》こそ、真《しん》の浄財《じょうざい》であるのであります。これこそ人《ひと》らしく金《かね》を使《つか》うので、つまり、お金《かね》を活《い》かして使《つか》うのであります。

徳《とく》の根《ね》を植《う》えたなれば、お金《かね》を得《え》んとせずとも必《かなら》ず、その徳本《とくほん》の大小《だいしょう》に比例《ひれい》せる財《ざい》は得《え》らるるのであります。されば、蓄財《ちくざい》せんと心掛《こころが》けると雖《いえど》もその目的《もくてき》の達《たっ》せざる人々《ひとびと》は、自分《じぶん》の徳本《とくほん》の浅《あさ》きをご自覚《じかく》くださって、積徳《せきとく》に努力《どりょく》してください。徳本浅《とくほんあさ》き者《もの》が多《おお》くの財《ざい》を得《え》たる時《とき》は、必《かなら》ず一家《か》に病《やまい》、あるいは不慮《ふりょ》の 災《わざわい》が起《お》こって転変《てんぺん》するを例《れい》としてあります。故《ゆえ》に徳《とく》を積《つ》む者《もの》は、財《ざい》を得《え》んとせずとも宝《たから》を得《え》、徳本《とくほん》を植《う》えずして蓄財《ちくざい》せんとする者《もの》は亡《ほろ》ぶる、の原理《げんり》はこれであります。

私《わたくし》は常《つね》に、この大切《たいせつ》なるお金《かね》をどうか活《い》かして使《つか》いたいと心掛《こころが》けて、あらん限《かぎ》り無《む》駄《だ》を節約《せつやく》いたします。わずかボタン一個《こ》、針《はり》一本《ぽん》、ちり紙《がみ》一枚《まい》でも大切《たいせつ》に始末《しまつ》して、一度《ど》飢《う》えたる者《もの》に接《せっ》すれば食《しょく》を与《あた》え、寒《さむ》さに震《ふる》える人《ひと》を見《み》ては衣類《いるい》を施《ほどこ》し、また、思想《しそう》を善導《ぜんどう》し、妙法を宣伝《せんでん》するには如何《いか》にしたならば人《ひと》が喜《よろこ》んで聴《き》いてくださるかと考《かんが》えて、自分《じぶん》の不自由《ふじゆう》を忍《しの》んで何物《なにもの》も惜《お》しみません。

私《わたくし》は、節約《せつやく》とか吝嗇《りんしょく》とかいうこともよく聞《き》かされてきましたが、この実行《じっこう》をするようになって初《はじ》めて、〝自分《じぶん》の無駄《むだ》を省《はぶ》いて徳《とく》を積《つ》むための準備《じゅんび》をなすが節約《せつやく》である。他《た》人《にん》を泣《な》かしめて不当《ふとう》の蓄財《ちくざい》をなし、世《よ》のため人《ひと》のためにせず、自分《じぶん》の徳本《とくほん》を植《う》えることにも使《つか》わず、慈悲《じひ》のあることなければ人《ひと》より憎《にく》み、嫌《きら》わるるというが如《ごと》き人《ひと》は、金銭《きんせん》の奴隷《どれい》とも言《い》うべき吝嗇家《りんしょくか》だ〟と悟《さと》りました。この吝嗇家《りんしょくか》は目前《もくぜん》の小智《しょうち》に囚《とら》われて、後《のち》に災厄《さいやく》のくるを知《し》らざる幼稚《ようち》であるのであります。

経《きょう》に曰《いわ》く、

「深《ふか》く世楽《せらく》に著《じゃく》して、慧心《えしん》あることなし。三界《がい》は安《やす》きことなし、猶《な》お火宅《かたく》の如《ごと》し」（法《ほ》華経譬喩品《けきょうひゆほん》）と。

必《かなら》ず、己《おのれ》と己《おのれ》に、己《おのれ》の住家《すみか》を火事《かじ》のある家《いえ》の如《ごと》くして、自分《じぶん》の蓄財《ちくざい》を烏有《うゆう》に帰《き》し、ついに病魔《びょうま》に犯《おか》されて一家滅亡《かめつぼう》の憂《う》き目《め》を見《み》ることは、一々実例《じつれい》を申《もう》し上《あ》げるまでもありません。斯《か》くの如《ごと》きの人死《ひとし》して必《かなら》ずや三悪道《あくどう》に堕落《だらく》し、苦《くる》しむということも、仏《ほとけ》の金言《きんげん》であります。もし蓄財《ちくざい》の十分《ぶん》、百分《ぶん》の一にてもこれを善《ぜん》の基《もとい》となすならば、一家滅亡《かめつぼう》の悪因《あくいん》はあれども、この不幸《ふこう》を見《み》ることは決《けっ》してありません。もし不幸《ふこう》に陥《おちい》らんとせし時《とき》も目覚《めざ》めて、この妙法《みょうほう》によって功徳《くどく》を積《つ》めば、災《わざわい》を転《てん》じて福《ふく》となすが、妙法《みょうほう》であります。

斯《か》くの如《ごと》く、今《いま》三悪道《あくどう》に堕《お》ちんとするのを防《ふせ》ぎ、病者《びょうしゃ》も、精神修養《せいしんしゅうよう》の「是好良薬《ぜこうろうやく》」を以《も》って治癒《ちりょう》する法《ほう》は、この妙法以外《みょうほういがい》にないのであります。

皆《みな》さん、お金《かね》の大切《たいせつ》なる所以《ゆえん》をよく分別《ふんべつ》せられて、お互《たが》いに自分《じぶん》の無駄《むだ》を省《はぶ》いて、功《く》徳《どく》を積《つ》むように心掛《こころが》けてください。考《かんが》えれば無駄《むだ》を省《はぶ》くことはたくさんあるのです。酒《さけ》やたばこを節約《せつやく》し、演劇見物等《えんげきけんぶつとう》も三回《かい》を二回《かい》とし、二回《かい》を一回《かい》とし、わずかボタン一個《こ》、ちり紙《がみ》一枚《まい》でも始末《しまつ》してください。斯《か》くて節約《せつやく》したお金《かね》を以《も》って公共《こうきょう》のために使用《しよう》し、思想善導《しそうぜんどう》のためにお使《つか》いください。一度《ど》酒色演劇《しゅしょくえんげき》に耽《ふけ》ったなれば、罪障即《ざいしょうすなわ》ち悪根《あっこん》は生《しょう》ずるとも、自己《じこ》の悪因《あくいん》を消滅《しょうめつ》する善因《ぜんいん》を作《つく》ることはでき得《え》ず、病気災難《びょうきさいなん》を防《ふせ》ぐことはなおさらできません。

どうか大切《たいせつ》なるお金《かね》は、自分《じぶん》の罪障《ざいしょう》を消滅《しょうめつ》すべく、善《ぜん》の種《たね》まきに使《つか》ってください。さすればきっと善《よ》き悟《さと》りもできて、自分《じぶん》の目的《もくてき》も自然《しぜん》に達《たっ》することができます。お金《かね》も自《じ》由自在《ゆうじざい》に得《え》られまして、必《かなら》ず幸福《こうふく》の日《ひ》が来《きた》ります。今世《こんぜ》に善因《ぜんいん》を植《う》えて幸福《こうふく》となれば、未来《みらい》は無上道《むじょうどう》に到《いた》ることは火《ひ》を見《み》るより明《あき》らかな事実《じじつ》であります。

皆《みな》さん、卓上《たくじょう》の麗言《れいげん》では駄目《だめ》です。ただ今から無駄《むだ》を省《はぶ》いて、大切《たいせつ》なお金《かね》を活《い》かして使《つか》い、一粒万倍《りゅうまんばい》の功徳《くどく》を得《え》てください。行住坐臥《ぎょうじゅうざが》、南無妙法蓮華経《なむみょうほうれんげきょう》と唱《とな》えて、自分《じぶん》の本化菩薩《ほんげぼさつ》なる所以《ゆえん》を忘《わす》れず、常《つね》に堪忍《かんにん》を心《こころ》の守《まも》りとし、腹立《はらた》たぬようにして功徳《くどく》を積《つ》んでください。渡《わた》りに舟《ふね》を得《え》たるが如《ごと》く、何《なん》ら畏《おそ》るることなく、自由自在《じゆうじざい》に自分《じぶん》の徳《とく》を発揮《はっき》することができるのであります。これが真《しん》の妙法《みょうほう》、幸福《こうふく》の近道《ちかみち》であります。

始祖・御法話集　一五三～一五九頁

◆宗玄大徳

六波羅蜜《はらみつ》は日々《ひび》の生活《せいかつ》の正《ただ》しい標準《ひょうじゅん》　毎朝御仏《まいあさみほとけ》へ礼拝致《らいはいいた》します時《とき》に、六波羅蜜《はらみつ》の行《おこ》ないを欠《か》かさず持《たも》つことを誓《ちか》います。一日《にち》が終《お》わって礼拝《らいはい》する時《とき》には必《かなら》ず、一日《にち》の行《おこ》ないを振《ふ》り返《かえ》ります。

〝今日《きょう》は商売《しょうばい》をしていても六波羅蜜《はらみつ》の標準《ひょうじゅん》に合《あ》っていたか。農業《のうぎょう》をしている間《あいだ》にも六波羅蜜《はらみつ》の標準《ひょうじゅん》に合《あ》っていたか。自己本位《じこほんい》の考《かんが》えは無《な》かったか〟というように反省《はんせい》するのです。

商人《しょうにん》でありますれば〝商売《しょうばい》は社会事業《しゃかいじぎょう》だ。こうして安《やす》くて丈夫《じょうぶ》な、ためになる物《もの》を世《よ》の人々《ひとびと》に取次《とりつ》いであげよう〟という心持《こころも》ちであったかどうか。農業《のうぎょう》を営《いと》む人《ひと》なれば〝こうして耕作《こうさく》している時《とき》に、このように努力《どりょく》して収穫《しゅうかく》する一粒《つぶ》一粒《つぶ》が世《よ》のため、人《ひと》のためとなるよう思《おも》って働《はたら》いたかどうか〟役人《やくにん》であったなれば〝この仕事《しごと》で世《よ》の中《なか》の人々《ひとびと》のためになるよう考《かんが》えてやったかどうか〟ということを反省《はんせい》するのです。

しかしながら、もしその中《なか》に、〝こうすれば月給《げっきゅう》が多《おお》くなるだろう〟とか、〝自分《じぶん》の働《はたら》きより月給《げっきゅう》が安《やす》いからつまらぬ〟とか、自分《じぶん》の働《はたら》きよりも利益《りえき》のことを先《さき》に考《かんが》えたり、わがままな心持《こころも》ちが多《おお》かったら失敗《しっぱい》です。ですから毎日毎日《まいにちまいにち》、〝今日《きょう》は間違《まちが》いなかったか〟と反省《はんせい》して、正《ただ》しい心《こころ》が曲《ま》がらぬようにせねばなりません。その正《ただ》しい標準《ひょうじゅん》が六波《は》羅蜜《らみつ》であります。

この六波羅蜜《はらみつ》は菩薩行《ぼさつぎょう》とありますから、ある人《ひと》は〝われわれ凡夫《ぼんぷ》の行《おこ》なうものではない〟と言《い》われますが、大間違《おおまちが》いです。われわれの他《ほか》にこの教《おし》えを行《おこ》なうものがあるでしょうか。

二祖・村上斎先生　一二〇～一二一頁

法音寺三徳の心《ほうおんじさんとくのこころ》　三徳《とく》とは、慳貪《けんどん》の心《こころ》を翻《ひるがえ》して施《ほどこ》しの心《こころ》とし、瞋恚《しんに》の心《こころ》を転《てん》じて柔和《にゅうわ》忍辱《にんにく》に変《か》え、愚痴《ぐち》を改《あらた》めて智慧《ちえ》と変《か》えることであります。

慈悲《じひ》＝すべて自分《じぶん》の欲《ほっ》することはまた、人《ひと》もこれを欲《ほっ》するであろうとの思《おも》いやりをして、飢《う》えたる者《もの》には食《しょく》を施《ほどこ》し、寒《さむ》さに震《ふる》える者《もの》を見《み》ては衣類《いるい》を施《ほどこ》す等《とう》、分《ぶん》に応《おう》じて施《ほどこ》しをなすことは物質的《ぶっしつてき》の施《ほどこ》しであります。

悲《かな》しみに遭《あ》える人《ひと》はこれを慰《なぐさ》め、もちろん、一言半句《ごんはんく》の言葉《ことば》も他人《たにん》の感情《かんじょう》を害《がい》しないように気《き》をつけて心《こころ》を和《やわ》らぐるは、これ情《じょう》の施《ほどこ》しとなるのであります。

常《つね》に自己《じこ》の修養《しゅうよう》を励《はげ》みてなお、他《た》の人《ひと》に妙法《みょうほう》の真実《しんじつ》を教《おし》え、これを善導《ぜんどう》することは最《さい》上《じょう》の施《ほどこ》しであります。

至誠《まこと》＝常《つね》に妙法《みょうほう》を唱《とな》え、自《みずか》らの魂《たましい》が菩薩《ぼさつ》であることを自覚《じかく》し、今日人界《こんにちにんかい》に生《せい》を受《う》けて妙法《みょうほう》に会《あ》いしことを喜《よろこ》び、諸仏善神《しょぶつぜんじん》が我等《われら》の罪業《ざいごう》をも守護《しゅご》していてくださることを感《かん》謝《しゃ》し、常《つね》に他《た》の人《ひと》の模範《もはん》となるべく、まず他《た》を喜《よろこ》ばしめては自《みずか》らの喜《よろこ》びとなし、妙法《みょうほう》を活用《かつよう》すれば、また大《おお》いなる徳《とく》を得《え》らるるのであります。いかに経文《きょうもん》がありがたいと言《い》っても、実行《じっこう》しなかったならば何《なん》にもなりません。実行《じっこう》した者《もの》は必《かなら》ずや功徳《くどく》が得《え》られるのであります。しかしてその功徳《くどく》は、悪業《あくごう》の因縁《いんねん》を断《だん》じて我等《われら》に徳《とく》を与《あた》え、一般世人《ぱんせじん》の希《こいねが》う幸福《こうふく》の者《もの》とするから尊《とうと》いのであります。

堪忍《かんにん》＝どんなに腹立《はらだ》たなければならぬことが起《お》こっても、決《けっ》して腹立《はらた》ててはいけません。もし腹立《はらだ》たされて怒《おこ》ったなら、大変《たいへん》に大《おお》きな損《そん》をするのであります。事《こと》の起《お》こるのは自分《じぶん》の因果《いんが》であります。決《けっ》して他人《たにん》が悪《わる》いのではありません。とかくに世間《せけん》では、嫁《よめ》が悪《わる》いの姑《しゅうとめ》が悪《わる》いの子《こ》どもが悪《わる》いのと、お互《たが》いに相手《あいて》を悪《わる》いと思《おも》うのでありますが、それは間違《まちが》いであります。〝無理《むり》を言《い》う者《もの》は子《こ》どもだ。実《じつ》に可憐《かれん》な者《もの》だ〟と思《おも》わなければならぬのであります。かく悟《さと》ってもどうしても腹立《はらだ》たなければならぬ場合《ばあい》は〝ああして私《わたくし》の心《こころ》を試練《しれん》してくれるのだ。善知識《ぜんちしき》だ〟と悟《さと》って堪忍《かんにん》しましたならば、過去《かこ》のいかなる大《おお》きな罪《つみ》をも消滅《しょうめつ》すべき程《ほど》の、限《かぎ》りなき大《おお》きな功徳《くどく》を得《う》るのであります。

村上先生御法話集（一）一一五～一一六頁

お金《かね》を節約《せつやく》して妙法宣伝《みょうほうせんでん》のために

私《わたくし》は、住《す》むに家《いえ》なく、喰《く》うに食《しょく》なきまでの不幸《ふこう》をみなければならない因果《いんが》を持《も》つ者《もの》でありますが、かくの如《ごと》き不幸《ふこう》をみねばならない者《もの》も、この娑婆《しゃば》に人《ひと》と生《う》まれた目的《もくてき》を覚醒《かくせい》して自分《じぶん》のことは省《かえり》みず、まず人《ひと》の喜《よろこ》ぶように、人《ひと》のために尽《つ》くすように心掛《こころが》けました。ご承知《しょうち》の通《とお》り、私《わたくし》は老体《ろうたい》である上《うえ》に旅行勝《りょこうが》ちでありますが、東京《とうきょう》や九州《きゅうしゅう》に旅行《りょこう》をしましても、二等《とう》や一等《とう》の汽車《きしゃ》はもちろんのこと、寝《しん》台車《だいしゃ》にも決《けっ》して乗《の》ったことはありません。常《つね》に三等《とう》で満足《まんぞく》し、それらの高級車《こうきゅうしゃ》に要《よう》する費用《ひよう》を貧困者《ひんこんしゃ》のために施《ほどこ》したり、妙法宣伝《みょうほうせんでん》のために使《つか》うようにしてきました。いかに言《こと》葉《ば》をもって「教化《きょうけ》、教化《きょうけ》」と唱《とな》えましても、自分《じぶん》がこれを実行《じっこう》して他人《たにん》に示《しめ》さなければ、教化《きょうけ》の言葉《ことば》は有名無実《ゆうめいむじつ》であります。

ただ今《いま》やかましく言《い》われておる経済《けいざい》の国難《こくなん》も、お互《たが》いが、〝自分《じぶん》さえよければ人《ひと》はどうなってもかまわぬ〟というような心遣《こころづか》いをしているようでは、決《けっ》して解決《かいけつ》はつきません。早《はや》くこの経済国難《けいざいこくなん》を打開《だかい》するには、各人一人一人《かくじんひとりひとり》が、〝まず人《ひと》の便利《べんり》になるように、人《ひと》が気《き》の毒《どく》だ〟という心持《こころも》ちで、自分《じぶん》よりまず他《た》を喜《よろこ》ばすようにすれば、きっと善《よ》きことになります。お互《たが》いに、〝人《ひと》の便利《べんり》を計《はか》れば目前《もくぜん》が損《そん》だ〟という考《かんが》えをもって遠《とお》き慮《おもんばかり》を考《かんが》えませんから、遠《とお》き将来《しょうらい》のみか現在《げんざい》までも行《ゆ》き詰《づ》まって、困《こま》らなければならないのです。

皆《みな》さん、まず一人一人《ひとりひとり》、自己《じこ》の修養《しゅうよう》をしてください。一人《ひとり》というと誠《まこと》に小《ちい》さいようですが、世界中《せかいじゅう》も一人《ひとり》ずつの集《あつ》まりです。皆《みな》さんが前会長《ぜんかいちょう》の遺訓《いくん》を遵奉《じゅんぽう》せられることは、わが国《くに》九千万《まん》の人々《ひとびと》のためであり、全人類《ぜんじんるい》のためであります。皆《みな》さんの努力次第《どりょくしだい》で我《わ》が国《くに》の大難《だいなん》・小難《しょうなん》を救《すく》い、九千万《まん》の人々《ひとびと》を安《やす》んずることができるからであります。さらに、全世界《ぜんせかい》をも救《すく》うことができます。

村上先生御法話集（一）　五〜六頁

商売繁盛《しょうばいはんじょう》の秘訣《ひけつ》　商売《しょうばい》を繁盛《はんじょう》させる秘訣《ひけつ》は、善《よ》い品《しな》を人《ひと》の真似《まね》ができぬよう、なるべく利《り》を薄《うす》くして廉価《れんか》に提供《ていきょう》することが第《だい》一だと思《おも》います。すべて商売《しょうばい》の繁盛《はんじょう》せぬのは、お客《きゃく》に対《たい》して不親切《ふしんせつ》なことをするとか、誠意《せいい》が欠《か》けているとか、買《か》う身《み》になって売《う》らぬということが原因《げんいん》です。少《すこ》しでも多《おお》く儲《もう》けねば損《そん》だと考《かんが》えるのは、ただ自己《じこ》を愛《あい》する考《かんが》えであって、言《い》い換《か》えれば、貪欲《とんよく》を欲《ほ》しいままにしているのであるから、人《ひと》から嫌《きら》われるのは当然《とうぜん》の理《り》であります。

「商売《しょうばい》をするなら余《あま》り儲《もう》けぬよう、お客《きゃく》を大切《たいせつ》にして喜《よろこ》ばせるようになさい。必《かなら》ず繁盛《はんじょう》します」と、いつも皆《みな》さんに申《もう》していますが、この私《わたくし》の話《はなし》を聞《き》いて実行《じっこう》なさった方《かた》は、どんな商売《しょうばい》でも実際《じっさい》に繁盛《はんじょう》するようになっています。

村上先生御法話集（二）　一五〇～一五一頁

覆《ふく》・漏《ろ》・汗《う》・雑《ぞう》の事《こと》　日蓮聖人《にちれんしょうにん》は、皆《みな》さんがこれまでに積《つ》まれた無形《むけい》の功徳《くどく》を失《う》せぬよう、器《うつわ》に例《たと》えて注意《ちゅうい》すべきものを挙《あ》げられています。曰《いわ》く、「一には覆《ふく》と申《もう》してうつぶけるなり。又《また》はくつがえす、又《また》は蓋《ふた》をおおうなり。二には漏《ろ》と申《もう》して水漏《みずも》るなり。三には汗《う》と申《もう》してけがれたるなり。水浄《みずきよ》けれども、糞《ふん》の入《い》りたる器《うつわ》の水《みず》をば用《もち》ゆる事《こと》なし。四には雑《ぞう》なり。飯《いい》に或《あるい》は糞《ふん》、或《あるい》は石《いし》、或《あるい》は沙《すな》、或《あるい》は土《つち》なんどを雑《まじ》えぬれば人食《ひとくら》うことなし。器《うつわ》は我等《われら》が身心《しんしん》を表《あらわ》す、我等《われら》が心《こころ》は器《うつわ》の如《ごと》し。口《くち》も器耳《うつわみみ》も器《うつわ》なり。……此《こ》の覆《ふく》・漏《ろ》・汗《う》・雑《ぞう》の四の失《とが》を離《はな》れて候器《そうろううつわ》をば完器《かんき》と申《もう》して完《まった》き器《うつわ》なり」（秋元御書《あきもとごしょ》）と。

尊《とうと》き功徳《くどく》の保《たも》ち方《かた》を例《たと》えて申《もう》しましょう。覆《ふく》とありますが如《ごと》く、妙法《みょうほう》の唱《とな》えを怠《おこた》り、日常行為《にちじょうこうい》に慈悲《じひ》が欠《か》けたりしますと、その徳《とく》が働《はたら》きません。ある時《とき》は喜《よろこ》び、ある時《とき》には腹立《はらた》って、長《なが》い年月《ねんげつ》に得《え》た功徳《くどく》の器《うつわ》を転覆《てんぷく》してはならぬのであります。漏《ろ》とは、六波羅蜜《はらみつ》、すなわち慈悲《じひ》・至誠《まこと》・堪忍《かんにんとう》等の六度《ど》の一も欠《か》けないよう堅《かた》く守《まも》り、漏《も》らさぬようにすることです。汗《う》とはわが身《み》の不浄《ふじょう》、すなわち煩悩《ぼんのう》に悩《なや》まされて功徳《くどく》の受《う》けられぬことを申《もう》します。例《たと》えば、泥《どろ》まみれの手《て》に食物《しょくもつ》を受《う》けても食《しょく》せざるようなもので、早《はや》くそのけがれを洗《あら》い清《きよ》めねばならぬのであります。雑《ぞう》とは、妙法《みょうほう》の信心薄《しんじんうす》くなりて、あるいは捨《す》て、あるいは信《しん》ずる日《ひ》もあり、捨《す》つる月《つき》もあり、あるいは方便《ほうべん》の門《もん》をくぐりて方等経《ほうどうきょう》に依《よ》って見《み》たり、あるいは、大日経等《だいにちきょうとう》に依《よ》って見《み》る等《とう》であります。末法《まっぽう》、妙法広宣流布《みょうほうこうせんるふ》の時《とき》には「但楽《ただねが》って、大乗経典《だいじょうきょうてん》を受持《じゅじ》して、乃至余経《ないしよきょう》の一偈《げ》をも受《う》けざるあらん」（法《ほ》華経譬喩品《けきょうひゆほん》）と、教主釈尊《きょうしゅしゃくそん》は厳《きび》しく訓戒《くんかい》されております。しかしながら、いかに小乗《しょうじょう》とはいえ同《おな》じ仏陀《ぶっだ》の所説《しょせつ》なれば、これを依用《えよう》するとも悪事《あくじ》を成《な》すようには思《おも》われぬ故《ゆえ》、これを混《ま》ぜてもよろしからんと思《おも》うのでありますが、かの上行菩薩《じょうぎょうぼさつ》の再来《さいらい》たる日蓮聖人《にちれんしょうにん》はかく申《もう》されています。「世間《せけん》の学匠《がくしょう》は法華経《ほけきょう》に余行《よぎょう》を雑《まじ》えても苦《くる》しからずと思《おも》えり。日《にち》蓮《れん》もさこそ思《おも》い候《そうら》えども経文《きょうもん》は爾《しか》らず」（秋元御書《あきもとごしょ》）と。依法不依人《えほうふえにん》の訓戒《くんかい》を基《もとい》とされ、国《くに》に二王《おう》なきが如《ごと》く法王《ほうおう》もただ一なり、三世《ぜ》の諸仏《しょぶつ》が仏《ほとけ》と成《な》り給《たま》いし妙法蓮華経《みょうほうれんげきょう》を法王《ほうおう》とし、大決心《だいけっしん》をもって宣説《せんぜつ》せられたのであります。例《たと》えば、飯《めし》の中《なか》にもし一滴《てき》の石油《せきゆ》を混入《こんにゅう》すれば、何人《なんびと》にもその飯《めし》は食《しょく》せられぬようなものでありますから、よくよく注意《ちゅうい》をしてください。せっかくの功徳《くどく》もかごで水《みず》をくむような受《う》け方《かた》をしていたり、堪忍《かんにん》を破《やぶ》って大切《たいせつ》な功徳《くどく》を怒《いか》りの炎《ほのお》で焼《や》き捨《す》てぬよう、また傾《かたむ》けぬように注意《ちゅうい》し、覆《ふく》・漏《ろ》・汗《う》・雑《ぞう》の四の欠陥《けっかん》を去《さ》ってこの功徳《くどく》を活用《かつよう》し、大《おお》いなる希望《きぼう》と決心《けっしん》をもって、勇往邁進《ゆうおうまいしん》せられることをお願《ねが》い申《もう》します。

村上先生御法話集（一）二四七～二五〇頁

◆御開山上人

法華経《ほけきょう》を信仰《しんこう》する人《ひと》は「行頭陀者《ぎょうずだしゃ》」

宝塔偈《ほうとうげ》（法華経見宝塔品《ほけきょうけんほうとうほん》）に「行頭陀者《ぎょうずだしゃ》」とありますが、これは「頭陀《ずだ》を行《ぎょう》ずる者《もの》」と読《よ》み、「頭陀行《ずだぎょう》」には十二の種別《しゅべつ》があります。

〝この法華経《ほけきょう》を持《たも》つ者《もの》は、戒《かい》を持《たも》ち、頭陀《ずだ》を行《ぎょう》ずる者《もの》〟と言《い》ってあるのであります。頭陀《ずだ》は梵語《ぼんご》で、漢訳《かんやく》すると「抖擻《とそう》」と言《い》い、「打《う》ち払《はら》う」という意《い》であります。衣《い》・食《しょく》・住《じゅう》に関《かん》するすべての欲望《よくぼう》を打《う》ち払《はら》って、これによって心《こころ》を惹《ひ》かれぬように修行《しゅぎょう》することであります。

釈尊《しゃくそん》の弟子《でし》の摩訶迦葉《まかかしょう》は頭陀第一《ずだだい》と称《しょう》せられた方《かた》でありました。

一、糞掃衣《ふんぞうえ》　人《ひと》の棄《す》てるような破《やぶ》れた布《ぬの》を綴《つづ》り合《あ》わせて着《き》ること。

二、担《たん》三衣《ね》　三枚《まい》の衣類《いるい》より他《ほか》は決《けっ》して持《も》たぬこと。

三、常《じょう》乞《こつ》食《じき》　人《ひと》の門《もん》に立《た》って食《しょく》を乞《こ》うこと。

四、中《ちゅう》後《ご》漿《しょう》　中後不得飲漿《ちゅうごふとくおんしょう》と言《い》って、昼食後《ちゅうしょくご》、飲《の》み物《もの》を摂《と》らないこと。

五、一坐《ざ》食《じき》　一日《にち》一回《かい》の食事《しょくじ》に限《かぎ》ること。

六、一揣《たん》食《じき》　一回《かい》の食物《しょくもつ》の分量《ぶんりょう》を、僅《わず》かに一丸目《まるめ》に限《かぎ》ること。

七、阿蘭若処《あらんにゃしょ》　静《しず》かな寂《さび》しい所《ところ》に住《じゅう》して心《こころ》を磨《みが》き、思《おも》いを練《ね》ること。

八、塚《ちょう》間《げん》坐《ざ》　墓場《はかば》の寂《さび》しい所《ところ》に坐《ざ》して心《こころ》を磨《みが》き、思《おも》いを練《ね》ること。

九、樹《じゅ》下《げ》坐《ざ》　樹《き》の下《した》に坐《ざ》して思《おも》いを練《ね》ること。

十、露《ろ》地《ぢ》坐《ざ》　何《なに》も蔽《おお》う物《もの》のない地上《ちじょう》に坐《ざ》して思《おも》いを練《ね》ること。

十一、随《ずい》坐《ざ》　どこでも草《くさ》のある所《ところ》を探《さが》して、そこに坐《ざ》して修行《しゅぎょう》すること。

十二、常坐不臥《じょうざふが》　夜《よる》も横《よこ》に臥《ふ》せずに坐《ざ》し続《つづ》け、修行《しゅぎょう》すること。

以上《いじょう》の十二で、仏《ほとけ》は洪大《こうだい》な徳《とく》を具《そな》えられた方《かた》でありますから、人《ひと》が食《た》べ物《もの》を持《も》って来《き》て捧《ささ》げるのをお受《う》けになって然《しか》るべきでありますが、修行中《しゅぎょうちゅう》の者《もの》が坐《ざ》して人《ひと》の供養《くよう》を受《う》けるのは僭越《せんえつ》な次第《しだい》であるから、人《ひと》の家《いえ》の門《もん》に立《た》って、その日《ひ》一日《にち》だけの食《しょく》を乞《こ》うのです。そういう禁欲的《きんよくてき》の生活《せいかつ》をすることは、これによって心《こころ》を鍛《きた》え、身体《からだ》を鍛《きた》えて、〃仏《ぶっ》弟子《でし》として恥《は》ずかしからぬ人物《じんぶつ》となろう〃という目的《もくてき》のためであります。

こういうことは、今日《こんにち》このままに実行《じっこう》することは出来《でき》ませんけれども、その精神《せいしん》を取《と》って各自《かくじ》の修行《しゅぎょう》の範《はん》とすべきであります。何人《なんびと》でも華美《かび》なる生活《せいかつ》は慎《つつし》まねばなりませんが、道《みち》を説《と》き、教《おし》えを弘《ひろ》める者《もの》はなおさら慎《つつし》まねばならぬのであります。

一粒《つぶ》の米《こめ》を易々《やすやす》と食《く》い、一枚《まい》の布《ぬの》を易々《やすやす》と着《き》られるのは実《じつ》にありがたいことでありま す。自《みずか》らを省《かえり》みれば徳《とく》も足《た》らず、智《ち》も足《た》らずして、仏《ほとけ》さまの御心《みこころ》と違《たが》えぬように説《と》き弘《ひろ》めることは出来得《できえ》ないのに、耕《たがや》さずして食《しょく》し、織《お》らずして着《き》ることの出来《でき》るのはもったいないことであります。そう思《おも》ったならば、決《けっ》して贅沢《ぜいたく》は出来《でき》ない筈《はず》であります。

仏《ほとけ》さまは〃法華経《ほけきょう》を持《たも》ち、これを弘《ひろ》める者《もの》は、既《すで》に戒《かい》を持《たも》ち、頭陀《ずだ》を行《ぎょう》ずる者《もの》である〃と仰《おお》せられています。これはありがたいことでありますが、法華経《ほけきょう》を信仰《しんこう》し、身《み》に行《おこ》なう者《もの》はよくよく頭陀行《ずだぎょう》を心得《こころえ》なければならないと思《おも》います。

御開山上人御遺稿集　一二二五～一二二七頁

信仰《しんこう》は心《こころ》の洗濯《せんたく》です

白《しろ》いシャツを一週間《しゅうかん》も着《き》れば、よごれ、臭《くさ》くなるのは当然《とうぜん》です。おたがいの心《こころ》も又《また》、放任《ほうにん》しておけば穢《きたな》くなるのは当然《とうぜん》です。その穢《きたな》くなったものをそのままにすれば、シャツがよごれて臭くなったのと同様《どうよう》に、周囲《しゅうい》に悪《わる》い影響《えいきょう》を及《およ》ぼします。どうして洗濯《せんたく》したらよろしいでしょうか。一ヶ月《かげつ》に二度《ど》や三度《ど》はお寺《てら》にお詣《まい》りをして大《おお》洗濯《せんたく》をするのです。毎日洗濯《まいにちせんたく》すればなおよろしい。毎日《まいにち》の洗濯《せんたく》は朝晩《あさばん》の仏前《ぶつぜん》の礼拝《らいはい》です。仏《ほとけ》さまの前《まえ》で読《よ》むお経《きょう》は、われわれの心《こころ》を洗濯《せんたく》をする教《おし》えです。

朝仏前《あさぶつぜん》で礼拝《らいはい》をする時《とき》は〝今日《きょう》一日《にち》は腹立《はらだ》ちません。貪《むさぼ》りはしません。愚痴《ぐち》は申《もう》しません。そのかわりに忍耐強《にんたいづよ》くしましょう。人《ひと》を助《たす》け救《すく》うような施《ほどこ》しをしましょう。何《なん》にでも感謝《かんしゃ》しましょう〟と誓《ちか》います。

晩方《ばんがた》の礼拝《らいはい》には、今日《きょう》一日安《にちやす》らかに働《はたら》かせていただいたことを感謝《かんしゃ》し、さらに朝仏前《あさぶつぜん》で誓《ちか》ったことは守《まも》れたか、失敗《しっぱい》したかを反省《はんせい》し、よい時《とき》は自分《じぶん》の心《こころ》を褒《ほ》め、失敗《しっぱい》した時《とき》があればいかにすれば失敗《しっぱい》しなかったかを考《かんが》えるべきであります。かくして心《こころ》の洗濯《せんたく》をすることが、信仰《しんこう》には大切《たいせつ》な条件《じょうけん》です。迎《むか》える日迎《ひむか》える日《ひ》は、心《こころ》の洗濯《せんたく》をして美《うつく》しい楽《たの》しい日《ひ》としましょう。

続・現代生活の指針　一二〇～一二一頁

日常生活《にちじょうせいかつ》と信仰《しんこう》　仕事《しごと》を一生懸命《しょうけんめい》やることはもちろん大事《だいじ》ですが、その仕事《しごと》をやりながら、この法《ほう》と縁《えん》がある仕事《しごと》をしてゆきたいと思《おも》うのであります。

皆《みな》さんもご承知《しょうち》の通《とお》り、仏《ほとけ》さまの教《おし》えがありませんと、これは仏《ほとけ》さまもお経《きょう》の中《なか》におっしゃってみえますが、まず貪《むさぼ》りをするとか、愚痴《ぐち》を言《い》うとか、腹《はら》を立《た》てるというようなことが多《おお》くて、功徳《くどく》を積《つ》めるという日《ひ》は無《な》いということになっております。誠《まこと》に馬鹿《ばか》にしているというふうでありまするが、そういうわけです。

仏《ほとけ》さまの教《おし》えを聞《き》きまするると、同《おな》じように働《はたら》く間《あいだ》の働《はたら》きが非常《ひじょう》に意義《いぎ》あるものにできるのでありまして、第一《だい》に世《よ》の中《なか》の人々《ひとびと》は〝自分《じぶん》の商売《しょうばい》はつまらない。人《ひと》の商売《しょうばい》がいい。自分《じぶん》の境遇《きょうぐう》より人《ひと》の境遇《きょうぐう》の方《ほう》がいい〟というように、自分《じぶん》の達者《たっしゃ》を喜《よろこ》ばず、他《ほか》のことばかりをうらやましがっているのであります。よくその内容《ないよう》を調《しら》べずにうらやましがっておるのは誠《まこと》に愚《おろ》かであります。よく内容《ないよう》を調《しら》べて見《み》ればどこにも陰《かげ》の方《ほう》があり、裏《うら》の方《ほう》があるということを知《し》らなければならんと思《おも》います。

仏《ほとけ》さまの教《おし》えを聞《き》きますれば、その日《ひ》その日《ひ》は本当《ほんとう》に楽《たの》しくて愉快《ゆかい》に暮《く》れるのであります。今日《きょう》も「おかげさまで今年《ことし》は、皆《みな》さんお米《こめ》がよく取《と》れないというのに、自分《じぶん》の家《いえ》は米《こめ》が非常《ひじょう》によく取《と》れまして誠《まこと》にありがたいと思《おも》いました。本当《ほんとう》にありがたいのでお礼《れい》に来《き》ました」と言《い》っておいでになった方《かた》もありますが、これが今日《きょう》だけではなく、この頃皆《ごろみな》さん口《くち》を揃《そろ》えたようにおっしゃって頂《いただ》けますので、ありがたいことだと思《おも》っております。

お米《こめ》がたくさん取《と》れたということが喜《よろこ》びだけではなくて、お米《こめ》がよけいに取《と》れたということ、それは、家庭《かてい》を平和《へいわ》になさって、法華経《ほけきょう》を信《しん》じていって頂《いただ》くということの結果《けっか》としてお米《こめ》がよく取《と》れたのであります。商売《しょうばい》をなさる家《いえ》でも家庭《かてい》が平和《へいわ》になって、商売《しょうばい》が繁盛《はんじょう》して家《いえ》の中《なか》が何《なん》となく豊《ゆた》かになるということ、これが仏《ほとけ》さまの教《おし》えであります。

こういうお話《はなし》を申《もう》しますると〝信仰《しんこう》は豊《ゆた》かになるためにやるのか〟とこういうふうに言《い》われるが、もちろんそうではありまするが、豊《ゆた》かになりたいと思《おも》わなくても家庭《かてい》が平和《わ》になって、仕事《しごと》の都合《つごう》が段取《だんど》りよくできて、お百姓《ひゃくしょう》なら物《もの》でもよく取《と》れ、商売《しょうばい》も都合《つごう》よくゆくというふうになってきて、すべての点《てん》が楽《たの》しくなってくるということが仏《ほとけ》さまの教《おし》えであります。お互《たが》いに、自分《じぶん》さえ楽《らく》をすればいいということではありませんで、自分《じぶん》も楽《たの》しい生活《せいかつ》をして、他《た》の人《ひと》にも楽《たの》しい生活《せいかつ》をさせるようにということが仏《ほとけ》さまの教《おし》えです。何《なに》も無理《むり》に世《よ》の中《なか》を苦労《くろう》して渡《わた》る必要《ひつよう》はないわけでありいます。お互《たが》いに楽《たの》しい日暮《ひぐ》らしをして、人《ひと》の境遇《きょうぐう》を楽《たの》しくしてあげるような一生《しょう》を送《おく》ることが一番利口《ばんりこう》な方法《ほう》ではないかと思《おも》います。

世渡《よわた》りをするにも、一生《しょう》の間苦《あいだく》しい思《おも》いをし、悲《かな》しい思《おも》いをし、難儀《なんぎ》をして未来《みらい》にまた地獄《ぢごく》・餓鬼《がき》・畜生《ちくしょう》というような境遇《きょうぐう》になってしまったならば、こんなつまらないことはないと思《おも》います。皆《みな》さんのように法華経《ほけきょう》を信じ、実行《じっこう》してくださる方《かた》は、現在《げんざい》生きておられる間《あいだ》に幸《しあわ》せになってもらって、楽《たの》しい境遇《きょうぐう》を一生送《しょうおく》って頂《いただ》いて、未来《みらい》は無上道《むじょうどう》、極楽《ごくらく》、仏《ほとけ》さまと同座《どうざ》をすると、こういうようになってもらいたいというのが目的《もくてき》でありますす。皆《みな》さんもよくご了解《りょうかい》して頂《いただ》きましてお参《まい》り頂《いただ》けることと思《おも》います。

御開山上人御法話集　五四〜五七頁

住《す》む家《いえ》を極楽《ごくらく》に　仏《ほとけ》さまの教《おし》えは、親孝行者《おやこうこうもの》を作《つく》り、幸《しあわ》せ者《もの》になるという教《おし》えでありますす。お金《かね》や物《もの》がなくでも、ニコッとした顔《かお》を見《み》せたり、労《いた》わったり、慰《なぐさ》めたりすることは、一切資本《さいしほん》のかからない親孝行者《おやこうこうもの》になる方法《ほうほう》です。親《おや》・先祖《せんぞ》の恩《おん》を知《し》り、その恩《おん》を感《かん》謝《しゃ》し、恩《おん》に報《むく》いてゆこうとすることは大事《だいじ》なことであります。どうか、親孝行者《おやこうこうもの》になって頂《いただ》きますよう、お願《ねが》い致《いた》します。

法華経《ほけきょう》は、仏《ほとけ》さまのお心《こころ》がそのまま顕《あら》わされたお経《きょう》であります。そのお経《きょう》が他《ほか》のお経《きょう》に比《くら》べてどうしてありがたいかと言《い》うと、私共《わたくしども》が凡夫《ぼんぶ》のこの身《み》で仏《ほとけ》と同《おな》じ働《はたら》きのできる人《ひと》に成《な》れるからです。自分《じぶん》の住《す》んでいるこの世《よ》の中《なか》が極楽《ごくらく》になると教《おし》えられていることです。この教《おし》えを読《よ》み、聞《き》き、実行《じっこう》してゆくと、それは、自分《じぶん》の苦《くる》しみ・悩《なや》みを開《ひら》く力《ちから》になるのです。ですから、だんだんとやってゆけば必《かなら》ずその目的《もくてき》が達《たっ》せられて、〝ああ、自分《じぶん》の一生《しょう》はよかった。ありがたかった〟という日《ひ》がくることは間違《まちが》いありません。

御開山上人御法話集（二）　五〇～五一頁

◆日達上人

教《おし》える人《ひと》が教《おし》えられる人《ひと》　法華経信仰《ほけきょうしんこう》の世界《せかい》は、教《おし》える人《ひと》は教《おし》える人《ひと》、教《おし》えられる人《ひと》は教《おし》えられる人《ひと》という、一方的《いっぽうてき》なものではありません。教《おし》える人《ひと》が教《おし》えられる人《ひと》であり、教《おし》えられる人《ひと》が教《おし》える人《ひと》であるのです。私《わたくし》も今《いま》、こうしてお話《はなし》をしております。しかし私《わたくし》自身《じしん》、皆《みな》さんに教《おし》えられることがいっぱいあります。また、今日《きょう》聞いてくださっている方《かた》も、今度《こんど》は誰《だれ》かにこのお話《はなし》をしてくださるでしょう。そして教化《きょうけ》されます。そうすることが一番大事《ばんだいじ》なことであり、それがまた、法華経《ほけきょう》の心《こころ》に叶《かな》うことであるのです。

大白牛車・1　三頁

法音寺三徳の流れ《ほうおんじさんとくのなが》　法音寺《ほうおんじ》は安立大法尼《あんりゅうだいほうに》以来《いらい》ずっと、慈悲《じひ》・至誠《まこと》・堪忍《かんにん》の三徳実行《とくじっこう》を最《さい》大《だい》の眼目《がんもく》としてやってまいりました。今《いま》でこそ本堂《ほんどう》は立派《りっぱ》になり、いろいろな設備《せつび》も完《かん》備《び》しておりますが、昔《むかし》は貧乏《びんぼう》な時代《じだい》とでもいいましょうか、随分《ずいぶん》お金《かね》の苦労《くろう》をしたことがありました。しかし、いくら貧乏《びんぼう》しておりましてもすることは今《いま》と同《おな》じで、ご供養《くよう》をしたり、施《ほどこ》しをしたり、社会事業《しゃかいじぎょう》をしたり、いろいろなことをしてまいりました。時《とき》には施《ほどこ》しをした物《もの》の請求書《せいきゅうしょ》がきても、払《はら》えないこともありましたが、払《はら》えても払《はら》えなくても、お寺《てら》のある限《かぎ》りは続《つづ》けなければと、やってまいりました。全然《ぜんぜん》お金《かね》がなくて葬式《そうしき》ができず、困《こま》り果《は》てておられた方《かた》の所《ところ》にも、よく葬式《そうしき》にまいりましたし、昔《むかし》は肺病《はいびょう》などの伝染病《でんせんびょう》で亡《な》くなりますと、一般《ぱん》のお寺《てら》さんに敬遠《けいえん》されることがありましたが、そうした所《ところ》へも出《で》かけて、葬式《そうしき》をしてまいりました。安立大法尼《あんりゅうだいほうに》以来《いらい》の法音寺《ほうおんじ》の教《おし》えの中《なか》に、こうした流《なが》れがずっと続《つづ》いているのです。ですからこのお寺《てら》は、いろいろな人《ひと》の苦《くる》しみ・悩《なや》みをわかってあげることができるし、救《すく》ってゆくことができるのであります。

大白牛車・1　七六～七七頁

三徳《とく》の実行《じっこう》は誰《だれ》のため？　慈悲《じひ》・至誠《まこと》・堪忍《かんにん》の三徳《とく》は、自分《じぶん》が満足《まんぞく》するためにすることではありません。

表彰《ひょうしょう》されたり、名前《なまえ》を書《か》いて貼《は》り出《だ》されることを目的《もくてき》として施《ほどこ》しをする人《ひと》がいます。しかし、名前《なまえ》が出《で》たり感謝《かんしゃ》されたりした時点《じてん》で、施《ほどこ》しの本当《ほんとう》の功徳《くどく》はなくなるという、厳《きび》しい教《おし》えもあります。

表彰《ひょうしょう》してもらうためにする施《ほどこ》しは、自己満足《じこまんぞく》以外《いがい》の何《なに》ものでもありません。施《ほどこ》しはどこまでも一方的《ぽうてき》です。〝もらって頂《いただ》けたらありがたい〟という心《こころ》でするものです。

慈悲《じひ》は「助《たす》け合《あ》い」とも言《い》えます。「共生《きょうせい》」という言葉《ことば》がありますが〝共《とも》に生《い》きる〟という気持《きも》ちを持《も》ってゆくのが慈悲《じひ》であります。

人生《じんせい》を、自分一人《じぶんひとり》の力《ちから》、自分《じぶん》の甲斐性《かいしょう》で生《い》きているという人《ひと》がいるかも知《し》れません。それは自分《じぶん》がそう思《おも》っているだけで、本当《ほんとう》は、人間《にんげん》は世《よ》の中《なか》のいろいろなものに生《い》かされ、助《たす》けられているのです。

そうした中《なか》ではまず、自分《じぶん》が先《さき》に慈悲《じひ》を施《ほどこ》してゆくことです。

タライの水《みず》の法則《ほうそく》　タライの水《みず》は、こちらにかき寄《よ》せようとすると向《む》こうに行《い》ってしまいますが、向《む》こうに押《お》しやれば必《かなら》ず、こちらに戻《もど》ってきます。

この実行《じっこう》は、特別《とくべつ》に私《わたくし》だけがするのではありません。〝私《わたくし》は皆《みな》さんに助《たす》けられているのだから、私《わたくし》もその中《なか》に入《い》れて頂《いただ》く〟ということです。〝皆《みな》さんが私《わたくし》のために堪忍《かんにん》をしてくださっているから、私《わたくし》も堪忍《かんにん》をして皆《みな》さんの仲間入《なかまい》りをさせて頂《いただ》こう〟ということです。

三徳《とく》を実行《じっこう》してゆくと徳《とく》ができ、自然《しぜん》に広《ひろ》い心《こころ》になります。広《ひろ》い心《こころ》には〝ありがたい〟という心《こころ》ができてくるのであります。

『月刊法音』第二六五号　一一〜一二頁

法音寺《ほうおんじ》三徳《とく》の心《こころ》　法音寺《ほうおんじ》の教《おし》えは、もちろん法華経《ほけきょう》が根幹《こんかん》をなしているのでありますが、わけても、三徳《とく》の実行《じっこう》を第《だい》一の眼目《がんもく》とするよう、始祖以来《しそいらい》ずっと教《おし》えられております。なぜ、三徳《とく》の実行《じっこう》を眼目《がんもく》としているのか考《かんが》えてみたいと思《おも》います。

私《わたくし》たちは皆《みな》、幸《しあわ》せを願《ねが》っております。病気《びょうき》の人《ひと》は健康《けんこう》を願《ねが》い、貧乏《びんぼう》な人《ひと》は、お金持《かねも》ちになることを願《ねが》っております。また、〝出世《しゅっせ》をしたい。名誉《めいよ》を得《え》たい〟というように、誰《だれ》もが願《ねが》いを持《も》っております。そして、その願《ねが》いを満《み》たすためにいろいろなことをいたします。その方法《ほうほう》が問題《もんだい》であります。

どうしても人間《にんげん》は、目的《もくてき》とするものを直接求《ちょくせつもと》めようとします。地位《ちい》・名誉《めいよ》、あるいはお金《かね》を得《え》るために、一生懸命努力《しょうけんめいどりょく》します。それはそれで結構《けっこう》なことです。否定《ひてい》するわけではありませんが、その方法《ほうほう》を本当《ほんとう》によく考《かんが》えませんと、大《おお》きな間違《まちが》いを起《お》こすことになりかねないのです。目的《もくてき》とするもの、たとえば、お金《かね》ならお金《かね》が〝手《て》に入《はい》りさえすれば後《あと》はどうなろうと知《し》ったことではない〟というように、どうしても直接的《ちょくせつてき》な考《かん》えに陥《おち》りやすいからです。世間《せけん》を騒《さわ》がしている贈収賄《ぞうしゅうわい》とか横領《おうりょう》というような問題《もんだい》も、結局《けっきょく》は〝金《かね》さえ入《はい》ればいい〟という考《かんが》えが、一番《ばん》の原因《げんいん》であろうと思《おも》うのです。いくら多額《たがく》のお金《かね》が手《て》に入《はい》ったとしても、それでは幸《しあわ》せをつかんだとはいえません。

法華経《ほけきょう》に説《と》かれますことは、直接求《ちょくせつもと》めようとするのではなく間接的《かんせつてき》に求《もと》める、つまり、その人《ひと》に具《そな》わっている徳《とく》により、自然《しぜん》についてきたものが本当《ほんとう》のものであり、そこにこそ幸《しあわ》せがある、ということです。目的《もくてき》とするもののためには手段《しゅだん》を選《えら》ばないという、直《ちょく》接的《せってき》な求《もと》め方《かた》は否定《ひてい》されているのです。

いくらお金《かね》がありましても、それを使《つか》い切《き》るだけの徳《とく》がありませんと、かえってそのお金《かね》が身《み》を滅《ほろ》ぼしてしまうものになったり、苦《く》の元《もと》になるということは、この世間《せけん》よくあることです。また、高《たか》い地位《ちい》に就《つ》いたとしましても、その役《やく》をこなしてゆくだけの徳《とく》がありませんと、その地位《ちい》が重荷《おもに》となり、病気《びょうき》になってしまうことも、よくあります。

すべての物事《ものごと》の基《もとい》になるものは、徳《とく》であります。その徳《とく》を積《つ》むことが一番大切《ばんたいせつ》です。徳《とく》さえ具《そな》わってくれれば、自然《しぜん》にお金《かね》も集《あつ》まってくるでしょうし、地位《ちい》も上《あ》がってゆくでしょう。ことさら願《ねが》わなくとも、いい方《ほう》にいい方《ほう》にと巡《めぐ》ってゆくようになるものです。

〝そこにこそ本当《ほんとう》の幸《しあわ》せがある〟という見地《けんち》に立《た》っているのが、法音寺《ほうおんじ》三徳《とく》の信仰《しんこう》であります。

すべての基《もとい》となる徳《とく》を積《つ》むための修養徳目《しゅうようとくもく》、それが、慈悲《じひ》・至誠《まこと》・堪忍《かんにん》の三徳《とく》であります。その実践《じっせん》を、私《わたくし》たちは教《おし》えられているのであります。

『月刊法音』第一二八号　五～六頁

彼岸《ひがん》（極楽《ごくらく》）に到《いた》る道《みち》

私共《わたくしども》の今《いま》いるところは此岸と申しま

仏教《ぶっきょう》は、人間《にんげん》が本当《ほんとう》の幸《しあわ》せ＝彼岸《ひがん》に到《いた》る道《みち》を教《おし》えています。そして彼岸《ひがん》と此岸《しがん》の間《あいだ》には「生死《しょうじ》の大海《たいかい》」という人生《じんせい》の大《おお》きな海《うみ》があります。その海《うみ》を渡《わた》る方法《ほうほう》を仏《ほとけ》さまは教《おし》えてくださるのです。地球上《ちきゅうじょう》、一番大《ばんおお》きな海《うみ》は太平洋《たいへいよう》です。いくら大《おお》きいと言《い》っても、ジェット機《き》なら八時《じ》間《かん》もあれば越《こ》えられます。益々世《ますますよ》の中《なか》は進歩《しんぽ》し、便利《べんり》になってゆきますが、いくら進歩《しんぽ》しても彼岸《ひがん》に行《い》く道《みち》は少《すこ》しも便利《べんり》になりません。ジェット機《き》で簡単《かんたん》に飛《と》び越《こ》えられるものではなく、一つひとつ、一歩一歩《ぽぽ》、歩《あゆ》みを続《つづ》けてゆかなければならないのです。「子育《こそだ》て」に似《に》たところがあります。世《よ》の中《なか》の便利《べんり》さにかかわりなく、相変《あいかわ》らず昔《むかし》と同《おな》じように、子《こ》どもには手《て》をかけて育《そだ》ててゆかなければなりません。子育《こそだ》ての途中《とちゅう》、手《て》を抜《ぬ》いて楽《らく》をしようと思《おも》えばできますが、後《あと》になって必《かなら》ず請求書《せいきゅうしょ》が届《とど》きます。幸《しあわ》せになるための特効薬《とっこうやく》はありません。

人《ひと》から「あなたを幸《しあわ》せにしてあげる」と言《い》われても、それをあてにしているだけではいけません。もっと言《い》うなら、世《よ》の中《なか》で〝誰《だれ》もこの私《わたくし》を幸《しあわ》せにしてくれる人《ひと》はない〟と思《おも》っていた方《ほう》がいいでしょう。自分《じぶん》で、一つひとつ、幸《しあわ》せになれるよう努力《どりょく》してゆかなければならないのです。

『月刊法音』第二四六号　五～六頁

慈《じ》と悲《ひ》の調和《ちょうわ》　慈悲《じひ》と申《もう》しますと、何《なん》でも許《ゆる》してあげること、そして施《ほどこ》しをすること、と思《おも》っておられるかも知《し》れませんが、決《けっ》してそうではありません。慈悲《じひ》という字《じ》を見《み》ればおわかりいただけると思《おも》いますが、上《うえ》の慈《じ》と下《した》の悲《ひ》は、全《まった》く正反対《せいはんたい》の意味《いみ》を持《も》ったものであります。

慈《じ》は、優《やさ》しさ、そして悲《ひ》は、厳《きび》しさを表《あら》わしております。優《やさ》しくする愛《あい》と、厳《きび》しさを持《も》つ愛《あい》、この二つが一つになって、慈悲《じひ》という言葉《ことば》になっているのであります。時《とき》には優《やさ》しく、時《とき》には厳《きび》しくというように、よくそれをわきまえて行《おこ》なってゆきませんと、本《ほん》当《とう》の慈悲《じひ》にはならないのであります。

子《こ》どもを育《そだ》ててゆく時《とき》のことを考《かんが》えていただくと、よくわかると思《おも》います。子《こ》どもには、もちろん優《やさ》しく接《せっ》してゆかなければなりません。しかし、悪《わる》い所《ところ》は叱《しか》り、正《ただ》してゆく厳《きび》しさも、一方《ぽう》では必要《ひつよう》です。どちらか一方《ぽう》だけに片寄《かたよ》ったやり方《かた》では、本当《ほんとう》に育《そだ》ててゆくことはできません。優《やさ》しさと厳《きび》しさという、二つの相対《あいたい》するものをそれぞれに生《い》かしてゆくことが大切《たいせつ》であります。

これは、慈悲《じひ》に限《かぎ》ったことではありません。この世《よ》の中《なか》は相対《そうたい》の世界《せかい》であります。陰《いん》・陽《よう》とでも申《もう》しましょうか、相対《あいたい》する性質《せいしつ》のものがうまく調和《ちょうわ》し合《あ》ってこそ、成《な》り立《た》ってゆくのです。これがたとえば、陰《いん》と陰《いん》、あるいは陽《よう》と陽《よう》というように、同《おな》じものばかり集《あつ》まったとしたら、何事《なにごと》といえども、うまくゆかないでしょう。

家庭《かてい》にたとえてみましょう。家《いえ》の中《なか》には親《おや》と子《こ》がおります。親《おや》と子《こ》は、おたがいに違《ちが》った立場《たちば》にあります。そこで、親《おや》と親《おや》、つまり、夫婦《ふうふ》が自分《じぶん》たちだけの勝手《かって》なことをしていたとしたら、おそらく子《こ》どもはだめになってしまうでしょう。親《おや》と子《こ》が仲良《なかよ》くしあってこそ、調和《ちょうわ》がとれてゆくのであります。

この世《よ》の中《なか》を生《い》きてゆく上《うえ》に於《おい》て、思《おも》うようにならないことがいっぱいあります。そこで、怒《おこ》ったり悲《かな》しんだりしているわけですが、それも考《かんが》えてみますと、陰《いん》・陽《よう》いずれにしましても、自分《じぶん》の世界《せかい》しか見《み》えないところに原因《げんいん》があるのです。

たとえば、ここに野球《やきゅう》のボールがあるとしましょう。私《わたくし》から見《み》れば、こちらの半分《はんぶん》しか見《み》えません。皆《みな》さんの方《ほう》から見《み》れば、そちらの半分《はんぶん》は見《み》えるでしょうが、私《わたくし》の方《ほう》にある部分《ぶぶん》は見《み》えません。これはどうしたって、全部《ぜんぶ》見《み》ることはできません。そこに問《もん》題《だい》の起《お》こる原因《げんいん》があるのです。どうしても人間《にんげん》は、自分《じぶん》の見《み》えたものがすべてと思《おも》い、裏《うら》のことを考《かんが》えようとしません。ですから、いろいろな対立《たいりつ》が起《お》きたり、間違《まちが》いが起《お》こるわけです。

施《ほどこ》しと教化《きょうけ》は車《くるま》の両輪《りょうりん》

法音寺《ほうおんじ》は、昔《むかし》からよく施《ほどこ》しをしてまいりました。まだ千種《ちくさ》に本《ほん》部《ぶ》のあった昭和《しょうわ》の初期《しょき》、当時《とうじ》は今《いま》と違《ちが》って日本全体《にほんぜんたい》が貧《まず》しく、貧乏《びんぼう》というと本当《ほんとう》に貧乏《びんぼう》で、その日《ひ》の食《た》べ物《もの》にさえ事欠《ことか》くという人《ひと》が大勢《おおぜい》いました。そういう人《ひと》が本部《ほんぶ》に来《き》ますと安立大法尼《あんりゅうだいほうに》は、「そうかそうか、家族《かぞく》は何人《なんにん》かね。じゃあお米《こめ》をこれだけあげよう」というように、本当《ほんとう》によく施《ほどこ》しをされたものです。しかし、何《なに》もせずにただあげただけではありません。その時《とき》、そうなった事情《じじょう》をいろいろたずね、何《なに》が原因《げんいん》なのか諭《さと》し、必《かなら》ず教化《きょうけ》をされたのです。そして、その人《ひと》が次《つぎ》に来《き》た時《とき》、言《い》われた通《とお》り実行《じっこう》されていれば続《つづ》いて施《ほどこ》しをされましたけれども、実行《じっこう》されていなければ、施《ほどこ》しはされませんでした。

食《た》べ物《もの》に困《こま》った人《ひと》にお米《こめ》を施《ほどこ》し、ボロをまとった子《こ》どもに新《あたら》しい着物《きもの》を施《ほどこ》すのもたしかにいいことには違《ちが》いありません。しかし、ただ何《なに》もせずにあげるだけでは、慈悲《じひ》のようであって本当《ほんとう》の慈悲《じひ》ではありません。そうした行《おこな》いは、その人《ひと》たちの悪《わる》い面《めん》を助長《じょちょう》させるだけのことで、立《た》ち直《なお》るきっかけをなくしてしまうからです。

施《ほどこ》しをすると同時《どうじ》に、指導《しどう》をしてゆく優《やさ》しさと、厳《きび》しさの両方《りょうほう》が相《あい》まってこそ、本当《ほんとう》の慈悲《じひ》になるのであります。

『月刊法音』第一二八号　六～九頁

日常《にちじょう》すべての営《いとな》みが法華経《ほけきょう》　「若《も》し俗間《ぞっけん》の経書《きょうしょ》・治世《じせ》の語言《ごごん》・資生《ししょう》の業等《ごうとう》を説《と》かんも、皆正法《みなしょうぼう》に順《じゅん》ぜん」　（法華経法師功徳品《ほけきょうほっしくどくほん》）

〝法華経《ほけきょう》を如説修行《にょせつしゅぎょう》し、功徳《くどく》ができてゆくと日常生活《にちじょうせいかつ》の中《なか》で行《おこ》なうことがみな、仏《ほとけ》さまの教《おし》えをはずさないようになる〟というのです。意識的《いしきてき》にやるというのではありません。無意識《むいしき》の内《うち》に相手《あいて》を喜《よろこ》ばせることができるようになるのです。

ここまでいったら大《たい》したものです。意識《いしき》して人《ひと》を喜《よろこ》ばせようとすることも大切《たいせつ》ですが、やることなすことが自然《しぜん》に功徳《くどく》の本《もと》となり、人《ひと》を喜《よろこ》ばせ、まわりの人《ひと》の力《ちから》になってゆけるところまで功徳《くどく》を積《つ》んでゆきたいものであります。

『月刊法音』第三九五号　一二頁

信仰のあり方〔一心欲見仏〕

◆経典

◇菩薩摩訶薩《ぼさつまかさつ》八萬人《まんにん》あり。皆《みな》阿耨多羅《あのくたら》三藐《みゃく》三菩提《ぼだい》に於《おい》て退轉《たいてん》せず。皆《みな》陀羅尼《△だらに》を得《え》、樂説《△ぎょうせつ》辯才《べんざい》あって、不退轉《ふたいてん》の法輪《ほうりん》を轉《てん》じ、無量《むりょう》百千の諸佛《しょぶつ》を供養《くよう》し、諸佛《しょぶつ》の所《みもと》に於《おい》て衆《もろもろ》の徳《とく》本《ほん》を植《う》え、常《つね》に諸佛《しょぶつ》に稱歎《しょうたん》せらるることを爲《え》、慈《じ》を以《もっ》て身《み》を修《おさ》め、善《よ》く佛慧《ぶって》に入《い》り、大《だい》智《ち》を通達《つうだつ》し、彼岸《ひがん》に到《いた》り、名稱《みょうしょう》普《あまね》く無量《むりょう》の世界《せかい》に聞《きこ》えて、能《よ》く無數《むしゅ》百千の衆生《しゅじょう》を度《ど》す。

妙法蓮華經・序品　三七〜三八頁

◇此《こ》の經《きょう》に於《おい》ては、信《しん》を以《もっ》て入《い》ることを得《え》たり。

妙法蓮華經・譬喩品　一一〇頁

◇其《そ》れ衆生《しゅじょう》の佛道《ぶつどう》を求《もと》むる者《もの》あって、是《こ》の法華經《ほけきょう》を若《も》しは見《み》、若《も》しは聞《き》き、聞《き》き已《おわ》って信解《しんげ》し受持《じゅじ》せば、當《まさ》に知《し》るべし、是《こ》の人《ひと》は阿耨多羅《あのくたら》三藐《みゃく》三菩提《ぼだい》に近《ちか》づくことを得《え》たり。藥王《やくおう》、譬《たと》えば人《ひと》あって渇乏《かつぼう》して水《みず》を須《もち》いんとして、彼《か》の高原《こうげん》に於《おい》て穿鑿《せんしゃく》して之《これ》を求《もと》むるに、猶《な》お乾《かわ》ける土《つち》を見《み》ては水《みず》尚《な》お遠《とお》しと知《し》る。功《く》を施《ほどこ》すこと已《や》まずして、轉《うた》た濕《うるお》える土《つち》を見《み》、遂《つい》に漸《ようや》く泥《どろ》に至《いた》りぬれば、其《そ》の心決定《こころけつじょう》して水必《みずかなら》ず近《ちか》しと知《し》らんが如《ごと》く、菩薩《ぼさつ》も亦《また》復是《またかく》の如《ごと》し。若《も》し是《こ》の法華經《ほけきょう》を未《いま》だ聞《き》かず、未《いま》だ解《げ》せず、未《いま》だ修習《しゅじゅう》すること能《あた》わずんば、當《まさ》に知《し》るべし、是《こ》の人《ひと》は阿耨多羅《あのくたら》三藐《みゃく》三菩提《ぼだい》を去《さ》ること尚《な》お遠《とお》し。若《も》し聞解《もんげ》し思惟《しゆい》し修《しゅ》習《しゅう》することを得《え》ば、必《かなら》ず阿耨多羅《あのくたら》三藐《みゃく》三菩提《ぼだい》に近《ちか》づくことを得《え》たりと知《し》れ。

妙法蓮華經・法師品　二〇八～二〇九頁

◇我過去《われかこ》の劫《こう》を念《おも》うに、大法《だいほう》を求《もと》むるをもっての故《ゆえ》に、世《よ》の國王《こくおう》と作《な》れりと雖《いえど》も、五欲《よく》の樂《らく》を貪《むさぼ》らざりき、鐘《かね》を椎《つ》いて四方《ほう》に告《つ》ぐ。誰《たれ》か大法《だいほう》を有《たも》てる者《もの》なる、若《も》し我《わ》が為《ため》に解《げ》説《せつ》せば、身當《みまさ》に奴僕《ぬぼく》と爲《な》るべし。時《とき》に阿私仙《あしせん》あり、來《きた》って大王《だいおう》に白《もう》さく。我微妙《われみみょう》の法《ほう》を有《たも》てり、世間《せけん》に希有《けう》なる所《ところ》なり。若《も》し能《よ》く修行《しゅぎょう》せば、我當《われまさ》に汝《なんじ》が爲《ため》に説《と》くべし。時《とき》に王《おう》仙《せん》の言《ことば》を聞《き》いて、心《こころ》に大喜悦《だいきえつ》を生《しょう》じ、即便仙人《すなわちせんにん》に隨《したが》って、所須《しょしゅ》を供給《くきゅう》し、薪及《たきぎおよ》び果蓏《このみくさのみ》を採《と》って、時《とき》に随《したが》って恭敬《くぎょう》して與《あた》えき。情《こころ》に妙法《みょうほう》を存《ぞん》ぜるが故《ゆえ》に、身心《しんじん》懈倦《けげん》なかりき。普《あまね》く諸《もろもろ》の衆生《しゅじょう》の爲《ため》に、大法《だいほう》を勤求《ごんぐ》して、亦己《またおの》が身《み》、及《およ》び五欲《よく》の樂《らく》の爲《ため》にせず。故《かるがゆえ》に大國《だいこく》の王《おう》と爲《な》って、勤求《ごんぐ》して此《こ》の法《ほう》を獲《え》て、遂《つい》に成佛《じょうぶつ》を得《う》ることを致《いた》せり、今故《いまかるがゆえ》に汝《なんじ》が爲《ため》に説《と》く。

妙法蓮華經・提婆達多品　二二七〜二二八頁

◇我身命《われしんみょう》を愛《あい》せず、但無上道《ただむじょうどう》を惜《おし》む。

妙法蓮華經・勸持品　二四〇頁

◇衆生既《しゅじょうすで》に信伏《しんぷく》し、質直《しちぢき》にして意柔軟《こころにゅうなん》に、一心《しん》に佛《ほとけ》を見《み》たてまつらんと欲《ほっ》して、自《みずか》ら身《しん》命《みょう》を惜《おし》まず。

妙法蓮華經・如來壽量品　二八〇頁

◆遺　文

◇如何《いか》にしてか今度法華經《こんどほけきょう》に信心《しんじん》を取《と》るべき。信《しん》なくして此《こ》の經《きょう》を行《ぎょう》ぜんは、手《て》なくして寶山《ほうざん》に入《い》り、足《あし》なくして千里《り》の道《みち》を企《くわだ》つるが如《ごと》し。

法蓮鈔　一二六一頁

◇夫《そ》れ信心《しんじん》と申《もう》すは別《べつ》にはこれなく候《そうろう》。妻《つま》の夫《をとこ》を愛《おし》むが如《ごと》く、夫《をとこ》の妻《つま》に命《いのち》を捨《す》つるが如《ごと》く、親《おや》の子《こ》を捨《す》てざるが如《ごと》く、子《こ》の母《はは》に離《はな》れざるが如《ごと》くに、法華經《ほけきょう》・釋迦《しゃか》・多寶《たほう》・十方《ぽう》の諸佛《しょぶつ》・菩薩《ぼさつ》・諸天善神等《しょてんぜんじんとう》に信《しん》を入《い》れ奉《たてまつ》りて、南無妙法蓮華經《なむみょうほうれんげきょう》と唱《とな》えたてまつるを信心《しんじん》とは申《もう》し候《そうろう》なり。

妙一尼御前御返事　一八六一頁

◇飢《かつ》えて食《じき》を願《ねが》い、渇《かつ》して水《みず》を慕《した》うが如《ごと》く、戀《こい》て人《ひと》を見《み》たきが如《ごと》く、病《やまい》に藥《くすり》を頼《たの》むが如《ごと》く、みめかたち好《よ》き人紅《ひとべに》しろいものを付《つ》くるが如《ごと》く、法華經《ほけきょう》には信心《しんじん》をいたさせ給《たま》え。

上野殿御返事　一七六二頁

◇佛《ほとけ》說《と》いて云《いわ》く、『七寶《ほう》を以《もっ》て三千大《だい》千世界《せかい》に布《し》き滿《み》つるとも、手《て》の小指《こゆび》を以《もっ》て佛經《ぶっきょう》に供養《くよう》せんには如《し》かず』意取　雪山童子《せっせんどうじ》の身《み》を投《な》げし、樂法梵志《ぎょうぼうぼんじ》が身《み》の皮《かわ》を剝《は》ぎし、身命《しんみょう》に過《す》ぎたる惜《をし》き者《もの》なければ、是《これ》を布施《ふせ》として佛法《ぶっぽう》を習《なら》えば必《かなら》ず佛《ほとけ》となる。身命《しんみょう》を捨《す》つる人《ひと》、佗《た》の寶《たから》を佛法《ぶっぽう》に惜《をし》むべしや。又財寶《またざいほう》を佛法《ぶっぽう》に惜《をし》まんもの、勝《まさ》る身命《しんみょう》を捨《す》つべきや。世間《せけん》の法《ほう》にも、重恩《じゅうおん》をば命《いのち》を捨《す》てて報《ほう》ずるなるべし。又主君《またしゅくん》の爲《ため》に命《いのち》を捨《す》つる人《ひと》は、少《すく》なきようなれども其《そ》の数多《かずおお》し。男子《なんし》は恥《はぢ》に命《いのち》を捨《す》て、女人《にょにん》は男《おとこ》の爲《ため》に命《いのち》を捨《す》つ。魚《いを》は命《いのち》を惜《おし》む故《ゆえ》に、池《いけ》に栖《す》むに池《いけ》の淺《あさ》き事《こと》を嘆《なげ》いて、池《いけ》の底《そこ》に穴《あな》を掘《ほ》りて栖《す》む。然《しか》れども餌《え》にばかされて釣《つり》を呑《の》む。鳥《とり》は木《き》に栖《す》む。木《き》の低《ひく》き事《こと》を怖《お》ぢて、木《き》の上枝《ほづえ》に栖《す》む。然《しか》れども餌《え》にばかされて網《あみ》に懸《かか》る。人《ひと》も又是《またかく》の如《ごと》し。世間《せけん》の淺《あさ》き事《こと》には身命《しんみょう》を失《うしな》えども、大事《だいじ》の佛法《ぶっぽう》なんどには捨《す》つる事難《ことかた》し。故《ゆえ》に佛《ほとけ》になる人《ひと》もなかるべし。

佐渡御書　八四一頁

◇雪山童子《せっせんどうじ》の古《いにしえ》を思《おも》えば、半偈《はんげ》の爲《ため》に猶命《なおいのち》を捨《す》て給《たま》う。何《いか》に況《いわん》や此《こ》の經《きょう》の一品《ぼん》・一巻《かん》を聽聞《ちょうもん》せん恩徳《おんとく》をや。何《なに》を以《もっ》てか此《これ》を報《ほう》ぜん。尤《もっと》も後世《ごせ》を願《ねが》わんには彼《か》の雪山童子《せっせんどうじ》の如《ごと》くこそあらまほしくは候《そうら》え。誠《まこと》に我《わ》が身貧《みひん》にして布施《ふせ》すべき寳《たから》なくば、我《わ》が身命《しんみょう》を捨《す》て佛法《ぶっぽう》を得《う》べき便《たより》あらば、身命《しんみょう》を捨《す》てて佛法《ぶっぽう》を學《がく》すべし。とても此《こ》の身《み》は徒《いたづら》に山野《さんや》の土《つち》と成《な》るべし、惜《おし》みても何《なに》かせん、惜《おし》むとも惜《おし》み遂《と》ぐべからず。人久《ひとひさ》しと雖《いえど》も百年《ねん》には過《す》ぎず、其《そ》の間《あいだ》の事《こと》は但《ただ》一睡《すい》の夢《ゆめ》ぞかし。受《う》け難《がた》き人身《にんしん》を得《え》て適々出家《たまたましゅっけ》せる者《もの》も、佛法《ぶっぽう》を學《がく》し謗法《ほうぼう》の者《もの》を責《せ》めずして、徒《いたづら》に遊戯雑談《ゆうけぞうだん》のみして明《あか》し暮《くら》さん者《もの》は、法師《ほっし》の皮《かわ》を着《き》たる畜生《ちくしょう》なり。法師《ほっし》の名《な》を借《か》りて世《よ》を渡《わた》り身《み》を養《やしな》うと雖《いえど》も、法師《ほっし》と成《な》る義《ぎ》は一つもなし。

法師《ほっし》と云《い》う名字《みょうじ》をぬすめる盗人《ぬすびと》なり。恥《は》づべし恐《おそ》るべし。迹門《しゃくもん》には『我身命《われしんみょう》を愛《あい》せず、但無上道《ただむじょうどう》を惜《おし》む』と説《と》き、本門《ほんもん》には『我《わ》れ自《みずか》ら身命《しんみょう》を惜《おし》まず』と説《と》き、涅槃經《ねはんぎょう》には『身《み》は軽《かろ》く法《ほう》は重《おも》し、身《み》を死《ころ》して法《ほう》を弘《ひろ》む』と見《み》えたり。本迹兩門《ほんじゃくりょうもん》・涅槃經共《ねはんぎょうとも》に身命《しんみょう》を捨《す》てて法《ほう》を弘《ひろ》むべしと見《み》えたり。

松野殿御返事　一四八五～一四八六頁

◇兼兼申《かねがねもう》せしが如《ごと》く、日蓮《にちれん》が弟子《でし》等《ら》は臆病《おくびょう》にては叶《かな》うべからず。彼彼《かれがれ》の經經《きょうぎょう》と法華經《ほけきょう》と勝劣《しょうれつ》・淺深《せんじん》・成佛不成佛《じょうぶつふじょうぶつ》を判《はん》ぜん時《とき》、爾前迹門《にぜんしゃくもん》の釋尊《しゃくそん》なりとも物《もの》の數《かず》ならず。何《いか》に況《いわん》や其《そ》の以下《いげ》の等覺《とうがく》の菩薩《ぼさつ》をや。

教行證御書　一一三三頁

◇重病《じゅうびょう》を易《たやす》く癒《いや》すは、獨《ひと》り法華經《ほけきょう》の良薬《りょうやく》なり。只須《ただすべか》らく汝佛《なんじほとけ》にならんと思《おも》わば、慢《まん》の幢《はたほこ》を倒《たお》し、忿《いか》りの杖《つえ》を捨《す》てて、偏《ひと》えに一乘《じょう》に歸《き》すべし。名聞名利《みょうもんみょうり》は今生《こんじょう》の飾《かざ》り、我慢《がまん》偏執《へんしゅう》は後生《ごしょう》の紲《ほだし》なり。

持妙法華問答鈔　四九〇～四九一頁

◇夫《そ》れ佛道《ぶつどう》に入《い》る根本《こんぽん》は信《しん》を以《もっ》て本《もと》とす。五十二位《い》の中《うち》には十信《しん》を本《もと》とす、十信《しん》の位《くらい》には信心初《しんじんはじ》めなり。たとい悟《さと》りなけれども、信心《しんじん》あらん者《もの》は、鈍根《どんごん》も正見《しょうけん》の者《もの》なり。たとい悟《さと》りあれども、信心《しんじん》なき者《もの》は誹謗闡提《ひぼうせんだい》の者《もの》なり。善星比丘《ぜんしょうびく》は二百五十戒《かい》を持《たも》ちて四禪《ぜん》定《じょう》を得《え》、十二部經《ぶきょう》を諳《そら》にせし者《もの》なり。提婆達多《だいばだった》は六萬《まん》八萬《まん》の寶藏《ほうぞう》を覺《おぼ》え、十八變《ぺん》を現《げん》ぜしかども、此等《これら》は有解無信《うげむしん》の者《もの》なり。今《いま》に阿鼻大城《あびだいじょう》にありと聞《き》く。又鈍根第《またどんごんだい》一の須梨槃《しゅりはん》特《どく》は、智慧《ちえ》もなく悟《さと》りもなし、只《ただ》一念《ねん》の信《しん》ありて普明如來《ふみょうにょらい》と成《な》り給《たま》う。

法華題目鈔　五九九頁

◆宗玄大徳

高原穿鑿《こうげんせんしゃく》の譬《たと》え

高原《こうげん》に於《おい》て井戸《いど》を掘《ほ》るに、五十尺《しゃく》掘《ほ》れば水《みず》が出《で》る所《ところ》を、〝十五尺掘《しゃくほ》ったがまだ水《みず》が出《で》ぬ〟と言《い》い、〝三十尺掘《しゃくほ》ったがまだ出《で》ぬ〟と言《い》い、〝四十五尺掘《しゃくほ》ったがまだ出《で》ぬ。四十九尺掘《しゃくほ》ったが出《で》ぬから止《や》めにした。もう土《つち》を掘《ほ》っても水《みず》は得《え》られぬ〟と言《い》ったら皆《みな》さん何《なん》と思《おも》われますか。過去無量劫《かこむりょうこう》より今日《こんにち》に至《いた》る間《あいだ》、あるいは怒《いか》り、あるいは貪《むさぼ》り、愚痴《ぐち》を申《もう》して作《つく》り来《きた》りし罪業《ざいごう》を計算致《けいさんいた》しましたなれば、その罪《つみ》の重《かさ》なれることは高原《こうげん》の土《つち》を掘《ほ》ってなお水《みず》を得《え》ざるが如《ごと》く、目的《もくてき》に達《たっ》すること甚《はなは》だ遠《とお》しと知《し》らねばならぬのであります。

無上《むじょう》の大法《だいほう》を信《しん》じ、実行《じっこう》して利益《りやく》を得《え》、目的《もくてき》を達《たっ》するまで努力《どりょく》せねばなりません。それなのに、信《しん》じてみたり、止《や》めてみたり、ありがたく思《おも》ってみたり、ありがたくないように思《おも》ってみたり、さらに愚痴《ぐち》を申《もう》したり、腹立《はらた》てたりしては、利益《りやく》の受《う》からぬは当然《とうぜん》の理《り》であります。

それはあたかも、井戸《いど》を掘《ほ》りつつ、二十尺掘《しゃくほ》っては十尺埋《しゃくう》め、十尺掘《しゃくほ》っては二十尺埋《しゃくう》めておるようなもので、いつまで功《こう》を施《ほどこ》しても無駄事《むだごと》となります。

かようなわけでありますから、〝皆《みな》さん絶対《ぜったい》に怒《おこ》ってはなりませぬ。堪忍《かんにん》を誓《ちか》ってください。喜《よろこ》んでくださいい〟と声《こえ》も惜《お》しまず口《くち》ぐせのように申《もう》すわけはこれであります。

村上先生御法話集（二）　六二一〜六四頁

◆御開山上人

臆病心《おくびょうしん》を去《さ》る　大荒行堂《だいあらぎょうどう》にて

かねて覚悟《かくご》をして入行《にゅうぎょう》しましたが、すでに二日三日《ふつかみっか》の日《ひ》の冷気《れいき》に三時《じ》に起《お》きての水行《すいぎょう》、少々臆病《しょうしょうおくびょう》を感《かん》じました。今回《こんかい》は再行《さいぎょう》の代表《だいひょう》となったのですが、再行《さいぎょう》の代表《だいひょう》は行僧《ぎょうそう》でなくては判《わか》らぬ苦労《くろう》なものです。これについて恐《おそ》れを抱《いだ》きました。

伝師《でんし》さんは「この荒行堂《あらぎょうどう》は人間《にんげん》一生《しょう》の縮図《しゅくず》である。この荒行堂《あらぎょうどう》で立派《りっぱ》に修行《しゅぎょう》出来《でき》る者《もの》は自分《じぶん》の一生《しょう》も完全《かんぜん》に修行《しゅぎょう》が出来《でき》るのだ」と仰《おっ》しゃいました。今《いま》の私《わたくし》の場合《ばあい》〝臆病《おくびょう》であることは一生臆病《しょうおくびょう》で終《お》わらねばならぬ。どうすればこの臆病《おくびょう》が無《な》くなるのか〟ということを考《かん》えました。

雪山童子《せっせんどうじ》は世《よ》の人々《ひとびと》を救《すく》うために、雪《ゆき》の中《なか》に際限《さいげん》もない修行《しゅぎょう》をしたのです。提婆達多《だいばだった》品《ほん》に示《しめ》されてある檀王《だんのう》は、国中《くにじゅう》の者《もの》を救《すく》うために王《おう》の位《くらい》を捨《す》てて、厳格《げんかく》な修行《しゅぎょう》を際限《さいげん》なく続《つづ》けたのであります。

〝先師《さんし》のことを思《おも》えば何《なん》でもないことだ。みんなのためである。みんなのために修行《しゅぎょう》することはありがたいことだ。また当然《とうぜん》のことである〟と思《おも》いました。なお、〝大勢《おおぜい》を訓《くん》育《いく》することは容易《ようい》ではないが、慈悲《じひ》を持《も》って進《すす》めばよい。お釈迦《しゃか》さまが、主《しゅ》・師《し》・親《しん》の三徳《とく》を以《も》ってお示《しめ》しになったように、ある時《とき》は師《し》となり、ある時《とき》は親《おや》である親切心《しんせつしん》を持《も》つことがよい〟と、再行《さいぎょう》一同《どう》もこの方針《ほうしん》を決《き》めました。

お陰《かげ》を以《も》って行堂内《ぎょうどうない》は心配《しんぱい》したようなこともなく、楽《たの》しい修行《しゅぎょう》の道場《どうじょう》となりました。しかし、また深《ふか》く考《かんが》えれば、なかなか容易《ようい》ではないのですが、今《いま》に到《いた》っては〝取《と》り越《こ》し苦労《くろう》は止《や》めて、今日《きょう》一日《にち》を完全《かんぜん》に修行《しゅぎょう》してゆこう〟という風《ふう》に決心《けっしん》しました。

法華経《ほけきょう》に「善逝《ぜんぜい》」という偈《げ》があります。これは〝完全《かんぜん》な日《ひ》を送《おく》る〟ということであります。人生《じんせい》には山《やま》もあり谷《たに》もありますが、〝世《よ》の人々《ひとびと》のために働《はたら》くこと、苦労《くろう》することは幸《さいわ》いである〟という悟《さと》りと、〝如何《いか》なる場合《ばあい》も大慈悲《だいじひ》を持《も》ってゆけば成就《じょうじゅ》する〟ということ、そして、今日《きょう》一日《にち》を完全《かんぜん》に修行《しゅぎょう》してゆく心持《こころも》ちになれば、のびのびした心持《こころも》ちになります。ついに臆病《おくびょう》であった心持《こころも》ちは消《き》えて「心《こころ》はこれ禅定《ぜんじょう》ならん」で、迷《まよ》いのない楽《たの》しい日《ひ》となりました。

「迷《まよ》えば凡夫《ぼんぷ》。悟《さと》れば仏《ほとけ》」とはこんなことでありましょう。この体験《たいけん》を参考《さんこう》としてくださるならば、また皆様《みなさま》の人生《じんせい》にも道《みち》しるべともなりましょう。

(昭和《しょうわ》二十七年《ねん》十一月《がつ》　身延山大荒行堂《みのぶさんだいあらぎょうどう》にて)

御開山上人御遺稿集　一五二～一五四頁

提婆達多品《だいばだったほん》・檀王《だんのう》のお話《はなし》　昔《むかし》から「月《つき》にむら雲《くも》、花《はな》には嵐《あらし》、太子《たいし》に守屋《もりや》、釈迦《しゃか》に提婆《だいば》」と言《い》いまして、偉《えら》い人《ひと》には反対《はんたい》に悪人《あくにん》がちゃんと付《つ》いておることになっております。皆《みな》さんもご存知《ぞんじ》のように、提婆《だいば》という者《もの》は事《こと》につけ折《お》りに触《ふ》れてお釈迦《しゃか》さまに逆《さか》らいまして、殺《ころ》そうとしたことも幾度《いくど》かあったのでございます。その提婆《だいば》に対《たい》して、私共《わたくしども》が考《かんが》えましても憎《にく》らしい提婆《だいば》と思《おも》いまするけれどもが、お釈迦《しゃか》さまはそうではなくて「提婆《だいば》達多《だった》は善知識《ぜんちしき》である。私《わたくし》はようくそのことを皆《みな》さんにわかるように話《はな》したい」と、提《だい》婆達多品《ばだったほん》を説《と》かれたのであります。

昔《むかし》ある国《くに》に王《おう》さまがおりました。その国《くに》は戦《いくさ》に負《ま》けた上《うえ》にひでりが続《つづ》き、その次《つぎ》には雨降《あめふ》りが続《つづ》いて穀物《こくもつ》が取《と》れず、食《た》べる物《もの》にも非常《ひじょう》に困《こま》って収拾《しゅうしゅう》がつかないようになってしまいました。王《おう》さまは「これはもう人間《にんげん》の力《ちから》、わざではどうしてもこの国《くに》を立派《りっぱ》にすることができない」と考《かんが》えました。国中《くにじゅう》の人《ひと》を救《すく》うには、教《おし》えをもってお互《たが》いの心《こころ》を美《うつく》しくするということが大事《だいじ》であります。この、美《うつく》しい、一番《ばん》いい教《おし》えというのはどんなものでありましょうか。王《おう》さまは自分《じぶん》にはわからないから「鼓《つづみ》を撃《う》って四方《ほう》に宣令《せんりょう》して、法《ほう》を求《もと》め」ますると、いうと、いろいろな先生《せんせい》が〝私《わたくし》はこういうことを知《し》っております〟

と言《い》って来《き》ましたが、全部落第《ぜんぶらくだい》です。ただ一人《ひとり》、阿私仙人《あしせんにん》という人《ひと》の教《おし》えは実《じつ》に立派《りっぱ》であるということがわかりました。王《おう》さまがその仙人《せんにん》から教《おし》えを乞《こ》おうと致《いた》しますと仙人《せんにん》は、

「私《わたくし》に従《したが》って、私《わたくし》の言《い》うことを少《すこ》しも疑《うたが》いなく聞《き》くならば教《おし》えましょう」と申《もう》しましたので、王子《おうじ》に位《くらい》を譲《ゆず》り、仙人《せんにん》のお弟子《でし》になって山《やま》へ入《はい》り、水《みず》を汲《く》み、薪《たきぎ》を拾《ひろ》い、菜《な》を摘《つ》み、時《とき》には仙人《せんにん》の腰掛《こしか》けの替《か》わりにもなるように、非常《ひじょう》な苦労《くろう》を致《いた》しました。

断崖絶壁《だんがいぜっぺき》を降《お》り、やっとの思《おも》いで汲《く》んで来《き》た水《みず》も仙人《せんにん》の前《まえ》に差《さ》し出《だ》しますと、

「断《ことわ》って汲《く》んで来《き》ただろうな」

「いえ、人影《ひとかげ》がありませんから、黙《だま》って汲《く》んでまいりました」

「ばかもの。いずこにでも、それを所有《しょゆう》する神《かみ》さま、お守《まも》りになる仏《ほとけ》さまがあるのに、黙《だま》って汲《く》んで来《く》るということは泥棒《どろぼう》だ。泥棒《どろぼう》の水《みず》は一滴《てき》たりとも飲《の》めない」と、その水《みず》をけとばされるばかりか、持《も》っておりました金剛杖《こんごうづえ》で息《いき》の絶《た》える程《ほど》に叩《たた》かれたり、また薪《たきぎ》を取《と》って来《き》ては、

「断《ことわ》って薪《たきぎ》を取《と》ってまいりました」と申《もう》しますると、

「木《き》の中《なか》に虫《むし》がいるではないか。殺生者《せっしょうもの》」ということで叩《たた》かれたりしたのであります。それでも「情《こころ》に妙法《みょうほう》を存《ぞん》ぜるが故《ゆえ》に」忍耐致《にんたいいた》しました。そうして、〝どうかして国中《くにじゅう》の者《もの》を救《すく》いたい。立派《りっぱ》な国《くに》にしたい〟と願《ねが》う王《おう》さまの忍耐行《にんたいぎょう》は、ついに免許皆伝《めんきょかいでん》ということになりました。その時《とき》に仙人《せんにん》は、

「よう修行《しゅぎょう》なさいました。あなたのように忍耐強《にんたいづよ》い立派《りっぱ》な精神《せいしん》の方《かた》は、きっと世《よ》の中《なか》の人《ひと》をみんな救《すく》い、世界中《せかいじゅう》を極楽《ごくらく》にするというお仕事《しごと》をなさる人《ひと》であろうと思《おも》いますが、しかし、こういう大《おお》きな役目《やくめ》を持《も》って世《よ》の中《なか》に出《で》られても、それを刺激《しげき》する者《もの》がなければなりませんから、私《わたくし》があなたに妙法《みょうほう》を教《おし》えたという因縁《いんねん》をもって、その時《とき》には私《わたくし》があなたのお相手《あいて》をしましょう」と約束《やくそく》をしたのであります。

「その時《とき》の王《おう》が今《いま》の私《わたくし》であり、この仙人《せんにん》が堤婆達多《だいばだった》となって私《わたくし》に忍耐《にんたい》の修行《しゅぎょう》、慈悲《じひ》をかけるという仕事《しごと》をさせているのだ。堤婆達多《だいばだった》の『法華経《ほけきょう》を説《と》く者《もの》に反対《はんたい》したならば阿鼻地獄《あびぢごく》に堕《お》ちるということも忘《わす》れて、自分《じぶん》は地獄《ぢごく》の釜《かま》の中《なか》の燃《も》えつきになっても法華経《ほけきょう》の広《ひろ》まるような因縁《いんねん》を作《つく》り、世界中《せかいじゅう》の人《ひと》を救《すく》いたい』という心持《こころも》ちは、誠《まこと》に大《おお》きな慈悲《じひ》である。幸《さいわ》いにして私《わたくし》が今《いま》、法華経《ほけきょう》を広《ひろ》めるその功徳《くどく》を堤婆《だいば》に回向《えこう》し、天王如来《てんのうにょらい》と

いう仏《ほとけ》に成《な》れるよう追善《ついぜん》する」と言《い》って大供養《だいくよう》をなさったということは、経文《きょうもん》に出《で》ております。

このような行《おこ》ないを正直《しょうじき》に続《つづ》けて、皆《みな》さんも仇《かたき》のようになった人《ひと》も敵《てき》と思《おも》わず、前《まえ》の世《よ》の先生《せんせい》だったという気《き》持《も》ちになるならば、地獄《ぢごく》はできません。愚痴《ぐち》もなくなります。この世《よ》でたとえ悟《さと》りができなくとも未来《みらい》には仏《ほとけ》の前《まえ》に生《う》まれ、菩薩《ぼさつ》の修行《しゅぎょう》をして仏《ほとけ》に成《な》ることができるのであります。

そういうように、本当《ほんとう》の行《おこ》ないと教《おし》えというものが一致《ち》して見《み》えております妙法蓮華経《みょうほうれんげきょう》は、本当《ほんとう》に信《しん》じられて、これを行《おこ》ないなさるならば必《かなら》ず、日常《にちじょう》の苦《くる》しみはついになくなりまして、楽《たの》しい境遇《きょうぐう》・楽《たの》しい家庭《かてい》を作《つく》ってゆくことになるに相違《そうい》ありません。〝仏《ほとけ》さまの教《おし》えに依《よ》って大勢《おおぜい》の人《ひと》に幸《しあわ》せを与《あた》えたい。大勢《おおぜい》の人《ひと》を救《すく》い、助《たす》けたい〟という心《こころ》を持《も》つことが一番大事《ばんだいじ》であります。

親《おや》に孝行《こうこう》する、子《こ》どもの良《よ》いことをほめ合《あ》ってゆくことこそ、幸《しあわ》せを与《あた》える第《だい》一歩《ぽ》であり、ひいてはすべての人《ひと》を救《すく》うということになってゆくわけでありますから、そういうお心《こころ》持《も》ちでよくご実行願《じっこうねが》いたいと思《おも》います。

御開山上人御法話集　六三〜六六頁

槃特尊者《はんどくそんじゃ》と提婆達多《だいばだった》の事《こと》

むかしインドの須梨槃特《しゅりはんどく》という人《ひと》は非常《ひじょう》におろか者《もの》であって、いくら教《おし》えをきいても少《すこ》しもおぼえませんでした。しかしながらお釈迦様《しゃかさま》は〝これは見《み》込《こ》みのある者《もの》〟といって、門弟《もんてい》のなかに加《くわ》えて置《お》かれました。そして三年《ねん》たったけれどもやはり何《なに》もおぼえられず、他《ほか》のお弟子達《でしたち》も非常《ひじょう》に憤慨《ふんがい》して〝こんな者《もの》は追《お》っぱらってしまう方《ほう》がいい〟といいましたが、お釈迦様《しゃかさま》は〝そうするには及《およ》ばぬ。これはたしかに見込《みこ》みのある者《もの》であるから〟といわれて、ご自分《じぶん》でわざわざ十四字《じ》の偈《げ》というものを説《と》いて須梨槃特《しゅりはんどく》に教《おし》えられたのです。その十四の偈《げ》というのは、

「口《くち》を守《まも》り意《こころ》を摂《おさ》め身《み》を犯《おか》すこと莫《なか》れ。是《かく》の如《ごと》くに行《ぎょう》ずれば世《よ》を度《ど》することを得《え》ん」

というのであります。〝仏《ほとけ》の戒《いまし》めをよくまもり、口《くち》にもまちがったことをいわないように、またその身《み》にも罪《つみ》を犯《おか》さないように、つまり身《しん》、口《く》、意《い》の三業《ごう》において、身《み》にも口《くち》にも意《こころ》にも浄《きよ》らかな行《おこ》ないをつづけるならば、かならず世《よ》の中《なか》を立派《りっぱ》にとおって、世《よ》の中《なか》の人《ひと》をすくうことができるのである〟こういう意味《いみ》のことを教《おし》えられ、これをよく心《こころ》に銘《めい》じているように命《めい》ぜられたのです。愚鈍《ぐどん》な槃特《はんどく》はなかなかおぼえられなかったのですが、三年《ねん》かかって漸《ようや》くのことでこれをおぼえました。三年《ねん》のあいだにいろいろ工夫《くふう》を

して、仏様《ほとけさま》の本当《ほんとう》のご精神《せいしん》をよく理解《りかい》して、自分《じぶん》の心《こころ》も明《あか》るくなったのでした。

そのころのお釈迦様《しゃかさま》のお弟子《でし》の中《なか》で、五百人《にん》の比丘尼《びくに》が一団体《だんたい》をなしておりましたが、そこへ行《い》って教《おし》えを説《と》くようにお釈迦様《しゃかさま》が槃特《はんどく》におっしゃいました。槃特《はんどく》はいまの十四字《じ》の偈《げ》のことしかわからないが、ながいあいだかかってその精神《せいしん》がスッカリわかっていましたから、お釈迦様《しゃかさま》のおおせにしたがって比丘尼《びくに》の団体《だんたい》のところに行《い》って教《おし》えを説《と》くことになりました。

比丘尼《びくに》のほうでは、〝あんな愚鈍《ぐどん》なものはないのに、お釈迦様《しゃかさま》が槃特《はんどく》をおつかわしになるということはどういうわけだろう。まアきたらみんなでからかって、恥《はじ》をかかして帰《かえ》らしてやろう〟と待《ま》っていました。槃特《はんどく》はその比丘尼《びくに》の大勢《おおぜい》いるところに行《い》って、少《すこ》しも臆《おく》することなく、高座《こうざ》にのぼって「自分《じぶん》は愚《おろ》かな者《もの》であるから多《おお》くのことは知《し》らないが、とにかく三年《ねん》かかって十四字《じ》の偈《げ》をならいました。これはお釈迦様《しゃかさま》からつたえられた偈《げ》であります。この精神《せいしん》を説明《せつめい》しましょう」といってだんだんその十四字《じ》の意味《いみ》を説明《せつめい》しました。ところがそれは実《じっ》に徹底《てってい》した説明《せつめい》であって、まるで仏様《ほとけさま》から直接《ちょくせつ》に教《おし》えをうかがうような感《かん》じでしたので、おおくの比丘尼《びくに》たちもいまさらながらおどろいて、

〝自分《じぶん》たちが槃特《はんどく》を最初《さいしょ》からあなどったのは、まことに罪《つみ》のふかいことであった〟といってふかく懺悔《ざんげ》したのであります。いくら鈍《にぶ》い者《もの》でも、仏様《ほとけさま》を信《しん》ずるという心持《こころも》ちさえしっかりしていれば、はじめはなかなかさとりがえられなくても、久《ひさ》しい年月《ねんげつ》をかさねれば本当《ほんとう》の覚《さと》りを得《え》ることができるのであります。

提婆達多《だいばだった》というものは、六万法蔵《まんほうぞう》というようなたくさんの経《きょう》を読《よ》んで、それをみなそらでおぼえて、博学《はくがく》という点《てん》においては当時類《とうじるい》のない者《もの》であったけれども、心《こころ》が邪《よこしま》であったから、仏教《ぶっきょう》の世《よ》にひろまるさまたげをして、とうとう無間地獄《むけんぢごく》に堕《お》ちるというようなことになってしまいました。

おおくのことを識《し》ったから善《よ》いことができるという訳《わけ》ではなく、おおくのことは識《し》らないでも、根本《こんぽん》において固《かた》く信《しん》ずるところがあれば、仏《ほとけ》になることができるということなのであります。

続・現代生活の指針　一〇四～一〇七頁

◆日達上人

提婆達多品《だいばだったほん》・檀王《だんのう》のお話《はなし》

「我過去《われかこ》の劫《こう》を念《おも》うに、大法《だいほう》を求《もと》むるをもっての故《ゆえ》に、世《よ》の国王《こくおう》と作《な》れりと雖《いえど》も、五欲《よく》の楽《らく》を貪《むさぼ》らざりき、鐘《かね》を椎《つ》いて四方《ほう》に告《つ》ぐ。誰《たれ》か大法《だいほう》を有《たも》てる者《もの》なる、若《も》し我《わ》が為《ため》に解説《げせつ》せば、身当《みまさ》に奴僕《ぬぼく》となるべし。時《とき》に阿私仙《あしせん》あり、来《きた》って大《だい》王《おう》に白《もう》さく。我微妙《われみみょう》の法《ほう》を有《たも》てり、世間《せけん》に希有《けう》なる所《ところ》なり。若《も》し能《よ》く修行《しゅぎょう》せば、我当《われまさ》に汝《なんじ》が為《ため》に説《と》くべし。時《とき》に王仙《おうせん》の言《ことば》を聞《き》いて、心《こころ》に大喜悦《だいきえつ》を生《しょう》じ、即便仙人《すなわちせんにん》に随《したが》って、所《しょ》須《しゅ》を供給《くきゅう》し、薪及《たきぎおよ》び果蓏《このみくさのみ》を採《と》って、時《とき》に随《したが》って恭敬《くぎょう》して与《あた》えき。情《こころ》に妙法《みょうほう》を存《ぞん》ぜるが故《ゆえ》に、身心《しんじん》懈倦《けげん》なかりき」

　このところを御開山上人《ごかいざんしょうにん》が、ご自身《じしん》の体験《たいけん》と併《あわ》せて詠《よ》まれています。

〝薪取《たきぎと》り水《みず》くみて得《え》し法《のり》の道《みち》
　しのび得《う》るこそ有難《ありがた》きかな〟

　檀王《だんのう》という王様《おうさま》が本当《ほんとう》の幸《しあわ》せを求《もと》め、王位《おうい》を王子《おうじ》に譲《ゆず》って出家《しゅっけ》し、阿私仙人《あしせんにん》に仕《つか》えます。薪《たきぎ》を取《と》り、水《みず》を汲《く》むなどして仙人《せんにん》に給仕《きゅうじ》し、時《とき》に仙人《せんにん》の腰掛《こしか》けにもなって法華経《ほけきょう》を学《まな》び、悟《さと》りを得《え》る、というお話《はなし》です。そのために、どんなに厳《きび》しい修行《しゅぎょう》を課《か》せられても「情《こころ》に妙法《みょうほう》を存《ぞん》ぜるが故《ゆえ》に」〝疲《つか》れた〟とか、〝もうやめよう〟というようなことはありませんでした。

『月刊法音』第三八三号　五～六頁

御開山上人《ごかいざんしょうにん》のご体験《たいけん》　前稿《ぜんこう》の〝しのび得《う》る〟には、重要《じゅうよう》な意味《いみ》が込《こ》められています。御《ご》開山上人《かいさんしょうにん》は、お若《わか》いころ、福岡《ふくおか》の生《いき》の松原《まつばら》や知多《ちた》の臥竜山《がりゅうざん》で大変《たいへん》な苦労《くろう》を重《かさ》ねてこられました。ハンセン病《びょう》（らい病《びょう》）患者《かんじゃ》のために真冬《まふゆ》をユカタ一枚《まい》で過《す》ごされたり、不良青年《ふりょうせいねん》たちのために、洞窟《どうくつ》に寝《ね》泊《と》まりして田畑《たはた》を耕《たがや》されたり、終戦直後《しゅうせんちょくご》には施設《しせつ》の子《こ》どもたちのために、夜《よ》を徹《てっ》して食糧《しょくりょう》を作《つく》られたり、そうした苦難《くなん》を、身《み》を以《も》って体験《たいけん》してこられました。ですから余計《よけい》、檀王《だんのう》の話《はなし》が身《み》に沁《し》み、実感《じっかん》として感《かん》じられたのでしょう。

人生《じんせい》何《なん》の苦労《くろう》もなく過《す》ごせれば結構《けっこう》ですが、しかし、苦労《くろう》もすればするほど、いろいろな味《あじ》わいが出《で》てくるものです。御開山上人《ごかいさんしょうにん》も、そうした幾多《いくた》の困難《こんなん》を忍《しの》んでこられたからこそ、法華経《ほけきょう》をより身近《みぢか》なものと感《かん》じられたのでしょう。そしてまた、御開山上人《ごかいさんしょうにん》が法華経《ほけきょう》に説《と》かれる通《とお》りのことをして来《こ》られたということを知《し》ることによって、今私《いまわたくし》共《ども》も、法華経《ほけきょう》を身近《みぢか》なものとして受《う》けとめることができるのです。

体験《たいけん》に合《あ》わせて本当《ほんとう》に法華経《ほけきょう》が身《み》に沁《し》みてわかるということ、こういう体験《たいけん》は、本当《ほんとう》に勝《すぐ》れた体験《たいけん》であります。その体験《たいけん》の積《つ》み重《かさ》ねがあってこそ、成仏《じょうぶつ》へと続《つづ》いてゆくのであります。

『月刊法音』第一二四号　一一〜一二頁

提婆達多品《だいばだったほん》に学《まな》ぶ三世《ぜ》に亘《わた》る因縁《いんねん》

法華経《ほけきょう》提婆達多品《だいばだったほん》で大事《だいじ》なことの一つは、過去《かこ》・現《げん》在《ざい》・未来《みらい》の三世《ぜ》に亘《わた》る因縁《いんねん》の世界《せかい》を知《し》ることです。提婆達多《だいばだった》のような大悪人《だいあくにん》ですら仏《ほとけ》に成《な》れたと説《と》かれるのは、前世《ぜんせ》に於《お》てお釈迦《しゃか》さまの先生《せんせい》であり、妙法《みょうほう》を教《おし》えたという因縁《いんねん》があったからです。

今世《こんぜ》だけではわかりませんが、今憎《いまにく》んでいる相手《あいて》が前世《ぜんせ》は自分《じぶん》の先生《せんせい》であったかも知《し》れないし、親《おや》であったかも知《し》れません。そして、今世《こんぜ》に人《ひと》をいじめると、来世《らいせ》にどういう姿《すがた》となって現《あら》われるかわかりません。

今世《こんぜ》だけですべてが終《お》わるならばそれまでですが、来世《らいせ》があると思《おも》えば、〝今世《こんぜ》ではなしえなかったことでも、努力《どりょく》を重《かさ》ねてゆけば来世《らいせ》にはできる〟という希望《きぼう》を持《も》つことができます。

来世《らいせ》を考《かんが》えることは、「因果《いんが》の二法《ほう》」を考《かんが》えることであります。現在《げんざい》あるのは過去世《かこせ》の因縁《いんねん》で、来世《らいせ》どうなるかは、今世《こんぜ》に作《つく》る因縁《いんねん》によるという法則《ほうそく》がわかれば、〝今世《こんぜ》にできる限《かぎ》りの功徳《くどく》を積《つ》もう〟ということになってきます。

私共《わたくしども》の身体《からだ》は今世《こんぜ》限《かぎ》りのものですが、魂《たましい》は過去《かこ》・現在《げんざい》・未来《みらい》の三世《ぜ》に亘《わた》って流《なが》れ続《つづ》けるのです。

仏教《ぶっきょう》が殺生《せっしょう》を戒《いまし》めるのも、因縁《いんねん》の法則《ほうそく》が根底《こんてい》にあるからだと思《おも》います。

たとえば、私《わたくし》が次《つぎ》の世《よ》で今世《こんぜ》に舞《ま》い戻《もど》った時《とき》、かわいい孫《まご》を見《み》て〝ああ、懐《なつ》かしい〟と喜《よろこ》んでそばに行《い》くと、その姿《すがた》がもし蚊《か》であったら、ピシャーッと叩《たた》かれてしまいます。ゴキブリだったらスリッパでつぶされてしまいます。もちろん、徳《とく》がたくさんあっていい所《ところ》に行《い》ければ心配《しんぱい》ありませんが、殺生《せっしょう》が戒《いまし》められるのも、そういうことが絶対《ぜったい》にないとは言《い》い切《き》れないからです。〝充分《じゅうぶん》あり得《う》る〟と考《かんが》えた方《ほう》がいいかも知《し》れません。

できにくいことですが、杉山先生《すぎやませんせい》は、腕《うで》に止《と》まった蚊《か》を見《み》て、充分《じゅうぶん》に血《ち》を吸《す》わせて後《のち》、おもむろに〝もういいかね〟と言《い》われたそうです。蚊《か》であってもむやみに殺《ころ》さないということは、三世《ぜ》に続《つづ》く因縁《いんねん》を考《かんが》えられてのことなのだと思《おも》います。

『月刊法音』第三八四号　一一～一二頁

今日《きょう》一日《にち》の実行《じっこう》　「我不愛身命《がふあいしんみょう》　但惜無上道《たんじゃくむじょうどう》＝我身命《われしんみょう》を愛《あい》せず、但無上道《ただむじょうどう》を惜《おし》む」（法《ほ》華経勧持品《けきょうかんじほん》）とは〝法華経《ほけきょう》のため、悟《さと》りを得《う》るためなら、私《わたくし》は体《からだ》も命《いのち》も惜《おし》みません〟

というのですが、文字《もじ》通《どお》り受《う》け取《と》りますと、とても大変《たいへん》な努力《どりょく》がいるように思《おも》います。

私《わたくし》はこれを、〝今日《きょう》一日《にち》功徳《くどく》が積《つ》めたらそれで充分《じゅうぶん》〟というように解釈《かいしゃく》しております。

江戸《えど》時代《じだい》、深草元政上人《ふかくさげんせいしょうにん》という方《かた》がおられました。生来《せいらい》体《からだ》が弱《よわ》く、ために侍《さむらい》を辞《や》めてお坊《ぼう》さんになられた方《かた》です。和歌《わか》や文章《ぶんしょう》にも秀《ひい》で、多《おお》くの書物《しょもつ》を残《のこ》されました。その元政上人《げんせいしょうにん》が、次《つぎ》のようにおっしゃってみえます。

「無上道《むじょうどう》を惜《お》しむがゆえに、身命《しんみょう》を惜《おし》む」

〝少《すこ》しでも長生《ながい》きをして、一日《にち》でも功徳《くどく》を積《つ》みましょう〟ということです。〝法華経《ほけきょう》のためなら命《いのち》も体《からだ》も惜《お》しまない〟という勇猛精進《ゆうみょうしょうじん》も必要《ひつよう》ですが、元政上人《げんせいしょうにん》のような考《かんが》え方《かた》も大切《たいせつ》だと思《おも》います。

『月刊法音』第二二九号　一〇～一一頁

雪山童子《せっせんどうじ》の事《こと》　昔《むかし》、雪山《せっせん》（ヒマラヤ）に真理《しんり》を求《もと》める行者《ぎょうじゃ》がいました。迷《まよ》いを離《はな》れる教《おし》え以外《いがい》に何《なに》も求《もと》めず、地上《ちじょう》に満《み》ちた財宝《ざいほう》も栄華《えいが》も一切《さい》望《のぞ》んでいませんでした。神《かみ》はその行者《ぎょうじゃ》の心《こころ》を試《ため》そうと、鬼《おに》に姿《すがた》を変《か》えて、

「ものみな移《うつ》り変《か》わり、現《あら》われては滅《ほろ》びる」と歌《うた》いました。行者《ぎょうじゃ》はそれを聞《き》いて、渇《かわ》いた者《もの》が水《みず》を得《え》たように喜《よろこ》び、声《こえ》のする方《ほう》を見《み》ると恐《おそ》ろしい鬼《おに》がいました。怪《あや》しみながら近《ちか》づいて、

「先程《さきほど》の歌《うた》はあなたが歌《うた》われたのですか。もしそうなら、是非《ぜひ》続《つづ》きを聞《き》かせて下《くだ》さい」

と頼《たの》みました。すると鬼《おに》は、

「そうだ。たしかに私《わたくし》が歌《うた》った。しかし私《わたくし》は今《いま》飢《う》えている。何《なに》か食《た》べてからでないと歌《うた》えない」と言《い》いました。行者《ぎょうじゃ》が重《かさ》ねて頼《たの》むと、

「もし人《ひと》の温《あたた》かい肉《にく》を食《た》べ、血《ち》をすることができたら続《つづ》きを歌《うた》おう」と答《こた》えました。

行者《ぎょうじゃ》は、

「歌《うた》の続《つづ》きを聞《き》かせてもらえるなら、聞《き》き終《お》えてから私《わたくし》の身体《からだ》を与《あた》えましょう」と約《やく》束《そく》しました。そこで鬼《おに》は続《つづ》きを歌《うた》い、歌《うた》は完成《かんせい》したものとなりました。

「生滅《しょうめつ》にとらわれることなくなりて、静《しず》けさと安《やす》らぎは生《う》まれる」

喜《よろこ》んだ行者《ぎょうじゃ》は木《き》や石《いし》に歌《うた》を彫《ほ》りつけ、木《き》に登《のぼ》って鬼《おに》の前《まえ》に身《み》を投《な》げました。その瞬間《しゅんかん》、鬼《おに》は帝釈天《たいしゃくてん》の姿《すがた》に戻《もど》り、行者《ぎょうじゃ》はその手《て》に安《やす》らかに受《う》け止《と》められました。

この歌《うた》が有名《ゆうめい》な涅槃経《ねはんぎょう》の「諸行無常《しょぎょうむじょう》・是生滅法《ぜしょうめっぽう》・生滅滅已《しょうめつめつい》・寂滅為楽《じゃくめついらく》」であります。

『月刊法音』第四六八号　八〜九頁

楽法梵志《ぎょうぼうぼんじ》の事《こと》

「楽法梵志《ぎょうぼうぼんじ》は、十三年《ねん》の間多《あいだおお》くの国《くに》を歴巡《へめぐ》って、仏様《ほとけさま》の教《おし》えをどうかして学《まな》びたいと求《もと》めておりましたけれども、その時代《じだい》には『仏《ぶっ》・法《ぽう》・僧《そう》』の三宝《さんぼう》は世《よ》の中《なか》にまだなくて、如何《いか》に求《もと》めても正《ただ》しい教《おし》えは得《え》られなかったのであります。その時《とき》の心《こころ》持《も》ちは、ちょうど喉《のど》が渇《かわ》いて水《みず》を求《もと》め、腹《はら》が減《へ》って食《しょく》を求《もと》めるようでした。どうかして仏《ほとけ》の教《おし》えを学《まな》びたいと、熱心《ねっしん》に求《もと》めていました」（御開山上人著《ごかいさんしょうにんちょ》・『信仰《しんこう》の目標《もくひょう》』）

法《ほう》を求《もと》めるということは、いろいろな動機《どうき》があります。〝苦《くる》しみ・悩《なや》みを少《すこ》しでも無《な》くしてゆきたい。何《なん》とか願《ねが》いをかなえてもらいたい〟と願《ねが》う人《ひと》もありますし、また〝苦《く》労《ろう》はないけれども、何《なに》か一つ自分《じぶん》の生活《せいかつ》に満足《まんぞく》というものがない〟ということで求《もと》められる人《ひと》もあります。

この世《よ》のことは考《かんが》えてみますと、いくらお金《かね》があっても地位《ちい》があっても、本当《ほんとう》の心《こころ》の満足《まんぞく》は得《え》られません。お金《かね》はたくさんあっても、病気《びょうき》で好《す》きなものも食《た》べられないとか、家庭《かてい》の中《なか》がうまくいっていないとか、いろいろなことがあります。こうしたことは、いくらお金《かね》を出《だ》しても解決《かいけつ》いたしません。

不幸《ふこう》な人《ひと》も法《ほう》を求《もと》めるけれども、比較的幸《ひかくてきしあわ》せな人《ひと》でも、物質的《ぶっしってき》なものだけに満足《まんぞく》できない〝何《なに》か〟を求《もと》めたいという心《こころ》、自分《じぶん》の今《いま》いる現実《げんじつ》の中《なか》で得《え》られない〝何《なに》か〟を求《もと》める心《こころ》は出《で》てくるものです。

このように法《ほう》を求《もと》める人《ひと》の心《こころ》は、〝喉《のど》が渇《かわ》いて水《みず》を求《もと》めるような思《おも》い〟でしょうし、〝腹《はら》が減《へ》って食《しょく》を求《もと》める心《こころ》〟だと思《おも》います。法《ほう》を求《もと》めるということは、本当《ほんとう》にこういう〝真剣《しんけん》な心《こころ》で〟ということが大切《たいせつ》です。

〝今日《きょう》は人《ひと》が勧《すす》めるからお不動《ふどう》さんに行《い》った。今日《きょう》は人《ひと》が勧《すす》めるからお稲荷《いなり》さんに行《い》った。今日《きょう》はたまたま暇《ひま》だから法華経《ほけきょう》を聞《き》きに来《き》た〟というような、行《い》き当《あ》たりバッタリの信仰《しんこう》ではなく、しっかりと心《こころ》に信念《しんねん》を持《も》って、〝喉《のど》が渇《かわ》いて水《みず》を求《もと》め、腹《はら》が減《へ》って食《しょく》を求《もと》める〟というような心境《しんきょう》で信仰《しんこう》したいものです。

梵志《ぼんじ》は一人《ひとり》の婆羅門《ばらもん》に教《おし》えを乞《こ》うのですが、その婆羅門《ばらもん》は、

「それだけの志《こころざし》を事実《じじつ》に現《あら》わさなければならぬ。もしお前《まえ》に本当《ほんとう》にその志《こころざし》があって、

身《み》の皮《かわ》を剥《は》いで紙《かみ》とし、骨《ほね》を砕《くだ》いて筆《ふで》とし、血《ち》を墨《すみ》としてでも書き写《うつ》すというならば、自分《じぶん》の知《し》っている仏《ほとけ》の教《おし》えの偈《げ》を説《と》いて聞《き》かせよう」と言うわけです。

大変《たいへん》なことですが、〝皮《かわ》を剥《は》ぎ、骨《ほね》を砕《くだ》く〟ということは〝命《いのち》にかえて〟ということです。つまり、お願《ねが》いをする時《とき》には命《いのち》をかけるということです。それだけ仏《ほとけ》さまの教《おし》えは尊《とうと》いのであります。

普通《ふつう》私共《わたくしども》、おさい銭《せん》やご供養《くよう》をお金《かね》で出《だ》します。これも本来《ほんらい》ならば、自分《じぶん》の命《いのち》を差《さ》し出《だ》してお願《ねが》いすべきでありましょうが、命《いのち》は一つしかありませんし、こま切《ぎ》れにして一切《き》れずつ出《だ》すわけにはまいりません。ですから命《いのち》にかえて別《べつ》のもので〝私《わたくし》の心《こころ》をくみ取《と》ってください〟とお願《ねが》いするわけです。〝皮《かわ》を剥《は》ぎ、骨《ほね》を砕《くだ》いて〟というような、本当《ほんとう》に命《いのち》をかける真剣《しんけん》な思《おも》いをそこにこめるわけです。ただ供養《くよう》すればいいというものではないのです。買物《かいもの》をするような軽《かる》い気持《きもち》では、形《かたち》だけあって心《こころ》がともなっていませんから、いくらたくさんお金《かね》を出《だ》しても仏《ほとけ》さまには通《つう》じません。そのところを注意《ちゅうい》して頂《いただ》きたいものです。

そこで梵志《ぼんじ》の得《え》られた偈文《げもん》が、

「如法《にょほう》は応《まさ》に修行《しゅぎょう》すべし。非法《ひほう》は応《まさ》に行《ぎょう》ずべからず。今世若《こんぜも》しは後世《ごせ》、法《ほう》を行《ぎょう》ずる者《もの》は安穏《あんのん》なり」というものです。

つまり〝良《よ》いことは行《おこ》ない、悪《わる》いことはしないように〟ということです。命《いのち》をかけて聞《き》こうとしたことがただこれだけのこととは、何《なに》かたよりないような気《き》もいたしますが、結局《けっきょく》どんな教《おし》えでも、究極的《きゅうきょくてき》には簡単《かんたん》なことばに要約《ようやく》することができるのです。『七仏通戒偈《ぶっつうかいげ》』に「願諸衆生《がんしょしゅじょう》、諸悪莫作《しょあくまくさ》、諸善奉行《しょぜんぶぎょう》、自浄其意《じじょうごい》、是諸仏教《ぜしょぶっきょう》」とあります。〝善《よ》いことは行《おこ》ない、悪《わる》いことはしないようにしましょう。これが仏教《ぶっきょう》です〟ということです。

〝何《なに》を今《いま》さら、そんなことあたりまえじゃないか。こんなことは子《こ》どもでも知《し》ってることじゃないか〟と思《おも》われるかも知《し》れません。実《じつ》は私《わたくし》も、最初《さいしょ》に聞《き》いた時《とき》はそう思《おも》いました。たしかにこれは、子《こ》どもでも知《し》ることはできます。しかし、これを実行《じっこう》することは、大人《おとな》でも大変難《たいへんむずか》しいことです。

誰《だれ》しも信仰《しんこう》するということは〝悟《さと》りを求《もと》めて〟ということだと思《おも》います。その悟《さと》りとは、どれ程素晴《ほどすば》らしいことかと思《おも》いますが、結局《けっきょく》この偈文《げもん》に説《と》かれますように、単純《たんじゅん》なことかも知《し》れません。しかし、その単純《たんじゅん》なことが、なかなかできないのであります。

『月刊法音』第七三号　五〜七頁

菩薩所行の道

◆**経　典**

◇**汝未來世《なんじみらいせ》に於《お》て無量無邊不可思議劫《むりょうむへんふかしぎこう》を過《す》ぎて、若干千萬億《そこばくまんのく》の佛《ほとけ》を供養《くよう》し、正法《しょうぼう》を奉持《ぶじ》し菩薩所行《ぼさつしょぎょう》の道《どう》を具足《ぐそく》して、當《まさ》に作佛《さぶつ》することを得《う》べし。**

妙法蓮華經・譬喩品　八七頁

◇**諸《もろもろ》の因緣《いんねん》・種種《しゅじゅ》の譬諭《ひゆ》を以《もっ》て、佛道《ぶつどう》を開示《かいじ》す。是《こ》れ我《わ》が方便《ほうべん》なり、諸佛《しょぶつ》も亦然《またしか》なり。今汝等《いまなんだち》が爲《ため》に、最實事《さいじつじ》を說《と》く。諸《もろもろ》の聲聞衆《しょうもんしゅ》は、皆滅度《みなめつど》せるに非《あら》ず、汝等《なんだち》が所行《しょぎょう》は、是《こ》れ菩薩《ぼさつ》の道《どう》なり。漸漸《ぜんぜん》に修學《しゅがく》して、悉《ことごと》く當《まさ》に成佛《じょうぶつ》すべし。**

妙法蓮華經・藥草喩品　一四二頁

◇**我釋迦如來《われしゃかにょらい》を見《み》たてまつれば、無量劫《むりょうこう》に於《お》て難行苦行《なんぎょうくぎょう》し功《こう》を積《つ》み德《とく》を累《かさ》ねて、菩薩《ぼさつ》の**

道《どう》を求《もと》むること未《いま》だ曾《かつ》て止息《しそく》したまわず。三千大《だい》千世界《せかい》を觀《み》るに、乃至芥子《ないしけし》の如《ごと》き許《ばか》りも、是《こ》れ菩薩《ぼさつ》にして身命《しんみょう》を捨《す》てたもう處《ところ》に非《あらざ》ることあることなし。衆生《しゅじょう》の爲《ため》の故《ゆえ》なり。然《しこう》して後《のち》に乃《すなわ》ち菩提《ぼだい》の道《どう》を成《じょう》ずることを得《え》たまえり。　妙法蓮華經・提婆達多品　一二三二頁

◇菩薩《ぼさつ》常《つね》に樂《ねが》って、安穩《あんのん》に法《ほう》を說《と》け。清淨《しょうじょう》の地《ち》に於《おい》て、牀座《じょうざ》を施《ほどこ》し、油《あぶら》を以《もっ》て身《み》に塗《ぬ》り、塵穢《じんね》を澡浴《そうよく》し、新淨《しんじょう》の衣《ころも》を著《き》、內外《ないげ》倶《とも》に淨《きよ》くして、法座《ほうざ》に安處《あんじょ》して、問《とい》に隨《したが》って爲《ため》に說《と》け。　妙法蓮華經・安樂行品　一二四七頁

◇彼《か》の時《とき》の四衆《しゅ》の比丘《びく》・比丘尼《びくに》・優婆塞《うばそく》・優婆夷《うばい》は、瞋恚《しんに》の意《こころ》を以《もっ》て我《われ》を輕賤《きょうせん》せしが故《ゆえ》に、二百億劫《おっこう》常《つね》に佛《ほとけ》に値《あ》わず、法《ほう》を聞《き》かず、僧《そう》を見《み》ず、千劫《こう》阿鼻地獄《あびじごく》に於《おい》て大苦惱《だいくのう》を受《う》く。是《こ》の罪《つみ》を畢《お》え已《おわ》って、復《また》常不輕《じょうふきょう》菩薩《ぼさつ》の阿耨多羅《あのくたら》三藐《みゃく》三菩提《ぼだい》に教化《きょうけ》するに遇《あ》いにき。得大勢《とくだいせい》、汝《なんじ》が意《こころ》に於《おい》て云何《いかん》。爾《そ》の時《とき》の四衆《しゅ》の常《つね》に是《こ》の菩薩《ぼさつ》を輕《かろ》しめし者《もの》は、豈《あ》に異人《ことひと》ならんや。今此《いまこ》の會中《えちゅう》の䟦陀婆羅《△ばつだばら》等《とう》の五百の菩薩《ぼさつ》、師子月《△ししがつ》等《とう》の五百の比丘《びく》、尼思佛《△にしぶつ》等《とう》の五百の優婆塞《うばそく》の、皆《みな》阿耨多羅《あのくたら》三藐《みゃく》三菩提《ぼだい》に於《おい》て退轉《たいてん》せざる者《もの》是《こ》れなり。得大勢《とくだいせい》、當《まさ》に知《し》る

べし。是《こ》の法華經《ほけきょう》は大《おおい》に諸《もろもろ》の菩薩摩訶薩《ぼさつまかさつ》を饒益《にょうやく》して、能《よ》く阿耨多羅《あのくたら》三藐《みゃく》三菩提《ぼだい》に至《いた》らしむ。是《こ》の故《ゆえ》に諸《もろもろ》の菩薩摩訶薩《ぼさつまかさつ》、如來《にょらい》の滅後《めつご》に於《おい》て、常《つね》に是《こ》の經《きょう》を受持《じゅじ》し讀誦《どくじゅ》し解説《げせつ》し書寫《しょしゃ》すべし。

妙法蓮華經・常不輕菩薩品　三二一〜三二三頁

◇汝《なんじ》彼《か》の國《くに》を輕《かろ》しめて下劣《げれつ》の想《おもい》を生《しょう》ずることなかれ。善男子《ぜんなんし》、彼《か》の娑婆世界《しゃばせかい》は高下《こうげ》不平《ふびょう》にして、土石《どしゃく》・諸山《しょせん》・穢惡《えあく》充滿《じゅうまん》せり。佛身《ぶっしん》卑小《ひしょう》にして、諸《もろもろ》の菩薩衆《ぼさつしゅ》も其《そ》の形《かたち》亦《また》小《しょう》なり。而《しか》るに汝《なんじ》が身《み》は四萬《まん》二千由旬《ゆじゅん》、我《わ》が身《み》は六百八十萬由旬《まんゆじゅん》なり。汝《なんじ》が身《み》は第《だい》一端正《たんじょう》にして、百千萬《まん》の福《ふく》あって光明殊妙《こうみょうしゅみょう》なり。是《こ》の故《ゆえ》に汝《なんじ》往《ゆ》いて、彼《か》の國《くに》を輕《かろ》しめて、若《も》しは佛《ぶつ》・菩《ぼ》薩《さつ》及《およ》び國土《こくど》に下劣《げれつ》の想《おもい》を生《しょう》ずることなかれ。

妙法蓮華經・妙音菩薩品　三四九頁

◆遺文

◇大慧《だいえ》、衆生《しゅじょう》を憐愍《れんみん》して衆生界《しゅじょうかい》を盡《つく》さんとの願《がん》を作《な》すは、是《これ》を菩薩《ぼさつ》と爲《な》す。大慧《だいえ》、菩《ぼ》薩《さつ》方便《ほうべん》して願《がん》を作《な》す、若《も》し衆生《しゅじょう》涅槃《ねはん》に入《い》らざれば我《われ》も亦《また》涅槃《ねはん》に入《い》らじと。是《こ》の故《ゆえ》に菩薩《ぼさつ》摩訶薩《まかさつ》涅槃《ねはん》に入《い》らず。

爾前の二乘菩薩は作佛せざる事　三〇七頁

◇六道《どう》の凡夫《ぼんぶ》の中《なか》に於《おい》て自身《じしん》を軽《かろ》んじ佗人《たにん》を重《おも》んじ、惡《あく》を以《もっ》て己《おのれ》に向《む》け善《ぜん》を以《もっ》て佗《た》に與《あた》えんと念《おも》う者《もの》あり。佛此《ほとけこ》の人《ひと》の爲《ため》に 諸《もろもろ》 の大乘經《だいじょうきょう》に於《おい》て菩薩戒《ぼさつかい》を説《と》き給《たま》えり。此《こ》の菩薩《ぼさつ》戒《かい》に於《おい》て三つ有《あ》り。一には攝善法戒《しょうぜんほうかい》、所謂《いわゆる》八萬《まん》四千の法門《ほうもん》を習《なら》い盡《つく》さんと願《がん》す。二には饒益有情戒《にょうやくうじょうかい》、一切衆生《さいしゅじょう》を度《ど》して後《のち》に自《みずか》ら成佛《じょうぶつ》せんと欲《ほっ》する是《これ》なり。三には攝律儀戒《しょうりつぎかい》、一切《さい》の諸戒《しょかい》を 盡《ことごと》 く持《じ》せんと欲《ほっ》する是《これ》なり。

十法界明因果鈔　三三二頁

◇生死無常《しょうじむじょう》、老少不定《ろうしょうふじょう》の境《さかい》、仇《あだ》にはかなき世《よ》の中《なか》に、但晝夜《ただちゅうや》に今生《こんじょう》の 貯《たくわえ》 をのみ思《おも》い、朝夕《ちょうせき》に現世《げんぜ》の業《わざ》のみなして、佛《ほとけ》を敬《うやま》わず法《ほう》を信《しん》ぜず、無行無智《むぎょうむち》にして 徒《いたづら》 に明《あか》し暮《くら》して、閻魔《えんま》の廳庭《ちょうてい》に引《ひ》き迎《むか》えられん時《とき》は、何《なに》を以《もっ》てか資糧《しりょう》として三界《がい》の長途《ちょうと》を行《ゆ》き、何《なに》を以《もっ》て船筏《せんばつ》として生死《しょうじ》の曠海《こうかい》を渡《わた》りて、實報《じっぽう》・寂光《じゃっこう》の佛土《ぶつど》に至《いた》らんやと思《おも》い、迷《まよ》えば夢覺《ゆめさと》れば寤《うつつ》、若《し》かじ夢《ゆめ》の憂世《うきよ》を捨《す》てて寤《うつつ》の覺《さとり》を求《もと》めんにはと思惟《しゆい》し、彼《か》の山《やま》に籠《こも》りて觀念《かんねん》の牀《ゆか》の上《うえ》に妄想顚倒《もうぞうてんどう》の塵《ちり》を拂《はら》い、偏《ひとえ》に佛法《ぶっぽう》を求《もと》め給《たま》う所《ところ》に、帝釋遥《たいしゃくはるか》に天《てん》より見下《みおろ》し給《たま》いて思食《おぼしめ》さるる様《よう》は、魚《うを》の子《こ》は多《おお》けれ共魚《どもうを》と成《な》るは少《すく》く、△菴羅樹《あんらじゅ》の花《はな》は多《おお》く咲《さ》け共《ども》果《み》に成《な》るは少《すくな》し。人《ひと》も亦此《またかく》の如《ごと》し。菩提心《ぼだいしん》を發《おこ》す人《ひと》は多《おお》けれども、退《たい》せずして實《まこと》の道《みち》に入《い》る者《もの》は少《すくな》し。

都《すべ》て凡夫《ぼんぶ》の菩提心《ぼだいしん》は多《おお》く悪縁《あくえん》に誑《たぶら》かされ、事《こと》に触《ふ》れて移《うつ》り易《やす》き物《もの》なり。鎧《よろい》を着《き》たる兵者《つわもの》は多《おお》けれ共《ども》、戦《たたかい》に恐《おそ》れをなさざるは少《すく》きが如《ごと》し。

松野殿御返事　一四八二〜一四八三頁

◆安立大法尼

出世《しゅっせ》の意義《いぎ》　仏教感化救済会《ぶっきょうかんかきゅうさいかい》の目的《もくてき》

皆様方《みなさまがた》はどなたも出世《しゅっせ》がしたいと思《おも》われるでしょう。

さて、出世《しゅっせ》とは如何《いか》なることを希《こいねが》うことかと申《もう》せば、万人《ばんにん》に愛《あい》され、立派《りっぱ》な家《いえ》に住《す》み、資産《しさん》も富有《ふゆう》にして、男子《だんし》なれば八方美人《ぼうびじん》の慈悲深《じひふか》き良妻《りょうさい》を娶《めと》り、賢《かしこ》き子《こ》どもを得《え》て、いずれも立派《りっぱ》に教育《きょういく》し、すべてに満足《まんぞく》し、喜《よろこ》びのうちに八十歳《さい》、百歳《さい》までも長生《ながい》きし、死《し》しては金色《こんじき》と紫《むらさき》の無上道《むじょうどう》に到《いた》る、これなれば誠《まこと》の幸福《こうふく》でありましょう。だれも願《ねが》う極楽《ごくらく》でしょう。

この極楽《ごくらく》、あるいは宝《たから》の山《やま》に到《いた》るには、申《もう》すまでもなく行《ゆ》く道《みち》がなくてはなりません。その道中《どうちゅう》には、橋《はし》も要《い》ります。舟《ふね》も要《い》り用《よう》です。これが一つの大問題《だいもんだい》であります。

然《しか》るに、世間《せけん》の人々《ひとびと》は橋《はし》もなく、舟《ふね》もなくして直《ただ》ちに極楽行《ごくらくゆ》きを願《ねが》い、宝《たから》の山《やま》を望《のぞ》むのです。この不用意《ふようい》な方法《ほうほう》に依《よ》るが故《ゆえ》に、位人臣《くらいじんしん》を極《きわ》めたる人士《じんし》にして刺客《しかく》のために害《がい》せられ、あるいは、不慮《ふりょ》の災難《さいなん》に遭《あ》うが如《ごと》きや、有意《うい》の青年《せいねん》が修業半《しゅぎょうなか》ばにして不時《ふじ》の災《さい》厄《やく》に遭《あ》い、業成《ぎょうな》らずして死《し》するが如《ごと》き出来事《できごと》は、たくさん実例《じつれい》のあることであります。

さらば、宝《たから》の山《やま》に到《いた》るの道《みち》を得《え》、橋《はし》を作《つく》り、舟《ふね》を求《もと》むるには、如何《いか》にしたならばよろしいでしょうか。

この道《みち》を学《まな》び、実行《じっこう》して幸福《こうふく》を得《え》、出世《しゅっせ》をして世間《せけん》の人々《ひとびと》にその範《はん》を示《しめ》し、絶大《ぜつだい》なる妙法《みょうほう》の偉力《いりょく》を国内《こくない》はおろか、海外《かいがい》にまで宣伝流布《せんでんるふ》せしめんとするのが、仏教感化救済会《ぶっきょうかんかきゅうさいかい》の目的《もくてき》であります。

始祖・御法話集　三〜四頁

◆宗玄大徳

△貧女《ひんにょ》の一灯《とう》　よく「貧《ひん》すりゃ鈍《どん》（貪《とん》）する」と申《もう》しますが、私《わたくし》は「貪《とん》すりゃ貧《ひん》する」と言《い》いたいと思《おも》います。人《ひと》は、自己《じこ》を愛《あい》するために愚痴《ぐち》を言《い》い、堪忍《かんにん》を破《やぶ》るのです。故《ゆえ》に常《つね》に慈悲心深《じひしんぶか》くして他人《たにん》の喜《よろこ》ぶこと、他人《たにん》を喜《よろこ》ばせるような善事《ぜんじ》を行《ぎょう》じ、自分《じぶん》の功《こう》は

人《ひと》に譲《ゆず》って自己《じこ》の喜《よろこ》びとするということを忘《わす》れなかったなれば、決《けっ》して病気《びょうき》になったり、災難《さいなん》に遭《あ》ったり貧乏《びんぼう》することはないと思《おも》います。また、どんな病気《びょうき》でも治《なお》らぬということはないと思《おも》います。精神修養《せいしんしゅうよう》をなしつつあっても、その効果《こうか》の見《み》えぬ時《とき》はなお一層《そう》犠《ぎ》牲的精神《せいてきせいしん》を発揮《はっき》して、ますます堪忍強《かんにんづよ》く実行《じっこう》されたいと思《おも》います。

その実行《じっこう》の模範《もはん》としては「貧女《ひんにょ》の一灯《とう》」が適切《てきせつ》であると思《おも》いますので、そのお話《はなし》をいたしましょう。

三千年《ねん》の昔《むかし》インドにて、釈尊《しゃくそん》がお見《み》えになられることを聞《き》いた須達長者《すだつちょうじゃ》は、御堂《みどう》を作《つく》り、釈尊《しゃくそん》をお迎《むか》えしようと計画《けいかく》し、その御堂《みどう》の名《な》を祇園精舎《ぎおんしょうじゃ》と名付《なづ》けました。釈尊《しゃくそん》にご供養《くよう》するために人々《ひとびと》はみな、それぞれの身分《みぶん》に従《したが》って灯明《とうみょう》を灯《とも》すことにしました。あるいは千灯《とう》を灯《とも》す人《ひと》もあり、百灯《とう》を灯《とも》す人《ひと》もありました。ここに貧《まず》しい一人《ひとり》の女《おんな》がありました。その女《おんな》もどうか釈尊《しゃくそん》にご供養《くよう》させて頂《いただ》きたいと思《おも》いましたが、貧《まず》しいためにとても油《あぶら》を買《か》い求《もと》めることができませんでした。そこで考《かんが》えついたのが、自分《じぶん》の髪《かみ》を切《き》って、それで油《あぶら》一灯《とう》に換《か》えることでした。女《おんな》はそうして得《え》た油《あぶら》一灯《とう》を立《た》ちならぶ灯明《とうみょう》の後《うしろ》の方《ほう》に立《た》て、ご供養《くよう》させて頂《いただ》けたことを喜《よろこ》び、礼拝《らいはい》しました。

いよいよ釈尊《しゃくそん》がお出《い》でになりました。その時《とき》にわかに大風《おおかぜ》が吹《ふ》き荒《あ》れて、立《た》ちならぶ灯明《とうみょう》はみな消《き》えてしまいましたが、貧《まず》しい女《おんな》の一灯《とう》だけは消《き》えず、今《いま》までよりも一層明《そうあか》るく光《ひか》り、その光明《こうみょう》に照《て》らされて釈尊《しゃくそん》は祇園精舎《ぎおんしょうじゃ》にお入《はい》りになられた、というお話《はなし》であります。

これをただ、一つのお伽話《とぎばなし》と思《おも》ってはなりません。お互《たが》いに自己《じこ》のなせる過去《かこ》の悪因《あくいん》を消滅《しょうめつ》して重病《じゅうびょう》を治《なお》し、安楽《あんらく》の日暮《ひぐ》らしをするには、自己《じこ》の全体《ぜんたい》の力《ちから》をもって悪業《あくごう》を作《つく》らぬように注意《ちゅうい》し、さらに善因《ぜんいん》を植《う》ゆることに努力《どりょく》せなければなりません。そうすれば如何《いか》なる目的《もくてき》でもきっと叶《かな》わぬことはないのです。目的《もくてき》の達《たっ》せられぬ間《あいだ》は、未《いま》だ修養《しゅうよう》の力《ちから》の足《た》りないものと自覚《じかく》して、勇猛精進《ゆうみょうしょうじん》せられたいのであります。

それなのに、ちょっと修養《しゅうよう》を始《はじ》めたばかりなのに効《こう》が無《な》いというので進《すす》まれぬ方《かた》は、誠《まこと》にお気《き》の毒《どく》だと思《おも》います。

村上先生御法話集（二）　九一〜九五頁

◆御開山上人

法華経《ほけきょう》を信仰《しんこう》し、菩薩道《ぼさつどう》を行《ゆ》く者《もの》は最後《さいご》の勝利者《しょうりしゃ》である

仏《ほとけ》さまの教《おし》えを信仰《しんこう》するとい

うのは、仏《ほとけ》さまの教《おし》えを信《しん》じ行《おこ》なって、心《こころ》を明《あか》るくし、家庭《かてい》を平和《へいわ》にし、生《い》き甲斐《がい》のある生活《せいかつ》をするためであります。

妙法蓮華経《みょうほうれんげきょう》は、仏《ほとけ》さまの心《こころ》であり、仏《ほとけ》さまの力《ちから》であります。この仏《ほとけ》さまの心《こころ》を我《わ》が心《こころ》とし、仏《ほとけ》さまの力《ちから》を我《わ》が身《み》に得《え》たならば、我《わ》が身《み》が仏《ほとけ》です。即身成仏《そくしんじょうぶつ》とはこのことです。

妙法蓮華経《みょうほうれんげきょう》は、仏《ほとけ》さまの万行《まんぎょう》・万徳《まんとく》の智慧《ちえ》と力《ちから》の集《あつ》まりです。万行《まんぎょう》とは日常生活《にちじょうせいかつ》のすべての行《おこ》ないです。すべての行《おこ》ないを仏《ほとけ》さまの心《こころ》と力《ちから》で行《おこ》なえば、皆《みな》「徳《とく》」となります。これを万徳《まんとく》と申《もう》します。また、六度《ど》具足《ぐそく》とも申《もう》します。即《すなわ》ち、布施《ふせ》・持戒《じかい》・忍辱《にんにく》・精進《しょうじん》・禅定《ぜんじょう》・仏智《ぶっち》の六つの行《おこ》ないを完全《かんぜん》に行《おこ》なうことであります。この行《おこ》ないによって父母《ふぼ》に孝行《こうこう》すれば、父母《ふぼ》が喜《よろこ》び、自分《じぶん》も喜《よろこ》びです。このよい行《おこ》ないをほめ、その働《はたら》きを労《いたわ》ることは子《こ》の喜《よろこ》びであり、親《おや》の喜《よろこ》びです。夫《おっと》を労《いたわ》る妻《つま》は、夫《おっと》が喜《よろこ》び、妻《つま》も喜《よろこ》びです。妻《つま》を労《いたわ》る夫《おっと》は、妻《つま》が喜《よろこ》び、夫《おっと》も喜《よろこ》びです。かように喜《よろこ》び合《あ》う行《おこ》ないが、持戒《じかい》です。喜《よろこ》ばせ、労《いたわ》ることは布施《ふせ》です。かくして自分《じぶん》の心《こころ》は明《あか》るくなり、一家《か》は平和《へいわ》となります。この家《か》庭《てい》の平和《へいわ》を村《むら》に町《まち》に及《およ》ぼせば、村《むら》も町《まち》も平和《へいわ》になります。

心《こころ》が平和《へいわ》で、喜《よろこ》びに満《み》たされるようになれば、この人《ひと》には、災難《さいなん》も病気《びょうき》もなくなります。病気《びょうき》の人《ひと》も早《はや》く治《なお》ります。財物《ざいもつ》も必《かなら》ず豊《ゆた》かとなります。精神的《せいしんてき》にも物質的《ぶっしつてき》にも平和《へいわ》の人《ひと》となれます。この教《おし》えを他人《たにん》に伝《つた》えて他人《たにん》をも幸福《こうふく》にすることが大《おお》きな功徳《くどく》です。常《つね》に南無妙法蓮華経《なむみょうほうれんげきょう》、南無妙法蓮華経《なむみょうほうれんげきょう》と唱《とな》えましょう。お題目《だいもく》を唱《とな》えることは、仏《ほとけ》さまの教《おし》えを信仰《しんこう》する者《もの》の修行《しゅぎょう》です。必《かなら》ず自分《じぶん》の生《う》まれながらに持《も》っている仏《ほとけ》さまと同《おな》じ性《せい》質《しつ》(仏性《ぶっしょう》)、慈《いつく》しむ心《こころ》が伸《の》びて来《き》ます。また、妙法蓮華経《みょうほうれんげきょう》の題目《だいもく》を聞《き》いた人々《ひとびと》も、その持《も》っている仏性《ぶっしょう》が伸《の》ばされて、よい行《おこ》ないが出来《でき》るようになります。知《し》らぬ間《ま》に亡《な》き父《ふ》母《ぼ》・先祖《せんぞ》の霊《れい》までも喜《よろこ》びの世界《せかい》に到《いた》らしめることが出来《でき》ます。

世界《せかい》の平和《へいわ》は仏教《ぶっきょう》の信仰《しんこう》より始《はじ》まります。心《こころ》の平和《へいわ》、国《くに》の平和《へいわ》のために、真剣《しんけん》に仏《ほとけ》さまの教《おし》えを学《まな》び、実行《じっこう》しましょう。お題目《だいもく》を唱《とな》えましょう。そして我等《われら》の力《ちから》で真《しん》の平和《へいわ》を築《きず》き上《あ》げましょう。法華経《ほけきょう》の信仰者《しんこうしゃ》は、真《しん》の平和愛好者《へいわあいこうしゃ》であります。法華経《ほけきょう》の信者《しんじゃ》は、最後《さいご》の勝利者《しょうりしゃ》であります。

御開山上人御遺稿集　一二一～一四頁

妙音菩薩《みょうおんぼさつ》　娑婆世界教化《しゃばせかいきょうけ》の事《こと》　仏《ほとけ》さまが妙音菩薩《みょうおんぼさつ》に申《もう》されました。「娑婆世界《しゃばせかい》というところはまことにあさましいところで、心《こころ》のまちがった人《ひと》が多《おお》いところだから、その国《くに》を軽《かろ》んじてはいけない。下劣《げれつ》の想《おもい》を生《しょう》じてはいけない。娑婆世界《しゃばせかい》というものは高《たか》いところも低《ひく》いところもあって、土《つち》や石《いし》がごろごろしていて、きたないものが充満《じゅうまん》している。そこにいられる仏《ほとけ》さまも、その身《み》は小《ちい》さい。また菩薩《ぼさつ》たちの身《み》も非常《ひじょう》に小《ちい》さい。しかるにお前《まえ》の身《み》は大《おお》きい。お前《まえ》の身体《からだ》はひじょうに清浄《しょうじょう》で、姿《すがた》もりっぱである。また寿命《じゅみょう》もながい。その身《み》の光《ひかり》も周囲《しゅうい》を照《て》らしている。だからここの仏《ほとけ》さまや菩薩《ぼさつ》にくらべると娑婆《しゃば》世界《せかい》の仏《ほとけ》さま、菩薩《ぼさつ》たちはまことにおとったように見《み》えるが、それにたいしてあなどったり馬鹿《ばか》にする心《こころ》もちをおこしてはならぬぞ」と。

妙法蓮華経略義　七四七頁

◆日達上人〈菩薩道の誓願〉

今身《こんじん》より仏身《ぶっしん》に至《いた》るまで、三徳《とく》のみ教《おし》えをよく持《たも》ち　奉《たてまつ》る。
誓《ちか》って　三徳《とく》のみ教《おし》えを行《おこ》ない　奉《たてまつ》る。
誓《ちか》って　三徳《とく》のみ教《おし》えを護《まも》り　奉《たてまつ》る。
誓《ちか》って　三徳《とく》のみ教《おし》えを弘《ひろ》め　奉《たてまつ》る。

※三徳開教八〇周年の砌

『月刊法音』第二三一号　七頁

すべては相手《あいて》の為《ため》に

法華経《ほけきょう》は、〝この世《よ》に菩薩行《ぼさつぎょう》をするために生《う》まれてきた〟と教《おし》えます。

菩薩行《ぼさつぎょう》は、相手《あいて》を喜《よろこ》ばせることです。相手《あいて》を喜《よろこ》ばせてゆくことほど、強《つよ》いことはありません。

〝ひどい嫁《よめ》だ。いやらしい姑《しゅうとめ》だ〟と人《ひと》を責《せ》める前《まえ》に、まず、相手《あいて》を喜《よろこ》ばせてゆくのです。それができないのは、心《こころ》に喜《よろこ》びがないからです。

平生《へいぜい》〝あたりまえ〟と思《おも》って考《かんが》えもしなかったことも、ゆっくり見直《みなお》してみると、随分《ずいぶん》〝ありがたい〟と思《おも》えることがある筈《はず》です。この、感謝《かんしゃ》の心《こころ》があれば、自然《しぜん》に人《ひと》を喜《よろこ》ばせることができます。堪忍《かんにん》も、歯《は》をくいしばって守《まも》ろうとしなくても、腹《はら》の立《た》つことが先《さき》になくなってしまうにちがいありません。

この世界《せかい》は本当《ほんとう》に、何《なに》から何《なに》まで〝ありがたいこと〟ばかりです。

今《いま》こうして生《い》きていることが、まず、ありがたいことです。子《こ》どもが元気《げんき》であればありがたいことですし、奥《おく》さんが元気《げんき》ならありがたいし、主人《しゅじん》が元気《げんき》なら、またまたありがたいことです。たとえ病気《びょうき》で寝《ね》ていても、生《い》きていることはありがたいことです。

このように、いい方《ほう》へいい方《ほう》へと考《かんが》え〝ありがたいな〟という心《こころ》をたくさん作《つく》ってゆけばゆくほど、菩薩行《ぼさつぎょう》は自然《しぜん》にできてゆくのです。

〝ありがたいな〟という感謝《かんしゃ》の心《こころ》でたくさん菩薩行《ぼさつぎょう》をした人《ひと》が、たくさん幸《しあわ》せを持《も》つことになるのです。

決《けっ》して、〝自分《じぶん》が先《さき》に幸《しあわ》せになろう〟と、まわりから幸《しあわ》せの種《たね》をかき集《あつ》めるようなことはしないようにしたいものです。そうしたことは一時的《じてき》にはいいように見《み》えますが、必《かなら》ず後《あと》になって請求書《せいきゅうしょ》がきます。その時《とき》にあわてても、もう手遅《ておく》れです。どうかそうならないために、まず相手《あいて》の人《ひと》に喜《よろこ》びを与《あた》えてゆきたいものであります。

『月刊法音』第二四〇号　一〇～一一頁

閻魔《えんま》さまの問《と》い　あの世《よ》にゆくと閻魔《えんま》さまがこう尋《たず》ねるそうです。

「あなたにあげた時間《じかん》を、人《ひと》のために何時間使《なんじかんつか》いましたか？」

人生《じんせい》六十年《ねん》生《い》きると二万《まん》一千九百日《にち》になります。時間《じかん》に直《なお》すと五十二万《まん》五千六百時間《じかん》になります。一日《にち》十五分《ふん》、法《ほう》のためや人《ひと》のために使《つか》ったとしても九百時間《じかん》、自分《じぶん》の持《も》ち時間《じかん》の〇・一七パーセントに過《す》ぎません。一割《わり》にもほど遠《とお》い時間《じかん》しか自分以外《じぶんいがい》のものに使《つか》うことはないのです。これでは閻魔《えんま》さまに答《こた》えようがありません。だまってうつむいているほかありません。そこで、日頃《ひごろ》、職場《しょくば》でも家庭《かてい》でも自分《じぶん》の仕事《しごと》を通《とお》して、立場《たちば》を通《とお》してまわりの人《ひと》のためになることをしてゆくことです。仕方《しかた》なく仕事《しごと》をするのでなく、喜《よろこ》んで、心《こころ》をこめてすることです。

そのもとになる心《こころ》は、生《い》かされている自分《じぶん》を自覚《じかく》することです。今現在《いまげんざい》だけでなく、生《う》まれてから今《いま》までどれだけ多《おお》くの人《ひと》に施《ほどこ》しを受《う》けたかを思《おも》うことです。自分《じぶん》もその中《なか》に入《はい》って、施《ほどこ》しの行《おこ》ない、慈悲《じひ》の行《おこ》ないをさせていただくことが大切《たいせつ》です。

『月刊法音』第二六七号　六〜七頁

徳《とく》を積《つ》むために生《う》まれて来《き》た「私《わたくし》」

自分一人《じぶんひとり》だけが幸《しあわ》せ、という場合《ばあい》、誰《だれ》かの犠牲《ぎせい》があります。そのような幸《しあわ》せには、きっとゆり返《かえ》しがあります。いつの日《ひ》か、請求書《せいきゅうしょ》がくるのです。しかもそれには、利息《りそく》がついています。支払《しはら》うのは大変《たいへん》です。

私共《わたくしども》はやはり、請求書《せいきゅうしょ》の来《こ》ない幸《しあわ》せ、人《ひと》から怨《うら》みを受《う》けない幸《しあわ》せを求《もと》めてゆきたいと思《おも》います。

まわりの人《ひと》を喜《よろこ》ばせ、幸《しあわ》せを与《あた》えてゆくのです。それは、いつもお話《はな》しする、〝徳《とく》を積《つ》む〟ということです。徳《とく》を積《つ》むために私《わたくしども》共は生《う》まれてきたのです。言葉《ことば》で、行《おこ》ないで人《ひと》を喜《よろこ》ばせ、徳《とく》を積《つ》む使命《しめい》を、私《わたくしども》共は持《も》っているのです。

徳《とく》があれば後《あと》のことは自然《しぜん》によくなるということは、すでに多《おお》くの人《ひと》が体験《たいけん》しておられます。これはまた、御開山上人《ごかいさんしょうにん》の口《くち》ぐせでもありましたし、ご自身《じしん》で実証《じっしょう》して来《こ》られたことでもあります。

昭徳会《しょうとくかい》にしろ法音寺学園《ほうおんじがくえん》にしろ、資金《しきん》が豊《ゆた》かではないのに、迷《まよ》うことなくやって来《こ》られました。〝いいことをすれば、お金《かね》は後《あと》からついてくる〟という信念《しんねん》からでした。〝いいこと〟つまり、〝徳《とく》を積《つ》む〟ことです。御開山上人《ごかいさんしょうにん》は我《わ》が身《み》をなげうって、不遇《ふぐう》な人々《ひとびと》のために力《ちから》を注《そそ》がれたのです。

これは大《おお》きな徳《とく》となって返《かえ》ってきました。

『月刊法音』第二三四号　一一～一二頁

仏教《ぶっきょう》は仏《ほとけ》に成《な》る教《おし》え

「仏教《ぶっきょう》」には二つの意味《いみ》があります。一つは「仏《ほとけ》さまの教《おし》え」で、もう一つは「仏《ほとけ》に成《な》る教《おし》え」です。仏教《ぶっきょう》を、仏《ほとけ》さまの教《おし》えとして学《まな》ぶのは教養《きょうよう》の分野《ぶんや》ですが、仏《ほとけ》に成《な》る教《おし》えという受《う》け取《と》り方をしてゆくと、そこに出《で》てくるのは、仏《ほとけ》の教《おし》えを生《い》かす人間《にんげん》としての生《い》き方《かた》、「菩薩行《ぼさつぎょう》」になります。

人間《にんげん》は、菩薩行《ぼさつぎょう》をするために生《う》まれてきたと言《い》えます。

仏《ほとけ》さまは、すべての人《ひと》を悩《なや》み・苦《くる》しみから救《すく》おうとされてみえます。その仏《ほとけ》さまと私《わたくし》は、親《おや》と子《こ》の関係《かんけい》にあります。「人《ひと》は皆《みな》、仏《ほとけ》さまの世界《せかい》に住《す》む、仏《ほとけ》さまの子《こ》ども」と法華経《ほけきょう》は説《と》いています。

子《こ》どもであれば、親《おや》である仏《ほとけ》さまの教《おし》えを、たとえ真似事《まねごと》であっても実行《じっこう》してゆく義《ぎ》務《む》があります。自分《じぶん》の仕事《しごと》を通《とお》して、立場《たちば》を通《とお》して少《すこ》しでも他《た》の人《ひと》に尽《つ》くすために私《わたくし》たちは、この世《よ》に生《い》かされているのです。

『月刊法音』第三二四号　八頁

十四の心《こころ》　徳《とく》という字《じ》を分解《ぶんかい》すると、彳偏《ぎょうにんべん》と十四の心《こころ》になります。彳偏《ぎょうにんべん》は、人《ひと》が行《おこ》なうという意味《いみ》です。そして十四の心《こころ》とは、八正道《しょうどう》と六波羅蜜《はらみつ》です。

八正道《しょうどう》の一は、一方《ぽう》に偏《かたよ》らない正《ただ》しい見方《みかた》です。〝自分勝手《じぶんかって》な見方《みかた》をしない〟ということです。

二は、正《ただ》しい考《かんが》え方《かた》です。見方《みかた》と同時《どうじ》に考《かんが》え方《かた》も大事《だいじ》です。自分《じぶん》のことを考《かんが》えると同時《どうじ》に、相手《あいて》のことも考《かんが》えてゆくことです。

三は、正《ただ》しい言葉《ことば》です。最近《さいきん》、若《わか》い人《ひと》の間《あいだ》では、私《わたくし》のような者《もの》にはよくわからない言葉《ことば》がはやっているようです。テレビのアナウンサーの中《なか》にも、同《おな》じような話《はな》し方《かた》をする人《ひと》がいます。だんだん日本語《にほんご》が乱《みだ》れ、このままゆくと今世紀《こんせいき》半《なか》ばには半分《はんぶん》以上《いじょう》が聞《き》いたことのない言葉《ことば》になるかも知《し》れません。その頃《ころ》は私《わたくし》はいなくなっているでしょうが、心配《しんぱい》です。

四は、正《ただ》しい行《おこ》ないです。一生懸命《しょうけんめい》やるのはいいけれど、悪《わる》いことではいけません。

五は、正《ただ》しい生活《せいかつ》です。自分《じぶん》がしっかりやって、まわりの人《ひと》に迷惑《めいわく》をかけない生《い》き方《かた》です。

六は、正《ただ》しい努力《どりょく》です。努力《どりょく》する目的《もくてき》はやはり、正《ただ》しくなければいけません。

七は、正《ただ》しい思《おも》いです。これは生《い》き方《かた》の問題《もんだい》でもあります。最近《さいきん》わけのわからない宗教《しゅうきょう》が出《で》て来《き》ていますが、信《しん》じ込《こ》んでしまうとそれが唯一《ゆい》正《ただ》しい宗教《しゅうきょう》と思《おも》ってしまいます。

問題《もんだい》がありそうです。

八は、心《こころ》の統一《とういつ》です。心《こころ》を落《お》ち着《つ》かせてゆくことです。

六波羅蜜《ろくはらみつ》の第一《だいいち》は施《ほどこ》しです。人間《にんげん》は元々《もともと》、〝自分《じぶん》が生《い》きることは大勢《おおぜい》の人《ひと》のお世話《せわ》になっている。施《ほどこ》しを受《う》けている〟ということが根本《こんぽん》にあると思《おも》います。自分《じぶん》が施《ほどこ》しをするということは、自分《じぶん》が生《い》きることによって少《すこ》しでもまわりの人《ひと》の役《やく》に立《た》つ生《い》き方《かた》をする、ということです。

二は、自分《じぶん》で決《き》めた誓《ちか》いを守《まも》ることです。もしその誓《ちか》いが破《やぶ》れても、あきらめる必要《ひつよう》はありません。何度《なんど》でもやり直《なお》せばいいのです。

三は、堪忍《かんにん》です。施《ほどこ》しと同《おな》じで、生《う》まれてから今日《きょう》まで、両親《りょうしん》をはじめ大勢《おおぜい》の人《ひと》が私《わたくし》のために堪忍《かんにん》してくださったから、私《わたくし》が今《いま》こうして生《い》きていられるのです。自分《じぶん》もその人々《ひとびと》の仲間入《なかまい》りをさせて頂《いただ》くのです。

四の精進《しょうじん》は、いいことを続《つづ》けてゆくことです。慈悲《じひ》も堪忍《かんにん》も、一度《ど》すればいいのではありません。

五の禅定《ぜんじょう》は、心《こころ》を鎮《しず》めることです。心《こころ》が鎮《しず》まると、イライラも減《へ》ると思《おも》います。世《よ》の中《なか》には、すぐ腹《はら》を立《た》てる人《ひと》がいますが、〝落《お》ち着《つ》いて考《かんが》えてみたら別《べつ》に怒《おこ》るほどのことではなかった〟ということがよくあります。私《わたくし》も経験《けいけん》ありますが、やはり、すぐ怒《おこ》るのはよくありません。一日《にち》ぐらい我慢《がまん》すると、半分以上《はんぶんいじょう》が怒《おこ》らなくてもいいことに変《か》わっているだろうと思《おも》います。

六は、物事《ものごと》の本質《ほんしつ》を知《し》る智慧《ちえ》です。私《わたくし》たちは表面上《ひょうめんじょう》のことは知《し》っていますが、本当《ほんとう》のことはよくわかっていないことがよくあります。

以上《いじょう》で十四となりますが、全部《ぜんぶ》やろうと思《おも》ってもできることではありません。まず、何《なに》か一つやってみることです。堪忍《かんにん》一つが本当《ほんとう》にできたら大《おお》きな徳《とく》が具《そな》わると思《おも》います。

人生《じんせい》は、人《ひと》がよくしてくれるのではありません。自分《じぶん》が積《つ》んだ徳《とく》、行《おこ》ないによって結《けっ》果《か》が出《で》るのです。いろいろな形《かたち》で徳《とく》を積《つ》んでゆきたいと思《おも》います。自分《じぶん》のできることで、立場《たちば》を通《とお》して、仕事《しごと》を通《とお》して人《ひと》を喜《よろこ》ばせてゆくのです。そうすれば特《とく》に厳《きび》しい戒律《かいりつ》を守《まも》ろうとしなくても、自然《しぜん》に大乗《だいじょう》の菩薩《ぼさつ》としての生《い》き方《かた》ができてゆくと思《おも》います。

『月刊法音』第三七七号　九～一二頁

如説修行

◆経　典

◇△五道諸有《ごどうしょう》の身《み》百八の重病《じゅうびょう》に嬰《かか》り、恒《つね》に相纏《あいまと》わされて無明《むみょう》・老《ろう》・死《し》の此《こ》の岸《きし》に安止《あんし》せりと雖《いえど》も、而《しか》も堅牢《けんろう》なる此《こ》の大乗經《だいじょうきょう》無量義《むりょうぎ》の能《よ》く衆生《しゅじょう》を度《ど》することを辨《べん》ずることあるを、説《せつ》の如《ごと》く行《ぎょう》ずる者《もの》は、生死《しょうじ》を度《ど》することを得《う》るなり。

無量義經・十功德品　二四頁

◇若《も》し善男子《ぜんなんし》・善女子《ぜんにょにん》、佛《ほとけ》の在世《ざいせ》若《も》しは滅度《めつど》の後《のち》に於《おい》て、是《こ》の經《きょう》を聞《き》くことを得《え》て、歡《かん》喜《ぎ》し信樂《しんぎょう》し希有《けう》の心《こころ》を生《しょう》じ、受持《じゅじ》し讀誦《どくじゅ》し書寫《しょしゃ》し解説《げせつ》し説《せつ》の如《ごと》く修行《しゅぎょう》し、菩提心《ぼだいしん》を發《おこ》し、諸《もろもろ》の善根《ぜんごん》を起《おこ》し、大悲《だいひ》の意《こころ》を興《おこ》して、一切《さい》の苦惱《くのう》の衆生《しゅじょう》を度《ど》せんと欲《ほっ》せば、未《いま》だ六波《は》羅蜜《らみつ》を修行《しゅぎょう》することを得《え》ずと雖《いえど》も、六波羅蜜《はらみつ》自然《じねん》に在前《ざいぜん》し、即《すなわ》ち是《こ》の身《み》に於《おい》て無生法忍《むしょうぼうにん》を得《え》、生死《しょうじ》・煩惱《ぼんのう》一時《じ》に斷壞《だんね》して、△菩薩《ぼさつ》の第《だい》七の地《ぢ》に昇《のぼ》らん。

無量義經・十功德品　二八頁

◇如來《にょらい》の滅度《めつど》の後《のち》に、若《も》し人《ひと》あって妙法華經《みょうほけきょう》の乃至《ないし》一偈《げ》・一句《く》を聞《き》いて一念《ねん》も隨喜《ずいき》せん者《もの》には、我亦《われまた》阿耨多羅《あのくたら》三藐《みゃく》三菩提《ぼだい》の記《き》を與《あた》え授《さず》く。若《も》し復人《またひと》あって妙法華經《みょうほけきょう》の乃至《ないし》一偈《げ》を受持《じゅじ》・讀誦《どくじゅ》し解説《げせつ》・書寫《しょしゃ》し、此《こ》の經巻《きょうがん》に於《お》いて敬《うやま》い視《み》ること佛《ほとけ》の如《ごと》くにして、種種《しゅじゅ》に華《け》・香《こう》・瓔珞《ようらく》・抹香《まっこう》・塗香《ずこう》・焼香《しょうこう》・繒蓋《ぞうがい》・幢旛《どうばん》・衣服《えぶく》・伎樂《ぎがく》を供養《くよう》し、乃至合掌恭敬《ないしがっしょうくぎょう》せん。藥王當《やくおうまさ》に知《し》るべし。是《こ》の諸人等《しょにんら》は已《すで》に曾《かつ》て十萬億《まんのく》の佛《ほとけ》を供養《くよう》し、諸佛《しょぶつ》の所《みもと》に於《おい》て大願《だいがん》を成就《じょうじゅ》して、衆生《しゅじょう》を愍《あわれ》むが故《ゆえ》に此《こ》の人間《にんげん》に生《しょう》ずるなり。

妙法蓮華經・法師品　二〇二～二〇三頁

◇善男子《ぜんなんし》・善女人《ぜんにょにん》あって、如來《にょらい》の滅後《めつご》に四衆《しゅ》の爲《ため》に是《こ》の法華經《ほけきょう》を説《と》かんと欲《ほっ》せば、云何《いかに》してか説《と》くべき。是《こ》の善男子《ぜんなんし》・善女人《ぜんにょにん》は、如來《にょらい》の室《しつ》に入《い》り、如來《にょらい》の衣《ころも》を著《き》、如來《にょらい》の座《ざ》に坐《ざ》して、爾《しこう》して乃《いま》し四衆《しゅ》の爲《ため》に廣《ひろ》く斯《こ》の經《きょう》を説《と》くべし。如來《にょらい》の室《しつ》とは一切衆生《さいしゅじょう》の中《なか》の大《だい》慈悲心是《じひしんこ》れなり。如來《にょらい》の衣《ころも》とは柔和忍辱《にゅうわにんにく》の心是《こころこ》れなり。如來《にょらい》の座《ざ》とは一切法空是《さいほうくうこ》れなり。是《こ》の中《なか》に安住《あんじゅう》して、然《しこう》して後《のち》に不懈怠《ふけだい》の心《こころ》を以《もっ》て、諸《もろもろ》の菩薩及《ぼさつおよ》び四衆《しゅ》の爲《ため》に、廣《ひろ》く是《こ》の法華經《ほけきょう》を説《と》くべし。

妙法蓮華經・法師品　二〇九～二一〇頁

◇若《も》し講法《こうぼう》の處《ところ》に於《おい》て、人《ひと》を勸《すす》めて坐《ざ》して經《きょう》を聽《き》かしめん。是《こ》の福《ふく》の因緣《いんねん》をもって、△釋《しゃく》梵轉輪《ぼんてんりん》の座《ざ》を得《え》ん。何《いか》に況《いわ》んや一心《しん》に聽《き》き、其《そ》の義趣《ぎしゅ》を解說《げせつ》し、說《せつ》の如《ごと》く修行《しゅぎょう》せんをや。其《そ》の福限《ふくかぎ》るべからず。

妙法蓮華經・隨喜功德品　三〇二頁

◇汝等如來《なんだちにょらい》の滅後《めつご》に於《おい》て、應當《まさ》に一心《しん》に受持《じゅじ》・讀誦《どくじゅ》し、解說《げせつ》・書寫《しょしゃ》し、說《せつ》の如《ごと》く修行《しゅぎょう》すべし。

妙法蓮華經・如來神力品　三二八〜三二九頁

◇若《も》し發心《ほっしん》して阿耨多羅《あのくたら》三藐《みゃく》三菩提《ぼだい》を得《え》んと欲《ほっ》することあらん者《もの》は、能《よ》く手《て》の指《ゆび》・乃至《ないし》足《あし》の一指《し》を然《とも》して佛塔《ぶっとう》に供養《くよう》せよ。國城《こくじょう》・妻子《さいし》及《およ》び三千大《だい》千國土《こくど》の山林《せんりん》・河池《がち》・諸《もろもろ》の珍寶物《ちんぼうもつ》を以《もっ》て供養《くよう》せん者《もの》に勝《まさ》らん。

妙法蓮華經・藥王菩薩本事品　三四一頁

◆遺　文

◇法華經《ほけきょう》の行者《ぎょうじゃ》は如說修行《にょせつしゅぎょう》せば必《かなら》ず一生《しょう》の中《うち》に一人《にん》も殘《のこ》らず成佛《じょうぶつ》すべし。譬《たと》えば春夏田《はるなつた》を作《つく》るに早晚《わせをく》あれども一年《ねん》の中《うち》には必《かなら》ず之《これ》を納《おさ》む。法華《ほっけ》の行者《ぎょうじゃ》も上中《じょうちゅう》下根《げこん》あれども、必《かなら》ず一生《しょう》の中《うち》に證得《しょうとく》す。

一念三千法門　二一三～二一四頁

◇釋尊《しゃくそん》は法華經《ほけきょう》の御爲《おんため》に、今度《こんど》九横《おう》の大難《だいなん》に値《あ》い給《たま》う。過去《かこ》の不輕菩薩《ふきょうぼさつ》は法華經《ほけきょう》の故《ゆえ》に杖木瓦石《ぢょうもくがしゃく》を蒙《こうむ》り、竺《ぢく》の道生《どうしょう》は蘇山《そざん》に流《なが》され、法道三藏《ほうどうぞう》は面《かお》に火印《かなやき》を當《あ》てられ、師子尊者《ししそんじゃ》は頭《こうべ》を刎《は》ねられ、天台大師《てんだいだいし》は南《なん》三北《ほく》七にあだまれ、傳教大師《でんぎょうだいし》は六宗《しゅう》に憎《にく》まれ給《たま》えり。此《これ》等《ら》の佛《ぶつ》・菩薩《ぼさつ》・大聖等《だいしょうとう》は、法華經《ほけきょう》の行者《ぎょうじゃ》にして而《しか》も大難《だいなん》に値《あ》い給《たま》えり。此等《これら》の人人《ひとびと》を如《にょ》説修行《せつしゅぎょう》の人《ひと》と云《い》わずば、何處《いずこ》にか如説修行《にょせつしゅぎょう》の人《ひと》を尋《たず》ねん。

如說修行鈔　九七五頁

◇如說修行《にょせつしゅぎょう》の法華經《ほけきょう》の行者《ぎょうじゃ》には、三類《るい》の强敵《ごうてき》打《う》ち定《さだ》んであるべしと知《し》り給《たま》え。

如說修行鈔　九七九頁

◇內房《うつぶさ》の御事《おんこと》は御歳《おんとし》寄らせ給《たま》いて御渡《おんわた》りありし。痛《いた》わしく思《おも》いまいらせ候《そうら》いしかども、氏神《うぢがみ》へ參《まい》りてある次《つい》でと候《そうら》いしかば、見參《けさん》に入《い》るならば定《さだ》めて罪深《つみふか》かるべし。其《そ》の故《ゆえ》は神《かみ》は所從《しょじゅう》なり、法華經《ほけきょう》は主君《しゅくん》なり。所從《しょじゅう》の次《つい》でに主君《しゅくん》への見參《けさん》は世間《せけん》にも恐《おそ》れ候《そうろう》。其《そ》の上尼《うえあま》の御身《おんみ》になり給《たま》いては、先《ま》づ佛《ほとけ》を先《さき》とすべし。旁々《かたがた》の御科《おんとが》ありしかば見参《けさん》せず候《そうろう》。此又尼御前《これまたあまごぜん》一人《にん》には限《かぎ》らず。其《そ》の外《ほか》の人人《ひとびと》も下部《しもべ》の湯《ゆ》の次《つい》でと申《もう》す者《もの》を数多《あまた》追返《おいかえ》して候《そうろう》。尼御前《あまごぜん》は親《おや》の如《ごと》くの御年《おんとし》なり。御嘆《おんなげ》き痛《いた》わしく候《そうら》いしかども、此《こ》の義《ぎ》を知《し》らせまいらせん爲《ため》なり。

三澤鈔　一六四五頁

◇彌々信心《いよいよしんじん》を勵《はげ》み給《たま》うべし。佛法《ぶっぽう》の道理《どうり》を人《ひと》に語《かた》らむ者《もの》をば、男女僧尼《なんにょそうに》必《かなら》ず惡《にく》むべし。よし惡《にく》まば惡《にく》め、法華經《ほけきょう》・釋迦佛《しゃかぶつ》・天台《てんだい》・妙樂《みょうらく》・傳教《でんぎょう》・章安等《しょうあんとう》の金言《きんげん》に身《み》をまかすべし。如説修行《にょせつしゅぎょう》の人《ひと》とは是《これ》なり。

阿佛房尼御前御返事　一二九九～一三〇〇頁

◆安立大法尼

出世《しゅっせ》の意義《いぎ》　我《われ》ら救済会員《きゅうさいかいいん》は、宝《たから》の山《やま》に到《いた》るためにまず橋《はし》を作《つく》りましょう。

第《だい》一、精出《せいだ》して働《はたら》きましょう。段々世《だんだんよ》の中《なか》が複雑《ふくざつ》になってくるにしたがって、真面目《まじめ》さがなくなり、怠《なま》け者《もの》が増《ふ》えてきます。今《いま》の人間《にんげん》は、働《はたら》くことに対《たい》して苦痛《くつう》であるが如《ごと》く考《かんが》える者《もの》さえあります。我々会員《われわれかいいん》は、そういう考《かんが》えは全然《ぜんぜん》やめにして〝働《はたら》くことは楽《たの》しみだ〟という考え方《かんがかた》に改《あらた》めましょう。お互《たが》いの目的《もくてき》を忘《わす》れず、お互《たが》いの仕事《しごと》に趣味《しゅみ》をもって、身《み》を惜《お》しまず働《はたら》きましょう。

第二《だい》、健康《けんこう》を害《がい》しないようにしましょう。暴飲暴食《ぼういんぼうしょく》を慎《つつし》み、飲酒《いんしゅ》に当《あ》たりても、節酒《せっしゅ》して、乱《らん》に及《およ》ばざるよう心掛《こころが》けましょう。次《つぎ》に、早寝《はやね》・早起《はやお》きをしましょう。明快《めいかい》なる頭脳《ずのう》は、早起《はやお》きによって期待《きたい》せられます。早朝《そうちょう》の清爽《せいそう》さは、一日《にち》の快活《かいかつ》なる気分《きぶん》を保《たも》たしめるのです。早起《はやお》きして、無用無益《むようむえき》の惰眠《だみん》の時間《じかん》を有益《ゆうえき》にすることは、将来《しょうらい》に富者《ふしゃ》・智者《ちしゃ》・健康者《けんこうしゃ》となるべき根源《こんげん》たるを忘《わす》れてはなりません。

第三《だい》、祖先《そせん》の恩《おん》を忘《わす》れぬようにしましょう。我々《われわれ》は祖先《そせん》の分身《ぶんしん》であります。我々《われわれ》の斯《か》くして暮《く》らすについては、すべてこれ、祖先《そせん》の苦心《くしん》の賜物《たまもの》なることを忘《わす》れてはなりません。常《つね》に祖先《そせん》のため、一心《しん》に妙法蓮華経《みょうほうれんげきょう》を唱《とな》えましょう。故人《こじん》はたとえ、地獄《ぢごく》・餓鬼《がき》・畜生道《ちくしょうどう》にあるとも、妙法《みょうほう》の功徳《くどく》にて、下界《げかい》の苦悩《くのう》から逃《のが》れられます。これが、祖先《そせん》に対《たい》する第一《だい》の孝養《こうよう》です。

始祖・御法話集　四〜五頁

◆宗玄大徳

罪《つみ》を重《かさ》ねないために…　われらはまず、世《よ》の中《なか》に何《なに》をするために生《う》まれて来《き》たのでしょうか。

まず第《だい》一に、自己《じこ》がこの世《よ》に生《う》まれ出《い》でたる目的《もくてき》を忘《わす》れておられる人《ひと》がたくさんあるではありませんか。法華経法師品《ほけきょうほっしほん》には「自《みずか》ら清浄《しょうじょう》の業報《ごうほう》を捨《す》てて、我《わ》が滅度《めつど》の後《のち》に於《おい》て、衆生《しゅじょう》を愍《あわれ》むが故《ゆえ》に悪世《あくせ》に生《うま》れて広《ひろ》く此《こ》の経《きょう》を演《の》ぶるなり」とありますが、われらはこの語源《ごげん》を実現《じつげん》すべき使命《しめい》をもって生《う》まれ来《きた》ったに外《ほか》ならないのであります。

人《ひと》として生《う》まれて来《き》たのは、金《かね》を儲《もう》けるためでもなければ、子孫《しそん》を増《ふ》やすためでもないのです。仏陀《ぶっだ》の命《めい》によって「和光同塵《わこうどうじん》」とて、光《ひかり》を和《やわ》らげ、衆《しゅう》に交《まじ》わって衆生《しゅじょう》を善導《ぜんどう》し、済度《さいど》するために生《う》まれてきたのです。あたかもこれ、泥濘深《でいねいふか》き池《いけ》に落《お》ちて、今《いま》やまさに一命《めい》も危《あやう》からんとしている児等《こら》を見《み》て、我《われ》を忘《わす》れてその泥池《どろいけ》に飛《と》び込《こ》んで小児《しょうに》を救《すく》わんとするがごとく、重大《じゅうだい》なる任務《にんむ》をもってこの娑婆世界《しゃばせかい》に生《う》まれたることを思《おも》い出《だ》してください。この目的《もくてき》を思《おも》い出《だ》さずにいたならば、一か月《げつ》三十日《にち》の日《ひ》を、四十日《にち》も五十日分《にちぶん》もただ罪《つみ》を作《つく》るような行為《こうい》のみを重《かさ》ねつつ過《す》ごすもので、かくのごときは実《じつ》に言語《ごんご》道断《どうだん》の所作《しょさ》であると思《おも》います。

私《わたくし》がここに罪《つみ》と申《もう》しましたことは、一般的《ぱんてき》に申《もう》しまする犯罪的行為《はんざいてきこうい》を指《さ》すのではありません。精神的《せいしんてき》に出《い》で来《く》る業《ごう》を言《い》うのでありまして、自分《じぶん》の勝手気《かってき》ままな行為《こうい》をして気《き》に入《い》らぬと直《ただ》ちに腹《はら》を立《た》てる、万事自己本位《ばんじじこほんい》にしてさらに他《た》を省《かえり》みない、または自己《じこ》の幸福《こうふく》なる境界《きょうがい》にあるものをも喜《よろこ》ばず、かえって愚痴《ぐち》を言《い》うがごときは、すべて未来《みらい》に、わが肉体及《にくたいおよ》び魂《たましい》を苦《くる》しめる基《もとい》となるのでありまして、これを罪《つみ》というのであります。

村上先生御法話集（二）三四～三六頁

◆御開山上人

道《みち》を教《おし》える立札《たてふだ》

一、地獄《ぢごく》の道《みち》　二、極楽《ごくらく》の道《みち》

人《ひと》一生《しょう》の生活《せいかつ》、進《すす》む道《みち》は二つに分《わか》れます。

この二つの道《みち》のうちどちらへ進《すす》むか、道《みち》を教《おし》える立札《たてふだ》はありませんが、極楽《ごくらく》の道《みち》に進《すす》まねば、楽《たの》しい暮《くら》しは出来《でき》ません。

自己《じこ》のことのみを考《かんが》えて、「貪《むさぼ》る」「瞋《いか》る」「愚痴不足《ぐちふそく》」をいう喜《よろこ》びのない生活《せいかつ》は、地獄《ぢごく》に進《すす》みつつあるのです。このような道《みち》を進《すす》むことは止《や》めましょう。

仏様《ほとけさま》の教《おし》えを聞《き》いて「感謝《かんしゃ》」の生活《せいかつ》をしている人《ひと》は、極楽《ごくらく》の道《みち》を進《すす》んでいる人《ひと》です。この道《みち》を進《すす》みましょう。そしてよく考《かんが》えてみましょう。

自分《じぶん》が生活《せいかつ》して、立派《りっぱ》に働《はたら》いていけるのはとても大勢《おおぜい》の人々《ひとびと》のお世話《せわ》にあずかり、そのお陰《かげ》で楽《たの》しく暮《くら》せるのであります。これには父母《ふぼ》を始《はじ》め、大勢《おおぜい》の人々《ひとびと》のご恩《おん》をいただいていますが、それを有難《ありがた》く思《おも》い、感謝《かんしゃ》しなければなりません。

感謝《かんしゃ》の心持《こころも》ちが持《も》てるようになれば、そのご恩《おん》にお報《むく》いしたいと思《おも》うのが人《ひと》というものです。報恩《ほうおん》の心掛《こころが》けは、やがて父母《ふぼ》に孝養《こうよう》を励《はげ》み、他《ほか》の人々《ひとびと》を喜《よろこ》ばせるような、奉仕《ほうし》の気持《きも》ちが湧《わ》き出《で》るようになりましょう。報恩《ほうおん》の心掛《こころが》けを持《も》って奉仕《ほうし》していく心持《こころも》ちは、本当《ほんとう》に楽《たの》しいことであります。

仏様《ほとけさま》の教《おし》えを「如説修行《にょせつしゅぎょう》」するということは、このことでありまして、祈《いの》らずとも神《しん》仏《ぶつ》のご加護《かご》があり、楽《たの》しい暮《くら》しを永《なが》く続《つづ》けることが出来《でき》るのであります。

話の泉　二二九～二三一頁

◆日達上人

すべては実行！　「受持《じゅじ》・読誦《どくじゅ》し、解説《げせつ》・書写《しょしゃ》し、説《せつ》の如《ごと》く修行《しゅぎょう》すべし」。お釈迦《しゃか》さまは何度《なんど》も何度《なんど》も同《おな》じことをおっしゃってみえます。〝大切《たいせつ》なことは、一度《ど》や二度《どい》言ってもわかってもらえない〟と考《かんが》えられたのかも知《し》れません。

杉山先生《すぎやませんせい》ご在世《ざいせ》の頃《ころ》、いつも同《おな》じように堪忍《かんにん》の話《はなし》ばかりされるものですから、ある方《かた》が〝先生《せんせい》、たまには別《べつ》の話《はなし》をしてください〟と申《もう》し上《あ》げたところ、〝あなた方《がた》は耳《みみ》にタコができるくらい堪忍《かんにん》の話《はなし》を聞《き》いても実行《じっこう》できないから、何度《なんど》でも同《おな》じ話《はなし》をするのだ〟とおっしゃったということです。知《し》っていることと実行《じっこう》とは違《ちが》うのです。

受持《じゅじ》・読《どく》・誦《じゅ》・解説《げせつ》・書写《しょしゃ》もすべて、実行《じっこう》を教《おし》えたものです。

『月刊法音』第三九八号　九～一〇頁

五種法師《しゅほっし》の事《こと》　五種法師《しゅほっし》とは、仏《ほとけ》さまに対《たい》する五種類《しゅるい》の供養《くよう》の事《こと》を言《い》います。「受持《じゅじ》・読《どく》・誦《じゅ》・解説《げせつ》・書写《しょしゃ》」であります。お経《きょう》を読《よ》むこと、写経《しゃきょう》をすることはこの中《なか》に入《はい》っておりますから、功徳《くどく》のあることは間違《まちが》いありませんが、肝心《かんじん》なのは、最初《さいしょ》の「受持《じゅじ》」であります。法華経《ほけきょう》を受《う》け持《たも》つことです。

法華経《ほけきょう》と申《もう》しますと余《あま》りにも対象《たいしょう》が大《おお》きすぎるかも知《し》れませんが、「三徳《とく》」に置《お》き換《か》えて頂《いただ》いてもよろしいでしょう。〝私《わたくし》は慈悲《じひ》・至誠《まこと》・堪忍《かんにん》の心《こころ》をしっかり持《たも》っております。その三徳《とく》の中《なか》で私《わたくし》は生《い》きてゆきます〟という信念《しんねん》であります。

これが一番《ばん》の基《もとい》であります。本当《ほんとう》の受持《じゅじ》がまず根本《こんぽん》に具《そな》わっていてこそ、読《よ》み、唱《とな》え、お話《はなし》をし、写経《しゃきょう》をするという四種《しゅ》の供養《くよう》が真《しん》のものになってゆくのです。

たとえば写経《しゃきょう》について考《かんが》えてみましょう。写経《しゃきょう》の真《しん》の意義《いぎ》は、仏《ほとけ》さまに供養《くよう》し、感謝《かんしゃ》の心《こころ》を表《あら》わすところにあります。ですから、字《じ》の上手《じょうず》、下手《へた》などは少《すこ》しも問題《もんだい》ではないのです。いくら字《じ》が下手《へた》でも、自分《じぶん》の書《か》ける字《じ》で、一生懸命真心《しょうけんめいまごころ》を込《こ》めて書《か》けばそれで目的《もくてき》は達《たっ》するわけです。ところが「写経《しゃきょう》コンクール」と間違《まちが》えているのか〝字《じ》が下手《へた》だから写経《しゃきょう》はどうも〟とか、一字《じ》書《か》くたびに〝この字《じ》はうまく書《か》けた。この字《じ》はどうも気《き》に入《い》らない〟というようなことを言《い》っている方《かた》がよくあります。せっかく写経《しゃきょう》をしながら他事《たじ》に気《き》を取《と》られていたのでは、本当《ほんとう》の功徳《くどく》は頂《いただ》けないでしょう。

ただ書《か》けばいい、唱《とな》えればいいというのでは決《けっ》してないということを、お解《わか》り頂《いただ》きたいのであります。

「法華経《ほけきょう》を余人《よにん》の読《よ》み候《そうろう》は、口《くち》ばかり言《ことば》ばかりは読《よ》めども心《こころ》は読《よ》まず。心《こころ》は読《よ》めども身《み》に読《よ》まず」（土籠御書《つちのろうごしょ》）

口《くち》と心《こころ》と身《み》の受持《じゅじ》を挙《あ》げ、殊《こと》に、身《み》に読《よ》むことの大切《たいせつ》さを述《の》べられた御遺文《ごいぶん》であります。

身《み》に読《よ》む、つまり、実行《じっこう》であります。このことを杉山先生《すぎやませんせい》は、口《くち》をすっぱくしてお教《おし》えくださっているのです。法華経《ほけきょう》の尊《とうと》さを、いくら頭《あたま》で知《し》り、心《こころ》に思《おも》っておりましても、それが実際《じっさい》の行動《こうどう》となって表《あら》われなければ、はっきり言《い》って「受持《じゅじ》」していることにはなりません。慈悲《じひ》の心《こころ》、至誠《まこと》の心《こころ》、堪忍《かんにん》の心《こころ》を、いつ、いかなる時《とき》も忘《わす》れず持《たも》ち続《つづ》け、実際《じっさい》に行動《こうどう》に現《あら》わすということ、そして、常《つね》に自身《じしん》を振《ふ》り返《かえ》り、先祖《せんぞ》の供養《くよう》をし、罪障《ざいしょう》の消滅《しょうめつ》をしてゆくこと、それが「受持《じゅじ》」であります。法華経《ほけきょう》を、自分《じぶん》のものとして実行《じっこう》してゆくのです。そうして初《はじ》めて、読《よ》んだり、唱《とな》えたり、解説《かいせつ》したり、写経《しゃきょう》をしたりということが実《み》を結《むす》ぶのであります。

『月刊法音』一四八号　六〜八頁

経典《きょうてん》の読誦《どくじゅ》は説法《せっぽう》の聴聞《ちょうもん》　法華経如来寿量品《ほけきょうにょらいじゅりょうほん》（自我偈《じがげ》）の最後《さいご》に、「毎《つね》に自《みずか》ら是《こ》の念《ねん》を作《な》す。何《なに》を以《もっ》てか衆生《しゅじょう》をして、無上道《むじょうどう》に入《い》り、速《すみや》かに仏身《ぶっしん》を成就《じょうじゅ》することを得《え》せしめんと」とあります。ここにある「衆生《しゅじょう》」は、〝すべての人《ひと》〟ということではありません。この「私《わたくし》」のことであります。

経典《きょうてん》に説《と》かれることはいずれも〝自分《じぶん》のこと〟として受《う》け止《と》めてゆくことが大切です。朝晩《あさばん》、仏壇《ぶつだん》の前《まえ》でお勤《つと》めをします。これを〝仏壇《ぶつだん》におまつりしてある仏《ほとけ》さまにお経《きょう》を読《よ》んであげる〟と考《かんが》えていたら間違《まちが》いです。

お経《きょう》を読《よ》むということは、〝自分《じぶん》の口《くち》を借《か》りて仏《ほとけ》さまの説法《せっぽう》を聞《き》く〟ということです。御開山上人《ごかいさんしょうにん》のお父《とう》さん、鈴木徳太郎《すずきとくたろう》という方《かた》は菓子問屋《かしどんや》を営《いとな》むかたわら農業《のうぎょう》をしておられました。夕方《ゆうがた》、農作業《のうさぎょう》を終《お》えて家《いえ》に帰《かえ》られると必《かなら》ず、普段着《ふだんぎ》の上《うえ》に羽織《はおり》を着《き》てお勤《つと》めをされました。私《わたくし》は〝わざわざ羽織《はおり》など羽織《はお》らなくても〟と思《おも》っていましたが、やはり、〝お経《きょう》を頂戴《ちょうだい》する〟という本来《ほんらい》の意味《いみ》からすると、そうするのが本当《ほんとう》でした。

お経《きょう》に書《か》かれてあることは、〝お釈迦《しゃか》さまがお弟子《でし》の方《かた》に話《はな》されたこと〟と思《おも》っていたら、せっかくの尊《とうと》い教《おし》えも素通《すどお》りしてしまいます。お経《きょう》は〝仏《ほとけ》さまが『この私《わたくし》』に直接《ちょくせつ》お話《はな》しくださっているのだ〟という心《こころ》でお読《よ》み頂《いただ》きたいのであります。

『月刊法音』第二七五号　五〜七頁

弘教《ぐきょう》の三軌《き》＝如来《にょらい》の室《しつ》に入《い》り、如来《にょらい》の衣《ころも》を着《き》、如来《にょらい》の座《ざ》に坐《ざ》す

「法華経《ほけきょう》を説《と》く」と言《い》っても、人《ひと》にお話《はなし》をしたり、説教《せっきょう》をする、というだけではありません。その聞《き》いたことを実行《じっこう》し、それを日常《にちじょう》の自分《じぶん》の行《おこ》ないにして人《ひと》を感化《かんか》してゆくということです。

「如来《にょらい》の室《しつ》」とは、仏《ほとけ》さまと同《おな》じ広《ひろ》い大《おお》きな慈悲《じひ》のことです。

「如来《にょらい》の衣《ころも》」は柔和忍辱《にゅうわにんにく》、つまり堪忍《かんにん》です。これは、ぐっと歯《は》をくいしばってガマンすることではありません。柔和《にゅうわ》な心《こころ》、穏《おだ》やかな心《こころ》で世《よ》を過《す》ごすということです。

「如来《にょらい》の座《ざ》」とは一切法空《さいほうくう》、つまり、この世《よ》の中《なか》のすべての現象《げんしょう》はみな移《うつ》ろいゆくものである、と知《し》ることです。

この三つが、「弘教《ぐきょう》の三軌《き》」と言《い》われ、末法《まっぽう》の世《よ》に法華経《ほけきょう》を持《たも》ち、広《ひろ》めてゆく者《もの》の大《たい》切《せつ》なこととして説《と》かれた教《おし》えであります。

如来《にょらい》の室《しつ》は大慈悲《だいじひ》　仏《ほとけ》さまの教《おし》えはすべて、智慧《ちえ》と慈悲《じひ》が元《もと》になっていますが、大慈悲《だいじひ》となるとこれは、ただの慈悲《じひ》とは少し訳《すこわけ》が違《ちが》います。

普通私共《ふつうわたくしども》が慈悲《じひ》だと思《おも》ってやっていることは、大体《だいたい》に於《お》いて好《す》き嫌《きら》いのある慈悲《じひ》です。〝あの人《ひと》は好《す》きだから面倒《めんどう》をみてやろう。あの人《ひと》は嫌《きら》いだからほっておこう〟ということです。

好《す》きとか嫌《きら》いは、自分《じぶん》の心《こころ》が勝手《かって》に判断《はんだん》することです。たとえば、花《はな》を見《み》て〝きれいだなァ〟と思《おも》う人《ひと》もいますし、何《なに》も感《かん》じない人《ひと》もいます。これはその人《ひと》の心《こころ》のなせるわざであって、借金《しゃっきん》で首《くび》がまわらないような人《ひと》は、いくらきれいなものをみても何《なに》も感《かん》じないでしょう。好《す》き・嫌《きら》いの感情《かんじょう》は、その時《とき》その時《とき》に於《お》いて変《か》わるものなのです。

大慈悲《だいじひ》は、好《す》き嫌《きら》いを一切超越《さいちょうえつ》した次元《じげん》のことです。〝相手《あいて》が誰《だれ》であろうとすべて平等《びょうどう》な心《こころ》で接《せっ》してゆく〟ということです。

如来《にょらい》の衣《ころも》は柔和忍辱《にゅうわにんにく》　柔和《にゅうわ》な心《こころ》で人《ひと》に接《せっ》してゆきますと、自然《しぜん》に相手《あいて》の心《こころ》を開《ひら》かせてゆくことができます。奥《おく》さんがご主人《しゅじん》に何《なに》か言《い》う場合《ばあい》でも、頭《あたま》から〝こうせよ〟と命令《めいれい》すれば、それがいくら良《よ》いことでも、素直《すなお》に聞《き》けないことがあります。日蓮聖人《にちれんしょうにん》の御遺文《ごいぶん》に「女人《にょにん》となる事《こと》は物《もの》に随《したが》って物《もの》を随《したが》うる身《み》なり」（兄弟鈔《きょうだいしょう》）とあります。いつも〝ハイハイ〟とご主人《しゅじん》に随《したが》っておりますと、自然《しぜん》にご主人《しゅじん》の心《こころ》も開《ひら》かれて、いざという時《とき》のこちらの言葉《ことば》が素直《すなお》に通《つう》じてゆきます。

頭《あたま》から無理《むり》に言《い》うことを聞《き》かせても、それはホンの一時《じ》のものです。その時《とき》だけは一応《おう》、仕方《しかた》なく聞《き》きますが、これでは人《ひと》はついてきません。人《ひと》を動《うご》かそうとするなら、やはり柔和《にゅうわ》な心《こころ》がないといけません。

「柔和《にゅうわ》」には、いろいろな意味《いみ》が含《ふく》まれていますが、あまり物事《ものごと》を決《き》めつけないこともそうです。決《き》めつけてばかりいると、そのうち身動《みうご》きがとれなくなってしまいます。自《じ》分《ぶん》だけの我《が》で、いい悪《わる》いを決《き》めつけてしまうことはいけません。

如来《にょらい》の座《ざ》は一切法空《さいほうくう》　「一切《さい》の現象《げんしょう》はすべて空《くう》である」といいましても、カラッポで何《なに》もないというのではありません。〟捉《とら》われのない、自由自在《じゆうじざい》の姿《すがた》〟ということです。

私共人間《わたくしどもにんげん》には、皆自由自在《みなじゆうじざい》の命《いのち》があり、その中《なか》で生《い》きてゆく、ということです。

「空《くう》」の反対《はんたい》は「有《う》」であります。有《う》とは、その形《かたち》に捉《とら》われるということです。

生《い》きてゆくための目標《もくひょう》は、それぞれ人《ひと》によって異《こと》なります。ある人《ひと》はお金《かね》を儲《もう》けたい、またある人《ひと》は出世《しゅっせ》がしたい、名誉《めいよ》がほしいというふうに、いろいろです。しかし、よくよく考《かんが》えてみますと、目標《もくひょう》としたものが得《え》られた場合《ばあい》はいいけれども、得《え》られなかったら、その人《ひと》の一生《しょう》はまるで無駄《むだ》だったということになってしまいます。一生懸命《しょうけんめい》生きてきたそのことが無駄《むだ》であっては、つまりません。

お金《かね》を儲《もう》けることも一面《めん》では結構《けっこう》なことです。また、美《うつく》しいものを求《もと》めることもいいでしょう。しかし、お金《かね》を儲《もう》けたからといって、それがすべてかというと、そうではありません。なまじ財産《ざいさん》ができたばかりに、身内同士《みうちどうし》で財産争《ざいさんあらそ》いが起《お》きるようなことだってあります。

美《うつく》しさも、表面的《ひょうめんてき》なものは必《かなら》ず移《うつ》り変《か》わるものです。着飾《きかざ》ったりお化粧《けしょう》して美《うつく》しく見《み》せることはできます。しかしそうしたものは、本当《ほんとう》に一時的《じてき》なものです。地位《ちい》も名誉《めいよ》もその通《とお》りです。永久《えいきゅう》に大臣《だいじん》とか社長《しゃちょう》でいられるわけではありません。

美《び》も金《かね》も権力《けんりょく》も、決《けっ》して絶対《ぜったい》のものではありません。言葉《ことば》を換《か》えて言《い》うと、相対的《そうたいてき》です。何《なに》に比《くら》べて、また誰《だれ》に比《くら》べてということで、たえず何《なに》かと比《くら》べた結果《けっか》でしかありません。

仏《ほとけ》さまの教《おし》えは絶対《ぜったい》です。絶対《ぜったい》は相対《そうたい》と違《ちが》い、決《けっ》して他《た》とは比較《ひかく》のできない、そうした次元《じげん》を超越《ちょうえつ》したところのものであるわけです。法華経信仰《ほけきょうしんこう》の世界《せかい》は誰《だれ》もが、仏《ほとけ》さまと同《おな》じ絶対《ぜったい》の命《いのち》をもっているのです。決《けっ》して他《た》と比《くら》べて判断《はんだん》するものではありません。捉《とら》われのない自由自在《じゆうじざい》の心《こころ》をもった生《い》き方《かた》がやはり、人間本来《にんげんほんらい》の命《いのち》です。金《かね》や地位《ちい》とか、美《うつく》しさといった形有《かたちあ》るものに捉《とら》われてしまうと、忘《わす》れられてしまいます。

「如来《にょらい》の座《ざ》」は、仏《ほとけ》さまのすわっていらっしゃる座布団《ざぶとん》です。移《うつ》ろいゆく、一時的《じてき》なものに仏《ほとけ》さまがすわっておられる筈《はず》はありません。すわっておられる土台《どだい》は、もっとしっかりしたものです。それは、何物《なにもの》にも捉《とら》われない「空《くう》の心《こころ》」つまり「仏《ほとけ》のいのちの世界《せかい》」であります。

大白牛車・3　四〜一五頁

施《ほどこ》すその身《み》が「仏《ほとけ》」

「蓮華《れんげ》と申《もう》す花《はな》は果《み》と花《はな》と同時《どうじ》なり。一切経《さいきょう》の功徳《くどく》は先《さき》に善根《ぜんごん》を作《な》して後《のち》に仏《ほとけ》とは成《な》ると説《と》く。かかる故《ゆえ》に不定《ふじょう》なり」（上野尼御前御返事《うえのあまごぜんごへんじ》）。

一切経《さいきょう》とは、お釈迦《しゃか》さまの教《おし》えのすべてであります。その教《おし》えの内《うち》、法華経以前《ほけきょういぜん》の経《きょう》に共通《きょうつう》していることは、功徳《くどく》を積《つ》むことによって仏《ほとけ》に成《な》るということですが、それは「いつ」という定《さだ》まりがないので確《たし》かなものとは言《い》えない、と言《い》われているのです。

功徳《くどく》を積《つ》み、善因《ぜんいん》を作《つく》ったその果《か》が、今日《きょう》すぐ現《あら》われるというなら問題《もんだい》はありません。しかし、善因《ぜんいん》を積《つ》んだ結果《けっか》が善果《ぜんか》となって現《あら》われるのは、蓮《はす》の種《たね》ではありませんが二千年先《ねんさき》のことかも知《し》れません。生《い》きていて、しかも、記憶《きおく》に確《たし》かな内《うち》に、現実《げんじつ》にこの身《み》の上《うえ》に現《あら》われなければ、私　共《わたくしども》凡夫《ぼんぷ》にとってその功徳《くどく》はあるのかないのかわかりません。それを「不定《ふじょう》」と言《い》われるのです。

「法華経《ほけきょう》と申《もう》すは手《て》に取《と》れば其《そ》の手《て》やがて仏《ほとけ》に成《な》り、口《くち》に唱《とな》うれば其《そ》の口則《くちすなわ》ち仏《ほとけ》なり。譬《たと》えば天月《てんげつ》の東《ひがし》の山《やま》の端《は》に出《い》づれば、其《そ》の時即《ときすなわ》ち水《みず》に影《かげ》の浮《うか》ぶるが如《ごと》く、音《おと》と響《ひびき》との同時《どうじ》なるが如《ごと》し」（上野尼御前御返事《うえのあまごぜんごへんじ》）

〝善根《ぜんこん》を積《つ》んだその瞬間《しゅんかん》すでに、結果《けっか》は現《あら》われている〟と説《と》かれるのです。〝人《ひと》に施《ほどこ》しをする。奉仕《ほうし》をする〟その瞬間《しゅんかん》が即《すなわ》ち、仏《ほとけ》さまと同《おな》じ働《はたら》きをしているわけですから、〝仏《ほとけ》に成《な》ろう仏《ほとけ》に成《な》ろうとしなくても、すでに仏《ほとけ》の境遇《きょうぐう》になっている〟ということです。口《くち》でお題目《だいもく》を唱《とな》えれば、その時《とき》・時《どき》の瞬間《しゅんかん》・瞬間《しゅんかん》が、仏《ほとけ》さまがお題目《だいもく》を唱《とな》えてみえるのと同《おな》じ状況《じょうきょう》にあるわけですから、最終目的《さいしゅうもくてき》とする成仏《じょうぶつ》という果《か》はすでにそこに現《あら》われていると言《い》えます。

施《ほど》しをすれば、〝この功徳《くどく》が巡《めぐ》り巡《めぐ》ってやがては自分《じぶん》に返《かえ》ってくる〟と考《かんが》えます。しかし、法華経《ほけきょう》はそのようには考《かんが》えないのです。〝施《ほどこ》しをすること自体《じたい》が喜《よろこ》びであり、施《ほどこ》しのできる立場《たちば》にあることがすでに、善根功徳《ぜんこんくどく》の現《あら》われ〟と考《かんが》えるのです。堪忍《かんにん》もやはり同《おな》じです。〝こんな辛《つら》い目《め》に遭《あ》ったけれど、堪忍《かんにん》すればいいことがあると聞《き》いたから我慢《がまん》した。どんな功徳《くどく》が頂《いただ》けるのだろう〟と考《かんが》えるのではなく、堪忍《かんにん》のできたこと自体《じたい》を功徳《くどく》の現《あら》われと考《かんが》え、喜《よろこ》びとしてゆくのです。

〝施《ほどこ》しもした。堪忍《かんにん》もした。その功徳《くどく》は？〟と考《かんが》えるのは「欲《よく》」です。功徳《くどく》を求《もと》めてする施《ほどこ》しは、貪《むさぼ》り以外《いがい》の何《なに》ものでもありません。法華経《ほけきょう》を実行《じっこう》しようとするなら〝施《ほどこ》しができてありがたい。堪忍《かんにん》できる功徳《くどく》が頂《いただ》けてありがたい〟と考《かんが》え、実行《じっこう》にお励《はげ》み頂《いただ》きたいのであります。

確《たし》かな人生《じんせい》を送《おく》る源《みなもと》

いつも私《わたくし》は慈悲《じひ》・至誠《まこと》・堪忍《かんにん》のお話《はなし》をしております。「もう耳《みみ》にタコができる程《ほど》聞《き》いたから充分《じゅうぶん》だ」と言《い》われるかも知《し》れませんが、三徳《とく》のお話《はなし》は食前《ぜん》・食後《しょくご》に聞《き》いても邪魔《じゃま》にはならないものです。

誰《だれ》でも、この世《よ》の中《なか》を平穏《へいおん》に暮《く》らしたいと願《ねが》っています。そしてその方法《ほうほう》を、求《もと》めています。ある人《ひと》は、たくさんお金《かね》をもうければ一生安楽《しょうあんらく》に暮《く》らせると言《い》います。またある人《ひと》は、高《たか》い地位《ちい》に就《つ》くことがその方法《ほうほう》と言《い》います。しかし、こうした普通《ふつう》に考《かんが》える「物質的《ぶっしつてき》」なものに頼《たよ》った安楽《あんらく》は、本当《ほんとう》の意味《いみ》で安定《あんてい》したものではありません。現在《げんざい》は高級官僚《こうきゅうかんりょう》でも、定年《ていねん》になればそれで終《お》わりです。お金《かね》も、いくらたくさんあるからと言《い》っても、それは一時的《じてき》に自分《じぶん》の手元《てもと》にあるに過《す》ぎません。〝いつまでも。どこまでも〟というわけにはゆきません。

このように、真《しん》に頼《たよ》りにならないものを頼《たよ》りにしてゆこうとするところに間違《まちが》いがあるのです。地位《ちい》でもお金《かね》でも、法華経《ほけきょう》の立場《たちば》から見《み》た時《とき》、徳《とく》を積《つ》んだ結果《けっか》として得《え》られたものなら結構《けっこう》ですが、人《ひと》のことなどおかまいなしにそれだけを求《もと》め、得《え》たものは、必《かなら》ず後《あと》になって反動《はんどう》がきます。初《はじ》めに得《え》られた喜《よろこ》び以上《いじょう》の悩《なや》み・苦《くる》しみがやってきます。これは一つの法則《ほうそく》です。

いつも苦《くる》しみのない安楽《あんらく》な生活《せいかつ》を得《え》るには、慈悲《じひ》・至誠《まこと》・堪忍《かんにん》を持《たも》つことです。慈悲《じひ》・至誠《まこと》・堪忍《かんにん》を実行《じっこう》することによって、自分《じぶん》の人生《じんせい》を間違《まちが》いのないものにしてゆくことができるのです。

大白牛車・4　五一～五五頁

檀波羅蜜〔布施〕の事

◆安立大法尼

彼我共《ひがとも》に、菩提《ぼだい》の道《みち》を　六波羅蜜《はらみつ》の一「檀波羅蜜《だんはらみつ》」は、慈悲《じひ》、あるいは布施《ふせ》とも申《もう》します。他人《たにん》の憂《うれい》、悲《かな》しみも我《わ》がものとし、自分《じぶん》の喜《よろこ》びを他人《たにん》に分《わ》かち与《あた》えて、我《われ》も彼《かれ》も、ついには共《とも》に、菩提《ぼだい》の道《みち》に到《いた》らしむることであります。

　これを上《じょう》の施《ほどこ》し、中《ちゅう》の施《ほどこ》し、下《げ》の施《ほどこ》しと分《わ》けて申《もう》しますれば、飢《う》えたる人《ひと》に食《しょく》を与《あた》え、寒《さむ》さに震《ふる》う人《ひと》に衣類等《いるいとう》を与《あた》うるが如《ごと》き、即《すなわ》ち衆生《しゅじょう》の欲求《よっきゅう》する衣食住《いしょくじゅう》を与《あた》うるを下《げ》の施《ほどこ》しとします。なぜこれが下《げ》の施《ほどこ》しかと申《もう》しますに、たとえ世界中《せかいじゅう》の人々《ひとびと》に八十年《ねん》の間《あいだ》、衣《い》・食《しょく》・住《じゅう》を与《あた》うるとも、その人々《ひとびと》は、菩提《ぼだい》の岸《きし》に到《いた》って自《みずか》ら安穏《あんのん》を得《え》せしむることはできないからであります。

　次《つぎ》に情《じょう》の施《ほどこ》しを中《ちゅう》の施《ほどこ》しとします。悲《かな》しき境涯《きょうがい》にある人《ひと》を慰《なぐさ》め、友人知己《ゆうじんちき》は申《もう》すに及《およ》ばず、他人《たにん》に対《たい》しても礼《れい》を厚《あつ》うし、寄合《よりあ》いたる人々《ひとびと》には心《こころ》を和《やわ》らぐる言葉《ことば》を言《い》い交《か》わすこと、喜《よろこ》び事《ごと》は共《とも》にこれを喜《よろこ》ぶ等《とう》、心《こころ》を慰《なぐさ》め、他人《たにん》の心《こころ》に慰安《いあん》を与《あた》うるを以《も》って中《ちゅう》の施《ほどこ》しとします。

いかに下《げ》・中《ちゅう》の施《ほどこ》しをなすとは雖《いえど》も、苦界《くかい》を解脱《げだつ》すべき妙法《みょうほう》を与《あた》えねば、幾億万年過《いくおくまんねんす》ぐるとも衆生《しゅじょう》は苦《くる》しみを脱《だっ》することができません。この法《ほう》、衆生《しゅじょう》に妙法《みょうほう》を教《おし》ゆることを最上《さいじょう》の施《ほどこ》しとするのであります。

貪欲多《とんよくおお》き者《もの》には、施《ほどこ》しの心《こころ》を起《お》こさしめ、瞋恚盛《しんにさか》んなる者《もの》には、忍《にん》の徳《とく》を教《おし》え、怠慢《たいまん》の者《もの》には精進《しょうじん》を教《おし》えたなれば、必《かなら》ず反省《はんせい》して、自己《じこ》を救《すく》うことができるのであります。

中《ちゅう》・下《げ》の施《ほどこ》しと雖《いえど》も、飢《う》えたる者《もの》には食《しょく》を与《あた》え、悲《かな》しき人《ひと》は慰《なぐさ》めて、さらに法《ほう》を教《おし》えたならば、その功徳甚《くどくはなは》だ大《おお》いなることは申《もう》すまでもありません。

始祖・御法話集　一七二～一七四頁

◆宗玄大徳

抜苦与楽《ばっくよらく》の事《こと》　慈悲《じひ》と申《もう》すは、困《こま》り苦《くる》しむ人々《ひとびと》を気《き》の毒《どく》に思《おも》ってその苦悩《くのう》を取《と》り去《さ》り、安楽《あんらく》を与《あた》えてあげようと努力《どりょく》することであります。むつかしい言葉《ことば》で申《もう》しますと、「抜苦与楽《ばっくよらく》」と申《もう》しまして、一切衆生《さいしゅじょう》に現世《げんぜ》はおろか未来《みらい》までも安楽《あんらく》を与《あた》える大慈《だいじ》・大悲《だいひ》を言《い》うのであります。

この大悲《だいひ》が抜苦《ばっく》にあたるのでありまして、世《よ》の中《なか》の人々《ひとびと》が苦果《くか》に悶《もだ》え、悲《かな》しみつつあるをしてその苦悩《くのう》を抜《ぬ》き去《さ》らしめることです。

大慈《だいじ》は与楽《よらく》に相当《そうとう》する言葉《ことば》です。どうか現世《げんぜ》はもちろん未来永遠《みらいえいえん》までも安楽《あんらく》にしてやりたい、日常善因《にちじょうぜんいん》を作《つく》りて善果《ぜんか》を生《しょう》ぜしめるようにしてやりたいという、思《おも》いやりの所作《しょさ》であります。

世《よ》の中《なか》で「あの人《ひと》は慈悲深《じひぶか》い人《ひと》だ」と申《もう》す人《ひと》は、気《き》の毒《どく》な人《ひと》を見《み》れば同情《どうじょう》して心《こころ》を慰《なぐさ》め、物質的《ぶっしつてき》には物資《ぶっし》を施《ほどこ》してその困窮《こんきゅう》を救済《きゅうさい》する人《ひと》を言《い》うのであります。こうした行為《こうい》は正《まさ》しく慈悲《じひ》の表《あら》われであり、人《ひと》としてなさねばならぬ心遣《こころづか》いであり、所作《しょさ》であります。

心《こころ》を慰《なぐさ》めるを無畏施《むいせ》と言《い》い、物質《ぶっしつ》を施《ほどこ》すを財施《ざいせ》と申《もう》しますが、仏教《ぶっきょう》ではこの無畏施《むいせ》・財施《ざいせ》を行《おこ》なってもそれを大慈《だいじ》・大悲《だいひ》とは申《もう》しません。なぜならば無畏施《むいせ》・財施《ざいせ》には限《かぎ》りがあるからです。もし限《かぎ》りなく施《ほどこ》すことができるとしても釈尊《しゃくそん》の申《もう》されるに「たとえば三千大《だい》千世界《せかい》のすべて生《せい》ある者《もの》が欲求《よっきゅう》する珍宝《ちんぽう》を思《おも》いのまま八十年間施《ねんかんほどこ》しても、各自《かくじ》の持《も》っている悪因苦果《あんいんくか》を滅《めっ》することはできない」のでありまして、ひとたび救《すく》いの主《ぬし》が手《て》を緩《ゆる》めたなれば何人《なんびと》もたちまち困《こま》るのであります。

仏《ほとけ》はまず無畏施《むいせ》・財施《ざいせ》を施《ほどこ》して然《しか》る後《のち》、悪因苦果《あくいんくか》を滅《めっ》するの大法《だいほう》を教《おし》えて、我等衆生《われらしゅじょう》を悉《ことごと》く寂光浄土《じゃっこうじょうど》に送《おく》ろうとしてくださる大慈《だいじ》・大悲《だいひ》の持《も》ち主《ぬし》であります。

仏様《ほとけさま》は我等《われら》に対《たい》して大慈《だいじ》・大悲《だいひ》の恵《めぐ》みを与《あた》え、過去《かこ》・現在《げんざい》・未来《みらい》に於《お》ける悪因《あくいん》を滅除《めつじょ》して永遠《えいえん》の安楽《あんらく》を与《あた》えてくださる救《すく》いの主《ぬし》でありますから、そのことを深《ふか》く心《こころ》に思《おも》って尊敬《そんけい》せねばなりません。仏様《ほとけさま》は、仏及《ほとけおよ》び経巻《きょうかん》を供養《くよう》してもらいたいとは思《おも》われぬが、仏《ほとけ》及《およ》び経巻《きょうかん》をありがたく思う程《ほど》に聞法《もんぽう》が了解《りょうげ》したことを喜《よろこ》ばれるのであります。

元来仏様《がんらいほとけさま》の説法《せっぽう》は、世《よ》の中《なか》の人々《ひとびと》をして悪因《あくいん》を断《だん》じて安楽《あんらく》を得《え》させたいとの慈悲《じひ》の結《けっ》晶《しょう》でありますから、大《おお》いに遵奉《じゅんぽう》せねばなりません。なおこれを説《せつ》の如《ごと》く実行《じっこう》する人《ひと》は実《じつ》に尊《とうと》い人《ひと》であります。この人《ひと》はやがて正覚《しょうがく》を成就《じょうじゅ》して、普《あまね》く人々《ひとびと》に仏《ほとけ》の大慈《だいじ》・大悲《だいひ》を施《ほどこ》す人《ひと》であるからです。さればかように尊《とうと》い教《おし》えを垂《た》れ給《たま》いし仏《ほとけ》を尊《とうと》び、その経巻《きょうかん》を供養《くよう》し、説《せつ》の如《ごと》く修行《しゅぎょう》する人々《ひとびと》を心《こころ》の底《そこ》から尊敬《そんけい》して、たとえ一句《く》の悟《さと》りでも聞《き》くことは誠《まこと》に大切《たいせつ》なことであります。

二祖・村上斎先生　一〇一～一〇三頁

◆御開山上人

誰《だれ》にでもできる布施《ふせ》

布施《ふせ》ということは、仏《ほとけ》の修行《しゅぎょう》としてもっとも大切《たいせつ》な修行《しゅぎょう》ですから、貧富《ひんぷ》の差《さ》なく、どうしても行《おこ》なわなければならぬ修行《しゅぎょう》です。

〝仏《ほとけ》になりたい。理想《りそう》の境遇《きょうぐう》に達《たっ》したい〟と思《おも》う者《もの》は、布施《ふせ》の行《おこ》ないをしなければ、その目的《もくてき》を達《たっ》することはできません。仏《ほとけ》は大慈《だいじ》・大悲《だいひ》の 塊《かたまり》でありまして、仏《ほとけ》にならんとする者《もの》はその大慈《だいじ》・大悲《だいひ》の仏《ほとけ》のみ心《こころ》を、わが心《こころ》としなければ仏《ほとけ》にはなれません。それゆえ布施《ふせ》の行《おこ》ないは、貧富《ひんぷ》の差別《さべつ》なく実行《じっこう》しなければなりません。

しかし、家《いえ》が貧《まず》しくて布施《ふせ》ができぬということも聞《き》きますが、平生《へいぜい》の心掛《こころが》け次第《しだい》で、誰《だれ》にでもできるものです。

布施《ふせ》には三種《しゅ》ありまして、第《だい》一は財施《ざいせ》、第《だい》二は無畏施《むいせ》、第《だい》三は法施《ほうせ》と申《もう》します。

第《だい》一の「財施《ざいせ》」とは、金銭《きんせん》や品物《しなもの》をほどこして、人《ひと》のとぼしきを救《すく》うこと。また人《ひと》のよいことを励《はげ》ます場合《ばあい》に品物《しなもの》をあたえて喜《よろこ》ばせる、そしてよいことに進《すす》ませる、これは無畏施《むいせ》をかねた財施《ざいせ》です。また父母《ふぼ》にたいして孝養《こうよう》をするにも、お好《す》きな物《もの》を差《さ》し上《あ》げて喜《よろこ》んでいただく、これも財施《ざいせ》です。その他《ほか》まわりの人々《ひとびと》をよいことにすすませるよう、励《はげ》ますための物《もの》の施《ほどこ》しはきわめて大切《たいせつ》なことです。これはその身分《みぶん》に応《おう》じて、平生《へいぜい》の心《こころ》がけさえあればよくできることです。

第《だい》二の「無畏施《むいせ》」とは、人《ひと》の苦労《くろう》をのぞくために力《ちから》をつくしてやることです。人《ひと》の苦《くる》しみや、悲《かな》しみにたいして同情《どうじょう》してやること。よいことをしたのをほめてやること。父《ふ》母《ぼ》に安心《あんしん》をあたえることなど、みな無畏施《むいせ》と申《もう》します。物質《ぶっしつ》はなくとも、平生《へいぜい》の心《こころ》がけ次第《しだい》でよくできることです。

第《だい》三は「法施《ほうせ》」。人《ひと》のために教《おし》えを説《と》いてその惑《まどい》をのぞいてやり、希望《きぼう》をもたせ、自《じ》分《ぶん》の生涯《しょうがい》を意義《いぎ》あらしめ、自分《じぶん》の理想《りそう》と、目的《もくてき》を達成《たっせい》させ、仏《ほとけ》としての境遇《きょうぐう》を教《おし》えることと。これは大《おお》きな布施《ふせ》であります。

ことに第《だい》一の財施《ざいせ》については、自分《じぶん》の生活《せいかつ》に余裕《よゆう》がなければ到底《とうてい》できぬようにおもわれますが、それは世間《せけん》の人々《ひとびと》の考《かんが》えちがいです。かならずしも他《た》の人《ひと》に金銭《きんせん》や品物《しなもの》を手《て》渡《わた》さなくても、つねに布施《ふせ》の心《こころ》がけがあればできるもの、これが金《かね》や品物《しなもの》をあたえたのと同《おな》じように財施《ざいせ》であります。品物《しなもの》を売《う》る場合《ばあい》でも買《か》う身《み》になって、よい品物《しなもの》を安《やす》くという心《こころ》がけと実行《じっこう》は布施《ふせ》です。さらに進《すす》んでいえば、天地《てんち》の間《あいだ》に産《さん》する農産物《のうさんぶつ》をはじめ水産《すいさん》・鉱産物等《こうさんぶつとう》も、かぎりのあるものです。濫費《らんぴ》するものがあれば、一方《ぽう》に不足《ふそく》を生《しょう》ずるのです。これに反《はん》してよくおのれを節《せっ》し、多《おお》くの物《もの》を無駄《むだ》に費《つい》やさぬように心《こころ》がけ実《じっ》行《こう》することも、世間全体《せけんぜんたい》にあまりを生《しょう》ずるようにすることであって財施《ざいせ》です。つねに簡《かん》素《そ》な生活《せいかつ》をしている人《ひと》は、自分《じぶん》もなんとなくゆたかであって、きっと世間《せけん》にも財施《ざいせ》をしているのです。

世間《せけん》に布施《ふせ》をすることを「法界《ほうかい》の布施《ふせ》」と申《もう》しますが、その心《こころ》がけと実行《じっこう》はかならず自己《じこ》をゆたかにするようになるのであります。さように考《かんが》えて行《ゆ》けば、誰《だれ》でも財施《ざいせ》はできるものであるということがわかります。

第二《だい》の無畏施《むいせ》も誰《だれ》にでもできます。道《みち》を歩《ある》いて石《いし》につまづいた時《とき》に、その石《いし》をかたすみへよせて通《とお》れば、あとからくる人《ひと》がつまづかずにその道《みち》を通《とお》ることができます。これも一種《しゅ》の無畏施《むいせ》です。汽車《きしゃ》の線路《せんろ》に故障《こしょう》のあるのをみつけて、少年《しょうねん》が大手《おおて》をひろげて機《き》関車《かんしゃ》をとめて、おおくの人《ひと》の生命《せいめい》を救《すく》ったということが新聞《しんぶん》にでていましたが、これも無畏施《むいせ》です。われわれのふだんの心《こころ》がけ一つで、人《ひと》の生命《せいめい》を救《すく》い、又《また》、よいことをほめることも、人《ひと》の骨折《ほねお》りに感謝《かんしゃ》することでも、みなよく実行《じっこう》のできることで、これらを無《む》畏施《いせ》と申《もう》すのであります。物《もの》の「有《あ》る・無《な》い」という差別《さべつ》なく、誰《だれ》にでもできることでありましょう。

第三《だい》の法施《ほうせ》。かならず口《くち》で教《おし》えを説《と》くばかりが法施《ほうせ》だと思《おも》ってはなりません。身《み》をもって教《おし》えを説《と》くのは一番《ばん》よいことです。自分《じぶん》が笑顔《えがお》で人《ひと》にむかえば、相手《あいて》も自然《しぜん》に笑顔《えがお》になります。自分《じぶん》がよいことを行《おこ》なって行《い》くことは、説教《せっきょう》するよりもその効果《こうか》は大《おお》きいのであります。そういうことをすることは、ちょうど田圃《たんぼ》に稲《いね》の苗《なえ》を植《う》えるようなもので、植《う》えればそれはだんだん大《おお》きくなって立派《りっぱ》な稲《いね》の穂《ほ》を収穫《しゅうかく》することができるのであります。このよい結果《けっか》をみた人《ひと》は、その人《ひと》の働《はたら》きを見《み》てその植《う》え方《かた》を見習《みなら》うようになります。

人《ひと》はきっとよいことを見習《みなら》います。仏《ほとけ》の教《おし》えの大切《たいせつ》なことや、信仰《しんこう》の大切《たいせつ》なことがそんなところからわかってゆくのであります。

続・現代生活の指針　一七三～一七七頁

◆日達上人

いつでも、誰《だれ》にでも施《ほどこ》しを

「檀波羅蜜《だんはらみつ》は……人《ひと》によい物《もの》、よい言葉《ことば》、よい行《おこ》ない、よい教《おし》えを施《ほどこ》すことであります。この布施《ふせ》の行《おこ》ないをする基《もとい》になる精神《せいしん》が、大慈悲《だいじひ》の心《こころ》なのであります」。御開山上人《ごかいさんしょうにん》が『極楽《ごくらく》と仏《ほとけ》』の中《なか》でこのように述《の》べておられます。

「よい物《もの》」とは自分《じぶん》の大切《たいせつ》なものです。〝いらない物《もの》を施《ほどこ》す〟のは捨《す》てるのと同《おな》じで、施《ほどこ》しとは言《い》えません。また、施《ほどこ》した後《あと》〝しまった。あんないい物《もの》をあげて損《そん》をした〟と思《おも》ったり、お礼《れい》やお返《かえ》しを求《もと》めれば、施《ほどこ》しではなくなります。

「よい言葉《ことば》」は、ていねいな言葉《ことば》ではありません。相手《あいて》を喜《よろこ》ばせる言葉《ことば》です。

「よい行《おこ》ない」は、相手《あいて》のためになることをしてあげることです。そのことが目《め》につかなくても、とにかくすることです。

布施《ふせ》の中《なか》で最高《さいこう》の布施《ふせ》が、「よい教《おし》え」の施《ほどこ》しです。「法施《ほうせ》」と申《もう》します。〝私《わたくし》は気《き》が短《みじか》くてすぐ堪忍《かんにん》を破《やぶ》るから、とても法《ほう》のお話《はなし》なんてできません〟と言《い》われるかも知《し》れませんが、それはちがいます。悩《なや》み・苦《くる》しみがあるからできるのです。何《なに》も苦《くる》しいことがなかったら、人《ひと》の苦《くる》しみはわかりません。

『月刊法音』第二七一号　八〜九頁

正定聚〔皆共成仏道〕

〃み法説《のりと》く人《ひと》はほとけにむかうごと
敬《うやま》い奉《まつ》れいつの代《よ》までも〃

御開山上人御詠

◆経　典

◇慚愧清淨《ざんぎしょうじょう》にして、佛道《ぶつどう》を志求《しぐ》する者《もの》あらば、當《まさ》に是《かく》の如《ごと》き等《ら》の爲《ため》に、廣《ひろ》く一乘《じょう》の道《どう》を讃《ほ》むべし。

妙法蓮華經・方便品　八二頁

◇吾《わ》が滅後《めつご》の悪世《あくせ》に、能《よ》く是《こ》の經《きょう》を持《たも》たん者《もの》をば、當《まさ》に合掌《がっしょう》し禮敬《らいきょう》して、世尊《せそん》に供養《くよう》するが如《ごと》くすべし。上饌衆《じょうせんもろもろ》の甘美《かんみ》、及《およ》び種種《しゅじゅ》の衣服《えぶく》をもって、是《こ》の佛子《ぶっし》に供養《くよう》して、須臾《しゅゆ》も聞《き》くことを得《え》んと冀《ねご》うべし。若《も》し能《よ》く後《のち》の世《よ》に於《おい》て、是《こ》の經《きょう》を受持《じゅじ》せん者《もの》は、我遣《われつか》わして人中《にんちゅう》にあらしめて、如來《にょらい》の事《じ》を行《ぎょう》ぜしむるなり。

妙法蓮華經・法師品　二〇五〜二〇六頁

◇佛《ほとけ》、普賢菩薩《ふげんぼさつ》に告《つ》げたまわく、若し善男子《ぜんなんし》・善女人《ぜんにょにん》、四法《ほう》を成就《じょうじゅ》せば如來《にょらい》の滅後《めつご》に於《お》いて當《まさ》に是《こ》の法華經《ほけきょう》を得《う》べし。一には諸佛《しょぶつ》に護念《ごねん》せらるることを爲《え》、二には諸《もろもろ》の徳本《とくほん》を植《う》え、三には正定聚《しょうじょうじゅ》に入《い》り、四には一切衆生《さいしゅじょう》を救《すく》うの心《こころ》を發《おこ》せるなり。善男子《ぜんなんし》・善女人《ぜんにょにん》、是《かく》の如《ごと》く四法《ほう》を成就《じょうじゅ》せば、如來《にょらい》の滅後《めつご》に於《お》いて必《かなら》ず是《こ》の經《きょう》を得《え》ん。

妙法蓮華經・普賢菩薩勸發品　三八二～三八三頁

◇若《も》し是《こ》の經典《きょうでん》を受持《じゅじ》せん者《もの》を見《み》ては、當《まさ》に起《た》って遠《とお》く迎《むか》うべきこと、當《まさ》に佛《ほとけ》を敬《うや》うが如《ごと》くすべし。

妙法蓮華經・普賢菩薩勸發品　三八九頁

◆遺　文

◇釋迦如來《しゃかにょらい》の御爲《おんため》には、提婆達多《だいばだった》こそ第一《だい》の善知識《ぜんちしき》よ。今《いま》の世間《せけん》を見《み》るに、人《ひと》を善《よ》く成《な》す者《もの》は、方人《かたうど》よりも强敵《ごうてき》が人《ひと》をば善《よ》く成《な》しけるなり、眼前《げんぜん》に見《み》えたり。

種種御振舞御書　一三七四頁

◇法師品《ほっしほん》には『人《ひと》ありて八十億劫《おくこう》の間《あいだ》、無量《むりょう》の寶《たから》を盡《つく》して佛《ほとけ》を供養《くよう》し奉《たてまつ》らん功徳《くどく》よりも、法華經《ほけきょう》を説《と》かん僧《そう》を供養《くよう》して後《のち》に、須臾《しゅゆ》の間《あいだ》も此經《このきょう》の法門《ほうもん》を聴聞《ちょうもん》することあらば、我大《われおお》なる利益功徳《りやくくどく》を得《う》べしと悦《よろこ》ぶべし』と見《み》えたり。無智《むち》の者《もの》は此經《このきょう》を説《と》く者《もの》に使《つか》われて功徳《くどく》を得《う》べし。何《いか》なる鬼畜《きちく》なり共《とも》法華經《ほけきょう》の一偈《げ》一句《く》をも説《と》かん者《もの》をば、『當起遠迎當《とうきおんごうとう》如敬佛《にょきょうぶつ》』の道理《どうり》なれば、佛《ほとけ》の如《ごと》く互《たがい》に敬《うやま》うべし。

松野殿御返事　一四八一頁

◇我《わ》が弟子《でし》と名乘《なの》らん人人《ひとびと》は、一人《にん》も臆《おく》し思《おも》わるべからず。親《おや》を思《おも》い、妻子《めこ》を思《おも》い、所《しょ》領《りょう》を顧《かえりみ》ることなかれ。無量劫《むりょうこう》よりこのかた、親子《おやこ》の爲《ため》、所領《しょりょう》の爲《ため》に命《いのち》を捨《す》てたる事《こと》は大地微塵《だいちみじん》より多《おお》し。法華經《ほけきょう》の故《ゆえ》には未《いま》だ一度《ど》も捨《す》てず。法華經《ほけきょう》をば若干《そこばく》行《ぎょう》ぜしかども、かかる事出來《ことしゅったい》せしかば、退轉《たいてん》して止《や》みにき。譬《たと》えば湯《ゆ》をわかして水《みず》に入《い》れ、火《ひ》を切《き》るに遂《と》げざるが如《ごと》し。各々《おのおの》思《おも》い切《き》り給《たま》え。此《こ》の身《み》を法華經《ほけきょう》に替《か》うるは、石《いし》に金《こがね》を替《か》え糞《ふん》に米《こめ》を替《か》うるなり。佛滅後《ぶつめつご》二千二百二十餘年《よねん》が間《あいだ》、迦葉《かしょう》・阿難等《あなんとう》、馬鳴《めみょう》・龍樹等《りゅうじゅとう》、南岳《なんがく》・天台等《だいとう》、妙樂《みょうらく》・傳教等《でんぎょうとう》だにも未《いま》だ弘《ひろ》め給《たま》わざる法華經《ほけきょう》の肝心《かんじん》、諸佛《しょぶつ》の眼目《がんもく》たる妙法蓮華經《みょうほうれんげきょう》の五字《じ》、末法《まっぽう》の始《はじ》めに一閻浮提《えんぶだい》に弘《ひろ》まらせ給《たま》うべき瑞相《ずいそう》に日蓮《にちれん》魁《さきがけ》したり。△わたう共《ども》二陣《ぢん》三陣《ぢん》つづいて、迦葉《かしょう》・阿難《あなん》にも勝《すぐ》れ、天台《てんだい》・傳教《でんぎょう》にも超《こ》えよかし。僅《わづ》かの小島《をじま》の主等《ぬしら》が威嚇《おど》さんに恐《おそ》れては、閻魔王《えんまおう》の責《せめ》をばいかがすべき。佛《ほとけ》の御使《おんつかい》と名乘《なの》りながら、臆《おく》せんことは無下《むげ》の人人《ひとびと》なりと申《もう》し含《ふく》めぬ。

種種御振舞御書　一三六五〜一三六六頁

◇我《わ》が門家《もんけ》は夜《よる》は眠《ねむ》りを斷《た》ち、晝《ひる》は暇《いとま》を止《とど》めて之《これ》を案《あん》ぜよ、一生空《しょうむな》しく過《すご》して萬歳悔《ばんざいく》ゆる事勿《ことなか》れ。

富木殿御書　一二九五頁

◇心《こころ》の師《し》とはなるとも心《こころ》を師《し》とせざれとは六波羅蜜經《はらみつきょう》の文《もん》なり。設《たと》い如何《いか》なる煩《わずら》わしき事《こと》ありとも夢《ゆめ》になして、只法華經《ただほけきょう》の事《こと》のみさはぐらせ給《たま》うべし。

兄弟鈔　一一五一頁

◇一人《にん》の心《こころ》なれども二の心《こころ》あれば、其《そ》の心《こころ》たがいて成《じょう》ずる事《こと》なし。百人《にん》千人《にん》なれども一つ心《こころ》なれば、必《かなら》ず一事《じ》を成《じょう》ず。日本國《にほんこく》の人人《ひとびと》は多人《たにん》なれども異體異心《いたいいしん》なれば諸事成《しょじじょう》ぜん事《こと》かたし。日蓮《にちれん》が一類《るい》は異體同心《いたいどうしん》なれば、人人少《ひとびとすくな》く候《そうら》えども、大事《だいじ》を成《じょう》じて一定法華經《ちょうほけきょう》弘《ひろ》まりなんと覺《おぼ》えて候《そうろう》。惡《あく》は多《おお》けれども一善《ぜん》にかつ事《こと》なし。譬《たと》えば多《おお》くの火《ひ》あつまれども一水《すい》には消《き》えぬ。この一門《もん》も又《また》かくの如《ごと》し。

異體同心の事　一〇六四頁

◇願《ねが》わくは我《わ》が弟子《でし》等《ら》は師子王《ししおう》の子《こ》となりて、群猿《ぐんえん》に笑《わら》わるる事《こと》なかれ。過去遠遠劫《かこをんのんごう》より已來《このかた》日蓮《にちれん》が如《ごと》く身命《しんみょう》を捨《す》てて强敵《ごうてき》の科《とが》をつく師子《しし》は値《あ》いがたかるべし。國王《こくおう》の責《せ》めなををぢべし、いおうや閻魔《えんま》の責《せ》めをや。日本國《にほんこく》の責《せ》めは水《みづ》の如《ごと》し、濡《ぬ》るるをおそるる事《こと》なかれ。閻魔《えんま》の責《せ》めは火《ひ》の如《ごと》し、裸《はだか》にして入《い》ると思《おも》え。

師子王御書　一二三六頁

◇總《そう》じて予《よ》が弟子《でし》等《ら》は、我《わ》が如《ごと》く正理《しょうり》を修行《しゅぎょう》し給《たま》え。智者學匠《ちしゃがくしょう》の身《み》となりても、地獄《ぢごく》に墮《お》ちて何《なん》の詮《せん》かあるべき。

十八圓滿鈔　一九一六頁

◇善《よ》き火打《ひうち》と、善《よ》き石《いし》の角《かど》と、善《よ》きほくそと、此《こ》の三つ寄《よ》り合《あ》いて火《ひ》を用《もち》ゆるなり。祈《いのり》も又是《またかく》の如《ごと》し、善《よ》き師《し》と善《よ》き檀那《だんな》と善《よ》き法《ほう》と、此《こ》の三つ寄《よ》り合《あ》いて祈《いのり》を成就《じょうじゅ》し、國土《こくど》の大難《だいなん》をも拂《はら》うべき者《もの》なり。善《よ》き師《し》とはさしたる世間《せけん》の失《とが》なくして、聊《いささ》かの諂《へつら》うことなく、少欲知足《しょうよくちそく》にして慈悲《じひ》あらん僧《そう》の、經文《きょうもん》に任《まか》せて法華經《ほけきょう》を讀《よ》み持《たも》ちて、人《ひと》をも勸《すす》めて持《たも》たせん僧《そう》をば、佛《ほとけ》は一切《さい》の僧《そう》の中《なか》によき第《だい》一の法師《ほっし》なりと讃《ほ》められたり。よき檀那《だんな》とは、貴人《きじん》にもよらず、賤人《せんにん》をも惡《にく》まず、上《かみ》にも頼《よ》らず下《しも》をも賤《いや》しまず、一切人《さいひと》をば用《もち》いずして、一切經《さいきょう》の中《なか》に法華經《ほけきょう》を持《たも》たん人《ひと》をば、一切《さい》の人《ひと》の中《なか》によき人《ひと》なりと佛《ほとけ》は説《と》き給《たま》えり。よき法《ほう》とは此《こ》の法華經《ほけきょう》を最爲第《さいいだい》一の法《ほう》と説《と》かれたり。已説《いせつ》の經《きょう》の中《なか》にも、今説《こんせつ》の經《きょう》の中《なか》にも、當説《とうせつ》の經《きょう》の中《なか》にも、此《こ》の經第《きょうだい》一と見《み》えて候《そうら》えば吉《よ》き法《ほう》なり。

法華初心成佛鈔　一六二三頁

◇檀那《だんな》と師《し》と思《おも》い合《あ》わぬ祈《いの》りは、水《みず》の上《うえ》に火《ひ》を焚《た》くが如《ごと》し。又檀那《まただんな》と師《し》と思《おも》いあいて候《そうら》えども、大法《だいほう》を小法《しょうほう》を以《もっ》て犯《おか》せしこと、年久《としひさ》しき人人《ひとびと》の御祈《おんいの》りは叶《かな》い候《そうら》わぬ上《うえ》、我《わ》が身《み》も檀那《だんな》も亡《ほろ》び候《そうろう》なり。

四條金吾殿御返事　一五〇二頁

◇ただ心《こころ》こそ大切《たいせつ》なれ。いかに日蓮祈《にちれんいの》り申《もう》すとも不信《ふしん》ならば、濡《ぬ》れたるほくちに火《ひ》を打《う》ちかくるが如《ごと》くなるべし。勵《はげ》みをなして強盛《ごうじょう》に信力《しんりき》をいだし給《たま》うべし。

四條金吾殿御返事　一八〇三頁

◇返《かえ》す返《がえ》す今《いま》に忘《わす》れぬ事《こと》は、頸切《くびき》られんとせし時《とき》、殿《との》は供《とも》して馬《うま》の口《くち》に付《つ》きて泣《な》き悲《かなし》み給《たま》いしをば、いかなる世《よ》にか忘《わす》れなん。設《たと》い殿《との》の罪深《つみふか》くして地獄《ぢごく》に入《い》り給《たま》わば、日蓮《にちれん》をいかに佛《ほとけ》になさんと釋迦佛《しゃかぶつ》こしらえさせ給《たま》うとも、用《もち》い参《まい》らせ候《そうろう》べからず、同《おな》じく地《ぢ》獄《ごく》なるべし。日蓮《にちれん》と殿《との》と共《とも》に地獄《ぢごく》に入《い》るならば、釋迦佛《しゃかぶつ》・法華經《ほけきょう》も地獄《ぢごく》にこそ在《おわ》しまさざらめ。暗《やみ》に月《つき》の入《い》るが如《ごと》く、湯《ゆ》に水《みず》を入《い》るるが如《ごと》く、氷《こおり》に火《ひ》をたくが如《ごと》く、日輪《にちりん》に暗《やみ》を投《な》ぐるが如《ごと》くこそ候《そうら》わんずれ。

崇峻天皇御書（四條鈔）一五八八頁

◇一切衆生《さいしゅじょう》南無《なむ》妙法蓮華經《みょうほうれんげきょう》と唱《とな》うるより外《ほか》の遊樂《ゆうらく》なきなり。經《きょう》に云《いわ》く、『衆生《しゅじょう》の遊樂《ゆうらく》する所《ところ》』云云《うんぬん》。此《こ》の文豈自受法樂《もんあにじじゅほうらく》にあらずや。衆生《しゅじょう》の內《うち》に貴殿《きでん》漏《も》れ給《たま》うべきや。所《ところ》とは一閻浮提《えんぶだい》なり、日本國《にほんこく》は閻浮提《えんぶだい》の內《うち》なり。遊樂《ゆうらく》とは我等《われら》が色心依正《△しきしんえしょう》ともに一念《ねん》三千自受用《△じじゅゆう》身《しん》の佛《ほとけ》にあらずや。法華經《ほけきょう》を持《たも》ち奉《たてまつ》るより外《ほか》に遊樂《ゆうらく》はなし。『現世安穩《げんぜあんのん》、後生善處《ごしょうぜんしょ》』とは是《これ》なり。ただ世間《せけん》の留難來《るなんきた》るとも、取《と》りあい給《たま》うべからず。賢人聖人《けんじんせいじん》も此《こ》の事《こと》は脱《のが》れず。ただ女房《にょうぼう》と酒《さけ》うち飲《の》みて南無妙法蓮華經《なむみょうほうれんげきょう》と唱《とな》え給《たま》え。苦《く》をば苦《く》と悟《さと》り樂《らく》をば樂《らく》と開《ひら》き、苦樂《くらく》ともに思《おも》い合《あわ》せて南無妙法蓮華經《なむみょうほうれんげきょう》とうち唱《とな》え居《い》させ給《たま》え。これあに自受法樂《じじゅほうらく》

にあらずや。いよいよ強盛《ごうじょう》の信力《しんりき》を致《いた》し給《たま》え。　四條金吾殿御返事　一四〇七頁

◆安立大法尼

富《と》み栄《さか》ゆる道《みち》

幸《さいわ》いなるかな、皆様方《みなさまがた》がこの仏道修養《ぶつどうしゅうよう》をせらるることは、誠《まこと》に仏《ほとけ》の仰《おお》せの如《ごと》く、過去《かこ》百千万億《まんおく》の菩薩《ぼさつ》を教化《きょうけ》せられたる深徳《じんとく》の方々《かたがた》に外《ほか》ならぬのでありまして、人《ひと》と生《う》まれてこの上《うえ》もなき本懐《ほんかい》であります。皆様方《みなさまがた》を常々《つねづね》、善男子《ぜんなんし》・善女人《ぜんにょにん》と合掌《がっしょう》する所以《ゆえん》は、これであります。

しかし、凡夫《ぼんぷ》の菩提心《ぼだいしん》はとかく悪縁《あくえん》に誑《たぶらか》されて、ことに触《ふ》れて移《うつ》りやすく、「魚《うを》の子《こ》は多《おお》けれ共魚《どもうを》と成《な》るは少《すく》く、菴羅樹《あんらじゅ》の花《はな》は多《おお》く咲《さ》け共《ども》、果《み》に成《な》るは少《すく》し」（松野殿御《まつのどのご》返事《へんじ》）との日蓮聖人《にちれんしょうにん》のお言葉《ことば》の如《ごと》く、一旦《たん》この道《みち》に入《はい》っても、ことに触《ふ》れて迷《まよ》いやすいのであります。受《う》け難《がた》き人身《にんしん》を受《う》け、尊《とうと》き法《ほう》に会《あ》いながら、これを信《しん》ずるの機会《きかい》を得《え》ず、迷夢《めいむ》の中《なか》に一生《しょう》を送《おく》り、病魔《びょうま》に苦《くる》しめられ、あるいは災難《さいなん》に触《ふ》れて一生《しょう》を終《お》わらば、誠《まこと》に「人《ひと》の身《み》を得《え》て道《みち》を修《おさ》めざれば、宝《たから》の山《やま》に入《い》りながら手《て》を空《むな》しうして帰《かえ》るが如《ごと》し」（正法念経《しょうぼうねんきょう》）であります。その時《とき》に到《いた》りて如何《いか》ほど悔《く》ゆるとも、取返《とりかえ》しはつきません。

聖人曰《しょうにんいわ》く、「魚《いを》は命《いのち》を惜《おし》む故《ゆえ》に、池《いけ》に栖《す》むに池《いけ》の浅《あさ》き事《こと》を嘆《なげ》いて、池《いけ》の底《そこ》に穴《あな》を掘《ほ》りて栖《す》む。然《しか》れども餌《え》にばかされて釣《つり》を呑《の》む。鳥《とり》は木《き》に栖《す》む。木《き》の低《ひく》き事《こと》を怖《お》ぢて、木《き》の上《ほ》枝《づえ》に栖《す》む。然《しか》れども餌《え》にばかされて網《あみ》に懸《かか》る。人《ひと》も又是《またかく》の如《ごと》し」（佐渡御書《さどごしょ》）と。

皆様《みなさま》は、魚《うお》や鳥《とり》のように餌《え》にばかされて迷《まよ》わぬように、この大法《だいほう》に依《よ》って人《ひと》に依《よ》らず、善悪《ぜんあく》を識別《しきべつ》してお進《すす》みください。人《ひと》の一命《めい》は風前《ふうぜん》の灯火《ともしび》の如《ごと》く、朝日《あさひ》に向《む》かえる露《つゆ》の如《ごと》くであります。この儚《はかな》き一生《しょう》の間《あいだ》に、ただ、迷《めい》・悟《ご》の二字《じ》を以《も》って幸《こう》と不幸《ふこう》の別《べつ》を生《しょう》じ、大《おお》いなる懸隔《けんかく》を来《きた》すのであります。

せっかく受《う》け難《がた》き人界《にんかい》に生《せい》を受《う》け、悟《さと》れば如何《いか》なる悪因縁《あくいんねん》をも消滅《しょうめつ》して善果《ぜんか》を得《う》べきものを、迷《まよ》いの一字《じ》のために、功徳《くどく》も積《つ》まずして平々凡々《へいへいぼんぼん》と暮《く》らすのみか、僅《わず》かの善根《ぜんこん》を滅《めっ》して却《かえ》って悪因《あくいん》を増《ま》すは、嘆《なげ》かわしき極《きわ》みとも、恐《おそ》ろしき極《きわ》みであります。この理《り》を熟考《じゅくこう》せられて、行住坐臥《ぎょうじゅうざが》、南無妙法蓮華経《なむみょうほうれんげきょう》と唱《とな》えてください。堪忍《かんにん》して功徳《くどく》を積《つ》んでください。きっと、災難《さいなん》も未然《みぜん》に防《ふせ》ぐことができます。病気《びょうき》も起《お》こりません。長寿《ちょうじゅ》を保《たも》つこともできます。何《なに》か良《よ》いことは無《な》いかと言《い》わずとも、段々運《だんだんうん》も良《よ》くなって、富《と》み栄《さか》ゆるのであります。

これは一個人《こじん》のことでありますが、本会《ほんかい》は、昨年《さくねん》この功徳《くどく》を積《つ》んで一般《ぱん》の大難《だいなん》、即《すなわ》ち、暴風《ぼうふう》の被害《ひがい》を逃《のが》れしむることに成功《せいこう》しました。ある人《ひと》は、〝我《わ》が国《くに》は神国《しんこく》であるから、イザという場合《ばあい》には神仏《しんぶつ》を念《ねん》ずれば必《かなら》ず霊験《れいけん》がある〟と申《もう》されますが、一個人《こじん》の災難《さいなん》が一個人《こじん》の罪障《ざいしょう》である如《ごと》く、国家的災難《こっかてきさいなん》は、一般国民《ぱんこくみん》の思想《しそう》の悪化《あっか》によって来《きた》る悪果《あっか》であります。一般国民《ぱんこくみん》がこれに目覚《めざ》めて精神修養《せいしんしゅうよう》せなければ、神仏《しんぶつ》と雖《いえど》もどうして守護《しゅご》ができましょう。常《つね》に準備《じゅんび》をして、事《こと》ある時《とき》に霊験《れいけん》を表《あら》わすよう功徳《くどく》を積《つ》んでおくことが、最《もっと》も肝要《かんよう》であります。

本会《ほんかい》はこの準備《じゅんび》のために、陰《かげ》ながら大《おお》いに努力《どりょく》するのであります。しかし、これも少《しょう》人数《にんずう》の者《もの》の力《ちから》では到底及《とうていおよ》ばざることですから、皆様方《みなさまがた》も揃《そろ》って自分《じぶん》の修養《しゅうよう》に努力《どりょく》せらると共《とも》に、修養者《しゅうようしゃ》を一人《ひとり》も多《おお》く作《つく》ってください。諸仏《しょぶつ》・世尊《せそん》に対《たい》し奉《たてまつ》る万分《まんぶん》のご報恩《ほうおん》は、これに過《す》ぎたるはないのであります。だれかれ問《と》わず、精神修養《せいしんしゅうよう》に努力《どりょく》していただきたいのであります。

始祖・御法話集　一〇九〜一一二頁

◆宗玄大徳

何事《なにごと》も、結果《けっか》の良《よ》くなるように

人《ひと》という字《じ》は二本《ほん》の棒《ぼう》が互《たが》いにもたれ合《あ》っています。どちらか一本倒《ぽんたお》れれば両方《りょうほう》が立《た》ちません。それ故私《ゆえわたくし》は、常《つね》に他《た》の人々《ひとびと》を尊敬致《そんけいいた》します。世《よ》の中《なか》の人々《ひとびと》に対《たい》して感謝《かんしゃ》しています。私《わたくし》が法話《ほうわ》を申《もう》しあげましても、人々《ひとびと》が聞《き》いてくだされればこそ功徳《くどく》が積《つ》ませて頂《いただ》けるのです。

また、世《よ》の中《なか》の人々《ひとびと》は常《つね》に試練《しれん》してくださるということも、忘《わす》れたことがありません。そのように考《かんが》えますと、一切《さい》衆生《しゅじょう》は皆私《みなわたくし》のために働《はたら》いてくださるかとさえ思《おも》われます。

講演《こうえん》を致《いた》します時《とき》、私《わたくし》は必《かなら》ず皆《みな》さんに向《む》かってお題目《だいもく》を三唱致《しょういた》しますが、これは、皆《みな》さんに感謝《かんしゃ》の意味《いみ》で礼拝《らいはい》させて頂《いただ》くのです。なおまた、この法《ほう》を聞《き》いてくださる方《かた》はみな仏《ほとけ》と成《な》られる尊《とうと》い方《かた》であるから、その仏性《ぶっしょう》に対《たい》して礼拝《らいはい》するのであります。一切《さい》の人々《ひとびと》は皆《みな》、私《わたくし》の師《し》であり、私《わたくし》に徳《とく》を積《つ》ませてくださる親《おや》ですもの、どうして拝《はい》さずにおられましょう。

人《ひと》を助《たす》け導《みちび》くということは、この報恩《ほうおん》の一端《たん》であり、自己《じこ》を立《た》たしめる基《もとい》であります。それは私《わたくし》の立場《たちば》ばかりでなく、お金儲《かねもう》けの場合《ばあい》でも同《おな》じです。相手《あいて》の人々《ひとびと》の恩恵《おんけい》に因《よ》って自分《じぶん》が儲《もう》かります。それに、相手《あいて》を倒《たお》すようなことをしてどうして自分《じぶん》が立《た》ちましようか。人《ひと》という二本《ほん》の棒《ぼう》の一本《ぽん》を外《はず》したような結果《けっか》と成《な》りますから、これがそもそも間違《まちが》いだと思《おも》います。

生存競争《せいぞんきょうそう》というも商業戦略《しょうぎょうせんりゃく》というも、みな相手《あいて》の人《ひと》を倒《たお》す考《かんが》えや心遣《こころづか》いではありますまいか。その考《かんが》え方《かた》ははたして、二本《ほん》の棒《ぼう》の一本《ぽん》を外《はず》したと同《おな》じであろうと思《おも》います。何事《なにごと》でもすべて、結果《けっか》のよくなることを考《かんが》えて行《おこ》なうを仏智《ぶっち》とも実智《じっち》とも申《もう》し、結果《けっか》の悪《わる》いことを知《し》らずしてなす者《もの》は愚《おろ》か者《もの》と申《もう》します。世《よ》のためになるとか、徳《とく》を積《つ》むとか申《もう》しましても、相手《あいて》の人《ひと》を倒《たお》しては徳《とく》が積《つ》めません。徳《とく》を積《つ》むということは、相手《あいて》の人《ひと》を立《た》てるように、喜《よろこ》ばせるようにしてこそ初《はじ》めて徳《とく》が積《つ》ませてもらえまして、自己《じこ》も立《た》つということになります。それは、持《も》ちつ持《も》たれつ人《ひと》という字《じ》のそれの如《ごと》く、相手《あいて》と自己《じこ》と相結合《あいけつごう》して初《はじ》めて両方共《りょうほうとも》に倒《たお》れざるが真理《しんり》であります。

村上先生御法話集（二）一三七〜一三九頁

◆御開山上人

仏《ほとけ》となる因縁《いんねん》の事《こと》

皆《みな》さんと私《わたくし》が、現在《げんざい》この法華経《ほけきょう》を習《なら》いまして楽《たの》しい生活《せいかつ》に進《すす》めてゆくということは、ずっと前《まえ》の世《よ》からの深《ふか》い因縁《いんねん》があってしているのであるということが、法華経《ほけきょう》に説《と》かれています。

「是《こ》の本因縁《ほんいんねん》を以《もっ》て、今法華経《いまほけきょう》を説《と》いて、汝《なんじ》をして仏道《ぶつどう》に入《い》らしむ。慎《つつし》んで驚懼《きょうく》を懐《いだ》くこと勿《なか》れ」（化城喩品《けじょうゆほん》）

〝あなた方《がた》と私《わたくし》とは現在《げんざい》だけの縁《えん》ではない。前《まえ》の世《よ》からこういう因縁《いんねん》があるから、今《いま》ここで法華経《ほけきょう》を説《と》き、あなた方《がた》がそれを学《まな》び、すべて世《よ》の中《なか》の人々《ひとびと》を教《おし》え導《みちび》くような力《ちから》をそなえるようにしてやるのである。かような考《かんが》えで教《おし》えを説《と》いているのであるから、驚《おどろ》いたり、懼《おそ》れたりする心持《こころも》ちを持《も》ってはいけない。仏《ほとけ》と自分《じぶん》とは段《だん》がちがうものだとか、仏《ほとけ》に成《な》れるものではないという臆病《おくびょう》の心持《こころも》ちをおこしてはならない。必《かなら》ず仏《ほとけ》になるのですよ。世《よ》の中《なか》の人々《ひとびと》を教《おし》え導《みちび》く人《ひと》が仏《ほとけ》なのですよ〟

このように仏《ほとけ》はおっしゃっていられるのであります。私《わたくし》たち縁《えん》あって法華経《ほけきょう》を聞《き》く者《もの》は、一人《ひとり》でも多《おお》くの人々《ひとびと》にこの御法《ごほう》を聞《き》かせて、共々《ともども》に仏《ほとけ》になるように励《はげ》まねばなりません。

御開山上人御遺稿集　一五～一六頁

◆日達上人

善知識《ぜんちしき》　この世《よ》の中《なか》、何事《なにごと》もうまくゆくのはよいことです。しかし、あまりうまくゆくのも考《かんが》えものです。何《なに》も心配《しんぱい》することがないと人間《にんげん》はボーッとなってしまいます。困《こま》ったことに出《で》くわせばそこで考《かんが》え〝堪忍《かんにん》しよう。徳《とく》を積《つ》もう〟という契機《けいき》になります。生《う》まれつき幸《しあわ》せで、何《なん》の苦労《くろう》もなく育《そだ》ったという人《ひと》は、逆《ぎゃく》に言《い》うと本当《ほんとう》の楽《たの》しみ・喜《よろこ》びを知《し》らない人《ひと》かも知《し》れません。

苦《くる》しみがあるから喜《よろこ》びが生《い》きてくるのです。悩《なや》みのないという人《ひと》は、実《じつ》は本当《ほんとう》の喜《よろこ》びを知《し》らない、つまり、喜《よろこ》びの中《なか》にあっても喜《よろこ》びを知《し》らない人《ひと》と言《い》えます。お釈迦《しゃか》さまは提婆達多《だいばだった》を「善知識《ぜんちしき》」と言《い》われました。善知識《ぜんちしき》とは「善《よ》い友《とも》だち」ということです。

善《よ》い友《とも》だちといえば、〝自分《じぶん》を助《たす》けてくれる人《ひと》。力《ちから》になってくれる人《ひと》〟と思《おも》いますが、自分《じぶん》に辛《つら》く当《あ》たる人《ひと》、意地悪《いじわる》くする人《ひと》も本当《ほんとう》は善知識《ぜんちしき》なのです。

〝なぜそんな人《ひと》が〟と思《おも》いますが、その人《ひと》によって自分《じぶん》が向上《こうじょう》することができるからです。苦《くる》しい目《め》に遭《あ》わされて、そこでクシャンとなってしまったらそれまでです。しかし、そこを乗《の》り越《こ》えてもう一段上《だんうえ》の人生《じんせい》を送《おく》ることができれば、〝その人《ひと》のおかげ〟ということになります。人間《にんげん》は、辛《つら》い目《め》に遭《あ》い、苦《くる》しいことを乗《の》り越《こ》えることによっていつも成長《せいちょう》できるのです。

『月刊法音』第三二六号　八～九頁

善《よ》い友《とも》を持《も》つことは聖《せい》なる道《みち》のすべて　雑阿含経《ぞうあごんきょう》に、阿難尊者《あなんそんじゃ》がお釈迦《しゃか》さまに教《おし》えを乞《こ》う場面《ばめん》があります。

「世尊《せそん》、私《わたくし》は近頃《ちかごろ》このように思《おも》います。善《よ》い友《とも》を持《も》つということは、聖《せい》なる道《みち》を半分《はんぶん》くらい成《な》し遂《と》げたくらい尊《とうと》いことだと思《おも》いますが、いかがでしょう」

「阿難《あなん》よ、そういう考《かんが》えは充分《じゅうぶん》ではない。善《よ》い友《とも》を持《も》つことは聖《せい》なる道《みち》のすべてである」

善《よ》い友《とも》とは、私《わたくし》が悲《かな》しみに暮《く》れている時《とき》、心《こころ》の底《そこ》から私《わたくし》と共《とも》に泣《な》いてくれる人《ひと》、私《わたくし》に喜《よろこ》びがある時《とき》、本当《ほんとう》に喜《よろこ》びを分《わ》かちあってくれる人《ひと》です。

『月刊法音』第三二七号　一五～一六頁

心《こころ》の師《し》となる　「すべては自分《じぶん》の心《こころ》から起《お》こる」とお釈迦《しゃか》さまはおっしゃいます。たしかにそう思《おも》われることはたくさんあります。子《こ》どもの頃《ころ》は余《あま》り心配事《しんぱいごと》もなく、悩《なや》みも小《ちい》さなものでしたが、ある程度《ていど》の年《とし》になると、次《つぎ》から次《つぎ》に、いろいろな悩《なや》みが出《で》てきます。日蓮聖人《にちれんしょうにん》は「心《こころ》の師《し》とはなるとも心《こころ》を師《し》とせざれ」とおっしゃいました。〝心《こころ》を自分《じぶん》が制御《せいぎょ》すればいいけれど、心《こころ》のままに動《うご》いていたら大変《たいへん》なことになるよ〟と言《い》われるのです。

心《こころ》の常態《じょうたい》は一人《ひとり》ひとりみな違《ちが》います。また、自分《じぶん》の心《こころ》でも朝昼晩《あさひるばん》、次々《つぎつぎ》に変化《へんか》します。〝その心《こころ》に引《ひ》きずられているときりがない〟ということです。

心《こころ》を制御《せいぎょ》するには、徳《とく》を積《つ》んでゆかないといけません。目《め》の前《まえ》のことばかり気《き》にして心配事《しんぱいごと》を増《ふ》やしているのが、私共《わたくしども》の心《こころ》です。

『月刊法音』第四一八号　五頁

心願成就《しんがんじょうじゅ》の道《みち》　仏力《ぶつりき》・法力《ほうりき》・信力《しんりき》の和合《わごう》　神社《じんじゃ》・仏閣《ぶっかく》に参拝《さんぱい》することは、何《なに》か「ご利益《りやく》」を願《ねが》ってするものですが、しかし、ただ単《たん》にお参《まい》りするだけでいいのでしょうか。願《ねが》いが成就《じょうじゅ》するためには、仏力《ぶつりき》・法力《ほうりき》・信力《しんりき》の三力《りき》が和合《わごう》しなければなりません。

「仏力《ぶつりき》」とは、神《しん》・仏《ぶつ》の持《も》ってみえる徳《とく》や力《ちから》です。日本《にほん》には昔《むかし》から「八百万《やおよろず》の神《かみ》」と言《い》われますように、大変大勢《たいへんおおぜい》の神《かみ》さまがみえます。仏《ほとけ》さまも「十方分身《ぼうふんじん》の仏《ほとけ》」とありますように、とても大勢《おおぜい》おられます。そうした中《なか》、本当《ほんとう》に頼《たよ》りとできる神《かみ》さま・仏《ほとけ》さまはどなたなのかを探《さが》し出《だ》すことがまず大切《たいせつ》です。

たとえばお稲荷《いなり》さんですが、本々《もともと》の因縁《いんねん》をご存知《ぞんじ》の方《かた》は少《すく》ないでしょう。お稲荷《いなり》さんは本来《ほんらい》、豊作《ほうさく》の神《かみ》さまです。また、讃岐《さぬき》の金比羅《こんぴら》さんのご神体《しんたい》はワニでありますが、ここは河川《かせん》・航海《こうかい》の安全《あんぜん》を祈《いの》る所《ところ》です。このように神《かみ》さま・仏《ほとけ》さまにもそれぞれ「専門分野《せんもんぶんや》」があるわけです。それを場違《ばちが》いなお願《ねが》いをしても効《き》き目《め》はないように思《おも》うのですがいかがでしょう。また、いかに神《かみ》さま・仏《ほとけ》さまといえど、苦《くる》しい時《とき》だけ、それも突然頼《とつぜんたの》まれてもさぞ困《こま》られると思《おも》います。私共《わたくしども》もそうでしょう。見《み》ず知《し》らずの人《ひと》にいきなり「金《かね》を貸《か》してくれ」と言《い》われても困《こま》ります。神《しん》・仏《ぶつ》と人間《にんげん》を同《おな》じに考《かんが》えてはいけませんが、しかし、いくら相手《あいて》が神《かみ》さま・仏《ほとけ》さまといえ、節度《せつど》は必要《ひつよう》だと思《おも》うのです。

「法力《ほうりき》」は、神《しん》・仏《ぶつ》の持《も》ってみえる力《ちから》と、お願《ねが》いをする人《ひと》の信力《しんりき》が感応《かんのう》して生《しょう》ずる力《ちから》です。

「**信力**《しんりき》」は、その人《ひと》の持《も》っている信心《しんじん》が、日頃《ひごろ》の行《おこ》ないに生《い》かされているところに生《しょう》ずるものです。

平生《へいぜい》、夫婦《ふうふ》げんかはする、人《ひと》がいかに困《こま》ろうとお構《かま》いなく自分勝手《じぶんかって》ばかりする、そして、いざ困《こま》ったからと言《い》って「あそこのお宮《みや》さんが有名《ゆうめい》だ」「こちらのお寺《てら》は評判《ひょうはん》がいい」と行《い》ってみたところで、はたしてどうでしょう。その仏《ほとけ》さま・神《かみ》さまが願《ねが》い事《ごと》の「専門家《せんもんか》」であるかどうかわかりませんし、たとえ専門《せんもん》だったとしても、自分《じぶん》の行《おこ》ないを棚《たな》に上《あ》げておいて「こうしてくれ」「ああしてほしい」では、横《よこ》を向《む》いてしまわれるかも知《し》れません。

そうではなく、仏《ほとけ》さまの方《ほう》で、頼《たの》まれたら聞《き》かざるを得《え》ないような行《おこ》ない、もっと言《い》えば、仏《ほとけ》さまの方《ほう》が「何《なに》かしてあげようか」と言《い》われるような「信力《しんりき》」を養《やしな》っておかなければなりません。それを「徳《とく》の力《ちから》」と言《い》うのであります。

お守《まも》りの力《ちから》　自動車《じどうしゃ》のお守《まも》りについて考《かんが》えてみましょう。この近所《きんじょ》ですと皆《みな》さん、成田《なりた》山《さん》へよく行《い》かれます。そして、何《なに》がしかのお金《かね》を出《だ》してお守《まも》りを頂《いただ》かれますが、そのお守《まも》りを持《も》っていさえすれば交通事故《こうつうじこ》に遭《あ》わないと思《おも》っているとしたら、大間違《おおまちが》いです。

自動車《じどうしゃ》のお守《まも》りに限《かぎ》らず総《そう》じて「お札《ふだ》」というものは、その物自体《ものじたい》、はっきり言《い》って何《なん》の意味《いみ》もありません。木っ葉《ぱ》の切《き》れ端《はし》と言《い》ってもいいでしょう。その木切《きぎ》れに本来《ほんらい》の威力《いりょく》を発揮《はっき》して頂《いただ》くには、その神社《じんじゃ》・仏閣《ぶっかく》の教《おし》えを実行《じっこう》してゆかなければなりません。そうして初《はじ》めて、効《き》き目《め》もあるわけです。

法音寺《ほうおんじ》でもいろいろなお守《まも》りを出《だ》しておりますが、やはり同《おな》じです。法音寺《ほうおんじ》のお守《まも》りを頂《いただ》かれた方《かた》は、それを見《み》るたびごとに慈悲《じひ》・至誠《まこと》・堪忍《かんにん》の教《おし》えを思《おも》い出《だ》し、実行《じっこう》に移《うつ》して頂《いただ》きたいのです。三徳《とく》の心《こころ》が常《つね》に具《そな》わっていれば、うしろから来《き》た車《くるま》に追《お》い越《こ》されたからといってカーッとしないでしょうし、無理《むり》な運転《うんてん》はできなくなるでしょう。そうなれば自然《しぜん》に、事故《じこ》は避《さ》けられる筈《はず》です。

一事《じ》が万事《ばんじ》そのようにして頂《いただ》くならば、そのお守《まも》りは木切《きぎ》れではなくなり、大変大《たいへんおお》きな意味《いみ》を生《しょう》じてゆくのであります。

真《しん》の参拝《さんぱい》　わけもわからずお寺参《てらまい》りをして、それでご利益《りやく》が得《え》られると思《おも》っている人《ひと》の多《おお》い世《よ》の中《なか》ですが、杉山先生《すぎやませんせい》から教《おし》えを頂《いただ》いている私共《わたくしども》は考《かんが》えを改《あらた》めなければなりません。先生《せんせい》は「困《こま》った時《とき》の神頼《かみだの》み式《しき》の信仰《しんこう》では救《すく》われないから、常《つね》に功徳《くどく》を積《つ》んでゆきなさい。そうしてゆくなら、困《こま》ったことが起《お》きたからといっていちいちお願《ねが》いに行《い》かなくても、仏《ほとけ》さまの方《ほう》から救《すく》いの手《て》を差《さ》しのべてくださる」とお教《おし》えくださっているのであります。

『月刊法音』第一六七号　五～八頁

法悦・随喜〔信仰の喜び〕

〝よろこびてみ法《のり》の道《みち》をすすめ人《ひと》
土《つち》も仏《ほとけ》となる世《よ》なりけり〟

宗玄大徳御詠

◆経　典

◇其《そ》れ衆生《しゅじょう》あって、佛《ほとけ》の壽命《じゅみょう》の長遠是《じょうおんかく》の如《ごと》くなるを聞《き》いて、乃至能《ないしよ》く一念《ねん》の信解《しんげ》を生《しょう》ぜば、所得《しょとく》の功徳限量《くどくげんりょう》あることなけん。（一念信解《ねんしんげ》）

若《も》し佛《ほとけ》の壽命《じゅみょう》の長遠《じょうおん》なるを聞《き》いて、其《そ》の言趣《ごんしゅ》を解《げ》するあらん。是《こ》の人《ひと》の所得《しょとく》の功徳限《くどくげん》量《りょう》あることなくして、能《よ》く如來《にょらい》の無上《むじょう》の慧《え》を起《おこ》さん。（略解言趣《りゃくげごんしゅ》）

廣《ひろ》く是《こ》の經《きょう》を聞《き》き若《も》しは人《ひと》をしても聞《き》かしめ、若《も》しは自《みずか》らも持《たも》ち、若《も》しは人《ひと》をしても持《たも》たしめ、若《も》しは自《みずか》らも書《か》き、若《も》しは人《ひと》をしても書《か》かしめ、若《も》しは華《け》・香《こう》・瓔珞《ようらく》・幢旛《どうばん》・繒蓋《ぞうがい》・香油《こうゆ》・蘇燈《そとう》を以《もっ》て經巻《きょうがん》に供養《くよう》せんをや。是《こ》の人《ひと》の功徳無量無邊《くどくむりょうむへん》にして、能《よ》く一切種智《さいしゅち》を生《しょう》ぜん。（廣爲他説《こういたせつ》）

我《わ》が壽命長遠《じゅみょうじょうおん》なるを說《と》くを聞《き》いて深心《じんしん》に信解《しんげ》せば、則《すなわ》ち爲《こ》れ佛《ほとけ》常《つね》に耆闍崛山《ぎしゃくせん》に在《あ》って、大菩薩《だいぼさつ》諸《もろもろ》の聲聞衆《しょうもんしゅ》の圍繞《いにょう》せると共《とも》に說法《せっぽう》するを見《み》、又此《またこ》の娑婆世界《しゃばせかい》、其《そ》の地瑠璃《じるり》にして坦然平正《たんねんびょうじょう》に、閻浮檀金以《えんぶだんごんもっ》て八道《どう》を界《さか》い、寶樹行列《ほうじゅぎょうれつ》し、諸臺樓觀《しょだいろうかん》皆《みな》悉《ことごと》く寶《たから》をもって成《じょう》じて、其《そ》の菩薩衆《ぼさつしゅ》咸《ことごと》く其《そ》の中《なか》に處《しょ》せるを見《み》ん。若《も》し能《よ》く是《かく》の如《ごと》く觀《かん》ずることあらん者《もの》は、當《まさ》に知《し》るべし、是《こ》れを深信解《じんしんげ》の相《そう》と爲《なづ》く。（深信觀成《じんしんかんじょう》）

若《も》し是《こ》の經《きょう》を聞《き》いて毀呰《きし》せずして隨喜《ずいき》の心《こころ》を起《おこ》さん。當《まさ》に知《し》るべし、已《すで》に深信解《じんしんげ》の相《そう》と爲《なづ》く。（初隨喜品《しょずいきほん》）

何《いか》に況《いわ》んや、之《これ》を讀誦《どくじゅ》し受持《じゅじ》せん者《もの》をや。斯《こ》の人《ひと》は則《すなわ》ち爲《こ》れ如來《にょらい》を頂戴《ちょうだい》したてまつるなり。（讀誦品《どくじゅほん》）

如來《にょらい》の滅後《めつご》に、若《も》し受持《じゅじ》し讀誦《どくじゅ》し、他人《たにん》の爲《ため》に說《と》き、若《も》しは自《みずか》らも書《か》き若《も》しは人《ひと》をしても書《か》かしめ、經卷《きょうがん》を供養《くよう》することあらんは…。（說法品《せっぽうぼん》）

人《ひと》あって能《よ》く是《こ》の經《きょう》を持《たも》ち、兼《か》ねて布施《ふせ》・持戒《じかい》・忍辱《にんにく》・精進《しょうじん》・一心《しん》・智慧《ちえ》を行《ぎょう》ぜんをや。其《そ》の德最勝《とくさいしょう》にして無量無邊《むりょうむへん》ならん。（兼行《けんぎょう》六度品《どほん》）

若《も》し人是《ひとこ》の經《きょう》を讀誦《どくじゅ》し受持《じゅじ》し、他人《たにん》の爲《ため》に說《と》き、若《も》しは自《みずか》らも書《か》き若《も》しは人《ひと》をしても書《か》かしめ、復能《またよ》く塔《とう》を起《た》て及《およ》び僧坊《そうぼう》を造《つく》り、聲聞《しょうもん》の衆僧《しゅそう》を供養《くよう》し讃歎《さんだん》し、亦《また》百千萬億《まんのく》の讃歎《さんだん》の法《ほう》を以《もっ》て菩薩《ぼさつ》の功徳《くどく》を讃歎《さんだん》し、又他人《またたにん》の爲《ため》に種種《しゅじゅ》の因縁《いんねん》を以《もっ》て義《ぎ》に隨《したが》って此《こ》の法《ほ》華經《けきょう》を解說《げせつ》し、復能《またよ》く清淨《しょうじょう》に戒《かい》を持《たも》ち、柔和《にゅうわ》の者《もの》と共《とも》に同止《どうし》し、忍辱《にんにく》にして瞋《いかり》なく志念《しねん》堅固《けんご》にして、常《つね》に坐禪《ざぜん》を貴《たっと》び諸《もろもろ》の深定《じんじょう》を得《え》、精進勇猛《しょうじんゆうみょう》にして諸《もろもろ》の善法《ぜんぼう》を攝《せっ》し、利根《りこん》智慧《ちえ》にして善《よ》く問難《もんなん》を答《こた》えん。阿逸多《あいった》、若《も》し我《わ》が滅後《めつご》に、諸《もろもろ》の善男子《ぜんなんし》・善女人《ぜんにょにん》、是《こ》の經典《きょうでん》を受持《じゅじ》し讀誦《どくじゅ》せん者《もの》、復是《またかく》の如《ごと》き諸《もろもろ》の善功德《ぜんくどく》あらん。（正行六度品《しょうぎょうどほん》）

妙法蓮華經・分別功徳品　二八七・二九〇～二九三頁

※四信と五品　四信（一念信解《ねんしんげ》・略解言趣《りゃくげごんしゅ》・廣爲他說《こういたせつ》・深信觀成《じんしんかんじょう》）
五品（初隨喜品《しょずいきほん》・讀誦品《どくじゅほん》・說法品《せっぽうほん》・兼行六度品《けんぎょうどほん》・正行六度品《しょうぎょうどほん》）

◇世尊滅度《せそんめつど》の後《のち》に、其《そ》れ是《こ》の經《きょう》を聞《き》くことあって、若《も》し能《よ》く隨喜《ずいき》せん者《もの》は、幾所《いくばく》の福《ふく》をか得《う》べき。

如來《にょらい》の滅後《めつご》に、若《も》し比丘《びく》・比丘尼《びくに》・優婆塞《うばそく》・優婆夷《うばい》及《およ》び餘《よ》の智者《ちしゃ》、若《も》しは長《ちょう》若《も》しは幼《よう》、是《こ》の經《きょう》を聞《き》いて隨喜《ずいき》し已《おわ》って、法會《ほうえ》より出《い》でて餘處《よしょ》に至《いた》らん。

父母《ぶも》・宗親《しゅうしん》・善友《ぜんぬ》・知識《ちしき》の爲《ため》に、力《ちから》に隨《したが》って演說《えんぜつ》せん。是《こ》の諸人等《しょにんら》聞《き》き已《おわ》って隨喜《ずいき》して復行《またゆ》いて轉教《てんぎょう》せん。

是《かく》の如《ごと》く展轉《てんでん》して第《だい》五十に至《いた》らん。阿逸多《あいった》、其《そ》の第《だい》五十の善男子《ぜんなんし》・善女人《ぜんにょにん》の隨喜《ずいき》の功《く》德《どく》を我今之《われいまこれ》を說《と》かん。

人《ひと》あって福《ふく》を求《もと》めて、其《そ》の所欲《しょよく》に隨《したが》って娛樂《ごらく》の具皆之《ぐみなこれ》に給與《きゅうよ》せん。一一の衆生《しゅじょう》に、閻《えん》浮提《ぶだい》に滿《みて》らん金《こん》・銀《ごん》・瑠璃《るり》・硨磲《しゃこ》・瑪瑙《めのう》・珊瑚《さんご》・琥珀《こはく》・諸《もろもろ》の妙《たえ》なる珍寶《ちんぽう》、及《およ》び象馬《ぞうめ》・車乘《しゃじょう》・七寶所成《ぼうしょじょう》の宮殿《くでん》・樓閣等《ろうかくとう》を與《あた》えん。是《こ》の大施主《だいせしゅ》、是《かく》の如《ごと》く布施《ふせ》すること八十年《ねん》を滿《み》ち已《おわ》って、是《こ》の念《ねん》を作《な》さく、我已《われすで》に衆生《しゅじょう》に娛樂《ごらく》の具《ぐ》を施《ほどこ》すこと意《こころ》の所欲《しょよく》に隨《したご》う。

一切《さい》の樂具《らくぐ》を以《もっ》て四百萬億阿僧祇《まんのくあそうぎ》の世界《せかい》の六趣《しゅ》の衆生《しゅじょう》に施《ほどこ》し、又阿羅漢果《またあらかんが》を得《え》せしめん。所得《しょとく》の功德《くどく》は是《こ》の第《だい》五十の人《ひと》の法華經《ほけきょう》の一偈《げ》を聞《き》いて隨喜《ずいき》せん功德《くどく》には如《し》かじ。百分《ぶん》・千分《ぶん》・百千萬億分《まんのくぶん》にして其《そ》の一にも及《およ》ばじ。

是《かく》の如《ごと》く第《だい》五十人《にん》の展轉《てんでん》して法華經《ほけきょう》を聞《き》いて隨喜《ずいき》せん功德《くどく》、尚《な》お無量無邊阿僧祇《むりょうむへんあそうぎ》なり。何《いか》に況《いわ》んや、最初《さいしょ》、會中《えちゅう》に於《おい》て聞《き》いて隨喜《ずいき》せん者《もの》をや。其《そ》の福復勝《ふくまたすぐ》れたること無量無邊《むりょうむへん》阿僧祇《あそうぎ》にして、比《くら》ぶること得《う》べからず。

若《も》し復人《またひと》あって餘人《よにん》に語《かた》っていわく、經《きょう》あり法華《ほっけ》と名《なづ》けたてまつる、共《とも》に往《ゆ》いて聽《き》くべしと。卽《すなわ》ち其《そ》の教《おしえ》を受《う》けて乃至須臾《ないししゅゆ》の間《あいだ》も聞《き》かん。是《こ》の人《ひと》の功德《くどく》は、身《み》を轉《てん》じて陀羅《だら》尼菩薩《にぼさつ》と共《とも》に一處《しょ》に生《しょう》ずることを得《え》ん。利根《りこん》にして智慧《ちえ》あらん。

妙法蓮華經・隨喜功德品　二九六〜二九九頁

◇若《も》し善男子《ぜんなんし》・善女人《ぜんにょにん》是《こ》の法華經《ほけきょう》を受持《じゅじ》し、若《も》しは讀《よ》み、若《も》しは誦《じゅ》し、若《も》しは解說《げせつ》し、若《も》しは書寫《しょしゃ》せん。是《こ》の人《ひと》は當《まさ》に八百の眼《まなこ》の功德《くどく》・千二百の耳《みみ》の功德《くどく》・八百の鼻《はな》の功德《くどく》・千二百の舌《した》の功德《くどく》・八百の身《み》の功德《くどく》・千二百の意《こころ》の功德《くどく》を得《う》べし。是《こ》の功德《くどく》を以《もっ》て六根《こん》を莊嚴《しょうごん》して皆清淨《みなしょうじょう》ならしめん。

妙法蓮華經・法師功德品　三〇三頁

◇我汝《われなんじ》を輕《かろ》しめず、汝等道《なんだちどう》を行《ぎょう》じて、皆當《みなまさ》に作佛《さぶつ》すべしと。諸人聞《しょにんき》き已《おわ》って、輕毀罵詈《きょうきめり》せしに、不輕菩薩《ふきょうぼさつ》、能《よ》く之《これ》を忍受《にんじゅ》しき。其《そ》の罪畢《つみお》え已《おわ》って、命終《みょうじゅう》の時《とき》に臨《のぞ》んで、此《こ》の經《きょう》を聞《き》くことを得《え》て、六根清淨《こんしょうじょう》なり。神通力《じんづうりき》の故《ゆえ》に、壽命《じゅみょう》を增益《ぞうやく》して、復諸人《またしょにん》の爲《ため》に、廣《ひろ》く是《こ》の經《きょう》を說《と》く。諸《もろもろ》の著法《じゃくほう》の衆《しゅ》、皆菩薩《みなぼさつ》の、教化《きょうけ》し成就《じょうじゅ》して、佛道《ぶつどう》に住《じゅう》せしむることを蒙《こうむ》る。

妙法蓮華經・常不輕菩薩品　三二三〜三二四頁

◇所在《しょざい》の國土《こくど》に、若《も》しは受持《じゅじ》・讀誦《どくじゅ》し、解説《げせつ》・書寫《しょしゃ》し、説《せつ》の如《ごと》く修行《しゅぎょう》し、若《も》しは經卷所《きょうがんしょ》住《じゅう》の處《ところ》あらん。若《も》しは園中《おんちゅう》に於《おい》ても、若《も》しは林中《りんちゅう》に於《おい》ても、若《も》しは樹下《じゅげ》に於《おい》ても、若《も》しは僧房《そうぼう》に於《おい》ても、若《も》しは白衣《びゃくえ》の舍《いえ》にても、若《も》しは殿堂《でんどう》に在《あ》っても、若《も》しは山谷《せんごく》・曠野《こうや》にても、是《こ》の中《なか》に皆塔《みなとう》を起《た》てて供養《くよう》すべし。所以《ゆえ》は何《いか》ん、當《まさ》に知《し》るべし、是《こ》の處《ところ》は卽《すなわ》ち是《こ》れ道場《どうじょう》なり。諸佛此《しょぶつここ》に於《おい》て阿耨多羅《あのくたら》三藐《みゃく》三菩提《ぼだい》を得《え》、諸佛此《しょぶつここ》に於《おい》て法輪《ほうりん》を轉《てん》じ、諸佛此《しょぶつここ》に於《おい》て般涅槃《はつねはん》したもう。

妙法蓮華經・如來神力品　三二九頁

◇如來《にょらい》の滅後《めつご》に於《おい》て、佛《ほとけ》の所説《しょせつ》の經《きょう》の、因緣及《いんねんおよ》び次第《しだい》を知《し》って、義《ぎ》に隨《したが》って實《じつ》の如《ごと》く説《と》かん。日月《にちがつ》の光明《こうみょう》の、能《よ》く諸《もろもろ》の幽冥《ゆうみょう》を除《のぞ》くが如《ごと》く、斯《こ》の人世間《ひとせけん》に行《ぎょう》じて、能《よ》く衆生《しゅじょう》の闇《やみ》を滅《めっ》し、無量《むりょう》の菩薩《ぼさつ》をして、畢竟《ひっきょう》して一乘《じょう》に住《じゅう》せしめん。是《こ》の故《ゆえ》に智《ち》あらん者《もの》、此《こ》の功德《くどく》の利《り》を聞《き》いて、我《わ》が滅度《めつど》の後《のち》に於《おい》て、斯《こ》の經《きょう》を受持《じゅじ》すべし。是《こ》の人佛道《ひとぶつどう》に於《おい》て、決《けつ》定《じょう》して疑《うたがい》あることなけん。

妙法蓮華經・如來神力品　三三〇〜三三一頁

◇爾《そ》の時《とき》に釋迦牟尼佛《しゃかむにぶつ》、法座《ほうざ》より起《た》って大神力《だいじんりき》を現《げん》じたもう。右《みぎ》の手《みて》を以《もっ》て、無量《むりょう》の菩《ぼ》薩摩訶薩《さつまかさつ》の頂《いただき》を摩《な》でて、是《こ》の言《ことば》を作《な》したまわく、我無量《われむりょう》百千萬億阿僧祇劫《まんのくあそうぎこう》に於《おい》て、是《こ》の得難《えがた》き阿耨多羅《あのくたら》三藐《みゃく》三菩提《ぼだい》の法《ほう》を修習《しゅしゅう》せり。今以《いまもっ》て汝等《なんだち》に付嘱《ふぞく》す。汝等應《なんだちまさ》當に一心《しん》に此《こ》の法《ほう》を流布《るふ》して、廣《ひろ》く増益《ぞうやく》せしむべし。是《かく》の如《ごと》く三たび諸《もろもろ》の菩薩摩訶薩《ぼさつまかさつ》の頂《いただき》を摩《な》でて、是《こ》の言《ことば》を作《な》したまわく、我無量《われむりょう》百千萬億阿僧祇劫《まんのくあそうぎこう》に於《おい》て、是《こ》の得難《えがた》き阿耨多羅《あのくたら》三藐《みゃく》三菩提《ぼだい》の法《ほう》を修習《しゅしゅう》せり。今以《いまもっ》て汝等《なんだち》に付嘱《ふぞく》す。汝等當《なんだちまさ》に受持《じゅじ》・讀誦《どくじゅ》し廣《ひろ》く此《こ》の法《ほう》を宣《の》べて、一切衆生《さいしゅじょう》をして普《あまね》く聞知《もんち》することを得《え》せしむべし。

妙法蓮華經・囑累品　三三二頁

◇諸《もろもろ》の菩薩摩訶薩《ぼさつまかさつ》、佛《ほとけ》の是《こ》の説《せつ》を作《な》したもうを聞《き》き已《おわ》って、皆大歡喜《みなだいかんぎ》其《そ》の身《み》に偏滿《へんまん》して、益《ますます》恭敬《くぎょう》を加《くわ》え躬《み》を曲《ま》げ頭《こうべ》を低《た》れ、合掌《がっしょう》して佛《ほとけ》に向《むか》いたてまつりて、倶《とも》に聲《こえ》を發《ほっ》して言《もう》さく、世尊《せそん》の勅《ちょく》の如《ごと》く當《まさ》に具《つぶ》さに奉行《ぶぎょう》すべし。唯然《ゆいねん》、世尊《せそん》、願《ねが》わくは慮《うらおもいいま》有さざれ。

妙法蓮華經・囑累品　三三三頁

◆遺　文

◇分別功徳品《ふんべつくどくほん》の四信《しん》と五品《ほん》とは、法華《ほっけ》を修行《しゅぎょう》するの大要《たいよう》、在世滅後《ざいせめつご》の龜鏡《ききょう》なり。荆谿《けいけい》の云《いわ》く、『一念信解《ねんしんげ》は卽《すなわ》ち是《こ》れ本門立行《ほんもんりゅうぎょう》の首《はじ》めなり』云云《うんぬん》。其《そ》の中《なか》に現在《げんざい》の四信《しん》の初《はじ》めの一念信解《ねんしんげ》と、滅後《めつご》五品《ほん》の第《だい》一の初隨喜《しょずいき》と、此《こ》の二處《しょ》は一同《どう》に百界《かい》千如《にょ》・一念《ねん》三千の寶篋《ほうきょう》、十方《ぼう》三世《ぜ》諸佛《しょぶつ》の出門《しゅつもん》なり。

四信五品鈔　一四九四頁

◇只願《ただねがわ》くは經《きょう》を持《たも》ちて、名《な》を十方《ぼう》の佛陀《ぶつだ》の願海《がんかい》に流《なが》し、譽《ほま》れを三世《ぜ》の菩薩《ぼさつ》の慈天《じてん》に施《ほどこ》すべし。然《さ》れば法華經《ほけきょう》を持《たも》ち奉《たてまつ》る人《ひと》は、天龍《てんりゅう》八部《ぶ》諸大菩薩《しょだいぼさつ》を以《もっ》て我《わ》が眷屬《けんぞく》とする者《もの》なり。しかのみならず因身《いんしん》の肉團《にくだん》に果滿《かまん》の佛眼《ぶつげん》を備《そな》え、有爲《うい》の凡膚《ぼんぷ》に無爲《むい》の聖衣《しょうえ》を著《き》ぬれば、三途《ず》に恐《おそ》れなく、△八難《なん》に憚《はばか》ることなし。△七方便《ほうべん》の山《やま》の頂《いただき》に登《のぼ》りて、△九法界《ほうかい》の雲《くも》を拂《はら》い、△無垢地《むくち》の園《その》に花開《はなひら》き、法性《ほっしょう》の空《そら》に月明《つきあきら》かならん。『是《こ》の人佛道《ひとぶつどう》に於《おい》て、決定《けつじょう》して疑《うたが》いあること無《な》けん』の文憑《もんたの》みあり。『唯我《ただわれ》一人《にん》のみ能《よ》く救護《くご》を爲《な》す』の說疑《せつうたが》いなし。一念信《ねんしん》解《げ》の功德《くどく》は五波羅蜜《はらみつ》の行《ぎょう》に越《こ》え、五十展轉《てんでん》の隨喜《ずいき》は八十年《ねん》の布施《ふせ》に勝《すぐ》れたり。頓證菩提《とんしょうぼだい》の教《おし》えは遙《はる》かに群典《ぐんてん》に秀《ひい》で、顯本遠壽《けんぽんおんじゅ》の說《せつ》は永《なが》く諸乗《しょじょう》に絶《た》えたり。爰《ここ》を以《もっ》て八歳《さい》の龍女《りゅうにょ》は大海《だいかい》より來《きた》って經力《きょうりき》を刹那《せつな》に示《しめ》し、本化《ほんげ》の上行《じょうぎょう》は大地《だいち》より涌出《ゆじゅつ》して佛壽《ぶつじゅ》を久遠《くおん》に顯《あら》わす。言語道斷《ごんごどうだん》の經王《きょうおう》、心行所滅《しんぎょうしょめつ》の妙法《みょうほう》なり。

持妙法華問答鈔　四九二～四九三頁

◇法華經《ほけきょう》には十の徳《とく》あり、諸經《しょきょう》には十の失《しつ》あり。此《こ》の經《きょう》は漸次深多《ぜんじじんた》にして五十展轉《てんでん》なり、諸經《しょきょう》には猶《な》お一もなし、況《いわ》や二三乃至《ないし》五十展轉《てんでん》をや。河《かわ》は深《ふか》けれども大海《だいかい》の淺《あさ》きに及《およ》ばず。諸經《しょきょう》は一字《じ》一句《く》十念等《ねんとう》を以《もっ》て、十惡《あく》五逆等《ぎゃくとう》の惡機《あっき》を攝《せっ》すと雖《いえど》も、未《いま》だ一字《じ》一句《く》の隨《ずい》喜《き》五十展轉《てんでん》には及《およ》ばず。

藥王品得意鈔　五五四頁

◇佛教《ぶつきょう》に依《よっ》て惡道《あくどう》に墮《お》つる者《もの》は大地《だいち》の微塵《みじん》よりも多《おお》く、正法《しょうぼう》を行《ぎょう》じて佛道《ぶつどう》を得《う》る者《もの》は爪《そう》上《じょう》の土《つち》よりも少《すく》し。此《こ》の時《とき》に當《あた》って諸天《しょてん》・善神其《ぜんじんそ》の國《くに》を捨離《しゃり》し、但邪天《ただじゃてん》・邪鬼等《じゃきとう》あって、王《おう》・臣《しん》・比丘《びく》・比丘尼等《びくにとう》の身心《しんしん》に入住《にゅうぢゅう》し、法華經《ほけきょう》の行者《ぎょうじゃ》を罵詈《めり》毀辱《きにく》せしむ可《べ》き時《とき》なり。爾《しか》りと雖《いえど》も佛《ほとけ》の滅後《めつご》に於《おい》て、四味《み》・三教等《ぎょうとう》の邪執《じゃしゅう》を捨《す》てて、實大乘《じつだいじょう》の法華經《ほけきょう》に歸《き》せば、諸天《しょてん》・善神竝《ぜんじんなら》びに地涌《ぢゆ》千界等《がいとう》の菩薩《ぼさつ》法華《ほっけ》の行者《ぎょうじゃ》を守護《しゅご》せん。此《こ》の人《ひと》は守護《しゅご》の力《ちから》を得《え》て、本門《ほんもん》の本尊《ほんぞん》、妙法蓮華經《みょうほうれんげきょう》の五字《じ》を以《もっ》て閻浮提《えんぶだい》に廣宣流布《こうせんるふ》せしめんか。例《れい》せば威音王佛《いおんのうぶつ》の像法《ぞうぼう》の時《とき》、不輕菩薩《ふきょうぼさつ》『我深敬《がしんきょう》』等《とう》の二十四字《じ》を以《もっ》て彼《か》の土《ど》に廣宣流布《こうせんるふ》し、一國《こく》の杖木等《じょうもくとう》の大難《だいなん》を招《まね》きしが如《ごと》し。彼《か》の二十四字《じ》と此《こ》の五字《じ》と、其《そ》の語殊《ごこと》なりと雖《いえど》も其《そ》の意是同《いこれおな》じ。彼《か》の像法《ぞうぼう》の末《すえ》と、此《こ》の末法《まっぽう》の初《はじ》めと全《まった》く同《おな》じ。彼《か》の不輕菩薩《ふきょうぼさつ》は初随喜《しょずいき》の人《ひと》、日蓮《にちれん》は名字《△みょうじ》の凡夫《ぼんぶ》なり。

顯佛未來記　九八三頁

◇佛世《ほとけよ》に出《いで》ましまして先《ま》づ四十餘年《よねん》の權大乘小乘《ごんだいじょうしょうじょう》の經《きょう》を說《と》き、後《のち》には法華經《ほけきょう》を說《と》いて言《のたまわ》く、『若《も》し小乘《しょうじょう》を以《もっ》て化《け》すること、乃至《ないし》一人《にん》に於《おい》てもせば、我卽《われすなわ》ち慳貪《けんどん》に墮《だ》せん。此《こ》の事爲《ことさだ》めて不可《ふか》なり』文《もん》。此《こ》の經文《きょうもん》の心《こころ》は、佛但爾前《ほとけただにぜん》の經許《きょうばか》りを說《と》いて法華經《ほけきょう》を說《と》き給《たま》わずば、佛慳貪《ほとけけんどん》の失《とが》ありと說《と》かれたり。後《のち》に屬累品《ぞくるいほん》に至《いた》りて、佛右《ほとけみぎ》の御手《みて》を伸《の》べて三たび諫《いさ》めをなして、三千大《だい》千世界《せかい》の外《ほか》八方《ぼう》四百萬億那由佗《まんのくなゆた》の國土《こくど》の諸菩薩《しょぼさつ》の頂《いただき》をなでて、未來《みらい》には必《かなら》ず法華經《ほけきょう》を說《と》くべし。若《も》し機堪《きた》えずば餘《よ》の深法《じんぼう》の四十餘年《よねん》の經《きょう》を說《と》きて機《き》をこしらえて、法華經《ほけきょう》を說《と》くべしと見《み》えたり。

唱法華題目鈔　三五九頁

◇神力品《じんりきほん》に云《いわ》く、『爾《そ》の時《とき》に佛上行等《ほとけじょうぎょうとう》の菩薩大衆《ぼさつだいしゅ》に告《つ》げ給《たま》わく、屬累《ぞくるい》の爲《ため》の故《ゆえ》に此《こ》の經《きょう》の功徳《くどく》を説《と》くとも、猶盡《なおつく》すこと能《あた》わじ。要《よう》を以《もっ》て之《これ》を言《い》わば、如來《にょらい》の一切《さい》の所有《しょう》の法《ほう》、如來《にょらい》の一切《さい》の自在《じざい》の神力《じんりき》、如來《にょらい》の一切《さい》の祕要《ひよう》の藏《ぞう》、如來《にょらい》の一切《さい》の甚深《じんじん》の事《じ》、皆此《みなこ》の經《きょう》に於《おい》て宣示顯說《せんじけんぜつ》す』と云云《うんぬん》。此等《これら》の文《もん》の心《こころ》は、釋尊入滅《しゃくそんにゅうめつ》の後《のち》、第《だい》五の五百歲《さい》と說《と》くも、末《まっ》世《せ》と云《い》うも、濁惡世《じょくあくせ》と說《と》くも、正像《しょうぞう》二千年過《ねんす》ぎて、末法《まっぽう》の始《はじ》め二百餘歲《よさい》の今時《こんじ》は、唯法《ただほ》華經《けきょう》ばかり弘《ひろ》まるべしと云《い》う文《もん》なり。

法華初心成佛鈔　一六二一〜一六二三頁

◆御開山上人

分別功徳品《ふんべつくどくほん》の事《こと》

法華経《ほけきょう》の大切《たいせつ》なる部分《ぶぶん》は、一品《ぽん》二半《はん》といわれている。それは寿量品《じゅりょうほん》一品《ぽん》と涌出品《ゆじゅつほん》の後半《こうはん》と分別功徳品《ふんべつくどくほん》の前半《ぜんぱん》で「一切善根《さいぜんごん》を具《ぐ》して、以《もっ》て無上《むじょう》の心《こころ》を助《たす》く」までをいうのである。なにゆえこれが大事《だいじ》であるか。それはいたずらに理屈《りくつ》だけわかっただけでは人間《にんげん》はよくなるものではない。実行《じっこう》をせねば何《なん》にもならぬ。しかるに、その実《じっ》行《こう》をさせるには「これを実行《じっこう》すればこうなるぞ」という、結果《けっか》をはっきり知《し》らねばならぬ。そうするとこれを実際《じっさい》に行《おこ》なってみようという覚悟《かくご》ができて、いよいよ実行《じっこう》ができるのである。それゆえ何時《いつ》でもその功徳《くどく》を説《と》くことが大切《たいせつ》である。この分別功徳品《ふんべつくどくほん》は、仏《ほとけ》の生命《せいめい》は無限《むげん》だということを信《しん》じ、また自分《じぶん》たちが菩薩《ぼさつ》の道《みち》を実行《じっこう》していけばかならず仏《ほとけ》と同《おな》じになれるのだと覚悟《かくご》をして、一歩《ぽ》一歩《ぽ》と行《おこ》ないをつづけてゆけば効果《こうか》はあきらかであることをしめしてあるのである。

妙法蓮華経略義　六一四頁

随喜功徳品《ずいきくどくほん》の事《こと》　まじめに、まごころから仏《ほとけ》の教《おしえ》、しかも法華経《ほけきょう》を信《しん》ずるようになった、その最初《さいしょ》の状態《じょうたい》が初随喜《しょずいき》である。随喜《ずいき》というのは、仏《ほとけ》さまの教《おしえ》を非常《ひじょう》にありがたいと思《おも》う。そうしてその教《おしえ》を実行《じっこう》することを喜《よろこ》びとする。その随喜《ずいき》の功徳《くどく》が非常《ひじょう》に大《おお》きいということをさらに繰《く》り返《かえ》して説《と》かれたのがこの随喜功徳品《ずいきくどくほん》である。

妙法蓮華経略義　六四二頁

法師功徳品《ほっしくどくほん》の事《こと》　法師《ほっし》とは法華経《ほけきょう》を他人《たにん》にすすめ、教《おし》える者《もの》であって、それは四衆《しゅう》すなわち比丘《びく》・比丘尼《びくに》・優婆塞《うばそく》・優婆夷《うばい》、いずれでも法師《ほっし》である。五種法師《しゅほっし》というのは、受持《じゅじ》・読《どく》・誦《じゅ》・解説《げせつ》・書写《しょしゃ》の五つの修行《しゅぎょう》をする人《ひと》の事《こと》である。その修行《しゅぎょう》をする者《もの》は、父母《ふぼ》所生《しょしょう》の六根《こん》が清浄《しょうじょう》になるという益《えき》を説《と》いたものである。

妙法蓮華経略義　六五四頁

常不軽菩薩品の事《じょうふきょうぼさつほんのこと》　世《よ》の中《なか》には善人《ぜんにん》といわれる人《ひと》もあり、悪人《あくにん》といわれる人《ひと》もあるが、しかし善人《ぜんにん》といっても、完全無欠《かんぜんむけつ》のものではない。また悪人《あくにん》といっても、悪《あく》のかたまりではない。心《こころ》の底《そこ》によいことを求《もと》めるという心《こころ》もちはあるのである。しかしながらみな、小《ちい》さい自己《じこ》にとらわれない心《こころ》もち、すなわち他人《たにん》の喜《よろこ》びをいっしょに喜《よろこ》び、他人《たにん》の苦《くる》しみをいっしょに憂《うれ》えてやるという本性《ほんしょう》はみなそなえているのである。それが親子《おやこ》の間《あいだ》、兄弟《きょうだい》の間《あいだ》、夫婦《ふうふ》の間《あいだ》ではみな適切《てきせつ》にあらわれるが、それが他人《たにん》におよばないというだけの話《はなし》である。どんな悪人《あくにん》でも、自分《じぶん》だけのことを考《かんが》えているというものはけっしてない。喜《よろこ》びはいっしょに喜《よろこ》びたい。また、苦《くる》しいならばいっしょに慰《なぐさ》めあいながら、その苦《くる》しみの中《なか》を通《とお》りたいという本性《ほんしょう》を、育《そだ》て、養《やしな》って大《おお》きくすれば、いままでと異《こと》なった美《うつ》しい世界《せかい》が開《ひら》けるということが、考《かんが》えられるのである。法華経《ほけきょう》をひろめるには、この理想《りそう》をもってひろめていかなければならぬのである。しかし物《もの》には順序《じゅんじょ》がある。まずもって、心《こころ》の教《おし》えの精神《せいしん》をよくわきまえた者《もの》が結束《けっそく》して自分《じぶん》たちの中《なか》によい気分《きぶん》をつくり、それからだんだん他《ほか》の者《もの》におよぼしていくべきである。そうして世《よ》の中《なか》を美《うつく》しくしていく功《く》徳《どく》はひじょうに大《おお》きいのである。仏《ほとけ》さまはすべての人間《にんげん》をみなすくおうとしてご努力《どりょく》になっているのである。すくうだけではない。すべての人間《にんげん》を仏《ほとけ》さまご自身《じしん》とかわらない心《こころ》にしようという大慈悲心《だいじひしん》をもっていらっしゃる。その慈悲心《じひしん》をおたがいが自分《じぶん》の心《こころ》にしっかりともって一切《さい》の人《ひと》に接《せっ》しなければならないということが、常不軽品《じょうふきょうほん》の根本《こんぽん》の精《せい》神《しん》である。人々《ひとびと》はみな仏性《ぶっしょう》をそなえている。仏《ほとけ》となるべき本性《ほんしょう》をそなえているからその本性《ほんしょう》を尊重《そんちょう》せねばならぬ。それには相手《あいて》の人《ひと》を尊敬《そんけい》してその自覚《じかく》をもよおすことが、その一つの道《みち》である。

妙法蓮華経略義　六七七〜六七八頁

常不軽菩薩品《じょうふきょうぼさつほん》「寿命《じゅみょう》を増益《ぞうやく》して」の事《こと》　仏《ほとけ》さまの智慧《ちえ》は、自然智《じねんち》・一切種智《さいしゅち》・如来《にょらい》の智《ち》慧《え》とに分《わ》けられています。仏《ほとけ》さまの教《おし》えを学《まな》んで、自己《じこ》を中心《ちゅうしん》とした考《かんが》えがだんだん変《か》わって、人《ひと》のため、社会《しゃかい》のためという考《かんが》え方《かた》に変《か》わってゆく程度《ていど》によって、区分《くぶん》したものであります。

「自然智《じねんち》」とは、凡夫《ぼんぶ》の心《こころ》の中《なか》にも〝人《ひと》を助《たす》けたいという考《かんが》えはある〟ということです。それがだんだん進《すす》んで、〝人々《ひとびと》のために奉仕《ほうし》させて頂《いただ》くのだ。どうしたなら自分《じぶん》の働《はたら》きが大勢《おおぜい》の人々《ひとびと》のためになるか。喜《よろこ》んで仏《ほとけ》の教《おし》えに進《すす》んでゆくであろうか〟というように、大勢《おおぜい》の人々《ひとびと》の心《こころ》の動《うご》きを見《み》て間違《まちが》いないこと。高《たか》い所《ところ》から下《した》を見《み》ると物《もの》がよく見《み》えるように、よく知《し》る智慧《ちえ》を「一切種智《さいしゅち》」と申《もう》します。

それまで進《すす》んでまいりますと〝世《よ》の中《なか》は助《たす》け合《あ》うことが自分《じぶん》のためになる〟ということがわかってきます。この間《あいだ》もお話《はな》ししたかと思《おも》いますが、私《わたくし》の病気《びょうき》がだんだん治《なお》ってきたら、それを見《み》てある人《ひと》が、「あなたの手相《てそう》を見《み》ると、あなたは死《し》んでいるはずであったけれど、あなたは法華経《ほけきょう》という教《おし》えで、大勢《おおぜい》の人《ひと》を助《たす》ける働《はたら》きをなさったでしょう。みんなを助《たす》けてこられたために、あなたの寿命《じゅみょう》は延《の》びたのですよ」と言《い》われたので、大変《たいへん》うれしく思《おも》いました。法華経《ほけきょう》を信仰《しんこう》してきたから、私《わたくし》の寿命《じゅみょう》が延《の》びたのだそうです。

これは杉山先生《すぎやませんせい》からも聞《き》いていたことです。〝人《ひと》を助《たす》けたり、救《すく》ったりする。法華経《ほけきょう》のお話《はなし》を申《もう》し上《あ》げて、わかって頂《いただ》き、皆《みな》さんが徳《とく》を積《つ》まれる人《ひと》になってくださると、寿《じゅ》命《みょう》を延《の》ばして頂《いただ》けるという大《おお》きな功徳《くどく》を頂《いただ》ける〟と法華経《ほけきょう》は教《おし》えているのであります。その功徳《くどく》を私《わたくし》が頂《いただ》けたということは、本当《ほんとう》にうれしいことであります。

しかし、その時《とき》にふと思《おも》いました。仏《ほとけ》さまは「皆《みな》さんに助《たす》けられてゆくんだ」ということを言《い》われました。たしかにそうに違《ちが》いありません。皆《みな》さんの助《たす》けになればと思《おも》って働《はたら》かせて頂《いただ》いたことが、結局《けっきょく》は自分《じぶん》の寿命《じゅみょう》を延《の》ばすことになったのです。今後《こんご》もまた皆《みな》さんのために働《はたら》かせてもらって、徳《とく》が頂《いただ》けるということになりたいものです。

御開山上人御法話集（二）　八一頁〜八二頁

如来神力品《にょらいじんりきほん》の事《こと》　本品《ほんぽん》は法華経《ほけきょう》を信《しん》ずる者《もの》の態度《たいど》を決定《けってい》する上《うえ》において、非常《ひじょう》に大《おお》きな力《ちから》となるのである。われわれのゆくさきの目標《もくひょう》をしめされて、そのいく道筋《みちすじ》に二つはない。一つの道《みち》より外《ほか》はないということをよくしめされてある。　妙法蓮華経略義　六九二頁

神力品《じんりきほん》の七つの供養《くよう》について　妙法蓮華経如来神力品第二十一《みょうほうれんげきょうにょらいじんりきほんだい》に、「所在《しょざい》の国土《こくど》に、若《も》しは受持《じゅじ》・読誦《どくじゅ》し、解説《げせつ》・書写《しょしゃ》し、説《せつ》の如《ごと》く修行《しゅぎょう》し、若《も》しは経巻所住《きょうがんしょじゅう》の処《ところ》あらん。若《も》しは園中《おんちゅう》に於《お》ても、若《も》しは林中《りんちゅう》に於《お》ても、若《も》しは樹下《じゅげ》に於《お》ても、若《も》しは僧房《そうぼう》に於《お》ても、若《も》しは白衣《びゃくえ》の舎《いえ》にても、若《も》しは殿堂《でんどう》に在《あ》っても、若《も》しは山谷《せんごく》・曠野《こうや》にても、是《こ》の中《なか》に皆塔《みなとう》を起《た》てて供養《くよう》すべし。所以《ゆえ》は何《いか》ん、当《まさ》に知《し》るべし、是《こ》の処《ところ》は即《すなわ》ち是《こ》れ道場《どうじょう》なり。諸仏此《しょぶつここ》

に於《お》いて阿《あ》耨多羅《のくたら》三藐《みゃく》三菩提《ぼだい》を得《え》、諸仏此《しょぶつここ》に於《おい》て法輪《ほうりん》を転《てん》じ、諸仏此《しょぶつここ》に於《おい》て般涅槃《はつねはん》したもう」とあります。

杉山先生《すぎやませんせい》は、「あなたのお父《とう》さんが畑《はたけ》の仕事《しごと》をしている時《とき》、お題目《だいもく》を唱《とな》えながら耕作《こうさく》をなさるとする。畑《はたけ》を一回《かい》耕作《こうさく》なさるのに百遍《ぺん》お題目《だいもく》を唱《とな》えなさるとして十回《かい》耕作《こうさく》すれば千遍《べん》のお題目《だいもく》が唱《とな》えられる。これを『亡《な》くなられたご先祖《せんぞ》さまに回向《えこう》します』と拝《おが》んで耕作《こうさく》するとよろしい」と教《おし》えられました。そして「『是《こ》の処《ところ》は即《すなわ》ち道場《どうじょう》なり』とありますのは、そこがどこであっても『亡《な》き父母《ふぼ》』の供養《くよう》をする道場《どうじょう》である、ということです。今私《いまわたくし》がこの話《はなし》をしているのは、『諸仏此《しょぶつここ》に於《おい》て法輪《ほうりん》を転《てん》じ』ということで、教《おし》えの話《はなし》を申《もう》しているのであります。そこで、ここに説《と》かれますように、『諸仏此《しょぶつここ》に於《おい》て阿《あ》耨多羅《のくたら》三藐《みゃく》三菩提《ぼだい》を得《え》』で、耕作《こうさく》をしているその畑《はたけ》が、功徳《くどく》を積《つ》む修行《しゅぎょう》の道場《どうじょう》であるということがわかりましょう。この道場《どうじょう》というのは、毎日生活《まいにちせいかつ》をしている所《ところ》のことでありますから、いずこの場所《ばしょ》でも『塔《とう》』と申《もう》して、人《ひと》が仏《ほとけ》に成《な》る教《おし》えを説《と》く場所《ばしょ》とし、極楽《ごくらく》を作《つく》る根拠地《こんきょち》として、人々《ひとびと》の働《はたら》きをほめ、好《この》む物《もの》を与《あた》え、仏《ほとけ》に成《な》る教《おし》えを教《おし》えて世《よ》の中《なか》の人々《ひとびと》に供養《くよう》することが大切《たいせつ》である、ということであります」と教《おし》えられました。

父《ちち》は私《わたくし》に申《もう》しました。「お前《まえ》は善《よ》い先生《せんせい》に教《おし》えられましたね。私《わたくし》は、法華経《ほけきょう》を読《よ》めばいいと思《おも》ってたくさん読《よ》んだよ。読《よ》むことはお前《まえ》に負《ま》けないが、お経《きょう》はこのように、毎日《まいにち》の生活《せいかつ》に大切《たいせつ》なことを教《おし》えてあるということは少《すこ》しも解《わか》らなかった。今初《いまはじ》めて解《わか》って、こんなうれしいことはない」と涙《なみだ》をこぼして喜《よろこ》びました。そして、「常《つね》に一語《ご》ずつでも教《おし》えてもらいたい」と、私《わたくし》の話《はなし》を喜《よろこ》んで聞《き》いてくださいました。私《わたくし》も恩師《おんし》・杉《すぎ》山先生《やませんせい》のご恩《おん》を心《こころ》の底《そこ》から感謝《かんしゃ》しています。

お題目《だいもく》の唱《とな》えは、この話《はなし》と同《おな》じように、唱《とな》えることが基《もと》になりまして、ついに本当《ほんとう》の意味《いみ》が解《わか》るのであります。心《こころ》にかけて〝南無妙法蓮華経《なむみょうほうれんげきょう》〟と唱《とな》えましょう。

御開山上人御遺稿集　一二五頁〜一二八頁

嘱累品《ぞくるいほん》の事《こと》　神力品《じんりきほん》では上行菩薩等《じょうぎょうぼさつとう》の特別《とくべつ》に徳《とく》の高《たか》い菩薩《ぼさつ》にたいして、この経《きょう》をひろめることを嘱託《しょくたく》せられたのであるから、これを**別付属**《べつふぞく》というが、嘱累品《ぞくるいほん》は**総付属**《そうふぞく》と申《もう》して、そこにあつまった一般《ぱん》の人《ひと》にたいしてこの経《きょう》をひろめることをおすすめになったのである。嘱《ぞく》はたのむということ、教《おし》えをひろめることを委託《いたく》すること。累《るい》とは、煩《わずら》いをかけるということで、どんな苦《くる》しいことがあっても、つらいことがあっても〝覚悟《かくご》をしてひろめてくれ〟という意味《いみ》である。

妙法蓮華経略義　七〇六頁

◆日達上人

一念信解《ねんしんげ》の事《こと》　一念《ねん》の信解《しんげ》とは、信《しん》じて解《げ》する、つまり、心《こころ》から喜《よろこ》ぶことですが、「仏《ほとけ》さまの寿命《じゅみょう》が長遠《じょうおん》」と聞《き》いて喜《よろこ》べるのは余程《よほど》理解《りかい》の深《ふか》い人《ひと》です。どうしてそのことが喜《よろこ》びになるのでしょう。

私共《わたくしども》が見《み》ることができるもので一番寿命《ばんじゅみょう》が長《なが》いと思《おも》われるのは、夜空《よぞら》の星《ほし》です。ちなみに地球《ちきゅう》の年齢《ねんれい》は四十五億歳《おくさい》プラスマイナス五億歳《おくさい》と言《い》われています。しかし、地球《ちきゅう》があっても人間《にんげん》がいなければ意味《いみ》がありません。人間《にんげん》が誕生《たんじょう》したのは三万年《まんねん》くらい前《まえ》のことです。それでも地球《ちきゅう》は、若《わか》い星《ほし》と言《い》われています。宇宙全体《うちゅうぜんたい》を見《み》れば相当古《そうとうふる》い星《ほし》がありますし、その星《ほし》にも寿命《じゅみょう》はあると言《い》います。もちろん、私共《わたくしども》が普通《ふつう》に考《かんが》えられる長《なが》さではありません。

星《ほし》もまた、距離的《きょりてき》に見《み》ても大変遠《たいへんとお》くに位置《いち》しています。馴染《なじ》みの深《ふか》い北斗《ほくと》七星《せい》は、杓《しゃく》子《し》の形《かたち》をしていますが、その先端《せんたん》の星《ほし》をアルファー星《せい》と言《い》います。その星《ほし》までの距離《きょり》は百光年《こうねん》ということです。一光年《こうねん》は、光《ひかり》が一年間《ねんかん》で進《すす》む距離《きょり》です。一光《こう》の長《なが》さは、九兆《ちょう》四六七〇億《おく》キロメートルと言《い》います。今見《いまみ》ているアルファー星《せい》の光《ひかり》は、百年前《ねんまえ》に星《ほし》を出発《しゅっぱつ》した光《ひかり》というのですから、想像《そうぞう》を絶《ぜっ》する距離《きょり》です。同時《どうじ》に、この百年《ねん》の間《あいだ》にアルファー星《せい》は消滅《しょうめつ》しているという可能性《かのうせい》も否定《ひてい》できません。

夜空《よぞら》を見上《みあ》げながらそんなことを考《かんが》えていると、日常《にちじょう》あれやこれや思《おも》っているささいなことが、全《まった》くかげろうのように思《おも》えてきます。

〝久遠《くおん》の本仏《ほんぶつ》の寿命《じゅみょう》は、それらのものよりずっと長《なが》い〟と言《い》われているのです。人知《じんち》の及《およ》ぶところではありませんが、このことが今《いま》の私《わたくし》の喜《よろこ》びにどう関係《かんけい》するのでしょうか。

法華経譬喩品《ほけきょうひゆほん》でお釈迦《しゃか》さまは、

「今此《いまこ》の三界《がい》は、皆是《みなこ》れ我《わ》が有《う》なり。其《そ》の中《なか》の衆生《しゅじょう》は、悉《ことごと》く是《こ》れ吾《わ》が子《こ》なり。而《しか》も今《いま》此《こ》の処《ところ》は、諸《もろもろ》の患難《げんなん》多《おお》し。唯我《ただわれ》一人《にん》のみ、能《よ》く救護《くご》を為《な》す」

とおっしゃいました。

私《わたくし》が仏《ほとけ》さまの子《こ》どもであるなら、親《おや》である仏《ほとけ》さまと同《おな》じように、私《わたくし》の命《いのち》も長遠《じょうおん》である筈《はず》です。私《わたくし》のこの体《からだ》は七十年《ねん》か八十年《ねん》の寿命《じゅみょう》で終《お》わりますが、魂《たましい》は仏《ほとけ》さまと同《おな》じ「無始無終《△むしむしゅう》」と考《かんが》えられるのです。そのことが心《こころ》から信《しん》じられると、ありがたい「一念《ねん》の信解《しんげ》」が得《え》られるのです。

『月刊法音』第三九一号　六〜七頁

“ありがたい”と“あたりまえ”

「初随喜《しょずいき》」は「即身成仏《そくしんじょうぶつ》」に通《つう》じると思《おも》います。即《そく》身《しん》とは、“すぐに”ということと同時《どうじ》に、“この身《み》を離《はな》れずに”という意味《いみ》がありま す。“ありがたい”という随喜《ずいき》の心《こころ》を持《も》った後《あと》、その心《こころ》が続《つづ》くか続《つづ》かないかが問題《もんだい》です。

人間困《にんげんこま》ったもので、一度《ど》は“ありがたい”と思《おも》っても、いやなことや腹《はら》の立《た》つことに会《あ》うとすぐに、心《こころ》が変《か》わってしまいます。何回《なんかい》でもコロコロ変《か》わるのが凡夫《ぼんぶ》の特徴《とくちょう》とも言《い》えます。

法華経《ほけきょう》を聞《き》いて“ありがたい”と思《おも》えた瞬間《しゅんかん》は、“深《ふか》い悟《さと》りに入《はい》ったと同《おな》じ”と説《と》かれるのです。

本当《ほんとう》に“ありがたい”と思《おも》い、その心《こころ》がずっと続《つづ》けば「仏《ほとけ》に近《ちか》い人《ひと》」と言《い》えます。“ありがたい”と言《い》っても、特別《とくべつ》いいことがあって“ありがたい”のではありません。

普段《ふだん》何でもないことの中《なか》に〝ありがたい〟ことを見《み》つけるのです。

しかし、普段《ふだん》の生活《せいかつ》の中《なか》に〝ありがたい〟ことを見《み》つけるのは、なかなかむつかしいことです。なぜなら、いつも〝あたりまえ〟と思《おも》っているからです。その上目《うえめ》につくのは、思《おも》うようにならないことばかりです。

〝ありがたい〟ことは、〝あたりまえ〟と思《おも》っている中《なか》にあります。見方《みかた》を少《すこ》し変《か》えると、〝ありがたい〟ことはどこにでもあることに気《き》づきます。

二十年《ねん》くらい前《まえ》、ある支院《しいん》に参《まい》りまして法要《ほうよう》をしていた時《とき》、急《きゅう》におなかがシクシク痛《いた》くなって苦《くる》しい思《おも》いをしました。〝途中《とちゅう》で導師座《どうしざ》を降《お》りては〟と思《おも》い、辛棒《しんぼう》して何《なん》とか勤《つと》めました。そのことがあって以来《いらい》、〝何事《なにごと》もなく法要《ほうよう》ができることはありがたいことだ〟と思《おも》えるようになりました。

『月刊法音』第三九二号　一四～一五頁

五十展転随喜《てんでんずいき》の功徳《くどく》　ある人《ひと》が八十年《ねん》もの長《なが》い間《あいだ》、この地上《ちじょう》に生息《せいそく》するすべての生《い》きものに「其《そ》の所欲《しょよく》に随《したが》って」というのですから、〝欲《ほっ》するままに食《た》べ物《もの》を施《ほどこ》したり、あらゆる財宝《ざいほう》を施《ほどこ》した功徳《くどく》よりも、法華経《ほけきょう》のお話《はなし》を五十番目《ばんめ》に聞《き》いて喜《よろこ》びの心《こころ》を持《も》った人《ひと》の功徳《くどく》の方《ほう》が、比《くら》べものにならないほど大《おお》きい〟というのです。いかに、他《た》の人《ひと》に法《ほう》を伝《つた》えてゆくことが大切《たいせつ》であるか、おわかり頂《いただ》けるでしょう。

〝それはわかっているが、どういう風《ふう》に伝《つた》えていったらいいかわからない〟と言《い》われる方《かた》があるかも知《し》れません。また、〝法華経《ほけきょう》のお話《はなし》をするなんてそんな難《むずか》しいこと〟と言《い》われる方《かた》もあるかも知《し》れませんが、ここで説《と》かれますことは、法華経《ほけきょう》の字句《じく》の説明《せつめい》をするというのではありません。「力《ちから》に随《したが》って」とありますように、慈悲《じひ》の話《はなし》でも堪忍《かんにん》の話《はなし》でも、また、至誠《まこと》の話《はなし》でも、自分《じぶん》が聞《き》いて、〝本当《ほんとう》にそうだな。ありがたいな〟と思《おも》ったならば、それを縁《えん》ある人々《ひとびと》に、自分《じぶん》のできることで、その範囲内《はんいない》で伝《つた》えてゆけばいいのです。それも、理論的《りろんてき》に話《はな》すより、実際《じっさい》に行《おこ》ないで示《しめ》す方《ほう》が効果《こうか》が高《たか》いでしょう。

たとえば、物《もの》を無駄《むだ》にしないということも、実際《じっさい》にご両親《りょうしん》がそういう質素《しっそ》な生活《せいかつ》をしておりましたら、子《こ》どもも、やはり見習《みなら》うでしょう。また、トイレのスリッパを揃《そろ》えるというようなことでも、たえず自分《じぶん》が心掛《こころが》けてやっていれば、子《こ》どももするようになるでしょう。

そうした、本当《ほんとう》に些細《ささい》なことでも続《つづ》けてゆくならば、いずれか必《かなら》ず、周囲《しゅうい》に好《よ》い影響《えいきょう》を与《あた》えてまいります。行《おこ》ないによって周《まわ》りの人《ひと》を感化《かんか》してゆくことも、立派《りっぱ》に、「法華《ほけ》経《きょう》を演説《えんぜつ》する」ことになるのです。自分《じぶん》の気《き》がついたこと、できることで人《ひと》を教《おし》えてゆく、つまり、法華経《ほけきょう》の心《こころ》で以《も》って人《ひと》と接《せっ》し、導《みちび》いてゆくということです。

『月刊法音』第一二六号　九～一〇頁

「物《もの》の施《ほどこ》し」と「法《ほう》の施《ほどこ》し」

物質面《ぶっしつめん》の満足《まんぞく》は、〝もうこれで充分《じゅうぶん》〟ということはほとんどありません。今《いま》の私《わたくし》たちの日常生活《にちじょうせいかつ》を見《み》るとよくわかるでしょう。今《いま》やほとんどの家庭《かてい》に、テレビや冷蔵庫《れいぞうこ》や洗濯機《せんたくき》があります。電話《でんわ》も自動車《じどうしゃ》も、大変普及《たいへんふきゅう》しております。これを、三十年《ねん》ほど前《まえ》と比《くら》べてみたらどうでしょう。今《いま》の暮《く》らしをたとえば三十年《ねん》前《まえ》にしていたとしたら、お手伝《てつだ》いさんを三人《にん》も五人《にん》も雇《やと》っているような、それはそれは、大変《たいへん》な大金持《おおがねも》ちといえるでしょう。しかし、誰《だれ》も現在《げんざい》の生活《せいかつ》に満足《まんぞく》している人《ひと》はありません。〝もっともっと〟という、欲望《よくぼう》を抱《いだ》いております。そのように、物質《ぶっしつ》による満足《まんぞく》は大変難《たいへんむずか》しいことなのです。

「一切《さい》の楽具《らくぐ》を以《もっ》て四百万億阿僧祇《まんのくあそうぎ》の世界《せかい》の六趣《しゅ》の衆生《しゅじょう》に施《ほどこ》し、又阿羅漢果《またあらかんが》を得《え》せしめん。所得《しょとく》の功徳《くどく》は是《こ》の第《だい》五十の人《ひと》の法華経《ほけきょう》の一偈《げ》を聞《き》いて随喜《ずいき》せん功徳《くどく》には如《し》かじ。百分《ぶん》・千分《ぶん》・百千万億分《まんのくぶん》にして其《そ》の一にも及《およ》ばじ」（法華経随喜功徳品《ほけきょうずいきくどくほん》）

〝物《もの》の施《ほどこ》しの功徳《くどく》よりも、法《ほう》を施《ほどこ》した功徳《くどく》、それによって得《え》られた喜《よろこ》びの功徳《くどく》の方《ほう》が格《かく》別大《べつおお》きい〟と説《と》かれるのも、そこにあるわけです。

『月刊法音』第一二六号　一二～一三頁

但行礼拝《たんぎょうらいはい》の事《こと》　但行礼拝《たんぎょうらいはい》を常不軽菩薩《じょうふきょうぼさつ》は一生涯《しょうがい》し続《つづ》け、命《いのち》が終《お》わる時《とき》には空中《くうちゅう》で法華経《ほけきょう》を聞《き》き、六根清浄《こんしょうじょう》の功徳《くどく》を成就《じょうじゅ》して、さらに二百万億那由他歳《まんのくなゆたさい》という大変長《たいへんなが》い寿命《じゅみょう》を賜《たま》わり、その寿命《じゅみょう》のある限《かぎ》り、人々《ひとびと》のために広《ひろ》く法華経《ほけきょう》を説《と》き続《つづ》けた、と言《い》います。その上《うえ》で〝この常不軽菩薩《じょうふきょうぼさつ》は今《いま》の私《わたくし》（お釈迦《しゃか》さま）の前世《ぜんせ》の姿《すがた》である〟と言《い》われています。驚《おどろ》いたことに、オレガオレガと威張《いば》っていたお坊《ぼう》さんや、常不軽菩薩《じょうふきょうぼさつ》に石《いし》を投《な》げつけた人々《ひとびと》は、〝二千億劫《おくこう》という長《なが》い間《あいだ》三宝《ぼう》（仏《ぶつ》・法《ぽう》・僧《そう》）の名《な》を聞《き》かず、千劫《こう》の間阿鼻地獄《あいだあびじごく》に堕《お》ちて大苦悩《だいくのう》を受《う》けたけれども、その罪《つみ》を終《お》えて再《ふたた》び法華経説法《ほけきょうせっぽう》の座《ざ》に連《つら》なり、常不《じょうふ》軽菩薩《きょうぼさつ》の教化《きょうけ》を受《う》けて成仏《じょうぶつ》を決定《けつじょう》することができた〟と述《の》べられています。

誠《まこと》におそれいった話《はなし》です。とにかく法華経《ほけきょう》のお話《はなし》は、時間的《じかんてき》に想像《そうぞう》もつかないくらい長《なが》いのです。私共《わたくしども》いつも目先《めさき》のことばかり考《かんが》えて、〝ああだ。こうだ〟と言《い》っていますが、もっと長《なが》い目《め》で見《み》ると、いろいろなことがあるように思《おも》えます。今《いま》、何気《なにげ》なく法華経《ほけきょう》を聴聞《ちょうもん》していますが、私《わたくし》も過去《かこ》には常不軽菩薩《じょうふきょうぼさつ》に石《いし》を投《な》げつけた内《うち》の一人《ひとり》かも知《し》れません。

仏教《ぶっきょう》のいい所《ところ》は、地獄《じごく》に堕《お》ちてもその罪《つみ》を終《お》えると再《ふたた》び戻《もど》って来《こ》られることです。キリスト教《きょう》もイスラム教《きょう》も、そのようなことはありません。地獄《じごく》に堕《お》ちたらそれっきりです。しかし仏教《ぶっきょう》は、また仏《ほとけ》さまの前《まえ》に出《で》られる時《とき》がきて、その時《とき》には今度《こんど》こそ〝慈悲《じひ》・至誠《まこと》・堪忍《かんにん》を実行《じっこう》して極楽《ごくらく》に行《ゆ》くことができる〟というのです。極楽《ごくらく》に行《い》けば、もう永《えい》遠《えん》です。

但行礼拝《たんぎょうらいはい》は自分《じぶん》のする事《こと》　常不軽菩薩《じょうふきょうぼさつ》の但行礼拝《たんぎょうらいはい》を、〝それは経文《きょうもん》の中《なか》の出来事《できごと》〟と思《おも》っていたら、法華経《ほけきょう》を読誦《どくじゅ》する意味《いみ》がありません。〝自分《じぶん》がすること〟と受《う》け止《と》めてゆかなければなりません。今《いま》、自分《じぶん》の目《め》の前《まえ》にいる人《ひと》、主人《しゅじん》にも奥《おく》さんにも子《こ》どもにも、その心《こころ》で接《せっ》してゆくことが大切《たいせつ》です。〝出来《でき》の悪《わる》い人《ひと》だ。愚図《ぐず》でバカな人《ひと》だ〟と思《おも》っても、常不軽菩薩《じょうふきょうぼさつ》のように相手《あいて》のいい所《ところ》だけを見《み》て敬《うやま》ってゆけたら、少《すこ》しは世《よ》の中変《なかか》わると思《おも》います。

誰《だれ》でも、仏《ほとけ》さまの子《こ》どもであります。仏《ほとけ》さまの子《こ》どもであれば本《もと》は仏《ほとけ》さまですから、「我深《われふか》く汝等《なんだち》を敬《うやま》う。敢《あえ》て軽慢《きょうまん》せず」の心《こころ》でゆくことです。相手《あいて》を敬《うやま》うことによって、人間関係《にんげんかんけい》はよくなってゆくのです。

また、人《ひと》に対《たい》して合掌《がっしょう》・礼拝《らいはい》することも大事《だいじ》ですが、自分《じぶん》にもそうするといいと思《おも》います。自分《じぶん》が鏡《かがみ》に向《む》かって合掌《がっしょう》・礼拝《らいはい》するのです。いざ鏡《かがみ》の前《まえ》に立《た》つと〝何《なん》だ、こんな顔《かお》をしていたのか〟と嫌《いや》になってしまうかも知《し》れませんが、その心《こころ》は横《よこ》に置《お》いて自分《じぶん》に合掌《がっしょう》し、礼拝《らいはい》すると、思《おも》わぬ利益《りやく》が得《え》られると思《おも》います。

朝起《あさお》きた時《とき》、鏡《かがみ》の前《まえ》に立《た》って合掌《がっしょう》し〝今日《きょう》一日《にち》、欲《よく》を出《だ》しすぎません〟〝今日《きょう》一日《にち》、堪忍《かんにん》を破《やぶ》りません〟〝今日《きょう》一日《にち》、愚痴《ぐち》を言《い》いません〟と自分《じぶん》の仏性《ぶっしょう》に誓《ちか》うのです。夜寝《よるね》る時《とき》には〝今日《きょう》一日《にち》ありがとうございました〟とお礼《れい》を言《い》うのです。

〝ありがとう〟という言葉《ことば》を口《くち》にする時《とき》は、面白《おもしろ》くないことや損《そん》したことなどは忘《わす》れなければなりません。〝いろいろなことがあったけれども、今日《きょう》一日無事《にちぶじ》に過《す》ごさせて頂《いただ》き、ありがとうございました〟と感謝《かんしゃ》できれば、よく寝《ね》られると思《おも》います。

これは元気《げんき》に一日《にち》を送《おく》る上《うえ》でとてもいい方法《ほうほう》と思《おも》いますし、そのことができること自《じ》体《たい》、〝大《おお》きな功徳《くどく》が頂《いただ》けた〟と言《い》えると思《おも》います。『月刊法音』第三九六号　一〇～一二頁

本化《ほんげ》の付嘱《ふぞく》　御開山上人《ごかいさんしょうにん》が嘱累品《ぞくるいほん》について詠《よ》まれた歌《うた》があります。

〝み仏《ほとけ》のつかいとなりて法《のり》を世《よ》に
　広《ひろ》むることを許《ゆる》されにけり〟

ここで説《と》かれますことは、お釈迦《しゃか》さまが涅槃《ねはん》を示《しめ》されました後《あと》、〝この娑婆世界《しゃばせかい》に法《ほ》華経《けきょう》を広《ひろ》めてゆくように〟という「法《ほう》の付嘱《ふぞく》」についてであります。

法《ほう》の付嘱《ふぞく》は、この前《まえ》の如来神力品《にょらいじんりきほん》から始《はじ》まっております。これを「本化《ほんげ》の付嘱《ふぞく》」と申《もう》しております。それは、法《ほう》の付嘱《ふぞく》をされた菩薩《ぼさつ》が、従地涌出品《じゅうぢゆじゅっほん》に出《で》てまいりました地涌《ぢゆ》の菩薩《ぼさつ》であるからです。

地涌《ぢゆ》の菩薩《ぼさつ》は、無数《むすう》といわれる程大勢《ほどおおぜい》であります。そして、長《なが》い長《なが》い時《とき》の流《なが》れの中《なか》に於《おい》て久遠《くおん》の本仏《ほんぶつ》から何度《なんど》も教化《きょうけ》され、すっかり法華経《ほけきょう》を身《み》につけた大変《たいへん》法華経《ほけきょう》に縁《えん》の深《ふか》

い菩薩《ぼさつ》であり、その菩薩《ぼさつ》こそが法華経《ほけきょう》を広《ひろ》める指示《しじ》を受《う》けた本当《ほんとう》の人《ひと》である、と説《と》かれているのであります。

二代目会長《だいめかいちょう》の村上斎先生《むらかみいつきせんせい》は、和歌《わか》や書《しょ》を物《もの》されます時《とき》いつも「地涌《ぢゆ》の斎《いつき》」とお書《か》きになりました。地涌《ぢゆ》の菩薩《ぼさつ》という自覚《じかく》を持《も》っておられたからであります。日蓮聖人《にちれんしょうにん》も、この自覚《じかく》を持《も》っておられました。地涌《ぢゆ》の菩薩《ぼさつ》の中《なか》でも最上位《さいじょうい》と言《い》われる、上行菩薩《じょうぎょうぼさつ》の再誕《さいたん》という自覚《じかく》であります。

本化《ほんげ》の付嘱《ふぞく》に対《たい》して「迹化《しゃっけ》の付嘱《ふぞく》」という言葉《ことば》があります。迹化《しゃっけ》と申《もう》しましても、悪《わる》いというのではありません。法華経《ほけきょう》の縁《えん》は結《むす》ばれているのですが、どちらかといえばその縁《えん》は、今世《こんぜ》に於《お》いて初《はじ》めて結《むす》ばれたという、いわば本化《ほんげ》の菩薩《ぼさつ》の縁《えん》に比《くら》べると、浅《あさ》い縁《えん》といえるのです。

いずれにしましても、法《ほう》の付嘱《ふぞく》とか本化《ほんげ》の菩薩《ぼさつ》というようなむつかしい言葉《ことば》を耳《みみ》にしますと、〝私《わたくし》は菩薩《ぼさつ》といわれる程偉《ほどえら》くもないし、法《ほう》を広《ひろ》めるなんてそんな大《だい》それたことは〟と思《おも》われるかも知《し》れません。しかし、そうではありません。

実際《じっさい》の生活《せいかつ》の中《なか》にあって仏《ほとけ》の道《みち》を進《すす》もうと精進《しょうじん》している人《ひと》は、すべて菩薩《ぼさつ》であります。

〝堪忍《かんにん》をしてゆこう。慈悲《じひ》の心《こころ》をもってやってゆこう〟とする人《ひと》、あるいは、〝世《よ》の中《なか》のためになるような働《はたら》きをしよう。家族《かぞく》のために私《わたくし》がしっかりやろう〟と思《おも》う人《ひと》、つまり、自分《じぶん》の利益《りえき》のために何《なに》かをするのではなく、周《まわ》りの人《ひと》の利益《りえき》をまず第《だい》一に考《かんが》え、働《はたら》く人《ひと》のことを、菩薩《ぼさつ》というのであります。ですから、決《けっ》して私《わたくし》たちに関係《かんけい》のない話《はなし》ではありません。

『月刊法音』第一二七号　五～六頁

聖の教え　結び

〝慈《じ》悲《ひ》深《ふか》く堪忍《かんにん》強《つよ》く守《まも》りなば
至誠《まこと》の道《みち》もひとり渡《わた》れむ〟

安立大法尼御詠

◇運想《うんそう》＝唱《とな》え奉《たてまつ》る妙法《みょうほう》は、是《こ》れ三世《ぜ》諸佛所證《しょぶつしょしょう》の境界《きょうがい》、上行薩埵《じょうぎょうさった》靈山別付《りょうぜんべっぷ》の眞淨大法《しんじょうだいほう》也《なり》。一たびも南無妙法蓮華經《なむみょうほうれんげきょう》と唱《とな》え奉《たてまつ》れば、即《すなわ》ち事《じ》の一念《ねん》三千正觀成就《しょうかんじょうじゅ》し、常寂光土現前《じょうじゃっこうどげんぜん》し、無作《むさ》三身《じん》の覺體顯《かくたいあらわ》れ、我等《われら》行者《ぎょうじゃ》一切衆生《さいしゅじょう》と同《おな》じく、法性《ほっしょう》の土《ど》に居《こ》して自受法樂《じじゅほうらく》せん。此《こ》の法音《ほうおん》を運《めぐ》らして法界《ほうかい》に充滿《じゅうまん》し、三寶《ぼう》に供養《くよう》し、普《あまね》く衆生《しゅじょう》に施《ほどこ》し、大乘《だいじょう》一實《じつ》の境界《きょうがい》に入《い》らしめ、佛土《ぶつど》を嚴淨《ごんじょう》し、衆生《しゅじょう》を利益《りやく》せん。

法音寺朝夕勤行要集　一一〇～一一一頁

◇寶塔偈《ほうとうげ》（自說誓言《じせつせいごん》）＝今佛前《いまぶつぜん》に於《おい》て、自《みずか》ら誓言《せいごん》を說《と》け。此《こ》の經《きょう》は持《たも》ち難《がた》し。若《も》し暫《しばら》くも持《たも》つ者《もの》は、我即《われすなわ》ち歡喜《かんぎ》す。諸佛《しょぶつ》も亦然《またしか》なり。是《かく》の如《ごと》きの人《ひと》は、諸佛《しょぶつ》の歎《ほ》めたもう所《ところ》なり。是《こ》れ則《すなわ》ち勇猛《ゆうみょう》なり。是《こ》れ則《すなわ》ち精進《しょうじん》なり。是《こ》れを戒《かい》を持《たも》ち、頭陀《ずだ》を行《ぎょう》ずる者《もの》と名《なづ》く。

則《すなわ》ち爲《こ》れ疾《と》く、無上《むじょう》の佛道《ぶつどう》を得《え》たり。能《よ》く來世《らいせ》に於《お》て、此《こ》の經《きょう》を讀《よ》み持《たも》たんは、是《こ》れ眞《しん》の佛子《ぶっし》、淳善《じゅんぜん》の地《ぢ》に住《じゅう》するなり。佛《ほとけ》の滅度《めつど》の後《のち》に、能《よ》く其《そ》の義《ぎ》を解《げ》せんは、是《こ》れ諸《もろもろ》の天《てん》・人《にん》、世間《せけん》の眼《まなこ》なり。恐畏《くい》の世《よ》に於《おい》て、能《よ》く須臾《しゅゆ》も說《と》かんは、一切《さい》の天《てん》・人《にん》、皆供養《みなくよう》すべし。

妙法蓮華經・見寶塔品　一二一五頁

◇回向文《えこうもん》＝上來讀誦《じょうらいどくじゅ》し奉《たてまつ》る大乘妙法蓮華經《だいじょうみょうほうれんげきょう》唱《とな》え奉《たてまつ》る御題目等《おんだいもくとう》鳩《あつむ》る所《ところ》の功德《くどく》を以《もっ》ては　大曼荼羅勸請《だいまんだらかんじょう》の諸尊《しょそん》　殊《こと》には末法有緣《まっぽううえん》の大導師高祖日蓮大菩薩《だいどうしこうそにちれんだいぼさつ》　宗門歷代如法勳功《しゅうもんれきだいにょほうくんこう》の先師先哲《せんしせんてつ》　竝《なら》びに始祖廣宣院殿安立大法尼《しそこうせんいんでんあんりゅうだいほうに》　弘教院殿宗玄大德《ぐきょういんでんそうげんだいとく》　御開山泰山院日進上人《ごかいさんたいざんいんにっしんしょうにん》　第二世顯修院日達上人等《だいせけんしゅういんにったつしょうにんとう》に回向《えこう》し　以《もっ》て慈恩《じおん》に報酬《ほうしゅう》し奉《たてまつ》る　大慈大悲御報恩謝德《だいじだいひごほうおんしゃとく》　兼《かね》ては天上地界護法《てんじょうじかいごほう》の善神等《ぜんじんとう》に祝貢《しゅっこう》し　以《もっ》て法樂《ほうらく》に供《その》う

仰《あお》ぎ祈《いの》らくは　一天《てん》四海皆歸妙法《かいかいきみょうほう》　末法萬年廣宣流布《まっぽうまんねんこうせんるふ》　天長地久《てんちょうちきゅう》　國土安穩《こくどあんのん》　五穀成就《ごこくじょうじゅ》

萬民快樂《ばんみんけらく》

重《かさ》ねて願《ねが》わくは　〇〇家先祖代々《けせんぞだいだい》の諸精靈《しょしょうりょう》　殊《こと》には〇〇靈位《れいい》　追善供養《ついぜんくよう》　坐寶蓮華《ざほうれんげ》　成等正覺《じょうとうしょうがく》　總《そう》じては法界海有無兩緣《ほうかいかいうむりょうえん》の諸靈魂《しょれいこん》　斷迷開悟《だんめいかいご》　離苦得楽《りくとくらく》　妙法經力《みょうほうきょうりき》　即身成佛《そくしんじょうぶつ》

乃至法界《ないしほうかい》　平等利益《びょうどうりやく》
餘慶《よけい》の功徳《くどく》を以《もっ》ては　我等《われら》無始以來《むしいらい》　謗法《ほうぼう》六根懺悔《こんさんげ》　罪障消滅《ざいしょうしょうめつ》　信力不退《しんりきふたい》　道念堅固《どうねんけんご》
如風於空中《にょふうおくうちゅう》　一切《さい》無障礙《むしょうげ》　感應道交《かんのうどうきょう》　哀愍御守護《あいみんごしゅご》
願《ねが》わくは此《こ》の功徳《くどく》を以《もっ》て　普《あまね》く一切《さい》に及《およ》ぼし　我等《われら》と衆生《しゅじょう》と　皆共《みなとも》に佛道《ぶつどう》を成《じょう》ぜん
南無妙法蓮華經《なむみょうほうれんげきょう》

法音寺朝夕勤行要集　一一四～一一八頁

◆私と信仰

◆あとがき――――法音寺広報委員会

法華経《ほけきょう》は「一々文々是真仏《いちいちもんもんぜしんぶつ》」（閉経偈《へいきょうげ》）の経典《きょうてん》であります。さすれば本書《ほんしょ》による「妙《みょう》文《もん》の選出《せんしゅつ》」は一面《めん》「謗法罪《ほうぼうざい》」であるかもしれません。選出《せんしゅつ》した妙文《みょうもん》以外《いがい》は表面上《ひょうめんじょう》「捨《す》て去《さ》る」こととなり、読者《どくしゃ》の皆様《みなさま》の目《め》に触《ふ》れ得《え》ることがないのですから……。

当山《とうざん》二祖《そ》・宗玄大徳《そうげんだいとく》は本書《ほんしょ》一一七～一一八頁《ぺーじ》に於《おい》て次《つぎ》のように指摘《してき》しておられます。重複《じゅうふく》しますが、大切《たいせつ》な理念《りねん》ですから再掲《さいけい》させていただきます。

妙法蓮華経《みょうほうれんげきょう》は諸仏《しょぶつ》の眼目《がんもく》　妙法蓮華経《みょうほうれんげきょう》は、諸仏《しょぶつ》の万行万徳《まんぎょうまんとく》の力《ちから》と徳《とく》を集《あつ》めた如意宝《にょいほう》珠《じゅ》であります。また、これをわかりやすく説明《せつめい》したものは、法華経《ほけきょう》二十八品《ぽん》六万九千三百八十四文字《もんじ》であります。この文字《もんじ》は、妙法蓮華経《みょうほうれんげきょう》という諸仏《しょぶつ》の眼目《がんもく》を説明《せつめい》したもので、日蓮聖人《にちれんしょうにん》はこれにつき「法華経《ほけきょう》を読《よ》み　奉《たてまつ》り候《そうら》いなば、御経《おんきょう》の文字《もんじ》は六万九千三百八十四字《じ》、一一《いちいち》の文字《もんじ》は皆金色《みなこんじき》の仏《ほとけ》なり」（単衣鈔《たんえしょう》）と仰《おお》せであります。

しかるに、本門《ほんもん》は下《しも》の十四品《ほん》、すなわち涌出品《ゆじゅつほん》より勧発品《かんぼっぽん》までで、上《かみ》の十四品《ほん》、序品《じょほん》より安楽行品《あんらくぎょうほん》までは迹門《しゃくもん》なれば用《もち》うべからず、などと申《もう》す人《ひと》もあるようですが、これは誤《あやま》りもはなはだしいのであります。

「此《こ》の法華経《ほけきょう》は一切《さい》の諸仏《しょぶつ》の眼目《がんもく》、教主釈尊《きょうしゅしゃくそん》の本師《ほんし》なり。一字《じ》一点《てん》も捨《す》つる人《ひと》あれば、千万《まん》の父母《ふぼ》を殺《ころ》せる罪《つみ》にも過《す》ぎ、十方《ぽう》の仏《ほとけ》の身《み》より血《ち》を出《いだ》す罪《つみ》にも超《こ》えて候《そうら》いける故《ゆえ》に、三五の塵点《じんでん》をば経候《へそうら》いけるなり」（兄弟鈔《きょうだいしょう》）と。

現在《げんざい》はもちろん私《わたくし》の滅《めっ》した後《のち》においてもこの理《り》を忘《わす》れず、生死流転《しょうじるてん》を離《はな》れて仏《ぶっ》界《かい》に到《いた》らんとする人《ひと》は、妙法蓮華経《みょうほうれんげきょう》の五文字《もじ》、法華経《ほけきょう》二十八品《ぽん》六万九千三百八十四文字《もんじ》を用《もち》い、実地《じっち》に活用《かつよう》して頂《いただ》きたいのであります。

さて、本書編纂《ほんしょへんさん》の目的《もくてき》は経典《きょうてん》・遺文《いぶん》、そして当山先師《とうざんせんし》の指南《しなん》の掲載文以外《けいさいぶんいがい》は用《もち》いないというのでは決《けっ》してありません。本書《ほんしょ》に触《ふ》れることにより、より広《ひろ》く経典《きょうでん》・遺文《いぶん》・先師《せんし》の指南書《しなんしょ》に触《ふ》れていただきたいからに外《ほか》なりません。本書《ほんしょ》を縁《えん》としてさらに深《ふか》く、掲載《けいさい》された妙文《みょうもん》の先《さき》を、そして後《あと》を、さらに行間《ぎょうかん》を、「出典《しゅってん》」を検証《けんしょう》しつつ「法音寺教学《ほうおんじきょうがく》」の他《た》に類《るい》を見《み》ない素晴《すば》らしさ、崇高《すうこう》さを知《し》っていただけましたら必《かなら》ずや、真《しん》の喜《よろこ》び、本当《ほんとう》の幸《しあわ》せな境界《きょうがい》に速《すみ》やかに進《すす》み得《う》るに違《ちが》いありません。

尚《なお》、各巻《かくかん》（妙《みょう》・法《ほう》・蓮《れん》・華《げ》・経《きょう》の巻《まき》）巻末《かんまつ》に、貴家《きか》の信仰《しんこう》の護持《ごじ》・継承《けいしょう》の機縁《きえん》に資《し》していただけたらと考《かんが》え、「私《わたくし》と信仰《しんこう》」を記《しる》す頁《ページ》を用意《ようい》いたしました。

先師《せんし》・日達上人《にったつしょうにん》の「法音寺《ほうおんじ》は正統《せいとう》な仏教教団《ぶっきょうきょうだん》」とのお言葉《ことば》を戴《いただ》いて、その縁《えん》につながる皆様《みなさま》の信仰《しんこう》がいつの世《よ》までも正《ただ》しく継承《けいしょう》されますことを祈念《きねん》いたします。

最後《さいご》に、校閲《こうえつ》には万全《ばんぜん》を期《き》したつもりでおりますが、万《まん》一、誤字《ごじ》・脱字等《だつじとう》を目《め》にされましたらご一報《ぽう》下《くだ》さいませ。調《しら》べ直《なお》し、正《ただ》しく対応《たいおう》させていただきます。又《また》、内容等《ないようとう》に疑問《ぎもん》をお感《かん》じになられましたら、忌憚《きたん》なくお申《もう》し越《こ》し下《くだ》さいませ。史証論証《ししょうろんしょう》を具備《ぐび》して大方《おおかた》の高教《こうきょう》を仰《あお》ぎたいと考《かんが》えております。

※口絵写真《くちえしゃしん》について。

「出山《しゅっさん》の釈迦図《しゃかず》」は村上華岳画伯《むらかみかがくがはく》の作《さく》で、先師《せんし》・日達上人《にったつしょうにん》が御愛蔵《ごあいぞう》になられていました。現在《げんざい》も折《おり》にふれ、当山《とうざん》に掲《かか》げられ、御信徒《ごしんと》の皆様《みなさま》に御披露《ごひろう》されております。

「波木井《はきい》の御影《みえい》」は、身延山《みのぶさん》・久遠寺様《くおんじさま》のお宝《たから》ですが、昭和《しょうわ》五十六年《ねん》の日蓮聖人第《にちれんしょうにんだい》七百遠忌《おんき》の折《おり》、当山御信徒《とうざんごしんと》にも親《した》しんで頂《いただ》こうと、身延山御当局様《みのぶさんごとうきょくさま》のお許《ゆる》しを得《え》て

あとがき

『月刊法音《げっかんほうおん》』に掲載《けいさい》させて頂《いただ》いて参《まい》りました。この度《たび》、本書発刊《ほんしょはっかん》に当《あ》たり、昭和《しょうわ》三十三年《ねん》の御開山上人編《ごかいさんしょうにんへん》の『聖《ひじり》の教《おし》え』に倣《なら》い、使用《しよう》させて頂《いただ》きました。御関係各位《ごかんけいかくい》に厚《あつ》く御礼申《おれいもう》し上《あ》げる次第《しだい》であります。合掌《がっしょう》。

付録

〔字解・句解・故事〕

五十音・目次

あ

阿育大王　アショーカ王。無憂《むう》と譯し無憂王ともいう。マウリヤ王朝第三代の王。古代インドにおける統一國家建設の偉業を果たした。在位中、政策の方針を詔敕《しょうちょく》として岩壁や石柱に銘刻せしめた。卽位八年後のカリンガ征服によって生じた悲惨な結果を悔恨した王は佛教に歸依《きえ》し、武力による征服から佛法による統治へ政策を轉換、法の巡禮を始めた。卽位十七年には佛典の第三次結集《けつじゅう》を行ない、傳道僧を四方に派遣し教化の功績を擧げた。又、佛滅時に建立された佛舍利塔《ぶっしゃりとう》、八塔中の七塔を開いて佛舍利を分配し、全インドに八萬四千塔を建立したと傳えられる。

閼伽　功德水。佛前に供える淨水。又、轉じてその器に名づける。

阿闍梨　古代インドにおいて、ヴェーダの儀式の方法を弟子に教える師を「阿闍梨」といった。これが佛教教團に取り入れられたきっかけは、教團の長老が死亡した後、規則を教える者がいなくなって教團員の立ち居振舞い、衣食住の生活が亂れたので、釋尊が阿闍梨と弟子という關係を認めたことにある。

阿修羅　修羅界の王。血氣さかんで鬪爭を好む鬼神の一種。元來は善神であったが、のちにインドラ神（帝釋天《たいしゃくてん》）などの台頭とともに敵とみなされるようになり、常に戰いを挑む悪魔・鬼神の類《たぐい》へと追いやられた。須彌山《しゅみせん》下の大海の底に住居があるとされる。

阿僧祇（劫）　佛陀以外には如何なる算術家にも知り得ない無限の數のこと。劫は、きわめて長い時間。諸説あるが、古代インドでは人間界の四億三千二百萬年を一劫とする説がある。

阿若拘隣　阿《あ》若《にゃ》憍《きょう》陳《じん》如《にょ》比《び》丘《く》。釋尊に最初に救われ阿羅漢となった五比丘の一人。

阿耨多羅三藐三菩提　この上ない佛の覺り。

阿羅漢（果）　小乘の四果の最高位。四果＝須陀洹《しゅだおん》・斯陀含《しだごん》・阿那含《あなごん》・阿羅漢。應供・眞人等と譯され、尊敬・施しを受けるに値する聖者。學道を完成し、それ以上學ぶ要がないので阿羅漢果を「無學位《むがくい》」ともいう。

阿梨樹の枝　インドにある樹木の名。枝が地に落ちると七分に裂けるという。

阿練若　人のいない廣野。修行僧の修行する僧院。

菴羅樹　マンゴー樹。

い

一代聖經　釋尊の教説になる佛教の全典。

一念無明　衆生の一念に備わる根本の煩惱。

一切種智　諸佛の教法を知り盡くす、にごりのない佛智。

所謂《いわゆる》諸法《しょほう》の如是相……＝三轉讀文《てんどくもん》　法華經方便品の文。以下、本末究竟等までの十如是を經典讀誦の折、三回繰り返す。天台大師が十如是を空《くう》・假《け》・中《ちゅう》の三諦の義にあてて讀むよう教えられたことによる。日蓮聖人は、「當宗には天台の所釋の如く三遍讀むに功徳まさる。第一に是相如と、相性體力以下の十を如と云う。如と云うは空の義なるが故に十法皆空諦なり。是を讀み観ずる時は我が身卽報身如來なり。八萬四千又は般若とも申す。

第二に如是相、是我が身の色形顯われたる相なり、是皆假なり。相性體力以下の十なれば、十法界皆假諦と申して假の義なり。是を讀み觀ずる時は、我が身卽應身如來なり。又解脱とも申す。第三に相如是と云うは、中道と申して佛の法身の形なり。是を讀み觀ずる時は、我が身卽法身如來なり。又は中道とも法性とも涅槃とも寂滅とも申す」（一念三千法門）というように教えられている。

因果撥無　因果應報の理法を無視し、否定すること。撥無は、捨去、無視の意。

う

有爲　無爲に對する。因緣によって支配された、生滅變化あるもの。

艮の廊　艮は東北。法華經說法の場・靈鷲山は王舍城の艮。釋尊涅槃の地・クシナガラは靈鷲山の艮。日蓮聖人入滅の地・池上は身延山の艮とされている。

有情　非情に對する。情《こころ》ある生物。廣義の衆生、卽ち生類と同じ。

優曇（波羅）華　ヒマラヤ山麓に生息する植物。花がかくれて見えにくいため、花なくして果を結ぶと思われている。又、三千年に一度その花を開くという傳說もある。佛が世に現われる前兆として花を開くともいい、會い難いことに譬える。

漆千ばいに蟹の足一つ　漆がどんなにたくさんあっても、蟹の足の汁でかぶれを治すことができるの意。

有漏　無漏に對する。漏は煩惱のこと。煩惱を持つ凡夫をいう。

え

圓機　圓教（法華經のような圓滿完全な教え）の機根の人々。

圓頓止観　圓は圓滿、頓は頓速《とんそく》といい、速やかではやいことを意味する。止は靜止、観は観法。完全な教えと行法を意味し、人格を完成した究極の境地をいう。天台三大部（法華《ほっけ》文句《もんぐ》・法華玄義《ほっけげんぎ》・摩訶止観《まかしかん》）の一の摩訶止観に說く實踐法。

圓覆　天。

閻浮提　われわれ人間の住む世界を意味する。佛教の宇宙観によると、宇宙の中心に須彌山があり、その南に島（洲）があるが、その形は南が細い臺形であるということから、インド亞大陸を反映しているとされている。

お

王祥が冰の上の魚　中國・二十四孝の一人、王祥は繼母に仕えてよく孝を盡くした。ある冬の日、母の好む鯉を取るため衣を脱いで池の冰を割ろうとしたところ、天がその孝心に感じ入り、冰が溶けて二匹の鯉が飛び出したという故事。得難いことの譬えとされている。

小島の主　小國の實權者。ここでは鎌倉幕府の執權をいう。

厭離穢土・欣求淨土　この世をけがれたものとして厭い、喜んで淨土に生まれようと願い求めること。

か

開經偈　經典を讀誦する前に唱える偈文。會い難き法華經に會えた喜びを述べ、日々の精進を誓う。

界如三千　一念三千。

月愛三昧　釋尊が阿闍世王《あじゃせおう》の病（悪瘡）を癒すために入られた禪定。

月氏　インド。

鵞目　銅又は銀で鑄造した貨幣。

伽耶（城）　釋尊成道の地、現在のインド・ブッダガヤに近い城下。尼連禪河《にれんぜんが》の西。

函蓋相應　函と蓋のよく合うこと。對立するものが矛盾しないで、よく一致すること。

漢土　中國。

き

行儀　修行、實践に關する規律。

教外（別傳）　直接佛の教説に觸れないで、心から心へ法を傳えることをいう。教内（佛教内典）の對。

脇士　脇立ともいい、釋尊の脇に侍して教えを受け、同時に教化を助ける佛使。

樂説辨才　人々の機根に從い、その願望に應じて滿足するように教えを説く。

行布　行列配布。修行における階位の淺深の區別をいう。卽ち、段階的に十信・十住・十行・十廻向・十地・等覺・妙覺の五十二位を立てて、順次に淺から深へと進んで佛果に至るとする説をいい、差別を表わす。

教菩薩法　菩薩を教化するために説かれた最高の法。又、教えを聞いて悟ることのできる能力に達した者を教える教えをいう。法華經の一異名でもある。

曲意　不正直な心。

く

空理　空観＝萬有を空と観ずる法。

九横の大難　九罪報＝釋尊が在世中に受けた九つの大きな難。種々の說があるが遺文には次の通り。1．外道の美女である孫陀利《そんだり》に、釋尊と關係があったといいふらされ謗られた。2．釋尊が阿難とともに婆羅門城を乞食していた時、老婢に臭い米汁を供養され、婆羅門に臭食の報いと謗られた。3．婆羅門種の阿《あ》耆多《ぎた》王が、釋尊と五百人の僧を自國に招いたが、自らは安逸を貪り供養を忘れたため、九十日間馬の食べる麥を食べさせられた。4．釋迦族が波瑠璃《はるり》王に滅ぼされた。5．釋尊が阿難と婆羅門城に入ろうとした時、王は人民に布施と法を聞くことを禁じたので鉢は空で、乞食行を修することができなかった。6．婆羅門の旃遮女《せんしゃにょ》が、腹に鉢を入れて釋尊の子を身ごもったと誹謗された。7．提婆達多《だいばだった》が、釋尊をうらんで耆闍崛山《ぎしゃくつせん》から釋尊めがけて大石を落とした。その時、小片が釋尊の足の母指に當って血が流れ出た。8．冬至前後に八夜の間、寒風が吹きすさんだので、釋尊は三衣を求めて寒さを防いだが、背を痛めた。9．阿闍世王が提婆達多にそそのかされ、釋尊を殺そうと象に酒を飲ませて放ち、踏み殺させようとした。

久遠大通　久遠と大通。久遠は五百塵點劫の昔の釋尊の成道のこと（法華經如來壽量品）。大通は、三千塵點劫の昔に出現した大通智勝《だいつうちしょう》佛《ぶつ》の第十六番目の王子に結緣して下種を受けたこと（法華經化城喩品）。

口決相承　師から弟子へ、大切な祕法をひそかに口傳えに傳授すること。二人が相對して傳受するから、面接相承ともいう。

倶尸那城　釋尊入涅槃の地。現在のインド・クシナガラ。

功徳聚　功徳が圓滿にあつまるの意。日蓮聖人は四條金吾に對して、身延山がそれである、と言われた。

九法界　十界の中、佛界を除く。

け

稽首　「南無」と同義。頭（額）を佛のみ足につけて禮拜すること。

華嚴海空　華嚴經所説の法門が、海や空のように一切を包み込むことを譬えた語。

化導　人を教化して善導すること。

外道　佛教以外のインド諸學派の見解に對していう。

現當二世　現在世と當來世（未來）。

顯本遠壽　釋尊が久遠の本地を開き、永遠常住の生命を顯わされたこと。

こ

恒河（沙）　インドの大河・ガンジス河。沙は、その河邊の砂。無數の譬喩に用いられる。

五逆　五逆罪の略。人倫や佛道に逆らう五種の極惡罪。犯せば無間地獄に墮ちるとされる。1. 殺母《しも》。2. 殺父《しぶ》。3. 殺阿羅漢《しあらかん》。4. 出《すい》佛身血《ぶつしんけつ》。5. 破和合僧《はわごうそう》が最も有名。

虛空（會）　法華經説法の會座《えざ》は「二處《しょ》三會《ね》」と言われている。最初、靈鷲山（地上）で説かれ、見寶塔品から大空に浮かび上がる「虛《こ》空會《くうえ》」となる。それが囑累品まで續き、その次から又、靈鷲山に移るから、地上と虛空の二處、そして第一の地上、第二の虛空、第三の地上の三會となる。

虛空を現在の概念でいえば「空間」の義。そこでは、一切のものが何のさまたげもなく自由に存在し、運動し、機能することができるとされている。

五十二位　大乘の菩薩の發心から悟りを得るまでの修行の階位を五十二に分けたもの。凡位の十信・十住・十行・十廻向に、聖位の十地、そして等覺・妙覺の各階位の總稱。

己身・他身・己事・他事　己身は自分自身。他身は、佛が何らかの形をとって現われ出でた姿。己事は自分自身のはたらき。他事は他のものとしてのはたらき。久遠實成の本師・釋迦牟尼佛は、衆生を救うために、時間的には三世を貫き、空間的には、十方世界に滿ちた實在の身を持って自由に、欲する所へその身を現わし、功德を垂れ、法を說き、或いは自身を示して自らの本領を說き、時と所に應じて佛身とその國土を具體的に表現する。久遠の本佛は一佛であって、しかも多佛を兼ねたものであることが立證される。法華經如來壽量品に「或說己身、或說他身、或示己身、或示他身、或示己事、或示他事」とあり「六或示現《わくじげん》」と呼ぶ。

五千上慢　法華經方便品の說法の會座から立ち去った五千人の增上慢《ぞうじょうまん》（五千起去《きこ》）。

乞眼の婆羅門　舍利弗に肉眼の施與を乞うた婆羅門のこと。舍利弗が六十劫の間、菩薩道を行じた結果、布施行が完成できることになった。その時、一人の乞人《こつじん》が舍利弗の眼を乞いにきた。舍利弗が一眼を取り出して與えると、その匂いを嫌い地に投げ捨てて踏みつけた。これを見て舍利弗は〝このような衆生は度し難い〟と、一切衆生を救おうとする菩薩道を退轉し、小乘に轉向したため、成佛の縁をなくした。何があっても法華經の信仰を放棄してはならないとの誡め。

牛頭栴檀　南インド・牛頭山に生ずる赤銅色の栴檀。香氣が勝れているので佛像・佛具等の材料に用いられたり、醫藥・香油の原料としても使われる。

五道諸有　五道とは、地獄・餓鬼・畜生・人・天をいう。修羅を加えると六道になるが、修羅を地獄におさめたもの。諸有とは、ありとあらゆるすべてのもの。

此の經は持ち難し（此經難持）　法華經見寶塔品に、末法の世に法華經を説くことの難さと、その功徳の大なることが「六難《なん》」と「九易《い》」の對比によって示されている。易（易きこと）の九とは、1．無數の經典を説くこと。2．須彌山を他方國土に投げること。3．足の指で大千世界を動かすこと。4．有頂天に立って無量の餘經を演說すること。5．手に虚空を取って遊行すること。6．足の甲（つめ）に大地を置いて天に昇ること。7．枯草を負うて大火に入り燒けぬこと。8．八萬四千の法藏、十二部經を演說して聽者に六神通を得させること。9．無量の衆生を阿羅漢に達せしめること。難（難きこと）の六とは、1．末法の世に法華經を説くこと。2．佛滅後此の經を書き、又人に書かせること。3．

悪世中暫くでも此の經を讀むこと。４．此の經を一人の爲にも説くこと。５．此の經を聽いてその義を問うこと。６．よく此の經を奉持すること。

五百塵點劫　釋尊の久遠實成を説明する譬喩。五百千萬億《まんのく》那《な》由佗《ゆた》阿僧祇《あそうぎ》（人間の想像もできない無限の數）の三千大千世界を微塵《みじん》に碎き、それを携えて數え難いほどの多くの國を過ぎて一塵を置き、その微塵の盡きた時、さらに、塵を置いた國と素通りした國とを一緒に微塵に碎き、その一塵を一劫と假定して微塵を數えつくした劫の數よりも、釋尊成道以來今日に至るまでの方が更に古いという。そして、その時以來、人々に法を說き、教化してきたと、佛の生命の永遠なることが法華經如來壽量品に於て明かされている。

五百年　日蓮聖人は、佛滅後の佛教の盛衰の狀態を五つに分けた五箇の五百年（大集經）の最後の第五の五百年を末法の始めと見、その時からが法華經廣宣流布の時と教えられた。

牛羊の如く　牛や羊が水草を追う他に、物の意義を理解しない如く、正和曲直に迷う無分別をいう。

五欲　五つの欲望、五官の悦樂。五官（五つの感覺器官、眼・耳・鼻・舌・身）が、色・聲・香・味・觸に執着して起こす五種の欲望。別に、財欲・色欲・飲食欲・名譽欲・睡眠欲をいうこともある。總じて世俗的な人間の欲望。

金翅鳥の阿耨池に入る　龍を食するという金翅鳥が龍と鬪ったところ、負けて阿耨池という池に落ちてしまった。自分の分をわきまえず、正しい者に對して仇をするならその報いが必ずくるということの譬え。

さ

再誕　示現《じげん》＝佛・菩薩が衆生の前に身を現わして教化すること。

坐立行　四威儀（行・住・坐・臥を通じて進退、節制、威容、儀禮を嚴肅に保つこと）の中の坐る・立つ・歩むの三。

さはぐらせ　思いめぐらす。考え求める。

三界　佛教の世界觀で、衆生が往來し、止住する三つの世界。欲界《よくかい》・色界《しき》・無色界《むしき》の三。1．欲界は最も下にあり、欲望にとらわれた生物が住む境域。2．色界は欲界の上にあり、欲望は超越したが、物質的條件にとらわれた生物が住む境域。3．無色界は最上の領域で、欲望も物質的條件も超越し、精神的條件のみを有する生物が住む境域。生物はこれらの境域を輪廻するとされている。

三歸依文　佛・法・僧の三寶に歸依する文。禮讚文ともいう。1．自ら佛に歸依したてまつる。當《まさ》に願わくば衆生と共に大道を體解して無上意を發さんと。2．自ら法に歸依したてまつる。當に願わくば衆生と共に深く經藏に入りて智慧海の如くならんと。3．自ら僧に歸依したてまつる。當に願わくば衆生と共に大衆を統理して一切無礙《むげ》ならん。

三五　三五の塵點の略。三千塵點劫と五百塵點劫のこと。

三十二相　佛陀の圓滿にして美しく、且つ尊嚴無比の相《すがた》。八十種好と相まって、佛の相好《そうごう》ともいう。

三千塵點劫　法華經化城喩品の說。過去無量劫に大通智勝佛《だいつうちしょうぶつ》という佛があって、その滅度以來久しいことは、たとえば三千大千世界のすべての地種を磨《す》って墨となし、東方一千の國土を過ぎて一點を下し、又、さらに一千の國土を過ぎて一點というようにしてこの地種を盡くしたとする。この一點は微塵《みじん》のようなものである。この數がはたして數えられるであろうか。しかも大通智勝佛の滅度の後、常に法華經を說いてきた年數はこの數よりもはるかに長いものである。そして、大通智勝佛の下に成佛した十六王子の中、今の釋迦牟尼佛はその第十六番目の王子にあたり、今日敎化を受けつつある衆生は、その當時に佛種を下しておいたものであるという因縁を示した有名な說。この「三千大千世界の所有の地種を磨り」から、三千塵點劫という。

三千大千世界（國土）　古代インド人の世界觀による全宇宙。須彌山を中心にしてその周圍に四大洲があり、そのまわりに九山八海《くせんはっかい》がある。これがわれわれの住む世界で、一つの小世界という。上は色界の初禪天から、下は大地の下の風輪にまで及ぶ範圍をいう。この世界を千集めた世界を一つの小千世界と呼び、小千世界を千集めた世界を中千世界といい、さらに中千世界を千集めた世界を大千世界という。この大千世界は小千・中千・大千と千が三つあるために三千大千世界とも呼ぶが、三千の世界という意味ではなく、千の三乘の數の世界という意味である。この一つの三千世界が、一佛の敎化する範圍だとし、これを一佛國という。

三衣一鉢　僧の行儀。三衣（大衣・上衣・下衣の三種の衣）と、布施を受ける一個の鉢。當時の僧が個人所有を許された品。

三佛二會　法華經見寶塔品に說かれること。三佛とは1．教主・釋尊。2．說かれた法華經の正しいことを證明する多寶佛。3．十方分身の佛。二會とは法華經の說かれた靈鷲山會と虛空會のこと。

三明と六通　三明は三種の明智。1．宿住智《しゅくじゅうち》證明《しょうみょう》。過去のことに通達すること。2．死生《ししょう》智《ち》證明。未來のことに通達すること。3．漏《ろ》盡《じん》智《ち》證明。現在のことに通達すること。

六通の通は神通の略。第一は天眼《てんげん》とて、宇宙間の萬物を細大漏らさず見ること。第二の天耳《てんじ》とは、宇宙間の事柄をすべて耳に聞くこと。第三の他心通《たしんつう》とは、他人の心を洞察すること。第四の宿命《しゅくめい》通とは、過去の出來事を洞見して現在の幸・不幸を知ること。第五の神《じん》足《そく》通とは、神變不思議の所作を表わすことで、たとえば、大なるは、蒙古の大軍を日蓮聖人が風に木の葉の如くせられしことから、小にしては病魔を去らしめて病氣を全快せしめる等の不思議を顯わす通力のこと。第六の煩惱《ぼんのう》通とは、煩惱の大小・數量を洞察し、これを除滅する通力で、漏盡《ろじん》通ともいう。

三類の强敵　法華經の修行者を憎み、怨む法敵に三種ある。1．俗衆增上慢《ぞくしゅぞうじょうまん》（民衆）。2．道門《どうもん》增上慢（佛敎僧）。3．僭聖《せんしょう》增上慢（自ら聖者の權威を張る僭越な佛者）。

三惑　一般には衆生の心を惑わす三種の根本的な煩惱（貪・瞋・癡）をいう。天台宗では見思惑《けんしわく》・塵沙《じんじゃ》惑・無明《むみょう》惑をいう。1．見思惑。

かたよった見解（見惑）と物事を見て起こす妄想（思惑）。2．塵沙惑。衆生救済のために無数の法門を知らねばならぬのに、それができないこと。3．無明惑。非有非無の理法に迷い、中道の障りとなる惑のこと。

し

自界反（叛）逆難　藥師經の七難の一。國内に起こる、反逆者による闘爭。

識神　普通にいう、精神。

色心依正　色は身體、心は精神。依正は、過去の業によって報いられたこの身を正報といい、その身を置く住所等の環境を依報という。

色相　外に現われて見ることのできる色身（姿・形）。

色法　肉體をはじめ、一切の物質の總稱。

色報　過去の業が身體形容の上に報いた結果。

四教　天台大師獨特の教義。佛説を内容から分類した藏《ぞう》・通《つう》・別《べつ》・圓《えん》の化法《けほう》の四教と、その教理の説き方としての化儀《けぎ》の四教（頓《とん》・漸《ぜん》・不定《ふじょう》・祕密《ひみつ》）との兩面がある。

示現　佛・菩薩が衆生の前に身を現わして教化すること＝再誕。

師子王　百獸の王・獅子にたとえて、佛陀又は正法の行者をいう。

師子月　昔、不輕菩薩を誹ったが、今世に佛弟子として法華經を聴き、覺りを得た比丘。

四衆　佛教教團の構成者で四部ともいう。比丘（男僧）・比丘尼（女僧）・優婆塞《うばそく》（俗人の男性信者）・優婆夷《うばい》（俗人の女性信者）の四。又、法華經説法の場面に現われた大衆をもいう。1．發起衆《ほっきしゅ》（佛に説法を促す者）。

2．影向衆《ようごう》（他所より來て佛の說法を助ける者）。3．當機衆《とうき》（教えを聞いて利益を得る者）。4．結緣衆《けちえん》（說法の會座に於て未來得益の緣を結ぶ者）をいう。

四種の花　インドで尊ばれる赤・白、大・小四種の天華。曼荼羅華（白）・曼珠沙華（赤）。摩訶は「大」を意味する。

四十餘年　無量義經・說法品の文。四十餘年には未だ真実を顕さず。成道後、波羅奈《はらない》・鹿《ろく》野園《やおん》に於ける初轉法輪以來、法華經說法に至るまでの四十餘年間は爾前の方便の教えのみを說き、眞實の教えを說かなかったという意。

自受用身　明らかな悟りの智慧を得て、その境界に住し、その悟りの内容を自ら享受し、味わい樂しむ佛のこと。他受用身《たじゅゆうしん》に對す。

四聖　佛・菩薩・緣覺・聲聞。六道までの「迷界」に對し、四聖は「悟界」とされ、輪《りん》廻《ね》轉生《てんしょう》を出離した存在とされる。

資生の業　生活上の職業。

始成　始成正覺。釋尊が初めて菩提樹下で覺りを得られたことをいう。

四攝法　菩薩が教化のために衆生に接するのに用いる法。1．布施攝《ふせしょう》。2．愛語攝《あいご》。3．利他攝《りた》。4．同事攝《どうじ》。

四信と五品　法華經分別功德品で佛の現在及び滅後の、法華經信者に對する四階級の修行狀態と五種の部類とを分けて說いたもの。四信とは、一念信解《ねんしんげ》（佛の壽命の久遠であることを聞いてそれを信ずる最初の心）。略解言《りゃくげごん》趣《しゅ》（聞いて略《ほぼ》、その趣意を理解する者）。廣《こう》爲他說《いたせつ》（聞いて自ら持ち、又廣く他人のためにも說く者）。深信觀成《じんしんかんじょう》（深く信解して正しい観を成す者）。五品とは、随喜品《ずいきほん》（この經を聞いて渇望し歡喜する者）。讀誦《どくじゅ》品（この經を聞いて讀み誦んじ、且つ固く受け持《たも》つ者）。說法《せっぽう》品（持ち、讀み、且つ他人のためにも說いて聞かせる者）。兼行六度《けんぎょうろくど》品（この經を持ち、兼ねて「六度＝六波羅蜜」を修行する者）。正行《しょうぎょう》六度品（この經に立脚して正式に六度を修行する者）。以上四信五品中、初信の一念信解と初品の隨喜品とは、佛の在世と滅後を通じて、法華經修行者の初心の位を明かしたもの。一念の信と初隨喜は、佛陀の心に入り、その眞理に達する根本出發點となっており、一念三千の寶庫を開く鍵も自らこの一念に具わるとされている。

四禪定　四靜慮《じょうりょ》ともいう。三界の中の色界に生まれるものの精神狀態に四の階段のあること。初禪とは精神の安定を得て尙一部の思慮分別と、その定を樂しむ心の作用とがあるもの。二禪とはその思慮がなくなり、ただ樂しみの情だけが殘るもの。三禪とは以上の喜樂の情を捨てて單に定そのものを悅ぶもの。四禪とはすべてを捨てて心が平靜に落着いたもの。而も右の四を通じて、妄想的精神活動はなくも、未だ眞の無心とは言われないから、これを四有漏禪《うろぜん》ともいう。

治世の語言　政治上の言論・事業など、みな法華經の精神に順じて行なえと說かれる。

四大海　須彌山の四方にある大海。

七逆　五逆罪に殺和上《しわじょう》・殺阿闍梨《しあじゃり》を加えて七逆という。

七難　藥師經に「星宿變怪難《せいしゅくへんげなん》・日月薄蝕《にちがつばくしょく》難・非時風雨《ひじふうう》難・過時不雨《かじふう》難・人衆疾疫《にんしゅしつやく》難・自界《じかい》

叛《ほん》（反）逆《ぎゃく》難・他《た》（侘）國侵逼《こくしんぴつ》難」とある。法華經の七難とは、1．火難。2．水難。3．羅刹難。4．王難。5．鬼難。6．枷鎖《かさ》難。7．怨賊《おんぞく》難が挙げられている。

七福　七難の滅することによって生じる七つの福。

七佛通戒偈　過去七佛が共通して保ったとされる釋尊の誡めの偈文《げもん》。

七方便　眞の目的にいたるための前段階としての七つの位のこと。

七寶　金《こん》・銀《ごん》・瑠璃《るり》・頗黎《はり》・硨磲《しゃこ》・瑪瑙《めのう》・珊《さん》瑚《ご》であるが、經典により異説がある。日蓮聖人は精神的に聞・信・戒・定・進・捨・慚を数えられている。

十方（世界）　東・西・南・北の四方と、東南・西南・東北・西北の四維と、上・下との十の方角。十方にそれぞれ衆生の住む所があるとされ、その十方世界にはそれぞれの佛の淨土があると說かれる。

自然の智慧　諸法（すべての存在要素）をあるがままに照らし見る智慧。

四表の靜謐　天下太平。

四法　法華經安樂行品に示される四安樂行（身・口・意・誓願）のこと。

紫磨金色　金の最上のもの。佛身の輝くさま。

四味八教　五味（華嚴《けごん》・阿含《あごん》・方等《ほうどう》・般若《はんにゃ》・法華涅槃《ほっけねはん》）の一から四まで。法華經以前の方便教を四味といい、八教は、天台大師の說く化法の四教（藏教・通教・別教・圓教）と、化儀の四教（頓教・漸教・祕密教・不定教）をいう。尚、化法の四教の中、藏・通・別を三教という。

四無所畏　佛の一切畏れる所のない四種の徳。1．一切智無所畏《いっさいちむしょい》（佛は一切智人である）。2．漏盡《ろじん》無所畏（漏は煩惱。佛はそれを滅盡されている）。3．説障道《せっしょうどう》無所畏（煩惱の因と、それを除く道とを根本的に説かれる）。4．説盡苦道《せつじんくどう》無所畏（教法が能く苦を滅盡することを説かれる）。

闍王　阿闍世王の略。インド・マカダ國の大王。太子の時、提婆達多にそそのかされて父王を殺し、母をも殺そうとして辛くも思いとどまり、自ら王位に就いたが、後に逆罪を猛省して釋尊に歸依し、佛教教團の發展に寄與した。佛滅後、第一次佛典結集に際しては大後援者となった。

釋種　釋迦族（釋尊出生の一族）。釋（氏）の宮＝釋迦姓を名乘る一族の住む地。

赤白二渧　遺文『戒法門』に「父の淫は白く母の淫は赤し。赤白の二渧もろともに五戒より生ず。父母の精血下りて、父の淫は骨となり母の淫は肉となる」とあるをいう。

迹佛迹土　迹佛は垂迹（本地より迹《あと》を垂れる）の佛で、十方分身の諸佛のこと。迹土は、その佛の住する國土。

釋梵轉輪　釋＝帝釋天（インド最古の聖典『リグ・ヴェーダ』における最大の神）。梵＝梵天《ぼんてん》（古代インド哲學で宇宙の究極的原理と見なされた『ブラフマン』の漢譯語）。轉輪＝轉輪聖王《てんりんじょうおう》（正義をもって世界を治める王）。

邪正一如　邪も正も、一つの心から出るものであって、本來は同一のものであるということ。

十惡　身に犯す殺生・偸盜・邪婬。口に犯す妄語・綺語・惡口・兩舌。意に犯す貪欲・瞋恚・愚癡の十。

十住　五十二位の一。

十善　十惡の反對。不殺生・不偸盜・不邪婬・不妄語・不綺語・不惡口・不兩舌・不貪欲・不瞋恚・不邪見をいう。佛教で善とは「樂の果」をもたらす行爲をいう。

十二部經　十二分經とも。佛典を形式上から十二に分類したもの。

十念　十のこと（佛・法・僧・戒・施・天・休・安・身・死）に念を凝らすこと。

十八不共　十八不共法。不共とは共通でない意。すなわち不共法とは、聲聞や辟支佛にはなく、佛もしくは菩薩だけが持つすぐれたはたらきで、それが十八種あることをいう。經典によって異説があるが、通常は十力に四無所畏に、三念住（說法の相手に對する三つのこだわりのない心、すなわち相手がよく聽こうと思っても、そう思わなくても、その兩者がいても、それにとらわれない心）、および大悲（大慈悲）を合わせた十八をいう。

充滿其願如清涼池　法華經藥王菩薩本事品の文。『此の經は能《よ》く大に一切衆生を饒益《にょうやく》して、其の願を充滿せしめたもう。清涼の池の能く一切の諸の渇乏の者に滿つるが如く』の略。

十羅刹女　法華經陀羅尼品に於て護法の善神となった十人の羅刹（惡鬼）女。藍婆《らんば》・毗藍《びらん》婆《ば》・曲齒《こくし》・華齒《けし》・黑齒《こくし》・多髮《たほつ》・無厭足《むえんぞく》・持瓔《じよう》珞《らく》・皇諦《こうたい》・奪一切衆生精氣《だついっさいしゅじょうしょうけ》の十人。

十力　佛に特有な十種の智力。1．道理と非道理とを辨別する力。2．それぞれの業とその果報・生處を知る力。3．諸々の禪定を知る力。4．衆生の機根の上下優劣を知る力。5．衆生の種々の望みを知る力。6．衆生や諸法の種々の本性を知る力。7．衆生が地獄や、人・天・涅槃など種々に赴くことになるその行因を知る力。8．自他の過去世を思い起こす力。9．衆生がこの世で死に、業とその果報が相續して、かの世に生まれることを知る力。10．煩惱を斷じた境地とそこに到る方途を如實に知る力をいう。

樹王　樹の王、菩提樹。

授記　佛陀から成佛の保證を授けられること。

須陀洹・斯陀含・阿那含・阿羅漢（果）　小乘の聖者が修行の結果に得る四果の位。

須彌山　世界の中央にあって、生類、諸天人みなここに棲み、日月もこれをかけめぐるという。水面からの高さ、八萬四千由旬、その水の深さも八萬四千由旬という。その頂《いただき》に帝釋天の居城があるとされている。

修羅が帝釋を射る　修羅が帝釋天と闘って、帝釋天を弓で射たところ、自分が穴から落ちてしまった。自分の分をわきまえず、正しい者に對して仇をするならその報いが必ずくるということの譬え。

純圓　全く純粋で、完全無缺な教えのこと。法華經をさす。

勝意比丘　過去、師子音佛の滅後、喜根菩薩と同時代に生まれ、喜根の法を謗って地獄に墮ちたとされる比丘。

聖行　圓の行とも。圓とは圓滿完全。聖道に至る修行、つまり、菩薩が修する戒・定・慧の行をいう。

上宮　聖徳太子の別稱。

生死一大事（の血脈）　三世に一貫して絶えることのない法華經の血脈。人生の出發點から終點まで、竝びにこれを延長した永遠の問題に係わる一大事。血脈とは、この大事を血統の相續するように傳えて絶やさないこと。

正直捨權　法華經方便品の「正直捨方便」と同じ。正直に法華經を信じ、他の方便に對する執着を捨てるということ。

聖師子　佛の尊號。獸中の王、獅子に譬え、佛の、なにものにもたじろがない態度に譬えられている。

攝折　攝受《しょうじゅ》と折伏《しゃくぶく》。攝受は攝《おさ》め受ける、卽ち包容すること。折伏は折り伏せる、卽ち論破すること。前者は母の愛、後者は父の嚴に譬えられ、共に弘教の規範とされる。

正定聚　必ず佛と成るべく決定されている聖者。覺りまで退轉なく進んでやまぬ菩薩に仲間入りすること。佛道不退の菩薩の仲間。

淸白梵行　淸白は淸らかなこと。梵行の梵は淸淨の意で、欲望を斷ずる修行をいう。

勝方便　方便のための方便でなく、眞實の立場から敎化のために應用する方便。

長夜　煩惱によって苦難を重ねる惡循環、卽ち、輪廻から拔け出せないまま無知の狀態に永く留まっていることを長い夜にたとえた。

性欲不同　性は過去の習性、欲は現在の欲望。衆生の性欲は皆不同であること。

疏玉　疏とは、筋道をつけて說き明かす。經文や論の文義を注釋し、解說すること。玉＝寶。

初住妙覺　初住は五十二位の「十住」の初め

の位。妙覺は五十二位の五十二番目。

初說・中說・後說　初めに說いたこと、中頃に說いたこと、今これから說くこと。

所詮　經文によって表わされる眞理。能詮に對する。

初善・中善・後善　初めもよく、中もよく、終わりもよい言葉。

濁劫惡世　濁惡世《じょくあくせ》。五濁に汚れた惡時代。1．劫濁《こうじょく》＝時代的濁化。2．煩惱《ぼんのう》濁＝本能的濁化。3．衆生《しゅじょう》濁＝人類的惡化。4．見《けん》濁＝思想的惡化。5．命《みょう》濁＝生命の傷害。

身子　舍利弗の一譯名。

心性　人間すべてが生まれながらに持っている、不變なる心の本性。

神通智力・道力　神通は神力・通力ともいう。智力は智慧の力、正しい智慧のはたらきのこと。道力は道體（聖道の體で、道を得ることによって發する）から生ずる力、はたらきをいう。人知を超えた神祕的感應の力のこと。

す

已に說き今說き當に說かん　已＝すでに說いた法華經以前の經々。今＝今しがた說いた無量義經。當＝法華經の後に說く涅槃經等。法華經は、これら三說に超越する「妙經」と法華經法師品に說かれている。

せ

雪山　インド北部にそびえるヒマラヤ山脈。釋尊が苦行を修した所。

善星比丘　大般涅槃經に、釋尊の出家前の菩薩の時の子とある。釋尊に歸依し、出家して欲界の煩悩を斷じ、第四禪定まで到達したのだが、惡友・外道と交わり、邪見を起こして佛道を捨てたことによって尼連禪河の畔で生きながらにして地獄に墮ちたと言われている。

闡提　インドの快樂主義者を指した語で、成佛の素質・因緣を持たない者と譯される。

旃陀羅　サンスクリット語「チャンダーラ」の音寫。インド社會の最下層の身分。上位の階層から、ふれるべからざるものと差別され「不可觸民《ふかしょくみん》」とも稱された。

遷滅無常　人世は無常にして何一つとして永久性のものはなく、移り變わり、滅し、亡びてゆくということ（諸行無常）。

そ

爪上の土　涅槃經の譬え。釋尊が爪の上へ少しの土を置いて弟子の迦葉《かしょう》に〝この爪の上の土と十方世界の地の土と、どちらが多いか〟と問われた。迦葉は〝比較になりません〟と答えた。そこで釋尊は〝惡思想・惡行爲で苦を招く者は十方世界の地の土のように多く、正法を信じ、修行する者は爪上の土のように稀である〟と教えられた。この譬えに基き、佛教に値い難く、人身に生れ難いことを爪上の生、爪上の身等と廣く用いるようになった。

俗間の經書　佛教以外の、一般社會諸種の名著。

た

大慧（菩薩）　楞伽經《りょうがきょう》の會座の上首。「問答決擇するに窮盡なし。故に名づけて大慧となす」と傳えられている。

醍醐一實　醍醐味（牛乳を精製して作った最高の美味で、諸々の病氣に對する妙藥）の法華經は、唯一最上の教えであり、諸經に勝れているということ。一實とは唯一絶對の眞實。

大事の難四度　四箇の大難。1．松葉谷草庵焼打ち（文應元年八月二十七日）。2．伊豆流罪（弘長元年九月十二日）。3．小松原の刄難（文永元年十一月十一日）。4．龍の口斬首《ざんしゅ》の刑（文永八年九月十二日）～佐渡遠流。

大通第三　大通結緣の第三類。法華經化城喩品にある三千塵點劫の久遠の昔に出現の大通智勝佛の時、十六王子が弟子となって法華經を講說し、大衆の心裡に法華經の佛種を植付けて大因緣を結んだ。それを大通結緣という。その大衆には、1、法を聞いてすぐ成佛した者。2、後に他の教法に接して熟達し、成佛した者。3、未だ佛種を發育し得ずにいる者の三種類があって、この內第三の者は、釋尊滅後に得道するという。日蓮聖人は自らを「釋尊在世において法華經の化導を受ける筈であったのに、その教化から漏れてしまったのでは…」と述べられているのである。

大天　別名、摩訶提婆《まかだいば》。佛滅後百年、インド・マトラ國に生まれる。出家以前、背德行爲が多かった。初め母と通じて父を殺し、次に阿羅漢を殺し、その後、母が他の男と通じたので母も殺した（三逆罪）。しかし深く反省して出家し、經・律・論の三藏を究め、巧みな辨舌で人々をよく化導したと傳えられる。

侘（他）國侵逼難　藥師經の七難の一。他國から攻められる國難。

侘（他）佛　他方世界の佛陀。

多羅樹　梵語の音寫。棕梠《しゅろ》に似たヤシ科の喬木で、高さ二十四～五メートルに及ぶという。花は白色で大きく、實は赤くザクロに似ている。葉は大きく直徑三メートルほどの掌狀、もしくは羽のような形をし、これを貝多羅《ばいたら》・貝葉《ばいよう》といって、昔インドでは細長く切った葉の上に針などで傷をつけて經文を彫り、寫經した。これを貝多羅經・貝葉經などという。又、高さが一定していることから、高さの單位として用いられる。

陀羅尼　呪文《じゅもん》の一種。本來、修行者が心の散亂を防いで集中し、佛の教えを深く心に刻み、保持するために用いた。

ち

治生産業　治生とは生活を治めること。産業とは生業《なりわい》。即ち、人が生活をしていく上での諸事萬般、社會生活の一切の經營、日常生活の一切の營爲。

中道一實の帆ばしら　中道とは古來、在俗の享樂生活と、自己の辛苦を耐えて苦行を重ねる修行生活の兩極端を離れて正覺・涅槃におもむく道をいい、四諦・八正道がそれであると說かれてきた。相對立する二つのものを離れることを意味する。そして、帆ばしらが船の中心にあるのに譬え、ここでは、唯一無二の法華經をいう。

つ

通塞　修道の上に障害がないのが通。それに正反對なのが塞。日蓮聖人は自らを、衆生の闇を滅し法華經の信仰に導く案内者と言われている。

通達無礙　すべての事柄に深く通じ、礙《さわ》りないこと。

て

底（低）下の凡夫　底下は、きわめて劣っていること。ここでいう凡夫は、煩惱・罪惡の底に沈む衆生のこと。

天竺　インド。

と

當體蓮華　華果同時の植物の蓮華を譬喩蓮華といい、法華三昧の行者（蓮華）を當體蓮華という。法の蓮華とも呼ばれる。法華經の題號における「蓮華」が「妙法」すなわち眞理そのものであるという解釋。

東天竺　五天竺（インドの總稱。東天・西天・南天・北天・中央）の一。

唐の東・羯の西　傳教大師の『法華秀句』に示される。「代を語れば則ち像法の終り末の始め、地を尋ぬれば（日本は）唐の東・羯の西」と。羯は中國古族の名で、黑龍江下流から日本海に至る地方に分布し、轉じて國名となった。

忉利天　三十三天と漢譯される。六欲天（1．四天王。2．忉利天。3．夜摩《やま》天。4．兜率《とそつ》天。5．化樂《けらく》天。6．他化自在《たけじざい》天）の第二。インドの世界観に現われる須彌山の頂上にあり、帝釋天がここに住んでいる。四方に峰があり、峰ごとに八天あるので三十二天、それに中央の帝釋天を加えて三十三天となる。

得道差別　得道は佛道を覺ること。それが三乘（聲聞・縁覺・菩薩）等に差別していること。つまり、方便の教えということ。

兜率天　兜率天は、將來佛となるべき菩薩が地上に下るまでの最後の生を過ごす場所であり、釋尊もここから白象に乘って摩耶夫人《まやぶにん》の胎内に下ったとされている。その後、現在は彌勒菩薩《みろくぼさつ》がここにいて、釋尊滅後五十六億七千萬年經って地上に下ると傳えられている。

兜率の内院　兜率には、内外二院ある。内院は四十九院あって彌勒がその七寶の宮殿に住み、娑婆世界へ下って佛となる時を待っているという。

度脱　生死の苦海を渡り越え、一切の煩惱から脱れ出ること。

な

那由佗　數の單位。きわめて大きい數。一兆とも、又、一兆に十萬の五乘を掛けた數に相當するともいう。

南浮　南閻浮提。人間の世界。

に

二界八番の雜衆　法華經説法の座に聽衆として列座した三衆（聲聞衆、菩薩衆、雜衆）の第三番。二界は三界の中の欲界と色界。八番は、1. 欲界天衆《よくかいてんしゅ》。2. 色界《しきかい》天衆。3. 龍王《りゅうおう》衆。4. 乾達婆《けんだつば》衆。5. 阿修羅《あしゅら》衆。6. 緊那羅《きんなら》衆。7. 迦樓羅《かるら》衆。8. 人王民《にんのうみん》衆のこと。

尼思佛　法華經の會座に連なった優婆塞の上首。過去世に不輕菩薩を誹謗・罵詈したために地獄に堕ち六道輪廻していたが、その逆縁によって再び法華經の會座に連なり、悟りを得たという。

二聖・二天　法華經陀羅尼品に於て法華經を受持する者を守護することを誓い、陀羅尼呪を説いた藥王菩薩・勇施菩薩を二聖といい、毘沙門天王・持國天王を二天という。

二乘（作佛）　聲聞と縁覺が成佛すること。二乘界は佛一代の説法中四十餘年間、成佛不可能とされていたが、法華經方便品及譬喩品でまず舎利弗が成佛し、續いて皆堂々と成佛の記別を與えられた。法華經はこの二乘作佛と久遠の本佛の本地《ほんぢ》開顯《かいけん》とを二大特色としている。日蓮聖人は、二乘が成佛せねば一切佛教は無用だと力説された。

爾前　釋尊一代五十年の説法の中、前四十二年間を總稱して爾前という。爾前迹門という場合は、法華經の前半十四品をいう。

如渡得船　法華經藥王菩薩本事品の文。「渡りに船を得たるが如し」とよむ。生死の苦海に浮き沈みしている衆生が、法華經の船に乗って安樂に彼岸（涅槃）へ到達することをいう。

の

能生　よい結果を生じさせること。父母が子を育てるように、佛が衆生に仏種を下すことをいう。

能詮　理を説き明かす教法。所詮に對する。

は

八十種好　佛・菩薩が身に備える八十種の妙

相。

八道　八方の道路。八正道を意味する。

八難　宗教的行爲（梵行）を行ない得ない八種の境界。八難處ともいう。1は地獄、2は畜生、3は餓鬼（以上の三悪道では苦しみのため）、4は長壽天、5は邊地（以上の二處にあって樂に安住し、法を求めない）、6は盲《もう》聾《ろう》瘖《おん》瘂《な》（感覺器官等の身體的な理由のため）、7は世《せ》智《ち》辨《べん》聰《そう》（世智にたけても邪見に陥る）、8は佛前佛後（佛の出世に巡り合わない）。

八部　古代インドでは邪神であったが、釋尊に教化され、佛法を守護するようになった八種の天部。天・龍・夜叉・乾闥婆《けんだつば》・阿修羅《あしゅら》・迦樓羅《かるら》・緊那羅《きんなら》・摩睺羅伽《まごらが》。

八萬法藏（聖教）　衆生の煩惱は八萬四千あるとされ、釋尊はその一々を根治するにふさわしい法門を説かれた。これを八萬四千の法藏という場合もあるが、これらは數量のきわめて多いことを示す。

八宗　奈良・平安の時代に公認されていた八つの宗派。倶舍宗《くしゃしゅう》・成實《じょうじつ》宗・律《りつ》宗・法相《ほっそう》宗・三論《さんろん》宗・華嚴《けごん》宗の南都《なんと》六宗と天台宗・眞言宗の平安二宗を指す。

跋陀婆羅　昔、不輕菩薩を罵ったが、後に教化され、菩薩となって今、釋尊が法華經を説く會座に列席しているという。

八品　本門八品。法華經從地涌出品第十五から囑累品第二十二まで。

波羅奈・鹿野園　釋尊の初轉法輪の地。現在のインド・バラナシー郊外のサルナート。

ひ

非情　生物以外の、情《こころ》のないもの。

白龜　中國・晋の代の人、毛寶が幼い時、白龜を捕らえた漁夫より買って水に放ち助けた。その二十年後、戰に負けて河に身を投ずると、かつての白龜が浮かんで背に乗せ、對岸に助けたと傳えられる。知恩報恩が教えられる。

擯出　排斥して追い出すこと。

貧女の一燈　王日殿御返事＝「貧女の一燈」の物語は阿闍世王授決經にある。王が佛を請待し、その歸りの夜道を萬燈をともして供養した。一老女が之に隨喜し、自らの髪を切って賣り、得た錢で油を買い一燈を供養した。曉方に王の萬燈は消えたが、この貧女の一燈はひとり輝いていた。佛は貧女に未來成佛の證明を與えたという。

貧女　光日上人御返事＝貧しい女が出産に當たって人々の情けに浴し得ず、追われて恆河を渡ろうとした。その際、嬰兒を捨てれば我が身は助かるも、愛しさに捨てるに忍びず、遂に愛子と共に河に沈んだが、その慈愛の徳に報いられて天上に生まれたという。

ふ

不退の地に住し、陀羅尼を得、無礙の樂說、萬億の旋總持…　法華經如來壽量品を聽聞した者は、いかなる境遇にあっても心を動じない不退の地位を得た者とされ、よいことをすすめて悪いことをやめる働きのできる陀羅尼の力を得、みずから實行してまた他をも教化して實行させ、いかなることがあっても勇氣がおとろえず、いつも教えを世に弘めることを身の喜びとする。それを無礙の樂説という。萬億の旋總持とは、自分がよいことを保ち、悪いことを止める力があって、これを一切の人のために說き、無限の感化をおよぼすことをいう（御開山上人・妙法蓮華經略義）。

佛所護念　「佛の護念する所」または「佛に護念せらるるもの」と讀む。大乘によって證り得た法門を佛自ら護念するという意。護念は、護持憶念の義。すなわち、法華經は佛が久遠の昔から護り念じてきた法である、ということ。

ほ

寶衣　珠で飾った衣。

方載　大地。

方等（經）　方は「廣」、等は「平等」の意。廣博な教義に平等の理を說く大乘經典のこと。大方等經ともいう。

方便力　衆生を導くためのすぐれた教化方法。

法輪　佛の說法。轉法輪《てんぽうりん》。

菩薩の第七の地　菩薩が修行すべき五十二の段階のうち特に第四十一位から第五十位までを十地といい、その七番目をいう。

菩提樹　道場樹ともいう。釋尊は伽耶城郊外（ブッダガヤ）のこの樹の元で金剛定《こんごうじょう》に入り、覺りを開かれた。

發迹顯本　發はひらく（開）。娑婆世界に垂《すい》迹應現《じゃくおうげん》した佛の應身を開發して本地を顯わすこと。

法性眞如　法性は諸法の眞實なる本性、萬有の本體をいい、佛教の眞理を示す語の一つ。

眞如は、その本體は常住不變の存在。佛の覺りを意味する。

發誓　誓願を發する。

本因本果　法華經の本門の因、本門の果をいう。久遠の本佛が本來具えている因（九界）・果（佛界）の十界常住をいう。

本覺　始覺に對する。はじめて佛陀の自覺を開いたのは始覺。覺そのものは、始覺の有無に拘らず、本來宇宙の本體である眞理性（覺體）であることを本覺と稱する。法華經本門では、單なる法身をいわず、如來壽量品に說く久遠實成の報身を通して本覺を見る。

本時　久遠實成の本師・釋迦牟尼世尊が、五百塵點劫の久遠の昔に成道された時。

本有の尊形　本有とは、本からありのままで變わらぬ存在ということ。つまり。大曼荼羅列座の十界の諸衆はみな、妙法五字の光明に照らされて本來ありのままの尊い姿となり、それを本尊という、と說かれるのである。

ま

摩訶般若　摩訶は、大いなる、非常の、の意。般若は智慧。廣大無限な智慧をいう。

末法　佛滅後、二千年後の時代の總稱。鎌倉時代、一〇五二年がその第一年とされ、衆生の機が低下し、世は亂れるとされていた。

曼殊沙華　天界の華。色が白く鮮かという。

曼荼羅華　四種の天華の中の、赤色の小さい華。

み

三たび白し已って＝三誡《かい》四請《しょう》　法華經如來壽

量品の說かれる時の儀式のこと。釋尊が諸の菩薩および一切の大衆に對し、「汝等當に如來の誠諦《じょうたい》の語《ことば》を信解すべし」と、三度繰り返されたのが三誡、これに對して彌勒菩薩等の菩薩大衆が「我等當に佛の語を信受したてまつるべし」と、三度佛語を信受することを誓い、さらに重ねて「唯願わくは之を說きたまえ。我等當に佛の語を信受したてまつる」と說法を願ったのが四請。そこで佛は「汝等諦かに聽け、如來の祕密神通の力を」と重ねて菩薩達を誡め、久遠實成の大事を明かされたのである。先の方便品で、『開《かい》三顯《けん》一』の大事が說かれるに先立って三止四請の儀式（止みなん、舍利弗）があったが、本門の大事である『開迹顯本《かいしゃくけんぽん》』が說かれるに先立つこの儀式は、ここに開示される如來壽量品の法門が、迹門より一重立入った甚深の法であることを示すものである。

※開三顯一＝三を開いて一を顯わす。法華經の迹門で說かれる二乘作佛の法門。三は聲聞乘・緣覺乘・菩薩乘の三。一は一佛乘。

※開迹顯本＝沙婆世界に應現して四十餘年、衆生を教化してこられた釋尊が「垂迹」の身であるとして、その本地を開顯すること。

妙音　すぐれて美しい聲。

名字の凡夫　六卽の一「名字卽の位」に住する凡夫。法華經の教えを聞き、又、これを信ずる初心の位。日蓮聖人は、衆生濟度のため自らをその立場に置かれていることを指す。

名體宗用敎　天台大師の教說。妙法蓮華經の五字を名・體・宗・用・教の五字に配當して分解的説明をなしたもの。これを「五重玄義」という。

む

無爲 有爲に對する。生滅や流轉や變化を越えた覺りの境地。

無垢（地） 垢は煩惱。煩惱・けがれがなく、清淨なこと。

武藏の國、池上… 日蓮聖人御入滅の地。現在の東京・池上本門寺。

無始無終 宇宙法界は始めを知ることが出來ないから無始といい、終わりを知らないから無終という。生命の無限を説く。

無生法忍 無生（生もなく滅もない涅槃）の法理に安住すること。

無量億劫 時間・空間・數量・力量などが、人知を超えて無限であること。

無漏（智） 有漏に對する。漏は煩惱。煩惱を滅したこと。無漏智とは、煩惱を離れて覺りを得た清淨の智慧。

も

孟宗が雪の中の筍 中國・二十四孝の一人、孟宗の母は筍が大好物であった。ある冬の朝、どうしても筍を、と求められた孟宗が、雪の竹林に入って嘆いていたところに筍が生じ、母に食べさせることができたという、得難いことの譬えとされている。

や

夜摩天 六欲天の第三。日夜・時節・時分が分かれるとき、不可思議の歡樂を受ける天とされる。

止みなん、舍利弗＝三止《し》四請《しょう》　法華經方便品において、釋尊が開三顯一の法門を説示しようとされた時の説法の儀式。釋尊は、佛の證悟した法（法華經）は甚深微妙なる故に説くことを止めようと三度言われたが、舍利弗が大衆の希望を代表して説法を願ったので、ついに妙法蓮華經が説かれ始めたのである。

ゆ

由延　由旬。

由旬　インドの距離の單位。語源は「くびきにつける」という意で、牛に車をつけて一日引かせる行程を意味しているという。

ら

羅漢　阿羅漢。

襤褸　破れた着物。

り

歷劫修行　無量百千萬億などという長い修行を歷た上でなければ成佛できないという、法華經以外の諸經の説。即身成佛に對する。

龍王　種々の説はあるが、法華經序品には八龍王が登壇する。法華經の説法を聞いて悟りを得、行者を守護することを誓った。難陀龍《なんだりゅう》王《おう》、跋難陀《ばつなんだ》龍王、娑伽羅《しゃから》龍王、和修吉《わしゅきつ》龍王、德叉迦《とくしゃか》龍王、阿那婆達多《あなばだった》龍王、摩那斯《まなし》龍王、優鉢羅《うはつら》龍王の八をいう。

龍女（龍女成佛）　大海中の娑迦羅龍王の娘、

年八歳。文殊師利菩薩が龍宮で法華經を説くのを聞いて深く覺りに入り、靈鷲山へ詣って佛前に成佛の實證を示した光景は、法華經提婆達多品に説かれてあり、女人成佛の確證として重大な意義を有している。

靈鷲山　靈山《りょうぜん》、鷲峰《じゅほう》、耆闍崛山《ぎしゃくつせん》ともいう。インド・マガダ國、法華經説法の地。

ろ

螻蟻蚊虻　ケラ・アリ・カ・アブ。下等な法や人にたとえる。

老狐　年老いた狐。狐は自分の生まれた塚を忘れることは決してないという。知恩報恩を教えている。

六趣　六道＝地獄・餓鬼・畜生・修羅・人間・天上。衆生が自ら作った業によって輪廻を繰り返す六つの世界。

六種に震動　佛が説法する時、大地が震動するその瑞相。1. 動（ゆれる）。2. 起《き》（上がる）。3. 踊《ゆ》（地の波）。4. 震《しん》（動搖の聲）。5. 吼《く》（大音響）。6. 撃《きゃく》（覺醒）。

六卽　法華經修行の階級別について天台大師が立てた法則。1. 理卽《りそく》。2. 名字《みょうじ》卽。3. 觀行《かんぎょう》卽。4. 相似《そうじ》卽。5. 分眞《ぶんしん》卽。6. 究竟《くきょう》卽。日蓮聖人の教義では、この複雑な階梯に拘わらず初心一念の信の中に六卽の全内容を含んでいるとし、一念の唱題修行を名字卽の位として、六卽一念、卽身成佛の妙義のあるものとする。

六賊　六塵（色・聲・香・味・觸・法）に生ずる欲によって正念を犯され、眞智を賊されるところからいう。

六難九易　法華經見寶塔品の偈文。六難と九易との對比によって、法華經の功德の大なることを說いたもの。「此の經は持ち難し」を參照。

わ

和光同塵　「光を和らげ、塵に同ず」と讀む。佛・菩薩が衆生救濟のために光り輝く淸淨な本體を隱し、衆生と同じ次元に現われることをいい、特に日本では本地垂迹說に轉用され、佛・菩薩が日本の神として出現することをいう。

和上　出家・受戒した人が、日々親近して教えを受けるべき敎師。和尚ともいう。

わたう共　和党共。

わどの　和殿。貴殿。

※本付録編纂にあたっては、主に左記文献を参考資料とさせていただきました。
○広説・佛教語大辞典　縮刷版＝中村元著・東京書籍・平成二十二年七月第一刷。
○岩波・仏教辞典＝中村元　福永光司　田村芳朗　今野達編・岩波書店・一九九六年十二月第七刷。
○現代語譯・法華辞典＝日宗十万人団結報恩会・昭和二年六月初版。山喜房佛書林・平成二年十月十版。
○日蓮宗事典＝日蓮宗宗務院・東京堂出版・昭和五十六年十月初版。
○日蓮聖人遺文辞典・歴史篇＝立正大学日蓮教学研究所編・身延山久遠寺・昭和六十年五月初版。
○日蓮聖人遺文辞典・教学篇＝立正大学日蓮教学研究所編・身延山久遠寺・平成十五年十月初版。

大乗山法音寺 聖教《ひじりのおしえ》

平成30年6月28日　発行

監　修　　鈴　木　正　修

編　集　　日蓮宗法音寺広報委員会
名古屋市昭和区駒方町3丁目3番地

発行者　　浅　地　康　平

印刷者　　中　尾　僚　宏

印刷　㈱一誠社　／　製本　㈱渋谷文泉閣

発行所　　株式会社 山喜房佛書林
〒113－0033　東京都文京区本郷5－28－5
電話(03)3811－5361　振替 00100－0－1900

ISBN978－4－7963－0796－3　C1015

定価はケースに表示してあります。
落丁本・乱丁本はお取り替え致します。